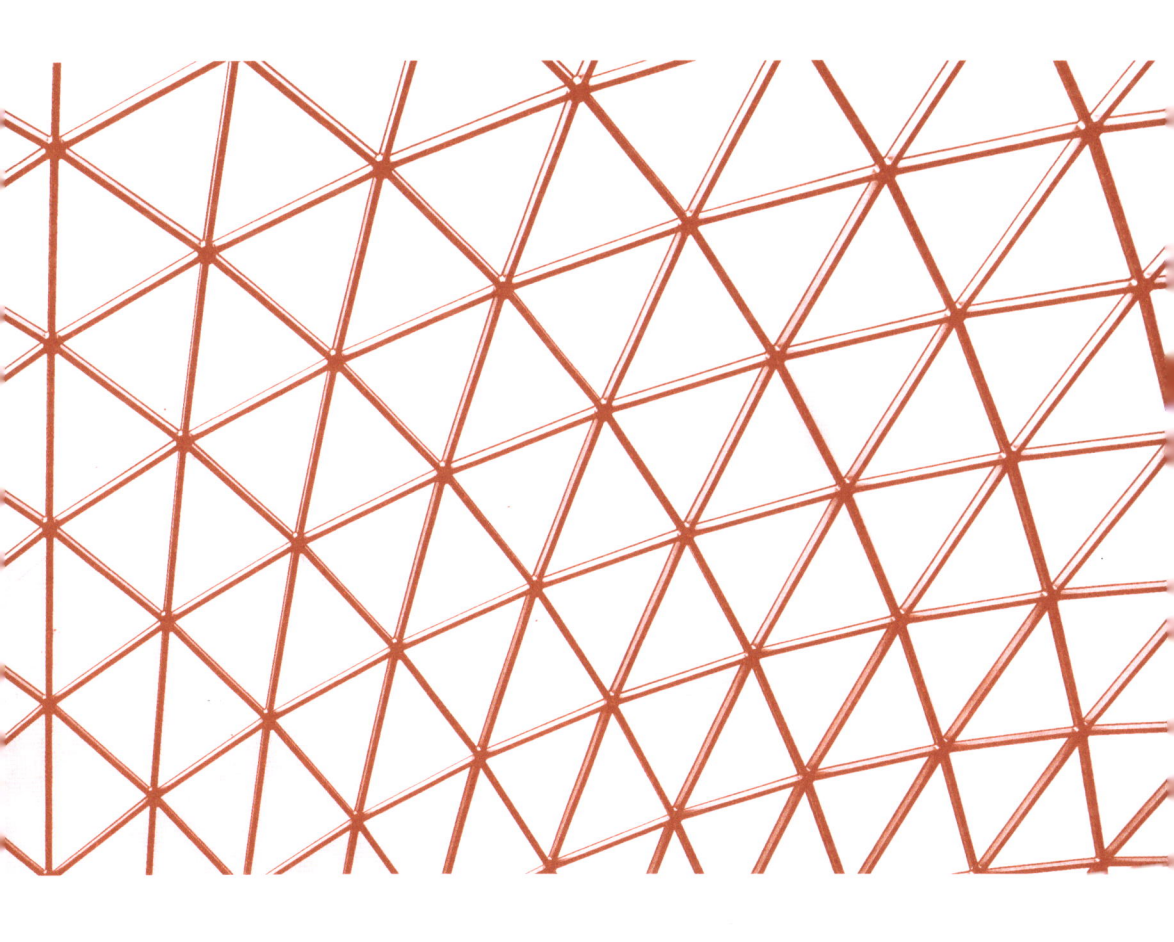

Grátis  ied
Módulo de Tutelas Provisórias

Acesso ao Módulo de Tutelas Provisórias

www.portalied.com.br

1 Acesse o *site* <http://www.portalied.com.br>.

2 Caso já tenha cadastro, faça seu *login*, clicando na opção "Identifique-se", no menu superior. Se ainda não tiver, deverá fazê-lo neste momento.

3 Após o *login*, clique em "Carrinho de Compras", informe o código promocional no campo "Possui um cupom de desconto?" e clique em "Validar seu cupom".

 BII4MCA0H4

4 Clique em "Finalizar compra". O Módulo resgatado ficará disponível na área do aluno.

Em caso de dúvidas, envie *e-mail* para **contato@portalied.com.br.**

Bons estudos!

* O conteúdo do Módulo de Tutelas Provisórias bem como sua disponibilidade on-line *são de responsabilidade do IED | Instituto Elpídio Donizetti e estarão disponíveis pelo prazo de 3 meses, a contar da data de ativação do cupom.*

Novo
CÓDIGO DE PROCESSO CIVIL
Comentado

O GEN | Grupo Editorial Nacional – maior plataforma editorial brasileira no segmento científico, técnico e profissional – publica conteúdos nas áreas de concursos, ciências jurídicas, humanas, exatas, da saúde e sociais aplicadas, além de prover serviços direcionados à educação continuada.

As editoras que integram o GEN, das mais respeitadas no mercado editorial, construíram catálogos inigualáveis, com obras decisivas para a formação acadêmica e o aperfeiçoamento de várias gerações de profissionais e estudantes, tendo se tornado sinônimo de qualidade e seriedade.

A missão do GEN e dos núcleos de conteúdo que o compõem é prover a melhor informação científica e distribuí-la de maneira flexível e conveniente, a preços justos, gerando benefícios e servindo a autores, docentes, livreiros, funcionários, colaboradores e acionistas.

Nosso comportamento ético incondicional e nossa responsabilidade social e ambiental são reforçados pela natureza educacional de nossa atividade e dão sustentabilidade ao crescimento contínuo e à rentabilidade do grupo.

Elpídio **Donizetti**

Novo
CÓDIGO DE
PROCESSO
CIVIL
Comentado

3.ª
edição

revista,
atualizada
e ampliada

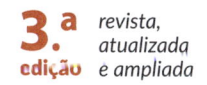

Impresso no Brasil – *Printed in Brazil*

■ Direitos exclusivos para o Brasil na língua portuguesa
Copyright © 2018 by
EDITORA ATLAS LTDA.
Uma editora integrante do GEN | Grupo Editorial Nacional
Rua Conselheiro Nébias, 1384 – Campos Elíseos – 01203-904 – São Paulo – SP
Tel.: (11) 5080-0770 / (21) 3543-0770
faleconosco@grupogen.com.br / www.grupogen.com.br

■ Capa: Danilo Oliveira

■ Fechamento desta edição: 16.03.2018

■ DADOS INTERNACIONAIS DE CATALOGAÇÃO NA PUBLICAÇÃO (CIP)
(CÂMARA BRASILEIRA DO LIVRO, SP, BRASIL)

D737n

Donizetti, Elpídio

Novo Código de Processo Civil Comentado / Elpídio Donizetti – 3. ed. rev., atual. e ampl. – São Paulo: Atlas, 2018.

Inclui bibliografia
ISBN 978-85-97-01652-9

1. Direito. 2. Processo civil - Brasil. I. Título.

18-48268   CDU: 347.91/.95 (81)

Meri Gleice Rodrigues de Souza - Bibliotecária CRB-7/6439

Dedico este livro a Ana Carolina Barbosa Pereira. Em tudo que faz deixa a marca da inteligência e dedicação. Vocacionada, sua estrela agora brilha na altaneira magistratura paraense.

Apresentação

Este ***Novo Código de Processo Civil Comentado*** foi elaborado com o objetivo de facilitar a atualização dos estudiosos do processo civil, principalmente dos profissionais da área jurídica (advogados, juízes, membros do Ministério Público, defensores públicos, professores e escrivães).

Qualquer que seja o ramo do Direito, as inovações legislativas sempre causam certa preocupação à comunidade jurídica. Tratando-se de um Novo Código de Processo Civil, essa inquietação se torna ainda maior em razão da influência dessa legislação sobre o ordenamento jurídico em geral e, em particular, sobre o exercício e a efetivação das tutelas jurisdicionais.

O que mudou? Por que mudou? Há correspondência na legislação revogada? Ainda persiste o entendimento jurisprudencial sobre o tema? Como devo proceder de agora em diante? Essas são perguntas que pululam na cabeça das pessoas que de uma forma ou de outra lidam com o Direito Processual Civil, seja nos tribunais, nas faculdades de Direito, seja na preparação para os concursos públicos.

A obra tem a pretensão de facilitar a vida dos operadores do Direito, notadamente daqueles que diariamente se debruçam sobre casos concretos nos fóruns do nosso País. Ademais, este ***NCPC Comentado*** apresenta e explica diversas decisões que já foram proferidas após a entrada em vigor do Novo CPC e que ajudarão o leitor a compreender a interpretação conferida pelos tribunais superiores às novidades inseridas ao ordenamento jurídico processual.

Primeiramente, procede-se à comparação entre a estrutura do Novo Código e a do CPC/1973. Em seguida, cada artigo da Lei nº 13.105/2015 (Novo CPC, NCPC ou CPC/2015) é cotejado com o correspondente dispositivo do CPC/1973, quando houver, possibilitando uma visão imediata das alterações e dos textos novos.

As legendas coloridas visam auxiliar o leitor na identificação dos comandos normativos que foram alterados e daqueles que apresentam inovações ao sistema processual civil brasileiro. Os textos novos foram destacados em **negrito** e, em *itálico*, constam as modificações. Os textos que foram excluídos ou revogados estão devidamente ~~tachados.~~ À guisa de exemplo, transcreve-se o artigo 64.

CPC/2015	CPC/1973
Art. 64. A incompetência, **absoluta** ou relativa, será alegada *como questão preliminar de contestação.*	Art. 112. Argui-se, *por meio de exceção*, a incompetência relativa.
§ 1º A incompetência absoluta pode ser alegada em qualquer tempo e grau de jurisdição e deve ser declarada de ofício.	Art. 113. A incompetência absoluta deve ser declarada de ofício e pode ser alegada, em qualquer tempo e grau de jurisdição, ~~independentemente de exceção.~~
§ 2º **Após manifestação da parte contrária, o juiz decidirá imediatamente a alegação de incompetência.**	[...]
§ 3º Caso a alegação de incompetência seja acolhida, os autos serão remetidos ao juízo competente.	§ 2º Declarada a incompetência absoluta, ~~somente os atos decisórios serão nulos,~~ remetendo-se os autos ao juiz competente.
§ 4º **Salvo decisão judicial em sentido contrário, conservar-se-ão os efeitos de decisão proferida pelo juízo incompetente, até que outra seja proferida, se for o caso, pelo juízo competente.**	

Após dispositivos em confronto, encontra-se o respectivo comentário, no qual o autor, com a sua vivência como membro da Comissão de Juristas que elaborou o anteprojeto do Código, indica não só as mudanças operadas e as causas que levaram a tais alterações, mas, também, o modo como o operador jurídico deve proceder diante da inovação legislativa.

Com relação aos novos institutos inseridos no sistema processual civil – tais como cooperação internacional, incidente de desconsideração da personalidade jurídica, intervenção do *amicus curiae*, conciliadores e mediadores judiciais, ação de dissolução parcial de sociedade, ações de família, homologação do penhor legal, regulação de avaria grossa, incidente de resolução de demandas repetitivas –, no intuito de proporcionar uma compreensão sistemática do tema, optou-se por um texto único ou, em certos casos, por um texto introdutório, seguindo-se os comentários artigo por artigo. Com idêntico desiderato, alguns dispositivos foram comentados conjuntamente – exemplificativamente, arts. 51 e 52.

*O desejo é que este **NCPC Comentado** possa minimizar as dificuldades experimentadas pelos acadêmicos, professores, concurseiros e profissionais da área jurídica. E mais: que sirva de motivação para o aprofundamento do estudo do Direito Processual Civil.*

Belo Horizonte, novembro de 2016.

Elpídio Donizetti
elpidio@elpidiodonizetti.com
www.facebook.com.br/elpidiodonizetti
@portalied

Abreviaturas

Art.	=	Artigo
CC ou CC/02	=	Lei nº 10.406, de 10/02/2002 – Código Civil
CDC	=	Lei nº 8.078, de 11/09/1990 – Código de Defesa do Consumidor
CF	=	Constituição Federal
CLT	=	Decreto-lei nº 5.452, de 01/05/1943 – Consolidação das Leis do Trabalho
CPC/1973	=	Lei nº 5.869, de 11/01/1973 – Código de Processo Civil de 1973
CPC/2015, NCPC	=	Lei nº 13.105, de 16/03/2015 – Novo Código de Processo Civil
EC	=	Emenda Constitucional
ENFAM	=	Escola Nacional de Formação e Aperfeiçoamento de Magistrados
FONAJE	=	Fórum Nacional de Juizados Especiais
FONAJEF	=	Fórum Nacional dos Juizados Especiais Federais
FPPC	=	Fórum Permanente de Processualistas Civis
IRDR	=	Incidente de Resolução de Demandas Repetitivas
LINDB	=	Decreto-lei nº 4.657, de 04/09/1942 – Lei de Introdução às Normas do Direito Brasileiro
Min.	=	Ministro
MP	=	Ministério Público
PL	=	Projeto de Lei
RE	=	Recurso Extraordinário
Rel.	=	Relator
REsp	=	Recurso Especial
STF	=	Supremo Tribunal Federal
STJ	=	Superior Tribunal de Justiça
TJ	=	Tribunal de Justiça
TRF	=	Tribunal Regional Federal
v.g.	=	*verbi gratia* (expressão latina que significa "por exemplo")

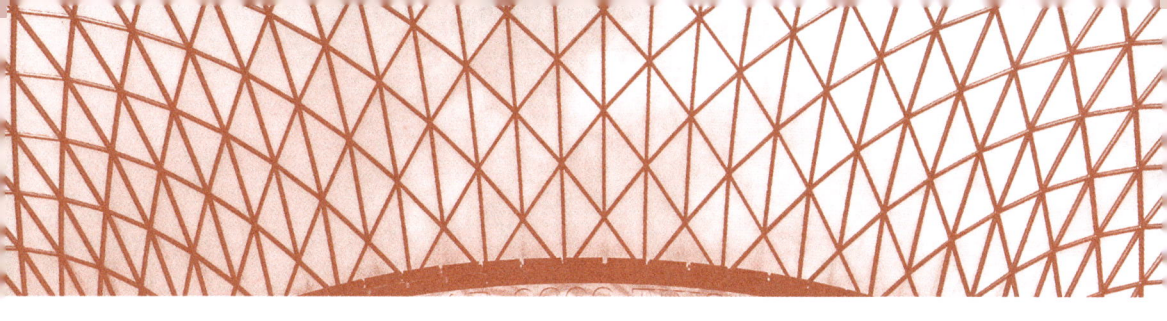

Sumário

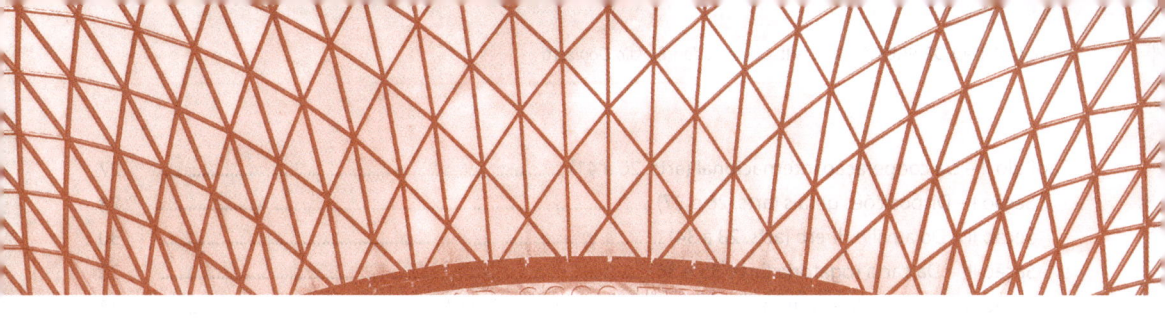

Índice Sistemático do Novo Código de Processo Civil

PARTE GERAL

LIVRO I
DAS NORMAS PROCESSUAIS CIVIS

TÍTULO ÚNICO
DAS NORMAS FUNDAMENTAIS E DA APLICAÇÃO DAS NORMAS PROCESSUAIS

LIVRO II
DA FUNÇÃO JURISDICIONAL

TÍTULO I
DA JURISDIÇÃO E DA AÇÃO

TÍTULO II
DOS LIMITES DA JURISDIÇÃO NACIONAL
E DA COOPERAÇÃO INTERNACIONAL

TÍTULO III
DA COMPETÊNCIA INTERNA

LIVRO III
DOS SUJEITOS DO PROCESSO

TÍTULO I
DAS PARTES E DOS PROCURADORES

TÍTULO II
DO LITISCONSÓRCIO

TÍTULO III
DA INTERVENÇÃO DE TERCEIROS

TÍTULO IV
DO JUIZ E DOS AUXILIARES DA JUSTIÇA

TÍTULO V
DO MINISTÉRIO PÚBLICO

TÍTULO VI
DA ADVOCACIA PÚBLICA

TÍTULO VII
DA DEFENSORIA PÚBLICA

LIVRO IV
DOS ATOS PROCESSUAIS

TÍTULO I
DA FORMA, DO TEMPO E DO LUGAR DOS ATOS PROCESSUAIS

TÍTULO II
DA COMUNICAÇÃO DOS ATOS PROCESSUAIS

TÍTULO III
DAS NULIDADES

TÍTULO IV
DA DISTRIBUIÇÃO E DO REGISTRO

TÍTULO V
DO VALOR DA CAUSA

LIVRO V
DA TUTELA PROVISÓRIA

TÍTULO I
DAS DISPOSIÇÕES GERAIS

TÍTULO II
DA TUTELA DE URGÊNCIA

TÍTULO III
DA TUTELA DA EVIDÊNCIA

LIVRO VI
FORMAÇÃO, SUSPENSÃO E EXTINÇÃO DO PROCESSO

TÍTULO I
DA FORMAÇÃO DO PROCESSO

TÍTULO II
DA SUSPENSÃO DO PROCESSO

TÍTULO III
DA EXTINÇÃO DO PROCESSO

PARTE ESPECIAL

LIVRO I
DO PROCESSO DE CONHECIMENTO
E DO CUMPRIMENTO DE SENTENÇA

TÍTULO I
DO PROCEDIMENTO COMUM

TÍTULO II
DO CUMPRIMENTO DA SENTENÇA

TÍTULO III
DOS PROCEDIMENTOS ESPECIAIS

LIVRO II
DO PROCESSO DE EXECUÇÃO

TÍTULO I
DA EXECUÇÃO EM GERAL

TÍTULO II
DAS DIVERSAS ESPÉCIES DE EXECUÇÃO

TÍTULO III
DOS EMBARGOS À EXECUÇÃO

TÍTULO IV
DA SUSPENSÃO E DA EXTINÇÃO DO PROCESSO DE EXECUÇÃO

LIVRO III
DOS PROCESSOS NOS TRIBUNAIS E
DOS MEIOS DE IMPUGNAÇÃO DAS DECISÕES JUDICIAIS

TÍTULO I
DA ORDEM DOS PROCESSOS E DOS PROCESSOS
DE COMPETÊNCIA ORIGINÁRIA DOS TRIBUNAIS

TÍTULO II
DOS RECURSOS

LIVRO COMPLEMENTAR
DISPOSIÇÕES FINAIS E TRANSITÓRIAS

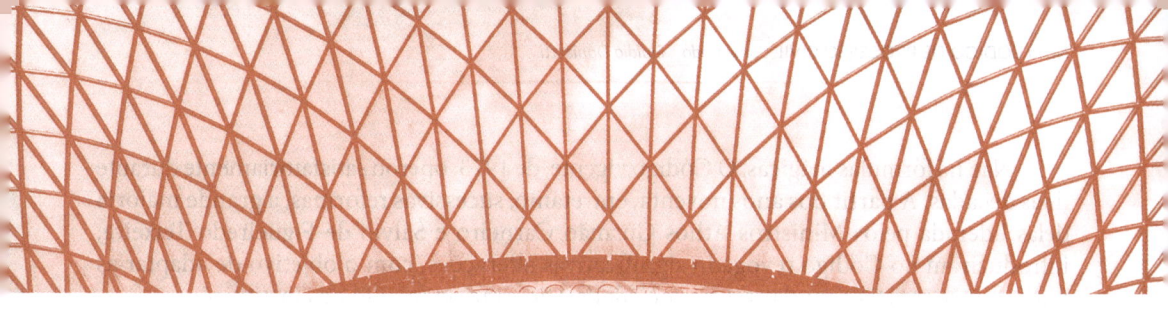

Exposição de Motivos do Novo Código de Processo Civil

Um sistema processual civil que não proporcione à sociedade o reconhecimento e a realização[1] dos direitos, ameaçados ou violados, que tem cada um dos jurisdicionados, não se harmoniza com as garantias constitucionais[2] de um Estado Democrático de Direito.[3]

Sendo ineficiente o sistema processual, todo o ordenamento jurídico passa a carecer de real efetividade. De fato, as normas de direito material se transformam em pura ilusão, sem a garantia de sua correlata realização, no mundo empírico, por meio do processo.[4]

---

[1] Essencial que se faça menção a *efetiva* satisfação, pois, a partir da dita terceira fase metodológica do direito processual civil, o processo passou a ser visto como instrumento, que deve ser idôneo para o reconhecimento e a adequada concretização de direitos.

[2] Isto é, aquelas que regem, eminentemente, as relações das partes entre si, entre elas e o juiz e, também, entre elas e terceiros, de que são exemplos a imparcialidade do juiz, o contraditório, a demanda, como ensinam CAPPELLETTI e VIGORITI (I diritti costituzionali delle parti nel processo civile italiano. *Rivista di diritto processuale*, II serie, v. 26, p. 604-650, Padova, Cedam, 1971, p. 605).

[3] Os princípios e garantias processuais inseridos no ordenamento constitucional, por conta desse movimento de "constitucionalização do processo", não se limitam, no dizer de LUIGI PAOLO COMOGLIO, a *"reforçar do exterior uma mera 'reserva legislativa' para a regulamentação desse método [em referência ao processo como método institucional de resolução de conflitos sociais], mas impõem a esse último, e à sua disciplina, algumas condições mínimas de legalidade e retidão, cuja eficácia é potencialmente operante em qualquer fase (ou momento nevrálgico) do processo"* (Giurisdizione e processo nel quadro delle garanzie costituzionali. *Studi in onore di Luigi Montesano*, v. II, p. 87-127, Padova, Cedam, 1997, p. 92).

[4] É o que explica, com a clareza que lhe é peculiar, BARBOSA MOREIRA: *"Querer que o processo seja efetivo é querer que desempenhe com eficiência o papel que lhe compete na economia do ordenamento jurídico. Visto que esse papel é instrumental em relação ao direito substantivo, também se costuma falar da instrumentalidade do processo. Uma noção conecta-se com a outra e por assim dizer a implica. Qualquer instrumento será bom na medida em que sirva de modo prestimoso à consecução dos fins da obra a que se ordena; em outras palavras, na medida em que seja efetivo. Vale dizer: será efetivo o processo*

Não há fórmulas mágicas. O Código vigente, de 1973, operou satisfatoriamente durante duas décadas. A partir dos anos noventa, entretanto, sucessivas reformas, a grande maioria delas liderada pelos Ministros Athos Gusmão Carneiro e Sálvio de Figueiredo Teixeira, introduziram no Código revogado significativas alterações, com o objetivo de adaptar as normas processuais a mudanças na sociedade e ao funcionamento das instituições.

A expressiva maioria dessas alterações, como, por exemplo, em 1994, a inclusão no sistema do instituto da **antecipação de tutela**; em 1995, a alteração do regime do **agravo**; e, mais recentemente, as leis que alteraram a execução, foi bem recebida pela comunidade jurídica e gerou resultados positivos, no plano da operatividade do sistema.

O enfraquecimento da coesão entre as normas processuais foi uma consequência natural do método consistente em se incluírem, aos poucos, alterações no CPC, comprometendo a sua forma sistemática. A complexidade resultante desse processo confunde-se, até certo ponto, com essa desorganização, comprometendo a celeridade e gerando questões evitáveis (pontos que geram polêmica e atraem atenção dos magistrados) que subtraem indevidamente a atenção do operador do direito.

Nessa dimensão, a preocupação em se preservar a forma sistemática das normas processuais, longe de ser meramente acadêmica, atende, sobretudo, a uma necessidade de caráter pragmático: obter-se um grau mais intenso de funcionalidade.

Sem prejuízo da manutenção e do aperfeiçoamento dos institutos introduzidos no sistema pelas reformas ocorridas nos anos de 1992 até hoje, criou-se um Código novo, que não significa, todavia, uma ruptura com o passado, mas um passo à frente. Assim, além de conservados os institutos cujos resultados foram positivos, incluíram-se no sistema outros tantos que visam a atribuir-lhe alto grau de eficiência.

Há mudanças necessárias, porque reclamadas pela comunidade jurídica, e correspondentes a queixas recorrentes dos jurisdicionados e dos operadores do Direito, ouvidas em todo país. Na elaboração deste Anteprojeto de Código de Processo Civil, esta foi uma das linhas principais de trabalho: resolver **problemas**. Deixar de ver o processo como teoria descomprometida de sua natureza fundamental de **método** de resolução de conflitos, por meio do qual se realizam **valores constitucionais**.[5]

Assim, e por isso, um dos métodos de trabalho da Comissão foi o de resolver problemas, sobre cuja existência há praticamente unanimidade na comunidade jurídica. Isso ocorreu, por exemplo, no que diz respeito à complexidade do sistema recursal existente na lei revogada. Se o sistema recursal, que havia no Código revogado em sua versão originária, era consideravelmente mais simples que o anterior, depois das sucessivas reformas pontuais que ocorreram, se tornou, inegavelmente, muito mais complexo.

---

que constitua instrumento eficiente de realização do direito material" (Por um processo socialmente efetivo. *Revista de Processo*. São Paulo, v. 27, nº 105, p. 183-190, jan./mar. 2002, p. 181).

[5]   SÁLVIO DE FIGUEIREDO TEIXEIRA, em texto emblemático sobre a nova ordem trazida pela Constituição Federal de 1988, disse, acertadamente, que, apesar de suas vicissitudes, "*nenhum texto constitucional valorizou tanto a 'Justiça', tomada aqui a palavra não no seu conceito clássico de 'vontade constante e perpétua de dar a cada um o que é seu', mas como conjunto de instituições voltadas para a realização da paz social*" (O aprimoramento do processo civil como garantia da cidadania. In: FIGUEIREDO TEIXEIRA, Sálvio. *As garantias do cidadão na Justiça*. São Paulo: Saraiva, 1993. p. 79-92, p. 80).

Não se deixou de lado, é claro, a necessidade de se construir um Código coerente e harmônico *interna corporis*, mas não se cultivou a obsessão em elaborar uma obra magistral, estética e tecnicamente perfeita, em detrimento de sua funcionalidade.

De fato, essa é uma preocupação presente, mas que já não ocupa o primeiro lugar na postura intelectual do processualista contemporâneo.

A coerência substancial há de ser vista como objetivo fundamental, todavia, e mantida em termos absolutos, no que tange à Constituição Federal da República. Afinal, é na lei ordinária e em outras normas de escalão inferior que se explicita a promessa de realização dos valores encampados pelos princípios constitucionais.

O novo Código de Processo Civil tem o potencial de gerar um processo mais célere, mais justo,[6] porque mais rente às necessidades sociais[7] e muito menos complexo.[8]

A simplificação do sistema, além de proporcionar-lhe coesão mais visível, permite ao juiz centrar sua atenção, de modo mais intenso, no mérito da causa.

Com evidente redução da complexidade inerente ao processo de criação de um novo Código de Processo Civil, poder-se-ia dizer que os trabalhos da Comissão se orientaram precipuamente por cinco objetivos: (1) estabelecer expressa e implicitamente verdadeira sintonia fina com a Constituição Federal; (2) criar condições para que o juiz possa proferir decisão de forma mais rente à realidade fática subjacente à causa; (3) simplificar, resolvendo problemas e reduzindo a complexidade de subsistemas, como, por exemplo, o recursal; (4) dar todo o rendimento possível a cada processo em si mesmo considerado; e, (5) finalmente, sendo talvez este último objetivo parcialmente alcançado pela realização daqueles mencionados antes, imprimir maior grau de organicidade ao sistema, dando-lhe, assim, mais coesão.

Esta Exposição de Motivos obedece à ordem dos objetivos acima alistados.

1) A necessidade de que fique evidente a *harmonia da lei ordinária em relação à* **Constituição Federal da República**[9] fez com que se incluíssem no Código, expressamente, **princípios constitucionais**, na sua versão processual. Por outro lado, muitas **regras** foram

---

[6] Atentando para a advertência, acertada, de que não o processo, além de produzir um resultado justo, precisa ser justo em si mesmo, e portanto, na sua realização, devem ser observados aqueles *standards* previstos na Constituição Federal, que constituem desdobramento da garantia do *due process of law* (DINAMARCO, Cândido. *Instituições de direito processual civil*, v. 1. 6. ed. São Paulo: Malheiros, 2009).

[7] Lembrando, com BARBOSA MOREIRA, que *"nao se promove uma sociedade mais justa, ao menos primariamente, por obra do aparelho judicial. É todo o edifício, desde as fundações, que para tanto precisa ser revisto e reformado. Pelo prisma jurídico, a tarefa básica inscreve-se no plano do direito material"* (*Por um processo socialmente efetivo*, p. 181).

[8] Trata-se, portanto, de mais um passo decisivo para afastar os obstáculos para o acesso à Justiça, a que comumente se alude, isto é, a duração do processo, seu alto custo e a excessiva formalidade.

[9] Hoje, costuma-se dizer que o processo civil **constitucionalizou-se. Fala-se em modelo constitucional do processo, expressão inspirada na obra de Italo Andolina e Giuseppe Vignera,** *Il modello costituzionale del processo civile italiano: corso di lezioni (Turim: Giapicchelli, 1990). O processo há de ser examinado, estudado e compreendido à luz da Constituição e de forma a dar o maior rendimento possível aos seus princípios fundamentais.*

concebidas, dando concreção a princípios constitucionais, como, por exemplo, as que preveem um procedimento, com *contraditório* e produção de provas, prévio à decisão que desconsidera da pessoa jurídica, em sua versão tradicional, ou "às avessas".[10]

Está expressamente formulada a regra no sentido de que o fato de o juiz estar diante de matéria de ordem pública não dispensa a obediência ao princípio do **contraditório**.

Como regra, o depósito da quantia relativa às multas, cuja função processual seja levar ao cumprimento da obrigação *in natura*, ou da ordem judicial, deve ser feito logo que estas incidem.

Não podem, todavia, ser levantadas, a não ser quando haja trânsito em julgado ou quando esteja pendente agravo de decisão denegatória de seguimento a recurso especial ou extraordinário.

Trata-se de uma forma de tornar o processo mais eficiente e efetivo, o que significa, indubitavelmente, aproximá-lo da Constituição Federal, em cujas entrelinhas se lê que o processo deve assegurar o cumprimento da lei material.

Prestigiando o princípio constitucional da **publicidade** das decisões, previu-se a regra inafastável de que à data de julgamento de todo recurso deve-se dar publicidade (todos os recursos devem constar em pauta), para que as partes tenham oportunidade de tomar providências que entendam necessárias ou, pura e simplesmente, possam assistir ao julgamento.

Levou-se em conta o princípio da *razoável duração do processo*.[11] Afinal a ausência de celeridade, sob certo ângulo,[12] é ausência de justiça. A simplificação do sistema recursal, de que trataremos separadamente, leva a um processo mais ágil.

---

[10] O Novo CPC prevê expressamente que, antecedida de contraditório e produção de provas, haja decisão sobre a desconsideração da pessoa jurídica, com o redirecionamento da ação, na dimensão de sua patrimonialidade, e também sobre a consideração dita inversa, nos casos em que se abusa da sociedade, para usá-la indevidamente com o fito de camuflar o patrimônio pessoal do sócio. Essa alteração está de acordo com o pensamento que, entre nós, ganhou projeção ímpar na obra de J. LAMARTINE CORRÊA DE OLIVEIRA. Com efeito, há três décadas, o brilhante civilista já advertia ser essencial o predomínio da realidade sobre a aparência, quando *"em verdade [é] uma outra pessoa que está a agir, utilizando a pessoa jurídica como escudo, e se é essa utilização da pessoa jurídica, fora de sua função, que está tornando possível o resultado contrário à lei, ao contrato, ou às coordenadas axiológicas"* (A dupla crise da pessoa jurídica. São Paulo: Saraiva, 1979, p. 613).

[11] Que, antes de ser expressamente incorporado à Constituição Federal em vigor (art. 5º, inciso LXXVIII), já havia sido contemplado em outros instrumentos normativos estrangeiros (veja-se, por exemplo, o art. 111, da Constituição da Itália) e convenções internacionais (Convenção Europeia e Pacto de San Jose da Costa Rica). Trata-se, portanto, de tendência mundial.

[12] Afinal, a celeridade não é um valor que deva ser perseguido a qualquer custo. *"Para muita gente, na matéria, a rapidez constitui o valor por excelência, quiçá o único. Seria fácil invocar aqui um rol de citações de autores famosos, apostados em estigmatizar a morosidade processual. Não deixam de ter razão, sem que isso implique – nem mesmo, quero crer, no pensamento desses próprios autores – hierarquização rígida que não reconheça como imprescindível, aqui e ali, ceder o passo a outros valores. Se uma justiça lenta demais é decerto uma justiça má, daí não se segue que uma justiça muito rápida seja necessariamente uma justiça boa. O que todos devemos querer é que a prestação jurisdicional venha ser melhor do que é. Se para torná-la melhor é preciso acelerá-la, muito bem: não, contudo, a qualquer preço"* (BARBOSA MOREIRA, José Carlos. O futuro da justiça: alguns mitos. Revista de Processo, v. 102, p. 228-237, abr./jun. 2001, p. 232).

Criou-se o incidente de julgamento conjunto de demandas repetitivas, a que adiante se fará referência.

Por enquanto, é oportuno ressaltar que levam a um processo **mais célere** as medidas cujo objetivo seja o julgamento conjunto de demandas que gravitam em torno da mesma questão de direito, por dois ângulos: (**a**) o relativo àqueles processos, em si mesmos considerados, que, serão decididos conjuntamente; (**b**) no que concerne à atenuação do excesso de carga de trabalho do Poder Judiciário – já que o tempo usado para decidir aqueles processos poderá ser mais eficazmente aproveitado em todos os outros, em cujo trâmite serão evidentemente menores os ditos "tempos mortos" (períodos em que nada acontece no processo).

Por outro lado, haver, indefinidamente, **posicionamentos diferentes** e incompatíveis, nos Tribunais, a respeito da **mesma norma jurídica**, leva a que jurisdicionados que estejam em situações idênticas tenham de submeter-se a regras de conduta diferentes, ditadas por decisões judiciais emanadas de tribunais diversos.

Esse fenômeno fragmenta o sistema, gera intranquilidade e, por vezes, verdadeira perplexidade na sociedade.

Prestigiou-se, seguindo-se direção já abertamente seguida pelo ordenamento jurídico brasileiro, expressado na criação da Súmula Vinculante do Supremo Tribunal Federal (STF) e do regime de julgamento conjunto de recursos especiais e extraordinários repetitivos (que foi mantido e aperfeiçoado) tendência a criar estímulos para que a jurisprudência se uniformize, à luz do que venham a decidir tribunais superiores e até de segundo grau, e se estabilize.

Essa é a função e a razão de ser dos tribunais superiores: proferir decisões que **moldem** o ordenamento jurídico, objetivamente considerado. A função paradigmática que devem desempenhar é inerente ao sistema.

Por isso é que esses princípios foram expressamente formulados. Veja-se, por exemplo, o que diz o novo Código, no Livro IV: "*A jurisprudência do STF e dos Tribunais Superiores deve nortear as decisões de todos os Tribunais e Juízos singulares do país, de modo a concretizar plenamente os princípios da legalidade e da isonomia.*"

Evidentemente, porém, para que tenha eficácia a recomendação no sentido de que seja a jurisprudência do STF e dos Tribunais superiores, efetivamente, norte para os demais órgãos integrantes do Poder Judiciário, é necessário que aqueles Tribunais mantenham jurisprudência razoavelmente estável.

A segurança jurídica fica comprometida com a brusca e integral alteração do entendimento dos tribunais sobre questões de direito.[13]

Encampou-se, por isso, expressamente princípio no sentido de que, uma vez firmada jurisprudência em certo sentido, esta deve, como norma, ser mantida, salvo se houver relevantes razões recomendando sua alteração.

---

[13] Os ingleses dizem que os jurisdicionados não podem ser tratados "como cães, que só descobrem que algo é proibido quando o bastão toca seus focinhos" (BENTHAM citado por R. C. CAENEGEM, Judges, Legislators & Professors, p. 161).

Trata-se, na verdade, de um outro viés do princípio da segurança jurídica,[14] que recomendaria que a jurisprudência, uma vez pacificada ou sumulada, tendesse a ser mais estável.[15]

De fato, a alteração do entendimento a respeito de uma tese jurídica ou do sentido de um texto de lei pode levar ao legítimo desejo de que as situações anteriormente decididas, com base no entendimento superado, sejam redecididas à luz da nova compreensão. Isto porque a alteração da jurisprudência, diferentemente da alteração da lei, produz efeitos equivalentes aos *ex tunc*. Desde que, é claro, não haja regra em sentido inverso.

Diz, expressa e explicitamente, o novo Código que: "*A mudança de entendimento sedimentado observará a necessidade de fundamentação adequada e específica, considerando o imperativo de estabilidade das relações jurídicas [...];*".

E, ainda, com o objetivo de prestigiar a segurança jurídica, formulou-se o seguinte princípio: "*Na hipótese de alteração da jurisprudência dominante do STF e dos Tribunais superiores, ou oriunda de julgamentos de casos repetitivos, pode haver* **modulação** *dos efeitos da alteração no interesse social e no da segurança jurídica*" (grifo nosso).

Esse princípio tem relevantes consequências práticas, como, por exemplo, a não rescindibilidade de sentenças transitadas em julgado baseadas na orientação abandonada pelo Tribunal. Também em nome da segurança jurídica, reduziu-se para um ano, como regra geral, o prazo decadencial dentro do qual pode ser proposta a ação rescisória.

Mas talvez as alterações mais expressivas do sistema processual ligadas ao objetivo de harmonizá-lo com o espírito da Constituição Federal, sejam as que dizem respeito a regras que induzem à uniformidade e à estabilidade da jurisprudência.

O novo Código prestigia o princípio da segurança jurídica, obviamente de índole constitucional, pois que se hospeda nas dobras do Estado Democrático de Direito e visa a proteger e a preservar as justas expectativas das pessoas.

Todas as normas jurídicas devem tender a dar efetividade às garantias constitucionais, tornando "segura" a vida dos jurisdicionados, de modo a que estes sejam poupados de "surpresas", podendo sempre prever, em alto grau, as consequências jurídicas de sua conduta.

Se, por um lado, o princípio do livre convencimento motivado é garantia de julgamentos independentes e justos, e neste sentido mereceu ser prestigiado pelo novo Código, por outro, compreendido em seu mais estendido alcance, acaba por conduzir a distorções

---

[14]   "O homem necessita de segurança para conduzir, planificar e conformar autônoma e responsavelmente a sua vida. Por isso, desde cedo se consideravam os princípios da segurança jurídica e da proteção à confiança como elementos constitutivos do Estado de Direito. Esses dois princípios – segurança jurídica e proteção da confiança – andam estreitamente associados, a ponto de alguns autores considerarem o princípio da confiança como um subprincípio ou como uma dimensão específica da segurança jurídica. Em geral, considera-se que a segurança jurídica está conexionada com elementos objetivos da ordem jurídica – garantia de estabilidade jurídica, segurança de orientação e realização do direito – enquanto a proteção da confiança se prende mais com os componentes subjetivos da segurança, designadamente a calculabilidade e previsibilidade dos indivíduos em relação aos efeitos dos actos" (JOSÉ JOAQUIM GOMES CANOTILHO. *Direito constitucional e teoria da constituição*. Almedina, Coimbra, 2000, p. 256).

[15]   Os alemães usam a expressão princípio da "proteção", acima referida por Canotilho (ROBERT ALEXY e RALF DREIER, Precedent in the Federal Republic of Germany, *in Interpreting Precedents,* A Comparative Study, Coordenação NEIL MACCORMICK e ROBERT SUMMERS, Dartmouth Publishing Company, p. 19).

do princípio da legalidade e à própria ideia, antes mencionada, de Estado Democrático de Direito. A dispersão excessiva da jurisprudência produz intranquilidade social e descrédito do Poder Judiciário.

Se todos têm que agir em conformidade com a lei, ter-se-ia, ipso facto, respeitada a isonomia. Essa relação de causalidade, todavia, fica comprometida como decorrência do desvirtuamento da liberdade que tem o juiz de decidir com base em seu entendimento sobre o sentido real da norma.

A tendência à diminuição[16] do número[17] de recursos que devem ser apreciados pelos Tribunais de segundo grau e superiores é resultado inexorável da jurisprudência mais uniforme e estável.

Proporcionar legislativamente melhores condições para operacionalizar formas de uniformização do entendimento dos Tribunais brasileiros acerca de teses jurídicas é concretizar, na vida da sociedade brasileira, o princípio constitucional da isonomia.

Criaram-se figuras, no novo CPC, para evitar a dispersão[18] excessiva da jurisprudência. Com isso, haverá condições de se atenuar o assoberbamento de trabalho no Poder Judiciário, sem comprometer a qualidade da prestação jurisdicional.

---

[16] Comentando os principais vetores da reforma sofrida no processo civil alemão na última década, BARBOSA MOREIRA alude ao problema causado pelo excesso de recursos no processo civil: *"Pôr na primeira instância o centro de gravidade do processo é diretriz política muito prestigiada em tempos modernos, e numerosas iniciativas reformadoras levam-na em conta. A rigor, o ideal seria que os litígios fossem resolvidos em termos finais mediante um único julgamento. Razões conhecidas induzem as leis processuais a abrirem a porta a reexames. A multiplicação desmedida dos meios tendentes a propiciá-los, entretanto, acarreta o prolongamento indesejável do feito, aumenta-lhe o custo, favorece a chicana e, em muitos casos, gera para os tribunais superiores excessiva carga de trabalho. Convém, pois, envidar esforços para que as partes se deem por satisfeitas com a sentença e se abstenham de impugná-la"* (Breve notícia sobre a reforma do processo civil alemão. *Revista de Processo*. São Paulo, v. 28, nº 111, p. 103-112, jul./set. 2003, p. 105).

[17] O número de recursos previstos na legislação processual civil é objeto de reflexão e crítica, há muitos anos, na doutrina brasileira. EGAS MONIZ DE ARAGÃO, por exemplo, em emblemático trabalho sobre o tema, já indagou de forma contundente: *"há demasiados recursos no ordenamento jurídico brasileiro? Deve-se restringir seu cabimento? São eles responsáveis pela morosidade no funcionamento do Poder Judiciário?"* Respondendo tais indagações, o autor conclui que há três recursos que *"atendem aos interesses da brevidade e certeza, interesses que devem ser ponderados como na fórmula da composição dos medicamentos para dar adequado remédio às necessidades do processo judicial"*: a apelação, o agravo e o extraordinário, isto é, recurso especial e recurso extraordinário (Demasiados recursos? *Revista de Processo*. São Paulo, v. 31, nº 136, p. 9-31, jun. 2006, p. 18).

[18] A preocupação com essa possibilidade não é recente. ALFREDO BUZAID já aludia a ela, advertindo que há uma grande diferença entre as decisões adaptadas ao contexto histórico em que proferidas e aquelas que prestigiam interpretações contraditórias da mesma disposição legal, apesar de iguais as situações concretas em que proferidas. Nesse sentido: *"Na verdade, não repugna ao jurista que os tribunais, num louvável esforço de adaptação, sujeitem a mesma regra a entendimento diverso, desde que se alterem as condições econômicas, políticas e sociais; mas repugna-lhe que sobre a mesma regra jurídica deem os tribunais interpretação diversa e até contraditória, quando as condições em que ela foi editada continuam as mesmas. O dissídio resultante de tal exegese debilita a autoridade do Poder Judiciário, ao mesmo passo que causa profunda decepção às partes que postulam perante os tribunais"* (Uniformização de Jurisprudência. *Revista da Associação dos Juízes do Rio Grande do Sul*, 34/139, jul. 1985).

Dentre esses instrumentos, estão a complementação e o reforço da eficiência do regime de julgamento de recursos repetitivos, que agora abrange a possibilidade de suspensão do procedimento das demais ações, tanto no juízo de primeiro grau, quanto dos demais recursos extraordinários ou especiais, que estejam tramitando nos tribunais superiores, aguardando julgamento, desatreladamente dos afetados.

Com os mesmos objetivos, criou-se, com inspiração no direito alemão,[19] o já referido incidente de Resolução de Demandas Repetitivas, que consiste na identificação de processos que contenham a mesma questão de direito, que estejam ainda no primeiro grau de jurisdição, para decisão conjunta.[20]

O incidente de resolução de demandas repetitivas é admissível quando identificada, em primeiro grau, controvérsia com potencial de gerar multiplicação expressiva de demandas e o correlato risco da coexistência de decisões conflitantes.

É instaurado perante o Tribunal local, por iniciativa do juiz, do MP, das partes, da Defensoria Pública ou pelo próprio Relator. O juízo de admissibilidade e de mérito caberá ao tribunal pleno ou ao órgão especial, onde houver, e a extensão da eficácia da decisão acerca da tese jurídica limita-se à área de competência territorial do tribunal, salvo decisão em contrário do STF ou dos Tribunais superiores, pleiteada pelas partes, interessados, MP ou Defensoria Pública. Há a possibilidade de intervenção de *amici curiae*.

O incidente deve ser julgado no prazo de seis meses, tendo preferência sobre os demais feitos, salvo os que envolvam réu preso ou pedido de *habeas corpus*.

O recurso especial e o recurso extraordinário, eventualmente interpostos da decisão do incidente, têm efeito suspensivo e se considera presumida a repercussão geral, de questão constitucional eventualmente discutida.

Enfim, não observada a tese firmada, caberá reclamação ao tribunal competente.

As hipóteses de cabimento dos embargos de divergência agora se baseiam exclusivamente na existência de *teses contrapostas*, não importando o veículo que as tenha levado ao Supremo Tribunal Federal ou ao Superior Tribunal de Justiça. Assim, são possíveis de

---

[19] No direito alemão a figura se chama *Musterverfahren* e gera decisão que serve de modelo (*Muster*) para a resolução de uma quantidade expressiva de processos em que as partes estejam na mesma situação, não se tratando necessariamente, do mesmo autor nem do mesmo réu (RALF-THOMAS WITTMANN. Il "contenzioso di massa" *in* Germania, in GIORGETTI ALESSANDRO e VALERIO VALLEFUOCO, *Il Contenzioso di massa in Italia, in Europa e nel mondo*, Milão: Giuffrè, 2008, p. 178).

[20] Tais medidas refletem, sem dúvida, a tendência de coletivização do processo, assim explicada por RODOLFO DE CAMARGO MANCUSO: *"Desde o último quartel do século passado, foi tomando vulto o fenômeno da 'coletivização' dos conflitos, à medida que, paralelamente, se foi reconhecendo a inaptidão do processo civil clássico para instrumentalizar essas megacontrovérsias, próprias de uma conflitiva sociedade de massas. Isso explica a proliferação de ações de cunho coletivo, tanto na Constituição Federal (arts. 5º, XXI; LXX, 'b'; LXXIII; 129, III) como na legislação processual extravagante, empolgando segmentos sociais de largo espectro: consumidores, infância e juventude; deficientes físicos; investidores no mercado de capitais; idosos; torcedores de modalidades desportivas, etc. Logo se tornou evidente (e premente) a necessidade da oferta de novos instrumentos capazes de recepcionar esses conflitos assim potencializado, seja em função do número expressivo (ou mesmo indeterminado) dos sujeitos concernentes, seja em função da indivisibilidade do objeto litigioso, que o torna insuscetível de partição e fruição por um titular exclusivo"* (A resolução de conflitos e a função judicial no Contemporâneo Estado de Direito. São Paulo: Revista dos Tribunais, 2009, p. 379-380).

confronto teses contidas em recursos e ações, sejam as decisões de mérito ou relativas ao juízo de admissibilidade.

Está-se, aqui, diante de poderoso instrumento, agora tornado ainda mais eficiente, cuja finalidade é a de uniformizar a jurisprudência dos Tribunais superiores, *interna corporis*.

Sem que a jurisprudência desses Tribunais esteja internamente uniformizada, é posto abaixo o edifício cuja base é o respeito aos precedentes dos Tribunais superiores.

2) Pretendeu-se converter o processo em instrumento incluído no **contexto social** em que produzirá efeito o seu resultado. Deu-se ênfase à possibilidade de as partes porem fim ao conflito pela via da mediação ou da conciliação.[21] Entendeu-se que a *satisfação efetiva* das partes pode dar-se de modo mais intenso se a solução é por elas criada e não imposta pelo juiz.

Como regra, deve realizar-se audiência em que, ainda antes de ser apresentada contestação, se tentará fazer com que autor e réu cheguem a acordo. Dessa audiência, poderão participar conciliador e mediador e o réu deve comparecer, sob pena de se qualificar sua ausência injustificada como ato atentatório à dignidade da justiça. Não se chegando a acordo, terá início o prazo para a contestação.

Por outro lado, e ainda levando em conta a qualidade da satisfação das partes com a solução dada ao litígio, previu-se a possibilidade da presença do *amicus curiae*, cuja manifestação, com certeza tem aptidão de proporcionar ao juiz condições de proferir decisão mais próxima às reais necessidades das partes e mais rente à realidade do país.[22]

Criou-se regra no sentido de que a intervenção pode ser pleiteada pelo *amicus curiae* ou solicitada de ofício, como decorrência das peculiaridades da causa, em todos os graus de jurisdição.

Entendeu-se que os requisitos que impõem a manifestação do *amicus curiae* no processo, se existem, estarão presentes desde o primeiro grau de jurisdição, não se justificando que a possibilidade de sua intervenção ocorra só nos Tribunais Superiores. Evidentemente, todas as decisões devem ter a qualidade que possa proporcionar a presença do *amicus curiae*, não só a última delas.

---

[21] A criação de condições para realização da transação é uma das tendências observadas no movimento de reforma que inspirou o processo civil alemão. Com efeito, explica BARBOSA MOREIRA que *"já anteriormente, por força de uma lei de 1999, os órgãos legislativos dos 'Lander' tinham sido autorizados, sob determinadas circunstâncias, a exigirem, como requisito de admissibilidade da ação, que se realizasse prévia tentativa de conciliação extrajudicial. Doravante, nos termos do art. 278, deve o tribunal, em princípio, levar a efeito a tentativa, ordenando o comparecimento pessoal de ambas as partes. O órgão judicial discutirá com elas a situação, poderá formular-lhes perguntas e fazer-lhes observações. Os litigantes serão ouvidos pessoalmente e terá cada qual a oportunidade de expor sua versão do litígio..."* (*Breves notícias sobre a reforma do processo civil alemão*, p. 106).

[22] Predomina na doutrina a opinião de que a origem do *amicus curiae* está na Inglaterra, no processo penal, embora haja autores que afirmem haver figura assemelhada já no direito romano (CÁSSIO SCARPINELLA BUENO, *Amicus curiae no processo civil brasileiro*, Ed. Saraiva, 2006, p. 88). Historicamente, sempre atuou ao lado do juiz, e sempre foi a discricionariedade deste que determinou a intervenção desta figura, fixando os limites de sua atuação. Do direito inglês, migrou para o direito americano, em que é, atualmente, figura de relevo digno de nota (CÁSSIO SCARPINELLA BUENO, ob. cit., p. 94 e seguintes).

Com objetivo semelhante, permite-se no novo CPC que os Tribunais Superiores apreciem o mérito de alguns recursos que veiculam questões relevantes, cuja solução é necessária para o aprimoramento do Direito, ainda que não estejam preenchidos requisitos de admissibilidade considerados menos importantes. Trata-se de regra afeiçoada à processualística contemporânea, que privilegia o conteúdo em detrimento da forma, em consonância com o princípio da instrumentalidade.

3) Com a finalidade de *simplificação*, criou-se,[23] v. g., a possibilidade de o réu formular pedido independentemente do expediente formal da reconvenção, que desapareceu. Extinguiram-se muitos incidentes: passa a ser matéria alegável em preliminar de contestação a incorreção do valor da causa e a indevida concessão do benefício da justiça gratuita, bem como as duas espécies de incompetência. Não há mais a ação declaratória incidental nem a ação declaratória incidental de falsidade de documento, bem como o incidente de exibição de documentos. As formas de intervenção de terceiro foram modificadas e parcialmente fundidas: criou-se um só instituto, que abrange as hipóteses de denunciação da lide e de chamamento ao processo. Deve ser utilizado quando o chamado puder ser réu em ação regressiva; quando um dos devedores solidários saldar a dívida, aos demais; quando houver obrigação, por lei ou por contrato, de reparar ou garantir a reparação de dano, àquele que tem essa obrigação. A sentença dirá se terá havido a hipótese de ação regressiva, ou decidirá quanto à obrigação comum. Muitos[24] procedimentos especiais[25] foram extintos. Foram mantidos a ação de consignação em pagamento, a ação de prestação de contas, a ação de

---

[23] Tal possibilidade, rigorosamente, já existia no CPC de 1973, especificamente no procedimento comum sumário (art. 278, parágrafo 1º) e em alguns procedimentos especiais disciplinados no Livro IV, como, por exemplo, as ações possessórias (art. 922), daí por que se afirmava, em relação a estes, que uma de suas características peculiares era, justamente, a natureza dúplice da ação. Contudo, no Novo Código, o que era excepcional se tornará regra geral, em evidente benefício da economia processual e da ideia de efetividade da tutela jurisdicional.

[24] EGAS MONIZ DE ARAGÃO, comentando a transição do Código de 1939 para o Código de 1973, já chamava a atenção para a necessidade de refletir sobre o grande número de procedimentos especiais que havia no primeiro e foi mantido, no segundo diploma. Nesse sentido: "Ninguém jamais se preocupou em investigar se é necessário ou dispensável, se é conveniente ou inconveniente oferecer aos litigantes essa pletora de procedimentos especiais; ninguém jamais se preocupou em verificar se a existência desses inúmeros procedimentos constitui obstáculo à 'efetividade do processo', valor tão decantado na atualidade; ninguém jamais se preocupou em pesquisar se a existência de tais e tantos procedimentos constitui estorvo ao bom andamento dos trabalhos forenses e se a sua substituição por outros e novos meios de resolver os mesmos problemas poderá trazer melhores resultados. Diante desse quadro é de indagar: será possível atingir os resultados verdadeiramente aspirados pela revisão do Código sem remodelar o sistema no que tange aos procedimentos especiais?" (Reforma processual: 10 anos. *Revista do Instituto dos Advogados do Paraná*. Curitiba, nº 33, p. 201-215, dez. 2004, p. 205).

[25] Ainda na vigência do Código de 1973, já não se podia afirmar que a maior parte desses procedimentos era efetivamente especial. As características que, no passado, serviram para lhes qualificar desse modo, após as inúmeras alterações promovidas pela atividade de reforma da legislação processual, deixaram de lhes ser exclusivas. Vários aspectos que, antes, somente se viam nos procedimentos ditos especiais, passaram, com o tempo, a se observar também no procedimento comum. Exemplo disso é o sincretismo processual, que passou a marcar o procedimento comum desde que admitida a concessão de tutela de urgência em favor do autor, nos termos do art. 273.

divisão e demarcação de terras particulares, inventário e partilha, embargos de terceiro, habilitação, restauração de autos, homologação de penhor legal e ações possessórias.

Extinguiram-se também as ações cautelares nominadas. Adotou-se a regra no sentido de que basta à parte a demonstração do *fumus boni iuris* e do perigo de ineficácia da prestação jurisdicional para que a providência pleiteada deva ser deferida. Disciplina-se também a tutela sumária que visa a proteger o direito evidente, independentemente de *periculum in mora*.

O Novo CPC agora deixa clara a possibilidade de concessão de tutela de urgência e de tutela à evidência. Considerou-se conveniente esclarecer de forma expressa que a resposta do Poder Judiciário deve ser rápida não só em situações em que a urgência decorre do risco de eficácia do processo e do eventual perecimento do próprio direito. Também em hipóteses em que as alegações da parte se revelam de juridicidade ostensiva deve a tutela ser antecipadamente (total ou parcialmente) concedida, independentemente de *periculum in mora*, por não haver razão relevante para a espera, até porque, via de regra, a demora do processo gera agravamento do dano.

Ambas essas espécies de tutela vêm disciplinadas na Parte Geral, tendo também desaparecido o livro das Ações Cautelares.

A tutela de urgência e da evidência podem ser requeridas **antes** ou **no curso** do procedimento em que se pleiteia a providência principal.

Não tendo havido resistência à liminar concedida, o juiz, depois da efetivação da medida, extinguirá o processo, conservando-se a eficácia da medida concedida, sem que a situação fique protegida pela coisa julgada.

Impugnada a medida, o pedido principal deve ser apresentado **nos mesmos autos** em que tiver sido formulado o pedido de urgência.

As opções procedimentais acima descritas exemplificam sobremaneira a concessão da tutela cautelar ou antecipatória, do ponto de vista procedimental.

Além de a incompetência, absoluta e relativa, poder ser levantada pelo réu em preliminar de contestação, o que também significa uma maior simplificação do sistema, a incompetência absoluta não é, no Novo CPC, hipótese de cabimento de ação rescisória.

Cria-se a faculdade de o advogado promover, pelo correio, a intimação do advogado da outra parte. Também as testemunhas devem comparecer espontaneamente, sendo excepcionalmente intimadas por carta com aviso de recebimento.

A extinção do procedimento especial "ação de usucapião" levou à criação do procedimento edital, como forma de comunicação dos atos processuais, por meio do qual, em ações deste tipo, devem-se provocar todos os interessados a intervir, se houver interesse.

O prazo para todos os recursos, com exceção dos embargos de declaração, foi uniformizado: quinze dias.

O recurso de apelação continua sendo interposto no 1º grau de jurisdição, tendo-lhe sido, todavia, retirado o juízo de admissibilidade, que é exercido apenas no 2º grau de jurisdição. Com isso, suprime-se um novo foco desnecessário de recorribilidade.

Na execução, se eliminou a distinção entre praça e leilão, assim como a necessidade de duas hastas públicas. Desde a primeira, pode o bem ser alienado por valor inferior ao da avaliação, desde que não se trate de preço vil.

Foram extintos os embargos à arrematação, tornando-se a ação anulatória o único meio de que o interessado pode valer-se para impugná-la.

Bastante simplificado foi o sistema recursal. Essa simplificação, todavia, em momento algum significou restrição ao direito de defesa. Em vez disso deu, de acordo com o objetivo tratado no item seguinte, maior rendimento a cada processo individualmente considerado.

Desapareceu o agravo retido, tendo, correlatamente, sido alterado o regime das preclusões.[26] Todas as decisões anteriores à sentença podem ser impugnadas na apelação. Ressalte-se que, na verdade, o que se modificou, nesse particular, foi exclusivamente o momento da impugnação, pois essas decisões, de que se recorria, no sistema anterior, por meio de agravo retido, só eram mesmo alteradas ou mantidas quando o agravo era julgado, como preliminar de apelação. Com o novo regime, o momento de julgamento será o mesmo; não o da impugnação.

O agravo de instrumento ficou mantido para as hipóteses de concessão, ou não, de tutela de urgência; para as interlocutórias de mérito, para as interlocutórias proferidas na execução (e no cumprimento de sentença) e para todos os demais casos a respeito dos quais houver previsão legal expressa.

Previu-se a sustentação oral em agravo de instrumento de decisão de mérito, procurando-se, com isso, alcançar resultado do processo mais rente à realidade dos fatos.

Uma das grandes alterações havidas no sistema recursal foi a supressão dos embargos infringentes.[27] Há muito, doutrina da melhor qualidade vem propugnando pela necessidade de que sejam extintos.[28] Em contrapartida a essa extinção, o relator terá o dever de declarar o voto vencido, sendo este considerado como parte integrante do acórdão, inclusive para fins de prequestionamento.

Significativas foram as alterações, no que tange aos recursos para o STJ e para o STF. O Novo Código contém regra expressa, que leva ao aproveitamento do processo, de forma plena, devendo ser decididas todas as razões que podem levar ao provimento ou ao improvimento do recurso. Sendo, por exemplo, o recurso extraordinário provido para acolher uma causa de pedir, ou (*a*) examinam-se todas as outras, ou, (*b*) remetem-se os autos para o Tribunal de segundo grau, para que decida as demais, ou, (*c*) remetem-se os autos para o primeiro grau, caso haja necessidade de produção de provas, para a decisão das demais; e, pode-se também, (*d*) remeter os autos ao STJ, caso as causas de pedir restantes constituam-se em questões de direito federal.

---

[26] Essa alteração contempla uma das duas soluções que a doutrina processualista colocava em relação ao problema da recorribilidade das decisões interlocutórias. Nesse sentido: *"Duas teses podem ser adotadas com vistas ao controle das decisões proferidas pelo juiz no decorrer do processo em primeira instância: ou, a) não se proporciona recurso algum e os litigantes poderão impugná-las somente com o recurso cabível contra o julgamento final, normalmente a apelação, caso estes em que não incidirá preclusão sobre tais questões, ou, b) é proporcionado recurso contra as decisões interlocutórias (tanto faz que o recurso suba incontinente ao órgão superior ou permaneça retido nos autos do processo) e ficarão preclusas as questões nelas solucionadas caso o interessado não recorra"* (ARAGÃO, E. M. *Reforma processual: 10 anos*, p. 210-211).

[27] Essa trajetória, como lembra BARBOSA MOREIRA, foi, no curso das décadas, *"complexa e sinuosa"* (Novas vicissitudes dos embargos infringentes, *Revista de Processo*. São Paulo, v. 28, nº 109, p. 113-123, jul./ago. 2004, p. 113).

[28] Nesse sentido, *"A existência de um voto vencido não basta por si só para justificar a criação de tal recurso; porque, por tal razão, se devia admitir um segundo recurso de embargos toda vez que houvesse mais de um voto vencido; desta forma poderia arrastar-se a verificação por largo tempo, vindo o ideal de justiça a ser sacrificado pelo desejo de aperfeiçoar a decisão"* (ALFREDO BUZAID, Ensaio para uma revisão do sistema de recursos no Código de Processo Civil. *Estudos de direito*. São Paulo: Saraiva, 1972, v. 1, p. 111).

Com os mesmos objetivos, consistentes em simplificar o processo, dando-lhe, simultaneamente, o maior rendimento possível, criou-se a regra de que não há mais extinção do processo, por decisão de inadmissão de recurso, caso o tribunal destinatário entenda que a competência seria de outro tribunal. Há, isto sim, em todas as instâncias, inclusive no plano de STJ e STF, **a remessa dos autos ao tribunal competente.**

Há dispositivo expresso determinando que, se os embargos de declaração são interpostos com o objetivo de prequestionar a matéria objeto do recurso principal, e não são admitidos, considera-se o prequestionamento como havido, salvo, é claro, se se tratar de recurso que pretenda a inclusão, no acórdão, da descrição de fatos.

Vê-se, pois, que as alterações do sistema recursal a que se está, aqui, aludindo, proporcionaram simplificação e levaram a efeito um outro objetivo, de que abaixo se tratará: obter-se o maior rendimento possível de cada processo.

4) O novo sistema permite que cada processo *tenha maior rendimento possível.* Assim, e por isso, estendeu-se a autoridade da coisa julgada às questões prejudiciais.

Com o objetivo de se dar maior **rendimento** a cada processo, individualmente considerado, e, atendendo a críticas tradicionais da doutrina,[29] deixou, a possibilidade jurídica do pedido, de ser condição da ação. A sentença que, à luz da lei revogada seria de carência da ação, à luz do Novo CPC é de improcedência e resolve definitivamente a controvérsia.

Criaram-se mecanismos para que, sendo a ação proposta com base em várias causas de pedir e sendo só uma levada em conta na decisão do 1º e do 2º graus, repetindo-se as decisões de procedência, caso o tribunal superior inverta a situação, retorne o processo ao 2º grau, para que as demais sejam apreciadas, até que, afinal, sejam todas decididas e seja, **efetivamente, posto fim à controvérsia.**

O mesmo ocorre se se tratar de ação julgada improcedente em 1º e em 2º graus, como resultado de acolhimento de uma razão de defesa, quando haja mais de uma.

Também visando a essa finalidade, o novo Código de Processo Civil criou, inspirado no sistema italiano[30] e francês,[31] a estabilização de tutela, a que já se referiu no item anterior, que permite a manutenção da eficácia da medida de urgência, ou antecipatória de tutela, até que seja eventualmente impugnada pela parte contrária.

As partes podem, até a sentença, modificar pedido e causa de pedir, desde que não haja ofensa ao contraditório. De cada processo, por esse método, se obtém tudo o que seja possível.

---

[29] CÂNDIDO DINAMARCO lembra que o próprio LIEBMAN, após formular tal condição da ação em aula inaugural em Turim, renunciou a ela depois que *"a lei italiana passou a admitir o divórcio, sendo este o exemplo mais expressivo de impossibilidade jurídica que vinha sendo utilizado em seus escritos"* (*Instituições de direito processual civil.* v. II, 6. ed. São Paulo: Malheiros, 2009, p. 309).

[30] Tratam da matéria, por exemplo, COMOGLIO, Luigi; FERRI, Corrado; TARUFFO, Michele. *Lezioni sul processo civile.* 4. ed. Bologna: Il Mulino, 2006. t. I e II; PICARDI, Nicola. *Codice di procedura civile.* 4. ed. Milão: Giuffrè, 2008. t. II; GIOLA, Valerio de; RASCHELLÀ, Anna Maria. *I provvedimento d´urgenza ex art. 700 Cod. Proc. Civ.* 2. ed. Experta, 2006.

[31] É conhecida a figura do *référré* francês, que consiste numa forma sumária de prestação de tutela, que gera decisão provisória, não depende necessariamente de um processo principal, não transita em julgado, mas pode prolongar a sua eficácia no tempo. Vejam-se arts. 488 e 489 do *Nouveau Code de Procédure Civile* francês.

Na mesma linha, tem o juiz o poder de adaptar o procedimento às peculiaridades da causa.[32]

Com a mesma finalidade, criou-se a regra, a que já se referiu, no sentido de que, entendendo o Superior Tribunal de Justiça que a questão veiculada no recurso especial seja constitucional, deve remeter o recurso do Supremo Tribunal Federal; do mesmo modo, deve o Supremo Tribunal Federal remeter o recurso ao Superior Tribunal de Justiça, se considerar que não se trata de ofensa direta à Constituição Federal, por decisão irrecorrível.

5) A Comissão trabalhou sempre tendo como **pano de fundo** um objetivo genérico, que foi de imprimir organicidade às regras do processo civil brasileiro, dando maior coesão ao sistema.

O Novo CPC conta, agora, com uma Parte Geral,[33] atendendo às críticas de parte ponderável da doutrina brasileira. Neste Livro I, são mencionados princípios constitucionais de especial importância para todo o processo civil, bem como regras gerais, que dizem respeito a todos os demais Livros. A Parte Geral desempenha o papel de chamar para si a solução de questões difíceis relativas às demais partes do Código, já que contém regras e princípios gerais a respeito do funcionamento do sistema.

O conteúdo da Parte Geral (Livro I) consiste no seguinte: princípios e garantias fundamentais do processo civil; aplicabilidade das normas processuais; limites da jurisdição brasileira; competência interna; normas de cooperação internacional e nacional; partes; litisconsórcio; procuradores; juiz e auxiliares da justiça; Ministério Público; atos processuais; provas; tutela de urgência e tutela da evidência; formação, suspensão e extinção do processo. O Livro II diz respeito ao processo de conhecimento, incluindo cumprimento de sentença e procedimentos especiais, contenciosos ou não. O Livro III trata do processo de execução, e o Livro IV disciplina os processos nos Tribunais e os meios de impugnação das decisões judiciais. Por fim, há as disposições finais e transitórias.

O objetivo de organizar internamente as regras e harmonizá-las entre si foi o que inspirou, por exemplo, a reunião das hipóteses em que os Tribunais ou juízes podem voltar atrás, mesmo depois de terem proferido decisão de mérito: havendo embargos de declaração, erro material, sendo proferida decisão pelo STF ou pelo STJ com base nos artigos 543-B e 543-C do Código anterior.

Organizaram-se em dois dispositivos as causas que levam à extinção do processo, por indeferimento da inicial, sem ou com julgamento de mérito, incluindo-se neste grupo o que constava do art. 285-A do Código anterior.

Unificou-se o critério relativo ao fenômeno que gera a prevenção: o despacho que ordena a citação. A ação, por seu turno, considera-se proposta assim que protocolada a inicial.

---

[32] No processo civil inglês, há regra expressa a respeito dos *"case management powers"*. CPR 1.4. Na doutrina, v. NEIL ANDREWS, *O moderno processo civil*, São Paulo: RT, 2009, item 3.14, p. 74. Nestas regras de gestão de processos, inspirou-se a Comissão autora do Anteprojeto.

[33] Para EGAS MONIZ DE ARAGÃO, a ausência de uma parte geral, no Código de 1973, ao tempo em que promulgado, era compatível com a ausência de sistematização, no plano doutrinário, de uma teoria geral do processo. E advertiu o autor: *"não se recomendaria que o legislador precedesse aos doutrinadores, aconselhando a prudência que se aguarde o desenvolvimento do assunto por estes para, colhendo-lhes os frutos, atuar aquele"* (*Comentários ao Código de Processo Civil*: v. II. 7. ed. Rio de Janeiro: Forense, 1991, p. 8). O profundo amadurecimento do tema que hoje se observa na doutrina processualista brasileira justifica, nessa oportunidade, a sistematização da teoria geral do processo, no novo CPC.

Tendo desaparecido o Livro do Processo Cautelar e as cautelares em espécie, acabaram sobrando medidas que, em consonância com parte expressiva da doutrina brasileira, embora estivessem formalmente inseridas no Livro III, de cautelares, nada tinham. Foram, então, realocadas, junto aos procedimentos especiais.

Criou-se um livro novo, a que já se fez menção, para os processos nos Tribunais, que abrange os meios de impugnação às decisões judiciais – recursos e ações impugnativas autônomas – e institutos como, por exemplo, a homologação de sentença estrangeira.

Também com o objetivo de desfazer "nós" do sistema, deixaram-se claras as hipóteses de cabimento de ação rescisória e de ação anulatória, eliminando-se dúvidas, com soluções como, por exemplo, a de deixar sentenças homologatórias como categoria de pronunciamento impugnável pela ação anulatória, ainda que se trate de decisão de mérito, isto é, que homologa transação, reconhecimento jurídico do pedido ou renúncia à pretensão.

Com clareza e com base em doutrina autorizada,[34] disciplinou-se o litisconsórcio, separando-se, com a nitidez possível, o necessário do unitário.

Inverteram-se os termos **sucessão** e **substituição**, acolhendo-se crítica antiga e correta da doutrina.[35]

Nos momentos adequados, utilizou-se a expressão *convenção de arbitragem*, que abrange a cláusula arbitral e o compromisso arbitral, imprimindo-se, assim, o mesmo regime jurídico a ambos os fenômenos.[36]

Em conclusão, como se frisou no início desta exposição de motivos, elaborar-se um Código novo não significa "deitar abaixo as instituições do Código vigente, substituindo-as por outras, inteiramente novas".[37]

Nas alterações das leis, com exceção daquelas feitas imediatamente após períodos históricos que se pretendem deixar definitivamente para trás, não se deve fazer "*tabula rasa*" das conquistas alcançadas. Razão alguma há para que não se conserve ou aproveite o que há de bom no sistema que se pretende reformar.

Assim procedeu a Comissão de Juristas que reformou o sistema processual: criou saudável equilíbrio entre conservação e inovação, sem que tenha havido drástica ruptura com o presente ou com o passado.

---

[34] CÂNDIDO DINAMARCO, por exemplo, sob a égide do Código de 1973, teceu críticas à redação do art. 47, por entender que "*esse mal redigido dispositivo dá a impressão, absolutamente falsa, de que o litisconsórcio unitário seria modalidade do necessário*" (*Instituições de direito processual civil*, v. II, p. 359). No entanto, explica, com inequívoca clareza, o processualista: "*Os dois conceitos não se confundem nem se colocam em relação de gênero a espécie. A unitariedade não é espécie da necessariedade. Diz respeito ao 'regime de tratamento' dos litisconsortes, enquanto esta é a exigência de 'formação' do litisconsórcio.*"

[35] "*O Código de Processo Civil dá a falsa ideia de que a troca de um sujeito pelo outro na condição de parte seja um fenômeno de substituição processual: o vocábulo 'substituição' e a forma verbal 'substituindo' são empregadas na rubrica em que se situa o art. 48 e em seu § 1º. Essa impressão é falsa porque 'substituição processual' é a participação de um sujeito no processo, como autor ou réu, sem ser titular do interesse em conflito (art. 6º). Essa locução não expressa um movimento de entrada e saída. Tal movimento é, em direito, 'sucessão' – no caso, sucessão processual*" (DINAMARCO, C. *Instituições de direito processual civil*, v. II, p. 281).

[36] Sobre o tema da arbitragem, veja-se: CARMONA, Carlos Alberto. *Arbitragem e Processo um comentário à lei nº 9.307/96*. 3. ed. São Paulo: Atlas, 2009.

[37] ALFREDO BUZAID, Exposição de motivos, Lei nº 5.869, de 11 de janeiro de 1973.

Foram criados institutos inspirados no direito estrangeiro, como se mencionou ao longo desta Exposição de Motivos, já que a época em que vivemos é de interpenetração das civilizações. O Novo CPC é fruto de reflexões da Comissão que o elaborou, que culminaram em escolhas racionais de caminhos considerados adequados, à luz dos cinco critérios acima referidos, à obtenção de uma sentença que resolva o conflito, com respeito aos direitos fundamentais e no menor tempo possível, realizando o interesse público da atuação da lei material.

Em suma, para a elaboração do Novo CPC, identificaram-se os avanços incorporados ao sistema processual preexistente, que deveriam ser conservados. Estes foram organizados e se deram alguns passos à frente, para deixar expressa a adequação das novas regras à Constituição Federal da República, com um sistema mais coeso, mais ágil e capaz de gerar um processo civil mais célere e mais justo.

A Comissão de Juristas
Brasília, 8 de junho de 2010.

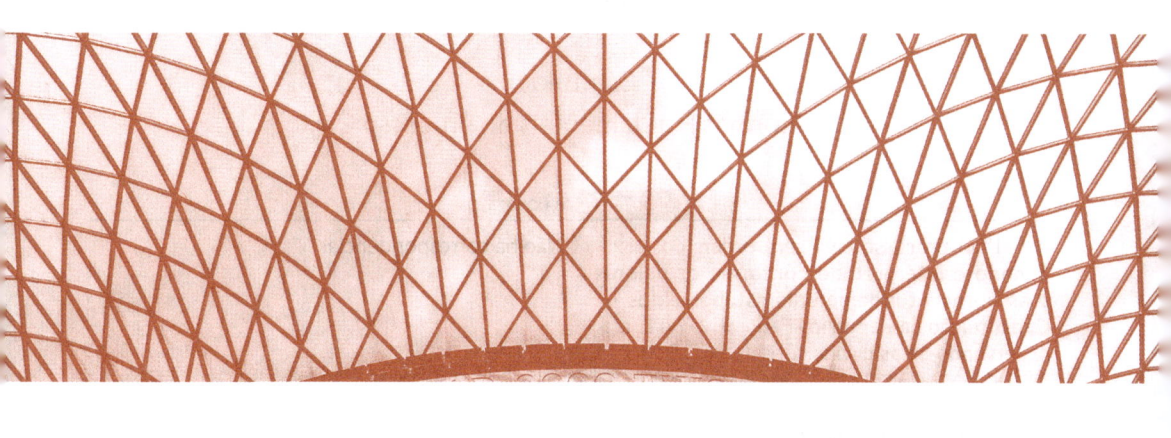

Parte Geral

LIVRO I
DAS NORMAS PROCESSUAIS CIVIS

TÍTULO ÚNICO
DAS NORMAS FUNDAMENTAIS E DA APLICAÇÃO DAS NORMAS PROCESSUAIS

Capítulo I
Das Normas Fundamentais do Processo Civil

CPC/2015	CPC/1973
Art. 1º O processo civil será ordenado, disciplinado e interpretado conforme os valores e as normas fundamentais estabelecidos na Constituição da República Federativa do Brasil, observando-se as disposições deste Código.	Não há correspondência.

 COMENTÁRIOS:

Jurisdição, ação e processo. Provocada por meio da ação, a jurisdição vai atuar com vistas à definição, à realização e ao acautelamento dos direitos substanciais deduzidos pelos litigantes. Esse agir da jurisdição, contudo, não se dá de forma aleatória. Ele se opera por meio do processo, o qual, por sua vez, tem seus contornos definidos pelas normas jurídicas. Levando-se em conta o direito material subjacente, para efeitos didáticos, subdivide-se o processo em: civil, penal, trabalhista e eleitoral. Pois bem, o processo civil será ordenado e disciplinado conforme as regras e os princípios previstos no Código de Processo Civil.

Não se pode olvidar, entretanto, da supremacia da Constituição e da completude do ordenamento jurídico. O fato de o Código conter um arcabouço principiológico não afasta a aplicação de outros princípios insertos no ordenamento, notadamente daqueles extraídos da Constituição (explícita ou implicitamente).

Por fim, não se pode esquecer de que, ao mencionar as "disposições deste Código", o legislador incluiu também os precedentes judiciais. É que a partir do novo CPC não haverá mais dúvidas no sentido de que os entendimentos dos tribunais superiores também integrarão o rol das fontes formais do direito.

CPC/2015	CPC/1973
Art. 2º O processo começa por iniciativa da parte *e* se desenvolve por impulso oficial, **salvo as exceções previstas em lei.**	Art. 2º ~~Nenhum juiz prestará a tutela jurisdicional senão quando a parte ou o interessado a requerer, nos casos e forma legais.~~
	Art. 262. O processo ~~civil~~ começa por iniciativa da parte, *mas* se desenvolve por impulso oficial.

 **COMENTÁRIOS:**

Princípios da demanda e do impulso oficial. O art. 2º do CPC/2015 manteve o preceito instituído no art. 262 do CPC/1973, o qual ratificava a necessidade de provocação da jurisdição para formação da relação jurídico-processual. Do ponto de vista instrumental, essa provocação é feita pela petição inicial. Ajuizada a ação, ou seja, protocolada a petição inicial, o processo segue o procedimento previsto em lei, cabendo ao juiz impulsionar os atos subsequentes. Ressalte-se que a não repetição do art. 2º do CPC/1973 não indica qualquer prejuízo, uma vez que a ideia nele inserida já era reproduzia pelo art. 262.

Os fundamentos dessa norma, que deriva dos princípios da demanda e do impulso oficial, são resguardar não só a liberdade dos jurisdicionados de buscarem ou não a tutela de seus direitos e interesses, como também garantir a imparcialidade do magistrado.

Exceções ao princípio da demanda. Há, no entanto, casos em que a lei autoriza o juiz a iniciar, de ofício, o processo ou etapa dele. Por exemplo: (i) execução trabalhista (art. 872 da CLT); (ii) decretação de falência de empresa sob o regime de recuperação judicial (arts. 73 e 74 da Lei nº 11.101/2005). No CPC/2015 podem ser citados os seguintes exemplos de atuação *ex officio* do juiz: arts. 536 e 538, que autorizam o juiz a dar início ao cumprimento de sentença nas obrigações de fazer, de não fazer e de entregar coisa; art. 953, I, que trata do conflito de competência e insere o juiz como legitimado para suscitar o conflito; art. 977, I, que admite a instauração do IRDR (Incidente de Resolução de Demandas Repetitivas) pelo próprio juiz ou relator.

Vale destacar que o novo CPC não repetiu a redação do art. 989 do CPC/1973, de modo que não mais se admite a instauração de inventário *ex officio* caso os legitimados não o façam no prazo legal.

CPC/2015	CPC/1973
Art. 3º Não se excluirá da apreciação jurisdicional ameaça ou lesão a direito. § 1º É permitida a arbitragem, na forma da lei. § 2º O Estado promoverá, sempre que possível, a solução consensual dos conflitos. § 3º A conciliação, a mediação e outros métodos de solução consensual de conflitos deverão ser estimulados por juízes, advogados, defensores públicos e membros do Ministério Público, inclusive no curso do processo judicial.	Não há correspondência.

 COMENTÁRIOS·

Princípio da inafastabilidade. O *caput* do artigo contempla o denominado princípio da inafastabilidade da jurisdição, também conhecido como princípio do acesso à Justiça, previsto no art. 5º, XXXV, da Constituição Federal. Segundo esse princípio, todos têm direito de buscar a tutela jurisdicional do Estado visando à solução de conflitos decorrentes da vida em sociedade. O Estado, a quem a Constituição outorgou o poder de solucionar os litígios em caráter definitivo, não pode delegar ou se recusar a exercer essa função.

Vale salientar que a inafastabilidade se dá apenas nos casos de "ameaça ou lesão a direito". O Judiciário não pode substituir a atividade privada ou os órgãos administrativos.

Invocar a tutela jurisdicional do Estado para compelir uma instituição bancária a fornecer o extrato da conta-corrente sem ao menos ter procurado o caixa eletrônico ou o funcionário do banco caracteriza falta de interesse processual. O mesmo ocorre quando se pleiteia aposentadoria diretamente à justiça sem que tenha ocorrido prévia manifestação do instituto de previdência.[1]

Zulmar Duarte destaca, contudo, que, "no Código, a 'ameaça' veio antes da 'lesão'. A inversão, além de lógica (a ameaça normalmente precede a lesão, ainda que instantaneamente), não deixa de chamar a atenção pelo prestígio assumido hodiernamente pela tutela de urgência".[2]

Juízo arbitral. A constitucionalidade da Lei da Arbitragem (nº 9.307/1996) já foi objeto de questionamento no STF, ao fundamento de que a faculdade que têm as partes de recorrerem a um juiz privado (árbitro) para solução dos litígios afrontava, entre outros, o princípio da inafastabilidade da jurisdição (CF, art. 5º, XXXV e LIII). O STF, por maioria, declarou a constitucionalidade da norma. Essa decisão do Supremo agora é ratificada pelo CPC/2015, que textualmente dispõe: "é permitida a arbitragem, na forma da lei" (§ 1º).

Outros meios de solução dos litígios. O novo CPC não tem por foco exclusivamente o processo jurisdicional. O processo, na visão contemporânea, é policêntrico. Caminha para frente, no sentido da composição, seja pela outorga da sentença estatal, da sentença arbitral ou do acordo entre as partes. Na perspectiva do novo Código não se afigura correto falar em "meios alternativos" de solução de litígios para se referir à arbitragem, à conciliação e à mediação. Não mais se pode falar em relação de alternatividade entre o processo jurisdicional e os outros meios de solução consensual dos litígios. Todos, igualmente, são contemplados no novo Código e devem ser promovidos pelo Estado (§ 2º) e estimulados por juízes, advogados, defensores públicos e membros do Ministério Público, inclusive no curso do processo judicial (§ 3º).

CPC/2015	CPC/1973
Art. 4º **As partes têm o direito de obter em prazo razoável a solução integral do mérito, incluída a atividade satisfativa.**	Não há correspondência.

 ## COMENTÁRIOS:

Princípio da duração razoável do processo. O dispositivo traz para o ordenamento processual civil o princípio da duração razoável do processo, já positivado na Constituição

[1] Em julgado do Supremo Tribunal Federal, proferido sob a sistemática da repercussão geral (RE 631.240/MG, julgado em 27.08.2014), ficou decidido que, em regra, o segurado/dependente somente pode propor a ação pleiteando a concessão do benefício previdenciário se anteriormente formulou requerimento administrativo e este foi negado. A exceção ocorre quando se pleiteia a revisão do benefício, hipótese na qual não se exige o prévio requerimento administrativo. Ressalte-se que esse entendimento da Suprema Corte não exige o exaurimento da via administrativa, apenas que o instituto de previdência tenha se negado a fornecer o benefício pleiteado.

[2] DUARTE, Zulmar; DELLORE, Luiz; GAJARDONI, Fernando; ROQUE, André Vasconcelos. **Teoria geral do processo:** comentários ao CPC de 2015 – Parte Geral. São Paulo: Forense, 2015, p. 14.

Federal (art. 5º, LXXVIII)[3] e na Convenção Americana de Direitos Humanos (art. 8, 1).[4] O inciso II do art. 139 do CPC/2015 também reforça esse princípio ao dispor que cabe ao juiz velar pela duração razoável do processo.

A observância da duração razoável do processo comporta duas dimensões: uma intraprocessual, ligada ao dever de adequação do procedimento, conforme os contornos do direito material subjacente, e outra extraprocessual, referente à organização da atividade jurisdicional como um todo. Diversas normas do CPC/2015 buscam a concretização desse princípio, a exemplo do art. 235.

Sobre o parâmetro para se auferir a razoabilidade no que tange à duração do processo, é possível utilizar o disposto no art. 97-A da Lei nº 9.504/1997 (Lei das Eleições),[5] mas sem esquecer de que algumas peculiaridades do caso concreto podem justificar eventual atraso.

Princípio da primazia do julgamento do mérito. O dispositivo em comento também consagra o chamado princípio da primazia do julgamento do mérito, que pode ser sintetizado da seguinte forma: o julgador deve, sempre que possível, priorizar o julgamento do mérito, superando ou viabilizando a correção dos vícios processuais e, consequentemente, aproveitando todos os atos do processo. Outros dispositivos do novo CPC traduzem esse princípio: art. 6º; art. 282 e §§; art. 317; art. 352; art. 488; art. 932, parágrafo único; e art. 1.029, § 3º.

CPC/2015	CPC/1973
Art. 5º Aquele que de qualquer forma participa do processo *deve comportar-se* de acordo com a boa-fé.	Art. 14. ~~São deveres das partes e de todos~~ aqueles que de qualquer forma participam do processo: [...] II – *proceder* com ~~lealdade e~~ boa-fé;

 ## COMENTÁRIOS:

Princípio da boa-fé processual. A conduta de todos os sujeitos processuais,[6] e não somente das partes, deve seguir um padrão ético e objetivo de honestidade, diligência e confiança. Trata-se de exigência atrelada ao exercício do contraditório, uma vez que a efetiva participação das partes, em paridade de tratamento e faculdades, só se exaure quando essa participação observa os princípios da cooperação e da boa-fé processual.

A boa-fé processual está intimamente ligada à boa-fé objetiva, comumente tratada no direito civil como princípio norteador das relações contratuais, mas que no sistema

---

[3] "A todos, no âmbito judicial e administrativo são assegurados a razoável duração do processo e os meios que garantam a celeridade de sua tramitação." Texto introduzido pela Emenda Constitucional nº 45/2004.

[4] "Toda pessoa tem o direito a ser ouvida com as devidas garantias e dentro de um prazo razoável, por um juiz ou tribunal competente, independente e imparcial, estabelecido anteriormente por lei, na apuração de qualquer acusação penal formulada contra ela, ou para que se determinem os seus direitos ou obrigações de natureza civil, trabalhista, fiscal ou de qualquer outra natureza."

[5] "Nos termos do inciso LXXVIII do art. 5º da Constituição Federal, considera-se duração razoável do processo que possa resultar em perda de mandato eletivo o período máximo de 1 (um) ano, contado da sua apresentação à Justiça Eleitoral."

[6] São sujeitos do processo: as partes, o juiz, o advogado, o defensor público, o membro do Ministério Público, o perito etc.

processual orienta a conduta das pessoas que, de qualquer forma, participam do processo. Como exemplo cite-se a situação em que o juiz verifica a existência de propósito protelatório do réu e, consequentemente, aplica-lhe a pena por litigância de má-fé (art. 80, VII, e art. 81 do CPC/2015).

CPC/2015	CPC/1973
Art. 6º **Todos os sujeitos do processo devem cooperar entre si para que se obtenha, em tempo razoável, decisão de mérito justa e efetiva.**	Não há correspondência.

COMENTÁRIOS:

Princípio da cooperação. A doutrina brasileira importou do direito europeu o princípio da cooperação (ou da colaboração), segundo o qual o processo seria o produto da atividade cooperativa triangular (entre o juiz e as partes).

O dever de cooperação estaria voltado eminentemente para o magistrado, de modo a orientar sua atuação como agente colaborador do processo, inclusive como participante ativo do contraditório.

Entretanto, não somente o juiz deve colaborar para a tutela efetiva, célere e adequada. Todos aqueles que atuam no processo (juiz, partes, oficial de justiça, advogados, Ministério Público etc.) têm o dever de colaborar para que a prestação jurisdicional seja concretizada.

Diante dessa nova realidade, torna-se necessário renovar mentalidades com o intuito de afastar o individualismo do processo, de modo que o papel de cada um dos operadores do direito seja o de cooperar com boa-fé numa eficiente administração da justiça. O processo deve, pois, ser um diálogo entre as partes e o juiz, e não necessariamente um combate ou um jogo de impulso egoístico.

O dever de cooperação, entretanto, encontra limites na natureza da atuação de cada uma das partes. O juiz atua com a marca da equidistância e da imparcialidade. Por outro lado, o dever do advogado é a defesa do seu constituinte. A rigor, não tem ele compromisso com a realização da justiça. Ele deverá empregar toda a técnica para que as postulações do seu cliente sejam aceitas pelo julgador. Essa é a baliza que deve conduzir o seu agir cooperativo. Sendo assim, meu caro leitor, retire da cabeça aquela imagem – falsamente assimilada por alguns com o advento do novo CPC – de juiz, autor e réu andando de mãos dadas pelas ruas e o advogado solicitando orientação ao juiz para redigir as peças processuais. Não obstante a apregoada cooperação, no fundo no fundo será cada um pra si, o que não impede que a lealdade e a boa-fé imperem nas relações processuais.

À guisa de balizas para a atividade processual cooperativa, a doutrina estabeleceu alguns deveres, que são recíprocos, mas, até para que sirva de exemplo, devem ser efetivamente implementados pelo juiz na prática forense: (a) dever de esclarecimento: consiste na obrigação do juiz de esclarecer às partes eventuais dúvidas sobre as suas alegações, pedidos ou posições em juízo;[7] (b) dever de consulta: representa a obrigação de o juiz ouvir previamente as partes

---

[7] GRASSI, Lúcio. Cognição processual civil: atividade dialética e cooperação intersubjetiva na busca da verdade real. **Revista Dialética de Direito Processual**, São Paulo: Dialética, n. 6, p. 50, 2003.

sobre as questões de fato ou de direito que possam influenciar o julgamento da causa. Ele está, portanto, ligado ao princípio do contraditório, no qual se insere a possibilidade de as partes influenciarem no convencimento do magistrado; (c) dever de prevenção: cabe ao magistrado apontar as deficiências postulatórias das partes, para que possam ser supridas, por exemplo, por meio de emenda à petição inicial; (d) dever de auxílio: obrigação do juiz de auxiliar a parte a superar eventual dificuldade que lhe tolha o exercício de seus ônus ou deveres processuais; não cabe ao juiz, obviamente, suprir deficiência técnica da parte; (e) dever de correção e urbanidade: deve o magistrado adotar conduta adequada, ética e respeitosa em sua atividade judicante.

O dever de consulta recebeu disposição própria no novo CPC, que estabelece a impossibilidade de o órgão jurisdicional, em qualquer grau de jurisdição, decidir com base em fundamento a respeito do qual não se tenha oportunizado a manifestação das partes, mesmo que a matéria possa ser reconhecida de ofício (art. 10).

De acordo com o novo Código, não pode o juiz conhecer e levar em consideração no julgamento da causa circunstância sobre a qual as partes não puderam se manifestar, excetuando-se os casos de improcedência liminar (art. 332). Entretanto, como já dissemos, ao lado do princípio da cooperação e, consequentemente, do dever de consulta há o interesse público na correta formação e desenvolvimento do processo. Recomenda-se, então, que tudo se resolva caso a caso, devendo-se fazer a ponderação na análise de cada hipótese trazida aos autos. Estando indiscutivelmente configurada a questão de ordem pública capaz de levar à extinção do processo, qual a necessidade de levá-la à discussão? O moderno processo civil não comporta a forma pela forma, ou seja, o respeito ao procedimento sem que exista qualquer finalidade.

CPC/2015	CPC/1973
Art. 7º É assegurada às partes *paridade* de tratamento **em relação ao exercício de direitos e faculdades processuais, aos meios de defesa, aos ônus, aos deveres e à aplicação de sanções processuais, competindo ao juiz zelar pelo efetivo contraditório.**	Art. 125. ~~O juiz dirigirá o processo conforme as disposições deste Código, competindo-lhe~~: I – assegurar às partes *igualdade* de tratamento; [...]

 ## COMENTÁRIOS:

Princípio da paridade de "armas". A paridade de tratamento, decorrência do princípio da isonomia e pressuposto essencial para a realização do contraditório em sua plenitude, já figurava no CPC/1973. A redação foi aperfeiçoada, de forma a ampliar a garantia aos jurisdicionados. Em vez de "igualdade de tratamento", que passa a ideia de garantia meramente formal, o novo Código menciona "paridade de tratamento", expressão que traduz a igualdade substancial e material.[8] Por outro lado, o que antes constituía tão somente um "dever do juiz" transmudou-se para um dever do Estado.

---

[8] "Impõe-se observar a isonomia material, tratando igualmente os iguais e desigualmente os desiguais. Por conta disso, eventuais distinções no tratamento de indivíduos posicionados de forma diferente no plano processual, longe de ofender a isonomia, prestigia sua dimensão material. Exemplos significativos disso são as prerrogativas outorgadas à Defensoria Pública (artigo 186), para a defesa dos

CPC/2015	CPC/1973
Art. 8º Ao aplicar o ordenamento jurídico, o juiz atenderá aos fins sociais e às exigências do bem comum, resguardando e promovendo a dignidade da pessoa humana e observando a proporcionalidade, a razoabilidade, a legalidade, a publicidade e a eficiência.	Não há correspondência.

 COMENTÁRIOS:

Direcionamentos para a interpretação da legislação processual. O novel dispositivo, que em parte reproduz o texto do art. 5º da Lei de Introdução às Normas do Direito Brasileiro,[9] estabelece as balizas do processo interpretativo a ser levado a efeito pelo juiz na aplicação da lei processual.

Em decorrência da multiplicidade dos fatos, as normas jurídicas – e aqui me refiro principalmente às normas processuais – são cada vez mais abertas e indeterminadas. Cabe ao juiz, no momento da subsunção, completar a norma jurídica, de forma a aproximá-la da realidade fática e proporcionar às partes um processo judicial mais justo possível. Assim, segundo a linha adotada pelo legislador do novo Código, qualquer que seja a técnica utilizada para interpretação da lei (gramatical ou literal, lógica, sistemática, histórica e sociológica ou teleológica), na construção do provimento jurisdicional deve o juiz se orientar pelos valores indicados nesse dispositivo, aplicando o ordenamento em sua plenitude, considerando a existência de regras, princípios e valores que norteiam o sistema jurídico.

CPC/2015	CPC/1973
Art. 9º Não se proferirá decisão contra uma das partes sem que ela seja previamente ouvida. Parágrafo único. **O disposto no** *caput* **não se aplica:** I – à tutela provisória de urgência; II – às hipóteses de tutela da evidência previstas no art. 311, incisos II e III; III – à decisão prevista no art. 701.	Não há correspondência.

 COMENTÁRIOS:

Contraditório material e contraditório substancial. O *caput* do dispositivo consagra, em princípio, o contraditório na sua dimensão estática (ou formal), uma vez que garante às partes o direito de ciência dos atos processuais e a faculdade de participar do processo. Nessa perspectiva, o contraditório se vincula ao direito de defesa, visto que garante "às

---

hipossuficientes financeiramente" (DUARTE, Zulmar; DELLORE, Luiz; GAJARDONI, Fernando; ROQUE, André Vasconcelos. **Teoria geral do processo:** comentários ao CPC de 2015 – Parte Geral. São Paulo: Forense, 2015, p. 47).

[9] LINDB, art. 5º: "Na aplicação da lei, o juiz atenderá aos fins sociais a que ela se dirige e às exigências do bem comum."

partes a possibilidade bilateral, efetiva e concreta, de produzirem suas provas, de aduzirem suas razões, de recorrerem das decisões, de agirem, enfim, em juízo, para a tutela de seus direitos e interesses".[10]

A redação apresenta uma ampliação da noção de contraditório, permitindo a percepção de sua dimensão dinâmica (material ou substancial), a qual tem relação com a influência que as partes podem provocar na formação do convencimento do julgador. Diversos dispositivos do novo Código servem para instrumentalizar esse princípio, a exemplo do art. 115, que considera nula ou ineficaz – a depender da integração da parte à lide – a sentença de mérito, quando proferida sem a integração do contraditório.

Contraditório diferido. O parágrafo único apresenta situações nas quais se admite que o contraditório seja postergado (contraditório diferido ou ulterior). Trata-se de exceções, visto que a regra é a realização do contraditório prévio à decisão jurisdicional. As hipóteses descritas tratam de cenários nos quais a prerrogativa de influência é mitigada para a garantia de outras prerrogativas fundamentais do processo. O inciso I remete à tutela provisória de urgência, que por sua própria natureza não comporta prévia cientificação da parte contrária, sob pena de ineficácia do provimento.

O inciso II remete à denominada tutela da evidência, na qual o contraditório perde seu poder de real influência, visto que o direito é tão cristalino que a manifestação da parte contrária só atrasaria a conclusão do feito. Trataremos pontualmente sobre o tema nos comentários ao art. 311.

Por fim, o inciso III se refere ao procedimento monitório, no qual se permite a emissão de mandado de pagamento, entrega de coisa ou obrigação de fazer, independentemente de prévia manifestação da parte contrária, quando a prova escrita apresentada pelo postulante for evidente.

CPC/2015	CPC/1973
Art. 10. **O juiz não pode decidir, em grau algum de jurisdição, com base em fundamento a respeito do qual não se tenha dado às partes oportunidade de se manifestar, ainda que se trate de matéria sobre a qual deva decidir de ofício.**	Não há correspondência.

 ## COMENTÁRIOS:

Contraditório prévio como regra. Mais uma vez o legislador deixou explícita a consagração do direito ao contraditório na sua dimensão material, impondo, nesse caso, verdadeiro limite à atuação jurisdicional. A novidade está no fato de que o magistrado não poderá decidir questões subjacentes ao processo sem que haja verdadeiro diálogo entre as partes. E o dispositivo se aplica, inclusive, às matérias apreciáveis de ofício, impedindo que

---

[10] GRINOVER, Ada Pellegrini. **O processo constitucional em marcha:** contraditório e ampla defesa em cem Julgados do Tribunal de Alçada Criminal de São Paulo. São Paulo: Max Limonad, 1985, p. 11.

o magistrado, "em 'solitária unipotência', aplique normas ou embase a decisão sobre fatos completamente estranhos à dialética defensiva de uma ou de ambas as partes".[11]

Numa análise superficial, o dispositivo poderá limitar a atuação do julgador, impedindo-o de decidir questões que seriam, sob sua visão unilateral, de evidente resolução. A reflexão, todavia, deve ser mais profunda. Os operadores do direito, no Brasil, devem perceber que, no âmbito do processo, mais vale uma questão bem discutida uma só vez do que várias questões mal elaboradas e mal resolvidas. Ademais, o dispositivo não afasta a possibilidade de o juiz conhecer de questões sem a necessária provocação das partes (ou seja, *ex officio*). O que o legislador pretende é que essas questões sejam submetidas ao contraditório prévio.

Esse dispositivo é relativizado, por exemplo, pelo art. 332 do novo CPC, que permite ao juiz julgar liminarmente improcedente o pedido sem que haja citação da parte contrária. A propósito, diversos enunciados da Escola Nacional de Aperfeiçoamento de Magistrados (ENFAM) buscam, em síntese, suavizar a exigência do contraditório prevista nos arts. 9º e 10 do CPC/2015. Confira:

> Enunciado nº 02 – Não ofende a regra do contraditório do art. 10 do CPC/2015, o pronunciamento jurisdicional que invoca princípio, quando a regra jurídica aplicada já debatida no curso do processo é emanação daquele princípio.
>
> Enunciado nº 03 – É desnecessário ouvir as partes quando a manifestação não puder influenciar na solução da causa.
>
> Enunciado nº 04 – Na declaração de incompetência absoluta não se aplica o disposto no art. 10, parte final, do CPC/2015.
>
> Enunciado nº 05 – Não viola o art. 10 do CPC/2015 a decisão com base em elementos de fato documentados nos autos sob o contraditório.
>
> Enunciado nº 06 – Não constitui julgamento surpresa o lastreado em fundamentos jurídicos, ainda que diversos dos apresentados pelas partes, desde que embasados em provas submetidas ao contraditório.

Não se trata de enunciados vinculantes, mas podem indicar uma futura interpretação da regra por parte dos tribunais.

CPC/2015	CPC/1973
Art. 11. **Todos os julgamentos dos órgãos do Poder Judiciário serão públicos, e fundamentadas todas as decisões, sob pena de nulidade.** Parágrafo único. **Nos casos de segredo de justiça, pode ser autorizada a presença somente das partes, de seus advogados, de defensores públicos ou do Ministério Público.**	Não há correspondência.

---

[11] THEODORO JR., Humberto; NUNES, Dierle. Uma dimensão que urge reconhecer ao contraditório no direito brasileiro: sua aplicação como garantia de influência, de não surpresa e de aproveitamento da atividade processual. **Revista de Processo**, São Paulo: Revista dos Tribunais, v. 168, fev. 2009.

COMENTÁRIOS:

Publicidade das decisões jurisdicionais. A publicidade é uma garantia jurídica do cidadão, na medida em que permite o controle dos atos judiciais por qualquer indivíduo integrante da sociedade. O art. 93, IX, da Constituição Federal dispõe que "todos os julgamentos dos órgãos do Poder Judiciário serão públicos, e fundamentadas todas as decisões, sob pena de nulidade [...]". Verifica-se, por óbvio, que, além da observância ao princípio da publicidade, há a necessidade de serem fundamentadas todas as decisões judiciais. A propósito, a nova legislação estabelece parâmetros de fundamentação das decisões, conforme disposto no § 1º do art. 489, para o qual remetemos o leitor.

O princípio da publicidade sofre restrições nos casos referentes à defesa da intimidade ou em razão de interesse social (art. 5º, LX, da CF/1988). Tais diretrizes ganham regulamentação no art. 189 do CPC/2015 (substituto do art. 155 do CPC/1973), que trata das hipóteses de tramitação processual em segredo de justiça. De toda forma, as restrições previstas na CF/1988 e no CPC/2015 não são oponíveis às partes e aos seus respectivos advogados.

CPC/2015	CPC/1973
Art. 12. Os juízes e os tribunais atenderão, preferencialmente, à ordem cronológica de conclusão para proferir sentença ou acórdão (Redação dada pela Lei nº 13.256/2016). § 1º A lista de processos aptos a julgamento deverá estar permanentemente à disposição para consulta pública em cartório e na rede mundial de computadores. § 2º Estão excluídos da regra do *caput*: I – as sentenças proferidas em audiência, homologatórias de acordo ou de improcedência liminar do pedido; II – o julgamento de processos em bloco para aplicação de tese jurídica firmada em julgamento de casos repetitivos; III – o julgamento de recursos repetitivos ou de incidente de resolução de demandas repetitivas; IV – as decisões proferidas com base nos arts. 485 e 932; V – o julgamento de embargos de declaração; VI – o julgamento de agravo interno; VII – as preferências legais e as metas estabelecidas pelo Conselho Nacional de Justiça; VIII – os processos criminais, nos órgãos jurisdicionais que tenham competência penal; IX – a causa que exija urgência no julgamento, assim reconhecida por decisão fundamentada. § 3º Após elaboração de lista própria, respeitar-se-á a ordem cronológica das conclusões entre as preferências legais.	Não há correspondência.

§ 4º Após a inclusão do processo na lista de que trata o § 1º, o requerimento formulado pela parte não altera a ordem cronológica para a decisão, exceto quando implicar a reabertura da instrução ou a conversão do julgamento em diligência.

§ 5º Decidido o requerimento previsto no § 4º, o processo retornará à mesma posição em que anteriormente se encontrava na lista.

§ 6º Ocupará o primeiro lugar na lista prevista no § 1º ou, conforme o caso, no § 3º, o processo que:

I – tiver sua sentença ou acórdão anulado, salvo quando houver necessidade de realização de diligência ou de complementação da instrução;

II – se enquadrar na hipótese do art. 1.040, inciso II.

COMENTÁRIOS:

Ordem cronológica de julgamento. A redação original do CPC/2015 (Lei nº 13.105/2015) dispunha que os juízes e os tribunais *deveriam obedecer* à ordem cronológica de conclusão para proferir sentença ou acórdão. Tratava-se, portanto, de comando imperativo, que autorizava a "quebra" da ordem cronológica apenas nas hipóteses excepcionadas pelo próprio Código.

A observância obrigatória da ordem cronológica gerou inúmeras discussões na doutrina, tão logo aprovada a redação da Lei nº 13.105/2015. O professor Fernando da Fonseca Gajardoni, por exemplo, chegou a defender a inconstitucionalidade do dispositivo, sob o argumento de que a regra violava o princípio da tripartição dos poderes (art. 2º da CF/1988), já que representava indevida intervenção do legislativo na atividade judiciária e inviabilizava a autogestão da magistratura.[12]

Essa regra geral de gestão, criada pelo legislador do novo CPC, foi derrubada pela Lei nº 13.256/2016, que alterou a redação do art. 12 desse Código para estabelecer que a ordem cronológica de julgamentos deve ser seguida *apenas em caráter preferencial*.

Do mesmo modo, o art. 153, direcionado ao escrivão e ao chefe de secretaria, prescreve que esses auxiliares do juízo deverão publicar e cumprir os pronunciamentos judiciais preferencialmente na ordem em que forem recebidos em cartório.

Em suma, a regra que antes era cogente transmudou-se para uma mera norma programática, um ideal a ser perseguido. A regra anterior, em que pese ter sido uma louvável iniciativa na tentativa de evitar a preterição de processos, certamente acarretaria mais morosidade do que celeridade. Não há dúvida de que a escolha de qual processo terá prioridade não deve ficar ao arbítrio do juiz, sendo saudável existirem parâmetros mínimos para que haja alguma lógica na devolução dos autos pelo gabinete para o cartório. No entanto,

---

12   DUARTE, Zulmar; DELLORE, Luiz; GAJARDONI, Fernando; ROQUE, André Vasconcelos. **Teoria geral do processo:** comentários ao CPC de 2015 – Parte Geral. São Paulo: Forense, 2015, p. 75.

exigir que o magistrado julgasse os processos conclusos a ele exatamente na ordem em que chegassem era, sem dúvida alguma, despropositado e contraproducente.

Agora, com a nova redação, há tão somente uma sugestão para que o julgamento observe a ordem cronológica. Contudo, é importante ressaltar que o Código de 2015 continua inovador em relação ao seu antecessor. Isso porque, apesar de a ordem cronológica não se tratar de norma imperativa, constitui uma realidade que deve ser observada sempre que viável, até mesmo porque a lista de processos conclusos deve ser elaborada e divulgada pela internet e no próprio cartório – comando que persiste no § 1º do art. 12.

Ressalte-se que essa lista será confeccionada por cada órgão jurisdicional (vara, câmara, seção, tribunal, entre outros). A primeira lista de processos para julgamento será composta pelos processos conclusos no momento da entrada em vigor do novo CPC, observada a antiguidade da distribuição (art. 1.046, § 5º).

Capítulo II
Da Aplicação das Normas Processuais

CPC/2015	CPC/1973
Art. 13. A jurisdição civil será regida pelas normas processuais brasileiras, ressalvadas as disposições específicas previstas em tratados, convenções ou acordos internacionais de que o Brasil seja parte.	Não há correspondência.

 COMENTÁRIOS:

Normas processuais brasileiras e internacionais. O dispositivo trata da dimensão territorial da norma processual. Não há novidade, a não ser o fato de o Código ter positivado norma que está intimamente ligada ao direito internacional privado. A disposição atende a imperativo previsto na Constituição Federal, segundo o qual "os direitos e garantias expressos nesta Constituição não excluem outros decorrentes do regime e dos princípios por ela adotados, ou dos tratados internacionais em que a República Federativa do Brasil seja parte" (art. 5º, § 2º, da CF/1988).

O Código ressalva a aplicação das normas processuais contidas em tratados, convenções ou acordos internacionais de que o Brasil seja parte. Para que tais atos possam integrar o conjunto de normas que regulam o agir da função jurisdicional no Brasil, é indispensável que tenham sido incorporados ao sistema normativo brasileiro. Em outras palavras, há que ter sido transformado em lei em sentido lato. Para tanto, não basta que o Brasil seja parte, isto é, que seja signatário. A incorporação ao ordenamento jurídico brasileiro pressupõe, além da assinatura do presidente da República (art. 84, VIII, da CF/1988), a aprovação pelo Congresso Nacional (art. 49, I, da CF/1988). Com essas providências, os tratados e as convenções internacionais adquirem *status* de lei ordinária, sujeitando-se, inclusive, ao controle de constitucionalidade. Apenas os tratados e as convenções internacionais sobre direitos humanos, obedecidas as formalidades previstas no § 3º do art. 5º da CF/1988, têm *status* de emenda constitucional (§ 3º, art. 5º, da CF/1988).

Em síntese, todos os processos que tramitam no território nacional devem observar as normas processuais civis estabelecidas pelo legislador pátrio (o CPC, especialmente), pois no nosso ordenamento tem vigência o princípio da territorialidade. Essa regra alcança todas as pessoas – nacionais ou estrangeiras – que participam de processo em curso na justiça brasileira. A jurisdição constitui uma das expressões da soberania nacional, daí por que a sua atuação é regrada quase exclusivamente pelo ordenamento jurídico pátrio. Deve-se ressalvar que, havendo necessidade da colheita de provas na justiça estrangeira, sobre esse ato em particular nada obsta que incida a lei do país ao qual se rogou a prática do ato.[13]

Vale lembrar que a territorialidade da lei processual civil prevalecerá ainda que haja norma estrangeira de direito material a ser aplicada ao caso concreto. O art. 10 da LINDB, por exemplo, permite a aplicação das regras do país estrangeiro na hipótese de sucessão por morte ou por ausência, desde que as regras do outro país sejam mais favoráveis ao cônjuge ou aos filhos brasileiros. Nesse caso, aplicam-se as regras materiais do país do *de cujus*, mas o inventário tramitará em conformidade com a lei processual civil brasileira. O princípio da territorialidade, em certos casos, alcançará apenas as normas de regência do processo, não alcançando o direito material.

Para que os processos que tramitaram no exterior tenham validade no território nacional, a sentença proferida pelo órgão jurisdicional estrangeiro deve ser homologada perante o Superior Tribunal de Justiça, nos termos do art. 105, I, *i*, da Constituição Federal. Da mesma forma, para que as determinações judiciais vindas do exterior sejam cumpridas no Brasil é necessária a intervenção do STJ, que concederá o *exequatur* às cartas rogatórias.

CPC/2015	CPC/1973
Art. 14. **A norma processual não retroagirá e será aplicável imediatamente aos processos em curso, respeitados os atos processuais praticados e as situações jurídicas consolidadas sob a vigência da norma revogada.**	Não há correspondência.

 ## COMENTÁRIOS:

Irretroatividade da lei processual e aplicabilidade imediata. O dispositivo trata da dimensão temporal da norma processual. As disposições do Código não retroagirão, especialmente se a retroatividade alcançar a coisa julgada, o ato jurídico perfeito e o direito adquirido (CF, art. 5º, XXXVI). Com relação aos processos já extintos (com ou sem julgamento de mérito), sobre os quais operam os efeitos da imutabilidade material ou simplesmente decorrem da coisa julgada formal, a lei nova não se aplicará. Com referência aos processos que se iniciarem na vigência do novo Código, igualmente não haverá dificuldade na aplicação das normas processuais. O CPC/2015 regulará o processo na sua inteireza.

---

[13] Sendo necessária a colheita de provas no exterior, por exemplo, o art. 13 da LINDB permite a utilização das leis processuais de outro país. Para tanto, é preciso que a prova a ser colhida seja admitida no direito brasileiro.

A dificuldade reside na aplicação do novo Código aos processos em curso. Nesse caso, devem-se respeitar os atos processuais praticados e as situações jurídicas consolidadas sob a vigência da norma revogada (LINDB, art. 6º). Nesse ponto vigora o princípio do *tempus regit actum*, não tendo a lei nova aptidão para atingir os atos processuais já praticados.[14]

Isolamento dos atos processuais. A modulação, no que tange à aplicação da lei, deve observar a teoria do isolamento dos atos processuais. Praticado o ato segundo a lei vigente no momento da sua prática, sobre ele recai a garantia inerente ao ato jurídico perfeito, o qual, inclusive, implica direito processualmente adquirido. Exemplo: se apresentou contestação segundo a lei vigente hoje, não poderá amanhã, ao fundamento de mudança da lei, decretar a revelia do réu, ao argumento de que não observou a regra prescrita na lei nova.

No entanto, é preciso estabelecer a diferença entre um ato já praticado, que não pode ser atingido pela norma jurídica posterior, e um ato que ainda não foi praticado, mas que, por ocasião da entrada em vigor da lei nova, já estava em curso o prazo para a sua prática. A dificuldade na aplicação da lei nova ocorre nesses lapsos de transição entre uma e outra lei.

O processo, do ponto de vista extrínseco, é constituído por uma sequência de atos processuais. Ajuizada a ação, por meio do protocolo da petição inicial, todos os atos das partes pressupõem comunicação – citação ou intimação. O réu é citado para apresentar contestação, querendo. Da contestação o autor é intimado, para exercer a faculdade de formular a sua réplica e assim por diante. A rigor, a lei que deveria reger o ato a ser praticado é a lei do momento da comunicação para a prática desse novo ato do processo. Esse é o sentido da expressão *tempus regit actum*. Exemplifica-se. As partes foram intimadas do julgamento da apelação no dia 15.03.2016, ainda, portanto, na vigência do Código de 1973. Como o acórdão reformou a sentença de mérito por maioria, de acordo com o art. 530 do CPC/1973 seriam cabíveis embargos infringentes. A intimação abre à parte a faculdade de praticar o ato subsequente, no caso a interposição de embargos infringentes, sob pena de operar o trânsito em julgado – este, no caso, o ônus da não interposição do recurso. Como a intimação ocorreu na vigência do Código de 1973, a faculdade é para praticar o ato segundo a lei desse momento, ou seja, da intimação. Esta, no caso, é o marco, o divisor de águas. Pouco importa que o prazo tenha transcorrido quase integralmente na vigência da lei nova. Se a intimação se deu na vigência da lei velha, será ela que vai regular integralmente a prática do novo ato do processo – o que inclui o cabimento, a forma e o modo de contagem do prazo.

Pode ocorrer de o ato – a sentença, no nosso exemplo – ser proferido na vigência da lei anterior, mas a intimação somente ser levada a efeito na vigência da lei nova. Aqui, mais uma vez, repete-se o que já foi dito. É a intimação que marca o início temporal para o exercício da faculdade de praticar o ato subsequente segundo a lei desse tempo (da intimação). Nesse caso, o ato deve seguir a lei nova e ser praticado no prazo estabelecido nessa lei.

O marco da intimação para determinar se aplica uma ou outra regra torna a travessia mais precisa e segura. No entanto, doutrina e jurisprudência, levando em conta a instru-

---

[14]   Fala-se também em sistema de isolamento dos atos processuais, pelo qual cada ato é considerado isoladamente, devendo a lei nova respeitar os atos processuais já realizados e consumados, atingindo apenas os atos posteriores.

mentalidade das formas e o dever de cooperação que deve presidir as relações entre o juiz e as partes, têm sido mais benevolentes com relação às formas e aos prazos, o que acarreta mais insegurança com relação ao direito intertemporal.

Segundo essa linha interpretativa, caso a lei nova tenha ampliado o prazo para a prática de um ato processual – é o que ocorrerá na vigência do CPC/2015, em razão de a contagem de prazos ser em dias úteis –, ainda que a parte tenha sido intimada na vigência da lei velha, deverá prevalecer a norma que conceder maior prazo, seja na lei revogada ou na lei que está a entrar em vigor. A justificativa é que as partes não podem ser prejudicadas por uma eventual redução no prazo para a prática de determinado ato processual, porquanto adquiriram o direito de praticá-lo em prazo maior. Exemplificando: o novo Código uniformizou e ampliou os prazos recursais,[15] uma vez que eles serão computados somente em dias úteis. Pergunta-se: se a parte foi intimada da sentença no dia 15.03.2016, portanto na vigência do código revogado, qual será o prazo para recorrer? Quinze dias corridos ou dias úteis?

Na hipótese de ampliação do prazo processual, como não há prejuízo para os litigantes, deve ser observado o prazo estabelecido na lei nova (vigente no momento da prática do ato), desde que ele ainda esteja em curso. Nesse ponto vale lembrar a lição de Pontes de Miranda, que justifica a aplicação do novo prazo (maior) por entender que não existe violação quando se estende, no tempo, a eficácia de um direito.[16] O direito de praticar o ato subsequente – diz-se faculdade – começou a ter eficácia com a intimação, mas a abalizada doutrina ponteana autoriza a praticar o ato no maior prazo, ainda que a intimação tenha se dado na vigência da lei antiga e esta estabeleça prazo mais exíguo. Essa possibilidade de praticar o ato no maior prazo ou segundo uma ou outra forma somente é conferida no período de transição, isto é, o prazo se iniciou na vigência da lei revogada e se estendeu até o início da vigência da lei nova. Se o prazo se inicia e expira na vigência da lei revogada, segundo as regras dela (da lei revogada) deve-se praticar o ato. O mesmo se passa quando o prazo se inicia já na vigência da lei nova, hipótese em que o ato deve ser integralmente praticado segundo as regras em vigor.

A mesma orientação ministrada quanto aos prazos vale para a forma dos atos processuais. Exemplo. A lei vigente no marco inicial do prazo para a contestação (art. 335) regulará a prática desse ato. Se o início do prazo foi marcado na vigência da lei revogada, a rigor, o réu, se for o caso, teria que apresentar exceção de incompetência, impugnar em apartado o valor da causa e os benefícios da assistência judiciária e apresentar a reconvenção em peça distinta. Ao revés, se o marco temporal do prazo ocorreu na vigência da nova lei, não só o prazo como a forma de apresentação da resposta deve obedecer a essa regra, o que equivale dizer que a contestação poderá conter as exceções e impugnações mencionadas, bem como a reconvenção.

Entretanto, apesar de toda essa fundamentação, meu conselho é que você opte sempre pela forma mais penosa e rápida. **Leve sempre em conta a lei vigente no momento do**

---

[15]   Exceto os embargos de declaração, cujo prazo é de cinco dias, todos os demais prazos são de quinze dias.

[16]   PONTES DE MIRANDA, Francisco Cavalcanti. **Comentários ao Código de Processo Civil**. Rio de Janeiro: Forense, 1978. t. XVII, p. 40-46.

marco inicial da contagem do prazo.[17] Se o seu cliente foi citado (e o mandado foi juntado aos autos) um dia antes da entrada em vigor do novo Código, opte pelo prazo contínuo de quinze dias para recorrer e adote as fórmulas mais complexas – impugnação e reconvenção em separado. Nem mesmo o mais severo julgador deixará de reconhecer o seu esforço e, em homenagem à instrumentalidade das formas, admitir o ato praticado, ainda que ostente diverso entendimento.

CPC/2015	CPC/1973
Art. 15. Na ausência de normas que regulem processos eleitorais, trabalhistas ou administrativos, as disposições deste Código lhes serão aplicadas supletiva e subsidiariamente.	Não há correspondência.

 ## COMENTÁRIOS:

Aplicação supletiva e subsidiária da lei processual civil. O dispositivo reitera a já reconhecida função integrativa das normas de direito processual civil. Um exemplo de norma que complementa o disposto no artigo em comento é o art. 769[18] da CLT.

Sobre esse dispositivo, esclarecem Teresa Arruda Alvim Wambier, Maria Lúcia Lins Conceição, Leonardo Ferres da Silva Ribeiro e Rogério Licastro Torres de Mello:[19]

> O legislador disse menos do que queria. Não se trata somente de aplicar as normas processuais aos processos administrativos, trabalhistas e eleitorais quando não houver normas, nestes ramos do direito, que resolvam a situação. A aplicação subsidiária ocorre também em situações nas quais não há omissão. Trata-se, como sugere a expressão "subsidiária", de uma possibilidade de enriquecimento, de leitura de um dispositivo sob outro viés, de extrair-se da norma processual eleitoral, trabalhista ou administrativa um sentido diferente, iluminado pelos princípios fundamentais do processo civil. A aplicação supletiva é que supõe omissão. Aliás, o legislador, deixando de lado a preocupação com a própria expressão, precisão da linguagem, serve-se das duas expressões. Não deve ter suposto que significam a mesma coisa, se não, não teria usado as duas. Mas como empregou também a mais rica, mais abrangente, deve o intérprete entender que é disso que se trata.

O leitor irá notar que o dispositivo não trata do processual penal. Apesar disso, em razão do disposto no art. 3º do Código de Processo Penal (CPP),[20] a aplicação subsidiária da lei processual civil continua a ser admitida.

---

[17]   Esse é o entendimento dos doutrinadores do Fórum Permanente de Processualistas Civis: "Os prazos processuais iniciados antes da vigência do CPC serão integralmente regulados pelo regime revogado" (Enunciado nº 267).

[18]   CLT, art. 769. "Nos casos omissos, o direito processual comum será fonte subsidiária do direito processual do trabalho, exceto naquilo em que for incompatível com as normas deste Título."

[19]   **Primeiros comentários ao Novo Código de Processo Civil.** São Paulo: Revista dos Tribunais, 2015, p. 75.

[20]   "A lei processual penal admitirá interpretação extensiva e aplicação analógica, bem como o suplemento dos princípios gerais de direito."

LIVRO II
DA FUNÇÃO JURISDICIONAL

TÍTULO I
DA JURISDIÇÃO E DA AÇÃO

CPC/2015	CPC/1973
Art. 16. A jurisdição civil é exercida pelos juízes **e pelos tribunais** em todo o território nacional, conforme as disposições deste Código.	Art. 1º A jurisdição civil, ~~contenciosa e voluntária,~~ é exercida pelos juízes, em todo o território nacional, conforme as disposições ~~que~~ este Código ~~estabelece~~.

 COMENTÁRIOS:

Jurisdição contenciosa e jurisdição voluntária. O Código de 1973, em seu art. 1º, admite expressamente duas espécies de jurisdição: contenciosa e voluntária. O novo CPC não repete essa dicotomia.

Uma leitura apressada do art. 16 poderia levar o intérprete a pensar que o CPC de 2015 aboliu essa peculiar modalidade da função jurisdicional, mas não é bem assim. Com algumas modificações, os procedimentos especiais de jurisdição voluntária continuam regulados no novo Código. Integram o Capítulo XV do Título III (Dos Procedimentos Especiais) do Livro I da Parte Especial (Do Processo de Conhecimento e do Cumprimento de Sentença). Os procedimentos de jurisdição voluntária encontram-se disciplinados nos arts. 719 a 770. Há pedidos que se processarão segundo um procedimento comum ou padrão (art. 725) e muitos outros para os quais há procedimentos típicos ou nominados (a partir do art. 726).

A não referência, no art. 16, à dicotomia entre jurisdição voluntária x jurisdição contenciosa tem a finalidade de mostrar que tanto os procedimentos de jurisdição contenciosa quanto os de jurisdição voluntária são jurisdicionais.

A corrente dita clássica ou administrativista, capitaneada por Chiovenda, sustenta que a chamada jurisdição voluntária não constitui, na verdade, jurisdição, tratando-se de atividade eminentemente administrativa. No Brasil, o maior defensor dessa orientação foi Frederico Marques, para quem a jurisdição voluntária é materialmente administrativa e subjetivamente judiciária.[21] Em síntese, nessa atividade o Estado-juízo se limita a integrar ou fiscalizar a manifestação de vontade dos particulares, agindo como administrador público de interesses privados. Não há composição de lide. E se não há lide, não há por que falar em jurisdição nem em partes, mas em interessados.

Sustentam também que falta à jurisdição voluntária a característica da substitutividade, haja vista que o Poder Judiciário não substitui a vontade das partes, mas se junta aos interessados para integrar, dar eficácia a certo negócio jurídico. Por fim, concluem que, se não há lide nem jurisdição, as decisões não formam coisa julgada material. Para corroborar esse ponto de vista, invocam o art. 1.111 do CPC/1973, segundo o qual "a sentença poderá ser modificada, sem prejuízo dos efeitos já produzidos, se ocorrerem circunstâncias supervenientes".

---

21   GRECO, Leonardo. **Jurisdição voluntária moderna.** São Paulo: Dialética, 2003, p. 16.

Há, por outro lado, uma corrente que atribui à jurisdição voluntária a natureza de atividade jurisdicional. Essa orientação conta com a adesão de Calmon de Passos, Ovídio Baptista e Leonardo Greco. Segundo essa corrente – denominada jurisdicionalista –, não se afigura correta a afirmação de que não há lide na jurisdição voluntária. Com efeito, o fato de, em um primeiro momento, inexistir conflito de interesses não retira dos procedimentos de jurisdição voluntária a potencialidade de se criarem litígios no curso da demanda. Em outras palavras, a lide não é pressuposta, não vem narrada desde logo na inicial, mas nada impede que as partes se controvertam.

Os defensores da corrente jurisdicionalista também advertem, de forma absolutamente correta, que não se pode falar em inexistência de partes nos procedimentos de jurisdição voluntária. A bem da verdade, no sentido material do vocábulo, parte não há, porquanto não existe conflito de interesses, ao menos em um primeiro momento. Entretanto, considerando a acepção processual do termo, não há como negar a existência de sujeitos parciais na relação jurídico-processual.

Reforçando a tese de que a jurisdição voluntária tem natureza de função jurisdicional, Leonardo Greco esclarece que ela não se resume a solucionar litígios, mas também a tutelar interesses dos particulares, ainda que não haja litígio, desde que tal tarefa seja exercida por órgãos investidos das garantias necessárias para exercer referida tutela com impessoalidade e independência.[22] Nesse ponto, com razão o eminente jurista. É que a função jurisdicional é, por definição, a função de dizer o direito por terceiro imparcial, o que abrange a tutela de interesses particulares sem qualquer carga de litigiosidade.

Em suma, para a corrente jurisdicionalista, a jurisdição voluntária reveste-se de feição jurisdicional, pois: (a) a existência de lide não é fator determinante da sua natureza; (b) existem partes, no sentido processual do termo; (c) o Estado age como terceiro imparcial; (d) há coisa julgada.

O novo CPC trilhou o caminho da corrente jurisdicionalista e "vitaminou" os procedimentos de jurisdição voluntária com a imutabilidade da coisa julgada. A não repetição do texto do art. 1.111 do CPC/1973 é proposital. A sentença não poderá ser modificada, o que, obviamente, não impede a propositura de nova demanda, com base em outro fundamento. A corrente administrativista está, portanto, superada.

Essa constatação é corroborada pelo professor Fredie Didier, para quem, "se até mesmo decisões que não examinam o mérito se tornam indiscutíveis (art. 486, § 1º), muito mais razão haveria para que decisões de mérito proferidas em sede de jurisdição voluntária também se tornassem indiscutíveis pela coisa julgada material".[23]

CPC/2015	CPC/1973
Art. 17. *Para postular em Juízo* é necessário ter interesse e legitimidade.	Art. 3º *Para propor ou contestar ação* é necessário ter interesse e legitimidade.

 ## COMENTÁRIOS:

Extinção da categoria "condições da ação". Segundo a concepção eclética, conquanto abstrato o direito à ação, porque consiste no direito público subjetivo de invocar a tutela

---

[22] GRECO, Leonardo. Op. cit., p. 18.
[23] DIDIER, Fredie. **Curso de direito processual civil.** Salvador: JusPodivm, 2015. v. 1, p. 193.

jurisdicional do Estado, sem qualquer preocupação quanto ao resultado, seu manejo ou nascimento pressupõe o preenchimento de certas condições, denominadas "condições da ação", sem as quais o Estado se exime de prestar a tutela jurídica reclamada, isto é, extingue o processo sem resolução do mérito.

O CPC de 1973 consagrou expressamente essa categoria no art. 267, VI, o qual autorizava a extinção do processo, sem resolução do mérito, quando não concorresse qualquer das seguintes condições da ação: possibilidade jurídica do pedido, legitimidade das partes e interesse processual.

No novo Código, entretanto, não há mais a referência à "possibilidade jurídica do pedido" como hipótese geradora da extinção do processo sem resolução do mérito, seja quando enquadrada como condição da ação ou como causa para o indeferimento da petição inicial. É que o CPC de 1973 também contemplava a possibilidade jurídica do pedido como uma das causas que geravam a inépcia da petição inicial e, consequentemente, o seu indeferimento (art. 295, parágrafo único, III, do CPC/1973). Essa causa de inépcia já era bastante discutida na doutrina, já que muitos estudiosos, inclusive Enrico Tulio Liebman,[24] entendiam-na como causa que, se inexistente, levava à improcedência da pretensão deduzida em juízo. De acordo com a nova sistemática, consagra-se o entendimento de que a possibilidade jurídica do pedido é causa para resolução do mérito da demanda, e não simplesmente de sua inadmissibilidade.

Com relação às outras "condições" – que no CPC/2015 devem ser tratadas como "pressupostos" –, o texto do novo art. 17 estabelece que "para postular em juízo é necessário interesse e legitimidade". O art. 485, VI, por sua vez, prescreve que a ausência de qualquer dos dois requisitos, passíveis de serem conhecidos de ofício pelo magistrado, permite a extinção do processo sem resolução do mérito. Como se pode perceber, o Código não utiliza mais o termo "condições da ação".

A doutrina processual italiana já havia proposto o estudo em conjunto das condições da ação e dos pressupostos processuais, notadamente porque ambos deveriam ser considerados requisitos necessários para validar a relação processual em seu todo e para se chegar a uma decisão de mérito.

Na essência, entretanto, tudo continua como antes. Apenas a possibilidade jurídica do pedido ganhou um *upgrade*. Deixou de ser uma mera condição da ação e passou a integrar o mérito. Ser ou não possível um direito, na perspectiva da pretensão formulada, é matéria que diz respeito ao mérito e como tal deve ser apreciada pelo juiz. Com referência ao interesse de agir e à legitimidade para a causa, estes continuam firmes e fortes como questões que devem anteceder o exame do mérito. Apenas perderam o cognome de "condições da ação". Não se pode negar, contudo, que, com a supressão da "possibilidade jurídica do pedido" e também do sintomático abandono da terminologia "condições da ação", o novo Código afasta-se da teoria eclética, consagrando de vez a teoria abstrata do direito de ação.

---

[24] Essa condição (possibilidade jurídica do pedido) "nunca foi acolhida na Itália, e seu criador, Enrico Tulio Liebman, veio posteriormente alterar seu pensamento e desconsiderar a possibilidade jurídica do pedido como condição autônoma. Não obstante, no Brasil, curiosamente, manteve-se o pensamento original de Liebman e permaneceu a referência no CPC à possibilidade jurídica do pedido como uma das condições da ação" (ANDRADE, Érico. **O mandado de segurança:** a busca da verdadeira especialidade (proposta de releitura à luz da efetividade do processo). Rio de Janeiro: Lumen Juris, 2010, p. 487-489).

CPC/2015	CPC/1973
Art. 18. Ninguém poderá pleitear direito alheio em nome próprio, salvo quando autorizado *pelo ordenamento jurídico*. Parágrafo único. **Havendo substituição processual, o substituído poderá intervir como assistente litisconsorcial.**	Art. 6º Ninguém poderá pleitear, em nome próprio, direito alheio, salvo quando autorizado *por lei.*

 COMENTÁRIOS:

Substituição processual. O artigo em comento repete a regra constante do art. 6º do CPC/1973, que possibilita a legitimação extraordinária (substituição processual) sempre que o ordenamento jurídico permitir que um terceiro defenda interesse alheio em nome próprio.

O substituto intervém no processo na condição de assistente litisconsorcial (art. 124 do CPC/2015). Exemplo: o autor aliena ou cede o objeto litigioso. Nesse caso, para a preservação da legitimidade ordinária é de se admitir que o adquirente ou cessionário suceda a parte originária. Contudo, pode ocorrer de não haver essa sucessão, seja porque o adquirente não requereu a sucessão, seja porque a parte contrária com ela não aquiesceu. Nessa última hipótese, o autor originário continuará figurando no processo, embora não mais seja titular do direito material controvertido. Ele atuará como substituto processual, ou seja, atuará em nome próprio, defendendo interesse alheio (do adquirente). A sentença que vier a ser proferida no processo terá influência direta sobre o direito material de que o adquirente (substituído) afirma ser titular.

No CPC/1973, apesar de não haver previsão expressa, já se entendia que esse tipo de intervenção tinha a natureza de assistência litisconsorcial (art. 54 do CPC/1973).

CPC/2015	CPC/1973
Art. 19. O interesse do autor pode limitar-se à declaração: I – da existência, da inexistência **ou do modo de ser** de uma relação jurídica; II – da autenticidade ou da falsidade de documento.	Art. 4º O interesse do autor pode limitar-se à declaração: I – da existência ou da inexistência de relação jurídica; II – da autenticidade ou falsidade de documento.

 COMENTÁRIOS:

Pretensão declaratória. O dispositivo aprimora a redação do CPC/1973 ao possibilitar o ajuizamento de ação declaratória[25] para reconhecimento "do modo de ser" de uma relação

---

[25] "[…] 1. A ação declaratória, segundo o comando expresso no art. 4º, do Código de Processo Civil [de 1973, correspondente ao art. 19 do CPC/2015], é instrumento processual adequado para resolver incerteza sobre a existência de uma relação jurídica, a qual deve envolver fato e situação concreta, narrada no pedido, com todas as suas especificações, de modo a possibilitar que 'a sentença seja certa, não podendo amparar pretensão genérica de declaração em abstrato e difusa, à míngua de relação jurídica direta e concreta' (art. 460, parágrafo primeiro, CPC). (AC 2001.38.00.022488-1/MG, Relator Desembargador Federal Luciano Tolentino Amaral, 7ª Turma, TRF1, *DJF* 12/03/2010, P. 417) […]" (TRF-1, 6ª Turma, AC nº 00038126819994013800, Rel. Juiz Silvio Coimbra Mourthé, julgado em 29.10.2012, *e-DJF1* 07.11.2012).

jurídica. O conteúdo dessa expressão corresponde aos elementos da relação jurídica que não são essenciais para sua existência e validade. Trata-se, portanto, de elementos "acidentais", que alteram os efeitos da relação jurídica.

A controvérsia com relação a tais efeitos é causa de pedir que consubstancia uma ação declaratória, ainda que não se alcance a discussão acerca da existência ou inexistência da relação jurídica em si.

CPC/2015	CPC/1973
Art. 20. É admissível a ação **meramente** declaratória, ainda que tenha ocorrido a violação do direito.	Art. 4º [...] Parágrafo único. É admissível a ação declaratória, ainda que tenha ocorrido a violação do direito.

 ## COMENTÁRIOS:

Ação declaratória. Afigura-se alteração apenas na técnica legislativa. A ação declaratória que busca reconhecer a existência de uma violação do direito deixou de ser considerada, na técnica redacional da lei, uma exceção à regra geral (declaração de existência ou inexistência de uma relação jurídica). É, validamente, outra hipótese que justifica a tutela declaratória.

Ação declaratória incidental. Oportuno salientar que o novo CPC não mais se refere à ação declaratória incidental (art. 470 c/c art. 5º, ambos do CPC/1973). Conforme veremos adiante, as questões prejudiciais, desde que observado o contraditório e preenchidos os pressupostos do art. 503, §§ 1º e 2º, submeter-se-ão à coisa julgada. Não haverá, portanto, necessidade de se propor uma ação incidental com o objetivo de ampliar os efeitos da coisa julgada, de forma a alcançar também a questão prejudicial.

TÍTULO II
DOS LIMITES DA JURISDIÇÃO NACIONAL E DA COOPERAÇÃO INTERNACIONAL

Capítulo I
Dos Limites da Jurisdição Nacional

CPC/2015	CPC/1973
Art. 21. Compete à autoridade judiciária brasileira **processar e julgar as ações em que**:	Art. 88. É competente a autoridade judiciária brasileira quando:
I – o réu, qualquer que seja a sua nacionalidade, estiver domiciliado no Brasil;	I – o réu, qualquer que seja a sua nacionalidade, estiver domiciliado no Brasil;
II – no Brasil tiver de ser cumprida a obrigação;	II – no Brasil tiver de ser cumprida a obrigação;
III – *o fundamento seja* fato ocorrido ou ato praticado no Brasil.	III – *a ação se originar de* fato ocorrido ou de fato praticado no Brasil.
Parágrafo único. Para o fim do disposto no inciso I, considera-se domiciliada no Brasil a pessoa jurídica estrangeira que nele tiver agência, filial ou sucursal.	Parágrafo único. Para o fim do disposto no nº I, reputa-se domiciliada no Brasil a pessoa jurídica estrangeira que aqui tiver agência, filial ou sucursal.

COMENTÁRIOS:

Limites da jurisdição brasileira. Nos casos dos arts. 21 e 22, a competência da justiça brasileira é considerada concorrente porque não exclui a competência de outros países, cabendo ao interessado optar por propor a ação no Brasil ou em país igualmente competente, ou mesmo em ambos os lugares ao mesmo tempo, uma vez que o ajuizamento de ação perante tribunal estrangeiro "não induz litispendência e não obsta a que a autoridade judiciária brasileira conheça da mesma causa e das que lhe são conexas, ressalvadas as disposições em contrário de tratados internacionais e acordos bilaterais em vigor no Brasil" (art. 24). Caso opte por demandar em outro país, a sentença estrangeira só produzirá efeitos no Brasil quando homologada pelo Superior Tribunal de Justiça, nos termos do art. 105, I, *i*, da Constituição Federal e do art. 961, *caput*, do CPC/2015.[26]

As três hipóteses de competência da autoridade judiciária brasileira elencadas no art. 21 já estavam previstas no CPC/1973.

CPC/2015	CPC/1973
Art. 22. Compete, ainda, à autoridade judiciária brasileira processar e julgar as ações: **I – de alimentos, quando:** **a) o credor tiver domicílio ou residência no Brasil;** **b) o réu mantiver vínculos no Brasil, tais como posse ou propriedade de bens, recebimento de renda ou obtenção de benefícios econômicos;** **II – decorrentes de relações de consumo, quando o consumidor tiver domicílio ou residência no Brasil;** **III – em que as partes, expressa ou tacitamente, se submeterem à jurisdição nacional.**	Não há correspondência.

COMENTÁRIOS:

Jurisdição corrente. O artigo em comento traz novas hipóteses de competência concorrente da autoridade jurisdicional brasileira. Na verdade, algumas das regras contidas nesse dispositivo são novidades apenas para o texto do Código de Processo Civil, porquanto já estavam dispostas em nosso ordenamento.

Ação de alimentos. O Brasil já havia ratificado a Convenção Interamericana sobre Obrigação Alimentar,[27] a qual dispõe, em seu art. 8º, que a competência para conhecer das reclamações de alimentos pode ser, a critério do credor: (a) do juiz ou autoridade do Estado de domicílio ou residência habitual do credor; (b) do juiz ou autoridade do Estado de domicílio ou residência habitual do devedor; ou (c) do juiz ou autoridade do Estado com o

---

[26] Há exceção em relação à sentença estrangeira de divórcio consensual (art. 961, § 5º), a qual independe de homologação por parte do STJ, mas pode eventualmente ter a sua validade apreciada pela justiça brasileira.

[27] Promulgada pelo Decreto nº 2.428/1997.

qual o devedor mantiver vínculos pessoais, tais como posse de bens, recebimento de renda ou obtenção de benefícios econômicos.

A positivação dessa regra na lei processual civil demonstra a preocupação do legislador em tornar mais efetivas as disposições relativas ao tema, possibilitando ao alimentando escolher demandar em local que melhor atenda às suas necessidades.

Relações de consumo. Para facilitar a defesa dos direitos dos consumidores, o Código de Defesa do Consumidor contempla regra segundo a qual as ações de responsabilidade do fornecedor de produtos ou serviços podem ser propostas no domicílio do autor (art. 101, I, do CDC), o que não afasta a possibilidade de o consumidor optar pelo foro de eleição contratual, se este lhe for mais benéfico.[28]

A regra estampada no CPC/2015 pode parecer uma repetição do que já se encontra positivado na norma consumerista, entretanto, o que a nova legislação fez foi reforçar a ideia de que os consumidores residentes ou domiciliados no Brasil, mas que não estão no território nacional no momento da contratação do produto ou serviço, ainda assim podem demandar contra o fornecedor por meio de ação proposta perante a justiça brasileira. Do mesmo modo, as contratações realizadas por intermédio de *e-commerces* podem ser discutidas no Brasil, evitando que o consumidor residente e domiciliado aqui venha a ser obrigado a se submeter a outro ordenamento jurídico que não lhe seja favorável.

Eleição da jurisdição nacional. O inciso III permite a eleição da jurisdição brasileira em contratos internacionais. Nos tribunais brasileiros é vacilante a jurisprudência sobre a validade de cláusula de eleição de foro para o julgamento de litígios oriundos de contrato internacional,[29] seja quando a cláusula de eleição visa atrair a jurisdição brasileira ou excluí--la. A regra agora é clara: as partes, expressa ou tacitamente, podem se submeter à jurisdição brasileira, como também, *a contrario sensu*, podem excluí-la. A exclusão, a propósito, é regulada pelo novo art. 25. Ressalvam-se, nessa hipótese, os casos de competência absoluta, cujas normas não podem ser derrogadas pela vontade das partes.

---

[28] Nesse sentido: "CONFLITO DE COMPETÊNCIA. CONTRATO BANCÁRIO. FINANCIAMENTO COM GARANTIA DE ALIENAÇÃO FIDUCIÁRIA. FORO CONTRATUAL. AÇÃO PROPOSTA PELO CONSUMIDOR. RENÚNCIA AO FORO DO DOMICÍLIO. POSSIBILIDADE. 1. Segundo entendimento desta Corte, nas ações propostas contra o consumidor, a competência pode ser declinada de ofício para o seu domicílio, em face do disposto no art. 101, inciso I, do CDC e no parágrafo único, do art. 112, do CPC. 2. Se a autoria do feito pertence ao consumidor, contudo, permite-se a escolha do foro de eleição contratual, considerando que a norma protetiva, erigida em seu benefício, não o obriga quando puder deduzir sem prejuízo a defesa dos seus interesses fora do seu domicílio. 3. Conflito conhecido para declarar competente o Juízo de Direito da 3ª Vara Cível de Porto Alegre – RS" (STJ, CC nº 107.441/SP (2009/0161233-0), Rel. Min. Maria Isabel Gallotti, julgado em 22.06.2011).

[29] Em sentido favorável à eleição de foro: Recurso Especial 242.383/SP, STJ, Rel. Min. Humberto Gomes de Barros, julgado em 03.02.2005; Recurso Especial 505.208/AM, Rel. Min. Carlos Alberto Menezes Direito, julgado em 19.08.2003. Em sentido contrário à eleição de foro: Recurso Especial 804.306/SP, STJ, Rel. Min. Nancy Andrighi, julgado em 19.08.2008; Recurso Especial 251.438, Rel. Min. Barros Monteiro, julgado em 08.08.2000; Ação Rescisória nº 133/RS, Rel. Min. Cláudio Santos, julgado em 30.08.1989; Recurso Extraordinário 34.606/DF, Rel. Min. Luiz Gallotti, julgado em 05.12.1957; Recurso Extraordinário 18.615/DF, Rel. Min. Antonio Villas Boas, julgado em 21.06.1957.

CPC/2015	CPC/1973
Art. 23. Compete à autoridade judiciária brasileira, com exclusão de qualquer outra:	Art. 89. Compete à autoridade judiciária brasileira, com exclusão de qualquer outra:
I – conhecer de ações relativas a imóveis situados no Brasil;	I – conhecer de ações relativas a imóveis situados no Brasil;
II – em matéria de sucessão hereditária, proceder **à confirmação de testamento particular**, e ao inventário e à partilha de bens situados no Brasil, ainda que o autor da herança seja de nacionalidade estrangeira *ou tenha domicílio* **fora do território nacional**;	II – proceder a inventário e partilha de bens, situados no Brasil, ainda que o autor da herança seja estrangeiro *e tenha residido* fora do território nacional.
III – **em divórcio, separação judicial ou dissolução de união estável, proceder à partilha de bens situados no Brasil, ainda que o titular seja de nacionalidade estrangeira ou tenha domicílio fora do território nacional.**	

 ## COMENTÁRIOS:

Competência exclusiva da jurisdição brasileira. Nos casos previstos nesse dispositivo, a sentença estrangeira não pode nem sequer ser homologada, pelo que não produz efeito algum no Brasil.[30]

A alteração operada no inciso II teve por fim o aperfeiçoamento técnico, além de inserir nas hipóteses de competência exclusiva a confirmação de testamento particular (art. 737 do CPC/2015), o que já era entendimento firmado no âmbito doutrinário e jurisprudencial.

O testamento particular está previsto no art. 1.876 do Código Civil. A sua confirmação constitui verdadeiro procedimento de jurisdição voluntária, porquanto tem por objetivo o reconhecimento de um direito preexistente e a análise da validade formal de um documento confeccionado pelo próprio testador.

O inciso III ampliou as causas de partilha de bens situados no Brasil e, por conseguinte, as causas de competência exclusiva da jurisdição brasileira. De acordo com o dispositivo, a partilha de bens situados no Brasil, também se decorrente de divórcio, separação judicial ou dissolução de união estável, será de competência exclusiva da jurisdição brasileira. A ação para pôr fim ao casamento ou à sociedade conjugal pode até ser julgada por órgão jurisdicional de outro país, mas a partilha dos bens competirá à jurisdição brasileira, ainda que o titular dos bens seja de nacionalidade estrangeira ou tenha domicílio fora do território nacional. A regra vem abarcar entendimento jurisprudencial já consolidado no Superior Tribunal de Justiça, segundo o qual não se admite a homologação de sentença estrangeira de divórcio quando este, além das disposições referentes ao casamento, contempla partilha de bens situados no Brasil.[31]

---

[30] Nesse sentido: "A exclusividade de jurisdição relativamente a imóveis situados no Brasil, prevista no art. 89, I, do CPC, afasta a homologação de sentença estrangeira na parte em que incluiu bem dessa natureza como ativo conjugal sujeito à partilha" (STJ, SEC 5.302/EX, Rel. Min. Nancy Andrighi, Corte Especial, julgado em 12.05.2011, *DJe* 07.06.2011).

[31] Nesse sentido: "É válida a disposição quanto a partilha de bens imóveis situados no Brasil na sentença estrangeira de divórcio, quando as partes dispõem sobre a divisão. Sem o acordo prévio considera a

CPC/2015	CPC/1973
Art. 24. A ação *proposta* perante tribunal estrangeiro não induz litispendência e não obsta a que a autoridade judiciária brasileira conheça da mesma causa e das que lhe são conexas, **ressalvadas as disposições em contrário de tratados internacionais e acordos bilaterais em vigor no Brasil.** Parágrafo único. **A pendência de causa perante a jurisdição brasileira não impede a homologação de sentença judicial estrangeira quando exigida para produzir efeitos no Brasil.**	Art. 90. A ação *intentada* perante tribunal estrangeiro não induz litispendência, nem obsta a que a autoridade judiciária brasileira conheça da mesma causa e das que lhe são conexas.

 COMENTÁRIOS:

Ações concomitantes no Brasil e no estrangeiro. O dispositivo abarca o entendimento da doutrina e jurisprudência acerca do fenômeno da simultaneidade de ações em curso perante as justiças estrangeira e brasileira. Assentado estava e assim permanece: a ação proposta perante tribunal estrangeiro não induz litispendência. Ressalvam-se, contudo – e isso é que constitui novidade –, as disposições em contrário de tratados internacionais e acordos bilaterais em vigor no Brasil. Um exemplo é o Protocolo de Las Leñas, que tem eficácia no âmbito do Mercosul (art. 21).

Homologação de sentença judicial estrangeira. Reafirma a regra contida no *caput*, pois permite a homologação de uma decisão estrangeira mesmo quando existir processo pendente no Brasil. Nessa hipótese, havendo coisa julgada na decisão estrangeira, a ação idêntica em trâmite no Brasil deve ser extinta, sem resolução do mérito (art. 485, V). Ocorrendo o contrário (coisa julgada no Brasil e tramitação pendente na jurisdição estrangeira), obstada estará a homologação, por força do art. 963, IV, do CPC/2015.

CPC/2015	CPC/1973
Art. 25. **Não compete à autoridade judiciária brasileira o processamento e o julgamento da ação quando houver cláusula de eleição de foro exclusivo estrangeiro em contrato internacional, arguida pelo réu na contestação.** § 1º **Não se aplica o disposto no *caput* às hipóteses de competência internacional exclusiva previstas neste Capítulo.** § 2º **Aplica-se à hipótese do *caput* o art. 63, §§ 1º a 4º.**	Não há correspondência.

 COMENTÁRIOS:

Cláusula de eleição de foro. No Brasil, embora já fosse permitida a escolha de foro nos contratos internos, ainda não havia previsão semelhante para os contratos internacio-

---

jurisprudência desta Corte inviável a homologação" (STJ, SEC 5.822/EX, Rel. Min. Eliana Calmon, Corte Especial, julgado em 20.02.2013, *DJe* 28.02.2013).

nais. Agora, com a disposição contida no art. 25, concedeu-se caráter obrigatório à cláusula de eleição de foro.[32] Assim, se houver no contrato internacional uma cláusula excluindo a jurisdição brasileira e elegendo o foro estrangeiro, a exclusão terá que ser respeitada pelo Poder Judiciário brasileiro.

A inclusão dessa regra era necessária para que as partes pudessem ter certeza sobre o local do futuro litígio, já que, na maioria das vezes, autor e réu recorriam a jurisdições distintas para tentar solucionar uma mesma demanda. Prevalecem, agora, a autonomia da vontade e a liberdade de escolha, o que certamente proporciona às partes maior segurança nas contratações internacionais.

Capítulo II
Da Cooperação Internacional

A cooperação internacional regula o auxílio mútuo entre os Estados para assegurar o efetivo exercício da Jurisdição. Para tanto, cada Estado cria mecanismos processuais visando compatibilizar os pedidos estrangeiros ao ordenamento jurídico interno do país receptor do pedido de cooperação.

No caso da lei brasileira, três são as espécies de pedidos de cooperação: (i) a ação de homologação de sentença estrangeira; (ii) a concessão de *exequatur* às cartas rogatórias; e (iii) o auxílio direto. A principal diferença entre essas espécies de cooperação reside na natureza do órgão estatal estrangeiro de onde "nasce" o pedido.

Tratando-se de *decisão* estrangeira, proferida por órgão de natureza *jurisdicional*, caberá ou a ação de homologação de sentença estrangeira, ou a concessão de *exequatur* à carta rogatória (procedimentos previstos nos arts. 960 e seguintes, com as diferenciações que veremos a seguir).

Se o pedido for emanado de órgão administrativo (o Ministério Público belga, por exemplo, pleiteando determinada produção de provas no Brasil), não se tratará de ato jurisdicional estrangeiro sobre o qual o Estado brasileiro concederá a produção de efeitos em seu território, mas de pedido que objetivará uma decisão jurisdicional do Estado brasileiro acerca daquela produção probatória. Nessa hipótese, é cabível o pedido de auxílio direto.

O conteúdo do ato nem sempre é relevante para classificar o tipo de cooperação. O que importa, a rigor, é a natureza do órgão formulador do pedido. O pedido para que se ouça testemunha no Brasil pode configurar auxílio direto, se, por exemplo, solicitado pelo Ministério Público do país de origem, ou ser objeto de carta rogatória, se expedido por órgão jurisdicional estrangeiro.

Nos comentários aos arts. 26 a 41 trataremos mais detidamente do tema.

---

[32] A Convenção de Haia sobre acordos de eleição de foro, realizada no ano 2005, já disciplinava essa matéria. O Brasil, no entanto, não chegou a aderir à Convenção, mas a redação do novo dispositivo do CPC demonstra que ela influenciou o legislador pátrio.

Seção I
Disposições Gerais

CPC/2015	CPC/1973
Art. 26. A cooperação jurídica internacional será regida por tratado de que o Brasil faz parte e observará:	Não há correspondência.
I – o respeito às garantias do devido processo legal no Estado requerente;	
II – a igualdade de tratamento entre nacionais e estrangeiros, residentes ou não no Brasil, em relação ao acesso à justiça e à tramitação dos processos, assegurando-se assistência judiciária aos necessitados;	
III – a publicidade processual, exceto nas hipóteses de sigilo previstas na legislação brasileira ou na do Estado requerente;	
IV – a existência de autoridade central para recepção e transmissão dos pedidos de cooperação;	
V – a espontaneidade na transmissão de informações a autoridades estrangeiras.	
§ 1º Na ausência de tratado, a cooperação jurídica internacional poderá realizar-se com base em reciprocidade, manifestada por via diplomática.	
§ 2º Não se exigirá a reciprocidade referida no § 1º para homologação de sentença estrangeira.	
§ 3º Na cooperação jurídica internacional não será admitida a prática de atos que contrariem ou que produzam resultados incompatíveis com as normas fundamentais que regem o Estado brasileiro.	
§ 4º O Ministério da Justiça exercerá as funções de autoridade central na ausência de designação específica.	

 COMENTÁRIOS:

Garantias processuais e devido processo legal na cooperação internacional. Embora regida por tratados, a efetivação da cooperação internacional deve observar as garantias processuais adotadas no Brasil. O texto do CPC/2015 confere relevância maior ao devido processo legal; ao tratamento isonômico de brasileiros e estrangeiros, residentes ou não no país, quanto ao acesso à justiça, à tramitação dos processos e à assistência judiciária para os necessitados; e à publicidade dos atos processuais.

Autoridade central. Fica estabelecida uma autoridade central, ou seja, um órgão responsável pela comunicação e pela troca de pedidos com o Estado estrangeiro. Esse órgão, de regra, é o Ministério da Justiça, cuja atuação, nessa hipótese, dar-se-á por meio do Departamento de Recuperação de Ativos e Cooperação Jurídica Internacional (DRCI), conforme art. 10, V, do Decreto nº 8.668/2016. Podem existir, no entanto, exceções à figura da autoridade central conforme o tratado estabelecido com determinado Estado estrangeiro e a matéria veiculada. Pelo tratado não se fala em dever de reciprocidade, mas há que se observar a espontaneidade, isto é, o livre envio e troca de informações entre os Estados. A cooperação jurídica pode ocorrer ainda que não tenha sido celebrado um tratado entre os Estados, mas desde que seja observado o princípio da reciprocidade, isto é, a cooperação mútua por vias diplomáticas.

Não é necessária a reciprocidade no caso de homologação de sentença estrangeira, uma vez que ela passará por um processo de competência do STJ, no qual será feito um prévio juízo de valor e de admissibilidade, que garantirá a efetividade da decisão em nosso ordenamento.

Juízo de delibação. O § 3º institui, primeiramente, o conteúdo da chamada "ordem pública" na prática da cooperação internacional. Com efeito, a homologação de sentenças estrangeiras e a concessão de *exequatur* às cartas rogatórias não serão possíveis se a materialidade do ato jurisdicional a ser recepcionado violar normas que sejam fundamentais à regência do Estado Brasileiro. Da mesma maneira, não se conhecerá de pedido de auxílio direto que almeje a prolação de uma decisão judicial brasileira que contrarie o nosso ordenamento. Em outras palavras, a jurisdição nacional não pode convalidar atos que, conquanto sejam válidos no estrangeiro, tenham efeitos inaceitáveis dentro da nossa ordem jurídica. É o caso de decisão estrangeira que vise à prisão de depositário infiel que resida em território brasileiro.

Frise-se que o juízo de delibação é a única avaliação possível de ser feita pela jurisdição brasileira nos casos de homologação de sentença estrangeira e de concessão de *exequatur* à carta rogatória: o mérito não deve ser alterado, mas devem-se sempre observar o respeito às garantias fundamentais na formação do provimento jurisdicional, bem como os fundamentos do Estado Brasileiro.[33]

CPC/2015	CPC/1973
Art. 27. **A cooperação jurídica internacional terá por objeto:** I – **citação, intimação e notificação judicial e extrajudicial;** II – **colheita de provas e obtenção de informações;** III – **homologação e cumprimento de decisão;** IV – **concessão de medida judicial de urgência;** V **assistência Jurídica internacional;** VI – **qualquer outra medida judicial ou extrajudicial não proibida pela lei brasileira.**	Não há correspondência.

[33] "1. Sentença estrangeira que não viola a soberania nacional, os bons costumes e a ordem pública e que preenche as condições legais deve ser homologada. 2. O mérito da sentença não pode ser objeto de exame pelo Superior Tribunal de Justiça, uma vez que o ato homologatório limita-se ao exame dos seus requisitos formais" (STJ, SEC 8.714/EX, Rel. Min. João Otávio de Noronha, CORTE ESPECIAL, julgado em 19.03.2014, *DJe* 26.03.2014).

COMENTÁRIOS:

Objeto da cooperação jurídica internacional. O dispositivo estabelece o escopo da cooperação internacional, materializando-o nos atos que podem ser objeto de pedidos e diligências entre os Estados estrangeiros e o Brasil.[34] Lembre-se de que o rol apresentado não é taxativo, uma vez que a disposição final do inciso VI contempla o uso de qualquer outra medida judicial ou extrajudicial que a lei brasileira não proíba.

Seção II
Do Auxílio Direto

CPC/2015	CPC/1973
Art. 28. **Cabe auxílio direto quando a medida não decorrer diretamente de decisão de autoridade jurisdicional estrangeira a ser submetida a juízo de delibação no Brasil.**	Não há correspondência.

 COMENTÁRIOS:

Conceito e cabimento do auxílio direto. O auxílio direto[35] não se origina de decisão judicial estrangeira e, portanto, não se sujeita a juízo de delibação. É o que ocorre, por exemplo, com o pedido de informações sobre andamentos de processos. Nesse caso, não se exige qualquer intervenção da autoridade jurisdicional brasileira.

A providência será postulada por intermédio da autoridade central. Na sequência, a Advocacia-Geral da União (AGU) ou outro órgão legitimado requererá a medida perante a Justiça Federal.

CPC/2015	CPC/1973
Art. 29. **A solicitação de auxílio direto será encaminhada pelo órgão estrangeiro interessado à autoridade central, cabendo ao Estado requerente assegurar a autenticidade e a clareza do pedido.**	Não há correspondência.

---

[34] Outras normas podem estabelecer mecanismos de cooperação. É o caso, por exemplo, do Decreto nº 3.413, de 14 de abril de 2000, que trata das decisões de busca, apreensão e retorno de crianças ilicitamente subtraídas do convívio de um dos pais.

[35] Interessante transcrever a definição de auxílio direto segundo o Ministério da Justiça: "O auxílio direto diferencia-se dos demais mecanismos porque nele não há exercício de juízo de delibação pelo Estado requerido. Não existe delibação porque não há ato jurisdicional a ser delibado. Por meio do auxílio direto, o Estado abre mão do poder de dizer o direito sobre determinado objeto de cognição para transferir às autoridades do outro Estado essa tarefa. Não se pede, portanto, que se execute uma decisão sua, mas que se profira ato jurisdicional referente a uma determinada questão de mérito que advém de litígio em curso no seu território, ou mesmo que se obtenha ato administrativo a colaborar com o exercício de sua cognição. Não há, por consequência, o exercício de jurisdição pelos dois Estados, mas apenas pelas autoridades do Estado requerido" (<http://www.justica.gov.br/portalpadrao/>).

COMENTÁRIOS:

Auxílio direto passivo. A autoridade central detém competência para receber a solicitação de auxílio direto por parte do órgão estrangeiro. Este, por sua vez, deve assegurar que o pedido seja claro e autêntico, para que assim possa ser admitido no país requerido e nele possa ser instaurado o procedimento, judicial ou administrativo, necessário à satisfação do pedido de auxílio direto. Em matéria civil, cabe à AGU propor a demanda com os elementos probatórios fornecidos pelo Estado estrangeiro. O processamento, nesse exemplo, dar-se-á no juízo de primeiro grau.

CPC/2015	CPC/1973
Art. 30. Além dos casos previstos em tratados de que o Brasil faz parte, o auxílio direto terá os seguintes objetos: I – obtenção e prestação de informações sobre o ordenamento jurídico e sobre processos administrativos ou jurisdicionais findos ou em curso; II – colheita de provas, salvo se a medida for adotada em processo, em curso no estrangeiro, de competência exclusiva de autoridade judiciária brasileira; III – qualquer outra medida judicial ou extrajudicial não proibida pela lei brasileira.	Não há correspondência.

 COMENTÁRIOS:

Objeto do auxílio direto. O dispositivo apresenta rol exemplificativo (inciso III) das diligências e atos processuais que podem ser objeto do auxílio direto em nosso país.

Os atos gerais de comunicação (citações e intimações, por exemplo) podem, antes da utilização do auxílio direto, ser realizados na forma eletrônica, de acordo com o art. 193. A publicidade processual (inciso I) deve estar, sem sombra de dúvida, condicionada às hipóteses de sigilo (arts. 26, III, e 189). Por fim, a colheita de provas (inciso II) não será possível em processos estrangeiros cuja competência seja exclusiva da jurisdição brasileira (arts. 23 e 964).

CPC/2015	CPC/1973
Art. 31. A autoridade central brasileira comunicar-se á diretamente com suas congêneres e, se necessário, com outros órgãos estrangeiros responsáveis pela tramitação e pela execução de pedidos de cooperação enviados e recebidos pelo Estado brasileiro, respeitadas disposições específicas constantes de tratado.	Não há correspondência.

 COMENTÁRIOS:

Comunicação entre autoridades. A autoridade central de um país se comunica diretamente com a autoridade central de outros. Em certos casos, permite-se que a autoridade central se comunique diretamente com o órgão administrativo incumbido do cumprimento da diligência objeto do auxílio direto. É o caso, por exemplo, de um tratado celebrado entre o Brasil e outro Estado para a efetivação de investigações de crimes de corrupção. O acordo pode permitir que as solicitações de depoimentos de testemunhas sejam diretamente enviadas à autoridade jurisdicional competente, sem que haja necessidade de intermediação da autoridade central.

CPC/2015	CPC/1973
Art. 32. **No caso de auxílio direto para a prática de atos que, segundo a lei brasileira, não necessitem de prestação jurisdicional, a autoridade central adotará as providências necessárias para seu cumprimento.**	Não há correspondência.

 COMENTÁRIOS:

Auxílio direto administrativo. Quando o pedido de auxílio direto compreender apenas a prática de um ato que, segundo a lei brasileira, dispense uma prestação jurisdicional, a própria autoridade central poderá adotar as providências que julgar necessárias para a prática desse ato. Um Estado pode requerer, sob o procedimento de auxílio direto, cooperação do Ministério Público brasileiro na investigação de determinado ato criminoso cometido no território daquele. Tratar-se-á, nessa hipótese, de um pedido de auxílio direto "administrativo", visto que prescinde de uma decisão judicial brasileira.

CPC/2015	CPC/1973
Art. 33. **Recebido o pedido de auxílio direto passivo, a autoridade central o encaminhará à Advocacia-Geral da União, que requererá em juízo a medida solicitada.** Parágrafo único. **O Ministério Público requererá em juízo a medida solicitada quando for autoridade central.**	Não há correspondência.

 COMENTÁRIOS:

Auxílio direto jurisdicional. O dispositivo trata do procedimento do auxílio direto, quando necessária a intervenção judicial. Recebido e acatado pela autoridade central brasileira um pedido que não provenha diretamente de autoridade jurisdicional estrangeira, mas que exija a prática de ato jurisdicional, ele deverá ser encaminhado à Advocacia-Geral da União ou ao Ministério Público Federal, que fará o devido requerimento perante a Justiça Federal. Nesse caso, o ente nacional substituirá a autoridade estrangeira em termos de legitimidade para requerer a medida em juízo (legitimidade extraordinária).

CPC/2015	CPC/1973
Art. 34. **Compete ao juízo federal do lugar em que deva ser executada a medida apreciar pedido de auxílio direto passivo que demande prestação de atividade jurisdicional.**	Não há correspondência.

COMENTÁRIOS:

Competência – auxílio direto jurisdicional. O dispositivo é autoexplicativo. Ele estabelece os critérios de competência funcional e territorial para a apreciação do pedido de auxílio direto passivo que necessite de uma prestação jurisdicional. A competência será do juízo federal do local em que deva ser cumprida a medida pleiteada (art. 109, I e X, da CF/1988). Exemplo: ação de busca e apreensão de criança ajuizada pelo genitor com fundamento na Convenção de Haia deve ser decidida pelo juízo federal do local em que ela se encontre.

Seção III
Da Carta Rogatória

CPC/2015	CPC/1973
Art. 35. ~~Dar-se-á por meio de carta rogatória o pedido de cooperação entre órgão jurisdicional brasileiro e órgão jurisdicional estrangeiro para prática de ato de citação, intimação, notificação judicial, colheita de provas, obtenção de informações e de cumprimento de decisão interlocutória, sempre que o ato estrangeiro constituir decisão a ser executada no Brasil.~~ **VETADO.**	Não há correspondência.
Art. 36. **O procedimento da carta rogatória perante o Superior Tribunal de Justiça é de jurisdição contenciosa e deve assegurar às partes as garantias do devido processo legal.** **§ 1º A defesa restringir-se-á à discussão quanto ao atendimento dos requisitos para que o pronunciamento judicial estrangeiro produza efeitos no Brasil.** **§ 2º Em qualquer hipótese, é vedada a revisão do mérito do pronunciamento judicial estrangeiro pela autoridade judiciária brasileira.**	Não há correspondência.

 COMENTÁRIOS:

Procedimento para a concessão do *exequatur*. O dispositivo classifica o procedimento da carta rogatória como de jurisdição contenciosa, isto é, procedimento no qual se antevê um potencial conflito de interesses quanto ao objeto da prestação jurisdicional.

Sendo assim, conforme já dito nos comentários ao art. 26, é necessário que se observem as garantias do devido processo legal para gerar, de fato, uma decisão apta a produzir efeitos em nosso país.

É de lembrar que o conflito de interesse deve-se limitar ao juízo de delibação. Logo, a defesa deve-se restringir ao cumprimento ou não dos requisitos exigidos para que a decisão estrangeira produza seus efeitos no território nacional. O órgão jurisdicional brasileiro não detém competência para julgar ou modificar o mérito da decisão proferida no país que solicitou a cooperação. Trata-se do denominado sistema de contenciosidade limitada, segundo o qual

[...] somente [admite-se] impugnação contrária à concessão do *exequatur* quando fundada em pontos específicos, como a falta de autenticidade dos documentos, a inobservância de formalidades legais ou a ocorrência de desrespeito à ordem pública, aos bons costumes e à soberania nacional. Torna-se inviável, portanto, no âmbito de cartas rogatórias passivas, pretender discutir o fundo da controvérsia jurídica que originou, no juízo rogante, a instauração do pertinente processo, exceto se essa questão traduzir situação caracterizadora de ofensa à soberania nacional ou de desrespeito à ordem pública brasileira.[36]

Seção IV
Disposições Comuns às Seções Anteriores

CPC/2015	CPC/1973
Art. 37. **O pedido de cooperação jurídica internacional oriundo de autoridade brasileira competente será encaminhado à autoridade central para posterior envio ao Estado requerido para lhe dar andamento.**	Não há correspondência.

 **COMENTÁRIOS:**

Pedido de cooperação – tramitação. O dispositivo estabelece que o pedido de cooperação jurídica internacional, destinado a Estado estrangeiro, deve ser encaminhado, primeiramente, à autoridade central brasileira. Como já dito, o pedido de cooperação, em princípio, é feito de autoridade central para autoridade central. Em certos casos de auxílio direto permite-se que a autoridade central encaminhe o pedido diretamente ao órgão responsável pelo seu cumprimento, conforme dispõe o art. 31.

CPC/2015	CPC/1973
Art. 38. **O pedido de cooperação oriundo de autoridade brasileira competente e os documentos anexos que o instruem serão encaminhados à autoridade central, acompanhados de tradução para a língua oficial do Estado requerido.**	Não há correspondência.

 **COMENTÁRIOS:**

Pedido de cooperação – instrução. O dispositivo reitera e complementa o sentido do artigo anterior. A autoridade central, por óbvio, centraliza todos os pedidos de cooperação oriundos da autoridade brasileira. O artigo estabelece, ainda, um requisito de admissibilidade do pedido de cooperação internacional: a tradução dos documentos que instruem o pedido para a língua oficial do Estado estrangeiro requerido.

---

[36] STF, CR nº 7.870, Rel. Min. Celso de Mello.

CPC/2015	CPC/1973
Art. 39. **O pedido passivo de cooperação jurídica internacional será recusado se configurar manifesta ofensa à ordem pública.**	Não há correspondência.

 ## COMENTÁRIOS:

Recusa ao pedido passivo de cooperação. O artigo estabelece hipótese de recusa do pedido de cooperação, quando este se manifestar ofensivo à ordem pública. Deve ser lido com o art. 26, § 3º, que veda a prática de atos que contrariem ou produzam efeitos incompatíveis com as normas fundamentais do ordenamento brasileiro. A expressão "ordem pública", conceito jurídico indeterminado, deve ser compreendida sob o paradigma dos valores políticos, econômicos, sociais e jurídicos vigentes à época do pedido. "Exemplos clássicos de ofensa à ordem jurídica internacional, sob a perspectiva do Estado brasileiro, seriam decisões estrangeiras que contemplassem efeitos a escravidão, servidão, morte civil, poligamia, discriminação racional ou religiosa ou prisão por dívida (ressalvado o devedor de alimentos)."[37]

CPC/2015	CPC/1973
Art. 40. **A cooperação jurídica internacional para execução de decisão estrangeira dar-se-á por meio de carta rogatória ou de ação de homologação de sentença estrangeira, de acordo com o art. 960.**	Não há correspondência.

 ## COMENTÁRIOS:

Cumprimento de decisão estrangeira. A cooperação jurídica que implique execução de uma decisão estrangeira ocorrerá mediante carta rogatória ou por meio de ação de homologação de sentença estrangeira. O que pretende é que se dê eficácia à decisão estrangeira por intermédio do simples juízo de delibação exercido no *exequatur* ou na homologação (ambos os atos, no Brasil, de competência do STJ).

Deferida a homologação, a sentença estrangeira poderá ser executada pelo juízo federal de primeira instância. A carta rogatória compreende procedimento similar, mas tem como objeto realização de diligência procedimental proferida por juízo estrangeiro ou o cumprimento de decisão interlocutória, inclusive que contenha medidas de urgência, de modo que cabe à jurisdição brasileira apenas verificar se a medida viola a ordem pública nacional. Caso contrário, deve-se conceder a outorga do *exequatur*, ou seja, a permissão para o cumprimento da providência solicitada.

---

[37] DUARTE, Zulmar; DELLORE, Luiz; GAJARDONI, Fernando; ROQUE, André Vasconcelos. **Teoria geral do processo:** comentários ao CPC de 2015 – Parte Geral. São Paulo: Forense, 2015, p. 162.

CPC/2015	CPC/1973
Art. 41. **Considera-se autêntico o documento que instruir pedido de cooperação jurídica internacional, inclusive tradução para a língua portuguesa, quando encaminhado ao Estado brasileiro por meio de autoridade central ou por via diplomática, dispensando-se a juramentação, autenticação ou qualquer procedimento de legalização.** Parágrafo único. **O disposto no** *caput* **não impede, quando necessária, a aplicação pelo Estado brasileiro do princípio da reciprocidade de tratamento.**	Não há correspondência.

 COMENTÁRIOS:

Autenticidade dos documentos. Dispensam-se providências burocráticas quando o pedido de cooperação é encaminhado por intermédio da autoridade central. Entretanto, a norma prevê a possibilidade de que seja aplicado o princípio da reciprocidade. Essa previsão estabelece que país deve conferir tratamento igual ao Estado estrangeiro quando este lhe exigir determinados rigores formais para provar a autenticidade dos documentos que venham a instruir o pedido de cooperação.

TÍTULO III
DA COMPETÊNCIA INTERNA

Capítulo I
Da Competência

Seção I
Disposições Gerais

CPC/2015	CPC/1973
Art. 42. As causas cíveis serão processadas e decididas *pelo juiz* nos limites de sua competência, ressalvado às partes *o direito* de instituir juízo arbitral, **na forma da lei.**	Art. 86. As causas cíveis serão processadas e decididas, ~~ou simplesmente decididas,~~ *pelos órgãos jurisdicionais*, nos limites de sua competência, ressalvada às partes *a faculdade* de instituírem juízo arbitral.

 COMENTÁRIOS:

Regulamentação da competência interna. Houve mudanças na redação do dispositivo, alterando-se o termo "faculdade" por "direito", no que tange à instituição de juízo arbitral. Essa disposição torna-se mais acertada, visto que a convenção de arbitragem não é apenas um meio fático para a satisfação de interesses, mas uma verdadeira permissão, concedida por norma jurídica, para a efetivação de direitos.

Destaque-se que para o STJ a arbitragem tem verdadeira natureza jurisdicional (CC 111.230/DF, Rel. Min. Nancy Andrighi, julgado em 08.05.2013, *Informativo* nº 522). Esse entendimento, no entanto, não é pacífico na doutrina.

CPC/2015	CPC/1973
Art. 43. Determina-se a competência no momento *do registro ou da distribuição de petição inicial*, sendo irrelevantes as modificações do estado de fato ou de direito ocorridas posteriormente, salvo quando suprimirem órgão judiciário ou alterarem a competência *absoluta*.	Art. 87. Determina-se a competência no momento *em que a ação é proposta*. São irrelevantes as modificações do estado de fato ou de direito ocorridas posteriormente, salvo quando suprimirem o órgão judiciário ou alterarem a competência *em razão da matéria ou da hierarquia*.

 ## COMENTÁRIOS:

Perpetuação da competência. A nova redação harmoniza-se com a previsão contida no art. 59 do CPC/2015, que fixa a competência pela prevenção por meio do registro ou distribuição da petição inicial e não mais segundo a data do despacho ou da citação válida (arts. 106 e 219 do CPC/1973).

Ao fenômeno processual referente à fixação da competência, tendo em vista os elementos de fato e de direito existentes no momento da propositura da ação, dá-se o nome de *perpetuatio jurisdictionis* (perpetuação da jurisdição). Na verdade, o que ocorre é a perpetuação da competência, porquanto, uma vez distribuída a ação, a jurisdição necessariamente atuará por meio do órgão jurisdicional onde foi a ação proposta ou de outro.

O novo Código, no art. 43, 2ª parte, contempla duas exceções ao princípio da *perpetuatio jurisdictionis*: quando o órgão jurisdicional for suprimido ou for alterada a competência absoluta, ou seja, a competência em razão da matéria ou da hierarquia.[38] Assim, se for extinta uma comarca, a competência passará para o juízo da comarca que incorporou a circunscrição da comarca extinta. Se criada uma vara de família numa determinada comarca, todas as ações que versem sobre a matéria para ela se deslocam. Essa última hipótese ocorreu com os processos que versavam sobre união estável, os quais antes tramitavam em varas cíveis, mas, em decorrência de legislação superveniente que alterou a competência em razão da matéria, foram remetidos às varas de família.

No caso de desmembramento de comarcas, a redistribuição da causa somente ocorrerá se for alterada a competência absoluta. Leonardo Carneiro da Cunha[39] exemplifica: no caso de ação civil pública, se o dano tiver ocorrido na área da nova comarca, deverá haver redistribuição da ação, por ser a competência, nas ações coletivas, de natureza absoluta, embora territorial.

---

[38] O novo Código apenas esclareceu que as competências em razão da matéria e da hierarquia são, na verdade, hipóteses de competência absoluta.

[39] CUNHA, Leonardo Carneiro da. **Jurisdição e competência.** 2. ed. São Paulo: Revista dos Tribunais, 2013, p. 289.

CPC/2015	CPC/1973
Art. 44. Obedecidos os limites estabelecidos pela Constituição Federal, a competência é determinada pelas normas previstas neste Código ou em legislação especial, pelas normas de organização judiciária e, ainda, no que couber, pelas constituições dos Estados.	Não há correspondência.

 COMENTÁRIOS:

Definição da competência. Todo operador do direito deve ter ciência de que a competência não se define apenas pelas regras constitucionais e pelo Código de Processo Civil, visto que também devem ser observadas as regras inseridas na Constituição Federal, em leis especiais (Lei nº 9.099/1995, por exemplo), leis de organização judiciária e, ainda, nas Constituições dos Estados. O dispositivo em comento não encontra correspondência no CPC/1973. Apesar disso, a redação dos arts. 91 e 93 do Código revogado é a que mais se aproxima do novo comando.

CPC/2015	CPC/1973
Art. 45. *Tramitando* **o processo perante outro** *juízo*, **os autos serão remetidos ao juízo federal** competente **se nele intervier a União, suas empresas públicas, entidades autárquicas e fundações, ou conselho de fiscalização de atividade profissional, na qualidade de parte ou de terceiro interveniente,** *exceto as ações:* I – **de recuperação judicial, falência**, insolvência civil **e acidente de trabalho;** II – **sujeitas à justiça eleitoral e à justiça do trabalho.** **§ 1º Os autos não serão remetidos se houver pedido cuja apreciação seja de competência do juízo perante o qual foi proposta a ação.** **§ 2º Na hipótese do § 1º, o juiz, ao não admitir a cumulação de pedidos em razão da incompetência para apreciar qualquer deles, não examinará o mérito daquele em que exista interesse da União, de suas entidades autárquicas ou de suas empresas públicas.** **§ 3º O juízo federal restituirá os autos ao juízo estadual sem suscitar conflito se o ente federal cuja presença ensejou a remessa for excluído do processo.**	Art. 99. [...] Parágrafo único. **Correndo** o processo perante outro **juiz**, serão os autos remetidos ao juiz competente da Capital do Estado ou Território, tanto que neles intervenha uma das entidades mencionadas neste artigo. *Excetuam-se:* *I – o processo de insolvência;* ~~II – os casos previstos em lei;~~

 COMENTÁRIOS:

Justiça Federal *x* Justiça Estadual. A introdução desse dispositivo reitera as normas de competência em razão da matéria e da pessoa preceituadas no art. 109 da Constituição Federal de 1988.

Reconhecendo-se, na Justiça Comum, causa que seja de competência da Justiça Federal, dever-se-ão remeter os autos a esta, como regra geral (*caput*). No entanto, cabem exceções, conforme se verifica nos incisos e parágrafos do novo art. 45.

Quanto aos incisos, a própria Constituição excepciona a regra quando se trata de processo de falência, de causas relativas a acidente de trabalho e daquelas sujeitas à Justiça do Trabalho ou à Justiça Eleitoral. O juízo universal da falência atrai todas as ações que estejam relacionadas aos bens, interesses e negócios do falido, nos termos do art. 76 da Lei nº 11.101/2005. As causas referentes a benefícios previdenciários decorrentes de acidente de trabalho são de competência da Justiça Estadual, embora sejam propostas em face de uma autarquia federal, que é o Instituto Nacional do Seguro Social (INSS).

Caso haja pedido que deva ser julgado no juízo onde tramita a ação, os autos permanecerão neste (§ 1º), sendo, no entanto, vedada a apreciação dos pedidos cumulados que comportem interesses da União, suas entidades autárquicas ou empresas públicas (§ 2º). Com efeito, a participação da União, entidade autárquica ou empresa pública federal, seja como autora, ré, assistente ou oponente, faz surgir a competência para processamento e julgamento perante a Justiça Federal. Apesar de a Constituição não mencionar as fundações públicas, entende-se que estas são sujeitas à mesma regra. O mesmo não vale, no entanto, para as sociedades de economia mista[40] e para os mesmos entes em níveis estadual e municipal. Por fim, considerando-se a hipótese de extinção do ente federal que causou a remessa dos autos, o deslocamento perde sua razão, devendo o processo voltar para o juízo de origem (§ 3º).

CPC/2015	CPC/1973
Art. 46. A ação fundada em direito pessoal *ou* em direito real sobre bens móveis será proposta, em regra, no foro de domicílio do réu.	Art. 94. A ação fundada em direito pessoal *e a ação fundada* em direito real sobre bens móveis serão propostas, em regra, no foro do domicílio do réu.
§ 1º Tendo mais de um domicílio, o réu será demandado no foro de qualquer deles.	§ 1º Tendo mais de um domicílio, o réu será demandado no foro de qualquer deles.
§ 2º Sendo incerto ou desconhecido o domicílio do réu, ele *poderá ser* demandado onde for encontrado ou no foro de domicílio do autor.	§ 2º Sendo incerto ou desconhecido o domicílio do réu, ele *será* demandado onde for encontrado ou no foro do domicílio do autor.
§ 3º Quando o réu não tiver domicílio *ou* residência no Brasil, a ação será proposta no foro de domicílio do autor, e, se este também residir fora do Brasil, a ação será proposta em qualquer foro.	§ 3º Quando o réu não tiver domicílio *nem* residência no Brasil, a ação será proposta no foro do domicílio do autor. Se este também residir fora do Brasil, a ação será proposta em qualquer foro.
§ 4º Havendo 2 (dois) ou mais réus com diferentes domicílios, serão demandados no foro de qualquer deles, à escolha do autor.	§ 4º Havendo dois ou mais réus, com diferentes domicílios, serão demandados no foro de qualquer deles, à escolha do autor.
§ 5º A execução fiscal será proposta no foro de domicílio do réu, no de sua residência ou no *do* lugar onde for encontrado.	Art. 578. A execução fiscal (art. 585, VI) será proposta no foro de domicílio do réu; se não o tiver, no de sua residência ou no lugar em que for encontrado.

---

[40] Súmulas 508 e 517 do STF: "Compete à Justiça Estadual, em ambas as instâncias, processar e julgar as causas em que for parte o Banco do Brasil S.A"; "As sociedades de economia mista só têm foro na Justiça Federal quando a União intervém como assistente ou oponente."

COMENTÁRIOS:

Domicílio do réu (regra geral). O foro dito "geral" é o foro de domicílio do réu. Excepcionalmente, constatada alguma das situações previstas nos §§ 1º a 4º, e versando a demanda sobre direito pessoal ou direito real sobre bens móveis, o foro geral dá lugar ao foro supletivo.

Execução fiscal. A novidade está no § 5º. De acordo com a literalidade do art. 578 (CPC/1973), a execução fiscal só poderia ser proposta no foro de residência do réu ou no local onde ele fosse encontrado se não tivesse domicílio certo. O CPC/2015 agora deixa claro que caberá à Fazenda Pública a escolha, dentre as mesmas opções previstas no CPC/1973, do foro onde irá demandar o executado. A previsão reflete o entendimento jurisprudencial.[41]

Oportuno ressaltar que, com a promulgação da Lei nº 13.043/2014 (art. 114, IX),[42] não há mais falar em competência federal delegada ao juízo estadual nas execuções fiscais propostas pelos entes federais. O ajuizamento de todas essas espécies de demandas deverá ser feito na Justiça Federal, mesmo que isso ocasione prejuízos ainda maiores ao executado.

A revogação dessa competência delegada não deve, no entanto, atingir as execuções fiscais em curso. Em outras palavras, a regra trazida pela Lei nº 13.043/2014 só vale para as execuções fiscais propostas a partir de 14 de novembro de 2014 (art. 75). As execuções fiscais propostas pelos juízes de direito (Justiça Estadual) antes dessa data serão por ele sentenciadas, e o eventual recurso será dirigido ao Tribunal Regional Federal respectivo.

CPC/2015	CPC/1973
Art. 47. *Para as* ações fundadas em direito real sobre imóveis é competente o foro de situação da coisa. § 1º O autor pode optar pelo foro de domicílio **do réu** ou pelo foro de eleição se o litígio não recair sobre direito de propriedade, vizinhança, servidão, divisão e demarcação de terras e de nunciação de obra nova. § 2º **A ação possessória imobiliária será proposta no foro de situação da coisa, cujo juízo tem competência absoluta.**	Art. 95. *Nas* ações fundadas em direito real sobre imóveis é competente o foro da situação da coisa. Pode o autor, entretanto, optar pelo foro do domicílio ou de eleição, não recaindo o litígio sobre direito de propriedade, vizinhança, servidão, posse, divisão e demarcação de terras e nunciação de obra nova.

 COMENTÁRIOS:

Foro da situação da coisa (regra geral). O art. 47 prevê que para as ações fundadas em direito real sobre imóveis será competente o foro da situação da coisa (foro *rei sitae*). Essa competência é absoluta para as ações que recaírem sobre direito de propriedade, vizinhança,

---

[41] Nesse sentido: STJ, REsp 557.305, Rel. Min. Eliana Calmon, julgado em 13.02.2008.

[42] Nos lugares onde não houvesse vara federal, as execuções fiscais deveriam ser propostas na Justiça Estadual, nos termos do inciso I do art. 15 da Lei nº 5.010/1966. Como esse dispositivo foi revogado pela Lei nº 13.043/2014, as execuções fiscais agora deverão ser propostas e julgadas pela vara da Justiça Federal que, mesmo não estando fisicamente localizada cidade na qual reside o executado, tenha competência sobre ela.

servidão, divisão e demarcação de terras e nunciação de obra nova (art. 47, § 1º). Para as ações possessórias que envolvam bens imóveis também não há mudanças. O CPC/2015 apenas criou um novo dispositivo (§ 2º) para evidenciar o entendimento segundo o qual, em se tratando de ação fundada em direito de posse sobre bem imóvel, será competente o foro da situação da coisa (competência absoluta). Tal regra prevalece sobre o princípio da *perpetuatio jurisdictionis*.

Competência relativa. Não versando sobre os direitos mencionados, pode o autor optar por propor a ação no foro de domicílio do réu ou no foro de eleição. Aqui, assim como no Estatuto do Idoso (art. 80 da Lei nº 10.741/2003) e na Lei da Ação Civil Pública (art. 2º da Lei nº 7.347/1985), vale a ressalva de que não se trata de competência funcional-territorial, mas de hipótese excepcional de competência territorial absoluta.

CPC/2015	CPC/1973
Art. 48. O foro de domicílio do autor da herança, no Brasil, é o competente para o inventário, a partilha, a arrecadação, o cumprimento de disposições de última vontade, **a impugnação ou anulação de partilha extrajudicial** e para todas as ações em que o espólio for réu, ainda que o óbito tenha ocorrido no estrangeiro.	Art. 96. O foro do domicílio do autor da herança, no Brasil, é o competente para o inventário, a partilha, a arrecadação, o cumprimento de disposições de última vontade e todas as ações em que o espólio for réu, ainda que o óbito tenha ocorrido no estrangeiro.
Parágrafo único. Se o autor da herança não possuía domicílio certo, é competente:	Parágrafo único. É, porém, competente o foro:
I – o foro de situação dos bens **imóveis**;	I – da situação dos bens, se o autor da herança não possuía domicílio certo;
II – *havendo bens* **imóveis** *em foros diferentes, qualquer destes;*	II – *do lugar em que ocorreu o óbito se o autor da herança não tinha domicílio certo e possuía bens em lugares diferentes.*
III – *não havendo bens imóveis, o foro do local de qualquer dos bens do espólio.*	

 ## COMENTÁRIOS:

Competência no direito sucessório. O dispositivo prevê que o inventário, a partilha, a arrecadação, o cumprimento de disposições de última vontade, a impugnação ou anulação de partilha extrajudicial e todas as ações em que o espólio for réu devem ser propostas no foro de domicílio do autor da herança. Se o autor, no entanto, não possuir domicílio certo, será competente o foro da situação dos bens imóveis. Se os imóveis estiverem em foros distintos, a competência será de qualquer deles. Por fim, se não houver bens imóveis, a competência será do local de qualquer dos bens do espólio (art. 48, parágrafo único)

Ressalte-se que o CPC/1973 dispõe de forma diversa, determinando a competência do foro do local no óbito quando o autor da herança não tem domicílio e possui bens em lugares diferentes (art. 96, parágrafo único, II, do CPC/1973). Em suma, não se conhecendo o domicílio do autor da herança e existindo bens em diferentes foros, a competência para processamento do inventário e da partilha não é mais do foro em que ocorreu o óbito, mas daquele correspondente à situação de qualquer um dos imóveis. A alteração atende à efetividade processual, porquanto a regra de distribuição da função jurisdicional para um dos foros dos diversos imóveis que compõem o espólio demonstra ser mais coerente do que a regra que determina a competência como a do local do falecimento.

CPC/2015	CPC/1973
Art. 49. A ação em que o ausente for réu *será proposta* no foro de seu último domicílio, também competente para a arrecadação, o inventário, a partilha e o cumprimento de disposições testamentárias.	Art. 97. As ações em que o ausente for réu *correm* no foro de seu último domicílio, que é também o competente para a arrecadação, o inventário, a partilha e o cumprimento de disposições testamentárias.

 COMENTÁRIOS:

Competência em caso de ausência. A ausência do réu significa o desparecimento de seu domicílio, sem que tenha deixado notícia, representante ou procurador para a administração dos seus bens (art. 22 do CC). Haverá ausência, ainda, na hipótese de o réu ter deixado mandatário, mas este não queira ou não possa exercer os poderes conferidos ou se esses poderes forem insuficientes (art. 23 do CC).

CPC/2015	CPC/1973
Art. 50. A ação em que o incapaz for réu *será proposta* no foro de domicílio de seu representante **ou assistente.**	Art. 98. A ação em que o incapaz for réu *se processará* no foro do domicílio de seu representante.

 COMENTÁRIOS:

Competência no caso de incapaz. Verifica-se aprimoramento técnico na redação, porquanto o incapaz poderá ser representado ou assistido, a depender da sua incapacidade. Em síntese, a incapacidade relativa (art. 4º do Código Civil) será suprida pela assistência, sob pena de anulabilidade do ato que venha a ser praticado exclusivamente pelo incapaz. A incapacidade absoluta (art. 3º do Código Civil), por outro lado, dá lugar ao instituto da representação, que tende a proteger, com mais rigor, os atos eventualmente praticados pelo incapaz, porquanto eles serão considerados nulos e não apenas anuláveis.[43]

CPC/2015	CPC/1973
Art. 51. É competente o foro *de domicílio do réu* para as causas em que seja autora a União. Parágrafo único. Se a União for a *demandada*, **a ação poderá ser proposta no foro de domicílio do autor, no de ocorrência do ato ou fato que originou a demanda, no de situação da coisa ou no Distrito Federal.**	Art. 99. O foro *da Capital do Estado ou do Território* é competente: I – para as causas em que a União for autora, *ré ou interveniente*; [...]

---

[43] Atente-se para o fato de que a teoria das incapacidades foi substancialmente alterada pelo Estatuto da Pessoa com Deficiência (Lei nº 13.146/2015). Por exemplo, são atualmente considerados absolutamente incapazes apenas os menores de 16 (dezesseis) anos.

Art. 52. É competente o foro de domicílio do réu para as causas em que seja autor Estado ou o Distrito Federal. Parágrafo único. Se Estado ou o Distrito Federal for o demandado, a ação poderá ser proposta no foro de domicílio do autor, no de ocorrência do ato ou fato que originou a demanda, no de situação da coisa ou na capital do respectivo ente federado.	Não há correspondência.

 ## COMENTÁRIOS AOS ARTS. 51 E 52:

Foro de domicílio do réu. Quando a União, o Estado ou o Distrito Federal forem autores, será competente para processar e julgar a demanda o foro de domicílio do réu (art. 51, *caput*, c/c art. 52, *caput*). Lembre-se de que no caso de execuções fiscais ainda há possibilidade de escolha entre o local da residência e o lugar onde o réu for encontrado.

Regras específicas dos arts. 51 e 52. Se a União, o Estado ou o Distrito Federal forem réus, a ação poderá ser proposta: (a) no foro de domicílio do autor; (b) no de ocorrência do ato ou fato que originou a demanda; (c) no da situação da coisa; ou (d) no Distrito Federal, tratando-se da União, e na capital do respectivo ente federado, tratando-se do estado ou do Distrito Federal. (Exemplo: se o estado de Minas Gerais for o demandado, a ação deverá ser proposta em Belo Horizonte.)

Tais regras configuram importantes inovações do CPC/2015. Frente à omissão do CPC/1973 e da CF/1988 no tocante à competência territorial para as ações em que figurem os estados da Federação ou o Distrito Federal, o novo diploma processual civil vem dar a essas demandas tratamento similar ao que é dado no âmbito da União. Ainda que esse tratamento já fosse adotado na prática, seja em virtude dos costumes forenses ou das leis de organização judiciária, a inserção dessas normas no CPC/2015 garante tratamento uniformizador ao tema.

CPC/2015	CPC/1973
Art. 53. É competente o foro:	Art. 100. É competente o foro:
I – *para a ação de divórcio, separação, anulação de casamento* e reconhecimento ou dissolução de união estável:	I – ~~da residência da mulher~~, *para a ação de separação dos cônjuges e a conversão desta em divórcio, e para a anulação de casamento;*
a) de domicílio do guardião de filho incapaz;	II – do domicílio ou da residência do alimentando, para a ação em que se pedem alimentos;
b) do último domicílio do casal, caso não haja filho incapaz;	III – ~~do domicílio do devedor, para a ação de anulação~~ de títulos ~~extraviados ou destruídos~~;
c) de domicílio do réu, se nenhuma das partes residir no antigo domicílio do casal;	IV – do lugar:
II – de domicílio ou residência do alimentando, para a ação em que se pedem alimentos;	a) onde está a sede, para a ação em que for ré a pessoa jurídica;
III – do lugar:	b) onde se acha a agência ou sucursal, quanto às obrigações que *ela* contraiu;
a) onde está a sede, para a ação em que for ré pessoa jurídica;	c) onde exerce a sua atividade *principal*, para a ação em que for ré a sociedade, *que carece de personalidade jurídica*;
b) onde se acha a agência ou sucursal, quanto às obrigações que *a pessoa jurídica* contraiu;	d) onde a obrigação deve ser satisfeita, para a ação em que se lhe exigir o cumprimento;
c) onde exerce suas atividades, para a ação em que for ré a sociedade ou associação *sem personalidade jurídica*;	V – do lugar do ato ou fato:

d) onde a obrigação deve ser satisfeita, para a ação em que se lhe exigir o cumprimento;

e) de residência do idoso, para a causa que verse sobre direito previsto no respectivo estatuto;

f) da sede da serventia notarial ou de registro, para a ação de reparação de dano por ato praticado em razão do ofício;

IV – do lugar do ato ou fato para a ação:

a) de reparação de dano;

b) em que for réu administrador ou gestor de negócios alheios;

V – de domicílio do autor ou do local do fato, para a ação de reparação de dano sofrido em razão de delito ou acidente de veículos, **inclusive aeronaves.**

a) para a ação de reparação do dano;

b) para a ação em que for réu o administrador ou gestor de negócios alheios.

Parágrafo único. Nas ações de reparação do dano sofrido em razão de delito ou acidente de veículos, será competente o foro do domicílio do autor ou do local do fato.

 ## COMENTÁRIOS:

Ações de separação, divórcio e anulação de casamento (inseridas as ações de reconhecimento e dissolução de união estável). O foro competente deixou de ser o da mulher para ser o do guardião do filho incapaz ou, na inexistência de filho incapaz, o do último domicílio do casal. Se, no entanto, nenhuma das partes residir no antigo domicílio, será competente o foro de domicílio do réu (regra geral do art. 46 do CPC/2015).

Com relação à separação e ao divórcio extrajudiciais, não se aplica a regra do art. 53, I, afinal os cartórios não têm competência, mas apenas atribuições, uma vez que não exercem função jurisdicional.

Como se pode perceber, para os casos do novo art. 53, I, o CPC/1973 (art. 100, I) determina a competência do foro da residência da mulher, o que gera algumas discussões judiciais, especialmente no campo constitucional, por suposta ofensa ao princípio da isonomia.[44] Com a nova redação, o legislador retira o foco da proteção dos interesses da mulher e o dirige, em um primeiro momento, para a proteção dos interesses do incapaz.

Competência para a ação de anulação e substituição de títulos ao portador. O inciso III do art. 100 do CPC/1973 perde sua função, uma vez extinto esse procedimento especial.

Ações envolvendo os direitos previstos no Estatuto do Idoso. O art. 80 do Estatuto do Idoso (Lei nº 10.741/2003) prevê que as ações para proteção dos interesses difusos, coletivos e individuais indisponíveis ou homogêneos relacionados aos idosos serão propostas no foro do *domicílio do idoso*, cujo juízo terá competência absoluta para processar a causa, ressalvadas as competências da Justiça Federal e a competência originária dos Tribunais Superiores. Como o CPC/2015 estabelece a competência como a da *residência do idoso*, deve-se considerar que ambos os locais (domicílio e residência) podem ser considerados foro competente, devendo-se observar o que mais beneficie o idoso.

Foro da sede da serventia notarial ou registral. Nos termos do art. 53, III, *f*, do CPC/2015, as ações de reparação de danos por atos praticados em razão do ofício deverão

---

[44] Apesar das discussões, em diversas oportunidades o Supremo Tribunal Federal se manifestou no sentido de declarar constitucional o art. 100, I, da Constituição Federal, por inexistir ofensa ao princípio da isonomia entre homens e mulheres ou da igualdade entre os cônjuges (Nesse sentido: RE 227.114/SP).

ser propostas no foro da sede da serventia, e não no domicílio do autor da ação. Vale ressaltar que, segundo entendimento do STJ, como os cartórios não possuem personalidade jurídica, a responsabilidade civil decorrente da má prestação dos serviços cartoriais deve ser imputada ao titular do cartório.[45] Ademais, este também permanece pessoalmente responsável nas hipóteses em que o ato tenha sido praticado por terceiro devidamente designado e/ou autorizado. Nesse sentido é o art. 22 da Lei nº 8.935/1994, recentemente alterado pela Lei nº 13.286, de 10 de maio de 2016: "Os notários e oficiais de registro são civilmente responsáveis por todos os prejuízos que causarem a terceiros, por culpa ou dolo, pessoalmente, pelos substitutos que designarem ou escreventes que autorizem, assegurado o direito de regresso."

Regras especiais para as ações de reparação de danos. Se a ação de reparação de danos estiver relacionada a delito (infração penal) ou a acidente de veículos (inclusive aeronaves),[46] a competência será do foro do domicílio do autor ou do local do fato (art. 53, V). Essa novidade é de grande pertinência, pois transmite às companhias aéreas o ônus do deslocamento de competência nos casos em que causarem danos em razão de acidentes, afastando a regra geral de domicílio do réu.

Seção II
Da Modificação da Competência

CPC/2015	CPC/1973
Art. 54. A competência *relativa* poderá modificar-se pela conexão ou pela continência, observado o disposto *nesta Seção.*	Art. 102. A competência, *em razão do valor e do território*, poderá modificar-se pela conexão ou continência, observado o disposto *nos artigos seguintes.*

---

[45] Nesse sentido: "RECURSO ESPECIAL. AÇÃO DE INDENIZAÇÃO POR DANOS MORAIS. RECONHECIMENTO DE FIRMA MEDIANTE ASSINATURA FALSIFICADA. RESPONSABILIDADE CIVIL. OFÍCIO DE NOTAS. ILEGITIMIDADE PASSIVA. AUSÊNCIA DE PERSONALIDADE JURÍDICA E JUDICIÁRIA. 1. Consoante as regras do art. 22 da Lei 8.935/94 e do art. 38 da Lei nº 9.492/97, a responsabilidade civil por dano decorrente da má prestação de serviço cartorário é pessoal do titular da serventia à época do fato, em razão da delegação do serviço que lhe é conferida pelo Poder Público em seu nome. 2. Os cartórios ou serventias não possuem legitimidade para figurar no polo passivo de demanda indenizatória, pois são desprovidos de personalidade jurídica e judiciária, representando, apenas, o espaço físico onde é exercida a função pública delegada consistente na atividade notarial ou registral. 3. Legitimidade passiva do atual titular do serviço notarial ou registral pelo pagamento de débitos atrasados do antigo titular. 4. Doutrina e jurisprudência acerca do tema, especialmente precedentes específicos desta Corte. 5. Recurso especial provido" (STJ, REsp 1.177.372/RJ, Rel. Min. Sidnei Beneti, *DJe* 01.02.2012).

[46] A inclusão das "aeronaves" já vinha sendo, há muito, solicitado pela doutrina, especialmente após os acidentes aéreos que ocorreram no Brasil nos anos de 2006 e 2007. Um projeto de lei do Senado Federal de 2007 (PL nº 476) já sugeria a alteração para definir como foro competente o domicílio do autor ou o do local do fato, e não apenas este, como argumentava a maioria das companhias aéreas. De fato, os nossos tribunais, como forma de facilitar a defesa dos interesses das vítimas, já entendiam que se tratava de uma relação de consumo e, portanto, poderia ser aplicado o art. 101, I, do CDC. A alteração no CPC afasta qualquer dúvida quanto ao foro competente e reforça a necessidade de se tutelarem, de forma mais efetiva, os direitos das vítimas.

COMENTÁRIOS:

Alteração da competência relativa. Verifica-se aprimoramento técnico do legislador ao se reconhecer a possibilidade de modificação da competência relativa como gênero, e não somente da competência em razão do valor e do território, conforme disposto no CPC/1973. Com efeito, a doutrina brasileira entende como relativa também a competência por distribuição, isto é, aquela que se dá entre vários juízes de igual competência, de uma mesma circunscrição territorial.[47]

Cabe ressaltar que nem toda competência de natureza territorial ou de valor possui a natureza de relativa. Citem-se, por exemplo, as ações imobiliárias previstas no art. 47, §§ 1º e 2º. Por tais motivos, fez-se necessária a alteração.

CPC/2015	CPC/1973
Art. 55. Reputam-se conexas 2 (duas) ou mais ações quando lhes for comum o *pedido* ou a causa de pedir.	**Art. 103.** Reputam-se conexas duas ou mais ações, quando lhes for comum o *objeto* ou a causa de pedir.
§ 1º Os processos de ações conexas serão reunidos para decisão conjunta, salvo se um deles já houver sido sentenciado.	**Art. 105.** ~~Havendo conexão ou continência, o juiz, de ofício ou a requerimento de qualquer das partes, pode ordenar a reunião de ações propostas em separado, a fim de que sejam decididas simultaneamente.~~
§ 2º Aplica-se o disposto no *caput*:	
I – à execução de título extrajudicial e à ação de conhecimento relativa ao mesmo ato jurídico;	
II – às execuções fundadas no mesmo título executivo.	
§ 3º Serão reunidos para julgamento conjunto os processos que possam gerar risco de prolação de decisões conflitantes ou contraditórias caso decididos separadamente, mesmo sem conexão entre eles.	

 COMENTÁRIOS:

Noções gerais. O CPC/2015 apresentou a regra de julgamento conjunto em dispositivos separados para cada um dos fenômenos de modificação da competência (conexão e continência). A nova redação objetiva ressaltar a diferença entre os institutos e entre as consequências geradas nos casos em que uma nova demanda é ajuizada.

A conexão dar-se-á, por exemplo, quando vários passageiros, em ações distintas, acionam determinada empresa de ônibus com fundamento no mesmo acidente (causa de pedir comum); ou quando vários herdeiros, em ações também distintas, pleiteiam a nulidade do testamento feito pelo autor da herança (objeto comum).

Inexistência de conexão em processos já julgados. Caso as ações conexas já estejam em curso, e sendo relativa a competência, elas deverão ser reunidas para decisão conjunta,

---

[47]   THEODORO JR., Humberto. **Curso de direito processual civil.** 48. ed. Rio de Janeiro: Forense, 2008, p. 208.

salvo se em um dos processos já houver sido proferida sentença. Essa é a regra estabelecida no § 1º do novo art. 55, que segue o entendimento já sumulado pelo STJ.[48]

Prejudicialidade. O texto legal também estabelece a necessidade de reunião entre a ação de conhecimento e a execução de título extrajudicial, bem como entre as execuções que estejam lastreadas em um mesmo título executivo. Essas regras objetivam evitar a prolação de julgados conflitantes[49] em demandas que, por conta da relação de *prejudicialidade*, necessitem de decisão uniforme.

Teoria materialista da conexão. Por fim, a redação do § 3º parece suavizar a interpretação antes decorrente do art. 105 do CPC/1973, que considerava a reunião de causas conexas uma *faculdade* do julgador, a quem cabia avaliar a intensidade da conexão e o grau de risco da ocorrência de decisões contraditórias para, se fosse o caso, determinar a reunião das ações. Em verdade, o que mais importa para a reunião é a possibilidade de decisões conflitantes ou contraditórias. É justamente por essa razão que o CPC/2015, alinhando-se à jurisprudência do STJ,[50] trouxe uma nova possibilidade de reunião de processos. De acordo com o novo dispositivo, pouco importa a identidade entre os objetos ou as causas de pedir; se o juiz entender que pode ocorrer conflito lógico de decisões, a reunião dos processos é medida que se impõe.

Ressalte-se que essa conexão sem a identidade de objeto ou de causa de pedir já era defendida pelos doutrinadores filiados à **teoria materialista da conexão**. Fredie Didier,[51] por exemplo, afirma que a conexão pode decorrer "do vínculo que se estabelece entre as relações jurídicas litigiosas". Assim, "haverá conexão se a mesma relação jurídica estiver sendo examinada em ambos os processos, ou se diversas relações jurídicas, mas entre elas houver um vínculo de prejudicialidade ou preliminaridade", não sendo relevante aferir a perfeita identidade entre objeto e causa de pedir.

CPC/2015	CPC/1973
Art. 56. Dá-se a continência entre 2 (duas) ou mais ações quando houver identidade quanto às partes e à causa de pedir, mas o *pedido* de uma, por ser mais amplo, abrange o das demais.	Art. 104. Dá-se a continência entre duas ou mais ações sempre que há identidade quanto às partes e à causa de pedir, mas o *objeto* de uma, por ser mais amplo, abrange o das outras.

 ## COMENTÁRIOS:

Continência. A conexão está "dentro" da continência. Veja um exemplo: A propõe contra B ação declaratória para reconhecimento de dívida. Em ação distinta, o autor da ação declaratória pleiteia a condenação de B no pagamento da mesma dívida (as partes e a

---

48   STJ, Súmula 235: "A conexão não determina a reunião dos processos, se um deles já foi julgado."

49   ALVIM, Arruda. **Manual de direito processual civil:** parte geral. 11. ed. rev., ampl. e atual. Com a reforma processual 2006/2007. São Paulo: Revista dos Tribunais, 2007. v. 1, p. 379.

50   Nesse sentido: "CC. DECISÕES CONFLITANTES. INTERPRETAÇÃO EXTENSIVA. ART. 115 DO CPC. A Seção reafirmou o entendimento de que é suficiente para caracterizar o conflito de competência a mera possibilidade ou risco de que sejam proferidas decisões conflitantes por juízes distintos, consoante interpretação extensiva dada por esta Corte ao artigo 115 do CPC [...]" (STJ, AgRg no CC nº 112.956-MS, Rel. Min. Nancy Andrighi, julgado em 25.04.2012).

51   DIDIER JR., Fredie. **Curso de direito processual civil.** Salvador: JusPodivm, 2015, p. 233.

causa de pedir são idênticas, mas o objeto da ação condenatória é mais amplo, abrangendo o da ação declaratória).

É mais correto falar em pedido – e não em objeto, como fez o CPC/1973 –, uma vez que a ação pode ter apenas um objeto com diversos pedidos a ele relacionados. Exemplo: o objeto de determinada demanda é um carro. O autor pede a devolução do carro ou a restituição em dinheiro e a reparação relativa a eventuais danos morais.

CPC/2015	CPC/1973
Art. 57. Quando houver continência **e a ação continente tiver sido proposta anteriormente, no processo relativo à ação contida será proferida sentença sem resolução de mérito,** *caso contrário, as ações serão necessariamente reunidas.*	Art. 105. Havendo ~~conexão ou~~ continência, *o juiz, de ofício ou a requerimento de qualquer das partes, pode ordenar a reunião de ações propostas em separado, a fim de que sejam decididas simultaneamente.*

 COMENTÁRIOS:

Conexão e continência – consequências. Ainda que omissa no CPC/1973, a regra disposta no art. 57 do CPC/2015 já fora abarcada pela doutrina e pela jurisprudência nacionais, em razão da regra geral de prevenção do juízo (art. 253 do CPC/1973 e art. 59 do CPC/2015). Nessa ordem de ideias, ao deparar com a propositura de uma ação cujo objeto esteja *contido* em outra já proposta, a solução é a extinção daquela. Isso porque o fenômeno é de litispendência parcial, não havendo justificativa para permanência da ação contida, uma vez que a lide que a substancia já será solucionada em ação continente já em trâmite.

Todavia, se a causa contida (mais restrita) tiver sido proposta antes da causa continente (mais ampla), as ações serão necessariamente reunidas para julgamento conjunto, evitando decisões conflitantes.[52] Deve-se ter em mente que o juízo prevento é aquele competente para julgar a lide e, dessa forma, para conhecer de todos os fenômenos relacionados à identidade de ações: conexão, continência, litispendência e coisa julgada.

Para fins de celeridade, caberá aos juízos o envio dos autos para definição do juízo prevento, o qual deverá decidir sobre a necessidade de extinção de algum dos processos ou sobre o julgamento comum.

CPC/2015	CPC/1973
Art. 58. *A reunião das ações propostas em separado far-se-á no juízo prevento,* **onde serão decididas simultaneamente.**	Art. 106. *Correndo em separado ações conexas perante juízes que têm a mesma competência territorial,* considera-se prevento *aquele que despachou em primeiro lugar.*

 COMENTÁRIOS:

Reunião de processos pela prevenção. O texto do CPC/2015 reconhece a abrangência da prevenção para além dos critérios de competência territorial, em contrapartida

---

[52]   Sobre o reconhecimento da continência em sobrepujo à possível litispendência, cf. STJ, REsp 512.047/RS, 2ª Turma, Rel. Min. Franciulli Netto, *DJ* 04.04.2005.

ao preceituado no CPC/1973. De fato, entende-se prevenção como "critério de fixação da competência dentre vários juízos competentes, em abstrato".[53] Só se concebe a prevenção, portanto, a partir da existência de diversos juízos abstratamente competentes, de modo que aquele que conheceu uma das causas conexas deve preferir aos demais para conhecer todas as ações vinculadas que a acompanharem.

CPC/2015	CPC/1973
Art. 59. **O registro ou a distribuição da petição inicial torna prevento o juízo.**	Art. 106. *Correndo em separado ações conexas perante juízes que têm a mesma competência territorial*, considera-se prevento *aquele que despachou em primeiro lugar.* Art. 219. *A citação válida torna prevento o juízo, induz litispendência e faz litigiosa a coisa; e, ainda quando ordenada por juiz incompetente, constitui em mora o devedor e interrompe a prescrição.*

COMENTÁRIOS:

Critério para a prevenção. O CPC/1973 apresentava regras distintas para a fixação do juízo prevento. A depender do local da tramitação dos processos, a prevenção poderia se verificar no juízo que proferir o primeiro despacho[54] (art. 106, parte final, do CPC/1973) ou naquele em que ocorresse a primeira citação válida (art. 219 do CPC/1973).

Na sistemática do CPC/2015 não haverá diferenciação. O registro ou a distribuição da petição é utilizado como critério para aferição do juízo prevento.

De regra, registro e distribuição ocorrem simultaneamente. Aliás, na praxe forense, utilizamos o termo "distribuição" como sinônimo de ajuizamento, de protocolo ou registro. Exemplo: "Distribuí uma ação de execução na comarca de Fortaleza." Ambos os atos referem-se ao momento do ajuizamento (do protocolo). Nas comarcas que ainda não possuem sistema de protocolo e distribuição informatizados, procede-se à seguinte sequência de atos: distribuição, registro e autuação. No "sistema jurássico", tais atos, inclusive, eram praticados por ordem do juiz. Quando ingressei na magistratura, fui atuar numa comarca de vara única (Comarca de Perdizes-MG). Era clínico geral. O advogado levava a petição a mim e então eu despachava: "DRAC", que vem a significar: distribua, registre e autue-se. A distribuição, obviamente, era feita a mim mesmo, ou melhor, à vara da qual era o titular. Autuação significa "pôr capa", dar início ao caderno processual. O registro, por sua vez, era feito à mão, no livro da secretaria. O registro e a distribuição, onde há um sistema minimamente informatizado, ocorrem concomitantemente. O próprio sistema se incumbe de registrar e distribuir, ou seja, do protocolo (registro) já consta o órgão jurisdicional a quem o processo foi distribuído. No processo virtual, a parte procede ao ajuizamento, ao protocolo (que gera um registro no sistema) e, concomitantemente, à distribuição. O novo Código, ao contrário do CPC/1973 – que adotava o despacho inicial e a citação como marcos para a prevenção –, adota sistema único para determinar a prevenção, isto é, a definição do juízo para o qual

---

[53] ARRUDA, Alvim. Op. cit., p. 377.

[54] A jurisprudência tem orientação no sentido de entender que o despacho previsto no art. 106 é apenas aquele que defere a citação do réu, em prejuízo de qualquer outro despacho ordinatório do processo.

serão distribuídos os feitos ligados ao anterior pelos vínculos da conexão ou continência. Em razão de tratar-se de atos de regra praticados concomitantemente, o melhor seria que o CPC/2015 tivesse consignado que o registro ou o protocolo torna prevento o juízo. Mas o que importa para marcar a prorrogação da competência é a distribuição, o apontamento do juízo que foi incumbido de processar e julgar o feito.

Ocorre que, em casos excepcionais, procede-se ao registro, mas a distribuição é postergada. Nesse caso, que nem sequer deveria ocorrer, tem-se uma hipótese de desmembramento dos dois atos, mas será a distribuição que tornará prevento o juiz. Até porque, antes disso, nem sequer se conhecerá o juízo. Exemplo prático: havia – creio que a irregular prática tenha sido abolida – certos tribunais que "represavam" os recursos. Era comum proceder ao protocolo (ao registro), mas a distribuição somente era feita meses ou anos depois desse registro. Em razão desses casos é que o novo Código previu o registro ou distribuição como ato da prorrogação de competência nos casos indicados em lei. Não se pode dizer que um determinado relator e uma determinada turma ou câmara sejam preventos sem que para eles tenha sido distribuído recurso protocolado (registrado).

CPC/2015	CPC/1973
Art. 60. Se o imóvel se achar situado em mais de um Estado, comarca, **seção ou subseção judiciária**, a competência **territorial** *do juízo prevento* estender-se-á sobre a totalidade do imóvel.	Art. 107. Se o imóvel se achar situado em mais de um Estado ou comarca, *determinar-se-á o foro pela prevenção*, estendendo-se a competência sobre a totalidade do imóvel.

 ## COMENTÁRIOS:

Competência no caso de imóvel localizado em mais de uma cidade ou Estado. Caberá ao autor da ação escolher livremente o foro de sua preferência para ajuizar a demanda. Não importa em qual localidade esteja a maior ou menor parte do imóvel. Os foros serão concorrentes em qualquer caso, mas, se a demanda for proposta em um deles, a competência do juízo prevento se estenderá pela totalidade do imóvel.

CPC/2015	CPC/1973
Art. 61. A ação acessória será proposta *no juízo* competente para a ação principal.	Art. 108. A ação acessória será proposta *perante o juiz* competente para a ação principal.

 ## COMENTÁRIOS:

Ações acessórias e juízo competente. Não obstante a autonomia da ação e do processo por ela instaurado, às vezes verifica-se relação de dependência, de subordinação, enfim, de acessoriedade entre determinadas demandas. É o que ocorre, por exemplo, com a denunciação da lide (art. 125), com o chamamento ao processo (art. 130) e com a reconvenção (art. 343). Em tais casos, afora outros, far-se-á a distribuição pela regra da acessoriedade: a ação acessória será proposta no juízo competente para a ação principal (art. 61). Esclarece-se que quando a distribuição da "ação acessória" antecede à principal, o que se faz é um prognóstico. Determina-se a competência para o julgamento da futura ação principal e, então, pela regra da acessoriedade, definida está a competência para a "ação acessória". É o que comumente se dá na definição da competência para conhecer o pedido de tutela de urgência antecipada, concedida em caráter antecedente (art. 299).

CPC/2015	CPC/1973
Art. 62. A competência determinada em razão da matéria, *da pessoa ou da função* é inderrogável por convenção das partes.	Art. 111. A competência em razão da matéria *e da hierarquia* é inderrogável por convenção das partes; ~~mas estas podem modificar a competência em razão do valor e do território, elegendo foro onde serão propostas as ações oriundas de direitos e obrigações~~.

COMENTÁRIOS:

Inderrogabilidade da competência absoluta. Mais uma vez o CPC/2015 organizou as regras previstas no CPC/1973. Aqui, a norma que impede a prorrogação da competência de juízo absolutamente incompetente se mantém. Todavia, as regras concernentes à modificação de competência relativa foram inseridas em artigo separado (art. 63), facilitando a compreensão do instituto.

CPC/2015	CPC/1973
Art. 63. As partes podem modificar a competência em razão do valor e do território, elegendo foro onde será proposta ação oriunda de direitos e obrigações. § 1º *A eleição de foro* só produz efeito quando constar de *instrumento* escrito e aludir expressamente a determinado negócio jurídico. § 2º O foro contratual obriga os herdeiros e sucessores das partes. § 3º **Antes da citação, a cláusula de eleição de foro, se abusiva,** *pode ser reputada ineficaz de ofício pelo juiz, que determinará a remessa dos autos ao juízo do foro de domicílio do réu.* § 4º **Citado, incumbe ao réu alegar a abusividade da cláusula de eleição de foro na contestação, sob pena de preclusão.**	Art. 111. ~~A competência em razão da matéria e da hierarquia é inderrogável por convenção das partes~~; mas estas podem modificar a competência em razão do valor e do território, elegendo foro onde serão propostas as ações oriundas de direitos e obrigações. § 1º *O acordo, porém*, só produz efeito, quando constar de *contrato* escrito e aludir expressamente a determinado negócio jurídico. § 2º O foro contratual obriga os herdeiros e sucessores das partes. Art. 112. [...] Parágrafo único. *A nulidade da cláusula de eleição de foro,* ~~em contrato de adesão~~, *pode ser declarada de ofício pelo juiz, que declinará de competência para o juízo de domicílio do réu.*

COMENTÁRIOS:

Eleição de foro em contrato de adesão. A eleição de foro dá-se por meio de cláusula constante de instrumento escrito celebrado entre as partes. O juiz poderá, no entanto, reputar ineficaz a cláusula de eleição de foro se considerá-la abusiva. A legislação anterior (art. 112, parágrafo único, do CPC/1973) e o STJ já consideravam essa regra, mas a relacionavam apenas aos contratos de adesão, que são aqueles cujas cláusulas não decorrem da livre discussão entre as partes, porquanto são estabelecidas unilateralmente por um dos contratantes. Como o CPC/2015 não especifica o tipo de contrato, a regra será válida para todo aquele que, conforme o entendimento do juiz, contiver cláusula de eleição de foro manifestamente abusiva.

Enquanto o CPC/1973 se omite com relação ao momento do processo no qual cabe ao magistrado reconhecer de ofício a nulidade da cláusula, o CPC/2015 só confere esse poder ao juiz até a citação. Se, no entanto, o réu já tiver sido citado, é ele quem deverá alegar a abusividade no momento da apresentação da contestação, sob pena de preclusão (art. 63, § 4º).

Afora os casos de eleição de foro por meio de cláusula presumidamente abusiva, ao juiz não é lícito declarar de ofício a incompetência relativa, prevalecendo, nesse caso, o disposto no art. 337, § 5º, do CPC/2015 e na Súmula 33 do STJ.[55]

Seção III
Da Incompetência

CPC/2015	CPC/1973
Art. 64. A incompetência, **absoluta** ou relativa, será alegada *como questão preliminar de contestação*. § 1º A incompetência absoluta pode ser alegada em qualquer tempo e grau de jurisdição e deve ser declarada de ofício. § 2º **Após manifestação da parte contrária, o juiz decidirá imediatamente a alegação de incompetência.** § 3º Caso a alegação de incompetência seja acolhida, os autos serão remetidos ao juízo competente. § 4º **Salvo decisão judicial em sentido contrário, conservar-se-ão os efeitos de decisão proferida pelo juízo incompetente, até que outra seja proferida, se for o caso, pelo juízo competente.**	Art. 112. Argui-se, *por meio de exceção*, a incompetência relativa. Art. 113. A incompetência absoluta deve ser declarada de ofício e pode ser alegada, em qualquer tempo e grau de jurisdição, ~~independentemente de exceção~~. [...] § 2º Declarada a incompetência absoluta, ~~somente os atos decisórios serão nulos,~~ remetendo-se os autos ao juiz competente.

 COMENTÁRIOS:

Nova forma de alegação da incompetência relativa. Duas mudanças relevantes podem ser extraídas do novo dispositivo. De início, conforme se depreende da leitura do *caput*, não será necessário propor exceção para arguir a incompetência relativa. Ao contrário do CPC/1973, que exige a arguição dessa incompetência em petição separada, no CPC/2015 a incompetência relativa é levantada como preliminar na contestação, do mesmo modo que a incompetência absoluta. A mudança, que atende ao aproveitamento dos atos processuais e à instrumentalidade do processo, denota a intenção do legislador na simplificação do procedimento e evidencia o posicionamento que já era adotado pelos tribunais.[56]

---

[55] Súmula 33 do STJ: "A incompetência relativa não pode ser declarada de ofício."

[56] Nesse sentido: "PROCESSO CIVIL. VIOLAÇÃO DO ARTIGO 535 DO CPC. NÃO OCORRÊNCIA. INCOMPETÊNCIA RELATIVA. ARGUIÇÃO EM PRELIMINAR NA CONTESTAÇÃO. AUSÊNCIA DE PREJUÍZO. INSTRUMENTALIDADE DO PROCESSO. 1. Inexistente a alegada violação do art. 535 do CPC, pois a prestação jurisdicional foi dada na medida da pretensão deduzida, conforme se depreende da análise do acórdão recorrido. 2. A jurisprudência desta Corte é assente no sentido de

Significativa também é a introdução da norma prevista no § 3º, que estabelece a conservação dos efeitos das decisões proferidas pelo juízo incompetente. No CPC/1973, a declaração de incompetência absoluta presume a nulidade de todos os atos decisórios, medida que deve ser considerada extrema, pois contribui com a morosidade jurisdicional em detrimento da efetividade do processo.[57]

CPC/2015	CPC/1973
Art. 65. Prorrogar-se-á a competência **relativa** se o réu não *alegar a incompetência em preliminar de contestação*. Parágrafo único. **A incompetência relativa pode ser alegada pelo Ministério Público nas causas em que atuar.**	Art. 114. Prorrogar-se-á a competência se ~~dela o juiz não declinar na forma do parágrafo único do art. 112 desta Lei ou~~ o réu não *opuser exceção declinatória nos casos e prazos legais.*

 COMENTÁRIOS:

Prorrogação da competência relativa. A prorrogação é uma forma de modificação da competência que ocorre por disposição legal, somente na hipótese de competência relativa. Como essa espécie não pode ser reconhecida de ofício pelo juiz, é preciso que seja arguida pelo réu. Caso este não o faça, haverá a prorrogação, e o foro que originalmente era incompetente tornar-se-á competente.

Legitimidade do Ministério Público. A incompetência relativa pode ser alegada pelo Ministério Público nas causas em que ele atuar. O entendimento na vigência do CPC/1973 era no sentido de que o *Parquet*, atuando como *custos legis*, não poderia arguir a incompetência relativa, salvo se a fizesse em benefício de incapaz. O CPC/2015 prevê, de forma genérica ("nas causas em que atuar"), a legitimidade do Ministério Público para alegar a incompetência relativa. Assim, quando atuar como fiscal do ordenamento ou como parte, será possível a alegação de incompetência relativa pelo membro da referida instituição.

---

que, acatada exceção de incompetência relativa arguida em preliminar na contestação e não em petição autônoma, releva-se o rigor formal se não comprovado prejuízo pela parte adversa, em louvor ao aproveitamento dos atos processuais. Recurso especial provido em parte, para reconhecer que a arguição de incompetência relativa em preliminar de contestação, ao invés de exceção de incompetência, constitui mera irregularidade" (STJ, REsp 885.960/CE, Rel. Min. Humberto Martins, julgado em 02.08.2007).

[57] Tome-se, apenas para título de exemplo, o recente julgado do Superior Tribunal Justiça dos Embargos de Declaração no Agravo interposto contra Recurso Especial 285.708/MG, de relatoria da Min. Nancy Andrighi. Nele, a Em. Relatora conheceu efeitos infringentes nos embargos declaratórios, "para reconhecer a incompetência absoluta da Justiça Comum para julgar a causa e declarar a nulidade de todos os atos decisórios praticados no processo (art. 113, § 2º, CPC), determinando a remessa dos autos a uma das Varas do Trabalho da comarca de Belo Horizonte". Ora, ainda que se trate de causa que deva ser julgada pela Justiça do Trabalho, o não aproveitamento de nenhum ato decisório, num processo que tramitou até o STJ, não pode ser decisão que atende aos princípios da efetividade processual e da duração razoável do processo.

CPC/2015	CPC/1973
Art. 66. Há conflito de competência **quando:**	Art. 115. Há conflito de competência:
I – 2 (dois) ou mais juízes se declaram competentes;	I – quando dois ou mais juízes se declaram competentes;
II – 2 (dois) ou mais juízes se consideram incompetentes, **atribuindo um ao outro a competência**;	II – quando dois ou mais juízes se consideram incompetentes;
III – entre 2 (dois) ou mais juízes surge controvérsia acerca da reunião ou separação de processos.	III – quando entre dois ou mais juízes surge controvérsia acerca da reunião ou separação de processos.
Parágrafo único. **O juiz que não acolher a competência declinada deverá suscitar o conflito, salvo se a atribuir a outro juízo.**	

 ## COMENTÁRIOS:

Espécies de conflito. O conflito será positivo quando os juízes se declararem competentes; e negativo na hipótese contrária. O inciso II também se insere em uma dessas hipóteses, pois, quando os juízes têm dúvida sobre a reunião de processos, é porque ambos se consideram competentes e preventos para a causa em trâmite perante o juízo contrário; por outro lado, se a discussão é relativa à separação, o conflito é negativo.

Conflito de competência no CPC/2015. As regras previstas no CPC/1973 se mantêm, mas o CPC/2015 faz a inserção de um parágrafo único, que vem estabelecer regra óbvia: se o juiz não acolher a competência que lhe é declinada, deverá suscitar o conflito ou declinar novamente a competência a outro juízo.

O conflito pode ser suscitado por qualquer das partes – exceto por aquela que, no processo, arguiu a incompetência relativa (art. 952) –, bem como pelo Ministério Público ou pelo juiz ao tribunal hierarquicamente superior aos juízes envolvidos na divergência. Nos conflitos que envolvam órgãos fracionários dos tribunais, desembargadores e juízes em exercício no tribunal, o conflito de competência será suscitado segundo as regras constantes do regimento interno no respectivo tribunal (art. 958).

Capítulo II
Da Cooperação Nacional

Não há dúvida de que o CPC/2015 prestigia o princípio da cooperação, ao passo que, além de estabelecê-lo como norma a ser observada pelas partes, também o torna importante na atuação daqueles que compõem o órgão jurisdicional. Os atos que devem ser praticados ao longo do processo precisam ser viabilizados de forma a proporcionar uma tutela efetiva e adequada ao caso concreto. De nada adianta a legislação prever formas de se garantir eficiência nos atos processuais se os juízes, por exemplo, não cooperarem entre si para a rápida solução do litígio. Ressalte-se que rapidez, nesse caso, não tem relação somente com o fator tempo, mas também com a eficácia dos resultados de cada ato praticado ao longo do processo.

A cooperação entre os órgãos do Poder Judiciário já era objeto de Recomendação do Conselho Nacional de Justiça (CNJ) antes mesmo da aprovação do novo diploma processual. A Recomendação nº 38, de 3 de novembro de 2011, elencou alguns mecanismos de cooperação judiciária com a finalidade de institucionalizar meios capazes de conceder maior fluidez e agilidade à comunicação entre os órgãos judiciários e entre outros sujeitos do processo, para cumprimento de atos judiciais e também para harmonização e agilização de rotinas e procedimentos forenses.[58] A iniciativa do CNJ visa fomentar a ideia do "juiz de cooperação", aquele que atua como facilitador dos atos judiciais, inclusive daqueles praticados fora da sua competência territorial, material ou funcional.

A cooperação entre juízos nacionais está positivada no CPC/2015, mais precisamente nos arts. 67 a 69, os quais serão comentados a seguir.

CPC/2015	CPC/1973
Art. 67. **Aos órgãos do Poder Judiciário, estadual ou federal, especializado ou comum, em todas as instâncias e graus de jurisdição, inclusive aos tribunais superiores, incumbe o dever de recíproca cooperação, por meio de seus magistrados e servidores.**	Não há correspondência.

 COMENTÁRIOS:

Destinatários da cooperação. Segundo o *caput* do dispositivo que inicia o tema, a cooperação recíproca entre os órgãos do Poder Judiciário constitui dever essencial para o bom funcionamento da atividade jurisdicional.

CPC/2015	CPC/1973
Art. 68. **Os juízos poderão formular entre si pedido de cooperação para prática de qualquer ato processual.**	Não há correspondência.

 COMENTÁRIOS:

Pedido de cooperação entre juízos. A doutrina define a necessidade da cooperação jurisdicional em função de três razões específicas:[59] (i) a existência de Estados soberanos (que justifica a cooperação internacional, já estudada neste Comparativo); (ii) a divisão judiciária dentro de cada Estado, vinculada ao caráter territorial da jurisdição; e, por fim, (iii) a distribuição hierárquica de órgãos jurisdicionais.

A materialização da cooperação jurisdicional, conforme prevê o CPC/1973 (art. 201), dá-se mediante as chamadas *cartas* – rogatória, precatória ou de ordem –, que estão ligadas, respectivamente, às razões apresentadas anteriormente. Na sistemática do CPC/2015, a formalização do pedido de cooperação em nível nacional independerá de forma específica e poderá ser realizada para a prática de qualquer ato processual.

---

[58]   O texto da Recomendação nº 38, do qual extraímos essa finalidade, pode ser encontrado na página virtual do Conselho Nacional de Justiça (CNJ): <http://www.cnj.jus.br/atos-normativos?documento=285>.

[59]   DINAMARCO, Cândido Rangel. **Instituições de direito processual civil.** 2. ed. rev. e atual. São Paulo: Malheiros. v. II, p. 513.

CPC/2015	CPC/1973
Art. 69. **O pedido de cooperação jurisdicional deve ser prontamente atendido, prescinde de forma específica e pode ser executado como:** **I – auxílio direto;** **II – reunião ou apensamento de processos;** **III – prestação de informações;** **IV – atos concertados entre os juízes cooperantes.** **§ 1º As cartas de ordem, precatória e arbitral seguirão o regime previsto neste Código.** **§ 2º Os atos concertados entre os juízes cooperantes poderão consistir, além de outros, no estabelecimento de procedimento para:** **I – a prática de citação, intimação ou notificação de ato;** **II – a obtenção e apresentação de provas e a coleta de depoimentos;** **III – a efetivação de tutela provisória;** **IV – a efetivação de medidas e providências para recuperação e preservação de empresas;** **V – a facilitação de habilitação de créditos na falência e na recuperação judicial;** **VI – a centralização de processos repetitivos;** **VII – a execução de decisão jurisdicional.** **§ 3º O pedido de cooperação judiciária pode ser realizado entre órgãos jurisdicionais de diferentes ramos do Poder Judiciário.**	Não há correspondência.

 ## COMENTÁRIOS:

Dentre os meios de cooperação jurisdicional estão: o auxílio direto, a reunião ou o apensamento de processos, a prestação de informações e os atos concertados entre juízes cooperantes (art. 69, I a IV).

Auxílio direto. Nomenclatura mais utilizada para tratar dos meios de cooperação jurídica internacional, o auxílio direto também serve como ferramenta para viabilizar pedidos de cooperação jurisdicional nacional. Ele tende a possibilitar o intercâmbio direto entre magistrados ou servidores, sem interferência de qualquer outro órgão ou autoridade. Consiste em uma modalidade mais simplificada de cooperação, podendo ocorrer, por exemplo, para prática de ato que, inicialmente, só seria possível mediante a expedição de carta precatória, mas, com o pedido de auxílio direto, torna-se desnecessária tal formalidade.

Reunião de processos. Pode ocorrer nas hipóteses de conexão, assim como quando existir risco de prolação de decisões conflitantes. Sobre o tema, conferir os comentários ao art. 55.

Apensamento. Consiste na reunião de processos para tramitação em conjunto. Apensar é o ato de anexar um processo aos autos de outra ação que com ele tenha relação, sem que isso implique alteração da numeração originária. Tanto nos casos de reunião como nos casos de apensamento, a medida deverá ser tomada por juízes de mesma competência material ou funcional, já que não é possível, por exemplo, o apensamento entre um processo que tramita na Justiça Comum Estadual e outro com tramitação na Justiça do Trabalho.

Prestação de informações. É medida que deve ocorrer sem maiores formalidades, especialmente com a difusão acerca da utilização de meios eletrônicos para a prática dos atos processuais.

Atos concertados. São aqueles definidos de comum acordo entre os juízes cooperantes, na tentativa de estabelecer procedimentos para as finalidades previstas nos incisos I a VII do § 2º. Como exemplo de ação concertada, podemos citar as estratégias de procedimento deliberadas consensualmente entre o juízo da falência e o trabalhista, para agilização da liquidação de créditos privilegiados e quirografários ou mesmo para possibilitar a recuperação judicial de empresas.[60]

Vale ressaltar que a cooperação não pode abarcar atos de julgamento, sob pena de delegação de competência e violação do princípio do juiz natural.[61] Este é, portanto, o limite do objeto da cooperação: ela deve visar à realização de atos ordinatórios, de cunho prático, sem implicar esvaziamento de competência.

Carta arbitral. O CPC/2015 introduziu esse novo instrumento de cooperação jurisdicional ao ordenamento. Evidentemente, ele terá aplicação na comunicação entre o juízo arbitral e o juízo estatal, para fins de realização de atos ordinatórios, cujo árbitro não tenha capacidade.[62] A inovação facilita a instrumentalização dessa comunicação, uma vez que nem o CPC/1973, nem a Lei de Arbitragem (Lei nº 9.307/1976), tratavam especificamente sobre o tema.

LIVRO III
DOS SUJEITOS DO PROCESSO

TÍTULO I
DAS PARTES E DOS PROCURADORES

Capítulo I
Da Capacidade Processual

CPC/2015	CPC/1973
Art. 70. Toda pessoa *que se encontre* no exercício de seus direitos tem capacidade para estar em juízo.	Art. 7º Toda pessoa *que se acha* no exercício dos seus direitos tem capacidade para estar em juízo.

---

[60] CHAVES JR., José Eduardo de Resende. O novo paradigma da cooperação judiciária. **Jus Navigandi**, Teresina, ano 17, n. 3.116, 12 jan. 2012. Disponível em: <http://jus.com.br/artigos/20841>.

[61] DINAMARCO. Op. cit., p. 521.

[62] CARMONA, Carlos Alberto. **Arbitragem e processo:** um comentário à Lei nº 9.307/76. 3. ed. São Paulo: Atlas, 2009, p. 318.

COMENTÁRIOS:

Quem pode estar em juízo? Nos termos do art. 70, terá capacidade processual (capacidade para estar em juízo) toda pessoa que se encontrar no exercício de seus direitos. A capacidade processual é requisito processual de validade, que significa a aptidão para praticar atos processuais independentemente de assistência ou representação. A capacidade processual pressupõe a capacidade de ser parte (personalidade judiciária), mas a recíproca não é verdadeira. Nem todos aqueles que detêm personalidade judiciária gozarão de capacidade processual. Tal como ocorre no direito civil, essa capacidade processual será plena quando a pessoa for absolutamente capaz, vale dizer, maior de 18 anos e com o necessário discernimento para a prática dos atos da vida civil. Nos casos em que a parte material for relativa ou absolutamente incapaz (arts. 3º e 4º do CC) e em outras hipóteses enumeradas no CPC (art. 72), a capacidade judiciária precisa ser integrada pelos institutos da assistência, representação ou curadoria especial. É como se a capacidade processual estivesse incompleta. Para complementá-la e proporcionar o pleno acesso à justiça, a lei criou os institutos da representação, da assistência e da curadoria especial, permitindo, pois, que a parte material pleiteie seus direitos em juízo. O exemplo clássico é o das pessoas absolutamente incapazes (art. 3º do CC), detentoras de capacidade de ser parte, mas que, em juízo (e em todos os atos da vida civil), devem estar representadas por seus pais, tutores ou curadores (art. 71). O incapaz pode figurar como autor ou réu em uma demanda, mas, se não tiver representante legal ou se os interesses deste colidirem com os daquele, o juiz deverá nomear-lhe curador especial (art. 72, I).

Já os maiores de 16 e menores de 18 anos, por exemplo, serão assistidos por seus pais, tutores ou curadores (art. 71). Nas ações judiciais, o menor deverá constituir procurador junto do seu assistente, que também deve assinar a procuração; se figurar como réu, deverá ser citado com o assistente.

Há, ainda, incapacidade puramente para o processo. É o caso do réu preso, bem como do revel citado por edital ou com hora certa. Conquanto materialmente capazes, entendeu o legislador que, para o processo, a capacidade dessas pessoas necessita ser complementada, em razão da posição de fragilidade em que se encontram. Por isso, exige-se a nomeação de curador especial a elas, sob pena de nulidade do feito (art. 72, II). Com relação ao réu preso, fica a ressalva de que, se este já tiver constituído procurador nos autos, por razões óbvias, dispensa-se a figura do curador especial, pois não haveria qualquer razão para conferir ao preso a representação por dois procuradores distintos.

CPC/2015	CPC/1973
Art. 71. O incapaz será representado ou assistido por seus pais, por tutor ou por curador, na forma da lei.	Art. 8º Os incapazes serão representados ou assistidos por seus pais, tutores ou curadores, na forma da lei ~~civil~~.

 COMENTÁRIOS:

Conferir comentários ao art. 70.

CPC/2015	CPC/1973
Art. 72. O juiz *nomeará* curador especial ao: I – incapaz, se não tiver representante legal ou se os interesses deste colidirem com os daquele, **enquanto durar a incapacidade**; II – réu preso **revel**, bem como ao réu revel citado por edital ou com hora certa, **enquanto não for constituído advogado**. Parágrafo único. A curatela especial *será exercida pela Defensoria Pública, nos termos da lei.*	Art. 9º O juiz *dará* curador especial: I – ao incapaz, se não tiver representante legal, ou se os interesses deste colidirem com os daquele; II – ao réu preso, bem como ao revel citado por edital ou com hora certa. Parágrafo único. *Nas comarcas onde houver representante judicial de incapazes ou de ausentes, a este competirá* a função de curador especial.

 ## COMENTÁRIOS:

Curadoria especial. A curatela especial (art. 72, I e II) será, em regra, exercida pela Defensoria Pública (art. 72, parágrafo único). A Lei Complementar nº 80/1994, em seu art. 4º, XVI, e a Lei Complementar nº 65/2003 (no âmbito do estado de Minas Gerais), em seu art. 5º, VIII, trazem a curadoria especial como função institucional a ser exercida pela Defensoria Pública. Marinoni e Mitidiero defendem, inclusive, que, caso exista Defensoria Pública na comarca ou subseção judiciária, o curador especial deverá ser, obrigatoriamente, o Defensor Público.[63] Entretanto, quando se tratar de ação proposta pelo Ministério Público na condição de substituto processual de incapaz (como na hipótese de ação de investigação de paternidade), será desnecessária nomeação de curador especial. Importante lembrar que o exercício da curatela especial por parte da Defensoria Pública prescinde de remuneração, pois o defensor público, quando atua nessa condição, está exercendo as suas funções institucionais, para as quais já é remunerado nos termos dos arts. 135 e 39, § 4º, da Constituição Federal e art. 130 da Lei Complementar nº 80/1994. A ressalva se verifica na hipótese de fixação de honorários sucumbenciais, mas desde que a Defensoria Pública não esteja atuando contra a pessoa jurídica de direito público à qual pertença.[64]

CPC/2015	CPC/1973
Art. 73. O cônjuge necessitará do consentimento do outro para propor ação que verse sobre direito real imobiliário, **salvo quando casados sob o regime de separação absoluta de bens**. § 1º Ambos os cônjuges serão necessariamente citados para a ação: I – que verse sobre direito real imobiliário, **salvo quando casados sob o regime de separação absoluta de bens**,	Art. 10. O cônjuge somente necessitará do consentimento do outro para propor ações que versem sobre direitos reais imobiliários. § 1º Ambos os cônjuges serão necessariamente citados para as ações: I – que versem sobre direitos reais imobiliários; II – resultantes de fatos que digam respeito a ambos os cônjuges ou de atos praticados por eles;

---

[63] **Código de Processo Civil comentado artigo por artigo.** São Paulo: Revista dos Tribunais, 2008, p. 105.

[64] Nesse sentido a Súmula 421 do STJ: "Os honorários advocatícios não são devidos à Defensoria Pública quando ela atua contra a pessoa jurídica de direito público à qual pertença."

II – resultante de fato que diga respeito a ambos os cônjuges ou de ato praticado por eles;

III – fundada em dívida contraída *por um dos cônjuges* a bem da família;

IV – que tenha por objeto o reconhecimento, a constituição ou a extinção de ônus sobre imóvel de um ou de ambos os cônjuges.

§ 2º Nas ações possessórias, a participação do cônjuge do autor ou do réu somente é indispensável nas hipóteses de composse ou de ato por ambos praticado.

§ 3º **Aplica-se o disposto neste artigo à união estável comprovada nos autos.**

III – fundadas em dívidas contraídas *pelo marido* a bem da família, ~~mas cuja execução tenha de recair sobre o produto do trabalho da mulher ou os seus bens reservados~~;

IV – que tenham por objeto o reconhecimento, a constituição ou a extinção de ônus sobre imóveis de um ou de ambos os cônjuges.

§ 2º Nas ações possessórias, a participação do cônjuge do autor ou do réu somente é indispensável nos casos de composse ou de ato por ambos praticados.

 COMENTÁRIOS:

Capacidade processual ativa dos cônjuges. Para a propositura de ações que versem sobre direitos reais imobiliários, o cônjuge (marido ou a mulher) necessita do consentimento do outro, exceto se casados sob o regime de separação absoluta de bens. A ressalva trazida pelo CPC/2015 vai ao encontro da previsão contida no art. 1.647, *caput*, do Código Civil.[65]

Ressalte-se que não se trata de litisconsórcio ativo necessário, pois não se admite que o cônjuge seja constrangido a demandar como autor. O que a lei exige é o seu consentimento, que pode ser suprido pelo juiz (art. 74).

Capacidade processual passiva dos cônjuges. Em consonância com a lei material, o art. 73, § 1º, I, do CPC/2015 estabelece a necessidade de citação de ambos os cônjuges para as ações que versem sobre direitos reais imobiliários, salvo nos casos em que estiver vigente o regime da separação absoluta de bens.

Apesar da existência de posicionamentos divergentes, o STJ[66] vem entendendo que a outorga conjugal é dispensada apenas quando os cônjuges são casados sob o regime da separação absoluta na modalidade convencional, em razão do disposto na Súmula 377 do STF.[67]

---

[65] Código Civil, art. 1.647. "Ressalvado o disposto no art. 1.648, nenhum dos cônjuges pode, sem autorização do outro, exceto no regime da separação absoluta: I – alienar ou gravar de ônus real os bens imóveis; II – pleitear, como autor ou réu, acerca desses bens ou direitos; III – prestar fiança ou aval; IV – fazer doação, não sendo remuneratória, de bens comuns, ou dos que possam integrar futura meação."

[66] STJ, REsp 1.163.074, Rel. Min. Massami Uyeda, 3ª Turma, *DJe* 04.02.2010. No mesmo sentido REsp 1.199.790/MG, Rel. Min. Vasco Della Giustina (Desembargador Convocado do TJRS), *DJe* 02.02.2011.

[67] O regime da separação absoluta de bens pode ser legal ou convencional. Quanto a este, não há controvérsia da doutrina, pois o art. 1.687 do Código Civil dispõe que os cônjuges podem livremente dispor de seus bens. No entanto, a doutrina civilista diverge quanto à necessidade de outorga conjugal para os cônjuges casados sob o regime da separação legal ou obrigatória, tendo em vista a Súmula 377 do STF, que assim dispõe: "No regime de separação legal de bens, comunicam-se os adquiridos na constância do casamento." Para os que defendem a aplicação da súmula, somente haverá separação absoluta no regime da separação convencional, já que na outra modalidade os bens adquiridos durante o casamento (e por esforço comum) se comunicam. Para os que defendem a não incidência da súmula, haverá separação absoluta tanto na separação convencional quanto na separação legal.

Dívida contraída por um dos cônjuges a bem da família. O inciso III (§ 1º, art. 73) estabelece a necessidade de formação de litisconsórcio passivo quando a demanda envolver dívida contraída por qualquer dos cônjuges a bem de família, e não apenas pelo marido, como faz o CPC/1973. Essa interpretação já era adotada pela doutrina e jurisprudência, especialmente em virtude das evidentes mudanças ocorridas ao longo dos mais de quarenta anos de vigência da redação original do Código de 1973.

Vale ressaltar que, segundo entendimento dominante no STJ, tratando-se de dívida contraída por um dos cônjuges, "a regra geral é a de que cabe ao meeiro o ônus da prova de que a dívida não beneficiou a família", haja vista a presunção de solidariedade entre o casal.[68]

Aplicabilidade à união estável. Parte significativa da doutrina já buscava aproximar os institutos da união estável e do casamento, de modo a conferir-lhes os mesmos efeitos. A partir desta última versão do CPC/2015, o legislador entendeu que deveria haver extensão da outorga aos conviventes. Assim, se a união estável estiver devidamente comprovada e houver demonstração no sentido de que não foram adotadas as regras do regime da separação absoluta de bens, não será possível afastar o mecanismo de proteção patrimonial à referida entidade familiar.

Como não há na nova legislação qualquer referência ao modo de comprovação da união estável, esta poderá ser atestada por escritura pública, contrato particular ou por qualquer outro meio que demonstre a existência de convivência pública, contínua e duradoura, com o intuito de constituir família. Essa comprovação deve acompanhar a petição inicial (art. 73, *caput*) nos casos em que a propositura da demanda dependa da autorização do(a) companheiro(a). Caso não a acompanhe, a parte contrária, se estiver ciente da existência de união estável, poderá, antes de discutir o mérito, alegar a ausência de autorização (art. 337, IX). Ressalte-se que essa conclusão não implica dizer que a parte contrária será prejudicada caso deixe de arguir a ausência de autorização. É que, como a convivência entre companheiros não exige a mesma formalidade que se determina para o casamento, não é razoável exigir conhecimento de todos (*erga omnes*) acerca dessa condição. O ônus de demonstrar a existência da união cabe, portanto, ao convivente.

Caso os conviventes necessitem figurar no polo passivo da demanda (art. 73, § 1º), a exigência de citação de ambos os companheiros só se aplica às hipóteses nas quais a parte autora possa conhecer essa condição. Assim, se, devidamente citado, o réu esconder a existência da união, não poderá se beneficiar futuramente com um eventual pedido de nulidade por ausência de citação de sua companheira. O que o CPC/2015 exige é a *comprovação* da união nos próprios autos. Caso isso não ocorra, o processo tramitará validamente, ainda que o convivente (seja na qualidade de autor ou de réu) se omita quanto à autorização de sua companheira.

CPC/2015	CPC/1973
Art. 74. *O consentimento previsto no art. 73* pode ser suprido judicialmente quando for negado por um dos cônjuges sem justo motivo, ou quando lhe seja impossível concedê-lo.	Art. 11. *A autorização do marido e a outorga da mulher* podem suprir-se judicialmente, quando um cônjuge a recuse ao outro sem justo motivo, ou lhe seja impossível dá-la.
Parágrafo único. A falta *de consentimento,* quando necessário e não suprido pelo juiz, invalida o processo.	Parágrafo único. A falta, não suprida pelo juiz, *da autorização ou da outorga,* quando necessária, invalida o processo.

---

[68]   STJ, AgRg no AREsp 427.980/PR, Rel. Min. Luis Felipe Salomão, julgado em 18.02.2014.

 **COMENTÁRIOS:**

Supressão do consentimento. O art. 73 não traz uma hipótese de litisconsórcio ativo necessário, porquanto não há como constranger alguém a demandar como autor. Por isso é que o art. 74 permite que o consentimento seja suprido pelo juiz, quando, sem justo motivo, um dos cônjuges negar a outorga ou quando estiver impossibilitado de concedê-la. O novo CPC traz, ainda, a possibilidade de o juiz determinar a intimação pessoal do cônjuge preterido para se manifestar sobre a concessão da outorga, no prazo de quinze dias. Nessa hipótese, não havendo manifestação no prazo indicado, o silêncio do cônjuge importará consentimento tácito, não havendo necessidade de suprimento judicial.

CPC/2015	CPC/1973
Art. 75. Serão representados em juízo, ativa e passivamente:	Art. 12. Serão representados em juízo, ativa e passivamente:
I – a União, **pela Advocacia-Geral da União, diretamente ou mediante órgão vinculado;**	I – a União, os Estados, o Distrito Federal e os Territórios, por seus procuradores;
II – o Estado e o Distrito Federal, por seus procuradores;	II – o Município, por seu Prefeito ou procurador;
III – o Município, por seu prefeito ou procurador;	III – a massa falida, pelo *síndico*;
IV – **a autarquia e a fundação de direito público, por quem a lei do ente federado designar;**	IV – a herança jacente ou vacante, por seu curador;
V – a massa falida, pelo *administrador judicial*;	V – o espólio, pelo inventariante;
VI – a herança jacente ou vacante, por seu curador;	VI – as pessoas jurídicas, por quem os respectivos *estatutos* designarem, ou, não os designando, por seus diretores;
VII – o espólio, pelo inventariante;	VII – as sociedades sem personalidade jurídica, pela pessoa a quem couber a administração dos seus bens;
VIII – a pessoa jurídica, por quem os respectivos *atos constitutivos* designarem ou, não havendo essa designação, por seus diretores;	VIII – a pessoa jurídica estrangeira, pelo gerente, representante ou administrador de sua filial, agência ou sucursal aberta ou instalada no Brasil (art. 88, parágrafo único);
IX – a sociedade **e a associação irregulares e outros entes organizados** sem personalidade jurídica, pela pessoa a quem couber a administração de seus bens;	IX – o condomínio, pelo administrador ou pelo síndico.
X – a pessoa jurídica estrangeira, pelo gerente, representante ou administrador de sua filial, agência ou sucursal aberta ou instalada no Brasil;	§ 1º Quando o inventariante for dativo, ~~todos os herdeiros e~~ sucessores do falecido serão *autores ou réus nas ações em que* o espólio for parte.
XI – o condomínio, pelo administrador ou síndico.	§ 2º As sociedades sem personalidade jurídica, quando demandadas, não poderão opor a irregularidade de sua constituição.
§ 1º Quando o inventariante for dativo, os sucessores do falecido serão *intimados no processo no qual* o espólio seja parte.	§ 3º O gerente da filial ou agência presume-se autorizado, pela pessoa jurídica estrangeira, a receber citação ~~inicial~~ para o processo *de conhecimento, de execução, cautelar e especial.*
§ 2º A sociedade **ou associação** sem personalidade jurídica não poderá opor a irregularidade de sua constituição quando demandada.	
§ 3º O gerente de filial ou agência presume-se autorizado pela pessoa jurídica estrangeira a receber citação para *qualquer* processo.	
§ 4º **Os Estados e o Distrito Federal poderão ajustar compromisso recíproco para prática de ato processual por seus procuradores em favor de outro ente federado, mediante convênio firmado pelas respectivas procuradorias.**	

 **COMENTÁRIOS:**

O art. 75 do CPC/2015 trata da representação necessária para que as entidades ali mencionadas possam estar em juízo tanto na qualidade de autoras quanto na qualidade de rés.

Com relação à capacidade processual das pessoas jurídicas, estabelece o art. 75 que tais entes serão "representados" em juízo. O caso, no entanto, não é de representação, mas de "presentação". Com efeito, os atos dos órgãos e agentes da pessoa jurídica são atos da própria pessoa jurídica. Não há, como na representação, uma pessoa agindo em nome de outra. O órgão é a própria pessoa jurídica, instrumento que a faz presente.

Representação processual da União. O art. 75, I, reflete as disposições já elencadas no texto constitucional (art. 131) e na Lei Complementar nº 73/1993, no que tange à representação da União pela Advocacia-Geral.

Frise-se que na representação dos entes federativos (União, Estados, Distrito Federal e Municípios) descabe qualquer exigência de juntada aos autos de instrumento de procuração, por se presumir conhecido o mandato pelo título de nomeação de Advogado Geral da União, de Procurador do Estado, de Procurador Distrital ou de Procurador do Município. Também ao titular do cargo de procurador de autarquia não se exige a apresentação de instrumento de mandato para a representação em juízo (Súmula 644 do STF). Ressalte-se que, quanto aos Municípios, estes ainda podem ser representados por seus respectivos prefeitos (regra que foi repetida no CPC/2015).

A nova legislação trouxe regramento especial para a prática dos atos processuais por Procuradores de Estado e do DF. Nos termos do art. 75, § 4º, os Estados e o DF poderão ajustar compromisso recíproco para a prática de ato processual por seus procuradores em favor de outro entre federado, mediante convênio firmado pelas respectivas procuradorias. Ocorrendo tal hipótese, as procuradorias poderão se organizar de forma a melhorar o acompanhamento das diligências processuais, aprimorando as suas funções e contribuindo para o atendimento do disposto no inciso LXXVIII do art. 5º da CF, que prima pela celeridade na tramitação de processos judiciais e administrativos.

Administrador judicial. O inciso V (art. 75) faz referência ao administrador judicial em vez do síndico, em função da terminologia adotada pela Lei de Falências (Lei nº 11.101/2005).

Inventariante dativo. O CPC/2015 passa a exigir tão somente a intimação dos sucessores nas ações em que o espólio seja parte e esteja representado por inventariante dativo, ou seja, por aquele terceiro nomeado pelo juiz apenas para administrar os bens do falecido. A hipótese altera o tratamento dado pelo CPC/1973, que exige a integração de todos os sucessores na relação processual (litisconsórcio necessário).[69]

Ainda quanto à representação do espólio pelo inventariante, é preciso lembrar que este só deve figurar como parte (representante) nas ações cujo objeto versar sobre interesses patrimoniais. Nas ações de natureza pessoal, como na investigação de paternidade, haverá necessidade da citação de todos os herdeiros do falecido, caso existam.

---

[69] "[...] O art. 12, § 1º, do CPC refere-se a litisconsórcio necessário. No caso de inventariante dativo, o legislador entendeu que não haveria legitimidade para representação plena do espólio, razão pela qual todos os herdeiros e sucessores são chamados a compor a lide" (STJ, REsp 1.053.806/MG, Rel. Min. Herman Benjamin, 2ª Turma, julgado em 14.04.2009, *DJe* 06.05.2009).

Pessoas jurídicas. Apesar de o Código se referir às pessoas designadas nos respectivos atos constitutivos ou, na falta destes, aos respectivos diretores, a citação delas não deve ocorrer, necessariamente, com observância ao que está previsto em seu estatuto ou contrato social. Nos termos da jurisprudência consolidada do STJ, reputa-se válida a citação da pessoa jurídica quando esta é recebida por quem se apresenta como seu representante legal (teoria da aparência), sem qualquer ressalva quanto à inexistência de poderes de representação em juízo.[70]

CPC/2015	CPC/1973
Art. 76. Verificada a incapacidade processual ou a irregularidade da representação da parte, o juiz suspenderá o processo e designará prazo razoável para que seja sanado o vício. § 1º *Descumprida a determinação*, **caso o processo esteja na instância originária**: I – o processo *será extinto*, se a providência couber ao autor; II – o réu será considerado revel, **se a providência lhe couber**; III – o terceiro será **considerado revel ou** excluído do processo, **dependendo do polo em que se encontre**. § 2º **Descumprida a determinação em fase recursal perante tribunal de justiça, tribunal regional federal ou tribunal superior, o relator:** I – **não conhecerá do recurso, se a providência couber ao recorrente;** II – **determinará o desentranhamento das contrarrazões, se a providência couber ao recorrido.**	Art. 13. Verificando a incapacidade processual ou a irregularidade da representação das partes, o juiz, suspendendo o processo, marcará prazo razoável para ser sanado o defeito. *Não sendo cumprido o despacho* ~~dentro do prazo~~, se a providência couber: I – ao autor, *o juiz decretará a nulidade* do processo; II – ao réu, reputar-se-á revel; III – ao terceiro, será excluído do processo.

 ## COMENTÁRIOS:

Vícios na capacidade e na representação. Constatado defeito no que se refere à capacidade processual ou irregularidade de representação, o órgão jurisdicional deve suspender o processo, concedendo prazo razoável para que seja reparado o vício. Permanecendo o defeito, se a providência couber ao autor, o juiz decretará extinção do processo (art. 76, § 1º, I); se ao réu, reputar-lo-á revel (art. 76, § 1º, II); se ao terceiro, será este excluído do processo ou considerado revel, dependendo do polo no qual se encontre (art. 76, § 1º, II).

Não saneamento do vício – consequências. O novo Código trouxe expressamente as consequências da ausência de regularização da incapacidade ou da representação na hipótese de o processo já estar na fase recursal. O Código de 1973, mais precisamente em seu art. 13, determina que o juiz, ao verificar a incapacidade processual ou a irregularidade da representação das partes, suspenda o processo e designe prazo razoável para ser sanado o defeito. Como se pode perceber, não há autorização expressa para que a mesma providência seja tomada pelo órgão dotado de competência recursal. Tal providência, em

---

[70]   STJ, AgRg nos EREsp 205.275/PR, Rel. Min. Eliana Calmon, Corte Especial, *DJ* 28.10.2002.

nível recursal, só é possível em razão do disposto no art. 515, § 4º, do Código de 1973, que possibilita que o tribunal determine a correção, mediante prévia intimação das partes, de eventuais nulidades sanáveis.

De acordo com o novo CPC, caso o processo esteja em grau de recurso, permanecendo a incapacidade ou a irregularidade da representação, se a providência couber ao recorrente, o tribunal não conhecerá do recurso (art. 76, § 2º, I); se ao recorrido, determinará o desentranhamento das contrarrazões (art. 76, § 2º, II). Todavia, se nem as partes, nem o juiz se atentarem para o vício de incapacidade (lembre-se de que a ausência de pressuposto ou requisito processual é cognoscível de ofício, nos termos do art. 485, § 3º), e a sentença transitar em julgado, admite-se a propositura de ação rescisória para desconstituição da decisão definitiva de mérito, por violação manifesta à norma jurídica (art. 966, V).

Capítulo II
Dos Deveres das Partes e de Seus Procuradores

Seção I
Dos Deveres

CPC/2015	CPC/1973
Art. 77. **Além de outros previstos neste Código,** são deveres das partes, **de seus procuradores** e de todos aqueles que de qualquer forma participem do processo: I – expor os fatos em juízo conforme a verdade; II – não formular pretensão ou de apresentar defesa quando cientes de que são destituídas de fundamento; III – não produzir provas e não praticar atos inúteis ou desnecessários à declaração ou à defesa do direito; IV – cumprir com exatidão *as decisões jurisdicionais*, de natureza *provisória* ou final, e não criar embaraços à sua efetivação; V – **declinar, no primeiro momento que lhes couber falar nos autos, o endereço residencial ou profissional onde receberão intimações, atualizando essa informação sempre que ocorrer qualquer modificação temporária ou definitiva;** VI – **não praticar inovação ilegal no estado de fato de bem ou direito litigioso.** **§ 1º Nas hipóteses dos incisos IV e VI, o juiz advertirá qualquer das pessoas mencionadas no *caput* de que sua conduta poderá ser punida como ato atentatório à dignidade da justiça.** § 2º A violação ao disposto nos *incisos IV e VI* constitui ato atentatório *à dignidade da justiça*, *devendo* o juiz, sem prejuízo das sanções criminais, civis e processuais cabíveis, aplicar ao responsável multa *de até vinte por cento* do valor da causa, de acordo com a gravidade da conduta.	Art. 14. São deveres das partes e de todos aqueles que de qualquer forma participam do processo: I – expor os fatos em juízo conforme a verdade; II – proceder com lealdade e boa-fé; III – não formular pretensões, nem alegar defesa, cientes de que são destituídas de fundamento; IV – não produzir provas, nem praticar atos inúteis ou desnecessários à declaração ou defesa do direito; V – cumprir com exatidão os provimentos mandamentais e não criar embaraços à efetivação de provimentos judiciais, de natureza antecipatória ou final. (Incluído pela Lei nº 10.358, de 27.12.2001) Parágrafo único. Ressalvados os advogados que se sujeitam exclusivamente aos estatutos da OAB, a violação do disposto no inciso V deste artigo constitui ato atentatório ao exercício da jurisdição, podendo o juiz, sem prejuízo das sanções criminais, civis e processuais cabíveis, aplicar ao responsável multa em montante a ser fixado de acordo com a gravidade da conduta e não superior a vinte por cento do valor da causa; não sendo paga no prazo estabelecido, contado do trânsito em julgado da decisão final da causa, a multa será inscrita sempre como dívida ativa da União ou do Estado.

§ 3º Não sendo paga no prazo *a ser fixado pelo juiz*, a multa **prevista no § 2º** será inscrita como dívida ativa da União ou do Estado *após o* trânsito em julgado da decisão *que a fixou*, **e sua execução observará o procedimento da execução fiscal, revertendo-se aos fundos previstos no art. 97.**

§ 4º **A multa estabelecida no § 2º poderá ser fixada independentemente da incidência das previstas nos arts. 523, § 1º, e 536, § 1º.**

§ 5º **Quando o valor da causa for irrisório ou inestimável, a multa prevista no § 2º poderá ser fixada em até 10 (dez) vezes o valor do salário mínimo.**

§ 6º **Aos advogados públicos ou privados e aos membros da Defensoria Pública e do Ministério Público não se aplica o disposto nos §§ 2º a 5º, devendo eventual responsabilidade disciplinar ser apurada pelo respectivo órgão de classe ou corregedoria, ao qual o juiz oficiará.**

§ 7º **Reconhecida violação ao disposto no inciso VI, o juiz determinará o restabelecimento do estado anterior, podendo, ainda, proibir a parte de falar nos autos até a purgação do atentado, sem prejuízo da aplicação do § 2º.**

§ 8º **O representante judicial da parte não pode ser compelido a cumprir decisão em seu lugar.**

 ## COMENTÁRIOS:

Dever de lealdade e boa-fé. O dever inserido no art. 14, II, do CPC/1973 agora está presente no capítulo que trata das normas fundamentais do processo civil (art. 5º). Denota--se, portanto, que tal dever não é inerente apenas às partes.

Indicação de endereço. As partes e os advogados têm a obrigação de manter endereço atualizado no processo, para efeito de intimação dos atos processuais. A consequência para a ausência dessa comunicação está disposta no art. 274, parágrafo único, do CPC/2015.[71] Tal dever já estava expressamente previsto no art. 238, parágrafo único, do CPC/1973.

Inovação ilegal no estado de fato de bem ou direito litigioso (inciso VI). Em virtude da extinção do processo cautelar como procedimento autônomo, o ato de praticar inovação ilegal no estado de fato de bem ou direito litigioso, antes disposto no art. 879 (cautelar de atentado, segundo o CPC/1973), passa a ser tratado no rol dos deveres daqueles que participam do processo.

---

[71] Art. 274, parágrafo único: "Presumem-se válidas as intimações dirigidas ao endereço constante dos autos, ainda que não recebidas pessoalmente pelo interessado, se a modificação temporária ou definitiva não tiver sido devidamente comunicada ao juízo, fluindo os prazos a partir da juntada aos autos do comprovante de entrega da correspondência no primitivo endereço."

Caso o juiz reconheça violação a esse dispositivo, deverá determinar o restabelecimento do estado anterior, podendo, ainda, proibir a parte de falar nos autos até a purgação do atentado (art. 77, § 7º). Além disso, assim como ocorre no inciso IV, caso o juiz constate o descumprimento desse dever, deverá advertir a parte, o seu procurador ou quem de qualquer forma estiver participando do processo, que a conduta poderá ser punida como ato atentatório à dignidade da justiça, com a consequente aplicação de multa.

Valor da multa. O CPC/2015 estabelece novas disposições no que tange à quantificação da multa em razão de violação dos deveres processuais. A regra é que ela será de até vinte por cento do valor da causa, conforme a gravidade da conduta (art. 77, § 2º). Se, no entanto, o valor da causa for irrisório ou inestimável, a multa poderá ser fixada em até dez vezes o salário mínimo vigente (§ 5º).

Diferenciação entre a multa por ato atentatório à dignidade da justiça e a multa cominatória. A multa por ato atentatório à dignidade da justiça pode ser aplicada independentemente das sanções previstas nos arts. 523, § 1º, e 536, § 1º, que tratam, respectivamente, da multa pelo não pagamento voluntário de obrigação de pagar quantia certa fixada em sentença e daquela que pode ser aplicada pelo juiz para forçar o cumprimento de obrigação de fazer e de não fazer. Essa diferença já era observada no âmbito do STJ.[72]

Multa à advocacia e aos membros da Defensoria e do Ministério Público. O CPC/2015 adere ao entendimento jurisprudencial ao determinar a inaplicabilidade da multa aos advogados públicos ou privados[73] e aos membros da Defensoria Pública e do Ministério Público.

Aos advogados privados valem as regras do Estatuto da Advocacia, que possui comandos próprios para a punição em virtude do mau exercício da profissão. As responsabilidades dos demais entes (membros da Defensoria Pública e do Ministério Público) estão disciplinadas em suas respectivas leis orgânicas e serão apuradas pelo órgão competente (corregedoria), ao qual o juiz oficiará (art. 77, § 6º).[74]

Representante judicial e substituição. O CPC/2015 estabelece que os representantes judiciais das partes – incluindo-se aqueles que as representam em razão de incapacidade processual – não podem ser compelidos a cumprir decisão em substituição de seus representados (art. 77, § 8º). Por exemplo, descabe ao juiz determinar que o advogado do autor entregue o bem discriminado na sentença na hipótese de seu cliente descumprir determinação judicial no mesmo sentido.

---

[72] "A multa processual prevista no *caput* do art. 14 do CPC difere da multa cominatória prevista no Art. 461, §§ 4º e 5º, vez que a primeira tem natureza punitiva, enquanto a segunda tem natureza coercitiva, a fim de compelir o devedor a realizar a prestação determinada pela ordem judicial" (STJ, REsp 770.753/RS, Rel. Min. Luiz Fux, 1ª Turma, julgado em 27.02.2007, *DJe* 15.03.2007).

[73] Nesse sentido tem-se o julgado do Supremo Tribunal Federal na Reclamação 5.133/MG, de relatoria da Ministra Cármen Lúcia, julgado em 20.05.2009.

[74] Antes do novo CPC, a regra do art. 14, V, do CPC/1973 (e atual art. 77, IV) já abrangia os advogados do setor privado. Segundo o STF, por ocasião do julgamento da Ação Direta de Inconstitucionalidade nº 2.652-6/DF, a ressalva na parte inicial do parágrafo único do art. 14 do Código de Processo Civil alcança todos os advogados, com esse título atuando em juízo, independentemente de estarem sujeitos também a outros regimes jurídicos.

CPC/2015	CPC/1973
Art. 78. É vedado às partes, a seus *procuradores*, aos juízes, aos membros do Ministério Público e da Defensoria Pública e a qualquer pessoa que participe do processo empregar expressões *ofensivas* nos escritos apresentados.	Art. 15. É defeso às partes e seus *advogados* empregar expressões *injuriosas* nos escritos apresentados no processo, cabendo ao juiz, de ofício ou a requerimento do ofendido, mandar riscá-las.
§ 1º Quando expressões **ou condutas** *ofensivas* forem manifestadas oral **ou presencialmente**, o juiz advertirá o *ofensor* de que não as deve usar **ou repetir**, sob pena de lhe ser cassada a palavra.	Parágrafo único. Quando as expressões *injuriosas* forem proferidas em defesa oral, o juiz advertirá o *advogado* que não as use, sob pena de lhe ser cassada a palavra.
§ 2º De ofício ou a requerimento do ofendido, o juiz determinará que as expressões *ofensivas* sejam riscadas **e, a requerimento do ofendido, determinará a expedição de certidão com inteiro teor das expressões ofensivas e a colocará à disposição da parte interessada.**	

 COMENTÁRIOS:

Dever de urbanidade. A principal inovação do CPC/2015 é a inserção do juiz como destinatário da norma. Ainda que se trate de um dever aparentemente óbvio, o CPC/2015 evidencia a posição do magistrado como sujeito processual que, assim como as partes e os procuradores, também deve se submeter às regras processuais.

Seção II
Da Responsabilidade das Partes por Dano Processual

CPC/2015	CPC/1973
Art. 79. Responde por perdas e danos aquele que litigar de má-fé como autor, réu ou interveniente.	Art. 16. Responde por perdas e danos aquele que pleitear de má-fé como autor, réu ou interveniente.

 COMENTÁRIOS:

Responsabilidade por dano processual. Tanto o CPC/1973 quanto o CPC/2015 determinam que todos aqueles que adotem comportamentos incompatíveis com a ética e boa-fé poderão ser sancionados de três formas: (i) ao pagamento de multa por litigância de má-fé; (ii) ao pagamento dos custos do processo (despesas processuais e honorários de sucumbência); (iii) ao pagamento de perdas e danos em favor da parte prejudicada.

CPC/2015	CPC/1973
Art. 80. *Considera-se* litigante de má-fé aquele que:	Art. 17. *Reputa-se* litigante de má-fé aquele que:
I – deduzir pretensão ou defesa contra texto expresso de lei ou fato incontroverso;	I – deduzir pretensão ou defesa contra texto expresso de lei ou fato incontroverso;
II – alterar a verdade dos fatos;	II – alterar a verdade dos fatos;
III – usar do processo para conseguir objetivo ilegal;	III – usar do processo para conseguir objetivo ilegal;
IV – opuser resistência injustificada ao andamento do processo;	IV – opuser resistência injustificada ao andamento do processo;
V – proceder de modo temerário em qualquer incidente ou ato do processo;	V – proceder de modo temerário em qualquer incidente ou ato do processo;
VI – provocar incidente manifestamente infundado;	VI – provocar incidentes manifestamente infundados;
VII – interpuser recurso com intuito manifestamente protelatório.	VII – interpuser recurso com intuito manifestamente protelatório.

 ## COMENTÁRIOS:

Hipóteses que caracterizam a litigância de má-fé. O rol do art. 80 é taxativo, *numerus clausus*, não comportando ampliação. A taxatividade, porém, refere-se apenas às hipóteses caracterizadoras da litigância de má-fé, e não à incidência do instituto, tendo em vista que o preceito do dispositivo em comento poderá ser aplicado aos processos regulados por legislações extravagantes, como a ação civil pública, a ação popular, entre outras.

CPC/2015	CPC/1973
Art. 81. De ofício ou a requerimento, o juiz condenará o litigante de má-fé a pagar multa, *que deverá ser superior* a um por cento **e inferior a dez por cento** do valor **corrigido** da causa, a indenizar a parte contrária pelos prejuízos que esta sofreu e a arcar com os honorários advocatícios e com todas as despesas que efetuou.	Art. 18. O juiz ~~ou tribunal~~, de ofício ou a requerimento, condenará o litigante de má-fé a pagar multa *não excedente* a um por cento sobre o valor da causa e a indenizar a parte contrária dos prejuízos que esta sofreu, mais os honorários advocatícios e todas as despesas que efetuou.
§ 1º Quando forem 2 (dois) ou mais os litigantes de má-fé, o juiz condenará cada um na proporção de seu respectivo interesse na causa ou solidariamente aqueles que se coligaram para lesar a parte contrária.	§ 1º Quando forem dois ou mais os litigantes de má-fé, o juiz condenará cada um na proporção do seu respectivo interesse na causa, ou solidariamente aqueles que se coligaram para lesar a parte contrária.
§ 2º **Quando o valor da causa for irrisório ou inestimável, a multa poderá ser fixada em até 10 (dez) vezes o valor do salário mínimo.**	
§ 3º O valor da indenização será fixado pelo juiz **ou, caso não seja possível mensurá-lo,** liquidado por arbitramento **ou pelo procedimento comum, nos próprios autos**.	

COMENTÁRIOS:

Penalidades aplicadas ao litigante de má-fé. Durante a tramitação do processo, o juiz tem o poder-dever de velar pela solução do litígio de forma adequada, reprimindo os atos que se manifestem contrários ao desenvolvimento regular do feito e à dignidade da justiça.

Assim, verificando-se que uma das partes está litigando de má-fé, o juiz tem o poder-dever de aplicar, de ofício e em qualquer grau de jurisdição, multa em valor superior a 1% (um por cento) e inferior a 10% (dez por cento) do valor corrigido da causa. No CPC/1973 (art. 18), essa multa não pode exceder a 1% (um por cento) sobre o valor da causa.

Se o valor da causa for irrisório ou inestimável, a multa poderá ser fixada em até 10 (dez) vezes o salário mínimo vigente (art. 81, § 2º). Além disso, o órgão jurisdicional condenará o litigante a indenizar a parte contrária pelos prejuízos que esta sofreu e a pagar os honorários advocatícios e todas as despesas que ela tenha efetuado. A indenização, segundo a nova redação, não sofre a limitação imposta pelo CPC/1973. Cabe ao juiz, então, analisar as provas trazidas ao caso e fixar a indenização corresponde ao prejuízo sofrido. Somente se não existirem provas suficientes para mensurar a quantia devida pelo ofensor é que o prejuízo será apurado em liquidação.

Contraditório. Antes de o juiz condenar a parte às sanções previstas no art. 81, deverá oportunizar prazo para defesa, nos termos dos arts. 9º e 10, sob pena de violação dos princípios do contraditório e da ampla defesa. Após essa manifestação, se o juiz entender ser aplicável a sanção, o valor da multa imposta reverterá em benefício da parte contrária (art. 96, primeira parte).

Seção III
Das Despesas, dos Honorários Advocatícios e das Multas

CPC/2015	CPC/1973
Art. 82. Salvo as disposições concernentes à gratuidade da justiça, incumbe às partes prover as despesas dos atos que realizarem ou requererem no processo, antecipando-lhes o pagamento, desde o início até a sentença final ou, na execução, até a plena satisfação do direito *reconhecido no título*.	Art. 19. Salvo as disposições concernentes à justiça gratuita, cabe às partes prover as despesas dos atos que realizam ou requerem no processo, antecipando-lhes o pagamento desde o início até sentença final; e bem ainda, na execução, até a plena satisfação do direito *declarado pela sentença*. [...]
§ 1º *Incumbe ao autor* adiantar as despesas relativas a ato cuja realização o juiz determinar de ofício ou a requerimento do Ministério Público, **quando sua intervenção ocorrer como fiscal da ordem jurídica**.	§ 2º Compete ao autor adiantar as despesas relativas a atos, cuja realização o juiz determinar de ofício ou a requerimento do Ministério Público.
§ 2º A sentença condenará o vencido a pagar ao vencedor as despesas que antecipou.	Art. 20. A sentença condenará o vencido a pagar ao vencedor as despesas que antecipou e̶ o̶s̶ h̶o̶n̶o̶r̶á̶r̶i̶o̶s̶ a̶d̶v̶o̶c̶a̶t̶í̶c̶i̶o̶s̶.

 COMENTÁRIOS:

A redação da parte final do art. 20 (CPC/1973) foi reproduzida no art. 85, que comentaremos adiante.

Responsabilidade pelas despesas processuais. Na sistemática do CPC/1973, incumbe à parte interessada, como regra, antecipar as despesas relativas aos atos que praticar ou requerer no processo, desde o início até a sentença final (art. 19 do CPC/1973). Após a definição do litígio, a sentença impõe ao vencido o pagamento à parte vencedora das despesas antecipadas (art. 20 do CPC/1973). Por sua vez, conforme exegese do art. 27 do CPC/1973, o Ministério Público, quando requerer diligências que acarretem custos, não adiantará a despesa, mas suportará o ônus ao final do processo, caso seja vencido.

Atos requeridos pelo Ministério Público. De acordo com o novo CPC (art. 82, § 1º, c/c art. 91), as despesas de atos requeridos pelo Ministério Público somente serão adiantadas pelo autor quando aquele atuar como *custos legis*. Mas e quando a prova for requerida por esse órgão na qualidade de *parte*? Como o Ministério Público, na qualidade de parte, de regra, ocupa o polo ativo da relação processual, não se pode cogitar de empurrar o ônus para o autor e o legislador enrubesceu – amarelou, como diz na gíria – em imputá-lo ao réu, nesse caso, aplica-se o art. 91 do CPC/2015: "As despesas dos atos processuais praticados a requerimento da Fazenda Pública, do Ministério Público ou da Defensoria Público *serão pagas ao final pelo vencido.*"

A solução legislativa não poderia ser mais desgarrada do mundo real, vivido e sentido nos fóruns. Se a prova foi requerida pelo Ministério Público-parte, o vencido paga ao final. Mas o perito, por exemplo, que em 99,9% dos casos é um profissional que vive dos honorários, aceitaria receber somente afinal? E se o vencido for o próprio Ministério Público?

O perito não quer pagar pra ver e por isso não aceita de bom grado o encargo. Em casos assim, os juízes se valem do jeitinho para contornar a saia justa da lei, que bem poderia ser enlarguecida pelo CNJ, que ultimamente tomou gosto pela função legiferante. Os juízes, mediante a promessa de que darão outras "boas perícias" – essa é a moeda de troca – aos profissionais, a eles pedem que descasquem abacaxis com essa textura, sabedores de que dificilmente receberão pelo trabalho realizado.

O art. 91, *caput*, do novo CPC é um repeteco do art. 27 do CPC/1973. O novel dispositivo apenas acrescentou a Defensoria Pública entre os destinatários do privilégio de "não antecipar o pagamento das despesas dos atos que realizarem ou requererem no processo", ônus atribuído pelo *caput* do art. 82 a todos os mortais que se aventuram nas sendas da justiça. Sabedor de que a lei não opera milagre e que não pode obrigar o perito a trabalhar de graça, o legislador deu um jeito de remendar a partitura.

Com efeito, o § 1º do art. 91 dispõe que "as perícias requeridas pela Fazenda Pública, pelo Ministério Público ou pela Defensoria Pública poderão ser realizadas por entidade pública ou, havendo previsão orçamentária, ter os valores adiantados por aquele que requerer a prova". Grande novidade. O novo CPC, nesse particular, nada mais faz do que estabelecer como faculdade uma velha prática adotada como prioritária pelos juízes. Tratando-se de perícias requeridas pelo Ministério Público ou outro órgão público, deve a prova ser realizada por entidade pública – é o que dispõe a primeira parte do dispositivo. Fica bom assim. Tudo em família – na *res publica*. Ninguém paga nem recebe coisa alguma. O danado é que, na maioria dos casos, não há entidade pública habilitada a realizar a prova. Onisciente, o legislador cuidou de inserir a segunda parte na regra: havendo previsão orçamentária, o Ministério Público e os órgãos públicos de um modo geral passam a ser tratados como todos os mortais, isto é, têm que adiantar as despesas referentes à prova requerida.

Mas se não houver previsão orçamentária? Nada passou despercebido em vigilante legislador. O perito será pago no exercício seguinte ou ao final, pelo vencido, caso o processo se encerre antes do adiantamento a ser feito pelo ente público (§ 2º, art. 91, do CPC/2015).

A providência do legislador, contudo, não foi capaz de resolver o problema responsável pelo atraso de processos patrocinados por órgãos públicos. Bastava que o legislador não fizesse qualquer discriminação, até porque o *discrímen* é totalmente desarrazoado. Nessa hipótese, o *caput* do art. 82 seria aplicado à generalidade dos casos, sem levar em conta se se trata de Fazenda Pública e quejandos. Todos estariam obrigados a prover as despesas referentes às provas que requererem.

A desigualação da Fazenda Pública – sempre num sentido lato – tem criado muitos problemas e nenhuma solução. Um dos problemas é a paralisação do processo. Exemplificativamente. Em ação civil pública que visava compelir o Poder Público a instalar hidrantes na Serra do Curral, o Ministério Público requereu prova pericial visando ao levantamento de toda a fauna e flora da região. A perícia demandava a intervenção de diversos profissionais. Ninguém quis fazer para receber do vencido – que foi a própria Fazenda –, muito menos de graça. Resultado: fui promovido para o Tribunal e o processo ainda estava lá, aguardando a bondade de algum perito. Creio que a possibilidade de receber no exercício seguinte (previsão contemplada no novo Código) não constitui alento. A julgar pela credibilidade da Fazenda Pública, por certo o perito não vai querer se arriscar nessa aventura.

Outro problema é o desvio da atividade judicante. Não cabe ao juiz ficar mendigando perícia. Por mais sensível que seja o juiz com as questões sociais patrocinadas pelo Ministério Público ou Defensoria Pública, não cabe a ele ficar negociando perícias ruins em troca de outras boas. Tal prática quebra a isenção do magistrado e estabelece uma inaceitável promiscuidade entre funções cujo pilar fundamental é a independência funcional. Tratando-se de causas patrocinadas pela Defensoria Pública ou sob os benefícios da assistência judiciária, o máximo que o julgador pode e deve fazer é, mediante requerimento, intimar o Estado para efetivar o adiantamento das despesas necessárias à realização da prova.

Se houver previsão orçamentária, os valores referentes à prova serão adiantados. Boa a solução, não fosse a condicionante "se". Ora, se cabe ao Ministério Público – e também à Defensoria Pública – exercer o direito de ação em conformidade com suas atribuições constitucionais, evidente que deve dispor de orçamento para arcar com os custos da sua atuação. Nada mais razoável, portanto, que no orçamento do Ministério Público haja previsão para adiantamento de despesas com realização de prova pericial.

Embora tenha participado da Comissão de Juristas incumbida da elaboração do novo CPC, alguns ranços ainda fogem à minha compreensão. O Código de Processo Civil deveria tratar de processo. Questão orçamentária reside em outra esfera.

À guisa de conclusão, deve-se consignar o que segue. A doutrina não aponta qualquer solução, apenas repete o que diz a lei e já assentou a jurisprudência. A norma de regência da espécie, lamentavelmente, não indica um norte, mas sim um labirinto, do qual a todo custo o legislador deve se afastar. "Incumbe às partes prover as despesas dos atos que realizarem ou requererem no processo" (art. 82 do CPC/2015), aqui incluídos os honorários periciais. Essa é a norma que deve ser trilhada. Não se pode compelir o autor a adiantar despesas com provas que não requereu, mormente quando essa prova contrariar os seus interesses. Qualquer prova pode ser realizada por entidade pública, desde que essa entidade se dedique à realização da prova que se pretende produzir no processo; nesse ponto § 1º do art. 91 choveu no molhado. Não havendo previsão orçamentária e não havendo entidade pública habilitada a fazer a prova, esta não será realizada; é a inteligência que se deve emprestar ao § 2º do mesmo artigo. Fora disso, é o emperramento do processo e o desprestígio da instituição da justiça.

CPC/2015	CPC/1973
Art. 83. O autor, *brasileiro* ou estrangeiro, que residir fora do Brasil *ou deixar de residir no país ao longo da tramitação de processo* prestará caução suficiente ao pagamento das custas e dos honorários de advogado da parte contrária *nas ações que propuser*, se não tiver no Brasil bens imóveis que lhes assegurem o pagamento.	Art. 835. O autor, *nacional* ou estrangeiro, que residir fora do Brasil *ou dele se ausentar na pendência da demanda*, prestará, *nas ações que intentar*, caução suficiente às custas e honorários de advogado da parte contrária, se não tiver no Brasil bens imóveis que lhes assegurem o pagamento.
§ 1º Não se exigirá a caução de que trata o *caput*:	Art. 836. Não se exigirá, porém, a caução, de que trata *o artigo antecedente:*
I – **quando houver dispensa prevista em acordo ou tratado internacional de que o Brasil faz parte;**	I – na execução fundada em título extrajudicial;
II – na execução fundada em título extrajudicial **e no cumprimento de sentença;**	II – na reconvenção.
III – na reconvenção.	Art. 837. Verificando-se *no curso do processo* que se desfalcou a garantia, poderá o interessado exigir reforço da caução. ~~Na petição inicial,~~ o requerente justificará o pedido, indicando a depreciação do bem dado em garantia e a importância do reforço que pretende obter.
§ 2º Verificando-se *no trâmite do processo* que se desfalcou a garantia, poderá o interessado exigir reforço da caução, justificando seu pedido com a indicação da depreciação do bem dado em garantia e a importância do reforço que pretende obter.	

 COMENTÁRIOS:

Exigência de caução. Não obstante o CPC/2015 tenha excluído o procedimento cautelar autônomo, determinadas medidas cautelares se mantiveram no novo texto legal. A caução para o pagamento das custas processuais é uma delas.[75]

A caução deve ser prestada nos próprios autos do processo e poderá ser real (em bem imóvel, por exemplo) ou fidejussória (indicação de fiador, por exemplo). Se a caução for exigida do autor e este não prestá-la, o processo deverá ser extinto sem resolução do mérito (art. 485, IV). Caso esteja na fase recursal, a consequência será o não conhecimento do recurso.

Dispensa da caução. Segundo o CPC/2015, além das dispensas previstas na lei processual de 1973, não se exigirá caução quando se tratar de cumprimento de sentença ou quando existir tratado internacional, do qual o Brasil seja parte, permitindo a dispensa.[76]

---

[75] "O sistema processual brasileiro, por cautela, exige a prestação de caução para a empresa estrangeira litigar no Brasil, se não dispuser de bens suficientes para suportar os ônus de eventual sucumbência (art. 835 do CPC). Na verdade, é uma espécie de fiança processual para 'não tornar melhor a sorte dos que demandam no Brasil, residindo fora, ou dele retirando-se, pendente a lide', pois, se tal não se estabelecesse, o autor, nessas condições, perdendo a ação, estaria incólume aos prejuízos causados ao demandado [...]" (STJ, REsp 999.799/DF, Rel. Min. Luis Felipe Salomão, 4ª Turma, julgado em 29.09.2012).

[76] Aqui, novamente, a incorporação do tratado ao ordenamento jurídico brasileiro pressupõe, além da assinatura do presidente da República (art. 84, VIII, da CF/1988), a aprovação pelo Congresso Nacional (art. 49, I, da CF/1988). Com essas providências os tratados e convenções internacionais adquirem *status* de lei ordinária, sujeitando-se, inclusive, ao controle de constitucionalidade.

CPC/2015	CPC/1973
Art. 84. As despesas abrangem as custas dos atos do processo, a indenização de viagem, a remuneração do assistente técnico e a diária de testemunha.	Art. 20 [...] § 2º As despesas abrangem não só as custas dos atos do processo, como também a indenização de viagem, diária de testemunha e remuneração do assistente técnico.

 COMENTÁRIOS:

Abrangência das despesas do processo. As despesas processuais englobam todos os gastos que serão devidos aos agentes estatais (Poder Judiciário e auxiliares da justiça). Assim, são despesas processuais a taxa judiciária (custas iniciais e preparo dos recursos), os emolumentos devidos a eventuais cartórios não oficializados, o custo de certos atos e diligências (como a citação e a intimação das partes e testemunhas) e a remuneração de auxiliares eventuais (peritos, avaliadores, depositários, entre outros).

CPC/2015	CPC/1973
Art. 85. A sentença condenará o vencido a pagar honorários **ao advogado do** vencedor. § 1º *São devidos honorários advocatícios* na reconvenção, **no cumprimento de sentença, provisório ou definitivo, na execução, resistida ou não, e nos recursos interpostos, cumulativamente.** § 2º Os honorários serão fixados entre o mínimo de dez e o máximo de vinte por cento sobre o valor da condenação, **do proveito econômico obtido ou, não sendo possível mensurá-lo, sobre o valor atualizado da causa,** atendidos: I – o grau de zelo do profissional; II – o lugar de prestação do serviço; III – a natureza e a importância da causa; IV – o trabalho realizado pelo advogado e o tempo exigido para o seu serviço. § 3º **Nas causas em que a Fazenda Pública for parte, a fixação dos honorários observará os critérios estabelecidos nos incisos I a IV do § 2º e os seguintes percentuais:** I – **mínimo de dez e máximo de vinte por cento sobre o valor da condenação ou do proveito econômico obtido até 200 (duzentos) salários mínimos;** II – **mínimo de oito e máximo de dez por cento sobre o valor da condenação ou do proveito econômico obtido acima de 200 (duzentos) salários mínimos até 2.000 (dois mil) salários mínimos;** III – **mínimo de cinco e máximo de oito por cento sobre o valor da condenação ou do proveito econômico obtido acima de 2.000 (dois mil) salários mínimos até 20.000 (vinte mil) salários mínimos;**	Art. 20. A sentença condenará o vencido a pagar ao vencedor ~~as despesas que antecipou~~ e os honorários advocatícios. *Esta verba honorária será devida, também, nos casos em que o advogado funcionar em causa própria.* Art. 34. Aplicam-se à reconvenção, ~~à oposição, à ação declaratória incidental e aos procedimentos de jurisdição voluntária,~~ *no que couber, as disposições constantes desta seção*. Art. 20. [...] § 3º Os honorários serão fixados entre o mínimo de dez por cento (10%) e o máximo de vinte por cento (20%) sobre o valor da condenação, atendidos: a) o grau de zelo do profissional; b) o lugar de prestação do serviço; c) a natureza e importância da causa, o trabalho realizado pelo advogado e o tempo exigido para o seu serviço. § 4º Nas causas *de pequeno valor,* nas de valor inestimável, ~~naquelas em que não houver condenação ou for vencida a Fazenda Pública, e nas execuções, embargadas ou não~~, os honorários serão fixados consoante apreciação equitativa do juiz, *atendidas as normas das alíneas a, b e c do parágrafo anterior*. § 5º Nas ações de indenização por ato ilícito contra pessoa, *o valor da condenação será* a soma das prestações vencidas com o *capital necessário a produzir a renda correspondente às* prestações vincendas ~~(art. 602), podendo estas ser pagas, também mensalmente, na forma do § 2º do referido art. 602, inclusive em consignação na folha de pagamentos do devedor~~.

IV – mínimo de três e máximo de cinco por cento sobre o valor da condenação ou do proveito econômico obtido acima de 20.000 (vinte mil) salários mínimos até 100.000 (cem mil) salários mínimos;

V – mínimo de um e máximo de três por cento sobre o valor da condenação ou do proveito econômico obtido acima de 100.000 (cem mil) salários mínimos.

§ 4º Em qualquer das hipóteses do § 3º:

I – os percentuais previstos nos incisos I a V devem ser aplicados desde logo, quando for líquida a sentença;

II – não sendo líquida a sentença, a definição do percentual, nos termos previstos nos incisos I a V, somente ocorrerá quando liquidado o julgado;

III – não havendo condenação principal ou não sendo possível mensurar o proveito econômico obtido, a condenação em honorários dar-se-á sobre o valor atualizado da causa;

IV – será considerado o salário mínimo vigente quando prolatada sentença líquida ou o que estiver em vigor na data da decisão de liquidação.

§ 5º Quando, conforme o caso, a condenação contra a Fazenda Pública ou o benefício econômico obtido pelo vencedor ou o valor da causa for superior ao valor previsto no inciso I do § 3º, a fixação do percentual de honorários deve observar a faixa inicial e, naquilo que a exceder, a faixa subsequente, e assim sucessivamente.

§ 6º Os limites e critérios previstos nos §§ 2º e 3º aplicam-se independentemente de qual seja o conteúdo da decisão, inclusive aos casos de improcedência ou de sentença sem resolução de mérito.

§ 7º Não serão devidos honorários no cumprimento de sentença contra a Fazenda Pública que enseje expedição de precatório, desde que não tenha sido impugnada.

§ 8º Nas causas em que for inestimável ou *irrisório o proveito econômico* ou, ainda, quando o valor da causa for muito baixo, o juiz fixará o valor dos honorários por apreciação equitativa, *observando o disposto nos incisos do § 2º.*

§ 9º Na ação de indenização por ato ilícito contra pessoa, *o percentual de honorários incidirá sobre* a soma das prestações vencidas acrescida de *12 (doze)* prestações vincendas.

§ 10. Nos casos de perda do objeto, os honorários serão devidos por quem deu causa ao processo.

§ 11. **O tribunal, ao julgar recurso, majorará os honorários fixados anteriormente levando em conta o trabalho adicional realizado em grau recursal, observando, conforme o caso, o disposto nos §§ 2º a 6º, sendo vedado ao tribunal, no cômputo geral da fixação de honorários devidos ao advogado do vencedor, ultrapassar os respectivos limites estabelecidos nos §§ 2º e 3º para a fase de conhecimento.**

§ 12. **Os honorários referidos no § 11 são cumuláveis com multas e outras sanções processuais, inclusive as previstas no art. 77.**

§ 13. **As verbas de sucumbência arbitradas em embargos à execução rejeitados ou julgados improcedentes e em fase de cumprimento de sentença serão acrescidas no valor do débito principal, para todos os efeitos legais.**

§ 14. **Os honorários constituem direito do advogado e têm natureza alimentar, com os mesmos privilégios dos créditos oriundos da legislação do trabalho, sendo vedada a compensação em caso de sucumbência parcial.**

§ 15. **O advogado pode requerer que o pagamento dos honorários que lhe caibam seja efetuado em favor da sociedade de advogados que integra na qualidade de sócio, aplicando-se à hipótese o disposto no § 14.**

§ 16. **Quando os honorários forem fixados em quantia certa, os juros moratórios incidirão a partir da data do trânsito em julgado da decisão.**

§ 17. Os honorários serão devidos quando o advogado atuar em causa própria.

§ 18. **Caso a decisão transitada em julgado seja omissa quanto ao direito aos honorários ou ao seu valor, é cabível ação autônoma para sua definição e cobrança.**

§ 19. **Os advogados públicos perceberão honorários de sucumbência, nos termos da lei.**

 ## COMENTÁRIOS:

Honorários – cabimento. O *caput* e o § 1º demonstram que os honorários advocatícios são devidos na ação principal, na reconvenção, no cumprimento de sentença (provisório ou definitivo), na execução (resistida ou não) e nos recursos. A redação confere maior clareza ao tema se comparada à disposição simplória do CPC/1973 (art. 20, § 1º).

Honorários em cumprimento definitivo de sentença. Em relação ao **cumprimento definitivo**, o STJ assentou ser cabível a fixação de honorários. Nesse sentido a Súmula 517: "São devidos honorários advocatícios no cumprimento de sentença, haja ou não impugnação, depois de escoado o prazo para pagamento voluntário, que se inicia após a intimação do advogado da parte executada." O novo CPC consolida esse entendimento (art. 85, § 1º).

Honorários no cumprimento provisório de sentença. No que se refere ao cumprimento provisório, o STJ[77] assentou, na vigência do CPC/1973, as seguintes teses: (i) em execução provisória descabe o arbitramento de honorários advocatícios em benefício do exequente; só é possível a fixação em favor do executado quando a execução for extinta ou tiver o seu valor reduzido; (ii) os honorários serão arbitrados após a conversão da execução provisória em definitiva e mesmo assim depois de franqueado ao devedor a possibilidade de cumprir, voluntária e tempestivamente, a condenação imposta. Resumidamente, os precedentes que sustentam a definição das teses pelo STJ se estribam no fato de que, embora se faculte ao credor manejar a execução provisória, enquanto não operar o trânsito da decisão, o devedor não está compelido a adimplir a obrigação, tanto que não se pode falar na imposição da multa prevista no art. 475-J (CPC/1973). Sendo assim, a causalidade do procedimento executivo deve ser atribuída exclusivamente ao exequente provisório, que deve arcar com os ônus sucumbenciais. A fundamentação é irrefutável. O CPC/2015 procedeu a uma completa alteração na lógica do sistema ao estabelecer expressamente no art. 85, § 1º, que "são devidos honorários advocatícios na reconvenção, no cumprimento de sentença, provisório ou definitivo, na execução, resistida ou não, e nos recursos interpostos, cumulativamente". Nesse particular, não se pode deixar de reconhecer que o novo Código foi generoso com os advogados.

O cumprimento provisório da sentença impugnada por recurso desprovido de efeito suspensivo será realizado da mesma forma que o cumprimento definitivo, inclusive no que respeita à imposição da multa. Para se ver livre da multa e dos honorários, intimado do requerimento do exequente, o executado tem o prazo de quinze dias para efetivar o depósito (art. 523, c/c art. 520, *caput* e § 2º). Aliás, nada obsta a que o próprio "devedor provisório", diante de uma condenação imposta em sentença impugnada por recurso não dotado de efeito suspensivo, antecipe-se e tome a iniciativa de elaborar os cálculos e requerer o depósito da quantia a que foi condenado. Tal ato, por disposição expressa do CPC/2015, não será havido como incompatível com o recurso por ele interposto. Ressalve-se que no sistema do CPC/1973, à falta de semelhante disposição, o pagamento caracterizava preclusão lógica, inviabilizando ao executado o direito constitucional de recorrer.

Embora sujeita a condição resolutiva (provimento do recurso), a obrigação encontra-se constituída. O credor tem a faculdade de promover ou não o cumprimento provisório; nesse sentido, inicialmente é ele que movimenta a máquina judiciária. Entretanto, o prosseguimento da execução depende da postura do devedor. Se depositar o valor a que foi condenado, com os acessórios fixados na decisão exequenda, o procedimento será encerrado, paralisando as engrenagens do judiciário. Ao revés, se deixa de depositar, ensejando a realização de penhora – dando causa à continuidade do cumprimento –, arcará com os ônus da sua

---

[77] "RECURSO ESPECIAL REPRESENTATIVO DE CONTROVÉRSIA. ART. 543-C DO CPC. DIREITO PROCESSUAL CIVIL. EXECUÇÃO PROVISÓRIA. HONORÁRIOS. 1. Para efeitos do art. 543-C do CPC, firmam-se as seguintes teses: 1.1. Em execução provisória, descabe o arbitramento de honorários advocatícios em benefício do exequente. 1.2. Posteriormente, convertendo-se a execução provisória em definitiva, após franquear ao devedor, com precedência, a possibilidade de cumprir, voluntária e tempestivamente, a condenação imposta, deverá o magistrado proceder ao arbitramento dos honorários advocatícios. 2. Recurso especial provido" (STJ, REsp 1.291.736/PR, Rel. Min. Luis Felipe Salomão, julgado em 20.11.2013). O artigo mencionado (art. 543-C do CPC/1973) corresponde ao art. 1.036 do novo CPC.

postura, a menos, evidentemente, que a obrigação seja desconstituída em decorrência do provimento do recurso interposto.

Se em decorrência de impugnação oposta ao cumprimento provisório pelo devedor a quantia pleiteada for reduzida ou se o cumprimento for extinto, os honorários serão proporcionalmente distribuídos na forma do art. 86. Enfim, tratando-se de honorários em cumprimento provisório de sentença, paga o credor se indevidamente deu causa à movimentação da máquina judiciária (por exemplo, promove o cumprimento de sentença proferida em processo cujo réu não foi citado na fase de conhecimento e a ação correu-lhe à revelia); paga o devedor se não obstaculiza o cumprimento da sentença, depositando a quantia devida. Pagam ambos os litigantes, proporcionalmente, no caso de a impugnação oposta pelo executado ser julgada parcialmente procedente.

Cálculo dos honorários advocatícios. O § 2º apresenta os mesmos critérios de apuração dos honorários previstos no CPC/1973 (art. 20, § 3º). Todavia, verifica-se um aprimoramento com relação à base de cálculo da verba honorária. Nas decisões de natureza condenatória, o montante será fixado entre o mínimo de 10% (dez por cento) e o máximo de 20% (vinte por cento) sobre o valor da condenação, do proveito econômico obtido ou, não sendo possível mensurá-lo, sobre o valor atualizado na causa. A nova disposição vai ao encontro do entendimento jurisprudencial, que considera o aproveitamento obtido pela demanda um dos critérios para apuração da verba honorária.[78]

Honorários nas ações envolvendo a Fazenda Pública. De acordo com o CPC/1973, vencida a Fazenda Pública, os honorários advocatícios eram fixados por apreciação equitativa do juiz. Em síntese, cabia ao magistrado basear-se no caso concreto para recompensar o trabalho do advogado, sem onerar, de forma excessiva, a Fazenda Pública. Essa regra possibilitava a fixação de honorários em valor irrisório, inclusive em percentual inferior a 10% (dez por cento).

A legislação atual felizmente não seguiu a sistemática anterior. O ponto principal da alteração é o estabelecimento de um percentual mínimo de honorários em desfavor da Fazenda Pública (seja no polo passivo, seja no polo ativo). Assim, independentemente do valor da condenação sofrida, os honorários advocatícios não poderão ser fixados em valor inferior ao mínimo estabelecido em lei. O grau de zelo do profissional, o lugar da prestação do serviço, a natureza e a importância da causa, bem como o trabalho realizado pelo advogado e o tempo para o seu serviço também devem ser atendidos quando da fixação dos honorários (o que também vale para as demandas em geral).

Os percentuais (mínimo e máximo) estão fixados nos incisos I a V do § 3º do art. 85 e devem ser aplicados independentemente do conteúdo da decisão (§ 6º). As margens de percentagem serão reduzidas gradativamente, conforme o aumento do valor da condenação ou do proveito econômico obtido.

Os percentuais estabelecidos no CPC/2015 serão aplicados no momento da prolação da sentença e terão por base o salário mínimo vigente. No entanto, se a sentença for ilíquida, deve-se aguardar o procedimento de liquidação para posterior definição.

---

[78] "Na espécie, a verba honorária foi fixada pela instância *a quo* em quantia ínfima e desproporcional com o proveito econômico obtido na demanda, comportando, assim, majoração para valor que remunere dignamente o trabalho profissional desenvolvido" (STJ, AgRg no REsp 1.320.789/RS, Rel. Min. Benedito Gonçalves, 1ª Turma, julgado em 28.05.2013, *DJe* 04.06.2013).

Outra regra que deve ser observada é aquela prevista no § 5º do art. 85. De forma prática, vejamos como ficará a fixação dos honorários pelo exemplo abaixo:

O Município de Belo Horizonte/MG foi condenado a pagar a quantia de R$ 250.000,00 (duzentos e cinquenta mil reais) a título de indenização. Esse valor supera o montante de 200 salários mínimos (art. 85, § 3º, I), mas não chega a superar o limite de 2.000 salários mínimos (art. 85, § 3º, II). O juiz deverá, então, fixar os honorários da seguinte forma: (i) de 10% a 20% sobre o valor de R$ 176.000,00 (cento e setenta e seis mil reais), que corresponde a 200 salários mínimos;[79] (ii) de 8% a 10% sobre o valor restante (R$ 74.000,00), observando-se, assim, a faixa subsequente à do art. 85, § 3º, I.

A fixação dos honorários da forma proposta permite, enfim, o adequado reconhecimento ao trabalho exercido pelo advogado.

Quanto à definição dos honorários nas execuções propostas contra a Fazenda Pública, as regras serão as mesmas do art. 85, § 3º, mas com uma ressalva: nas ações não impugnadas, submetidas ao regime dos precatórios, não serão devidos honorários advocatícios (art. 85, § 7º). No entanto, na hipótese de execução de pequeno valor (art. 100, § 3º, da CF),[80] com pagamento por Requisição de Pequeno Valor (RPV), serão devidos os honorários. Esse já era, inclusive, o posicionamento anotado por nossos tribunais superiores.[81]

---

[79] Aplicou-se neste exemplo o valor do salário mínimo vigente a partir de janeiro de 2016, ou seja, R$ 880,00 (oitocentos e oitenta reais).

[80] CF, art. 100. "Os pagamentos devidos pelas Fazendas Públicas Federal, Estaduais, Distrital e Municipais, em virtude de sentença judiciária, far-se-ão exclusivamente na ordem cronológica de apresentação dos precatórios e à conta dos créditos respectivos, proibida a designação de casos ou de pessoas nas dotações orçamentárias e nos créditos adicionais abertos para este fim. [...]" § 3º "O disposto no *caput* deste artigo relativamente à expedição de precatórios não se aplica aos pagamentos de obrigações definidas em leis como de pequeno valor que as Fazendas referidas devam fazer em virtude de sentença judicial transitada em julgado."

[81] Nesse sentido: "PROCESSUAL CIVIL. EXECUÇÃO CONTRA A FAZENDA PÚBLICA NÃO EMBARGADA. PEQUENO VALOR. DISPENSA DE PRECATÓRIO. CABIMENTO DE HONORÁRIOS ADVOCATÍCIOS. INTERPRETAÇÃO CONFORME A CONSTITUIÇÃO DO ART. 1º-D DA LEI 9.494/97. 1. Em se tratando de execução por quantia certa de título judicial contra a Fazenda Pública, a regra geral é a de que somente são devidos honorários advocatícios se houver embargos. É o que decorre do art. 1º-D da Lei 9.494/97, introduzido pela Medida Provisória 2.180-35, de 24 de agosto de 2001. 2. A regra, todavia, é aplicável apenas às hipóteses em que a Fazenda Pública está submetida a regime de precatório, o que impede o cumprimento espontâneo da prestação devida por força da sentença. Excetuam-se da regra, portanto, as execuções de pequeno valor, de que trata o art. 100, § 3º, da Constituição, não sujeitas a precatório, em relação às quais a Fazenda fica sujeita a honorários nos termos do art. 20, § 4º do CPC. Interpretação conforme à Constituição do art. 1º-D da Lei 9.494/97, conferida pelo STF (RE 420816, relator para acórdão Min. Sepúlveda Pertence). 3. Consideram-se de pequeno valor, para esse efeito, as execuções de (a) até sessenta (60) salários mínimos, quando devedora for a União Federal (Lei 10.259/2001, art. 17 § 1º); (b) até quarenta (40) salários mínimos ou o estabelecido pela legislação local, quando devedor for Estado-membro ou o Distrito Federal (ADCT art. 87); e (c) até trinta (30) salários mínimos ou o estabelecido pela legislação local, quando devedor for Município (ADCT, art. 87). 4. Sendo a execução promovida em regime de litisconsórcio ativo facultativo, a aferição do valor, para os fins do art. 100, § 3º da Constituição, deve levar em conta o crédito individual de cada exequente (art. 4º da Resolução 373, de 25.05.2004, do Conselho da Justiça Federal). Precedente: REsp 728.163/RS, 1ª Turma, Rel. Min. Teori Albino Zavascki, *DJ* 21.11.2005. 5. Recurso especial a que se dá provimento" (STJ, Ag nº 1.361.269 Rel. Min. Teori Albino Zavascki, julgado em 08.05.2007).

Aplicação do princípio da causalidade na hipótese de perda do objeto. O § 10 do art. 85 positiva entendimento segundo o qual, para a fixação dos honorários advocatícios, nas hipóteses de perda do objeto, deve ser levado em conta o princípio da causalidade. Exemplo: se o autor tinha interesse processual quando da propositura da demanda, mas houve carência superveniente da ação pela perda do objeto, o juiz deve avaliar se o réu deu causa ao ajuizamento da demanda. Em caso positivo, deve condená-lo ao pagamento dos honorários advocatícios.[82]

Majoração dos honorários em sede recursal. Se o processo estiver em grau de recurso, o tribunal fixará nova verba honorária, observando os mesmos indicadores dos §§ 2º a 6º. De todo modo, o tribunal não poderá ultrapassar os limites previstos nos §§ 2º e 3º para a fase de conhecimento. Exemplo: fixação de 10% na sentença, 5% na apelação e 5% no recurso especial. Havendo recurso extraordinário, o STF não poderá elevar a verba, porquanto a fixação já atingiu o limite de 20%. Assim, se em primeiro grau já foi fixado o limite (20%), não há falar em majoração.

Majoração no caso do recurso de embargos. Apesar de a maioria da doutrina ter se manifestado desfavorável à aplicação da majoração em sede de embargos,[83] justamente porque a redação do § 11 é clara ao mencionar a palavra "tribunal" (e os embargos são julgados pelo próprio juiz prolator da decisão), o Supremo, interpretando o novo CPC, entendeu que "[...] Após 18 de março de 2016, data do início da vigência do Novo Código de Processo Civil, é possível condenar a parte sucumbente em honorários advocatícios na hipótese de o recurso de embargos de declaração, interposto perante Tribunal, não atender os requisitos previstos no art. 1.022 e tampouco se enquadrar em situações excepcionais que autorizem a concessão de efeitos infringentes" (STF, 1ª Turma, RE 929.925 AgR-ED/RS, Rel. Min. Luiz Fux, julgado em 07.06.2016). Em suma, será cabível a majoração de honorários, pouco importando a natureza do recurso. Se os embargos foram opostos em primeira instância ou se contra a decisão de tribunais, o juiz pode aplicar a regra do § 11.

Cumulação de honorários, multas e sanções processuais. Tais verbas possuem naturezas distintas e, por essa razão, são cumuláveis. Esse já era o entendimento doutrinário e jurisprudencial.

Sucumbência em razão de defesa na execução ou no cumprimento de sentença. O § 13 indica a seguinte situação: em cumprimento de sentença ou em execução de título extrajudicial, se devedor apresenta defesa (embargo ou impugnação) e esta é rejeitada, haverá condenação do devedor em honorários, por aplicação do princípio da causalidade.[84]

---

[82] No mesmo sentido: "Conforme o entendimento adotado por esta Corte, a sucumbência é analisada em relação ao princípio da causalidade, o qual permite afirmar que quem deu causa à propositura da ação deve arcar com os honorários advocatícios, mesmo ocorrendo a superveniente perda do objeto e, consequente, extinção do feito" (AgRg no Ag nº 1.149.834/RS, Rel. Min. Vasco Della Giustina, 3ª Turma, *DJe* 01.09.2010).

[83] "[...] opostos embargos de declaração contra decisão interlocutória ou contra sentença, não há sucumbência recursal, não havendo, de igual modo e em virtude da simetria, sucumbência recursal em embargos de declaração opostos contra decisão isolada do relator ou contra acórdão" (DIDIER JR., Fredie; CUNHA, Leonardo Carneiro da. **Curso de direito processual civil.** Salvador: JusPodivm, 2016. v. 3, p. 54).

[84] Segundo esse princípio, aquele que deu causa à instauração do processo deve responder pelas despesas processuais (incluindo os honorários de advogado). Sendo assim, pouco importa que ainda se trate da

Essa sucumbência será acrescida ao valor principal. Em suma, além do valor já devido, o devedor responderá pelos honorários em razão da defesa apresentada na fase executiva.

Natureza dos honorários advocatícios. O § 14 veio confirmar o entendimento jurisprudencial já sedimentado, segundo o qual os honorários advocatícios (contratuais ou sucumbenciais) têm natureza alimentar, ensejando, inclusive, a penhora de verbas remuneratórias para seu adimplemento.[85]

Quanto à possibilidade de **compensação**[86] em razão de sucumbência parcial ou recíproca, antes mesmo da promulgação do CPC/2015 já havia entendimento no sentido de que o art. 23 do Estatuto da OAB[87] havia revogado parcialmente a parte final do art. 21 do CPC/1973,[88] tornando impossível a compensação de tal crédito. Apesar disso, a Súmula 306 do STJ admitia a referida compensação: "Os honorários advocatícios devem ser compensados quando houver sucumbência recíproca, assegurado o direito autônomo do advogado à execução do saldo sem excluir a legitimidade da própria parte."

Refutando o entendimento do STJ, a parte final do § 14 traz vedação expressa à compensação de honorários em caso de sucumbência parcial. Assim, pode-se afirmar que o entendimento constante na Súmula 306 do STJ está superado.[89]

Pagamento dos honorários. O CPC/2015 permite que o pagamento da verba honorária seja feito em favor de sociedade de advogados na qual o credor seja sócio (§ 15). Tal previsão segue o entendimento jurisprudencial.[90]

---

mesma relação processual; se a sentença deixou de ser cumprida por deliberação de quem foi vencido, nada mais coerente do que se permitir a fixação de honorários também nessa fase.

[85] Nesse sentido, REsp 1.102.473/RS, REsp 1.152.218/RS, AgRg no AREsp 387.601/RS, AgRg no REsp 1.397.119/MS, REsp 1.365.469/MG, AgRg no REsp 1.297.419/SP, REsp 948.492/ES.

[86] A compensação, instituto do direito civil, só será possível quando duas pessoas forem, ao mesmo tempo, credora e devedora uma da outra. Além disso, as obrigações devem ter por objeto coisas fungíveis – da mesma espécie e qualidade –, e as dívidas devem ser vencidas, exigíveis e líquidas (arts. 368 a 380 do CC/2002). No caso de sucumbência recíproca, teríamos, com relação à verba honorária, duas obrigações distintas, com sujeitos distintos: o autor seria devedor do advogado do réu (primeira obrigação); e o réu seria devedor do advogado do autor (segunda obrigação). A compensação de obrigações ocorreria, nesse caso, com diferentes direitos passivos e ativos, o que é inadmissível.

[87] EOAB, art. 23. "Os honorários incluídos na condenação, por arbitramento ou sucumbência, pertencem ao advogado, tendo este direito autônomo para executar a sentença nesta parte, podendo requerer que o precatório, quando necessário, seja expedido em seu favor."

[88] CPC/1973, art. 21. "Se cada litigante for em parte vencedor e vencido, serão recíproca e proporcionalmente distribuídos e compensados entre eles os honorarios e as despesas."

[89] Assim é o Enunciado nº 244 do FPPC: "Ficam superados o enunciado 306 da súmula do STJ ('Os honorários advocatícios devem ser compensados quando houver sucumbência recíproca, assegurado o direito autônomo do advogado à execução do saldo sem excluir a legitimidade da própria parte') e a tese firmada no REsp Repetitivo n. 963.528/PR, após a entrada em vigor do CPC, pela expressa impossibilidade de compensação."

[90] "Este Superior Tribunal de Justiça consolidou o entendimento no sentido de que é possível a expedição de alvará de levantamento de verba honorária em favor de sociedade de advogados, ainda que a procuração outorgada a advogado que lhe seja integrante não a mencione. Precedente" (REsp 823.610/DF, Rel. Min. Carlos Fernando Mathias (TRF 1ª Região), 2ª Turma, julgado em 08.04.2008, *DJe* 13.05.2008).

Juros de mora. Sobre o tema o CPC/2015 apresenta tratamento similar àquele conferido pela jurisprudência,[91] dispondo que os juros de mora incidentes sobre a verba honorária serão contados desde o trânsito em julgado da decisão (§ 16). Nesse sentido, ainda que os honorários não tenham sido impugnados em eventual recurso, os juros moratórios só serão computados após o trânsito em julgado da última decisão, sendo irrelevante a preclusão sobre a questão específica.

(Des)necessidade de embargos de declaração. Segundo o STJ, "os honorários sucumbenciais, quando omitidos em decisão transitada em julgado, não podem ser cobrados em execução ou em ação própria" (Súmula 453). O CPC/2015 modifica esse entendimento, e possibilita, de forma expressa, a propositura de ação autônoma para definição e cobrança dos honorários advocatícios não fixados em sentença omissa transitada em julgado independentemente da interposição de embargos de declaração (§ 18). A Súmula 453 do STJ está, portanto, superada.[92]

Honorários para a Advocacia Pública. O CPC/2015 reconheceu o direito dos advogados públicos ao recebimento de honorários sucumbenciais nas causas em que a Fazenda Pública consagra-se vencedora. Antes da nova legislação, o destino dos honorários pagos pela parte vencida dependia das leis próprias de cada ente (ou seja, a lei poderia destinar os honorários aos próprios procuradores ou não). Diante da previsão do art. 85, § 19, não há outra conclusão possível senão a de que os honorários sucumbenciais pertencem ao próprio advogado público.[93] O legislador, contudo, determinou a edição de lei para regular a matéria, de modo que somente serão devidos os honorários quando tal lei for editada.

CPC/2015	CPC/1973
Art. 86. Se cada litigante for, em parte, vencedor e vencido, serão proporcionalmente distribuídas entre eles as despesas.	Art. 21. Se cada litigante for em parte vencedor e vencido, serão ~~recíproca e~~ proporcionalmente distribuídos ~~e compensados~~ entre eles ~~os honorários e~~ as despesas.
Parágrafo único. Se um litigante sucumbir em parte mínima do pedido, o outro responderá, por inteiro, pelas despesas e pelos honorários.	Parágrafo único. Se um litigante decair de parte mínima do pedido, o outro responderá, por inteiro, pelas despesas e honorários.

 COMENTÁRIOS:

Sucumbência parcial ou recíproca. Sempre que houver condenação em sucumbência recíproca ou parcial, deverá o magistrado fixar os honorários em favor do advogado,

---

91   Nesse sentido, cf. AgRg no REsp 142.421/PR; REsp 492.171/RS.

92   O Enunciado nº 8 do FPPC confirma essa conclusão.

93   O art. 3º, § 1º, do Estatuto da OAB estabelece que o exercício da advocacia se sujeita ao regime deste estatuto, "além do regime próprio a que se subordinem os integrantes da Advocacia-Geral da União, da Procuradoria da Fazenda Nacional, da Defensoria Pública e das Procuradorias e Consultorias Jurídicas dos Estados, do Distrito Federal, dos Municípios e das respectivas entidades de administração indireta e fundacional". Dessa forma, antes mesmo do novo CPC, já era possível sustentar a aplicação aos advogados públicos das regras pertinentes à sucumbência destinadas aos advogados privados. Quanto à Defensoria Pública, prevalece o entendimento constante na Súmula 421 do STJ, segundo a qual os honorários advocatícios não serão devidos à Defensoria Pública somente quando ela atuar contra a pessoa jurídica de direito público à qual pertença.

condenando as partes a efetuarem os respectivos pagamentos, sem qualquer possibilidade de compensação. Para facilitar a compreensão, segue exemplo de decisão que NÃO é mais admitida pelo novo CPC: "Arcará a parte ré com 60% das custas processuais e honorários advocatícios em favor do patrono da parte autora, arbitrados em 10% sobre o valor da causa. A parte autora, por sua vez, suportará 40% das custas e honorários do advogado da parte adversa, fixados no mesmo percentual, *assegurando-se o direito de compensação.*"

CPC/2015	CPC/1973
Art. 87. Concorrendo diversos autores ou diversos réus, os vencidos respondem proporcionalmente pelas despesas e pelos honorários. **§ 1º A sentença deverá distribuir entre os litisconsortes, de forma expressa, a responsabilidade proporcional pelo pagamento das verbas previstas no *caput*. § 2º Se a distribuição de que trata o § 1º não for feita, os vencidos responderão solidariamente pelas despesas e pelos honorários.**	Art. 23. Concorrendo diversos autores ou diversos réus, os vencidos respondem pelas despesas e honorários em proporção.

 COMENTÁRIOS:

Sucumbência no caso de litisconsórcio. A responsabilidade pelo pagamento dos honorários advocatícios deve estar distribuída de forma expressa na sentença. Se assim não estiver, os vencidos responderão solidariamente pelas despesas e honorários. A nova regra diverge do posicionamento jurisprudencial, que não reconhece a presunção de solidariedade.[94]

CPC/2015	CPC/1973
Art. 88. Nos procedimentos de jurisdição voluntária, as despesas serão adiantadas pelo requerente *e* rateadas entre os interessados.	Art. 24. Nos procedimentos de jurisdição voluntária, as despesas serão adiantadas pelo requerente, *mas* rateadas entre os interessados.

 COMENTÁRIOS:

Sucumbência e procedimentos de jurisdição voluntária. Diferentemente do que acontece nos processos que tramitam pelos procedimentos comum ou especial de jurisdição contenciosa (arts. 539 a 711), nos processos que se submetem às regras previstas nos arts. 719 e seguintes, caberá ao requerente adiantar as despesas e suportá-las em caráter definitivo na proporção de seus interesses. Destaque-se que nas despesas referidas nesse dispositivo,

---

[94] "O Código de Processo Civil não adotou o princípio da solidariedade pelas despesas, mas, sim, o da proporcionalidade; a menos que a solidariedade seja estipulada expressamente na sentença, os vencidos respondem pelas custas e honorários em proporção. Recurso conhecido e provido" (REsp 260.882/PR, Rel. Min. Ari Pargendler, 3ª Turma, *DJ* 13.08.2001). Também nesse sentido: AgRg no REsp 881.808/SP, REsp 489.369/PR, REsp 260.882/PR, REsp 129.045/MG.

segundo entendimento do STJ, não estão incluídos os honorários advocatícios, o que quer dizer que cada interessado deve arcar com os honorários de seus respectivos patronos.[95]

CPC/2015	CPC/1973
Art. 89. Nos juízos divisórios, não havendo litígio, os interessados pagarão as despesas proporcionalmente a seus quinhões.	Art. 25. Nos juízos divisórios, não havendo litígio, os interessados pagarão as despesas proporcionalmente aos seus quinhões.

 COMENTÁRIOS:

Ação de divisão e de demarcação. O dispositivo é complemento do art. 88, porquanto abarca os seguintes procedimentos de jurisdição voluntária: ação demarcatória, ação divisória, ação de partilha e ação discriminatória para a demarcação de terras. Em todas essas demandas, o ônus de adiantamento das despesas processuais será do próprio requente, em caráter definitivo, não havendo condenação em honorários (justamente por inexistir litígio).

CPC/2015	CPC/1973
Art. 90. *Proferida sentença com* fundamento em desistência, em **renúncia** ou em reconhecimento do pedido, as despesas e os honorários serão pagos pela parte que desistiu, **renunciou** ou reconheceu. § 1º Sendo parcial a desistência, **a renúncia** ou o reconhecimento, a responsabilidade pelas despesas e pelos honorários será proporcional *à parcela reconhecida,* **à qual se renunciou** *ou da qual se desistiu.* § 2º Havendo transação e nada tendo as partes disposto quanto às despesas, estas serão divididas igualmente. § 3º **Se a transação ocorrer antes da sentença, as partes ficam dispensadas do pagamento das custas processuais remanescentes, se houver.** § 4º **Se o réu reconhecer a procedência do pedido e, simultaneamente, cumprir integralmente a prestação reconhecida, os honorários serão reduzidos pela metade.**	Art. 26. *Se o processo terminar por* desistência ou reconhecimento do pedido, as despesas e os honorários serão pagos pela parte que desistiu ou reconheceu. § 1º Sendo parcial a desistência ou o reconhecimento, a responsabilidade pelas despesas e honorários será proporcional à parte de que se desistiu ou que se reconheceu. § 2º Havendo transação e nada tendo as partes disposto quanto às despesas, estas serão divididas igualmente.

 COMENTÁRIOS:

Além de ressaltar a aplicação do princípio da causalidade também para os casos de renúncia, o novo dispositivo traz regras sobre a fixação dos honorários nas hipóteses de transação e de reconhecimento da procedência do pedido.

[95] Nesse sentido: STJ, REsp 94.366/RS, Rel. Min. Eduardo Ribeiro, julgado em 28.04.1998; STJ, REsp 276.069/SP, Rel. Min. Fernando Gonçalves, julgado em 08.03.2005.

Transação. Caso as partes transijam e não disponham acerca da responsabilidade pelas despesas processuais, estas serão divididas igualmente (art. 90, § 2º). Caso a transação ocorra antes da sentença, as partes serão dispensadas do pagamento das custas processuais remanescentes (art. 90, § 3º). A novidade, que está nesse último parágrafo, demonstra o incentivo do legislador à autocomposição e à solução consensual das controvérsias.

Reconhecimento da procedência do pedido. A vantagem trazida pela nova legislação para aquele que reconhece a procedência do pedido é a possibilidade de redução dos honorários advocatícios. A nova disposição visa desestimular o uso do processo como meio para postergar o cumprimento de obrigações. Destaque-se que o § 4º exige a cumulação de dois requisitos: (i) o reconhecimento da procedência do pedido e (ii) o cumprimento integral da obrigação.

CPC/2015	CPC/1973
Art. 91. As despesas dos atos processuais praticados a requerimento da Fazenda Pública, do Ministério Público **ou da Defensoria Pública** serão pagas ao final pelo vencido. **§ 1º As perícias requeridas pela Fazenda Pública, pelo Ministério Público ou pela Defensoria Pública poderão ser realizadas por entidade pública ou, havendo previsão orçamentária, ter os valores adiantados por aquele que requerer a prova.** **§ 2º Não havendo previsão orçamentária no exercício financeiro para adiantamento dos honorários periciais, eles serão pagos no exercício seguinte ou ao final, pelo vencido, caso o processo se encerre antes do adiantamento a ser feito pelo ente público.**	Art. 27. As despesas dos atos processuais, efetuados a requerimento do Ministério Público ou da Fazenda Pública, serão pagas a final pelo vencido.

COMENTÁRIOS:

Conferir os comentários ao art. 82.

CPC/2015	CPC/1973
Art. 92. Quando, a requerimento do réu, o juiz *proferir sentença sem resolver* o mérito, o autor não poderá propor novamente a ação sem pagar ou depositar em cartório as despesas e os honorários a que foi condenado.	Art. 28. Quando, a requerimento do réu, o juiz *declarar extinto o processo em julgar* o mérito (art. 267, § 2º), o autor não poderá intentar de novo a ação, sem pagar ou depositar em cartório as despesas e os honorários, em que foi condenado.

COMENTÁRIOS:

Repropositura da ação e sucumbência. O pagamento das despesas processuais também pode ser tratado como uma condição para a propositura de nova demanda na hipótese de extinção do processo sem resolução do mérito em virtude, por exemplo, do abandono da causa por parte do autor (art. 485, III). É que nessa hipótese o juiz, a requerimento do réu, deixará de apreciar o pedido e julgará extinto o processo. O autor, nesse caso, só poderá propor novamente a ação se pagar ou depositar em cartório as despesas a que foi condenado (art. 92).

CPC/2015	CPC/1973
Art. 93. As despesas de atos adiados ou cuja repetição for necessária ficarão a cargo da parte, do *auxiliar da justiça*, do órgão do Ministério Público **ou da Defensoria Pública** ou do juiz que, sem justo motivo, houver dado causa ao adiamento ou à repetição.	Art. 29. As despesas dos atos, que forem adiados ou tiverem de repetir-se, ficarão a cargo da parte, do *serventuário*, do órgão do Ministério Público ou do juiz que, sem justo motivo, houver dado causa ao adiamento ou à repetição.

 COMENTÁRIOS:

Repetição de atos processuais. Em alguns casos, há que se considerar na distribuição dos custos processuais o princípio da causalidade, segundo o qual "deve-se considerar que é responsável pelas despesas processuais aquele que tiver dado causa à instauração do processo".[96] O princípio da causalidade é observado no dispositivo em comento, que também se aplica aos atos cuja repetição se faça necessária.

CPC/2015	CPC/1973
Art. 94. Se o assistido for vencido, o assistente será condenado **ao pagamento** das custas em proporção à atividade que houver exercido no processo.	Art. 32. Se o assistido ficar vencido, o assistente será condenado nas custas em proporção à atividade que houver exercido no processo.

 COMENTÁRIOS:

Sucumbência na assistência simples. O dispositivo trata da responsabilidade do assistente pelas despesas processuais relacionadas aos atos praticados no exercício da assistência. Tal disposição só tem aplicação para os casos de assistência simples, porquanto o assistente litisconsorcial é considerado litisconsorte do assistido e, por isso, a ele se aplica a regra do art. 87. Vale salientar que, como o dispositivo trata apenas das "custas", não estão englobados, por exemplo, os honorários advocatícios, os quais só serão arcados pelo assistido caso acabe vencido na demanda.

CPC/2015	CPC/1973
Art. 95. Cada parte *adiantará* a remuneração do assistente técnico que houver indicado, sendo a do perito *adiantada* pela parte que houver requerido *a perícia ou rateada quando a perícia for determinada de ofício ou requerida por ambas as partes.*	Art. 33. Cada parte *pagará* a remuneração do assistente técnico que houver indicado; a do perito *será paga* pela parte que houver requerido *o exame, ou pelo autor, quando requerido por ambas as partes ou determinado de ofício pelo juiz.*
§ 1º O juiz poderá determinar que a parte responsável pelo pagamento dos honorários do perito deposite em juízo o valor correspondente.	Parágrafo único. O juiz poderá determinar que a parte responsável pelo pagamento dos honorários do perito deposite em juízo o valor correspondente a essa remuneração. *O numerário, recolhido em depósito bancário à ordem do juízo e com correção monetária, será entregue ao perito após a apresentação do laudo, facultada a sua liberação parcial, quando necessária.*
§ 2º *A quantia recolhida em depósito bancário à ordem do juízo será corrigida monetariamente e paga de acordo com o art. 465, § 4º.*	

---

[96]   CÂMARA, Alexandre Freitas. **Lições de direito processual civil.** 9. ed. Rio de Janeiro: Lumen Juris, 2003. v. I, p. 158.

§ 3º Quando o pagamento da perícia for de responsabilidade de beneficiário de gratuidade da justiça, ela poderá ser:

I – custeada com recursos alocados no orçamento do ente público e realizada por servidor do Poder Judiciário ou por órgão público conveniado;

II – paga com recursos alocados no orçamento da União, do Estado ou do Distrito Federal, no caso de ser realizada por particular, hipótese em que o valor será fixado conforme tabela do tribunal respectivo ou, em caso de sua omissão, do Conselho Nacional de Justiça.

§ 4º Na hipótese do § 3º, o juiz, após o trânsito em julgado da decisão final, oficiará a Fazenda Pública para que promova, contra quem tiver sido condenado ao pagamento das despesas processuais, a execução dos valores gastos com a perícia particular ou com a utilização de servidor público ou da estrutura de órgão público, observando-se, caso o responsável pelo pagamento das despesas seja beneficiário de gratuidade da justiça, o disposto no art. 98, § 2º.

§ 5º Para fins de aplicação do § 3º, é vedada a utilização de recursos do fundo de custeio da Defensoria Pública.

 COMENTÁRIOS:

Adiantamento dos honorários periciais. Com relação aos atos a serem realizados pelos auxiliares da justiça (oficial de justiça, perito, avaliador), a parte interessada deve promover o recolhimento prévio das respectivas despesas na ocasião de cada um desses atos, sob pena de não realização da diligência. Especialmente quanto à perícia, se esta for determinada de ofício pelo juiz ou requerida por ambas as partes, o valor a ser adiantado deverá ser rateado entre elas. Em qualquer caso, ao final do processo, o vencido responderá integralmente pelo pagamento da perícia, ressarcindo, se for o caso, a parte vencedora que tiver adiantado a despesa.

Pagamento dos honorários periciais. O art. 33 do CPC/1973 determina o pagamento dos honorários periciais somente após apresentação de laudo, sendo possível a liberação parcial em caráter excepcional. No CPC/2015, a regra é a de que apenas após o pagamento integral dos honorários o laudo pericial será confeccionado. Excepcionalmente o juiz poderá autorizar o pagamento de até cinquenta por cento dos honorários arbitrados a favor do perito já no início dos trabalhos, devendo o remanescente ser pago apenas ao final, depois de entregue o laudo e prestados todos os esclarecimentos necessários (art. 465, § 4º).

Beneficiários da justiça gratuita. Os §§ 3º a 5º regulamentam o pagamento de honorários periciais na hipótese de demanda envolvendo beneficiário de gratuidade judiciária. Em síntese, os honorários periciais não devem ser adiantados pelo beneficiário da assistência judiciária, nem tampouco suportados pela parte que não requereu a prova pericial. Esse já era, inclusive, o entendimento do STJ.[97]

---

[97] "[...] Nos termos da jurisprudência dominante deste Tribunal, os benefícios da assistência judiciária gratuita incluem os honorários do perito, devendo o Estado assumir os ônus advindos da produção

A novidade trazida pelo CPC/2015 é a possibilidade de a perícia requerida por beneficiário da justiça gratuita ser realizada por órgão público conveniado ou servidor do Poder Judiciário (contador e psicólogo, por exemplo) ou custeada com recursos alocados no orçamento da União, do Estado ou do Distrito Federal.

CPC/2015	CPC/1973
Art. 96. O **valor** das sanções impostas ao *litigante de má-fé* reverterá em benefício da parte contrária, e o valor das sanções impostas aos serventuários pertencerá ao Estado **ou à União.**	Art. 35. As sanções impostas às partes *em consequência de má-fé* ~~serão contadas como custas~~ e reverterão em benefício da parte contrária; as impostas aos serventuários pertencerão ao Estado.

 ## COMENTÁRIOS:

Destinatário da multa por litigância de má-fé. A multa por litigância de má-fé é devida pelo litigante de má-fé à parte inocente. Entretanto, tratando-se de ato atentatório à dignidade da justiça (situação de depositário infiel, por exemplo), a multa é destinada ao Estado ou à União – e não à parte inocente.

Multa imposta ao serventuário da justiça. Nesse caso o destinatário da multa é o ente federativo ao qual está vinculado o tribunal onde o servidor estiver exercendo suas funções.

CPC/2015	CPC/1973
Art. 97. **A União e os Estados podem criar fundos de modernização do Poder Judiciário, aos quais serão revertidos os valores das sanções pecuniárias processuais destinadas à União e aos Estados, e outras verbas previstas em lei.**	Não há correspondência.

 ## COMENTÁRIOS:

O dispositivo é autoexplicativo e tem por objetivo assegurar condições materiais a permanentes ações de modernização e de otimização dos serviços judiciais.

Seção IV
Da Gratuidade da Justiça

Em nome do acesso à Justiça, o legislador instituiu benefícios aos que necessitam recorrer ao monopólio do Estado (jurisdição), mas que não possuem condições de arcar com os ônus decorrentes do processo. É o que impõe o art. 5º, LXXIV, da CF/1988:

---

da prova pericial. 2. Caso o perito nomeado não consinta em receber seus honorários futuramente, do Estado ou do réu, se este for vencido, deve o juiz nomear outro perito, devendo a nomeação recair em técnico de estabelecimento oficial especializado do ente público responsável pelo custeio da prova pericial. Precedentes. 3. Recurso especial conhecido e provido" (REsp 1.356.801/MG, Rel. Min. Nancy Andrighi, julgado em 18.06.2013).

Art. 5º [...]

LXXIV – o Estado prestará assistência judiciária integral e gratuita aos que comprovarem insuficiência de recursos.

O dispositivo constitucional instituiu dois instrumentos de promoção do acesso à Justiça, que são comumente confundidos ou tomados como sinônimos: a assistência judiciária e a gratuidade judiciária, esta também denominada justiça gratuita.

Assistência judiciária – em sentido *lato* – é gênero que compreende também a gratuidade judiciária. Direciona-se ao Estado, que deve, por meio das defensorias públicas ou de advogado especialmente nomeado para esse fim, patrocinar as causas daqueles que não podem arcar com os honorários contratuais de um advogado. Já a gratuidade judiciária é benefício que se traduz na suspensão da exigibilidade das custas, das despesas processuais e dos honorários.

O CPC/2015 estabeleceu uma seção específica para tratar da gratuidade da justiça, mas, em verdade, pouco se teve de inovação com relação ao que já está previsto na Lei nº 1.060/1950, a qual estabelece normas para a concessão de assistência judiciária aos necessitados. Em razão dessa "transcrição legal", utilizaremos a Lei nº 1.060/1950 como referência para as correspondências nesta seção. **Ressaltamos, no entanto, que os arts. 2º, 3º, 4º, 6º, 7º, 11, 12 e 17 da referida lei foram todos revogados pelo CPC/2015 (art. 1.072, III).**

A rigor, o título da seção é impróprio, pois não se trata de "gratuidade", apenas de dispensa do adiantamento das despesas. Isso porque, se vencido o beneficiário, as despesas e os honorários decorrentes de sua sucumbência não estarão dispensados. O que ocorre, na verdade, é apenas a suspensão da exigibilidade do crédito referente aos valores adiantados pela parte vencedora (art. 98, §§ 2º e 3º, do CPC/2015). Além disso, a gratuidade não afasta a responsabilidade do beneficiário quanto ao pagamento das multas processuais que lhe sejam impostas (por exemplo, em virtude de ato atentatório à dignidade da justiça).

CPC/2015	CPC/1973
Art. 98.**A pessoa natural ou jurídica, brasileira ou estrangeira, com insuficiência de recursos para pagar as custas, as despesas processuais e os honorários advocatícios tem direito à gratuidade da justiça, na forma da lei.** § 1º **A gratuidade da justiça compreende:** I – as taxas **ou as custas judiciais;** II – os selos postais; III – as despesas com publicação *na imprensa oficial, dispensando-se a publicação em outros meios;* IV – a indenização devida à testemunha que, quando empregada, receberá do empregador salário integral, como se em serviço estivesse; V – as despesas com a realização de exame de código genético – DNA **e de outros exames considerados essenciais;** VI – os honorários do advogado e do perito **e a remuneração do intérprete ou do tradutor nomeado para apresentação de versão em português de documento redigido em língua estrangeira;**	Art. 3º A assistência judiciária compreende as seguintes isenções: I – das taxas judiciárias e dos selos; II – dos emolumentos e custas devidos aos Juízes, órgãos do Ministério Público e serventuários da justiça; III – das despesas com as publicações *indispensáveis no jornal encarregado da divulgação dos atos oficiais;* IV – ~~das indenizações devidas às testemunhas que,~~ quando empregados, receberão do empregador salário integral, como se em serviço estivessem, ~~ressalvado o direito regressivo contra o poder público federal, no Distrito Federal e nos Territórios, ou contra o poder público estadual, nos Estados;~~ V – dos honorários de advogado e peritos; VI – das despesas com a realização do exame de código genético – DNA que for requisitado pela autoridade judiciária nas ações de investigação de paternidade ou maternidade; (Incluído pela Lei nº 10.317, de 2001)

VII – o custo com a elaboração de memória de cálculo, quando exigida para instauração da execução;

VIII – os depósitos previstos em lei para interposição de recurso, para propositura de ação e para a prática de outros atos processuais inerentes ao exercício da ampla defesa e do contraditório;

IX – os emolumentos devidos a notários ou registradores em decorrência da prática de registro, averbação ou qualquer outro ato notarial necessário à efetivação de decisão judicial ou à continuidade de processo judicial no qual o benefício tenha sido concedido.

§ 2º A concessão de gratuidade não afasta a responsabilidade do beneficiário pelas despesas processuais e pelos honorários advocatícios decorrentes de sua sucumbência.

§ 3º Vencido o beneficiário, as obrigações decorrentes de sua sucumbência ficarão sob condição suspensiva de exigibilidade e somente poderão ser executadas se, nos 5 (cinco) anos subsequentes ao trânsito em julgado da decisão que as certificou, o credor demonstrar que deixou de existir a situação de insuficiência de recursos que justificou a concessão de gratuidade, extinguindo-se, passado esse prazo, tais obrigações do beneficiário.

§ 4º A concessão de gratuidade não afasta o dever de o beneficiário pagar, ao final, as multas processuais que lhe sejam impostas.

§ 5º A gratuidade poderá ser concedida em relação a algum ou a todos os atos processuais, ou consistir na redução percentual de despesas processuais que o beneficiário tiver de adiantar no curso do procedimento.

§ 6º Conforme o caso, o juiz poderá conceder direito ao parcelamento de despesas processuais que o beneficiário tiver de adiantar no curso do procedimento.

§ 7º Aplica-se o disposto no art. 95, §§ 3º a 5º, ao custeio dos emolumentos previstos no § 1º, inciso IX, do presente artigo, observada a tabela e as condições da lei estadual ou distrital respectiva.

§ 8º Na hipótese do § 1º, inciso IX, havendo dúvida fundada quanto ao preenchimento atual dos pressupostos para a concessão de gratuidade, o notário ou registrador, após praticar o ato, pode requerer, ao juízo competente para decidir questões notariais ou registrais, a revogação total ou parcial do benefício ou a sua substituição pelo parcelamento de que trata o § 6º deste artigo, caso em que o beneficiário será citado para, em 15 (quinze) dias, manifestar-se sobre esse requerimento.

VII – dos depósitos previstos em lei para interposição de recurso, ajuizamento de ação e demais atos processuais inerentes ao exercício da ampla defesa e do contraditório.

Parágrafo único. ~~A publicação de edital em jornal encarregado da divulgação de atos oficiais, na forma do inciso III, dispensa a publicação em outro jornal.~~

 **COMENTÁRIOS:**

O dispositivo reafirma o que estava previsto no art. 3º da Lei nº 1.060/1950 (ora revogado pelo art. 1.072, III, do CPC/2015).

Beneficiários da justiça gratuita. O novo CPC consolida o entendimento exposto na Súmula 481 do STJ, segundo o qual "faz jus ao benefício da justiça gratuita a pessoa jurídica com ou sem fins lucrativos que demonstrar sua impossibilidade de arcar com os encargos processuais". Ou seja, tanto pessoa física quanto pessoa jurídica podem ser beneficiários da justiça gratuita.

Despesas abrangidas pela gratuidade. Além das hipóteses que já estavam previstas na legislação especial, o § 1º insere na proteção da gratuidade as despesas relativas a exames considerados essenciais, e não apenas ao exame de DNA (V); à remuneração de intérprete ou tradutor (VI); à memória de cálculo quando esta for exigida para instauração de execução (VII); às taxas relativas a registro e outros atos notariais necessários à efetivação da decisão (IX). No caso de emolumentos cartoriais ou notariais, o § 8º permite ao notário ou registrador requerer ao juiz a revogação da gratuidade ou a concessão de parcelamento sempre que houver dúvida quanto à situação do beneficiário. Se o benefício já tiver sido concedido, entendo que o juiz deve, antes de revogar o benefício por solicitação do notário ou registrador, providenciar a intimação do beneficiário para apresentar documentos que justifiquem a manutenção do benefício.

Pagamento das despesas e honorários de sucumbência. De acordo com o § 2º do art. 98, a concessão da gratuidade não afasta a condenação ao pagamento das despesas processuais e honorários de sucumbência. A Lei nº 1.060/1950 (art. 12, revogado pelo CPC/2015) já dispunha sobre o tema.

Na prática, caso vencido o beneficiário, o juiz deve fixar as despesas que por ele serão arcadas. Essa condenação ficará sob condição suspensiva e, havendo modificação na condição financeira do beneficiário, este arcará com as despesas às quais foi condenado (§ 3º).

Pagamento das multas processuais. A gratuidade não torna o beneficiário imune às consequências financeiras do processo, não estando dispensado do pagamento, por exemplo, da multa por litigância de má-fé (art. 81). Nesse caso não se aplica o disposto no § 3º, de modo que as quantias decorrentes de sanções processuais serão exigíveis de imediato (§ 4º). Tal regra já contava com o apoio da jurisprudência.[98]

Concessão do benefício para determinados atos e possibilidade de parcelamento. Os §§ 5º e 6º apresentam inovação no regime da gratuidade judiciária. O primeiro dispositivo permite que a concessão do benefício seja restrita a determinado ato processual ou consista na redução de percentual de despesa processual. A novidade tende a adequar o instituto às necessidades das partes, que podem muitas vezes não ter condições de arcar com um único ato processual (perícia, por exemplo), e não com todos os que se fizerem necessários. A mesma observação se aplica ao parágrafo seguinte, que permite ao juiz

---

[98] Por exemplo: STF, 2ª Turma, AI 342.393 AgRg-ED-EI, julgado em 06.04.2010; STJ, 2ª Turma, REsp 1.259.449, julgado em 15.09.2011.

conceder o parcelamento das despesas processuais sempre que houver necessidade de adiantamento.

Suspensão da exigibilidade. O beneficiário da gratuidade não fica dispensado de pagar as despesas processuais. É que a parte amparada pela gratuidade tem apenas suspensa a exigibilidade das verbas de sucumbência enquanto perdurar o seu estado de pobreza, prescrevendo a dívida no prazo de cinco anos. A propósito, em julgado recente decidiu o STJ que o credor pode demonstrar, na própria ação executiva, que a situação de insuficiência de recursos que justificou a concessão do benefício não mais existe.[99]

CPC/2015	CPC/1973
Art. 99. O pedido de gratuidade da justiça pode ser formulado na petição inicial, na contestação, na petição para ingresso de terceiro no processo ou em recurso.	Art. 4° A parte gozará dos benefícios da assistência judiciária, mediante simples afirmação, na própria petição inicial, de que não está em condições de pagar as custas do processo e os honorários de advogado, sem prejuízo próprio ou de sua família.
§ 1° Se superveniente à primeira manifestação da parte na instância, o pedido poderá ser formulado por petição simples, nos autos do próprio processo, e não suspenderá seu curso.	§ 1º Presume-se pobre, até prova em contrário, quem afirmar essa condição nos termos desta lei, sob pena de pagamento até o décuplo das custas judiciais.
§ 2° O juiz somente poderá indeferir o pedido se houver nos autos elementos que evidenciem a falta dos pressupostos legais para a concessão de gratuidade, devendo, antes de indeferir o pedido, determinar à parte a comprovação do preenchimento dos referidos pressupostos.	
§ 3° Presume-se verdadeira a alegação de insuficiência deduzida exclusivamente por pessoa natural.	
§ 4° A assistência do requerente por advogado particular não impede a concessão de gratuidade da justiça.	
§ 5° Na hipótese do § 4°, o recurso que verse exclusivamente sobre valor de honorários de sucumbência fixados em favor do advogado de beneficiário estará sujeito a preparo, salvo se o próprio advogado demonstrar que tem direito à gratuidade.	
§ 6° O direito à gratuidade da justiça é pessoal, não se estendendo a litisconsorte ou a sucessor do beneficiário, salvo requerimento e deferimento expressos.	
§ 7° Requerida a concessão de gratuidade da justiça em recurso, o recorrente estará dispensado de comprovar o recolhimento do preparo, incumbindo ao relator, neste caso, apreciar o requerimento e, se indeferi-lo, fixar prazo para realização do recolhimento.	

---

[99] STJ, REsp 1.341.144/MG, Rel. Min. João Otávio de Noronha, julgado em 03.05.2016.

COMENTÁRIOS:

Formulação do pedido de gratuidade. Como a redação do art. 4º, *caput*, da Lei nº 1.060/1950 foi expressamente revogada pelo CPC/2015, deve-se entender que o pedido pode ser formulado não somente na petição inicial, mas, também, na contestação, na petição para ingresso de terceiro ou no próprio recurso.[100] Além disso, se for superveniente à primeira manifestação da parte na instância (originária ou recursal), o pedido poderá ser feito mediante petição simples, nos autos do próprio processo e sem que isso acarrete suspensão do feito. Destaque-se que, uma vez concedida a gratuidade, não é necessário que a parte beneficiária reitere o pedido em cada instância.[101]

Requisitos para concessão da gratuidade. Predomina nos Tribunais pátrios o entendimento no sentido de que "a concessão do benefício da assistência judiciária está condicionada à afirmação, feita pelo próprio interessado, de que a sua situação econômica não lhe permite vir a Juízo sem prejuízo de sua manutenção ou de sua família".[102]

O CPC/2015 não destoa do entendimento jurisprudencial, ao passo que presume como verdadeira a alegação de insuficiência deduzida exclusivamente por pessoa natural. Em síntese, tratando-se de pedido requerido por pessoa física, descabe a exigência de comprovação da situação de insuficiência de recursos, salvo quando o juiz evidenciar, por meio da análise dos autos, elementos que demonstrem a falta dos pressupostos legais para concessão da gratuidade. Nessa hipótese, o juiz deverá oportunizar a manifestação da parte, a quem caberá comprovar a insuficiência.

Tratando-se de pessoa jurídica, a insuficiência de recursos não se presume, de modo de que esta deverá fazer prova da necessidade, tal como já assentado na jurisprudência[103] (Súmula 481 do STJ).

Indeferimento do pedido. Caso a parte não preencha requisito para a concessão da gratuidade, o juiz não poderá indeferir o pedido de plano. Consoante regramento expresso no § 2º, antes de indeferir o pedido de gratuidade o juiz deve intimar a parte interessada para que emende o requerimento, juntando as provas que atestem a sua impossibilidade de arcar com as despesas do processo. Trata-se de aplicação da regra geral contida do art. 10 do CPC/2015.

Parte assistida por advogado particular. Seguindo o entendimento jurisprudencial, o CPC/2015 reconheceu que a mera assistência do beneficiário por advogado particular não obsta a concessão da gratuidade.[104] Com efeito, a negação do auxílio só tem fundamento

[100] Na vigência do CPC/1973, o STJ já entendia que a gratuidade poderia ser deferida a qualquer momento (STJ, 2ª Turma, AgRg no AREsp 624.304/MG, Rel. Min. Og Fernandes, julgado em 26.05.2015).

[101] "[...] 1. A assistência judiciária gratuita estende-se a todas as instâncias e a todos os atos do processo. 2. A renovação do pedido ou a comprovação de que a parte recorrente é beneficiária da justiça gratuita não é necessária quando da interposição do recurso especial" (STJ, 3ª Turma, AgRg no AREsp 593.007/SP, Rel. Min. João Otávio de Noronha, julgado em 21.05.2015, *DJe* 26.05.2015).

[102] STF, RE-AgR 550.202/DF, 2ª Turma, Rel. Min. Cezar Peluso, julgado em 11.03.2008.

[103] STJ, REsp 1.682.102/RS, 2ª Turma, Rel. Min. Herman Benjamin, julgado em 03.10.2017.

[104] "Nada impede a parte de obter os benefícios da assistência judiciária e ser representada por advogado particular que indique, hipótese em que, havendo a celebração de contrato com previsão de pagamento de honorários *ad exito*, estes serão devidos, independentemente da sua situação econômica ser modificada pelo resultado final da ação, não se aplicando a isenção prevista no art. 3º, V, da Lei nº

quando existirem *elementos de evidência*, e a existência de advogado particular não configura critério absoluto de possibilidade econômico-financeira.

Vale ressaltar que o § 5º trata de situação bastante específica que acaba ressalvando o parágrafo anterior. Se a parte interpuser recursos apenas para discutir a sucumbência, não haverá gratuidade para o preparo.

Extensão do benefício. Os benefícios da gratuidade judiciária são pessoais, não se comunicando ao litisconsorte nem se transmitindo aos sucessores do beneficiário, salvo se houver requerimento e deferimento expressos (§ 6º). Em síntese, se houver, por exemplo, falecimento do beneficiário e consequente habilitação dos herdeiros, estes deverão formalizar novo requerimento. Esse já era o entendimento da jurisprudência.[105]

Requerimento do benefício na fase recursal. O STJ chegou a firmar o entendimento na vigência do CPC/1973: "a gratuidade não opera efeitos *ex tunc*, de sorte que somente passa a valer para os atos ulteriores à data do pedido".[106] Assim, se o pedido fosse requerido na fase recursal, o recorrente teria que arcar com o preparo do recurso, sob pena de deserção. Esse, contudo, não é o entendimento utilizado pelo legislador do novo CPC. Conforme o § 7º do dispositivo em comento, se a concessão da gratuidade for requerida na fase recursal,[107] o recorrente estará dispensado de comprovar o recolhimento do preparo. Se o requerimento for indeferido, o relator só aplicará a pena de deserção se, após fixar prazo para o recolhimento, este não for realizado.

CPC/2015	CPC/1973
Art. 100. Deferido o pedido, a parte contrária poderá oferecer impugnação na contestação, na réplica, nas contrarrazões de recurso ou, nos casos de pedido superveniente ou formulado por terceiro, por meio de petição simples, a ser apresentada no prazo de 15 (quinze) dias, nos autos do próprio processo, sem suspensão de seu curso.	Art. 4º [...] ~~§ 2º A impugnação do direito à assistência judiciária não suspende o curso do processo e será feita em autos apartados.~~
Parágrafo único. **Revogado o benefício, a parte arcará com as despesas processuais que tiver deixado de adiantar e pagará, em caso de má-fé, até o décuplo de seu valor a título de multa, que será revertida em benefício da Fazenda Pública estadual ou federal e poderá ser inscrita em dívida ativa.**	

1.060/50, presumindo-se que a esta renunciou" (STJ, REsp 1.153.163/RS, Rel. Min. Nancy Andrighi, 3ª Turma, julgado em 26.06.2012, *DJe* 02.08.2012).

[105] "A suspensão do pagamento dos honorários em razão da gratuidade judiciária, concedida em caráter individual e personalíssimo, não aproveita aos demais litisconsortes que não obtiveram o favor" (STJ, 2ª Turma, REsp 1.193.795/RS, Rel. Min. Herman Benjamin, julgado em 03.08.2010, *DJe* 14.09.2010).

[106] STJ, 4ª Turma, REsp 556.081/SP, Rel. Min. Aldir Passarinho Junior, julgado em 14.12.2004.

[107] "É viável a formulação, no curso do processo, de pedido de assistência judiciária gratuita na própria petição recursal, sendo desnecessária petição avulsa" (STJ, EDcl no AgRg nos EDcl no AResp 442.974/PR, Rel. Min. Marco Buzzi, 4ª Turma, julgado em 02.05.2017).

COMENTÁRIOS:

Impugnação à gratuidade judiciária. Em atenção à economia dos atos processuais, deferido o pedido, caberá impugnação da parte contrária, que deverá fazê-la na contestação, na réplica, nas contrarrazões ou, nos casos de pedido superveniente ou formulado por terceiro, por meio de petição simples, a ser apresentada nos próprios autos do processo, sem que isso implique suspensão do feito. Ou seja, ao contrário da sistemática anterior,[108] a impugnação não precisará ser feita em peça separada, com a criação de autos próprios para esse pedido. "A forma procedimental de impugnação à decisão concessiva da gratuidade de justiça dependerá da forma como o pedido foi elaborado: pedido na petição inicial, impugnação na contestação; pedido na contestação, impugnação na réplica; impugnação nas contrarrazões, pedido superveniente por mera petição ou elaborado por terceiro, por petição simples no prazo de quinze dias. Embora o momento de impugnação dependa do momento do pedido deferido, a reação da parte contrária é preclusiva."[109]

Revogação do benefício. Ressalte-se que a preclusão é em relação à impugnação pela parte contrária. Por se tratar de matéria de ordem pública, o julgador pode, a qualquer momento, revogar motivadamente o benefício. Caso este seja revogado ao longo da tramitação processual, a parte deverá pagar as despesas processuais que deixou de adiantar e, se também for comprovada má-fé, arcará com multa de até dez vezes o valor das despesas (art. 100, *caput* e parágrafo único).

CPC/2015	CPC/1973
Art. 101. *Contra a decisão que indeferir a gratuidade ou a que acolher pedido de sua revogação caberá agravo de instrumento, exceto quando a questão for resolvida na sentença, contra a qual caberá apelação.* **§ 1º O recorrente estará dispensado do recolhimento de custas até decisão do relator sobre a questão, preliminarmente ao julgamento do recurso.** **§ 2º Confirmada a denegação ou a revogação da gratuidade, o relator ou o órgão colegiado determinará ao recorrente o recolhimento das custas processuais, no prazo de 5 (cinco) dias, sob pena de não conhecimento do recurso.**	Art. 17. *Caberá apelação das decisões proferidas em consequência da aplicação desta lei; a apelação será recebida somente no efeito devolutivo quando a sentença conceder o pedido.*

---

[108] Não apenas a Lei nº 1.060/1950 exigia impugnação em peça separada, como também a jurisprudência não acolhia os argumentos formulados, por exemplo, no bojo da contestação. Tratava-se de entendimento valorizador da forma e não do conteúdo. Veja um exemplo: "Não é possível a realização de impugnação à concessão dos benefícios da justiça gratuita em sede de contestação, devendo tal medida ser apresentada em autos apartados" (TJ-MS, AI 14014359220158120000, Rel. Des. Dorival Renato Pavan, julgado em 22.06.2015, 4ª Câmara Cível, Data de Publicação 25.06.2015).

[109] NEVES, Daniel Amorim Assumpção. **Novo CPC – inovações, alterações e supressões.** 2. ed. São Paulo: Método, 07/2015, livro digital.

COMENTÁRIOS:

Recurso e gratuidade judiciária. Contra a decisão de indeferimento do pedido ou de sua revogação caberá agravo de instrumento (art. 1.015, V). Contudo, se a questão for resolvida na sentença, cabível será o recurso de apelação (art. 1.009). Nas duas hipóteses, o CPC/2015 prevê que o recorrente fica dispensado do recolhimento de custas até a decisão do relator. A regra constante no § 1º confirma o entendimento do STJ, que considera não ser aplicável a pena de deserção a recurso interposto contra o indeferimento do pedido de justiça gratuita.[110] Caso o recorrente realize o preparo prévio, haverá preclusão lógica, porquanto tal ato, segundo entendimento do STJ, é incompatível com a vontade de obter o benefício.[111]

CPC/2015	CPC/1973
Art. 102.**Sobrevindo o trânsito em julgado de decisão que revoga a gratuidade, a parte deverá efetuar o recolhimento de todas as despesas de cujo adiantamento foi dispensada, inclusive as relativas ao recurso interposto, se houver, no prazo fixado pelo juiz, sem prejuízo de aplicação das sanções previstas em lei.**	Não há correspondência.
Parágrafo único**Não efetuado o recolhimento, o processo será extinto sem resolução de mérito, tratando-se do autor, e, nos demais casos, não poderá ser deferida a realização de nenhum ato ou diligência requerida pela parte enquanto não efetuado o depósito.**	

 COMENTÁRIOS:

Consequência da revogação da gratuidade judiciária. A revogação do benefício da gratuidade obriga o requerente do pedido a recolher as custas das quais, até então, foi dispensado. Se o beneficiário era o autor e este não efetuou o recolhimento, o processo será extinto sem resolução do mérito (art. 485, IV), caso se trate de custas iniciais. O mesmo não ocorre quando o beneficiário tiver sido o réu. Nessa hipótese, restará inviável a realização ou a concretização (caso já tenha sido iniciada) de qualquer diligência pleiteada até que se realize o depósito da quantia devida.

---

[110] "[...] Nessas circunstâncias, cabe ao magistrado, mesmo constatando a inocorrência de recolhimento do preparo, analisar, inicialmente, o mérito do recurso no tocante à possibilidade de concessão do benefício da assistência judiciária gratuita. Se entender que é caso de deferimento, prosseguirá no exame das demais questões trazidas ou determinará o retorno do processo à origem para que se prossiga no julgamento do recurso declarado deserto. Se confirmar o indeferimento da gratuidade da justiça, deve abrir prazo para o recorrente recolher o preparo recursal e dar sequência ao trâmite processual" (STJ AgRg no EREsp 1.222.355/MG, Rel. Min. Raul Araújo, julgado em 04.11.2015).

[111] STJ, 3ª Turma, AgRg no AREsp 532.790/MG, Rel. Min. Ricardo Villas Bôas Cueva, julgado em 18.12.2014, *DJe* 02.02.2015.

Capítulo III
Dos Procuradores

CPC/2015	CPC/1973
Art. 103. A parte será representada em juízo por advogado *regularmente inscrito na Ordem dos Advogados do Brasil.* Parágrafo único. É lícito à parte postular em causa própria quando tiver habilitação legal.	Art. 36. A parte será representada em juízo por advogado *legalmente habilitado.* Ser-lhe-á lícito, no entanto, postular em causa própria, quando tiver habilitação legal ou, não a tendo, no caso de falta de advogado no lugar ou recusa ou impedimento dos que houver.

COMENTÁRIOS:

Advogado como função essencial à justiça. Faltando à parte a capacidade técnico-formal (inscrição na Ordem dos Advogados do Brasil), deverá ela ser representada em juízo por advogado legalmente habilitado (art. 103, *caput*, do CPC/2015). Há casos, no entanto, em que a legislação infraconstitucional admite a postulação em juízo por pessoas que não detêm a habilitação de advogado. É o que se passa, com algumas limitações, nos Juizados Especiais, na Justiça do Trabalho e no Processo Penal (para propor os incidentes da execução penal, por exemplo).

O CPC/1973 trazia outra exceção à necessidade da presença de advogado para se postular em juízo (art. 36). Essa regra, no entanto, não encontra correspondência no CPC/2015, o qual ressalta a necessidade de representação por advogado (art. 103) e possibilita a postulação em causa própria apenas na hipótese de habilitação legal, ou seja, quando o advogado funcionar em causa própria.

CPC/2015	CPC/1973
Art. 104. O advogado não será admitido a *postular* em juízo sem *procuração, salvo* para evitar **preclusão,** decadência ou prescrição, ou para praticar ato considerado urgente. § 1º *Nas hipóteses previstas no caput,* o advogado deverá, independentemente de caução, exibir *a procuração* no prazo de 15 (quinze) dias, prorrogável *por igual período* por despacho do juiz.	Art. 37. Sem *instrumento de mandato,* o advogado não será admitido a *procurar* em juízo. *Poderá, todavia, em nome da parte, intentar ação* a fim de evitar decadência ou prescrição, bem como intervir, no processo, para praticar atos reputados urgentes. *Nestes casos,* o advogado se obrigará, independentemente de caução, a exibir *o instrumento de mandato* no prazo de 15 (quinze) dias, prorrogável *até outros 15 (quinze)* por despacho do juiz.
§ 2º O ato não ratificado *será considerado ineficaz* **relativamente àquele em cujo nome foi praticado,** respondendo o advogado pelas despesas e por perdas e danos.	Parágrafo único. Os atos, não ratificados no prazo, *serão havidos por inexistentes,* respondendo o advogado por despesas e perdas e danos.

COMENTÁRIOS:

Capacidade postulatória. A capacidade para postular em nome de outrem é comprovada pelo advogado mediante a apresentação de mandato, instrumento por meio do qual o agente capaz outorga-lhe poderes de representação em juízo. Sem instrumento de mandato o advogado não será admitido em juízo, podendo apenas praticar, em nome da parte, atos urgentes, como a propositura de ação para evitar a consumação da prescrição ou decadência (art. 104). Nesses casos, o advogado estará obrigado a apresentar o instrumento de mandato no prazo de quinze dias, prorrogável por igual período mediante despacho do juiz (art. 104, § 1º). Aqui não há qualquer diferença entre o CPC/2015 e o CPC/1973.

O CPC/1973 (art. 37, parágrafo único) falava em "inexistência" do ato não ratificado, quando praticado por advogado sem procuração. É a mesma expressão adotada pelo STJ na Súmula 115.[112] A hipótese, no entanto, não é de inexistência, tampouco de invalidade, mas de ineficácia do ato em relação ao suposto representado. Como o ato foi praticado por quem detinha capacidade postulatória, ele existe e é válido. No entanto, só produzirá efeito se posteriormente ratificado pelo representado. A posterior ratificação, portanto, é condição de eficácia e não pressuposto de existência do ato, até porque não há como cogitar de ratificação de algo que nem sequer existe.

CPC/2015	CPC/1973
Art. 105. A procuração geral para o foro, *outorgada* por instrumento público ou particular assinado pela parte, habilita o advogado a praticar todos os atos do processo, exceto receber citação, confessar, reconhecer a procedência do pedido, transigir, desistir, renunciar ao direito sobre o qual se funda a ação, receber, dar quitação, firmar compromisso **e assinar declaração de hipossuficiência econômica, que devem constar de cláusula específica**.	Art. 38. A procuração geral para o foro, *conferida* por instrumento público, ou particular assinado pela parte, habilita o advogado a praticar todos os atos do processo, salvo para receber citação ~~inicial~~, confessar, reconhecer a procedência do pedido, transigir, desistir, renunciar ao direito sobre que se funda a ação, receber, dar quitação e firmar compromisso.
§ 1º A procuração pode ser assinada digitalmente, na forma da lei.	Parágrafo único. A procuração pode ser assinada digitalmente ~~com base em certificado emitido por Autoridade Certificadora credenciada, na forma da lei específica~~.
§ 2º **A procuração deverá conter o nome do advogado, seu número de inscrição na Ordem dos Advogados do Brasil e endereço completo.**	
§ 3º **Se o outorgado integrar sociedade de advogados, a procuração também deverá conter o nome dessa, seu número de registro na Ordem dos Advogados do Brasil e endereço completo.**	
§ 4º **Salvo disposição expressa em sentido contrário constante do próprio instrumento, a procuração outorgada na fase de conhecimento é eficaz para todas as fases do processo, inclusive para o cumprimento de sentença.**	

 COMENTÁRIOS:

Poderes especiais. Nos termos do art. 105, somente a procuração geral para o foro (cláusula *ad judicia*), conferida por instrumento público ou particular assinado pela parte, habilita o advogado a praticar todos os atos do processo. Entretanto, para a prática de

---

[112] Súmula 115 do STJ: "Na instância especial é inexistente recurso interposto por advogado sem procuração nos autos."

alguns atos a lei exige poderes especiais. A declaração de hipossuficiência econômica, que fundamenta o pedido de gratuidade da justiça, foi incluída entre os atos para os quais a lei prevê a necessidade de outorga específica de poderes.

Requisitos da procuração. Além da qualificação do outorgante (ou mandante), a procuração deve conter o nome do advogado (outorgado ou mandatário), seu número de inscrição na Ordem dos Advogados do Brasil, seu endereço profissional completo e de seu correio eletrônico (art. 105, § 2º). No mais, os poderes do advogado devem estar bem definidos na procuração, para que não haja possibilidade de rejeição de determinados pedidos pelo órgão jurisdicional para o qual ela será apresentada.

O CPC/2015 também elenca como requisito da procuração a indicação do nome da sociedade de advogados à qual pertença o causídico. Nesse ponto também vale a regra do art. 15, § 3º, do Estatuto da OAB, segundo a qual as procurações deverão ser outorgadas individualmente aos advogados e indicarão a sociedade da qual façam parte.

Frise-se que a procuração não perde a validade em razão do decurso do tempo. Por essa razão, o instrumento outorgado na fase de conhecimento será eficaz para todas as fases do processo, salvo se houver disposição em sentido contrário na própria procuração (art. 105, § 4º).

CPC/2015	CPC/1973
Art. 106. Quando postular em causa própria, incumbe ao advogado: I – declarar, na petição inicial ou na contestação, o endereço, **seu número de inscrição na Ordem dos Advogados do Brasil e o nome da sociedade de advogados da qual participa**, para o recebimento de intimações; II – comunicar ao *juízo* qualquer mudança de endereço. § 1º Se o advogado descumprir o disposto no inciso I, o juiz ordenará que se supra a omissão, *no prazo de 5 (cinco) dias*, antes de determinar a citação do réu, sob pena de indeferimento da petição. § 2º Se o advogado infringir o previsto no inciso II, serão consideradas válidas as intimações enviadas por carta registrada **ou meio eletrônico** ao endereço constante dos autos.	Art. 39. Compete ao advogado, ~~ou à parte~~ quando postular em causa própria: I – declarar, na petição inicial ou na contestação, o endereço em que receberá intimação; II – comunicar ao *escrivão do processo* qualquer mudança de endereço. Parágrafo único. Se o advogado não cumprir o disposto no nº I deste artigo, o juiz, antes de determinar a citação do réu, mandará que se supra a omissão *no prazo de 48 (quarenta e oito) horas*, sob pena de indeferimento da petição; se infringir o previsto no nº II, reputar-se-ão válidas as intimações enviadas, em carta registrada, para o endereço constante dos autos.

 COMENTÁRIOS:

Atuação em causa própria. Quando o advogado funcionar em causa própria, por óbvio será desnecessária procuração. No entanto, os requisitos do instrumento deverão constar da petição inicial ou da contestação (art. 106, I).

Destaque-se que o advogado que atua em causa própria tem direito à percepção de honorários, como já estava cristalizado na jurisprudência e agora consta expressamente no art. 85, § 17.

Dever do advogado. O inciso II, relativo ao dever de atualização do endereço, guarda sanção prevista no § 2º e, nesse ponto, não apresentou nenhuma modificação se comparado ao CPC/1973.

CPC/2015	CPC/1973
Art. 107. O advogado tem direito a: I – examinar, em cartório de *fórum* e secretaria de tribunal, **mesmo sem procuração,** autos de qualquer processo **independentemente da fase de tramitação, assegurados a obtenção de cópias e o registro de anotações** , salvo na *hipótese de segredo de justiça* **nas quais apenas o advogado constituído terá acesso aos autos** ; II – requerer, como procurador, vista dos autos de qualquer processo, pelo prazo de 5 (cinco) dias; III – retirar os autos do cartório ou da secretaria, pelo prazo legal, sempre que neles lhe couber falar por determinação do juiz, nos casos previstos em lei. § 1º Ao receber os autos, o advogado assinará carga em livro **ou documento** próprio. § 2º Sendo o prazo comum às partes, os procuradores poderão retirar os autos somente em conjunto ou mediante prévio ajuste, por petição nos autos. § 3º *Na hipótese do § 2º,* **é lícito** ao procurador retirar os autos para obtenção de cópias, pelo prazo de *2 (duas) a 6 (seis)* horas, independentemente de ajuste **e sem prejuízo da continuidade do prazo** . § 4º **O procurador perderá no mesmo processo o direito a que se refere o § 3º se não devolver os autos tempestivamente, salvo se o prazo for prorrogado pelo juiz.**	Art. 40. O advogado tem direito de: I – examinar, em cartório de *justiça* e secretaria de tribunal, autos de qualquer processo, salvo o *disposto no art. 155* ; II – requerer, como procurador, vista dos autos de qualquer processo pelo prazo de 5 (cinco) dias; III – retirar os autos do cartório ou secretaria, pelo prazo legal, sempre que lhe competir falar neles por determinação do juiz, nos casos previstos em lei. § 1º Ao receber os autos, o advogado assinará carga no livro competente. § 2º Sendo comum às partes o prazo, só em conjunto ou mediante prévio ajuste por petição nos autos, poderão os seus procuradores retirar os autos, ressalvada a obtenção de cópias para a qual cada procurador poderá retirá-los pelo prazo de *1 (uma) hora* independentemente de ajuste.

COMENTÁRIOS:

Direitos dos advogados. Estão previstos na Lei nº 8.906/1994 (Estatuto da OAB), mais precisamente nos arts. 6º e 7º, assim como no art. 107 do CPC/2015. Todas essas disposições garantem ao advogado o direito de exercer a defesa plena de seus clientes, com independência e sem qualquer subordinação ao magistrado, ao membro do Ministério Público ou a qualquer outra autoridade que possa intervir no processo.

Inciso I. O acesso à informação para defesa de direito é garantia constitucional, ressalvando-se apenas aquelas informações cujo sigilo seja imprescindível à segurança da sociedade e do Estado (art. 5º, XXXIII, da CF/1988).

Inciso II. O advogado pode requerer vista dos autos sem que tenha sido intimado para se manifestar sobre qualquer ato processual. É preciso lembrar, no entanto, que o direito de vista dos processos judiciais não se aplica "quando existirem nos autos documentos originais de difícil restauração ou ocorrer circunstância relevante que justifique a permanência dos autos no cartório, secretaria ou repartição, reconhecida pela autoridade em despacho motivado, proferido de ofício, mediante representação ou a requerimento da parte interessada" (art. 7º, § 1º, 2, do EOAB). Com base nesse fundamento, o STJ já se manifestou favorável ao indeferimento da retirada dos autos pelo advogado quando o processo já estava em vias de conclusão (REsp 997.777/PB, julgado em 25.09.2012).

Inciso III. Ressalte-se que a carga dos autos realizada por estagiário, segundo entendimento do STJ, não representa, por si só, ciência inequívoca dos atos processuais pelo advogado, para fins de intimação e consequente contagem de prazo (REsp 1.296.317, julgado em 23.04.2013).

Ajuste entre as partes. Se o prazo determinado pelo juiz for comum às partes, os procuradores somente poderão retirar os autos em conjunto ou, individualmente, se houver prévio ajuste em petição constante dos autos. Somente não haverá necessidade de ajuste se o procurador desejar retirar os autos para cópia, desde que pelo prazo de duas a seis horas (§ 3º).

Capítulo IV
Da Sucessão das Partes e dos Procuradores

CPC/2015	CPC/1973
Art. 108. No curso do processo, *somente é lícita* a sucessão voluntária das partes nos casos expressos em lei.	Art. 41. *Só é permitida* no curso do processo, a substituição voluntária das partes nos casos expressos em lei.

COMENTÁRIOS:

Sucessão processual e estabilização da demanda. Feita a citação, estabilizam-se os elementos da demanda (partes, pedido e causa de pedir). Após esse ato e até a fase de saneamento, o autor só pode modificar o pedido ou a causa de pedir com o consentimento do réu, mantendo-se as mesmas partes.

O Código, no entanto, contempla duas hipóteses de sucessão processual. A primeira hipótese, facultativa, ocorre quando o bem litigioso é alienado a título particular, por ato entre vivos (por meio de contrato, por exemplo). Nesse caso, o adquirente pode suceder o alienante ou cedente (parte originária na demanda), desde que haja consentimento da outra parte (art. 109, § 1º). Independentemente do consentimento da outra parte, tem o adquirente direito de intervir no processo como assistente do alienante ou do cedente (§ 2º). De qualquer forma, havendo ou não sucessão processual, a sentença estende seus efeitos ao adquirente ou ao cessionário (§ 3º). O réu de ação reivindicatória aliena o bem litigioso; o adquirente, mesmo não ingressando na lide, fica sujeito a perder o bem, caso a ação seja julgada procedente.

A segunda hipótese é obrigatória. Ocorrendo a morte de qualquer das partes, dar-se-á a sucessão pelo seu espólio ou pelos seus sucessores, observada a suspensão do processo até a habilitação dos substitutos (arts. 110, 313 e 687 do CPC/2015).

Também está prevista a sucessão pelo Ministério Público na ação popular (art. 9º da Lei nº 4.717/1965) e na ação civil pública (art. 5º, § 3º, da Lei nº 7.347/1985) quando a parte originária desiste da ação.

CPC/2015	CPC/1973
Art. 109. A alienação da coisa ou do direito litigioso por ato entre vivos, a título particular, não altera a legitimidade das partes.	Art. 42. A alienação da coisa ou do direito litigioso, a título particular, por ato entre vivos, não altera a legitimidade das partes.
§ 1° O adquirente ou cessionário não poderá ingressar em juízo, *sucedendo* o alienante ou cedente, sem que o consinta a parte contrária.	§ 1° O adquirente ou o cessionário não poderá ingressar em juízo, *substituindo* o alienante, ou o cedente, sem que o consinta a parte contrária.
§ 2° O adquirente ou cessionário poderá intervir no processo *como assistente litisconsorcial* do alienante ou cedente.	§ 2° O adquirente ou o cessionário poderá, no entanto, intervir no processo, *assistindo* o alienante ou o cedente.
§ 3° Estendem-se os efeitos da sentença proferida entre as partes originárias ao adquirente ou cessionário.	§ 3° A sentença, proferida entre as partes originárias, estende os seus efeitos ao adquirente ou ao cessionário.

 COMENTÁRIOS:

Alienação do objeto litigioso e sucessão processual. Quanto à legitimidade para a causa, podemos dizer, em princípio, que ela está atrelada à titularidade do direito material controvertido, pois se refere à qualidade para litigar como demandante ou como demandado. Em outras palavras, para preencher o requisito da legitimidade basta a alegação da pertinência subjetiva entre a demanda e a qualidade para litigar a respeito dela, já que não se admite que alguém vá a juízo, na condição de parte, apenas para pleitear direito de outrem (art. 18). Entretanto, a lei, em casos excepcionais, autoriza a propositura da ação por pessoa estranha à relação jurídica. Nesse caso, diz-se que ocorre a substituição processual, legitimação extraordinária ou anômala. As duas hipóteses de substituição processual foram tratadas no artigo anterior, para o qual remetemos o leitor.

Assistência. Não havendo o consentimento previsto no § 1°, permanecerão as partes originais, mas o adquirente ou cessionário poderá intervir no processo como assistente litisconsorcial do réu.

CPC/2015	CPC/1973
Art. 110. Ocorrendo a morte de qualquer das partes, dar-se-á a *sucessão* pelo seu espólio ou pelos seus sucessores, observado o disposto no *art. 313, §§ 1° e 2°.*	Art. 43. Ocorrendo a morte de qualquer das partes, dar-se-á a *substituição* pelo seu espólio ou pelos seus sucessores, observado o disposto *no art. 265.*

 COMENTÁRIOS:

Sucessão processual em razão do falecimento das partes durante o processo. Como nessa hipótese o processo não pode prosseguir, ele deve ser suspenso e ajuizada ação de habilitação.

CPC/1973 x CPC/2015. A troca do termo "substituição" por "sucessão" denota aprimoramento técnico da redação, porquanto o fenômeno em questão é o da sucessão processual, que se verifica quando uma parte toma o lugar da outra no processo. A substituição processual é, por outro lado, o fenômeno que se dá quando alguém pleiteia, em nome próprio, direito alheio.

CPC/2015	CPC/1973
Art. 111. A parte que revogar o mandato outorgado a seu advogado constituirá, no mesmo ato, outro que assuma o patrocínio da causa. Parágrafo único. **Não sendo constituído novo procurador no prazo de 15 (quinze) dias, observar-se-á o disposto no art. 76.**	Art. 44. A parte, que revogar o mandato outorgado ao seu advogado, no mesmo ato constituirá outro que assuma o patrocínio da causa.

 COMENTÁRIOS:

Revogação do mandato. Caso o outorgante deseje revogar a procuração, poderá fazê-lo a qualquer momento. Nesse caso, a parte (cliente) deverá comunicar ao advogado e ao juiz, constituindo novo patrono dos autos. Não se trata de substabelecimento, mas de nova procuração outorgada a um novo causídico, com observância dos requisitos já mencionados. Não sendo constituído novo procurador nesse prazo, o órgão jurisdicional suspenderá o processo, seguindo com as mesmas providências do art. 76.

CPC/2015	CPC/1973
Art. 112. O advogado poderá renunciar ao mandato a qualquer tempo, provando, **na forma prevista neste Código**, que *comunicou a renúncia* ao mandante, a fim de que este nomeie *sucessor*. § 1º Durante os 10 (dez) dias seguintes, o advogado continuará a representar o mandante, desde que necessário para lhe evitar prejuízo. § 2º **Dispensa-se a comunicação referida no** *caput* **quando a procuração tiver sido outorgada a vários advogados e a parte continuar representada por outro, apesar da renúncia.**	Art. 45. O advogado poderá, a qualquer tempo, renunciar ao mandato, provando que *cientificou* o mandante a fim de que este nomeie *substituto*. Durante os 10 (dez) dias seguintes, o advogado continuará a representar o mandante, desde que necessário para lhe evitar prejuízo.

 COMENTÁRIOS:

Renúncia ao mandato. Se o advogado pretender renunciar aos poderes conferidos por seu cliente, deverá continuar a representá-lo durante os dez dias seguintes à notificação da renúncia, salvo se for substituído antes do término desse prazo. Ressalte-se que o abandono da causa antes de decorrido o prazo indicado constitui infração disciplinar, punível com censura ou mesmo com suspensão do exercício profissional em caso de reiteração (art. 112 e § 1º do CPC/2015; arts. 34, XI, 36, I, e 37, II, do EOAB).

O CPC/2015 estabelece que a comunicação acerca da renúncia poderá ser dispensada se a procuração houver sido outorgada a vários advogados e a parte continuar a ser representada por outro (art. 112, § 2º).

TÍTULO II
DO LITISCONSÓRCIO

CPC/2015	CPC/1973
Art. 113. Duas ou mais pessoas podem litigar, no mesmo processo, em conjunto, ativa ou passivamente, quando:	Art. 46. Duas ou mais pessoas podem litigar, no mesmo processo, em conjunto, ativa ou passivamente, quando:
I – entre elas houver comunhão de direitos ou de obrigações relativamente à lide;	I – entre elas houver comunhão de direitos ou de obrigações relativamente à lide;
II – entre as causas houver conexão pelo *pedido* ou pela causa de pedir;	II – os direitos ou as obrigações derivarem do mesmo fundamento de fato ou de direito;
III – ocorrer afinidade de questões por ponto comum de fato ou de direito.	III – entre as causas houver conexão pelo *objeto* ou pela causa de pedir;
§ 1º O juiz poderá limitar o litisconsórcio facultativo quanto ao número de litigantes **na fase de conhecimento, na liquidação de sentença ou na execução** quando este comprometer a rápida solução do litígio ou dificultar a defesa **ou o cumprimento da sentença**	IV – ocorrer afinidade de questões por um ponto comum de fato ou de direito.
§ 2º O *requerimento* de limitação interrompe o prazo para **manifestação ou** resposta, que recomeçará da intimação da decisão **que o solucionar**	Parágrafo único. O juiz poderá limitar o litisconsórcio facultativo quanto ao número de litigantes, quando este comprometer a rápida solução do litígio ou dificultar a defesa. O *pedido* de limitação interrompe o prazo para resposta, que recomeça da intimação da decisão.

 **COMENTÁRIOS:**

Litisconsórcio derivado do mesmo fundamento de fato ou de direito. A nova redação suprimiu o inciso II do art. 46 do CPC/1973, que trata da hipótese de litisconsórcio quando os direitos e obrigações derivam do mesmo fundamento de fato ou de direito. A alteração seguiu entendimento doutrinário que considerava essa previsão desnecessária, já que a identidade acerca dos fundamentos (de fato ou de direito) é capaz de gerar conexão pela causa de pedir, hipótese já contemplada no inciso III do art. 46 do CPC/1973 (inciso II, art. 113, do CPC/2015).

Limitação do litisconsórcio facultativo. Em virtude da omissão do CPC/1973 quanto ao procedimento de limitação do litisconsórcio facultativo – denominado por Cândido Rangel Dinamarco "litisconsórcio multitudinário" –, duas correntes se formaram para explicar as consequências desse ato limitador. A primeira delas entende que o juiz deve determinar o desmembramento dos processos em quantos forem necessários, pois assim não há prejuízo para nenhum dos litigantes. A outra, no entanto, considera que a providência a ser adotada pelo magistrado é a de excluir os litisconsortes excedentes, que podem, caso assim desejem, ajuizar novas demandas individualmente.

O substitutivo da Câmara dos deputados solucionava a questão.[113] Entretanto, o texto final aprovado no Senado e sancionado pela Presidenta manteve a omissão do

---

[113] A proposta de redação era a seguinte: "[...] Na decisão que limitar o número de litigantes no litisconsórcio facultativo, o juiz estabelecerá quais deles permanecerão no processo e o número máximo de integrantes de cada grupo de litisconsortes, ordenando o desentranhamento e a entrega de todos os documentos exclusivamente relativos aos litigantes considerados excedentes."

CPC/1973. De todo modo, o mais coerente é admitir o desmembramento, porquanto a exclusão de litisconsortes excedentes constitui afronta ao direito de ação e ao princípio da igualdade.

Frise-se que da rejeição do pedido de limitação do litisconsórcio caberá agravo de instrumento, nos termos do art. 1.015, VII, do CPC/2015.

CPC/2015	CPC/1973
Art. 114. O litisconsórcio será necessário por disposição de lei ou quando, pela natureza da relação jurídica **controvertida** , a eficácia da sentença depender da citação de todos que devam ser litisconsortes.	Art. 47. Há litisconsórcio necessário, quando, por disposição de lei ou pela natureza da relação jurídica, ~~o juiz tiver de decidir a lide de modo uniforme para todas as partes~~; caso em que a eficácia da sentença dependerá da citação de todos os litisconsortes no processo.

COMENTÁRIOS:

Espécies de litisconsórcio: unitário x necessário. A disposição do art. 47 do CPC/1973 é confusa, porquanto mistura os conceitos de litisconsórcio necessário e litisconsórcio unitário, definindo o primeiro conforme as características do segundo. O novo Código, no entanto, esclareceu que **o litisconsórcio será unitário** quando, pela natureza da relação jurídica, o juiz tiver de decidir a lide de modo uniforme para todos os litisconsortes (art. 116). **Será necessário quando** a sua formação for obrigatória (ou seja, não facultativa) ou quando, pela natureza da relação jurídica controvertida, a eficácia da sentença depender da citação de todos que devam ser litisconsortes (art. 114).

Pode ocorrer de o litisconsórcio ser, simultaneamente, necessário e unitário, ou seja, tanto a sua formação será obrigatória como a decisão terá que ser uniforme para todos os demandantes. Não há, no entanto, obrigatoriedade nessa relação. Nas ações de divisão e demarcação, assim como na ação de usucapião, por exemplo, o litisconsórcio é necessário (a lei exige a participação de todos os confrontantes), mas as pretensões de cada um dos demandantes podem ser decididas de forma diferente (litisconsórcio simples). Trata-se, portanto, de litisconsórcio necessário e simples.

CPC/2015	CPC/1973
Art. 115 **A sentença de mérito, quando proferida sem a integração do contraditório, será:** **I – nula, se a decisão deveria ser uniforme em relação a todos que deveriam ter integrado o processo;** **II – ineficaz, nos outros casos, apenas para os que não foram citados.** Parágrafo único. **Nos casos de litisconsórcio passivo necessário** , o juiz *determinará* ao autor que *requeira* a citação de todos que devam ser litisconsortes, dentro do prazo que assinar, sob pena de extinção do processo.	Art. 47. [...] Parágrafo único. O juiz *ordenará* ao autor que *promova* a citação de todos os litisconsortes necessários, dentro do prazo que assinar, sob pena de declarar extinto o processo.

COMENTÁRIOS:

Consequência da ausência de citação. Vai variar conforme o tipo de litisconsórcio. Tratando-se de litisconsórcio necessário e unitário, a sentença será nula. Nesse caso, ocorrerá nulidade total do processo, não produzindo a sentença qualquer efeito, quer para o litisconsorte que efetivamente integrou a relação jurídica, quer para aquele que dela não participou, mas que deveria ter participado (inciso I). É o que se passa na ação de anulação de assembleia de sociedade por quotas de responsabilidade limitada, na qual foram deliberadas matérias de alcance geral para os sócios, mas para a qual, a despeito disso, nem todos os sócios foram citados. A sentença é nula, uma vez que a validade ou invalidade da assembleia a todos alcança (nula para um, nula para todos).

Tratando-se de litisconsórcio necessário e simples ou de litisconsórcio facultativo e simples, a sentença de mérito será ineficaz apenas para o litisconsorte não citado (inciso II). Nesse caso, a sentença dada sem que tenha sido integrado o litisconsórcio não precisará ser rescindida por ação rescisória, porquanto ela será absolutamente ineficaz, sendo desnecessária a sua retirada do mundo jurídico. É o caso da ausência de citação de um confinante na ação de usucapião. A sentença é válida, porém ineficaz com relação ao litisconsorte não citado, o que significa que, em relação a este, o usucapiente não poderá invocar o que foi decidido com relação à usucapião.[114]

CPC/2015	CPC/1973
Art. 116. **O litisconsórcio será unitário quando, pela natureza da relação jurídica, o juiz tiver de decidir o mérito de modo uniforme para todos os litisconsortes.**	Não há correspondência.

 COMENTÁRIOS:

Litisconsórcio unitário. A caracterização do litisconsórcio unitário pressupõe a discussão de uma única relação jurídica indivisível,[115] por exemplo, quando dois condôminos atuam em juízo na defesa da coisa comum.

CPC/2015	CPC/1973
Art. 117. Os litisconsortes serão considerados, em suas relações com a parte adversa, como litigantes distintos, **exceto no litisconsórcio unitário**, caso em que os atos e as omissões de um não prejudicarão os outros, mas os poderão beneficiar.	Art. 48. ~~Salvo disposição em contrário,~~ os litisconsortes serão considerados, em suas relações com a parte adversa, como litigantes distintos; os atos e as omissões de um não prejudicarão nem beneficiarão os outros.

---

[114] TJMG, Apelação Cível 1.0134.11.000959-1/001, Rel. Des. Mariangela Meyer, julgamento em 19.08.2017.
[115] DIDIER JR., Fredie. **Curso de direito processual civil.** Salvador: JusPodivm, 2008, p. 308.

COMENTÁRIOS:

Independência dos litisconsortes. Cada litisconsorte pode, por exemplo, escolher seu advogado e apresentar sua defesa independentemente da defesa do outro. Acertadamente, o CPC/2015 esclarece que no caso de litisconsórcio unitário o dispositivo não terá aplicação, porquanto nessa modalidade de litisconsórcio os atos praticados por um dos litisconsortes a todos aproveitam.

Vale lembrar que a regra constante no art. 117 comporta exceções que estão dispostas ao longo da lei processual. São elas: (i) Art. 345, I, do CPC/2015: a revelia não implica presunção de veracidade dos fatos afirmados pelo autor quando, "havendo pluralidade de réus, algum deles contestar a ação". No caso de litisconsórcio simples, o benefício alcançará o litisconsorte revel se houver fato comum a ambos os réus que tenha sido abordado na contestação apresentada. (ii) Art. 1.005, *caput* e parágrafo único, do CPC/2015: o recurso interposto por um litisconsorte simples pode beneficiar o outro se a matéria discutida for comum a ambos. Tratando-se de recurso interposto pelo devedor solidário, sempre haverá extensão subjetiva dos efeitos quando as defesas opostas ao credor forem a todos comuns.

CPC/2015	CPC/1973
Art. 118. Cada litisconsorte tem o direito de promover o andamento do processo, e todos devem ser intimados dos respectivos atos.	Art. 49. Cada litisconsorte tem o direito de promover o andamento do processo e todos devem ser intimados dos respectivos atos.

COMENTÁRIOS:

Autonomia dos litisconsortes. Trata-se de regra que revela a autonomia dos litisconsortes para a prática de atos processuais e que tem aplicação independentemente da natureza do litisconsórcio. É justamente em razão dessa autonomia que o Código outorga prazo em dobro para os litisconsortes que tenham procuradores distintos (art. 229).

TÍTULO III
DA INTERVENÇÃO DE TERCEIROS

O CPC/2015 promoveu profundas alterações no tema *intervenção de terceiros*. Primeiramente, consagrou o entendimento doutrinário e jurisprudencial no sentido de que a assistência faz parte do gênero "intervenção de terceiros" e, por essa razão, não poderia ser tratada em título autônomo.

A oposição e a nomeação à autoria, espécies de intervenção tratadas pelo CPC/1973 (arts. 56 a 61 e 62 a 69, respectivamente), não estão mais previstas no novo Código no título que trata desse instituto. A oposição agora está prevista no título referente aos Procedimentos Especiais (arts. 682 a 686). Já a nomeação à autoria deixou de ser uma espécie autônoma de intervenção para se tornar uma questão a ser suscitada em preliminar da contestação (arts. 338, 339 e 337, IX).

A denunciação à lide e o chamamento ao processo permanecem entre as hipóteses de intervenção de terceiros. A inovação fica por conta da previsão de duas novas modalidades: o incidente de desconsideração da personalidade jurídica e o *amicus curiae*.

Apontaremos, a seguir, as principais alterações introduzidas pela nova legislação.

Capítulo I
Da Assistência

Seção I
Disposições Comuns

CPC/2015	CPC/1973
Art. 119. Pendendo causa entre 2 (duas) ou mais pessoas, o terceiro *juridicamente interessado* em que a sentença seja favorável a uma delas poderá intervir no processo para assisti-la.	Art. 50. Pendendo uma causa entre duas ou mais pessoas, o terceiro, *que tiver interesse jurídico* em que a sentença seja favorável a uma delas, poderá intervir no processo para assisti-la.
Parágrafo único. A assistência *será admitida* em qualquer procedimento e em todos os graus de jurisdição, recebendo o assistente o processo no estado em que se encontre.	Parágrafo único. A assistência *tem lugar* em qualquer ~~dos tipos de~~ procedimento e em todos os graus da jurisdição; mas o assistente recebe o processo no estado em que se encontra.

 COMENTÁRIOS:

Conceito. Nos termos do art. 119, dá-se a assistência quando o terceiro, na pendência de uma causa entre outras pessoas, tendo interesse jurídico em que a sentença seja favorável a uma das partes, intervém no processo para lhe prestar colaboração. Por exemplo: em uma ação de despejo movida contra o locatário, em razão do fato de a sentença poder influir na sublocação, pode o sublocatário ingressar como assistente do réu.

Pressupostos de admissibilidade. Do referido dispositivo extraem-se os pressupostos de admissibilidade da assistência: (a) a existência de uma relação jurídica entre uma das partes do processo e o terceiro (assistente); (b) a possibilidade de a sentença influir na relação jurídica.[116]

Procedimentos em que é cabível a assistência. A assistência tem lugar em qualquer dos tipos de procedimento e em todos os graus da jurisdição, mas o assistente recebe o processo no estado em que se encontra (parágrafo único). O dispositivo, apesar da amplitude de seus termos, deve assim ser interpretado: (i) admite-se a assistência após a citação do réu e até o trânsito em julgado da sentença. Estando o processo em segundo grau de jurisdição, a intervenção faz-se por meio de "recurso de terceiro prejudicado"; (ii) a assistência não é admitida nos processos que tramitam perante os Juizados Especiais (art. 10 da Lei nº 9.099/1995); (iii) há controvérsia na doutrina quanto ao cabimento da assistência na execução. Havendo, todavia, interesse jurídico que legitime a intervenção do assistente no processo de execução, o mais razoável é admiti-la.

---

[116]   STJ, AgInt no MS 15828/DF, Rel. Min. Mauro Campbell Marques, 1ª Seção, julgado em 14.12.2016.

CPC/2015	CPC/1973
Art. 120. Não havendo impugnação no prazo de *15 (quinze)* dias, o pedido do assistente será deferido, **salvo se for caso de rejeição liminar** Parágrafo único. Se qualquer parte alegar que falta ao *requerente* interesse jurídico para intervir, o juiz decidirá o incidente, sem suspensão do processo.	Art. 51. Não havendo impugnação *dentro de 5 (cinco) dias,* o pedido do assistente será deferido. Se qualquer das partes alegar, no entanto, que falece ao *assistente* interesse jurídico para intervir a bem do assistido, o juiz: I – determinará, sem suspensão do processo, o desentranhamento da petição e da impugnação, a fim de serem autuadas em apenso; II – autorizará a produção de provas; III – decidirá, ~~dentro de 5 (cinco) dias,~~ o incidente.

COMENTÁRIOS:

Tramitação do pedido de assistência. Sendo formalizado o pedido de assistência, o juiz determinará a intimação das partes para manifestação. Se não houver impugnação no prazo de quinze dias[117] e não for o caso de rejeição liminar do pedido, o assistente será admitido no processo. Por outro lado, se qualquer parte alegar que falta interesse jurídico ao requerente, o juiz decidirá o incidente sem a suspensão do processo. Contra essa decisão, seja ela favorável ao assistente ou não, caberá agravo de instrumento (art. 1.015, IX).

O procedimento anteriormente previsto no CPC/1973 foi simplificado, não sendo mais necessário que o incidente tramite em apenso ao processo principal. Ademais, reconheceu-se a possibilidade de rejeição liminar do pedido de assistência, que deve ocorrer quando restar evidente a inexistência do interesse jurídico.

Seção II
Da Assistência Simples

CPC/2015	CPC/1973
Art. 121. O assistente **simples** atuará como auxiliar da parte principal, exercerá os mesmos poderes e sujeitar-se-á aos mesmos ônus processuais que o assistido. Parágrafo único. Sendo revel **ou, de qualquer outro modo, omisso** o assistido, o assistente sera considerado seu *substituto processual*	Art. 52. O assistente atuará como auxiliar da parte principal, exercerá os mesmos poderes e sujeitar-se-á aos mesmos ônus processuais que o assistido. Parágrafo único. Sendo revel o assistido, o assistente será considerado seu *gestor de negócios*

 COMENTÁRIOS:

Assistência simples *x* Assistência litisconsorcial. O CPC/2015 incorporou a divisão já consagrada pela doutrina: a assistência divide-se em simples e litisconsorcial.

---

[117] O prazo no CPC/1973 era de 5 (cinco) dias (art. 51).

Na assistência simples, o assistente atuará como legitimado extraordinário subordinado, ou seja, em nome próprio auxiliará na defesa de direito alheio. A legitimação é subordinada, pois se faz imprescindível a presença do titular da relação jurídica controvertida (assistido). O assistente simples é mero coadjuvante do assistido; sua atuação é complementar, não podendo ir de encontro à opção processual do assistido.

Na assistência litisconsorcial, por possuir interesse direto na demanda, o assistente é considerado litigante diverso do assistido, pelo que não fica sujeito à atuação deste. Assim, nesse caso, consoante o princípio da autonomia dos litisconsortes, os atos e as omissões do assistido não prejudicarão nem beneficiarão o assistente e vice-versa.

Substituição processual. Quanto a esse dispositivo, impende destacar que, na hipótese de revelia ou omissão do assistido (na assistência simples), o assistente será, para todos os fins, considerado seu substituto processual.[118] Vale lembrar que o CPC/1973 considerava o assistente, nesse caso, gestor de negócios (arts. 861 a 875 do Código Civil de 2002). Essa mudança interfere diretamente na responsabilidade por danos decorrentes da atuação do assistente, uma vez que na substituição processual a responsabilidade depende da demonstração de dolo ou culpa, e, na gestão de negócios, é suficiente a comprovação dos prejuízos decorrentes da atuação do gestor.

CPC/2015	CPC/1973
Art. 122. A assistência **simples** não obsta a que a parte principal reconheça a procedência do pedido, desista da ação, **renuncie ao direito sobre o que se funda a ação** ou transija sobre direitos controvertidos.	Art. 53. A assistência não obsta a que a parte principal reconheça a procedência do pedido, desista da ação ou transija sobre direitos controvertidos; ~~casos em que, terminando o processo, cessa a intervenção do assistente.~~

 COMENTÁRIOS:

Limitação dos poderes do assistido. Nos termos do art. 121, o assistente simples deve atuar como auxiliar da parte principal, exercendo os mesmos poderes e sujeitando-se aos mesmos ônus processuais que o assistido. Assim, se o assistido requereu julgamento antecipado, não poderá o assistente requerer perícia nem apresentar rol de testemunhas. Tampouco poderá evitar a desistência, a renúncia, a transação ou o reconhecimento da procedência do pedido (art. 122).

O que o CPC/2015 fez foi incluir a renúncia no rol de prerrogativas do assistido que não estão limitadas pela intervenção. Essa hipótese, no entanto, já se afigurava possível, haja vista a necessidade de se conferir autonomia ao assistido.

O trecho excluído revela o óbvio e, por isso mesmo, não foi repetido pelo CPC/2015.

---

[118] Segundo entendimento do STJ, relativamente ao CPC/1973, a omissão do assistido corresponde a uma vontade tácita de não praticar o ato. Ou seja, se o assistido não pratica o ato e o assistente o faz, a Corte entende que nesse caso há uma contrariedade em relação à vontade tácita do assistido. De acordo com o CPC/2015, o assistente poderá atuar em caso de omissão ou revelia do assistido.

CPC/2015	CPC/1973
Art. 123. Transitada em julgado a sentença *no processo* em que interveio o assistente, este não poderá, em processo posterior, discutir a justiça da decisão, salvo se alegar e provar que: I – pelo estado em que recebeu o processo ou pelas declarações e pelos atos do assistido, foi impedido de produzir provas suscetíveis de influir na sentença; II – desconhecia a existência de alegações ou de provas das quais o assistido, por dolo ou culpa, não se valeu.	Art. 55. Transitada em julgado a sentença, *na causa* em que interveio o assistente, este não poderá, em processo posterior, discutir a justiça da decisão, salvo se alegar e provar que: I – pelo estado em que recebera o processo, ou pelas declarações e atos do assistido, fora impedido de produzir provas suscetíveis de influir na sentença; II – desconhecia a existência de alegações ou de provas, de que o assistido, por dolo ou culpa, não se valeu.

COMENTÁRIOS:

Imutabilidade da sentença em relação ao assistente. Em relação à eficácia e extensão da coisa julgada na assistência, entende-se que o assistente não poderá discutir, em processo posterior, a justiça da decisão proferida na demanda em que interveio, salvo se provar que fora impedido de produzir provas capazes de influir na sentença ou que desconhecia a existência de alegações e provas de que o assistido, por dolo ou culpa, não se valeu (art. 123, I e II). Essas hipóteses configuram o que em doutrina se denomina exceção de má-gestão processual (*exceptio male gesti processus*).

Seção III
Da Assistência Litisconsorcial

CPC/2015	CPC/1973
Art. 124. Considera-se litisconsorte da parte principal o assistente *sempre* que a sentença influir na relação jurídica entre ele e o adversário do assistido.	Art. 54. Considera-se litisconsorte da parte principal o assistente, *toda vez* que a sentença houver de influir na relação jurídica entre ele e o adversário do assistido.

COMENTÁRIOS:

Assistência litisconsorcial ou qualificada. Considera se litisconsorte da parte principal (autor ou réu) o assistente sempre que a sentença influir na relação jurídica entre ele e o adversário do assistido. Vê-se que o denominado assistente litisconsorcial, diferentemente do assistente simples, mantém relação jurídica direta com o adversário do assistido.[119]

---

[119] "[...] A jurisprudência do Superior Tribunal de Justiça firmou-se no sentido de que a assistência simples ocorre quando a lide não abrange direito próprio do terceiro assistente, tendo esse, todavia, interesse em colaborar com algum dos litigantes. A assistência litisconsorcial, por outro lado, se dá quando o interveniente é cotitular do direito discutido, no sentido de ter relação jurídica com o adversário do assistido, ou seja, quando será diretamente atingido pelo provimento jurisdicional [...]" (STJ, AREsp 804.528/RS, Rel. Min. Maria Isabel Gallotti, julgamento em 31.08.2017).

A diferença entre a assistência simples e a assistência litisconsorcial reside basicamente no interesse jurídico do assistente. Assim, quando o interesse do assistente for indireto, isto é, não vinculado diretamente ao litígio, diz-se que a assistência é simples ou adesiva. No exemplo da ação de despejo entre locador e locatário, a sublocação não figura como objeto da lide. A admissibilidade da assistência decorre de interesse indireto. Se a sentença for favorável ao locatário, indiretamente beneficiará o sublocador.

Entretanto, quando o interesse for direto, ou seja, o assistente defender direito próprio, a assistência é denominada litisconsorcial (art. 124). Na ação reivindicatória promovida por um dos condôminos, o outro poderá figurar na demanda. Será litisconsorte se figurar na petição inicial na qualidade de autor; será, entretanto, assistente litisconsorcial se a sua intervenção se der posteriormente ao ajuizamento da demanda. A intervenção dessa parte material no processo posteriormente ao ajuizamento da demanda denomina-se assistência litisconsorcial, uma vez que a sentença terá influência direta sobre o direito material do assistente (art. 1.314 do CC).

Na assistência litisconsorcial – também chamada de qualificada –, por possuir interesse direto na demanda, o assistente é considerado litigante diverso do assistido (art. 117), motivo pelo qual não fica sujeito à atuação deste. O assistente litisconsorcial poderá, portanto, praticar atos processuais sem subordinar-se aos atos praticados pelo assistido. Gozará ele de poderes para, por exemplo, requerer o julgamento antecipado da lide, recorrer, impugnar ou executar a sentença, independentemente dos atos praticados pelo assistido, ainda que em sentido contrário.

Capítulo II
Da Denunciação da Lide

CPC/2015	CPC/1973
Art. 125. *É admissível*a denunciação da lide, **promovida por qualquer das partes:** I – ao alienante **imediato**no processo relativo à coisa cujo domínio foi transferido ao denunciante, a fim de que possa exercer os direitos que da evicção lhe resultam; II – àquele que estiver obrigado, por lei ou pelo contrato, a indenizar, em ação regressiva, o prejuízo de quem for vencido no processo. **§ 1º O direito regressivo será exercido por ação autônoma quando a denunciação da lide for indeferida, deixar de ser promovida ou não for permitida.** **§ 2º Admite-se uma única denunciação sucessiva, promovida pelo denunciado, contra seu antecessor imediato na cadeia dominial ou quem seja responsável por indenizá-lo, não podendo o denunciado sucessivo promover nova denunciação, hipótese em que eventual direito de regresso será exercido por ação autônoma.**	**Art. 70.** A denunciação da lide *é obrigatória:* I – ao alienante, na ação em que terceiro reivindica a coisa, cujo domínio foi transferido à parte, a fim de que esta possa exercer o direito que da evicção lhe resulta; ~~II – ao proprietário ou ao possuidor indireto quando, por força de obrigação ou direito, em casos como o do usufrutuário, do credor pignoratício, do locatário, o réu, citado em nome próprio, exerça a posse direta da coisa demandada;~~ III – àquele que estiver obrigado, pela lei ou pelo contrato, a indenizar, em ação regressiva, o prejuízo do que perder a demanda.

COMENTÁRIOS:

(Des)obrigatoriedade. A despeito de o CPC/1973 afirmar ser obrigatória a denunciação da lide, não perecia, pela inércia da parte, o direito de regresso.[120] O CPC/2015 corrigiu a falha na legislação anterior ao se referir à *admissibilidade* da denunciação da lide. Em breve síntese, se não levada a efeito a intervenção, não deferida ou não permitida segundo as hipóteses legais, poderá o titular, em ação autônoma futura, exercer o seu direito de regresso. De fato, a denunciação só tem valia quando garantidora da economia processual. Se não atende a tal princípio, vira obstáculo ao bom andamento do processo.

Denunciação ao proprietário ou possuidor indireto. O novo diploma processual excluiu a hipótese prevista no art. 70, II, do CPC/1973. A alteração, no entanto, não restringiu, no aspecto processual, as hipóteses de denunciação. Isso porque o dispositivo excluído já podia ser enquadrado na hipótese do art. 70, III (e atual art. 125, II). O proprietário ou o possuidor indireto está obrigado a indenizar o possuidor direto, seja por conta de disposição legal ou contratual, o que já se amoldava à hipótese geral do art. 70, III.

Denunciação sucessiva e denunciação *per saltum*. O CPC/2015 limita as denunciações sucessivas que, de acordo com o CPC/1973, poderiam ser realizadas indiscriminadamente. Agora a denunciação sucessiva só é admitida uma única vez (§ 2º). Exemplo: "A" adquire um bem e, em razão deste, é demandado em ação reivindicatória proposta por "B". Na contestação, "A" denuncia à lide quem lhe vendeu o bem ("C"), porque é com ele que possui relação jurídica imediata. "C" (alienante imediato em relação a "A"), por sua vez, tem a possibilidade de denunciar o seu antecessor imediato ("D"), pois, na mesma lógica, é com ele que possui relação jurídica (negócio jurídico anterior).[121]

Nesse exemplo, "D" não poderá denunciar o seu antecessor imediato na cadeia dominal ("E", por exemplo). Tal regra visa dar celeridade ao procedimento, que não mais ficará à mercê de sucessivas denunciações.

---

[120] Durante muito tempo o entendimento que prevaleceu nas Cortes Superiores era o de que apenas na hipótese do inciso I a denunciação da lide era tida como providência obrigatória para que o denunciante pudesse exercer o direito que da evicção lhe resultasse. A obrigatoriedade decorria do disposto no art. 456 do CC, segundo o qual, "para poder exercitar o direito que da evicção lhe resulta, o adquirente notificará do litígio o alienante imediato, ou qualquer dos anteriores, quando e como lhe determinarem as leis do processo". A notificação, no caso, consistiria na denunciação da lide. Se o adquirente não fizesse isso, perderia os direitos oriundos da evicção, não mais dispondo de ação direta para exercitá-los. Com o tempo, o próprio STJ consolidou o entendimento no sentido de que o direito do evicto de recobrar o preço pela coisa perdida independeria de denunciação, podendo ser exercido em ação própria. Nesse sentido: "A orientação jurisprudencial do Superior Tribunal de Justiça é no sentido de que a denunciação à lide do art. 70, inc. III, do CPC, em razão dos princípios da economia e da celeridade processual, não é obrigatória" (STJ, AgRg no REsp 1.406.741/RJ, Rel. Min. Mauro Campbell Marques, 2ª Turma, julgado em 26.11.2013, *DJe* 04.12.2013). Alerte-se para o fato de que o art. 456 do Código Civil foi expressamente revogado pelo novo CPC (art. 1.072, II).

[121] MENEZES, Iure Pedroza. **A denunciação da lide no novo CPC e seus reflexos no Código Civil:** a extinção da obrigatoriedade no caso de evicção. O projeto do Novo Código de Processo Civil. Estudos em homenagem ao Professor José Joaquim Calmon de Passos (Coord. Fredie Didier e Antonio Adonias Aguiar Bastos). Salvador: JusPodivm, 2012, p. 357.

A denunciação *per saltum*, por sua vez, era admitida pelo art. 456 do Código Civil.[122] De acordo com o novo CPC ela deixa de ser possível em razão da disposição expressa contida no inciso I do art. 125 do CPC/2015 e da revogação do art. 456 do CC (art. 1072, II, do CPC/2015). Como a nova legislação trata apenas do "alienante imediato", não será mais possível estender a denunciação a qualquer dos alienantes anteriores.

CPC/2015	CPC/1973
Art. 126. A citação do denunciado será requerida *na petição inicial*, se o denunciante for autor, ou *na contestação*, se o denunciante for réu, **devendo ser realizada na forma e nos prazos previstos no art. 131.**	Art. 71. A citação do denunciado será requerida, *juntamente com a do réu*, se o denunciante for o autor; e, *no prazo para contestar*, se o denunciante for o réu.

COMENTÁRIOS:

Formas de requerimento. A denunciação feita pelo autor será requerida na própria petição inicial (art. 126, 1ª parte). Nesse caso, cita-se primeiro o denunciado, a fim de que ele possa se defender quanto à ação regressiva e aditar a petição inicial, assumindo a posição de litisconsorte do denunciante, ou permanecer inerte, caso em que será reputado revel na demanda regressiva. Somente após transcorrer o prazo para contestar a ação regressiva e aditar a inicial é que o réu será citado.

Quando o denunciante for o réu, a denunciação será requerida no prazo para contestar (art. 126). A citação do denunciado deve ser promovida no prazo de 30 (trinta) dias, sob pena de se tornar sem efeito a denunciação (art. 126, parte final, c/c o art. 131). Caso o denunciado resida em outra comarca, seção ou subseção judiciárias, ou, ainda, em lugar incerto, o prazo para a citação será de dois meses. Frise-se que a demora na citação por motivos inerentes ao mecanismo da Justiça não tem o condão de gerar qualquer prejuízo para o denunciante que providenciou a citação dentro do prazo.

CPC/2015	CPC/1973
Art. 127. Feita a denunciação pelo autor, o denunciado *poderá assumir* a posição de litisconsorte do denunciante e *acrescentar novos argumentos* à petição inicial, procedendo-se em seguida à citação do réu.	Art. 74. Feita a denunciação pelo autor, o denunciado, ~~comparecendo~~, *assumirá* a posição de litisconsorte do denunciante e *poderá aditar* a petição inicial, procedendo-se em seguida à citação do réu.

COMENTÁRIOS:

Litisconsórcio entre denunciante e denunciado. O denunciado pode se tornar litisconsorte do autor ou simplesmente se limitar a contestar a denunciação da lide ou mesmo permanecer inerte, quando será considerado revel em relação à denunciação. Caso opte por

---

[122] Código Civil, art. 456. "Para poder exercitar o direito que da evicção lhe resulta, o adquirente notificará do litígio o alienante imediato, ou qualquer dos anteriores, quando e como lhe determinarem as leis do processo."

atuar em litisconsórcio com o autor, o denunciado poderá acrescentar novos argumentos à petição inicial. Não poderá, contudo, modificar a causa de pedir ou o pedido.

CPC/2015	CPC/1973
Art. 128. Feita a denunciação pelo réu:	Art. 75. Feita a denunciação pelo réu:
I – se o denunciado contestar o pedido **formulado pelo autor**, o processo prosseguirá *tendo, na ação principal, em litisconsórcio*, denunciante e denunciado;	I – se o denunciado ~~a aceitar~~ e contestar o pedido, o processo prosseguirá *entre o autor, de um lado, e de outro, como litisconsortes*, o denunciante e o denunciado;
II – se o denunciado for revel, *o denunciante pode deixar de prosseguir com sua defesa, eventualmente oferecida,* **e abster-se de recorrer, restringindo sua atuação à ação regressiva**;	II – se o denunciado for revel, ~~ou comparecer apenas para negar a qualidade que lhe foi atribuída~~, *cumprirá ao denunciante prosseguir na defesa até final*;
III – se o denunciado confessar os fatos alegados pelo autor **na ação principal**, o denunciante poderá prosseguir com sua defesa **ou, aderindo a tal reconhecimento, pedir apenas a procedência da ação de regresso.**	III – se o denunciado confessar os fatos alegados pelo autor, poderá o denunciante prosseguir na defesa.
Parágrafo único. **Procedente o pedido da ação principal, pode o autor, se for o caso, requerer o cumprimento da sentença também contra o denunciado, nos limites da condenação deste na ação regressiva.**	

 ## COMENTÁRIOS:

Atitudes do denunciado. Feita a citação do denunciado, este poderá adotar as seguintes posturas: contestar o pedido do autor e atuar ao lado do denunciante, como litisconsorte (art. 128, I); permanecer inerte, hipótese em que o denunciante poderá deixar de prosseguir em sua defesa, restringindo a sua atuação à ação regressiva (art. 128, II); confessar os fatos alegados pelo autor, podendo o denunciante prosseguir em sua defesa ou aderir ao reconhecimento e requerer apenas a procedência da ação regressiva (art. 128, III).

Com relação à hipótese do art. 128, II, diferentemente do que estava previsto no CPC/1973,[123] se o denunciado permanece inerte, não está o denunciante obrigado a prosseguir na defesa da ação principal. Poderá o denunciante, querendo, deixar de oferecer contestação ou usar de outros meios de defesa, na esperança de, ao final, ver julgada procedente a demanda incidental, em razão da revelia. Da mesma forma, mesmo se o denunciado não for revel, o denunciante pode deixar de apresentar resposta à pretensão principal, arcando com as consequências de sua inércia.

Havendo confissão do denunciado quanto aos fatos alegados pelo autor (inciso III), pode o denunciante prosseguir na defesa ou, por outro lado, requerer apenas a procedência da ação de regresso. Ressalte-se que essa faculdade não estava expressamente prevista no CPC/1973.

---

[123] No CPC/1973, feita a denunciação pelo réu, se o denunciado fosse revel ou comparecesse apenas para negar a qualidade de denunciado, cumpriria ao denunciante prosseguir na defesa até o final do processo (art. 75, II).

Inova, também, o CPC/2015, ao autorizar que o autor promova o cumprimento da sentença em face do denunciado, desde que nos limites da condenação deste na ação regressiva (parágrafo único). A novidade atende à garantia de efetividade e do devido (e justo) processo legal, porquanto foca na satisfação do credor.[124]

CPC/2015	CPC/1973
Art. 129. *Se o denunciante for vencido na ação principal, o juiz passará ao julgamento da denunciação da lide.* Parágrafo único. **Se o denunciante for vencedor, a ação de denunciação não terá o seu pedido examinado, sem prejuízo da condenação do denunciante ao pagamento das verbas de sucumbência em favor do denunciado.**	Art. 76. *A sentença, que julgar procedente a ação, declarará, conforme o caso, o direito do evicto, ou a responsabilidade por perdas e danos, valendo como título executivo.*

COMENTÁRIOS:

Ação principal e denunciação. Apesar da alteração na redação do dispositivo, o conteúdo do art. 76 do CPC/1973 foi mantido no CPC/2015. Permanece o julgamento da denunciação da lide condicionado ao fato de o denunciante ser vencido na ação principal.

Se, por outro lado, o denunciante é que se consagrar vencedor na ação principal, o pedido da denunciação da lide restará prejudicado. Nesse caso, competirá ao magistrado manifestar-se apenas quanto à condenação do denunciante no pagamento das verbas de sucumbência em favor do denunciado. Em outras palavras, a parte final do novo art. 129 consagra a ideia no sentido de que, quando a denunciação da lide não for conhecida em razão do julgamento favorável ao denunciante, este é quem deverá arcar com os ônus sucumbenciais decorrentes da denunciação não conhecida.

Capítulo III
Do Chamamento ao Processo

CPC/2015	CPC/1973
Art. 130. É admissível o chamamento ao processo, **requerido pelo réu:** I – *do afiançado* na ação em que o fiador for réu; II – dos demais fiadores, na ação proposta contra um *ou alguns deles* III – dos demais devedores solidários, quando o credor exigir de um ou de alguns **o pagamento** da dívida comum.	Art. 77. É admissível o chamamento ao processo: I – *do devedor* na ação em que o fiador for réu; II – dos outros fiadores, quando para a ação for citado *apenas* um deles; III – de todos os devedores solidários, quando o credor exigir de um ou de alguns deles, ~~parcial ou totalmente,~~ a dívida comum.

[124] Essa posição já era defendida pela doutrina. Nesse sentido: "[...] A posição do denunciado pelo réu é, na ação principal, a de litisconsorte do denunciante, nos exatos termos do art. 75, I do CPC; em consequência, o autor, procedente a demanda principal, poderá executá-la também contra o denunciado, embora com atenção aos limites em que foi procedente a ação de direito regressivo e à natureza da relação de direito material" (CARNEIRO, Athos Gusmão. **Intervenção de terceiros.** 14. ed. São Paulo: Saraiva, 2003, p. 122-123).

COMENTÁRIOS:

Chamamento e denunciação: diferenças. De acordo com a doutrina, o chamamento ao processo difere da denunciação da lide. Enquanto esta visa ao direito de garantia ou de regresso, a ser composto numa nova relação processual, o chamamento ao processo objetiva a inclusão do devedor principal ou dos coobrigados pela dívida para integrarem o polo passivo da relação já existente, a fim de que o juiz declare, na mesma sentença, a responsabilidade de cada um.

Chamamento: conceito e cabimento. O chamamento é uma forma de intervenção provocada, que fica a exclusivo critério do réu (aqui reside uma das diferenças entre esse instituto e a denunciação da lide, pois esta tanto pode ser requerida pelo réu quanto pelo autor). Nessa intervenção, o réu chama ao processo os coobrigados em virtude de fiança ou de solidariedade, a fim de que eles respondam diretamente ao autor da ação. Se, no entanto, o devedor ou fiador não promover o chamamento, ou, se o fizer, mas o chamado não se manifestar e for condenado a pagar a dívida em favor do autor, ficará sub-rogado nos direitos de credor, podendo exigir dos demais as respectivas quotas partes. Vejamos alguns exemplos:

- Na ação promovida pelo credor diretamente contra o fiador, este poderá exercitar o benefício de ordem previsto no art. 827 do CC e chamar ao processo o devedor principal da obrigação (hipótese do inciso I do art. 130 do CPC/2015). Ressalte-se que o contrário não pode acontecer: se acionado o devedor principal da obrigação, este não poderá chamar o fiador para integrar a lide como litisconsorte; ou seja, o devedor não chama o fiador;

- Na ação promovida pelo credor para cobrança de débito afiançado de forma conjunta, sendo a demanda proposta apenas contra um dos fiadores, os demais (cofiadores solidários – art. 829 do CC) poderão ser chamados ao processo (hipótese do inciso II do art. 130 do CPC/2015);

- Na ação proposta pelo credor contra um dos devedores solidários (art. 275 do CC), aquele que foi demandado individualmente poderá chamar os demais devedores (hipótese do inciso III do art. 130 do CPC/2015).

Em qualquer hipótese, aquele que satisfizer a dívida – caso a demanda seja procedente ao credor – poderá exigi-la por inteiro do devedor principal, ou de cada um dos codevedores a sua respectiva quota, na proporção que lhes tocar. Isso ocorre porque a sentença de procedência valerá como título executivo (art. 132), garantindo a quem pagou a dívida por inteiro o direito de ser ressarcido.

CPC/2015	CPC/1973
Art. 131. A citação *daqueles que devam figurar em litisconsórcio passivo* será requerida pelo réu *na contestação* **e deve ser promovida no prazo de** *30 (trinta) dias*, **sob pena de ficar sem efeito o chamamento**.	Art. 78. ~~Para que o juiz declare, na mesma sentença, as responsabilidades dos obrigados, a que se refere o artigo antecedente~~, o réu requererá, *no prazo para contestar*, a citação *do chamado*.
Parágrafo único. *Se o chamado residir em outra comarca, seção ou subseção judiciárias, ou em lugar incerto, o prazo será de 2 (dois) meses.*	Art. 79. ~~O juiz suspenderá o processo, mandando observar, quanto à citação e aos prazos, o disposto nos arts. 72 e 74~~.

> Art. 72. ~~Ordenada a citação, ficará suspenso o processo.~~
> ~~§ 1º A citação do alienante, do proprietário, do possuidor indireto ou do responsável pela indenização far-se-á:~~
> *a) quando residir na mesma comarca, dentro de 10 (dez) dias;*
> *b) quando residir em outra comarca, ou em lugar incerto, dentro de 30 (trinta) dias.*

COMENTÁRIOS:

Inicialmente, cumpre lembrar que esse dispositivo aplica-se também aos casos de denunciação da lide, por força do art. 126.

Forma de requerer o chamamento ao processo. O réu deve requerer, no prazo para contestar, a citação do(s) chamado(s), que irá(ão) figurar como litisconsorte(s) passivo(s) na demanda.

Suspensão do processo. O CPC/2015 não prevê mais a suspensão do processo enquanto estiver pendente a citação do denunciado ou do chamado. Ademais, ampliou os prazos para se efetivar a citação: a regra geral passa a ser de trinta dias; quando o denunciado ou o chamado residir em outra comarca, seção ou subseção judiciárias, o prazo será ampliado para dois meses.

A não observância desses prazos torna sem efeito a denunciação da lide ou o chamamento ao processo, sem prejuízo de posterior ação autônoma, prosseguindo o processo apenas em face daquele que denunciou (que, lembre-se, pode eximir-se de apresentar defesa, conforme o art. 128, II) ou daquele que chamou o coobrigado.

CPC/2015	CPC/1973
Art. 132. A sentença de procedência valerá como título executivo em favor **do réu** que satisfizer a dívida, a fim de que possa exigi-la, por inteiro, do devedor principal, ou, de cada um dos codevedores, a sua quota, na proporção que lhes tocar.	Art. 80. A sentença, que julgar procedente a ação, ~~condenando os devedores~~, valerá como título executivo, em favor do que satisfizer a dívida, para exigi-la, por inteiro, do devedor principal, ou de cada um dos codevedores a sua quota, na proporção que lhes tocar.

COMENTÁRIOS:

Conferir comentários ao art. 130.

Capítulo IV
Do Incidente de Desconsideração da Personalidade Jurídica

O incidente de desconsideração da personalidade jurídica surge como instrumento de materialização do contraditório e da ampla defesa nos casos em que se pretende tornar ineficazes os atos realizados pela sociedade – e imputáveis aos sócios – em descumprimento à função social da empresa.

Antes do CPC/2015, parte da doutrina considerava indispensável a propositura de ação própria para que as responsabilidades da pessoa jurídica fossem atribuídas aos sócios. Apesar disso, a jurisprudência já admitia a desconsideração da personalidade jurídica sem a necessidade de ação autônoma.[125]

O CPC/2015, seguindo o entendimento jurisprudencial, criou um capítulo específico para tratar do "Incidente de Desconsideração da Personalidade Jurídica", elencando-o como uma nova modalidade de intervenção de terceiros e pacificando a desnecessidade da propositura de ação judicial própria para a aplicação da teoria da desconsideração da personalidade jurídica.

Nada obsta a que se ajuíze ação autônoma visando apenas a declaração da responsabilidade do(s) sócio(s) – o art. 19, I, reconhece interesse para tanto. Contudo, se à parte – autor ou mesmo réu, quando há pedido reconvencional – é lícito inserir no bojo da ação condenatória o pedido de desconsideração da personalidade da pessoa jurídica e consequente condenação dos sócios desta, ou mesmo pleitear a desconsideração como incidente no cumprimento da sentença, nada justifica o ajuizamento da declaratória.

CPC/2015	CPC/1973
Art. 133. **O incidente de desconsideração da personalidade jurídica será instaurado a pedido da parte ou do Ministério Público, quando lhe couber intervir no processo.** § 1º **O pedido de desconsideração da personalidade jurídica observará os pressupostos previstos em lei.** § 2º **Aplica-se o disposto neste Capítulo à hipótese de desconsideração inversa da personalidade jurídica.**	Não há correspondência.

 COMENTÁRIOS:

Atuação provocada. De acordo com o CPC/2015, não há possibilidade de atuação jurisdicional sem o requerimento da parte ou do Ministério Público; ou seja, é vedado ao juiz, **de ofício**, determinar a inclusão do sócio ou do administrador no polo passivo da demanda, para fins de desconsideração da personalidade jurídica. O art. 133 do CPC/2015 está em consonância com o art. 50 do Código Civil, que também prevê o expresso requerimento do interessado ou do Ministério Público, não se podendo cogitar de atuação *ex officio*.

Desconsideração inversa. Em vez de desconsiderar a personalidade jurídica para que eventual constrição de bens atinja o patrimônio dos sócios, a desconsideração inversa

---

[125] É o que se vê no seguinte julgado: "O juiz pode determinar, de forma incidental, na execução singular ou coletiva, a desconsideração da personalidade jurídica de sociedade. De fato, segundo a jurisprudência do STJ, preenchidos os requisitos legais, não se exige, para a adoção da medida, a propositura de ação autônoma. Precedentes citados: REsp 1.096.604-DF, 4ª Turma, *DJe* 16.10.2012; e REsp 920.602-DF, 3ª Turma, *DJe* 23.06.2008" (STJ, REsp 1.326.201/RJ, Rel. Min. Nancy Andrighi, julgado em 07.05.2013).

objetiva atingir os bens da própria sociedade em razão das obrigações contraídas pelo sócio, desde que, da mesma forma que a desconsideração tradicional, sejam preenchidos os requisitos legais.

A teoria da desconsideração inversa não contava com previsão legal, mas a doutrina e a jurisprudência, de forma majoritária, já admitiam sua aplicação tanto no âmbito do direito obrigacional como no direito de família. É o que se vê nos trechos dos julgados abaixo:

> DIREITO CIVIL. RECURSO ESPECIAL. AÇÃO DE DISSOLUÇÃO DE UNIÃO ESTÁVEL. DESCONSIDERAÇÃO INVERSA DA PERSONALIDADE JURÍDICA. POSSIBILIDADE. REEXAME DE FATOS E PROVAS. INADMISSIBILIDADE. LEGITIMIDADE ATIVA. COMPANHEIRO LESADO PELA CONDUTA DO SÓCIO. ARTIGO ANALISADO: 50 DO CC/02. [...] É possível a desconsideração inversa da personalidade jurídica sempre que o cônjuge ou companheiro empresário valer-se de pessoa jurídica por ele controlada, ou de interposta pessoa física, a fim de subtrair do outro cônjuge ou companheiro direitos oriundos da sociedade afetiva. [...] Se as instâncias ordinárias concluem pela existência de manobras arquitetadas para fraudar a partilha, a legitimidade para requerer a desconsideração só pode ser daquele que foi lesado por essas manobras, ou seja, do outro cônjuge ou companheiro, sendo irrelevante o fato deste ser sócio da empresa. Negado provimento ao Recurso Especial (STJ, REsp 1.236.196/RS, Rel. Min. Nancy Andrighi, julgado em 22.10.2013).

> DESCONSIDERAÇÃO DA PERSONALIDADE JURÍDICA INVERSA. [...] o citado dispositivo [art. 50/CC], sob a ótica de uma interpretação teleológica, legitima a inferência de ser possível a teoria da desconsideração da personalidade jurídica em sua modalidade inversa, que encontra justificativa nos princípios éticos e jurídicos intrínsecos à própria *disregard doctrine*,[126] que vedam o abuso de direito e a fraude contra credores. Dessa forma, a finalidade maior da *disregard doctrine* contida no preceito legal em comento é combater a utilização indevida do ente societário por seus sócios. Ressalta que, diante da desconsideração da personalidade jurídica inversa, com os efeitos sobre o patrimônio do ente societário, os sócios ou administradores possuem legitimidade para defesa de seus direitos mediante a interposição dos recursos tidos por cabíveis, sem ofensa ao contraditório, à ampla defesa e ao devido processo legal. No entanto, a Min. Relatora assinala que o juiz só poderá decidir por essa medida excepcional quando forem atendidos todos os pressupostos relacionados à fraude ou abuso de direito estabelecidos no art. 50 do CC/2002. No caso dos autos, tanto o juiz como o tribunal *a quo* entenderam haver confusão patrimonial e abuso de direito por parte do recorrente. Nesse contexto, a Turma negou provimento ao recurso. Precedentes citados: REsp 279.273-SP, *DJ* 29/3/2004; REsp 970.635-SP, *DJe* 1º/12/2009, e REsp 693.235-MT, *DJe* 30/11/2009 (STJ, REsp 948.117/MS, Rel. Min. Nancy Andrighi, julgado em 22.06.2010).

O § 2º do CPC/2015 consolida o entendimento jurisprudencial ao permitir que as disposições relativas ao incidente também sejam aplicadas à hipótese de desconsideração inversa da personalidade jurídica.

---

[126] A teoria da desconsideração da personalidade jurídica era conhecida pelos ingleses e norte-americanos como "Disregard Doctrine" ou "Disregard of Legal Entity".

CPC/2015	CPC/1973
Art. 134. O incidente de desconsideração é cabível em todas as fases do processo de conhecimento, no cumprimento de sentença e na execução fundada em título executivo extrajudicial. **§ 1º A instauração do incidente será imediatamente comunicada ao distribuidor para as anotações devidas.** **§ 2º Dispensa-se a instauração do incidente se a desconsideração da personalidade jurídica for requerida na petição inicial, hipótese em que será citado o sócio ou a pessoa jurídica.** **§ 3º A instauração do incidente suspenderá o processo, salvo na hipótese do § 2º.** **§ 4º O requerimento deve demonstrar o preenchimento dos pressupostos legais específicos para desconsideração da personalidade jurídica.**	Não há correspondência.

COMENTÁRIOS:

Cabimento. De acordo com a redação do art. 134, o incidente é cabível em todas as fases do processo de conhecimento, no cumprimento de sentença e na execução fundada em título extrajudicial. Logo, quem pretender a desconsideração não precisará aguardar a sentença ou acórdão para pleitear a medida. Prova disso é que o § 2º possibilita à parte requerer a desconsideração ainda na petição inicial, hipótese em que será desnecessária a instauração do incidente.

Ressalte-se que a medida também é aplicável no âmbito dos processos que tramitam perante os Juizados Especiais Cíveis, nos termos do art. 1.062.

Citação prévia. Como a jurisprudência pacífica admitia a adoção dessa medida sem a necessária propositura de ação judicial própria, existem vozes que a admitem inclusive sem a prévia citação dos supostos responsáveis (sócios, empresas coligadas ou integrantes do mesmo grupo econômico). Em alguns de seus julgados, o próprio STJ já chegou a considerar que, nos casos de cumprimento de sentença, a mera intimação do sócio já seria suficiente para oportunizar a ampla defesa e o contraditório.

O CPC/2015, contudo, condicionou o deferimento da medida – pleiteada na petição inicial ou em caráter incidental – à prévia citação do sócio ou da pessoa jurídica (art. 134, § 2º, parte final, e art. 135). O que a nova legislação pretende é evitar a constrição judicial dos bens do sócio (ou da pessoa jurídica, na hipótese de desconsideração inversa) sem qualquer possibilidade de defesa.

Procedimento. A instauração do incidente de desconsideração implica suspensão do processo, salvo quando requerida na petição inicial, hipótese em que o sócio ou a sociedade serão citados para responder ao incidente no prazo para a defesa. Suspenso o processo, fica resguardada ao juiz a prerrogativa de determinar atos urgentes (art. 314). Frise-se, ainda, que, independentemente da suspensão, o incidente deve ser decidido antes do mérito, uma vez que o seu resultado pode inserir novos réus no processo, os quais terão suas garantias processuais violadas se contra eles incidir decisão prolatada anteriormente.

Requisitos. Para analisar o cabimento da desconsideração, o magistrado deverá verificar se foram preenchidos os requisitos estabelecidos em lei (art. 134, § 4º). O art. 50 do

Código Civil,[127] por exemplo, que consagra a chamada teoria maior da desconsideração,[128] prevê a necessidade do preenchimento dos seguintes requisitos: (i) o requisito objetivo, que consiste na insuficiência patrimonial do devedor; e (ii) o requisito subjetivo, consistente no desvio de finalidade ou confusão patrimonial por fraude ou abuso de direito. Para a aplicação da teoria da desconsideração não basta estar presente apenas o primeiro requisito. Deve, pois, também estar demonstrada, no caso concreto, a existência de uma conduta culposa do sócio ou a sua intenção abusiva ou fraudulenta de utilizar os bens da sociedade para fins diversos daqueles permitidos em lei (requisito subjetivo).

CPC/2015	CPC/1973
Art. 135. **Instaurado o incidente, o sócio ou a pessoa jurídica será citado para manifestar-se e requerer as provas cabíveis no prazo de 15 (quinze) dias.**	Não há correspondência.

 COMENTÁRIOS:

Resposta ao incidente. Em atenção à garantia do contraditório e da ampla defesa, uma vez instaurado o incidente, a pessoa jurídica[129] ou o sócio – conforme o caso – será citada para apresentar defesa e, se necessário, requerer as provas cabíveis, no prazo de quinze dias. A regra vale quando o requerimento se der de forma incidental.[130]

---

[127] Código Civil, art. 50. "Em caso de abuso da personalidade jurídica, caracterizado pelo desvio de finalidade, ou pela confusão patrimonial, pode o juiz decidir, a requerimento da parte, ou do Ministério Público quando lhe couber intervir no processo, que os efeitos de certas e determinadas relações de obrigações sejam estendidos aos bens particulares dos administradores ou sócios da pessoa jurídica."

[128] Vale lembrar que o Código de Defesa do Consumidor e a Lei nº 9.605/1988, que trata dos crimes ambientais, adotaram a "teoria menor da desconsideração", que se justifica pela simples comprovação do estado de insolvência. Nos temas referentes a direito ambiental e a direito do consumidor, os prejuízos eventualmente causados pela pessoa jurídica ao consumidor ou ao meio ambiente serão suportados pelos sócios, não se exigindo qualquer comprovação quanto à existência de dolo ou culpa. Ressalte-se que o ordenamento jurídico pátrio aplica, como regra, a "teoria maior da desconsideração" (STJ, REsp 970.365/SP), sendo tais hipóteses consideradas excepcionais.

[129] Segundo entendimento do STJ, a "pessoa jurídica tem legitimidade para impugnar decisão interlocutória que desconsidera sua personalidade para alcançar o patrimônio de seus sócios ou administradores, desde que o faça com o intuito de defender a sua regular administração e autonomia, isto é, a proteção da sua personalidade, sem se imiscuir indevidamente na esfera de direitos dos sócios ou administradores incluídos no polo passivo por força da desconsideração" (STJ, REsp 1.421.464/SP, Rel. Min. Nancy Andrighi, julgado em 24.04.2014). Entendo que, segundo as possibilidades trazidas pelo CPC/2015, caberá ao juiz, de acordo com o caso concreto, analisar a pertinência da impugnação.

[130] Se o requerimento se der na petição inicial, o sócio ou a pessoa jurídica será citado para contestar o pedido principal e aquele referente à desconsideração. Por exemplo: "A" propõe demanda em face de "B Ltda." para cobrar determinada quantia. Na petição inicial, "A" requer, ainda, a desconsideração da pessoa jurídica "B Ltda.". Ao despachar a inicial, o juiz determina a citação de "B Ltda." para, se quiser, contestar o crédito, bem como a citação do sócio de "B Ltda." para se manifestar sobre o pedido de desconsideração. Como se trata de responsabilidades com fundamentos distintos, a pessoa jurídica e o sócio serão necessariamente citados.

CPC/2015	CPC/1973
Art. 136. **Concluída a instrução, se necessária, o incidente será resolvido por decisão interlocutória.** Parágrafo único. **Se a decisão for proferida pelo relator, cabe agravo interno.**	Não há correspondência.

 COMENTÁRIOS:

Fases instrutória e decisória. Se o juiz considerar suficientes as provas trazidas aos autos, julgará o incidente por decisão interlocutória. Caso contrário, deverá aguardar a conclusão da instrução para decidir sobre a desconsideração. Vale lembrar que, quando o pedido de desconsideração for pleiteado na petição inicial, o juiz poderá se manifestar tanto por meio de uma decisão interlocutória como de sentença. Nesse caso, se o pedido de desconsideração for apreciado somente no dispositivo da sentença, o recurso cabível será a apelação.

Contra a decisão que acolher (ou não) o pedido de desconsideração, caberá agravo de instrumento (art. 1.015, IV). Se a decisão for proferida pelo relator, o recurso cabível será o agravo interno (art. 136, parágrafo único; art. 1.021).

CPC/2015	CPC/1973
Art. 137. **Acolhido o pedido de desconsideração, a alienação ou a oneração de bens, havida em fraude de execução, será ineficaz em relação ao requerente.**	Não há correspondência.

 COMENTÁRIOS:

Consequências do acolhimento do pedido de desconsideração. Esse dispositivo remete-nos aos preceitos contidos no art. 792 do CPC/2015, que prevê as hipóteses caracterizadoras da fraude à execução. Se, acolhido o pedido de desconsideração, alguma daquelas hipóteses ocorrerem após a instauração do incidente, a respectiva alienação ou oneração de bens da pessoa jurídica ou do sócio não gerará efeitos perante o que requereu a desconsideração.

Assim, por exemplo, se o credor propuser demanda para cobrar uma dívida e, ao mesmo tempo, requerer e for concedida a desconsideração da pessoa jurídica da qual o devedor é sócio, serão considerados nulos todos os atos realizados por este, na pendência do processo, que visem ao desfazimento de seus bens.

A norma prevê efeito retroativo (ou *ex tunc*), impossibilitando que os direitos do requerente (credor) sejam atingidos pelos atos cometidos em fraude à execução. Quanto ao terceiro adquirente de boa-fé, nada impede que este pleiteie, em ação de regresso contra o sócio, o ressarcimento dos valores pagos para aquisição do bem. Nesse caso, o terceiro adquirente ainda poderá requerer a desconsideração inversa da personalidade jurídica, a fim de atingir o patrimônio da sociedade caso se torne insolvente o sócio fraudador.

Embora o Código utilize a expressão "desconsideração da personalidade jurídica", o mais razoável é que não se desconsidere coisa alguma. Numa ação condenatória em face de uma sociedade, na qual pleiteia o autor a "desconsideração» da personalidade jurídica dessa sociedade, ao fundamento de que o sócio-gerente pautou a sua conduta com a intenção abusiva ou fraudulenta de utilizar os bens da sociedade para fins diversos dos permitidos em lei, provados os requisitos para a condenação, bem como os exigidos para a "desconsideração", deve-se condenar solidariamente a sociedade e o sócio-gerente. Aquela porque contraiu a obrigação, este porque praticou ato ilícito. Se o patrimônio da sociedade é insuficiente para saldar a obrigação é questão que refoge ao conteúdo da sentença condenatória. A condenação solidária confere maior exequibilidade ao exequente. Pode ele cobrar da sociedade, do sócio ou de ambos ao mesmo tempo. Esse, sem dúvida, é o espírito da lei (*mens legis*).

Capítulo V
Do *Amicus Curiae*

O CPC/2015 revela a tendência cada vez mais forte de uniformização e estabilização da jurisprudência. Prova disso são os diversos dispositivos no novo Código que possibilitam a flexibilização de alguns procedimentos com base em súmulas ou jurisprudência consolidada, a fim de afastar posicionamentos diferentes e incompatíveis sobre uma mesma questão.

Conforme consta na exposição de motivos do anteprojeto do CPC/2015,[131] a função e a razão de ser dos tribunais são proferir decisões que se moldem ao ordenamento jurídico e que sirvam de norte para os demais órgãos integrantes do Poder Judiciário.

O desempenho dessa função paradigmática não é, no entanto, uma tarefa fácil. Muitas vezes a busca pela justa solução do litígio não está estampada na legislação nem em livros de doutrina especializada. Além das provas e das alegações apresentadas pelas partes, tornou-se cada vez mais útil ao processo a manifestação de pessoas, órgãos ou entidades que, em virtude de seu conhecimento sobre a matéria posta em litígio, proporcionam ao juiz condições de proferir decisão que mais se aproxima das necessidades do caso concreto.

Por tais razões é que a intervenção do *amicus curiae* se tornou uma forma de legitimação dos procedentes judiciais, porquanto viabiliza uma interpretação pluralista e democrática, permitindo que a decisão proferida em determinado caso seja adotada como regra geral para casos idênticos.

Antes da inclusão da figura do *amicus curiae* como modalidade de intervenção de terceiro, a sua natureza jurídica era tema que suscitava bastante controvérsia. No âmbito do STF entende-se que se trata de intervenção anômala. Alguns doutrinadores a mencionam como intervenção *sui generis*, em razão das peculiaridades que a diferem das demais espécies de intervenção. Com o CPC/2015, o *amicus curiae* ganhou regramento específico como uma nova modalidade de intervenção de terceiro, cujas regras veremos a seguir.

---

[131] Disponível em: <http://www.senado.gov.br/senado/novocpc/pdf/anteprojeto.pdf>.

Art. 138. **O juiz ou o relator, considerando a relevância da matéria, a especificidade do tema objeto da demanda ou a repercussão social da controvérsia, poderá, por decisão irrecorrível, de ofício ou a requerimento das partes ou de quem pretenda manifestar-se, solicitar ou admitir a participação de pessoa natural ou jurídica, órgão ou entidade especializada, com representatividade adequada, no prazo de 15 (quinze) dias de sua intimação.**

§ 1º A intervenção de que trata o *caput* não implica alteração de competência nem autoriza a interposição de recursos, ressalvadas a oposição de embargos de declaração e a hipótese do § 3º.

§ 2º Caberá ao juiz ou ao relator, na decisão que solicitar ou admitir a intervenção, definir os poderes do *amicus curiae*.

§ 3º O *amicus curiae* pode recorrer da decisão que julgar o incidente de resolução de demandas repetitivas.

Não há correspondência.

 COMENTÁRIOS:

O CPC/2015 amplia, de forma expressa, a atuação do "amigo da corte" para além das ações ditas constitucionais e daquelas previstas em leis especiais (Lei nº 12.529/2011 e Lei nº 6.385/1976, por exemplo).[132]

Requisitos. O CPC/2015 estabelece alguns requisitos para a intervenção do *amicus curiae*. São eles:

a) **Relevância da matéria:** esse requisito requer que a questão jurídica objeto da controversa extrapole os interesses subjetivos das partes. Ou seja, a matéria discutida em juízo deve extravasar o âmbito das relações firmadas entre os litigantes. Cassio Scarpinella Bueno considera, ainda, que o requisito da relevância deve ter relação com a necessidade de se trazerem aos autos outros elementos que sirvam para a formação do convencimento do juiz.[133]

b) **Especificidade do tema:** o requisito tem relação com o conhecimento do *amicus curiae* acerca do tema objeto da demanda. Esse conhecimento, que pode ser técnico ou científico, deve ser útil ao processo e à formação da convicção do juiz ou do órgão julgador para o julgamento da matéria de direito.

---

[132] Ressalte-se que não é em todo processo que se admite a atuação do *amicus curiae*, mas somente naqueles em que é possível a intervenção de terceiros no processo e desde que a causa tenha relevância e não se restrinja a direito individual. No caso do mandado de segurança, a sua intervenção não é admitida, segundo posicionamento do STF (1ª Turma, MS 29.192/DF, Rel. Min. Dias Toffoli, julgado em 19.08.2014).

[133] BUENO, Cassio Scarpinella. ***Amicus curiae* no processo civil brasileiro:** um terceiro enigmático. 2. ed. São Paulo: Saraiva, 2008, p. 139-141.

c) **Repercussão social da controvérsia:** para possibilitar a intervenção do *amicus curiae*, o órgão julgador não deve observar apenas o aspecto jurídico da questão, mas, também, os reflexos ou a repercussão que a controvérsia pode gerar no âmbito da coletividade. Questões relevantes do ponto de vista econômico, social, político ou jurídico, que suplantem os interesses individuais das partes, merecem a intervenção de pessoas ou entidades representativas da sociedade civil.

d) **Representatividade adequada:** o *amicus curiae* não intervém no processo para defender seus próprios interesses. A participação formal de pessoa (física[134] ou jurídica), órgão ou entidade, deve se fundamentar na necessidade de se defenderem os interesses gerais da coletividade ou aqueles que expressem valores essenciais de determinado grupo ou classe. A relação de congruência que deve existir entre as finalidades do terceiro interveniente e o conteúdo material da norma questionada em sede de controle concentrado também precisam ser observados nas demais ações que possibilitem a intervenção do *amicus curiae*.

Procedimento. O modo de intervenção do *amicus curiae* pode ser espontâneo ou provocado. Isso porque o art. 138, *caput*, do CPC/2015 utiliza a expressão "de ofício ou a requerimento das partes", o que significa dizer que a intervenção poderá se dar mediante manifestação do próprio *amicus curiae* (espontânea) ou de sua intimação para manifestação em juízo (provocada).

Tanto no caso de a intervenção ser requerida pelo terceiro ou pelo juiz (ou relator), o *amicus curiae* terá o prazo de 15 (quinze) dias para se manifestar. Esse prazo só tem razão de ser nos casos de intervenção provocada, devendo ser contado a partir da intimação da decisão que, proferida de ofício, determinou a manifestação da pessoa, órgão ou entidade.

Após admissão do *amicus curiae*, caberá ao relator ou juiz definir os seus poderes (art. 138, § 2º). Em que pese a generalidade da redação, é preciso levar em consideração que a atuação do *amicus curiae* há de ser capaz de influenciar o julgamento da lide, aprimorando a decisão jurisdicional.

Frise-se que a intervenção do *amicus curiae* não acarreta alteração da competência (art. 138, § 1º, 1ª parte), ou seja, a regra é que esse interveniente, ao ser admitido nos autos, irá se submeter à competência já fixada para o processo.

Interposição de recursos. Como visto, o novo CPC incluiu a intervenção do *amicus curiae* como uma das modalidades de intervenção de terceiros. Uma das implicações dessa topografia é que, em princípio, cabível seria o agravo de instrumento em face da decisão que admite ou inadmite a intervenção do *amicus curiae*, uma vez que, consoante previsão do art. 1.015, IX, da decisão interlocutória que versar sobre admissão ou inadmissão de intervenção de terceiro, cabível é o agravo de instrumento. Contudo, o dispositivo deve ser lido com o art. 138, *caput*, segundo o qual "o juiz ou o relator, considerando a relevância da matéria, a especificidade do tema objeto da demanda ou a repercussão social da controvérsia, poderá, por DECISÃO IRRECORRÍVEL, de ofício ou a requerimento das partes ou de quem pretenda manifestar-se, SOLICITAR ou ADMITIR a participação de pessoa natural

---

[134]   Ressalte-se que o STF não admite a intervenção de pessoa física na qualidade de *amicus curiae* (*Informativo* nº 742). Tal posição deverá ser revista diante da redação do art. 138, *caput*, do CPC/2015.

ou jurídica, órgão ou entidade especializada, com representatividade adequada, no prazo de 15 (quinze) dias de sua intimação".

Assim, levando em conta a especialidade do art. 138, pode-se concluir que a irrecorribilidade recai tão somente sobre a decisão que solicita (o próprio juiz) ou admite (pedido formulado pelas partes ou pelo próprio *amicus curiae*); quanto à decisão que indefere o pedido de intervenção, cabível é o agravo de instrumento.

A distinção, para efeitos recursais, entre decisão que admite e inadmite a intervenção encontra justificativa na finalidade da participação do *amicus curiae* em todas as causas em que se verifica a relevância da matéria e a repercussão social da controvérsia. Em razão da força vinculadora dos precedentes,[135] o que for decidido em uma demanda com citadas características poderá servir de norma ou no mínimo de orientação para outras decisões em idênticas controvérsias. Dessa forma, salutar é que se democratize o processo, permitindo a intervenção de pessoa, órgão ou entidade com adequada representatividade na qualidade de *amicus curiae*, a fim de se conferir legitimidade à norma (precedente) formada a partir da decisão judicial.

Aliás, com relação à legitimidade para interposição de recurso pelo *amicus curiae*, o novo Código seguiu o que dispõe o art. 7º, § 2º, da Lei nº 9.868/1999,[136] bem como a jurisprudência firmada no STF.[137]

Sobre esse ponto, deve-se ressaltar que a legitimidade recursal do *amicus curiae* **se restringe à decisão que inadmite a sua intervenção**. Uma vez admitido como *amicus curiae*, a pessoa natural ou jurídica não tem legitimidade para interpor recurso contra a decisão de mérito.

À guisa de síntese: (a) a decisão que solicita ou admite a intervenção de *amicus curiae* é irrecorrível; (b) a decisão que inadmite a intervenção de *amicus curiae* é recorrível: (i) por agravo de instrumento se se tratar de decisão de juiz de primeiro grau; (ii) por agravo interno se se tratar de decisão monocrática de relator; (iii) por recurso especial se se tratar de decisão de órgão colegiado dos Tribunais de Justiça ou dos TRFs.

Embargos declaratórios e incidente de resolução de demandas repetitivas. O CPC/2015, além de possibilitar a interposição de agravo de instrumento contra a decisão interlocutória que *não admite* a intervenção, também oferece ao *amicus curiae* a possibilidade de oposição de embargos declaratórios (art. 138, § 1º, parte final).[138] E vai mais além. Nos termos do § 3º do art. 138, o *amicus curiae* também pode recorrer da decisão

---

[135]   Conferir o artigo "A força dos precedentes no Novo CPC", disponível em: <http://elpidiodonizetti. jusbrasil.com.br/artigos/155178268/a-forca-dos-precedentes-do-novo-codigo-de-processo-civil>

[136]   "O relator, considerando a relevância da matéria e a representatividade dos postulantes, poderá, por despacho irrecorrível, admitir, observado o prazo fixado no parágrafo anterior, a manifestação de outros órgãos ou entidades."

[137]   No julgamento da ADI 3.615-ED, de relatoria da Ministra Cármen Lúcia, a Suprema Corte ressalvou a possibilidade de interposição de recurso para impugnar a decisão de não admissibilidade de sua intervenção. No MS nº 32.033, o STF também decidiu que a pessoa jurídica ou natural que almeja ser admitida como *amicus curiae* em processo no âmbito do controle concentrado de constitucionalidade tem legitimidade para interpor recurso contra a decisão que o inadmitiu.

[138]   Essa previsão segue o entendimento do STF, que já admitiu a interposição de embargos declaratórios visando à modulação dos efeitos de declaração de inconstitucionalidade (RE 500.171, Tribunal Pleno, Rel. Min. Ricardo Lewandowski, *DJe* 03.06.2011).

que julgar o incidente de resolução de demandas repetitivas. Embargos de declaração são espécie de recurso que tem por finalidade esclarecer decisão obscura ou contraditória, ou, ainda, integrar julgado omisso. Como o *amicus curiae* intervém no processo para auxiliar o juízo, pluralizando o debate acerca da matéria objeto da controvérsia, nada mais correto que o legitimar a interpor essa espécie recursal contra eventual sentença ou acórdão omisso, obscuro ou contraditório.

O Incidente de Resolução de Demandas Repetitivas (ou IRDR) tem cabimento quando, estando presente o risco de ofensa à isonomia e à segurança jurídica, for constatada uma multiplicação de ações fundadas em uma mesma tese jurídica. Com o objetivo de evitar decisões conflitantes, o juiz ou relator, as partes, o Ministério Público ou a Defensoria Pública (art. 977) poderão requerer a instauração do incidente, que será dirigido ao presidente do tribunal onde a demanda estiver sendo processada.

O tribunal que processa o incidente tem o dever de velar pela uniformização e estabilização de sua jurisprudência. Para tanto, antes de decidir a questão, poderá ouvir as partes e os demais interessados, inclusive pessoas, órgãos e entidades com interesse na controvérsia (art. 983). Trata-se, portanto, de clara manifestação do *amicus curiae*, cuja finalidade é, sem dúvida, democratizar e enriquecer o debate.

Assistência de advogado. O CPC/2015 não menciona se o pedido de admissão do *amicus curiae* deve ser assinado por advogado constituído. O STF, no entanto, já se manifestou sobre o tema, tendo considerando imprescindível a assistência por advogado.[139] No caso da oposição de embargos declaratórios e de recurso em face de decisão que julga o incidente de resolução de demandas repetitivas, tal exigência parece óbvia.

TÍTULO IV
DO JUIZ E DOS AUXILIARES DA JUSTIÇA

Capítulo I
Dos Poderes, dos Deveres e da Responsabilidade do Juiz

CPC/2015	CPC/1973
Art. 139. O juiz dirigirá o processo conforme as disposições deste Código, incumbindo-lhe:	Art. 125. O juiz dirigirá o processo conforme as disposições deste Código, competindo-lhe:
I – assegurar às partes igualdade de tratamento;	I – assegurar às partes igualdade de tratamento;
II – velar *pela duração razoável do processo*;	II – velar *pela rápida solução do litígio*;
III – prevenir ou reprimir qualquer ato contrário à dignidade da justiça **e indeferir postulações meramente protelatórias;**	III – prevenir ou reprimir qualquer ato contrário à dignidade da Justiça;
IV – **determinar todas as medidas indutivas, coercitivas, mandamentais ou sub-rogatórias necessárias para assegurar o cumprimento de ordem judicial, inclusive nas ações que tenham por objeto prestação pecuniária;**	IV – *tentar*, a qualquer tempo, conciliar as partes.
	Art. 342. *O juiz pode, de ofício, em qualquer estado do processo, determinar o comparecimento pessoal das partes, a fim de interrogá-las sobre os fatos da causa.*

---

[139] Nesse sentido: ADPF nº 180/SP.

V – *promover, a qualquer tempo, a autocomposição,* preferencialmente com auxílio de conciliadores e mediadores judiciais;

VI – dilatar os prazos processuais e alterar a ordem de produção dos meios de prova, adequando-os às necessidades do conflito de modo a conferir maior efetividade à tutela do direito;

VII – exercer o poder de polícia, requisitando, quando necessário, força policial, além da segurança interna dos fóruns e tribunais;

VIII – *determinar, a qualquer tempo, o comparecimento pessoal das partes, para inquiri-las sobre os fatos da causa,* hipótese em que não incidirá a pena de confesso;

IX – determinar o suprimento de pressupostos processuais e o saneamento de outros vícios processuais;

X – quando se deparar com diversas demandas individuais repetitivas, oficiar o Ministério Público, a Defensoria Pública e, na medida do possível, outros legitimados a que se referem o art. 5º da Lei nº 7.347, de 24 de julho de 1985, e o art. 82 da Lei nº 8.078, de 11 de setembro de 1990, para, se for o caso, promover a propositura da ação coletiva respectiva.

Parágrafo único. A dilação de prazos prevista no inciso VI somente pode ser determinada antes de encerrado o prazo regular.

 ## COMENTÁRIOS:

Poderes-deveres do juiz. O CPC/2015 aprimora os poderes-deveres do juiz para instrução e julgamento da causa, conferindo-lhe maior amplitude para adequação do método processual aos contornos da relação material que o substancia.

Nessa ordem de ideias, o dispositivo impõe ao juiz o tratamento igualitário das partes (inciso I), em cumprimento às garantias ao contraditório e à ampla defesa. Ademais, permite a supressão de atos processuais protelatórios, bem como a dilação de prazos processuais que necessitem maior tempo para sua execução, sem falar na possibilidade do emprego de diversos meios para garantia da *efetividade* da tutela jurisdicional (incisos III, IV e IV, respectivamente).

O que se verifica é a materialização das diretrizes constitucionais do processo, que exigem tratamento paritário entre as partes na construção do provimento jurisdicional, bem como reconhecimento do processo como instrumento para realização do direito material.

Dilação dos prazos processuais. Se ainda não estiver encerrado, poderá o juiz dilatar o prazo processual, caso essa providência se mostre adequada às necessidades do caso concreto. A regra se repete no art. 437, § 2º, o qual possibilita ao juiz, mediante requerimento da parte, dilatar o prazo para manifestação acerca da prova documental, levando em consideração a complexidade da causa e a quantidade de documentos apresentados pela parte contrária.

Ordem de produção das provas. A ordem da produção das provas tem relevância quando se trata das provas orais, que serão produzidas segundo as disposições dos arts. 361 e 456 do CPC/2015 e devem seguir uma ordem preferencial, qual seja: (i) o perito e os assistentes técnicos responderão aos quesitos de esclarecimentos requeridos pelas partes, caso não tenham sido respondidos por escrito; (ii) o autor prestará depoimento pessoal e, na sequência, ouvir-se-á o réu; (iii) encerrados os depoimentos pessoais das partes, o juiz passará a inquirir as testemunhas (primeiro as arroladas pelo autor e depois as indicadas pelo réu).

A ordem estabelecida para a produção da prova não é absoluta, sendo possível sua inversão, desde que haja concordância das partes (art. 456, parágrafo único). Entendo, no entanto, que, mesmo quando não houver concordância de uma das partes, mas a inversão ocorrer por motivo justificável e não acarretar nenhum prejuízo para qualquer dos litigantes, a prova colhida sem a observância da ordem do art. 361 pode, sim, ser considerada válida. De todo modo, é preciso que o juiz avalie, com cautela, a situação concreta, bem como que fundamente a sua decisão.

Poder de polícia. O juiz, representante do Estado no exercício da jurisdição, deve dirigir o processo e zelar pela efetivação da tutela jurisdicional. Para tanto, o art. 139, VII, confere-lhe expressamente o poder de polícia, cujo exercício servirá para a manutenção da ordem durante todo o trâmite processual e da segurança interna dos fóruns e tribunais.

Na audiência, por exemplo, o juiz exerce o poder de polícia, competindo-lhe, entre outras prerrogativas, manter a ordem e o decoro, ordenar a retirada de pessoas inconvenientes e requisitar força policial, quando necessária (art. 360).

Ressalte-se que esse poder não deve ser exercido somente na audiência, mas, sobretudo, no curso do procedimento, sempre que houver necessidade de prevenir ou reprimir qualquer ato atentatório à dignidade da justiça.

Regularização do processo. O magistrado deve determinar o suprimento dos pressupostos processuais e o saneamento de outros vícios processuais sempre que o defeito for passível de correção, evitando, assim, a invalidação do ato e permitindo o seu aproveitamento (art. 283, parágrafo único).

Ao discorrer sobre o tema, Bruno Garcia Redondo esclarece que o juiz deve, sempre que possível, superar o defeito processual. Como a resolução do mérito enseja a formação da coisa julgada material, tornando imutável e indiscutível a sentença – salvo pela via da ação rescisória em casos estabelecidos na lei –, ela deve ser privilegiada em detrimento da mera invalidação do ato defeituoso.[140]

Demandas coletivas. Como derradeira incumbência prevista no rol do art. 139, tem-se aquela que determina ao juiz oficiar o Ministério Público e a Defensoria Pública (ou outros legitimados a que se referem a Lei de Ação Civil Pública e o Código de Defesa do Consumidor) sempre que se deparar com diversas demandas individuais sobre a mesma matéria de fato.

---

[140] REDONDO, Bruno Garcia. **Deveres-poderes do juiz no projeto do Novo Código de Processo Civil.** O projeto do Novo Código de Processo Civil. Estudos em homenagem ao Professor José Joaquim Calmon de Passos. Fredie Didier e Antonio Adonias Bastos (Coord.). Salvador: JusPodivm, 2012, p. 200.

A disposição tem o objetivo de conferir efetividade e agilidade à prestação jurisdicional, possibilitando a solução, em menos tempo, de um número maior de processos, bem como a propositura de demandas individuais que tratem da mesma controvérsia submetida à apreciação por meio da ação coletiva.

CPC/2015	CPC/1973
Art. 140. O juiz não se exime de *decidir* sob a alegação de lacuna ou obscuridade do *ordenamento jurídico.* Parágrafo único. O juiz só decidirá por equidade nos casos previstos em lei.	Art. 126. O juiz não se exime de *sentenciar ou despachar* alegando lacuna ou obscuridade da *lei.* ~~No julgamento da lide caber-lhe-á aplicar as normas legais; não as havendo, recorrerá à analogia, aos costumes e aos princípios gerais de direito.~~ Art. 127. O juiz só decidirá por equidade nos casos previstos em lei.

 ## COMENTÁRIOS:

Vedação ao *non liquet*.[141] A supressão dos meios de integração da norma jurídica (art. 126, parte final, do CPC/1973) é irrelevante, porquanto a mesma previsão já está inserida no art. 4º da Lei de Introdução às Normas do Direito Brasileiro: "Quando a lei for omissa, o juiz decidirá o caso de acordo com a analogia, os costumes e os princípios gerais do direito."

Analogia. A analogia consiste em aplicar a um caso não previsto pelo legislador a solução por ele apresentada para outro caso fundamentalmente semelhante àquele.[142] À falta de lei e na impossibilidade da integração pela analogia, deve o juiz recorrer às normas consuetudinárias como critério de apreciação do direito. Não sendo possível aquilatar o direito utilizando-se dos parâmetros anteriores, o juiz se valerá dos princípios gerais do direito, procurando, então, apanhar as correntes diretoras do pensamento jurídico e canalizá-lo para o caso concreto.[143]

Ordem preferencial. Vale ressaltar que muitos doutrinadores entendem que a ordem prevista no art. 4º da LINDB não deve ser rigorosamente seguida pelo julgador. Isso porque os princípios, notadamente os de índole constitucional, são verdadeiros alicerces de nosso ordenamento e, por essa razão, não devem ser tratados como o último recurso de integração da norma jurídica.[144]

CPC/2015	CPC/1973
Art. 141. O juiz decidirá o *mérito* nos limites propostos **pelas partes,** sendo-lhe *vedado* conhecer de questões não suscitadas a cujo respeito a lei exige iniciativa da parte.	Art. 128. O juiz decidirá a *lide* nos limites em que foi proposta, sendo-lhe *defeso* conhecer de questões, não suscitadas, a cujo respeito a lei exige a iniciativa da parte.

[141] Expressão que remete à Roma Antiga, época em que os juízes tinham a possibilidade de deixar de decidir uma controvérsia submetida à sua apreciação.

[142] NADER, Paulo. **Introdução ao estudo do direito.** 6. ed. Rio de Janeiro: Forense, 1991, p. 210.

[143] BEVILÁQUA, Clóvis. **Teoria geral do direito civil.** 3. ed. Ministério da Justiça e Negócios Interiores, 1966, p. 37.

[144] TARTUCE, Flávio. **Manual de direito civil.** 3. ed. São Paulo: Método, 2013, p. 12-14.

COMENTÁRIOS:

Princípio da adstrição ou congruência. A sentença constitui uma resposta ao pedido formulado pelo autor e, eventualmente, pelo réu, acolhendo-o ou rejeitando-o, no todo ou em parte. Assim, constitui dever do juiz decidir o mérito nos limites propostos pelas partes.

O juiz não pode decidir aquém (sentença *citra petita*), além (sentença *ultra petita*) nem fora do que foi pedido (sentença *extra petita*). A vedação do art. 141 não impede o juiz de apreciar livremente a prova, atendendo aos fatos e às circunstâncias constantes dos autos, ainda que não alegados pelas partes. A decadência e a prescrição, por exemplo, são questões que podem ser conhecidas de ofício.

O regramento contido no art. 141, juntamente com o do art. 492, constituem positivação de um princípio segundo o qual o juiz deve se ater aos limites da demanda traçados pelas partes, na petição inicial e na reposta, sem falar da manifestação de alguns intervenientes. Tal princípio recebe diversos nomes, mas a essência é a mesma: princípio da inércia, princípio da demanda, princípio da congruência e princípio da correlação ou da adstrição. São muitas palavras para designar a mesma coisa: o juiz, a não ser nos casos previstos em lei (como ocorre com as matérias de ordem pública), não pode fugir às questões deduzidas pelos litigantes, sob pena de viciar a sua decisão.[145]

CPC/2015	CPC/1973
Art. 142. Convencendo-se, pelas circunstâncias, de que autor e réu se serviram do processo para praticar ato simulado ou conseguir fim *vedado* por lei, o juiz proferirá *decisão* que *impeça* os objetivos das partes, **aplicando, de ofício, as penalidades da litigância de má-fé.**	Art. 129. Convencendo-se, pelas circunstâncias ~~da causa~~, de que autor e réu se serviram do processo para praticar ato simulado ou conseguir fim *proibido* por lei, o juiz proferirá *sentença* que *obste* aos objetivos das partes.

 COMENTÁRIOS:

Ilicitude ou simulação. Deve o juiz obstar a que as partes se utilizem do processo para praticar ato simulado (colusão) ou conseguir fim proibido por lei (art. 142). Por exemplo: marido e mulher submetem à homologação do juiz acordo de separação consensual com o exclusivo intuito de reduzir o imposto sobre os rendimentos do marido. É que, em decorrência da fixação de alimentos aos filhos e ao cônjuge virago, os descontos aumentam e, em consequência, a tributação diminui. Constatando a simulação, cabe ao juiz proferir decisão extinguindo o processo.

Penalidades impostas pelo juiz. A inserção da aplicação, de ofício, das penalidades de litigância de má-fé não implica inovação no sistema, pois já se entendia possível tal declaração nos casos em que o litigante simulava ato processual.[146] A novidade é que a comprovação

---

[145] STJ, AgInt no AREsp 1.049.708/RJ, Rel. Min. Luis Felipe Salomão, 4ª Turma, julgamento em 23.05.2017.

[146] "Convencendo-se o juiz, pelas circunstâncias da causa, de que as partes se servem do processo para a prática de ato simulado, cabe-lhe proferir sentença que obstaculize tal objetivo pelo julgamento de

do dolo processual bilateral configurará presunção de litigância de má-fé, sendo um *dever* do magistrado a aplicação da penalidade.

CPC/2015	CPC/1973
Art. 143. O juiz responderá, **civil e regressivamente,** por perdas e danos quando:	Art. 133. Responderá por perdas e danos o juiz, quando:
I – no exercício de suas funções, proceder com dolo ou fraude;	I – no exercício de suas funções, proceder com dolo ou fraude;
II – recusar, omitir ou retardar, sem justo motivo, providência que deva ordenar de ofício ou a requerimento da parte.	II – recusar, omitir ou retardar, sem justo motivo, providência que deva ordenar de ofício, ou a requerimento da parte.
Parágrafo único. As hipóteses previstas no inciso II somente serão verificadas depois que a parte requerer ao juiz que determine a providência *e o requerimento não for apreciado no prazo* de 10 (dez) dias.	Parágrafo único. Reputar-se-ão verificadas as hipóteses previstas no nº II só depois que a parte, ~~por intermédio do escrivão,~~ requerer ao juiz que determine a providência *e este não lhe atender o pedido dentro* de 10 (dez) dias.

 ## COMENTÁRIOS:

Responsabilidade do juiz. A irregular atuação do juiz pode ensejar responsabilidade criminal, administrativa. O CPC elenca nesse dispositivo as hipóteses que podem dar ensejo à responsabilidade civil do juiz.

As hipóteses do inciso II só se reputarão verificadas depois que a parte, por intermédio do escrivão, requerer ao juiz que determine a providência e este não aprecie o requerimento dentro de dez dias (parágrafo único).

Vale ressaltar que é majoritário o entendimento segundo o qual não há responsabilidade do magistrado (agente público) por atos jurisdicionais típicos. Assim, se, por exemplo, o juiz de primeiro grau profere uma sentença contrária ao Direito, a parte prejudicada não pode se valer de ação contra o Estado para obter o ressarcimento pelos prejuízos que a decisão lhe causou, pois a lei já lhe confere o direito ao recurso, de modo a garantir a discussão da causa em outra esfera jurisdicional. Tal entendimento se fundamenta na garantia do princípio do livre convencimento motivado e da independência do juiz. Além disso, por se tratar de uma parcela da soberania do Estado, a função jurisdicional não se sujeita à responsabilização geral.

Tal regra deve ser relativizada na hipótese do art. 5º, LXXV, da CF/1988, bem como nas descritas nos incisos do art. 143 do CPC/2015. No caso da norma processual, deve-se exigir a comprovação de dolo, fraude (inciso I) ou culpa (inciso II) por parte do magistrado.

Atuação regressiva do Estado. A inserção do termo "regressivamente" tem como objetivo adequar a redação ao disposto no art. 37, § 6º, da Constituição Federal, segundo o qual "as pessoas jurídicas de direito público e as de direito privado prestadoras de serviços públicos responderão pelos danos que seus agentes, nessa qualidade, causarem a terceiros,

improcedência, declarando o autor litigante de má-fé e remetendo peças ao Ministério Público" (TJSP, Ap. 362.314, Rel. Juiz Sena Rebouças, 2ª Câmara, julgado em 01.10.1996, *RT* 613/21).

assegurado o direito de regresso contra o responsável nos casos de dolo ou culpa". Assim, em caso de condenação do Estado, poderá este se voltar contra o magistrado que tenha agido com dolo ou culpa.

Capítulo II
Dos Impedimentos e da Suspeição

CPC/2015	CPC/1973
Art. 144. *Há impedimento do juiz, sendo-lhe vedado* exercer suas funções no processo:	Art. 134. *É defeso ao juiz* exercer as suas funções no processo ~~contencioso ou voluntário~~:
I – em que interveio como mandatário da parte, oficiou como perito, funcionou como *membro* do Ministério Público ou prestou depoimento como testemunha;	I – de que for parte;
	II – em que interveio como mandatário da parte, oficiou como perito, funcionou como *órgão* do Ministério Público, ou prestou depoimento como testemunha;
II – de que conheceu em *outro grau* de jurisdição, tendo proferido decisão;	III – que conheceu em *primeiro grau* de jurisdição, tendo-lhe proferido ~~sentença ou~~ decisão;
III – quando nele estiver postulando, **como defensor público,** advogado **ou membro do Ministério Público,** seu cônjuge **ou companheiro,** ou qualquer parente, consanguíneo ou afim, em linha reta ou colateral, até o *terceiro* grau, **inclusive;**	IV – quando nele estiver postulando, como advogado ~~da parte~~, o seu cônjuge ou qualquer parente seu, consanguíneo ou afim, em linha reta; ou na linha colateral até o *segundo* grau;
IV – quando for parte no processo ele próprio, seu cônjuge **ou companheiro,** ou parente, consanguíneo ou afim, em linha reta ou colateral, até o terceiro grau, **inclusive;**	V – quando cônjuge, parente, consanguíneo ou afim, de alguma das partes, em linha reta ou, na colateral, até o terceiro grau;
V – quando for *sócio ou membro* de direção ou de administração de pessoa jurídica parte *no processo;*	VI – quando for *órgão* de direção ou de administração de pessoa jurídica, parte *na causa.*
VI – **quando for herdeiro presuntivo, donatário ou empregador de qualquer das partes;**	Parágrafo único. No caso do *nº IV*, o impedimento só se verifica quando o advogado já *estava exercendo o patrocínio da causa*; é, porém, *vedado ao advogado pleitear no processo*, a fim de criar o impedimento do juiz.
VII – **em que figure como parte instituição de ensino com a qual tenha relação de emprego ou decorrente de contrato de prestação de serviços;**	
VIII – **em que figure como parte cliente do escritório de advocacia de seu cônjuge, companheiro ou parente, consanguíneo ou afim, em linha reta ou colateral, até o terceiro grau, inclusive, mesmo que patrocinado por advogado de outro escritório;**	
IX – **quando promover ação contra a parte ou seu advogado.**	
§ 1º Na hipótese do *inciso III*, o impedimento só se verifica quando o **defensor público,** o advogado **ou o membro do Ministério Público** já *integrava o processo antes do início da atividade judicante do juiz*.	
§ 2º *É vedada a criação de fato superveniente* a fim de caracterizar impedimento do juiz.	

§ 3º **O impedimento previsto no inciso III também se verifica no caso de mandato conferido a membro de escritório de advocacia que tenha em seus quadros advogado que individualmente ostente a condição nele prevista, mesmo que não intervenha diretamente no processo.**

 ## COMENTÁRIOS:

Impedimentos do juiz: presunção absoluta de imparcialidade. Os impedimentos taxativamente obstaculizam o exercício da jurisdição contenciosa ou voluntária, podendo ser arguidos no processo a qualquer tempo, com reflexos, inclusive, na coisa julgada, uma vez que, mesmo após o trânsito em julgado da sentença, pode a parte prejudicada rescindir a decisão (art. 966, II). Por ser o não impedimento requisito de validade subjetivo do processo em relação ao juiz, ele se consubstancia em autêntica questão de ordem pública, cognoscível em qualquer tempo ou grau de jurisdição.

Ampliação das hipóteses de impedimento. O inciso III ampliou as hipóteses de impedimento ao fazer referência, também, ao Defensor Público, ao membro do Ministério Público e ao companheiro (sempre equiparado ao cônjuge no CPC/2015).

Restrição de graus de parentesco. Quanto ao grau de parentesco, este passou a ser o mesmo tanto para os parentes em linha reta quanto para os colaterais: até o terceiro grau. No CPC/1973, não havia limitação de grau quanto aos parentes em linha reta; quanto aos colaterais, o limite era o segundo grau.

Juiz herdeiro, donatário ou empregador de qualquer das partes.[147] Importa lembrar que a hipótese do inciso VI era tratada pelo CPC/1973 como causa de suspeição. A mudança tem fundamento, pois nessas hipóteses dificilmente a condição do magistrado não exercerá influência na condução do processo.

Magistrado e professor. O inciso VII se refere, especificamente, ao magistrado que é, também, professor. Nesses casos, estará o juiz impedido de atuar nos processos em que figure como parte instituição de ensino à qual ele se encontra vinculado. Trata-se de interessante inovação, mas que não abrange todas as possibilidades de vínculo entre o magistrado e as instituições de ensino. O inciso não tem aplicação, por exemplo, para os magistrados que também sejam professores em universidades públicas (hipótese que não se enquadra em emprego ou contrato de prestação de serviços).

Escritórios de advocacia. Uma das novidades trazidas pelo CPC/2015 é que a regra de impedimento relacionada ao inciso III, mais precisamente ao parentesco do juiz com o advogado da parte, estende-se ao membro do escritório de advocacia que tenha em seus quadros parentes do juiz, independentemente de estes terem ou não relação diretamente na causa. Exemplo: se a esposa do juiz é advogada do escritório ABC Advocacia, no qual o Dr. Fulano também atua, se a causa estiver sendo patrocinada por este, o juiz estará impedido.

---

[147] Herdeiro presuntivo é aquele que presumivelmente herdará, quer em razão de sucessão legítima, quer na sucessão testamentária. Donatário é aquele beneficiado por um ato de liberalidade, por uma doação de coisa ou de direito.

A extensão desse impedimento também foi aplicada aos casos em que a parte não somente é assistida juridicamente pelo cônjuge, companheiro ou parente do juiz, mas também quando ela figurar como cliente do escritório de advocacia em que tais pessoas sejam integrantes (art. 144, VIII).

Frise-se que o inciso VIII trata do impedimento ainda que a parte esteja sendo patrocinada por advogado de outro escritório. Exemplo: Antônio é magistrado e casado com a advogada do escritório ABC Consultoria, e João é cliente desse escritório. O magistrado não poderá julgar qualquer processo envolvendo João, ainda que, no caso concreto, ele não esteja sendo patrocinado pela ABC Consultoria. Em suma, basta que João contrate os serviços do escritório da esposa do juiz para que se configure o impedimento para todos os processos que eventualmente sejam distribuídos para a vara da qual Antônio é titular.

Provocação de impedimento. Os §§ 1º e 2º impedem a criação de hipóteses de impedimento com a finalidade de violar o princípio do juízo natural. Nesse sentido, só há impedimento em razão do vínculo de parentesco (incisos III e VIII) quando o parente já integrava a causa antes do início da atividade judicante.

CPC/2015	CPC/1973
Art. 145. *Há suspeição do juiz:* I – amigo íntimo ou inimigo de qualquer das partes **ou de seus advogados;** II – que receber *presentes de pessoas que tiverem interesse na causa* antes ou depois de iniciado o processo, que aconselhar alguma das partes acerca do objeto da causa ou que subministrar meios para atender às despesas do litígio; III – quando qualquer das partes for sua credora ou devedora, de seu cônjuge **ou companheiro** ou de parentes destes, em linha reta até o terceiro grau, **inclusive;** IV – interessado no julgamento do processo em favor de qualquer das partes. § 1º Poderá o juiz declarar-se suspeito por motivo de foro íntimo, **sem necessidade de declarar suas razões.** § 2º **Será ilegítima a alegação de suspeição quando:** I – **houver sido provocada por quem a alega;** II – **a parte que a alega houver praticado ato que signifique manifesta aceitação do arguido.**	Art. 135. *Reputa-se fundada a suspeição* ~~de parcialidade~~ *do juiz, quando:* I – amigo íntimo ou inimigo capital de qualquer das partes; II – alguma das partes for credora ou devedora do juiz, de seu cônjuge ou de parentes destes, em linha reta ou na colateral até o terceiro grau; III – ~~herdeiro presuntivo, donatário ou empregador de alguma das partes;~~ IV – receber *dádivas* antes ou depois de iniciado o processo; aconselhar alguma das partes acerca do objeto da causa, ou subministrar meios para atender às despesas do litígio; V – interessado no julgamento da causa em favor de uma das partes. Parágrafo único. Poderá ainda o juiz declarar-se suspeito por motivo íntimo.

 COMENTÁRIOS:

Suspeição do juiz: presunção relativa de parcialidade. O dispositivo apresenta circunstâncias subjetivas que podem comprometer a imparcialidade do magistrado.

Suspeição por motivo íntimo. Afora os motivos elencados no art. 145, pode o juiz declarar-se suspeito por questão de foro íntimo, não estando, nessa hipótese, obrigado a explicitar a causa da suspeição. Vale ressaltar que havia uma exigência de explicitação das razões na Resolução nº 82, de 9 de junho de 2009 (CNJ), mas esta, após ter sido suspensa por decisão do Supremo,[148] foi revogada pelo próprio Conselho Nacional de Justiça.[149]

Suspeição provocada. A previsão contida no § 2º do novo art. 145 é repetição do art. 20, parágrafo único, do Código Eleitoral.[150] A regra objetiva evitar que a parte, prevendo uma decisão desfavorável, provoque a suspeição para afastar o juiz.

CPC/2015	CPC/1973
Art. 146. **No prazo de 15 (quinze) dias, a contar do conhecimento do fato,** a parte *alegará* o impedimento ou a suspeição, em petição específica dirigida ao juiz do processo, na qual indicará o fundamento da recusa, podendo instruí-la com documentos em que se fundar a alegação e com rol de testemunhas.	Art. 312. A parte *oferecerá a exceção* de impedimento ou de suspeição, especificando o motivo da recusa ~~(arts. 134 e 135)~~. A petição, dirigida ao juiz da causa, poderá ser instruída com documentos em que ~~o excipiente~~ fundar a alegação e conterá o rol de testemunhas.
§ 1º Se reconhecer o impedimento ou a suspeição *ao receber* a petição, o juiz ordenará **imediatamente** a remessa dos autos a seu substituto legal, caso contrário, **determinará a autuação em apartado da petição e,** no prazo de *15 (quinze)* dias, apresentará suas razões, acompanhadas de documentos e de rol de testemunhas, se houver, ordenando a remessa *do incidente* ao tribunal.	Art. 313. *Despachando* a petição, o juiz, se reconhecer o impedimento ou a suspeição, ordenará a remessa dos autos ao seu substituto legal; em caso contrário, dentro de *10 (dez)* dias, dará as suas razões, acompanhadas de documentos e de rol de testemunhas, se houver, ordenando a remessa *dos autos* ao tribunal.
§ 2º **Distribuído o incidente, o relator deverá declarar os seus efeitos, sendo que, se o incidente for recebido:**	Art. 306. *Recebida a exceção,* o processo ficará suspenso ~~(art. 265, III)~~, até *que seja definitivamente julgada.*
I – **sem efeito suspensivo, o processo voltará a correr;**	Art. 314. Verificando que a *exceção não tem fundamento legal,* o tribunal *determinará o seu arquivamento; no caso contrário* condenará o juiz nas custas, mandando remeter os autos ao seu substituto legal.
II – **com efeito suspensivo,** o processo permanecerá suspenso até *o julgamento do incidente.*	
§ 3º **Enquanto não for declarado o efeito em que é recebido o incidente ou quando este for recebido com efeito suspensivo, a tutela de urgência será requerida ao substituto legal.**	
§ 4º Verificando que a *alegação de impedimento ou de suspeição é improcedente*, o tribunal *rejeitá-la-á*.	

---

[148] Decisão proferida em 22.08.2016, no Mandado de Segurança nº 34.316.

[149] Disponível em: <http://www.cnj.jus.br/noticias/cnj/83346-revogada-resolucao-que-exigia-justificativa--para-juiz-declarar-suspeicao>.

[150] Código Eleitoral, art. 20. "Perante o Tribunal Superior, qualquer interessado poderá arguir a suspeição ou impedimento dos seus membros, do Procurador Geral ou de funcionários de sua Secretaria, nos casos previstos na lei processual civil ou penal e por motivo de parcialidade partidária, mediante o processo previsto em regimento. Parágrafo único. Será ilegítima a suspeição quando o excipiente a provocar ou, depois de manifestada a causa, praticar ato que importe aceitação do arguido."

§ 5º *Acolhida a alegação*, **tratando-se de impedimento ou de manifesta suspeição**, o tribunal condenará o juiz nas custas e remeterá os autos ao seu substituto legal, **podendo o juiz recorrer da decisão.**

§ 6º Reconhecido o impedimento ou a suspeição, o tribunal fixará o momento a partir do qual o juiz não poderia ter atuado.

§ 7º O tribunal decretará a nulidade dos atos do juiz, se praticados quando já presente o motivo de impedimento ou de suspeição.

COMENTÁRIOS:

Alegação de impedimento e suspeição. A parte deverá alegar os motivos ensejadores da imparcialidade no prazo de 15 (quinze) dias a contar do conhecimento do fato, em petição fundamentada, que pode ser instruída de documentos e rol de testemunhas (art. 146, *caput*). Com relação ao impedimento, embora a norma "determine" que seja suscitado no prazo de quinze dias, não há preclusão, de forma que pode ser arguido em qualquer tempo, inclusive na fase recursal; passado o prazo para recurso, pode constituir causa para ajuizamento de ação rescisória.

Tratando-se de impedimento do juiz, se depois de recebida a petição este reconhecer o impedimento ou a suspeição, deverá remeter os autos imediatamente ao seu substituto legal (art. 146, § 1º). Caso contrário, determinará a autuação do incidente em apartado e, no prazo de quinze dias, dará as suas razões, acompanhadas ou não de documentos e rol de testemunhas. Posteriormente, remeterá o processo ao tribunal, ficando o relator incumbido de declarar os efeitos (suspensivo ou não) em que o incidente é recebido.

A novidade é que, se o incidente for recebido com efeito suspensivo, o processo permanecerá suspenso até o seu julgamento, mas as tutelas de urgência poderão ser requeridas ao substituto legal (art. 146, § 3º). Assim, se estiver presente uma situação de risco e a demora na prestação jurisdicional puder acarretar dano irreparável ou de difícil reparação, a parte pode pleitear a concessão da tutela de urgência ao juiz que substituiu o magistrado impedido ou suspeito. Ressalte-se, no entanto, que os demais atos urgentes não podem ser realizados enquanto o processo estiver suspenso em razão da arguição de parcialidade, nos termos do art. 314.

Verificando que a alegação de impedimento ou de suspeição é improcedente, o tribunal rejeitá-la-á. Acolhida a alegação, tratando-se de impedimento ou de manifesta suspeição, condenará o juiz nas custas e remeterá os autos ao seu substituto legal. Nesse caso, pode o juiz recorrer da decisão (art. 146, § 5º).

Nos §§ 6º e 7º também há inovações. Enquanto o § 6º determina que o tribunal, ao julgar o impedimento ou a suspeição, deve fixar o momento a partir do qual o juiz não poderia ter atuado, o § 7º materializa o princípio da economia processual, limitando o efeito das nulidades no processo. A ideia dos dispositivos é garantir o aproveitamento dos atos realizados antes da perda de imparcialidade, para evitar que todo o trâmite processual se repita, atrasando desnecessariamente a atividade jurisdicional.

CPC/2015	CPC/1973
Art. 147. Quando 2 (dois) ou mais juízes forem parentes, consanguíneos ou afins, em linha reta *ou colateral, até o terceiro grau, inclusive,* o primeiro que conhecer do processo impede que o outro *nele atue,* caso em que o segundo se escusará, remetendo os autos ao seu substituto legal.	Art. 136. Quando dois ou mais juízes forem parentes, consanguíneos ou afins, em linha reta *e no segundo grau na linha colateral,* o primeiro, que conhecer da causa ~~no tribunal,~~ impede que o outro *participe do julgamento*; caso em que o segundo se escusará, remetendo o processo ao seu substituto legal.

 COMENTÁRIOS:

Julgadores do mesmo núcleo familiar. O CPC/2015 contempla uma hipótese especial de impedimento, que pode se dar tanto em 1º como em 2º graus. Quando dois ou mais juízes forem parentes, consanguíneos ou afins, em linha reta ou colateral, até terceiro grau, o primeiro que conhecer da causa impede que o outro atue no processo, caso em que o segundo se escusará, remetendo o processo ao seu substituto legal.

CPC/2015	CPC/1973
Art. 148. Aplicam-se os motivos de impedimento e de suspeição: I – *ao membro* do Ministério Público; II – *aos auxiliares da justiça*; III – **aos demais sujeitos imparciais do processo.** § 1º A parte interessada deverá arguir o impedimento ou a suspeição, em petição fundamentada e devidamente instruída, na primeira oportunidade em que lhe couber falar nos autos. § 2º O juiz mandará processar o incidente em separado e sem suspensão do processo, ouvindo o arguido no prazo de *15 (quinze) dias* e facultando a produção de prova, quando necessária. § 3º *Nos tribunais, a arguição a que se refere o § 1º será disciplinada pelo regimento interno.* § 4º **O disposto nos §§ 1º e 2º não se aplica à arguição de impedimento ou de suspeição de testemunha.**	Art. 138. Aplicam-se também os motivos de impedimento e de suspeição: I – *ao órgão* do Ministério Público, ~~quando não for parte, e, sendo parte, nos casos previstos nos ns. I a IV do art. 135~~; II – *ao serventuário de justiça;* III – *ao perito;* IV – *ao intérprete.* § 1º A parte interessada deverá arguir o impedimento ou a suspeição, em petição fundamentada e devidamente instruída, na primeira oportunidade em que lhe couber falar nos autos; o juiz mandará processar o incidente em separado e sem suspensão da causa, ouvindo o arguido no prazo de *5 (cinco) dias,* facultando a prova quando necessária e julgando o pedido. § 2º *Nos tribunais caberá ao relator processar e julgar o incidente.*

 COMENTÁRIOS:

Impedimento e suspeição do Ministério Público e auxiliares da justiça. O CPC/2015 aprimora a aplicação dos fenômenos de impedimento e suspeição, reconhecendo-os para todos os sujeitos que intervenham no processo e que estejam imbuídos do dever de imparcialidade (servidores judiciais, peritos, intérpretes etc.).

O procedimento adotado para esses casos é um pouco diferente, porquanto não se suspende o processo, que é julgado pelo juiz da causa ou pelo relator.

Por fim, esclarece-se que a arguição de impedimento ou de suspeição de testemunha não segue esse procedimento. Nas hipóteses em que a parte quiser contraditar a testemunha, deverá fazê-lo antes do depoimento (art. 457, § 1º), e não em petição apartada.

Capítulo III
Dos Auxiliares da Justiça

CPC/2015	CPC/1973
Art. 149. São auxiliares *da Justiça*, além de outros cujas atribuições sejam determinadas pelas normas de organização judiciária, o escrivão, **o chefe de secretaria**, o oficial de justiça, o perito, o depositário, o administrador, o intérprete, **o tradutor, o mediador, o conciliador judicial, o partidor, o distribuidor, o contabilista e o regulador de avarias.**	Art. 139. São auxiliares *do juízo*, além de outros, cujas atribuições são determinadas pelas normas de organização judiciária, o escrivão, o oficial de justiça, o perito, o depositário, o administrador e o intérprete.

 COMENTÁRIOS:

Rol de auxiliares da justiça. A Justiça não poderia funcionar se, ao lado do juiz, auxiliando-o, não houvesse grande número de serventuários, anotando, preparando, dando ciência às partes ou de qualquer modo ajudando na realização dos atos processuais. São auxiliares do juízo (art. 149), além de outros cujas atribuições são determinadas pelas normas de organização judiciária, o escrivão ou chefe de secretaria (arts. 152, 153 e 155); o oficial de justiça (arts. 154 e 155); o perito (arts. 156-158); o depositário e o administrador (arts. 159-161); o intérprete e o tradutor (arts. 162-164); os conciliadores e os mediadores judiciais (arts. 165-175). O Código também menciona como auxiliares do juízo o partidor (art. 651), o distribuidor (arts. 284-290), o contabilista (art. 524, § 2º, por exemplo) e o regulador de avarias (arts. 707-711).

Seção I
Do Escrivão, do Chefe de Secretaria e do Oficial de Justiça

CPC/2015	CPC/1973
Art. 150. Em cada juízo haverá um ou mais ofícios de justiça, cujas atribuições serão determinadas pelas normas de organização judiciária.	Art. 140. Em cada juízo haverá um ou mais oficiais de justiça, cujas atribuições são determinadas pelas normas de organização judiciária.

 COMENTÁRIOS:

Oficiais de justiça. Aos oficiais de justiça incumbe a execução das ordens determinadas pelo juiz e a realização pessoal das citações, prisões, penhoras, buscas e apreensões, arrestos, avaliações e demais diligências próprias de seu ofício. Por exemplo, na execução ou cumprimento de sentença que estabeleça obrigação de pagar quantia, efetuada a penhora, o oficial de justiça avaliará os bens objeto da constrição, ressalvada a necessidade de conhecimentos especializados, caso em que o juiz nomeará perito para avaliar os bens (art. 870, parágrafo único).

CPC/2015	CPC/1973
Art. 151. **Em cada comarca, seção ou subseção judiciária haverá, no mínimo, tantos oficiais de justiça quantos sejam os juízos.**	Não há correspondência.

 ## COMENTÁRIOS:

Número mínimo de oficiais. A nova disposição surge para tentar garantir a diminuição do chamado "tempo morto" do processo, isto é, o tempo necessário para efetivar citações, intimações de testemunhas e outros atos de comunicação.

Não se pode prever, contudo, que a disposição será imediatamente aplicada, porquanto há necessidade de se estruturar o Judiciário previamente, com a oferta de vagas por meio de concursos públicos, por exemplo.

CPC/2015	CPC/1973
Art. 152. Incumbe ao escrivão **ou ao chefe de secretaria**:	Art. 141. Incumbe ao escrivão:
I – redigir, na forma legal, os ofícios, os mandados, as cartas precatórias e os demais atos que pertençam ao seu ofício;	I – redigir, em forma legal, os ofícios, mandados, cartas precatórias e mais atos que pertencem ao seu ofício;
II – *efetivar* as ordens judiciais, realizar citações e intimações, bem como praticar todos os demais atos que lhe forem atribuídos pelas normas de organização judiciária;	II – *executar* as ordens judiciais, promovendo citações e intimações, bem como praticando todos os demais atos, que lhe forem atribuídos pelas normas de organização judiciária;
III – comparecer às audiências ou, não podendo fazê-lo, designar *servidor* para substituí-lo;	III – comparecer às audiências, ou, não podendo fazê-lo, designar para substituí-lo *escrevente juramentado, de preferência datilógrafo ou taquígrafo;*
IV – *manter* sob sua guarda e responsabilidade os autos, não permitindo que saiam do cartório, exceto:	IV – *ter*, sob sua guarda e responsabilidade, os autos, não permitindo que saiam de cartório, exceto:
a) quando tenham de seguir à conclusão do juiz;	a) quando tenham de subir à conclusão do juiz;
b) com vista a procurador, **à Defensoria Pública,** ao Ministério Público ou à Fazenda Pública;	b) com vista aos procuradores, ao Ministério Público ou à Fazenda Pública;
c) quando devam ser remetidos ao *contabilista* ou ao partidor;	c) quando devam ser remetidos ao *contador* ou ao partidor;
d) quando forem *remetidos* a outro juízo em razão da modificação da competência;	d) quando, modificando-se a competência, forem *transferidos* a outro juízo;
V – *fornecer* certidão de qualquer ato ou termo do processo, independentemente de despacho, *observadas as disposições referentes ao segredo de justiça;*	V – *dar*, independentemente de despacho, certidão de qualquer ato ou termo do processo, *observado o disposto no art. 155*.
VI – **praticar, de ofício, os atos meramente ordinatórios.**	Art. 142. No impedimento do escrivão, o juiz convocar-lhe-á o substituto, e, não o havendo, nomeará pessoa idônea para o ato.
§ 1° O juiz titular editará ato a fim de regulamentar a atribuição prevista no inciso VI.	
§ 2° No impedimento do escrivão **ou chefe de secretaria**, o juiz convocará substituto e, não o havendo, nomeará pessoa idônea para o ato.	

COMENTÁRIOS:

Escrivão e chefe de secretaria. Afora o juiz, o escrivão ou o chefe de secretaria são as autoridades mais importantes da vara. A celeridade e a eficácia da justiça dependem, em grande parte, da atuação desses serventuários. Suas atribuições vêm estabelecidas no Código (arts. 152 e 153) e nas leis de organização judiciária.

A grande novidade trazida pelo CPC/2015 está no inciso VI, que expressamente permite ao escrivão a realização, de ofício, dos atos meramente ordinatórios. Trata-se de concessão que já era adotada na prática, mas que, por agora estar positivada, retira de vez do julgador atividades de caráter meramente procedimental.

CPC/2015	CPC/1973
Art. 153. **O escrivão ou o chefe de secretaria atenderá, preferencialmente, à ordem cronológica de recebimento para publicação e efetivação dos pronunciamentos judiciais. (Redação dada pela Lei nº 13.256/2016)** **§ 1º A lista de processos recebidos deverá ser disponibilizada, de forma permanente, para consulta pública.** **§ 2º Estão excluídos da regra do *caput*:** **I – os atos urgentes, assim reconhecidos pelo juiz no pronunciamento judicial a ser efetivado;** **II – as preferências legais.** **§ 3º Após elaboração de lista própria, respeitar-se-ão a ordem cronológica de recebimento entre os atos urgentes e as preferências legais.** **§ 4º A parte que se considerar preterida na ordem cronológica poderá reclamar, nos próprios autos, ao juiz do processo, que requisitará informações ao servidor, a serem prestadas no prazo de 2 (dois) dias.** **§ 5º Constatada a preterição, o juiz determinará o imediato cumprimento do ato e a instauração de processo administrativo disciplinar contra o servidor.**	Não há correspondência.

 COMENTÁRIOS:

Conferir comentários ao art. 12.

CPC/2015	CPC/1973
Art. 154. Incumbe ao oficial de justiça: I – fazer pessoalmente citações, prisões, penhoras, arrestos e demais diligências próprias do seu ofício, sempre que possível na presença de 2 (duas) testemunhas, certificando no mandado o ocorrido, com menção ao lugar, ao dia e à hora;	Art. 143. Incumbe ao oficial de justiça: I – fazer pessoalmente as citações, prisões, penhoras, arrestos e mais diligências próprias do seu ofício, certificando no mandado o ocorrido, com menção de lugar, dia e hora. A diligência, sempre que possível, realizar-se-á na presença de duas testemunhas;

II – executar as ordens do juiz a que estiver subordinado; III – entregar o mandado em cartório após seu cumprimento; IV – *auxiliar o juiz na* manutenção da ordem; V – efetuar avaliações, **quando for o caso;** VI – **certificar, em mandado, proposta de autocomposição apresentada por qualquer das partes, na ocasião de realização de ato de comunicação que lhe couber.** Parágrafo único. **Certificada a proposta de autocomposição prevista no inciso VI, o juiz ordenará a intimação da parte contrária para manifestar-se, no prazo de 5 (cinco) dias, sem prejuízo do andamento regular do processo, entendendo-se o silêncio como recusa.**	II – executar as ordens do juiz a que estiver subordinado; III – entregar, em cartório, o mandado, logo depois de cumprido; IV – ~~estar presente às audiências e~~ *coadjuvar o juiz* na manutenção da ordem; V – efetuar avaliações.

 COMENTÁRIOS:

Incumbências dos oficiais de justiça. O novo Código acrescentou às incumbências dos oficiais de justiça a certificação, no mandado, das propostas de autocomposição apresentadas por qualquer das partes. Tal providência propõe dar maior celeridade à fase conciliatória, sem importar prejuízo ao trâmite processual (art. 154, parágrafo único).

Por outro lado, retirou-se o dispositivo que determinava a presença do oficial de justiça nas audiências com a finalidade de auxiliar o juiz na manutenção da ordem. Na prática, tal providência jamais acontecia, pois, além do número insuficiente de servidores para abarcar todas essas atribuições, o próprio juiz, caso fosse necessário, poderia requisitar força policial para manter a ordem na audiência.

CPC/2015	CPC/1973
Art. 155. O escrivão, **o chefe de secretaria** e o oficial de justiça são responsáveis, civil e **regressivamente,** quando: I – sem justo motivo, se recusarem a cumprir no prazo os atos impostos pela lei ou pelo juiz a que estão subordinados; II – praticarem ato nulo com dolo ou culpa.	Art. 144. O escrivão e o oficial de justiça são civilmente responsáveis: I – quando, sem justo motivo, se recusarem a cumprir, dentro do prazo, os atos que lhes impõe a lei, ou os que o juiz, a que estão subordinados, lhes comete; II – quando praticarem ato nulo com dolo ou culpa.

 COMENTÁRIOS:

Responsabilidade dos oficiais de justiça. O oficial de justiça, assim como o escrivão e o chefe de secretaria, responde pelos atos praticados que possam causar prejuízos às partes ou ao andamento processual. Nos termos do art. 155, o descumprimento dos prazos e das ordens judiciais sem justo motivo (atos omissivos), assim como a prática de atos nulos com dolo ou culpa (atos comissivos), podem acarretar a responsabilidade desses auxiliares.

A responsabilidade desses agentes é regressiva, de forma que o litigante deve ajuizar ação em face do ente estatal. Este, em ação regressiva, poderá recobrar o prejuízo.

Seção II
Do Perito

CPC/2015	CPC/1973
Art. 156. O juiz será assistido por perito quando a prova do fato depender de conhecimento técnico ou científico.	Art. 145. Quando a prova do fato depender de conhecimento técnico ou científico, o juiz será assistido por perito, ~~segundo o disposto no art. 421.~~
§ 1º Os peritos serão *nomeados* entre os profissionais *legalmente habilitados* **e os órgãos técnicos ou científicos** devidamente inscritos *em cadastro mantido pelo tribunal ao qual o juiz está vinculado.*	§ 1º Os peritos serão *escolhidos* entre profissionais *de nível universitário,* devidamente inscritos *no órgão de classe competente, respeitado o disposto no Capítulo VI, seção VII, deste Código.*
§ 2º Para formação do cadastro, os tribunais devem realizar consulta pública, por meio de divulgação na rede mundial de computadores ou em jornais de grande circulação, além de consulta direta a universidades, a conselhos de classe, ao Ministério Público, à Defensoria Pública e à Ordem dos Advogados do Brasil, para a indicação de profissionais ou de órgãos técnicos interessados.	~~§ 2º Os peritos comprovarão sua especialidade na matéria sobre que deverão opinar, mediante certidão do órgão profissional em que estiverem inscritos.~~
§ 3º Os tribunais realizarão avaliações e reavaliações periódicas para manutenção do cadastro, considerando a formação profissional, a atualização do conhecimento e a experiência dos peritos interessados.	§ 3º Nas localidades onde não houver *profissionais qualificados que preencham os requisitos dos parágrafos anteriores,* a *indicação* dos peritos será de livre escolha do juiz.
§ 4º Para verificação de eventual impedimento ou motivo de suspeição, nos termos dos arts. 148 e 467, o órgão técnico ou científico nomeado para realização da perícia informará ao juiz os nomes e os dados de qualificação dos profissionais que participarão da atividade.	
§ 5º Na localidade onde não houver *inscrito no cadastro disponibilizado pelo tribunal,* a *nomeação* do perito é de livre escolha pelo juiz **e deverá recair sobre profissional ou órgão técnico ou científico comprovadamente detentor do conhecimento necessário à realização da perícia.**	

 COMENTÁRIOS:

Perito. É um auxiliar de atuação eventual, que assiste ao juiz quando a prova de fato depender de conhecimento técnico ou científico. Para figurar como perito, os profissionais devem estar previamente inscritos em cadastro mantido pelo tribunal ao qual o juiz estiver vinculado (art. 156, § 2º). Além disso, os peritos devem ser submetidos a avaliações periódicas, as quais subsidiarão a atualização desse cadastro.

Cadastro central de peritos. A criação de um cadastro, pelos tribunais, com profissionais habilitados e certificados para atuar em determinada área é a grande inovação no tema da prova pericial. Semelhante ao que existe com relação aos tradutores juramentados, haverá um "banco de dados" com as informações das pessoas aptas à realização de prova pericial, com a indicação da respectiva especialidade. A iniciativa objetiva qualificar melhor os peritos e garantir que a escolha recairá sobre o profissional mais especializado no assunto.

CPC/2015	CPC/1973
Art. 157. O perito tem o dever de cumprir o ofício no prazo que lhe *designar o juiz*, empregando toda sua diligência, podendo escusar-se do encargo alegando motivo legítimo.	Art. 146. O perito tem o dever de cumprir o ofício, no prazo que *lhe assina a lei,* empregando toda a sua diligência; pode, todavia, escusar-se do encargo alegando motivo legítimo.
§ 1º A escusa será apresentada no prazo de *15 (quinze)* dias, contado da intimação, **da suspeição** ou do impedimento supervenientes, sob pena de renúncia ao direito a alegá-la.	Parágrafo único. A escusa será apresentada dentro de *5 (cinco)* dias, contados da intimação ou do impedimento superveniente, sob pena de se reputar renunciado o direito a alegá-la (art. 423).
§ 2º Será organizada lista de peritos na vara ou na secretaria, com disponibilização dos documentos exigidos para habilitação à consulta de interessados, para que a nomeação seja distribuída de modo equitativo, observadas a capacidade técnica e a área de conhecimento.	

 ## COMENTÁRIOS:

Escusa, impedimento e suspeição do perito. O perito, ao ser nomeado pelo juiz, pode se escusar da nomeação, apresentando motivo legítimo. Nos termos do art. 157, § 1º, a escusa deve ser apresentada no prazo de quinze dias, contado da intimação, da suspeição ou do impedimento supervenientes, sob pena de renúncia ao direito a alegá-la. Trata-se, segundo o Código, de prazo preclusivo, mas que, a meu ver, deve ser ponderado pelo juiz. O impedimento do perito é causa de incontestável parcialidade. Assim, havendo motivo legítimo, ainda que não alegado em tempo oportuno, deve o magistrado considerá-lo. Nessa hipótese, caso a perícia já tenha sido realizada, restará ao julgador determinar a realização de uma segunda perícia, a qual será analisada junto com a primeira, a fim de afastar qualquer dúvida quanto à idoneidade da prova.

As partes também poderão recusar o perito em caso de impedimento ou de suspeição, na forma do art. 148, § 1º.

É preciso ponderar que nem sempre a primeira oportunidade de falar nos autos coincidirá com o conhecimento acerca do fato gerador da imparcialidade. Assim, partindo-se de uma interpretação sistemática das regras do novo Código, pode-se considerar que a arguição de impedimento ou de suspeição poderá ser suscitada a partir do conhecimento do vício, ainda que ele se verifique após a realização da perícia. De qualquer forma, é preciso que o juiz tenha cautela ao analisar o pedido, a fim de que se evite a situação na qual uma das partes, após tomar conhecimento de laudo que lhe foi desfavorável, "plante" a nulidade na tentativa de protelar a solução da demanda.[151]

Além das partes, poderá o juiz suscitar, de ofício, a parcialidade do perito. É que, apesar de não existir disposição expressa sobre o tema, o juiz, como destinatário da prova, tem o poder-dever de zelar pela imparcialidade e de impedir que esse *munus* seja exercido de forma a prejudicar a justa solução do conflito.

---

[151] O Superior Tribunal de Justiça (*Informativo* nº 532) já manifestou entendimento segundo o qual não pode ser arguida a suspeição ou o impedimento após a entrega do laudo pericial. Trata-se de decisão criticável, capaz de permitir injustiças se não interpretada com parcimônia.

O incidente de impedimento ou de suspeição não suspende o processo, devendo ser processado em autos apartados (art. 148, § 2º). A parte contrária será ouvida no prazo de quinze dias, sendo facultada a produção de provas quando necessário.

Julgado o incidente, o juiz deverá adotar as seguintes providências: (i) afastar o perito impedido ou suspeito; (ii) nomear um novo perito; (iii) fixar novo prazo para entrega do laudo. Ato contínuo, as partes deverão se manifestar novamente sobre a nomeação do novo perito. Caso a existência da causa de suspeição ou de impedimento tenha sido manifesta, poderá o perito ser condenado nas custas processuais (art. 146, § 5º).

CPC/2015	CPC/1973
Art. 158. O perito que, por dolo ou culpa, prestar informações inverídicas responderá pelos prejuízos que causar à parte e ficará inabilitado para atuar em outras perícias no prazo de *2 (dois) a 5 (cinco)* anos, *independentemente das demais sanções previstas em lei*, **devendo o juiz comunicar o fato ao respectivo órgão de classe para adoção das medidas que entender cabíveis**.	Art. 147. O perito que, por dolo ou culpa, prestar informações inverídicas, responderá pelos prejuízos que causar à parte, ficará inabilitado, *por 2 (dois) anos,* a funcionar em outras perícias *e incorrerá na sanção que a lei penal estabelecer.*

 COMENTÁRIOS:

Responsabilidade do perito. A sanção aplicada ao perito que prestar informações inverídicas foi ampliada. Além do dever de ressarcir os prejuízos, a inabilitação para o cargo poderá ser de até cinco anos. Ademais, caberá ao juiz o envio das informações para o órgão de classe específico, que adotará as medidas disciplinares cabíveis.

A lisura do perito é tão importante que o Código Penal tipifica como crime a conduta do perito que faz afirmação falsa, nega ou cala a verdade (art. 342 do CP) em processo judicial, ou administrativo, inquérito policial, ou em juízo arbitral. Por outro lado, quem também dá, oferece ou promete dinheiro ou qualquer outra vantagem a perito incorre nas penas previstas no art. 343 do Código Penal.

Seção III
Do Depositário e do Administrador

CPC/2015	CPC/1973
Art. 159. A guarda e a conservação de bens penhorados, arrestados, sequestrados ou arrecadados serão confiadas a depositário ou a administrador, não dispondo a lei de outro modo.	Art. 148. A guarda e conservação de bens penhorados, arrestados, sequestrados ou arrecadados serão confiadas a depositário ou a administrador, não dispondo a lei de outro modo.

 COMENTÁRIOS:

Depositário e administrador judiciais. Quando os bens sofrem constrição judicial, precisam ser confiados a alguém até a solução final da controvérsia. A função de depositário poderá ser assumida por uma das partes, por terceiro ou por depositário público, que exercerá a guarda e conservação dos bens que lhes são depositados. O administrador, por outro lado, além de exercer tal mister, incumbe-se da manutenção da atividade e/ou da produção do bem penhorado.

CPC/2015	CPC/1973
Art. 160. Por seu trabalho o depositário ou o administrador perceberá remuneração que o juiz fixará levando em conta a situação dos bens, ao tempo do serviço e às dificuldades de sua execução. Parágrafo único. O juiz poderá nomear um ou mais prepostos por indicação do depositário ou do administrador.	Art. 149. O depositário ou administrador perceberá, por seu trabalho, remuneração que o juiz fixará, atendendo à situação dos bens, ao tempo do serviço e às dificuldades de sua execução. Parágrafo único. O juiz poderá nomear, por indicação do depositário ou do administrador, um ou mais prepostos.

 COMENTÁRIOS:

Remuneração. A remuneração do depositário e do administrador é, em regra, de responsabilidade do credor (autor/exequente). Entretanto, como há possibilidade de o próprio devedor ser nomeado como administrador ou depositário, nesse caso não é razoável exigir qualquer remuneração.

CPC/2015	CPC/1973
Art. 161. O depositário ou o administrador responde pelos prejuízos que, por dolo ou culpa, causar à parte, perdendo a remuneração que lhe foi arbitrada, mas tem o direito a haver o que legitimamente despendeu no exercício do encargo. Parágrafo único. O depositário infiel responde civilmente pelos prejuízos causados, sem prejuízo de sua responsabilidade penal e da imposição de sanção por ato atentatório à dignidade da justiça.	Art. 150. O depositário ou o administrador responde pelos prejuízos que, por dolo ou culpa, causar à parte, perdendo a remuneração que lhe foi arbitrada; mas tem o direito a haver o que legitimamente despendeu no exercício do encargo.

 COMENTÁRIOS:

Responsabilidade do depositário e administrador. Além da responsabilidade civil advinda do dano causado à parte em função de conduta dolosa ou culposa do depositário ou administrador (responsabilidade subjetiva, na esteira dos outros auxiliares da justiça), o CPC/2015 prevê expressamente a imposição de sanção por ato atentatório à dignidade da justiça. Quanto à responsabilização penal, já se entendia como dever do magistrado, ao verificar indícios de prática delituosa, o envio das informações necessárias ao membro do Ministério Público.

Sobre o tema, é preciso lembrar que a Súmula Vinculante 25 considerou ilícita a prisão civil do depositário infiel, independentemente da modalidade de depósito. Isso não quer dizer, no entanto, que esse auxiliar não possa vir a ser preso em razão da condenação, por exemplo, por crime de peculato-desvio (art. 312, *caput*, do CPP), uma vez que, para efeitos penais, considera-se funcionário público quem, embora transitoriamente ou sem remuneração, exerça função pública (art. 327 do CP). Nesse caso, sem adentrar nas especificações do tipo penal, deve estar comprovado que o depositário dolosamente desviou os bens confiados à sua guarda e conservação.

Seção IV
Do Intérprete e do Tradutor

CPC/2015	CPC/1973
Art. 162. O juiz nomeará intérprete ou tradutor quando necessário para: I – *traduzir documento* redigido em língua estrangeira; II – verter para o português as declarações das partes e das testemunhas que não conhecerem o idioma nacional; III – *realizar a interpretação simultânea dos depoimentos das partes e testemunhas com deficiência auditiva* **que se comuniquem por meio da Língua Brasileira de Sinais, ou equivalente, quando assim for solicitado.**	Art. 151. O juiz nomeará intérprete toda vez que o repute necessário para: I – *analisar documento* ~~de entendimento duvidoso,~~ redigido em língua estrangeira; II – verter em português as declarações das partes e das testemunhas que não conhecerem o idioma nacional; III – *traduzir a linguagem mímica dos surdos-mudos, que não puderem transmitir a sua vontade por escrito.*

 COMENTÁRIOS:

Funções do intérprete e do tradutor. Intérprete e tradutor são aqueles auxiliares nomeados pelo juiz para traduzir para o vernáculo os documentos e atos originalmente expressados em língua estrangeira, bem como em linguagem dos surdos-mudos.

Alterações propostas pelo CPC/2015. Com a previsão do inciso I, buscou o legislador corrigir equívoco cometido na redação do dispositivo correspondente no CPC/1973. Isso porque o intérprete ou tradutor deverá atuar não apenas quando o juiz o repute indispensável, mas sempre que seja necessário juntar aos autos qualquer documento redigido em língua estrangeira.

Ademais, o rigor técnico do CPC/2015 evidenciou a atividade do tradutor, que não consiste em "analisar", mas em "traduzir". Analisar pressupõe conhecer do conteúdo, e, a rigor, quem conhece do conteúdo do documento é o juiz. Ceder essa atividade a outro sujeito é ferir a garantia do juízo natural.

CPC/2015	CPC/1973
Art. 163. Não pode ser intérprete **ou tradutor** quem: I – não tiver a livre administração de seus bens; II – for arrolado como testemunha ou *atuar* como perito no processo; III – estiver inabilitado para o exercício da profissão por sentença penal condenatória, enquanto durarem seus efeitos.	Art. 152. Não pode ser intérprete quem: I – não tiver a livre administração dos seus bens; II – for arrolado como testemunha ou *serve* como perito no processo; III – estiver inabilitado ao exercício da profissão por sentença penal condenatória, enquanto durar o seu efeito.

 COMENTÁRIOS:

Limitação ao exercício do ofício. O tradutor e o intérprete, por deterem fé pública, estão sujeitos a limitações no exercício do ofício que possam interferir na sua função. Outras limitações podem ser estabelecidas por lei (por exemplo, os Decretos nº 13.609/1943 e nº 20.256/1945, que disciplinam a profissão de tradutor público e do intérprete comercial).

CPC/2015	CPC/1973
Art. 164. O intérprete **ou tradutor,** oficial ou não, é obrigado a desempenhar seu ofício, aplicando-se-lhe o disposto nos arts. *157 e 158.*	Art. 153. O intérprete, oficial ou não, é obrigado a prestar o seu ofício, aplicando-se-lhe o disposto nos arts. *146 e 147.*

COMENTÁRIOS:

Aos tradutores e intérpretes aplica-se o regime jurídico dos peritos no que diz respeito às sanções e sua responsabilidade (arts. 157 e 158).

Seção V
Dos Conciliadores e Mediadores Judiciais

O exame dos artigos seguintes exige uma pequena introdução, especialmente para esclarecer o contexto que motivou a inserção desta seção no novo Código.

O Estado brasileiro tem focado sua atenção nas formas amigáveis de composição do litígio. As ondas renovatórias de acesso à justiça (principalmente após o advento da Constituição de 1988) e a impropriedade do sistema judicial brasileiro para abarcar o estrondoso aumento de processos exigiram um incentivo a métodos distintos de solução de conflitos.

A legislação atual trouxe algumas disposições que revelam a tentativa de se aperfeiçoarem os mecanismos consensuais de resolução de litígios. Os conciliadores e os mediadores são peças fundamentais dessa nova disciplina, pois é por meio deles que o legislador buscou disseminar a cultura do diálogo e da pacificação social, em detrimento da cultura da sentença.

A conciliação e a mediação primam pela autocomposição, proporcionando a participação das partes na resolução da querela. Esses métodos amenizam a formalidade típica do método processual, de forma a diminuir a imagem dicotômica presente na sentença judicial (quem ganhou e quem perdeu).

Dar estrutura autônoma à composição amigável do conflito é um passo à frente com relação à legislação anterior. Antes, viam-se as formas de conciliação e mediação como válvulas de escape do procedimento. A finalidade era apenas exaurir a excessiva carga de processos. Agora, o CPC/2015 busca tais meios como incentivo às *partes*, e não apenas ao *juiz*.

CPC/2015	CPC/1973
Art. 165. **Os tribunais criarão centros judiciários de solução consensual de conflitos, responsáveis pela realização de sessões e audiências de conciliação e mediação e pelo desenvolvimento de programas destinados a auxiliar, orientar e estimular a autocomposição.** **§ 1º A composição e a organização dos centros serão definidas pelo respectivo tribunal, observadas as normas do Conselho Nacional de Justiça.**	Não há correspondência.

§ 2º O conciliador, que atuará preferencialmente nos casos em que não houver vínculo anterior entre as partes, poderá sugerir soluções para o litígio, sendo vedada a utilização de qualquer tipo de constrangimento ou intimidação para que as partes conciliem.

§ 3º O mediador, que atuará preferencialmente nos casos em que houver vínculo anterior entre as partes, auxiliará aos interessados a compreender as questões e os interesses em conflito, de modo que eles possam, pelo restabelecimento da comunicação, identificar, por si próprios, soluções consensuais que gerem benefícios mútuos.

Art. 166. A conciliação e a mediação são informadas pelos princípios da independência, da imparcialidade, da autonomia da vontade, da confidencialidade, da oralidade, da informalidade e da decisão informada. § 1º A confidencialidade estende-se a todas as informações produzidas no curso do procedimento, cujo teor não poderá ser utilizado para fim diverso daquele previsto por expressa deliberação das partes. § 2º Em razão do dever de sigilo, inerente às suas funções, o conciliador e o mediador, assim como os membros de suas equipes, não poderão divulgar ou depor acerca de fatos ou elementos oriundos da conciliação ou da mediação. § 3º Admite-se a aplicação de técnicas negociais, com o objetivo de proporcionar ambiente favorável à autocomposição. § 4º A mediação e a conciliação serão regidas conforme a livre autonomia dos interessados, inclusive no que diz respeito à definição das regras procedimentais.	Não há correspondência.
Art. 167. Os conciliadores, os mediadores e as câmaras privadas de conciliação e mediação serão inscritos em cadastro nacional e em cadastro de tribunal de justiça ou de tribunal regional federal, que manterá registro de profissionais habilitados, com indicação de sua área profissional. § 1º Preenchendo o requisito da capacitação mínima, por meio de curso realizado por entidade credenciada, conforme parâmetro curricular definido pelo Conselho Nacional de Justiça em conjunto com o Ministério da Justiça, o conciliador ou o mediador, com o respectivo certificado, poderá requerer sua inscrição no cadastro nacional e no cadastro de tribunal de justiça ou de tribunal regional federal.	Não há correspondência.

§ 2º Efetivado o registro, que poderá ser precedido de concurso público, o tribunal remeterá ao diretor do foro da comarca, seção ou subseção judiciária onde atuará o conciliador ou o mediador os dados necessários para que seu nome passe a constar da respectiva lista, a ser observada na distribuição alternada e aleatória, respeitado o princípio da igualdade dentro da mesma área de atuação profissional.

§ 3º Do credenciamento das câmaras e do cadastro de conciliadores e mediadores constarão todos os dados relevantes para a sua atuação, tais como o número de processos de que participou, o sucesso ou insucesso da atividade, a matéria sobre a qual versou a controvérsia, bem como outros dados que o tribunal julgar relevantes.

§ 4º Os dados colhidos na forma do § 3º serão classificados sistematicamente pelo tribunal, que os publicará, ao menos anualmente, para conhecimento da população e para fins estatísticos e de avaliação da conciliação, da mediação, das câmaras privadas de conciliação e de mediação, dos conciliadores e dos mediadores.

§ 5º Os conciliadores e mediadores judiciais cadastrados na forma do *caput*, se advogados, estarão impedidos de exercer a advocacia nos juízos em que desempenhem suas funções.

§ 6º O tribunal poderá optar pela criação de quadro próprio de conciliadores e mediadores, a ser preenchido por concurso público de provas e títulos, observadas as disposições deste Capítulo.

Art. 168. As partes podem escolher, de comum acordo, o conciliador, o mediador ou a câmara privada de conciliação e de mediação. § 1º O conciliador ou mediador escolhido pelas partes poderá ou não estar cadastrado no tribunal. § 2º Inexistindo acordo quanto à escolha do mediador ou conciliador, haverá distribuição entre aqueles cadastrados no registro do tribunal, observada a respectiva formação. § 3º Sempre que recomendável, haverá a designação de mais de um mediador ou conciliador.	Não há correspondência.
Art. 169. Ressalvada a hipótese do art. 167, § 6º, o conciliador e o mediador receberão pelo seu trabalho remuneração prevista em tabela fixada pelo tribunal, conforme parâmetros estabelecidos pelo Conselho Nacional de Justiça.	Não há correspondência.

> **§ 1º A mediação e a conciliação podem ser realizadas como trabalho voluntário, observada a legislação pertinente e a regulamentação do tribunal.**
>
> **§ 2º Os tribunais determinarão o percentual de audiências não remuneradas que deverão ser suportadas pelas câmaras privadas de conciliação e mediação, com o fim de atender aos processos em que deferida gratuidade da justiça, como contrapartida de seu credenciamento.**

 ## COMENTÁRIOS AOS ARTS. 165 A 169:

Noções gerais. Os dispositivos dessa seção disciplinam a criação, a organização e a composição de centros judiciários de solução de conflitos – o que já era objeto da Resolução nº 125 do CNJ, de 29 de novembro de 2010 –, bem como as funções dos conciliadores e mediadores judiciais, as suas formas de atuação e os seus impedimentos.

Em razão da semelhança dos objetivos, muitas vezes a conciliação e a mediação são tomadas como sinônimos; no entanto, são institutos distintos, que possuem métodos diferenciados de resolução de conflitos. Segundo o art. 165, § 2º, o conciliador deve atuar preferencialmente nos casos em que não houver vínculo anterior entre as partes, podendo sugerir soluções para o litígio, mas sem utilizar qualquer tipo de constrangimento ou intimidação para forçar o acordo entre as partes. Já o mediador atuará preferencialmente nos casos em que houver vínculo anterior entre as partes, auxiliando os interessados a compreender as questões e os interesses em conflito, de modo que eles possam, pelo restabelecimento da comunicação, identificar, por si próprios, soluções consensuais que sejam mutuamente benéficas (art. 165, § 3º).

Como se vê, o mediador atua como um facilitador do diálogo entre as partes, a fim de que elas mesmas possam encontrar a melhor solução para o problema. O conciliador, por outro lado, orienta e aponta soluções na tentativa de agilizar a prestação jurisdicional, mas sem adentrar nas questões intersubjetivas que desencadearam o conflito. A mediação é, portanto, a técnica mais adequada nos casos de relações interpessoais continuadas, em que há a possibilidade de manutenção das relações sociais. Na mediação, os elementos psicológicos costumam preponderar sobre os jurídicos.

Principiologia. Os princípios que norteiam esses institutos estão contemplados no art. 166. São eles: independência, imparcialidade, autonomia da vontade, confidencialidade, oralidade, informalidade e decisão informada.

Os conciliadores e os mediadores devem atuar com liberdade, sem qualquer tipo de pressão. Assim, se não existirem condições para o bom desenvolvimento da sessão, esses auxiliares não estarão obrigados a fomentar a autocomposição mesmo contra a vontade das partes.

A imparcialidade é o "dever de agir com ausência de favoritismo, preferência ou preconceito, assegurando que valores e conceitos pessoais não interfiram no resultado do trabalho, compreendendo a realidade dos envolvidos no conflito e jamais aceitando qualquer espécie de favor ou presente" (art. 1º do Código de Ética de Conciliadores e Mediadores Judiciais, anexo à Resolução nº 125 do CNJ). A imparcialidade no tocante ao mediador também está contemplada na Lei nº 13.140/2015 (art. 2º, I).

O conciliador e o mediador também devem respeitar as convicções dos interessados (autonomia da vontade). Não há como impor qualquer medida coercitiva para supostamente viabilizar um acordo quando este não foi plenamente aceito por qualquer das partes. Como, no exercício da função, não há qualquer relação de subordinação entre o conciliador ou mediador e o juiz, os interessados estão livres para celebrarem os pactos que melhor lhes aprouver.

Na Lei nº 13.140/2015 (Lei da Mediação) há regramento expresso sobre a questão da autonomia. Nos termos do art. 2º, § 2º, "ninguém será obrigado a permanecer em procedimento de mediação". Para que o procedimento funcione, as partes devem querer se submeter à mediação. No entanto, se o contrato firmado entre as partes contemplar a cláusula de mediação, as partes deverão comparecer pelo menos à primeira reunião (art. 2º, § 1º).

A confidencialidade expressa o dever de sigilo quanto às informações obtidas durante a conciliação ou a mediação. As partes só se sentirão à vontade para debater o conflito se o que for dito não lhes trouxer nenhum tipo de prejuízo caso a demanda precise posteriormente ser submetida a julgamento. Por tal razão, o § 1º do art. 166 determina que o teor das informações não pode ser utilizado para fim diverso daquele que tenha sido deliberado expressamente pelas partes. O mediador, por exemplo, deve "deixar claro que, caso a mediação não se concretize, nada do que foi conversado ou tratado durante o processo mediacional poderá fundamentar eventual futura decisão".[152]

Existem exceções quanto à confidencialidade previstas na Lei nº 13.140/2015. De acordo com o art. 30, "toda e qualquer informação relativa ao procedimento de mediação será confidencial em relação a terceiros, não podendo ser revelada sequer em processo arbitral ou judicial salvo se as partes expressamente decidirem de forma diversa ou quando sua divulgação for exigida por lei ou necessária para cumprimento de acordo obtido pela mediação". Também não está abrangida pela garantia de confidencialidade a informação relativa à ocorrência de crime de ação pública (art. 30, § 3º, da Lei nº 13.140/2015).

Se eventualmente algum documento ou informação decorrente da mediação for apresentado em processo arbitral ou judicial fora dessas exceções, o juiz ou o árbitro não poderá admiti-lo (art. 30, § 2º).

A oralidade e a informalidade demonstram que um dos propósitos da conciliação e da mediação é flexibilizar os procedimentos, de modo a conferir maior rapidez à superação da controvérsia.

Para que o resultado da sessão seja satisfatório, as partes precisam ser informadas previamente sobre os seus direitos, bem como sobre o procedimento ao qual estão sendo submetidas e as consequências advindas da solução escolhida para resolver o conflito (princípio da decisão informada).

A Resolução nº 125 do CNJ – que estabelece o Código de Ética de Conciliadores e Mediadores Judiciais – ainda acrescenta à atuação de conciliadores e mediadores judiciais os seguintes princípios: da competência, da neutralidade, do respeito à ordem pública e às leis vigentes, do empoderamento e da validação. O primeiro tem relação com a qualificação do mediador ou conciliador que o habilite à atuação judicial. A neutralidade, por sua vez,

---

152   BACELLAR, Roberto Portugal. **A mediação, o acesso à justiça e uma nova postura dos Juízes.** Disponível em: <http://www.revistadoutrina.trf4.jus.br/index.htm?http://www.revistadoutrina. trf4. jus.br/artigos/edicao002/roberto_bacelar.htm>. Acesso em: 10 ago. 2015.

consiste no "dever de manter equidistância das partes, respeitando seus pontos de vista, com atribuição de igual valor a cada um deles" (art. 1º, IV). O respeito à ordem pública e às leis vigentes relaciona-se com a necessidade de observância do ordenamento para a formalização de acordo entre os envolvidos.

O empoderamento está intimamente ligado ao princípio da decisão informada e tem como papel educar as partes quanto ao desenvolvimento da autocomposição.

> [...] Empoderar uma parte é fazer com que ela adquira consciência das suas próprias capacidades e qualidades. Isso é útil em dois momentos do processo de mediação, dentro do próprio processo e ao seu final. No próprio processo como forma de tornar as partes cientes do seu poder de negociação e dos seus reais interesses com relação à disputa em questão. Ao final porque o empoderamento consiste em fazer com que a parte descubra, a partir das técnicas de mediação aplicadas no processo, que tem a capacidade ou poder de administrar seus próprios conflitos [...].[153]

O princípio da validação visa estimular o altruísmo entre as partes. "Esse princípio preconiza a necessidade de reconhecimento mútuo de interesses e sentimentos visando a uma aproximação real das partes e uma consequente humanização do conflito decorrente da maior empatia e compreensão."[154]

Vale salientar que a Lei nº 13.140/2015 também inclui a informalidade, a busca pelo consenso e a boa-fé como princípios orientadores da mediação (art. 2º, IV, VI e VIII).

Cadastro de conciliadores/mediadores. Haverá um cadastro nacional de conciliadores, mediadores e câmaras privadas de conciliação e mediação, bem como um cadastro para cada Tribunal de Justiça e Tribunal Regional Federal. Poderão existir, outrossim, câmaras privadas de conciliação, que poderão exercer essa atividade de auxílio, desde que devidamente cadastradas. Os profissionais que as compõem não necessariamente deverão ser bacharéis em Direito, mas devem participar de cursos de capacitação para exercer essa atividade. Caso o conciliador ou mediador cadastrado também seja advogado, não poderá exercer essa atividade nos juízos em que exerça a advocacia (art. 167, § 5º).

Escolha dos conciliadores/mediadores. De acordo com o novo CPC, o conciliador e o mediador podem ser escolhidos pelas próprias partes, e, nesse caso, o auxiliar prescindirá de registro junto ao cadastro de conciliadores do respectivo tribunal. Se as partes não consentirem, a distribuição será feita entre os que tiverem registro, observada a respectiva formação profissional (art. 168, § 1º).

O problema é que, quanto à escolha do mediador, a Lei nº 13.140/2015 prevê o seguinte: "Na mediação judicial, os mediadores não estarão sujeitos à prévia aceitação das partes, observado o disposto no art. 5º desta Lei" (art. 25). Ou seja, pelo CPC/2015, as partes podem escolher livremente o mediador judicial, ainda que ele não esteja previamente cadastrado

---

[153] **Manual de Mediação Judicial do Conselho Nacional de Justiça**. Disponível em: <http://www. cnj. jus.br/files/conteudo/destaques/arquivo/2015/06/c276d2f56a76b701ca94df1ae0693f5b.pdf>. Acesso em: 20 set. 2015.

[154] **Manual de Mediação Judicial do Conselho Nacional de Justiça**. Disponível em: <http://www. cnj. jus.br/files/conteudo/destaques/arquivo/2015/06/c276d2f56a76b701ca94df1ae0693f5b.pdf>. Acesso em: 20 set. 2015.

no Tribunal. A Lei da Mediação, ao contrário, permite a imposição de mediador às partes pelo Tribunal, independentemente de aceitação.

Considerando que a Lei de Mediação foi publicada em 27.06.2015, ou seja, após a data de publicação do novo CPC (17.03.2015), poder-se-ia pensar que o art. 25 da Lei nº 13.140/2015 revogou o § 1º do art. 168 da nova lei processual.

O fato de o novo CPC ter entrado em vigor após a Lei da Mediação não impede essa conclusão, já que é possível admitir que uma lei revogue outra que ainda esteja em período de *vacatio legis*. Nesse sentido: "[...] as leis, ainda que em período de *vacatio legis*, não se revelam imunes à possibilidade jurídica de sua revogação por diploma legislativo que, sendo editado posteriormente, apresente-se em relação de conflito antinômico com elas. Vale dizer, inexiste qualquer obstáculo de índole jurídico-constitucional que impeça a revogação de uma determinada lei por outra, ainda que a superveniência desta última tenha formalmente ocorrido durante o prazo de *vacatio legis*, tal como já ocorreu, em nosso sistema de direito positivo, com o CP de 1969 (DL 1.004/1969), expressamente revogado pela Lei 6.578/1978" (STF, HC 72.435, voto do Rel. Min. Celso de Mello, julgado em 12.09.1995).

Não se deve, contudo, adotar uma conclusão tão simplória.

Um dos princípios relacionados à mediação é o da autonomia da vontade das partes. É ele que garante que os envolvidos cheguem a uma decisão de forma voluntária (não coercitiva) e que estabelece que somente deve haver a mediação se as partes consentirem espontaneamente com esse procedimento. Dessa forma, permitir que o mediador seja escolhido sem prévia aceitação das partes não significa dizer que ele será imposto contra a vontade delas. Se houver qualquer fato ou circunstância que possa suscitar a imparcialidade do mediador, as partes poderão recusá-lo.

A regra disposta no art. 25 da Lei nº 13.140/2015 precisa ser interpretada com o parágrafo único do art. 5º da mesma norma, bem como com os dispositivos da lei processual que dão regramento à matéria. Se houver consenso, o mediador será aquele indicado pelas partes; se não houver, o mediador será escolhido na forma do art. 168, § 2º, do novo CPC: "haverá distribuição entre aqueles cadastrados no registro do tribunal, observada a respectiva formação". Após a distribuição, as partes poderão apresentar seus fundamentos para a eventual recusa do mediador (art. 148, II). Se, por outro lado, não houver consenso e também inexistir justificativa para o afastamento do profissional já designado, o procedimento terá seguimento, salvo se ambas as partes manifestarem, expressamente, desinteresse na composição consensual (art. 334, § 4º, I).

CPC/2015	CPC/1973
Art. 170. **No caso de impedimento, o conciliador ou mediador o comunicará imediatamente, de preferência por meio eletrônico, e devolverá os autos ao juiz do processo ou ao coordenador do centro judiciário de solução de conflitos, devendo este realizar nova distribuição.** Parágrafo único. **Se a causa de impedimento for apurada quando já iniciado o procedimento, a atividade será interrompida, lavrando-se ata com relatório do ocorrido e solicitação de distribuição para novo conciliador ou mediador.**	Não há correspondência.

COMENTÁRIOS:

Parcialidade do conciliador/mediador. Sendo auxiliadores da Justiça, os conciliadores deverão observar todos os deveres de imparcialidade. Nesse sentido, mais que correta a sua vinculação às mesmas hipóteses de impedimento e suspeição (arts. 144 e 145 do CPC/2015). Quando constatados, a comunicação deve ser imediata, de preferência por meio eletrônico, a fim de agilizar o procedimento e possibilitar a devolução dos autos e realização de nova distribuição. Se o impedimento for apurado no curso do procedimento, a sessão deverá ser interrompida e a causa será distribuída para um novo conciliador ou mediador. Importante notar que, sendo conciliador ou mediador devidamente credenciado, o agente tem potencial similar ao magistrado para interferir no curso da demanda. Nesse sentido, é da essência dessa atividade a sua desvinculação dos litigantes, sob pena de desprestígio da própria Justiça.

CPC/2015	CPC/1973
Art. 171. **No caso de impossibilidade temporária do exercício da função, o conciliador ou mediador informará o fato ao centro, preferencialmente por meio eletrônico, para que, durante o período em que perdurar a impossibilidade, não haja novas distribuições.**	Não há correspondência.

 ## COMENTÁRIOS:

Impossibilidade temporária de atuação. A comunicação de impossibilidade temporária deve ser realizada o mais breve possível (preferencialmente por meio eletrônico), a fim de que os processos não sejam distribuídos à pessoa que futuramente estará impedida de exercer a atividade. Mais uma vez, o CPC/2015 volta os olhos para a eficácia.

CPC/2015	CPC/1973
Art. 172. **O conciliador e o mediador ficam impedidos, pelo prazo de 1 (um) ano, contado do término da última audiência em que atuaram, de assessorar, representar ou patrocinar qualquer das partes.**	Não há correspondência.

 ## COMENTÁRIOS:

Proibições ao conciliador/mediador. Trata-se de impedimento que se aplica aos mediadores ou conciliadores que possuem inscrição nos quadros da Ordem dos Advogados do Brasil. Tendo atuado em determinado feito como mediador ou conciliador, estes estarão impedidos de assessorar, representar ou patrocinar qualquer uma das partes. Note-se que a função de mediação ou conciliação permite ao agente uma visão privilegiada do conflito. O objetivo da norma, portanto, é evitar que o mediador/conciliador atue posteriormente em favor de uma das partes, o que comprometeria a lisura da atividade de composição dos litígios.

CPC/2015	CPC/1973
Art. 173. Será excluído do cadastro de conciliadores e mediadores aquele que: I – agir com dolo ou culpa na condução da conciliação ou da mediação sob sua responsabilidade ou violar qualquer dos deveres decorrentes do art. 166, §§ 1º e 2º; II – atuar em procedimento de mediação ou conciliação, apesar de impedido ou suspeito. § 1º Os casos previstos neste artigo serão apurados em processo administrativo. § 2º O juiz do processo ou o juiz coordenador do centro de conciliação e mediação, se houver, verificando atuação inadequada do mediador ou conciliador, poderá afastá-lo de suas atividades por até 180 (cento e oitenta) dias, por decisão fundamentada, informando o fato imediatamente ao tribunal para instauração do respectivo processo administrativo.	Não há correspondência.

 COMENTÁRIOS:

Ética na mediação e conciliação. O novo dispositivo é autoexplicativo e estabelece as sanções às quais se submetem o conciliador e o mediador. Ele está em perfeita consonância com o art. 8º do Código de Ética de Conciliadores e Mediadores Judiciais (anexo à Resolução nº 125 do CNJ).

CPC/2015	CPC/1973
Art. 174. A União, os Estados, o Distrito Federal e os Municípios criarão câmaras de mediação e conciliação, com atribuições relacionadas à solução consensual de conflitos no âmbito administrativo, tais como: I – dirimir conflitos envolvendo órgãos e entidades da administração pública; II – avaliar a admissibilidade dos pedidos de resolução de conflitos, por meio de conciliação, no âmbito da administração pública; III – promover, quando couber, a celebração de termo de ajustamento de conduta.	Não há correspondência.

 COMENTÁRIOS:

Conflitos no âmbito da administração pública. Como forma de fortalecimento da conciliação, o CPC/2015 estabeleceu a necessidade de criação e aperfeiçoamento de órgãos para a solução não apenas das controvérsias judiciais, mas também dos conflitos extrajudiciais que eventualmente surjam no âmbito da Administração Pública.

CPC/2015	CPC/1973
Art. 175. **As disposições desta Seção não excluem outras formas de conciliação e mediação extrajudiciais vinculadas a órgãos institucionais ou realizadas por intermédio de profissionais independentes, que poderão ser regulamentadas por lei específica.** Parágrafo único. **Os dispositivos desta Seção aplicam-se, no que couber, às câmaras privadas de conciliação e mediação.**	Não há correspondência.

 COMENTÁRIOS:

Mediação judicial e extrajudicial. O fato de estarem previstas regras específicas para a atuação de mediadores e conciliadores não impede que outros órgãos também atuem na composição consensual de conflitos, inclusive em situações nas quais ainda não exista demanda judicial. As defensorias públicas de alguns estados da federação, por exemplo, possuem núcleos de conciliação que objetivam prevenir e propiciar maior rapidez na solução dos conflitos, trazendo resultados sociais expressivos e reflexos significativos na redução das demandas judiciais.

TÍTULO V
DO MINISTÉRIO PÚBLICO

CPC/2015	CPC/1973
Art. 176. **O Ministério Público atuará na defesa da ordem jurídica, do regime democrático e dos interesses e direitos sociais e individuais indisponíveis.**	Não há correspondência.

 COMENTÁRIOS:

Ministério Público na CF e no CPC. O dispositivo reitera as incumbências do Ministério Público previstas constitucionalmente,[155] tendo como foco, no entanto, os reflexos dessas incumbências no âmbito do processo.

CPC/2015	CPC/1973
Art. 177. O Ministério Público exercerá o direito de ação *em conformidade com suas atribuições constitucionais.*	Art. 81. O Ministério Público exercerá o direito de ação *nos casos previstos em lei,* ~~cabendo-lhe, no processo, os mesmos poderes e ônus que às partes.~~

---

[155] CF/1988, art. 127. "O Ministério Público é instituição permanente, essencial à função jurisdicional do Estado, incumbindo-lhe a defesa da ordem jurídica, do regime democrático e dos interesses sociais e individuais indisponíveis."

COMENTÁRIOS:

Ministério Público como parte. Inicialmente há que distinguir parte material de parte processual. Geralmente, a parte processual é também a parte do direito material controvertido. Ocorre, todavia, de a lei, em casos extraordinários, autorizar certas pessoas e órgãos, inclusive o Ministério Público, a pleitear em nome próprio direito alheio (art. 18). Na primeira hipótese, temos a parte material, que também pode figurar como parte no processo; na segunda, temos a ideia de parte num sentido meramente processual.

Assim, quando o Ministério Público age na qualidade de Estado (como órgão estatal, compõe o próprio Estado), por exemplo, exercendo a titularidade da ação penal, ou, no processo civil, fazendo requerimento por meio de procedimento de jurisdição voluntária, sua atuação se dá como parte material. Quando pleiteia em nome próprio direito alheio, seja de pessoas ou da coletividade, como, por exemplo, na ação civil pública, na ação civil *ex delicto*, diz-se que é parte apenas no sentido processual (substituto processual). De qualquer forma, nas duas hipóteses sua atuação é como parte.

Geralmente, como parte, tem legitimidade apenas ativa. Ocorre-me apenas uma hipótese em que o Ministério Público figura como réu: na ação rescisória de sentença, em cujo processo atuou como autor. Exemplo: ação rescisória de sentença proferida em ação de inventário e partilha proposta pelo Ministério Público na hipótese de existir herdeiro incapaz (art. 616, VII).

São casos mais comuns de atuação do Ministério Público como parte (parte material ou substituto processual): (i) ação rescisória de sentença fruto de colusão das partes para fraudar a lei (art. 967 III, *b*); (ii) ação de nulidade de casamento (art. 1.549 do CC); (iii) ação direta de inconstitucionalidade (art. 129, IV, da CF/1988); (iv) ação civil pública (art. 5º da Lei nº 7.347/1985); (v) pedido de abertura de inventário e partilha na hipótese de herdeiro incapaz (art. 616, VII, do CPC); (vi) incidente de resolução de demandas repetitivas (art. 977, III, do CPC): aqui, se o Ministério Público não for o requerente, deve intervir obrigatoriamente no incidente; (vii) reclamação para preservar a competência de tribunal, garantir a autoridade de suas decisões ou a observância de súmula vinculante ou acórdão proferido no julgamento de demandas repetitivas (art. 991 do CPC).

Ministério Público como fiscal da ordem jurídica. Qualquer que seja o interesse justificador da intervenção do Ministério Público, incumbe ao órgão, precipuamente, a defesa da ordem jurídica. Pouco importa figure num dos polos da relação processual um incapaz ou a Fazenda Pública.

Afora a tutela da ordem jurídica, cada hipótese prevista no art. 178 revela o interesse que deva ser tutelado pelo órgão ministerial.

CPC/2015	CPC/1973
Art. 178. O Ministério Público **será intimado para, no prazo de 30 (trinta) dias,** intervir **como fiscal da ordem jurídica nas hipóteses previstas em lei ou na Constituição Federal e nos processos que envolvam:**	Art. 82. Compete ao Ministério Público intervir:
I – interesse público *ou social;*	I – nas causas em que há interesses de incapazes;
II – interesse de incapaz;	II – ~~nas causas concernentes ao estado da pessoa, pátrio poder, tutela, curatela, interdição, casamento, declaração de ausência e disposições de última vontade;~~
III – litígios coletivos pela posse de terra rural **ou urbana.**	III – ~~nas ações que envolvam~~ litígios coletivos pela posse da terra rural e nas demais causas em que há interesse público ~~evidenciado pela natureza da lide ou qualidade da parte.~~
Parágrafo único. **A participação da Fazenda Pública não configura, por si só, hipótese de intervenção do Ministério Público.**	

COMENTÁRIOS:

Prazo para intervenção. No CPC/1973, o Ministério Público não possuía prazo para intervenção, não sendo possível o reconhecimento de efeito preclusivo sobre suas manifestações. Com o CPC/2015 se estabelece um prazo de 30 (trinta) dias como forma de garantir a celeridade dos atos do processo e evitar que os feitos fiquem eternamente sob a espera de intervenções do *Parquet*.[156]

Intervenção nas causas envolvendo interesse social. O CPC/2015 estabelece, expressamente, a necessidade de intervenção do Ministério Público nas causas que envolvam interesse social (inciso I).

Interesses sociais são aqueles de transcendem o âmbito individual para atingir o interesse da coletividade. Eles podem até mesmo ultrapassar os limites jurídico-axiológicos estabelecidos no art. 6º da CF/1988, trazendo outros valores além daqueles ali expressamente referidos (a educação, a saúde, a alimentação, o trabalho, a moradia, o lazer, a segurança, a previdência social, a proteção à maternidade e à infância e a assistência aos desamparados).

Intervenção nas causas envolvendo interesse público. Nas causas que envolvam interesse público, este será evidenciado pela natureza da lide, e, em regra, a necessidade de intervenção é ditada pela própria lei. Entretanto, quando não houver disposição que determine a manifestação do órgão do Ministério Público, deverá o juiz, verificando a existência de interesse público, provocar a intervenção do *Parquet*.

A Justiça Estadual comumente adotava praxe viciosa de intimar o Ministério Público para todas as causas em que num dos polos figurasse uma pessoa jurídica de direito público, ainda que o direito controvertido tivesse reflexo meramente econômico. Por tal razão é que o CPC/2015 precisou regulamentar a matéria, de modo a dispor, expressamente, que "a participação da Fazenda Pública não configura, por si só, hipótese de intervenção do Ministério Público". Assim, não é a simples presença de entidade de direito público que justifica a intervenção, cabendo ao juiz, em cada caso, examinar a existência de interesse, levando-se em conta, além da qualidade da parte, a repercussão da demanda. Em outras palavras, a intervenção do *Parquet* deve ocorrer quando o interesse público estiver relacionado com o interesse geral, da coletividade, e não com o mero interesse patrimonial da Fazenda Pública.[157]

---

[156] Importante dar relevo ao fato de que a jurisprudência tem aderido à noção de que a omissão do MP no processo não enseja nulidade do feito, restringindo-se a decretação para os casos em que se verifica real prejuízo à parte que deveria ser protegida pela instituição. Nesse sentido, cf. STJ, REsp 645.414/MS, Rel. Min. Laurita Vaz, 5ª Turma, julgado em 03.11.2009, *DJe* 30.11.2009. No mesmo sentido, EDcl no REsp 449.407/PR, Rel. Min. Mauro Campbell Marques, 2ª Turma, julgado em 28.10.2008, *DJe* 25.11.2008. Nessa ordem de ideias, mais correta a perspectiva de que o efeito preclusivo se aplica no CPC/2015, em razão da inobservância do novo prazo processual.

[157] A presença da Fazenda Pública no feito não é razão para intervenção do *Parquet*, na esteira de jurisprudência já pacificada. Nesse sentido, cf. STJ, REsp 801.028/DF, Rel. Min. Denise Arruda, 1ª Turma, julgado em 12.12.2006, *DJe* 08.03.2007. Precedentes: REsp 465.580/RS, 2ª Turma, Rel. Min. Castro Meira, *DJ* 08.05.2006; REsp 490.726/SC, 1ª Turma, Rel. Min. Teori Albino Zavascki, *DJ* 21.03.2005; AgRg no REsp 609.216/RS, 6ª Turma, Rel. Min. Paulo Galloti, *DJ* 31.05.2004.

Causas que envolvam litígios coletivos pela posse de terra. A intervenção do Ministério Público nos conflitos pela posse de terra objetiva garantir o direito social à moradia, expressamente incluído no rol do art. 6º da CF/1988, pela Emenda Constitucional nº 26, de 14 de fevereiro de 2000.

De acordo com a redação do art. 82, III, do CPC/1973, a intervenção do Ministério Público estava restrita aos litígios coletivos pela posse de terra rural. Com a nova legislação, estendeu-se a atuação do órgão ministerial aos conflitos coletivos de posse das terras urbanas, sobretudo nos assentamentos informais de baixa renda que rotineiramente são objeto de demandas envolvendo o exercício do direito à moradia.

Nos litígios coletivos pela posse de imóvel, o Ministério Público é chamado para intervir e, inclusive, para acompanhar a audiência de mediação prevista no novo art. 565, § 2º.

Causas concernentes ao estado da pessoa, pátrio poder, tutela, curatela, interdição, casamento, declaração de ausência e disposições de última vontade. Destaque-se que o CPC/2015 não repetiu a redação do art. 82, II, do CPC/1973, que previa a intervenção do Ministério Público nessas demandas. Não há mais, portanto, necessidade de intervenção obrigatória do órgão ministerial em todas as ações de família, mas somente quando houver interesse de incapaz. Essa regra também está prevista no CPC/2015 (art. 698).[158]

CPC/2015	CPC/1973
Art. 179. Nos casos de intervenção como fiscal da *ordem jurídica,* o Ministério Público:	Art. 83. Intervindo como fiscal da *lei,* o Ministério Público:
I – terá vista dos autos depois das partes, sendo intimado de todos os atos do processo;	I – terá vista dos autos depois das partes, sendo intimado de todos os atos do processo;
II – poderá produzir provas, requerer as medidas *processuais pertinentes* **e recorrer**.	II – poderá *juntar documentos e certidões,* produzir prova ~~em audiência~~ e requerer medidas *ou diligências necessárias ao descobrimento da verdade.*

 COMENTÁRIOS:

Prerrogativas processuais do MP. O inciso I não se aplica quando no processo houver pedido de tutela provisória liminar e nos casos de improcedência liminar do pedido, hipóteses nas quais o MP terá vista dos autos antes de o réu ser integrado à lide.

O inciso II ganhou maior amplitude e evidenciou que a atuação do Ministério Público, como fiscal da lei, abrange poderes similares aos das partes. Nesse sentido, Humberto Theodoro Júnior já asseverava que "a distinção entre função do Ministério Público como parte e como *custos legis* é meramente nominal, pois, na prática, os poderes que lhe são atribuídos, na última hipótese, são tão vastos quanto os dos próprios litigantes".[159]

---

[158] Art. 698. "Nas ações de família, o Ministério Público somente intervirá quando houver interesse de incapaz e deverá ser ouvido previamente à homologação de acordo."

[159] **Código de Processo Civil anotado.** 16. ed. Rio de Janeiro: Forense, 2012, p. 115.

CPC/2015	CPC/1973
Art. 180. *O Ministério Público gozará de prazo em dobro para manifestar-se nos autos,* que terá início a partir de sua intimação pessoal, **nos termos do art. 183, § 1º.** § 1º Findo o prazo para manifestação do Ministério Público sem o oferecimento de parecer, o juiz requisitará os autos e dará andamento ao processo. § 2º Não se aplica o benefício da contagem em dobro quando a lei estabelecer, de forma expressa, prazo próprio para o Ministério Público.	Art. 188. *Computar-se-á em quádruplo o prazo para contestar e em dobro para recorrer quando a parte for a Fazenda Pública ou o Ministério Público.* Art. 240. ~~Salvo disposição em contrário, os prazos para as partes, para a Fazenda Pública e para o~~ Ministério Público contar-se-ão da intimação. Art. 236. [...] § 2º A intimação do Ministério Público, em qualquer caso, será feita pessoalmente.

 ## COMENTÁRIOS:

Prazo diferenciado para o MP. O prazo processual do Ministério Público, *quando atuar como parte,*[160] será em dobro, não importando qual seja a manifestação. Extingue-se, portanto, a previsão de prazo quádruplo para apresentação de contestação, que estava previsto no art. 188 do CPC/1973.

Preclusão para o MP. O § 1º do novo art. 180 reconhece de maneira clara o efeito preclusivo dos prazos processuais para o Ministério Público, quando da sua atuação como parte.

Prazo próprio. Nos casos em que o Código ou a legislação especial dispuser de prazo próprio para o MP, não se aplica o prazo diferenciado previsto no *caput*. Exemplo: art. 721, que estabelece o prazo de 15 (quinze) dias para o MP se manifestar no procedimento de jurisdição voluntária.

CPC/2015	CPC/1973
Art. 181. O *membro* do Ministério Público será civil **e regressivamente** responsável quando agir com dolo ou fraude no exercício de suas funções.	Art. 85. O *órgão* do Ministério Público será civilmente responsável quando, no exercício de suas funções, proceder com dolo ou fraude.

 ## COMENTÁRIOS:

Responsabilidade do MP. O prejudicado por ato doloso ou fraudulento praticado por representante do Ministério Público terá o direito de ressarcir-se por meio de ação dirigida contra o Poder Público. Em tal hipótese, o membro do Ministério Público é responsável perante o Estado, devendo indenizá-lo em regresso. Nada obsta a que o prejudicado intente ação direta contra o membro do MP ou contra este e o Estado, conjuntamente (STJ, REsp 1.325.862/PR).

Já o comportamento culposo não é suficiente para caracterizar a responsabilidade pessoal do representante do Ministério Público, a teor do dispositivo legal citado, embora não exima a Fazenda Pública de responsabilidade na forma do art. 37, § 6º, da CF/1988 (de natureza objetiva).

---

[160] Cabe ressalvar que o STF já entendeu como aplicável o privilégio de prazo processual nos feitos em que o MP atue como fiscal da lei; *vide* RE 93.531/SP, Rel. Min. Oscar Dias Corrêa, 1ª Turma, julgado em 10.06.1983.

TÍTULO VI
DA ADVOCACIA PÚBLICA

CPC/2015	CPC/1973
Art. 182. **Incumbe à Advocacia Pública, na forma da lei, defender e promover os interesses públicos da União, dos Estados, do Distrito Federal e dos Municípios, por meio da representação judicial, em todos os âmbitos federativos, das pessoas jurídicas de direito público que integram a administração direta e indireta.**	Não há correspondência.

 COMENTÁRIOS:

Funções da Advocacia Pública. A Advocacia Pública está prevista na Constituição Federal em seus arts. 131 e 132, sendo o *caput* desse novo dispositivo do CPC/2015 decorrência lógica das normas constitucionais. Compete à Advocacia-Geral da União e às procuradorias dos Estados, do Distrito Federal e dos Municípios defender e promover os interesses dos entes federados, representando judicialmente as pessoas jurídicas de direito público que compõem a administração direta e indireta.

Além da atuação contenciosa, os advogados públicos exercem atividades consultivas, de assessoramento e orientação aos dirigentes do Poder Executivo das respectivas unidades federadas (art. 131, parte final, da CF/1988).

CPC/2015	CPC/1973
Art. 183. *A União, os Estados, o Distrito Federal, os Municípios e suas respectivas autarquias e fundações de direito público gozarão de prazo em dobro para todas as suas manifestações processuais,* **cuja contagem terá início a partir da intimação pessoal.** **§ 1º A intimação pessoal far-se-á por carga, remessa ou meio eletrônico.** **§ 2º Não se aplica o benefício da contagem em dobro quando a lei estabelecer, de forma expressa, prazo próprio para o ente público.**	Art. 188. *Computar-se-á em quádruplo o prazo para contestar e em dobro para recorrer quando a parte for a Fazenda Pública ou o Ministério Público.* Art. 240. ~~Salvo disposição em contrário,~~ os *prazos para as partes, para a Fazenda Pública* ~~e para o Ministério Público~~ contar-se-ão da intimação.

 COMENTÁRIOS:

Prazo diferenciado para a Fazenda Pública. Atuando em defesa da União, do Estado, do Distrito Federal ou do Município, o advogado público terá, por conta dessa representação, prazo em dobro para toda e qualquer manifestação processual. Somente na hipótese de lei especial disciplinar prazo próprio para o ente público é que essa regra será afastada. A prerrogativa de prazo em dobro, ressalte-se, é da Fazenda Pública, e não do advogado que a representa.

A contagem se iniciará da intimação pessoal – realizada por carga, remessa ou meio eletrônico – do membro da Advocacia Pública que representar o ente.

CPC/2015	CPC/1973
Art. 184. O membro da Advocacia Pública será civil e regressivamente responsável quando agir com dolo ou fraude no exercício de suas funções.	Não há correspondência.

 COMENTÁRIOS:

Responsabilidade do advogado público. Quanto às responsabilidades, o membro da Advocacia Pública responde na forma do artigo, assim como o membro do Ministério Público, o advogado público responderá civil e regressivamente quando agir com dolo ou fraude no exercício de suas funções. Mais uma vez, afasta-se a responsabilização em razão de culpa, a qual pode ser imputada ao Estado, por força da responsabilidade objetiva estabelecida no texto constitucional (art. 37, § 6º). Ressalte-se, no entanto, que o Estado, após responder pelo eventual prejuízo, tem direito de propor ação regressiva contra o advogado público, conforme permissivo constitucional contido no dispositivo já citado.

TÍTULO VII
DA DEFENSORIA PÚBLICA

CPC/2015	CPC/1973
Art. 185. A Defensoria Pública exercerá a orientação jurídica, a promoção dos direitos humanos e a defesa dos direitos individuais e coletivos dos necessitados, em todos os graus, de forma integral e gratuita.	Não há correspondência.

 COMENTÁRIOS:

As funções da Defensoria Pública no novo CPC. O Código atual destinou um título exclusivo para tratar da Defensoria Pública, assim como fez com o Ministério Público e a Advocacia Pública. Tal disposição serviu para dar organicidade ao sistema processual e, acima de tudo, para conferir a mesma importância a todas essas entidades que, junto da Advocacia Privada, exercem funções essenciais à justiça. O preceito contido nesse artigo está presente na Lei Complementar nº 80/1994 (arts. 1º, 4º, I, e 108).

CPC/2015	CPC/1973
Art. 186. A Defensoria Pública gozará de prazo em dobro para todas as suas manifestações processuais. § 1º O prazo tem início com a intimação pessoal do defensor público, nos termos do art. 183, § 1º. § 2º A requerimento da Defensoria Pública, o juiz determinará a intimação pessoal da parte patrocinada quando o ato processual depender de providência ou informação que somente por ela possa ser realizada ou prestada.	Não há correspondência.

§ 3º **O disposto no *caput* aplica-se aos escritórios de prática jurídica das faculdades de Direito reconhecidas na forma da lei e às entidades que prestam assistência jurídica gratuita em razão de convênios firmados com a Defensoria Pública.**

§ 4º **Não se aplica o benefício da contagem em dobro quando a lei estabelecer, de forma expressa, prazo próprio para a Defensoria Pública.**

 COMENTÁRIOS:

Prazo diferenciado para a Defensoria Pública. Os arts. 44, I, 89, I, e 128, I, da LC nº 80/1994 fixam como prerrogativa dos membros da Defensoria Pública o recebimento de intimação pessoal em qualquer processo e grau de jurisdição ou instância administrativa, contando-se-lhes em dobro todos os prazos.

No processo civil, a regra está estampada no art. 186 do CPC/2015, que confere à Defensoria Pública o prazo em dobro para todas as manifestações processuais e estabelece a sua contagem a partir da intimação pessoal (seja por carga, remessa ou meio eletrônico).

O CPC/2015 também traz prerrogativa para o assistido pela Defensoria Pública, ao passo que possibilita a sua intimação pessoal (via oficial de justiça) nos casos em que o ato processual dependa de providência ou informação que somente pelo assistido possa ser realizada ou prestada (art. 186, § 2º). A regra se justifica pela dificuldade que possui a Defensoria Pública em manter contato com os seus representados e, consequentemente, em dar andamento ao trâmite processual sem o efetivo auxílio da parte assistida.

Tratando-se de advogados dativos, STF e STJ já consolidaram entendimento no sentido de que estes não possuem as prerrogativas processuais de intimação processual e prazo em dobro conferidas aos defensores públicos em geral. A ressalva fica por conta da intimação pessoal em matéria penal, que foi estendida ao defensor dativo (STF, HC nº 110.656, Rel. Min. Ayres Britto, julgado em 13.03.2012).

CPC/2015	CPC/1973
Art. 187. O membro da Defensoria Pública será civil e regressivamente responsável quando agir com dolo ou fraude no exercício de suas funções.	Não há correspondência.

 COMENTÁRIOS:

Responsabilidade do defensor público. O preceito é genérico e trata da responsabilidade civil imputada ao Defensor Público que, agindo com dolo ou fraude no exercício de suas funções, der causa a dano.

O prejudicado por ato doloso ou fraudulento praticado por representante da Defensoria Pública terá o direito de ressarcir-se por meio de ação dirigida contra o Poder Público, e, em tal hipótese, o membro da instituição será responsável regressivamente perante o Estado.

LIVRO IV
DOS ATOS PROCESSUAIS

TÍTULO I
DA FORMA, DO TEMPO E DO LUGAR DOS ATOS PROCESSUAIS

Capítulo I
Da Forma dos Atos Processuais

Seção I
Dos Atos em Geral

CPC/2015	CPC/1973
Art. 188. Os atos e os termos processuais independem de forma determinada, *salvo* quando a lei expressamente a exigir, *considerando-se* válidos os que, realizados de outro modo, lhe preencham a finalidade essencial.	Art. 154. Os atos e termos processuais não dependem de forma determinada *senão* quando a lei expressamente a exigir, *reputando-se* válidos os que, realizados de outro modo, lhe preencham a finalidade essencial.
	Parágrafo único. ~~Os tribunais, no âmbito da respectiva jurisdição, poderão disciplinar a prática e a comunicação oficial dos atos processuais por meios eletrônicos, atendidos os requisitos de autenticidade, integridade, validade jurídica e interoperabilidade da Infra-Estrutura de Chaves Públicas Brasileira ICP Brasil.~~

 COMENTÁRIOS:

Forma dos atos processuais. A regra é a forma livre dos atos jurídicos (art. 107 do CC). Excepcionalmente, a lei condiciona a validade do ato jurídico à forma, como ocorre com os atos que visem à constituição, à transferência, à modificação ou à renúncia de direitos reais sobre imóveis de valor superior a trinta vezes o maior salário mínimo vigente no País. Nesses casos, a escritura pública é essencial.

O ato processual, como espécie do ato jurídico, segue a mesma regra. A validade do ato processual não requer forma determinada, a não ser quando a lei expressamente o exigir (art. 188).

Os atos processuais que formam o processo são praticados por meio da escrita ou assim registrados, formando os autos. Todos os atos processuais, sem exceção, são escritos. De regra, a parte, por meio de seu advogado, leva o seu ato de postulação (num sentido amplo) já escrito, seja a petição inicial, a resposta, o pedido de provas, o recurso e assim por diante. Também o juiz, desde o início, se manifesta por meio da escrita, iniciando a sua participação no processo com o tradicional "Cite-se o réu". O oficial de justiça faz a citação, manifestando essa vontade estatal por meio da palavra, mas registra-o na respectiva certidão. Apresentada a resposta, vem a fase probatória. As partes prestam depoimento pessoal e as testemunhas são ouvidas. Tudo oralmente (em certos casos, admite-se o depoimento escrito), mas também esses atos processuais são registrados no processo. Resumindo: a manifestação da vontade dos agentes do processo – atos processuais praticados pelas partes, pelo juiz e auxiliares – pode se dar por escrito ou oralmente; mas nessa última hipótese é reduzida a termo. Nem mesmo os procedimentos adotados nos juizados especiais escapam a essa formalidade mínima. A regra é a oralidade. Partes, juiz e seus auxiliares podem se manifestar oralmente, mas tudo é reduzido a termo (convertido em texto escrito).

Em alguns casos, o CPC, além de se utilizar da escrita (imediata ou mediatamente), prescreve a forma como requisito de validade do ato processual. Isso ocorre, por exemplo, no caso das intimações, que, se não realizadas por meio eletrônico, serão consideradas feitas somente quando publicadas no órgão oficial. Mesmo assim, pelo princípio da instrumentalidade das formas (art. 276), admite-se, atendidos certos requisitos, que o ato seja praticado de outra forma, desde que alcance a finalidade. É o caso, por exemplo, da utilização do aplicativo *WhatsApp* como ferramenta para a realização de intimação das partes que assim optarem. Mas não deixa de ter uma forma determinada e ser escrita, possibilitando a cópia e a colagem nos autos, providência que pode ser substituída pelo registro escrito (certidão) do escrivão.

O que comumente ocorre é o Código prescrever requisitos de validade para o ato processual. Exemplos: requisitos da petição inicial (art. 319), da sentença (art. 489) e das cartas (de ordem, precatória e rogatória). A forma é livre, mas nem tanto. Tais atos exigem requisitos; nesse sentido são extremamente formais. Já dissemos que os atos são escritos ou registrados por essa forma. Quanto ao meio no qual se registram os atos processuais, cujo conjunto vai formar os autos do processo, pode ser físico ou virtual (chamado eletrônico).

CPC/2015	CPC/1973
Art. 189. Os atos processuais são públicos, todavia tramitam em segredo de justiça os processos:	Art. 155. Os atos processuais são públicos. Correm, todavia, em segredo de justiça os processos:
I – em que o exija o interesse público **ou social;**	I – em que o exigir o interesse público;
II – que versem sobre casamento, **separação de corpos,** divórcio, separação, **união estável,** filiação, alimentos e guarda *de crianças e adolescentes;*	II – que dizem respeito a casamento, filiação, separação *dos cônjuges, conversão desta em* divórcio, alimentos e guarda *de menores.*
III – **em que constem dados protegidos pelo direito constitucional à intimidade;**	Parágrafo único. O direito de consultar os autos e de pedir certidões de seus atos é restrito às partes e a seus procuradores. O terceiro, que demonstrar interesse jurídico, pode requerer ao juiz certidão do dispositivo da sentença, bem como de inventário e partilha resultante *do desquite.*
IV – **que versem sobre arbitragem, inclusive sobre cumprimento de carta arbitral, desde que a confidencialidade estipulada na arbitragem seja comprovada perante o juízo.**	
§ 1º O direito de consultar os autos **de processo que tramite em segredo de justiça** e de pedir certidões de seus atos é restrito às partes e aos seus procuradores.	
§ 2º O terceiro que demonstrar interesse jurídico pode requerer ao juiz certidão do dispositivo da sentença, bem como de inventário e de partilha resultantes *de divórcio ou separação.*	

COMENTÁRIOS:

Publicidade dos atos processuais. Em geral são públicos os atos processuais (art. 189); assim, qualquer pessoa pode obter traslados e certidões a respeito dos atos e termos contidos no processo. Há, porém, casos em que, por interesse público ou social, bem como pelo respeito que merecem as questões de foro íntimo, o Código reduz a publicidade dos atos, verificando-se o procedimento chamado "segredo de justiça", no qual apenas as partes e seus procuradores têm acesso aos termos e atos do processo. Contudo, o terceiro que demonstrar interesse jurídico (necessitar conhecer os termos do processo para o exercício de algum direito, por exemplo) pode requerer ao juiz certidão do dispositivo da sentença, bem como de inventário e de partilha resultantes de divórcio ou separação (§§ 1º e 2º do art. 189). A exceção de publicidade dos atos processuais está prevista nos incisos do art. 189.

Interesse social. O CPC/2015 inseriu o interesse social como causa para a garantia da tramitação em segredo de justiça. Não se trata, porém, de inovação, porquanto a Constituição da República traz previsão semelhante no art. 5º, LX.[161]

Ações de família. Houve atualização do rol das ações de família que deverão tramitar em segredo de justiça. O objetivo do sigilo é preservar a intimidade das pessoas e a integridade de suas entidades familiares.

Direito à intimidade. O CPC/2015 novamente se espelha no texto constitucional ao restringir a publicidade dos atos processuais nas demandas em que constem dados protegidos pelo direito constitucional à intimidade (art. 5º, LX, da CF/1988). Ressalte-se, no entanto, que a jurisprudência já havia consolidado entendimento no sentido de admitir o rol do CPC/1973 como meramente exemplificativo.[162]

Arbitragem. É muito comum que na própria convenção de arbitragem as partes já imponham o sigilo (seja em relação ao negócio ou mesmo ao eventual litígio). Pensando nisso, o legislador possibilitou ao juiz afastar a regra da publicidade sempre que a confidencialidade for comprovada judicialmente.

Direito de consulta. Nos termos dos §§ 1º e 2º do art. 189, o direito de consultar os autos dos processos que tramitam em segrego de justiça e de pedir certidões de seus atos é restrito às partes e aos seus procuradores. O terceiro só poderá requerer certidão do dispositivo da sentença, bem como de inventário e partilha resultante de divórcio ou separação, se demonstrar interesse jurídico. Vale lembrar que essas restrições são aplicáveis apenas aos processos que correm em segredo de justiça. Nos demais casos, "a regra é a de que independentemente de despacho nesse sentido, o escrivão dará, a quem requerer, certidão de qualquer ato ou termo do processo".[163]

---

[161]   CF/1988, art. 5º, LX: "A lei só poderá restringir a publicidade dos atos processuais quando a defesa da intimidade ou o interesse social o exigirem."

[162]   STJ, AgRg na MC 14.949/SP, Rel. Min. Nancy Andrighi, 3ª Turma, julgado em 19.05.2009, *DJe* 18.06.2009. De mesma relatoria, cf. REsp 605.687/AM, julgado em 02.06.2005. No mesmo sentido, TJMG, AI 442.429-3, Rel. Juiz Dárcio Lopardi Mendes, 6ª Câmara, julgado em 20.04.2004.

[163]   NERY JR., Nelson; NERY, Rosa Maria de Andrade. **Código de Processo Civil comentado e legislação extravagante.** São Paulo: Revista dos Tribunais, 2003.

CPC/2015	CPC/1973
Art. 190. Versando o processo sobre direitos que admitam autocomposição, é lícito às partes plenamente capazes estipular mudanças no procedimento para ajustá-lo às especificidades da causa e convencionar sobre os seus ônus, poderes, faculdades e deveres processuais, antes ou durante o processo. Parágrafo único. De ofício ou a requerimento, o juiz controlará a validade das convenções previstas neste artigo, recusando-lhes aplicação somente nos casos de nulidade ou de inserção abusiva em contrato de adesão ou em que alguma parte se encontre em manifesta situação de vulnerabilidade.	Não há correspondência.

 COMENTÁRIOS:

Convenção sobre os atos processuais. O novo CPC prevê a possibilidade de alteração do procedimento para "ajustá-lo às especificidades da causa" (art. 190). O dispositivo é claramente inspirado nos movimentos do *contratualismo* processual, que permitem uma adequação do instrumento estatal de solução de litígios aos interesses das partes e ao direito material que os consubstanciam.

A alteração procedimental só pode ser realizada quando a causa versar sobre direitos que admitam autocomposição e as partes forem plenamente capazes. A modificação deve ser realizada mediante consenso e pode incluir o ajuste quanto aos prazos processuais. Nada impede que a flexibilização quanto ao procedimento seja ajustada na fase pré-processual, ou seja, antes mesmo da existência da demanda. Em todo caso – convenção firmada antes ou após o processo –, ainda que a lei não exija a homologação do juiz, é possível que este controle a sua validade (art. 190, parágrafo único).

O professor e magistrado Fernando da Fonseca Gajardoni enumera algumas situações que podem admitir a convenção sobre o procedimento. Entre elas, citamos: (i) ampliação e redução dos prazos de resposta e de recursos; (ii) estabelecimento de novas formas de comunicação, inclusive por meio de aplicativos de mensagens; (iii) opção por memoriais escritos em vez de debate oral; (iv) comparecimento das testemunhas sem necessidade de expedição de carta precatória ou rogatória.[164]

O Fórum Permanente de Processualistas Civis, nos Enunciados nº 19 e 21, também trouxe alguns exemplos de negócios jurídicos processuais que poderão ser pactuados em conformidade com o art. 190: pacto de impenhorabilidade, acordo de ampliação de prazos das partes de qualquer natureza, acordo de rateio de despesas processuais, dispensa consensual de assistente técnico, acordo para retirar o efeito suspensivo de recurso, acordo para não promover execução provisória; pacto de mediação ou conciliação extrajudicial prévia obrigatória, inclusive com a correlata previsão de exclusão da audiência de conciliação ou de mediação prevista no art. 334; pacto de exclusão contratual da audiência de conciliação

---

[164] DUARTE, Zulmar; DELLORE, Luiz; GAJARDONI, Fernando; ROQUE, André Vasconcelos. **Teoria geral do processo:** comentários ao CPC de 2015 – Parte Geral. São Paulo: Forense, 2015, p. 625.

ou de mediação prevista no art. 334; pacto de disponibilização prévia de documentação (pacto de *disclosure*), inclusive com estipulação de sanção negocial, sem prejuízo de medidas coercitivas, mandamentais, sub-rogatórias ou indutivas; previsão de meios alternativos de comunicação das partes entre si; acordo de produção antecipada de prova; escolha consensual de depositário-administrador no caso do art. 866; convenção que permita a presença da parte contrária no decorrer da colheita de depoimento pessoal (Enunciado nº 19); acordo para realização de sustentação oral, acordo para ampliação do tempo de sustentação oral, julgamento antecipado do mérito convencional, convenção sobre prova, redução de prazos processuais (Enunciado nº 21).

O tema é polêmico e suscita muita divergência doutrinária, principalmente no que respeita aos limites da autonomia das partes na celebração do negócio jurídico processual. Embora não sejam vinculativos e, portanto, não sejam capazes de balizar a jurisprudência, os enunciados oriundos da ENFAM não deixam de significar o pensamento inicial da magistratura brasileira sobre o tema abordado, tal como os enunciados do FPPC representam o pensamento dos doutrinadores que integram esse fórum.

Apresentadas algumas hipóteses que na visão do FPPC podem ser objeto de negócios jurídicos, vejamos quais os limites que a ENFAM entende devam ser observados:

- A regra do art. 190 do CPC/2015 não autoriza às partes a celebração de negócios jurídicos processuais atípicos que afetem poderes e deveres do juiz, tais como os que: a) limitem seus poderes de instrução ou de sanção à litigância ímproba; b) subtraiam do Estado/juiz o controle da legitimidade das partes ou do ingresso de *amicus curiae*; c) introduzam novas hipóteses de recorribilidade, de rescisória ou de sustentação oral não previstas em lei; d) estipulem o julgamento do conflito com base em lei diversa da nacional vigente; e e) estabeleçam prioridade de julgamento não prevista em lei (Enunciado nº 36).

- São nulas, por ilicitude do objeto, as convenções processuais que violem as garantias constitucionais do processo, tais como as que: a) autorizem o uso de prova ilícita; b) limitem a publicidade do processo para além das hipóteses expressamente previstas em lei; c) modifiquem o regime de competência absoluta; e d) dispensem o dever de motivação (Enunciado nº 37).

- Somente partes absolutamente capazes podem celebrar convenção pré-processual atípica (arts. 190 e 191 do CPC/2015) – Enunciado nº 38.

CPC/2015	CPC/1973
Art. 191. De comum acordo, o juiz e as partes podem fixar calendário para a prática dos atos processuais, quando for o caso. § 1º O calendário vincula as partes e o juiz, e os prazos nele previstos somente serão modificados em casos excepcionais, devidamente justificados. § 2º Dispensa-se a intimação das partes para a prática de ato processual ou a realização de audiência cujas datas tiverem sido designadas no calendário.	Não há correspondência.

💬 **COMENTÁRIOS:**

Calendarização. O dispositivo em comento possibilita o estabelecimento de calendário visando à definição dos diversos tempos do processo, bem como à dispensa da comunicação de atos processuais, o que, sem dúvida, redunda em celeridade, porquanto põe fim aos chamados tempos mortos do processo, ou seja, elimina os lapsos temporais em que o processo fica dormitando nas prateleiras – e agora no computador – aguardando a prática de atos pelo juiz ou por seus auxiliares.

Trata-se de uma modalidade de negócio jurídico processual. Distingue-se do negócio processual previsto no art. 190 pelo objeto, pela natureza do direito subjacente ao processo e pelos protagonistas.

O art. 190 estabelece o regramento geral para o negócio jurídico processual celebrado entre as partes com vistas ao estabelecimento de procedimento mais consentâneo com as especificidades da causa. Esse negócio jurídico pode incidir sobre ônus, faculdades, poderes e deveres das partes, exercendo o juiz tão somente o papel de controlador da validade da convenção, bem como dos limites da sua aplicação, recusando-lhe validade naqueles casos em que as disposições das partes infrinjam poderes do juiz, afastem garantias e efeitos inerentes ao devido processo legal, subtraiam garantias de litigante em condição de vulnerabilidade e também quando a convenção procedimental for inserida abusivamente em contrato de adesão. Tal negócio somente é viável nos negócios que admitam autocomposição, de regra, sobre direitos disponíveis, lembrando que, em certos casos, a autocomposição é viável também em direitos indisponíveis, como, por exemplo, em matéria ambiental.

O calendário processual, previsto no art. 191, a seu turno, porque interfere de forma menos intensa nas posições das partes no processo, pode ser celebrado em qualquer processo de natureza cível, pouco importa se o direito substancial admita ou não autocomposição. Aqui o negócio se limita à definição de datas (calendário) para a prática de atos processuais pelas partes e pelo juiz. Pode-se, por exemplo, estabelecer que a contestação será apresentada em 10 (dez) dias corridos, a contar do ato citatório, que ocorrerá por e-mail; que, apresentada a contestação e comunicada ao autor igualmente por e-mail, terá este o prazo de 10 (dez) dias corridos para sobre ela se manifestar; que o juiz terá o prazo de 5 (cinco) dias para proferir a sentença. Exatamente por implicar o estabelecimento de prazos para as partes e para o órgão jurisdicional – juiz, aqui, tem o significado de juízo –, deve o acordo ser integrado por todas as partes, ou seja, autor, réu, Ministério Público, quando integrar a relação processual, e terceiros intervenientes. Nada obsta a que a "calendarização" envolva tão somente as partes e, se assim for, pode compor o acordo procedimental previsto no art. 190, respeitada a natureza do direito subjacente ao processo. Ademais, o calendário pode ser estabelecido em qualquer momento processual, enquanto for útil. Pode figurar na própria petição inicial, logo depois do ajuizamento da demanda e até em grau de recurso.

Caso o juiz aquiesça com os termos do calendário, deve obedecer ao que estabelecido foi. Contudo, o prazo não transmuda de impróprio para próprio. No caso de descumprimento, no máximo pode-se pensar em pena disciplinar, salvo se houver justificativa para tanto. Em razão do abarrotamento da máquina judiciária, justificativa não falta para o descumprimento de prazos processuais, por isso não se tem notícia de juiz que tenha sido punido pela extrapolação de prazo fixado em lei; não será diferente para os prazos fixados em acordo subscrito pelos atores do processo. Assim, para o juiz, os prazos figuram como um ideal, uma meta a ser perseguida; trata-se de dever sem sanção, ou seja, de um nada do ponto de vista jurídico.

A academia, por desconhecer ou fazer vista grossa à realidade judiciária do nosso país, muito se entusiasma com as possibilidades de autorregramento do processo. De minha parte, não tenho dúvidas de que, em termos legislativos, constitui um avanço, embora estejamos, de certa forma, abrindo mão de parcela da publicização do processo, o que já foi apontado como a salvação da pátria. Que voltemos à privatização; contudo, não se pode esquecer que ela pode até funcionar adequadamente quando todos os atores são privados, como ocorre na arbitragem. Para o processo jurisdicional, os negócios jurídicos previstos nos arts. 190 e 191 não passam de uma bem elaborada sinfonia, a qual só produziria som se o maestro tivesse tempo para executá-la tal como composta. Nesse país de muitas sinfonias e poucas orquestras, ainda assim regidas por maestros com escassa formação gerencial, esse processo jurisdicional público-privado será mais um tiro n'água. Há que se optar pelo processo jurisdicional ou pela arbitragem. A situação da máquina judiciária não permite que o juiz seja transformado em árbitro de uma minoria mais bem aquinhoada, que se valerá do autorregramento para estabelecer o ritmo do processo. Ainda que precariamente, o órgão jurisdicional não pode privilegiar quem quer que seja com prazos diferenciados para uns em detrimento de outros. O juiz deve ser o juiz de todos. O ideal é que todas as demandas pudessem ser decididas num prazo útil. Como isso, no estado atual da arte, mostra-se inviável, tal como o SUS, não pode a justiça pública atender prioritariamente o mais bem vestido, o mais bem representado. Nada justifica que a pessoa humilde, desigual perante tudo e todos, não possa ter um prazo definido para conhecer os termos da resolução do litígio. Em situações de desequilíbrio, a meu ver, caberia ao juiz dar um empurrãozinho no prato da balança, a fim de restabelecer a isonomia, pelo menos no que respeita à mitigação da morosidade.

Enfim, pelo menos por enquanto, à vista da precariedade do aparato judicial, somente a arbitragem comporta calendarização. De qualquer forma, temos lei. Os processualistas mais entusiasmados já estão convocados para uma pesquisa, a ser feita daqui a dez anos. Só a pesquisa – para a qual não demonstramos a mínima aptidão – poderá oferecer elementos para avaliarmos se um instituto merece a nossa tinta ou se, por imprestável, deve ser enviado ao santo sepulcro.

CPC/2015	CPC/1973
Art. 192. Em todos os atos e termos do processo é obrigatório o uso *da língua portuguesa*. Parágrafo único. O documento redigido em língua estrangeira somente poderá ser juntado aos autos quando acompanhado de versão *para a língua portuguesa* **tramitada por via diplomática ou pela autoridade central**, ou firmada por tradutor juramentado.	Art. 156. Em todos os atos e termos do processo é obrigatório o uso *do vernáculo*. Art. 157. Só poderá ser junto aos autos documento redigido em língua estrangeira, quando acompanhado de versão *em vernáculo*, firmada por tradutor juramentado.

 COMENTÁRIOS:

Linguagem dos atos processuais. A exteriorização dos atos jurídicos se faz por intermédio da linguagem, que pode ser oral ou escrita. A oral, ainda que sinteticamente, é convertida para a linguagem escrita. É a forma de registrar os atos processuais. No futuro, pode ser que o processo eletrônico acolha meios para adoção do processo exclusivamente falado, principalmente nos juizados especiais. O autor fará o seu requerimento, o réu a defesa e o juiz ditará a sentença. A petição inicial e a sentença, por exemplo, tratam-se de atos escritos, em papel ou virtualmente. O ato oral deve ser reduzido a termo pelo escrivão para sua documentação nos autos (por exemplo, audiência de instrução e julgamento, depoimento de testemunha).

O CPC/2015 admite documentos redigidos em língua estrangeira acompanhados de tradução realizada por via diplomática, dispensando a necessidade específica da tradução juramentada (atividade de alto custo no Brasil). A nova disposição facilita o intercâmbio e a cooperação internacional, uma vez que desvincula a validade de um documento estrangeiro da tradução realizada por servidor público nacional.

Seção II
Da Prática Eletrônica de Atos Processuais

CPC/2015	CPC/1973
Art. 193. *Os atos processuais* podem ser **total ou parcialmente digitais, de forma a permitir que sejam** produzidos, *comunicados*, armazenados e *validados* por meio eletrônico, na forma da lei. Parágrafo único. **O disposto nesta Seção aplica-se, no que for cabível, à prática de atos notariais e de registro.**	Art. 154. [...] § 2º *Todos os atos e termos do processo* podem ser produzidos, *transmitidos*, armazenados e *assinados* por meio eletrônico, na forma da lei.

 COMENTÁRIOS:

Atos processuais em meio eletrônico. A sistematização dos atos processuais no CPC/2015 veio complementar as disposições previstas na Lei nº 11.419/2006. Vale ressaltar que, além de estender a prática eletrônica aos atos notariais e de registro, o CPC/2015 estabelece que, ainda que os autos sejam apenas parcialmente virtuais, todos os atos processuais deverão ser produzidos, comunicados, armazenados e validados por meio eletrônico. Em outras palavras, os autos físicos coexistirão com os autos virtuais.

CPC/2015	CPC/1973
Art. 194. **Os sistemas de automação processual respeitarão a publicidade dos atos, o acesso e a participação das partes e de seus procuradores, inclusive nas audiências e sessões de julgamento, observadas as garantias da disponibilidade, independência da plataforma computacional, acessibilidade e interoperabilidade dos sistemas, serviços, dados e informações que o Poder Judiciário administre no exercício de suas funções.**	Não há correspondência.

 COMENTÁRIOS:

Essa disposição evidencia as diretrizes necessárias para interpretação da Lei nº 11.419/2006, especificamente dos Capítulos II (Da comunicação eletrônica dos atos processuais) e III (Do Processo Eletrônico).

Publicidade. A publicidade dos atos processuais deve observar as mesmas regras do art. 189 do CPC/2015. Sendo assim, nos casos em que houver necessidade de mitigação da publicidade, os processos virtuais tramitarão com a restrição de confidencialidade.

Disponibilidade. Para que se cumpra o princípio da publicidade e se permitam o acesso e a participação das partes e dos procuradores no processo, deve estar garantida a disponibilidade, ou seja, a não interrupção do acesso. A estabilidade dos servidores e sistemas dos tribunais, no entanto, é algo que ainda não se pode garantir seguramente. Prova disso é que o Código estabeleceu como justa causa para a não realização de ato processual dentro do prazo legal ou judicial a ocorrência de problema técnico do sistema e de erro ou omissão do auxiliar da justiça responsável pelo registro dos andamentos (art. 197, parágrafo único).

Independência da plataforma computacional. "Os sistemas não devem ser projetados para funcionamento atrelado a determinado sistema operacional, *software*, estrutura de dados ou equipamento, e nem dependentes de tecnologias específicas."[165]

Acessibilidade. Tem relação com a garantia de utilização do sistema e se complementa com a norma prevista no art. 196, que determina que as unidades do Poder Judiciário mantenham gratuitamente, à disposição dos interessados, os equipamentos necessários à prática de atos processuais e à consulta e ao acesso ao sistema e aos documentos dele constantes. Vale ressaltar que, caso não haja a disponibilização, estar-se-á afastando a garantia de acessibilidade. Em contrapartida, em tais casos, será admitida a prática de atos por meio não eletrônico.

Outra regra de acessibilidade está prevista no art. 199, que confere aos deficientes o acesso aos sítios do Poder Judiciário, ao meio eletrônico de prática de atos judiciais, à comunicação eletrônica dos atos processuais e à assinatura eletrônica.

Interoperabilidade. O sistema de um tribunal deve se comunicar com o de outro, de modo que o advogado não precise guardar uma infinidade de códigos para atuar no Poder Judiciário.

CPC/2015	CPC/1973
Art. 195. **O registro de ato processual eletrônico deverá ser feito em padrões abertos, que atenderão aos requisitos de autenticidade, integridade, temporalidade, não repúdio, conservação e, nos casos que tramitem em segredo de justiça, confidencialidade, observada a infraestrutura de chaves públicas unificada nacionalmente, nos termos da lei.**	Não há correspondência.

---

[165]   Definição extraída do relatório parcial do Deputado Efraim Filho, na Comissão Especial destinada a proferir parecer ao projeto do novo CPC. Disponível em: <http://www2.camara.leg.br/atividadelegislativa/comissoes/comissoestemporarias/especiais/54a-legislatura/8046-10-codigo-de-processo-civil/arquivos/parecer_deputado-efraim-filho>.

COMENTÁRIOS:

O registro dos atos processuais deve observar os seguintes requisitos: autenticidade, integridade, temporalidade, não repúdio, conservação e confidencialidade (esta somente para os casos que tramitem sob segredo de justiça).

Autenticidade. Visa garantir que a autoria do documento ou a prática do ato processual seja atribuída a quem realmente o tenha produzido ou realizado.

Integridade. Objetiva garantir o conteúdo do documento, tal qual ele foi formulado antes da transmissão ao sistema.

Temporalidade. É a garantia de que serão registradas "data e hora de determinado evento, de modo a permitir a constatação, em eventual necessidade de comparação, da ordem cronológica em que ocorreram".[166]

Não repúdio. Trata do obstáculo imposto às partes, aos advogados, ao juiz, ao promotor, ao perito etc., de negarem o conteúdo ou autoria do documento virtual. Quando se pratica um ato por meio eletrônico, quem o praticou não pode negar a autoria nem o conteúdo.

Conservação. Consiste na adoção de um conjunto de medidas que visem preservar a integridade das informações disponíveis nos sistemas operacionais, "inclusive com políticas claras de cópias de segurança e recuperação em relação a incidentes de danos à estrutura de funcionamento dos sistemas ou às bases de dados".[167]

Confidencialidade. É requisito que deve garantir que somente as partes envolvidas no processo, bem como os seus respectivos advogados, tenham acesso ao conteúdo dos documentos, despachos, sentença e todos os outros atos processuais. Está intimamente ligada aos processos que tramitam em segredo de justiça (art. 195, parte final).

CPC/2015	CPC/1973
Art. 196. **Compete ao Conselho Nacional de Justiça e, supletivamente,** aos tribunais, *regulamentar* a prática e a comunicação oficial de atos processuais por meio eletrônico *e velar pela compatibilidade dos sistemas, disciplinando a incorporação progressiva de novos avanços tecnológicos e editando, para esse fim, os atos que forem necessários, respeitadas as normas fundamentais deste Código.*	Art. 154. [...] Parágrafo único. Os tribunais, no âmbito da respectiva jurisdição, *poderão disciplinar* a prática e a comunicação oficial dos atos processuais por meios eletrônicos, *atendidos os requisitos de autenticidade, integridade, validade jurídica e interoperabilidade da Infraestrutura de Chaves Públicas Brasileira – ICP – Brasil.*

 ## COMENTÁRIOS:

Competência do CNJ. O CPC/2015 não modificou a regra constante na Lei nº 11.419/2006, já que continuou a conferir aos tribunais a função de regulamentar a prática e a comunicação oficial dos atos processuais por meio eletrônico. A diferença é que essa competência será supletiva (prioriza-se a regulamentação uniforme e nacional pelo Conselho Nacional de Justiça).

---

[166] Definição extraída do relatório parcial do Deputado Efraim Filho, na Comissão Especial destinada a proferir parecer ao projeto do novo CPC. Disponível no *site* da Câmara dos Deputados.

[167] *Idem.*

CPC/2015	CPC/1973
Art. 197. **Os tribunais divulgarão as informações constantes de seu sistema de automação em página própria na rede mundial de computadores, gozando a divulgação de presunção de veracidade e confiabilidade.** Parágrafo único. **Nos casos de problema técnico do sistema e de erro ou omissão do auxiliar da justiça responsável pelo registro dos andamentos, poderá ser configurada a justa causa prevista no art. 223, *caput* e § 1º.**	Não há correspondência.
Art. 198. **As unidades do Poder Judiciário deverão manter gratuitamente, à disposição dos interessados, equipamentos necessários à prática de atos processuais e à consulta e ao acesso ao sistema e aos documentos dele constantes.** Parágrafo único. **Será admitida a prática de atos por meio não eletrônico no local onde não estiverem disponibilizados os equipamentos previstos no *caput*.**	Não há correspondência.
Art. 199. **As unidades do Poder Judiciário assegurarão às pessoas com deficiência acessibilidade aos seus sítios na rede mundial de computadores, ao meio eletrônico de prática de atos judiciais, à comunicação eletrônica dos atos processuais e à assinatura eletrônica.**	Não há correspondência.

 ## COMENTÁRIOS AOS ARTS. 197 A 199:

Os dispositivos são autoexplicativos e complementam as regras anteriores relativamente à regulamentação do processo eletrônico.

Seção III

Dos Atos da Parte

CPC/2015	CPC/1973
Art. 200. Os atos das partes consistentes em declarações unilaterais ou bilaterais de vontade produzem imediatamente a constituição, modificação ou extinção de direitos processuais. Parágrafo único. A desistência da ação só produzirá efeitos após homologação judicial.	Art. 158. Os atos das partes, consistentes em declarações unilaterais ou bilaterais de vontade, produzem imediatamente a constituição, a modificação ou a extinção de direitos processuais. Parágrafo único. A desistência da ação só produzirá efeito depois de homologada por sentença.

 ## COMENTÁRIOS:

Atos da parte (ou das partes). São os praticados pelo autor, pelo réu, pelos terceiros intervenientes e pelo Ministério Público. Em regra, tais atos produzem seus efeitos imediatamente (art. 200). Como se vê, o termo "partes" é tomado num sentido processual, ou seja, é a pessoa ou ente que figura no processo defendendo alguma posição jurídica, ativa ou passiva, ainda que não ostente qualquer pertinência com o direito material deduzido no processo. Nesse sentido, basta que haja interesse que a causa seja dirimida de uma ou de outra forma para que a pessoa seja tida como parte, apta a praticar ato processual. Assim, são partes inclusive o *amicus curiae* e o interveniente anômalo (intervenção da União, por exemplo, com base no art. 5º da Lei nº 9.469/97). A Fazenda Pública, quando intervém num processo, também é tida como parte.

Os atos, que podem consistir em declarações unilaterais (praticamente todos os atos das partes enquadram-se nessa categoria) ou bilaterais (celebração de acordo, seja para suspender o processo ou para ultimar uma transação) da vontade, produzem imediatamente a constituição, modificação ou extinção de direitos processuais. O que significa que independentemente da vontade do juiz produzem o efeito almejado. Determinados atos, entretanto, para produzir efeitos processuais, exigem homologação judicial. É o que ocorre com a desistência da ação (art. 200, parágrafo único) e com a celebração de acordo sobre o objeto do processo. Não obstante a exigência da intervenção do juiz em certos casos (para homologação), a regra é a imediatidade do efeito almejado. Por exemplo, desde a celebração do acordo (transação) sobre o direito substancial deduzido no processo, não mais se pode cogitar das posições jurídicas anteriormente sustentadas. A homologação do juiz é ato vinculado, ato que somente pode ser negado em casos excepcionalíssimos.

CPC/2015	CPC/1973
Art. 201. As partes poderão exigir recibo de petições, arrazoados, papéis e documentos que entregarem em cartório.	Art. 160. Poderão as partes exigir recibo de petições, arrazoados, papéis e documentos que entregarem em cartório.

 ## COMENTÁRIOS:

Recibo dos documentos. Através desse dispositivo o legislador conferiu à parte a possibilidade de salvaguardar seus interesses contra problemas eventualmente ocasionados após os protocolos de petições na Secretaria do juízo. No processo judicial eletrônico tal dispositivo tende a não ser utilizado, já que as partes recebem a certificação daquilo que foi efetivamente apresentado.

CPC/2015	CPC/1973
Art. 202. É vedado lançar nos autos cotas marginais ou interlineares, as quais o juiz mandará riscar, impondo a quem as escrever multa correspondente à metade do salário mínimo.	Art. 161. É defeso lançar, nos autos, cotas marginais ou interlineares; o juiz mandará riscá-las, impondo a quem as escrever multa correspondente à metade do salário mínimo ~~vigente na sede do juízo~~.

 ## COMENTÁRIOS:

Preservação dos autos. Manifestações por cotas marginais ou interlineares são manifestações lançadas às margens de folha ou entre as linhas de uma petição ou documento. A lei veda esse tipo de manifestação com o objetivo de manter a integridade dos documentos. Tal dispositivo também tem pouca relevância em se tratando de processo eletrônico.

Seção IV
Dos Pronunciamentos do Juiz

CPC/2015	CPC/1973
Art. 203. Os *pronunciamentos* do juiz consistirão em sentenças, decisões interlocutórias e despachos. § 1º **Ressalvadas as disposições expressas dos procedimentos especiais**, sentença é o *pronunciamento por meio do qual o* juiz, *com fundamento nos arts. 485 e 487,* **põe fim à fase cognitiva do procedimento comum, bem como extingue a execução**. § 2º Decisão interlocutória é *todo pronunciamento judicial de natureza decisória que não se enquadre no § 1º.* § 3º São despachos todos os demais *pronunciamentos* do juiz praticados no processo, de ofício ou a requerimento da parte. § 4º Os atos meramente ordinatórios, como a juntada e a vista obrigatória, independem de despacho, devendo ser praticados de ofício pelo servidor e revistos pelo juiz quando necessário.	Art. 162. Os *atos* do juiz consistirão em sentenças, decisões interlocutórias e despachos. § 1º Sentença é o *ato do* juiz *que implica alguma das situações previstas nos arts. 267 e 269 desta Lei*. § 2º Decisão interlocutória é *o ato pelo qual o juiz, no curso do processo, resolve questão incidente*. § 3º São despachos todos os demais *atos* do juiz praticados no processo, de ofício ou a requerimento da parte, ~~a cujo respeito a lei não estabelece outra forma~~. § 4º Os atos meramente ordinatórios, como a juntada e a vista obrigatória, independem de despacho, devendo ser praticados de ofício pelo servidor e revistos pelo juiz quando necessários.

 COMENTÁRIOS:

Pronunciamentos do juiz. São os provimentos subscritos pelo magistrado que encerram conteúdo decisório ou ordinatório (sentenças, decisões interlocutórias e despachos). Já "atos do juiz" são gênero que compreende, além dos pronunciamentos, a inquirição de testemunhas, o interrogatório das partes, a inspeção judicial, entre outros. Por esse motivo, considera-se meramente exemplificativa a menção no CPC/1973 a sentenças, decisões interlocutórias e despachos sob a rubrica de atos do juiz.

Por juiz deve-se entender "julgador", que pode ser monocrático (juiz de primeiro grau, relator do recurso ou da ação de competência originária de tribunal) ou o órgão colegiado de tribunal. Sentença, num sentido estrito, constitui ato privativo de juiz de primeiro grau, que também profere decisões interlocutórias e despachos. No tribunal, o relator, monocraticamente, pode proferir decisões interlocutórias, decisões extintivas e despachos. O órgão colegiado (do tribunal) se manifesta por meio de acórdãos (no sentido de estarem os membros do colegiado, por unanimidade ou maioria, de acordo com relação a um dado provimento), em regra para o julgamento final de recursos ou de ações ou incidentes de competência originária.

Todos os pronunciamentos do juízo (juiz, tribunal, relator) são redigidos, datados e assinados (eletronicamente é o que comumente ocorre) pelos julgadores e publicados no *Diário de Justiça Eletrônico* (art. 205, §§ 2º e 3º).

Conceito de sentença. Ao elaborar o novo conceito de sentença, o legislador procurou corrigir o equívoco da conceituação trazida pelo CPC/1973, que trata da sentença como o ato do juiz que implica extinção do processo com ou sem resolução do mérito. É que, como na primeira hipótese (ato que resolve o mérito) a sentença não coloca fim ao processo, mas apenas à fase de conhecimento, o processo prossegue normalmente com a fase de liquidação e o cumprimento de sentença, para somente então ser encerrado. Existem ainda outras hipóteses de atos que, embora resolvam o mérito (ainda que parcialmente), não põem fim ao processo (exemplos: decisão que rejeitava um dos pedidos cumulados; decisão que homologava reconhecimento da procedência de um dos pedidos etc.).

Por tais razões é que o legislador abandonou a definição de sentença que levava em consideração apenas o seu conteúdo, para elaborar um novo conceito que se adéqua, concomitantemente, às consequências precípuas desse ato judicial: resolver ou não o mérito, colocando fim à fase cognitiva do procedimento comum (critério finalístico)[168] ou extinguindo a execução.

Conceito de decisão interlocutória. Ela passa a ser definida como todo pronunciamento judicial, de cunho decisório, que não se confunde com a sentença nem põe fim ao processo ou a alguma de suas fases. Com efeito, não deve ser considerado despacho o pronunciamento que, embora não decida questão incidental, possua carga decisória e, portanto, cause prejuízo a um dos litigantes.[169]

Ressalte-se que, na vigência do Código de 1973, o critério utilizado para saber se o ato se caracterizava como sentença ou decisão interlocutória era o recurso cabível. Sabe-se que da sentença cabia e cabe apelação e, das decisões interlocutórias, a exemplo daquela que indefere o pedido de tutela antecipatória, igualmente cabia agravo de instrumento. Ocorre que, com a opção do legislador pelo processo sincrético, o enquadramento da natureza do ato pelo recurso cabível tornou-se impreciso. Basta lembrar que a decisão que julga a liquidação é agravável (art. 1.015, parágrafo único), embora implique resolução do mérito. A apelação, é fato, cabe somente em face de sentença, mas nem todo ato que se enquadra como sentença pode ser impugnado por meio de apelação. É preciso verificar as hipóteses previstas na lei e o recurso adequado para cada uma delas. O art. 1.015 traz o rol das hipóteses de cabimento do agravo de instrumento. Somente cabe agravo de instrumento de decisão interlocutória, mas nem todas as decisões interlocutórias são agraváveis.

Decisão monocrática de relator. Nos julgamentos proferidos nos tribunais, o relator, além de despachos ordinatórios, profere decisões monocráticas, com potencialidade de pôr fim ao processo ou simplesmente decidir uma questão incidental. Aliás, por implícita delegação do órgão colegiado, pode o relator, atendidas as circunstâncias previstas na lei, praticar os mesmos atos de competência do colegiado (arts. 932 e 933).

Despachos. A rigor, é todo provimento, emitido pelo juiz, que tem por fim dar andamento ao processo, sem decidir qualquer questão, seja de cunho processual ou material.

---

[168] Ainda que se considere uma alteração, o texto do CPC/1973 já era interpretado pela jurisprudência conforme o critério finalístico. Nesse sentido: "Para a caracterização do ato judicial como sentença, decisão interlocutória ou despacho, não importa sua forma nem seu conteúdo. O dado discriminador é, efetivamente, a finalidade do ato – se põe termo ao processo, se resolve questão incidente; ou, se meramente ordinatório, que visa impulsionar o processo" (STJ, REsp 759.886/PE, Rel. Min. Paulo Medina, 6ª Turma, julgado em 13.12.2005).

[169] Também entendia assim o STJ, sob a vigência do Código de 1973: "Enquanto os despachos são pronunciamentos meramente ordinatórios, que visam impulsionar o andamento do processo, sem solucionar controvérsia, a decisão interlocutória, por sua vez, ao contrário dos despachos, possui conteúdo decisório e causa prejuízo às partes" (STJ, REsp 195.848/MG, Rel. Min. Sálvio de Figueiredo Teixeira, 4ª Turma, julgado em 20.11.2001).

Os despachos, porque desprovidos de conteúdo decisório, de regra não têm aptidão para causar lesão às partes. Por isso, nos termos do art. 1.001, deles não cabe recurso algum. Se causarem gravame, podem ensejar correição parcial (recurso anômalo previsto nas leis de organização judiciária) ou mandado de segurança. Por exemplo, a designação de audiência para data distante, de forma a comprometer a garantia da duração razoável do processo (art. 5º, LXXVIII, da CF/1988), afronta direito líquido e certo dos litigantes, dando azo à impetração de mandado de segurança.

Tal como ocorre com as decisões interlocutórias, nos tribunais há prolação de despachos, de regra pelo relator, a quem incumbe dirigir e ordenar o processo (art. 932, I).

CPC/2015	CPC/1973
Art. 204. Acórdão é o julgamento **colegiado** proferido pelos tribunais.	Art. 163. Recebe a denominação de acórdão o julgamento proferido pelos tribunais.

 ## COMENTÁRIOS:

Acórdão: conceito. Recebe a denominação "acórdão" o julgamento proferido pelos órgãos colegiados (turma, câmara, seção, órgão especial, plenário, entre outros previstos em regimento interno) dos tribunais.

Acórdão, na verdade, constitui a conclusão dos votos proferidos no julgamento pelos juízes (juiz, desembargador ou ministro) integrantes do órgão do tribunal ao qual competir o julgamento do recurso ou da ação de competência originária (por exemplo, ação rescisória e mandado de segurança).

Pouco importa se julgou questão incidente (agravo) ou se pôs fim ao processo, com ou sem resolução de mérito, o ato denomina-se acórdão.

Nos julgamentos proferidos nos tribunais, o relator, além de despachos ordinatórios, profere decisões monocráticas, com potencialidade de pôr fim ao processo ou simplesmente decidir uma questão incidental. Aliás, por implícita delegação do órgão colegiado, pode o relator, atendidas as circunstâncias previstas na lei, praticar os mesmos atos de competência do colegiado.

CPC/2015	CPC/1973
Art. 205. Os despachos, as decisões, as sentenças e os acórdãos serão redigidos, datados e assinados pelos juízes. § 1º Quando **os pronunciamentos previstos no** *caput* forem proferidos *oralmente, o servidor* os *documentará* submetendo-os aos juízes para revisão e assinatura. § 2º A assinatura dos juízes, em todos os graus de jurisdição, pode ser feita eletronicamente, na forma da lei. § 3º **Os despachos, as decisões interlocutórias, o dispositivo das sentenças e a ementa dos acórdãos serão publicados no Diário de Justiça Eletrônico.**	Art. 164. Os despachos, decisões, sentenças e acórdãos serão redigidos, datados e assinados pelos juízes. Quando forem proferidos, *verbalmente, o taquígrafo ou o datilógrafo* os *registrará* submetendo-os aos juízes para revisão e assinatura. Parágrafo único. A assinatura dos juízes, em todos os graus de jurisdição, pode ser feita eletronicamente, na forma da lei.

COMENTÁRIOS:

Documentação dos pronunciamentos do juiz. O dispositivo trata da forma pela qual devem ser documentados os pronunciamentos jurisdicionais. A novidade está no § 3º, que expressa a necessidade de publicidade dos atos do juiz. Em verdade, a regra já era adotada na prática. Como de praxe, tão somente o dispositivo da sentença e da emenda do acórdão serão publicados no *DJe*.

Seção V
Dos Atos do Escrivão ou do Chefe de Secretaria

CPC/2015	CPC/1973
Art. 206. Ao receber a petição inicial de processo, o escrivão **ou o chefe de secretaria** a autuará, mencionando o juízo, a natureza do processo, o número de seu registro, os nomes das partes e a data de seu início, e procederá do mesmo modo em relação aos volumes *em formação.*	Art. 166. Ao receber a petição inicial de ~~qualquer~~ processo, o escrivão a autuará, mencionando o juízo, a natureza do feito, o número de seu registro, os nomes das partes e a data do seu início; e procederá do mesmo modo quanto aos volumes que *se forem formando.*
Art. 207. O escrivão **ou o chefe de secretaria** numerará e rubricará todas as folhas dos autos. Parágrafo único. À parte, *ao procurador*, *ao membro* do Ministério Público, **ao defensor público e aos auxiliares da justiça** é facultado rubricar as folhas correspondentes aos atos em que intervierem.	Art. 167. O escrivão numerará e rubricará todas as folhas dos autos, ~~procedendo da mesma forma quanto aos suplementares~~. Parágrafo único. Às partes, *aos advogados*, *aos órgãos* do Ministério Público, ~~aos peritos e às testemunhas~~ é facultado rubricar as folhas correspondentes aos atos em que intervieram.
Art. 208. Os termos de juntada, vista, conclusão e outros semelhantes constarão de notas datadas e rubricadas pelo escrivão **ou pelo chefe de secretaria.**	Art. 168. Os termos de juntada, vista, conclusão e outros semelhantes constarão de notas datadas e rubricadas pelo escrivão.
Art. 209. Os atos e os termos do processo serão assinados pelas pessoas que neles intervierem, todavia, quando essas não puderem ou não quiserem firmá-los, o escrivão **ou o chefe de secretaria** certificará a ocorrência. § 1º Quando se tratar de processo total ou parcialmente **documentado** em autos eletrônicos, os atos processuais praticados na presença do juiz poderão ser produzidos e armazenados de modo integralmente digital em arquivo eletrônico inviolável, na forma da lei, mediante registro em termo, que será assinado digitalmente pelo juiz e pelo escrivão ou chefe de secretaria, bem como pelos advogados das partes. § 2º *Na hipótese do § 1º*, eventuais contradições na transcrição deverão ser suscitadas oralmente no momento de realização do ato, sob pena de preclusão, devendo o juiz decidir de plano e ordenar o registro, no termo, da alegação e da decisão.	Art. 169. Os atos e termos do processo serão ~~datilografados ou escritos com tinta escura e indelével~~, assinando-os as pessoas que neles intervieram. Quando estas não puderem ou não quiserem firmá-los, o escrivão certificará ~~, nos autos~~, a ocorrência. ~~§ 1º É vedado usar abreviaturas.~~ § 2º Quando se tratar de processo total ou parcialmente eletrônico, os atos processuais praticados na presença do juiz poderão ser produzidos e armazenados de modo integralmente digital em arquivo eletrônico inviolável, na forma da lei, mediante registro em termo que será assinado digitalmente pelo juiz e pelo escrivão ou chefe de secretaria, bem como pelos advogados das partes. § 3º *No caso do § 2º deste artigo*, eventuais contradições na transcrição deverão ser suscitadas oralmente no momento da realização do ato, sob pena de preclusão, devendo o juiz decidir de plano, registrando-se a alegação e a decisão no termo.

Art. 210. É lícito o uso da taquigrafia, da estenotipia ou de outro método idôneo em qualquer juízo ou tribunal.	Art. 170. É lícito o uso da taquigrafia, da estenotipia, ou de outro método idôneo, em qualquer juízo ou tribunal.
Art. 211. Não se admitem nos atos e termos **processuais** espaços em branco, salvo os que forem inutilizados, assim como entrelinhas, emendas ou rasuras, exceto quando expressamente ressalvadas.	Art. 171. Não se admitem, nos atos e termos, espaços em branco, bem como entrelinhas, emendas ou rasuras, salvo se aqueles forem inutilizados e estas expressamente ressalvadas.

COMENTÁRIOS AOS ARTS. 206 A 211:

Atos do escrivão e do chefe de secretaria. O escrivão ou chefe de secretaria são responsáveis por organizar os atos do processo (autuação, registro, numeração de folhas etc.), a fim de que as petições ou documentos não sejam juntados de forma indevida.

A rubrica desses auxiliares em todas as páginas do processo é essencial para a verificação da tempestividade dos atos praticados pelas partes. No processo eletrônico, em vez da rubrica, constará a informação de que o documento foi assinado digitalmente pelo servidor.

O art. 169 do CPC/1973 exigia que os atos e termos do processo fossem datilografados ou escritos com tinta escura indelével. O art. 209 do CPC/2015 atualiza a regra para a realidade do processo eletrônico. Mantém-se, entretanto, a exigência de que os atos e termos do processo sejam assinados – digitalmente, inclusive – pelos sujeitos que nele intervierem.

Quanto ao art. 210, não há nenhuma alteração. A lei processual continua a permitir que os registros dos atos processuais sejam realizados por qualquer meio idôneo, desde que tais meios sejam confiáveis e garantam a autenticidade da manifestação.

O art. 211, por sua vez, apenas aprimora a redação do art. 171 do CPC/1973. Não obstante o dispositivo vede a utilização de emendas ou rasuras, no que respeita à prova documental deve ser observado, também, o disposto no art. 426, segundo o qual "o juiz apreciará fundamentadamente a fé que deva merecer o documento, quando em ponto substancial e sem ressalva contiver entrelinha, emenda, borrão ou cancelamento".

Capítulo II
Do Tempo e do Lugar dos Atos Processuais

Seção I
Do Tempo

CPC/2015	CPC/1973
Art. 212. Os atos processuais serão realizados em dias úteis, das 6 (seis) às 20 (vinte) horas. § 1º Serão concluídos após as 20 (vinte) horas os atos iniciados antes, quando o adiamento prejudicar a diligência ou causar grave dano.	Art. 172. Os atos processuais realizar-se-ão em dias úteis, das 6 (seis) às 20 (vinte) horas. § 1º Serão, todavia, concluídos depois das 20 (vinte) horas os atos iniciados antes, quando o adiamento prejudicar a diligência ou causar grave dano.

§ 2º **Independentemente de autorização judicial**, as citações, **intimações** e penhoras poderão realizar-se **no período de férias forenses, onde as houver**, e nos feriados ou dias úteis fora do horário estabelecido neste artigo, observado o disposto no art. 5º, inciso XI, da Constituição Federal.

§ 3º Quando o ato tiver de ser praticado por meio de petição **em autos não eletrônicos**, essa deverá ser protocolada no horário de *funcionamento do fórum ou tribunal*, conforme o disposto na lei de organização judiciária local.

§ 2º A citação e a penhora poderão, ~~em casos excepcionais, e mediante autorização expressa do juiz~~, realizar-se em ~~domingos~~ e feriados, ou nos dias úteis, fora do horário estabelecido neste artigo, observado o disposto no art. 5º, inciso XI, da Constituição Federal.

§ 3º Quando o ato tiver que ser praticado ~~em determinado prazo~~, por meio de petição, esta deverá ser apresentada no protocolo, dentro do horário de *expediente*, nos termos da lei de organização judiciária local.

 ## COMENTÁRIOS:

Tempo dos atos processuais. Em regra, os atos processuais realizar-se-ão em dias úteis, das 6 às 20 horas (art. 212). Podem ser praticados na sede do juízo, externamente ou por meio eletrônico. As audiências, de regra, são realizadas no fórum, mas nada obsta que se realizem por videoconferência (art. 385, § 3º). Os protocolos das petições, até pouco tempo, eram feitos exclusivamente no fórum; agora, a regra, é que sejam feitos eletronicamente. Quanto aos atos externos, afora eventuais inspeções judiciais, de modo geral, são praticados por oficiais de justiça e peritos.

Em casos excepcionais, as citações, as intimações e as penhoras poderão realizar-se no período de férias forenses, bem como nos feriados ou dias úteis fora do horário estabelecido no *caput*. Diferentemente do que previa o CPC/1973, o CPC/2015 não condiciona a realização desses atos a prévia autorização judicial. Entretanto, se para realizar a citação, intimação ou penhora o oficial de justiça precisar do consentimento da parte para adentrar em seu domicílio e esta não consentir, o ato necessariamente dependerá de ordem judicial para ser realizado (art. 5º, XI, da CF/1988).

Não se confundem horário para prática de ato processual com horário de expediente forense. O expediente pode encerrar-se às 17, 18 ou 19 horas. Nesse caso, se o ato tiver que ser praticado por meio de petição em papel, esta deverá ser apresentada no protocolo, no horário de expediente, nos termos da lei de organização judiciária local (art. 212, § 3º), ressalvada a prática eletrônica de atos processuais, que poderá ocorrer até a última hora do último dia do prazo (art. 213). Em razão da existência de caixas eletrônicos e da possibilidade de pagamento de contas pela internet, os horários de funcionamento das agências bancárias estão cada dia mais irrelevantes para o cidadao. O mesmo, gradativamente, vai ocorrendo para as partes e principalmente para os advogados. No processo eletrônico – em breve os autos não mais constituirão aqueles calhamaços; a natureza agradece –, o protocolo pode ser feito a qualquer hora.

Vamos resumir. Para atos a serem praticados no fórum (tomada de depoimentos, por exemplo), deve-se observar o expediente forense. Para atos externos (citação e intimação, entre outros), deve-se obedecer ao horário das 6 às 20h, independentemente de o expediente começar antes e terminar depois desses horários. Que o oficial de justiça não apareça à casa do citando às 4h da madrugada! Podem ser concluídos depois das 20 horas os atos iniciados antes, quando o adiamento prejudicar a diligência ou causar grave dano (art. 212, § 1º).

CPC/2015	CPC/1973
Art. 213. A prática eletrônica de ato processual pode ocorrer em qualquer horário até as 24 (vinte e quatro) horas do último dia do prazo. **Parágrafo único. O horário vigente no juízo perante o qual o ato deve ser praticado será considerado para fins de atendimento do prazo.**	Não há correspondência.

 COMENTÁRIOS:

Prática eletrônica dos atos processuais. A prática dos atos processuais por meio eletrônico não se sujeita ao horário do expediente forense, pelo que serão consideradas tempestivas as petições transmitidas até às 24 horas do seu último dia. Para tanto, deve ser considerado o horário do juízo perante o qual o ato deva ser praticado (parágrafo único). Suponha-se que o prazo para interpor apelação encerre-se no dia 16 de abril. Se a petição tivesse de ser apresentada em papel, o prazo se esgotaria com o fechamento do expediente forense daquele dia. Todavia, tratando-se de ato praticado por meio eletrônico, o advogado poderá enviá-la ao sistema até às 24 horas do dia 16.

CPC/2015	CPC/1973
Art. 214. Durante as férias *forenses* e nos feriados, não se praticarão atos processuais, excetuando-se: I – *os atos previstos no art. 212, § 2º;* II – *a tutela de urgência.*	Art. 173. Durante as férias e nos feriados não se praticarão atos processuais. Excetuam-se: ~~I – a produção antecipada de provas (art. 846);~~ II – *a citação, a fim de evitar o perecimento de direito; e bem assim o arresto, o sequestro, a penhora, a arrecadação, a busca e apreensão, o depósito, a prisão, a separação de corpos, a abertura de testamento, os embargos de terceiro, a nunciação de obra nova e outros atos análogos.*

 COMENTÁRIOS:

Férias forenses. O dispositivo prevê que os atos processuais não serão praticados nos períodos de férias forenses e nos feriados, exceto: (i) a citação, independentemente de sua finalidade ou de autorização judicial (art. 212, § 2º); e (ii) a tutela antecipada fundada na urgência, incluindo todas as medidas determinadas pelo juiz para sua efetivação.

Em termos práticos, os atos a serem realizados no período de férias forenses e feriados foram ampliados, uma vez que as previsões dos incisos I e II do art. 173 (CPC/1973) são de natureza cautelar e, portanto, inserem-se no gênero "tutela provisória de urgência".

Vale lembrar que o dispositivo refere-se à prática do ato na sua materialidade. Nos órgãos do Judiciário onde há previsão de férias forenses, praticado o ato, não se conta prazo. Exemplo: feita a citação, a contagem do prazo para contestação não se inicia. O art. 214, repita-se, autoriza apenas a prática do ato na sua materialidade, e não a contagem de prazo.

De acordo com o novo CPC, a regra geral é de que os atos processuais serão realizados apenas nos dias úteis (art. 212, *caput*, do CPC/2015; art. 172 do CPC/1973). Férias e feriados não são reputados dias úteis; logo, nessas épocas não se praticam atos processuais. Férias, contudo, somente nos tribunais superiores. Durante as férias individuais de juízes e desembargadores, pelo menos em tese, os atos são normalmente praticados. Não pelo titular, mas sim pelos substitutos. Mas o que importa mesmo é que durante as férias coletivas nos tribunais superiores não se conta prazo. Não inicia; se iniciou, suspende; se vencer, é prorrogado. Nos juízos de primeiro e segundo graus, os prazos fluem normalmente.

Cabe salientar que o novo Código equiparou a feriado o sábado e os dias em que não há expediente forense (art. 216). Só se contam os dias úteis, isto é, de segunda a sexta-feira. Algum feriado no decorrer da semana, um dia que por qualquer razão o fórum foi fechado ou o expediente forense encerrou-se mais cedo, além dos dias que compreendem as férias dos advogados, nada disso é contado. Além de todos esses dias, nos tribunais superiores, há férias coletivas, também com influência sobre a contagem dos prazos em curso naqueles tribunais.

Exceções à regra da prática de atos processuais somente em dias úteis:

Independentemente de autorização judicial, no período de férias forenses e nos feriados permite-se a realização de citações, intimações, penhoras e a apreciação de pedidos de tutelas de urgência (art. 214). O dispositivo refere-se à prática do ato na sua materialidade. Nos órgãos do Judiciário nos quais há previsão de férias forenses (férias coletivas do Judiciário), praticado o ato, não se conta prazo. Igualmente, durante o período de férias dos advogados, embora se pratique ato, não se conta prazo para a prática do ato processual subsequente.

CPC/2015	CPC/1973
Art. 215. Processam-se durante as férias **forenses, onde as houver,** e não se suspendem pela superveniência delas:	Art. 174. Processam-se durante as férias e não se suspendem pela superveniência delas:
I – os *procedimentos* de jurisdição voluntária e os necessários à conservação de direitos, quando puderem ser prejudicados pelo adiamento;	I – os *atos* de jurisdição voluntária bem como os necessários à conservação de direitos, quando possam ser prejudicados pelo adiamento;
II – *a ação* de alimentos e os processos *de nomeação* ou remoção de tutor e curador;	II – *as causas* de alimentos provisionais, *de dação* ou remoção de tutores e curadores, ~~bem como as mencionadas no art. 275;~~
III – os processos que a lei determinar.	III – todas as causas que a lei ~~federal~~ determinar.

 ## COMENTÁRIOS:

Causas que tramitam durante as férias forenses. O CPC/2015, diferentemente do CPC/1973, não contempla o "procedimento sumário", e, por essa razão, excluiu-se a sua previsão dentre as ações cujo processamento não se suspende durante as férias (art. 174, II, do CPC/1973). Também se dispensa a exigência de lei federal para atribuir o benefício do *caput* desse dispositivo a outras causas, podendo qualquer lei fazê-lo, como, por exemplo, lei de organização judiciária de determinado estado federado. O dispositivo autoriza o curso normal dos processos elencados nos incisos I a III durante as férias forenses. O objeto da norma é a prática de ato e o curso de prazos de determinados feitos durante as férias forenses. Os atos são normalmente praticados e os prazos não se suspendem nos tribunais superiores, onde há previsão de férias forenses. Nos juízos de primeiro grau e nos tribunais de segundo grau, porque não há férias coletivas, não se cogita da exceção, ou seja, todos os processos correm normalmente.

Por atos de jurisdição voluntária (inciso I, 1ª parte) devem entender-se os procedimentos de jurisdição voluntária, bem como os atos de administração, conservação, praticados nos processos de jurisdição contenciosa, como, *v.g.*, a administração de bens apreendidos judicialmente.

Por atos necessários à conservação de direitos (inciso I, 2ª parte) entende-se o cumprimento de liminares deferidas em ações cautelares, mandado de segurança, ação popular, entre outras.

A ação de alimentos corre durante as férias e não somente a concessão dos alimentos provisórios, como estava previsto na legislação anterior. A alteração tem o condão de preservar os interesses do alimentando e o caráter emergencial (pelo menos na maioria dos casos) da verba alimentar.

Entre as causas que a lei determina que tenham o curso nas férias forenses (inciso III), podemos citar as ações de despejo, a consignação em pagamento de aluguel e acessórias da locação, as revisionais de aluguel e as renovatórias de locação, previstas na Lei de Locações (art. 58, I, da Lei nº 8.245/1991), de desapropriação (art. 39 do Dec.-lei nº 3.365/1941) e as de acidentes do trabalho (art. 129, II, da Lei nº 8.213/1991). Há de se atentar também que os prazos processuais nos procedimentos sujeitos ao rito especial dos Juizados Especiais não se suspendem nem se interrompem (Enunciado nº 86 do FONAJE).

CPC/2015	CPC/1973
Art. 216. Além dos declarados em lei, são feriados, para efeito forense, **os sábados,** os domingos e os dias *em que não haja expediente forense.*	Art. 175. São feriados, para efeito forense, os domingos e os dias *declarados por lei.*

 COMENTÁRIOS:

Conferir comentários ao art. 219.

Seção II

Do Lugar

CPC/2015	CPC/1973
Art. 217. Os atos processuais realizar-se-ão ordinariamente na sede do juízo, *ou, excepcionalmente,* em outro lugar em razão de deferência, de interesse da justiça, **da natureza do ato** ou de obstáculo arguido pelo interessado e acolhido pelo juiz.	Art. 176. Os atos processuais realizam-se de ordinário na sede do juízo. *Podem, todavia, efetuar-se* em outro lugar, em razão de deferência, de interesse da justiça, ou de obstáculo arguido pelo interessado e acolhido pelo juiz.

 COMENTÁRIOS:

Lugar dos atos processuais. Podem ser praticados na sede do juízo, externamente ou por meio eletrônico. As audiências, de regra, são realizadas no fórum, mas nada obsta que se realizem por videoconferência (art. 385, § 3º). Os protocolos das petições, até pouco tempo, eram feitos exclusivamente no fórum; agora, a regra, é que sejam feitos eletronicamente. Quanto aos atos externos, afora eventuais inspeções judiciais, de um modo geral, são praticados por oficiais de justiça e peritos.

Apesar de não haver previsão expressa no CPC/1973, a natureza do ato já era utilizada como fundamento para a prática de determinados atos fora da sede do juízo. Exemplo: realização de penhora e na avaliação de bem situado fora da comarca em que tramita o processo.

Capítulo III
Dos Prazos

Seção I
Disposições Gerais

CPC/2015	CPC/1973
Art. 218. Os atos processuais serão realizados nos prazos prescritos em lei.	Art. 177. Os atos processuais realizar-se-ão nos prazos prescritos em lei. Quando esta for omissa, o juiz determinará os prazos, tendo em conta a complexidade *da causa*.
§ 1º Quando a lei for omissa, o juiz determinará os prazos em consideração à complexidade *do ato*. § 2º Quando a lei **ou o juiz** não *determinar* prazo, as intimações somente obrigarão a comparecimento após decorridas *48 (quarenta e oito)* horas.	Art. 192. Quando a lei não *marcar outro* prazo, as intimações somente obrigarão a comparecimento depois de decorridas *24 (vinte e quatro)* horas.
§ 3º Inexistindo preceito legal ou prazo determinado pelo juiz, será de 5 (cinco) dias o prazo para a prática de ato processual a cargo da parte. 4º **Será considerado tempestivo o ato praticado antes do termo inicial do prazo.**	Art. 185. Não havendo preceito legal nem assinação pelo juiz, será de 5 (cinco) dias o prazo para a prática de ato processual a cargo da parte.

 COMENTÁRIOS:

Prazos não dispostos em lei. O dispositivo disciplina os prazos dos atos processuais quando não prescritos em lei. Na ausência de determinação, inclusive do juiz, as intimações obrigam o comparecimento depois de decorridas 48 horas. O prazo genérico para a prática de ato processual a cargo da parte continua sendo de cinco dias, quando silente a lei ou o juiz.

A nova disposição contida no § 4º do art. 218 é de extrema relevância, uma vez que vem combater o entendimento, apresentado pelos tribunais superiores, no sentido de não acolhimento de recursos interpostos "prematuramente", isto é, antes da publicação do acórdão recorrido.[170]

---

[170] "A jurisprudência do Supremo Tribunal Federal firmou-se no sentido de que a simples notícia do julgamento não fixa o termo inicial da contagem do prazo recursal, de forma que o recurso interposto antes da publicação do acórdão recorrido é prematuro, a menos que seja posteriormente ratificado" (STF, RE 449.671 AgR-EDv-AgR/CE, Rel. Min. Ricardo Lewandowski, *DJe* 16.12.2010). No mesmo sentido assevera o STJ: "A jurisprudência do Superior Tribunal de Justiça é pacífica, no sentido de que

Sob o prisma da instrumentalidade do processo, a publicação tem como objetivo, no que tange às partes,[171] garantir a ciência da decisão para posterior impugnação, pela via recursal cabível, no prazo previsto em lei. Ora, se a interposição do eventual recurso se dá antes mesmo da publicação, esse fim específico já foi atingido. O ato da publicação deve ocorrer, em respeito ao princípio da publicidade, mas a "prematuridade" do recurso não invalida o seu conhecimento, pois não viola os princípios do contraditório nem da ampla defesa.

CPC/2015	CPC/1973
Art. 219. *Na contagem de prazo em dias*, estabelecido por lei ou pelo juiz, *computar-se-ão somente os dias úteis*. Parágrafo único. **O disposto neste artigo aplica-se somente aos prazos processuais.**	Art. 178. *O prazo*, estabelecido pela lei ou pelo juiz, *é contínuo, não se interrompendo nos feriados*.

 COMENTÁRIOS:

Forma de contagem dos prazos processuais. Diferentemente do CPC/1973, que estabelece a continuidade dos prazos processuais sem levar em consideração a sua interrupção em razão de feriados (art. 178 do CPC/1973), a nova lei processual é expressa ao estabelecer que na contagem dos prazos legais ou judiciais computar-se-ão somente os dias úteis (art. 219).

O disposto no art. 219 aplica-se somente à contagem de prazos processuais em dias. Prazos em hora contar-se-ão minuto a minuto e prazos em meses e anos expiram no dia de igual número do de início, ou no imediato, se faltar exata correspondência (art. 132, §§ 3º e 4º, do Código Civil).

Somente os prazos estabelecidos por lei ou pelo juiz são contados em dias úteis. Quanto aos prazos convencionais, cabe às partes fixar a forma de contagem, em dias úteis ou corridos. No silêncio da convenção, deve-se aplicar o art. 219, ou seja, o prazo será contado em dias úteis.

O art. 216, por sua vez, considera feriado e, portanto, dia não útil, o sábado, o domingo e os dias em que não há expediente forense. Da análise dos dois dispositivos é fácil concluir que o novo CPC elasteceu os prazos, possibilitando uma "folga" maior para a prática de determinados atos processuais.

Não se pode deixar de reconhecer, contudo, que a contagem dos prazos somente em dias úteis acarretará mais problemas do que benefícios. Na contagem de prazos contínuos,

---

é intempestivo o Recurso Especial, quando interposto antes da publicação do acórdão da apelação, ainda que não interpostos Embargos Declaratórios contra o aludido acórdão. Precedentes do STJ: REsp 1.103.074/SP, Rel. Min. Felix Fischer, 5ª Turma, *DJe* 15/06/2009; EDcl na SEC 3.660/GB, Rel. Min. Arnaldo Esteves Lima, Corte Especial, *DJe* 08/03/2010; EDcl no AgRg no Ag 1.306.564/RJ, Rel. Min. Gilson Dipp, 5ª Turma, *DJe* de 04/04/2011" (STJ, AgRg no AREsp 376.539/RS, Rel. Min. Assusete Magalhães, 6ª Turma, julgado em 26.11.2013, *DJe* 03.02.2014).

[171] Deve-se ter em mente que a publicação das decisões judiciais atende ao princípio da publicidade, ultrapassando o interesse das partes. Todavia, o argumento aqui apresentado tem como base as consequências no trâmite processual, isto é, para as partes e os ônus e faculdades decorrentes do ato da publicação.

de antemão se sabe em que dia vence o prazo de quinze dias. Ao revés, na contagem em dias úteis, há que se verificar quais os dias são "inúteis" (sábados, domingos e feriados) e, a partir de então, ir somando os dias úteis.

Não é por outra razão que de regra os comerciantes não vendem para pagar em trinta, sessenta ou noventa dias úteis. Na prática comercial, pelo menos quando favoráveis ao vendedor ou ao prestador do serviço, os prazos são contínuos. É lamentável que o legislador, em vez de facilitar, tenha complicado. Quando dos trabalhos da Comissão de Juristas, tive a oportunidade de alertar para a complicação, mas a regra da contagem dos prazos somente em dias úteis acabou prevalecendo. Diziam os advogados da Comissão que a contagem em dias úteis permitia que os advogados pudessem descansar no final de semana. Ledo engano.

Se o prazo vence na segunda-feira e o advogado não elaborou a peça processual na sexta, terá que trabalhar no domingo. Deus ajuda quem cedo madruga. Os que dormem e também os que deixam tudo para a última hora continuarão a trabalhar de madrugada. Quisesse ampliar os prazos não precisaria o legislador desse subterfúgio. Bastaria estabelecer, por exemplo, que o prazo para recorrer é de vinte dias. Caindo no feriado, prorroga-se para o dia útil imediato. Se podemos complicar, para que facilitar? Resultado: com a entrada em vigor do novo CPC, todos os prazos serão contados em dias úteis.

Vale ressaltar que a contagem em dias úteis não é dirigida apenas aos advogados, aparentemente os grandes beneficiários dessa inovação. Juízes, membros do Ministério Público, da Defensoria Pública e da Advocacia Pública, peritos e todos aqueles que estejam condicionados ao cumprimento de prazos processuais (art. 219, parágrafo único) podem fazer o uso desse dispositivo.

A contagem em dias úteis, obrigatoriamente, aplica-se apenas aos prazos estabelecidos por lei ou pelo juiz (prazos legais e judiciais). Tratando-se de prazo convencional, cabe às partes estabelecer a forma de contagem. No silêncio do negócio jurídico, praticado no processo regido pelo CPC, deve-se aplicar a regra geral, ou seja, o prazo será contado somente em dias úteis. Nada impede, contudo, que o prazo para suspensão do processo, por exemplo, seja estabelecido em dias corridos.

Prazo em minutos, horas, meses e anos. Obviamente a contagem em dias úteis se aplica somente aos prazos que devam ser contados em dias. Embora a contagem em dias constitua a regra no processo, há prazos contados em minutos, como ocorre com o prazo para sustentação oral (art. 937); em horas, como o prazo para o advogado retirar os autos de cartório para obtenção de cópias (art. 107, § 3º); em meses, como se passa com o prazo para promover a citação em chamamento ao processo de pessoa residente em outra comarca ou em lugar incerto (art. 131, parágrafo único); e em anos, como é o caso do prazo para propor ação rescisória (art. 975, *caput*).

Para a contagem dos prazos em horas, meses e anos deve o aplicador da lei se valer das regras do Código Civil. Exemplos. "Os prazos de meses e anos expiram no dia de igual número do de início, ou no imediato, se faltar exata correspondência" (art. 132, § 3º, do Código Civil). "Os prazos fixados por hora [e por minuto também] contar-se-ão de minuto a minuto" (art. 132, § 4º, do Código Civil). Assim, à vista do CPC e do Código Civil, trinta dias é muito mais que um mês, e 365 dias não correspondem a um ano, mas a aproximadamente quinze meses e dez dias.

Processo regido por lei especial. Se o processo é regido por lei especial e esta contempla outra forma de contagem, deve-se contar o prazo segundo essa regra para os casos especiais. A CLT, por exemplo, estabelece que os prazos são contínuos (art. 775); assim, no processo do trabalho, contam-se também os dias não úteis.

Prazos processuais e prazos materiais. A contagem em dias úteis aplica-se somente aos prazos processuais, pouco importa se se trata de autos físicos ou virtuais (processo eletrônico), ressalva o parágrafo único do art. 219. Quanto aos prazos materiais em dias, a contagem se dá de forma contínua, computando-se sábados, domingos e feriados. Sendo assim, resta estabelecer a distinção entre prazo processual e prazo material.

Prazo processual é o lapso de tempo dentro do qual se permite praticar um ato no processo em curso, sob pena de preclusão. Se o ato é praticado no processo – importa seus reflexos no direito material –, trata-se de ato processual, e, portanto, o prazo estabelecido para a sua prática deve ser classificado como "processual". Aliás, de um modo geral, os prazos processuais não raro têm reflexos imediatos no direito material, isso porque, em regra, o processo tem por fim o acertamento ou a realização do direito material. A não apresentação da contestação no prazo estabelecido, ainda que por via indireta, pode ter reflexo no direito material, uma vez que a revelia conduz à presunção de veracidade do fato jurígeno do qual se extrai a consequência jurídica de direito material almejada. A não interposição tempestiva do recurso, dependendo da natureza da decisão, pode implicar o trânsito em julgado, com consequência na definição do direito material. Outro exemplo. Intimado, o executado dispõe de quinze dias para pagar o débito a que foi condenado na sentença (art. 523, *caput*). O pagamento implica extinção da obrigação; o não pagamento, o acréscimo de multa e honorários advocatícios, todas consequências de direito material. Nem por isso – reflexos no direito material – tais atos perdem a natureza de atos processuais, e, portanto, o prazo para praticá-los é classificado como prazo processual.

Em suma, para definir se se trata de prazo processual ou não e, portanto, se a contagem deve ser em dias úteis ou corridos, o que importa é se o ato é praticado no processo. Exemplos de prazos processuais: para a prática de atos pelo juiz ou pelos serventuários (arts. 226 e 228); prazo para contestar, recorrer, manifestar-se sobre documentos, prazo para designação de audiência e citação do réu (art. 334).

O aspecto teleológico, bem como a natureza ou condição (sujeitos privados ou públicos) de quem pratica o ato, é totalmente irrelevante.

O prazo será processual se o ato a ser praticado for em processo em curso. O prazo estabelecido em lei para ajuizamento de uma ação, embora a petição inicial instauradora do processo indubitavelmente seja um ato processual, tem natureza material e por isso deve ser contado de forma contínua. Exemplo. "O adquirente decai do direito de obter a redibição ou abatimento no preço no prazo de 30 dias se a coisa for móvel, e de um ano se for imóvel, contado da entrega efetiva; se já estava na posse, o prazo conta-se da alienação, reduzido à metade" (art. 445, *caput*, do Código Civil). O prazo para o ajuizamento da ação redibitória ou *quanti minoris* é decadencial, e, não obstante a petição inicial inaugure o processo, o prazo será material, devendo, portanto, ser contado em dias corridos. O mesmo se pode dizer com relação ao prazo para a impetração de mandado de segurança, de ação rescisória e de qualquer outra ação sujeita a prazo.

No mais, conforme exposto no Enunciado nº 268 do FPPC, "a regra de contagem de prazos em dias úteis só se aplica aos prazos iniciados após a vigência do novo Código".

Juizados Especiais. Na vigência do CPC/1973, o Fórum Nacional dos Juizados Especiais (FONAJE) editou o seguinte enunciado: "Os prazos processuais nos Juizados Especiais Cíveis, contam-se da data da intimação ou ciência do ato respectivo, e não da juntada do comprovante da intimação, observando-se as regras de contagem do CPC ou do Código Civil, conforme o caso" (Enunciado nº 13, redação antiga).

Se a forma de contagem[172] deveria observar a lei processual civil, a conclusão era a de que também no procedimento dos Juizados Especiais deveria ser aplicado o art. 219 do CPC/2015. O Fórum Permanente de Processualistas Civis (FPPC) e a Escola Nacional de Formação e Aperfeiçoamento de Magistrados (ENFAM) encamparam essa conclusão nos seguintes enunciados:

> **Enunciado nº 415, FPPC:** Os prazos processuais no sistema dos Juizados Especiais são contados em dias úteis.
>
> **Enunciado nº 45, ENFAM:** A contagem dos prazos em dias úteis (art. 219 do CPC/2015) aplica-se ao sistema de juizados especiais.

A Turma de Uniformização de Jurisprudência dos Juizados Especiais do Distrito Federal editou entendimento (Enunciado n. 4) também favorável à contagem em dias úteis. Ocorre que o FONAJE, em 01.07.2016, publicou enunciado afastando a aplicação do prazo em dobro aos Juizados Especiais (Enunciado n. 164). Ademais, modificou a redação do Enunciado n. 13, não fazendo mais referência à forma de contagem prevista na lei processual, passando a dispor que, "nos Juizados Especiais Cíveis, os prazos processuais contam-se da data da intimação ou da ciência do ato respectivo, e não da juntada do comprovante da intimação".

Nos Juizados da Fazenda Pública, o entendimento é o mesmo: o prazo deve ser contado em dias corridos e não em dias úteis (Enunciado da Fazenda Pública nº 13).

Por outro lado, nos Juizados Especiais Federais o entendimento é oposto: conta-se o prazo em dias úteis, conforme prevê o novo CPC (art. 31, § 2º, do Regimento Interno da Turma Nacional de Uniformização dos Juizados Especiais Federais, alterado pela Resolução nº 392, de 19.04.2016).

CPC/2015	CPC/1973
Art. 220. **Suspende-se o curso do prazo processual nos dias compreendidos entre 20 de dezembro e 20 de janeiro, inclusive.** § 1º **Ressalvadas as férias individuais e os feriados instituídos por lei, os juízes, os membros do Ministério Público, da Defensoria Pública e da Advocacia Pública e os auxiliares da Justiça exercerão suas atribuições durante o período previsto no *caput*.** § 2º **Durante a suspensão do prazo, não se realizarão audiências nem sessões de julgamento.**	Não há correspondência.

---

[172] Não se deve confundir a forma de contagem do prazo com o prazo previsto para a prática do ato. O recurso inominado deve ser interposto no prazo de dez dias, conforme prevê o art. 42 da Lei nº 9.099/1995. O CPC/2015, por sua vez, dispõe que, "excetuados os embargos de declaração, o prazo para interpor os recursos e para responder-lhes é de 15 (quinze) dias" (art. 1.003, § 5º). Essa disposição NÃO se aplica aos Juizados Especiais, porquanto o prazo especial previsto na Lei nº 9.099/1995 é que deve prevalecer.

COMENTÁRIOS:

A regra geral é de que os atos processuais serão realizados apenas nos dias úteis (art. 212, *caput*, do CPC/2015; art. 172 do CPC/1973). Férias e feriados não são reputados dias úteis; logo, nessas épocas não se praticam atos processuais. São exceções a essa regra:

a) **Art. 214 (art. 173 do CPC/1973).** Independentemente de autorização judicial, no período de férias forenses e nos feriados permitem-se a realização de citações, intimações, penhoras e a apreciação de pedidos de tutelas de urgência. O dispositivo refere-se à prática do ato na sua materialidade. Nos órgãos do Judiciário onde há previsão de férias forenses (férias coletivas do Judiciário), praticado o ato, não se conta prazo. Exemplo: feita a citação, a contagem do prazo para contestação não se inicia. O art. 214, repita-se, autoriza apenas a prática do ato na sua materialidade, e não a contagem de prazo. Lembremos que, por força do art. 93, XII, da CF, as férias coletivas (forenses) são vedadas nos juízos de primeiro grau e tribunais de segundo grau. Assim, a regra tem como destinatários os tribunais superiores, nos quais há férias coletivas nos meses de janeiro e julho.

b) **Art. 215 (art. 174 do CPC/1973).** O dispositivo autoriza o curso normal dos processos elencados nos incisos I a III durante as férias forenses. O objeto da norma são a prática de ato e o curso de prazos de determinados feitos durante as férias forenses. Os atos são normalmente praticados e os prazos não se suspendem nos tribunais superiores, onde há previsão de férias forenses. Nos juízos de primeiro grau e nos tribunais de segundo grau, porque não há férias coletivas, não se cogita da exceção, ou seja, todos os processos correm normalmente.

c) **Art. 220 (sem correspondência no CPC/1973).** Também contempla exceção à regra geral. Trata o dispositivo das férias dos advogados. No período de 20 de dezembro a 20 de janeiro todos os prazos processuais serão suspensos, inclusive os que estiverem em curso nos processos mencionados nos incisos I a III do art. 215. Nenhum prazo, pouco importa o juízo, terá seu curso iniciado. Ressalte-se que a tramitação de processos e o curso de prazos não são incompatíveis com férias de juízes. Porém, é absolutamente incompatível com férias de advogados. Nesse período (20 de dezembro a 20 de janeiro) só se podem praticar atos que independam dos advogados. Juízes podem prolatar sentenças, mas os prazos para interposição de recursos não serão contados. Escrivães podem até movimentar processos, mas a contagem de prazos não se iniciará. Contudo, não se realizarão audiências nem sessões de julgamento, porque indispensável a presença de advogados.

Conciliando os referidos dispositivos, pode-se concluir:

- Os atos mencionados no art. 214 podem ser praticados em qualquer dia (férias ou feriados), em qualquer juízo ou tribunal. O prazo só começará a correr no primeiro dia útil seguinte ao feriado ou às férias, onde houver.

- Durante as férias forenses (janeiro e julho) – a regra tem como destinatários os tribunais superiores –, os processos elencados no art. 215 terão seu curso normal. Contudo, no período de 20 de dezembro a 20 de janeiro (férias dos advogados), os prazos serão suspensos e não se realizarão atos que dependam da presença de advogados, como, por exemplo, audiências e sessões de julgamentos, entre outros.

- O recesso previsto no dispositivo em comento é, sem dúvida, destinado aos advogados, notadamente àqueles que exercem a profissão de forma autônoma ou em pequena sociedade e que necessitam de um descanso como qualquer outro profissional.

CPC/2015	CPC/1973
Art. 221. Suspende-se o curso do prazo por obstáculo criado *em detrimento* da parte ou ocorrendo qualquer das hipóteses do *art. 313*, devendo o prazo ser restituído por tempo igual ao que faltava para sua complementação. **Parágrafo único. Suspendem-se os prazos durante a execução de programa instituído pelo Poder Judiciário para promover a autocomposição, incumbindo aos tribunais especificar, com antecedência, a duração dos trabalhos.**	Art. 180. Suspende-se ~~também~~ o curso do prazo por obstáculo criado *pela* parte ou ocorrendo qualquer das hipóteses do *art. 265, I e III;* casos em que o prazo será restituído por tempo igual ao que faltava para a sua complementação.

 COMENTÁRIOS:

Hipóteses de suspensão dos prazos processuais. O prazo para interposição de recurso ou de apresentação de contestação é, em regra, peremptório, isto é, não admite alteração ou prorrogação. Assim, se descumprido, opera-se a preclusão temporal, impedindo a parte de praticar o ato. Em certos casos, entretanto, pode esse prazo ser suspenso ou restituído. Suspende-se o prazo por obstáculo criado em detrimento da parte ou ocorrendo qualquer das hipóteses do art. 313 (art. 221). O falecimento da parte ou de seu advogado, bem como a ocorrência de motivo de força maior, por expressa disposição do art. 1.004, constituem causa de restituição do prazo. Além disso, se houver flexibilização procedimental (art. 190), poderão os prazos ser dilatados, reduzidos ou até mesmo suspensos, mediante acordo entre as partes. O CPC/2015 acrescentou mais uma hipótese de suspensão dos prazos no parágrafo único do novo art. 221: a execução de programa instituído pelo Poder Judiciário para promover tentativas de autocomposição.

CPC/2015	CPC/1973
Art. 222. Na comarca, **seção ou subseção judiciária** onde for difícil o transporte, o juiz poderá prorrogar os prazos *por até 2 (dois) meses*. § 1º **Ao juiz é vedado reduzir prazos peremptórios sem anuência das partes.** § 2º Havendo calamidade pública, o limite previsto *no caput* para prorrogação de prazos poderá ser excedido.	Art. 182. ~~É defeso às partes, ainda que todas estejam de acordo, reduzir ou prorrogar os prazos peremptórios.~~ O juiz poderá, nas comarcas onde for difícil o transporte, prorrogar ~~quaisquer~~ prazos, *mas nunca por mais de 60 (sessenta) dias*. Parágrafo único. Em caso de calamidade pública, poderá ser excedido o limite previsto *neste artigo* para a prorrogação de prazos.

 COMENTÁRIOS:

Prorrogação dos prazos processuais. No CPC/1973, o legislador veda a redução ou ampliação dos prazos peremptórios, mesmo que haja prévia concordância das partes. Assim, os prazos fixados pela lei de forma imperativa somente podem ser alterados em hipóteses excepcionais, como no caso de calamidade pública (art. 182, parágrafo único, do CPC/1973).

O CPC/2015, no entanto, dispõe sobre o tema da seguinte forma: "ao juiz é vedado reduzir prazos peremptórios sem a anuência das partes". A *contrario sensu*, a nova legislação permite ao juiz reduzir os prazos peremptórios, desde que com prévia anuência das partes.

Qualquer que seja a natureza do prazo, pode o juiz prorrogá-lo por até dois meses nas comarcas, seção ou subseção judiciária onde for difícil o transporte (art. 222). Em caso de calamidade pública, a prorrogação não tem limite (art. 222, § 2º).

CPC/2015	CPC/1973
Art. 223. Decorrido o prazo, extingue-se o direito de praticar **ou de emendar** o ato **processual**, independentemente de declaração judicial, ficando assegurado, porém, à parte provar que não o realizou por justa causa. § 1º *Considera-se* justa causa o evento alheio à vontade da parte e que a impediu de praticar o ato por si ou por mandatário. § 2º Verificada a justa causa, o juiz permitirá à parte a prática do ato no prazo que lhe assinar.	Art. 183. Decorrido o prazo, extingue-se, independentemente de declaração judicial, o direito de praticar o ato, ficando salvo, porém, à parte provar que o não realizou por justa causa. § 1º *Reputa-se* justa causa o evento *imprevisto,* alheio à vontade da parte, e que a impediu de praticar o ato por si ou por mandatário. § 2º Verificada a justa causa o juiz permitirá à parte a prática do ato no prazo que lhe assinar.

 ## COMENTÁRIOS:

Preclusão temporal. O dispositivo trata da chamada preclusão temporal, que consiste na perda da possibilidade de se praticar um ato em razão da inércia da parte. A preclusão será afastada quando a parte provar que deixou de realizar o ato por justa causa. O equívoco nas informações processuais prestadas na página eletrônica dos tribunais constitui exemplo de justa causa que autoriza a prática posterior do ato sem prejuízo para a parte.[173]

No caso de haver algum problema técnico do sistema, ou até mesmo algum erro ou omissão do serventuário da justiça responsável pelo registro dos andamentos, também estará configurada a justa causa.

Ressalte-se que, na ocorrência de indisponibilidade do sistema por motivo técnico, o art. 10, § 2º, da Lei nº 11.419/2006 estabelece que o prazo fica automaticamente prorrogado para o primeiro dia útil seguinte à solução do problema. O novo CPC, ao tratar do tema, não prevê apenas a hipótese de problemas técnicos. Nos termos do art. 223, § 1º, qualquer evento que impeça a realização do ato, desde que alheio à vontade da parte, poderá ser considerado justa causa. Nesse caso, caberá ao juiz assinalar novo prazo para a prática do ato (§ 2º).

Para que o advogado não tenha que enfrentar maiores dificuldades, entendo que o melhor é providenciar o protocolo eletrônico tão logo o problema, técnico ou não, tenha desaparecido. Concomitantemente, o advogado deve peticionar ao juízo explicitando os motivos pelos quais a prática daquele ato deve ser considerada tempestiva.

Preclusão em relação aos atos do juiz. Preclusão temporal não há. Os prazos são impróprios, o que significa que o juiz, utilmente, pode praticá-los a qualquer tempo[174]. O mesmo pode-se dizer dos atos dos auxiliares do juízo.

---

173   Nesse sentido: REsp 1.324.432/SC, Rel. Min. Herman Benjamin, julgado em 17.12.2012.

174   STJ, RMS 32639/RN, Rel. Min. Og Fernandes, 2ª Turma, julgado em 06.04.0217.

CPC/2015	CPC/1973
Art. 224. Salvo disposição em contrário, os prazos serão contados excluindo o dia do começo e incluindo o **dia** do vencimento. § 1º *Os dias* **do começo** *e do vencimento do* prazo *serão protraídos para* o primeiro dia útil *seguinte, se coincidirem com* dia em que o expediente forense for encerrado antes **ou iniciado depois** da hora normal **ou houver indisponibilidade da comunicação eletrônica**. § 2º **Considera-se como data de publicação o primeiro dia útil seguinte ao da disponibilização da informação no Diário da Justiça eletrônico.** § 3º **A contagem do prazo terá início no primeiro dia útil que seguir ao da publicação.**	Art. 184. Salvo disposição em contrário, computar-se-ão os prazos, excluindo o dia do começo e incluindo o do vencimento. § 1º *Considera-se prorrogado* o prazo até o primeiro dia útil se o vencimento cair em *feriado* ou em dia em que: I — ~~for determinado o fechamento do fórum;~~ II – o expediente forense for encerrado antes da hora normal. ~~§ 2º Os prazos somente começam a correr do primeiro dia útil após a intimação (art. 240 e parágrafo único).~~

 ## COMENTÁRIOS:

Forma de contagem dos prazos processuais. Quando o começo ou final do prazo coincidirem com um dia em que não haja expediente forense ou em que este tenha seu início ou encerramento antes do horário normal, prorroga-se para o próximo dia útil. No CPC/1973 o tratamento é restritivo, pois só o encerramento antecipado do expediente permite a prorrogação.

Os §§ 3º e 4º do art. 4º da Lei do Processo Eletrônico (Lei nº 11.419/2006) preveem que se considera "como data da publicação o primeiro dia útil seguinte ao da disponibilização da informação no Diário da Justiça eletrônico" e "os prazos processuais terão início no primeiro dia útil que seguir ao considerado como data da publicação". Os §§ 2º e 3º do art. 224 do CPC/2015 apenas repetem essas regras.

No caso dos processos eletrônicos, considera-se data de publicação o primeiro dia útil subsequente ao da disponibilização da informação no Diário da Justiça. A contagem se inicia no primeiro dia útil subsequente. Exemplo: prazo de cinco dias e disponibilização na segunda-feira. Nesse caso, considera-se a terça-feira data de publicação. O prazo iniciar-se-á, portanto, na quarta-feira. Como os prazos são contados apenas em dias úteis, desprezam-se o sábado e o domingo. O prazo terminará, portanto, na terça-feira.

Em resumo, para contar adequadamente os prazos no processo eletrônico ou naqueles casos em que, embora os autos sejam físicos, a intimação é feita pelo *DJe*, deve-se levar em conta as seguintes etapas: a data da disponibilização no *DJe*, a data da publicação (o primeiro dia útil seguinte ao da disponibilização, consoante disposto no art. 224, § 2º), o início da contagem do prazo e a contagem do prazo em si.

Definido o dia do começo do prazo, que coincide com a data da publicação, resta proceder à contagem do prazo. Pois bem, na contagem, exclui-se o dia do começo e inclui-se o dia do vencimento (art. 224, *caput*) ou, nos termos do § 3º do mesmo dispositivo, "a contagem do prazo terá início no primeiro dia útil que seguir ao da publicação".

Vamos à contagem de um prazo para interposição de embargos de declaração – cinco dias úteis. O acórdão foi disponibilizado no *DJe* no dia 17.06.2016 (sexta-feira), assim, consoante disposto no art. 224, § 2º, deve-se considerar data da publicação o primeiro dia útil seguinte ao da disponibilização da informação no *Diário da Justiça Eletrônico*, ou seja,

20.06.2016 (segunda-feira). Por outro lado, considera-se dia do começo do prazo a data da publicação, isto é, 20.06.2016 (art. 231, VII). Definido que o dia do começo do prazo, que coincide com a data da publicação, é 20.06.2016, resta proceder à contagem do prazo. Pois bem, na contagem exclui-se o dia do começo e inclui-se o dia do vencimento (art. 224, *caput*) ou, nos termos do § 3º do mesmo dispositivo, "a contagem do prazo terá início no primeiro dia útil que seguir ao da publicação". Sendo assim, o primeiro, o segundo, o terceiro e o quarto dia do prazo foram, respectivamente, 21 (terça-feira), 22 (quarta-feira), 23 (quinta-feira) e 24 (sexta-feira), e o quinto e último dia do prazo, levando-se em conta o disposto no art. 219, será 27.06.2016 (segunda-feira).

CPC/2015	CPC/1973
Art. 225. A parte poderá renunciar ao prazo estabelecido exclusivamente em seu favor, **desde que o faça de maneira expressa.**	Art. 186. A parte poderá renunciar ao prazo estabelecido exclusivamente em seu favor.

 COMENTÁRIOS:

Renúncia ao prazo processual. A renúncia ao prazo benéfico deve ser feita de maneira expressa pela parte a que dele aproveita, o que dá mais segurança aos litigantes, ainda que tal procedimento se contraponha à parcela doutrinária que permitia a renúncia tácita do prazo processual.[175]

CPC/2015	CPC/1973
Art. 226. O juiz proferirá: I – os despachos *no prazo de 5 (cinco) dias;* II – as decisões **interlocutórias** *no prazo de 10 (dez) dias;* III – **as sentenças no prazo de 30 (trinta) dias.**	Art. 189. O juiz proferirá: I – os despachos *de expediente, no prazo de 2 (dois) dias;* II – as decisões, *no prazo de 10 (dez) dias.*

 COMENTÁRIOS:

Prazos impróprios. Diferentemente dos prazos próprios, entende-se que os impróprios, uma vez desrespeitados, não geram qualquer consequência no processo. O art. 226 trata dos prazos impróprios destinados ao juiz.

Apesar de inexistir consequência processual, é possível admitir a aplicação do disposto no art. 235 sempre que o juiz exceder os prazos sem qualquer justificativa.

CPC/2015	CPC/1973
Art. 227. Em qualquer grau de jurisdição, havendo motivo justificado, pode o juiz exceder, por igual tempo, os prazos *a que está submetido.*	Art. 187. Em qualquer grau de jurisdição, havendo motivo justificado, pode o juiz exceder, por igual tempo, os prazos *que este Código lhe assina.*

---

[175] Nesse sentido: MARCATO, Antonio Carlos (Coord.). **Código de Processo Civil interpretado.** 2. ed. São Paulo: Atlas, 2005, p. 525.

COMENTÁRIOS:

Prorrogação dos prazos por motivo justificado. O juiz pode exceder, por igual tempo, os prazos fixados no art. 226, desde que o faça de modo justificado. As justificativas são as mais diversas, abrangendo, por exemplo, problemas estruturais e operacionais na vara.

CPC/2015	CPC/1973
Art. 228. Incumbirá ao serventuário remeter os autos conclusos no prazo de *1 (um) dia* e executar os atos processuais no prazo de *5 (cinco) dias,* contado da data em que:	Art. 190. Incumbirá ao serventuário remeter os autos conclusos no prazo de *24 (vinte e quatro) horas* e executar os atos processuais no prazo de *48 (quarenta e oito) horas,* contados:
I – houver concluído o ato processual anterior, se lhe foi imposto pela lei;	I – da data em que houver concluído o ato processual anterior, se lhe foi imposto pela lei;
II – tiver ciência da ordem, quando determinada pelo juiz.	II – da data em que tiver ciência da ordem, quando determinada pelo juiz.
§ 1º Ao receber os autos, o serventuário certificará o dia e a hora em que teve ciência da ordem referida no inciso II.	Parágrafo único. Ao receber os autos, certificará o serventuário o dia e a hora em que ficou ciente da ordem, referida no nº II.
§ 2º **Nos processos em autos eletrônicos, a juntada de petições ou de manifestações em geral ocorrerá de forma automática, independentemente de ato de serventuário da justiça.**	

 ## COMENTÁRIOS:

Prazos impróprios para os serventuários. Ainda que o serventuário exceda os prazos previstos nesse dispositivo, continua com o dever de praticar o ato. Por isso fala-se que esses prazos também são impróprios.

O novo CPC, além de alterar os prazos, passa a estabelecer regra segundo a qual a juntada de petições ou de manifestações em autos eletrônicos será automática, não dependendo de qualquer ato posterior do serventuário. O parágrafo inserido pelo CPC/2015 complementa o disposto no art. 10 da Lei nº 11.419/2006.[176]

CPC/2015	CPC/1973
Art. 229. Os litisconsortes que tiverem diferentes procuradores, **de escritórios de advocacia distintos,** terão prazos contados em dobro para *todas as suas manifestações,* **em qualquer Juízo ou tribunal, independentemente de requerimento.**	Art. 191. Quando os litisconsortes tiverem diferentes procuradores, ser-lhes-ão contados em dobro os prazos *para contestar, para recorrer e, de modo geral, para falar nos autos.*
§ 1º **Cessa a contagem do prazo em dobro se, havendo apenas 2 (dois) réus, é oferecida defesa por apenas um deles.**	
§ 2º **Não se aplica o disposto no** *caput* **aos processos em autos eletrônicos.**	

---

[176] Art. 10: "A distribuição da petição inicial e a juntada da contestação, dos recursos e das petições em geral, todos em formato digital, nos autos de processo eletrônico, podem ser feitas diretamente pelos advogados públicos e privados, sem necessidade da intervenção do cartório ou secretaria judicial, situação em que a autuação deverá se dar de forma automática, fornecendo-se recibo eletrônico de protocolo."

COMENTÁRIOS:

Prazo diferenciado para os litisconsortes com procuradores distintos. O dispositivo restringe as hipóteses de concessão ao benefício do prazo dobrado para litisconsortes que figurem com procuradores distintos com relação ao CPC/1973, exigindo que seus advogados devam pertencer a *escritórios diferentes*. A norma veio evitar eventuais abusos, sobretudo por escritório que subscreve advogados distintos apenas para ter acesso ao dobro de prazo – prática que, inobstante sua nítida imoralidade, recebia respaldo jurisprudencial.[177]

O prazo em dobro irá cessar se a defesa for apresentada por apenas um dos litisconsortes. Evidentemente, o prazo estendido se justifica pela necessidade de elaboração de duas defesas distintas, por dois procuradores diversos. Sendo a defesa una, perde-se a razão do benefício. Também não se conta em dobro o prazo para recorrer, quando só um dos litisconsortes haja sucumbido (Súmula 641 do STF).

Processo em autos eletrônicos. Esse prazo diferenciado será afastado quando o processo tramitar em autos eletrônicos (§ 2º), porquanto nesse caso os advogados das partes poderão ter acesso simultâneo aos autos, não se justificando o benefício. Nesse ponto, apesar de na vigência do CPC/1973 já existir o chamado "processo eletrônico", o STJ entendia que, como a lei não fazia qualquer restrição, o prazo dobrado deveria ser aplicado ainda que se tratasse de processo judicial eletrônico.[178]

Juizados Especiais. A doutrina sempre inadmitiu a aplicação do prazo diferenciado para os litisconsortes com procuradores distintos, fundamentando-se, para tanto, no princípio da celeridade (art. 2º da Lei nº 9.099/1995).

Em encontro do FONAJE realizado em Belo Horizonte/MG (XXXVIII Encontro) esse entendimento foi reforçado. Editou-se o Enunciado nº 164,[179] que expressamente afasta a regra do art. 229 do CPC/2015 ao Sistema dos Juizados Especiais.

CPC/2015	CPC/1973
Art. 230. O prazo para a parte, **o procurador, a Advocacia Pública, a Defensoria Pública** e o Ministério Público será contado da **citação,** da intimação **ou da notificação**.	Art. 240. ~~Salvo disposição em contrário,~~ os prazos para as partes, ~~para a Fazenda Pública~~ e para o Ministério Público contar-se-ão da intimação.

COMENTÁRIOS:

Forma de contagem dos prazos para Fazenda Pública, MP e Defensoria Pública. Complementando as novas regras previstas nos arts. 180, 183 e 186, o CPC/2015 estabeleceu o termo *a quo* para o início da contagem dos prazos para o Ministério Público, a Advocacia Pública e a Defensoria Pública. Com efeito, o prazo em dobro para qualquer

---

[177] A norma veio em sentido contrário à jurisprudência do STJ, que permite a aplicação objetiva e irrestrita a regra benévola do art. 191 do CPC/1973, uma vez que ela não apresenta distinções como o art. 227 CPC/2015. Nesse sentido: REsp 818.419/SP, Rel. Min. Sidnei Benetti, 3ª Turma, julgado em 09.06.2009.

[178] STJ, REsp 1.488.590/PR, Rel. Min. Ricardo Villas Bôas Cueva, julgado em 14.04.2015.

[179] "O art. 229, *caput*, do CPC/2015 não se aplica ao Sistema de Juizados Especiais."

manifestação nos autos começa a correr a partir da citação, da intimação ou da notificação da instituição, a qual será realizada preferencialmente por meio eletrônico, conforme art. 270, parágrafo único, c/c art. 246, § 1º. Não se acumulam os benefícios dos prazos em dobro; assim, havendo, por exemplo, litisconsórcio entre a Fazenda Pública e o Ministério Público numa ação de improbidade administrativa, o prazo continua em dobro e não em quádruplo.

CPC/2015	CPC/1973
Art. 231. Salvo disposição em sentido diverso, *considera-se dia do começo do prazo:*	Art. 241. *Começa a correr o prazo:*
I – a data de juntada aos autos do aviso de recebimento, quando a citação ou a intimação for pelo correio;	I – quando a citação ou intimação for pelo correio, da data de juntada aos autos do aviso de recebimento;
II – a data de juntada aos autos do mandado cumprido, quando a citação ou a intimação for por oficial de justiça;	II – quando a citação ou intimação for por oficial de justiça, da data de juntada aos autos do mandado cumprido;
III – **a data de ocorrência da citação ou da intimação, quando ela se der por ato do escrivão ou do chefe de secretaria;**	III – *quando houver vários réus, da data de juntada aos autos do último aviso de recebimento ou mandado citatório cumprido;*
IV – **o dia útil seguinte** ao fim da dilação assinada pelo juiz, quando a citação ou **a intimação** for por edital;	IV – quando o ato se realizar em cumprimento de carta *de ordem, precatória ou rogatória,* da data de sua juntada aos autos devidamente cumprida;
V – **o dia útil seguinte à consulta ao teor da citação ou intimação ou ao término do prazo para que a consulta se dê, quando a citação ou a intimação for eletrônica;**	V – quando a citação for por edital, finda a dilação assinada pelo juiz.
VI – a data de juntada **do comunicado de que trata o art. 232** ou, não havendo esse, a data de juntada da carta aos autos de origem devidamente cumprida, **quando a citação ou a intimação se realizar em cumprimento de carta;**	
VII – **a data de publicação, quando a intimação se der pelo Diário da Justiça impresso ou eletrônico;**	
VIII – **o dia da carga, quando a intimação se der por meio da retirada dos autos, em carga, do cartório ou da secretaria.**	
§ 1º *Quando houver mais de um réu, o dia do começo do prazo para contestar corresponderá à última das datas a que se referem os incisos I a VI do* **caput.**	
§ 2º **Havendo mais de um intimado, o prazo para cada um é contado individualmente.**	
§ 3º **Quando o ato tiver de ser praticado diretamente pela parte ou por quem, de qualquer forma, participe do processo, sem a intermediação de representante judicial, o dia do começo do prazo para cumprimento da determinação judicial corresponderá à data em que se der a comunicação.**	
§ 4º **Aplica-se o disposto no inciso II do** *caput* **à citação com hora certa.**	

COMENTÁRIOS:

O presente artigo contempla as circunstâncias que determinam a data de início da contagem dos prazos processuais.

Processo com mais de um réu. O dia do começo do prazo para contestar (quinze dias) corresponde à última das datas a que se referem os incisos I a VI. Por exemplo: tratando-se de citação pelo correio (inciso I), somente quando o último aviso de recebimento for juntado aos autos é que o prazo começará para todos os réus. Se o ato for praticado por meio eletrônico, a defesa deve ser ofertada quando findar o prazo para a consulta ao sistema processual de todos os réus. Essa regra vale somente para os casos de citação. Se for caso de intimação, o prazo para o autor e/ou para o réu é contado individualmente (§ 2°).

Ato que deva ser praticado pela própria parte. Se para a prática do ato não bastar a cientificação do advogado ou de outro representante judicial, o dia do começo do prazo corresponderá à data da efetiva comunicação feita às partes.

Citação por hora certa. Leva o mesmo regramento da citação feita por oficial de justiça, valendo a data da juntada aos autos do mandado cumprido.[180]

Termo inicial dos prazos. Os incisos do art. 231 estabelecem os diversos marcos definidores do "dia do começo do prazo". Definido o dia do começo (que é excluído), a partir do dia seguinte começa a contagem do prazo em si.

a) A data de juntada aos autos do aviso de recebimento (AR), quando a citação ou a intimação for pelo correio (inc. I). A citação pelo correio é a regra, daí porque esse marco figura em primeiro lugar. Quanto à intimação, o mais comum é que seja feita na pessoa do advogado, pelo Diário da Justiça eletrônico. Conta-se o prazo do dia imediato ao da juntada, se o dia imediato for útil; caso contrário, prorroga-se para o dia útil imediato. Se o AR é juntado na sexta feira, conta-se o prazo a partir da segunda feira subsequente, a menos que seja feriado, esteja no curso de férias ou de recesso forenses. O dia do começo (que é excluído para fins de contagem) é o dia da juntada aos autos, e não o da inserção, pelo servidor, da referida informação na página eletrônica do processo (TJ-SP, Apelação 01626760320118260100).

Na prática, o advogado que é constituído para a defesa de um cliente deve acessar os autos eletrônicos (em breve, a história judiciária registrará a época dos autos em papel como um período jurássico) e ficar atento à juntada.

b) A data de juntada aos autos do mandado cumprido, quando a citação ou a intimação for por oficial de justiça (inc. II). O oficial de justiça cita ou intima e devolve o mandado ao escrivão, que junta-o aos autos (de regra, alguns dias após o cumprimento), pois o termo inicial do prazo começa do dia seguinte ao da juntada aos autos do mandado de citação. Pouco importa se a citação é pessoal ou por hora certa, o marco é

---

[180] Nesse sentido, "A jurisprudência do STJ, nas hipóteses de citação por hora certa, tem se orientado no sentido de fixar, como termo inicial do prazo para a contestação, a data da juntada do mandado de citação cumprido, e não a data da juntada do Aviso de Recebimento da correspondência a que alude o art. 229 do CPC" (STJ, REsp 746.524/SC, Rel. Min. Nancy Andrighi, 3ª Turma, julgado em 03.03.2009, *DJe* 14.10.2009).

idêntico. Aplicam-se aqui as mesmas observações feitas acerca da citação pelo correio. Deve-se lembrar que no procedimento comum, de um modo geral, a citação é para o réu integrar a relação processual; do próprio mandado de citação já consta a data da audiência de conciliação, à qual deve comparecer, correndo dali o prazo para resposta.

c) A data de ocorrência da citação ou da intimação, quando ela se der por ato do escrivão ou do chefe de secretaria (inc. III). Nessa hipótese, a citação ou intimação não é feita pelo correio nem por oficial de justiça, mas sim pelo escrivão (em certos segmentos do Judiciário denominado chefe de secretaria), na própria secretaria. Não é comum, mas pode ocorrer. Mais comum do que essa hipótese é o advogado do demandado comparecer aos autos para juntada de procuração com poderes especiais para receber citação e peticionar para deferimento de vista dos autos. A mera juntada dessa procuração configura comparecimento espontâneo, o que supre a falta de citação, fluindo a partir desta data (lembre-se de que o dia do começo não é contado) o prazo para apresentação de contestação ou de embargos à execução (art. 239, § 1º). O dispositivo fala em contestação, mas o prazo é para atos mais genéricos (resposta), uma vez que, em muitos casos, admite-se a reconvenção e, presentes as hipóteses de impedimento ou suspeição, admite-se a respectiva exceção de parcialidade (art. 14).

d) O dia útil seguinte ao fim da dilação assinada pelo juiz, quando a citação ou a intimação for por edital (inc. IV). Aqui, para a contagem do prazo, não se leva em conta a juntada do edital, e sim o aperfeiçoamento da citação por edital, que ocorre com o transcurso do prazo da dilação. O juiz fixa um prazo (entre 20 e 60 dias) a partir do qual inicia-se a contagem para a prática do ato processual. Exemplo: o edital de citação, com um prazo de dilação (de aperfeiçoamento) de 30 dias, foi publicado no dia 1/11/2017 (se houve mais de uma, conta-se da primeira, conforme art. 257, III). Supondo-se que não haja feriados nesse mês, o prazo de dilação termina em 13/12/2017 (só contei os dias úteis). Pois bem, no dia 14/12/2017 começa a correr o prazo para a contestação.

e) O dia útil seguinte à consulta ao teor da citação ou da intimação ou ao término do prazo para que a consulta se dê, quando a citação ou a intimação for eletrônica (inc. V). A prática de todos os atos processuais, inclusive a citação e a intimação, no futuro serão realizados por meio eletrônico (art. 9º da Lei 11.419/2006). De acordo com o novo CPC, com exceção das micro e pequenas, todas as empresas e as pessoas jurídicas de direito público são obrigadas a se cadastrar, bem como o Ministério Público, a Defensoria Pública e a Advocacia Pública (arts. 246, §§1º e 1º, e 270, parágrafo único). A intimação ou citação considera-se realizada no dia que a parte ou seu advogado efetivar a consulta no portal; se o dia da consulta não for útil, considera-se que foi feita no dia útil subsequente. Caso não tenha havido acesso ao portal, considera-se feita a intimação depois de transcorridos 10 dias da disponibilização (art. 5º e parágrafos da Lei 11.419/2006).

f) A data de juntada do comunicado de que trata o art. 232 ou, não havendo este comunicado, a data de juntada da carta aos autos de origem devidamente cumprida, quando a citação ou a intimação se realizar em cumprimento de carta (inc. VI). Na hipótese, o termo inicial do prazo é o dia útil seguinte ao da juntada da informação expedida pelo juízo deprecado, por meio eletrônico, ao juízo deprecante. Não há necessidade de aguardar o retorno e a juntada da carta precatória, basta a informação de que foi cumprida. Juntou em um dia, no outro efetivamente começa a correr o prazo.

g) A data de publicação, quando a intimação se der pelo Diário da Justiça impresso ou eletrônico (inc. VII). A tendência é o desaparecimento dos registros dos atos processuais em meio físico (papel). Os jornais, incluindo os Diários da Justiça impressos, estão com os dias contados. As intimações e citações serão feitas ou no portal ou no Diário da Justiça eletrônico. Se a comunicação for pelo portal (art. 5º e parágrafos da Lei 11.419/2006), o prazo conta-se do acesso (real ou presumido); se for pelo Diário Judiciário eletrônico, conta-se da data da publicação. Raciocinando sempre em termos de dias úteis: disponibilizou, no dia seguinte considera-se publicado e, no dia seguinte, tem início o prazo efetivo (art. 224, §§ 2º e 3º).

h) O dia da carga, quando a intimação se der por meio da retirada dos autos, em carga, do cartório ou da secretaria (inc. VIII). Dependendo da conveniência (tudo é uma questão de estratégia do advogado), às vezes antes mesmo da intimação ou citação o advogado comparece ao cartório (dependendo do segmento do Judiciário, a denominação é secretaria) e retira os autos. A retirada dos autos – só se aplica para autos físicos – é feita mediante carga, ou seja, assinatura em livro próprio. Retirou hoje, o prazo começa a correr amanhã. Essa é a regra para a intimação. Em se tratando de citação, de um modo geral a carga dos autos não configura comparecimento espontâneo.

Intempestividade por prematuridade. Na vigência do Código revogado, num dado momento a jurisprudência assentou que o ato praticado antes do termo inicial era intempestivo. Esse absurdo virou anedota, a ser contado pelos juristas que nos sucederem.

CPC/2015	CPC/1973
Art. 232. Nos atos de comunicação por carta precatória, rogatória ou de ordem, a realização da citação ou da intimação será imediatamente informada, por meio eletrônico, pelo juiz deprecado ao juiz deprecante.	Não há correspondência.

 ## COMENTÁRIOS:

Informação sobre o cumprimento da carta. Quando realizados por cartas, os atos de comunicação da citação ou da intimação devem ser informados, de forma imediata, por meio eletrônico. Ainda que o dispositivo exija o aparato eletrônico necessário para cumprimento, trata-se de excelente avanço na comunicação dos atos processuais, visto que o tempo necessário para envio, recebimento, cumprimento e devolução de cartas precatórias e de ordem é excessivo, contribuindo para o chamado "tempo morto" do processo.

Seção II
Da Verificação dos Prazos e das Penalidades

CPC/2015	CPC/1973
Art. 233. Incumbe ao juiz verificar se o serventuário excedeu, sem motivo legítimo, os prazos *estabelecidos em lei*.	Art. 193. Compete ao juiz verificar se o serventuário excedeu, sem motivo legítimo, os prazos *que este Código estabelece.*
§ 1º Constatada a falta, o juiz ordenará a instauração de *processo* administrativo, na forma da *lei*.	Art. 194. Apurada a falta, o juiz mandará instaurar *procedimento* administrativo, na forma da *Lei de Organização Judiciária*.
§ 2º Qualquer das partes, o Ministério Público ou a Defensoria Pública poderá representar ao juiz contra o serventuário que injustificadamente exceder os prazos previstos em lei.	

 COMENTÁRIOS:

Excesso de prazo. Conforme art. 35, III, da Lei Orgânica da Magistratura Nacional (Lei Complementar nº 35/1979), constitui dever do magistrado "determinar as providências necessárias para que os atos processuais se realizem nos prazos legais". Considerando esse dispositivo, o CPC/2015 traz como dever do magistrado a determinação de instauração de processo administrativo disciplinar contra serventuário que exceder os prazos legais sem motivo legítimo. Para tanto, pode o juiz ser provocado pelas partes, pelo Ministério Público ou pela Defensoria Pública.

CPC/2015	CPC/1973
Art. 234. Os advogados **públicos ou privados, o defensor público e o membro do Ministério Público** devem restituir os autos *no prazo do ato a ser praticado.*	Art. 195. O advogado deve restituir os autos *no prazo legal.* ~~Não o fazendo, mandará o juiz, de ofício, riscar o que neles houver escrito e desentranhar as alegações e documentos que apresentar.~~
§ 1º É lícito a qualquer interessado *exigir* os autos do advogado que exceder prazo legal.	Art. 196. É lícito a qualquer interessado *cobrar* os autos ao advogado que exceder o prazo legal. Se, intimado, não os devolver dentro *em 24 (vinte e quatro) horas,* perderá o direito à vista fora de cartório e incorrerá em multa, correspondente à metade do salário mínimo ~~vigente na sede do juízo~~.
§ 2º Se, intimado, o advogado não devolver os autos *no prazo de 3 (três) dias,* perderá o direito à vista fora de cartório e incorrerá em multa correspondente à metade do salário mínimo.	
§ 3º *Verificada a falta*, o juiz comunicará o fato à seção local da Ordem dos Advogados do Brasil para procedimento disciplinar e imposição de multa.	Parágrafo único. *Apurada a falta*, o juiz comunicará o fato à seção local da Ordem dos Advogados do Brasil, para o procedimento disciplinar e imposição da multa.
§ 4º *Se a situação envolver membro* do Ministério Público, **da Defensoria Pública ou da Advocacia Pública,** *a multa, se for o caso, será aplicada ao agente público responsável pelo ato.*	Art. 197. *Aplicam-se ao órgão* do Ministério Público e ~~ao representante da Fazenda Pública~~ *as disposições constantes dos arts. 195 e 196.*
§ 5º **Verificada a falta, o juiz comunicará o fato ao órgão competente responsável pela instauração de procedimento disciplinar contra o membro que atuou no feito.**	

💬 COMENTÁRIOS:

Prazo para devolução dos autos. É dever do juiz velar para que os autos sejam restituídos no prazo do ato a ser praticado. Assim, se o advogado de uma das partes retira os autos para carga e não os devolve, mesmo sendo intimado para tanto, caberá ao juiz comunicar o fato à Ordem dos Advogados do Brasil para fins de instauração de procedimento disciplinar e imposição de multa. A prática de reter abusivamente os autos processuais constitui infração disciplinar, nos termos do art. 34, XXII, do Estatuto da Ordem dos Advogados do Brasil.

Além de comunicar o fato à OAB, o advogado poderá perder o direito à vista fora do cartório e arcar com multa correspondente à metade do salário mínimo (§ 2º).

Se a retenção dos autos estiver sendo praticada por membro do Ministério Público, da Defensoria Pública ou da Advocacia Pública, o juiz comunicará o fato ao órgão competente responsável pela instauração de procedimento disciplinar contra o membro que atuou no feito, devendo a multa ser aplicada ao próprio agente público que cometeu a falta (§§ 4º e 5º). Esses novos dispositivos consagram a isonomia entre os integrantes da advocacia privada, os membros do Ministério Público e da Defensoria Pública, e os procuradores da Fazenda Pública, que ficam obrigados a observar a mesma disciplina no que respeita à devolução dos autos.

CPC/2015	CPC/1973
Art. 235. Qualquer parte, o Ministério Público **ou a Defensoria Pública** poderá representar ao *corregedor* do tribunal **ou ao Conselho Nacional de Justiça** contra juiz **ou relator que injustificadamente** exceder os prazos previstos em lei, **regulamento ou regimento interno**.	Art. 198. Qualquer das partes ~~ou o órgão do~~ Ministério Público poderá representar ao *presidente* do Tribunal de Justiça contra o juiz que excedeu os prazos previstos em lei. Distribuída a representação ao órgão competente, instaurar-se-á procedimento para apuração da responsabilidade. ~~O relator, conforme as circunstâncias, poderá avocar os autos em que ocorreu excesso de prazo, designando outro juiz para decidir a causa.~~
§ 1º Distribuída a representação ao órgão competente **e ouvido previamente o juiz, não sendo caso de arquivamento liminar**, será instaurado procedimento para apuração da responsabilidade, **com intimação do representado por meio eletrônico para, querendo, apresentar justificativa no prazo de 15 (quinze) dias**.	
§ 2º **Sem prejuízo das sanções administrativas cabíveis, em até 48 (quarenta e oito) horas após a apresentação ou não da justificativa de que trata o § 1º, se for o caso, o corregedor do tribunal ou o relator no Conselho Nacional de Justiça determinará a intimação do representado por meio eletrônico para que, em 10 (dez) dias, pratique o ato.**	
§ 3º **Mantida a inércia, os autos serão remetidos ao substituto legal do juiz ou do relator contra o qual se representou para decisão em 10 (dez) dias.**	

COMENTÁRIOS:

LOMAN e Regimento Interno do CNJ. Embora a maioria da doutrina considere que os prazos destinados ao juiz são impróprios, a Lei Orgânica da Magistratura Nacional estabelece, entre os deveres dos magistrados, o de não exceder injustificadamente os prazos para sentenciar ou despachar (art. 35, II).

O CNJ, em seu Regimento Interno (art. 78), já havia disciplinado a matéria, possibilitando a aplicação de sanção administrativa ao magistrado em razão do excesso de prazo.

Legitimidade para a representação. A formulação do pedido, segundo o Regimento Interno do CNJ, pode ser feita por qualquer pessoa com interesse legítimo, por representante do MP, pelos Presidentes de Tribunais ou, de ofício, pelos Conselheiros.

O CPC/2015 restringiu esse rol, porquanto estabeleceu como legitimados as partes, o Ministério Público e a Defensoria Pública. "A aparente antinomia se resolve considerando que o procedimento disciplinado pelo art. 78 do Regimento Interno do CNJ tem nítida feição administrativo-disciplinar. Previu-se ali um rol mais amplo de legitimados, como forma de concretizar o direito constitucional de petição, daí por que, a rigor, qualquer interessado pode formular a representação por excesso de prazo contra magistrado. Já o CPC/2015, em seu art. 235, disciplinou as consequências processuais do descumprimento injustificado de prazo pelo juiz, daí por que o legislador teve por bem limitar o espectro de legitimados."[181]

Procedimento da representação. O procedimento deverá ter atos essenciais, tais como a oitiva do magistrado para possível arquivamento liminar (§ 1º) e o envio dos autos ao substituto legal, caso não haja cumprimento do ato pelo julgador (§ 2º). O prazo para defesa é de 15 dias (o mesmo previsto no Regimento Interno do CNJ – art. 78, § 2º). Trata-se de prazo próprio para o juiz.

Decorrido o prazo para a defesa, se não existe motivo para a instauração do procedimento disciplinar, haverá o arquivamento da representação. Caso contrário, o juiz será intimado para praticar o ato, sem prejuízo de eventual sanção a ser aplicada ao final do procedimento disciplinar.

TÍTULO II
DA COMUNICAÇÃO DOS ATOS PROCESSUAIS

Capítulo I
Disposições Gerais

CPC/2015	CPC/1973
Art. 236. Os atos processuais serão cumpridos por ordem judicial. § 1º *Será expedida* carta *para a prática de atos* fora dos limites territoriais **do tribunal,** da comarca, **da seção ou da subseção judiciárias, ressalvadas as hipóteses previstas em lei**.	Art. 200. Os atos processuais serão cumpridos por ordem judicial *ou requisitados por* carta *conforme hajam de realizar-se dentro ou* fora dos limites territoriais da comarca.

---

[181] **Novo CPC Anotado, OABPR e AASP.** Disponível em <http://intranet.oabpr.org.br/servicos/downloads.asp>.

§ 2° O tribunal poderá expedir carta para juízo a ele vinculado, se o ato houver de se realizar fora dos limites territoriais do local de sua sede.

§ 3° Admite-se a prática de atos processuais por meio de videoconferência ou outro recurso tecnológico de transmissão de sons e imagens em tempo real.

 **COMENTÁRIOS:**

Cumprimento dos atos processuais. Os atos processuais serão cumpridos ou comunicados por ordem judicial e, além de outros meios, como diligência de oficial de justiça, correio ou meio eletrônico, poderão ser praticados por carta, conforme hajam de realizar-se dentro ou fora dos limites territoriais do tribunal, da comarca, da seção ou da subseção judiciária (§ 1°). Na atual conjuntura, com a realidade inexorável do processo eletrônico, o local dos atos processuais tem pouca relevância. Isso porque, se a parte, o advogado e o juiz podem praticar atos de seus computadores pessoais, por meio da Internet, a depender da modalidade desse ato, nada impedirá que seja ele realizado até mesmo fora do país, haja vista que as informações a ele atinentes estarão disponíveis na rede mundial de computadores, a qual, em princípio, está acessível a todos.

Carta de ordem. É o meio pelo qual o tribunal ou um dos seus membros (de modo geral o relator de recurso, ação de competência originária ou incidente) dá ordem a um magistrado de grau inferior. Por mais que alguns neguem, a hierarquia está presente na administração da justiça e até na atividade judicante. Manda quem pode e obedece quem tem juízo. Os ministros do STF, no exercício da atividade jurisdicional, podem expedir carta de ordem a qualquer juiz brasileiro (num sentido amplo), exceto a outros ministros do próprio STF. De modo geral, as cartas de ordem oriundas do STF são expedidas a juízes federais; mas onde não houver vara da justiça federal, o destinatário da carta será o juiz de direito. Bem, será expedida carta para a prática de atos fora dos limites territoriais do tribunal, da comarca, da seção ou da subseção judiciárias, ressalvadas as hipóteses previstas em lei (art. 236, § 1°).

Videoconferência. O CPC/2015 inova ao permitir que, se compatíveis, os atos processuais sejam realizados por videoconferência ou outro recurso tecnológico de som e imagem em tempo real (§ 3°), dispensando a expedição de carta nessas hipóteses. Tal disposição pode conferir maior celeridade ao processo, sobretudo em razão da necessidade precípua de intimação do advogado para atos a serem realizados no juízo deprecado, por respeito ao contraditório.[182]

---

[182]   THEODORO JR., Humberto. **Código de Processo Civil anotado.** Op. cit., p. 230. No mesmo sentido: STJ, REsp 346.029/MT, Rel. Min. Nancy Andrighi, 3ª Turma, julgado em 04.04.2002, *DJ* 06.05.2002.

CPC/2015	CPC/1973
Art. 237. Será expedida carta: I – de ordem, *pelo tribunal, na hipótese do § 2º do art. 236;* II – rogatória, *para que órgão jurisdicional estrangeiro pratique ato de cooperação jurídica internacional, relativo a processo em curso perante órgão jurisdicional brasileiro;* III – precatória, *para que órgão jurisdicional brasileiro pratique ou determine o cumprimento, na área de sua competência territorial, de ato relativo a pedido de cooperação judiciária formulado por órgão jurisdicional de competência territorial diversa;* **IV – arbitral, para que órgão do Poder Judiciário pratique ou determine o cumprimento, na área de sua competência territorial, de ato objeto de pedido de cooperação judiciária formulado por juízo arbitral, inclusive os que importem efetivação de tutela provisória.** Parágrafo único. Se o *ato relativo a processo em curso na* justiça federal *ou em tribunal superior houver de ser praticado em local onde não haja vara federal, a carta poderá ser dirigida ao juízo estadual da respectiva comarca.*	Art. 201. Expedir-se-á carta de ordem *se o juiz for subordinado ao tribunal de que ela emanar;* carta rogatória, *quando dirigida à autoridade judiciária estrangeira;* e carta precatória *nos demais casos.* Art. 1.213. *As cartas precatórias, citatórias, probatórias, executórias e cautelares, expedidas pela* Justiça Federal, *poderão ser cumpridas nas comarcas no interior pela Justiça Estadual.*

 ## COMENTÁRIOS:

Espécies de cartas. Se a comunicação tiver de ser feita fora dos limites territoriais do tribunal, da comarca, da seção ou da subseção judiciárias, e para tanto necessitar da intervenção de serventuário subordinado a outra autoridade judiciária, deve-se utilizar as cartas, que nada mais são do que ordens (carta de ordem e carta rogatória) ou pedidos (carta precatória e carta arbitral), dependendo da hierarquia, dentro da organização judiciária, de quem as expede (art. 236 e § 1º). Cabe salientar que se para o cumprimento do ato não se exigir a participação de servidor (de regra oficial de justiça) subordinado a outra administração judiciária (outro órgão judiciário), não há que se falar em ordem ou pedido. O juiz da comarca de Cravinhos (SP) pode ordenar que seja citado pelo correio o réu residente no território da comarca de Juazeiro (BA). Por muito mais razão, pode o juiz de uma comarca determinar que se intime, por meio eletrônico ou pelo correio, a parte de determinado processo, por intermédio de seu advogado. Contudo, se necessitar de oficial de justiça para a citação ou intimação, a expedição da carta precatória se impõe. O cumprimento de diligências mais simples pode ser efetivado valendo-se do dever de mútua cooperação (arts. 67 a 69), o que implica requisições ou pedidos por meios mais informais, notadamente mensagens eletrônicas.

As cartas podem ser de quatro espécies: de ordem, rogatória, precatória e arbitral (art. 237). A carta de ordem já foi tratada nos comentários ao artigo antecedente. Carta rogatória é aquela dirigida a autoridade judiciária estrangeira para fins de cooperação jurídica internacional. Carta precatória, por sua vez, é aquela em que a diligência nela requisitada tem de ser cumprida por órgão jurisdicional de competência territorial diversa.

Carta arbitral. Ela simplifica o procedimento para que os tribunais arbitrais solicitem aos órgãos do Poder Judiciário o cumprimento de determinadas medidas, inclusive daquelas referentes à tutela antecipada. A ideia segue o entendimento doutrinário[183] e jurisprudencial.[184]

Essa carta deve conter o pedido de cooperação para que o órgão jurisdicional pratique ou determine o cumprimento, na área de sua competência territorial, de ato solicitado pelo juízo arbitral. Assim, por exemplo, se uma testemunha não comparecer à audiência no juízo arbitral, o árbitro poderá solicitar, por carta arbitral, ao juízo competente, que determine a condução coercitiva da testemunha (art. 22, § 2º, da Lei nº 9.307/1996).

Para que o juiz possa atender ao pedido contido na carta arbitral, deverá ser demonstrada a legitimidade da solicitação, com a comprovação da existência de convenção de arbitragem e com as provas da nomeação do árbitro e de sua aceitação da função (art. 260, § 3º).

Carta de ordem. A hipótese prevista no parágrafo único do novo art. 237, que trata da possibilidade de expedição de carta por juízo da Justiça Federal ou de Tribunal Superior a juízo da Justiça Estadual, já era reconhecida pela jurisprudência.[185] Vale salientar que a hipótese não se restringe aos casos de competência delegada, sendo possível que o Tribunal Superior ou a Justiça Federal, quando necessário, solicite a um juízo estadual a prática de um ato, caso não haja vara da Justiça Federal no local onde ela deva ser praticada.

Capítulo II
Da Citação

CPC/2015	CPC/1973
Art. 238. Citação é o ato pelo qual *são convocados* o réu, **o executado** ou o interessado *para integrar a relação processual.*	Art. 213. Citação é o ato pelo qual *se chama a juízo* o réu ou o interessado *a fim de se defender.*

 **COMENTÁRIOS:**

Aprimoramento no conceito de citação. A citação *integra o réu na relação jurídica processual*, mas não exige dele, necessariamente, um comportamento defensivo. Réu aqui é a parte que deve suportar os efeitos da coisa julgada, ainda que não tenha integrado a petição inicial como litisconsorte ativo ou passivo e não tenha intervindo espontaneamente no processo. Além do réu, são citados: todos os litisconsortes necessários (por exemplo, os

---

[183] "Se apenas o árbitro está autorizado a proferir provimento final, toca também a ele – e apenas a ele – decidir se antecipará ou não algum, alguns ou todos os efeitos que sua decisão irá produzir" (CARMONA, Carlos Alberto. Op. cit., p. 330).

[184] EDcl no AgRg no MS 11.308/DF, Rel. Min. Luiz Fux, 1ª Seção, julgado em 27.09.2006, *DJ* 30.10.2006, p. 213. Outros precedentes: REsp 610.365/RS, Rel. Min. Luiz Fux, *DJ* 27.08.2004; REsp 505.729/RS, Rel. Min. Felix Fischer, *DJ* 23.06.2003; REsp 190.686/PR, Rel. Min. Franciulli Netto, *DJ* 23.06.2003.

[185] "Consequentemente, revela-se cabível a expedição de carta precatória, pela Justiça Federal, a ser cumprida pelo Juízo Estadual, uma vez configurada a conveniência do ato processual, devidamente fundamentada pelo juízo deprecante" (STJ, REsp 1.144.687/RS, Rel. Min. Luiz Fux, 1ª Seção, julgado em 12.05.2010, *DJe* 21.05.2010).

confinantes na ação de usucapião), os denunciados pelo réu e os chamados, entre outros. Em se tratando de litisconsórcio necessário, principalmente se for unitário, todos que fazem parte da relação jurídica, no polo passivo ou ativo, devem integrar o processo; se não figurou na petição inicial deve ser citado.

As faculdades do réu ultrapassam a mera resistência ao direito substancialmente alegado. Um exemplo é o reconhecimento do pedido postulado pela parte autora (art. 26 do CPC/1973 e art. 90 do CPC/2015). Nesse caso, não se trata tecnicamente de uma defesa, mas a citação é imprescindível para a realização desse ato.

CPC/2015	CPC/1973
Art. 239. Para a validade do processo é indispensável a citação do réu **ou do executado, ressalvadas as hipóteses de indeferimento da petição inicial ou de improcedência liminar do pedido.**	Art. 214. Para a validade do processo é indispensável a citação ~~inicial~~ do réu.
§ 1º O comparecimento espontâneo do réu **ou do executado** supre a falta **ou a nulidade** da citação, **fluindo a partir desta data o prazo para apresentação de contestação ou de embargos à execução.**	§ 1º O comparecimento espontâneo do réu supre, ~~entretanto,~~ a falta de citação.
§ 2º Rejeitada a alegação de nulidade, tratando-se de processo de:	
I – conhecimento, o réu será considerado revel;	
II – execução, o feito terá seguimento.	

 ## COMENTÁRIOS:

Citação e audiência de conciliação. Em razão de o novo CPC instituir um sistema multiportas de solução de litígios, no qual se privilegia a autocomposição dos litígios, o réu é citado para comparecer à audiência de conciliação e mediação. A citação é ato indispensável à validade do processo (art. 239), até porque, sem ela, não se completa a relação processual. Somente nas hipóteses de indeferimento da petição inicial, com ou sem resolução do mérito, é que a citação não influirá na validade do processo.

Suprimento da citação. O comparecimento espontâneo do réu ou do executado suprirá a necessidade de realização da citação ou sua eventual nulidade, uma vez que a finalidade de tal ato processual terá sido atingida. Esse comparecimento poderá ocorrer de diversas maneiras, sendo verificado, por exemplo, na presença do réu ou executado em audiência de conciliação ou na juntada de instrumento de mandato nos autos.[186]

No caso de comparecimento espontâneo, o prazo para apresentar contestação ou embargos à execução fluirá da data do comparecimento, isto é, do ato que indique esse comparecimento.

Se a parte alegar nulidade da citação e o juiz a rejeitar, será o réu considerado revel ou simplesmente prosseguirá o feito, nos processos de conhecimento e de execução, respectivamente. Ainda que não se trate de uma inovação, o tratamento do CPC/2015 é mais preciso,

---

[186] STJ, REsp 772.648/PR, Rel. Min. João Otávio de Noronha, 2ª Turma, julgado em 06.12.2005, *DJ* 13.03.2006.

uma vez que diferencia as consequências da não decretação de nulidade do ato conforme os efeitos da decisão em cada um dos tipos de atividade jurisdicional (conhecimento ou execução).

Juntada de procuração. A juntada de procuração pelo advogado é capaz de suprir a citação? Se na procuração constar os poderes especiais do art. 105 do CPC/2015 (art. 38 do CPC/1973), a resposta é positiva. Esse é o entendimento do STJ (AgRg no REsp 1.468.906). Vale frisar, contudo, que a própria Corte alerta que, ainda que não tenham sido concedidos poderes especiais, é preciso observar a máxima "pas de nullité sans grief". Assim, se não houver prejuízo para a parte (por exemplo, se a contestação for apresentada em tempo oportuno), não haverá nulidade.

CPC/2015	CPC/1973
Art. 240. A citação válida, ainda quando ordenada por juízo incompetente, induz litispendência, torna litigiosa a coisa e constitui em mora o devedor, **ressalvado o disposto nos arts. 397 e 398 da Lei nº 10.406, de 10 de janeiro de 2002 (Código Civil).**	Art. 219. A citação válida ~~torna prevento o juízo,~~ induz litispendência e faz litigiosa a coisa; e, ainda quando ordenada por juiz incompetente, constitui em mora o devedor ~~e interrompe a prescrição~~.
§ 1º A interrupção da prescrição, **operada pelo despacho que ordena a citação, ainda que proferido por juízo incompetente**, retroagirá à data de propositura da ação.	§ 1º A interrupção da prescrição retroagirá à data da propositura da ação.
§ 2º Incumbe *ao autor* adotar, no prazo de 10 (dez) dias, as providências necessárias para viabilizar a citação, **sob pena de não se aplicar o disposto no § 1º.**	§ 2º Incumbe *à parte* promover a citação do réu nos 10 (dez) dias ~~subsequentes ao despacho que a ordenar,~~ não ficando prejudicada pela demora imputável exclusivamente ao serviço judiciário.
§ 3º A parte não será prejudicada pela demora imputável exclusivamente ao serviço judiciário.	Art. 220. *O disposto no artigo anterior* aplica-se a todos os prazos extintivos previstos na lei.
§ 4º *O efeito retroativo a que se refere o § 1º* aplica-se à **decadência** e aos demais prazos extintivos previstos em lei.	

 **COMENTÁRIOS:**

Efeitos da citação. A citação válida, ainda quando ordenada por juiz incompetente, tem efeitos de natureza processual e material. São efeitos processuais da citação: tornar eficaz a litispendência para o réu e fazer litigiosa a coisa. O efeito de natureza material é que a citação constitui em mora o devedor, salvo nas hipóteses dos arts. 397 e 398 do Código Civil. Assim, tratando-se de obrigação positiva e líquida, a mora decorrerá do simples inadimplemento e não da citação válida. No caso de obrigação proveniente de ato ilícito, o devedor incorrerá em mora desde a prática do ato. Apesar da alteração promovida no *caput*, tais regras já refletiam o entendimento jurisprudencial.[187] Além de completar, angularizan-

---

[187] "A mora *ex re* independe de qualquer ato do credor, como interpelação ou citação, porquanto decorre do próprio inadimplemento de obrigação positiva, líquida e com termo implementado, cuja matriz normativa é o art. 960, primeira parte, do Código Civil de 1916, reproduzido no Código Civil atual no *caput* do art. 397" (STJ, REsp 1.264.820/RS, Rel. Min. Luis Felipe Salomão, 4ª Turma, julgado em

do a relação processual estabelecida inicialmente entre autor e juízo (por meio da petição inicial), a citação, ainda quando ordenada por juiz incompetente, tem os efeitos processuais e materiais indicados no art. 240.

Os efeitos processuais da citação são os seguintes:

a) Induz ou motiva a litispendência. Além da angularização da relação processual, a citação torna eficaz (induz) a litispendência para o réu, ou seja, aquela demanda para a qual foi citado passa a estar pendente, a existir. Se mesmo antes da citação houver o ajuizamento de outra ação idêntica (mesmas partes, mesmo pedido e mesma causa de pedir), uma "lide pendente" já existe em trâmite no Judiciário e não pode o juiz desperdiçar tempo determinando nova citação em uma mesma demanda, ainda que deduzida em duas petições. O simples fato de o autor protocolar uma petição inicial já caracteriza a litispendência, contudo, esse fenômeno processual tem por consequência apenas a prevenção do juízo e o seu dever de dar impulso ao processo.

b) Torna litigiosa a coisa. A litigiosidade da coisa constitui mais um efeito processual da citação, a par da angularização do processo (sem a citação, pelo menos para o réu, não há processo) e da litispendência. Alguns efeitos decorrem dessa litigiosidade da coisa (na verdade do direito).

Primeiro, em razão do litígio instaurado, se houver alienação da coisa ou cessão do direito litigioso, a sucessão da parte (autor ou réu) pelo adquirente ou cessionário fica condicionada à aquiescência da parte contrária. Caso o réu não consinta com a sucessão do autor pela pessoa que dele adquiriu a coisa objeto do litígio, este (o adquirente) poderá intervir como assistente litisconsorcial (art. 109). O fato de a coisa tornar-se litigiosa tem efeito processual, o que, evidentemente, pode repercutir no processo. Como já dito, o processo só tem razão de ser em razão do conflito – de direito material, é claro; ninguém briga pelo processo em si. Ainda que o adquirente não tenha intervindo no processo, por força do próprio negócio jurídico, a sentença poderá estender seus efeitos ao adquirente. Autor cedeu o direito controvertido e o adquirente não interveio no processo – seja porque não se interessou ou porque o réu (já citado) não manifestou aquiescência com a sucessão: vencendo o autor a demanda, a titularidade do direito controvertido será reconhecida ao adquirente.

A coisa ou direito cuja titularidade é discutida no processo, a partir da citação do réu, está vinculado ao resultado da demanda, pouco importa se alienado ou não. Nesse sentido, nem as partes nem o adquirente podem alterar o estado da coisa, sob pena de cometer atentado e incidir nas sanções previstas do art. 77, § 7º). Outro efeito processual da litigiosidade da coisa é que a alienação do objeto do litígio, em tese, pode caracterizar fraude à execução, o que redundará em ineficácia da alienação perante terceiros.

c) Constituição do devedor em mora. Eis um efeito tipicamente material, regulado pelo Código Civil, embora, genericamente, esteja previsto no CPC. Deve-se salientar que nem sempre a citação constituirá em mora o devedor, daí por que ressalvado o disposto nos arts. 397 e 398 do Código Civil. Em se tratando de mora *ex re*, o próprio dia interpela o homem (*dies interpelat pro homine*), isto é, o inadimplemento da obrigação, positiva

---

13.11.2012, *DJe* 30.11.2012). Na hipótese de ato ilícito extracontratual (art. 398 CC/2002), cf. Súmula 54 do STJ, assim como REsp 1.132.866/SP, Rel. Min. Maria Isabel Gallotti, Rel. p/ Acórdão Min. Sidnei Beneti, 2ª Seção, julgado em 23.11.2011, *DJe* 03.09.2012.

e líquida, no seu termo, constitui de pleno direito em mora o devedor (art. 397 do CC). No caso de mora *ex persona*, ou há interpelação anterior ao ajuizamento da demanda, e o devedor estará constituído em mora desde então, ou não há interpelação, caso em que a citação terá o mesmo efeito da interpelação. Dispõe o parágrafo único do art. 397 que, não havendo termo (evento futuro e certo), a mora se constitui mediante interpelação judicial ou extrajudicial. No caso de obrigação proveniente de ato ilícito, o devedor incorrerá em mora desde a prática do ato (art.398); já no ilícito contratual, é a citação que constitui em mora o devedor (Súmula 54 do STJ). Vale resumir: o efeito da citação sobre a constituição em mora do devedor somente ocorre se este em mora não foi constituído por outro fato jurídico, como o termo inicial na obrigação positiva e líquida; a interpelação judicial ou extrajudicial e a própria prática do ato ilícito. Sobre o tema, recomendo a leitura do nosso – meu e do prof. Felipe Quintella – *Curso didático de direito civil*.

Interrupção da prescrição. De acordo com o CPC/2015, a prescrição se dá pelo despacho que ordena a citação (art. 240, § 1º). No CPC/1973, a previsão é no sentido de que apenas a citação válida tem o condão de interromper a prescrição. Ou seja, o mero despacho ordenatório da citação não tem aptidão para interromper o prazo prescricional. Essa previsão conflita com o art. 202, I, do Código Civil, que considera interrompida a prescrição por despacho do juiz que, mesmo incompetente, ordene a citação.

Com o novo Código, vale a regra segundo a qual o mero despacho proferido pelo juiz determinando a citação tem o condão de interromper a prescrição, cujos efeitos retroagirão à data da propositura da ação.

Para estabelecimento do marco da interrupção da prescrição importa tão somente o protocolo da petição inicial, desde que o autor promova a citação do réu nos 10 (dez) dias subsequentes ao despacho que a ordenar, não ficando prejudicado pela demora imputável exclusivamente ao serviço judiciário (§§ 2º e 3º).

O efeito retroativo desse instituto se aplica à decadência e aos demais prazos extintivos previstos na lei (§ 4º). Assim, promovida a citação, considera-se exercido o direito (potestativo) na data do ajuizamento e, portanto, obstada a decadência, caso ainda não operada.

Distribuída a petição inicial (com clareza suficiente para levar ao conhecimento do réu a pretensão do autor) e diligenciada a citação no prazo de dez dias, o despacho citatório interromperá a prescrição, que só voltará a fluir da data do ato que a interrompeu ou do último ato do processo para a interromper (pode ser a sentença, a decisão monocrática ou o acórdão). Na execução e no cumprimento de sentença, o prazo prescricional recomeça a fluir do despacho que determina a suspensão do processo (art. 921, § 4º).

CPC/2015	CPC/1973
Art. 241. *Transitada* em julgado *a sentença de mérito proferida em favor do réu antes da citação,* **incumbe** ao escrivão **ou ao chefe de secretaria** comunicar-lhe o resultado do julgamento.	Art. 219. [...] § 6º *Passada* em julgado *a sentença, a que se refere o parágrafo anterior,* o escrivão *comunicará ao réu o resultado do julgamento.*

 **COMENTÁRIOS:**

Julgamento favorável ao réu antes da citação. O dispositivo reconhece, implicitamente, a tese de que o vício da citação não implica *inexistência* do processo. Adotando-se uma visão instrumentalista, deve-se entender que os vícios processuais são apurados conforme a noção de prejuízo causado. Inexistente tal prejuízo, não há que se invalidar a relação processual, visto que ela atingiu os interesses que almejava. É o caso, por exemplo, da sentença de improcedência prolatada antes da citação do réu: ainda que a relação processual não tenha sido devidamente integrada, a sentença não foi capaz de gerar prejuízos à parte contrária. São os casos, no CPC/2015, de indeferimento da petição inicial (art. 330) e improcedência liminar do pedido (art. 332), nos quais se verifica claramente que, embora inexistente o ato citatório, *tem-se processo*, válido e regularmente desenvolvido.

Nesse sentido, cabe apresentar a lição de José Roberto dos Santos Bedaque, uma das grandes vozes do instrumentalismo no direito processual brasileiro:

> Por isso, não pode ser aceito o entendimento – embora respeitável – no sentido de que a ausência de citação implica inexistência do próprio processo e de todos os atos nele praticados. Citação não é requisito de existência da relação processual, tanto que, indeferida a inicial mediante sentença, o autor poderá recorrer e o procedimento passará a desenvolver-se em segundo grau, sem participação do sujeito passivo, que sequer é intimado para acompanhar o recurso [...]. Estamos diante de processo sem citação.[188]

CPC/2015	CPC/1973
Art. 242. A citação será pessoal, podendo, no entanto, ser feita na pessoa do representante legal ou do procurador do réu, **do executado ou do interessado.** § 1º Na ausência do citando, a citação será feita na pessoa de seu mandatário, administrador, *preposto* ou gerente, quando a ação se originar de atos por eles praticados. § 2º O locador que se ausentar do Brasil sem cientificar o locatário de que deixou, na localidade onde estiver situado o imóvel, procurador com poderes para receber citação será citado na pessoa do administrador do imóvel encarregado do recebimento dos aluguéis, **que será considerado habilitado para representar o locador em juízo.** § 3º **A citação da União, dos Estados, do Distrito Federal, dos Municípios e de suas respectivas autarquias e fundações de direito público será realizada perante o órgão de Advocacia Pública responsável por sua representação judicial.**	Art. 215. Far-se-á a citação pessoalmente ao réu, ao seu representante legal ou ao procurador ~~legalmente autorizado~~. § 1º Estando o réu ausente, a citação far-se-á na pessoa de seu mandatário, administrador, *feitor* ou gerente, quando a ação se originar de atos por eles praticados. § 2º O locador que se ausentar do Brasil sem cientificar o locatário de que deixou na localidade, onde estiver situado o imóvel, procurador com poderes para receber citação, será citado na pessoa do administrador do imóvel encarregado do recebimento dos aluguéis.

 COMENTÁRIOS:

Pessoalidade do ato citatório. O *caput* prevê, como regra, a modalidade de citação direta, ou seja, que se dirige à própria pessoa do citando. No caso de incapaz, a citação deve ocorrer na pessoa do representante legal (absolutamente incapaz) ou de quem o assiste

---

[188] **Efetividade do processo e técnica processual.** São Paulo: Malheiros, 2006, p. 465.

(relativamente incapaz). Já em se tratando de pessoa jurídica, a lei ou os atos constitutivos dirão quem tem poder para representá-la.

Ressalte-se, contudo, que, por aplicação da teoria da aparência, a jurisprudência admite que a citação de pessoa jurídica seja realizada na pessoa que se apresente como seu representante, ainda que de fato não o seja.[189] A propósito, o novo CPC acolhe esse entendimento (conferir comentários ao art. 248).

Citação da Fazenda Pública. A regra constante no § 3º parece óbvia, mas é de extrema importância se considerarmos que não são raros os casos em que União e suas respectivas autarquias e fundações são citadas desnecessariamente no local de suas sedes, mesmo quando o processo tramita em cidades nas quais já se encontra instalado órgão da Advocacia Pública.

CPC/2015	CPC/1973
Art. 243. A citação *poderá ser feita* em qualquer lugar em que se encontre o réu, **o executado ou o interessado**.	Art. 216. A citação *efetuar-se-á* em qualquer lugar em que se encontre o réu.
Parágrafo único. O militar em serviço ativo será citado na unidade em que estiver servindo, se não for conhecida sua residência ou nela não for encontrado.	Parágrafo único. O militar, em serviço ativo, será citado na unidade em que estiver servindo se não for conhecida a sua residência ou nela não for encontrado.

 ## COMENTÁRIOS:

Local da citação. A parte ré não precisa ser necessariamente citada no endereço indicado na petição inicial. O que importa é que ela tome ciência do ato, não importando o local de sua citação.

CPC/2015	CPC/1973
Art. 244. Não se fará a citação, salvo para evitar o perecimento do direito:	Art. 217. Não se fará, porém, a citação, salvo para evitar o perecimento do direito:
I – de quem estiver *participando de* ato de culto religioso;	I – a quem estiver *assistindo a qualquer* ato de culto religioso;
II – de cônjuge, **de companheiro** ou de qualquer parente do morto, consanguíneo ou afim, em linha reta ou na linha colateral em segundo grau, no dia do falecimento e nos 7 (sete) dias seguintes;	II – ao cônjuge ou a qualquer parente do morto, consanguíneo ou afim, em linha reta, ou na linha colateral em segundo grau, no dia do falecimento e nos 7 (sete) dias seguintes;
III – de noivos, nos 3 (três) primeiros dias *seguintes ao casamento*;	III – aos noivos, nos 3 (três) primeiros dias *de bodas*;
IV – de doente, enquanto grave o seu estado.	IV – aos doentes, enquanto grave o seu estado.

---

[189] "[...] Segundo a teoria da aparência, é válida a citação realizada perante pessoa que se identifica como funcionário da empresa, sem ressalvas, não sendo necessário que receba a citação o seu representante legal [...]" (STJ, AgRg no REsp 869.500, Rel. Min. Hélio Quaglia Barbosa, julgado em 13.02.2007).

COMENTÁRIOS:

Hipóteses de ineficácia da citação. O artigo traz situações nas quais a citação é vedada em razão da proteção de valores constitucionais, como a liberdade religiosa e a dignidade da pessoa humana.

Novidade trazida pelo CPC/2015. A inclusão do companheiro no inciso II acompanha os recentes e naturais avanços ocorridos no direito de família, especialmente no que tange ao reconhecimento da união estável como entidade familiar (art. 226, § 3º, da CF/1988).[190]

Doença grave *x* estado grave de doença. Em relação ao inciso IV, a jurisprudência tem entendimento no sentido de que a doença grave não impede, por si só, o ato citatório. Exemplo: pessoa com câncer em fase terminal. Além de ser uma doença grave, o estado de saúde também é grave. Se, no entanto, o portador de doença grave não demonstra estado capaz de impossibilitar o ato citatório, a regra não deve ser aplicada.[191]

Exceções. A citação para que não ocorra o perecimento do direito ocorre, por exemplo, para evitar a prescrição ou a decadência. Em casos assim, ainda que se verifique alguma das situações previstas em lei, é possível a realização do ato citatório.

CPC/2015	CPC/1973
Art. 245. Não se fará citação quando se verificar que o *citando* é *mentalmente incapaz* ou está impossibilitado de recebê-la.	Art. 218. Também não se fará citação, quando se verificar que o *réu* é *demente* ou está impossibilitado de recebê-la.
§ 1º O oficial de justiça descreverá e certificará minuciosamente a ocorrência.	§ 1º O oficial de justiça passará certidão, descrevendo minuciosamente a ocorrência. O juiz nomeará um médico, a fim de examinar o citando. O laudo será apresentado em 5 (cinco) dias.
§ 2º Para examinar o citando, o juiz nomeará médico, que apresentará laudo no prazo de 5 (cinco) dias.	
§ 3º Dispensa-se a nomeação de que trata o § 2º se pessoa da família apresentar declaração do médico do citando que ateste a incapacidade deste.	§ 2º Reconhecida a impossibilidade, o juiz dará ao citando um curador, observando, quanto à sua escolha, a preferência estabelecida na lei civil. A nomeação é restrita à causa.
§ 4º Reconhecida a impossibilidade, o juiz nomeará curador ao citando, observando, quanto à sua escolha, a preferência estabelecida em lei e restringindo a nomeação à causa.	§ 3º A citação será feita na pessoa do curador, a quem incumbirá a defesa do *réu*.
§ 5º A citação será feita na pessoa do curador, a quem incumbirá a defesa **dos interesses** do *citando*	

 COMENTÁRIOS:

Incapacidade e impossibilidade para recebimento da citação. Quanto à citação de pessoa mentalmente incapaz ou que esteja impossibilitada de recebê-la, o CPC/2015 inova

---

[190] Nesse sentido, cf. MARCATO, Antonio Carlos (Coord.). **Código de Processo Civil interpretado.** 2. ed. São Paulo: Atlas, 2005, p. 605.

[191] TJPE, 6ª Câmara Cível, Processo nº 0010466-25.2011.8.17.0000, Rel. Des. Antônio Fernando Araújo Martins, julgado em 29.11.2011.

ao dispensar que o juiz nomeie médico para atestar a referida incapacidade quando pessoa da família apresentar declaração médica que a ateste (§ 3º). Oportuno lembrar que nessas hipóteses não se trata de pessoa submetida à interdição, porquanto nesse caso ela seria citada na pessoa de seu curador.

CPC/2015	CPC/1973
Art. 246. A citação será feita:	Art. 221. A citação far-se-á:
I – pelo correio;	I – pelo correio;
II – por oficial de justiça;	II – por oficial de justiça;
III – **pelo escrivão ou chefe de secretaria, se o citando comparecer em cartório;**	III – por edital.
IV – por edital;	IV – por meio eletrônico, conforme regulado em lei ~~própria~~.
V – por meio eletrônico, conforme regulado em lei.	
§ 1º **Com exceção das microempresas e das empresas de pequeno porte, as empresas públicas e privadas são obrigadas a manter cadastro nos sistemas de processo em autos eletrônicos, para efeito de recebimento de citações e intimações, as quais serão efetuadas preferencialmente por esse meio.**	
§ 2º **O disposto no § 1º aplica-se à União, aos Estados, ao Distrito Federal, aos Municípios e às entidades da administração indireta.**	
§ 3º **Na ação de usucapião de imóvel, os confinantes serão citados pessoalmente, exceto quando tiver por objeto unidade autônoma de prédio em condomínio, caso em que tal citação é dispensada.**	

 ## COMENTÁRIOS:

Formas de realização da citação. Além das formas previstas no CPC/1973, a citação poderá ser realizada pelo escrivão ou chefe de secretaria quando o citando comparecer em cartório (inciso III). Tal inovação – admitia-se apenas a realização de intimações deste modo – complementa a ideia do comparecimento espontâneo.

Citação por meio eletrônico. Os parágrafos do novo dispositivo buscam aprimorar a economia processual. Ora, sendo possível a realização da citação – e intimação – por meio eletrônico, o comando normativo que obriga as empresas públicas e privadas, a União, os Estados, o Distrito Federal, os Municípios e as entidades da administração pública indireta a manterem cadastro atualizado facilita sobremaneira a realização dos atos processuais. O ato deverá, todavia, observar o preceituado pela Lei nº 11.419/2006, sobretudo o disposto nos arts. 5º e 6º.

Para a efetivação das novas regras, o art. 1.050 cria o prazo de trinta dias, contado do início da vigência do CPC/2015, para que as entidades e órgãos públicos forneçam endereço eletrônico à administração dos tribunais nos quais atuem.

Cumpre lembrar que as microempresas e empresas de pequeno porte estão excluídas da obrigação que consta no § 1º, visto que possuem menor montante de recursos para viabilizar esse tipo de atualização.

Ação de usucapião de bem imóvel. O disposto no § 3º segue o entendimento jurisprudencial ao afastar expressamente a necessidade de citação dos confinantes em usucapião de unidades autônomas de prédios em condomínio.[192]

CPC/2015	CPC/1973
Art. 247. A citação será feita pelo correio para qualquer comarca do país, exceto: I – nas ações de estado, **observado o disposto no art. 695, § 3º;** II – quando o *citando* for incapaz; III – quando o *citando* for pessoa de direito público; IV – quando o *citando* residir em local não atendido pela entrega domiciliar de correspondência; V – quando o autor, **justificadamente**, a requerer de outra forma.	Art. 222. A citação será feita pelo correio, para qualquer comarca do País, exceto: a) nas ações de estado; b) quando for *ré* pessoa incapaz; c) quando for *ré* pessoa de direito público; d) nos processos de execução; e) quando o *réu* residir em local não atendido pela entrega domiciliar de correspondência; f) quando o autor a requerer de outra forma.

COMENTÁRIOS:

Inadmissibilidade da citação postal. A regra é que a citação ocorre pela via postal. O dispositivo traz as situações nas quais não se admite essa modalidade de comunicação, e a principal inovação está na exclusão do processo executivo desse rol.

O CPC/1973 trata o processo de execução como hipótese em que a citação é realizada por oficial de justiça, excepcionando, assim, a regra da citação por correio. De acordo com o CPC/2015, tratando-se de processo de conhecimento ou de execução, a regra é que o citando deve ser cientificado do processo pelo correio, o que já era previsto para a citação no processo de execução fiscal regulado pela Lei nº 6.830/1980 (art. 8º, I).

CPC/2015	CPC/1973
Art. 248. Deferida a citação pelo correio, o escrivão ou o chefe de secretaria remeterá ao citando cópias da petição inicial e do despacho do juiz e comunicará o prazo para resposta, o endereço do juízo e o respectivo cartório. § 1º A carta será registrada para entrega ao citando, exigindo-lhe o carteiro, ao fazer a entrega, que assine o recibo. § 2º Sendo o *citando* pessoa jurídica, será válida a entrega **do mandado** a pessoa com poderes de gerência geral ou de administração **ou, ainda, a funcionário responsável pelo recebimento de correspondências**. § 3º **Da carta de citação no processo de conhecimento constarão os requisitos do art. 250.**	Art. 223. Deferida a citação pelo correio, o escrivão ou chefe da secretaria remeterá ao citando cópias da petição inicial e do despacho do juiz, expressamente consignada em seu inteiro teor a advertência a que se refere o art. 285, segunda parte, comunicando, ainda, o prazo para a resposta e o juízo e cartório, com o respectivo endereço. Parágrafo único. A carta será registrada para entrega ao citando, exigindo-lhe o carteiro, ao fazer a entrega, que assine o recibo. Sendo o *réu* pessoa jurídica, será válida a entrega a pessoa com poderes de gerência geral ou de administração.

192   Nesse sentido: TRF-2, AG nº 201302010036303, Rel. Des. Fed. Maria do Carmo Freitas Ribeiro, julgado em 16.07.2013, 5ª Turma Especializada, publicado em 01.08.2013.

§ 4º Nos condomínios edilícios ou nos loteamentos com controle de acesso, será válida a entrega do mandado a funcionário da portaria responsável pelo recebimento de correspondência, que, entretanto, poderá recusar o recebimento, se declarar, por escrito, sob as penas da lei, que o destinatário da correspondência está ausente.

COMENTÁRIOS:

Requisitos da citação por correio. O escrivão e o chefe de secretaria ficam responsáveis pelas providências destinadas ao envio da comunicação, via correio. Saliente-se que o entendimento do STJ é o de que a citação postal, quando autorizada por lei, exige o aviso de recebimento (Súmula 429 do STJ). O AR deve ser assinado pela pessoa física citanda, salvo nas hipóteses previstas nos §§ 2º e 4º, quando poderá ser assinado pelo funcionário responsável pelo recebimento das correspondências e pelo porteiro.

Pessoa jurídica. A carta de citação de pessoa jurídica poderá ser entregue, para além das pessoas com poder de gerência ou administração, ao funcionário responsável pelo recebimento de correspondência, se houver (§ 2º).[193]

Citação nos condomínios edilícios. Tratando-se de citação a ser realizada em imóvel situado em condomínio edilício ou loteamento com controle de acesso, poderá ser entregue a carta ao responsável pelo recebimento de correspondências na portaria (§ 4º). O dispositivo amplia a validade da citação, indo de encontro ao entendimento jurisprudencial sobre a questão.[194]

CPC/2015	CPC/1973
Art. 249. A citação será feita por meio de oficial de justiça *nas hipóteses previstas neste Código ou em lei,* ou quando frustrada a citação pelo correio.	Art. 224. Far-se-á a citação por meio de oficial de justiça *nos casos ressalvados no art. 222,* ou quando frustrada a citação pelo correio.

COMENTÁRIOS:

Excepcionalidade da citação por oficial de justiça. A regra na lei processual é a de que a citação será realizada por carta (ressalvado o processo eletrônico). A citação por oficial de justiça só deve ocorrer quando: (i) frustrada a tentativa de citação por correio; (ii) nas

---

[193] "Consoante a jurisprudência pacificada desta Corte, é possível a citação da pessoa jurídica pelo correio, desde que entregue no domicílio da ré e recebida por funcionário, ainda que sem poderes expressos para isso" (REsp 981.887/RS, Rel. Min. Nancy Andrighi, 3ª Turma, julgado em 23.03.2010, *DJe* 01.07.2010). Ressalte-se que o STJ já teve entendimento diverso (cf. REsp 61.520-8/SP, Rel. Min. Nilson Naves, 3ª Turma, julgado em 30.05.1995, *DJU* 11.03.1995), o que demonstra que a disposição do CPC/2015 veio consoante a evolução jurisprudencial do referido Tribunal Superior.

[194] "O entendimento do STJ é de que, para a validade da citação de pessoa física pelo correio, é necessária a entrega da correspondência registrada diretamente ao destinatário, não sendo possível o seu recebimento pelo porteiro do prédio" (STJ, SEC 1.102/AR, Rel. Min. Aldir Passarinho Junior, Corte Especial, julgado em 12.04.2010, *DJe* 12.05.2010).

hipóteses previstas nos incisos do art. 247. No primeiro caso, cabe ao autor comprovar a impossibilidade de localização do endereço da parte contrária ou a inexistência de pessoa apta a receber a comunicação no endereço indicado na exordial.

A citação será feita por meio de oficial de justiça nas hipóteses previstas no Código ou em lei ou quando frustrada a citação pelo correio (art. 249), como é o caso da citação dos incapazes e quando a citação pelo correio restar impossível ou frustrada. Embora a utilização dos correios constitua a regra para a citação, nem mesmo a completa informatização do processo retirará a importância do oficial de justiça. O juiz determina a citação, o escrivão prepara o mandado com os requisitos do art. 250 e o oficial de justiça cumpre. Cara a cara com o citando, o oficial de justiça lê o mandado, entrega a contrafé (cópia do mandado, instruído com cópia da petição inicial) e colhe o ciente ou exara certidão no sentido de que procedeu à citação (art. 251). Com a juntada do mandado aos autos (providência a cargo do escrivão), tem início a contagem do prazo (excluindo-se esse dia).

CPC/2015	CPC/1973
Art. 250. O mandado que o oficial de justiça tiver de cumprir conterá:	Art. 225. O mandado, que o oficial de justiça tiver de cumprir, deverá conter:
I – os nomes do autor e do *citando* e seus respectivos domicílios ou residências;	I – os nomes do autor e do *réu*, bem como os respectivos domicílios ou residências;
II – a finalidade da citação, com todas as especificações constantes da petição inicial, bem como a menção do prazo para *contestar, sob pena de revelia*, **ou para embargar a execução**;	II – o fim da citação, com todas as especificações constantes da petição inicial, bem como *a advertência a que se refere o art. 285, segunda parte,* ~~se o litígio versar sobre direitos disponíveis~~;
III – a *aplicação de sanção para o caso de descumprimento da ordem*, se houver;	III – *a cominação,* se houver;
IV – **se for o caso, a intimação do citando para comparecer, acompanhado de advogado ou de defensor público, à audiência de conciliação ou de mediação, com a menção** do dia, da hora e do lugar do comparecimento;	IV – o dia, hora e lugar do comparecimento;
V – **a cópia da petição inicial**, do despacho **ou da decisão que deferir tutela provisória;**	V – a cópia do despacho;
VI – a assinatura do escrivão **ou do chefe de secretaria** e a declaração de que o subscreve por ordem do juiz.	VI – o prazo para *defesa*;
	VII – a assinatura do escrivão e a declaração de que o subscreve por ordem do juiz.

 COMENTÁRIOS:

Requisitos do mandado de citação. As exigências previstas nesse dispositivo são imprescindíveis para a idônea manifestação da parte contrária no processo e consequente materialização do princípio do contraditório.[195]

---

[195] "Entre os requisitos do mandado de citação, o Código de Processo Civil exige que se assinale o prazo para defesa. A inobservância desta norma acarreta a nulidade da citação, independentemente do grau de cultura jurídica da pessoa que recebe a citação" (STJ, REsp 807.871/PR, Rel. Min. Francisco Falcão, 1ª Turma, julgado em 14.03.2006, *DJ* 27.03.2006).

Frise-se que com relação ao disposto no inciso V já era praxe forense a anexação desses documentos no mandado de citação ou intimação. A exceção a essa regra está disposta no art. 695, § 1º, do CPC/2015.[196]

CPC/2015	CPC/1973
Art. 251. Incumbe ao oficial de justiça procurar o *citando* e, onde o encontrar, citá-lo:	Art. 226. Incumbe ao oficial de justiça procurar o *réu* e, onde o encontrar, citá-lo:
I – lendo-lhe o mandado e entregando-lhe a contrafé;	I – lendo-lhe o mandado e entregando-lhe a contrafé;
II – portando por fé se recebeu ou recusou a contrafé;	II – portando por fé se recebeu ou recusou a contrafé;
III – obtendo a nota de ciente ou certificando que o *citando* não a apôs no mandado.	III – obtendo a nota de ciente, ou certificando que o *réu* não a apôs no mandado.

 ## COMENTÁRIOS:

Providências do oficial de justiça na realização do ato citatório. As informações constantes na certidão do oficial de justiça são de suma importância e gozam de fé pública. A presunção de veracidade, no entanto, não é absoluta, "de sorte que pode o Tribunal de Justiça, à luz de outros elementos fáticos concretos encontrados no processo, desconsiderar o resultado da diligência [...]" (STJ, REsp 599.513/PR, Rel. Min. Aldir Passarinho Junior, *DJe* 16.09.2010).

CPC/2015	CPC/1973
Art. 252. Quando, *por 2 (duas) vezes,* o oficial de justiça houver procurado o *citando* em seu domicílio ou residência sem o encontrar, deverá, havendo suspeita de ocultação, intimar qualquer pessoa da família ou, em sua falta, qualquer vizinho de que, no dia **útil** imediato, voltará a fim de efetuar a citação, na hora que designar.	Art. 227. Quando, *por três vezes,* o oficial de justiça houver procurado o *réu* em seu domicílio ou residência, sem o encontrar, deverá, havendo suspeita de ocultação, intimar a qualquer pessoa da família, ou em sua falta a qualquer vizinho, que, no dia imediato, voltará, a fim de efetuar a citação, na hora que designar.
Parágrafo único. **Nos condomínios edilícios ou nos loteamentos com controle de acesso, será válida a intimação a que se refere o *caput* feita a funcionário da portaria responsável pelo recebimento de correspondência.**	

---

[196] CPC/2015, art. 695. "Recebida a petição inicial e, se for o caso, tomadas as providências referentes à tutela provisória, o juiz ordenará a citação do réu para comparecer à audiência de mediação e conciliação, observado o disposto no art. 694." "§ 1º O mandado de citação conterá apenas os dados necessários à audiência e deverá estar desacompanhado de cópia da petição inicial, assegurado ao réu o direito de examinar seu conteúdo a qualquer tempo."

COMENTÁRIOS:

Citação com hora certa. O dispositivo trata da citação com hora certa, espécie de citação, embora realizada por oficial de justiça. É realizada sempre que houver suspeita de ocultação, dispensando prévia autorização judicial.

O CPC/2015 reduziu o número de diligências para que o procedimento diferenciado de comunicação processual seja iniciado, reduzindo-se para duas as tentativas de citação infrutíferas. A certidão do oficial deve indicar precisamente as razões pelas quais o oficial suspeita da ocultação, bem como os dias e horários em que o demandado foi procurado, sob pena de nulidade.

O disposto no § 1º é novidade em relação ao CPC anterior. Trata-se de providência que não era aceita pela jurisprudência.[197]

Caracteriza-se a ocultação quando, por duas vezes, o oficial de justiça houver procurado o citando em seu domicílio ou residência sem o encontrar, caso em que intimará qualquer pessoa da família ou, em sua falta, qualquer vizinho de que, no dia útil imediato, voltará a fim de efetuar a citação, na hora que designar (art. 252, *caput*).

No dia e hora informados à pessoa da família ou ao vizinho, o oficial de justiça voltará ao domicílio ou à residência do citando a fim de realizar a diligência e, se este não estiver presente, o oficial de justiça entregará a contrafé a uma das pessoas já indicadas e a citação será tida por feita. O aperfeiçoamento da citação com hora tem como requisito a remessa de carta, telegrama ou correspondência eletrônica, dando-lhe de tudo ciência (art. 254). É uma providência para que o demandado tome conhecimento da ação; mesmo assim, atento ao princípio da ampla defesa, o Código determina a nomeação de curador especial (para apresentar defesa naquela demanda), caso o réu citado por edital torne-se revel (art. 253).

CPC/2015	CPC/1973
Art. 253. No dia e na hora designados, o oficial de justiça, independentemente de novo despacho, comparecerá ao domicílio ou à residência do citando a fim de realizar a diligência.	Art. 228. No dia e hora designados, o oficial de justiça, independentemente de novo despacho, comparecerá ao domicílio ou residência do citando, a fim de realizar a diligência.
§ 1º Se o citando não estiver presente, o oficial de justiça procurará informar-se das razões da ausência, dando por feita a citação, ainda que o citando se tenha ocultado em outra comarca, seção ou subseção judiciárias.	§ 1º Se o citando não estiver presente, o oficial de justiça procurará informar-se das razões da ausência, dando por feita a citação, ainda que o citando se tenha ocultado em outra comarca.
§ 2º A citação com hora certa será efetivada mesmo que a pessoa da família ou o vizinho que houver sido intimado esteja ausente, ou se, embora presente, a pessoa da família ou o vizinho se recusar a receber o mandado.	§ 2º Da certidão da ocorrência, o oficial de justiça deixará contrafé com pessoa da família ou com qualquer vizinho, conforme o caso, declarando-lhe o nome.
§ 3º Da certidão da ocorrência, o oficial de justiça deixará contrafé com qualquer pessoa da família ou vizinho, conforme o caso, declarando-lhe o nome.	
§ 4º O oficial de justiça fará constar do mandado a advertência de que será nomeado curador especial se houver revelia.	

[197] Cf. comentário ao art. 248 do CPC/2015.

COMENTÁRIOS:

Efetivação da citação com hora certa. O CPC/1973 é omisso quanto às consequências na hipótese de recusa por parte de familiar ou vizinho em receber a comunicação nos casos de citação com hora certa. De acordo com o § 2º do dispositivo em comento, o ato processual será concluído mesmo que a pessoa da família ou o vizinho intimado se recuse a receber o mandado ou esteja ausente. Caberá ao oficial, então, certificar toda a ocorrência, a fim de que não haja posterior arguição de nulidade.

Ademais, no § 4º o CPC/2015 trouxe uma nova formalidade: a advertência quanto à revelia. Trata-se de medida imprescindível, conforme se depreende do art. 250, II.

CPC/2015	CPC/1973
Art. 254. Feita a citação com hora certa, o escrivão **ou chefe de secretaria enviará ao réu, executado ou interessado, no prazo de 10 (dez) dias, contado da data da juntada do mandado aos autos**, carta, telegrama ou **correspondência eletrônica**, dando-lhe de tudo ciência.	Art. 229. Feita a citação com hora certa, o escrivão enviará ao réu carta, telegrama ou ~~radiograma~~, dando-lhe de tudo ciência.

 COMENTÁRIOS:

Comunicação da citação com hora certa. O CPC/2015 cria o prazo de dez dias para que o escrivão ou chefe de secretaria envie ao réu, executado ou interessado, carta, telegrama ou correspondência eletrônica cientificando a realização da citação. Trata-se de meio que confere maior lisura e legitimidade a essa modalidade citatória, mas que, conforme o entendimento do STJ, não interfere no curso do prazo para a manifestação nos autos.[198]

CPC/2015	CPC/1973
Art. 255. Nas comarcas contíguas de fácil comunicação e nas que se situem na mesma região metropolitana, o oficial de justiça poderá efetuar, em qualquer delas, citações, intimações, **notificações, penhoras e quaisquer outros atos executivos.**	Art. 230. Nas comarcas contíguas, de fácil comunicação, e nas que se situem na mesma região metropolitana, o oficial de justiça poderá efetuar citações ou intimações em qualquer delas.

 COMENTÁRIOS:

Área de atuação do oficial de justiça. A regra é que o oficial de justiça somente atua na sua área de atribuição. O art. 255 elenca as hipóteses nas quais a atuação desse auxiliar não se restringe à sua comarca de atuação. Se comparado ao CPC/1973, o novo CPC amplia os atos processuais que o oficial de justiça pode realizar na região metropolitana de

---

[198] Nesse sentido: "Na citação com hora certa, o prazo da contestação começa fluir com a juntada aos autos do mandado respectivo, e não do comprovante de recepção do comunicado a que se refere o art. 229 do CPC" (STJ, REsp 1.291.808/SP, Rel. Min. João Otávio de Noronha, julgado em 28.05.2013).

sua comarca ou nas regiões contíguas. Trata-se de inovação que privilegia a celeridade e a economia processuais.

CPC/2015	CPC/1973
Art. 256. A citação por edital será feita:	Art. 231. Far-se-á a citação por edital:
I – quando desconhecido ou incerto *o citando*;	I – quando desconhecido ou incerto *o réu*;
II – quando ignorado, incerto ou inacessível o lugar em que se encontrar **o citando**;	II – quando ignorado, incerto ou inacessível o lugar em que se encontrar;
III – nos casos expressos em lei.	III – nos casos expressos em lei.
§ 1º Considera-se inacessível, para efeito de citação por edital, o país que recusar o cumprimento de carta rogatória.	§ 1º Considera-se inacessível, para efeito de citação por edital, o país que recusar o cumprimento de carta rogatória.
§ 2º No caso de ser inacessível o lugar em que se encontrar o réu, a notícia de sua citação será divulgada também pelo rádio, se na comarca houver emissora de radiodifusão.	§ 2º No caso de ser inacessível o lugar em que se encontrar o réu, a notícia de sua citação será divulgada também pelo rádio, se na comarca houver emissora de radiodifusão.
§ 3º **O réu será considerado em local ignorado ou incerto se infrutíferas as tentativas de sua localização, inclusive mediante requisição pelo juízo de informações sobre seu endereço nos cadastros de órgãos públicos ou de concessionárias de serviços públicos.**	

COMENTÁRIOS:

Citação por edital. Em respeito aos princípios do contraditório e da ampla defesa, devem ser exauridos os meios possíveis de localização pessoal da parte ré antes de se permitir a citação por edital, conforme entendimento firmado na jurisprudência.[199] A novidade está no § 3º, que permite ao autor requerer ao juízo ofícios aos órgãos públicos (Receita Federal e DETRAN, p. ex.) e concessionárias (empresas de água, luz e esgoto) com a finalidade de obter o endereço atualizado do demandado. Se essa providência não surtir efeito, o réu será considerado em local ignorado ou incerto, permitindo-se, assim, a sua citação por edital. Anote que essa inovação vai de encontro ao entendimento de alguns julgados do STJ,[200] que entendiam não existir amparo legal para a expedição desses ofícios.

A citação por edital, tal como a citação por hora certa (que é feita por oficial de justiça), constitui uma modalidade de citação ficta. Essa modalidade de citação somente é admitida quando desconhecido ou incerto o réu, quando ignorado, incerto ou inacessível o lugar em que se encontrar, e em outros casos expressos em lei (art. 256). Os requisitos do edital encontram-se no art. 257. A publicação do edital será feita na rede mundial de computadores,

---

[199] "AGRAVO DE INSTRUMENTO. AÇÃO DE BUSCA E APREENSÃO. CITAÇÃO POR EDITAL. NECESSIDADE DE ESGOTAMENTO DOS MEIOS DE CITAÇÃO PESSOAL. MANTIDA DECISÃO AGRAVADA. A citação por edital é medida excepcional, admitida após exauridas as possibilidades de citação pessoal da parte. *In casu*, foram suficientes as consultas efetuadas junto a órgãos oficiais e/ou privados. NEGADO SEGUIMENTO AO AGRAVO DE INSTRUMENTO" (TJRS, Agravo de Instrumento nº 70060693504, 13ª Câmara Cível, Rel. Des. Elisabete Correa Hoeveler, julgado em 25.07.2014).

[200] Exemplo: STJ, REsp 364.424, Rel. Min. Nancy Andrighi, julgado em 04.04.2002.

no sítio do respectivo tribunal e na plataforma de editais do Conselho Nacional de Justiça. Dependendo das peculiaridades do local ou região onde se situa o órgão jurisdicional, o juiz poderá determinar que a publicação do edital seja feita também em jornal local de ampla circulação ou por outros meios (por exemplo, pelo alto falante da Igreja ou pelo rádio). Tudo será certificado nos autos. A partir da publicação única, ou da primeira, começará a fluir o prazo de dilação estabelecido pelo juiz e, a partir de então, o prazo para a defesa.

Por se tratar de citação ficta, tal como ocorre na hipótese de citação por hora certa, também na citação editalícia, em caso de revelia será nomeado curador especial. Essa advertência constitui requisito do edital.

Em algumas ações, porque eventualmente podem estar em jogo interesses de pessoas incertas ou desconhecidas, a publicação de editais se impõe; é o que se passa na ação de usucapião de imóvel, ação de recuperação ou substituição de título ao portador e em qualquer ação em que seja necessária, por determinação legal, a provocação, para participação no processo, de interessados incertos ou desconhecidos (art. 259).

CPC/2015	CPC/1973
Art. 257. São requisitos da citação por edital:	Art. 232. São requisitos da citação por edital:
I – a afirmação do autor ou a certidão do oficial *informando a presença das circunstâncias autorizadoras*;	I – a afirmação do autor, ou a certidão do oficial, *quanto às circunstâncias previstas nos ns. I e II do artigo antecedente*;
II – **a publicação do edital na rede mundial de computadores, no sítio do respectivo tribunal e na plataforma de editais do Conselho Nacional de Justiça, que deve ser certificada nos autos**;	II – ~~a afixação do edital, na sede do juízo, certificada pelo escrivão~~;
III – a determinação, pelo juiz, do prazo, que variará entre 20 (vinte) e 60 (sessenta) dias, fluindo da data da publicação *única ou, havendo mais de uma, da primeira*;	III – a publicação do edital ~~no prazo máximo de 15 (quinze) dias~~, ~~uma vez no órgão oficial e pelo menos duas vezes~~ em jornal local, ~~onde houver~~;
IV – **a advertência de que será nomeado curador especial em caso de revelia**.	IV – a determinação, pelo juiz, do prazo, que variará entre 20 (vinte) e 60 (sessenta) dias, correndo *da data da primeira* publicação;
Parágrafo único. **O juiz poderá determinar que a** publicação do edital **seja feita também** em jornal local **de ampla circulação ou por outros meios, considerando as peculiaridades da comarca, da seção ou da subseção judiciárias**.	~~V – a advertência a que se refere o art. 285, segunda parte, se o litígio versar sobre direitos disponíveis.~~

 ## COMENTÁRIOS:

Requisitos da citação por edital. Além dos requisitos já previstos no CPC/1973, deverá constar na citação por edital a advertência no sentido de que será nomeado curador especial no caso de revelia. Fora os requisitos formais previstos no CPC, a Lei nº 8.639/1993 prevê que o edital deverá ter "corpo suficientemente legível, devendo o tipo de letra ser, no mínimo, de corpo seis, de quaisquer famílias, e que o título dessas publicações seja de tipo doze ou maior, de qualquer família".

Publicação na rede mundial de computadores. O CPC/2015 consagra também como requisito da citação por edital que a sua publicação ocorra na rede mundial de computadores (no sítio do tribunal que determinou a citação e na plataforma de editais do Conselho Nacional de Justiça). Mantém-se, contudo, a faculdade de o magistrado determinar que a publicação do edital ocorra em jornal de ampla circulação ou em qualquer outro meio adequado à realidade da comarca, seção ou subseção judiciária. Trata-se de uma adaptação legal à evolução dos meios de comunicação, garantindo maior chance de ciência da citação pelo réu, além de trazer mais economia para a prática dos atos do processo.

CPC/2015	CPC/1973
Art. 258. A parte que requerer a citação por edital, alegando dolosamente *a ocorrência das circunstâncias autorizadoras para sua realização,* incorrerá em multa de 5 (cinco) vezes o salário mínimo. Parágrafo único. A multa reverterá em benefício do citando.	Art. 233. A parte que requerer a citação por edital, alegando dolosamente *os requisitos do art. 231, I e II*, incorrerá em multa de 5 (cinco) vezes o salário mínimo ~~vigente na sede do juízo~~. Parágrafo único. A multa reverterá em benefício do citando.

COMENTÁRIOS:

Alegação dolosa para viabilizar citação por edital. Se o demandante, dolosamente, alega uma das situações que permite a citação por edital, muito embora tenha ciência de que ela não existe, responderá ao pagamento de multa equivalente a cinco vezes o salário mínimo vigente. A multa será revertida para o prejudicado, ou seja, para o citando (demandado).

CPC/2015	CPC/1973
Art. 259. **Serão publicados editais:** **I** – **na ação de usucapião de imóvel;** **II** – **na ação de recuperação ou substituição de título ao portador;** **III** – **em qualquer ação em que seja necessária, por determinação legal, a provocação, para participação no processo, de interessados incertos ou desconhecidos.**	Não há correspondência.

COMENTÁRIOS:

Usucapião de bem imóvel. Quando não se tem conhecimento ou não se pode localizar as pessoas que se considerem titulares de direitos sobre o imóvel, far-se-á a citação por edital.

Ações de recuperação ou substituição de títulos ao portador. A ação de anulação e substituição de títulos ao portador foi extinta como procedimento especial (arts. 907 a 913 do CPC/1973). Tal demanda agora será submetida ao procedimento comum, sendo necessária a citação do detentor do título e, por edital, dos terceiros interessados para contestarem o pedido.

Em vez de *anulação*, o CPC/2015 prevê a possibilidade de recuperação do título. A locução "recuperação de título ao portador" foi utilizada pelo CPC de 1939 (arts. 336 a 342), e certamente é a mais adequada. Isso porque a ação de anulação designa seu objeto com impropriedade, pois não ocorre uma verdadeira anulação, visto que esta pressupõe questionamento relativo à validade, e os efeitos da sentença de procedência se dão no plano da eficácia do título.

Provocação de terceiros interessados incertos ou desconhecidos. A citação por edital, evidentemente, é mais adequada para cientificar os interessados incertos ou desconhecidos. Pode ser utilizada, por exemplo, para a citação de eventuais proprietários ou confrontantes que constarem ou não do Registro de Imóveis, mas em cujos endereços não possam ser localizados.

Capítulo III
Das Cartas

CPC/2015	CPC/1973
Art. 260. São requisitos das cartas de ordem, precatória e rogatória:	Art. 202. São requisitos essenciais da carta de ordem, da carta precatória e da carta rogatória:
I – a indicação dos juízes de origem e de cumprimento do ato;	I – a indicação dos juízes de origem e de cumprimento do ato;
II – o inteiro teor da petição, do despacho judicial e do instrumento do mandato conferido ao advogado;	II – o inteiro teor da petição, do despacho judicial e do instrumento do mandato conferido ao advogado;
III – a menção do ato processual que lhe constitui o objeto;	III – a menção do ato processual, que lhe constitui o objeto;
IV – o encerramento com a assinatura do juiz.	IV – o encerramento com a assinatura do juiz.
§ 1º O juiz mandará trasladar para a carta quaisquer outras peças, bem como instruí-la com mapa, desenho ou gráfico, sempre que esses documentos devam ser examinados, na diligência, pelas partes, pelos peritos ou pelas testemunhas.	§ 1º O juiz mandará trasladar, na carta, quaisquer outras peças, bem como instruí-la com mapa, desenho ou gráfico, sempre que estes documentos devam ser examinados, na diligência, pelas partes, peritos ou testemunhas.
§ 2º Quando o objeto da carta for exame pericial sobre documento, este será remetido em original, ficando nos autos reprodução fotográfica.	§ 2º Quando o objeto da carta for exame pericial sobre documento, este será remetido em original, ficando nos autos reprodução fotográfica.
§ 3º **A carta arbitral atenderá, no que couber, aos requisitos a que se refere o *caput* e será instruída com a convenção de arbitragem e com as provas da nomeação do árbitro e de sua aceitação da função.**	

 ## COMENTÁRIOS:

Requisitos. As cartas devem observar o disposto no art. 260. Caso haja recebimento de carta sem os requisitos legais, o juiz poderá rejeitar o cumprimento e determinar a complementação, salvo se o vício prejudicar a finalidade do ato.

CPC/2015	CPC/1973
Art. 261. Em todas as cartas o juiz fixará o prazo para cumprimento, atendendo à facilidade das comunicações e à natureza da diligência.	Art. 203. Em todas as cartas declarará o juiz o prazo dentro do qual deverão ser cumpridas, atendendo à facilidade das comunicações e à natureza da diligência.

§ 1º As partes deverão ser intimadas pelo juiz do ato de expedição da carta.

§ 2º Expedida a carta, as partes acompanharão o cumprimento da diligência perante o juízo destinatário, ao qual compete a prática dos atos de comunicação.

§ 3º A parte a quem interessar o cumprimento da diligência cooperará para que o prazo a que se refere o *caput* seja cumprido.

 COMENTÁRIOS:

Participação das partes no cumprimento da carta. As partes terão ciência da expedição da carta e do seu conteúdo, por meio de intimação, e acompanharão o cumprimento da diligência. As disposições constantes nos §§ 1º e 2º consolidam o entendimento jurisprudencial.[201] O § 3º, por sua vez, evidencia o princípio da cooperação, já tratado nos comentários ao art. 6º do CPC/2015.

CPC/2015	CPC/1973
Art. 262. A carta tem caráter itinerante, podendo, antes ou depois de lhe ser ordenado o cumprimento, ser encaminhada a juízo diverso do que dela consta, a fim de se praticar o ato. Parágrafo único. **O encaminhamento da carta a outro juízo será imediatamente comunicado ao órgão expedidor, que intimará as partes.**	Art. 204. A carta tem caráter itinerante; antes ou depois de lhe ser ordenado o cumprimento, poderá ser apresentada a juízo diverso do que dela consta, a fim de se praticar o ato.

 COMENTÁRIOS:

Carta itinerante. As cartas possuem caráter itinerante, ou seja, se forem remetidas a um determinado juízo, mas ficar demonstrado que deveriam ter sido remetidas a outro, o juízo originalmente deprecado não deve restituí-las ao juízo de origem. Deve, pois, o juízo deprecado encaminhá-la ao outro juízo onde a diligência deva ser cumprida, comunicando o fato ao órgão expedidor.

CPC/2015	CPC/1973
Art. 263. As cartas *deverão, preferencialmente,* ser expedidas por meio eletrônico, caso em que a assinatura do juiz deverá ser eletrônica, na forma da lei.	Art. 202. [...] § 3º A carta de ordem, carta precatória ou carta rogatória *pode ser* expedida por meio eletrônico, situação em que a assinatura do juiz deverá ser eletrônica, na forma da lei.

---

[201] "Tendo sido intimado da expedição de cartas precatórias, cabe ao defensor constituído acompanhar o trâmite destas. Precedentes do STJ e do STF" (STJ, HC 40.781/SP, Rel. Min. Gilson Dipp, 5ª Turma, julgado em 19.05.2005, *DJ* 13.06.2005).

COMENTÁRIOS:

Preferência pelo meio eletrônico. Em busca de celeridade, o CPC/2015 estabelece regra segundo a qual se deve dar preferência à expedição das cartas por meio eletrônico. Tal disposição alinha-se com a previsão contida na Lei nº 11.419/2006 (art. 1º, § 2º, II), mas somente tem aplicação se o processo judicial eletrônico já estiver implementado nos dois juízos (deprecante e deprecado).

CPC/2015	CPC/1973
Art. 264. A carta de ordem e a carta precatória **por meio eletrônico, por telefone** ou por telegrama conterão, em resumo substancial, os requisitos mencionados no *art. 250, especialmente no que se refere à aferição da autenticidade.*	Art. 206. A carta de ordem e a carta precatória, por telegrama ou ~~radiograma~~, conterão, em resumo substancial, os requisitos mencionados no *art. 202, bem como a declaração, pela agência expedidora, de estar reconhecida a assinatura do juiz.*

 ## COMENTÁRIOS:

Requisitos. Os requisitos a que faz referência o dispositivo do CPC/2015 são os do mandado de citação (art. 250 do CPC/2015). Acreditamos, contudo, que se trata de incorreção, porquanto os requisitos das cartas estão dispostos no art. 260.

CPC/2015	CPC/1973
Art. 265. O secretário do tribunal, o escrivão **ou o chefe de secretaria** do juízo deprecante transmitirá, por telefone, a carta de ordem ou a carta precatória ao juízo em que houver de se cumprir o ato, por intermédio do escrivão do primeiro ofício da primeira vara, se houver na comarca mais de um ofício ou de uma vara, observando-se, quanto aos requisitos, o disposto no *art. 264 .*	Art. 207. O secretário do tribunal ou o escrivão do juízo deprecante transmitirá, por telefone, a carta de ordem, ou a carta precatória ao juízo, em que houver de cumprir-se o ato, por intermédio do escrivão do primeiro ofício da primeira vara, se houver na comarca mais de um ofício ou de uma vara, observando, quanto aos requisitos, o disposto no *artigo antecedente .*
§ 1º O escrivão **ou o chefe de secretaria**, no mesmo dia ou no dia útil imediato, telefonará **ou enviará mensagem eletrônica** ao secretário do tribunal, o escrivão **ou ao chefe de secretaria** do juízo deprecante, lendo-lhe os termos da carta e solicitando-lhe que os confirme.	§ 1º O escrivão, no mesmo dia ou no dia útil imediato, telefonará ao secretário do tribunal ou ao escrivão do juízo deprecante, lendo-lhe os termos da carta e solicitando-lhe que lhe confirme.
§ 2º Sendo confirmada, o escrivão **ou o chefe de secretaria** submeterá a carta a despacho.	§ 2º Sendo confirmada, o escrivão submeterá a carta a despacho.

 ## COMENTÁRIOS:

Transmissão e confirmação da comunicação. Não há novidade em relação ao CPC/1973. O procedimento previsto no art. 265 deve ser observado para fins de conformação dos requisitos legais da carta, especialmente de sua autenticidade. Ademais, o CPC/2015 incluiu a possibilidade de comunicação por meio eletrônico entre os serventuários.

CPC/2015	CPC/1973
Art. 266. Serão praticados de ofício os atos requisitados **por meio eletrônico** e de telegrama, devendo a parte depositar, contudo, na secretaria do tribunal ou no cartório do juízo deprecante, a importância correspondente às despesas que serão feitas no juízo em que houver de praticar-se o ato.	Art. 208. Executar-se-ão, de ofício, os atos requisitados por telegrama, ~~radiograma ou telefone~~. A parte depositará, contudo, na secretaria do tribunal ou no cartório do juízo deprecante, a importância correspondente às despesas que serão feitas no juízo em que houver de praticar-se o ato.

 ## COMENTÁRIOS:

Impulso oficial. O dispositivo traduz o princípio do impulso oficial (art. 2º). Independentemente de iniciativa da parte, depois de transmitida a carta, todos os atos necessários ao seu cumprimento serão realizados. Para tanto, é necessário que a parte tenha efetuado o pagamento das despesas necessárias ao ato também no juízo deprecado.

CPC/2015	CPC/1973
Art. 267. O juiz recusará cumprimento a carta precatória **ou arbitral,** devolvendo-a com *decisão* motivada quando: I – a carta não estiver revestida dos requisitos legais; II – faltar ao juiz competência em razão da matéria ou da hierarquia; III – o juiz tiver dúvida acerca de sua autenticidade. Parágrafo único. **No caso de incompetência em razão da matéria ou da hierarquia, o juiz deprecado, conforme o ato a ser praticado, poderá remeter a carta ao juiz ou ao tribunal competente.**	Art. 209. O juiz recusará cumprimento à carta precatória, devolvendo-a com *despacho* motivado: I – quando não estiver revestida dos requisitos legais; II – quando carecer de competência em razão da matéria ou da hierarquia; III – quando tiver dúvida acerca de sua autenticidade.

 ## COMENTÁRIOS:

Recusa quanto ao cumprimento. As hipóteses nas quais o juiz recusará cumprimento da carta precatória agora também são válidas para a recusa ao cumprimento de carta arbitral.

Recusa em razão de incompetência absoluta. Não se admite a recusa justificada pela incompetência *absoluta* do juízo deprecado, porquanto, nesse caso, deve-se remeter a carta ao juiz ou tribunal competente (art. 262).[202]

O texto em questão não deve ser interpretado no sentido de que o juízo deprecado pode entender como absolutamente incompetente o juízo deprecante. Isso porque é princípio basilar da jurisdição a noção de que é competente o juiz para julgar os limites da sua própria competência, e não a competência de outro juízo de mesma hierarquia. Nesse

---

[202] "O dever de homenagear cartas precatórias não pode conduzir à enormidade de o juiz abdicar de sua própria competência" (STJ, CC 40.122/SP, Rel. Min. Humberto Gomes de Barros, 2ª Seção, julgado em 26.02.2004, *DJ* 22.03.2004).

sentido já se pronunciou o Superior Tribunal de Justiça, no CC nº 30.524/MS, Rel. Min. Barros Monteiro, *DJU* 04.02.2002.[203]

Por fim, deve-se considerar uma terceira hipótese: entendendo o juízo deprecado que ele é absolutamente competente para julgar a demanda, é lícita a negativa do cumprimento da carta, desde que acompanhada de suscitação do conflito de competência, conforme entendimento do STJ.[204]

CPC/2015	CPC/1973
Art. 268. Cumprida a carta, será devolvida ao juízo de origem no prazo de 10 (dez) dias, independentemente de traslado, pagas as custas pela parte.	Art. 212. Cumprida a carta, será devolvida ao juízo de origem, no prazo de 10 (dez) dias, independentemente de traslado, pagas as custas pela parte.

 COMENTÁRIOS:

Devolução ao juízo deprecante. O referido prazo é impróprio, mas o atraso injustificado pode sujeitar o serventuário às penalidades previstas no art. 233. O cumprimento das diligências no juízo deprecado deve observar o disposto no art. 261. O prazo do art. 268 é para a devolução da carta após o seu integral cumprimento.

Capítulo IV
Das Intimações

CPC/2015	CPC/1973
Art. 269. Intimação é o ato pelo qual se dá ciência a alguém dos atos e dos termos do processo. § 1º É facultado aos advogados promover a intimação do advogado da outra parte por meio do correio, juntando aos autos, a seguir, cópia do ofício de intimação e do aviso de recebimento. § 2º O ofício de intimação deverá ser instruído com cópia do despacho, da decisão ou da sentença. § 3º A intimação da União, dos Estados, do Distrito Federal, dos Municípios e de suas respectivas autarquias e fundações de direito público será realizada perante o órgão de Advocacia Pública responsável por sua representação judicial.	Art. 234. Intimação é o ato pelo qual se dá ciência a alguém dos atos e termos do processo, ~~para que faça ou deixe de fazer alguma coisa~~.

---

[203] "O Juízo Deprecado não é o da causa, mas o mero executor dos atos deprecados. A defesa oposta ao cumprimento da diligência deve ser apreciada, em sua oportunidade e merecimento, pelo Juízo Deprecante. Precedentes."

[204] "Pode o juiz deprecado, sendo absolutamente competente para o conhecimento e julgamento da causa, recusar o cumprimento da carta precatória em defesa de sua própria competência" (STJ, CC 48.647/RS, Rel. Min. Fernando Gonçalves, 2ª Seção, julgado em 23.11.2005, *DJ* 05.12.2005).

COMENTÁRIOS:

Conceito e modalidades de intimação. Intimação é o ato pelo qual se dá ciência a alguém dos atos e termos do processo (art. 269). Trata-se de ato de comunicação que, tal como a citação, condiciona o andamento do processo. As intimações constituem, por assim dizer, a liga que dá conexão aos diversos atos do processo. A intimação, por si só, é um ato que faz a interligação do ato antecedente com o subsequente.

Ela será realizada preferencialmente por meio eletrônico, observadas as prescrições da Lei nº 11.419/2006, mas, dependendo das circunstâncias, pode ser feita pelos mesmos meios adotados para a citação, ou seja, por oficial de justiça, por carta registrada, com AR, pelo escrivão ou chefe de secretaria. Podem também ser feitas pelo Diário do Judiciário impresso e até por edital. Quando o ato é praticado em audiência, nesta os advogados das partes e o Ministério Público são intimados da decisão ou despacho (art. 1.003, § 1º).

As intimações do Ministério Público e da Defensoria Pública serão realizadas também por meio eletrônico. Para tanto, essas entidades devem manter cadastro atualizado junto aos sistemas de processo em autos eletrônicos. A mesma regra se aplica às intimações da União, do Estado, do Distrito Federal, dos Municípios e de suas respectivas autarquias e fundações de direito público. Quanto a estes, tanto as intimações como as citações serão realizadas perante o órgão de Advocacia Pública responsável pela representação judicial (§ 3º).

Afora os casos de intimação pessoal da parte (art. 485, § 1º, por exemplo), de testemunhas e peritos, entre outros, as intimações de regra são feitas aos advogados, os quais poderão requerer que, na intimação a eles dirigida, figure apenas o nome da sociedade a que pertençam (art. 272, § 1º).

A intimação, embora mais informal do que a citação, contém requisitos, conforme consta no art. 272. É indispensável que da publicação no diário eletrônico ou impresso constem os nomes das partes e de seus advogados, com o respectivo número de inscrição na Ordem dos Advogados do Brasil, ou, se assim requerido, da sociedade de advogados. A não observância de tais requisitos conduz à nulidade da intimação, com as consequências previstas nos §§ 8º e 9º do art. 272).

A retirada dos autos do cartório pelo advogado, por pessoa credenciada a pedido do advogado ou da sociedade de advogados, pela Advocacia Pública, pela Defensoria Pública ou pelo Ministério Público, implicará intimação de qualquer decisão contida no processo retirado, ainda que pendente de publicação.

Intimação pelo advogado. A grande novidade está nos §§ 1º e 2º do dispositivo em comento, que permite a adoção de um sistema de comunicação direta entre advogados, de modo a atenuar os entraves burocráticos do procedimento e evitar futuros questionamentos sobre a validade das intimações.

A validade das intimações realizadas por esse meio está condicionada ao preenchimento dos seguintes requisitos: (i) o advogado que realizou a intimação deve demonstrar que a enviou ao endereço do advogado constante nos autos; (ii) devem ser juntados aos autos cópia do ofício de intimação enviado, bem como o comprovante de recebimento da comunicação (AR) assinado pelo recebedor, que não necessariamente será o patrono da parte intimada. O AR pode ser, inclusive, subscrito por um empregado da sociedade de advogados, por exemplo, a recepcionista. Não há tal explicação no Código, mas essa é a interpretação que privilegia a celeridade e eficiência trilhadas pelo CPC/2015.

CPC/2015	CPC/1973
Art. 270. As intimações *realizam-se, sempre que possível,* por meio eletrônico, na forma da lei. Parágrafo único. **Aplica-se ao Ministério Público, à Defensoria Pública e à Advocacia Pública o disposto no § 1º do art. 246.**	Art. 237. [...] Parágrafo único. As intimações *podem ser feitas* de forma eletrônica, conforme regulado em lei própria. Art. 236. [...] § 2º A intimação do Ministério Público, *em qualquer caso, será feita pessoalmente.*

 COMENTÁRIOS:

Preferência da intimação por meio eletrônico. O CPC/2015 torna regra a intimação por meio eletrônico.[205] Esse novo regramento se aplica inclusive ao Ministério Público, que, de acordo com o CPC/1973, só podia ser intimado pessoalmente.

Note-se que o parágrafo único do art. 270 (CPC/2015) exige que o Ministério Público, a Defensoria Pública e a Advocacia Pública mantenham cadastro atualizado nos sistemas de processo em autos eletrônicos, para efeito de recebimento de citações e intimações. Esse cadastro deve ser realizado no prazo previsto no art. 1.050.

CPC/2015	CPC/1973
Art. 271. O juiz determinará de ofício as intimações em processos pendentes, salvo disposição em contrário.	Art. 235. As intimações efetuam-se de ofício, em processos pendentes, salvo disposição em contrário.

 COMENTÁRIOS:

Intimações *ex officio.* Como o juiz é responsável por dirigir o processo, poderá determinar, de ofício, as intimações em processos pendentes, salvo disposição legal em sentido contrário (art. 271). Uma exceção a essa atuação *ex officio* está prevista no art. 485, § 6º, que condiciona a extinção do processo por abandono da causa pelo autor à prévia intimação pessoal da parte autora que deve ser requerida pelo réu.

CPC/2015	CPC/1973
Art. 272. **Quando não realizadas por meio eletrônico,** consideram-se feitas as intimações pela publicação dos atos no órgão oficial. **§ 1º Os advogados poderão requerer que, na intimação a eles dirigida, figure apenas o nome da sociedade a que pertençam, desde que devidamente registrada na Ordem dos Advogados do Brasil.**	Art. 236. ~~No Distrito Federal e nas Capitais dos Estados e dos Territórios,~~ consideram-se feitas as intimações pela só publicação dos atos no órgão oficial. § 1º É indispensável, sob pena de nulidade, que da publicação constem os nomes das partes e de seus advogados, ~~suficientes para sua identificação.~~

---

[205]   STJ, AgRg no AREsp 573439/CE, Rel. Min. Assusete Magalhães, 2ª Turma, julgado em 23.05.2017.

§ 2º Sob pena de nulidade, é indispensável que da publicação constem os nomes das partes e de seus advogados, **com o respectivo número de inscrição na Ordem dos Advogados do Brasil, ou, se assim requerido, da sociedade de advogados**.

§ 3º **A grafia dos nomes das partes não deve conter abreviaturas.**

§ 4º **A grafia dos nomes dos advogados deve corresponder ao nome completo e ser a mesma que constar da procuração ou que estiver registrada na Ordem dos Advogados do Brasil.**

§ 5º **Constando dos autos pedido expresso para que as comunicações dos atos processuais sejam feitas em nome dos advogados indicados, o seu desatendimento implicará nulidade.**

§ 6º **A retirada dos autos do cartório ou da secretaria em carga pelo advogado, por pessoa credenciada a pedido do advogado ou da sociedade de advogados, pela Advocacia Pública, pela Defensoria Pública ou pelo Ministério Público implicará intimação de qualquer decisão contida no processo retirado, ainda que pendente de publicação.**

§ 7º **O advogado e a sociedade de advogados deverão requerer o respectivo credenciamento para a retirada de autos por preposto.**

§ 8º **A parte arguirá a nulidade da intimação em capítulo preliminar do próprio ato que lhe caiba praticar, o qual será tido por tempestivo se o vício for reconhecido.**

§ 9º **Não sendo possível a prática imediata do ato diante da necessidade de acesso prévio aos autos, a parte limitar-se-á a arguir a nulidade da intimação, caso em que o prazo será contado da intimação da decisão que a reconheça.**

 ## COMENTÁRIOS:

O dispositivo determina que será considerada realizada a intimação, em qualquer parte do território nacional, somente quando houver publicação no órgão oficial. Em seguida, disciplina vários aspectos de sua realização. O objetivo de trazer regras específicas para as intimações é garantir simplicidade e praticidade ao processo, evitando formalidades desnecessárias.

Publicação em nome da sociedade. O § 1º permite que as intimações sejam realizadas *apenas* em nome da sociedade de advogados, se tal providência for expressamente requerida. Para tanto, é imprescindível que na procuração acostada aos autos conste o nome da sociedade. A medida não permite que na publicação conste o nome da sociedade e dos advogados (conjuntamente). Ou a publicação é feita em nome dos advogados, ou somente em nome da sociedade.

Publicação em nome do advogado. As publicações devem observar os requisitos previstos nos §§ 2º, 3º e 4º, sob pena de nulidade. Vale salientar que, apesar de esses requisitos já serem adotados na prática, o STJ firmou o seguinte entendimento na vigência do

CPC revogado: "não há nulidade na publicação de ato processual em razão do acréscimo de uma letra ao sobrenome do advogado no caso em que o seu prenome, o nome das partes e o número do processo foram cadastrados corretamente, sobretudo se, mesmo com a existência de erro idêntico nas intimações anteriores, houve observância aos prazos processuais passados, de modo a demonstrar que o erro gráfico não impediu a exata identificação do processo" (STJ, EREsp 1.356.168/RS, Rel. originário Min. Sidnei Beneti, Rel. para acórdão Min. Jorge Mussi, julgado em 13.03.2014, *DJe* 12.12.2014). Como o novo dispositivo prevê a nulidade do ato, é possível que esse entendimento seja reformado.

Nulidade por ausência de intimação dirigida aos advogados indicados no processo. De acordo com o § 5º, se, por exemplo, constarem diversos nomes na procuração, mas for expressamente requerido que as publicações sejam dirigidas a advogados específicos, o desatendimento a esse pedido é causa geradora de nulidade. Com efeito, se não houver pedido expresso, a intimação poderá ser feita em nome de qualquer advogado constituído.[206]

Retirada dos autos em cartório. O CPC/2015 dispõe que a retirada dos autos em cartório, por pessoa credenciada pelo advogado ou pela sociedade de advogados, implica intimação de qualquer decisão contida no processo. O § 7º, por sua vez, indica que a sociedade ou o advogado deve requerer o credenciamento de preposto para a retirada dos autos em cartório. Tal providência deve ocorrer mediante simples petição a ser protocolizada no respectivo juízo, como já ocorre na prática.

Intimação da Defensoria Pública, da Advocacia Pública e do Ministério Público. Quando os membros desses órgãos retirarem os autos em cartório, configurada estará a intimação pessoal, sendo despicienda, para a contagem do prazo para eventual manifestação, a aposição no processo do "ciente" por parte do membro.

Arguição de nulidade. A parte prejudicada deve arguir a nulidade em capítulo específico do ato processual que deveria ter sido praticado, mas não o foi por vício na intimação. Não há, portanto, como o prejudicado arguir *apenas* a nulidade sem, ao mesmo tempo, já praticar o ato. Se, contudo, a prática imediata do ato for inviável, "a parte limitar-se-á a arguir a nulidade da intimação, caso em que o prazo será contado da intimação da decisão que a reconheça" (§ 9º, parte final). Nessa última hipótese, o advogado deve indicar as razões pelas quais não há como praticar o ato processual sem o prévio acesso aos autos.

CPC/2015	CPC/1973
Art. 273. Se inviável a intimação por meio eletrônico e não houver na localidade publicação em órgão oficial, incumbirá ao escrivão ou chefe de secretaria intimar de todos os atos do processo os advogados das partes:	Art. 237. ~~Nas demais comarcas aplicar-se-á o disposto no artigo antecedente, se houver órgão de publicação dos atos oficiais; não o havendo,~~ competirá ao escrivão intimar, de todos os atos do processo, os advogados das partes:
I – pessoalmente, se tiverem domicílio na sede do juízo;	I – pessoalmente, tendo domicílio na sede do juízo;
II – por carta registrada, com aviso de recebimento, quando forem domiciliados fora do juízo.	II – por carta registrada, com aviso de recebimento quando domiciliado fora do juízo.

---

[206] É este o entendimento do STJ: "É válida a intimação realizada em nome de advogado constituído nos autos, ainda que realizada na pessoa de patrono que não realizou o último ato processual. Apenas haverá nulidade se existir expresso requerimento para publicação em nome de determinado causídico e isso não for observado. Precedentes" (AgRg no REsp 977.452/MT, Rel. Min. Antonio Carlos Ferreira, *DJe* 21.05.2012).

COMENTÁRIOS:

Intimação pelo escrivão ou chefe de secretaria. Existindo órgão de publicação oficial, as intimações serão realizadas por meio deste. A via postal ou a intimação por oficial de justiça são meios excepcionais de intimação, que devem ser utilizados apenas quando inexistente órgão oficial.

CPC/2015	CPC/1973
Art. 274. Não dispondo a lei de outro modo, as intimações serão feitas às partes, aos seus representantes legais, aos advogados **e aos demais sujeitos do processo** pelo correio ou, se presentes em cartório, diretamente pelo escrivão ou chefe de secretaria.	Art. 238. Não dispondo a lei de outro modo, as intimações serão feitas às partes, aos seus representantes legais e aos advogados pelo correio ou, se presentes em cartório, diretamente pelo escrivão ou chefe de secretaria.
Parágrafo único. Presumem-se válidas as intimações dirigidas ao endereço *constante dos autos*, **ainda que não recebidas pessoalmente pelo interessado**, se a modificação temporária ou definitiva *não tiver sido devidamente comunicada ao juízo*, **fluindo os prazos a partir da juntada aos autos do comprovante de entrega da correspondência no primitivo endereço.**	Parágrafo único. Presumem-se válidas as ~~comunicações e~~ intimações dirigidas ao endereço *residencial ou profissional declinado na inicial, contestação ou embargos, cumprindo às partes atualizar o respectivo endereço sempre que houver* modificação temporária ou definitiva.

 ## COMENTÁRIOS:

Atualização de endereço. De acordo com o art. 77, V, do CPC/2015, cumpre às partes atualizar o respectivo endereço sempre que houver modificação temporária ou definitiva.

As partes e os advogados têm, portanto, a obrigação de manter endereço atualizado no processo, para efeito de intimação dos atos processuais. A consequência para a ausência dessa comunicação está prevista no art. 274, parágrafo único, do CPC/2015.

Intimação presumida. A validade da intimação presumida – quando a intimação é entregue ao endereço constante nos autos – já era aceita pela jurisprudência.[207]

CPC/2015	CPC/1973
Art. 275. A intimação será feita por oficial de justiça quando frustrada a realização **por meio eletrônico** ou pelo correio.	Art. 239. Far-se-á a intimação por meio de oficial de justiça quando frustrada a realização pelo correio.
§ 1º A certidão de intimação deve conter:	Parágrafo único. A certidão de intimação deve conter:
I – a indicação do lugar e a descrição da pessoa intimada, mencionando, quando possível, o número *de seu documento* de identidade e o órgão que o expediu;	I – a indicação do lugar e a descrição da pessoa intimada, mencionando, quando possível, o número *de sua carteira* de identidade e o órgão que a expediu;
II – a declaração de entrega da contrafé;	II – a declaração de entrega da contrafé;
III – a nota de ciente ou a certidão de que o interessado não a apôs no mandado.	III – a nota de ciente ou certidão de que o interessado não a apôs no mandado.
§ 2º **Caso necessário, a intimação poderá ser efetuada com hora certa ou por edital.**	

---

[207] Nesse sentido: STJ, AgRg no AREsp 386.319/SP, Rel. Min. Paulo de Tarso Sanseverino, 3ª Turma, julgado em 02.09.2014.

COMENTÁRIOS:

Intimação por oficial de justiça. A intimação por oficial de justiça é modalidade excepcional, que só deve ser realizada quando frustradas as demais (por meio eletrônico, sede do juízo ou por correio). Nesse ponto, o CPC/2015 nada muda em relação ao CPC/1973.

A novidade está no § 2º, que permite que as intimações também sejam realizadas com hora certa ou por edital. O CPC/1973 somente previa essas duas possibilidades de comunicação para o ato de citação (arts. 227 a 229, 231 a 233). Apesar disso, a jurisprudência já admitia as intimações fictas.[208] Como o Código não traz nenhum regramento específico, devem ser aplicadas as regras da citação com hora certa e por edital (arts. 252 a 254; arts. 256 a 258).

TÍTULO III
DAS NULIDADES

CPC/2015	CPC/1973
Art. 276. Quando a lei prescrever determinada forma sob pena de nulidade, a decretação desta não pode ser requerida pela parte que lhe deu causa.	Art. 243. Quando a lei prescrever determinada forma, sob pena de nulidade, a decretação desta não pode ser requerida pela parte que lhe deu causa.
Art. 277. Quando a lei prescrever determinada forma, o juiz considerará válido o ato se, realizado de outro modo, lhe alcançar a finalidade.	Art. 244. Quando a lei prescrever determinada forma, ~~sem cominação de nulidade~~, o juiz considerará válido o ato se, realizado de outro modo, lhe alcançar a finalidade.

 COMENTÁRIOS AOS ARTS. 276 E 277:

Princípio da instrumentalidade. O princípio prevalente no direito processual é o da instrumentalidade das formas e dos atos processuais. Todavia, tal princípio não é absoluto, uma vez que se subordina aos princípios da finalidade e da ausência de prejuízo. Isso porque, se o ato praticado de forma irregular não atingir o fim a que se destina ou causar prejuízo, inócuo será o princípio da instrumentalidade das formas.

Esse princípio viabiliza a possibilidade de considerar válido ato praticado de forma diferente da prescrita em lei, desde que atinja ele seu objetivo (art. 277). Nem mesmo as nulidades absolutas escapam da aplicação desse princípio. A inobservância das prescrições legais à citação e à intimação dá causa à nulidade absoluta, insanável, portanto (art. 280). Todavia, se o réu comparece e contesta, não se declara a nulidade, porquanto o ato atingiu sua finalidade.

A nulidade só pode ser decretada a requerimento da parte prejudicada e nunca por aquela que foi a sua causadora, nos termos do art. 276. É preceito básico não só de direito processual, mas de qualquer ramo do direito, que a ninguém é dado valer-se da própria torpeza.

---

[208] "[...] A intimação da penhora com hora certa é admissível, desde que presentes os pressupostos a que alude o art. 227 do CPC. [...]" (STJ, 4ª Turma, REsp 38.127/SP, Rel. Min. Antônio Torreão Braz, julgado em 20.11.1993). O dispositivo citado encontra correspondência no art. 252 do CPC/2015.

Saliente-se que a exclusão da expressão "sem cominação de nulidade" (art. 244 do CPC/1973) apenas adequou o texto à interpretação conferida pela doutrina, que considera, nesse ponto, inócua a distinção das nulidades processuais em relativas e absolutas. A visão instrumentalista do processo só permite o reconhecimento de uma nulidade quando inalcançada a garantia que a forma visa assegurar, independentemente de se tratar de nulidade absoluta ou relativa.[209]

CPC/2015	CPC/1973
Art. 278. A nulidade dos atos deve ser alegada na primeira oportunidade em que couber à parte falar nos autos, sob pena de preclusão.	Art. 245. A nulidade dos atos deve ser alegada na primeira oportunidade em que couber à parte falar nos autos, sob pena de preclusão.
Parágrafo único. Não se aplica *o disposto* no **caput** às nulidades que o juiz deva decretar de ofício, nem prevalece a preclusão provando a parte legítimo impedimento.	Parágrafo único. Não se aplica *esta disposição* às nulidades que o juiz deva decretar de ofício, nem prevalece a preclusão, provando a parte legítimo impedimento.

 ## COMENTÁRIOS:

Momento oportuno para alegação da nulidade. A nulidade relativa deve ser arguida na primeira oportunidade em que a parte falar nos autos, sob pena de preclusão, salvo se demonstrado justo impedimento (art. 278). A nulidade absoluta, por outro lado, pode ser arguida em qualquer fase do processo, podendo também ser reconhecida de ofício pelo juiz (art. 278, parágrafo único). Em alguns casos, em razão da falta de prejuízo ou porque a decisão de mérito pode ser favorável à parte interessada, não se decreta a nulidade, nem mesmo a absoluta. É o que ocorre, por exemplo, no caso em que o magistrado, mesmo podendo decretar *ex officio* o vício de citação, nada menciona em um primeiro momento e, posteriormente, o réu apresenta resposta. Nessa situação hipotética, haverá preclusão para o juiz e não será decretada a nulidade do ato citatório, tampouco do processo.

CPC/2015	CPC/1973
Art. 279. É nulo o processo quando o **membro** do Ministério Público não for intimado a acompanhar o feito em que deva intervir.	Art. 246. É nulo o processo, quando o Ministério Público não for intimado a acompanhar o feito em que deva intervir.
§ 1º Se o processo tiver tramitado sem conhecimento do **membro** do Ministério Público, o juiz *invalidará os atos praticados* a partir do momento em que ele deveria ter sido intimado.	Parágrafo único. Se o processo tiver corrido, sem conhecimento do Ministério Público, o juiz *o anulará* a partir do momento em que o órgão devia ter sido intimado.
§ 2º **A nulidade só pode ser decretada após a intimação do Ministério Público, que se manifestará sobre a existência ou a inexistência de prejuízo.**	

---

[209] "Ainda que o legislador comine expressamente de nulidade a não observância de determinada forma, destinada a assegurar o interesse público, se o ato nulo gerar os efeitos desejados o vício deve ser desconsiderado. Afinal de contas, *forma* existe exatamente para garantir o resultado" (BEDAQUE, José Roberto dos Santos. **Efetividade do processo e técnica processual.** São Paulo: Malheiros, 2006, p. 450).

COMENTÁRIOS:

Ausência de intervenção do MP. Atuando como parte, não se pode falar em ausência do Ministério Público no processo. Já na qualidade de fiscal da ordem jurídica, caso o Ministério Público não seja intimado a intervir, poderá ser considerado nulo o processo (art. 279).

Dizemos que "poderá" ser considerado nulo o processo porque, mesmo na hipótese de não ocorrer intimação do órgão do Ministério Público para intervir nas causas elencadas no art. 178, a nulidade só poderá ser decretada depois que o *Parquet* for efetivamente intimado e se manifestar sobre a existência ou inexistência de prejuízo (art. 279, § 2º). Este é, inclusive, o entendimento que se consolidou na jurisprudência,[210] mesmo antes da publicação do novo CPC.

O que enseja a nulidade nas ações em que há obrigatoriedade de intervenção do Ministério Público é a falta de intimação do seu representante, e não a ausência de manifestação. Em outras palavras, o que não pode faltar é a concessão de oportunidade para se manifestar. Havendo intimação, pouco importa a efetiva manifestação do Ministério Público, não há nulidade. Ademais, como qualquer outra nulidade, é indispensável a comprovação do prejuízo, não devendo ser nulo, por exemplo, o processo que envolva interesse de incapaz, mas que tenha sido julgado a seu favor.[211]

CPC/2015	CPC/1973
Art. 280. As citações e as intimações serão nulas quando feitas sem observância das prescrições legais.	Art. 247. As citações e as intimações serão nulas, quando feitas sem observância das prescrições legais.

 COMENTÁRIOS:

Nulidades dos atos de comunicação. Eventuais vícios na intimação e/ou na citação afrontam os princípios da ampla defesa e do contraditório, de modo que haverá nulidade absoluta caso esses atos sejam praticados sem a observância das prescrições legais. Apesar disso, conforme dito em linhas anteriores, até mesmo as nulidades absolutas podem ser supridas.

---

[210] "[...] a jurisprudência desta corte já assentou entendimento no sentido de que a ausência de intimação do Ministério Público, por si só, não enseja a decretação de nulidade do julgado, a não ser que se demonstre o efetivo prejuízo para as partes ou para a apuração da verdade substancial da controvérsia jurídica, à luz do princípio *pas de nullités sans grief*. Até mesmo nas hipóteses em que a intervenção do *Parquet* é obrigatória, como no presente caso em que envolve interesse de incapaz, seria necessária a demonstração de prejuízo deste para que se reconheça a nulidade processual" (Trecho de acórdão proferido no REsp 818.978/ES, de relatoria do Min. Mauro Campbell, julgado em 09.08.2011).

[211] Nesse sentido, THEODORO JR., Humberto. **Código de Processo Civil anotado.** Op. cit., p. 281. Na jurisprudência: "Não enseja a declaração de nulidade do ato a ausência de oitiva do *Parquet*, sem a demonstração concreta do prejuízo. Precedentes" (STJ, AgRg no REsp 1.000.360/RS, Rel. Min. Ricardo Villas Bôas Cueva, 3ª Turma, julgado em 24.04.2014, *DJe* 02.05.2014).

CPC/2015	CPC/1973
Art. 281. Anulado o ato, consideram-se de nenhum efeito todos os subsequentes que dele dependam, todavia, a nulidade de uma parte do ato não prejudicará as outras que dela sejam independentes.	Art. 248. Anulado o ato, reputam-se de nenhum efeito todos os subsequentes, que dele dependam; todavia, a nulidade de uma parte do ato não prejudicará as outras, que dela sejam independentes.

 COMENTÁRIOS:

Interdependência e independência dos atos processuais. Em razão do encadeamento dos atos processuais, anulado um ato, reputam-se de nenhum efeito todos os subsequentes que dele dependam (art. 281). A consequência da nulidade está, então, no plano de eficácia. Ocorre, todavia, de os atos serem independentes, hipótese em que a nulidade de um não compromete o outro. Por exemplo, reconhecido o cerceamento de defesa em razão da negativa de se ouvir uma testemunha, a consequência será a nulidade do ato de recusa ou da sentença, se já tiver ocorrido o julgamento, não comprometendo o restante da audiência.

CPC/2015	CPC/1973
Art. 282. Ao pronunciar a nulidade, o juiz declarará que atos são atingidos e ordenará as providências necessárias a fim de que sejam repetidos ou retificados.	Art. 249. O juiz, ao pronunciar a nulidade, declarará que atos são atingidos, ordenando as providências necessárias, a fim de que sejam repetidos, ou retificados.
§ 1º O ato não será repetido nem sua falta será suprida quando não prejudicar a parte.	§ 1º O ato não se repetirá nem se lhe suprirá a falta quando não prejudicar a parte.
§ 2º Quando puder decidir o mérito a favor da parte a quem aproveite a decretação da nulidade, o juiz não a pronunciará nem mandará repetir o ato ou suprir-lhe a falta.	§ 2º Quando puder decidir do mérito a favor da parte a quem aproveite a declaração da nulidade, o juiz não a pronunciará nem mandará repetir o ato, ou suprir-lhe a falta.

 COMENTÁRIOS:

Declaração de nulidade. Ao contrário do que ocorre no direito material, no processo não existe nulidade de pleno direito. A nulidade deve ser sempre declarada. Até então o ato gera seus efeitos normais. Se não declarada, a nulidade pode envolver-se na definitividade da coisa julgada, que sana todas as irregularidades, exceto as decorrentes do impedimento, da incompetência absoluta, da não intimação do Ministério Público e da citação irregular não suprida, entre outras, que podem ser arguidas em embargos à execução, em impugnação ao cumprimento de sentença e em ação rescisória.

Diante de um vício no ato processual, o juiz deverá sempre verificar a viabilidade de retificação, tomando as medidas necessárias para tanto. Todavia, caso conclua pela impossibilidade de saneamento, a declaração da nulidade será inevitável.

Dessa maneira, caso o magistrado conclua pela decretação da nulidade, deverá ele declarar os atos atingidos e ordenar as providências necessárias a fim de que sejam repetidos ou retificados (art. 282).

***Pas de nullité sans grief* (não há nulidade sem prejuízo).** Não se pronuncia uma nulidade sem a efetiva demonstração do prejuízo (§ 1º).

Consunção processual. Também não se decreta a nulidade quando o juiz puder decidir o mérito a favor da parte a quem aproveita a decretação (§ 2º). Nesse dispositivo o Código ressalta a preferência em relação à decisão de mérito no lugar daquela que se limita a decretar a nulidade do ato processual. Confira, sobre o tema, os comentários ao art. 488.

CPC/2015	CPC/1973
Art. 283. O erro de forma do processo acarreta unicamente a anulação dos atos que não possam ser aproveitados, devendo ser praticados os que forem necessários a fim de se observarem as prescrições legais.	Art. 250. O erro de forma do processo acarreta unicamente a anulação dos atos que não possam ser aproveitados, devendo praticar-se os que forem necessários, a fim de se observarem, ~~quanto possível,~~ as prescrições legais.
Parágrafo único. Dar-se-á o aproveitamento dos atos praticados desde que não resulte prejuízo à defesa **de qualquer parte**.	Parágrafo único. Dar-se-á o aproveitamento dos atos praticados, desde que não resulte prejuízo à defesa.

 COMENTÁRIOS:

Erro de forma. A orientação contida nesse dispositivo é no sentido de que o aproveitamento (ou não) do ato processual dependerá da observância do princípio da ampla defesa. Sempre que não houver cerceamento de defesa, o processo poderá ter seguimento sem que haja necessidade de repetição do ato.

TÍTULO IV
DA DISTRIBUIÇÃO E DO REGISTRO

CPC/2015	CPC/1973
Art. 284. Todos os processos estão sujeitos a registro, devendo ser distribuídos onde houver mais de um juiz.	Art. 251. Todos os processos estão sujeitos a registro, devendo ser distribuídos onde houver mais de um juiz ~~ou mais de um escrivão~~.

 COMENTÁRIOS:

Diferenças. O **registro** dos processos objetiva organizar as demandas que são submetidas à apreciação do Poder Judiciário, além de ser fundamental para publicizar os atos processuais. A **distribuição**, por sua vez, ocorre quando em uma mesma comarca tenha mais de um juízo com a mesma competência para apreciar o feito. Trata-se de regra que impede a escolha do juízo que julgará o conflito (princípio do juiz natural). Quando não houver pluralidade de juízos com a mesma competência territorial, o processo será submetido apenas a registro.

CPC/2015	CPC/1973
Art. 285. A distribuição, **que poderá ser eletrônica**, será alternada **e aleatória**, obedecendo-se rigorosa igualdade.	Art. 252. Será alternada a distribuição ~~entre juízes e escrivães,~~ obedecendo a rigorosa igualdade.
Parágrafo único. **A lista de distribuição deverá ser publicada no Diário de Justiça.**	

COMENTÁRIOS:

Forma de distribuição dos processos. A distribuição poderá ser feita por meios eletrônicos, como já ocorre em alguns tribunais. A inclusão da aleatoriedade refere-se à imprevisibilidade do juiz que será considerado prevento nas ações ajuizadas. A regra visa impossibilitar a definição de um padrão de distribuição que, antes de sua realização, permita saber qual juiz conhecerá do processo primeiro. Trata-se, portanto, de método que também concretiza o princípio do juiz natural (art. 5º, XXXVII).

O comando normativo presente no parágrafo único determina a publicação, no Diário de Justiça, da lista de ações distribuídas. Trata-se de regra que permite o controle externo das atividades do distribuidor e que consolida o princípio fundamental da publicidade dos atos processuais (art. 8º).

CPC/2015	CPC/1973
Art. 286. Serão distribuídas por dependência as causas de qualquer natureza:	Art. 253. Distribuir-se-ão por dependência as causas de qualquer natureza:
I – quando se relacionarem, por conexão ou continência, com outra já ajuizada;	I – quando se relacionarem, por conexão ou continência, com outra já ajuizada;
II – quando, tendo sido extinto o processo sem *resolução* de mérito, for reiterado o pedido, ainda que em litisconsórcio com outros autores ou que sejam parcialmente alterados os réus da demanda;	II – quando, tendo sido extinto o processo, sem *julgamento* de mérito, for reiterado o pedido, ainda que em litisconsórcio com outros autores ou que sejam parcialmente alterados os réus da demanda;
III – quando houver ajuizamento de ações *nos termos do art. 55, § 3º*, ao juízo prevento.	III – quando houver ajuizamento de ações *idênticas*, ao juízo prevento.
Parágrafo único. Havendo intervenção de terceiro, reconvenção **ou outra hipótese de ampliação objetiva do processo,** o juiz, de ofício, mandará proceder à respectiva anotação pelo distribuidor.	Parágrafo único. Havendo reconvenção ou intervenção de terceiro, o juiz, de ofício, mandará proceder à respectiva anotação pelo distribuidor.

 COMENTÁRIOS:

Conexão e continência. Reputam-se conexas duas ou mais ações quando lhes for comum o objeto ou a causa de pedir (art. 55). Vários herdeiros, em ações distintas, pleiteiam a nulidade do testamento (objeto comum). Vários passageiros, em ações distintas, acionam a empresa de ônibus com fundamento no mesmo acidente (causa de pedir comum).

Dá-se a continência entre duas ou mais ações sempre que há identidade quanto às partes e à causa de pedir, mas o pedido de uma, por ser mais amplo, abrange o das demais (art. 56). "A" propõe contra "B" ação declaratória para reconhecimento de dívida. Em ação distinta, o autor da ação declaratória pleiteia a condenação de "B" no pagamento da mesma dívida (as partes e a causa de pedir são idênticas, mas o objeto da ação condenatória é mais amplo, abrangendo o da ação declaratória).

Havendo conexão ou continência de uma demanda a ser ajuizada com uma anteriormente proposta, a distribuição será feita por dependência. As ações conexas ou continentes serão distribuídas por dependência ao juízo da causa anterior, ou seja, ao juízo prevento (art. 286, I), ocorrendo prévia prorrogação da competência.

Reiteração de pedido. A regra do inciso II busca evitar a seguinte situação: o autor propõe uma ação contra um plano de saúde e a distribuição ocorre para um juiz que normalmente não acolhe pedidos semelhantes. Prevendo a improcedência, o autor requer a desistência do processo. Em seguida, na esperança de que seu pedido seja apreciado por outro juiz, propõe uma nova demanda, mas com os mesmíssimos fundamentos de fato e de direito. Nesse caso, o CPC veda que o requerente se desvincule do juízo prevento.

Teoria materialista da conexão. Conforme comentários ao art. 55, as ações podem ser reunidas, ainda que não exista conexão entre elas, sempre que houver risco de decisões conflitantes. A distribuição, nessa hipótese, dá-se para o juízo prevento, que será apurado conforme o registro ou a distribuição da petição inicial (art. 59).

Anotação pelo distribuidor. O parágrafo único foi ampliado, permitindo a anotação pelo distribuidor de qualquer hipótese de ampliação objetiva do processo. A anotação da distribuição é norte para definição dos limites da atividade jurisdicional, evitando-se julgados sobrepostos e, eventualmente, contraditórios.

CPC/2015	CPC/1973
Art. 287. *A petição inicial deve vir acompanhada de procuração*, **que conterá os endereços do advogado, eletrônico e não eletrônico**. Parágrafo único. *Dispensa-se a juntada da procuração:* I – no caso previsto no *art. 104*; II – **se a parte estiver representada pela Defensoria Pública;** III – **se a representação decorrer diretamente de norma prevista na Constituição Federal ou em lei.**	Art. 254. *É defeso distribuir a petição não acompanhada do instrumento do mandato, salvo:* I – ~~se o requerente postular em causa própria;~~ II – ~~se a procuração estiver junta aos autos principais;~~ III – no caso previsto no *art. 37*.

 COMENTÁRIOS:

Requisitos da procuração. O instrumento de mandato, que conterá os endereços eletrônico e não eletrônico do advogado para recebimento de intimações (art. 105, §§ 2º e 3º), permanece sendo indispensável para a distribuição da petição inicial, ressalvadas as hipóteses elencadas no parágrafo único: (i) quando o Código permitir que o advogado postule em juízo sem procuração (art. 104); (ii) quando a parte for representada pela Defensoria Pública;[212] (iii) quando a representação da parte estiver prevista na Constituição ou em lei (art. 132 da CF/1988, por exemplo).

Advogado que postula em causa própria. Por óbvio, ao advogado que postula em causa própria não se pode exigir a apresentação do instrumento de procuração. Nesses casos, entretanto, o advogado deve observar os requisitos descritos no art. 106, para o qual remetemos o leitor.

---

[212]   Em relação à Defensoria Pública, a dispensabilidade da procuração encontra amparo também no art. 4º, § 6º, da LC nº 80/1994: "A capacidade postulatória do Defensor Público decorre exclusivamente de sua nomeação e posse em cargo público."

CPC/2015	CPC/1973
Art. 288. O juiz, de ofício ou a requerimento do interessado, corrigirá o erro ou compensará a falta de distribuição.	Art. 255. O juiz, de ofício ou a requerimento do interessado, corrigirá o erro ou a falta de distribuição, ~~compensando-a~~.

 COMENTÁRIOS:

Erro e falta na distribuição. Se a distribuição for obrigatória – houver mais de um juízo com a mesma competência territorial –, ocorrendo erro ou omissão na prática desse ato, o juiz, ainda que não tenha sido provocado, retificará o erro ou suprirá a falta de distribuição.

Erro na distribuição ocorre, por exemplo, quando o distribuidor pratica o ato por meio de sorteio, acreditando não existir nenhuma hipótese de distribuição por dependência. Nesse caso, desfaz-se o erro e redireciona-se o processo ao juízo correto, compensando-se com outra distribuição. É que, apesar de não haver expressamente a exigência de compensação – como havia no CPC/1973 –, o art. 285 exige "rigorosa igualdade" no ato de distribuição.

CPC/2015	CPC/1973
Art. 289. A distribuição poderá ser fiscalizada pela parte, por seu procurador, **pelo Ministério Público e pela Defensoria Pública.**	Art. 256. A distribuição poderá ser fiscalizada pela parte ou por seu procurador.

 COMENTÁRIOS:

Fiscalização da distribuição dos processos. Houve ampliação do rol de legitimados a fiscalizar a distribuição dos processos. Essa fiscalização somente é possível por meio de mecanismos transparentes de distribuição dos processos. Por essa razão é que o CPC/2015 prevê que será publicada uma lista de distribuição dos feitos judiciais. A periodicidade dessas publicações deve estar disposta no regimento interno de cada tribunal e, com relação à distribuição de feitos no primeiro grau de jurisdição, em outros atos normativos ou na Lei de Organização Judiciária.

CPC/2015	CPC/1973
Art. 290. Será cancelada a distribuição do feito **se a parte, intimada na pessoa de seu advogado,** *não realizar o pagamento das custas e despesas de ingresso em 15 (quinze) dias.*	Art. 257. Será cancelada a distribuição do feito que, *em 30 (trinta) dias, não for preparado no cartório em que deu entrada.*

 COMENTÁRIOS:

Cancelamento da distribuição. As duas alterações referem-se ao prazo e à necessidade de intimação. Assim, a parte que deixa de realizar o pagamento ou a juntada do comprovante de pagamento das custas processuais é intimada a fazê-lo. Caso não cumpra com a determinação judicial, o processo deverá ser extinto.

Note que a possibilidade de cancelamento da distribuição já era assunto tratado pela jurisprudência, e, segundo o entendimento do STJ firmado na vigência do CPC/1973, não haveria necessidade de prévia intimação: "Cancela-se a distribuição da impugnação ao cumprimento de sentença ou dos embargos à execução na hipótese de não recolhimento das custas no prazo de 30 dias, **independentemente de prévia intimação da parte**; não se determina o cancelamento se o recolhimento das custas, embora intempestivo, estiver comprovado nos autos" (REsp 1.361.811/RS, Rel. Min. Paulo de Tarso Sanseverino, Primeira Seção, julgado em 04.03.2015, *DJe* 06.05.2015 – *Informativo* nº 561).

TÍTULO V
DO VALOR DA CAUSA

CPC/2015	CPC/1973
Art. 291. A toda causa será atribuído valor certo, ainda que não tenha conteúdo econômico *imediatamente aferível.*	Art. 258. A toda causa será atribuído um valor certo, ainda que não tenha conteúdo econômico *imediato.*

 COMENTÁRIOS:

Noções gerais sobre o valor da causa. O valor da causa é requisito da petição inicial (art. 319, V) e deve ser atribuído ainda que a demanda não tenha conteúdo patrimonial (art. 291). Esse requisito pode interferir na fixação da competência (o valor da causa nos juizados especiais estaduais pode chegar a quarenta salários mínimos); no recolhimento das custas processuais; na fixação de honorários; na determinação da possibilidade de o inventário ser substituído pelo arrolamento de bens (art. 664); e, tratando-se de execução fiscal, nas espécies recursais cabíveis (art. 34 da Lei nº 6.830/1980).

CPC/2015	CPC/1973
Art. 292. O valor da causa constará da petição inicial **ou da reconvenção** e será:	Art. 259. O valor da causa constará ~~sempre~~ da petição inicial e será:
I – na ação de cobrança de dívida, a soma **monetariamente corrigida** do principal, dos juros **de mora** vencidos e *de outras penalidades*, **se houver**, até a **data de** propositura da ação;	I – na ação de cobrança de dívida, a soma do principal, *da pena* e dos juros vencidos até a propositura da ação;
II – na ação que tiver por objeto a existência, a validade, o cumprimento, a modificação, **a resolução, a resilição** ou a rescisão de *ato* jurídico, o valor do *ato ou o de sua parte controvertida*;	II – havendo cumulação de pedidos, a quantia correspondente à soma dos valores de todos eles;
III – na ação de alimentos, a soma de 12 (doze) prestações mensais pedidas pelo autor;	III – sendo alternativos os pedidos, o de maior valor;
IV – na ação de divisão, de demarcação e de reivindicação, *o valor de avaliação da área ou do bem objeto do pedido*;	IV – se houver também pedido subsidiário, o valor do pedido principal;
V – **na ação indenizatória, inclusive a fundada em dano moral, o valor pretendido;**	V – quando o litígio tiver por objeto a existência, validade, cumprimento, modificação *ou rescisão de negócio jurídico,* o valor do *contrato;*
VI – na ação em que há cumulação de pedidos, a quantia correspondente à soma dos valores de todos eles;	VI – na ação de alimentos, a soma de 12 (doze) prestações mensais, pedidas pelo autor;
	VII – na ação de divisão, de demarcação e de reivindicação, *a estimativa oficial para lançamento do imposto.*

VII – na ação em que os pedidos são alternativos, o de maior valor;

VIII – na ação em que houver pedido subsidiário, o valor do pedido principal.

§ 1º Quando se pedirem prestações vencidas e vincendas, considerar-se-á o valor de umas e outras.

§ 2º O valor das prestações vincendas será igual a uma prestação anual, se a obrigação for por tempo indeterminado ou por tempo superior a 1 (um) ano, e, se por tempo inferior, será igual à soma das prestações.

§ 3º O juiz corrigirá, de ofício e por arbitramento, o valor da causa quando verificar que não corresponde ao conteúdo patrimonial em discussão ou ao proveito econômico perseguido pelo autor, caso em que se procederá ao recolhimento das custas correspondentes.

Art. 260. Quando se pedirem prestações vencidas e vincendas, tomar-se-á em consideração o valor de umas e outras. O valor das prestações vincendas será igual a uma prestação anual, se a obrigação for por tempo indeterminado, ou por tempo superior a 1 (um) ano; se, por tempo inferior, será igual à soma das prestações.

 COMENTÁRIOS:

Valor da causa na reconvenção. Como ação que é, a reconvenção apresenta-se por petição inicial, obedecendo aos mesmos requisitos desta, entre os quais se insere o valor da causa.

Ação para cobrança de dívida. A soma prevista no inciso I deverá ser atualizada monetariamente até a data da propositura da ação. Na prática, essa atualização já era realizada pelo advogado da parte requerente.

Resilição e resolução de ato jurídico. O CPC/2015 caminha no sentido de se adequar à lei material, especialmente no que concerne à nomenclatura de determinados institutos. No caso do inciso II, houve inclusão da "resolução" e da "resilição", que são espécies de rescisão. A primeira ocorre em virtude de inadimplemento contratual; a segunda decorre do exercício de um direito potestativo, que pode ser de ambas as partes (resilição bilateral) ou de apenas uma (resilição unilateral).

Ações de divisão, demarcação e reivindicação. O valor da causa não será necessariamente a estimativa oficial para lançamento do imposto, como prevê o CPC/1973, mas o valor de avaliação da área ou do bem objeto do pedido. Busca-se, com essa alteração, conhecer na causa o valor atual da área ou bem litigioso, uma vez que, para fins tributários, não raramente, os valores estão em descompasso com a realidade.

Ações indenizatórias. Ainda que se trate de dano moral, o CPC/2015 estabelece que deve ser atribuído à causa o valor pretendido pelo autor. Entendo, contudo, que o valor atribuído deve ser meramente estimativo, podendo o juiz fixar o dano moral em montante inferior, sem que isso implique sucumbência recíproca. Em síntese, a previsão contida no inciso V do art. 292 não deve "revogar" o entendimento descrito na Súmula 326 do STJ, segundo a qual, "Na ação de indenização por dano moral, a condenação em montante inferior ao postulado na inicial não implica sucumbência recíproca."

Correção do valor da causa. Como as regras sobre o valor da causa são de ordem pública, pode o magistrado, de ofício, fixá-lo quando for atribuído à causa valor manifestamente discrepante quanto ao seu real conteúdo econômico. A inserção do § 3º vai ao encontro do entendimento jurisprudencial (por exemplo: STJ, REsp 38.483/ES).

CPC/2015	CPC/1973
Art. 293. O réu poderá impugnar, *em preliminar* da contestação, o valor atribuído à causa pelo autor, **sob pena de preclusão**, e o juiz decidirá a respeito, **impondo, se for o caso, a complementação das custas.**	Art. 261. O réu poderá impugnar, *no prazo* da contestação, o valor atribuído à causa pelo autor. ~~A impugnação será autuada em apenso, ouvindo--se o autor no prazo de 5 (cinco) dias. Em seguida~~ o juiz, ~~sem suspender o processo, servindo-se, quando necessário, do auxílio de perito, determinará, no prazo de 10 (dez) dias, o valor da causa.~~

 ## COMENTÁRIOS:

Impugnação ao valor da causa. O dispositivo altera o processamento da impugnação ao valor da causa. O momento adequado permanece sendo o da contestação, mas sem a necessidade de petição autônoma. De acordo com o CPC/2015, a impugnação deverá ser apresentada como preliminar na contestação (art. 337, III).

Não apresentada a impugnação no bojo da contestação, opera-se a preclusão. Uma vez apresentada, decidirá de plano o juiz, determinando a complementação das custas, se assim entender necessário.

Não há mais previsão de abertura de prazo para o autor manifestar-se acerca da impugnação, afinal, espera-se que na própria inicial tenha-se esgotado a demonstração do valor atribuído à causa. Evitam-se, assim, delongas sobre a questão e atraso no trâmite do processo.

LIVRO V
DA TUTELA PROVISÓRIA[213]

TÍTULO I
DAS DISPOSIÇÕES GERAIS

CPC/2015	CPC/1973
Art. 294. **A tutela provisória pode fundamentar--se em urgência ou evidência.** Parágrafo único. **A tutela provisória de urgência,** cautelar **ou antecipada,** pode ser *concedida em caráter antecedente ou incidental.*	Art. 796. *O procedimento cautelar pode ser instaurado antes ou no curso do processo principal* e ~~deste é sempre dependente.~~

---

[213] "Tutela provisória" será gênero do qual serão espécies: (i) a tutela de evidência e (ii) a tutela de urgência. Essa última poderá ser de duas naturezas: (a) cautelar e (b) antecipada. A tutela de urgência, em qualquer de suas naturezas (cautelar ou antecipada), poderá ser pleiteada: (1) em caráter antecedente ou (2) em caráter incidental.

COMENTÁRIOS:

O CPC/2015 aboliu o livro sobre procedimento cautelar, o que não significa dizer que deixamos de ter a possibilidade de manejo de medidas de natureza cautelar.

O que não mais se admite é a utilização da expressão "tutela cautelar" para se referir a uma espécie autônoma de tutela jurisdicional. De todo modo, continua sendo possível a sua concessão em caráter antecedente ou incidental em qualquer procedimento, desde que presentes elementos que evidenciem a probabilidade do direito e o perigo na demora da prestação jurisdicional.

Fundamentos da tutela provisória. Nos termos do *caput* do dispositivo em comento, a tutela provisória pode se fundamentar na urgência ou na evidência.[214] Haverá urgência quando existirem elementos nos autos que evidenciem a probabilidade do direito e o perigo na demora na prestação jurisdicional. Em outras palavras, se por meio de cognição sumária o juiz verificar que pode ser o autor o titular do direito material invocado e que há fundado receio de que esse direito sofra dano irreparável ou de difícil reparação, a tutela provisória será concedida sob o fundamento *urgência*.

Por outro lado, a concessão da tutela provisória baseada na *evidência* independerá da demonstração do perigo da demora na prestação jurisdicional, bastando a presença de uma das situações descritas na lei.

As tutelas da urgência e da evidência podem ser requeridas antes ou no curso do procedimento em que se pleiteia a providência principal. Até mesmo no caso de tutela de natureza cautelar não haverá processo autônomo. O pedido principal deverá ser formulado nos mesmos autos em que houver a formulação do pedido de tutela provisória, seja cautelar ou antecipada.

CPC/2015	CPC/1973
Art. 295. **A tutela provisória requerida em caráter incidental independe do pagamento de custas.**	Não há correspondência.

COMENTÁRIOS:

Tutela incidental e a dispensabilidade do pagamento de custas. A tutela provisória requerida em caráter incidental, ou seja, após o protocolo da petição inicial, independe do

---

[214] Nesse sentido: "[...] Observa-se, contudo, ao cotejar-se a legislação processual civil anterior com o novo CPC, que, não obstante a alteração de nomenclatura, a essência das medidas provisórias permanece. Nesse sentido cita-se o magistério de Elpídio Donizetti: O CPC/2015 traz algumas alterações de nomenclatura, mas, na essência, a natureza cautelar das medidas provisórias permanece. A tutela antecipada, por exemplo, continua a ser promovida com a finalidade de antecipar os efeitos de uma futura decisão de mérito. Continua, portanto, a ter natureza satisfativa. A tutela cautelar tem por fim evitar danos, de regra presente nas tutelas ressarcitórias, ou assegurar a utilidade do processo, o que pode consistir, inclusive, na ausência de dano, visando tão somente à remoção do ilícito nas tutelas inibitórias. Fato é que a tutela provisória consiste em eficaz instrumento para garantir a efetividade da tutela jurisdicional (DONIZETTI, Elpídio. Curso didático de direito processual civil. 19ª ed. São Paulo: Atlas, 2016, p. 458)" (STJ, TutPrv no CC 152.348, Rel. Min. Luis Felipe Salomão, julgamento em 29.06.2017).

pagamento de custas, visto que será processada nos mesmos autos do pedido principal. Há apenas um processo e, em decorrência disso, há o pagamento de custas apenas em relação ao primeiro pedido (o principal). Quando a tutela provisória é requerida em caráter antecedente ou concomitante, igualmente não se pagam custas duas vezes. Pagou quando do protocolo da petição inicial, não se cobra na interposição do requerimento de tutela incidental; pagou quando do requerimento da tutela provisória (antecipada ou cautelar) em caráter antecedente, não se cobra quando do protocolo do pedido final ou principal (arts. 303 e 308).

Tal regra se destina principalmente ao autor. Contudo, pode aplicar-se ao réu, quando cabível o pedido de tutela provisória a favor deste, como ocorre na hipótese de reconvenção. Ainda que se cobrem custas sobre a reconvenção, não poderá haver incidência em decorrência do pedido de tutela provisória, pouco importa o momento em que esta se dê.

CPC/2015	CPC/1973
Art. 296. A tutela *provisória* conserva sua eficácia na pendência do processo, mas pode, a qualquer tempo, ser revogada ou modificada. Parágrafo único. Salvo decisão judicial em contrário, a *tutela provisória* conservará a eficácia durante o período de suspensão do processo.	Art. 273. [...] § 4º A tutela *antecipada* poderá ser revogada ou modificada a qualquer tempo, ~~em decisão fundamentada~~. Art. 807. [...] As *medidas cautelares* conservam a sua eficácia no prazo do artigo antecedente e na pendência do processo ~~principal~~; mas podem, a qualquer tempo, ser revogadas ou modificadas. Parágrafo único. Salvo decisão judicial em contrário, a *medida cautelar* conservará a eficácia durante o período de suspensão do processo.

 COMENTÁRIOS:

Revogabilidade e modificabilidade da tutela provisória. Por se tratar de provimento emergencial de segurança, concedido com base em cognição sumária, a tutela provisória é revogável. Bastará para a revogação da medida que se verifique a não existência (ou a perda do requisito "probabilidade") do direito substancial afirmado pelo requerente ou o desaparecimento da situação de perigo acautelada. A revogação depende de prévio requerimento da parte contrária, não podendo, portanto, ser concedida de ofício.[215]

Não obstante respeitáveis opiniões em sentido diverso,[216] entendo que não há a menor justificativa para a revogação ou modificação de ofício. Primeiro, porque não há autorização

---

[215] SILVA, Ovídio A. Baptista da. **Curso de processo civil.** 5. ed. São Paulo: Revista dos Tribunais, 2002, p. 317.

[216] SILVA, Ovídio A. Baptista da. *Curso de processo civil.* 5. ed. São Paulo: RT, p. 317. Vale ressaltar que há entendimento do STJ que permite a revogação *ex officio*. Nesse sentido: "Segundo a doutrina jusprocessual mais autorizada, as decisões liminares possuem eficácia de caráter provisório, por serem proferidas em juízo prelibatório, no qual não há discussão sobre o mérito da lide, o que significa que podem ser revogadas ou modificadas a qualquer tempo, inclusive de ofício, bem como não fazem coisa julgada material: têm, portanto, finalidade apenas acautelatória e são ditadas pelo senso de precaução prudencial do Magistrado" (AgRg no AREsp 98.370/RO). Também no AgRg no AREsp 365.260/PI, o STJ entendeu que não há preclusão para o julgador, sendo possível a modificação ou revogação a qualquer tempo.

legal. Segundo, porque se trata de matéria que se encontra no âmbito da disposição da parte. Se no início da demanda, por exemplo, o juiz concede a tutela de urgência, determinando a entrega da coisa disputada ao autor, cabe ao réu, e a mais ninguém, diante do novo contexto fático-jurídico, requerer a revogação da tutela antecipada concedida. A justiça tem excesso de demanda. Se atender aos pedidos, já estará fazendo muito. Em tempos de volta ao privatismo (o processo, em certa medida, passa a ser "coisa das partes"), qualquer tutela de ofício soa como algo *démodé*.

A tutela provisória antecipada, apesar de ter seu conteúdo coincidente com o pleito principal, também tem caráter provisório. Pode o juiz, então, justificando as razões de seu convencimento, modificar ou revogar a medida concedida, desfazendo a situação jurídica pretendida como solução definitiva da controvérsia.

Em síntese, a tutela provisória (antecipada ou cautelar) tem duração limitada no tempo, produzindo efeitos até que desapareça a situação de perigo ou até a superveniência do provimento final.

A tutela da evidência também é revogável e modificável. Embora o direito antecipado mediante essa tutela seja qualificado de "evidente", pode essa qualificação ceder quando submetida ao contraditório. Exemplificativamente, pode o réu, na fase da instrução, apresentar prova capaz de gerar a dúvida a que se refere o inciso IV do art. 311, pelo que deve o juiz revogar a tutela inicialmente concedida. Pouco importa se satisfativa ou cautelar; se concedida com base na urgência ou na evidência, trata-se de tutela provisória, porque será substituída por uma tutela exauriente definitiva, seja de procedência ou improcedência do pedido principal. Igualmente, trata-se de provimento temporário, uma vez que seus efeitos são limitados no tempo.

Em qualquer hipótese, a concessão da tutela provisória terá conservada a sua eficácia durante o período de suspensão do processo (hipóteses do art. 313), salvo decisão judicial em sentido contrário (art. 296, parágrafo único).

CPC/2015	CPC/1973
Art. 297. O juiz poderá determinar *as medidas que considerar adequadas para efetivação da tutela provisória*. Parágrafo único. A efetivação da tutela *provisória* observará as normas *referentes ao cumprimento provisório da sentença*, no que couber.	Art. 798. ~~Além dos procedimentos cautelares específicos, que este Código regula no Capítulo II deste Livro~~, poderá o juiz determinar *as medidas provisórias que julgar adequadas*, ~~quando houver fundado receio de que uma parte, antes do julgamento da lide, cause ao direito da outra lesão grave e de difícil reparação.~~ Art. 273. [...] § 3º A efetivação da tutela *antecipada* observará, no que couber ~~e conforme sua natureza~~, as normas *previstas nos arts. 588, 461, §§ 4º e 5º, e 461-A*.

 ## COMENTÁRIOS:

Poder geral de cautela. Esse dispositivo consagra o poder geral de cautela – agora ampliado para o gênero das tutelas provisórias –, o qual decorre da evidente impossibilidade de abstrata previsão da totalidade das situações de risco para o processo.

Por meio dessa técnica, poderá o juiz determinar as medidas que considerar adequadas, tanto de natureza cautelar quanto de natureza antecipada, para efetivação da tutela provisória. Embora não mais haja previsão de ações cautelares típicas, como arresto, sequestro e busca e apreensão, nada obsta que, de acordo com as peculiaridades do caso concreto, se determine uma ou outra medida.

A redação do parágrafo único faz referência à "efetivação da tutela provisória", mandando aplicar, no que couberem, as normas referentes ao cumprimento provisório da sentença. Isso quer dizer que a tutela provisória, quando não for impugnada ou quando a impugnação se der mediante recurso ao qual não se tenha atribuído efeito suspensivo, poderá ser executada independentemente do trânsito em julgado da decisão que a concedeu ou mesmo da análise do mérito da questão principal. No entanto, a execução provisória, porque sujeita a revogação ou modificação a qualquer tempo (art. 296), sempre se dará por conta e risco do exequente, que ficará obrigado a responder pelos prejuízos eventualmente causados pela medida caso ela venha a ficar sem efeito.

CPC/2015	CPC/1973
Art. 298. Na decisão que **conceder, negar, modificar ou revogar a tutela provisória**, o juiz motivará seu convencimento de modo claro e preciso.	Art. 273. [...] § 1º Na decisão que antecipar a tutela, o juiz indicará, de modo claro e preciso, as razões do seu convencimento.

 **COMENTÁRIOS:**

Princípio da motivação. Trata-se de decisão interlocutória, logo há que ser fundamentada. O dispositivo reforça o que genericamente encontra-se previsto no art. 93, IX, da CF/1988, bem como no art. 11 do CPC/2015. À semelhança do que ocorre com a necessidade de se observar o contraditório antes de proferir a decisão, acredita o legislador que a advertência levará o juiz a abster-se de proferir decisões sem fundamentos. Aplica-se aqui o disposto no art. 489, § 1º.

CPC/2015	CPC/1973
Art. 299. *A tutela provisória* será requerida ao juízo da causa e, quando *antecedente*, ao juízo competente para conhecer do pedido principal. Parágrafo único. **Ressalvada disposição especial, na ação de competência originária de tribunal e** nos recursos a *tutela provisória* será requerida *ao órgão jurisdicional competente para apreciar o mérito*.	Art. 800. *As medidas cautelares* serão requeridas ao juiz da causa; e, quando *preparatórias*, ao juiz competente para conhecer da ação principal. Parágrafo único. Interposto o recurso, a *medida cautelar* será requerida *diretamente ao tribunal*.

COMENTÁRIOS:

Competência para o requerimento de tutela provisória. Quando se tratar de medida (cautelar ou antecipada) incidental, o juiz competente é o juiz da causa em tramitação. Quando antecedente, faz-se um prognóstico, ou seja, seguindo-se as regras de competência define-se o órgão competente e, então, indica-o na petição inicial.

Tratando-se de ação de competência originária de tribunal – por exemplo, ação rescisória –, segue-se a mesma lógica. A competência será do tribunal. Igualmente se passa com a tutela provisória recursal, que pode consistir em tutela antecipatória recursal ou concessão de efeito suspensivo a recurso (tutela cautelar). A competência para a concessão de tutela provisória em recursos ou em causas de competência originária, em regra, será do relator (art. 299, parágrafo único; art. 932, II).

Quando se tratar de recurso ordinário, recurso extraordinário e recurso especial, para definição da competência para concessão de efeito suspensivo (tutela cautelar) deve-se verificar a fase em que se encontra o recurso. O requerimento será dirigido: a) ao tribunal superior respectivo, no período compreendido entre a publicação da decisão de admissão do recurso e sua distribuição, ficando o relator designado para seu exame prevento para julgá-lo; b) ao relator, se já distribuído o recurso; c) ao presidente ou ao vice-presidente do tribunal recorrido, no período compreendido entre a interposição do recurso e a publicação da decisão de admissão do recurso (art. 1.029, § 5º).

TÍTULO II
DA TUTELA DE URGÊNCIA

Capítulo I
Disposições Gerais

CPC/2015	CPC/1973
Art. 300. *A tutela de urgência será concedida quando houver elementos que evidenciem a probabilidade do direito e o perigo de dano ou o risco ao resultado útil do processo.*	Art. 273. *O juiz poderá, a requerimento da parte, antecipar, total ou parcialmente, os efeitos da tutela pretendida no pedido inicial, desde que, existindo prova inequívoca, se convença da verossimilhança da alegação e:*
§ 1º Para a concessão da tutela de urgência, o juiz pode, conforme o caso, exigir caução real ou fidejussória **idônea** para ressarcir os danos que a outra parte possa vir a sofrer, **podendo a caução ser dispensada se a parte economicamente hipossuficiente não puder oferecê-la.**	I – *haja fundado receio de dano irreparável ou de difícil reparação*; ou
	[...]
§ 2º A *tutela de urgência* pode ser concedida liminarmente ou após justificação prévia.	Art. 804. É lícito ao juiz conceder liminarmente ou após justificação prévia a *medida cautelar*, ~~sem ouvir o réu, quando verificar que este, sendo citado, poderá torná-la ineficaz;~~ caso em que poderá determinar que o requerente preste caução real ou fidejussória de ressarcir os danos que o requerido possa vir a sofrer.
§ 3º A *tutela de urgência de natureza antecipada* não será concedida quando houver perigo de irreversibilidade *dos efeitos da decisão*.	Art. 805. ~~A medida cautelar poderá ser substituída, de ofício ou a requerimento de qualquer das partes, pela prestação de caução ou outra garantia menos gravosa para o requerido, sempre que adequada e suficiente para evitar a lesão ou repará-la integralmente.~~
	Art. 273. [...]
	§ 2º Não se concederá a *antecipação da tutela* quando houver perigo de irreversibilidade do *provimento antecipado*.

 **COMENTÁRIOS:**

Requisitos para a concessão das tutelas provisórias de urgência. A tutela provisória de urgência pode ser de natureza antecipada ou cautelar. Para sua concessão, imprescindível a verificação de dois requisitos: (i) a probabilidade do direito e (ii) o perigo na demora da prestação da tutela jurisdicional (*periculum in mora*).

Probabilidade do direito. Deve estar evidenciada por prova suficiente para levar o juiz a acreditar que a parte é titular do direito material disputado. Trata-se de um juízo provisório. Basta que, no momento da análise do pedido, todos os elementos convirjam no sentido de aparentar a probabilidade das alegações. Em outras palavras, para a concessão da tutela de urgência não se exige que da prova surja a certeza das alegações, contentando-se a lei com a demonstração de ser provável a existência do direito alegado pela parte que pleiteou a medida.

Perigo de dano ou o risco ao resultado útil do processo. Pode ser definido como o fundado receio de que o direito afirmado pela parte, cuja existência é apenas provável, sofra dano irreparável ou de difícil reparação ou se submeta a determinado risco capaz de tornar inútil o resultado final do processo. Exemplo: "A" pretende obter uma tutela de urgência para a realização de uma cirurgia que foi negada pelo plano de saúde. "A" corre risco de morte e não pode esperar a longa tramitação processual. Se o juiz deixar para deferir o pedido apenas na sentença, pode acontecer de "A" falecer e o processo se tornar inútil.

Saliente-se que não basta a mera alegação, sendo indispensável que o autor aponte fato concreto e objetivo que leve o juiz a concluir pelo perigo de lesão. O fato de um devedor estar dilapidando seu patrimônio também pode caracterizar esse requisito e ensejar a concessão de uma tutela de urgência que será efetivada mediante o arresto de bens.

Garantias. Para a concessão da tutela de urgência, pode o juiz determinar que o requerente preste caução real ou fidejussória. A primeira é aquela prestada sob a forma de garantia real (art. 1.419 do Código Civil), como o penhor e a hipoteca. Por meio dela, um bem é colocado à disposição do juízo para, se for o caso, garantir o pagamento de perdas e danos decorrentes da execução da medida. Já a caução fidejussória é aquela prestada por um terceiro, que se torna responsável por, pessoalmente, garantir o juízo.

A exigência de caução é ato discricionário do juiz, razão pela qual é possível a dispensa da garantia na hipótese de o requerente demonstrar ser economicamente hipossuficiente (§ 1º, parte final).

Concessão em caráter liminar. O § 2º possibilita ao juiz conceder liminarmente a tutela de urgência, ou após justificação prévia, quando verificar que a parte contrária, sendo cientificada da medida, pode torná-la ineficaz. No processo executivo (ou na fase de cumprimento de sentença), por exemplo, antes mesmo da citação do executado, o juiz defere a medida liminar de arresto, uma vez que, além da probabilidade do direito certificado no título executivo, há receio de que a parte contrária, tomando conhecimento do processo, possa desaparecer com os bens, tornando ineficaz a medida.

Perigo de irreversibilidade. O § 3º estabelece o pressuposto negativo da tutela, qual seja o perigo de irreversibilidade do provimento. Sendo lastreada em cognição sumária, a tutela provisória deve ser passível de revogação posterior.

No entanto, existem situações nas quais, não obstante a irreversibilidade do provimento a ser concedido, a urgência é tão grave que a espera pela cognição exauriente é capaz de inviabilizar a própria utilidade da medida. É um caso de irreversibilidade para ambas as partes, na qual deve o julgador tendenciar a proteger aquele que, não possuindo o bem da vida naquele momento, sofrerá maior impacto (é o exemplo da cirurgia). Nesses casos, a jurisprudência entende plausível a mitigação desse requisito negativo, sob a égide do princípio da proporcionalidade.[217]

Considero que essa ideia deverá ser mantida no CPC/2015, uma vez que a interpretação literal do requisito da irreversibilidade impede que crises de direito material eivadas de extrema urgência sejam apreciadas, violando o próprio fim a que o instituto se destina.

CPC/2015	CPC/1973
Art. 301. **A tutela de urgência de natureza cautelar pode ser efetivada mediante arresto, sequestro, arrolamento de bens, registro de protesto contra alienação de bem e qualquer outra medida idônea para asseguração do direito.**	Art. 813. ~~O arresto tem lugar:~~ ~~I — quando o devedor sem domicílio certo intenta ausentar-se ou alienar os bens que possui, ou deixa de pagar a obrigação no prazo estipulado;~~ ~~II — quando o devedor, que tem domicílio:~~ ~~a) se ausenta ou tenta ausentar-se furtivamente;~~ ~~b) caindo em insolvência, aliena ou tenta alienar bens que possui; contrai ou tenta contrair dívidas extraordinárias; põe ou tenta pôr os seus bens em nome de terceiros; ou comete outro qualquer artifício fraudulento, a fim de frustrar a execução ou lesar credores;~~ ~~III — quando o devedor, que possui bens de raiz, intenta aliená-los, hipotecá-los ou dá-los em anticrese, sem ficar com algum ou alguns, livres e desembargados, equivalentes às dívidas;~~ ~~IV — nos demais casos expressos em lei.~~ Art. 822. ~~O juiz, a requerimento da parte, pode decretar o sequestro:~~ ~~I — de bens móveis, semoventes ou imóveis, quando lhes for disputada a propriedade ou a posse, havendo fundado receio de rixas ou danificações;~~ ~~II — dos frutos e rendimentos do imóvel reivindicando, se o réu, depois de condenado por sentença ainda sujeita a recurso, os dissipar;~~ ~~III — dos bens do casal, nas ações de separação judicial e de anulação de casamento, se o cônjuge os estiver dilapidando;~~ ~~IV — nos demais casos expressos em lei.~~ Art. 823. ~~Aplica-se ao sequestro, no que couber, o que este Código estatui acerca do arresto.~~

---

[217] "É possível a antecipação da tutela, ainda que haja perigo de irreversibilidade do provimento, quando o mal irreversível for maior, como ocorre no caso de não pagamento de pensão mensal destinada a custear tratamento médico da vítima de infecção hospitalar, visto que a falta de imediato atendimento médico causar-lhe-ia danos irreparáveis de maior monta do que o patrimonial" (STJ, REsp 600/CE, Rel. Min. Sidnei Beneti, 3ª Turma, julgado em 15.12.2009, *DJe* 18.12.2009). Nesse mesmo sentido: REsp 408.828/MT, Rel. Min. Barros Monteiro, 4ª Turma, julgado em 01.03.2005; REsp 242.816/PR, Rel. Min. Eduardo Riberio, 3ª Turma, julgado em 04.05.2000; REsp 144.656/ES, Rel. Min. Adhemar Maciel, 2ª Turma, julgado em 06.10.1997.

COMENTÁRIOS:

Meios de efetivação da tutela provisória cautelar. O novo art. 301 estabelece alguns meios específicos de concretização da tutela provisória de natureza cautelar. A necessidade de acautelamento do direito posto em juízo determinará a natureza da tutela a ser deferida.

Arresto é a medida de apreensão de bens que tem por fim garantir futura execução por quantia certa. Ele incide sobre bens indeterminados, e seu efeito principal é a afetação do bem apreendido enquanto a decisão não for modificada ou revogada. Se, por exemplo, um determinado credor perceber que seu devedor está ocultando ou dilapidando o patrimônio para fraudar eventual execução, pode pleitear a tutela de urgência por meio do arresto de tantos bens quantos bastem para garantir a futura execução por quantia certa.

Por outro lado, o **sequestro** é medida que visa garantir execução para a entrega de coisa, ou seja, sua incidência é sobre bens determinados. Exemplo: autor e réu disputam a propriedade de um automóvel em ação reivindicatória. Qualquer uma das partes pode requerer o sequestro desse bem, a fim de garantir a completa realização do direito. Evidentemente que a parte que tem a posse do bem não vai se interessar por requerer o sequestro. Para o deferimento da medida, que pode ser antecedente ou incidental, é necessário que o juiz se convença de que, sobre o bem objeto da ação (futura ou em trâmite) tenha-se estabelecido, direta ou indiretamente, uma relação de disputa entre as partes da demanda.

O **arrolamento de bens**, por sua vez, tem a finalidade de conservar bens sobre os quais incide o interesse do requerente da medida, como, por exemplo, do cônjuge para resguardar sua meação na partilha; do herdeiro em relação aos bens da herança; do sócio em relação aos bens sociais etc. Tal conservação se faz com o arrolamento, ou seja, com a "listagem" dos bens e seu depósito, que pode recair sobre a pessoa do possuidor.

Distingue-se o arrolamento das medidas de arresto e sequestro. No arresto, faz-se a constrição de bens indeterminados, bastantes para garantir futura execução por quantia certa. No sequestro, a constrição recai sobre bem determinado que esteja sendo objeto de disputa ou que venha a ser disputado. Já no arrolamento, a constrição incide sobre bens indeterminados, não litigiosos, com o exclusivo intuito de conservá-los, até a resolução de demanda que com eles se relaciona.

Os três primeiros (arresto, sequestro e arrolamento) já estavam previstos no CPC/1973 como espécies de medida cautelar. Já o registro de protesto contra alienação, apesar de não ter dispositivo correspondente na legislação de 1973, decorria do poder geral de cautela, previsto no art. 798 do CPC/1973. Por meio dessa medida, o oficial do Cartório de Registro de Imóveis procederá à averbação do protesto na matrícula do imóvel, com a finalidade de tornar pública a discordância de credor quanto à alienação de bem do devedor.

O **registro de protesto contra a alienação** não impede o exercício do direito de dispor, que é inerente à condição de proprietário, mas permite que terceiros tomem ciência da pretensão do requerente. A publicidade dessa medida servirá para evitar futuras alegações de boa-fé da aquisição do imóvel objeto do protesto.

Para melhor compreensão acerca dessa medida, que, ressalte-se, não é nova em nosso ordenamento, veja trecho do posicionamento do Superior Tribunal de Justiça no julgamento do REsp 1.229.449/MG, de relatoria da Ministra Nancy Andrighi:

PROCESSUAL CIVIL. PROTESTO CONTRA ALIENAÇÃO DE BENS. LIMITES. REQUI-SITOS. LEGÍTIMO INTERESSE. NÃO NOCIVIDADE. 1. O protesto contra alienação de bens não tem o condão de obstar o respectivo negócio tampouco de anulá-lo; apenas tornará inequívocas as ressalvas do protestante em relação ao negócio, bem como a alegação desse – simplesmente alegação – em ter direitos sobre o bem e/ou motivos para anular a alienação [...].

O acórdão refere-se ao protesto como medida cautelar, mas é possível transpor o entendimento para as tutelas de urgências. Como já dito, a exclusão do processo cautelar autônomo não impede que providências cautelares sejam adotadas pelo juiz. A essência das medidas cautelares permanece presente em nosso ordenamento, assim como o poder geral de cautela, que permite ao magistrado adotar "qualquer outra medida idônea para asseguração do direito".

CPC/2015	CPC/1973
Art. 302. Independentemente *da reparação por dano processual, a parte* responde pelo prejuízo que a *efetivação* da *tutela de urgência* causar à parte adversa, se: I – a sentença lhe for desfavorável; II – obtida liminarmente *a tutela* em caráter antecedente, *não fornecer os meios necessários para* a citação do requerido no prazo de 5 (cinco) dias; III – ocorrer a cessação da eficácia da medida em *qualquer hipótese legal;* IV – o juiz acolher a alegação de decadência ou prescrição da *pretensão do autor.* Parágrafo único. A indenização será liquidada nos autos *em que a medida tiver sido concedida, sempre que possível.*	Art. 811. Sem prejuízo do disposto no art. 16, *o requerente do procedimento cautelar* responde *ao requerido* pelo prejuízo que lhe causar a execução da medida: I – se a sentença *no processo principal* lhe for desfavorável; II – se, obtida liminarmente *a medida* no caso do art. 804 deste Código, *não promover* a citação do requerido dentro em 5 (cinco) dias; III – se ocorrer a cessação da eficácia da medida, em qualquer dos casos *previstos no art. 808, deste Código;* IV – se o juiz acolher, *no procedimento cautelar,* a alegação de decadência ou de prescrição *do direito do autor* (art. 810). Parágrafo único. A indenização será liquidada nos autos *do procedimento cautelar.*

 COMENTÁRIOS:

Provisoriedade. A decisão concessiva da tutela provisória, como o próprio termo está a indicar, é provisória e temporária. Esse atributo, previsto no art. 296, até pela dicção do dispositivo, alcança todas as modalidades de tutela provisória. Exatamente porque provisória, a efetivação do provimento deve ser feita de forma a possibilitar o retorno ao estado anterior, seja por meio da restituição específica do bem objeto da efetivação ou da composição de perdas e danos.

Reparação por dano processual. A fim de garantir a restituição das partes ao estado anterior, o beneficiário da tutela de urgência se obriga a indenizar a parte adversa pelos danos experimentados nas hipóteses, previstas nos incisos do art. 302.

O patrimônio do beneficiário da medida responde pelos prejuízos que a efetivação da tutela acarretar, sendo estes liquidados nos mesmos autos e executados de acordo com as normas estabelecidas para as execuções por quantia certa.

A responsabilidade será subjetiva ou objetiva, dependendo da hipótese. Nas hipóteses dos incisos I e IV a responsabilidade será subjetiva, isto é, o ressarcimento do prejuízo dependerá da prova de que o beneficiário da medida agiu com dolo ou culpa ao exercer o direito afirmado. Em decorrência dos atributos do direito fundamental de ação, não se pode cogitar de responsabilidade objetiva pelo simples fato de ter movimentado a máquina judiciária com vistas à certificação, com consequente antecipação ou acautelamento, de direito controvertido. Nas demais hipóteses (incisos II e III), a culpa já está inserida na descrição normativa. Exemplo: se "A" disputa com "B" a propriedade de um veículo e, em sede de tutela antecipada, consegue ordem para que o bem não seja utilizado por "B". Caso "B" comprove ter sofrido prejuízos porque utilizava o veículo para o trabalho, "A" poderá vir a ser responsabilizado. "A" responderá objetivamente, por exemplo, se, deferida a medida cautelar em caráter antecedente, não deduziu o pedido principal no prazo de trinta dias (arts. 308, *caput*, e 309, I) e por isso o processo foi extinto sem julgamento do mérito. "B" terá que provar o dolo ou a culpa de "A" (por exemplo, que este obteve a tutela provisória com base em falsa prova) se o pedido principal foi julgado improcedente.

Cabe ressalvar que alguns doutrinadores admitem a responsabilidade objetiva em qualquer hipótese. Também há precedentes no STJ no sentido de possibilitar a responsabilização objetiva pelo simples fato de a antecipação da tutela não ser confirmada na sentença.[218]

Por fim, embora o dispositivo específico que trata do ressarcimento por eventuais prejuízos causados pela efetivação da tutela provisória (art. 302) esteja inserido no Título II, que trata da tutela de urgência, esse regramento se estende também à tutela provisória concedida com base na evidência. Isso porque também a tutela da evidência contém o atributo da provisoriedade e, por ser passível de modificação, está sujeita a causar danos à parte adversa. É certo que a situação de evidência do direito mitiga em muito a possibilidade de reversão dos efeitos da tutela antecipadamente concedida, mas não se pode afastar a possibilidade de prejuízos e, portanto, de ressarcimento, mormente em razão de conduta dolosa ou culposa da parte requerente. De qualquer forma, seguindo a linha do Código, vamos tratar da responsabilidade pelo dano oriundo da tutela de urgência.

Capítulo II
Do Procedimento da Tutela Antecipada Requerida em Caráter Antecedente

CPC/2015	CPC/1973
Art. 303. **Nos casos em que a urgência for contemporânea à propositura da ação, a petição inicial pode limitar-se ao requerimento da tutela antecipada e à indicação do pedido de tutela final, com a exposição da lide, do direito que se busca realizar e do perigo de dano ou do risco ao resultado útil do processo.** **§ 1° Concedida a tutela antecipada a que se refere o** *caput* **deste artigo:** **I – o autor deverá aditar a petição inicial, com a complementação de sua argumentação, a juntada de novos documentos e a confirmação do pedido de tutela final, em 15 (quinze) dias ou em outro prazo maior que o juiz fixar;**	Não há correspondência.

---

[218] Nesse sentido: STJ, REsp 1.191.262/DF, Rel. Min. Luis Felipe Salomão, julgado em 25.09.2012.

II – o réu será citado e intimado para a audiência de conciliação ou de mediação na forma do art. 334;

III – não havendo autocomposição, o prazo para contestação será contado na forma do art. 335.

§ 2º Não realizado o aditamento a que se refere o inciso I do § 1º deste artigo, o processo será extinto sem resolução do mérito.

§ 3º O aditamento a que se refere o inciso I do § 1º deste artigo dar-se-á nos mesmos autos, sem incidência de novas custas processuais.

§ 4º Na petição inicial a que se refere o *caput* deste artigo, o autor terá de indicar o valor da causa, que deve levar em consideração o pedido de tutela final.

§ 5º O autor indicará na petição inicial, ainda, que pretende valer-se do benefício previsto no *caput* deste artigo.

§ 6º Caso entenda que não há elementos para a concessão de tutela antecipada, o órgão jurisdicional determinará a emenda da petição inicial em até 5 (cinco) dias, sob pena de ser indeferida e de o processo ser extinto sem resolução de mérito.

Art. 304. A tutela antecipada, concedida nos termos do art. 303, torna-se estável se da decisão que a conceder não for interposto o respectivo recurso.	Não há correspondência.

§ 1º No caso previsto no *caput*, o processo será extinto.

§ 2º Qualquer das partes poderá demandar a outra com o intuito de rever, reformar ou invalidar a tutela antecipada estabilizada nos termos do *caput*.

§ 3º A tutela antecipada conservará seus efeitos enquanto não revista, reformada ou invalidada por decisão de mérito proferida na ação de que trata o § 2º.

§ 4º Qualquer das partes poderá requerer o desarquivamento dos autos em que foi concedida a medida, para instruir a petição inicial da ação a que se refere o § 2º, prevento o juízo em que a tutela antecipada foi concedida.

§ 5º O direito de rever, reformar ou invalidar a tutela antecipada, previsto no § 2º deste artigo, extingue-se após 2 (dois) anos, contados da ciência da decisão que extinguiu o processo, nos termos do § 1º.

§ 6º A decisão que concede a tutela não fará coisa julgada, mas a estabilidade dos respectivos efeitos só será afastada por decisão que a revir, reformar ou invalidar, proferida em ação ajuizada por uma das partes, nos termos do § 2º deste artigo.

COMENTÁRIOS AOS ARTS. 303 E 304:

Noções gerais. Os arts. 303 e 304 regulam a concessão da tutela antecipada em caráter antecedente. Essa possibilidade não era prevista no CPC/1973. Ou se requeria na petição inicial, junto do pedido principal, ou incidentalmente. No novo Código, dependendo do grau de urgência, permite-se que a tutela antecipada seja formulada em petição inicial incompleta (que será complementada *a posteriori*). Segundo a dicção do art. 303, quando a urgência for contemporânea à propositura da ação, o requerente poderá, na petição inicial, limitar-se a requerer o pleito antecipatório e a indicar o pedido correspondente à tutela final, com a exposição da lide, do direito que se busca realizar e do perigo de dano ou do risco ao resultado útil do processo. *Mutatis mutandis*, são os mesmos requisitos exigidos para a tutela cautelar requerida em caráter antecedente. Em razão da fungibilidade ou conversibilidade entre tais tutelas, o legislador não viu razão para distinguir os procedimentos, ou melhor, de não viabilizar a concessão da tutela antecipada antes mesmo da apresentação da petição inicial na sua completude.

De acordo com a técnica adotada, a completude dos fatos e fundamentos jurídicos do pedido e respectivas provas ou indicação delas são feitas depois da análise do pedido de tutela antecipada. Essa possibilidade ocorre naqueles casos em que a urgência é de tal ordem que não é possível, sem extraordinário sacrifício do direito afirmado, aguardar o ajuntamento das provas e a elaboração, na sua completude, da petição inicial. Nessa hipótese de urgência – contemporânea à propositura da ação, embora possa ter surgido antes –, a lei faculta ao autor que apresente apenas o pedido de tutela antecipada, com possibilidade de aditamento da petição inicial e a apresentação de novos documentos. Essa grande novidade trazida pelo Código privilegia a proteção ao direito ameaçado, e afasta, ao menos momentaneamente, o formalismo exigido para a propositura da ação; mais do que isso, essa modalidade de tutela antecipada, dependendo da postura do demandado, viabiliza a estabilização da tutela concedida, podendo tornar definitivo aquilo que foi concedido sob a marca da provisoriedade.

Requisitos da petição inicial da tutela antecipada requerida em caráter antecedente. Autoriza o novo Código que a tutela antecipada, com base na urgência, portanto, seja veiculada antecipadamente em petição simplificada, que será complementada (ou aditada) depois da análise da tutela de urgência.

Embora simplificada, a petição que veicula o pedido de tutela antecipada em caráter antecedente deve conter os requisitos do art. 319, uma vez que será essa petição que instaurará a relação processual. O aditamento se restringirá à complementação da argumentação, à juntada de novos documentos e à confirmação do pedido de tutela final (art. 303, § 1º, I). Assim, embora de antemão se preveja o aditamento, a petição deve ser a mais completa possível, com indicação dos requisitos do art. 319. O valor da causa deve levar em consideração o pedido de tutela final (art. 303, § 4º), e o pagamento das custas, na sua integralidade, deve ser efetivado no ato da distribuição (art. 303, § 3º, *a contrario sensu*).

Além dos requisitos genéricos do art. 319, deve a petição conter os seguintes requisitos específicos: (a) Exposição da lide. Deve-se compreender esse requisito como os fatos e fundamentos jurídicos do pedido, a pretensão do autor e a resistência do réu; (b) Probabilidade do direito afirmado e o perigo de dano ou do risco ao resultado útil do processo. Esses requisitos serão aferidos a partir dos fatos e fundamentos jurídicos, somados aos elementos que denotam a urgência na obtenção da tutela antecipada (*periculum in mora*). Em se tratando de tutela da evidência, o perigo é in re ipsa; (c) Indicação de que pretende se valer do benefício previsto no *caput* do art. 303, que consiste na faculdade de apresentar uma petição incompleta, passível de aditamento após a análise do pedido de tutela antecipada e, o que é mais relevante, a estabilização da tutela eventualmente concedida; (d) Requerimento da tutela antecipada, com a indicação da tutela final.

Procedimento. Recebida a petição, o juiz – no tribunal, será o relator – exercerá a cognição preliminar, que consiste em verificar se a petição inicial preenche os requisitos legais (presença dos requisitos do art. 319), se estão presentes os pressupostos legais, por exemplo, referentes à imparcialidade, à competência, à legitimidade, ao interesse e à capacidade postulatória, entre outros. Se estiver em termos (de acordo com as exigências legais), examinará o pedido de liminar; caso contrário, determinará que o autor (ou requerente) a emende no prazo de quinze dias (art. 321). Não cumprida a diligência, o juiz indeferirá a petição inicial.

De regra, a tutela antecipada requerida em caráter antecedente, pela própria natureza, contempla pedido de liminar. Este será analisado de plano pelo juiz, e a tutela será deferida se as provas da probabilidade do direito afirmado e do perigo da demora instruíram a petição inicial. Contudo, nada impede que a tutela seja concedida em momento posterior, inclusive após a contestação, o que inviabilizará a estabilização, que será tratada adiante.

Não sendo suficientes as provas para aferição dos requisitos da tutela cautelar, procede-se à justificação prévia, na qual é facultado ao autor arrolar testemunhas. Essa justificação, dependendo do risco de ineficácia da providência, pode ser feita antes ou depois da citação do réu. Dependendo do grau da probabilidade do direito afirmado, pode o juiz determinar a prestação de caução.

Aditamento da petição inicial e citação do réu. Concedida ou não a liminar, deverá o autor aditar a petição inicial com a complementação da argumentação apresentada quando do requerimento da tutela antecipada, a juntada de novos documentos e a confirmação do pedido de tutela final. Não obstante as restrições constantes no art. 303, § 1º, I, como o demandado ainda não foi citado, nada obsta a que se complemente também a causa de pedir e dê novos contornos ao pedido de tutela final. Não se admite que altere a causa de pedir ou o pedido, mesmo antes da citação do demandado, sob pena de revogação da tutela antecipada, uma vez que se alteraria a base fático-jurídica sobre a qual se embasou o deferimento da tutela antecipada.

O aditamento a que se refere o *caput* do art. 303 figura como faculdade do autor, e não ônus. Ele pode ou não aditar, dependendo da completude da inicial. Não é por outra razão que o citado dispositivo estabelece que "a petição inicial pode limitar-se ". Portanto, o fato de a petição inicial não necessitar de aditamento não constitui obstáculo à estabilização. No prazo de quinze dias, a contar da intimação da concessão da tutela antecipada, ou em outro prazo maior que o juiz vier a fixar, pode autor completar a argumentação, juntar novos documento e confirmar o pedido de tutela final. Pode praticar um, alguns ou nenhum de tais atos. Contudo, ainda que não vá fazer qualquer aditamento, na linha do princípio da cooperação, a fim de evitar o indeferimento da inicial (§ 2º do art. 303), deve o autor informar tal fato ao juiz, confirmando o pedido de tutela final.

Concedida a antecipação da tutela, aditando o autor a inicial ou apenas ratificando o pedido de tutela final, desde que da decisão concessiva não interponha o réu agravo de instrumento da decisão, ocorre o efeito da estabilização, com a extinção do processo (art. 304, § 1º).

O prazo para aditamento vai depender se a tutela antecipada foi ou não concedida. Se concedida, liminarmente ou após justificação, o prazo para aditamento será de 15 (quinze) dias ou em outro prazo maior que o juiz vier a fixar (art. 303, § 1º), tendo em vista a complexidade da causa. Caso entenda o juiz que não há elementos para a concessão e indefira o pedido de tutela antecipada, o prazo para aditamento será de 5 (cinco) dias (art. 303, § 6º). Não há razoabilidade para a distinção do prazo tendo em vista a concessão ou não da tutela antecipada. Pode ser que a tutela não foi concedida exatamente porque os elementos à disposição do autor são parcos, hipótese que demandará mais prazo para coligir todos os elementos. Tudo indica que a diferenciação soa como uma espécie de punição pelo fato de ter pleiteado e não obtido uma determinada tutela. Se assim for, o critério soa desarrazoado. Bem, a lei é dura, principalmente porque foge à racionalidade, mas é lei. Para aditamento da inicial: prazo de quinze dias ou mais para quem obteve a tutela antecipada; de cinco dias para quem não a obteve.

Não realizado o aditamento, o processo será extinto sem resolução do mérito (art. 303, § 2º), cessando-se *ipso iure* a eficácia da tutela antecipada concedida. O caso é de falta de interesse superveniente tácito. Quem não adita a petição inicial, inclusive reiterando o pedido da tutela final, é porque dela se desinteressou. Feito o aditamento, o direito de ação do autor foi exercido na sua completude, então é hora de envolver o réu ou demandado na relação processual, por meio da citação. Daqui para frente, no que respeita ao pedido de tutela final (resultado do pedido de tutela antecipada em caráter antecedente + o aditamento), os atos processuais seguem o procedimento comum. O réu é convocado, por meio da citação, para integrar a relação processual e intimado para comparecer à audiência de conciliação ou de mediação (arts. 238 e 303, § 1º, II).

Havendo autocomposição, o acordo é homologado e o processo extinto com resolução do mérito, substituindo o que foi acordado no conteúdo da tutela antecipatória eventualmente concedida. Não havendo autocomposição, inicia-se o prazo para contestação, seguindo-se o procedimento nos seus ulteriores termos, até a sentença final.

Estabilização da tutela antecipada requerida em caráter antecedente. Uma das diretrizes da reforma teve em mira a resolução da lide com menos processo. O objetivo visado com a instituição do procedimento da tutela antecipada em caráter antecedente foi a estabilização dos seus efeitos, que tem como consequência imediata a extinção do processo. Essa a razão por que se "autonomizou" o procedimento, aos moldes do que ocorre com a tutela cautelar requerida em caráter antecedente, mas com consequências imediatas sobre o direito substancial afirmado pelo demandante, que dele, uma vez estabilizada a tutela, poderá usufruir, sem experimentar os ônus do desenvolvimento do processo até a ocorrência da coisa julgada.

Pois bem. Concedida a tutela antecipada assim requerida – em caráter antecedente, por meio de petição incompleta –, a tutela pode tornar-se estável, dependendo da postura adotada pelo demandado, litisconsorte ou terceiro com legitimidade para impugnar a decisão.

Segundo disposto no art. 304, *caput*, a tutela torna-se estável se não interposto o respectivo recurso. Respectivo significa competente, devido, cabível. Qual o recurso respectivo? Tratando-se de decisão em tutela antecipada, gênero de tutela provisória, o recurso cabível é o agravo de instrumento, nos termos do art. 1.015, I. Assim, caso o réu não interponha agravo de instrumento, a tutela antecipada, concedida em caráter antecedente, torna-se estável. A *mens legislatoris* é no sentido de exigir o recurso como forma de evitar a estabilização. Trata--se de um ônus imposto ao demandado. Não basta contestar. É certo que na contestação o réu adquire a prerrogativa de ver a demanda decidida levando-se em conta também as suas alegações. Ocorre que na ponderação dos princípios da amplitude do direito de ação/defesa e da celeridade, o legislador optou por este, de sorte que, não obstante a apresentação de contestação, o processo será extinto sem resolução do mérito (art. 304, § 1º), porquanto não houve cognição exauriente, tampouco declaração de prescrição ou decadência. O que prevalece é a vontade do demandante. Se este, embora requeira a tutela antecipada em caráter antecedente, não diz que pretende se valer do benefício da estabilização, o procedimento prossegue rumo à sentença com base em cognição exauriente. A vontade do demandado ao apresentar a contestação é irrelevante. A ele foi imposto o ônus de recorrer ou então de ajuizar ação autônoma de revisão, reforma ou invalidação da decisão cujos efeitos foram estabilizados (art. 304, § 2º).

A tutela antecipada assim concedida conservará seus efeitos enquanto não revista, reformada ou invalidada por decisão de mérito proferida em ação própria (art. 304, § 3º). Mas o que conservará os seus efeitos ou restará estabilizado? Apenas os efeitos da tutela concedida. Se a decisão foi para retirar o nome dos cadastros de proteção ao crédito, é esse efeito – que é um *minus* em relação à tutela declaratória de inexistência da dívida – que se torna estável se não interposta a ação no prazo de dois anos. Nessa ação revisional ou invalidatória, cujo prazo decadencial é de dois anos, deverá o réu se restringir a atacar os efeitos da tutela antecipatória concedida, por exemplo, contrapondo ao juízo de delibação levado a efeito pelo juiz, no sentido de que o débito já havia sido pago. O objeto é a tutela antecipada concedida; no exemplo dado, é o retorno do nome do autor ao cadastro restritivo de crédito, para tanto pode e deve se avançar sobre o objeto da cognição sumária – no exemplo, a existência ou não da dívida. Se não ajuizada a ação revisional ou invalidatória, o que resta estabilizada e, portanto, indiscutível, é a retirada do nome do autor dos cadastros de proteção ao crédito em razão dos fundamentos adotados na decisão concessiva da tutela antecipada.

O fundamento adotado na decisão concessiva da tutela antecipada foi a inexistência da dívida, que foi tida como paga, mas sobre esse fundamento não houve declaração, apenas cognição sumária. Sem declaração não há coisa julgada, uma vez que esta recai primordialmente sobre o objeto da declaração, abrangendo, via de consequência, os efeitos dela. Aliás, o próprio Código, no art. 304, § 6º, deixa claro que coisa julgada não há. Assim, mesmo depois de ultrapassado o prazo decadencial da mencionada ação, não se pode falar em coisa julgada. Há estabilização irreversível dos efeitos da tutela. O nome do autor, em razão do fundamento adotado pelo juiz, não mais poderá ser inserido nos cadastros restritivos de crédito. Nada obsta, entretanto, a que o réu, depois dos dois anos, observado o prazo prescricional, ajuíze ação de cobrança contra o requerente da tutela que foi estabilizada, invocando como fundamento a existência de crédito a seu favor. O fundamento, porque não foi alcançado pelos limites objetivos da estabilização, pode ser atacado para demonstrar a existência da dívida, jamais para promover a reinscrição do nome do requerente da tutela estabilizada nos cadastros restritivos de crédito. Uma vez condenado e transitada em julgado a decisão condenatória, poderá o nome do requerente da tutela estabilizada ser reinscrito no referido serviço de proteção ao crédito. A reinscrição não era possível tendo por fundamento a mera existência da dívida, com base em título extrajudicial, porquanto esta, com base em cognição sumária, foi reputada inexistente. Agora, pode-se proceder à inscrição originária, com base em outro fundamento, ou seja, a coisa julgada emergente da decisão condenatória.

Capítulo III
Do Procedimento da Tutela Cautelar Requerida em Caráter Antecedente

CPC/2015	CPC/1973
Art. 305. *A petição inicial da ação que visa à prestação de tutela cautelar em caráter antecedente* indicará a lide e seu fundamento, a exposição sumária do direito *que se objetiva assegurar e o perigo de dano ou o risco ao resultado útil do processo*. Parágrafo único. *Caso entenda que o pedido a que se refere o caput tem natureza antecipada, o juiz observará o disposto no art. 303.*	Art. 801. *O requerente pleiteará a medida cautelar em petição escrita, que* indicará: ~~I – a autoridade judiciária, a que for dirigida;~~ ~~II – o nome, o estado civil, a profissão e a residência do requerente e do requerido;~~ III – a lide e seu fundamento; IV – a exposição sumária do *direito ameaçado e o receio da lesão*; ~~V – as provas que serão produzidas.~~ Parágrafo único. Não se exigirá o requisito do n° III senão quando a medida cautelar for requerida em procedimento preparatório. Art. 273. [...]. § 7° *Se o autor, a título de antecipação de tutela, requerer providência de natureza cautelar, poderá o juiz, quando presentes os respectivos pressupostos, deferir a medida cautelar em caráter incidental do processo ajuizado.*
Art. 306. O *réu* será citado para, no prazo de 5 (cinco) dias, contestar o pedido e indicar as provas que pretende produzir.	Art. 802. O *requerido* será citado, ~~qualquer que seja o procedimento cautelar,~~ para, no prazo de 5 (cinco) dias, contestar o pedido, indicando as provas que pretende produzir.
Art. 307. Não sendo contestado o pedido, os fatos alegados pelo *autor* presumir-se-ão aceitos pelo *réu como ocorridos*, caso em que o juiz decidirá dentro de 5 (cinco) dias. Parágrafo único. Contestado o pedido no prazo legal, *observar-se-á o procedimento comum*.	Art. 803. Não sendo contestado o pedido, presumir-se-ão aceitos pelo *requerido, como verdadeiros*, os fatos alegados pelo *requerente* ~~(arts. 285 e 319)~~; caso em que o juiz decidirá dentro em 5 (cinco) dias. Parágrafo único. Se o requerido contestar no prazo legal, *o juiz designará audiência de instrução e julgamento, havendo prova a ser nela produzida.*
Art. 308. *Efetivada a tutela cautelar, o pedido principal terá de ser formulado pelo autor* no prazo de 30 (trinta) dias, **caso em que será apresentado nos mesmos autos em que deduzido o pedido de tutela cautelar, não dependendo do adiantamento de novas custas processuais**. § 1° **O pedido principal pode ser formulado conjuntamente com o pedido de tutela cautelar.** § 2° **A causa de pedir poderá ser aditada no momento de formulação do pedido principal.** § 3° **Apresentado o pedido principal, as partes serão intimadas para a audiência de conciliação ou de mediação, na forma do art. 334, por seus advogados ou pessoalmente, sem necessidade de nova citação do réu.** § 4° **Não havendo autocomposição, o prazo para contestação será contado na forma do art. 335.**	Art. 806. *Cabe à parte propor a ação*, no prazo de 30 (trinta) dias, *contados da data da efetivação da medida cautelar,* ~~quando esta for concedida em procedimento preparatório.~~

Art. 309. Cessa a eficácia da *tutela concedida em caráter antecedente*, se: I – o *autor* não deduzir o *pedido principal* no prazo legal; II – não for *efetivada* dentro de 30 (trinta) dias; III – o juiz *julgar improcedente o pedido principal formulado pelo autor* ou extinguir o processo *sem* resolução de mérito. Parágrafo único. Se por qualquer motivo cessar a *eficácia da tutela cautelar*, é vedado à parte renovar o pedido, salvo sob novo fundamento.	Art. 808. Cessa a eficácia da *medida cautelar:* I – se a *parte* não intentar *a ação* no prazo estabelecido no art. 806; II – se não for *executada* dentro de 30 (trinta) dias; III – se o juiz declarar extinto o processo principal, *com ou sem julgamento do mérito*. Parágrafo único. Se por qualquer motivo cessar a *medida*, é defeso à parte repetir o pedido, salvo por novo fundamento.
Art. 310. O indeferimento da *tutela cautelar* não obsta a que a parte *formule o pedido principal,* nem influi no julgamento desse, salvo *se o motivo do indeferimento for o reconhecimento* de decadência ou de prescrição.	Art. 810. O indeferimento da *medida* não obsta a que a parte *intente a ação*, nem influi no julgamento desta, *salvo se o juiz, no procedimento cautelar, acolher a alegação* de decadência ou de prescrição do direito do autor.

COMENTÁRIOS AOS ARTS. 305 A 310:

Tutela cautelar requerida em caráter antecedente. A medida cautelar requerida em caráter antecedente assemelha-se com a cautelar preparatória do CPC/1973, distinguindo-se principalmente pela redução de atos processuais. Diferentemente do que ocorria no Código revogado, não há duplicidade de pagamento de custas, de distribuição, de autuação, de citação e outros atos processuais. Diz-se que o processo cautelar perdeu a autonomia. Não se vislumbra essa anunciada dependência. Continuam autônomos e interdependentes como se verá adiante. Com relação ao pedido principal, a autonomia é quase absoluta, somente sofrendo influência do que se decidir no pedido cautelar se houver declaração de prescrição ou decadência. O que houve foi economia de papel (em breve os autos serão todos eletrônicos e nem essa economia será notada) e de atos processuais. Como se trata de um só processo, formado em um único caderno processual (autos), há uma só citação; os atos de comunicação posteriores se fazem por intimação, de regra na pessoa do advogado.

Esse procedimento deverá ser utilizado naquelas hipóteses em que a urgência não permite que a petição inicial seja completa, isto é, que contemple os pedidos principal e cautelar, com os respectivos fundamentos e provas. A urgência, por ser contemporânea à propositura da ação – embora possa ter surgido anteriormente –, enseja o desmembramento do pedido: primeiro se formula o pedido de tutela cautelar e, depois, em aditamento, o pedido principal. Há dois pedidos – um de natureza acautelatória e outro subsequente, de direito substancial –, mas um só processo (que pode ser de conhecimento ou de execução).

Requisitos da petição inicial da tutela cautelar antecedente. Permite-se que a petição que veicula o pedido de tutela cautelar em caráter antecedente seja mais simplificada. Embora não conste do art. 305, a petição inicial deve conter os requisitos do art. 319, uma vez que será essa petição que instaurará a relação processual. Quando da formulação do pedido principal – no aditamento ou complementação –, há que se complementar os requisitos faltantes, conforme art. 308, § 2º.

Juízo competente. A parte deve indicar o juízo (a autoridade judiciária) ao qual é dirigida. Deve-se lembrar de que o pedido de tutela cautelar pode ser formulado perante juízo monocrático de primeiro grau ou em tribunal, nos casos de competência originária, como, por exemplo, ação rescisória. A competência será definida levando-se em conta o pedido principal. Atento ao disposto nas disposições sobre competência, faz-se um prognóstico. Os arts. 46 e seguintes servirão de norte para a determinação da competência.

Nome e qualificação das partes. Deve-se constar da petição inaugural – é essa petição veiculadora do pedido de tutela cautelar antecedente que vai inaugurar ou instaurar a jurisdição – o nome e a qualificação das partes, isto é, o nome de quem pede e contra quem é pedida a tutela cautelar e, de futuro, também a tutela principal. Os legitimados (requerente, requerido e eventualmente um terceiro interveniente) serão aqueles que têm pertinência subjetiva com o direito substancial objeto da asseguração e que será acertado ou realizado.

Lide e seu fundamento. Para possibilitar a aferição da probabilidade do direito substancial (*fumus boni iuris*), além de outros requisitos que autorizam a apreciação do mérito (legitimidade e interesse, por exemplo), exige-se a indicação da lide principal (pretensão resistida), bem como os fundamentos do pedido, a exposição sumária do direito (substancial) que se objetiva garantir, além da demonstração do perigo de dano ou do risco ao resultado útil do processo (art. 305).

A exposição sumária do direito ameaçado e o perigo de dano ou de risco ao resultado útil do processo. Correspondem ao *fumus boni iuris* e ao *periculum in mora*. O primeiro relaciona-se com a probabilidade da existência do direito afirmado pelo requerente da medida. O segundo tem relação com o perigo de dano ao direito (objeto do pedido principal) caso a prestação jurisdicional venha a ser concedida apenas ao final da demanda.

Pedido de tutela cautelar. O pedido, formulado nessa fase, deve decorrer logicamente do direito ameaçado e do perigo da demora na prestação jurisdicional. A providência deve ser adequada para acautelar o direito substancial que será postulado no pedido principal.

Valor da causa. As custas serão pagas quando do ajuizamento da ação, isto é, do protocolo da petição contendo o pedido de cautelar antecedente, assim, indispensável é o valor da causa, que servirá de base de cálculo para o pagamento do tribuno (taxa judiciária e outras despesas iniciais).

Provas. Havendo provas do *fumus boni iuris* e do *periculum in mora*, deve o autor com elas instruir a petição inicial. Tais elementos são relevantes para se aquilatar, de plano, os requisitos para deferimento liminar da tutela cautelar. A inexistência de provas documentais não inviabiliza o pedido de tutela cautelar antecedente, mas pode ensejar a necessidade de justificação prévia. Por ocasião do aditamento, o autor poderá juntar outros documentos pertinentes ao pedido principal.

Cognição preliminar e apreciação do pedido de liminar. Recebida a petição, o juiz – no tribunal, será o relator – exercerá a cognição preliminar, que consiste em verificar se a petição inicial preenche os requisitos legais (presença dos requisitos do art. 319), se estão presentes os pressupostos legais, por exemplo, referentes à imparcialidade, à competência, à legitimidade, ao interesse e à capacidade postulatória, entre outros. Se estiver em termos (de acordo com as exigências legais), examinará o pedido de liminar, caso contrário, determinará que o autor (ou requerente) a emende no prazo de quinze dias (art. 321). Não cumprida a diligência, o juiz indeferirá a petição inicial.

A tutela cautelar pode ser concedida liminarmente, ou seja, antes da citação do réu, dependendo das provas que instruíram a petição inicial, bem como do perigo de que o réu, uma vez citado, pode comprometer a eficácia da providência acautelatória. Não sendo suficientes as provas para aferição dos requisitos da tutela cautelar, procede-se à justificação prévia, na qual é facultado ao autor arrolar testemunhas. Essa justificação, dependendo do risco de ineficácia da providência, pode ser feita antes ou depois da citação do réu. Dependendo do grau da probabilidade do direito afirmado, pode o juiz determinar a prestação de caução.

Possíveis atitudes do réu em face da citação e o encaminhamento do processo. Embora o pedido cautelar antecedente e o pedido principal (de direito substancial) sejam formulados no mesmo processo, não se pode negar certa autonomia procedimental entre eles. Tais procedimentos seguem paralelamente pelo menos até certo ponto. A instrução, contudo, quando possível, é feita conjuntamente, com a prolação, ao final, de uma só sentença. Por outro lado, há uma certa interdependência entre ambos. Por exemplo, se o autor, uma vez efetivada a tutela cautelar, com ela se contentar e não formular o pedido principal, deve-se extinguir o processo (o qual ainda só contempla o pedido de cautelar) sem julgamento do mérito, por aplicação extensiva do art. 303, § 2º, e, *mutatis mutandis*, da Súmula 482 do Superior Tribunal de Justiça, segundo a qual "a falta de ajuizamento da ação principal no prazo do art. 806 do CPC [refere-se ao CPC/1973] acarreta a perda da eficácia da liminar deferida e a extinção do processo cautelar". Por outro lado, se na cognição preliminar ou em outro momento processual, o juiz reconhecer a decadência ou a prescrição, inviabilizada estará a apresentação do pedido principal ou, se já apresentado, a apreciação dos fatos e fundamentos jurídicos nele contidos. Finalmente, pode-se cogitar, inclusive, a possibilidade do julgamento liminar de improcedência do pedido principal, com base no art. 332.

Bem, não sendo o caso de indeferimento da petição inicial, o juiz passará à apreciação do pedido de liminar. Concedida ou não a liminar, o réu é citado para, no prazo de cinco dias (art. 306), contestar o pedido e indicar as provas que pretende produzir. Essa citação para contestar refere-se somente ao pedido de tutela cautelar. Posteriormente haverá a formulação do pedido principal e, em se tratando de processo de conhecimento, designação de audiência de conciliação, a partir da qual fluirá o prazo para contestar. Como já houve citação para contestar o pedido cautelar, não haverá outra citação. Dos demais atos do processo, as partes serão intimadas, inclusive da designação da audiência de conciliação.

Conforme prescreve o art. 307, não havendo contestação, incidem os efeitos materiais da revelia, ou seja, os fatos alegados pelo autor presumir-se-ão aceitos pelo réu como ocorridos, o que ensejará o julgamento antecipado do pedido cautelar dentro de cinco dias – prazo impróprio, o que significa que, se descumprido, não haverá imposição de qualquer ônus ou penalidade ao juiz. É importante atentar que, nesse ponto, ainda não há pedido principal, mas tão somente pedido cautelar. Assim, a revelia a que se refere o art. 307 guarda relação com os requisitos da cautelar, ou seja, com a situação cautelanda, consistente na probabilidade do direito e no perigo de dano ou risco ao resultado útil do processo. A pretensão de direito material será deduzida no pedido principal, de regra, após a análise do pedido cautelar. Ressalte-se que nem sempre os efeitos da revelia são automáticos, como nas hipóteses mencionadas no art. 345, caso em que haverá necessidade de se facultar ao requerente a oportunidade de produzir prova das suas alegações.

Se houver contestação ou, não havendo, inocorrer o efeito da revelia, deve-se observar o procedimento comum (art. 307, parágrafo único), o que significa passar às providências preliminares, como a determinação para a especificação de provas, se for o caso, e ao julgamento conforme o estado do processo, tudo referente à pretensão cautelar. Não sendo o caso de extinção ou de julgamento antecipado, passa-se à fase do saneamento e organização do processo e, se for o caso, à produção de prova, para, a seguir, proferir a decisão acerca do pedido cautelar. É bom insistir. Tudo que estou a dizer refere-se ao pedido cautelar. A liminar do pedido de cautelar antecedente é decidida por meio de decisão interlocutória, a qual pode ser impugnada por agravo de instrumento (art. 1.015, I). Quanto à tutela cautelar final, pode ser resolvida em outra decisão interlocutória, também agravável – à qual podemos denominar sentença parcial – ou juntamente com o pedido principal, na sentença final (essa apelável). Se a tutela cautelar foi concedida anteriormente à sentença final, deve nesta ser confirmada, modificada ou revogada.

Tratando-se de pedido cautelar formulado em caráter antecedente em processo de conhecimento, os princípios da eficiência e da economia processual recomendam que a instrução seja feita conjuntamente com a instrução do pedido principal, formulado no aditamento. Afinal, pelo princípio da apropriação da prova, não se distingue entre prova apresentada pelo autor, pelo réu ou determinada de ofício pelo juiz. Igualmente, não se distingue entre provas requeridas na petição da cautelar antecedente ou no pedido principal. Nesse particular, direito substancial e situação cautelanda (*fumus boni iuris + periculum in mora*) de tal forma se imbricam que recomendável é a instrução conjunta. Contudo, nem sempre essa simbiose é possível. Não é incomum haver necessidade de cindir a prova, provando-se primeiro os requisitos da cautelar e, após o protocolo do pedido principal, abrir-se a oportunidade da prova referente ao direito substancial. Evidente que a prova produzida na fase de instrução do pedido cautelar é apropriada pelo processo e, portanto, aproveita-se para a análise do pedido principal.

No caso de cautelar em caráter antecedente formulada em processo de execução, contudo, de regra não há provas a produzir quanto à realização do direito – a menos que se interponham embargos à execução –, que já se encontra devidamente acertado no título exequendo, caso em que não há falar em instrução conjunta. A prova, se necessária, restringir-se-á à comprovação dos requisitos da medida cautelar requerida.

Momento para formulação do pedido principal. Quem requer uma tutela cautelar é porque, pelo menos no plano hipotético, é titular de um direito substancial, ainda que se refira este à mera desconstituição da coisa julgada (ação rescisória). Assim, se a tutela cautelar é postulada em caráter antecedente, espera-se que o requerente desta, independentemente de ter ou não sido concedida (em caráter liminar ou no final do procedimento), complemente ou adite a inicial, para formular o pedido principal, que se refere ao bem da vida propriamente dito.

Não há interesse somente na tutela cautelar, tanto que o processo será extinto caso não formulado o pedido principal. Em contrapartida, o indeferimento do pedido cautelar não tem reflexo automático sobre a pretensão de direito substancial. O indeferimento da tutela cautelar significa que o requerente não conseguiu demonstrar a situação cautelanda, ou seja, o *fumus iuris* e o *periculum in mora*. Essa circunstância não tem o condão de fechar o caminho da tutela do direito substancial. Pode ocorrer de o autor, na fase procedimental referente à definição da tutela cautelar, não lograr êxito nessa pretensão. Entretanto, tal fato não constitui obstáculo a que persiga os caminhos para a demonstração do direito substancial.

Há quem afirme que, no caso de a pretensão de tutela de urgência ser denegada, o processo se extingue, sem chegar ao estágio de formulação do pedido principal. Em verdade, as coisas não se passam bem assim. Vedar a formulação do pedido principal pelo simples fato de o autor não ter obtido a tutela cautelar constituiria a mais arrematada afronta ao acesso à justiça e ao direito de ação, numa verdadeira negativa de jurisdição e aí por diante. Exigir que o autor ajuíze outra ação (processo novo) para obter aquilo que ele poderia obter com o processo já instaurado constituiria afronta ao princípio da economia – de atos processuais e de dinheiro, porquanto novas custas teriam que ser pagas, novo caderno processual formado (ou arquivo eletrônico aberto) e nova citação realizada.

A tutela cautelar pode ser pleiteada junto com o pedido principal. Nesse caso, não se questiona que o indeferimento da cautelar não inviabiliza o exame do outro pedido, de direito substancial. Assim também se passa com o pedido formulado antecipadamente – *mutatis mutandis* equivalente à cautelar preparatória; não há como romper de vez com o passado. O fato de a inicial ter sido fatiada (em pedido cautelar e pedido principal) não altera a substância da formulação. A tutela cautelar foi pedida antes porque a demora do processo podia comprometer o resultado útil do processo, daí a urgência para assegurar o direito substancial.

Efetivada a tutela cautelar, o pedido principal terá que ser formulado pelo autor no prazo de trinta dias (art. 308, 1ª parte), a contar da efetivação da medida cautelar, e não do deferimento ou ciência desta. Diferentemente do processo cautelar completamente autônomo (cautelar preparatória) com o qual estávamos acostumados, o pedido principal deverá ser feito nos mesmos autos e independerá do adiantamento de novas custas processuais (art. 308, 2ª parte). O novo CPC permite, ainda, que a causa de pedir seja aditada no momento da formulação do pedido principal (art. 308, § 2º). Quando do requerimento da tutela cautelar, apenas a lide e seu fundamento foram indicados, bem como a exposição sumária do direito que pretendia assegurar.

Ao apresentar o pedido principal, faculta-se o reforço da causa de pedir e a apresentação de provas. O prazo de trinta dias é para evitar que o autor, depois de obter a tutela cautelar, com ela se satisfaça e se acomode, atitude que, embora possa lhe ser cômoda, pode causar prejuízos ao réu. Assim, se a tutela foi concedida liminarmente ou no final do procedimento cautelar, não importa. O processo é uno, mas os procedimentos podem ter caminhos independentes, paralelos, não obstante na mesma relação processual. O que importa para a ocorrência da preclusão é a efetivação da tutela cautelar. Se efetivou-se a medida cautelar, de regra, há que se formular o pedido principal, sob pena de cessação desta e extinção da relação processual instaurada com o pedido de cautelar antecedente. Nem se fala em extinção sem julgamento do mérito do pedido principal, porque ele ainda não foi formulado. Não formulou e não mais pode ser formulado naquele processo. Quando formulou o pedido de tutela cautelar antecedente, o autor indicou a lide e seu fundamento relativos à tutela do direito substancial, surgindo daí o interesse-necessidade de compor esse conflito de direito. Não apresentado o pedido principal no prazo de trinta dias, a presunção é de que o autor perdeu aquele interesse inicial. Como o Estado não fica a procurar lides, o processo (no seu todo) é extinto sem julgamento do mérito – do procedimento cautelar, porque a tutela cautelar somente sobrevive se definido o direito material; e do arremedo de procedimento para definição do direito material, porque o respectivo pedido, na sua inteireza, sequer foi formulado.

A literalidade do *caput* do art. 308 pode conduzir à equivocada interpretação de que somente no caso de ser *efetivada* a tutela cautelar o pedido principal poderá ser apresentado nos mesmos autos. Assim, indeferida a tutela cautelar, persistindo o interesse na resolução do conflito de direito material, caberia à parte ajuizar outro processo, com o pagamento de novas custas processuais. Nessa linha de raciocínio, indeferida a medida cautelar, toda a máquina da justiça teria que começar do zero, isto é: o advogado prepararia outra inicial, o juiz a despacharia, formaria outro caderno processual (autos), nova citação e assim por diante. Em tempos de crise e economia (principalmente no processo), não faz o menor sentido esse "começar de novo". A principiologia do novo Código e as razões que justificaram a sua edição estão a recomendar o máximo aproveitamento dos atos processuais (princípios da eficiência e da economia processual).

É certo que o procedimento para o processamento da cautelar antecedente e do subsequente pedido principal foi precariamente traçado no Código. Quisemos inovar, como se o passado fosse uma roupa que não nos servisse mais. Mas a história é indissociável da nossa cultura. O procedimento previsto para a cautelar antecedente não pode ser mais burocrático do que o da falecida cautelar preparatória. Temos que praticar a economia do bem. O novo não pode ser pior do que o antigo. E precisamos todos rejuvenescer. É a velha roupa colorida. Viva o Belchior!

A constatação da precariedade procedimental não nos autoriza a agir em descompasso com a principiologia e com a própria vontade do legislador. Quem desde o início participou da formulação das regras do novo CPC sabe que essa sequer era a vontade da Comissão de Juristas. Cabe a nós, doutrinadores, indicarmos o procedimento que mais se compatibilize com os objetivos visados pelo legislador. É o que estou procurando fazer neste tópico sobre a tutela cautelar antecedente. A lógica indica que, mesmo no caso de indeferimento da tutela cautelar requerida em caráter antecedente, bem como naquele em que a tutela cautelar é deferida, mas não efetivada, deve-se facultar que o autor formule o pedido principal nos próprios autos. Essa interpretação teleológica está em consonância com as finalidades da reforma processual, a qual tem como um dos objetivos permitir a solução de conflitos com o menor número possível de processos, sem que isso prejudique a efetividade da tutela jurisdicional.

E se o pedido principal não for apresentado no prazo de trinta dias da efetivação da tutela cautelar? Com relação à consequência dessa inércia, não há dúvidas. Efetivada a medida cautelar e não deduzido o pedido principal pelo autor, a tutela cautelar terá seus efeitos cessados (art. 309, II) e o processo será extinto sem resolução do mérito – na sua integralidade. A cessação dos efeitos é automática, decorrência natural da sentença extintiva (art. 309, III). A hipótese é de falta de interesse processual à tutela cautelar final, bem como ao julgamento do mérito, este referente ao pedido principal, cujos contornos foram delineados na petição inicial, a qual seria complementada (aditamento) após a efetivação da medida, e não foi. Nesse caso, nada impede que, em outro processo, formule-se o pedido principal, pagando novas custas. Contudo, a tutela cautelar – antecedente ou incidental – somente poderá ser novamente pleiteada com base em outro fundamento.

A norma do art. 309, I, não configura punição ao autor por ter movimentado a máquina judiciária e não ter efetivado a medida que a seu favor foi deferida. Não. A extinção em verdade constitui proteção a interesse do réu. Evita que o autor "assente sobre a medida", usufrua de um direito ou de uma posição jurídica em detrimento da situação do réu. Tanto é assim que a extinção do processo e consequente cessação da eficácia só ocorrem naqueles casos em que a perpetuação da tutela cautelar efetivada possa causar restrição de direito à outra parte – sequestro de bens, por exemplo. Exemplificativamente, não se aplica a exigência da propositura da ação principal no prazo de trinta dias: (i) na produção antecipada de provas; (ii) na separação de corpos; (iii) no arresto cuja dívida se torne exigível somente após o vencimento do prazo de trinta dias. Nesse último caso, a contagem do prazo deverá iniciar com o vencimento da dívida, momento a partir do qual surge o interesse para a propositura da ação de cobrança.

Consequências do indeferimento ou da não efetivação da tutela cautelar. Aqui a hipótese é diferente da apresentada no item anterior (art. 309, I), segundo a qual, não obstante executada a medida cautelar restritiva de direito do réu, o autor não deduziu o pedido principal. Aqui a medida cautelar foi deferida, mas não cumprida ou efetivada, de forma que não se configura qualquer abuso de direito por parte do autor em detrimento a direito do réu. Ainda que a medida deferida seja daquelas que possa causar restrição à outra parte, de restrição não se pode falar, uma vez que não houve cumprimento da medida.

Pode ser que o autor tenha perdido a necessidade (interesse processual) na efetivação da medida. Suponhamos que na disputa pela propriedade do automóvel tenha pleiteado e obtido medida cautelar antecedente. Entretanto, depois do deferimento da medida, constatou-se que o réu, ao tomar conhecimento da demanda, por vontade própria, depositou o carro em estabelecimento idôneo. A consequência é a cessação da eficácia da tutela cautelar, ou seja, não mais poderá ser executada e esta não poderá ser renovada, a não ser com base em outro fundamento (art. 309, parágrafo único). Nesse caso, mais do que a simples cessação da eficácia, haverá a extinção do pedido cautelar, sem julgamento do mérito cautelar (situação cautelanda), por falta de interesse processual. Se a parte não promove a efetivação de medida cautelar deferida é porque dela não necessita. Nesse caso, por meio de decisão interlocutória, o procedimento cautelar será extinto, correndo daí o prazo para apresentação do pedido principal. Logicamente que a penalização do requerente da medida deve decorrer de inércia deste. Se a não efetivação decorre do natural emperramento da máquina judiciária ou de comportamentos da parte contrária, não há falar em cessação dos efeitos da cautelar.

A fixação do prazo de trinta dias para apresentação do pedido principal, a contar da efetivação da tutela cautelar, tem a finalidade de evitar que o acautelamento se perpetue sem que o requerente proponha a discussão (no processo de conhecimento) ou a realização (na execução) do direito substancial, reconhecido como provável no momento da concessão da medida acautelatória. No caso, como não há efetivação da tutela cautelar, sem resolução do mérito substancial, não se cogita de extinção do processo pela inércia, apenas de extinção do pedido cautelar; a extinção não obsta que o autor formule outro pedido, logicamente por outro fundamento – caso contrário não seria outro, mas sim o mesmo ou igual pedido. A decisão que declara a cessação da eficácia do pedido cautelar é interlocutória, agravável, portanto (art. 1.015, I).

Não se pode falar em julgamento sem resolução do mérito propriamente dito, até porque o pedido principal sequer foi formulado; não se extingue aquilo que sequer foi proposto. Traçando um paralelo com a situação em que o pedido de tutela cautelar é formulado conjuntamente (cumulação) com o pedido principal, o indeferimento (liminarmente ou na sentença final) não interfere no processo e julgamento da pretensão de direito substancial. Nem o indeferimento nem a cessação da tutela cautelar interfere no direito (verdadeiro poder) de ver dirimido o conflito de direito substancial. O indeferimento ou a não efetivação não obsta a que o autor formule o pedido principal (art. 310), a menos que a prescrição ou a decadência tenha servido de supedâneo para o indeferimento. Em tais hipóteses, o pedido principal deve ser formulado no prazo de trinta dias, a contar do indeferimento ou da declaração de cessação da eficácia da tutela cautelar requerida em caráter antecedente.

O processo (como um todo) será extinto sem resolução do mérito, caso o pedido principal não seja deduzido nesse prazo. Embora não conste na literalidade da lei, o prazo e o estabelecimento desse termo a quo para formulação do pedido principal constituem uma forma para se conciliar o direito de ação do autor e a não eternização dos processos judiciais – atenta contra a eficiência e a celeridade ficar aguardando pela vontade do autor. A extinção se dará com base no art. 485, III – extinção do processo sem julgamento do mérito por abandono da causa, isto é, em razão da não apresentação do pedido principal. No caso, caracterizado estará a falta de interesse processual superveniente. Antes, porém, deverá o juiz mandar intimar a parte pessoalmente para dar andamento ao processo, isto é, apresentar o pedido principal, sob pena de extinção (art. 485, § 1º). Nesse caso, se o réu contestou o pedido cautelar, fará jus a honorários, que serão suportados pelo autor, haja vista o princípio da causalidade.

Por outro lado, há fungibilidade entre tutela cautelar e tutela antecipada (satisfativa). Se o juiz entender que o pedido de tutela cautelar requerida em caráter antecedente tem natureza antecipada, deverá observar o procedimento específico para o requerimento de tutela antecipada em caráter antecedente (art. 305, parágrafo único), ou seja, o procedimento previsto no art. 303, com a possibilidade de estabilização prevista no art. 304. Não obstante o parágrafo único do art. 305 mencionar tão somente uma via (da tutela cautelar para a antecipada), a fungibilidade opera em mão dupla, ou seja, se o autor requereu tutela antecipada em caráter antecedente, mas percebendo o juiz que a postulação se refere a pedido de asseguração, deve-se processar o pedido como de tutela cautelar. Sendo necessário, deve-se conceder prazo para a emenda do pedido. No novo CPC, a ordem é o máximo aproveitamento dos atos processuais.

O pedido principal – procedimento. Já dissemos que o requerimento de cautelar em caráter antecedente e o pedido principal (de direito substancial) desencadeiam procedimentos distintos, os quais podem se enlaçar. A concessão ou o indeferimento do pedido de tutela cautelar antecedente, exceto se houver a declaração da prescrição e da decadência, não tem reflexo sobre o pedido de tutela do direito substancial, formulado no pedido principal. O direito à resolução do conflito é autônomo em relação ao direito ao acautelamento. Só pode acautelar o direito substancial se este for plausível ou evidente. Mas pode-se compor o conflito sem que o direito substancial seja assegurado.

O pedido principal, no qual se admite inclusive o aditamento da causa de pedir apresentada quando da formulação do pedido de tutela cautelar antecedente, será formulado nos próprios autos, sem que para tanto tenha que pagar novas custas. O pedido do bem da vida (substancial) e o pedido para asseguração desse bem (formulado em caráter antecedente) tramitarão simultaneamente.

Recebido o pedido principal, o juiz exerce uma cognição preliminar, agora mais simplificada, porque, quando da análise do pedido de cautelar, já se procedeu ao exame prévio dos aspectos processuais, incluindo os pressupostos processuais, interesse e legitimidade.

De qualquer forma, verificado que o pedido principal encontra-se em termos, o juiz designará audiência de conciliação/mediação, determinando, em seguida, a intimação das partes, por meio de seus advogados. A citação é só uma e já ocorreu quando do processamento do pedido de tutela cautelar antecedente (art. 308, § 3º). Não havendo autocomposição, o prazo para o réu contestar o pedido principal será contado na forma do art. 334. Note-se que essa contestação é apenas em relação ao pedido principal. A contestação do pedido cautelar possivelmente já terá ocorrido.

Embora o § 3º do art. 308 mencione intimação para a audiência de conciliação ou de mediação, pode ser que o pedido de cautelar antecedente não tenha sido formulado em processo de conhecimento, e sim no processo de execução.

Admite-se essa modalidade de requerimento de tutela cautelar também no processo de execução, e, nesse caso, o executado será citado para, por exemplo, pagar o débito no prazo de três dias (art. 829) ou entregar a coisa no prazo de quinze dias (art. 806). Uma das diretrizes que norteou a Comissão de Juristas na elaboração do anteprojeto do novo CPC foi a simplificação dos processos.

Raciocinando com o processo de conhecimento, não havendo acordo na audiência de conciliação ou mediação, abre-se o prazo para contestação. Se houver acordo, o processo será extinto com resolução do mérito, podendo cessar ou não os efeitos de eventual medida cautelar concedida, a depender do teor do acordo. Não havendo acordo e apresentada a contestação, passa-se à fase das providências preliminares (arts. 347 a 353), do julgamento conforme o estado do processo (arts. 354 a 356), que pode, dependendo do caso concreto, desembocar na extinção do processo, no julgamento antecipado do mérito, no julgamento antecipado parcial do mérito ou no saneamento e na organização do processo, preparando-o para a fase instrutória (coleta de provas) e, finalmente, a prolação da sentença (arts. 485 a 508), que comporá o conflito, julgando total ou parcialmente procedente ou improcedente o pedido formulado como principal. Quanto ao pedido de tutela cautelar formulado em caráter antecedente, dependerá do que restar decidido acerca do direito material. Julgando-se procedente o pedido principal, de regra, a liminar é confirmada ou, se não houve deferimento de tutela cautelar liminarmente, esta é concedida na sentença. Quando o juiz julgar improcedente o pedido principal formulado pelo autor ou extinguir o processo sem resolução do mérito, igual sorte terá a tutela cautelar, que será indeferida ou revogada.

Causas que fazem cessar a eficácia da tutela cautelar. Em geral, a tutela antecipada de natureza cautelar requerida em caráter antecedente conserva sua eficácia enquanto for útil, ou seja, até a completa realização do direito. As formas de cessação da eficácia das medidas cautelares estão dispostas nos incisos do art. 309. Sobre elas já discorremos no tópico anterior. De qualquer forma, para manter a sequência da exposição (adotamos a sequência do Código, com pequenas variantes, quando necessárias à melhor compreensão da matéria), passamos a complementar o que já fora dito. São as seguintes as causas de cessação da eficácia da tutela cautelar concedida em caráter antecedente: (i) quando o autor não deduz o pedido principal no prazo legal (trinta dias); (ii) quando a tutela cautelar não for efetivada em trinta dias; (iii) quando o juiz julgar improcedente o pedido principal formulado pelo autor ou extinguir o processo sem resolução do mérito.

Na primeira hipótese, o Código visa evitar a perpetuidade da restrição. Na segunda, objetiva conferir efeito à renúncia tácita da parte autora à tutela cautelar.

No caso de improcedência do pedido principal, evidentemente a constrição não tem mais razão de existir, porquanto o pleito que a fundamentou não mereceu a tutela jurisdicional. Tratando-se de extinção sem resolução do mérito, a tutela cessa em razão da impossibilidade de se solucionar o conflito naquele feito.

Independentemente do motivo que levou à cessação dos efeitos da tutela cautelar antecedente, a parte que a pleiteou não pode renovar o pedido, salvo sob novo fundamento (art. 309, parágrafo único).

Em razão da autonomia do pedido principal em relação ao pedido de tutela cautelar, em princípio, o indeferimento desta não obsta a que a parte formule o pedido principal, nem influi no julgamento desse (art. 310). Apenas numa hipótese o motivo do indeferimento vai deixar reflexos sobre o pedido principal: quando o juiz acolher a alegação de decadência ou de prescrição. Nessa circunstância, a decisão que apreciar a tutela cautelar antecedente vai compor definitivamente a demanda, impedindo, por força da coisa julgada, a formulação do pedido principal acerca do direito atingido pela decadência ou cuja pretensão foi declarada prescrita.

TÍTULO III
DA TUTELA DA EVIDÊNCIA

CPC/2015	CPC/1973
Art. 311. **A tutela da evidência será concedida, independentemente da demonstração de perigo de dano ou de risco ao resultado útil do processo, quando:** I – ficar caracterizado o abuso do direito de defesa ou o manifesto propósito protelatório da *parte*; II – **as alegações de fato puderem ser comprovadas apenas documentalmente e houver tese firmada em julgamento de casos repetitivos ou em súmula vinculante;** III – **se tratar de pedido reipersecutório fundado em prova documental adequada do contrato de depósito, caso em que será decretada a ordem de entrega do objeto custodiado, sob cominação de multa;** IV – **a petição inicial for instruída com prova documental suficiente dos fatos constitutivos do direito do autor, a que o réu não oponha prova capaz de gerar dúvida razoável.** Parágrafo único. **Nas hipóteses dos incisos II e III, o juiz poderá decidir liminarmente.**	Art. 273. ~~O juiz poderá, a requerimento da parte, antecipar, total ou parcialmente, os efeitos da tutela pretendida no pedido inicial, desde que, existindo prova inequívoca, se convença da verossimilhança da alegação e:~~ [...] II – fique caracterizado o abuso de direito de defesa ou o manifesto propósito protelatório do *réu*.

COMENTÁRIOS:

Situações em que é possível conceder a tutela de evidência. Essa espécie de tutela provisória ganha verdadeiro aperfeiçoamento na sistemática do CPC/2015. De início, o *caput* do aludido dispositivo demonstra o já elucidado pela doutrina sob a vigência do CPC/1973: a tutela de evidência prescinde do elemento da urgência, isto é, do perigo da demora da prestação jurisdicional. Isso porque esse perigo está inserido na própria noção de evidência. O direito da parte é tão cristalino que a demora na sua execução, por mera e inócua atenção aos atos procedimentais do método, já se torna indevida.

Com relação ao inciso I do novo art. 311, existe disposição semelhante no CPC/1973, mais precisamente no art. 273, II. Além dos casos urgentes, cuja demonstração de dano ou perigo de dano é imprescindível, a legislação de 1973, alterada pela Lei nº 8.952/1994, também traz a possibilidade de concessão de tutela antecipada quando há abuso no direito de defesa ou manifesto propósito protelatório do réu.

Quanto à hipótese do inciso III, esclarece-se que ela se amolda perfeitamente ao pedido constante na ação de depósito prevista nos arts. 901 a 906 do CPC/1973, cuja finalidade é exigir a restituição de coisa depositada (CC, art. 629). Se o depositário não devolver a coisa quando acionado para tanto, poderá o depositante propor ação em face daquele, pleiteando a concessão da tutela provisória fundamentada na evidência do direito previsto no contrato.

Note-se que o CPC/2015, por não especificar o tipo de depósito, alberga as modalidades de depósito convencional e legal. O primeiro, também chamado de voluntário, é aquele que decorre de um acordo de vontades. O segundo, também chamado de necessário, ocorre quando o depósito é imposto por lei, seja em razão da natureza do contrato ou de circunstâncias imprevistas e imperiosas, como incêndio, calamidade, inundação, naufrágio ou saque (CC, art. 647).

As novidades ficam por conta dos incisos II e IV. O inciso II permite a concessão da tutela da evidência quando não houver necessidade de prova além da documental e o pedido se firmar em jurisprudência consolidada dos tribunais superiores. Em outras palavras, se o processo envolver questão cujo entendimento foi pacificado em julgamento de casos repetitivos ou em súmula vinculante, poderá o juiz, até mesmo liminarmente, conceder a tutela sob o fundamento de estar evidenciado o direito do autor ou do réu.

Sobre essa novidade, permito-me citar José Herval Sampaio Junior, para quem

> [...] a ideia dessa proteção diferenciada àquele que comprova de plano ter o direito afirmado é mais do que razoável e tem que ser prestigiada, pois o processo sempre deve assegurar que o ônus do tempo seja suportado por quem aparentemente não tem o melhor direito ou não tem direito algum, apesar de sua afirmação.[219]

---

[219] SAMPAIO JR., José Herval. **Tutelas de urgência:** sistematização das liminares de acordo com o Projeto do Novo CPC. São Paulo: Atlas, 2011, p. 66.

O inciso IV trata de outra situação na qual se opera a probabilidade de certeza do direito alegado. Não há necessidade de aguardar a finalização do processo para a satisfação do interesse do demandante quando a prova documental for suficientemente idônea e o demandado não trouxer aos autos qualquer elemento capaz de rebatê-la. Trata-se de uma espécie de prova documental pré-constituída, cuja relevância é capaz de atingir o convencimento do julgador sem que haja necessidade de prévia instrução.

LIVRO VI
FORMAÇÃO, SUSPENSÃO E EXTINÇÃO DO PROCESSO

TÍTULO I
DA FORMAÇÃO DO PROCESSO

CPC/2015	CPC/1973
Art. 312. Considera-se proposta a ação quando a petição inicial for *protocolada*, todavia, a propositura da ação só produz quanto ao réu os efeitos mencionados no *art. 240* depois que for validamente citado.	Art. 263. Considera-se proposta a ação, tanto que a petição inicial seja *despachada pelo juiz, ou simplesmente distribuída, onde houver mais de uma vara.* A propositura da ação, todavia, só produz, quanto ao réu, os efeitos mencionados no *art. 219* depois que for validamente citado.

 COMENTÁRIOS:

Marco temporal da propositura da ação. Passa a ser o momento do protocolo da petição inicial, uma vez que os atuais sistemas de registro de petições permitem a definição de qual ação foi protocolada primeiramente. Todavia, o CPC/2015 guardou atenção à técnica ao definir que os efeitos do art. 240 só ocorrem após a citação, momento no qual se conclui a formação da relação processual.

Oportuno notar que a citação não torna mais prevento o juízo, conforme ocorria no CPC/1973. Em princípio, a opção do CPC/1973 é mais técnica, uma vez que a prevenção só assegura o juízo natural após a formação da relação processual em sua completude. No entanto, o CPC/2015 adotou uma posição evidentemente pragmática, vinculando o efeito da prevenção à distribuição ou ao registro da petição inicial (art. 59).

TÍTULO II
DA SUSPENSÃO DO PROCESSO

CPC/2015	CPC/1973

Art. 313. Suspende-se o processo:	Art. 265. Suspende-se o processo:
I – pela morte ou pela perda da capacidade processual de qualquer das partes, de seu representante legal ou de seu procurador;	I – pela morte ou perda da capacidade processual de qualquer das partes, de seu representante legal ou de seu procurador;
II – pela convenção das partes;	II – pela convenção das partes;
III – *pela arguição de impedimento ou de suspeição;*	III – *quando for oposta exceção de incompetência do juízo, da câmara ou do tribunal, bem como de suspeição ou impedimento do juiz;*
IV – **pela admissão de incidente de resolução de demandas repetitivas;**	
V – quando a sentença de mérito:	IV – quando a sentença de mérito:
a) depender do julgamento de outra causa ou da declaração de existência ou de inexistência de relação jurídica que constitua o objeto principal de outro processo pendente;	a) depender do julgamento de outra causa, ou da declaração da existência ou inexistência da relação jurídica, que constitua o objeto principal de outro processo pendente;
b) tiver de ser proferida somente após a verificação de determinado fato ou a produção de certa prova, requisitada a outro juízo;	b) não puder ser proferida senão depois de verificado determinado fato, ou de produzida certa prova, requisitada a outro juízo;
VI – por motivo de força maior;	c) *tiver por pressuposto o julgamento de questão de estado, requerido como declaração incidente;*
VII – **quando se discutir em juízo questão decorrente de acidentes e fatos da navegação de competência do Tribunal Marítimo;**	V – por motivo de força maior;
VIII – nos demais casos que este Código regula;	VI – nos demais casos, que este Código regula.
IX – **pelo parto ou pela concessão de adoção, quando a advogada responsável pelo processo constituir a única patrona da causa;**	§ 1º *No caso de morte ou perda da capacidade processual de qualquer das partes, ou de seu representante legal, provado o falecimento ou a incapacidade*, o juiz suspenderá o processo, ~~salvo se já tiver iniciado a audiência de instrução e julgamento; caso em que:~~
X – **quando o advogado responsável pelo processo constituir o único patrono da causa e tornar-se pai.**	~~a) o advogado continuará no processo até o encerramento da audiência;~~
§ 1º *Na hipótese do inciso I,* o juiz suspenderá o processo, **nos termos do art. 689.**	~~b) o processo só se suspenderá a partir da publicação da sentença ou do acórdão.~~
§ 2º **Não ajuizada ação de habilitação, ao tomar conhecimento da morte, o juiz determinará a suspensão do processo e observará o seguinte:**	§ 2º No caso de morte do procurador de qualquer das partes, ainda que iniciada a audiência de instrução e julgamento, o juiz marcará, a fim de que a parte constitua novo mandatário, o prazo de *20 (vinte) dias*, findo o qual extinguirá o processo sem
I – **falecido o réu, ordenará a intimação do autor para que promova a citação do respectivo espólio, de quem for o sucessor ou, se for o caso, dos herdeiros, no prazo que designar, de no mínimo 2 (dois) e no máximo 6 (seis) meses;**	*julgamento* do mérito, se o autor não nomear novo mandatário, ou mandará prosseguir no processo, à revelia do réu, tendo falecido o *advogado* deste.

II – falecido o autor e sendo transmissível o direito em litígio, determinará a intimação de seu espólio, de quem for o sucessor ou, se for o caso, dos herdeiros, pelos meios de divulgação que reputar mais adequados, para que manifestem interesse na sucessão processual e promovam a respectiva habilitação no prazo designado, sob pena de extinção do processo sem resolução de mérito.

§ 3º No caso de morte do procurador de qualquer das partes, ainda que iniciada a audiência de instrução e julgamento, o juiz determinará que a parte constitua novo mandatário, no prazo de *15 (quinze)* dias, ao final do qual extinguirá o processo sem *resolução* de mérito, se o autor não nomear novo mandatário, ou ordenará o prosseguimento do processo à revelia do réu, se falecido o *procurador* deste.

§ 4º O prazo de suspensão do processo nunca poderá exceder 1 (um) ano *nas hipóteses do inciso V* e 6 (seis) meses *naquela prevista no inciso II*.

§ 5º O juiz determinará o prosseguimento do processo assim que esgotados os prazos previstos no § 4º.

§ 6º No caso do inciso IX, o período de suspensão será de 30 (trinta) dias, contado a partir da data do parto ou da concessão da adoção, mediante apresentação de certidão de nascimento ou documento similar que comprove a realização do parto, ou de termo judicial que tenha concedido a adoção, desde que haja notificação ao cliente.

§ 7º No caso do inciso X, o período de suspensão será de 8 (oito) dias, contado a partir da data do parto ou da concessão da adoção, mediante apresentação de certidão de nascimento ou documento similar que comprove a realização do parto, ou de termo judicial que tenha concedido a adoção, desde que haja notificação ao cliente.

§ 3º A suspensão do processo ~~por convenção das partes~~, *de que trata o nº II*, nunca poderá exceder 6 (seis) meses; findo o prazo, ~~o escrivão fará os autos conclusos ao~~ juiz, ~~que~~ ordenará o prosseguimento do processo.

~~§ 4º No caso do nº III, a exceção, em primeiro grau da jurisdição, será processada na forma do disposto neste Livro, Título VIII, Capítulo II, Seção III; e, no tribunal, consoante lhe estabelecer o regimento interno.~~

§ 5º *Nos casos enumerados nas letras a, b e c do nº IV*, o período de suspensão nunca poderá exceder 1 (um) ano. Findo este prazo, o juiz mandará prosseguir no processo.

 COMENTÁRIOS:

Regras gerais sobre a suspensão dos processos. Proposta a ação, o normal é o desenvolvimento da relação processual, culminando com a composição definitiva do litígio. Ocorre, entretanto, de o processo sofrer interrupções, seja por vontade das partes ou em decorrência de disposição legal, sem afetar o vínculo estabelecido entre as partes e o juiz. Nesse caso, a relação processual entra em crise, fica paralisada, ocorrendo o que se denomina suspensão do processo.

Distingue-se suspensão de extinção. Na suspensão, verifica-se apenas a paralisação temporária da marcha processual, mas a relação jurídica processual continua a gerar seus efeitos. Na extinção, seja com ou sem resolução do mérito, a relação processual desaparece, extinguindo-se também os direitos e as obrigações dela decorrentes. Aqui uma ressalva deve ser feita: tratando-se de extinção do processo com resolução do mérito, se a parte vencida na demanda não cumprir voluntariamente a obrigação fixada na sentença, será possível a execução do julgado, hipótese em que só estará extinta a obrigação com o seu efetivo cumprimento.

A suspensão é convencional na hipótese do inciso II e legal ou necessária nas demais.

Durante a suspensão, é defeso praticar qualquer ato processual, salvo atos urgentes, a fim de evitar dano irreparável (art. 314), como a audição de testemunha enferma e a realização de perícia. Tratando-se de arguição de impedimento ou suspeição, as tutelas de urgência poderão ser requeridas ao juiz que substituiu o magistrado impedido ou suspeito (art. 146, § 3º). A suspensão do processo, mesmo a decorrente de convenção das partes, é automática e inicia-se no momento em que se dá a ocorrência do fato, tendo a decisão que a declara efeito *ex tunc*.

Quanto ao término da suspensão, é automático nos casos em que a lei, o juiz ou as partes fixam o limite da suspensão (incisos I, II, V e VII) e dependente de intimação judicial quando o termo for indefinido (incisos III, IV e VI).

Suspensão pela morte ou pela perda da capacidade processual (inciso I). A morte e a perda da capacidade das pessoas indicadas no inciso I são acontecimentos que têm influência na relação processual, provocando a extinção ou a suspensão do processo, daí por que são denominados fatos processuais.

A morte da parte provoca a extinção do processo se a ação versar sobre direito intransmissível (art. 485, IX). É o que ocorre, por exemplo, nas ações de alimentos. Versando a demanda sobre direito transmissível, se não for ajuizada a habilitação (arts. 687 e seguintes), o juiz deve determinar a suspensão do processo e a intimação do espólio ou dos herdeiros para que promovam a habilitação. Caso não o façam no prazo designado, o juiz poderá extinguir o feito sem resolução do mérito.

No caso de falecimento do réu, o juiz intimará o autor para que este proceda à citação do espólio ou dos herdeiros. O novo CPC permite que o juiz conceda ao autor um prazo que pode variar de dois a seis meses para a adoção dessa providência (art. 313, § 2º, I).

Na hipótese de morte do representante legal da parte, duas situações podem ocorrer: tendo a parte outro representante (pai ou mãe), dá-se a mera substituição; se a parte não tiver outro representante legal, o juiz deve nomear curador especial (art. 72, I). Em ambas as hipóteses, a suspensão do processo é momentânea, apenas até a substituição do representante legal ou nomeação do curador.

No caso de morte do procurador de qualquer das partes, o processo é imediatamente suspenso, ainda que iniciada a audiência de instrução e julgamento, marcando o juiz o prazo de quinze dias para constituição de outro advogado. Se o autor não nomear novo mandatário no prazo assinado, extingue-se o processo. Se a inércia for do réu, o processo prossegue à sua revelia (art. 313, § 3º).

A perda da capacidade processual tem como consequência a suspensão do processo até a habilitação do curador, se houver; ou até a nomeação de curador especial, caso não haja curador investido na representação do interdito.

No CPC/2015 – e também no CPC/1973 – não há previsão para a hipótese de perda da capacidade do procurador da parte. É evidente que também o advogado não está imune à interdição ou à perda da capacidade postulatória. Nesses casos, aplica-se, por analogia, o disposto no art. 313, § 3º, isto é, ocorre a suspensão imediata do processo e a intimação da parte para constituir novo advogado.

Suspensão por convenção das partes. As partes podem convencionar a suspensão do processo pelo prazo máximo de seis meses, retomando automaticamente seu curso tão logo vença o prazo convencionado. A suspensão, nessa hipótese, não fica condicionada à aquiescência do juiz, conquanto dependa de despacho. O despacho determinando a suspensão é ato vinculado.

Suspensão em razão de impedimento ou de suspeição. Os motivos que determinam o impedimento e a suspeição são os elencados nos arts. 144 e 145. A suspensão do processo somente ocorre nos casos de arguição de suspeição ou impedimento do juiz. Tratando-se de incidente relativo à suposta parcialidade do membro do Ministério Público ou dos auxiliares da justiça, o processo não se suspenderá (art. 148, § 2º).

Suspensão em razão do incidente de resolução de demandas repetitivas. Proposto o incidente de resolução de demandas repetitivas (art. 976), as ações individuais sobre o mesmo tema (questão de direito) serão suspensas na primeira instância até que o órgão colegiado competente no tribunal de justiça ou no tribunal regional federal decida a tese jurídica que ensejou a instauração do incidente. A decisão, por sua vez, vinculará a decisão dos juízes de primeiro grau.

Na prática, se um juiz de Goiânia verificar que determinado assunto tem o potencial de se multiplicar, poderá suscitar a instauração do incidente perante o Tribunal de Justiça do Estado de Goiás. Se o relator admitir o incidente, o presidente do tribunal determinará a suspensão de todos os processos que estiverem tramitando no âmbito do Estado. Com a decisão do Tribunal de Justiça, a tese subordina os juízes daquele estado, mas caberá Recurso Extraordinário ou Especial, conforme se tratar de questão constitucional ou infraconstitucional.

Suspensão em razão da dependência do julgamento de outra causa, de declaração da existência ou inexistência de relação jurídica e de produção de prova. O art. 313, V, *a*, estabelece a suspensão do processo em razão de questão prejudicial que deva ser decidida em outro processo. Prejudiciais são questões de mérito que condicionam ou influem no julgamento de outra demanda. Assim, a usucapião é questão prejudicial em relação ao pedido reivindicatório formulado em relação ao mesmo imóvel.

A prejudicial interna, evidentemente, não provoca suspensão do processo, uma vez que a sentença, nesse caso, apreciará conjuntamente a prejudicial e o litígio em si. A paternidade é prejudicial em relação ao pedido de alimentos, todavia, ainda que o juiz tenha de se pronunciar sobre essa questão na ação de alimentos, não há suspensão do processo.

Entretanto, sendo a questão prejudicial objeto de outra causa, temos de fazer a distinção. Havendo apensamento dos processos – é o que normalmente ocorre em razão da conexão –, não há suspensão, porquanto a sentença, também nesse caso, julgará simultaneamente ambos os processos.

A despeito da prejudicialidade, ensejadora de decisões conflitantes, pode não ser possível a reunião dos processos, seja porque o juízo não é competente para ambos os feitos, seja porque se encontram eles em graus de jurisdição distintos. É nessa hipótese que se impõe a suspensão. O processo também deve ser suspenso quando a decisão não puder ser proferida senão depois de verificado determinado fato ou de produzida certa prova, requisitada a outro juízo (art. 313, V, *b*). É o que ocorre, por exemplo, quando, na ação de anulação de casamento com base no art. 1.521, VI, do CC/2002, o juiz, por meio de carta precatória, determina a verificação do estado civil de um dos cônjuges por ocasião do casamento. De acordo com o art. 377, *caput*, a expedição de carta precatória ou rogatória suspenderá o curso do processo, no caso previsto na alínea *b* do inciso V do art. 313, quando, tendo sido requerida antes da decisão de saneamento, a prova nelas solicitada apresentar-se imprescindível.

Mesmo requerida na fase mencionada, a rigor não se pode falar em suspensão do processo. Isso porque, expedida a carta, o processo desenvolve-se normalmente, paralisando apenas no momento de encerrar a fase instrutória, pelo prazo de um ano (art. 313, § 4º).

Embora a redação do art. 377, *caput*, indique a suspensão do feito, há entendimento no STJ proferido no CPC/1973, mas ainda aplicável à nova sistemática, segundo o qual a prova testemunhal por carta precatória ou rogatória requerida nos moldes desse dispositivo (art. 377 do CPC/2015; art. 338 do CPC/1973) não impede o juiz de julgar a ação nem o obriga a suspender o processo, "devendo fazê-lo apenas quando considerar essa prova imprescindível, assim entendida aquela sem a qual seria inviável o julgamento do mérito. A prova meramente útil, esclarecedora ou complementar, não deve obstar o curso regular do processo" (REsp 1.132.818/SP, julgado em 03.05.2012).

De qualquer forma, a carta requerida depois da decisão de saneamento, expedida sem previsão de efeito suspensivo ou devolvida depois de um ano, poderá ser juntada aos autos até o julgamento final (art. 377, parágrafo único).

Suspensão por motivo de força maior. Força maior, no sentido empregado pelo Código, abrange também o caso fortuito. É o fato humano (força maior) ou o acontecimento natural, imprevisível e inevitável (caso fortuito) capaz de comprometer a marcha regular do processo. A guerra e o atentado terrorista podem constituir causa de suspensão. Igualmente, o raio que cai no fórum e queima os processos; a enchente que inunda a cidade, apaga a luz e provoca a falta dos serviços de internet; o terremoto; a doença que impossibilita totalmente o advogado de exercer as suas atividades (STJ, REsp 670147 PE 2004/0082170-7). A alegação deve ser analisada à luz do caso concreto. O que importa é que o fato ou acontecimento impeça a prática do ato processual. Quando trata-se de ato do juiz, porque os prazos são impróprios, a força maior é praticamente irrelevante para o processo. O mesmo não se pode dizer com relação aos atos das partes, sujeitos à preclusão.

Suspensão em processo em que se discute questão decorrente de acidente ou fato de navegação de competência do tribunal marítimo. Outra hipótese de suspensão introduzida no CPC/2015 é a que trata de discussão decorrente de acidente ou fato de navegação cujo tribunal competente, no plano administrativo, é o marítimo. A instância administrativa (no caso, o Tribunal Marítimo[220]) e judicial não se confundem. Assim, em tese, o julgamento envolvendo acidentes e fatos da navegação pode-se dar tanto em uma como em outra instância, prevalecendo, por óbvio, a decisão judicial.[221] De regra, o Tribunal Marítimo, estribado em inquérito administrativo instaurado pela Capitania dos Portos, decide sobre a existência do fato ou acidente de navegação e algumas de suas consequências jurídicas. Esgotada a instância administrativa, os interessados podem, via ação própria, buscar a tutela jurisdicional.

A tecnicidade do julgamento proferido pelo Tribunal Marítimo levou o legislador a alçá-lo à condição de prejudicial externa, que acarreta a suspensão do processo judicial, a fim de que o órgão jurisdicional possa se valer dos elementos probatórios e das conclusões contidas no julgamento administrativo, embora a eles não esteja jungido.

A lei não exclui – e nem poderia excluir – da apreciação do Poder Judiciário lesão ou ameaça a direito inerentes à questão decorrente de acidentes e fatos da navegação (CF, art. 5º, inc. XXXV), apenas expressamente o submete a julgamento pelo Tribunal Marítimo. A submissão do fato a esse tribunal administrativo não gera litispendência, tampouco conexão capaz de ensejar reunião dos processos administrativo e judicial. Mas, uma vez instaurado o processo administrativo, o julgamento do processo judicial fica sobrestado até a conclusão daquele.

Em face da cogência do inciso VII do art. 313, o Judiciário fica compelido a aguardar a decisão do Tribunal Marítimo. Pode o órgão judicial até instruir a causa, mas não julgá-la. Deve-se ponderar que diante dos elementos probatórios qualificados produzidos no inquérito e no próprio processo administrativo, a mera instrução do processo judicial constitui ato que atenta contra os princípios da eficiência e da efetividade. Julgados como os proferidos nas apelações cíveis 29.682 e 46.271 pelo TRF2 não mais se sustentam. A demora na conclusão do processo administrativo pode até dar ensejo à impetração de mandado de segurança, mas não ao julgamento prévio pelo órgão judiciário.

O STF foi além do Código, elevando o julgamento pelo Tribunal Marítimo à categoria de condição da ação (RE 7446-BA). Falta interesse processual – desnecessidade da atuação judicial – àquele que sequer bateu às portas do órgão administrativo na tentativa de fazer prevalecer a sua pretensão.

---

[220]   O Tribunal Marítimo é órgão vinculado ao Ministério da Marinha, e tem por atribuição atos registrários envolvendo a propriedade naval e o **julgamento administrativo dos acidentes e fatos da navegação marítima. Não é adequado qualificá-lo como órgão auxiliar do Judiciário. O regramento** encontra-se na Lei nº 2.180/54.

[221]   "As conclusões estabelecidas pelo Tribunal Marítimo são suscetíveis de reexame pelo Poder Judiciário, ainda que a decisão proferida pelo órgão administrativo, no que se refere à matéria técnica referente aos acidentes e fatos da navegação, tenha valor probatório" (STJ, REsp 811.769/RJ, Rel. Min. Luis Felipe Salomão, 4ª Turma, julgado em 09.02.2010, *DJe* 12.03.2010).

Suspensão em virtude de parto, adoção ou paternidade. Os incisos IX e X foram inseridos no Código pela Lei nº 13.363/2016. Essa lei, que alterou Estatuto da Advocacia (Lei nº 8.906/1994) e o CPC/2015, estipulou direitos e garantias à advogada gestante, lactante, adotante que der à luz e ao advogado que se tornar pai.

Desnecessário é dizer que o parto ou mesmo a adoção, dependendo das circunstâncias do caso concreto – impedimento absoluto da realização do ato processual, por si ou por meio de procurador substabelecido – poderia perfeitamente caracterizar a força maior a que se refere o inciso VI. Gravidez, parto e adoção nem de longe se assemelham à doença. Isso é o óbvio. Entretanto, a *ratio decidendi* do precedente firmado para o caso de doença poderia ser aplicada à gravidez, de modo a proteger a parturiente ou pai do recém-nascido que patrocinam causas judiciais. Ao que consta, a insensibilidade manifestada em determinados julgamentos, exceção entre os magistrados brasileiros, levou à edição da lei.

Raros são os casos de paternidade que impedem a prática do ato processual, principalmente depois que os prazos passaram a ser contados somente em dias úteis. Que me perdoem os advogados que são pais – eu me perdoo. Para quem conhece o ritmo imprimido aos processos, paralisar um prazo processual porque o advogado tornou-se pai – a não ser em hipótese excepcionalíssima enquadrável no inciso VI –, constitui o mais arrematado descaso com a marcha processual, com o direito das partes, com a efetividade do processo. As causas de suspensão do processo não podem ser confundidas com benefícios previdenciários ou direitos trabalhistas. Processo, a um só tempo, é coisa do Estado e coisa das partes, e não somente dos advogados. Não é por outra razão que se deve notificar o cliente (a suspensão pode-lhe ser prejudicial) e requerer o deferimento ao juízo, que, no caso, se por meio de tutela declaratória, declarando a suspensão ou negando tal prerrogativa. O nascimento de filho ou a adoção constitui a causa da suspensão, mas esta não é automática. A ocorrência do fato gerador deve ser declarada pelo juiz, com o consequente deferimento. Falar em suspensão retroativa não é tecnicamente correto. Pode haver devolução de prazo, com eventual anulação de atos subsequentes.

Os direitos que a lei visa proteger são legítimos; contudo, a lei, tal como editada, tem a marca da irracionalidade. Não há dúvida de que os advogados e principalmente as advogadas que se tornam mães merecem toda a proteção do Estado-legislador e do juízo. A lei, como está posta, no mínimo compromete o direito das partes e de seus advogados a uma duração razoável do processo. Cabe a nós, juristas, sugerirmos os pingos que os julgadores devem ser colocar nos "is"; o tempero que deve ser ministrado à literalidade da lei.

Somente pode-se cogitar de suspensão quando a parturiente, o novel pai ou os adotantes constituírem os únicos patronos da causa. A suspensão será de trinta dias na hipótese de parto ou quando a advogada for adotante. Se a causa da suspensão for a paternidade ou a adoção por patrono do sexo masculino, a suspensão será apenas de oito dias. Contam-se somente os dias úteis, uma vez que se trata de prazo processual. A suspensão conta-se do parto ou da concessão da adoção.

Há que se apresentar, ou melhor, instruir o requerimento de suspensão com os documentos comprobatórios do nascimento ou da concessão da adoção, e também com a comprovação de que notificou o cliente. Não faz o menor sentido notificar o cliente e não juntar o comprovante da notificação nos autos. O que está no mundo e que interessar ao processo deve ir para os autos. Não me parece acertada a afirmação de que a notificação diz respeito somente à relação jurídica de representação judicial. A não concordância com a suspensão do processo pode conduzir à revogação do mandato (art. 111), com as consequências do art. 76. Os direitos e obrigações decorrentes do mandado judicial em muito extrapolam a esfera jurídica dos contratantes, deixando reflexos sobre a relação processual. A prévia anuência do cliente com a suspensão automática pode caracterizar cláusula abusiva.

Onde a lei não distingue, às vezes cabe à doutrina e à jurisprudência distinguir. A suspensão tem por fim proteger direitos da parturiente, do pai e do recém-nascido, tanto que o prazo da suspensão conta-se do nascimento. A suspensão só se justifica se houver ato a ser praticado pelo advogado a quem interessa a prerrogativa da suspensão pelos prazos mencionados nos §§ 6º e 7º, nada que não pudesse ser resolvido com a devolução de prazo (art. 223). Paralisar o processo na fase da realização da perícia, mormente quando não se demanda a participação do patrono, a quem interessaria a suspensão, não faz o menor sentido. Igualmente não faz sentido paralisar o processo se o ato a ser praticado no interregno mencionado na lei é da competência do juiz ou do escrivão.

Não se deve suspender o processo quando o adotado não se tratar de criança. Em se exigindo cuidados especiais ou extraordinários do advogado (a) adotante, pode restar caracterizada hipótese de força maior, e então o juiz deve aplicar o inciso VI.

Passado o prazo a que se referem os parágrafos 6º e 7º (trinta dias no caso de a advogada tratar-se da parturiente ou de adotante e oito dias quando o advogado for o pai, biológico ou por adoção), não mais se pode falar em suspensão do processo, o que não impede a parte interessada na prática do ato cuja preclusão operou-se, provada a justa causa, requerer a devolução do prazo com base no art. 223.

Os incisos em comento preveem direito disponível. Pode não interessar à(ao) advogada(o) destinatário do direito ou à parte a suspensão do processo. O requerimento deve ser instruído com a notificação da parte, a fim de comprovar que esta está de acordo com a suspensão. No caso de discordância, cabe à(ao) advogada(o) substabelecer os poderes do mandato ou, em último caso, cabe à parte constituir outro advogado.

Quem avisa amigo é. Tendo em vista minha prática como juiz e agora como advogado e pai adotivo, se houver prazo aberto para recurso, permitam-me as colegas um conselho gratuito. Notificar o cliente e por dever de lealdade aguardar a manifestação dele, ajuntar os documentos e protocolar o requerimento de suspensão é mais trabalhoso do que a prática do ato processual em si. Como não desejo que o meu cliente corra risco, tampouco quero perder tempo de convivência com o meu filho, vou elaborar as razões recursais.

Outros casos de suspensão regulados pelo CPC. A lógica aponta no sentido de que a previsão dos casos remanescentes, ou seja, os "demais casos que este Código regula", deva figurar no final da lista. Por descuido do legislador não se procedeu à renumeração dos incisos do art. 313, quando da inserção dos incisos IX e X. De qualquer forma, nestes comentários optamos pela lógica, daí porque o inciso VIII do dispositivo é comentado aqui, depois dos incisos IX e X.

A incapacidade processual ou irregularidade da representação (art. 76), a instauração de incidente de desconsideração da personalidade jurídica (art. 134, § 3º), a oposição proposta antes do início da audiência de instrução (art. 685, parágrafo único), o pedido de habilitação (art. 689), a existência de mediação extrajudicial ou de atendimento multidisciplinar nas ações de família (art. 694, parágrafo único), a oposição de embargos monitórios (art. 702, § 4º), o reconhecimento de repercussão geral no recurso extraordinário (art. 1.035, § 5º) e o julgamento dos recursos extraordinários e especiais repetitivos (art. 1.036, § 1º) são algumas das hipóteses de suspensão que estão dispostas ao longo do Código.

CPC/2015	CPC/1973
Art. 314. Durante a suspensão é *vedado* praticar qualquer ato processual, podendo o juiz, todavia, determinar a realização de atos urgentes a fim de evitar dano irreparável, **salvo no caso de arguição de impedimento e de suspeição.**	Art. 266. Durante a suspensão é *defeso* praticar qualquer ato processual; poderá o juiz, todavia, determinar a realização de atos urgentes, a fim de evitar dano irreparável.

 ## COMENTÁRIOS:

Atos processuais cuja prática é vedada durante a suspensão do processo. A rigor, não houve alteração no conteúdo. A regra é que, durante a suspensão, qualquer que seja o motivo que tenha dado ensejo a esta, não se praticam atos processuais. Pode, entretanto, o juiz a quem foi distribuída a ação determinar a realização de atos urgentes a fim de evitar dano irreparável, exceto quando a causa da suspensão for a arguição de impedimento ou suspeição. A partir da arguição da parcialidade, ou seja, do protocolo da petição a que se refere o art. 146, nem mesmo os atos urgentes podem ser praticados. O processo somente volta a ter seu curso normalizado caso o relator não atribua efeito suspensivo ao incidente ou depois do julgamento deste. A tutela de urgência constitui uma exceção. Qualquer que seja a causa da suspensão, até mesmo no caso de arguição de impedimento ou suspensão, exatamente por se tratar de provimento de urgência, pode ela ser requerida. No período compreendido entre a distribuição do incidente de parcialidade e a decisão do tribunal sobre os efeitos em que o incidente é recebido, bem como nos casos em que se imprime efeito suspensivo ao incidente, a tutela de urgência deve ser requerida ao substituto legal do juiz cuja imparcialidade se questiona (art. 146, § 3º). Por tutela de urgência pode-se entender qualquer provimento cuja realização seja necessária para evitar dano irreparável.

Ressalte-se que, tratando-se de incidente relativo à suposta parcialidade do membro do Ministério Público ou dos auxiliares da justiça, o processo não se suspenderá (art. 148, § 2º).

CPC/2015	CPC/1973
Art. 315. Se o conhecimento *do mérito* depender de verificação da existência de fato delituoso, o juiz pode *determinar a suspensão* do processo até que se pronuncie a justiça criminal. § 1º Se a ação penal não for proposta no prazo de *3 (três) meses*, contado da intimação do *ato de suspensão*, cessará o efeito desse, *incumbindo* ao juiz cível *examinar incidentemente a questão prévia*. § 2º **Proposta a ação penal, o processo ficará suspenso pelo prazo máximo de 1 (um) ano, ao final do qual aplicar-se-á o disposto na parte final do § 1º.**	Art. 110. Se o conhecimento *da lide* depender ~~necessariamente~~ da verificação da existência de fato delituoso, pode o juiz *mandar sobrestar no andamento* do processo até que se pronuncie a justiça criminal. Parágrafo único. Se a ação penal não for exercida dentro de *30 (trinta) dias*, contados da intimação do *despacho de sobrestamento*, cessará o efeito deste, *decidindo* o juiz cível *a questão prejudicial*.

 COMENTÁRIOS:

Verificação de fato delituoso. Inexiste conexão ou relação de acessoriedade entre o processo de natureza cível e o de natureza criminal (art. 935 do Código Civil). Apesar disso, se a decisão de mérito depender da verificação da existência de fato delituoso, pode o juiz determinar a suspensão do feito até o pronunciamento da justiça criminal. Se a ação penal não for proposta dentro de três meses – prazo maior que o CPC/1973 – contados da intimação do despacho que determinou a suspensão, o processo prosseguirá, cabendo ao juiz examinar incidentemente a questão. Caso a ação penal seja proposta no prazo indicado, o processo poderá ficar suspenso pelo prazo máximo de um ano, findo o qual prosseguirá (art. 313, V, *a*, e § 4º).

Prazo de suspensão. O prazo de suspensão é de, no máximo, um ano. Entretanto, se a ação penal não for instaurada dentro de três meses, contados da intimação do despacho de sobrestamento, o processo retomará seu curso normal, devendo o juiz cível examinar incidentemente a questão prévia (art. 315, § 1º).

TÍTULO III
DA EXTINÇÃO DO PROCESSO

CPC/2015	CPC/1973
Art. 316. **A extinção do processo dar-se-á por sentença.**	Não há correspondência.

 COMENTÁRIOS:

Terminologia. O conceito de sentença está umbilicalmente ligado à ideia de extinção do processo, consistindo, segundo o art. 203, § 1º, do CPC/2015, no pronunciamento por meio do qual o juiz, com fundamento nos arts. 485 e 487, põe fim à fase cognitiva do procedimento comum, bem como extingue a execução. Desse modo, para uma adequada compreensão do tema é necessária referência ao disposto no Capítulo XIII ("Da Sentença e da Coisa Julgada"), cuja Seção I ("Das Disposições Gerais") corresponde ao que, no CPC/1973, é tratado como extinção do processo.

Não obstante a permanência do conceito legal de sentença vinculado à extinção da demanda, deve-se ter em mente que a mera prolação de decisão que resolve o mérito ou que extingue o processo sem julgamento meritório não comporta imediata extinção da relação processual. O que ocorre é a resolução da função do órgão jurisdicional, que apresentou a devida prestação jurisdicional.

Deve-se entender, portanto, que o termo "sentença" denota dois significados distintos: um vinculado ao procedimento, indicando o ato decisório que extingue a atividade jurisdicional do órgão; e um significado ligado ao seu conteúdo, como pronunciamento meritório de cognição exauriente. Ainda que se entenda o segundo significado como consectário do primeiro, pode ser que nem sempre isso ocorra na cadeia de atos processuais. O principal exemplo dessa dicotomia é o julgamento antecipado parcial do mérito (art. 356), que permite o julgamento de parte do mérito antes da prolação da sentença e do encerramento da prestação jurisdicional.

CPC/2015	CPC/1973
Art. 317. **Antes de proferir decisão sem resolução de mérito, o juiz deverá conceder à parte oportunidade para, se possível, corrigir o vício.**	Não há correspondência.

 COMENTÁRIOS:

Preferência pelo julgamento do mérito. A necessidade de facultar à parte sanar vício processual, nos casos em que for possível fazê-lo, coaduna-se com o princípio da primazia do julgamento do mérito. Outros dispositivos do novo CPC traduzem esse princípio: arts. 4º; 282; 352; 488; 932, parágrafo único, 1.029, § 3º.

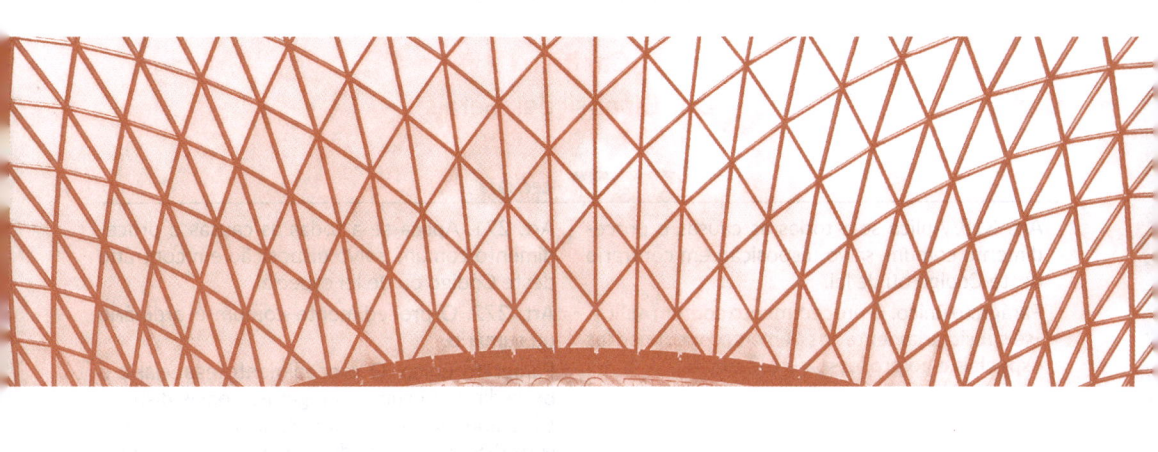

Parte Especial

LIVRO I
DO PROCESSO DE CONHECIMENTO E DO CUMPRIMENTO DE SENTENÇA

TÍTULO I
DO PROCEDIMENTO COMUM

Capítulo I
Das Disposições Gerais

CPC/2015	CPC/1973
Art. 318. Aplica-se a todas as causas o procedimento comum, salvo disposição em contrário deste Código ou de lei.	Art. 271. Aplica-se a todas as causas o procedimento comum, salvo disposição em contrário deste Código ou de lei ~~especial~~.
Parágrafo único. **O procedimento comum aplica-se subsidiariamente aos demais procedimentos especiais e ao processo de execução.**	Art. 272. ~~O procedimento comum é ordinário ou sumário.~~
	Parágrafo único. ~~O procedimento especial e o procedimento sumário regem-se pelas disposições que lhes são próprias, aplicando-se-lhes, subsidiariamente, as disposições gerais do procedimento ordinário.~~

 COMENTÁRIOS:

O CPC/2015 passa a adotar, como regra, o procedimento comum. Apesar de permanecer a nomenclatura utilizada no CPC/1973, trata-se de procedimento diverso, uma vez que a expressão não incorre mais em gênero – que comportava as espécies de procedimento ordinário e sumário –, mas em uma espécie única, que corresponde a uma mescla de disposições e atos processuais previstos nos dois procedimentos anteriores.

O parágrafo único do novo art. 318 determina a aplicação subsidiária do procedimento comum aos procedimentos especiais (arts. 539 e seguintes) e ao processo de execução (arts. 771 e seguintes). O CPC/1973 já trazia essa disposição em relação ao procedimento comum ordinário.

Capítulo II
Da Petição Inicial

Seção I
Dos Requisitos da Petição Inicial

CPC/2015	CPC/1973
Art. 319. A petição inicial indicará:	Art. 282. A petição inicial indicará:
I – o *juízo* a que é dirigida;	I – o *juiz ou tribunal*, a que é dirigida;

II – os nomes, os prenomes, o estado civil, **a existência de união estável**, a profissão, **o número de inscrição no Cadastro de Pessoas Físicas ou no Cadastro Nacional da Pessoa Jurídica, o endereço eletrônico**, o domicílio e a residência do autor e do réu;

III – o fato e os fundamentos jurídicos do pedido;

IV – o pedido com as suas especificações;

V – o valor da causa;

VI – as provas com que o autor pretende demonstrar a verdade dos fatos alegados;

VII – **a opção do autor pela realização ou não de audiência de conciliação ou de mediação.**

§ 1º Caso não disponha das informações previstas no inciso II, poderá o autor, na petição inicial, requerer ao juiz diligências necessárias a sua obtenção.

§ 2º A petição inicial não será indeferida se, a despeito da falta de informações a que se refere o inciso II, for possível a citação do réu.

§ 3º A petição inicial não será indeferida pelo não atendimento ao disposto no inciso II deste artigo se a obtenção de tais informações tornar impossível ou excessivamente oneroso o acesso à justiça.

II – os nomes, prenomes, estado civil, profissão, domicílio e residência do autor e do réu;

III – o fato e os fundamentos jurídicos do pedido;

IV – o pedido, com as suas especificações;

V – o valor da causa;

VI – as provas com que o autor pretende demonstrar a verdade dos fatos alegados;

~~VII – o requerimento para a citação do réu.~~

 ## COMENTÁRIOS:

Inciso I. A mudança na redação do dispositivo (substituição dos termos "o juiz" ou "o tribunal" pelo termo "juízo") reflete aprimoramento técnico, uma vez que designa o órgão jurisdicional conforme a competência em razão da matéria (Vara Cível, por exemplo), conforme a distribuição (quando há várias varas cíveis), ou, ainda, de acordo com as hipóteses de competência originária (Tribunal de Justiça de Minas Gerais, por exemplo).

Inciso II e §§ 1º e 2º. O CPC/2015 aumenta os requisitos para qualificação das partes. Quanto ao estado civil, deverá ser indicada também a existência da união estável. A indicação do CPF/CNPJ visa evitar problemas com homônimos no momento da citação. A indicação do endereço eletrônico serve para viabilizar a comunicação dos atos processuais diretamente às partes.

Nem sempre o autor disporá de todas as informações previstas no inciso II para propor a ação. Na ação de usucapião, por exemplo, é perfeitamente possível a realização de citação de pessoas incertas ou desconhecidas, as quais se submeterão à sentença da mesma forma que as partes previamente identificadas.

A ausência de uma ou de algumas das informações descritas nesse dispositivo não deve acarretar indeferimento da petição inicial se o réu puder ser identificado, por exemplo, por suas características físicas, apelidos ou quaisquer outras informações que não aquelas transcritas no inciso II.

No entanto, sendo insuficientes as informações destinadas à citação da parte contrária, poderá o autor requerer ao órgão jurisdicional a realização de diligências para a obtenção das informações necessárias (art. 319, §§ 1º e 2º). Somente se as diligências pleiteadas pelo autor forem excessivamente onerosas ou restarem infrutíferas é que a petição inicial poderá ser indeferida.

Inciso VII. O CPC/2015 remove dos requisitos da petição inicial o requerimento para citação do réu. Embora se exija a iniciativa do autor, o processo se desenvolve por impulso oficial. A citação é, portanto, ato que o juiz pode praticar de ofício.

O inciso acrescenta, ainda, a faculdade de o autor optar pela realização da audiência de conciliação e mediação (art. 334). Essa audiência busca a composição amigável do conflito antes mesmo da apresentação da contestação, conforme se verá adiante.

CPC/2015	CPC/1973
Art. 320. A petição inicial será instruída com os documentos indispensáveis à propositura da ação.	Art. 283. A petição inicial será instruída com os documentos indispensáveis à propositura da ação.

 **COMENTÁRIOS:**

Documentos indispensáveis. São indispensáveis à propositura da ação os documentos que, segundo o direito material, integram a substância do ato, a exemplo daquele referido no art. 406 (art. 366 do CPC/1973). São também indispensáveis os documentos que constituem o fundamento da causa de pedir.[1] A ausência de documentos indispensáveis impede que o juiz dê prosseguimento ao feito. Nesse caso, deve-se oportunizar à parte a emenda da petição inicial e, caso tal providência não seja adotada, a inicial deverá ser indeferida (art. 321, parágrafo único).

CPC/2015	CPC/1973
Art. 321. O juiz, ao verificar que a petição inicial não preenche os requisitos dos *arts. 319 e 320* ou que apresenta defeitos e irregularidades capazes de dificultar o julgamento de mérito, determinará que o autor a emende ou a complete, no prazo de *15 (quinze)* dias, a emende ou a complete, **indicando com precisão o que deve ser corrigido ou completado**. Parágrafo único. Se o autor não cumprir a diligência, o juiz indeferirá a petição inicial.	Art. 284. Verificando o juiz que a petição inicial não preenche os requisitos exigidos nos *arts. 282 e 283*, ou que apresenta defeitos e irregularidades capazes de dificultar o julgamento de mérito, determinará que o autor a emende, ou a complete, no prazo de *10 (dez)* dias. Parágrafo único. Se o autor não cumprir a diligência, o juiz indeferirá a petição inicial.

 COMENTÁRIOS:

Emenda à petição inicial. Verificando o juiz que a petição inicial não preenche os requisitos legais, deverá facultar ao autor a possibilidade de emendá-la, no prazo de 15 (quinze) dias (art. 321), nos casos em que possível for a emenda. Somente se não cumprida a diligência é que o magistrado poderá indeferir a exordial, extinguindo o feito sem resolução do mérito (art. 321, parágrafo único; art. 485, I).

---

[1]   Nesse sentido: STJ, REsp 114.052, Rel. Min. Sálvio de Figueiredo Teixeira, julgado em 15.10.1998.

O CPC/2015 aumentou o prazo para a emenda da inicial (passa de 10 (dez) para 15 (quinze) dias). Esse prazo correrá apenas em dias úteis, conforme dispõe o art. 219.

Indicação do vício a ser sanado. Constitui dever do juiz indicar, com precisão, o que deve ser corrigido ou complementado na inicial. O dever de fundamentação da decisão é essencial para o cumprimento dessa diligência, visto que sua inobservância pode ensejar a extinção do processo sem julgamento de mérito.[2] Em decorrência do princípio da cooperação (art. 6º), se o juiz identificar uma falha, cabe a ele informá-la à parte.

Seção II
Do Pedido

CPC/2015	CPC/1973
Art. 322. O pedido deve ser certo. § 1º Compreendem-se no principal os juros legais, **a correção monetária e as verbas de sucumbência, inclusive os honorários advocatícios.** § 2º **A interpretação do pedido considerará o conjunto da postulação e observará o princípio da boa-fé.**	Art. 286. O pedido deve ser certo ~~ou determinado.~~ [...] Art. 293. ~~Os pedidos são interpretados restritivamente, compreendendo-se, entretanto,~~ no principal os juros legais.

 COMENTÁRIOS:

Pedido certo "e" determinado. A regra é que o pedido deve ser certo **e** determinado (art. 322 c/c o art. 324). As exceções ao pedido determinado estão no § 1º do art. 324.

Certa é a qualidade do pedido expresso, pelo menos no que respeita ao gênero do objeto pretendido (oposto ao que se entende por pedido implícito). Determinado é o pedido cuja extensão é delimitada, isto é, sabe-se determinar no que consiste e em quanto consiste o pedido (é o oposto do pedido genérico).

Pedidos implícitos. Compreendem-se no pedido principal os juros legais, a correção monetária e as verbas de sucumbência, ainda que não tenham sido expressamente requeridos pela parte. Esse já era o entendimento firmado na doutrina e na jurisprudência,[3] apesar de não existir previsão expressa no CPC/1973.

---

[2] "Em princípio deve o Magistrado determinar a emenda da inicial nos termos do art. 284 CPC. Todavia, feita a contestação, com alegação de inépcia, e apresentada réplica afastando o vício, está correta a extinção do processo, sem julgamento do mérito, nos termos do art. 295, parágrafo único, I, combinado com o art. 267, I do mesmo Código" (STJ, REsp 156.759/SP, 3ª Turma, Rel. Min. Carlos Alberto Menezes Direito, julgado em 04.03.1999, DJU 26.04.1999). No mesmo sentido: REsp 540.332/RS, 4ª Turma, Rel. Min. Barros Monteiro, julgado em 16.08.2005, DJ 03.10.2005.

[3] Exemplos: "PROCESSUAL CIVIL. ADMINISTRATIVO. PROGRAMA DE GARANTIA DE ATIVIDADE AGROPECUÁRIA (PROAGRO). HONORÁRIOS ADVOCATÍCIOS. JUROS DE MORA E CORREÇÃO MONETÁRIA. PEDIDO IMPLÍCITO. EXCESSO DE EXECUÇÃO. INEXISTÊNCIA. 1. A inclusão de juros de mora e de correção monetária, em sede de liquidação de sentença, mercê de implícitos no pedido (art. 293 do CPC), não configura julgamento *ultra* ou *extra petita* [...]" (STJ, AgRg no AgRg no REsp 1.156.581/DF, Rel. Min. Luiz Fux, julgado em 03.08.2010, DJe 16.08.2010); "PROCESSUAL CIVIL. AGRAVO REGIMENTAL NO AGRAVO DE INSTRUMENTO. CONTRO-

Do mesmo modo, se a ação tiver por objeto o cumprimento de prestações sucessivas, estas serão incluídas no pedido independentemente de requerimento do autor (art. 323). É o que ocorre, por exemplo, nas ações de alimentos, cujas prestações podem se vencer no decorrer da ação e, nessa hipótese, não precisarão ser pleiteadas pelo autor para que sejam incluídas em eventual condenação.

Interpretação do pedido. O pedido, segundo o § 2º, deve ser interpretado levando-se em conta o conjunto da postulação e o princípio da boa-fé. Não há mais a regra segundo a qual os pedidos devem ser interpretados restritivamente. Essa ausência, contudo, não significa afronta ao princípio da correlação entre a sentença e o pedido, porquanto os limites de cognição do magistrado continuam expostos nos arts. 141 e 492 do CPC/2015. A regra expressa no § 2º se coaduna com a visão instrumentalista do processo. Nesse sentido, a mera ausência ou imprecisão terminológica dos pedidos não impede o julgamento de todas as questões discutidas.[4]

CPC/2015	CPC/1973
Art. 323. *Na ação que tiver por objeto cumprimento de obrigação em prestações sucessivas,* essas serão consideradas incluídas no pedido, independentemente de declaração expressa do autor, e serão incluídas na condenação, enquanto durar a obrigação, se o devedor, no curso do processo, deixar de pagá-las ou de consigná-las.	Art. 290. *Quando a obrigação consistir em prestações periódicas,* considerar-se-ão elas incluídas no pedido, independentemente de declaração expressa do autor; se o devedor, no curso do processo, deixar de pagá-las ou de consigná-las, a sentença as incluirá na condenação, enquanto durar a obrigação.

 COMENTÁRIOS:

Conferir comentários ao artigo anterior.

CPC/2015	CPC/1973
Art. 324. O pedido deve ser determinado. § 1º É lícito, porém, formular pedido genérico: I – nas ações universais, se o autor não puder individuar os bens demandados; II – quando não for possível determinar, *desde logo,* as consequências do ato ou do fato; III – quando a determinação do **objeto ou** do valor da condenação depender de ato que deva ser praticado pelo réu. § 2º **O disposto neste artigo aplica-se à reconvenção.**	Art. 286. O pedido deve ser ~~certo ou~~ determinado. É lícito, porém, formular pedido genérico: I – nas ações universais, se não puder o autor individuar na petição os bens demandados; II – quando não for possível determinar, *de modo definitivo,* as consequências do ato ou do fato ~~ilícito~~; III – quando a determinação do valor da condenação depender de ato que deva ser praticado pelo réu.

VÉRSIA ACERCA DA EXCLUSÃO, PELO TRIBUNAL DE ORIGEM, DOS HONORÁRIOS ADVOCATÍCIOS ARBITRADOS NA SENTENÇA. JULGAMENTO *ULTRA PETITA.* NÃO OCORRÊNCIA. DECRETO-LEI 1.025/69. SUBSTITUIÇÃO DOS HONORÁRIOS. 1. Os honorários, como consectários da sucumbência, integram o conteúdo implícito do pedido. Ademais, houve expresso peticionamento, no recurso de apelação, para exclusão dos encargos previstos no Decreto-Lei 1.025/69, que, nos termos da Súmula 168 do extinto TFR, substituiu os honorários. 2. Agravo regimental desprovido" (STJ, AgRg no Ag 1.018.124/SP, Rel. Min. Denise Arruda, julgado em 09.12.2008, *DJe* 11.02.2009).

[4] "Não se rejeita o requerimento genérico se, mesmo deficientemente formulado, permitir a correta compreensão de seu alcance e a ampla defesa da parte adversa" (STJ, REsp 20.923/SP, 1ª Turma, Rel. Min. Demócrito Reinaldo, julgado em 05.08.1992, *DJU* 21.09.1992, p. 15.663).

COMENTÁRIOS:

Pedido genérico. O art. 324, § 1º, permite a formulação de pedido genérico, isto é, pedido certo quanto à existência, quanto ao gênero, mas ainda não individuado no que respeita à quantidade, nas seguintes hipóteses: a) nas ações universais, se não puder o autor individuar os bens demandados. Refere-se à universalidade de fato ou de direito. O rebanho e a biblioteca são universalidades de fato. A herança é uma universalidade de direito; b) quando não for possível determinar, desde logo, as consequências do ato ou do fato. É o que ocorre quando se formula pedido de perdas e danos sem determinar o valor do pedido. Sabe-se o *an debeatur* (o que é devido), mas não o *quantum debeatur* (o quanto é devido). Nesses casos, o autor pleiteia a reparação, mas a extensão dos danos somente se verifica no decorrer da instrução processual ou na fase de liquidação de sentença; c) quando a determinação do valor da condenação depender de ato que deva ser praticado pelo réu. É o que ocorre nas obrigações de fazer, quando o autor opta pela indenização em razão do descumprimento da avença.

Anote que em relação ao inciso II foi suprimida a qualidade de "ilícito" do ato. O ato ilícito encontra conceito no CC/2002, nos arts. 186 e 187. Essa característica distinguia-o dos demais atos jurídicos e limitava as hipóteses de pedido genérico. O legislador rompeu essa barreira, permitindo a utilização de pedido genérico quando não for possível medir as consequências do ato ou fato, seja ele lícito ou ilícito.

Aplicação à reconvenção. A referência à aplicação à reconvenção (§ 2º) se faz necessária, porquanto a sua natureza de ação indica a necessidade de preenchimento dos mesmos requisitos da petição inicial.

CPC/2015	CPC/1973
Art. 325. O pedido será alternativo quando, pela natureza da obrigação, o devedor puder cumprir a prestação de mais de um modo.	Art. 288. O pedido será alternativo, quando, pela natureza da obrigação, o devedor puder cumprir a prestação de mais de um modo.
Parágrafo único. Quando, pela lei ou pelo contrato, a escolha couber ao devedor, o juiz lhe assegurará o direito de cumprir a prestação de um ou de outro modo, ainda que o autor não tenha formulado pedido alternativo.	Parágrafo único. Quando, pela lei ou pelo contrato, a escolha couber ao devedor, o juiz lhe assegurará o direito de cumprir a prestação de um ou de outro modo, ainda que o autor não tenha formulado pedido alternativo.

 COMENTÁRIOS:

Pedido alternativo. Formular pedido alternativo é pedir que o réu seja condenado em qualquer dos possíveis modos de cumprimento de determinada obrigação assegurada em lei ou em contrato. Nas obrigações alternativas, normalmente a escolha da prestação cabe ao devedor (art. 252 do CC). Nesse caso, formulado o pedido alternativamente, a condenação deverá ser também alternativa e a especialização da prestação será feita no processo executório (art. 800 do CPC).[5]

---

[5] SANTOS, Ernane Fidelis. **Manual de direito processual civil**: processo de conhecimento. 3. ed. São Paulo: Saraiva, 1994. v. 1, p. 313.

CPC/2015	CPC/1973
Art. 326. É lícito formular mais de um pedido em ordem *subsidiária*, a fim de que o juiz conheça do posterior, quando não acolher o anterior. **Parágrafo único. É lícito formular mais de um pedido, alternativamente, para que o juiz acolha um deles.**	Art. 289. É lícito formular mais de um pedido em ordem *sucessiva*, a fim de que o juiz conheça do posterior, em não ~~podendo~~ acolher o anterior.

 COMENTÁRIOS:

Pedido em ordem subsidiária. O *caput* do novo art. 326 dispõe sobre a cumulação sucessiva imprópria (pedido subsidiário, segundo a nova redação), na qual o deferimento do pedido principal importa indeferimento do pedido subsidiário (e vice-versa). Nessa hipótese, o autor formula mais de um pedido, a fim de que o juiz conheça do posterior, se não puder acolher o anterior. Exemplo: o autor pede a entrega do apartamento ou a devolução das prestações pagas. O juiz, não acolhendo um pedido, poderá acolher o outro.

Pedido em ordem subsidiária: é uma modalidade de pedido alternativo, com uma diferença: enquanto o pedido alternativo refere-se ao objeto mediato, que pode ser escolhido inclusive na fase de execução, o pedido subsidiário refere-se ao objeto imediato, à tutela jurisdicional, na qual a prestação já fica definida. Nessa hipótese, o autor formula mais de um pedido, a fim de que o juiz conheça do posterior, se não puder acolher o anterior (art. 326). O autor pede a entrega do apartamento ou a devolução das prestações pagas. O juiz, não acolhendo um pedido, pode acolher o outro. Como lembra Humberto Theodoro Júnior,[6] nessa situação a cumulação de pedidos é apenas eventual. Há, na verdade, um pedido principal e um ou vários subsidiários, que só serão examinados na eventualidade de rejeição do primeiro. Nesse caso, subsistirá interesse recursal ao autor caso lhe seja concedido o pedido subsidiário, de modo que poderá pleitear, perante o tribunal, a procedência do pedido principal.

CPC/2015	CPC/1973
Art. 327. É lícita a cumulação, em um único processo, contra o mesmo réu, de vários pedidos, ainda que entre eles não haja conexão. § 1º São requisitos de admissibilidade da cumulação que: I – os pedidos sejam compatíveis entre si; II – seja competente para conhecer deles o mesmo juízo; III – seja adequado para todos os pedidos o tipo de procedimento.	Art. 292. É permitida a cumulação, num único processo, contra o mesmo réu, de vários pedidos, ainda que entre eles não haja conexão. § 1º São requisitos de admissibilidade da cumulação: I – que os pedidos sejam compatíveis entre si; II – que seja competente para conhecer deles o mesmo juízo; III – que seja adequado para todos os pedidos o tipo de procedimento.

---

[6] THEODORO JÚNIOR, Humberto. **Curso de direito processual civil**. 32. ed. Rio de Janeiro: Forense, 2001. v. II, p. 391.

§ 2º Quando, para cada pedido, corresponder tipo diverso de procedimento, será admitida a cumulação se o autor empregar o procedimento *comum*, **sem prejuízo do emprego das técnicas processuais diferenciadas previstas nos procedimentos especiais a que se sujeitam um ou mais pedidos cumulados, que não forem incompatíveis com as disposições sobre o procedimento comum.** § 3º **O inciso I do § 1º não se aplica às cumulações de pedidos de que trata o art. 326.**	§ 2º Quando, para cada pedido, corresponder tipo diverso de procedimento, admitir-se-á a cumulação, se o autor empregar o procedimento *ordinário*.

 ## COMENTÁRIOS:

Cumulação de pedidos. Além da cumulação eventual, quando o acolhimento de um pedido implica rejeição do outro, permite o art. 327 a formulação de vários pedidos contra um mesmo réu, ainda que entre eles não haja conexão. A cumulação pode ser simples, quando os pedidos são absolutamente independentes (exemplo: cobrança simultânea de duas dívidas oriundas de fatos diversos); sucessiva, quando há uma relação de dependência entre os pedidos, de forma que o acolhimento de um pressupõe o do pedido anterior (exemplo: investigação de paternidade cumulada com petição de herança); e eventual, quando a cumulação é de pedidos subsidiários.

Apesar de não haver necessidade de conexão entre os pedidos, eles devem ser compatíveis entre si; caso contrário, deve o juiz intimar o autor para emendar a petição inicial para que seja feita a opção por um deles.

Há necessidade, ainda, de o juiz ser competente para apreciar todos os pedidos. Sendo absolutamente incompetente para algum deles, o juiz deve julgar apenas aqueles para os quais detenha competência, sendo facultado ao autor pleitear os demais perante o juízo competente. Essa é a regra que se extrai da Súmula nº 170 do STJ: "compete ao juízo onde primeiro for intentada a ação envolvendo acumulação de pedidos, trabalhista e estatutário, decidi-la nos limites da sua jurisdição, sem prejuízo do ajuizamento de nova causa, com pedido remanescente, no juízo próprio".

Se o juiz não for competente para nenhum dos pedidos, deverá remeter os autos ao órgão jurisdicional competente.

O último requisito para a cumulação de pedidos tem relação com o tipo de procedimento. Se para cada pedido for adequado um determinado procedimento, o autor, desde logo, deve optar pelo procedimento comum para todos eles, sem prejuízo à adoção das regras especiais a que se sujeitarem um ou mais pedidos cumulados (art. 327, § 2º).

Ressalte-se que o requisito compatibilidade não se aplica à cumulação eventual ou em ordem subsidiária, ou seja, aquela prevista no art. 326.

CPC/2015	CPC/1973
Art. 328. Na obrigação indivisível com pluralidade de credores, aquele que não participou do processo receberá sua parte, deduzidas as despesas na proporção de seu crédito.	Art. 291. Na obrigação indivisível com pluralidade de credores, aquele que não participou do processo receberá a sua parte, deduzidas as despesas na proporção de seu crédito.

COMENTÁRIOS:

Obrigação indivisível e pluralidade de credores. Regula o art. 328 o recebimento de prestação indivisível em obrigação com diversos credores.

Obrigação indivisível é aquela cuja prestação não comporta divisão, seja por sua natureza, por motivo de ordem econômica ou em razão do próprio negócio (art. 258 do CC). Nesse caso, havendo pluralidade de credores, qualquer um deles, individualmente, tem legitimidade e interesse para exigir o cumprimento da obrigação por inteiro, já que, repita-se, ela não é suscetível de divisão. Como a decisão precisa ser uniforme para todos os credores, mesmo aquele que não participou do processo será atingido pelos efeitos da sentença, podendo levantar a sua parte, deduzidas as despesas na proporção de seu crédito. Vale lembrar que não há necessidade de formação de litisconsórcio, mas, se formado, ele será facultativo e unitário.

CPC/2015	CPC/1973
Art. 329. O autor poderá: I – *até a* citação, aditar **ou alterar** o pedido **ou a causa de pedir, independentemente de consentimento do réu;** II – *até o saneamento do processo, aditar ou alterar o pedido e a causa de pedir, com consentimento do réu,* **assegurado o contraditório mediante a possibilidade de manifestação deste no prazo mínimo de 15 (quinze) dias, facultado o requerimento de prova suplementar.** Parágrafo único. **Aplica-se o disposto neste artigo à reconvenção e à respectiva causa de pedir.**	Art. 294. *Antes da* citação, o autor poderá aditar o pedido, ~~correndo à sua conta as custas acrescidas em razão dessa iniciativa.~~ Art. 264. *Feita a citação, é defeso ao autor modificar o pedido ou a causa de pedir, sem o consentimento do réu,* ~~mantendo-se as mesmas partes, salvo as substituições permitidas por lei.~~ Parágrafo único. *A alteração do pedido ou da causa de pedir em nenhuma hipótese será permitida após o saneamento do processo.*

 COMENTÁRIOS:

Alteração do pedido. Completada a relação processual com a citação do réu, estabilizam-se os elementos da causa (partes, pedido e causa de pedir), operando-se a litispendência, a individualização da demanda, pelo que nenhuma alteração poderá ser levada a efeito sem o consentimento do réu. Assim, até a citação, pode o autor alterar ou aditar o pedido ou a causa de pedir sem o consentimento do réu. Se, no entanto, o ato citatório tiver sido realizado, o aditamento ou a alteração do pedido e da causa de pedir dependerão do consentimento da parte contrária. Nesta última situação a manifestação do autor deve se dar até o saneamento do processo.

As regras quanto à modificação do pedido e da causa de pedir também valem para a reconvenção, instrumento por meio do qual pode se valer o réu para formular pedidos contra o autor em seu favor.

Apesar da nova redação, não há, na prática, alterações relevantes. Trata-se de regras já previstas no CPC/1973, que materializam o princípio da estabilização da demanda, impedindo a inclusão de novos pedidos ou causas de pedir após determinado momento processual.[7]

---

[7] A corrente instrumentalista entende que há possibilidade de flexibilização desta regra, desde que garantidos o contraditório e a ampla defesa: "Se, inadvertidamente, for introduzida no processo causa de pedir não deduzida na inicial e o contraditório abranger a nova realidade fática, não há porque

Seção III
Do Indeferimento da Petição Inicial

CPC/2015	CPC/1973
Art. 330. A petição inicial será indeferida quando:	Art. 295. A petição inicial será indeferida:
I – for inepta;	I – quando for inepta;
II – a parte for manifestamente ilegítima;	II – quando a parte for manifestamente ilegítima;
III – o autor carecer de interesse processual;	III – quando o autor carecer de interesse processual;
IV – não atendidas as prescrições dos *arts. 106 e 321*.	~~IV – quando o juiz verificar, desde logo, a decadência ou a prescrição (art. 219, § 5º);~~
§ 1º Considera-se inepta a petição inicial quando:	~~V – quando o tipo de procedimento, escolhido pelo autor, não corresponder à natureza da causa, ou ao valor da ação; caso em que só não será indeferida, se puder adaptar-se ao tipo de procedimento legal;~~
I – lhe faltar pedido ou causa de pedir;	
II – **o pedido for indeterminado, ressalvadas as hipóteses legais em que se permite o pedido genérico;**	VI – quando não atendidas as prescrições dos *arts. 39, parágrafo único, primeira parte, e 284;*
III – da narração dos fatos não decorrer logicamente a conclusão;	Parágrafo único. Considera-se inepta a petição inicial quando:
IV – contiver pedidos incompatíveis entre si.	I – lhe faltar pedido ou causa de pedir;
§ 2º Nas ações que tenham por objeto **a revisão de** obrigação decorrente de empréstimo, de financiamento ou de *alienação de bens*, o autor terá de, **sob pena de inépcia,** discriminar na petição inicial, dentre as obrigações contratuais, aquelas que pretende controverter, além de quantificar o valor incontroverso **do débito**.	II – da narração dos fatos não decorrer logicamente a conclusão;
	~~III – o pedido for juridicamente impossível;~~
	IV – contiver pedidos incompatíveis entre si.
§ 3º **Na hipótese do § 2º**, o valor incontroverso deverá continuar a ser pago no tempo e modo contratados.	Art. 285-B. Nos litígios que tenham por objeto obrigações decorrentes de empréstimo, financiamento ou *arrendamento mercantil*, o autor deverá discriminar na petição inicial, dentre as obrigações contratuais, aquelas que pretende controverter, quantificando o valor incontroverso.
	§ 1º O valor incontroverso deverá continuar sendo pago no tempo e modo contratados.
	~~§ 2º O devedor ou arrendatário não se exime da obrigação de pagamento dos tributos, multas e taxas incidentes sobre os bens vinculados e de outros encargos previstos em contrato, exceto se a obrigação de pagar não for de sua responsabilidade, conforme contrato, ou for objeto de suspensão em medida liminar, em medida cautelar ou antecipação dos efeitos da tutela.~~

desconsiderá-la. As regras da correlação, da eventualidade e da preclusão visam a assegurar a amplitude da defesa e o normal desenvolvimento do processo" (BEDAQUE, José Carlos dos Santos. **Efetividade do processo e técnica processual**. 3. ed. São Paulo: Malheiros, 2006. p. 134).

COMENTÁRIOS:

Não preenchimento dos requisitos dos arts. 106, 319 e 320. A petição inicial poderá ser indeferida se não estiverem preenchidos os requisitos dos arts. 319 e 320. O mesmo ocorrerá quando o advogado que postular em causa própria não indicar na petição inicial o endereço, eletrônico ou não, no qual receberá as intimações, bem como o seu número de inscrição na Ordem dos Advogados do Brasil (art. 106).

Em ambos os casos e, ainda, quando constatadas outras omissões, defeitos e irregularidades sanáveis na petição, o juiz deve assinar o prazo de 15 (quinze) dias para a emenda. Esgotado o prazo e não suprida a omissão, a petição será indeferida e o processo extinto sem resolução do mérito.

Inépcia da inicial (art. 330, I). Considera-se inepta ou não apta para provocar a jurisdição a petição inicial que não contém o pedido ou a causa de pedir; o pedido ou a causa de pedir for obscuro; o pedido for indeterminado (salvo quando a lei permite que se formule pedido genérico); quando da narração dos fatos não decorrer logicamente a conclusão; quando contiver pedidos incompatíveis entre si (art. 330, § 1º, IV); ou quando o autor não discriminar as obrigações contratuais que pretende controverter (art. 330, § 2º).

A causa de pedir e o pedido formam um silogismo. Os fundamentos jurídicos do pedido (causa próxima) constituem a premissa maior; os fatos (causa remota), a premissa menor, e o pedido, a conclusão. Para que a petição seja apta, é necessário que o pedido seja decorrência lógica dos fatos narrados. O autor narra que o réu, agindo com culpa, causou danos em seu veículo. Dessa narrativa, em face do disposto no art. 186 do CC, o lógico é que o autor requeira a condenação do réu em perdas e danos. Se, por exemplo, pedir rescisão de um contrato de compra e venda firmado com o réu, a petição será inepta. A obscuridade do pedido ou da causa de pedir não tem relação com o fato de eventualmente a redação da petição inicial não adotar a forma e os termos mais claros, já que o juiz, na tentativa de otimizar o processo e conferir-lhe celeridade, pode proceder à interpretação lógico-sistemática da petição para extrair de seu conjunto o alcance e o sentido da demanda. Em outras palavras, a obscuridade do pedido ou da causa de pedir apta a ensejar o indeferimento da petição inicial deve impossibilitar, ou pelo menos dificultar, a análise ampla e detida da relação jurídica em exame.

Entendemos que, no caso de obscuridade, deve o magistrado solicitar esclarecimentos ao autor antes de indeferir a petição inicial.

A cumulação de pedidos ou de ações pressupõe, entre outros requisitos, a compatibilidade. Se os pedidos formulados forem incompatíveis, a petição será inepta. Compatibilidade haverá se um pedido não for contrário ou antagônico ao outro, de forma que o atendimento de um implique necessariamente a negativa do outro. Exemplo: quem pede a entrega da coisa comprada não pode pleitear, concomitantemente, a restituição do preço, porque tais pedidos são incompatíveis.[8] Não impede, entretanto, que os pedidos, nesse caso, sejam formulados em caráter subsidiário. Nessa hipótese, o indeferimento da inicial pode atingir somente o pedido incompatível.

---

[8] FADEL, Sergio Sahione. **Código de Processo Civil comentado**. 4. ed. Rio de Janeiro, 1981. v. 1, p. 495.

Legitimidade da parte e falta de interesse processual (art. 330, II e III). Além de possibilitar o indeferimento de plano da petição inicial, a falta de legitimidade ou de interesse processual permite a extinção do processo sem resolução do mérito em qualquer fase processual.

Inépcia por impossibilidade jurídica do pedido (CPC/1973). No CPC/2015 não há mais a referência à "possibilidade jurídica do pedido" como hipótese geradora da extinção do processo sem resolução do mérito, seja quando enquadrada como condição da ação ou como causa para o indeferimento da petição inicial. O CPC/1973 contemplava a possibilidade jurídica do pedido como uma das causas que geravam a inépcia da petição inicial e, consequentemente, o seu indeferimento (art. 295, parágrafo único, III, CPC/1973). Essa causa de inépcia já era bastante discutida na doutrina, já que muitos estudiosos, exemplo de Enrico Tullio Liebman,[9] entendiam-na como causa que, se inexistente, levava à improcedência da pretensão deduzida em juízo. De acordo com a sistemática atual, consagra-se o entendimento de que a possibilidade jurídica do pedido é causa para resolução do mérito da demanda e não simplesmente de sua inadmissibilidade.

§§ 2º e 3º. Com redação semelhante à do art. 285-B do CPC/1973, esses dispositivos preveem que nas demandas que tenham por objeto a revisão de obrigação decorrente de empréstimo, financiamento ou alienação de bens, o autor deverá discriminar na petição inicial, entre as obrigações contratuais, aquelas que pretende controverter, além de quantificar o valor incontroverso do débito.

O § 3º não exige o depósito do valor incontroverso, ou seja, daquele montante da obrigação sobre o qual as partes (credor e o devedor) não apresentam discordância. A exigência se faz quanto à discriminação de seu valor na petição inicial.

Na hipótese de o autor não quantificar o valor incontroverso, entendo que o juiz deverá lhe conceder a possibilidade de emendar a petição inicial, aplicando-se analogicamente o art. 321. Caso a determinação judicial não seja cumprida, caberá ao magistrado indeferir a petição inicial por inépcia e extinguir o feito sem resolução do mérito (art. 485, I, CPC/2015).

Prescrição e decadência. A verificação da prescrição e da decadência, contempladas no dispositivo do CPC/1973, foi deslocada para o instituto que trata da improcedência liminar do pedido (art. 332, § 1º). O reconhecimento da prescrição ou da decadência compreende julgamento de mérito, o que não acontece quando o juiz indefere a petição inicial. Para melhor compreensão, conferir comentários ao art. 332.

Incompatibilidade de procedimentos. A hipótese de indeferimento pela incompatibilidade de procedimentos foi suprimida. O CPC/2015 trata de um procedimento único, chamado de procedimento comum, não existindo mais a separação entre procedimento sumário e ordinário.

---

[9] Essa condição (possibilidade jurídica do pedido) "nunca foi acolhida na Itália, e seu criador, Enrico Tullio Liebman, veio posteriormente alterar seu pensamento e desconsiderar a possibilidade jurídica do pedido como condição autônoma. Não obstante, no Brasil, curiosamente, manteve-se o pensamento original de Liebman e permaneceu a referência no CPC à possibilidade jurídica do pedido como uma das condições da ação" (ANDRADE, Érico. **O mandado de segurança:** a busca da verdadeira especialidade (proposta de releitura à luz da efetividade do processo. Rio de Janeiro: Lumen Juris, 2010. p. 487-489).

CPC/2015	CPC/1973
Art. 331. Indeferida a petição inicial, o autor poderá apelar, facultado ao juiz, *no prazo de 5 (cinco) dias,* retratar-se. § 1º *Se não houver retratação,* **o juiz mandará citar o réu para responder ao recurso.** § 2º **Sendo a sentença reformada pelo tribunal, o prazo para a contestação começará a correr da intimação do retorno dos autos, observado o disposto no art. 334.** § 3º **Não interposta a apelação, o réu será intimado do trânsito em julgado da sentença.**	Art. 296. Indeferida a petição inicial, o autor poderá apelar, facultado ao juiz, *no prazo de 48 (quarenta e oito) horas,* reformar sua decisão. Parágrafo único. *Não sendo reformada a decisão,* ~~os autos serão imediatamente encaminhados ao tribunal competente.~~

 COMENTÁRIOS:

Juízo de retratação. A redação do CPC/2015 aumenta o prazo para retratação do juiz quando este receber o recurso de apelação contra decisão que indeferir a petição inicial. O prazo passa de 48 (quarenta e oito) horas para 5 (cinco) dias.

Feita a retratação, o juiz mandará citar o réu para comparecer à audiência de mediação e conciliação. Não se retratando o juiz, os autos serão remetidos ao tribunal para apreciar o recurso de apelação, sendo que antes deverá ser providenciada a citação do réu para apresentar contrarrazões. É justamente nesse ponto que reside a diferença entre a nova legislação e o CPC/1973.

Na sistemática anterior (CPC/1973), o réu não precisava ser citado para responder ao recurso. Entretanto, de acordo com o CPC/2015, a citação sempre se fará necessária se não houver juízo de retratação, mesmo que o eventual provimento da apelação se dê tão somente para cassar a sentença e determinar nova citação do réu para a apresentação da contestação. Em suma: se o juiz não se retratar e o autor apelar, a formação do contraditório é medida que se impõe.

Capítulo III
Da Improcedência Liminar do Pedido

CPC/2015	CPC/1973
Art. 332. *Nas causas que dispensem a fase instrutória, o juiz, independentemente da citação do réu, julgará liminarmente improcedente o pedido* que contrariar: I – **enunciado de súmula do Supremo Tribunal Federal ou do Superior Tribunal de Justiça;** II – **acórdão proferido pelo Supremo Tribunal Federal ou pelo Superior Tribunal de Justiça em julgamento de recursos repetitivos;** III – **entendimento firmado em incidente de resolução de demandas repetitivas ou de assunção de competência;** IV – **enunciado de súmula de tribunal de justiça sobre direito local.**	Art. 285-A. *Quando a matéria controvertida for unicamente de direito* e ~~no juízo já houver sido proferida sentença de total improcedência em outros casos idênticos,~~ *poderá ser dispensada a citação e proferida sentença,* ~~reproduzindo-se o teor da anteriormente prolatada.~~ § 1º Se o autor apelar, *é facultado* ao juiz *decidir, no prazo de* 5 (cinco) dias, *não manter a sentença* e determinar o prosseguimento da ação. § 2º *Caso seja mantida a sentença, será ordenada* a citação do réu *para responder ao recurso.*

§ 1º O juiz também poderá julgar liminarmente improcedente o pedido se verificar, desde logo, a ocorrência de decadência ou de prescrição.

§ 2º Não interposta a apelação, o réu será inti-mado do trânsito em julgado da sentença, nos termos do art. 241.

§ 3º Interposta a apelação, o juiz *poderá retratar-se em* 5 (cinco) dias.

§ 4º *Se houver retratação*, o juiz determinará o prosseguimento do processo, **com a citação do réu, e,** *se não houver retratação*, *determinará* a citação do réu para *apresentar contrarrazões*, **no prazo de 15 (quinze) dias**.

 ## COMENTÁRIOS:

Improcedência liminar no CPC/1973. Com o advento da Lei nº 11.277/2006, que acrescentou o art. 285-A ao CPC de 1973, o sistema processual permitiu que as matérias de direito, repetitivas em determinados juízos ou tribunais, fossem julgadas improcedentes sem a prévia citação do réu. O dispositivo visou dar efetividade à garantia fundamental à razoável duração do processo (art. 5º, LXXVIII, da CF/1988). No entanto, em que pese a importância de seu objetivo, o art. 285-A do CPC de 1973 era demasiadamente amplo, porquanto não possuía limitação de matéria, nem condicionava a decisão ao entendimento predominante nos tribunais superiores (STJ e STF).

Improcedência liminar no CPC/2015. Verifica-se a ampliação das possibilidades de improcedência liminar, e, ao que nos parece, um direcionamento da posição dos julgadores aos entendimentos consolidados nos tribunais superiores.

Incisos I e II. Sem dúvida alguma, um dos grandes objetivos do novo CPC é alinhar a jurisprudência nacional e garantir tratamento isonômico para situações jurídicas idênticas. A função jurisdicional não pode ser equiparada a um jogo de loteria, ao ponto de condi-cionar o sucesso (ou insucesso) de uma demanda à distribuição do processo para este ou aquele órgão julgador. Isso não quer dizer que as interpretações não possam ser revistas ou alteradas. O que não se concebe é um Poder Judiciário que não garanta a mínima previsi-bilidade e estabilidade das decisões e das relações sociais.

Partindo dessa premissa, os incisos I e II do art. 332 possibilitam que o magistrado, nas causas que dispensem a fase instrutória, julgue improcedente pedido do autor que contrarie súmula ou acórdão proferido pelo Supremo Tribunal Federal ou pelo Superior Tribunal de Justiça. Nesse último caso, o acórdão deve ter sido proferido na forma do art. 1.036 do novo CPC.

O julgamento liminar de improcedência fundamentado nesses dispositivos objetiva reduzir o percentual de recursos especiais e extraordinários para discussão de questões já pacificadas, que poderiam ter sido definitivamente decididas em instâncias ordinárias.

Vale ressaltar que a orientação consolidada do STF ou do STJ deve ser aplicada com cautela, somente quando não houver nenhuma prova a ser produzida além daquela já cons-tante dos autos. Também nos casos em que houver divergência entre a jurisprudência do STJ e do STF – o que não é incomum acontecer –, deve o magistrado dar prosseguimento ao feito até que se uniformizem os entendimentos, sem prejuízo do julgamento do pedido conforme o seu livre convencimento caso o conflito não seja solucionado a tempo.

Importa lembrar que o juiz não está autorizado a julgar liminarmente procedente o pedido, mesmo que este esteja de acordo com a jurisprudência dos tribunais superiores. É que os incisos do art. 332 abarcam apenas hipóteses de julgamento liminar de improcedência, não sendo permitida a sua aplicação para julgamento em sentido contrário.

Inciso III. O incidente de resolução de demandas repetitivas está previsto nos arts. 976 a 987 do novo CPC. Em breve síntese, ele é um instrumento que tem por finalidade criar uma decisão paradigma, cuja tese jurídica deverá ser aplicada em todos os processos que contenham controvérsia sobre a mesma questão unicamente de direito.

Esse incidente vinculará todos os processos que versem sobre idêntica questão de direito e que tramitem na área de jurisdição do tribunal para o qual ele foi suscitado. Por esta razão, os pedidos que contrariarem a tese jurídica adotada poderão ser julgados liminarmente improcedentes.

Também será possível aplicar este inciso quando o pedido contrariar decisão proferida em incidente de assunção de competência, sendo que nesta hipótese não haverá necessidade de repetição de diversos processos para se criar uma decisão paradigma. A assunção de competência (art. 947), antes prevista no art. 555, § 1º, do CPC de 1973, permite que o relator submeta o julgamento de determinada causa ao órgão colegiado de maior abrangência dentro do tribunal, conforme dispuser o regimento interno. A causa deve envolver relevante questão de direito, com grande repercussão social, de forma a justificar a apreciação pela câmara ou turma do tribunal que estiver julgando a causa originariamente, em sede recursal ou em virtude de remessa necessária.

Inciso IV. Quando o pedido se fundar em normas presentes na legislação local, o magistrado poderá analisá-lo de acordo com o entendimento do tribunal ao qual se encontra vinculado. Assim, se o pedido contrariar entendimento sumulado do respectivo tribunal, o juiz poderá extinguir o feito, com resolução do mérito, com fundamento da improcedência liminar do pedido.

Prescrição e decadência (§ 1º). O Código de 1973 disciplina os institutos da decadência e da prescrição como hipóteses de indeferimento da petição inicial e consequente extinção do processo com resolução do mérito (art. 295, IV, c/c o art. 269, IV, do CPC/1973). São os únicos motivos de indeferimento que levam o juiz a proferir sentença que aprecie o mérito da causa, já que as demais hipóteses do art. 295 permitiam apenas a extinção do processo sem resolução do mérito.

Esclarece-se que, como a prescrição e a decadência são matérias de ordem pública, podem ser reconhecidas mesmo depois de deferida a petição inicial e de ter sido citado o réu. Assim, não é coerente se falar em indeferimento, mas em acolhimento da objeção prevista no art. 487, II (art. 269, IV, do CPC/1973). No CPC/2015, a decadência e a prescrição são fatores que levam à improcedência liminar do pedido, ou seja, não se trata mais de indeferimento, mas de resolução liminar.

Há doutrinadores que sustentam a necessidade de se oportunizar a manifestação do réu para, somente após o contraditório, o juiz declarar o decurso do prazo prescricional. Isso se deve ao fato de que o réu pode renunciar a prescrição e, assim, permitir que a demanda prossiga mesmo quando extinto o prazo para o exercício da pretensão em juízo. Além disso, em razão da possibilidade de existirem causas interruptivas e suspensivas do prazo prescricional, é prudente que o magistrado somente extinga o feito quando não houver óbices à arguição da prescrição. Nesse sentido: STJ, REsp 1.005.209/RJ, Rel. Min. Castro Meira, julgado em 08.04.2008.

O art. 487, parágrafo único, do CPC/2015 prevê que a prescrição e a decadência não serão reconhecidas sem que antes seja dada às partes a oportunidade de se manifestar. Apesar disso, o dispositivo excepciona a regra ao permitir o julgamento liminar de improcedência diante da ocorrência de prescrição, o que contraria o entendimento doutrinário anteriormente exposto.

Entendemos, contudo, que sempre que possível deve o juiz oportunizar a manifestação das partes, exceto quando a existência da decadência ou a prescrição forem manifestas. Isso porque, segundo art. 10 do próprio Código, "o juiz não pode decidir, em grau algum de jurisdição, com base em fundamento a respeito do qual não se tenha dado às partes oportunidade de se manifestar, ainda que se trate de matéria sobre a qual deva decidir de ofício".

Recurso cabível. Assim como no caso de indeferimento da inicial (art. 331), o recurso contra a decisão de improcedência liminar propicia o exercício do juízo de retratação (art. 332, § 3º), porquanto ainda não tendo havido estabilização da demanda, o que se dá com a citação do réu, não incide o princípio da inalterabilidade das decisões judiciais (art. 494).

Em razão disso, interposta apelação, é facultado ao juiz reformar sua própria decisão, no prazo de 5 (cinco) dias. Se houver retratação, o juiz deve determinar o prosseguimento do processo, com a citação do réu para apresentar resposta. Se não for o caso de reforma, o réu será citado para apresentar contrarrazões, no prazo de 15 (quinze) dias (art. 332, § 4º).

Entre a apelação prevista no art. 331 e a do art. 332, §§ 2º a 4º, há algumas diferenças. Na apelação prevista no art. 331, se não for reformada a decisão, os autos serão encaminhados ao tribunal para julgamento da apelação. O réu não é intimado para contra-arrazoar o recurso. Em razão disso, eventual provimento da apelação será tão somente para cassar a sentença e determinar a citação do réu. Em outras palavras, não poderá o tribunal julgar o mérito da ação.

Na apelação prevista no art. 332, §§ 2º a 4º, se o autor apelar, é facultado ao juiz decidir, no prazo de 5 (cinco) dias, não manter a sentença e determinar o prosseguimento da ação, ou seja, determinar a citação do réu para responder. Caso seja mantida a sentença, será ordenada a citação do réu para responder ao recurso. O tribunal pode, então, rejulgar o mérito da ação, uma vez que não há necessidade de outras provas além das que acompanharam a inicial. Não havendo interposição de recurso da sentença de improcedência liminar, não se condena em honorários, porquanto não houve intervenção do réu no processo. O mesmo se dá se, embora o autor tenha interposto recurso, o réu, citado, não apresentou contrarrazões. Se houve contrarrazões, aplica-se o princípio da sucumbência.

Capítulo IV
Da Conversão da Ação Individual em Ação Coletiva

CPC/2015	CPC/1973
Art. 333. ~~Atendidos os pressupostos da relevância social e da dificuldade de formação do litisconsórcio, o juiz, a requerimento do Ministério Público ou da Defensoria Pública, ouvido o autor, poderá converter em coletiva a ação individual que veicule pedido que:~~	Não há correspondência.

I — tenha alcance coletivo, em razão da tutela de bem jurídico difuso ou coletivo, assim entendidos aqueles definidos pelo art. 81, parágrafo único, incisos I e II, da Lei nº 8.078, de 11 de setembro de 1990 (Código de Defesa do Consumidor), e cuja ofensa afete, a um só tempo, as esferas jurídicas do indivíduo e da coletividade;

II — tenha por objetivo a solução de conflito de interesse relativo a uma mesma relação jurídica plurilateral, cuja solução, por sua natureza ou por disposição de lei, deva ser necessariamente uniforme, assegurando-se tratamento isonômico para todos os membros do grupo.

§ 1º Além do Ministério Público e da Defensoria Pública, podem requerer a conversão os legitimados referidos no art. 5º da Lei nº 7.347, de 24 de julho de 1985, e no art. 82 da Lei nº 8.078, de 11 de setembro de 1990 (Código de Defesa do Consumidor).

§ 2º A conversão não pode implicar a formação de processo coletivo para a tutela de direitos individuais homogêneos.

§ 3º Não se admite a conversão, ainda, se:

I — já iniciada, no processo individual, a audiência de instrução e julgamento; ou

II — houver processo coletivo pendente com o mesmo objeto; ou

III — o juízo não tiver competência para o processo coletivo que seria formado.

§ 4º Determinada a conversão, o juiz intimará o autor do requerimento para que, no prazo fixado, adite ou emende a petição inicial, para adaptá-la à tutela coletiva.

§ 5º Havendo aditamento ou emenda da petição inicial, o juiz determinará a intimação do réu para, querendo, manifestar-se no prazo de 15 (quinze) dias.

§ 6º O autor originário da ação individual atuará na condição de litisconsorte unitário do legitimado para condução do processo coletivo.

§ 7º O autor originário não é responsável por nenhuma despesa processual decorrente da conversão do processo individual em coletivo.

§ 8º Após a conversão, observar-se-ão as regras do processo coletivo.

§ 9º A conversão poderá ocorrer mesmo que o autor tenha cumulado pedido de natureza estritamente individual, hipótese em que o processamento desse pedido dar-se-á em autos apartados.

§ 10. O Ministério Público deverá ser ouvido sobre o requerimento previsto no caput, salvo quando ele próprio o houver formulado. **VETADO.**

Capítulo V
Da Audiência de Conciliação ou de Mediação

CPC/2015	CPC/1973

Art. 334. *Se a petição inicial preencher os requisitos essenciais* e não for o caso de improcedência liminar do pedido, o juiz *designará audiência de conciliação ou de mediação* com antecedência mínima de 30 (trinta) dias, *devendo ser citado o réu* com pelo menos 20 (vinte) dias de antecedência.

§ 1º O conciliador ou mediador, onde houver, atuará necessariamente na audiência de conciliação ou de mediação, observando o disposto neste Código, bem como as disposições da lei de organização judiciária.

§ 2º Poderá haver mais de uma sessão destinada à conciliação e à mediação, não podendo exceder a 2 (dois) meses da data de realização da primeira sessão, desde que necessárias à composição das partes.

§ 3º A intimação do autor para a audiência será feita na pessoa de seu advogado.

§ 4º A audiência não será realizada:

I – se ambas as partes manifestarem, expressamente, desinteresse na composição consensual;

II – quando não se admitir a autocomposição.

§ 5º O autor deverá indicar, na petição inicial, seu desinteresse na autocomposição, e o réu deverá fazê-lo, por petição, apresentada com 10 (dez) dias de antecedência, contados da data da audiência.

§ 6º Havendo litisconsórcio, o desinteresse na realização da audiência deve ser manifestado por todos os litisconsortes.

§ 7º A audiência de conciliação ou de mediação pode realizar-se por meio eletrônico, nos termos da lei.

§ 8º O não comparecimento injustificado do autor ou do réu à audiência de conciliação é considerado ato atentatório à dignidade da justiça e será sancionado com multa de até dois por cento da vantagem econômica pretendida ou do valor da causa, revertida em favor da União ou do Estado.

§ 9º As partes devem estar acompanhadas por seus advogados ou defensores públicos.

§ 10. A parte poderá constituir representante, por meio de procuração específica, com poderes para negociar e transigir.

§ 11. A autocomposição obtida será reduzida a termo e homologada por sentença.

§ 12. A pauta das audiências de conciliação ou de mediação será organizada de modo a respeitar o intervalo mínimo de 20 (vinte) minutos entre o início de uma e o início da seguinte.

Art. 285. *Estando em termos a petição inicial,* o juiz *a despachará, ordenando a citação do réu,* ~~para responder; do mandado constará que, não sendo contestada a ação, se presumirão aceitos pelo réu, como verdadeiros, os fatos articulados pelo autor.~~

COMENTÁRIOS:

Fase conciliatória. Preenchidos os requisitos essenciais da petição inicial, não sendo o caso de improcedência liminar e o processo admitir a autocomposição, será possível a realização de audiência conciliatória, que se dará ainda na fase postulatória e antes da apresentação da contestação.

A audiência de conciliação no início do procedimento comum é uma das grandes inovações do Código. O seu efeito prático reside na possibilidade de composição entre as partes sem a necessidade de prévia apresentação de resposta pelo réu, o que, sem dúvida, incentiva o diálogo e aumenta as chances de solução amigável, porquanto na maioria das vezes a peça de defesa apenas acirra os ânimos e instiga o prolongamento do litígio.

A audiência deverá ser designada com antecedência mínima de 30 (trinta) dias, devendo o réu ser citado com pelo menos 20 (vinte) dias antes da data designada para o ato. Caso não haja interesse na conciliação, o réu deverá peticionar ao juízo com antecedência mínima de 10 (dez) dias, contados da data da audiência. No que concerne ao autor, seu eventual desinteresse na autocomposição deve estar manifestado na petição inicial. Na hipótese de litisconsórcio, todos os litisconsortes deverão manifestar o desinteresse na conciliação.

A tentativa conciliatória não será realizada pelo magistrado, mas por conciliador ou mediador, onde houver. Nas palavras de Cappelletti, essa providência "evita que se obtenha a aquiescência das partes apenas porque elas [as partes] acreditam que o resultado será o mesmo depois do julgamento, ou ainda porque elas temem incorrer no ressentimento do juiz".[10]

Na Comissão de Juristas, estávamos convencidos da importância do conciliador ou mediador para que a audiência conciliatória pudesse ter êxito e "matar" logo na origem a maior parte dos processos. Contudo, diante da obrigação imposta aos tribunais, pelo art. 165, de criar centros judiciários de solução consensual de conflitos, responsáveis pela realização de sessões e audiências de conciliação e mediação, a grita por parte dos dirigentes de tais órgãos judiciários foi geral. Em detrimento do desejo de uma justiça pacificadora e autocompositiva, acabou prevalecendo – e não poderia ser diferente – a realidade financeira dos tribunais. Atento à realidade da máquina judiciária, o legislador tirou com a mão esquerda o que havia concedido com a direita: o conciliador ou mediador, onde houver, atuará necessariamente na audiência de conciliação ou mediação (art. 334, § 1º).

Como a imposição transmudou-se numa faculdade, o conciliador ou mediador é um ser escasso nos fóruns, que se valem de oficiais de justiça, porteiros e até de estagiários para cumprir a fase conciliatória. Bem, fato é que a audiência conciliatória transformou--se apenas num ritual de passagem para que tenha início o prazo para contestar. Sem qualquer efetividade – quase sempre –, a dita audiência funciona hoje como um retardador do processo. Na vigência do CPC/73, o prazo para contestar iniciava-se a partir

---

[10]   CAPPELLETTI, Mauro. **Acesso à justiça**. Porto Alegre: Sergio Antonio Fabris, 1988. p. 86.

da citação. Com o novo Código, esse prazo, salvo nas hipóteses previstas nos incisos II e III do art. 335, inicia-se da audiência de conciliação ou mediação. Como as audiências têm sido marcadas para até um ano a contar do primeiro despacho do juiz, o que se vê é o atraso da marcha processual. A menina dos olhos do novo Código significou um tiro nas pernas da celeridade.

Com a constatação de que a audiência conciliatória, que a tanto não se presta, constitui um fator de morosidade, há juízes que, invocando o princípio da eficiência e da celeridade processual, tem justificado a não realização da audiência e determinado a citação do réu para apresentar defesa, postura essa que tem encontrado respaldo dos tribunais: "(...) Inexiste ilegalidade no ato do juiz singular, que deixa de designar audiência de conciliação, apresentado fundamentos sólidos para tanto (...)" (TJMG, AI 1.0000.16.05304-2/001, Relator Des. Márcio Idalmo, data do julgamento: 18.10.2016). É isso aí. Quando a lei ignora a realidade, a realidade se vinga e ignora a lei.

Na audiência, as partes devem estar acompanhadas por seus advogados, e poderão se fazer representar por mandatário com poderes para transigir. A previsão quanto à essencialidade da presença do advogado certamente valoriza a classe, mas, como ensina Dinamarco[11] ao tratar da audiência preliminar prevista no CPC anterior, "negociar acordo não constitui ato de postulação", e, sendo assim, a presença de advogado é dispensável.

O § 8º do art. 334 prevê uma sanção para a parte que injustificadamente deixar de comparecer à audiência. O referido dispositivo enquadra a ausência como ato atentatório à dignidade da justiça, cuja sanção equivale a multa de até dois por cento da vantagem econômica pretendida ou do valor da causa. Na vigência do CPC anterior a ausência injustificada à audiência apenas dignificava desinteresse na autocomposição. Nesse sentido:

> O comparecimento à fase conciliatória é faculdade e não ônus processual, sendo o não comparecimento interpretado apenas como recusa a qualquer acordo (TJMG, Apelação 10024120482427001, 10ª Câmara Cível, Rel. Cabral da Silva, julgado em 25.06.2013).

A disciplina trazida pelo novo Código incentiva a autocomposição, até mesmo possibilitando a realização de mais de uma audiência, caso seja necessário. Apesar disso, muitas críticas já estão sendo feitas a esse dispositivo, especialmente quanto à exigência de concordância de **ambas** as partes para que a audiência deixe de se realizar (§ 4º).

A pauta das audiências de conciliação ou de mediação será organizada de modo a respeitar o intervalo mínimo de 20 (vinte) minutos entre o início de uma e o início da seguinte. Quando e se obtida, a autocomposição será reduzida a termo e homologada por sentença (art. 334, §§ 11 e 12).

---

[11] DINAMARCO, Cândido Rangel. **A reforma do Código de Processo Civil**. 3. ed. São Paulo: Malheiros, 1996. p. 128.

Capítulo VI
Da Contestação

CPC/2015	CPC/1973
Art. 335. O réu poderá oferecer contestação, por petição, no prazo de 15 (quinze) dias, **cujo termo inicial será a data:**	Art. 297. O réu poderá oferecer, no prazo de 15 (quinze) dias, em petição escrita, ~~dirigida ao juiz da causa~~, contestação, ~~exceção e reconvenção~~.
I – da audiência de conciliação ou de mediação, ou da última sessão de conciliação, quando qualquer parte não comparecer ou, comparecendo, não houver autocomposição;	Art. 298. *Quando forem citados para a ação vários réus*, ~~o prazo para responder ser-lhes-á comum, salvo o disposto no art. 191~~.
II – do protocolo do pedido de cancelamento da audiência de conciliação ou de mediação apresentado pelo réu, quando ocorrer a hipótese do art. 334, § 4°, inciso I;	Parágrafo único. Se o autor desistir da ação *quanto a algum* réu ainda não citado, o prazo para a resposta correrá da intimação do *despacho* que deferira desistência.
III – prevista no art. 231, de acordo com o modo como foi feita a citação, nos demais casos.	
§ 1° *No caso de litisconsórcio passivo*, ocorrendo a hipótese do art. 334, § 6°, o termo inicial previsto no inciso II será, para cada um dos réus, a data de apresentação de seu respectivo pedido de cancelamento da audiência.	
§ 2° Quando ocorrer a hipótese do art. 334, § 4°, inciso II, havendo litisconsórcio passivo e o autor desistir da ação *em relação a* réu ainda não citado, o prazo para resposta correrá da **data de** intimação da *decisão* que homologar a desistência.	

 ## COMENTÁRIOS:

Contestação é a modalidade de resposta por meio da qual o réu impugna o pedido do autor ou apenas tenta desvincular-se do processo instaurado por ele (art. 335).

Com vistas a obter uma declaração de improcedência do pedido formulado na inicial, o réu impugna os fatos e fundamentos jurídicos que lastreiam a pretensão do autor. Contudo, a par da relação jurídica de direito material que deu azo à instauração do processo, com a citação surge outra relação jurídica a vincular autor, juiz e réu: a relação processual. É dessa relação processual que em certos casos pretende o réu se desvincular por meio de defesa processual exercida na contestação.

Prazo para apresentação da peça. O dispositivo apresenta regulamentação específica para o prazo de apresentação da contestação. A princípio, os prazos processuais do CPC/2015 são contados conforme as regras do art. 231, sendo as regras aqui apresentadas de aplicação específica à resposta inicial do réu, com alterações conforme a instauração do procedimento comum.

Se houver audiência conciliatória, o réu já estará previamente citado, sendo, portanto, desnecessário novo ato processual para lhe chamar ao processo.

Entretanto, não havendo conciliação e não tendo sido a petição inicial indeferida ou o pedido julgado improcedente em caráter liminar, o juiz deverá determinar a citação do réu para responder às alegações do autor. Citado, o réu poderá permanecer silente ou contestar a ação.

Litisconsórcio passivo. Em virtude da adoção do processo eletrônico, descabe falar de prazo em dobro para os litisconsortes que tiverem procuradores distintos (art. 229, § 2º). De qualquer modo, os prazos só começarão a correr a partir da última das datas a que se referem os incisos do art. 231 e do art. 335, § 1º, ambos do CPC/2015. Tratando-se de processo físico, aplica-se o *caput* do art. 229.

Em se tratando de demanda que não admita autocomposição, se houver litisconsórcio passivo e o autor desistir da ação em relação a um dos réus ainda não citados, o prazo para a resposta só começará a correr da data em que os demais forem intimados da desistência (§ 2º).

Procedimento. Se houver audiência conciliatória, o réu já estará previamente citado (art. 334) para responder, sendo, portanto, desnecessário novo ato processual para chamá-lo ao processo. Não sendo o caso de realização de audiência conciliatória e não tendo sido a petição inicial indeferida (art. 331) ou o pedido julgado liminarmente improcedente (art. 332), o juiz deverá determinar a citação do réu para responder às alegações do autor. Citado, o réu poderá permanecer silente ou contestar a ação.

Se não apresentar defesa, o réu sofrerá os efeitos da revelia, ou seja, os fatos alegados pelo autor serão reputados verdadeiros e o processo será julgado antecipadamente (art. 355, II). Evidencie-se que a lei não compele o réu a defender-se, mas apenas estabelece consequências para a sua inércia. De todo modo, mesmo sem responder à ação, o réu revel poderá intervir posteriormente no processo, sendo que o receberá no estado em que este se encontrar (art. 346, parágrafo único).

Havendo opção do réu pela resposta-contestação, deverá essa ser apresentada, em petição escrita, no prazo de quinze dias, contado na forma do art. 335, I a III, ou seja, da audiência conciliatória, do protocolo do pedido de cancelamento desta audiência, da data da juntada aos autos do aviso de recebimento e em outros momentos previstos nos incisos do art. 231.

CPC/2015	CPC/1973
Art. 336. Incumbe ao réu alegar, na contestação, toda a matéria de defesa, expondo as razões de fato e de direito com que impugna o pedido do autor e especificando as provas que pretende produzir.	Art. 300. *Compete* ao réu alegar, na contestação, toda a matéria de defesa, expondo as razões de fato e de direito, com que impugna o pedido do autor e especificando as provas que pretende produzir.

 ## COMENTÁRIOS:

Matéria de defesa. A contestação se subordina ao chamado princípio da eventualidade ou da concentração, segundo o qual toda a matéria defensiva deve ser exposta no momento oportuno (art. 336), ainda que haja contradição entre uma e outra defesa. Vejamos um exemplo de defesa: não devo porque não há contrato; se há contrato, é nulo; se há contrato e não estiver nulo, já paguei a dívida; se a dívida não está paga, ocorreu a prescrição; se não ocorreu a prescrição, fui perdoado.[12]

Para evitar os efeitos da revelia, não basta defender-se, é indispensável que impugne o réu todos os fatos narrados na petição inicial, sob pena de presumir verdadeiro o fato não impugnado. É o ônus da impugnação especificada, inserto no art. 341, que apenas não se aplica ao advogado dativo e ao curador especial. Em determinadas hipóteses, a falta de impugnação dos fatos não produz os efeitos da revelia. São as elencadas nos incisos I a III do art. 341, os quais comentaremos adiante.

O CPC/2015, em vigor, não mais menciona o termo "resposta" para indicar uma fase do procedimento comum. Preferiu o legislador citar especificamente as duas modalidades de respostas previstas expressamente no texto referente a esse procedimento, que são: a contestação e a reconvenção. Ocorre que o novo CPC concentrou a defesa na contestação, o que faz parecer que a exceção desapareceu. Desaparecida a exceção – o que não é verdade; ela está apenas escondida na Parte Geral do Código –, suprimiu-se a espécie "exceção" e o gênero "resposta". Em termos topológicos, andou bem o legislador. No CPC/1973, a exceção de impedimento ou de suspeição figurava no processo de conhecimento, mais especificamente no procedimento ordinário. Essa colocação passava aos iniciantes no Direito que a exceção era cabível somente nesse procedimento, o que não corresponde à realidade. Independentemente da modalidade do processo (de conhecimento ou de execução), qualquer uma das partes tem direito a um juiz imparcial.

Exceção tem o sentido genérico de defesa. Assim, fala-se em exceção processual e exceção material; diz-se, por exemplo, exceção de pré-executividade. Há, contudo, um sentido restrito, significando incidente processual, ou seja, questão suscitada em peça autônoma e autuada em apartado. Na linha da simplificação adotada pelo novo CPC, quase todos os incidentes desapareceram. Basta dizer que a exceção de incompetência relativa, a impugnação ao valor da causa e a impugnação à concessão ao valor da causa não mais existem como incidentes processuais. Todas essas questões (além de outras) constam como preliminares, ou seja, questões que devem ser alegadas em capítulo próprio da peça contestatória, antes das questões de mérito, conforme prescreve o art. 337.

No Código em vigor, todas as defesas, sejam processuais ou de mérito (as exceções), são arguidas na contestação, motivo pelo qual, na fase subsequente à fase conciliatória e às vezes subsequente à citação – porque nem sempre há fase conciliatória –, não se menciona a exceção como modalidade de resposta do réu. O legislador não deixa de ter razão, uma vez que as antigas exceções foram reduzidas a uma – a exceção de impedimento ou suspeição –, que pode ser oposta tanto pelo autor como pelo réu e em qualquer fase do procedimento.

---

[12] SANTOS, Ernane Fidelis dos. **Novos perfis do processo civil brasileiro**. Belo Horizonte: Del Rey, 1996. p. 336.

CPC/2015	CPC/1973

Art. 337. *Incumbe* ao réu, antes de discutir o mérito, alegar:	Art. 301. *Compete-lhe*, ~~porém~~, antes de discutir o mérito, alegar:
I – inexistência ou nulidade da citação;	I – inexistência ou nulidade da citação;
II – incompetência absoluta **e relativa**;	II – incompetência absoluta;
III – **incorreção do valor da causa;**	III – inépcia da petição inicial;
IV – inépcia da petição inicial;	IV – perempção;
V – perempção;	V – litispendência;
VI – litispendência;	VI – coisa julgada;
VII – coisa julgada;	VII – conexão;
VIII – conexão;	VIII – incapacidade da parte, defeito de representação ou falta de autorização;
IX – incapacidade da parte, defeito de representação ou falta de autorização;	IX – convenção de arbitragem;
X – convenção de arbitragem;	X – *carência de ação;*
XI – *ausência de legitimidade ou de interesse processual;*	XI – falta de caução ou de outra prestação, que a lei exige como preliminar.
XII – falta de caução ou de outra prestação que a lei exige como preliminar;	§ 1º Verifica-se a litispendência ou a coisa julgada, quando se reproduz ação anteriormente ajuizada.
XIII – **indevida concessão do benefício de gratuidade de justiça.**	§ 2º Uma ação é idêntica à outra quando tem as mesmas partes, a mesma causa de pedir e o mesmo pedido.
§ 1º Verifica-se a litispendência ou a coisa julgada quando se reproduz ação anteriormente ajuizada.	§ 3º Há litispendência, quando se repete ação, que está em curso; há coisa julgada, quando se repete ação que já foi decidida por *sentença, de que não caiba recurso.*
§ 2º Uma ação é idêntica a outra quando possui as mesmas partes, a mesma causa de pedir e o mesmo pedido.	§ 4º Com exceção do *compromisso arbitral*, o juiz conhecerá de ofício da matéria enumerada neste artigo.
§ 3º Há litispendência quando se repete ação que está em curso.	
§ 4º Há coisa julgada quando se repete ação que já foi decidida por *decisão transitada em julgado.*	
§ 5º Excetuadas *a convenção de* **arbitragem e a incompetência relativa**, o juiz conhecerá de ofício das matérias enumeradas neste artigo.	
§ 6º **A ausência de alegação da existência de convenção de arbitragem, na forma prevista neste Capítulo, implica aceitação da jurisdição estatal e renúncia ao juízo arbitral.**	

 ## COMENTÁRIOS:

Defesas preliminares. Na contestação, o réu pode apenas defender-se da relação que o vincula ao processo, ou da pretensão do autor. Em outras palavras, a defesa pode ser processual ou de mérito. Evidentemente, se a defesa de mérito for acolhida, acarretará também a extinção do processo.

Quando o réu pretende apenas livrar-se do jugo da relação processual estabelecida no processo em curso ou adiar o desfecho da demanda, apresenta defesa processual, que é sempre indireta, porquanto não ataca o mérito, e pode ser dilatória ou peremptória.

Entende-se por defesa dilatória a que não atinge a relação processual, mas apenas prorroga o seu término. A inexistência ou nulidade de citação, a incompetência absoluta e relativa, a incorreção do valor da causa, a conexão, a falta de caução ou de outra prestação que a lei exigir como preliminar e a indevida concessão do benefício da gratuidade judiciária (art. 337, I, II, III, VIII, XII, XIII) são matérias que, quando alegadas pelo réu, apenas paralisam temporariamente o desfecho do processo.

Peremptória é a defesa que, se acolhida, extingue imediatamente a relação processual. É o que ocorre quando se reconhece a perempção, a litispendência, a coisa julgada e a ausência de legitimidade ou de interesse processual (art. 337, V, VI, VII e XI).

Inexistência ou nulidade de citação. Trata-se de matérias que podem ser alegadas mesmo após a contestação. Em verdade, constituem vícios de natureza transrescisória, arguíveis a qualquer tempo, inclusive após o trânsito em julgado.

Incompetência absoluta e relativa. Com relação à incompetência relativa, é preciso lembrar que sua alegação é realizada por meio de exceção na sistemática processual de 1973. Com o Novo CPC, tanto a incompetência absoluta quanto a relativa devem ser alegadas pelo réu como questão preliminar da contestação (art. 64).

Incorreção do valor da causa. O art. 261 do CPC/1973 estabelecia que o réu poderia impugnar, no prazo da contestação, o valor atribuído à causa pelo autor. A impugnação era autuada em apenso, ouvindo-se o autor no prazo de 5 (cinco) dias.

De acordo com o CPC/2015 a impugnação ao valor atribuído à causa deve ser feita na própria contestação (em preliminar). Com efeito, a manifestação autoral sobre a impugnação deve ocorrer na réplica à contestação.

Inépcia da petição inicial. Com relação à inépcia (inciso IV) entendemos que, ainda que o juiz não tenha percebido qualquer irregularidade na petição inicial, mas o réu tenha alegado a presença de um dos motivos previstos nos incisos do art. 330, § 1º, será possível a correção por meio de aditamento. Para tanto, deve o juiz aplicar a regra do art. 329, II. Se não for possível suprir as irregularidades, o reconhecimento da inépcia da petição inicial, quando alegada pelo autor em sua contestação, terá natureza peremptória, dando ensejo à extinção da relação processual.

Perempção, litispendência e coisa julgada. São pressupostos processuais negativos (não devem ocorrer para que o processo possa ter sua tramitação normal). A litispendência e a coisa julgada ocorrem, em regra, quando se repete demanda idêntica à anteriormente proposta, isto é, ações com as mesmas partes, mesma causa de pedir e mesmo pedido. Diz-se em regra, porquanto, não obstante a disposição legal, pela teoria da unidade da relação jurídica deve-se reconhecer a ocorrência de coisa julgada quando coincidirem as partes e a causa de pedir. No caso da litispendência, há repetição de ação já em curso; na coisa julgada, repete-se demanda que já foi decidida por sentença transitada em julgado. Ambas as circunstâncias têm influência direta sobre a vida do processo instaurado, pondo fim a ele sem apreciação do mérito.

Ocorre a perempção quando o autor, por três vezes, dá causa à extinção do processo pelo fundamento previsto no inc. III do art. 485. Caracterizada, portanto, a inércia do autor, estará ele impossibilitado de intentar idêntica ação pela quarta vez. De qualquer forma, fica ressalvada a possibilidade de a parte desidiosa alegar em defesa o seu direito (art. 486, § 3º).

Incapacidade da parte, defeito de representação ou falta de autorização. Conferir comentários aos arts. 70 a 73.

Convenção de arbitragem. É o negócio jurídico pelo qual se convenciona a adoção da arbitragem como forma de solução dos conflitos oriundos de uma determinada relação de direito material. Caso o juiz acolha a alegação de convenção de arbitragem, deverá extinguir o feito, sem resolução do mérito (art. 485, VII). A inexistência de alegação em momento oportuno e na forma prevista em lei implicará aceitação da jurisdição estatal e renúncia ao juízo arbitral (art. 337, § 6º).

Entre outras, a convenção de arbitragem configura uma defesa (peremptória para o processo jurisdicional, mas dilatória para o conflito de interesses). Visa o réu com essa arguição subtrair a demanda da apreciação do Judiciário, em razão de cláusula arbitral ou compromissória ou compromisso arbitral. Trata-se de defesa a ser arguida como preliminar da contestação, o que significa que, antes de discutir o mérito propriamente dito, se for o caso, deve o réu invocar a convenção de arbitragem. Segundo a dicção do art. 337, incumbe ao réu, antes de discutir o mérito, alegar: i) inexistência ou nulidade da citação; ii) incompetência absoluta e relativa; iii) incorreção do valor da causa; iv) inépcia da petição inicial; v) perempção; vi) litispendência; vii) coisa julgada; viii) conexão; ix) incapacidade da parte, defeito de representação ou falta de autorização; x) convenção de arbitragem; xi) ausência de legitimidade ou de interesse processual; xii) falta de caução ou de outra prestação que a lei exige como preliminar; xiii) indevida concessão do benefício de gratuidade de justiça.

A jurisdição tem caráter substitutivo, porquanto podem as partes se valer de métodos extrajudiciais para a composição de seus litígios. Os métodos extrajudiciais podem ser autocompositivos ou heterocompositivos. Como exemplos de meios de autocomposição dos conflitos podemos citar a transação e a conciliação, que podem ser obtidas com ou sem auxílio de mediador.

O processo jurisdicional e a arbitragem figuram como meios de heterocomposição, posto que as partes se submetem a uma decisão imposta por terceiro. No processo jurisdicional, o juiz é um agente público; já na arbitragem o juiz é um particular ou uma instituição especializada (Câmara de Arbitragem, por exemplo), de confiança dos contendores.

Com a arbitragem ou instituição do juízo arbitral, as partes se recusam a submeter o litígio, para acertamento do direito controvertido, ao Poder Judiciário, utilizando-se da jurisdição estatal apenas para a execução do julgado, afora as hipóteses de resistência à instituição da arbitragem e nulidade da sentença arbitral, quando então a atuação do poder jurisdicional do Estado se faz indispensável.

No regime da Lei nº 9.307, de 23.09.1996, a decisão das partes de buscar a solução do litígio pelo juízo arbitral ocorre por meio da convenção de arbitragem, que compreende a "cláusula arbitral ou compromissória" e o "compromisso arbitral".

A cláusula arbitral ou compromissória é "a convenção através da qual as partes em um contrato comprometem-se a submeter à arbitragem os litígios que possam vir a surgir, relativamente a tal contrato" (art. 4º).[13] Tal cláusula deve ser estipulada por escrito, no corpo do próprio contrato principal ou fora dele, sendo que nos contratos de adesão a cláusula só terá validade se a iniciativa de instituir a arbitragem couber ao aderente ou se este concordar expressamente com a sua instituição, "desde que por escrito em documento anexo ou em negrito, com a assinatura ou visto especialmente para essa cláusula" (art. 4º, § 2º).

O compromisso arbitral está definido no art. 9º como a convenção por meio da qual as partes submetem um litígio à arbitragem de uma ou mais pessoas.

---

[13]   Os artigos citados neste item, sem indicação da lei ou do Código, referem-se à Lei de Arbitragem (Lei nº 9.307/1996).

Vê-se que a cláusula arbitral ou compromissória antecede a demanda, ou seja, refere--se a um possível litígio futuro na execução de um contrato, ao passo que o compromisso arbitral é posterior ao surgimento do conflito, ainda que celebrado antes de a demanda ser submetida ao Judiciário. Se o contrato se exaurir sem o surgimento de litígio, a cláusula arbitral não terá incidência; havendo conflito, será este submetido ao órgão arbitral (pessoa física ou instituição de arbitragem), na forma estabelecida na referida cláusula ou no compromisso que vier a ser firmado, e não ao Judiciário. Se houver resistência quanto à instituição da arbitragem ou mesmo quanto à assinatura do compromisso, será o Judiciário chamado a intervir, não para compor o litígio originário, mas sim o litígio relativo à instauração da arbitragem (art. 7º).

De acordo com a legislação vigente, a exigência ou não de compromisso para a instauração do juízo arbitral vai depender da forma como foi redigida a cláusula compromissória. Se esta dispôs, antecipadamente, sobre todos os aspectos do juízo arbitral, como, por exemplo, o objeto da demanda e a nomeação dos árbitros, o compromisso é dispensável.[14] Caso contrário, de duas uma: ou as partes celebram o compromisso, no qual disporão sobre o desenvolvimento do juízo arbitral, ou submetem a questão (relativa à instituição da arbitragem) ao órgão jurisdicional, e este então proferirá sentença que, se procedente, valerá como compromisso arbitral (art. 7º, § 7º).

A cláusula compromissória será sempre extrajudicial, porquanto celebrada anteriormente ao surgimento do litígio. A sua inserção como acessório do contrato principal por si só afastará eventual demanda da apreciação do Judiciário.

Quanto ao compromisso, pode ser celebrado antes ou no curso da demanda. Celebrado antes da demanda, à evidência, será extrajudicial e, tal como a cláusula compromissória, afastará o Judiciário do litígio.

Ausência de legitimidade ou de interesse processual. A alteração da redação do inciso XI está de acordo com a nova sistemática adotada pelo Código. Isso porque o texto do art. 485, VI, do CPC/2015 não se vale mais da expressão "condições da ação" (cuja falta gerava a carência da ação), mas apenas prescreve que o órgão jurisdicional não resolverá o mérito quando verificar a ausência de legitimidade ou interesse processual.

Falta de caução ou de prestação exigida por lei. São hipóteses em que a lei exige a prestação de caução, sob pena de extinção do processo: arts. 83 e 92.

Indevida concessão do benefício da gratuidade judiciária. Segundo o art. 4º, § 2º, da Lei nº 1.060/1950, "a impugnação do direito à assistência judiciária não suspende o curso do processo e será feita em autos apartados". Esse dispositivo foi revogado pelo Novo CPC (art. 1.072, III), que passou a permitir a impugnação nos mesmos autos da ação principal (cf. comentários ao art. 100).

Reconhecimento *ex officio*. Todas as matérias elencadas no art. 337 podem ser conhecidas de ofício pelo juiz, excetuando-se a incompetência relativa e a existência de convenção de arbitragem, que necessariamente devem ser alegadas pela parte (art. 337, § 5º), sob pena de preclusão. A incompetência relativa não pode ser suscitada *ex officio* pelo

---

[14] Cabe evidenciar que dificilmente será possível prever o objeto, a extensão e outros aspectos de litígio ainda não deflagrados.

julgador (§ 5º), uma vez se tratar de norma processual que abarca interesse da parte, não essencial à atividade jurisdicional.[15]

CPC/2015	CPC/1973
Art. 338. **Alegando o réu, na contestação, ser parte ilegítima ou não ser o responsável pelo prejuízo invocado, o juiz facultará ao autor, em 15 (quinze) dias, a alteração da petição inicial para substituição do réu.** Parágrafo único. **Realizada a substituição, o autor reembolsará as despesas e pagará os honorários ao procurador do réu excluído, que serão fixados entre três e cinco por cento do valor da causa ou, sendo este irrisório, nos termos do art. 85, § 8º.** Art. 339. **Quando alegar sua ilegitimidade, incumbe ao réu indicar o sujeito passivo da relação jurídica discutida sempre que tiver conhecimento, sob pena de arcar com as despesas processuais e de indenizar o autor pelos prejuízos decorrentes da falta de indicação.** § 1º **O autor, ao aceitar a indicação, procederá, no prazo de 15 (quinze) dias, à alteração da petição inicial para a substituição do réu, observando-se, ainda, o parágrafo único do art. 338.** § 2º **No prazo de 15 (quinze) dias, o autor pode optar por alterar a petição inicial para incluir, como litisconsorte passivo, o sujeito indicado pelo réu.**	Não há correspondência.

 COMENTÁRIOS:

"Nova" nomeação à autoria. Os dispositivos trazem hipóteses de defesas peremptórias quanto à relação processual previamente estabelecida pelo autor. Isso porque, apesar de as matérias constantes em ambos os artigos não levarem, ao menos inicialmente, à extinção do processo, têm o condão de alterar um dos polos da relação processual.

Os arts. 338 e 339 trazem regras semelhantes à antiga intervenção de terceiro, denominada de nomeação à autoria.[16] Através dela o mero detentor da coisa e o cumpridor de

---

[15]   Pense-se numa causa de acidente de carro ocorrido em São Paulo e proposta por João em face de Pedro, residente em Belo Horizonte. A ação pode tramitar sem nenhum embargo no juízo cível estadual de São Paulo, cabendo a Pedro, se for de seu interesse, demandar a declinação da competência para Belo Horizonte (seu domicílio). Se não o fizer no prazo oportuno, preclusa a faculdade processual, não havendo por que o juiz de São Paulo enviar os autos à capital mineira. No entanto, se a ação é proposta na Justiça Federal em Belo Horizonte (1ª Região), caberá ao juiz federal reconhecer a sua incompetência, pois permitir a tramitação da ação em questão no juízo federal compromete toda a divisão de competências previstas constitucionalmente, ferindo a atividade jurisdicional em si.

[16]   CPC/1973, art. 62. "Aquele que detiver a coisa em nome alheio, sendo-lhe demandada em nome próprio, deverá nomear à autoria o proprietário ou o possuidor." Art. 63. "Aplica-se também o disposto no artigo antecedente à ação de indenização, intentada pelo proprietário ou pelo titular de um direito

ordens, quando demandados, indicam o real proprietário ou o possuidor da coisa demandada, ou o terceiro cumpridor das ordens, como sujeito passivo da relação processual. Esse procedimento evita que a parte demandada erroneamente sofra os efeitos de uma demanda com a qual não tem qualquer relação.

O CPC/2015 não trata da nomeação como uma espécie de intervenção de terceiro, mas ainda possibilita que o réu indique o sujeito passivo da relação discutida em juízo, e que o autor, caso aceite a indicação, altere a petição inicial para substituir o réu ou incluir, como litisconsorte passivo, a pessoa indicada.

Diferentemente do que estava previsto no CPC/1973, a nova legislação também possibilita ao autor, após tomar conhecimento das alegações formalizadas na contestação, alterar a petição inicial para substituir o réu. Em todo caso (art. 338 ou 339), por aplicação do princípio da causalidade, caberá ao autor reembolsar as despesas e pagar os honorários ao procurador do réu excluído.

Em breve síntese, a grande novidade promovida pelo CPC/2015 se refere à desnecessidade de aceitação por parte do nomeado. É que, de acordo com o texto de 1973, somente se houver aceitação do nomeado o processo pode prosseguir em seu desfavor. Na prática, o instituto tem pouca utilidade, afinal, é difícil imaginar que alguém tenha vontade de ser réu. O CPC/2015 corrige esse deslize e possibilita a alteração do polo passivo mediante aceitação apenas por parte do autor.

CPC/2015	CPC/1973
Art. 340. Havendo alegação de incompetência relativa ou absoluta, a contestação poderá ser protocolada no foro de domicílio do réu, fato que será imediatamente comunicado ao juiz da causa, preferencialmente por meio eletrônico. **§ 1º A contestação será submetida a livre distribuição ou, se o réu houver sido citado por meio de carta precatória, juntada aos autos dessa carta, seguindo-se a sua imediata remessa para o juízo da causa.** **§ 2º Reconhecida a competência do foro indicado pelo réu, o juízo para o qual for distribuída a contestação ou a carta precatória será considerado prevento.** **§ 3º Alegada a incompetência nos termos do** *caput*, **será suspensa a realização da audiência de conciliação ou de mediação, se tiver sido designada.** **§ 4º Definida a competência, o juízo competente designará nova data para a audiência de conciliação ou de mediação.**	Não há correspondência.

sobre a coisa, toda vez que o responsável pelos prejuízos alegar que praticou o ato por ordem, ou em cumprimento de instruções de terceiro."

COMENTÁRIOS:

Alegação de incompetência. Ao alegar a incompetência absoluta ou relativa, deve o réu fundamentar e instruir a contestação com as provas disponíveis (se for o caso), podendo, inclusive, protocolizar a sua defesa no foro do seu domicílio. Nesse caso, deve o juiz que recebeu a contestação comunicar o fato ao juiz da causa, preferencialmente por meio eletrônico.

Distribuição da contestação. A contestação será submetida à livre distribuição na comarca do domicílio do réu (§ 1º). Dessa forma, caso seja reconhecida a competência apresentada na contestação, o juízo dentro daquele território que a recebeu se tornará prevento para a causa. Trata-se, portanto, de regra de prevenção específica, exceção ao art. 59 do CPC/2015. Note-se que essa regra de prevenção irá se sobrepor a qualquer outra ação conexa ou continente cuja citação ainda não tenha ocorrido. Isso porque a técnica processual exige a compreensão do juízo prevento como aquele em que primeiro se completou a relação processual, tal como ocorria no art. 219 do CPC/1973.

Os §§ 3º e 4º determinam a suspensão e a remarcação da audiência de conciliação e mediação no caso de alegação de incompetência relativa ou absoluta. Isso ocorre porque a determinação do juízo competente é primordial para realização dos atos processuais posteriores.

CPC/2015	CPC/1973
Art. 341. Incumbe também ao réu manifestar-se precisamente sobre *as alegações de fato constantes* da petição inicial, presumindo-se verdadeiras as não impugnadas, salvo se:	Art. 302. Cabe também ao réu manifestar-se precisamente sobre os *fatos narrados* na petição inicial. Presumem-se verdadeiros os fatos não impugnados, salvo:
I – não for admissível, a seu respeito, a confissão;	I – se não for admissível, a seu respeito, a confissão;
II – a petição inicial não estiver acompanhada de instrumento que a lei considerar da substância do ato;	II – se a petição inicial não estiver acompanhada do instrumento público que a lei considerar da substância do ato;
III – estiverem em contradição com a defesa, considerada em seu conjunto.	III – se estiverem em contradição com a defesa, considerada em seu conjunto.
Parágrafo único. O ônus da impugnação especificada dos fatos não se aplica ao **defensor público**, ao advogado dativo e ao curador especial.	Parágrafo único. Esta regra, quanto ao ônus da impugnação especificada dos fatos, não se aplica ao advogado dativo, ao curador especial ~~e ao órgão do Ministério Público~~.

 COMENTÁRIOS:

Ônus da impugnação especificada e presunção de veracidade. O referido princípio impõe ao réu o dever de se manifestar sobre cada fato narrado na petição inicial. Caso contrário, as alegações da parte autora terão presunção de veracidade. Evidentemente, a presunção aqui estatuída é relativa (*iuris tantum*), o que é reconhecido pela jurisprudência.[17]

---

[17] "A presunção de veracidade dos fatos não especificadamente impugnados na contestação cede quando incompatível com as provas geradas pela defesa, consideradas em seu conjunto" (STJ, REsp 772.804/SP, 3ª Turma, Rel. Min. Castro Filho, Rel. para o acórdão Min. Humberto Gomes de Barros, julgado em 17.08.2006, DJ 02.10.2006).

Ressalte-se que, de acordo com o CPC/2015, a exceção ao ônus da impugnação especificada *não* mais se estende ao Ministério Público. Isso se deve ao fato de que tal instituição já se encontra verdadeiramente estruturada, sendo capaz de suportar os mesmos ônus aos quais estão incumbidas as partes.

Quanto à Defensoria Pública, a justificativa da comissão do Senado para a sua inserção no rol daqueles que não se submetem ao referido ônus envolve as dificuldades processuais pelas quais passam as pessoas menos afortunadas, que geralmente buscam o patrocínio da defensoria pública perto do prazo final da contestação. Além disso, a estrutura da maioria das defensorias públicas no País ainda não é capaz de suportar a enxurrada de demandas que envolvem os mais necessitados.

CPC/2015	CPC/1973
Art. 342. Depois da contestação, só é lícito ao réu deduzir novas alegações quando:	Art. 303. Depois da contestação, só é lícito deduzir novas alegações quando:
I – relativas a direito **ou a fato** superveniente;	I – relativas a direito superveniente;
II – competir ao juiz conhecer delas de ofício;	II – competir ao juiz conhecer delas de ofício;
III – por expressa autorização legal, puderem ser formuladas em qualquer tempo *e grau de jurisdição.*	III – por expressa autorização legal, puderem ser formuladas em qualquer tempo *e juízo.*

 **COMENTÁRIOS:**

Defesas dedutíveis após a contestação. Apenas em casos excepcionais é permitido aduzir novas alegações após a contestação. A rigor, superadas as fases processuais adequadas (petição inicial e contestação), o réu só poderá deduzir novas alegações quando relativas a direito ou a fato superveniente; quando competir ao juiz conhecer das alegações de ofício; ou quando, por expressa autorização legal, as alegações puderem ser formuladas em qualquer tempo e grau de jurisdição.

O direito superveniente pode ser objetivo ou subjetivo, ou seja, tanto pode ter relação com uma norma surgida posteriormente quanto com um fato ocorrido após a apresentação da contestação. Em ambos os casos, o juiz deverá permitir as novas alegações, desde que não haja alteração na causa de pedir.

O disposto no inciso I do art. 342 é complementado pelo art. 493, que prevê a necessidade de o juiz tomar em consideração para o julgamento do mérito os fatos constitutivos, modificativos ou extintivos do direito do autor e do réu que tenham sido apresentados ao longo do trâmite processual.

Quanto às matérias que devem ser conhecidas de ofício, podemos citar as preliminares dispostas no art. 337, ressalvando, é claro, a incompetência relativa e a convenção de arbitragem. Também podem ser reconhecidas pelo juiz sem a necessidade de alegação por qualquer das partes a decadência e a prescrição.

Por fim, quanto ao inciso III, esclarecemos existirem matérias que, apesar de ao juiz não ser possível conhecer de ofício, podem ser alegadas pela parte a qualquer tempo. É o que ocorre com a decadência convencional (art. 211 do CC).

Capítulo VII
Da Reconvenção

CPC/2015	CPC/1973
Art. 343. *Na contestação, é lícito ao réu propor* reconvenção **para manifestar pretensão própria**, conexa com a ação principal ou com o fundamento da defesa.	**Art. 315.** *O réu pode reconvir ao autor no mesmo processo, toda vez que* a reconvenção seja conexa com a ação principal ou com o fundamento da defesa. [...]
§ 1º Proposta a reconvenção, o autor será intimado, na pessoa de seu *advogado*, para *apresentar resposta* no prazo de 15 (quinze) dias.	**Art. 316.** Oferecida a reconvenção, o autor reconvindo será intimado, na pessoa do seu *procurador*, para *contestá-la* no prazo de 15 (quinze) dias.
§ 2º A desistência da ação ou a ocorrência de *causa extintiva que impeça o exame de seu mérito* não obsta ao prosseguimento do processo quanto à reconvenção.	**Art. 317.** A desistência da ação, ou a existência de *qualquer causa que a extinga*, não obsta ao prosseguimento da reconvenção.
§ 3º A reconvenção pode ser proposta contra o autor e terceiro.	
§ 4º A reconvenção pode ser proposta pelo réu em litisconsórcio com terceiro.	
§ 5º *Se o autor for substituto processual,* **o reconvinte deverá afirmar ser titular de direito em face do substituído, e** *a reconvenção deverá ser proposta em face do autor, também na qualidade de substituto processual*.	
§ 6º O réu pode propor reconvenção independentemente de oferecer contestação.	

 ## COMENTÁRIOS:

Noções gerais. Citado, o réu, afora a contestação, pode formular pretensão contra o autor, desde que haja conexão com a ação principal ou com o fundamento da defesa (art. 343). A chamada "reconvenção" é a ação proposta pelo réu contra o autor no mesmo processo. Trata-se de uma faculdade. Se não for proposta a reconvenção, nenhum prejuízo acarretará para o réu, uma vez que este pode propor ação autônoma, a qual, em face da conexão, será julgada simultaneamente com a ação principal, tal como o pedido de reconvenção.

No CPC/1973, a reconvenção devia ser apresentada em peça autônoma; no novo CPC constitui um tópico da contestação. O que importa é a essência. Mesmo antes da vigência do novo código, a jurisprudência permitia que o réu reconviesse ao autor na própria peça defensiva. Embora apresentadas na mesma peça processual (o mesmo papel ou arquivo eletrônico), contestação e reconvenção são institutos completamente distintos. O próprio legislador de 2015 as trata assim, tanto que reservou um capítulo para cada uma dessas peças. Quando, no art. 343, diz que "na contestação, é lícito ao réu propor reconvenção...", quer dizer na mesma peça processual. Nada impede, obviamente, que se faça em duas folhas distintas. A forma é irrelevante. É preciso atentar para a preclusão. Se contestar, não poderá reconvir. E se reconvir não poderá contestar. A fase é da resposta, que engloba a contestação, a reconvenção e, se o motivo da suspeição for preexistente, a exceção. Embora o CPC/2015 não tenha feito menção à palavra "resposta" no art. 335 – que corresponde, com alterações, ao art. 297 do CPC/1973 –, continua sendo o termo adequado para se referir às principais manifestações do réu em atendimento à citação. Citação é o ato pelo qual o réu é convocado para integrar a relação processual. Mas essa integração tem uma finalidade precípua: oportunizar a defesa e, no procedimento comum, o exercício de pretensão, podendo excepcionalmente postular o afastamento do juiz tachado de parcial.

Litisconsórcio na reconvenção. De acordo com o CPC/2015, o réu é legitimado a reconvir contra o autor e contra terceiro, como também pode atuar em litisconsórcio com pessoa juridicamente interessada na demanda. Na primeira hipótese, o réu, dotado de pretensão em face do autor e de terceiro, pode se valer da reconvenção, no mesmo processo, para contra-atacar o autor e o terceiro. Na segunda hipótese, o réu pode buscar um terceiro para se unir contra o autor. Ambas "cultivam a economia dos juízos, evitando a pluralidade de processos, de instruções, atos processuais em geral, procedimentos recursais, barateando a tutela jurisdicional".[18]

No sistema processual anterior, o réu também não podia, em seu próprio nome, reconvir ao autor quando este estivesse demandando em nome de outrem. Em outras palavras, estando no polo ativo um substituto processual, não podia o réu reconvir, invocando direito que teria contra o substituto, porquanto as partes, na reconvenção, tinham de figurar na mesma qualidade jurídica em que figuravam na ação originária. Diante da regra do § 5º do art. 343 (CPC/2015), estando o autor na qualidade de substituto processual, o réu (reconvinte) afirmará a existência de seu direito em face do substituído, mas proporá o pedido em face do autor, também na qualidade de substituto processual.

Interesse processual. Não tem o réu interesse processual para reconvir quando a matéria puder ser alegada em contestação. Exemplo: o autor pede determinada prestação com base num contrato. Se o propósito do réu é apenas opor-se a essa pretensão do autor, a contestação basta. Todavia, se pretende exigir outra prestação com base no mesmo contrato, a reconvenção é indispensável.

Requisitos. A reconvenção deve ser conexa com o pedido ou causa de pedir da ação principal ou com o fundamento da defesa. Exemplos: o autor pede o cumprimento de determinada prestação com base num contrato, e o réu, em reconvenção, exige outra prestação com fundamento na mesma avença (conexão pela causa de pedir); o autor exige o cumprimento de uma obrigação contratual, e o réu, na contestação, alega nulidade do contrato e reconvém, pedindo perdas e danos decorrentes da nulidade (conexão com o fundamento da defesa).

Procedimento. O réu pode propor a reconvenção independentemente do oferecimento de contestação (art. 343, § 6º). Nesse caso, a reconvenção deverá preencher os mesmos requisitos da petição inicial, inclusive o valor da causa. No entanto, se a contestação também for oferecida, o pedido reconvencional passará a ocupar um capítulo dessa defesa, por meio do qual o réu demonstrará claramente a vontade de demandar contra o autor. No CPC/1973 a reconvenção era proposta em peça autônoma, mas a doutrina[19] e a jurisprudência já relativizavam essa exigência.[20]

---

[18] DINAMARCO, Cândido Rangel. **Litisconsórcio**. 6. ed. São Paulo: Malheiros, p. 384.

[19] THEODORO JÚNIOR, Humberto. **Código de Processo Civil anotado**. 16. ed. Rio de Janeiro: Forense, 2012. p. 383.

[20] Nesse sentido: "Ainda que não ofertada contestação em peça autônoma, a apresentação de reconvenção na qual o réu efetivamente impugne o pedido do autor pode afastar a presunção de veracidade

O reconvindo (autor) será intimado, na pessoa do advogado, para responder à reconvenção no prazo de 15 (quinze) dias. Não se fala em citação, porquanto o autor já tem advogado nos autos.

Apresentada resposta, a reconvenção acompanhará os trâmites da ação principal, mas a eventual desistência desta ou a ocorrência de causa extintiva que impeça o exame de seu mérito não obsta ao prosseguimento do processo quanto à reconvenção (art. 343, § 2º).

Pode haver reconvenção da reconvenção? Por inexistir vedação legal, é possível que o autor, no prazo de resposta à reconvenção apresentada pelo réu, apresente também a sua reconvenção. A reconvenção à reconvenção só não é admitida na ação monitória, conforme vedação expressa do art. 702, § 6º, do CPC/2015.

Cabimento. A reconvenção é cabível no processo de conhecimento (procedimento comum), desde que satisfeitos os pressupostos de admissibilidade. Já nas ações em trâmite perante os Juizados Especiais Cíveis não há possibilidade de reconvenção, porquanto a lei prevê o pedido contraposto (art. 17, parágrafo único, c/c o art. 31 da Lei nº 9.099/1995).

Capítulo VIII
Da Revelia

CPC/2015	CPC/1973
Art. 344. Se o réu não contestar a ação, **será considerado revel** e presumir-se-ão verdadeiras as *alegações de fato formuladas* pelo autor.	Art. 319. Se o réu não contestar a ação, reputar-se-ão verdadeiros os *fatos afirmados* pelo autor.

 COMENTÁRIOS:

Noções gerais sobre a revelia. Revel é o réu que não atendeu ao chamado da citação, seja para contestar, reconvir, fazer denunciação da lide, chamamento ao processo ou simplesmente impugnar o valor da causa. A revelia possui dois efeitos: material, que em alguns casos conduz à presunção de veracidade (art. 344), e processual, que conduz ao curso dos prazos independentemente de intimação para o réu que não tem advogado constituído nos autos (art. 346). Assim, se o réu, por exemplo, comparece apenas para impugnar o valor da causa, não há revelia, embora possa haver presunção de veracidade dos fatos articulados na inicial. Presunção de veracidade é um efeito da revelia, mas com ela não se confunde. Presunção de veracidade é um *minus* em relação à revelia.

Revelia relaciona-se com contumácia, todavia, dela se distingue. Contumácia é a ausência da parte ao processo, pouco importa que se trate do autor, réu ou terceiro interveniente.

decorrente da revelia (art. 302 do CPC). Com efeito, a jurisprudência do STJ encontra-se consolidada no sentido de que a revelia, decorrente da não apresentação de contestação, enseja apenas presunção relativa de veracidade dos fatos narrados na inicial pelo autor da ação, podendo ser infirmada pelos demais elementos dos autos, motivo pelo qual não acarreta a procedência automática dos pedidos iniciais. Ademais, o STJ já se posicionou no sentido de que constitui mera irregularidade a apresentação de contestação e de reconvenção em peça única" (STJ, REsp 1.335.994-SP, Rel. Min. Ricardo Villas Bôas Cueva, julgado em 12.08.2014).

A revelia, na forma preconizada pelo Código, atinge apenas o réu ou o terceiro citado para responder aos termos da citação para intervir.

O autor que abandona a causa por mais de 30 (trinta) dias (art. 485, III) é contumaz. Dessa forma, pode-se dizer que a revelia induz contumácia, mas a contumácia nem sempre decorre da revelia.

CPC/2015	CPC/1973
Art. 345. A revelia não produz o efeito mencionado *no art. 344* se:	Art. 320. A revelia não induz, contudo, o efeito mencionado no *artigo antecedente*:
I – havendo pluralidade de réus, algum deles contestar a ação;	I – se, havendo pluralidade de réus, algum deles contestar a ação;
II – o litígio versar sobre direitos indisponíveis;	II – se o litígio versar sobre direitos indisponíveis;
III – a petição inicial não estiver acompanhada de instrumento que a lei considere indispensável à prova do ato;	III – se a petição inicial não estiver acompanhada do instrumento público, que a lei considere indispensável à prova do ato.
IV – **as alegações de fato formuladas pelo autor forem inverossímeis ou estiverem em contradição com prova constante dos autos.**	

COMENTÁRIOS:

O dispositivo em análise traz as hipóteses nas quais será afastado o efeito material da revelia, isto é, a presunção de veracidade das alegações do autor, ainda que o réu não tenha contestado a inicial.

Inciso I. Tal inciso aplica-se nos casos de litisconsórcio passivo unitário, porquanto a sorte no plano do direito material deve ser a mesma para todos os litisconsortes (art. 117).

Inciso II. Cite-se como exemplo de direito indisponível o uso do sobrenome de cônjuge.[21]

Inciso III. O art. 406 do CPC/2015 complementa a referida regra. Um exemplo de instrumento indispensável à prova do ato está no art. 108 do CC/2002.[22]

Inciso IV. Quanto ao inciso IV, a nova redação do CPC/2015 segue o entendimento jurisprudencial.[23]

---

[21] "[...] Agravo interno interposto em face de decisão do Relator que deu provimento à apelação cível para determinar que a ré-apelante permaneça utilizando o nome de casada. 2. Direito à manutenção do nome que é atributo da personalidade, nos termos do art. 16 do Código Civil. 3. Efeitos da revelia que não se operam. Inteligência dos artigos 319 e 320, inciso II, do CPC. 4. Inexistência de impedimento legal ou alegação justificada por parte do cônjuge varão que afastasse o nome de casada. 5. Decisão monocrática que se mantém, por seu próprios fundamentos." (STJ, REsp 1.482.843/RJ, Rel. Min. Moura Ribeiro, julgado em 02.06.2015).

[22] CC/2002, "Art. 108. Não dispondo a lei em contrário, a escritura pública é essencial à validade dos negócios jurídicos que visem à constituição, transferência, modificação ou renúncia de direitos reais sobre imóveis de valor superior a trinta vezes o maior salário mínimo vigente no País."

[23] Nesse sentido: "A revelia por si só não se constitui em fator liberatório para a colhida da pretensão do autor, devendo, de qualquer forma, ser levada em conta a prova existente nos autos em prestigiamento da relatividade dos efeitos da confissão, consagrada no art. 330, *caput*, do CPC [de 1973]" (TJSC, Apelação 186606 SC 2002.018660-6, 1ª Câmara de Direito Comercial, Rel. Anselmo Cerello,

Além dessas hipóteses, não incide a presunção de veracidade quando, embora revel o réu, o assistente simples dele, atuando como substituto processual, contestar no prazo legal (art. 121, parágrafo único).

CPC/2015	CPC/1973
Art. 346. Os prazos contra o revel que não tenha patrono nos autos fluirão *da data* de publicação do ato decisório **no órgão oficial**. Parágrafo único. O revel poderá intervir no processo em qualquer fase, recebendo-o no estado em que se encontrar.	Art. 322. Contra o revel que não tenha patrono nos autos, correrão os prazos ~~independentemente de intimação~~, *a partir* da publicação de cada ato decisório. Parágrafo único. O revel poderá intervir no processo em qualquer fase, recebendo-o no estado em que se encontrar.

 ## COMENTÁRIOS:

Possibilidade de o revel intervir no processo. O revel poderá intervir no processo em qualquer fase, recebendo-o no estado em que se encontrar (art. 346, parágrafo único). Pode, por exemplo, produzir provas sobre matéria não alcançada pela presunção de veracidade. Aliás, nos termos da Súmula nº 231 do STF, "o revel, em processo cível, pode produzir provas desde que compareça em tempo oportuno". O art. 349 reforça esse entendimento ao prever que "ao revel será lícita a produção de provas, contrapostas às alegações do autor, desde que se faça representar nos autos a tempo de praticar os atos processuais indispensáveis a essa produção".

Capítulo IX
Das Providências Preliminares e do Saneamento

CPC/2015	CPC/1973
Art. 347. Findo o prazo para a *contestação*, o juiz tomará, conforme o caso, as providências preliminares constantes das seções deste Capítulo.	Art. 323. Findo o prazo para a *resposta do réu*, ~~o escrivão fará a conclusão dos autos~~. O juiz, ~~no prazo de 10 (dez) dias~~, determinará, conforme o caso, as providências preliminares, que constam das seções deste Capítulo.

---

julgado em 17.08.2006); "Se o réu não contestar a ação, reputar-se-ão verdadeiros os fatos afirmados pelo autor (CPC/1973, art. 319). Trata-se de presunção relativa, mas apta a prevalecer, em não sendo inverossímeis nem notoriamente inverídicos os fatos alegados na inicial, nem havendo prova em contrário [...]" (TJMG, Apelação 3.112.914 MG 2.0000.00.311291-4/000, Rel. Beatriz Pinheiros Caires, julgado em 29.06.2000). Na doutrina: "[...] a despeito do teor literal do art. 319 [CPC/1973], não fica o juiz vinculado, ao nosso ver, à aceitação de fatos inverossímeis, notoriamente inverídicos ou incompatíveis com os próprios elementos ministrados pela inicial, só porque ocorra a revelia; ademais, o pedido poderá ser declarado improcedente, *v.g.*, em consequência da questão de direito em sentido desfavorável ao autor" (BARBOSA MOREIRA, José Carlos. **O novo processo civil brasileiro**. 22. ed. Rio de Janeiro: Forense, 2002. p. 98).

COMENTÁRIOS:

Providências preliminares. Estão elencadas nos arts. 347 a 353 e consistem no seguinte: determinação às partes para especificação das provas, abertura de oportunidade ao autor para replicar sobre fato impeditivo, modificativo ou extintivo (art. 350) ou sobre preliminares arguidas pelo réu (art. 351).

Fase saneadora. O saneamento, feito pelo despacho saneador, que na verdade não é despacho, mas sim decisão interlocutória, consiste num juízo positivo de admissibilidade relativamente à ação e a um juízo positivo no que tange à validade do processo.

O que ocorre na fase denominada *saneadora* é o julgamento conforme o estado do processo (art. 354), que pode consistir na extinção do processo, com ou sem resolução do mérito; no julgamento antecipado do mérito; no julgamento antecipado parcial do mérito; ou no saneamento.

Em relação à exclusão do prazo previsto no CPC/1973, o leitor não deve se preocupar, salvo nas provas de concurso público que costumam cobrar "letra da lei". Na prática, não há mudança, porquanto o prazo no CPC/1973 era impróprio e dificilmente cumprido pelo juiz.

Seção I
Da Não Incidência dos Efeitos da Revelia

CPC/2015	CPC/1973
Art. 348. Se o réu não contestar a ação, o juiz, verificando a inocorrência do efeito da revelia **previsto no art. 344**, ordenará que o autor especifique as provas que pretenda produzir, **se ainda não as tiver indicado**.	Art. 324. Se o réu não contestar a ação, o juiz, verificando que não ocorreu o efeito da revelia, mandará que o autor especifique as provas que pretenda produzir ~~na audiência~~.

 COMENTÁRIOS:

A redação apenas se adequou ao novo procedimento comum. Sobre a revelia, conferir os comentários aos dispositivos anteriores.

CPC/2015	CPC/1973
Art. 349. **Ao réu revel será lícita a produção de provas, contrapostas às alegações do autor, desde que se faça representar nos autos a tempo de praticar os atos processuais indispensáveis a essa produção.**	Não há correspondência.

 COMENTÁRIOS:

Produção probatória pelo réu revel. O núcleo do dispositivo está assentado na já mencionada Súmula nº 231 do STF.

Caso seja decretado o efeito do art. 344, o juiz poderá proferir o julgamento antecipado do mérito (parcial ou não), nos termos dos arts. 355 e 356. Entretanto, se o réu compareceu aos autos e requereu provas cuja necessidade se mostrou imprescindível para a convicção do magistrado, o julgamento antecipado deve ser afastado.

Seção II
Do Fato Impeditivo, Modificativo ou Extintivo do Direito do Autor

CPC/2015	CPC/1973
Art. 350. Se o réu *alegar fato* impeditivo, modificativo ou extintivo do direito do autor, este será ouvido no prazo de *15 (quinze)* dias, *permitindo-lhe* o juiz a produção de prova.	Art. 326. Se o réu, *reconhecendo o fato em que se fundou a ação, outro lhe opuser* impeditivo, modificativo ou extintivo do direito do autor, este será ouvido no prazo de *10 (dez)* dias, *facultando-lhe* o juiz a produção de prova ~~documental~~.

COMENTÁRIOS:

O artigo dispõe sobre a possibilidade de o autor replicar as alegações apresentadas pelo réu. A réplica deve ser oferecida no prazo de 15 (quinze) dias – no CPC/1973 esse prazo era de 10 (dez) dias – contados da intimação do autor para se manifestar sobre a contestação.

Fatos impeditivos. São aqueles que obstam a procedência do pleito autoral. Exemplo: alegação de exceção de contrato não cumprido.

Fatos modificativos. São aqueles que impedem a procedência integral dos pedidos apresentados na petição inicial. Exemplos: réu contesta afirmando que pagou parte do débito questionado ou que o autor havia lhe concedido parcelamento.

Fatos extintivos. Estes, por sua vez, extinguem em definitivo a pretensão do autor. Exemplos: ocorrência de condição resolutiva ou pagamento.

Seção III
Das Alegações do Réu

CPC/2015	CPC/1973
Art. 351. Se o réu alegar qualquer das matérias enumeradas no *art. 337*, o juiz determinará a oitiva do autor no prazo de *15 (quinze)* dias, permitindo-lhe a produção de prova.	Art. 327. Se o réu alegar qualquer das matérias enumeradas no *art. 301*, o juiz mandará ouvir o autor no prazo de *10 (dez)* dias, permitindo-lhe a produção de prova ~~documental~~.

COMENTÁRIOS:

Réplica em razão de alegação preliminar. Sempre que o réu apresentar defesa processual indireta (matérias previstas no novo art. 337), o autor terá a oportunidade de sobre elas se manifestar, antes da decisão judicial. O CPC/2015 altera o prazo para réplica de 10 (dez) para 15 (quinze) dias e deixa clara a possibilidade de o autor requerer a produção de outras provas que não apenas a prova documental. Trata-se de regra que privilegia o contraditório e evita que o autor venha a ser surpreendido pela decisão judicial.

CPC/2015	CPC/1973
Art. 352. Verificando a existência de irregularidades ou de *vícios* sanáveis, o juiz *determinará sua correção em* prazo nunca superior a 30 (trinta) dias.	Art. 327. [...] Verificando a existência de irregularidades ou de nulidades sanáveis, o juiz mandará supri-las, fixando à parte prazo nunca superior a 30 (trinta) dias.
Art. 353. Cumpridas as providências preliminares ou não havendo necessidade delas, o juiz proferirá julgamento conforme o estado do processo, observando o que dispõe o *Capítulo X*.	Art. 328. Cumpridas as providências preliminares, ou não havendo necessidade delas, o juiz proferirá julgamento conforme o estado do processo, observando o que dispõe o *capítulo seguinte*.

 COMENTÁRIOS:

Correção de irregularidades sanáveis. Verifica-se a alteração do prazo de 10 (dez) para 15 (quinze) dias para oitiva da parte autora acerca de alguma das defesas dilatórias (processuais) apresentadas pelo réu na contestação. Nesse caso poderá a parte autora produzir provas de qualquer natureza, não se aplicando a restrição à prova documental, consoante dicção normativa do CPC/1973.

Necessário insistir, ademais, que o dispositivo segue a linha do CPC/1973 ao permitir o saneamento de eventuais nulidades. Com efeito, o não saneamento do vício alegado implica extinção do processo sem julgamento de mérito (art. 485, III).

Capítulo X

Do Julgamento Conforme o Estado do Processo

Seção I

Da Extinção do Processo

CPC/2015	CPC/1973
Art. 354. Ocorrendo qualquer das hipóteses previstas nos arts. *485 e 487, incisos II e III*, o juiz *proferirá sentença*.	Art. 329. Ocorrendo qualquer das hipóteses previstas nos arts. *267 e 269, II a V*, o juiz *declarará extinto o processo*.
Parágrafo único. **A decisão a que se refere o *caput* pode dizer respeito a apenas parcela do processo, caso em que será impugnável por agravo de instrumento.**	

 COMENTÁRIOS:

Extinção do processo. De acordo com o CPC/2015, a extinção do processo pode dizer respeito a apenas parcela dele. Isso pode ocorrer quando houver cumulação de pedidos ou quando o pedido for, por sua natureza, passível de decomposição. Exemplo: se em ação de divórcio o casal concorda com a extinção do vínculo, mas pretende discutir sobre a fixação de alimentos ou guarda dos filhos menores, nada impede que o juiz profira decisão que diga respeito a apenas parcela do processo. Nesse caso, a decisão, conquanto julgue parcela do mérito de forma definitiva, como ocorre na sentença, não extingue a fase e cognitiva e, destarte, será impugnável por meio de agravo de instrumento.

Seção II
Do Julgamento Antecipado do Mérito

CPC/2015	CPC/1973
Art. 355. O juiz *julgará antecipadamente o* pedido, proferindo sentença **com resolução de mérito**, quando: I – não houver necessidade de produção de **outras** provas; II – *o réu for revel, ocorrer o efeito previsto no art. 344* **e não houver requerimento de prova, na forma do art. 349.**	Art. 330. O juiz *conhecerá diretamente* do pedido, proferindo sentença: I – quando ~~a questão de mérito for unicamente de direito, ou, sendo de direito e de fato~~, não houver necessidade de produzir prova ~~em audiência~~; II – quando *ocorrer a revelia (art. 319).*

 ## COMENTÁRIOS:

Julgamento antecipado e revelia. Em geral, deixando de contestar a ação, incide o réu nos efeitos da revelia, ou seja, os fatos alegados pelo autor são reputados verdadeiros, circunstância que autoriza o julgamento antecipado. É preciso, no entanto, observar a ressalva feita pelo CPC/2015: se mesmo revel o réu comparecer ao processo a tempo de requerer a produção de provas, contrapondo-se às alegações do autor, o juiz não julgará antecipadamente o mérito. Isso ocorre porque as partes têm assegurada a garantia constitucional à produção de provas (art. 5º, LV, da CF).

O CPC/2015 não repete a redação do inciso II do art. 330 do CPC/1973, o que nos faz concluir que, independentemente de a questão de mérito ser unicamente de fato ou ser de fato e de direito, sempre que for dispensada a fase probatória porquanto suficientes as provas constantes nos autos, estará o magistrado autorizado a proceder ao julgamento antecipado do mérito.

Seção III
Do Julgamento Antecipado Parcial do Mérito

CPC/2015	CPC/1973
Art. 356. *O juiz decidirá parcialmente o mérito* quando um ou mais dos pedidos *formulados* ou parcela deles: I – mostrar-se incontroverso; II – **estiver em condições de imediato julgamento, nos termos do art. 355.** **§ 1º A decisão que julgar parcialmente o mérito poderá reconhecer a existência de obrigação líquida ou ilíquida.** **§ 2º A parte poderá liquidar ou executar, desde logo, a obrigação reconhecida na decisão que julgar parcialmente o mérito, independentemente de caução, ainda que haja recurso contra essa interposto.**	Art. 273. [...] *§ 6º A tutela antecipada também poderá ser concedida* quando um ou mais dos pedidos *cumulados,* ou parcela deles, mostrar-se incontroverso.

> § 3º Na hipótese do § 2º, se houver trânsito em julgado da decisão, a execução será definitiva.
>
> § 4º A liquidação e o cumprimento da decisão que julgar parcialmente o mérito poderão ser processados em autos suplementares, a requerimento da parte ou a critério do juiz.
>
> § 5º A decisão proferida com base neste artigo é impugnável por agravo de instrumento.

 ## COMENTÁRIOS:

Noções gerais. Visando à duração razoável do processo, o CPC/2015 traz o julgamento antecipado parcial do mérito, instituto que compreende hipóteses nas quais determinada parcela do objeto da demanda pode vir a ser julgada de forma definitiva, uma vez que já submetida à cognição exauriente. Não se trata de uma antecipação dos efeitos de eventual sentença de mérito, função destinada à antecipação de tutela. A decisão é, em seu conteúdo, parte da sentença, sendo, pois, capaz de impedir nova apreciação do julgador. Em síntese, é decisão que se submete aos limites objetivos da futura coisa julgada.

No entanto, sendo decisão que não extingue o processo ou a atividade cognitiva como um todo, mas apenas parte da demanda, ela não deve ser objeto de recurso de apelação. Nesse sentido, sob a perspectiva da técnica processual, a decisão ainda é interlocutória, desafiando o recurso de agravo de instrumento.

Em outras palavras, é como se no processo existissem duas "sentenças", sendo a primeira referente à parte incontroversa, impugnável por agravo de instrumento, e a segunda referente ao mérito como um todo, que seguirá a regra da impugnação através de apelação. Vale ressaltar que, mesmo existindo duas (ou até mais) "sentenças", a decisão que julga antecipada e parcialmente o mérito não dependerá de ulterior confirmação: ela já é definitiva e pode resultar em coisa julgada material antes mesmo de o processo ser extinto.

Liquidação e cumprimento da decisão. A decisão que julgar parcialmente o mérito e reconhecer obrigação líquida ou ilíquida poderá ser submetida ao cumprimento de sentença (arts. 513 e seguintes); se ilíquida, deverá ser anteriormente liquidada (arts. 509 e seguintes). O cumprimento definitivo depende, por óbvio, do trânsito em julgado da decisão proferida nos termos do dispositivo em comento. O cumprimento provisório, por outro lado, poderá ser realizado independentemente do trânsito em julgado.

Seção IV
Do Saneamento e da Organização do Processo

CPC/2015	CPC/1973
Art. 357. *Não ocorrendo nenhuma das hipóteses deste Capítulo, deverá* o juiz, **em decisão de saneamento e de organização do processo**:	Art. 331. [...]
	§ 2º *Se, por qualquer motivo, não for obtida a conciliação*, o juiz *fixará os pontos controvertidos*, decidirá as questões processuais pendentes *e* determinará as provas a serem produzidas, designando audiência de instrução e julgamento, se necessário.
I – resolver as questões processuais pendentes, se houver;	
II – *delimitar as questões de fato sobre as quais recairá a atividade probatória*, especificando os meios de prova admitidos;	

III – definir a distribuição do ônus da prova, observado o art. 373;

IV – delimitar as questões de direito relevantes para a decisão do mérito;

V – designar, se necessário, audiência de instrução e julgamento.

§ 1º Realizado o saneamento, as partes têm o direito de pedir esclarecimentos ou solicitar ajustes, no prazo comum de 5 (cinco) dias, findo o qual a decisão se torna estável.

§ 2º As partes podem apresentar ao juiz, para homologação, delimitação consensual das questões de fato e de direito a que se referem os incisos II e IV, a qual, se homologada, vincula as partes e o juiz.

§ 3º Se a causa apresentar complexidade em matéria de fato ou de direito, deverá o juiz designar audiência para que o saneamento seja feito em cooperação com as partes, oportunidade em que o juiz, se for o caso, convidará as partes a integrar ou esclarecer suas alegações.

§ 4º Caso tenha sido determinada a produção de prova testemunhal, *o juiz fixará prazo comum não superior a 15 (quinze) dias para que as partes apresentem rol de testemunhas.*

§ 5º Na hipótese do § 3º, as partes devem levar, para a audiência prevista, o respectivo rol de testemunhas.

§ 6º *O número de testemunhas arroladas não pode ser superior a 10 (dez), sendo 3 (três), no máximo, para a prova de cada fato.*

§ 7º O juiz poderá limitar o número de testemunhas levando em conta a complexidade da causa e dos fatos individualmente considerados.

§ 8º Caso tenha sido determinada a produção de prova pericial, o juiz deve observar o disposto no art. 465 e, se possível, estabelecer, desde logo, calendário para sua realização.

§ 9º As pautas deverão ser preparadas com intervalo mínimo de 1 (uma) hora entre as audiências.

Art. 407. ~~Incumbe às partes, no prazo que o juiz fixará ao designar a data da audiência, depositar em cartório o rol de testemunhas, precisando-lhes o nome, profissão, residência e o local de trabalho;~~ *omitindo-se o juiz, o rol será apresentado até 10 (dez) dias antes da audiência.*

Parágrafo único. É lícito a cada parte oferecer, no máximo, dez testemunhas; *quando qualquer das partes oferecer mais de três testemunhas para a prova de cada fato,* ~~o juiz poderá dispensar as restantes.~~

 ## COMENTÁRIOS:

O saneamento e a organização do processo tomaram rumos distintos no CPC/2015. Na sistemática do CPC/1973 falava-se em audiência preliminar, na qual o juiz poderia sanear o processo após o esgotamento das tentativas de conciliação. Como a audiência com vistas à conciliação não ocorrerá mais nessa fase, o juiz deverá, conforme o caso, adotar as providências do novo art. 357.

Admissibilidade da ação e regularidade do processo. O inciso I determina que caberá ao juiz delimitar as questões processuais pendentes. Evidentemente, não se submeterá à preclusão a decisão saneadora que não tratar de vício processual insanável, de ordem pública.[24] No entanto, deve-se entender que a decisão saneadora (denominada, atecnicamente, de "*despacho saneador*" no CPC/1973), ao determinar o prosseguimento da demanda, implica juízo positivo de admissibilidade da ação, bem como de regularidade da relação processual.[25] Com efeito, verificado determinado vício que impeça o alcance de uma sentença de mérito, caberá ao juiz determinar a sua regularização na decisão saneadora, sob pena de extinção do processo.

Delimitação das questões controversas. Superado o juízo de regularidade processual, caberá ao julgador delimitar quais as questões serão objeto de produção probatória (inciso II), bem como os meios de prova cabíveis. Além disso, identificará as questões de direito relevantes para o julgamento do mérito. Tais providências são essenciais ao saneamento, uma vez que concretizam o exercício do contraditório por toda a fase instrutória, garantindo previsibilidade às partes sobre o que devem debater, visto que o conteúdo da discussão fundamentará a futura sentença.

Pedido de esclarecimentos e ajustes. Intimadas as partes do despacho saneador, têm elas o direito de pedir esclarecimentos ou solicitar ajustes, no prazo comum de 5 (cinco) dias. Esse pedido não deve ser confundido com a interposição de embargos de declaração. A hipótese aqui aventada é mais ampla que a aludida modalidade recursal. Deve ser entendida, portanto, como simples petição que garante o amplo debate sobre a questão saneadora, evitando incongruências que possam, futuramente, impedir o efetivo exercício do contraditório.

Ônus da prova. No mesmo prazo do pedido de esclarecimentos ou até antes do saneamento, as partes também podem apresentar ao juiz, para homologação, as questões de fato e de direito a que se referem os incisos I a IV. Ou seja, autor e réu podem definir quais as provas serão produzidas e como o ônus será distribuído. Trata-se de inovação que integra a relação consensual entre as partes e o juiz, diminuindo o protagonismo deste último e, sobretudo, permitindo a participação das partes na condução do processo.

Ao que tudo indica, o art. 357 do CPC/2015 adota uma visão moderna que prima pela integração consensual. Abre-se a possibilidade de transportar, para o Brasil, avanços da legislação processual de outros países, como no caso da França, onde a ideia da *contratualização do processo* permite a celebração de ajustes entre as partes e o juiz, a respeito da forma de condução do processo e do momento para a prática de determinados atos processuais. Com isso, fica abandonado um esquema vertical e impositivo do relacionamento entre partes e juiz, em prol de uma postura horizontal e consensual entre os sujeitos processuais.[26]

Audiência de saneamento. Diante de causa de peculiar complexidade, poderá o juiz determinar audiência para esclarecimento dos pontos relativos ao saneamento, sobretudo as alegações feitas pelas partes (§ 3º). Trata-se de uma audiência extra, que não pode ser considerada como audiência de instrução e julgamento.

---

[24]   "O enunciado n. 424 da Súmula STF não se aplica aos requisitos de admissibilidade da tutela jurisdicional" (STJ, REsp 8.668/PR, 4ª Turma, Rel. Min. Sálvio de Figueiredo Teixeira, julgado em 09.03.1993, DJ 29.03.1993). Cf. Súmula nº 424 do STF: "Transita em julgado o despacho saneador de que não houve recurso, excluídas as questões deixadas, explícita ou implicitamente, para a sentença."

[25]   BARBOSA MOREIRA, José Carlos. **O novo processo civil brasileiro**. 26. ed. Rio de Janeiro: Forense, 2008. p. 52.

[26]   JAYME, F. G.; FRANCO, M. V. O princípio do contraditório no Projeto de Novo Código de Processo Civil. **Revista de Processo**, São Paulo, n. 227, jan. 2014, p. 356.

Capítulo XI
Da Audiência de Instrução e Julgamento

CPC/2015	CPC/1973
Art. 358. No dia e na hora designados, o juiz declarará aberta a audiência de instrução e julgamento e mandará apregoar as partes e os respectivos advogados, **bem como outras pessoas que dela devam participar**. Art. 359. *Instalada a audiência*, o juiz tentará conciliar as partes, **independentemente do emprego anterior de outros métodos de solução consensual de conflitos, como a mediação e a arbitragem.**	Art. 450. No dia e hora designados, o juiz declarará aberta a audiência, mandando apregoar as partes e os seus respectivos advogados. Art. 448. *Antes de iniciar a instrução*, o juiz tentará conciliar as partes. ~~Chegando a acordo, o juiz mandará tomá-lo por termo.~~

COMENTÁRIOS:

Apregoamento e início da audiência. Entende-se necessário o apregoamento das partes, dos advogados e de todos que devam participar da audiência de instrução e julgamento. Os terceiros compreendem não só testemunhas, peritos e outros auxiliares, como também sujeitos que guardem algum interesse jurídico com as partes e a crise de direito material a ser julgada – desde que o terceiro tenha se apresentado ao processo.

A tentativa de conciliação por parte do juiz, antes do início da audiência, é mantida pelo Novo CPC. As partes podem, contudo, conciliar-se por outros meios, como é o caso da arbitragem. Nessa hipótese, se firmado compromisso arbitral no curso do processo, as partes estarão renunciando à jurisdição estatal.

CPC/2015	CPC/1973
Art. 360. O juiz exerce o poder de polícia, *incumbindo-lhe*: I – manter a ordem e o decoro na audiência; II – ordenar que se retirem da sala de audiência os que se comportarem inconvenientemente; III – requisitar, quando necessário, força policial; IV – **tratar com urbanidade as partes, os advogados, os membros do Ministério Público e da Defensoria Pública e qualquer pessoa que participe do processo;** V – **registrar em ata, com exatidão, todos os requerimentos apresentados em audiência.**	Art. 445. O juiz exerce o poder de polícia, *competindo-lhe*: I – manter a ordem e o decoro na audiência; II – ordenar que se retirem da sala da audiência os que se comportarem inconvenientemente; III – requisitar, quando necessário, a força policial.

COMENTÁRIOS:

Poder de polícia do magistrado. O CPC/2015 insere o dever de urbanidade do magistrado ao presidir a audiência de instrução e julgamento. Por mais óbvio que nos deva parecer, o poder de polícia num Estado Democrático de Direito deve ser correlato ao dever de tratamento justo e igualitário do agente às partes cujo seu poder se impõe. Dessa forma, o poder de polícia do magistrado se condiciona e se efetiva mediante o tratamento paritário, educado e imparcial para com as pessoas que participem da sessão.

Também é dever do julgador registrar em ata todos os requerimentos das partes, para fins de delimitação das questões a serem dirimidas e para dar andamento idôneo do feito, sem atrasos indesejados ou omissões.

CPC/2015	CPC/1973
Art. 361. As provas **orais** serão produzidas em audiência, ouvindo-se nesta ordem, **preferencialmente**: I – o perito e os assistentes técnicos, que responderão aos quesitos de esclarecimentos requeridos no prazo e na forma do *art. 477*, **caso não respondidos anteriormente por escrito**; II – o autor e, em seguida, o réu, que *prestarão* depoimentos pessoais; III – as testemunhas arroladas pelo autor e pelo réu, que serão inquiridas. Parágrafo único. Enquanto depuserem o perito, os assistentes técnicos, as partes e as testemunhas, não poderão os advogados **e o Ministério Público** intervir ou apartear, sem licença do juiz.	Art. 452. As provas serão produzidas na audiência nesta ordem: I – o perito e os assistentes técnicos responderão aos quesitos de esclarecimentos, requeridos no prazo e na forma do *art. 435*; II – *o juiz tomará* os depoimentos pessoais, ~~primeiro~~ do autor e depois do réu; III – ~~finalmente~~, serão inquiridas as testemunhas arroladas pelo autor e pelo réu. Art. 446. [...] Parágrafo único. Enquanto depuserem as partes, o perito, os assistentes técnicos e as testemunhas, os advogados não podem intervir ou apartear, sem licença do juiz.

 COMENTÁRIOS:

Ordem de produção probatória. A colheita das provas em audiência seguirá, preferencialmente, a ordem prevista no art. 361 do CPC/2015. O termo "preferencialmente" não é em vão e quer dizer que, se houver a inversão da ordem na produção da prova, somente haverá nulidade se for comprovado o prejuízo para alguma das partes.

Há novidade também no inciso I, que diz respeito à necessidade de esclarecimentos pelo perito sobre a prova produzida. O dispositivo determina que a intimação do perito só ocorrerá se o esclarecimento prestado, por escrito, às partes, ao juiz ou ao Ministério Público, for insuficiente para saneamento da dúvida apresentada. O seu comparecimento na audiência é, portanto, excepcional.

CPC/2015	CPC/1973
Art. 362. A audiência poderá ser adiada: I – por convenção das partes; II – se não puder comparecer, por motivo justificado, *qualquer pessoa que dela deva necessariamente participar*; III – **por atraso injustificado de seu início em tempo superior a 30 (trinta) minutos do horário marcado.** § 1º O impedimento *deverá ser comprovado* até a abertura da audiência, e, não o sendo, o juiz procederá à instrução. § 2º O juiz poderá dispensar a produção das provas requeridas pela parte cujo advogado **ou defensor público** não tenha comparecido à audiência, **aplicando-se a mesma regra ao Ministério Público.** § 3º Quem der causa ao adiamento responderá pelas despesas acrescidas.	Art. 453. A audiência poderá ser adiada: I – por convenção das partes, caso em que só será admissível uma vez; II – se não puderem comparecer, por motivo justificado, *o perito, as partes, as testemunhas ou os advogados.* § 1º *Incumbe ao advogado provar* o impedimento até a abertura da audiência; não o fazendo, o juiz procederá à instrução. § 2º Pode ser dispensada pelo juiz a produção das provas requeridas pela parte cujo advogado não compareceu à audiência. § 3º Quem der causa ao adiamento responderá pelas despesas acrescidas.

COMENTÁRIOS:

Adiamento da audiência. Verifica-se uma ampliação das hipóteses que justificam o adiamento da audiência de instrução e julgamento. A primeira delas, de ordem meramente quantitativa: não há mais limitação de adiamento da audiência por convenção das partes, conforme dispunha o CPC/1973. A segunda mudança diz respeito a eventuais atrasos injustificados na realização da sessão: sendo superior a 30 (trinta) minutos, a audiência poderá ser adiada.

Ademais, há um maior rigor técnico no inciso II, que evidencia a verdadeira causa do adiamento da audiência: o não comparecimento de qualquer pessoa que dela deva participar (partes, juiz, perito, testemunhas e terceiros). Apenas não se incluem nessa regra os procuradores, cuja ausência injustificada configura negligência no exercício da profissão e permite o prosseguimento da instrução (§ 1º).

CPC/2015	CPC/1973
Art. 363. Havendo antecipação **ou adiamento** da audiência, o juiz, de ofício ou a requerimento da parte, determinará a intimação dos advogados **ou da sociedade de advogados** para ciência da nova designação.	Art. 242. [...] § 2º Havendo antecipação da audiência, o juiz, de ofício ou a requerimento da parte, mandará intimar pessoalmente os advogados para ciência da nova designação.

 COMENTÁRIOS:

Providências necessárias após o adiamento ou antecipação da audiência. Sempre que houver necessidade de alteração da data da audiência (antecipação ou adiamento), deverá o juiz intimar os advogados ou a sociedade de advogados. O referido ato de comunicação será sempre realizado por meio eletrônico ou através de publicação no órgão oficial. No caso de intimação para ciência de antecipação, não se exige mais a modalidade pessoal, conforme determinava o § 2º do art. 242 do CPC/1973.

CPC/2015	CPC/1973
Art. 364. Finda a instrução, o juiz dará a palavra ao advogado do autor e do réu, bem como ao *membro* do Ministério Público, **se for o caso de sua intervenção**, sucessivamente, pelo prazo de 20 (vinte) minutos para cada um, prorrogável por 10 (dez) minutos, a critério do juiz. § 1º Havendo litisconsorte ou terceiro **interveniente**, o prazo, que formará com o da prorrogação um só todo, dividir-se-á entre os do mesmo grupo, se não convencionarem de modo diverso. § 2º Quando a causa apresentar questões complexas de fato ou de direito, o debate oral poderá ser substituído por *razões finais escritas*, **que serão apresentadas pelo autor e pelo réu, bem como pelo Ministério Público, se for o caso de sua intervenção, em prazos sucessivos de 15 (quinze) dias, assegurada vista dos autos**.	Art. 454. Finda a instrução, o juiz dará a palavra ao advogado do autor e ao do réu, bem como ao *órgão* do Ministério Público, sucessivamente, pelo prazo de 20 (vinte) minutos para cada um, prorrogável por 10 (dez), a critério do juiz. § 1º Havendo litisconsorte ou terceiro, o prazo, que formará com o da prorrogação um só todo, dividir-se-á entre os do mesmo grupo, se não convencionarem de modo diverso. § 2º No caso previsto no art. 56, o oponente sustentará as suas razões em primeiro lugar, seguindo-se-lhe os opostos, cada qual pelo prazo de 20 (vinte) minutos. § 3º Quando a causa apresentar questões complexas de fato ou de direito, o debate oral poderá ser substituído por *memoriais*, caso em que o juiz designará dia e hora para o seu oferecimento.

COMENTÁRIOS:

A não repetição do § 2º do art. 454 do CPC/1973 se deve ao fato de que a oposição deixou de ser espécie de intervenção de terceiro e, agora, submete-se ao procedimento especial previsto nos arts. 682 a 686.

Apresentação de memoriais. O CPC/1973 deixava a cargo do juiz a fixação quanto ao prazo. Além disso, por não haver regramento específico acerca da forma de apresentação (se sucessiva ou simultânea), os juízes geralmente interpretavam o aludido § 3º (CPC/1973), como se o legislador tivesse imposto, quando o juiz reputasse necessário, o oferecimento "contemporâneo" de razões escritas. Esse entendimento, contudo, já me parece equivocado, uma vez que a apresentação simultânea de memoriais viola claramente o contraditório.

Diante do costume equivocado, andou bem o CPC/2015 ao estabelecer, definitivamente, a ordem sucessiva da apresentação dos memoriais – primeiro o autor, depois o réu – e o respectivo prazo concedido a cada uma das partes.

CPC/2015	CPC/1973
Art. 365. A audiência é uma e contínua, **podendo ser excepcional e justificadamente cindida na ausência de perito ou de testemunha, desde que haja concordância das partes.** Parágrafo único. *Diante da impossibilidade de realização* da instrução, do debate e do julgamento *no mesmo* dia, o juiz marcará seu prosseguimento para *a data mais próxima possível,* **em pauta preferencial.**	Art. 455. A audiência é uma e contínua. *Não sendo possível concluir, num só* dia, a instrução, o debate e o julgamento, o juiz marcará o seu prosseguimento para *dia próximo.*

 COMENTÁRIOS:

Concentração dos atos na audiência. A construção redacional do *caput* tende a uma leitura restritiva das hipóteses de cisão da audiência, como se fosse cabível tão somente em razão de ausência do perito ou da testemunha. No entanto, o parágrafo único permite ao julgador que adie a continuação da sessão em razão de impossibilidade de conclusão, em um só dia, dos debates e do julgamento da demanda. Tratam-se, contudo, de hipóteses excepcionais de fracionamento.

Ademais, chame-se a atenção para o termo *cindida,* apresentado no *caput.* Entende-se que a audiência de instrução e julgamento é uma para fins de proteção dos efeitos preclusivos: uma audiência adiada não significa realização de duas audiências, de modo a permitir, por exemplo, que a parte apresente novo rol de testemunhas.[27]

---

[27] Nesse sentido há acórdão do TJSC, proferido na vigência do CPC/1973: "Em face dos termos do art. 455 CPC, a audiência é uma e contínua, e, havendo interrupção, seu prosseguimento não é nova audiência, sendo impossível a retificação do rol de testemunhas apresentado a destempo" (Ag. 3.592, 1ª Câmara, Rel. Des. Osny Caetano, julgado em 09.09.2008).

CPC/2015	CPC/1973
Art. 366. Encerrado o debate ou oferecidas *as razões finais*, o juiz proferirá sentença *em audiência* ou no prazo de *30 (trinta)* dias.	Art. 456. Encerrado o debate ou oferecidos *os memoriais*, o juiz proferirá a sentença *desde logo* ou no prazo de *10 (dez)* dias.

COMENTÁRIOS:

Prazo para prolação da sentença. O prazo para que o juiz profira a sentença, quando não o fizer em audiência, aumenta de 10 (dez) para 30 (trinta) dias. Trata-se de prazo impróprio, mas que deve ser observado por respeito à duração razoável do processo. Caso o juiz exceda sem motivo justificável, aplica-se o art. 235 do Novo CPC.

Anote que quando a decisão for proferida na própria audiência, as partes dela já sairão intimadas (art. 1.003, § 3º).

CPC/2015	CPC/1973
Art. 367. O *servidor* lavrará, sob ditado do juiz, termo que conterá, em resumo, o ocorrido na audiência, bem como, por extenso, os despachos, **as decisões** e a sentença, se proferida no ato.	Art. 457. O *escrivão* lavrará, sob ditado do juiz, termo que conterá, em resumo, o ocorrido na audiência, bem como, por extenso, os despachos e a sentença, se esta for proferida no ato.
§ 1º Quando o termo *não for registrado em meio eletrônico*, o juiz rubricar-lhe-á as folhas, que serão encadernadas em volume próprio.	§ 1º Quando o termo for *datilografado*, o juiz lhe rubricará as folhas, ordenando que sejam encadernadas em volume próprio.
§ 2º Subscreverão o termo o juiz, os advogados, o *membro* do Ministério Público e o escrivão **ou chefe de secretaria, dispensadas as partes, exceto quando houver ato de disposição para cuja prática os advogados não tenham poderes**.	§ 2º Subscreverão o termo o juiz, os advogados, o *órgão* do Ministério Público e o escrivão.
§ 3º O escrivão **ou chefe de secretaria** trasladará para os autos cópia autêntica do termo de audiência.	§ 3º O escrivão trasladará para os autos cópia autêntica do termo de audiência.
§ 4º Tratando-se de autos eletrônicos, observar-se-á o disposto *neste Código,* **em legislação específica e nas normas internas dos tribunais**.	§ 4º Tratando-se de processo eletrônico, observar-se-á o disposto *nos §§ 2º e 3º do art. 169 desta Lei.*
§ 5º **A audiência poderá ser integralmente gravada em imagem e em áudio, em meio digital ou analógico, desde que assegure o rápido acesso das partes e dos órgãos julgadores, observada a legislação específica.**	
§ 6º **A gravação a que se refere o § 5º também pode ser realizada diretamente por qualquer das partes, independentemente de autorização judicial.**	

COMENTÁRIOS:

Autos eletrônicos. A regra geral, segundo o CPC/2015, é a formação de termo de audiência por meio eletrônico (§ 1º), admitindo-se o termo impresso em hipóteses excepcionais.

Assinatura das partes. O ato de concessão de direitos e obrigações (transação) exige assinatura da parte, como requisito comprobatório de sua vontade, salvo quando o instrumento de procuração preveja, expressamente, capacidade de transigir ao mandatário.[28]

Gravação da audiência. Os §§ 5º e 6º consolidam a possibilidade de gravação audiovisual da audiência de instrução e julgamento, já preceituada pelo Código de Processo Penal (art. 405, §§ 1º e 2º). Destaque-se, todavia, que a gravação unilateral por uma das partes (§ 6º) configura prova de menor peso quando comparada à gravação oficial do juízo (§ 5º), porquanto não imbuída de presunção de fé pública.

CPC/2015	CPC/1973
Art. 368. A audiência será pública, *ressalvadas as exceções legais.*	Art. 444. A audiência será pública; *nos casos de que trata o art. 155, realizar-se-á a portas fechadas.*

 COMENTÁRIOS:

Publicidade da audiência como regra. Trata-se de extensão da regra exposta no art. 189. As exceções legais compreendem as hipóteses em que o processo correrá em segredo de justiça, isto é, quando o acesso aos autos e às informações ficar restrito às partes, aos procuradores, ao membro do MP, ao magistrado responsável e a terceiro que demonstrar interesse jurídico na causa. Essas hipóteses estão elencadas no art. 189 do CPC/2015.

Capítulo XII
Das Provas

Seção I
Disposições Gerais

CPC/2015	CPC/1973
Art. 369. **As partes têm o direito de empregar** todos os meios legais, bem como os moralmente legítimos, ainda que não especificados neste Código, para provar a verdade dos fatos em que se funda *o pedido ou a defesa* e **influir eficazmente na convicção do juiz**	Art. 332. Todos os meios legais, bem como os moralmente legítimos, ainda que não especificados neste Código, ~~são hábeis~~ para provar a verdade dos fatos, em que se funda *a ação ou a defesa*.

---

[28] "2. A manifestação de vontade de ambas as partes é requisito de validade da transação, que, inclusive quando homologada judicialmente, passa a ser título executivo judicial, nos termos do inciso III do artigo 475-N do CPC. 3. Ausente a assinatura de uma das partes, fica inviabilizada a homologação judicial do termo de acordo" (EDcl no AgRg no Ag 1.102.652/SP, 5ª Turma, Rel. Min. Jorge Mussi, julgado em 27.08.2013, DJe 10.09.2013).

COMENTÁRIOS:

Direito fundamental à prova. As partes têm o direito de demonstrar a veracidade dos fatos alegados, bem como o direito de ver analisadas, pelo magistrado, as provas produzidas no processo. Assim, não basta prever a possibilidade de produção probatória; é preciso também garantir que essa demonstração dos fatos será motivadamente considerada pelo juiz.

CPC/2015	CPC/1973
Art. 370. Caberá ao juiz, de ofício ou a requerimento da parte, determinar as provas necessárias *ao julgamento do mérito*. Parágrafo único. O juiz indeferirá, **em decisão fundamentada**, as diligências inúteis ou meramente protelatórias.	Art. 130. Caberá ao juiz, de ofício ou a requerimento da parte, determinar as provas necessárias *à instrução do processo*, indeferindo as diligências inúteis ou meramente protelatórias.

 COMENTÁRIOS:

Iniciativa probatória do juiz. Sendo o juiz o destinatário da prova, cabe-lhe também exigir determinadas dilações probatórias que possam ser de interesse para o julgamento do mérito.[29] Todavia, poderá também indeferir pedido de provas que entenda meramente protelatórias, desde que por decisão fundamentada. Esse dever de fundamentação, ainda que já presente na ordem constitucional (art. 93, IX), consiste em conveniente inclusão, uma vez que a prática quase sempre nos mostra decisões de indeferimento sem motivação, que dificultam a sua revisão.[30] Isso quando não vemos decisões de indeferimento seguidas de sentenças de improcedência fundadas na falta de provas.[31]

CPC/2015	CPC/1973
Art. 371. O juiz apreciará a prova constante dos autos, *independentemente do sujeito que a tiver promovido*, e *indicará* na *decisão as razões* da formação de seu convencimento.	Art. 131. O juiz apreciará ~~livremente~~ a prova, ~~atendendo aos fatos e circunstâncias~~ constantes dos autos, *ainda que não alegados pelas partes*; *mas deverá indicar*, na *sentença*, *os motivos* que lhe formaram o convencimento.

---

[29] Nessa hipótese, entende o STJ que a dilação probatória é medida impositiva ao magistrado, em razão das circunstâncias do caso (ação investigatória de paternidade, por exemplo). Cf. REsp 85.883/SP, 3ª Turma, Rel. Min. Eduardo Ribeiro, julgado em 16.04.1998, DJU 03.08.1998.

[30] "O indeferimento de realização de provas, possibilidade oferecida pelo art. 130 CPC, não está ao livre-arbítrio do juiz, devendo ocorrer apenas, e de forma motivada, quando forem dispensáveis e de caráter meramente protelatório" (STJ, REsp 637.547/RJ, 1ª Turma, Rel. Min. José Delgado, julgado em 10.08.2004, DJ 13.09.2004).

[31] "Esta Corte possui jurisprudência firme no sentido de que o julgador não pode indeferir a prova requerida pela parte para, em seguida, julgar improcedente o pedido por falta de provas" (STJ, AgRg no REsp 842.754, Rel. Min. Sidnei Beneti, julgado em 03.12.2009).

COMENTÁRIOS:

Valoração da prova. O juiz é livre na formação de seu convencimento, na apreciação das provas e argumentos apresentados pelas partes. Essa liberdade de convicção, no entanto, há de ser exercida de forma motivada (princípio da motivação ou da fundamentação), estando o juiz vinculado à prova e aos demais elementos existentes nos autos, bem como às regras legais porventura existentes e às máximas de experiência. Tendo em vista essas limitações, o princípio da persuasão racional do juiz situa-se entre o sistema da prova legal, no qual há prévia valoração dos elementos probatórios, e o sistema do julgamento *secundum conscientiam*, no qual o juiz pode apreciar livremente as provas e decidir até contrariamente a elas.

O princípio da persuasão racional, também denominado livre convencimento motivado, embora não expressamente positivado no capítulo principiológico do novo CPC, é o que vigora no nosso sistema. Isso porque, apesar da supressão da palavra "livremente" – nesse ponto vale confrontar o art. 131 do CPC/1973 e o art. 371 do CPC/2015 –, o referido princípio não foi alterado. O juiz ainda tem liberdade (fundamentada, repita-se) para escolher entre este ou aquele fundamento, esta ou aquela prova.

Dizem alguns que a supressão do termo "livremente" teve em mira o estabelecimento de balizas, a fim de evitar ou controlar o protagonismo judicial. Se esse foi o objetivo, a supressão constitui um tiro n'água. Num sistema em que as decisões dos tribunais são erigidas a verdadeiras regras dotadas de generalidade – principalmente quando proferidas em controle concentrado de constitucionalidade, em julgamento de recursos repetitivos, em incidente de assunção de competência e em incidente de resolução de demandas repetitivas –, o protagonismo é um *minus*. A simples supressão de uma palavrinha não tem o condão de mudar uma cultura, de, pontualmente, alterar um sistema criado pelo próprio legislador.

A propósito, o art. 479 é um exemplo de que o sistema do livre convencimento fundamentado encontra-se vivo no novo Código.

CPC/2015	CPC/1973
Art. 372. **O juiz poderá admitir a utilização de prova produzida em outro processo, atribuindo-lhe o valor que considerar adequado, observado o contraditório.**	Não há correspondência.

 COMENTÁRIOS:

Prova emprestada. O CPC/2015 passa a adotar, de modo expresso, a possibilidade do uso da prova emprestada, isto é, a prova produzida em outro processo e que também afeta a causa em questão.

Apesar de a legislação não tratar expressamente do tema, a jurisprudência entende que o empréstimo da prova pode ocorrer ainda que esta não tenha sido colhida entre as mesmas partes.[32]

---

[32] Recentemente o Superior Tribunal de Justiça admitiu a utilização de prova produzida em outro processo. Veja: "É admissível, assegurado o contraditório, prova emprestada de processo do qual não participaram as partes do processo para o qual a prova será trasladada. A grande valia da prova

Em outras palavras, é desnecessária a identidade de partes para que a prova colhida no processo "x" seja transladada para o processo "y". Exige-se, por óbvio, que no processo "y" seja possibilitado o pleno exercício do contraditório.

CPC/2015	CPC/1973
Art. 373. O ônus da prova incumbe:	Art. 333. O ônus da prova incumbe:
I – ao autor, quanto ao fato constitutivo de seu direito;	I – ao autor, quanto ao fato constitutivo do seu direito;
II – ao réu, quanto à existência de fato impeditivo, modificativo ou extintivo do direito do autor.	II – ao réu, quanto à existência de fato impeditivo, modificativo ou extintivo do direito do autor.
§ 1º Nos casos previstos em lei ou diante de peculiaridades da causa relacionadas à impossibilidade ou à excessiva dificuldade de cumprir o encargo nos termos do *caput* **ou à maior facilidade de obtenção da prova do fato contrário, poderá o juiz atribuir o ônus da prova de modo diverso, desde que o faça por decisão fundamentada, caso em que deverá dar à parte a oportunidade de se desincumbir do ônus que lhe foi atribuído.**	Parágrafo único. *É nula* a convenção que distribui de maneira diversa o ônus da prova quando:
§ 2º A decisão prevista no § 1º deste artigo não pode gerar situação em que a desincumbência do encargo pela parte seja impossível ou excessivamente difícil.	I – recair sobre direito indisponível da parte;
§ 3º A distribuição diversa do ônus da prova *também pode ocorrer* por convenção das partes, *salvo* quando:	II – tornar excessivamente difícil a uma parte o exercício do direito.
I – recair sobre direito indisponível da parte;	
II – tornar excessivamente difícil a uma parte o exercício do direito.	
§ 4º A convenção de que trata o § 3º pode ser celebrada antes ou durante o processo.	

 ## COMENTÁRIOS:

Distribuição dinâmica × Distribuição estática do ônus da prova. Da leitura do art. 373, pode-se visualizar que o CPC/2015 estabelece, aprioristicamente, a quem compete a produção de determinada prova. Regra geral, ao autor cabe provar os fatos constitutivos

emprestada reside na economia processual que proporciona, tendo em vista que se evita a repetição desnecessária da produção de prova de idêntico conteúdo. Igualmente, a economia processual decorrente da utilização da prova emprestada importa em incremento de eficiência, na medida em que garante a obtenção do mesmo resultado útil, em menor período de tempo, em consonância com a garantia constitucional da duração razoável do processo, inserida na CF pela EC 45/2004. Assim, é recomendável que a prova emprestada seja utilizada sempre que possível, desde que se mantenha hígida a garantia do contraditório. Porém, a prova emprestada não pode se restringir a processos em que figurem partes idênticas, sob pena de se reduzir excessivamente sua aplicabilidade sem justificativa razoável para isso. Assegurado às partes o contraditório sobre a prova, isto é, o direito de se insurgir contra a prova e de refutá-la adequadamente, o empréstimo será válido" (STJ, EREsp 617.428-SP, Rel. Min. Nancy Andrighi, julgado em 04.06.2014).

de seu direito e ao réu incumbe provar os fatos impeditivos, modificativos e extintivos do direito do autor. Esse regramento, no entanto, é relativizado pelo § 1º, o qual possibilita a distribuição diversa do ônus da prova conforme as peculiaridades do caso concreto, atribuindo-o à parte que tenha melhores condições de suportá-lo. Trata-se da distribuição dinâmica do ônus da prova, que se contrapõe à concepção estática prevista na legislação anterior (art. 333 do CPC/1973).

Evidentemente, a decisão deverá ser fundamentada, justificando as razões que convenceram o juiz da impossibilidade de produção da prova por uma das partes. Ademais, essencial ater-se ao dever do juiz de permitir que a parte possa se desincumbir do ônus probatório, conforme disposto na parte final do § 1º. Com efeito, a inversão do ônus da prova não pode violar o contraditório, impedindo que a parte sucumba em momento sentencial por não ter cumprido ônus que não lhe era devido anteriormente.[33] Situação como essa configuraria decisão surpresa, violando o art. 10 do CPC/2015.

Momento para inversão do ônus da prova. Segundo o STJ, a inversão do ônus da prova é regra de instrução (ou de procedimento), devendo a decisão judicial que determiná-la ser proferida preferencialmente na fase de saneamento do processo. Caso a decisão sobre a inversão seja posterior, deve-se assegurar à parte a quem não incumbia inicialmente o encargo a reabertura de oportunidade para manifestar-se nos autos (EREsp 422.778/SP, Rel. originário Min. João Otávio de Noronha, Rel. para o acórdão Min. Maria Isabel Gallotti, julgado em 29.02.2012). O CPC/2015 adotou esse posicionamento, conforme consta na parte final do § 1º do art. 373.

Acordo sobre a distribuição do ônus da prova. A inserção do § 4º permite que o acordo que distribui o ônus da prova seja formalizado antes ou no curso do processo. O juiz deve velar para que esse acordo não seja formalizado com o objetivo de prejudicar uma das partes. Cabe-lhe, pois, indeferir a convenção quando presentes as situações descritas no § 3º.

CPC/2015	CPC/1973
Art. 374. Não dependem de prova os fatos: I – notórios; II – afirmados por uma parte e confessados pela parte contrária; III – admitidos no processo como incontroversos; IV – em cujo favor milita presunção legal de existência ou de veracidade.	Art. 334. Não dependem de prova os fatos: I – notórios; II – afirmados por uma parte e confessados pela parte contrária; III – admitidos, no processo, como incontroversos; IV – em cujo favor milita presunção legal de existência ou de veracidade.

 COMENTÁRIOS:

Fatos que independem de prova. Existem fatos que não dependem de prova, porquanto sobre eles não paira qualquer controvérsia. Essa é a regra que abrange todos os incisos do art. 374 (art. 334 do CPC/1973). Em outras palavras, só haverá necessidade de prova em relação aos fatos controvertidos.

---

[33]   Há jurisprudência no STJ que confirma a possibilidade de inversão do ônus da prova *ope legis* em relações de consumo, sem que se configure violação ao contraditório (cf. REsp 1.125.621/MG, 3ª Turma, Rel. Min. Nancy Andrighi, julgado em 19.08.2010).

Fatos notórios são os acontecimentos de conhecimento geral, como, por exemplo, as datas históricas, daí a desnecessidade de comprovação. Igualmente dispensados de demonstração são os fatos já confessados ou simplesmente admitidos como verdadeiros pela parte contrária. Como na primeira hipótese já existe a prova (confissão), o que se dispensa é uma nova demonstração da mesma realidade.

A presunção legal (inciso III) pode ser absoluta (*juris et de jure*) ou relativa (*juris tantum*). No primeiro caso, o fato é considerado verdadeiro pelo próprio sistema jurídico, sendo irrelevante qualquer comprovação em sentido contrário. Exemplo: o art. 844 estabelece que, realizada a averbação da penhora no registro imobiliário, haverá presunção absoluta de conhecimento por terceiros. Por outro lado, quando a presunção é relativa, incumbe à parte prejudicada (e não à lei) comprovar a inocorrência do fato. É o que ocorre com o documento público, cujo conteúdo declarado goza da presunção relativa de veracidade (art. 405).

CPC/2015	CPC/1973
Art. 375. O juiz aplicará as regras de experiência comum subministradas pela observação do que ordinariamente acontece e, ainda, as regras de experiência técnica, ressalvado, quanto a estas, o exame pericial.	Art. 335. ~~Em falta de normas jurídicas particulares~~, o juiz aplicará as regras de experiência comum subministradas pela observação do que ordinariamente acontece e ainda as regras da experiência técnica, ressalvado, quanto a esta, o exame pericial.

COMENTÁRIOS:

Regras da experiência. A redação é semelhante à do art. 335 do CPC/1973, mas com uma diferença: o CPC/1973 menciona que as regras de experiência só devem ser aplicadas *na falta de normas jurídicas particulares*. Ou seja, o juiz deve verificar se existe uma norma jurídica sobre a prova produzida. Se houver, será ela aplicada. Na sua falta, o juízo julgará segundo o livre convencimento, mas com observância das suas regras de experiência.

O Novo CPC excluiu a parte inicial do art. 335 (CPC/1973), provocando um verdadeiro retrocesso na legislação, porquanto abriu espaço para o julgador proferir suas decisões utilizando-se das regras de experiência em caráter não subsidiário. Em outras palavras, de acordo com a redação do novo Código, o julgamento pode não advir da lei se as regras de experiência – noções que a sociedade em geral detenha a respeito de assuntos corriqueiros e recorrentes – forem mais convincentes do que o texto legal.

Acreditamos, no entanto, que como o legislador pretendeu reformular o princípio do livre convencimento, no sentido de afastar os julgados repletos de subjetividade, a interpretação meramente gramatical do dispositivo em comento deve ser afastada. Assim, na falta de normas jurídicas particulares, poderá o juiz utilizar-se *subsidiariamente* de todo o seu arcabouço teórico e prático acumulado ao longo de sua experiência social e profissional, como forma de não somente valorar a prova existente, mas também dela extrair presunções que irão formar o seu convencimento sobre determinados fatos.[34] Ressalte-se que, embora

---

[34]   WAMBIER, Luiz Rodrigues. **Curso avançado de processo civil**. Coord. Luiz Rodrigues Wambier, Flávio Renato Correia de Almeida e Eduardo Talamini. 8. ed. São Paulo: RT, 2006. v. 2.

possa vir a deter conhecimentos técnicos (de engenharia, por exemplo), o magistrado jamais poderá substituir o perito na produção de determinada prova.

CPC/2015	CPC/1973
Art. 376. A parte que alegar direito municipal, estadual, estrangeiro ou consuetudinário provar-lhe-á o teor e a vigência, se assim o juiz determinar.	Art. 337. A parte, que alegar direito municipal, estadual, estrangeiro ou consuetudinário, provar-lhe-á o teor e a vigência, se assim o determinar o juiz.

 COMENTÁRIOS:

Iura novit curia. Cabe ao juiz conhecer a lei (princípio *iura novit curia*). Tal princípio, segundo a jurisprudência, "aplica-se inclusive às normas do direito estadual e municipal". Assim, "a parte não está obrigada a provar o conteúdo ou a vigência de tal legislação salvo quando o juiz o determinar" (STJ, AgRg no REsp 1.174.310/DF, Rel. Min. Hamilton Carvalhido, julgado em 11.05.2010).

CPC/2015	CPC/1973
Art. 377. A carta precatória, a carta rogatória **e o auxílio direto** suspenderão o *julgamento da causa* no caso previsto *no art. 313, inciso V, alínea "b"*, quando, tendo sido requeridos antes da decisão de saneamento, a prova neles solicitada for imprescindível.	Art. 338. A carta precatória e a carta rogatória suspenderão o *processo*, no caso previsto *na alínea b do inciso IV do art. 265 desta Lei*, quando, tendo sido requeridas antes da decisão de saneamento, a prova nelas solicitada apresentar-se imprescindível.
Parágrafo único. A carta precatória e a carta rogatória não devolvidas no prazo ou concedidas sem efeito suspensivo poderão ser juntadas aos autos *a qualquer momento*.	Parágrafo único. A carta precatória e a carta rogatória, não devolvidas dentro do prazo ou concedidas sem efeito suspensivo, poderão ser juntas aos autos *até o julgamento final*.

 COMENTÁRIOS:

Provas relevantes. As cartas precatória e rogatória só suspendem o processo quando requeridas antes da decisão de saneamento e desde que a prova se mostre imprescindível.

O *caput* do art. 377 inclui o pedido de auxílio direto como motivo para suspensão do processo. O auxílio direto pode compreender a cooperação jurisdicional do art. 69, I, ou a cooperação jurídica internacional do art. 28, ambos do CPC/2015.

Diferentemente do CPC/1973, que permite a juntada da carta precatória aos autos até o *julgamento final* (art. 338, parágrafo único), a nova legislação (art. 377, parágrafo único) estabelece que as cartas podem ser juntadas a qualquer momento, desde que seja aberta vista dos autos às partes, em homenagem ao contraditório.

CPC/2015	CPC/1973
Art. 378. Ninguém se exime do dever de colaborar com o Poder Judiciário para o descobrimento da verdade.	Art. 339. Ninguém se exime do dever de colaborar com o Poder Judiciário para o descobrimento da verdade.

 **COMENTÁRIOS:**

Dever de colaboração. O referido dispositivo – cuja redação é idêntica à do art. 339 do CPC/1973 – prevê o dever de todos em colaborar com o Poder Judiciário para a apuração da verdade. Tal dever é exigido não apenas das partes, mas de todos, inclusive terceiros, cujo conhecimento seja relevante para a solução da lide (art. 380 do CPC/2015). Esse artigo é reflexo da regra geral inserida no art. 6º, segundo o qual "todos os sujeitos do processo devem cooperar entre si para que se obtenha, em tempo razoável, decisão de mérito justa e efetiva".

CPC/2015	CPC/1973
Art. 379. **Preservado o direito de não produzir prova contra si própria**, incumbe à parte: I – comparecer em juízo, respondendo ao que lhe for interrogado; II – *colaborar com o juízo na realização* de inspeção judicial que for considerada necessária; III – praticar o ato que lhe for determinado.	Art. 340. Além dos deveres enumerados no art. 14, compete à parte: I – comparecer em juízo, respondendo ao que lhe for interrogado; II – *submeter-se à* inspeção judicial, que for julgada necessária; III – praticar o ato que lhe for determinado.

 **COMENTÁRIOS:**

Não autoincriminação. O direito de não produzir provas contra si mesmo tem respaldo na Convenção Americana de Direitos Humanos de 1969, também conhecida como Pacto de San José da Costa Rica, que foi ratificado pelo Brasil em 1992.

Ainda que assegurado em tratado ratificado pelo Estado brasileiro, afigura-se relevante a sua inserção no CPC/2015, não só em razão do *status* legal que adquire, como também para trazer a aplicação dessa garantia ao processo civil e não apenas ao processo penal.

CPC/2015	CPC/1973
Art. 380. Incumbe ao terceiro, em relação a qualquer *causa*: I – informar ao juiz os fatos e as circunstâncias, de que tenha conhecimento; II – exibir coisa ou documento que esteja em seu poder. Parágrafo único. **Poderá o juiz, em caso de descumprimento, determinar, além da imposição de multa, outras medidas indutivas, coercitivas, mandamentais ou sub-rogatórias.**	Art. 341. Compete ao terceiro, em relação a qualquer *pleito*: I – informar ao juiz os fatos e as circunstâncias, de que tenha conhecimento; II – exibir coisa ou documento, que esteja em seu poder.

 **COMENTÁRIOS:**

Deveres do terceiro. O dispositivo reitera o dever de colaboração contido no art. 378. A regra, no entanto, dirige-se àqueles que não têm ligação direta com a causa, mas que, apesar disso, podem possuir algum registro de dados ou fatos que interessem ao processo.

O CPC/2015 traz a possibilidade de o magistrado aplicar medidas com caráter sancionador ao terceiro que descumprir as incumbências que lhe foram determinadas, inclusive com a aplicação de multa. Se, ainda assim, o terceiro não realizar sua obrigação, poderá o magistrado determinar a aplicação de medidas indutivas, coercitivas mandamentais ou sub-rogatórias, que forcem o terceiro a cumprir a determinação. A inovação vem como meio de efetivação da produção probatória, em busca da verdade real no processo. No entanto, já se verificava sua aplicação no CPC/1973, sobretudo em cumulação com o art. 14, V.[35]

Seção II

Da Produção Antecipada da Prova

CPC/2015	CPC/1973
Art. 381. A produção antecipada da prova **será admitida nos casos em que:** I – *haja fundado receio de que venha a tornar-se impossível ou muito difícil a verificação de certos fatos na pendência da ação;* II – **a prova a ser produzida seja suscetível de viabilizar a autocomposição ou outro meio adequado de solução de conflito;**	Art. 846. A produção antecipada da prova ~~pode consistir em interrogatório da parte, inquirição de testemunhas e exame pericial~~. Art. 847. [...] II – se, ~~por motivo de idade ou de moléstia grave~~, *houver justo receio de que ao tempo da prova já não exista,* ~~ou esteja impossibilitada de depor~~.
III – **o prévio conhecimento dos fatos possa justificar ou evitar o ajuizamento de ação.** **§ 1º O arrolamento de bens observará o disposto nesta Seção quando tiver por finalidade apenas a realização de documentação e não a prática de atos de apreensão.** **§ 2º A produção antecipada da prova é da competência do juízo do foro onde esta deva ser produzida ou do foro de domicílio do réu.** **§ 3º A produção antecipada da prova não previne a competência do juízo para a ação que venha a ser proposta.** **§ 4º O juízo estadual tem competência para produção antecipada de prova requerida em face da União, de entidade autárquica ou de empresa pública federal se, na localidade, não houver vara federal.**	Art. 848. O requerente *justificará sumariamente* a necessidade da antecipação e mencionará com precisão os fatos sobre *que* há de recair *a prova.* Parágrafo único. ~~Tratando-se de inquirição de testemunhas,~~ *serão intimados os interessados a comparecer à audiência em que prestará o depoimento.*
§ 5º Aplica-se o disposto nesta Seção àquele que pretender justificar a existência de algum fato ou relação jurídica para simples documento e sem caráter contencioso, que exporá, em petição circunstanciada, a sua intenção.	Art. 861. Quem pretender justificar a existência de algum fato ou relação jurídica, seja para simples documento e sem caráter contencioso, ~~seja para servir de prova em processo regular,~~ exporá, em petição circunstanciada, a sua intenção.

---

[35] Art. 14. "São deveres das partes e de todos aqueles que de qualquer forma participam do processo: [...] V – cumprir com exatidão os provimentos mandamentais e não criar embaraços à efetivação de provimentos judiciais, de natureza antecipatória ou final."

Art. 382. **Na petição**, o requerente *apresentará as razões que justificam* a necessidade de antecipação **da prova** e mencionará com precisão os fatos sobre os quais a prova há de recair.

§ 1º **O juiz determinará, de ofício ou a requerimento da parte, a citação de interessados na produção da prova ou no fato a ser provado, salvo se inexistente caráter contencioso.**

§ 2º O juiz não se pronunciará *sobre a ocorrência ou a inocorrência do fato*, **nem sobre as respectivas consequências jurídicas.**

§ 3º **Os interessados poderão requerer a produção de qualquer prova no mesmo procedimento, desde que relacionada ao mesmo fato, salvo se a sua produção conjunta acarretar excessiva demora.**

§ 4º **Neste procedimento, não se admitirá defesa ou recurso, salvo contra decisão que indeferir totalmente a produção da prova pleiteada pelo requerente originário.**

Art. 866. [...]
Parágrafo único. O juiz não se pronunciará *sobre o mérito da prova*, ~~limitando-se a verificar se foram observadas as formalidades legais.~~

Art. 383. Os autos permanecerão em cartório **durante 1 (um) mês** *para extração* **de cópias e** certidões pelos interessados.

Parágrafo único. **Findo o prazo, os autos serão entregues ao promovente da medida.**

Art. 851. ~~Tomado o depoimento ou feito exame pericial~~, os autos permanecerão em cartório, *sendo lícito* aos interessados *solicitar* as certidões ~~que quiserem.~~

 ## COMENTÁRIOS AOS ARTS. 381 A 383:

Noções gerais. A medida cautelar típica de produção antecipada de provas – prevista no art. 846 do CPC/1973 – passa a integrar o processo de conhecimento. No entanto, a sentença produzida neste procedimento permanece com a mesma natureza assecuratória, uma vez que não há julgamento de mérito (art. 382, § 2º).

O CPC/2015 não traz, de forma expressa, os procedimentos probatórios que podem ser antecipados, como faz o art. 846 do CPC/1973. O novo procedimento tem maior amplitude, permitindo a sua adequação à crise de direito material a ser apresentada, bem como às provas que deverão ser produzidas.

Cabimento. A produção antecipada de provas é cabível antes da propositura da ação principal, quando, em razão da natural demora em se chegar à fase probatória, houver fundado receio de que venha a tornar-se impossível ou muito difícil a verificação de determinados fatos no curso da ação (art. 381, I). O deferimento da produção antecipada se subordina, nesse caso, à comprovação do perigo de impossibilidade de produzir a prova no momento oportuno.

Há ainda outras duas possibilidades de produção antecipada de provas previstas no novo CPC. Uma delas tem relação com a possibilidade de solução consensual do conflito (art. 381, II) e a outra com a possibilidade de se evitar o litígio caso determinada prova seja antecipadamente produzida (art. 381, III).

No primeiro caso aquele que requerer a produção antecipada da prova deve demonstrar que essa providência tornará viável a conciliação ou outro meio adequado a solucionar o conflito. Exemplo: "A" causa danos ao veículo de "B" e se dispõe a ressarci-lo. "A" e "B" não sabem, no entanto, se os danos decorreram exclusivamente da batida ou se esta apenas agravou um problema decorrente da fabricação do veículo. "A", então, requer a produção antecipada de prova pericial com a finalidade de verificar o montante do prejuízo que deverá arcar, considerando a influência (ou não) de eventual defeito de fábrica.

Na segunda hipótese, a produção antecipada da prova tende a prevenir o litígio, evitando a propositura da ação principal. Essa regra tem como objetivo prevenir que demandas sem fundamento sejam desnecessariamente ajuizadas.

A produção antecipada também tem lugar quando o requerente pretender justificar a existência de um fato ou de uma relação jurídica, para simples documento e sem caráter contencioso (art. 381, § 5º). É o que a doutrina chama de ação declaratória autônoma ou principal. Nesse caso, por não haver litigiosidade, dispensa-se a citação de qualquer outro interessado para acompanhar a produção da prova (art. 389).

Competência. A competência para a produção antecipada da prova é do juízo do foro onde ela deva ser produzida ou do domicílio do réu. Essa competência, no entanto, não gera prevenção, devendo a ação principal ser proposta segundo as regras de competência estabelecidas nos arts. 42 e seguintes do CPC.

O Código ainda possibilita a delegação de competência de ação originalmente da Justiça Federal para produção probatória em juízo de competência estadual (art. 381, § 4º), desde que inexistente vara federal no local de produção da prova, ou no domicílio do réu. Permitir que este procedimento se instaure diretamente no juízo estadual não ofende regras de competência absoluta, vez que o mérito será julgado em juízo de competência federal. Além disso, a regra facilita a produção probatória, tornando desnecessários eventuais atos de comunicação entre os juízos.

Procedimento. Ao deferir a produção, o juiz determinará a citação dos interessados para acompanhar o procedimento, salvo na hipótese de o pedido ser de cunho apenas declaratório (art. 382, § 1º). Poderão ser produzidas quaisquer provas no mesmo procedimento, desde que todas estejam relacionadas ao mesmo fato (art. 382, § 3º).

Não se admitirá defesa neste procedimento. É cabível recurso apenas contra a decisão que indeferir totalmente a produção da prova pleiteada pelo requerente originário. O recurso, nesse caso, é a apelação (art. 382, § 4º).

Ressalte-se que não há possibilidade de questionar a regularidade processual de eventual ação posteriormente ajuizada, porquanto a sentença, nesse caso, é meramente homologatória.[36]

Após a conclusão do procedimento, os autos permanecerão em cartório pelo prazo de um mês, findo o qual serão entregues a quem promoveu a medida (art. 383 e parágrafo único).

---

[36]   "1. O processo cautelar de produção antecipada de provas não tem natureza contenciosa e o seu procedimento assemelha-se ao do processo de jurisdição voluntária, cabendo ao juiz tão somente conduzir a documentação judicial de fatos, com efeito meramente homologatório da prova produzida. 2. Não se exige do magistrado a fundamentação da sentença homologatória com todos os requisitos do art. 458, do CPC e não é possível a discussão de questões relativas a preliminares de mérito ligadas ao processo principal de conhecimento a ser ajuizado, tais como ilegitimidade de parte, falta de interesse de agir e chamamento ao processo" (STJ, REsp 771.008/PA, 2ª Turma, Rel. Min. Eliana Calmon, julgado em 20.09.2007, DJ 02.10.2007, p. 231).

Seção III
Da Ata Notarial

CPC/2015	CPC/1973
Art. 384. **A existência e o modo de existir de algum fato podem ser atestados ou documentados, a requerimento do interessado, mediante ata lavrada por tabelião.** Parágrafo único. **Dados representados por imagem ou som gravados em arquivos eletrônicos poderão constar da ata notarial.**	Não há correspondência.

 COMENTÁRIOS:

Noções gerais sobre a ata notarial. Trata-se de instrumento público produzido pelo tabelião (art. 7º, III, da Lei nº 8.935/1994) para constatar, de forma objetiva e imparcial, a realidade de um fato que ele presenciou ou tomou conhecimento. Esse instrumento, que é dotado de fé pública, pode servir de prova em processo judicial, porquanto materializa fatos com o objetivo de resguardar direitos.

Conquanto a ata notarial não seja uma inovação no ordenamento, sua previsão no CPC/2015 deve ampliar sua utilidade. O CPC/1973 restringiu-se em afirmar que os documentos públicos – dos quais a ata notarial é espécie – fazem prova de sua formação e dos fatos que neles estiverem declarados.

O parágrafo único do novo art. 384 prevê a possibilidade de se fazer constar em ata notarial informação representada por imagens ou sons gravados em arquivos eletrônicos, o que demonstra a intenção de modernizar o instituto.

Atualmente já é possível utilizar a ata notarial como prova evidente da existência de certa informação no ambiente eletrônico, cabendo ao tabelião descrever os fatos e, na hipótese de o conteúdo a ser materializado estar em sítio na Internet, imprimir as páginas acessadas, fazendo-as compor o instrumento notarial. Ao ampliar a sua adequação às imagens e aos sons gravados em arquivos eletrônicos, o legislador evita o esvaziamento do instituto.

Seção IV
Do Depoimento Pessoal

CPC/2015	CPC/1973
Art. 385. Cabe à parte requerer o depoimento pessoal da outra parte, a fim de que esta seja interrogada na audiência de instrução e julgamento, sem prejuízo do poder do juiz de ordená-lo de ofício. § 1º Se a parte, **pessoalmente** intimada **para prestar depoimento pessoal e advertida da pena de confesso**, não comparecer ou, comparecendo, se recusar a depor, o juiz aplicar-lhe-á a pena. § 2º É vedado a quem ainda não depôs assistir ao interrogatório da outra parte.	Art. 343. Quando o juiz não o determinar de ofício, compete a cada parte requerer o depoimento pessoal da outra, a fim de interrogá-la na audiência de instrução e julgamento. § 2º Se a parte intimada não comparecer, ou comparecendo, se recusar a depor, o juiz lhe aplicará a pena de confissão. Art. 344. [...] Parágrafo único. É defeso, a quem ainda não depôs, assistir ao interrogatório da outra parte.

§ 3º O depoimento pessoal da parte que residir em comarca, seção ou subseção judiciária diversa daquela onde tramita o processo poderá ser colhido por meio de videoconferência ou outro recurso tecnológico de transmissão de sons e imagens em tempo real, o que poderá ocorrer, inclusive, durante a realização da audiência de instrução e julgamento.	
Art. 386. Quando a parte, sem motivo justificado, deixar de responder ao que lhe for perguntado ou empregar evasivas, o juiz, apreciando as demais circunstâncias e os elementos de prova, declarará, na sentença, se houve recusa de depor.	Art. 345. Quando a parte, sem motivo justificado, deixar de responder ao que lhe for perguntado, ou empregar evasivas, o juiz, apreciando as demais circunstâncias e elementos de prova, declarará, na sentença, se houve recusa de depor.

 ## COMENTÁRIOS AOS ARTS. 385 E 386:

Regras gerais sobre o depoimento pessoal. Trata-se de meio de prova pelo qual o juiz interroga a parte, com vistas ao esclarecimento de certos pontos controvertidos da demanda, ou mesmo para obter a confissão.

O depoimento pessoal pode ser requerido pelas partes ou determinado de ofício pelo juiz (art. 385). Evidente que não cabe à parte requerer o próprio depoimento pessoal, visto que o que tinha a dizer deveria ter sido dito na inicial ou na contestação.

Quando o depoimento pessoal é determinado de ofício pelo juiz – nesse caso, a doutrina costuma utilizar o termo "interrogatório" –, a ausência da parte que deveria depor não acarreta consequência alguma. Ou seja, durante o interrogatório, pode sobrevir a confissão da parte, mas esta não é da essência do interrogatório. Entretanto, se a determinação para prestar depoimento decorre de requerimento da parte adversa, sendo a parte intimada pessoalmente, constando do mandado que se presumirão confessados os fatos contra ela alegados, caso, injustificadamente, não compareça ou, comparecendo, se recuse a depor, o juiz lhe aplicará a pena de confissão (art. 385, § 1º). Não pode ser imposta a pena de confesso se não constou do mandado que se presumirão confessados os fatos alegados contra o depoente.[37]

O depoimento pessoal, do autor ou do réu, será requerido pela parte adversa na petição inicial, na contestação, ou logo após o despacho saneador, semelhante ao que ocorre na indicação das testemunhas.

Requerido o depoimento, procede-se à intimação da parte, com a advertência constante do art. 385, § 1º, para comparecer à audiência, na qual prestará o depoimento pessoal. Se, no entanto, o depoente residir em comarca, seção ou subseção judiciária diversa daquela onde tramita o processo, o seu depoimento poderá ser colhido por meio de videoconferência, em tempo real, inclusive durante a realização da audiência de instrução (art. 385, § 3º).

---

[37] "[...] É pressuposto para a aplicação da pena de confesso, prevista no § 2º do art. 343, do CPC, que a parte seja previamente intimada para prestar depoimento pessoal e advertida do risco de aplicação da pena" (STJ, REsp 702.739/PB, 3ª Turma, Rel. Min. Nancy Andrighi, Rel. para o acórdão Min. Ari Pargendler, julgado em 19.09.2006).

Não sendo o caso de depoimento por videoconferência ou outro recurso tecnológico de transmissão de sons e imagens, a inquirição será feita na audiência. O juiz tomará primeiro o depoimento pessoal do autor e depois o do réu (art. 361, II), de forma que quem ainda não depôs não assista ao interrogatório da outra parte (art. 385, § 2º). Se a parte, sem motivo justificável, não comparecer, aplica-se a ela a pena de confissão. Idêntica consequência acarretará se comparecer e se recusar a depor ou se responder com evasivas (art. 386).

O depoimento por videoconferência alinha-se com a tentativa de o legislador modernizar a prática e a comunicação dos atos processuais, como está previsto no art. 236, § 3º, do CPC/2015. Deve-se observar que o respectivo juízo precisa dispor de infraestrutura para a utilização desse recurso de transmissão digital; do contrário, a previsão não terá nenhuma aplicabilidade.

CPC/2015	CPC/1973
Art. 387. A parte responderá pessoalmente sobre os fatos articulados, não podendo servir-se de escritos anteriormente preparados, permitindo-lhe o juiz, todavia, a consulta a notas breves, desde que objetivem completar esclarecimentos.	Art. 346. A parte responderá pessoalmente sobre os fatos articulados, não podendo servir-se de escritos adrede preparados; o juiz lhe permitirá, todavia, a consulta a notas breves, desde que objetivem completar esclarecimentos.

 ## COMENTÁRIOS:

Depoimento como ato personalíssimo. O depoimento pessoal é ato personalíssimo, razão pela qual a parte deve responder pessoalmente sobre os fatos articulados.

O advogado da parte que está sendo interrogada não pode lhe fazer perguntas. É que tudo que o autor tinha a dizer já foi dito na inicial; da mesma forma, o que o réu tinha a dizer foi dito na sua resposta.

CPC/2015	CPC/1973
Art. 388. A parte não é obrigada a depor sobre fatos: I – criminosos ou torpes que lhe forem imputados; II – a cujo respeito, por estado ou profissão, deva guardar sigilo; III – **acerca dos quais não possa responder sem desonra própria, de seu cônjuge, de seu companheiro ou de parente em grau sucessível;** IV – **que coloquem em perigo a vida do depoente ou das pessoas referidas no inciso III.** Parágrafo único. Esta disposição não se aplica às ações de *estado e de família*.	Art. 347. A parte não é obrigada a depor de fatos: I – criminosos ou torpes, que lhe forem imputados; II – a cujo respeito, por estado ou profissão, deva guardar sigilo. Parágrafo único. Esta disposição não se aplica às ações de *filiação, de desquite e de anulação de casamento*.

 ## COMENTÁRIOS:

Desobrigação de depor. Os incisos I e II encontram correspondência no art. 347, I e II, do CPC/1973. As redações dos incisos III e IV do novo art. 388 assemelham-se às dos incisos II e III do art. 229 do Código Civil, sendo que o inciso II do dispositivo da lei material ainda acrescentava o amigo íntimo como pessoa que não estava obrigada a depor.

Além disso, o inciso III (Código Civil) também fazia referência ao dano patrimonial, e não somente ao perigo de vida. Veja:

> Art. 229. Ninguém pode ser obrigado a depor sobre fato:
>
> [...]
>
> II – a que não possa responder sem desonra própria, de seu cônjuge, parente em grau sucessível, ou amigo íntimo;
>
> III – que o exponha, ou às pessoas referidas no inciso antecedente, a perigo de vida, de demanda, ou de dano patrimonial imediato.

A nova legislação, contudo, revogou o Código Civil nesse ponto (art. 1.072, II, do CPC/2015). A vontade do legislador foi de concentrar as normas processuais sobre a "desobrigação" de depor apenas na legislação processual.

Seção V
Da Confissão

CPC/2015	CPC/1973
Art. 389. Há confissão, judicial ou extrajudicial, quando a parte admite a verdade de fato contrário ao seu interesse e favorável ao do adversário.	Art. 348. Há confissão, quando a parte admite a verdade de um fato, contrário ao seu interesse e favorável ao adversário. A confissão é judicial ou extrajudicial.
Art. 390. A confissão judicial pode ser espontânea ou provocada. § 1º A confissão espontânea pode ser feita pela própria parte ou por *representante com poder especial*.	Art. 349. A confissão judicial pode ser espontânea ou provocada. ~~Da confissão espontânea, tanto que requerida pela parte, se lavrará o respectivo termo nos autos~~; a confissão provocada constará do depoimento pessoal prestado pela parte.
§ 2º A confissão provocada constará do **termo de** depoimento pessoal.	Parágrafo único. A confissão espontânea pode ser feita pela própria parte, ou por *mandatário com poderes especiais*.

 ## COMENTÁRIOS AOS ARTS. 389 E 390:

Conceito. Há confissão quando a parte admite a verdade de um fato, contrário ao seu interesse e favorável ao adversário.

Espécies de confissão. A confissão pode ser judicial ou extrajudicial. Judicial é a confissão feita nos autos, que pode ser espontânea ou provocada. Diz-se espontânea quando, por iniciativa própria, a parte comparece em juízo e confessa, hipótese em que se lavrará o respectivo termo nos autos. É provocada quando requerida pela parte adversa, caso em que a confissão consta do termo do depoimento prestado pelo confitente (art. 390, § 2º). Extrajudicial é a confissão feita fora do processo, de forma escrita ou oral, perante a parte contrária ou terceiros.

CPC/2015	CPC/1973
Art. 391. A confissão judicial faz prova contra o confitente, não prejudicando, todavia, os litisconsortes.	Art. 350. A confissão judicial faz prova contra o confitente, não prejudicando, todavia, os litisconsortes.
Parágrafo único. Nas ações que versarem sobre bens imóveis ou direitos **reais** sobre imóveis alheios, a confissão de um cônjuge **ou companheiro** não valerá sem a do outro, **salvo se o regime de casamento for o de separação absoluta de bens**.	Parágrafo único. Nas ações que versarem sobre bens imóveis ou direitos sobre imóveis alheios, a confissão de um cônjuge não valerá sem a do outro.

 ## COMENTÁRIOS:

Inexistência de prejuízo para os litisconsortes que não confessaram. A regra disposta no *caput* vem apenas confirmar o disposto no art. 117, segundo o qual os atos e omissões de um litisconsorte não prejudicarão os outros. Assim, a confissão só fará prova contra o próprio confitente.

O dispositivo sofreu uma ressalva em relação à validade da confissão judicial feita pelo cônjuge ou companheiro quando realizada de forma unilateral. A redação do CPC/1973 não especificava qual o regime de bens em que seria necessária a outorga do cônjuge ou do companheiro; logo, mesmo no regime de separação absoluta, em que não há bens comuns, deveria haver a anuência do outro cônjuge quanto à confissão.

O parágrafo único adéqua a norma ao interesse que ela busca proteger, especificando que no regime de separação absoluta não será necessária a vênia do outro cônjuge. A disposição acompanha a regra do direito civil em relação à outorga conjugal (art. 1.647 do CC/2002). Com efeito, inexistindo comunicabilidade dos bens, não há interesse conjugal a ser protegido do ato confessório.

CPC/2015	CPC/1973
Art. 392. Não vale como confissão a admissão, em juízo, de fatos relativos a direitos indisponíveis.	Art. 351. Não vale como confissão a admissão, em juízo, de fatos relativos a direitos indisponíveis.
§ 1º **A confissão será ineficaz se feita por quem não for capaz de dispor do direito a que se referem os fatos confessados.**	
§ 2º **A confissão feita por um representante somente é eficaz nos limites em que este pode vincular o representado.**	

 ## COMENTÁRIOS:

A nova redação assemelha-se ao que já dispõe o Código Civil sobre a confissão. Confira:

Art. 213. Não tem eficácia a confissão se provém de quem não é capaz de dispor do direito a que se referem os fatos confessados.

Parágrafo único. Se feita a confissão por um representante, somente é eficaz nos limites em que este pode vincular o representado.

Requisitos da confissão. A confissão exige os seguintes requisitos: (i) capacidade do confitente (art. 392, § 1º); (ii) inexigibilidade da forma para o ato confessado. De nada adianta confessar que alienou um imóvel, visto que é da substância do ato o instrumento público referido no Registro Imobiliário; (iii) disponibilidade do direito com o qual o fato confessado se relaciona (art. 392). Na anulação de casamento, por exemplo, é irrelevante confessar o fato sobre que se funda o pedido de anulação (art. 1.548 do CC).

Ressalte-se que, pelo menos expressamente, o dispositivo do Código Civil não será revogado pelo CPC/2015.

CPC/2015	CPC/1973
Art. 393. A confissão *é irrevogável, mas pode ser anulada* se decorreu de erro de fato ou de coação. Parágrafo único. A legitimidade para a ação prevista no *caput* é exclusiva do confitente e *pode ser transferida* a seus herdeiros se ele falecer após a propositura.	Art. 352. A confissão, quando emanar de erro, ~~dolo~~ ou coação, *pode ser revogada:* ~~I — por ação anulatória, se pendente o processo em que foi feita;~~ ~~II — por ação rescisória, depois de transitada em julgado a sentença, da qual constituir o único fundamento.~~ Parágrafo único. Cabe ao confitente o direito de propor a ação, nos casos de que trata este artigo; mas, uma vez iniciada, *passa* aos seus herdeiros.

 ## COMENTÁRIOS:

Irrevogabilidade e anulabilidade. O *caput* do novo art. 393 corrigiu o erro técnico do CPC/1973, que previa possibilidade de "revogação" da confissão, sendo que a hipótese era anulação. Isso porque se trata de desconstituição de ato eivado de vício do consentimento.[38] A terminologia foi corrigida, inclusive, pelo Código Civil de 2002, que preceitua, em seu art. 214, o seguinte: "A confissão é irrevogável, mas pode ser anulada se decorreu de erro de fato ou de coação."

Conquanto o dispositivo tenha retirado a possibilidade de ação rescisória contra sentença que se fundamentou em confissão eivada de violação do consentimento, pode-se defender a manutenção de sua aplicabilidade em razão do art. 966, III, do CPC/2015.

CPC/2015	CPC/1973
Art. 394. A confissão extrajudicial, quando feita oralmente, só terá eficácia nos casos em que a lei não exija prova literal.	Art. 353. A confissão extrajudicial, ~~feita por escrito à parte ou a quem a represente, tem a mesma eficácia probatória da judicial; feita a terceiro, ou contida em testamento, será livremente apreciada pelo juiz~~. Parágrafo único. **Todavia**, quando feita verbalmente, só terá eficácia nos casos em que a lei não exija prova literal.

---

[38]   THEODORO JÚNIOR, Humberto. **Código de Processo Civil anotado**. 16. ed. Rio de Janeiro: Forense, 2012. p. 422.

COMENTÁRIOS:

Valoração da confissão extrajudicial. Confissão extrajudicial é aquela realizada fora do juízo (pode ser oral ou escrita). O CPC/2015 não faz distinção na valoração da confissão extrajudicial feita por escrito, como acontece no CPC/1973. Permanece, no entanto, a condição da confissão extrajudicial oral, que terá eficácia apenas quando a lei não exigir a prova literal dos fatos.

São exemplos de situações nas quais se exige a prova literal dos fatos: pacto antenupcial (art. 108 do CC/2002) e contrato de seguro (art. 758 do CC/2002).

CPC/2015	CPC/1973
Art. 395. A confissão é, em regra, indivisível, não podendo a parte que a quiser invocar como prova aceitá-la no tópico que a beneficiar e rejeitá-la no que lhe for desfavorável, porém cindir-se-á quando o confitente a ela aduzir fatos novos, *capazes* de constituir fundamento de defesa de direito material ou de reconvenção.	Art. 354. A confissão é, de regra, indivisível, não podendo a parte, que a quiser invocar como prova, aceitá-la no tópico que a beneficiar e rejeitá-la no que lhe for desfavorável. Cindir-se-á, todavia, quando o confitente lhe aduzir fatos novos, *suscetíveis* de constituir fundamento de defesa de direito material ou de reconvenção.

COMENTÁRIOS:

Indivisibilidade da confissão. A confissão é, em regra, indivisível, podendo ser cindida quando o confitente, além de confessar fatos alegados pelo autor, aduz fatos novos, suscetíveis de constituir fundamento de defesa de direito, ou seja, fatos que podem servir de base a pedido reconvencional e fato impeditivo, modificativo ou extintivo (art. 395, parte final). A rigor, não se trata de cisão da confissão, porquanto esta só pode referir-se a fato contrário ao interesse do confitente.

Seção VI
Da Exibição de Documento ou Coisa

CPC/2015	CPC/1973
Art. 396. O juiz pode ordenar que a parte exiba documento ou coisa que se encontre em seu poder.	Art. 355. O juiz pode ordenar que a parte exiba documento ou coisa, que se ache em seu poder.
Art. 397. O pedido formulado pela parte conterá: I – a individuação, tão completa quanto possível, do documento ou da coisa; II – a finalidade da prova, indicando os fatos que se relacionam com o documento ou com a coisa; III – as circunstâncias em que se funda o requerente para afirmar que o documento ou a coisa existe e se acha em poder da parte contrária.	Art. 356. O pedido formulado pela parte conterá: I – a individuação, tão completa quanto possível, do documento ou da coisa; II – a finalidade da prova, indicando os fatos que se relacionam com o documento ou a coisa; III – as circunstâncias em que se funda o requerente para afirmar que o documento ou a coisa existe e se acha em poder da parte contrária.
Art. 398. O requerido dará sua resposta nos 5 (cinco) dias subsequentes à sua intimação. Parágrafo único. Se **o requerido** afirmar que não possui o documento ou a coisa, o juiz permitirá que o requerente prove, por qualquer meio, que a declaração não corresponde à verdade.	Art. 357. O requerido dará a sua resposta nos 5 (cinco) dias subsequentes à sua intimação. Se afirmar que não possui o documento ou a coisa, o juiz permitirá que o requerente prove, por qualquer meio, que a declaração não corresponde à verdade.

Art. 399. O juiz não admitirá a recusa se: I – o requerido tiver obrigação legal de exibir; II – o requerido tiver aludido ao documento ou à coisa, no processo, com o intuito de constituir prova; III – o documento, por seu conteúdo, for comum às partes.	Art. 358. O juiz não admitirá a recusa: I – se o requerido tiver obrigação legal de exibir; II – se o requerido aludiu ao documento ou à coisa, no processo, com o intuito de constituir prova; III – se o documento, por seu conteúdo, for comum às partes.
Art. 400. Ao decidir o pedido, o juiz admitirá como verdadeiros os fatos que, por meio do documento ou da coisa, a parte pretendia provar se: I – o requerido não efetuar a exibição nem fizer nenhuma declaração no prazo do *art. 398*; II – a recusa for havida por ilegítima. Parágrafo único. **Sendo necessário, o juiz pode adotar medidas indutivas, coercitivas, mandamentais ou sub-rogatórias para que o documento seja exibido.**	Art. 359. Ao decidir o pedido, o juiz admitirá como verdadeiros os fatos que, por meio do documento ou da coisa, a parte pretendia provar: I – se o requerido não efetuar a exibição, nem fizer qualquer declaração no prazo do *art. 357;* II – se a recusa for havida por ilegítima.
Art. 401. Quando o documento ou a coisa estiver em poder de terceiro, o juiz ordenará sua citação para responder no prazo de *15 (quinze) dias.*	Art. 360. Quando o documento ou a coisa estiver em poder de terceiro, o juiz mandará citá-lo para responder no prazo de *10 (dez) dias.*
Art. 402. Se o terceiro negar a obrigação de exibir ou a posse do documento ou da coisa, o juiz designará audiência especial, tomando-lhe o depoimento, bem como o das partes e, se necessário, o de testemunhas, e em seguida proferirá *decisão*.	Art. 361. Se o terceiro negar a obrigação de exibir, ou a posse do documento ou da coisa, o juiz designará audiência especial, tomando-lhe o depoimento, bem como o das partes e, se necessário, de testemunhas; em seguida proferirá a *sentença*.
Art. 403. Se o terceiro, sem justo motivo, se recusar a efetuar a exibição, o juiz ordenar-lhe-á que proceda ao respectivo depósito em cartório ou em outro lugar designado, no prazo de 5 (cinco) dias, impondo ao requerente que o ressarça pelas despesas que tiver. Parágrafo único. Se o terceiro descumprir a ordem, o juiz expedirá mandado de apreensão, requisitando, se necessário, força policial, sem prejuízo da responsabilidade por crime de desobediência, **pagamento de multa e outras medidas indutivas, coercitivas, mandamentais ou sub-rogatórias necessárias para assegurar a efetivação da decisão.**	Art. 362. Se o terceiro, sem justo motivo, se recusar a efetuar a exibição, o juiz lhe ordenará que proceda ao respectivo depósito em cartório ou noutro lugar designado, no prazo de 5 (cinco) dias, impondo ao requerente que o embolse das despesas que tiver; se o terceiro descumprir a ordem, o juiz expedirá mandado de apreensão, requisitando, se necessário, força policial, tudo sem prejuízo da responsabilidade por crime de desobediência.
Art. 404. A parte e o terceiro se escusam de exibir, em juízo, o documento ou a coisa se: I – concernente a negócios da própria vida da família; II – sua apresentação puder violar dever de honra; III – sua publicidade redundar em desonra à parte ou ao terceiro, bem como a seus parentes consanguíneos ou afins até o terceiro grau, ou lhes representar perigo de ação penal;	Art. 363. A parte e o terceiro se escusam de exibir, em juízo, o documento ou a coisa: I – se concernente a negócios da própria vida da família; II – se a sua apresentação puder violar dever de honra; III – se a publicidade do documento redundar em desonra à parte ou ao terceiro, bem como a seus parentes consanguíneos ou afins até o terceiro grau; ou lhes representar perigo de ação penal;

IV – sua exibição acarretar a divulgação de fatos a cujo respeito, por estado ou profissão, devam guardar segredo;

V – subsistirem outros motivos graves que, segundo o prudente arbítrio do juiz, justifiquem a recusa da exibição;

VI – **houver disposição legal que justifique a recusa da exibição.**

Parágrafo único. Se os motivos de que tratam os *incisos I a VI do caput* disserem respeito a apenas *uma parcela do documento,* **a parte ou o terceiro exibirá a outra em cartório,** *para dela ser* extraída *cópia reprográfica,* **de tudo sendo lavrado auto circunstanciado**.

IV – se a exibição acarretar a divulgação de fatos, a cujo respeito, por estado ou profissão, devam guardar segredo;

V – se subsistirem outros motivos graves que, segundo o prudente arbítrio do juiz, justifiquem a recusa da exibição.

Parágrafo único. Se os motivos de que tratam os *ns. I a V* disserem respeito só a *uma parte do conteúdo do documento,* *da outra se* extrairá *uma suma para ser apresentada em juízo*.

COMENTÁRIOS AOS ARTS. 396 A 404:

Noções gerais. Pode o juiz ordenar que a parte, ou mesmo o terceiro, exiba documento ou coisa que se ache em seu poder (art. 396). Tal poder decorre do dispositivo segundo o qual "ninguém se exime do dever de colaborar com o Poder Judiciário para o descobrimento da verdade" (art. 378).

Legitimidade. A exibição de documento ou coisa pode ser formulada por uma das partes contra a outra, bem como determinada de ofício pelo juiz, caso este entenda necessário. Qualquer que seja a forma, a finalidade da exibição é constituir prova a favor de uma das partes. Pode ser prova direta, quando se trata, por exemplo, da exibição de um contrato; ou prova indireta, quando, por exemplo, se requer a exibição de um veículo acidentado para submetê-lo à perícia.

Procedimento. Tratando-se de pedido de exibição formulado por uma das partes, este é feito por petição (pode ser na inicial, na contestação ou mesmo em caráter incidental na fase probatória), com os requisitos do art. 397. Deferida a exibição, procede-se à intimação da parte contrária, que pode adotar três atitudes distintas: fazer a exibição, permanecer inerte ou responder negando a existência do documento ou da coisa ou o dever de fazer a exibição. Feita a exibição, o procedimento encerra-se. Permanecendo inerte ou negando a existência do documento ou da coisa ou negando o dever de apresentá-lo, o juiz decidirá o pedido, depois de permitir ao requerente provar que as alegações do requerido não correspondem à verdade (art. 398).

Julgando procedente o pedido de exibição, o juiz admitirá como verdadeiros os fatos que, por meio do documento ou da coisa, a parte pretendia provar (art. 400). Trata-se de decisão interlocutória, que desafia agravo de instrumento (art. 1.015, VI).

A novidade trazida pelo CPC/2015 fica por conta das medidas que podem ser adotadas pelo juiz para "forçar" a exibição. Nos termos do art. 400, parágrafo único, "sendo necessário, o juiz pode adotar medidas indutivas, coercitivas, mandamentais ou sub-rogatórias para que o documento seja exibido". O parágrafo único do art. 400 supera, portanto, o entendimento constante na Súmula nº 372 do STJ, segundo o qual, "na ação de exibição de documentos, não cabe aplicação de multa cominatória". Em verdade, essa súmula já vinha sendo relativizada pelo próprio STJ que, na vigência do CPC/1973, admitiu a fixação de *astreintes* na hipótese de direitos indisponíveis.[39]

No que diz respeito ao pedido de exibição, a primeira providência é de natureza pura e simplesmente mandamental, consistente na determinação do juiz para que a parte exiba o documento ou coisa. Descumprido o mandamento (ordem), podem-se reputar verdadeiros os fatos que, por meio do documento ou da coisa, a parte pretendia provar. Como nem sempre a aplicação da presunção de veracidade dos fatos é viável, o CPC/2015 confere ao juiz poder para agregar um *plus* à tutela mandamental. Aí é que entram as medidas a que se refere o parágrafo único.

Se a exibição é requerida contra quem não é parte no processo, o procedimento e as consequências são totalmente distintas. Nesse caso, deferida a exibição, o terceiro é citado para responder no prazo de 15 (quinze) dias (art. 401).

Com a citação, a par da relação processual entre autor e réu, estabelece-se "uma relação processual paralela, com partes diferentes, tendo também por objeto uma lide diferente, girando em torno da existência do documento ou coisa procurada e do dever de exibir".[40]

Se o terceiro faz a exibição, encerra-se o procedimento. Se o terceiro silencia, o juiz profere sentença, na qual, se julgar procedente o pedido, ordena o depósito do documento ou coisa em 5 (cinco) dias (art. 403). Se o terceiro contesta, negando a obrigação de exibir ou a posse do documento ou da coisa, procede-se à instrução do incidente (art. 402) e, em seguida, profere-se a decisão.

Se o terceiro descumpre a ordem para depositar, o juiz determina a busca e apreensão, requisitando, se necessário, força policial, sem prejuízo da remessa de peças dos autos ao Ministério Público, para promover ação penal por crime de desobediência (art. 330 do CP), se for o caso (art. 403, parágrafo único). Frise-se que o CPC/2015 ainda permite que contra o terceiro sejam fixadas multa ou outras medidas indutivas, coercitivas, mandamentais ou sub-rogatórias necessárias para assegurar a efetivação da decisão.

Escusa legítima. O art. 404 elenca, de forma exemplificativa, as hipóteses em que o terceiro pode se escusar de exibir o documento ou a coisa. Será legítima a recusa ou a defesa

---

[39]   Nesse sentido: "[...] Tratando-se de pedido deduzido contra a parte adversa – não contra terceiro –, descabe multa cominatória na exibição, incidental ou autônoma, de documento relativo a direito disponível. No curso de uma ação que tenha objeto próprio, distinto da exibição de documentos, a consequência da recusa em exibi-los é a presunção de veracidade, por disposição expressa do art. 359 do CPC. Sendo assim, a orientação da jurisprudência do STJ é no sentido do descabimento de *astreintes* na exibição incidental de documentos. No entanto, a presunção é relativa, podendo o juiz decidir de forma diversa da pretendida pelo interessado na exibição com base em outros elementos de prova constantes dos autos. Nesse caso, no exercício dos seus poderes instrutórios, pode o juiz até mesmo determinar a busca e apreensão do documento, se entender necessário para a formação do seu convencimento. Já na hipótese de direitos indisponíveis, a presunção de veracidade é incabível, conforme os arts. 319 e 320 do CPC, restando ao juiz somente a busca e apreensão. Cumpre ressalvar que, nos casos que envolvem direitos indisponíveis, por revelar-se, na prática, ser a busca e apreensão uma medida de diminuta eficácia, tem-se admitido a cominação de *astreintes* para evitar o sacrifício do direito da parte interessada. [...]" (STJ, REsp 1.333.988-SP, Rel. Min. Paulo de Tarso Sanseverino, julgado em 09.04.2014).

[40]   THEODORO JÚNIOR, Humberto. **Código de Processo Civil anotado**. 16. ed. Rio de Janeiro: Forense, p. 474.

fundada na alegação de que o documento ou coisa é concernente a negócios da própria vida da família; se a sua apresentação ou publicidade puder violar dever de honra ou desonra à parte ou ao terceiro, bem como a seus parentes consanguíneos ou afins até o terceiro grau, ou lhes representar perigo de ação penal; se a exibição acarretar a divulgação de fatos, a cujo respeito, por estado ou profissão, devam guardar segredo; se subsistirem outros motivos graves que, segundo o prudente arbítrio do juiz, justifiquem a recusa da exibição; ou, por fim, se houver disposição legal que justifique a recusa da exibição (exemplo: art. 206 da Lei nº 9.279/1996). Ressalve-se que as escusas não são absolutas. Assim, deve o juiz levar em conta "os motivos apresentados pelo requerido em confronto com a importância da prova no contexto do litígio e com a própria natureza e objeto da discussão travada nesse processo; em alguns casos, assim, ainda se reconhecida a relevância da justificativa, poderá ser o alcance da escusa relativizado."[41]

Seção VII
Da Prova Documental

Subseção I
Da Força Probante dos Documentos

CPC/2015	CPC/1973
Art. 405. O documento público faz prova não só da sua formação, mas também dos fatos que o escrivão, **o chefe de secretaria**, o tabelião ou o *servidor* declarar que ocorreram em sua presença.	Art. 364. O documento público faz prova não só da sua formação, mas também dos fatos que o escrivão, o tabelião, ou o *funcionário* declarar que ocorreram em sua presença.

 COMENTÁRIOS:

Conceito e força probatória do documento público. Documento é a prova histórica real, consistente na representação física de um fato. Em sentido lato, documento compreende não apenas os escritos, mas também desenhos, pinturas, mapas, fotografias, gravações sonoras, filmes, por exemplo.

O documento público, ou seja, aquele formado e lavrado por escrivão, chefe de secretaria, tabelião ou servidor público, faz prova não só da sua formação, mas também dos fatos que tais pessoas declararem ocorridos em sua presença. A presunção de veracidade do documento público se restringe à parte extrínseca do documento, isto é, à formação e à autoria das declarações. Por exemplo, a escritura pública faz certo, até prova em contrário, que a parte prestou as declarações registradas pelo tabelião. Não implica, porém, a veracidade obrigatória dos fatos que a parte declarou.

---

[41]   TABOSA, Fábio. **Código de Processo Civil interpretado**. Coord. Antônio Carlos Marcato. 2. ed. São Paulo: Atlas, 2005. p. 1.152.

CPC/2015	CPC/1973
Art. 406. Quando a lei exigir instrumento público como da substância do ato, nenhuma outra prova, por mais especial que seja, pode suprir-lhe a falta.	Art. 366. Quando a lei exigir, como da substância do ato, o instrumento público, nenhuma outra prova, por mais especial que seja, pode suprir--lhe a falta.

 ## COMENTÁRIOS:

Indispensabilidade do instrumento público. O ordenamento jurídico processual admite uma infinidade de provas, porém, naquelas em que a lei exigir, como da substância do ato, o instrumento público, nenhuma outra prova, por mais especial que seja, pode suprir-lhe a falta (art. 406). Em outras palavras, exigindo a lei documento público para a prova do ato, é impossível suprir a falta com outra espécie de prova, ao contrário do que ocorre quando o ato puder ser provado por documento particular, porquanto pode ser complementado com prova testemunhal (art. 444).

CPC/2015	CPC/1973
Art. 407. O documento feito por oficial público incompetente ou sem a observância das formalidades legais, sendo subscrito pelas partes, tem a mesma eficácia probatória do documento particular.	Art. 367. O documento, feito por oficial público incompetente, ou sem a observância das formalidades legais, sendo subscrito pelas partes, tem a mesma eficácia probatória do documento particular.

 ## COMENTÁRIOS:

Documento público com eficácia de documento particular. A qualidade do agente que produz o documento público é vinculada a sua força probante. Por essa razão é que o documento público irregular – formalizado por oficial incompetente –, ainda que subscrito pelas partes, tem força apenas de documento particular. Se, no entanto, o instrumento público for da substância do ato (art. 406), não se permite que o ato irregular seja aproveitado.

CPC/2015	CPC/1973
Art. 408. As declarações constantes do documento particular escrito e assinado ou somente assinado presumem-se verdadeiras em relação ao signatário.	Art. 368. As declarações constantes do documento particular, escrito e assinado, ou somente assinado, presumem-se verdadeiras em relação ao signatário.
Parágrafo único. Quando, todavia, contiver declaração de ciência de determinado fato, o documento particular prova a *ciência*, mas não o fato *em si*, incumbindo o ônus de prová-lo ao interessado em sua veracidade.	Parágrafo único. Quando, todavia, contiver declaração de ciência, relativa a determinado fato, o documento particular prova a *declaração*, mas não o fato *declarado*, competindo ao interessado em sua veracidade o ônus de provar o fato.

 ## COMENTÁRIOS:

Eficácia das declarações em documento particular. Tratando-se de documento particular, a declaração presume-se verdadeira em relação ao signatário e não perante terceiros (art. 408). Contestada a assinatura do documento particular, cessa-lhe a fé, independentemente da arguição de falsidade, cabendo o ônus da prova, nesse caso, à parte que produziu o documento (art. 429, II).

CPC/2015	CPC/1973
Art. 409. A data do documento particular, quando a seu respeito surgir dúvida ou impugnação entre os litigantes, provar-se-á por todos os meios de direito. Parágrafo único. Em relação a terceiros, considerar-se-á datado o documento particular: I – no dia em que foi registrado; II – desde a morte de algum dos signatários; III – a partir da impossibilidade física que sobreveio a qualquer dos signatários; IV – da sua apresentação em repartição pública ou em juízo; V – do ato ou do fato que estabeleça, de modo certo, a anterioridade da formação do documento.	Art. 370. A data do documento particular, quando a seu respeito surgir dúvida ou impugnação entre os litigantes, provar-se-á por todos os meios de direito. Mas, em relação a terceiros, considerar-se-á datado o documento particular: I – no dia em que foi registrado; II – desde a morte de algum dos signatários; III – a partir da impossibilidade física, que sobreveio a qualquer dos signatários; IV – da sua apresentação em repartição pública ou em juízo; V – do ato ou fato que estabeleça, de modo certo, a anterioridade da formação do documento.

 ## COMENTÁRIOS:

Dúvida quanto à data da formação do documento particular. O dispositivo preocupa-se com a data de formação do documento particular, bem como com a eficácia desse documento particular perante os sujeitos que não participaram de sua formação. Um exemplo de aplicação desse dispositivo na jurisprudência:

> [...] Se há relevante dúvida quanto à data da elaboração do documento particular de venda e compra, considerar-se-á a data em que apresentado na repartição pública ou em juízo [...] (TJSP, 30ª Câmara de Direito Privado, Apelação 0190344-17.2009.8.26.0100, São Paulo, Rel. Des. Marcos Ramos, julgado em 11.02.2015).

CPC/2015	CPC/1973
Art. 410. Considera-se autor do documento particular: I – aquele que o fez e o assinou; II – aquele por conta de quem ele foi feito, estando assinado; III – aquele que, mandando compô-lo, não o firmou porque, conforme a experiência comum, não se costuma assinar, como livros empresariais e assentos domésticos.	Art. 371. Reputa-se autor do documento particular: I – aquele que o fez e o assinou; II – aquele, por conta de quem foi feito, estando assinado; III – aquele que, mandando compô-lo, não o firmou, porque, conforme a experiência comum, não se costuma assinar, como livros comerciais e assentos domésticos.

 ## COMENTÁRIOS:

Definição de autoria do documento particular. O artigo em comento adota o critério intelectual para a identificação da autoria do documento. Autor intelectual é o responsável pelo conteúdo das declarações expostas no documento.

CPC/2015	CPC/1973
Art. 411. Considera-se autêntico o documento quando: I – o tabelião reconhecer a firma do signatário; II – a autoria estiver identificada por qualquer outro meio legal de certificação, inclusive eletrônico, nos termos da lei; III – não houver impugnação da parte contra quem foi produzido o documento.	Art. 369. Reputa-se autêntico o documento, quando o tabelião reconhecer a firma do signatário, ~~declarando que foi aposta em sua presença~~.

COMENTÁRIOS:

Autenticidade do documento. Compreende-se como autêntico o documento que utilize meio legal de certificação, inclusive de certificação digital, emitida por entidade certificadora credenciada conforme normas da MP nº 2.200-2/2001, ou por assinatura digital cadastrada junto a unidade do Poder Judiciário, conforme a Lei nº 11.419/2006.

Também se reputa autêntico o documento que não for impugnado pela parte contra a qual faz prova. A impugnação se faz pela arguição de falsidade, que deve ser suscitada na contestação, na réplica ou no prazo de 15 (quinze) dias, contado a partir da intimação da juntada do documento aos autos (art. 430).

CPC/2015	CPC/1973
Art. 412. O documento particular de cuja autenticidade não se duvida prova que o seu autor fez a declaração que lhe é atribuída. Parágrafo único. O documento particular admitido expressa ou tacitamente é indivisível, sendo vedado à parte que pretende utilizar-se dele aceitar os fatos que lhe são favoráveis e recusar os que são contrários ao seu interesse, salvo se provar que estes não *ocorreram*.	Art. 373. ~~Ressalvado o disposto no parágrafo único do artigo anterior~~, o documento particular, de cuja autenticidade se não duvida, prova que o seu autor fez a declaração, que lhe é atribuída. Parágrafo único. O documento particular, admitido expressa ou tacitamente, é indivisível, sendo defeso à parte, que pretende utilizar-se dele, aceitar os fatos que lhe são favoráveis e recusar os que são contrários ao seu interesse, salvo se provar que estes se não *verificaram*.

COMENTÁRIOS:

Eficácia probatória do documento particular. O documento particular reconhecido por tabelião ou admitido pela parte adversa goza de presunção relativa de veracidade (*iuris tantum*), admitindo, portanto, prova em contrário.

Indivisibilidade do documento particular. O parágrafo único indica que o documento particular não pode ser cindido, de modo que a parte não pode pretender aproveitá-lo apenas na parte que lhe beneficia. Em outras palavras, o documento particular deve ser valorado em sua integralidade.

CPC/2015	CPC/1973
Art. 413. O telegrama, o radiograma ou qualquer outro meio de transmissão tem a mesma força probatória do documento particular se o original constante da estação expedidora tiver sido assinado pelo remetente.	Art. 374. O telegrama, o radiograma ou qualquer outro meio de transmissão tem a mesma força probatória do documento particular, se o original constante da estação expedidora foi assinado pelo remetente.

Parágrafo único. A firma do remetente poderá ser reconhecida pelo tabelião, declarando-se essa circunstância no original depositado na estação expedidora.	Parágrafo único. A firma do remetente poderá ser reconhecida pelo tabelião, declarando-se essa circunstância no original depositado na estação expedidora.

COMENTÁRIOS:

Meios de transmissão de dados e sua eficácia probatória. Quanto aos protocolos via fax, a lei processual, ao permitir a utilização de instrumento de transmissão de dados, deve ser interpretada conjuntamente com a Lei nº 9.800/1999 (art. 2º), que dispõe ser imprescindível a apresentação do documento original no prazo de 5 (cinco) dias contados da interposição via fac-símile.[42]

CPC/2015	CPC/1973
Art. 414. O telegrama ou o radiograma presume-se conforme com o original, provando as datas de sua expedição e de seu recebimento pelo destinatário.	Art. 375. O telegrama ou o radiograma presume-se conforme com o original, provando a data de sua expedição e do recebimento pelo destinatário.

COMENTÁRIOS:

Presunção de conformidade com o documento original. A previsão de veracidade constante desse dispositivo também possui natureza relativa. Vale salientar que diversos autores criticam a manutenção desse dispositivo, porquanto o telegrama e o radiograma estão em desuso.

CPC/2015	CPC/1973
Art. 415. As cartas e os registros domésticos provam contra quem os escreveu quando: I – enunciam o recebimento de um crédito; II – contêm anotação que visa a suprir a falta de título em favor de quem é apontado como credor; III – expressam conhecimento de fatos para os quais não se exija determinada prova.	Art. 376. As cartas, bem como os registros domésticos, provam contra quem os escreveu quando: I – enunciam o recebimento de um crédito; II – contêm anotação, que visa a suprir a falta de título em favor de quem é apontado como credor; III – expressam conhecimento de fatos para os quais não se exija determinada prova.

COMENTÁRIOS:

Eficácia probatória dos registros e cartas. Os registros domésticos referidos nesse dispositivo são as anotações particulares de caráter informal (registros em agenda, por exemplo). Tanto esses registros quanto as cartas são documentos formalizados unilateralmente, razão pela qual a eficácia probatória é mais restrita.

---

[42] Nesse sentido: STJ, AgRg no Ag 765.541/SP, 1ª Turma, Rel. Min. Luiz Fux, DJ 09.04.2007.

CPC/2015	CPC/1973
Art. 416. A nota escrita pelo credor em qualquer parte de documento representativo de obrigação, ainda que não assinada, faz prova em benefício do devedor.	Art. 377. A nota escrita pelo credor em qualquer parte de documento representativo de obrigação, ainda que não assinada, faz prova em benefício do devedor.
Parágrafo único. Aplica-se essa regra tanto para o documento que o credor conservar em seu poder quanto para aquele que se achar em poder do devedor **ou de terceiro**.	Parágrafo único. Aplica-se esta regra tanto para o documento, que o credor conservar em seu poder, como para aquele que se achar em poder do devedor.

 ## COMENTÁRIOS:

Anotações realizadas pelo credor. O CPC/2015 estende a possibilidade de interpretação das notas escritas pelo credor, em benefício do devedor, mesmo quando o documento se achar em poder de terceiro.

CPC/2015	CPC/1973
Art. 417. Os livros *empresariais* provam contra seu autor, sendo lícito ao *empresário*, todavia, demonstrar, por todos os meios permitidos em direito, que os lançamentos não correspondem à verdade dos fatos.	Art. 378. Os livros *comerciais* provam contra o seu autor. É lícito ao *comerciante*, todavia, demonstrar, por todos os meios permitidos em direito, que os lançamentos não correspondem à verdade dos fatos.
Art. 418. Os livros *empresariais* que preencham os requisitos exigidos por lei provam a favor de seu autor no litígio entre *empresários*.	Art. 379. Os livros *comerciais*, que preencham os requisitos exigidos por lei, provam ~~também~~ a favor do seu autor no litígio entre *comerciantes*.

 ## COMENTÁRIOS AOS ARTS. 417 E 418:

Eficácia probatória dos livros empresariais. Não houve alteração no conteúdo da norma. A substituição do termo "comerciais" ou "empresariais" está em sintonia com a lei material (arts. 966 e seguintes do CC/2002). A eficácia probante dos livros empresariais contra o empresário "opera-se independentemente de os mesmos estarem corretamente escriturados. Nada impede, todavia, que o empresário demonstre, por outros meios de prova, que os lançamentos constantes daquela escrituração que lhe é desfavorável são equivocados".[43] Entretanto, para que façam prova a favor do empresário, a regularidade é medida que se impõe.

CPC/2015	CPC/1973
Art. 419. A escrituração contábil é indivisível, e, se dos fatos que resultam dos lançamentos, uns são favoráveis ao interesse de seu autor e outros lhe são contrários, ambos serão considerados em conjunto, como unidade.	Art. 380. A escrituração contábil é indivisível: se dos fatos que resultam dos lançamentos, uns são favoráveis ao interesse de seu autor e outros lhe são contrários, ambos serão considerados em conjunto como unidade.

---

[43] RAMOS, André Luiz Santa Cruz. **Direito Empresarial esquematizado**. 4. ed. São Paulo: Método, 2014. p. 81.

COMENTÁRIOS:

Indivisibilidade da escrituração. Pela regra da integridade da escrituração contábil, as informações constantes da escrituração, desde que regulares, serão consideradas pelo juiz em seu conjunto.

CPC/2015	CPC/1973
Art. 420. O juiz pode ordenar, a requerimento da parte, a exibição integral dos livros *empresariais* e dos documentos do arquivo: I – na liquidação de sociedade; II – na sucessão por morte de sócio; III – quando e como determinar a lei.	Art. 381. O juiz pode ordenar, a requerimento da parte, a exibição integral dos livros *comerciais* e dos documentos do arquivo: I – na liquidação de sociedade; II – na sucessão por morte de sócio; III – quando e como determinar a lei.
Art. 421. O juiz pode, de ofício, ordenar à parte a exibição parcial dos livros e dos documentos, extraindo-se deles a suma que interessar ao litígio, bem como reproduções autenticadas.	Art. 382. O juiz pode, de ofício, ordenar à parte a exibição parcial dos livros e documentos, extraindo-se deles a suma que interessar ao litígio, bem como reproduções autenticadas.

 COMENTÁRIOS AOS ARTS. 420 E 421:

Exceções ao sigilo dos livros empresariais. Os livros empresariais são protegidos pelo sigilo, nos termos do art. 1.190 do CC/2002. No entanto, existem situações em que a lei afasta o sigilo quanto ao exame da escrituração. São elas: (i) as restrições quanto ao exame da escrituração não se aplicam às autoridades fazendárias, quando do exercício da fiscalização tributária (art. 1.193 do CC/2002; art. 195 do CTN); (ii) o sigilo também deve ser afastado por ordem da autoridade judicial. Nesse caso, a exibição dos livros empresariais pode ser total ou apenas parcial.

Exibição integral (art. 420). "A exibição integral dos livros só pode ser determinada a requerimento da parte e somente nos casos expressamente previstos em lei (por exemplo, na liquidação de sociedade, na falência, entre outros)".[44] Conferir, sobre o tema, o art. 1.191 do CC/2002.

Exibição parcial (art. 421). "[...] a exibição parcial dos livros empresariais pode ser determinada pelo julgador, a requerimento da parte ou até mesmo de ofício, e em qualquer processo [...]. A exibição não atinge os chamados livros auxiliares, uma vez que estes, por não serem obrigatórios, não são de existência presumida".[45] Conferir, sobre o tema, o art. 1.191, § 1º, do CC/2002.

---

[44]   RAMOS, André Luiz Santa Cruz. **Direito Empresarial esquematizado**. 4. ed. São Paulo: Método, 2014. p. 80.

[45]   *Idem*, p. 81.

CPC/2015	CPC/1973
Art. 422. Qualquer reprodução mecânica, como a fotográfica, a cinematográfica, a fonográfica ou de outra espécie, **tem aptidão** para fazer prova dos fatos ou das coisas representadas, *se a sua conformidade* **com o documento original não for impugnada** por aquele contra quem foi produzida. § 1º **As fotografias digitais e as extraídas da rede mundial de computadores fazem prova das imagens que reproduzem, devendo, se impugnadas, ser apresentada a respectiva autenticação eletrônica ou, não sendo possível, realizada perícia.** § 2º Se se tratar de fotografia publicada em jornal **ou revista**, *será exigido um exemplar* original **do periódico, caso impugnada a veracidade pela outra parte**. § 3º **Aplica-se o disposto neste artigo à forma impressa de mensagem eletrônica.**	Art. 383. Qualquer reprodução mecânica, como a fotográfica, cinematográfica, fonográfica ou de outra espécie, faz prova dos fatos ou das coisas representadas, se aquele contra quem foi produzida *lhe admitir a conformidade*. Art. 385. [...] § 2º Se a prova for uma fotografia publicada em jornal, *exigir-se-ão o* original ~~e o negativo~~.

COMENTÁRIOS:

Em consonância com o art. 411, III, o CPC/2015 traz a presunção de autenticidade da reprodução mecânica, seja fotográfica, fonográfica ou cinematográfica, quando esta não for impugnada pela parte contra quem faz prova. A conformidade com a reprodução mecânica, pela parte contrária, não precisa ser expressa. Os parágrafos indicam as medidas a serem adotadas caso a reprodução seja impugnada. Vejamos:

§ 1º Refere-se à impugnação da fotografia digital ou fotografia retirada da Internet. A autenticidade deve ser apresentada por autenticação eletrônica ou, na ausência dela, deverá ser realizado o exame pericial para confirmar a integridade e a autenticidade da autoria. A regra não só reconhece o valor probatório de informações disponibilizadas na rede mundial de computadores – sobretudo em redes sociais –, como também apresenta meios possíveis para verificação de sua veracidade.

§ 2º A impugnação de fotografia de jornal ou revista exige a exibição de exemplar original do periódico de onde foi extraído para comprovar-lhe a autenticidade.

§ 3º A reprodução de mensagem eletrônica impressa, como o SMS ou o e-mail, também faz prova quando não impugnada. Se impugnada, o autor deverá comprovar a veracidade. Por tratar-se de mensagem em meio eletrônico, uma das alternativas para verificar-se a autenticidade seria a certificação digital. Como não há meio definido para fazê-lo, outra alternativa é a expedição de ata notarial por um tabelião, que dará fé pública ao documento produzido. Tecnicamente, impresso o conteúdo da mensagem, o mesmo não poderia ser verificado sem o seu par digital original, existente no próprio computador ou no celular.[46]

CPC/2015	CPC/1973
Art. 423. As reproduções dos documentos particulares, fotográficas ou obtidas por outros processos de repetição, valem como certidões sempre que o escrivão **ou o chefe de secretaria** *certificar* sua conformidade com o original.	Art. 384. As reproduções fotográficas ou obtidas por outros processos de repetição, dos documentos particulares, valem como certidões, sempre que o escrivão *portar por fé* a sua conformidade com o original.

 ## COMENTÁRIOS:

Eficácia probatória das cópias. Havendo certificação de quaisquer desses auxiliares (escrivão ou chefe de secretaria), poderão ser extraídas cópias dos autos do processo com a mesma força probante dos documentos originais.

CPC/2015	CPC/1973
Art. 424. A cópia de documento particular tem o mesmo valor probante que o original, cabendo ao escrivão, intimadas as partes, proceder à conferência e certificar a conformidade entre a cópia e o original.	Art. 385. A cópia de documento particular tem o mesmo valor probante que o original, cabendo ao escrivão, intimadas as partes, proceder à conferência e certificar a conformidade entre a cópia e o original.

 ## COMENTÁRIOS:

Certificação de autenticidade das cópias. A intimação das partes prevista nesse dispositivo só deve ocorrer em caso de dúvida ou de impugnação. Assim, deve-se impor a presunção de veracidade dos documentos apresentados por cópia, se na oportunidade de resposta a parte contrária não questionou a sua autenticidade.

---

[46] No que tange ao direito penal, já entendeu o STJ que "registro de mensagens eletrônicas, em tese ofensivas, 'atribuíveis' a um autor determinado não traz certeza quanto à materialidade e à autoria, mas é bastante como elemento indiciário que autoriza a instauração da ação penal, sujeitando-se à prova sobre sua autenticidade" (HC 37.493/SP, 6ª Turma, Rel. Min. Paulo Medina, julgado em 28.09.2004). Orientando-se por essa premissa, pode se dizer que o Judiciário reconhece um valor indiciário de mensagens eletrônicas, já sendo utilizadas, inclusive, em julgamento de mandado de segurança, como prova anexa que confirma outros elementos probatórios dos autos (MS 18.504/DF, 1ª Seção, Rel. Min. Herman Benjamin, julgado em 09.10.2013).

CPC/2015	CPC/1973
Art. 425. Fazem a mesma prova que os originais:	Art. 365. Fazem a mesma prova que os originais:
I – as certidões textuais de qualquer peça dos autos, do protocolo das audiências ou de outro livro a cargo do escrivão **ou do chefe de secretaria**, se extraídas por ele ou sob sua vigilância e por ele subscritas;	I – as certidões textuais de qualquer peça dos autos, do protocolo das audiências, ou de outro livro a cargo do escrivão, sendo extraídas por ele ou sob sua vigilância e por ele subscritas;
II – os traslados e as certidões extraídas por oficial público de instrumentos ou documentos lançados em suas notas;	II – os traslados e as certidões extraídas por oficial público, de instrumentos ou documentos lançados em suas notas;
III – as reproduções dos documentos públicos, desde que autenticadas por oficial público ou conferidas em cartório com os respectivos originais;	III – as reproduções dos documentos públicos, desde que autenticadas por oficial público ou conferidas em cartório, com os respectivos originais;
IV – as cópias reprográficas de peças do próprio processo judicial declaradas autênticas pelo advogado, sob sua responsabilidade pessoal, se não lhes for impugnada a autenticidade;	IV – as cópias reprográficas de peças do próprio processo judicial declaradas autênticas pelo próprio advogado sob sua responsabilidade pessoal, se não lhes for impugnada a autenticidade.
V – os extratos digitais de bancos de dados públicos e privados, desde que atestado pelo seu emitente, sob as penas da lei, que as informações conferem com o que consta na origem;	V – os extratos digitais de bancos de dados, públicos e privados, desde que atestado pelo seu emitente, sob as penas da lei, que as informações conferem com o que consta na origem;
VI – as reproduções digitalizadas de qualquer documento público ou particular, quando juntadas aos autos pelos órgãos da justiça e seus auxiliares, pelo Ministério Público e seus auxiliares, **pela Defensoria Pública e seus auxiliares,** pelas procuradorias, pelas repartições públicas em geral e por advogados, ressalvada a alegação motivada e fundamentada de adulteração.	VI – as reproduções digitalizadas de qualquer documento, público ou particular, quando juntados aos autos pelos órgãos da Justiça e seus auxiliares, pelo Ministério Público e seus auxiliares, pelas procuradorias, pelas repartições públicas em geral e por advogados ~~públicos ou privados~~, ressalvada a alegação motivada e fundamentada de adulteração ~~antes ou durante o processo de digitalização~~.
§ 1° Os originais dos documentos digitalizados mencionados no inciso VI deverão ser preservados pelo seu detentor até o final do prazo para propositura de ação rescisória.	§ 1° Os originais dos documentos digitalizados, mencionados no inciso VI ~~do *caput* deste artigo~~, deverão ser preservados pelo seu detentor até o final do prazo para interposição de ação rescisória.
§ 2° Tratando-se de cópia digital de título executivo extrajudicial ou de documento relevante à instrução do processo, o juiz poderá determinar seu depósito em cartório ou secretaria.	§ 2° Tratando-se de cópia digital de título executivo extrajudicial ou outro documento relevante à instrução do processo, o juiz poderá determinar o seu depósito em cartório ou secretaria.

 COMENTÁRIOS:

Eficácia probatória especial. A lei processual estende às reproduções a mesma eficácia probatória dos documentos originais, desde que preenchidos determinados requisitos.

CPC/2015	CPC/1973
Art. 426. O juiz apreciará *fundamentadamente* a fé que deva merecer o documento, quando em ponto substancial e sem ressalva contiver entrelinha, emenda, borrão ou cancelamento.	Art. 386. O juiz apreciará *livremente* a fé que deva merecer o documento, quando em ponto substancial e sem ressalva contiver entrelinha, emenda, borrão ou cancelamento.

COMENTÁRIOS:

Livre convencimento fundamentado/motivado. A alteração terminológica tem por objetivo evidenciar que o livre convencimento do juiz é sempre motivado.

Vale ressaltar que os vícios apontados no dispositivo (entrelinhas, emenda, borrão ou cancelamento) são apenas exemplificativos. Pode, por exemplo, ocorrer de o documento conter mancha causada por líquido. Nesse caso, o documento defeituoso, que comprometa a compreensão das declarações ou mesmo a sua validade, terá eficácia probante restrita ao que o juiz considerar fundamentadamente válido. Ou seja, o valor probante do documento ficará a cargo do julgador.

CPC/2015	CPC/1973
Art. 427. Cessa a fé do documento público ou particular sendo-lhe declarada judicialmente a falsidade.	Art. 387. Cessa a fé do documento, público ou particular, sendo-lhe declarada judicialmente a falsidade.
Parágrafo único. A falsidade consiste em:	Parágrafo único. A falsidade consiste:
I – formar documento não verdadeiro;	I – em formar documento não verdadeiro;
II – alterar documento verdadeiro.	II – em alterar documento verdadeiro.

 COMENTÁRIOS:

Formas de arguição da falsidade documental. A falsidade de documento pode ser arguida: (i) através de ação declaratória (art. 19, II); (ii) na forma do art. 430; (iii) mediante ação rescisória (art. 966, VI). Em quaisquer dessas hipóteses, sendo declarada a falsidade do documento, este perderá a sua fé.

Espécie de falsidade. Os dois incisos do parágrafo único tratam de hipóteses de falsidade material, ou seja, não possuem relação com o conteúdo (falsidade ideológica), mas com aspectos externos do documento. Exemplos: pessoa que, mediante processo reprográfico colorido, reproduz sua carteira de habilitação e a utiliza como se fosse original (inciso I); pessoa que substitui a foto de um documento ou que exclui da CNH a exigência de utilização de óculos ou lentes de contato (inciso II).

CPC/2015	CPC/1973
Art. 428. Cessa a fé do documento particular quando:	Art. 388. Cessa a fé do documento particular quando:
I – for *impugnada sua autenticidade* e enquanto não se comprovar sua veracidade;	I – lhe for *contestada a assinatura* e enquanto não se lhe comprovar a veracidade;
II – assinado em branco, **for impugnado seu conteúdo**, por preenchimento abusivo.	II – assinado em branco, for abusivamente preenchido.
Parágrafo único. Dar-se-á abuso quando aquele que recebeu documento assinado com texto não escrito no todo ou em parte formá-lo ou completá-lo por si ou por meio de outrem, violando o pacto feito com o signatário.	Parágrafo único. Dar-se-á abuso quando aquele, que recebeu documento assinado, com texto não escrito no todo ou em parte, o formar ou o completar, por si ou por meio de outrem, violando o pacto feito com o signatário.

COMENTÁRIOS:

Confiança no documento. Os incisos do *caput* evidenciam hipóteses nas quais a força probante do documento particular é abalada. Em relação ao inciso II, saliente-se que embora a norma busque evitar construção de acervo probatório que não seja autêntico, em prol da lisura e da eficiência da atividade jurisdicional, não cabe o reconhecimento de preenchimento abusivo de documento particular pelo julgador, *ex officio*. A norma resguarda, prioritariamente, o interesse das partes.

CPC/2015	CPC/1973
Art. 429. Incumbe o ônus da prova quando:	Art. 389. Incumbe o ônus da prova quando:
I – se tratar de falsidade de documento **ou de preenchimento abusivo**, à parte que a arguir;	I – se tratar de falsidade de documento, à parte que a arguir;
II – se tratar de *impugnação da autenticidade*, à parte que produziu o documento.	II – se tratar de *contestação de assinatura*, à parte que produziu o documento.

 COMENTÁRIOS:

Distribuição do ônus da prova. O ônus da prova quanto à falsidade deve recair sobre aquele que a arguir. Entretanto, nos termos do art. 373, § 1º, pode o juiz optar pela inversão, adotando a técnica de distribuição dinâmica do ônus da prova.

Subseção II
Da Arguição de Falsidade

CPC/2015	CPC/1973
Art. 430. A falsidade deve ser suscitada na contestação, **na réplica** ou no prazo de *15 (quinze)* dias, contado a partir da intimação da juntada do documento aos autos. Parágrafo único. **Uma vez arguida, a falsidade será resolvida como questão incidental, salvo se a parte requerer que o juiz a decida como questão principal, nos termos do inciso II do art. 19.**	Art. 390. O incidente de falsidade ~~tem lugar em qualquer tempo e grau de jurisdição, incumbindo à parte, contra quem foi produzido o documento~~, suscitá-lo na contestação ou no prazo de *10 (dez)* dias, contados da intimação da sua juntada aos autos.

 COMENTÁRIOS:

Momento da arguição. A falsidade deve ser arguida na primeira oportunidade em que a parte deva se manifestar. Será na contestação, se o documento constar da inicial; será na réplica do autor, se constar na contestação.

Questão incidental ou questão principal? A arguição é decidida, em regra, como questão incidental ao processo. Não atinge, portanto, o mérito,[47] tratando-se apenas de

---

[47]   "[...] O entendimento que prestigia o cabimento do agravo quando a decisão se limita a julgar o incidente de falsidade processado nos autos principais sem adentrar no mérito da causa" (STJ, REsp 10.318/PR, 4ª Turma, Rel. Min. Sálvio de Figueiredo Teixeira, julgado em 07.04.1992).

inserção do documento no acervo probatório com a finalidade de julgar a crise de direito material.[48] O seu objeto não é abarcado pelos limites objetivos da coisa julgada, uma vez que não é esse o fim para qual o processo se instaurou.

Se, no entanto, a parte demandar a declaração da falsidade ou autenticidade do documento como questão principal no processo (art. 19, II), a declaração irá se inserir nos limites objetivos da coisa julgada. Nesse sentido, conferir regra prevista no art. 433.

CPC/2015	CPC/1973
Art. 431. A parte *arguirá a falsidade* expondo os motivos em que funda a sua pretensão e os meios com que provará o alegado.	Art. 391. ~~Quando o documento for oferecido antes de encerrada a instrução~~, a parte *o arguirá de falso,* ~~em petição dirigida ao juiz da causa,~~ expondo os motivos em que funda a sua pretensão e os meios com que provará o alegado.

COMENTÁRIOS:

Instrução do pedido. Não é mais necessário que a arguição de falsidade, quando apresentada com a contestação ou réplica – antes da instrução – seja manejada em petição autônoma ou através de incidente autuado em apartado. Assim, basta que a arguição esteja contida no bojo das respectivas manifestações. Ademais, quem argui a falsidade deve necessariamente indicar em que consiste o falso, bem como apontar que a referida falsidade tem relevância ou influência na decisão da causa.

CPC/2015	CPC/1973
Art. 432. Depois de ouvida a outra parte no prazo de *15 (quinze)* dias, *será realizado* o exame pericial. Parágrafo único. Não se procederá ao exame pericial se a parte que produziu o documento concordar em retirá-lo.	Art. 392. Intimada a parte, que produziu o documento, a responder no prazo de *10 (dez)* dias, o juiz *ordenará* o exame pericial. Parágrafo único. Não se procederá ao exame pericial, se a parte, que produziu o documento, concordar em retirá-lo ~~e a parte contrária não se opuser ao desentranhamento~~.

COMENTÁRIOS:

Contraditório e exame pericial. O prazo para que o juiz ouça a parte que juntou o documento impugnado aumentou de 10 (dez) para 15 (quinze) dias. Nesse novo prazo, a parte poderá retirar o documento que foi impugnado no incidente de falsidade. Feito isso, torna-se desnecessário o exame pericial do documento, uma vez que não mais servirá de prova nos autos. A anuência da parte contrária não é mais requisito para que o documento seja removido do processo.

---

[48] "Há de limitar-se a seu objeto, ou seja, a falsidade ou autenticidade do documento. As repercussões do decidido serão examinadas no processo em que suscitado o incidente" (STJ, REsp 44.509/AO, 3ª Turma, Rel. Min. Eduardo Ribeiro, julgado em 30.05.1994).

CPC/2015	CPC/1973
Art. 433. *A declaração sobre a falsidade do documento*, **quando suscitada como questão principal, constará da parte dispositiva da sentença e sobre ela incidirá também a autoridade da coisa julgada.**	Art. 395. *A sentença, que resolver o incidente, declarará a falsidade ou autenticidade do documento.*

 COMENTÁRIOS:

Declaração sobre a falsidade e coisa julgada. A declaração de falsidade ou autenticidade de documento suscitada como questão principal se insere nos limites da coisa julgada material. Logo, não se trata somente de questão prejudicial, da qual o juiz apresenta cognição lógica necessária tão somente para julgar a lide. Nesse sentido, um documento considerado falso como questão principal em um processo não poderá ser considerado em outro, ainda que se trate de outro fato, outra questão jurídica, outra lide. A declaração de falsidade adquire efeitos extraprocessuais. Por tal motivo, todos os interessados na sua veracidade devem participar do processo.

Subseção III
Da Produção da Prova Documental

CPC/2015	CPC/1973
Art. 434. Incumbe à parte instruir a petição inicial ou a *contestação* com os documentos destinados a provar suas alegações. Parágrafo único. **Quando o documento consistir em reprodução cinematográfica ou fonográfica, a parte deverá trazê-lo nos termos do *caput*, mas sua exposição será realizada em audiência, intimando-se previamente as partes.**	Art. 396. Compete à parte instruir a petição inicial (art. 283), ou a *resposta* (art. 297), com os documentos destinados a provar-lhe as alegações.

 COMENTÁRIOS:

Momento para a produção da prova documental. A prova documental pode ser produzida em qualquer fase processual, inclusive em grau de recurso, "desde que ouvida a parte contrária e inexistentes o espírito de ocultação premeditada e de surpresa de juízo" (REsp 795.862). Apenas os documentos que constituem pressuposto da causa devem acompanhar a inicial. O disposto no art. 434 constitui mero anseio do legislador. Prova disso é que a lei permite a juntada posterior de documentos quando impossível a sua apresentação na petição inicial ou na contestação (art. 435, parágrafo único).

Parágrafo único. Os documentos que consistirem em reprodução fotográfica ou cinematográfica serão reproduzidos em audiência. Considera-se, nesse caso, a audiência de instrução e julgamento, sendo irrelevante, a princípio, a sua utilização na audiência de conciliação e mediação. A reprodução posterior da prova não retira, todavia, o dever da parte autora de apresentação do acervo completo no momento da propositura da ação (e do réu, no momento da apresentação da contestação).

CPC/2015	CPC/1973
Art. 435. É lícito às partes, em qualquer tempo, juntar aos autos documentos novos, quando destinados a fazer prova de fatos ocorridos depois dos articulados ou para contrapô-los aos que foram produzidos nos autos. Parágrafo único. **Admite-se também a juntada posterior de documentos formados após a petição inicial ou a contestação, bem como dos que se tornaram conhecidos, acessíveis ou disponíveis após esses atos, cabendo à parte que os produzir comprovar o motivo que a impediu de juntá-los anteriormente e incumbindo ao juiz, em qualquer caso, avaliar a conduta da parte de acordo com o art. 5º.**	Art. 397. É lícito às partes, em qualquer tempo, juntar aos autos documentos novos, quando destinados a fazer prova de fatos ocorridos depois dos articulados, ou para contrapô-los aos que foram produzidos nos autos.

 ## COMENTÁRIOS:

Juntada posterior de documentos. O dispositivo apresenta mitigação à regra do art. 434.

O art. 397 do CPC/1973 previa expressamente duas exceções à regra segundo a qual a petição inicial e a contestação deveriam ser apresentadas juntamente com os documentos destinados a provar as alegações do autor e do réu: (i) quando os documentos fossem destinados a fazer prova de fatos ocorridos depois dos articulados; (ii) quando a juntada de novos documentos fosse necessária para contrapor aos que foram produzidos nos autos.

De acordo com o CPC/2015, além das possibilidades já previstas pelo CPC/1973, permite-se a juntada posterior de documentos quando constatada alguma das situações previstas no parágrafo único. Com efeito, se o documento foi produzido depois da inicial ou da defesa (parágrafo único, primeira parte), ele obviamente ainda não existia no momento em que a lei determinou a sua juntada. Por essa questão lógica o Código admite a juntada de documentos supervenientes. Do mesmo modo, a lei processual considera viável a juntada de documentos novos sobre fatos pretéritos, desde que a parte demonstre justo motivo (exemplo: o documento não era conhecido pelo réu). Nas duas situações a parte interessada deve comprovar o motivo pelo qual não fez a prova no momento oportuno, em homenagem ao princípio da boa-fé processual, insculpido no art. 5º.

Frise-se que esse regramento pode ser aplicado, inclusive, na fase recursal, consoante entendimento do Superior Tribunal de Justiça. Nesse sentido:

> [...] A juntada de documentos, em fase de apelação, que não se enquadram naqueles indispensáveis à propositura da ação e apresentam cunho exclusivamente probatório, com o nítido caráter de esclarecer os eventos narrados, é admitida, desde que garantido o contraditório e ausente qualquer indício de má-fé, sob pena de se sacrificar a apuração dos fatos sem uma razão ponderável [...] (STJ, REsp 1.176.440/RO, Rel. Min. Napoleão Nunes Maia Filho, julgado em 17.09.2013).

CPC/2015	CPC/1973
Art. 436. **A parte, intimada a falar sobre documento constante dos autos, poderá:** **I – impugnar a admissibilidade da prova documental;** **II – impugnar sua autenticidade;** **III – suscitar sua falsidade, com ou sem deflagração do incidente de arguição de falsidade;** **IV – manifestar-se sobre seu conteúdo.** Parágrafo único. **Nas hipóteses dos incisos II e III, a impugnação deverá basear-se em argumentação específica, não se admitindo alegação genérica de falsidade.**	Não há correspondência.

 COMENTÁRIOS:

Atitudes da parte contrária. Apresentado novo documento por uma das partes, a parte contrária poderá: (i) impugnar a admissibilidade da prova documental, isto é, negar-lhe o valor de prova por violar o art. 369; (ii) impugnar a autenticidade, ou seja, contestar a autoria do documento; (iii) manifestar-se sobre o documento sem, necessariamente, impugná-lo; ou (iv) suscitar a falsidade do documento, cabendo-lhe decidir se utilizará ou não do incidente processual de arguição. Com efeito, pode a parte impugnar documento que seja evidentemente falso, sem que haja necessidade do incidente processual, que tornaria mais longo o processo. Ainda assim, não será admitida alegação de falsidade genérica, pois ao impugnante incumbe apontar especificamente a irregularidade.

CPC/2015	CPC/1973
Art. 437. **O réu manifestar-se-á na contestação sobre os documentos anexados à inicial, e o autor manifestar-se-á na réplica sobre os documentos anexados à contestação.** § 1º Sempre que uma das partes requerer a juntada de documento aos autos, o juiz ouvirá, a seu respeito, a outra parte, *que disporá do* prazo de *15 (quinze)* dias **para adotar qualquer das posturas indicadas no art. 436.** § 2º **Poderá o juiz, a requerimento da parte, dilatar o prazo para manifestação sobre a prova documental produzida, levando em consideração a quantidade e a complexidade da documentação.**	Art. 398. Sempre que uma das partes requerer a juntada de documento aos autos, o juiz ouvirá, a seu respeito, a outra, *no prazo de 5 (cinco) dias*.

 COMENTÁRIOS:

Contraditório. A regra prevista no *caput* adéqua o processo à complexidade da crise de direito material subjacente, evitando uma manifestação inadequada sobre um documento, gerando contraditório falho e posterior decisão de má qualidade. A disposição, por mínima que possa aparentar, traz relevante eficácia ao princípio constitucional da ampla defesa.

Prazo. Além de dilatar o prazo para vista e manifestação sobre documento apresentado de 5 (cinco) para 15 (quinze) dias, o dispositivo do novo CPC permite que o juiz altere o prazo legal, dilatando-o após o requerimento da parte.

CPC/2015	CPC/1973
Art. 438. O juiz requisitará às repartições públicas, em qualquer tempo ou grau de jurisdição:	Art. 399. O juiz requisitará às repartições públicas em qualquer tempo ou grau de jurisdição:
I – as certidões necessárias à prova das alegações das partes;	I – as certidões necessárias à prova das alegações das partes;
II – os procedimentos administrativos nas causas em que forem interessados a União, os Estados, **o Distrito Federal**, os Municípios ou entidades da administração indireta.	II – os procedimentos administrativos nas causas em que forem interessados a União, o Estado, o Município, ou ~~as respectivas~~ entidades da administração indireta.
§ 1º Recebidos os autos, o juiz mandará extrair, no prazo máximo e improrrogável de *1 (um) mês*, certidões ou reproduções fotográficas das peças *que indicar e das que forem indicadas pelas partes, e, em seguida,* devolverá os autos à repartição de origem.	§ 1º Recebidos os autos, o juiz mandará extrair, no prazo máximo e improrrogável de *30 (trinta) dias*, certidões ou reproduções fotográficas das peças *indicadas pelas partes ou de ofício*; *findo o prazo,* devolverá os autos à repartição de origem.
§ 2º As repartições públicas poderão fornecer todos os documentos em meio eletrônico, conforme disposto em lei, certificando, pelo mesmo meio, que se trata de extrato fiel do que consta em seu banco de dados ou no documento digitalizado.	§ 2º As repartições públicas poderão fornecer todos os documentos em meio eletrônico conforme disposto em lei, certificando, pelo mesmo meio, que se trata de extrato fiel do que consta em seu banco de dados ou do documento digitalizado.

 COMENTÁRIOS:

Dever de prestar informações. Tal dever decorre da regra insculpida no art. 378, segundo o qual "ninguém se exime do dever de colaborar com o Poder Judiciário para o descobrimento da verdade". Eventual recusa ou omissão ou prestação de informações inverídicas das pessoas indicadas nesse dispositivo pode constituir crime (exemplos: arts. 313-A, 313-B, 314, 319, 320, 323, 325, 326 e 330 do Código Penal).

Informações sigilosas. O dispositivo aplica-se aos casos nos quais as partes não tenham acesso livre às informações necessárias ao processo (exemplo: endereço do réu informado da declaração do imposto de renda).

Prazos. Verifica-se a mudança do prazo de 30 (trinta) dias para um mês. Essa alteração tem relevância quando aplicadas as regras previstas no Código Civil de 2002.[49]

---

[49] Código Civil, art. 132. "Salvo disposição legal ou convencional em contrário, computam-se os prazos, excluído o dia do começo, e incluído o do vencimento. [...] § 3º Os prazos de meses e anos expiram no dia de igual número do de início, ou no imediato, se faltar exata correspondência."

Seção VIII
Dos Documentos Eletrônicos

CPC/2015	CPC/1973
Art. 439. **A utilização de documentos eletrônicos no processo convencional dependerá de sua conversão à forma impressa e da verificação de sua autenticidade, na forma da lei.**	Não há correspondência.

 COMENTÁRIOS:

Autenticidade dos documentos eletrônicos. A disciplina dada aos documentos eletrônicos é posterior à que foi dada à prova documental. Logo, aqueles não devem ser entendidos como espécie de prova documental.

Vicente Greco Filho define documento como todo objeto do qual se extraem fatos em virtude da existência de símbolos ou sinais gráficos, mecânicos, eletromagnéticos etc.[50] Por conseguinte, documento eletrônico compreende o registro de fatos que têm como meio físico um suporte eletrônico ou digital, quais sejam os dispositivos que armazenam informações: CDs, DVDs, Blu-Ray Disc, HDs, pen-drives, e-mail etc.

Desse entendimento, inferem-se duas possibilidades: o uso do documento eletrônico no processo eletrônico, procedimento regulado pela Lei nº 11.419/2006; e o uso do documento eletrônico no processo convencional, isto é, em autos físicos.

O dispositivo em exame trata da segunda hipótese. Nesse sentido, o uso do documento eletrônico no processo convencional deve observar duas condições: a conversão à forma impressa, isto é, a reprodução dos dados e fatos constantes do documento eletrônico em meio físico impresso, uma vez que deverá ser anexado nos autos físicos; e a verificação de sua autenticidade na forma da lei.

A matéria referente à verificação da autenticidade do documento eletrônico não está inserida no CPC/2015. Não há uma lei específica, mas dispositivos esparsos que, se lidos em conjunto, permitem interpretar os dispositivos processuais. A MP nº 2.200-2/2001 institui o ICP-Brasil, órgão responsável pelo reconhecimento e garantia da integridade de documentos eletrônicos, que faz a emissão de certificação digital com base no uso de chaves públicas. Essa Medida Provisória ainda permite que sejam utilizados outros meios de comprovação da autoria e veracidade do documento eletrônico, mesmo que não se utilize de certificação digital emitida pelo ICP-Brasil, contanto que a mesma seja aceita pelas partes.

A verificação da autenticidade de um documento eletrônico comporta dois momentos distintos. Inicialmente, verifica-se a autenticidade na origem do documento, isto é, a autoria do documento. O segundo momento corresponde à verificação da integridade do documento.

---

[50]   GRECO FILHO, Vicente. **Direito Processual Civil brasileiro**. 14. ed. São Paulo: Saraiva, 2000. p. 208.

A autoria do documento e sua integridade podem ser verificadas por meio de uma assinatura eletrônica, isto é, um meio eletrônico, empregado na origem do documento, que identifique seu autor. Uma das formas de obter-se a assinatura eletrônica no documento se dá pela utilização da assinatura digital, a qual utiliza criptografia de dados com um sistema de chaves assimétricas. O autor utiliza uma chave privada que irá gerar códigos com base nos dados da origem do documento. Esses códigos serão comparados com a chave pública dos dados constantes do documento quando ele for utilizado, permitindo que se verifique se foram adulterados ou não. Quando essa verificação for feita por autoridades certificadoras credenciadas, será emitido um certificado digital, que goza de presunção de veracidade quanto aos dados constantes do documento eletrônico.

Além disso, pelo art. 1º, § 2º, III, *b*, da Lei nº 11.419/2006, é possível ainda a emissão de assinatura eletrônica quando o usuário estiver cadastrado no Poder Judiciário, de acordo com a disciplina do respectivo órgão do cadastro. Essa disposição acaba abrindo mão para que cada Tribunal, por exemplo, defina suas próprias regras para o cadastro do usuário e o uso de sua assinatura eletrônica, impedindo que ocorra a interoperabilidade dos sistemas e a utilização de um padrão único dentro do Poder Judiciário.

CPC/2015	CPC/1973
Art. 440. **O juiz apreciará o valor probante do documento eletrônico não convertido, assegurado às partes o acesso ao seu teor.**	Não há correspondência.

COMENTÁRIOS:

Força probante dos documentos eletrônicos. Quando não for possível o procedimento de conversão do documento eletrônico para a forma impressa, conforme manda o artigo anterior, o documento eletrônico não será desperdiçado no processo, mas terá seu conteúdo fático analisado pelo magistrado, que fará juízo de valor sobre sua qualidade como prova.

CPC/2015	CPC/1973
Art. 441. **Serão admitidos documentos eletrônicos produzidos e conservados com a observância da legislação específica.**	Não há correspondência.

COMENTÁRIOS:

Legislação específica. A Lei nº 11.419/2006, que regula a informatização do processo, traz algumas disposições sobre a produção e conservação dos documentos eletrônicos. Nesse sentido, os documentos que forem produzidos eletronicamente e depois juntados aos processos eletrônicos, tendo sua origem verificada por meio de certificação digital ou assinatura eletrônica, serão considerados originais para todos os efeitos legais. Os documentos originais, isto é, aqueles que foram produzidos primeiro, quando convertidos para a forma eletrônica, devem ser conservados até o trânsito em julgado da sentença ou até o término do prazo para interposição da ação rescisória (art. 11, § 3º).

Seção IX
Da Prova Testemunhal

Subseção I
Da Admissibilidade e do Valor da Prova Testemunhal

CPC/2015	CPC/1973
Art. 442. A prova testemunhal é sempre admissível, não dispondo a lei de modo diverso. Art. 443. O juiz indeferirá a inquirição de testemunhas sobre fatos: I – já provados por documento ou confissão da parte; II – que só por documento ou por exame pericial puderem ser provados.	Art. 400. A prova testemunhal é sempre admissível, não dispondo a lei de modo diverso. O juiz indeferirá a inquirição de testemunhas sobre fatos: I – já provados por documento ou confissão da parte; II – que só por documento ou por exame pericial puderem ser provados.

COMENTÁRIOS:

As duas normas previstas no art. 400 do CPC/1973 foram apenas divididas em dois dispositivos no CPC/2015: o primeiro apresenta a regra geral de admissão da prova testemunhal (art. 442) e o segundo traz duas hipóteses legais de inadmissão da referida prova (art. 443).

Fatos já comprovados por documento ou confissão. Por uma questão de economia processual, o Código dispensa a inquirição de testemunha quando os fatos já estão suficientemente comprovados. Ademais, o inciso I do art. 442 está relacionado ao dever das partes de não produzir provas inúteis ou desnecessárias ao processo (art. 77, III).

Fatos que só podem ser comprovados por documentos. Um exemplo de aplicação dessa regra está no art. 166, IV, do CC/2002, que prevê a nulidade do negócio jurídico que não observar a forma prescrita em lei. Com efeito, se a lei exige que uma compra e venda de bem imóvel no valor superior a 30 (trinta) salários mínimos (art. 108 do CC/2002) seja formalizada por escritura pública, não haveria utilidade em utilizar a prova testemunhal. Nessa hipótese a ressalva que se faz é em relação à regra prevista no art. 444 do CPC/2015: "É admissível a prova testemunhal, qualquer que seja o valor do contrato, quando houver começo de prova escrita, reputando-se tal o documento emanado da parte contra quem se pretende utilizá-lo como prova".[51]

Indispensabilidade de prova pericial. A prova testemunhal é tecnicamente inadequada para a demonstração de fatos que somente podem ser constatados por quem detém conhecimentos especializados.

---

[51]   STJ, AgRg no AREsp 522.481/MS, 4ª Turma, Rel. Min. Luiz Felipe Salomão, julgado em 09.06.2015.

CPC/2015	CPC/1973
Art. 444. **Nos casos em que a lei exigir prova escrita da obrigação**, é admissível a prova testemunhal quando houver começo de prova por escrito, emanado da parte contra a qual se pretende *produzir a prova*.	Art. 402. ~~Qualquer que seja o valor do contrato~~, é admissível a prova testemunhal, quando: I – houver começo de prova por escrito, ~~reputando-se tal o documento~~ emanado da parte contra quem se pretende *utilizar o documento como prova*;
Art. 445. **Também se admite a prova testemunhal quando** o credor não pode ou não podia, moral ou materialmente, obter a prova escrita da obrigação, em casos como o de parentesco, de depósito necessário ou de hospedagem em hotel **ou em razão das práticas comerciais do local onde contraída a obrigação**.	II – o credor não pode ou não podia, moral ou materialmente, obter a prova escrita da obrigação, em casos como o de parentesco, depósito necessário ou hospedagem em hotel.

 ## COMENTÁRIOS AOS ARTS. 444 E 445:

Prova testemunhal subsidiária. A prova exclusivamente testemunhal também não é admitida quando a lei exigir prova escrita da obrigação. Entretanto, se houver começo de prova por escrito, emanado da parte contra a qual se pretende produzir a prova, as testemunhas serão admitidas. Nesse caso, a prova testemunhal terá caráter subsidiário (art. 444).

Impossibilidade moral e material. O art. 445 é outro dispositivo que afasta a restrição à prova exclusivamente testemunhal, ainda que para aquele determinado fato a lei só admita, por exemplo, prova pericial ou documental. Trata-se de cláusula aberta, que deve ser valorada pelo juiz de acordo com o caso concreto.

CPC/2015	CPC/1973
Art. 446. É lícito à parte provar com testemunhas: I – nos contratos simulados, a divergência entre a vontade real e a vontade declarada; II – nos contratos em geral, os vícios de consentimento.	Art. 404. É lícito à parte ~~inocente~~ provar com testemunhas: I – nos contratos simulados, a divergência entre a vontade real e a vontade declarada; II – nos contratos em geral, os vícios do consentimento.

 ## COMENTÁRIOS:

Prova testemunhal nos contratos. Conforme já afirmando, em alguns casos a lei exige que o negócio jurídico seja formalizado por escrito. Nesses casos, a comprovação quanto à existência do negócio depende de prova documental hábil, ressalvadas as exceções previstas nos arts. 444 e 445 do CPC/2015. Também será admitida a prova testemunhal quando o fato a ser provado estiver relacionado aos incisos do art. 446. Por exemplo, a lei civil exige que o contrato de seguro seja formalizado por escrito (art. 758 do CC/2002), mas nada impede que seja utilizada prova testemunhal não para provar a existência do negócio, mas para demonstrar que houve vício social (simulação) ou de consentimento (erro, dolo, coação, estado de perigo e lesão).

CPC/2015	CPC/1973
Art. 447. Podem depor como testemunhas todas as pessoas, exceto as incapazes, impedidas ou suspeitas.	Art. 405. Podem depor como testemunhas todas as pessoas, exceto as incapazes, impedidas ou suspeitas.
§ 1° São incapazes:	§ 1° São incapazes:
I – o interdito por *enfermidade ou deficiência mental*;	I – o interdito por *demência*;
II – o que, acometido por enfermidade ou *retardamento* mental, ao tempo em que ocorreram os fatos, não podia discerni-los, ou, ao tempo em que deve depor, não está habilitado a transmitir as percepções;	II – o que, acometido por enfermidade, ou *debilidade* mental, ao tempo em que ocorreram os fatos, não podia discerni-los; ou, ao tempo em que deve depor, não está habilitado a transmitir as percepções;
III – *o que tiver menos* de 16 (dezesseis) anos;	III – *o menor* de 16 (dezesseis) anos;
IV – o cego e o surdo, quando a ciência do fato depender dos sentidos que lhes faltam.	IV – o cego e o surdo, quando a ciência do fato depender dos sentidos que lhes faltam.
§ 2° São impedidos:	§ 2° São impedidos:
I – o cônjuge, **o companheiro**, o ascendente e o descendente em qualquer grau e o colateral, até o terceiro grau, de alguma das partes, por consanguinidade ou afinidade, salvo se o exigir o interesse público ou, tratando-se de causa relativa ao estado da pessoa, não se puder obter de outro modo a prova que o juiz repute necessária ao julgamento do mérito;	I – o cônjuge, bem como o ascendente e o descendente em qualquer grau, ou colateral, até o terceiro grau, de alguma das partes, por consanguinidade ou afinidade, salvo se o exigir o interesse público ou, tratando-se de causa relativa ao estado da pessoa, não se puder obter de outro modo a prova, que o juiz repute necessária ao julgamento do mérito;
II – o que é parte na causa;	II – o que é parte na causa;
III – o que intervém em nome de uma parte, como o tutor, o representante legal da pessoa jurídica, o juiz, o advogado e outros que assistam ou tenham assistido as partes.	III – o que intervém em nome de uma parte, como o tutor na causa do menor, o representante legal da pessoa jurídica, o juiz, o advogado e outros, que assistam ou tenham assistido as partes.
§ 3° São suspeitos:	§ 3° São suspeitos:
I – o inimigo da parte ou o seu amigo íntimo;	I – o condenado por crime de falso testemunho, havendo transitado em julgado a sentença;
II – o que tiver interesse no litígio.	II – o que, por seus costumes, não for digno de fé;
§ 4° Sendo necessário, *pode o juiz admitir o depoimento das* testemunhas **menores**, impedidas ou suspeitas.	III – o inimigo capital da parte, ou o seu amigo íntimo;
§ 5° Os depoimentos referidos no § 4° serão prestados independentemente de compromisso, e o juiz lhes atribuirá o valor que possam merecer.	IV – o que tiver interesse no litígio.
	§ 4° Sendo *estritamente* necessário, o juiz *ouvirá* testemunhas impedidas ou suspeitas; mas os seus depoimentos serão prestados independentemente de compromisso *(art. 415)* e o juiz lhes atribuirá o valor que possam merecer.

 COMENTÁRIOS:

Possibilidade de testemunhar. Não são todas as pessoas que podem testemunhar. A lei impede o testemunho dos incapazes, impedidos e suspeitos (art. 447, *caput*). Sobre os incapazes, é imprescindível fazer uma comparação entre o disposto no Código Civil (com as modificações conferidas pelo Estatuto da Pessoa com Deficiência – Lei n° 13.146/2015) e a lei processual.

CPC/2015 x Estatuto da Pessoa com Deficiência. De acordo com o novo CPC, são incapazes, para fins de depoimento como testemunha (art. 447, § 1º): I – o interdito por enfermidade ou deficiência mental; II – o que, acometido por enfermidade ou retardamento mental, ao tempo em que ocorreram os fatos, não podia discerni-los, ou, ao tempo em que deve depor, não está habilitado a transmitir as percepções; III – o que tiver menos de 16 (dezesseis) anos; IV – o cego e o surdo, quando a ciência do fato depender dos sentidos que lhes faltam.

O art. 228 do Código Civil, cuja redação foi modificada pela Lei nº 13.146/2015, traz a seguinte disposição:

> Art. 228. Não podem ser admitidos como testemunhas:
>
> I – os menores de dezesseis anos;
>
> II – (Revogado);
>
> III – (Revogado);
>
> III – o interessado no litígio, o amigo íntimo ou o inimigo capital das partes;
>
> IV – os cônjuges, os ascendentes, os descendentes e os colaterais, até o terceiro grau de alguma das partes, por consanguinidade, ou afinidade.
>
> § 1º Para a prova de fatos que só elas conheçam, pode o juiz admitir o depoimento das pessoas a que se refere este artigo.
>
> § 2º A pessoa com deficiência poderá testemunhar em igualdade de condições com as demais pessoas, sendo-lhe assegurados todos os recursos de tecnologia assistiva.

O Estatuto da Pessoa com Deficiência exclui das pessoas incapazes de depor: (i) aqueles que, por enfermidade ou retardamento mental, não tiverem discernimento para a prática dos atos da vida civil; e (ii) os cegos e surdos, quando a ciência do fato que se quer provar dependa dos sentidos que lhes faltam.

O novo CPC não revogou expressamente o disposto no art. 228 do Código Civil. Apesar disso, como ele entrou em vigor em março de 2016 e o Estatuto da Pessoa com Deficiência tem sua *vacatio legis* ultimada em janeiro do mesmo ano, a consequência é: devem prevalecer as disposições do novo CPC.

Ocorre que não é possível adotar uma solução tão simplista. É necessário interpretar a lei processual em conformidade com as garantias conferidas pelo Estatuto, que claramente se propõe a dignificar a pessoa com deficiência e a promover, em condições de igualdade, o exercício de todos os direitos que são conferidos às pessoas que não possuem essa condição.

Dessa forma, se a lei processual proíbe de depor "o interdito por enfermidade ou deficiência mental", mas o Estatuto não traz essa limitação, o ideal é que o juiz se coloque diante da seguinte premissa: se a deficiência física ou mental não comprometer o ato processual, a pessoa, ainda que tenha sofrido processo de interdição, terá condições de servir como testemunha. Para tanto, devem ser oferecidos todos os recursos de tecnologia assistiva disponíveis para que ela tenha garantido o acesso à justiça (art. 80 do Estatuto).

Já em relação a "o cego e o surdo, quando a ciência do fato depender dos sentidos que lhes faltam", apesar de o Estatuto ter revogado dispositivo que trazia redação semelhante no Código Civil (art. 123 da Lei nº 13.146/2015), não é possível afastar essa regra quando, por exemplo, a situação concreta demonstrar que a pessoa com deficiência visual não tinha como ter contato com o fato relatado, justamente por este depender de um sentido que lhe falta. A análise quanto à incapacidade para depor vai depender sempre do cotejo entre a situação concreta apresentada nos autos e a limitação apresentada pela pessoa que a parte ou o próprio juiz pretenda ouvir como testemunha.

Incapazes de depor segundo o CPC/2015. A lei processual acrescenta a esse rol, ainda, a pessoa que, acometida por enfermidade ou retardamento mental, ao tempo em que ocorreram os fatos, não podia discerni-los, ou, ao tempo em que deve depor, não estava habilitada a transmitir as percepções, bem como aquele que tiver menos de 16 (dezesseis) anos.

A primeira hipótese leva em consideração a condição da pessoa, que se mostra incompatível com o depoimento em juízo na qualidade de testemunha. Se, por exemplo, o processo envolve acidente de trânsito e uma das testemunhas machucou-se gravemente no acidente, pode ser que o seu discernimento quanto ao ocorrido esteja comprometido. O portador da Síndrome de Down, a depender do comprometimento intelectual, pode atuar como testemunha. O doente em fase terminal pode não estar habilitado a transmitir suas percepções, ainda que na data do fato a ser provado estivesse gozando de plena saúde física e mental. Mais uma vez, a análise quanto à capacidade para o testemunho dependerá da situação concreta apresentada.

Impedidos de depor (art. 447, § 2º). São aqueles cujo relacionamento pessoal com a causa em questão torna suas declarações incertas. Nessa categoria incluem-se os cônjuges, os companheiros, o ascendente e o descendente em qualquer grau e o colateral até o terceiro grau de alguma das partes, por consanguinidade ou afinidade.

Também são impedidos de depor como testemunha o tutor na causa do menor tutelado, o representante legal da pessoa jurídica que figura como parte, o juiz, o advogado e outros, que assistam ou tenham assistido as partes. As partes também foram incluídas no rol de pessoas impedidas, mas de maneira desnecessária. O depoimento da parte será colhido como depoimento pessoal, e não como prova testemunhal.[52]

Suspeitos de depor. São aqueles a cujo testemunho não se deve creditar muito valor, por motivos de sua esfera pessoal. São o inimigo capital da parte ou o seu amigo íntimo e os que tiverem interesse no litígio (art. 447, § 3º). Ressalte-se que, nesse ponto, o novo Código excluiu do rol de suspeitos "o condenado por crime de falso testemunho, havendo transitado em julgado a sentença" (art. 405, § 3º, I, do CPC/1973) e "o que, por seus costumes, não for digno de fé" (art. 405, § 3º, II, do CPC/1973). Na primeira hipótese, por mais que a sentença transitada em julgado demonstre certa parcialidade do sujeito, não se pode antever que a conduta típica venha a se repetir em todo e qualquer processo. Com relação ao "indigno de fé", acreditamos que o Código acertou com a exclusão dessa hipótese de suspeição, porquanto seu caráter absolutamente subjetivo tornava a situação difícil de ser comprovada.

Possibilidade de oitiva do menor, do impedido ou do suspeito. Sendo estritamente necessário, o juiz ouvirá testemunhas menores, impedidas ou suspeitas, mas os seus depoimentos serão prestados independentemente de compromisso e o juiz lhes

---

52   ALVIM, Arruda. **Manual de Direito Processual Civil**. 5. ed. São Paulo: RT, 2006. p. 480.

atribuirá o valor que possam merecer (art. 447, § 4º). Em verdade, essas pessoas não são consideradas como testemunha. Nesses casos elas serão ouvidas na condição de informantes.

CPC/2015	CPC/1973
Art. 448. A testemunha não é obrigada a depor sobre fatos:	Art. 406. A testemunha não é obrigada a depor de fatos:
I – que lhe acarretem grave dano, bem como ao seu cônjuge **ou companheiro** e aos seus parentes consanguíneos ou afins, em linha reta ou colateral, *até o terceiro grau*;	I – que lhe acarretem grave dano, bem como ao seu cônjuge e aos seus parentes consanguíneos ou afins, em linha reta, ou na colateral *em segundo grau*;
II – a cujo respeito, por estado ou profissão, deva guardar sigilo.	II – a cujo respeito, por estado ou profissão, deva guardar sigilo.

 **COMENTÁRIOS:**

A regra é que todo indivíduo deve colaborar com o Poder Judiciário. Excepcionalmente, em razão da relação que se estabelece com uma das partes, a lei desobriga o indivíduo de prestar depoimento. Vale salientar que o art. 229 do CC/2002 ampliava as causas excludentes previstas na legislação de 1973, mas tal dispositivo é expressamente revogado pelo novo CPC (art. 1.072, II, do CPC/2015).

Novidades no CPC/2015. O dispositivo estende ao companheiro a garantia de não depor sobre fatos que possam acarretar dano à testemunha ou aos seus familiares, bem como aos parentes, na linha colateral, até o terceiro grau (tios e sobrinhos) – e não mais até o segundo grau, como preceitua o CPC/1973.

CPC/2015	CPC/1973
Art. 449. Salvo disposição especial em contrário, *as testemunhas devem ser ouvidas na sede do juízo*.	Art. 336. Salvo disposição especial em contrário, *as provas devem ser produzidas em audiência*.
Parágrafo único. Quando a parte ou a testemunha, por enfermidade ou por outro motivo relevante, estiver impossibilitada de comparecer, mas não de prestar depoimento, o juiz designará, conforme as circunstâncias, dia, hora e lugar para inquiri-la.	Parágrafo único. Quando a parte, ou a testemunha, por enfermidade, ou por outro motivo relevante, estiver impossibilitada de comparecer ~~à audiência~~, mas não de prestar depoimento, o juiz designará, conforme as circunstâncias, dia, hora e lugar para inquiri-la.

 COMENTÁRIOS:

Local para a oitiva das testemunhas. As testemunhas poderão ser ouvidas fora da sede do juízo quando estiverem impossibilitadas de comparecer (art. 449, parágrafo único) ou, quando residirem em outra comarca, seção ou subseção judiciárias, for possível a oitiva por videoconferência ou outro recurso de transmissão de sons e imagens em tempo real (art. 453, § 1º).

Subseção II
Da Produção da Prova Testemunhal

CPC/2015	CPC/1973
Art. 450. O rol de testemunhas conterá, **sempre que possível,** o nome, a profissão, **o estado civil, a idade, o número de inscrição no Cadastro de Pessoas Físicas, o número de registro de identidade e o endereço completo da** residência e do local de trabalho.	Art. 407. ~~Incumbe às partes, no prazo que o juiz fixará ao designar a data da audiência, depositar em cartório~~ o rol de testemunhas, precisando-lhes o nome, profissão, residência e o local de trabalho; ~~omitindo-se o juiz, o rol será apresentado até 10 (dez) dias antes da audiência.~~

 COMENTÁRIOS:

Momento para o requerimento de prova testemunhal. O momento adequado para requerer a prova testemunhal é a petição inicial (art. 319, VI), para o autor, ou a contestação, para o réu (art. 335), ou então na fase de especificação de prova (art. 357, § 4º). É no saneador que o juiz admitirá, ou não, essa espécie de prova. Entende-se, porém, implicitamente deferida a prova testemunhal previamente requerida quando o juiz simplesmente designa a audiência de instrução e julgamento (art. 357, V).

Rol de testemunhas. O CPC/2015 explicita a necessidade de que o rol seja acompanhado das informações descritas no art. 450. A disposição busca evitar atraso no andamento dos processos em que a testemunha deixa de ser encontrada somente por não existir dados suficientes à sua identificação.

CPC/2015	CPC/1973
Art. 451. Depois de apresentado o rol *de que tratam os §§ 4º e 5º do art. 357*, a parte só pode substituir a testemunha:	Art. 408. Depois de apresentado o rol, *de que trata o artigo antecedente*, a parte só pode substituir a testemunha:
I – que falecer;	I – que falecer;
II – que, por enfermidade, não estiver em condições de depor;	II – que, por enfermidade, não estiver em condições de depor;
III – que, tendo mudado de residência **ou de local de trabalho**, não for encontrada.	III – que, tendo mudado de residência, não for encontrada pelo oficial de justiça.

 COMENTÁRIOS:

Substituição de testemunhas. As partes não podem substituir livremente as testemunhas. Somente nas situações indicadas em lei é que está autorizada a substituição. Em suma, não há possibilidade de apresentação de rol complementar fora das hipóteses previstas nos incisos do art. 451.

Novidades. A inserção do "local de trabalho" no inciso III se harmoniza com a previsão constante no art. 450 (art. 407 do CPC/1973), que dispõe sobre os dados necessários à identificação e intimação de testemunha, dentre os quais se inclui o seu local de trabalho.

CPC/2015	CPC/1973
Art. 452. Quando for arrolado como testemunha, o juiz da causa:	Art. 409. Quando for arrolado como testemunha o juiz da causa, este:
I – declarar-se-á impedido, se tiver conhecimento de fatos que possam influir na decisão, caso em que será vedado à parte que o incluiu no rol desistir de seu depoimento;	I – declarar-se-á impedido, se tiver conhecimento de fatos, que possam influir na decisão; caso em que será defeso à parte, que o incluiu no rol, desistir de seu depoimento;
II – se nada souber, mandará excluir o seu nome.	II – se nada souber, mandará excluir o seu nome.

 ## COMENTÁRIOS:

Juiz como testemunha. O juiz deve analisar a imprescindibilidade de seu depoimento quando for arrolado como testemunha. No entanto, adverte a doutrina que "[...] tendo o juiz aceitado ser testemunha, não poderá a parte que o arrolou desistir da oitiva, o que poderia servir para burla ao procedimento do juiz natural".[53]

CPC/2015	CPC/1973
Art. 453. As testemunhas depõem, na audiência de instrução **e julgamento**, perante o juiz da causa, exceto:	Art. 410. As testemunhas depõem, na audiência de instrução, perante o juiz da causa, exceto:
I – as que prestam depoimento antecipadamente;	I – as que prestam depoimento antecipadamente;
II – as que são inquiridas por carta.	II – as que são inquiridas por carta;
§ 1º A oitiva de testemunha que residir em comarca, seção ou subseção judiciária diversa daquela onde tramita o processo poderá ser realizada por meio de videoconferência ou outro recurso tecnológico de transmissão e recepção de sons e imagens em tempo real, o que poderá ocorrer, inclusive, durante a audiência de instrução e julgamento.	~~III – as que, por doença, ou outro motivo relevante, estão impossibilitadas de comparecer em juízo (art. 336, parágrafo único);~~
§ 2º Os juízes deverão manter equipamento para a transmissão e recepção de sons e imagens a que se refere o § 1º.	~~IV – as designadas no artigo seguinte.~~

 ## COMENTÁRIOS:

Competência para a colheita do depoimento. Em consonância com as novas disposições referentes ao uso de meios eletrônicos e digitais, o § 1º traz a possibilidade do uso de videoconferência para a realização da oitiva de testemunhas que residam em comarca, seção ou subseção judiciária diversa. Essa prática fica sujeita à disponibilidade dos equipamentos no órgão jurisdicional (§ 2º), especificamente nos dois juízos (no que tramita o feito e aquele no qual a testemunha se encontra).

A exceção prevista no inciso III do art. 410 do CPC/1973 encontra correspondência no art. 449, parágrafo único, do CPC/2015.

---

[53] NEVES, Daniel Assumpção; FREIRE, Rodrigo da Cunha Lima. **Código de Processo Civil para concursos:** doutrina, jurisprudência e questões de concursos. 4. ed. Salvador: JusPodivm, 2013. p. 378.

CPC/2015	CPC/1973

Art. 454. São inquiridos em sua residência ou onde exercem sua função:

I – o presidente e o vice-presidente da República;

II – os ministros de Estado;

III – os ministros do Supremo Tribunal Federal, **os conselheiros do Conselho Nacional de Justiça** e os ministros do Superior Tribunal de Justiça, do Superior Tribunal Militar, do Tribunal Superior Eleitoral, do Tribunal Superior do Trabalho e do Tribunal de Contas da União;

IV – o procurador-geral da República **e os conselheiros do Conselho Nacional do Ministério Público;**

V – **o advogado-geral da União, o procurador--geral do Estado, o procurador-geral do Município, o defensor público-geral federal e o defensor público-geral do Estado;**

VI – os senadores e os deputados federais;

VII – os governadores dos Estados e do Distrito Federal;

VIII – **o prefeito;**

IX – os deputados estaduais **e distritais;**

X – os desembargadores dos Tribunais de Justiça, **dos Tribunais Regionais Federais**, dos Tribunais Regionais do Trabalho e dos Tribunais Regionais Eleitorais e os conselheiros dos Tribunais de Contas dos Estados e do Distrito Federal;

XI – **o procurador-geral de justiça;**

XII – o embaixador de país que, por lei ou tratado, concede idêntica prerrogativa a agente diplomático do Brasil.

§ 1º O juiz solicitará à autoridade que *indique* dia, hora e local a fim de ser inquirida, remetendo-lhe cópia da petição inicial ou da defesa oferecida pela parte que a arrolou como testemunha.

§ 2º **Passado 1 (um) mês sem manifestação da autoridade, o juiz designará dia, hora e local para o depoimento, preferencialmente na sede do juízo.**

§ 3º **O juiz também designará dia, hora e local para o depoimento, quando a autoridade não comparecer, injustificadamente, à sessão agendada para a colheita de seu testemunho no dia, hora e local por ela mesma indicados.**

Art. 411. São inquiridos em sua residência, ou onde exercem a sua função:

I – o Presidente e o Vice-Presidente da República;

II – ~~o presidente do Senado e o da Câmara dos Deputados;~~

III – os ministros de Estado;

IV – os ministros do Supremo Tribunal Federal, do Superior Tribunal de Justiça, do Superior Tribunal Militar, do Tribunal Superior Eleitoral, do Tribunal Superior do Trabalho e do Tribunal de Contas da União;

V – o procurador-geral da República;

VI – os senadores e deputados federais;

VII – os governadores dos Estados, ~~dos Territórios~~ e do Distrito Federal;

VIII – os deputados estaduais;

IX – os desembargadores dos Tribunais de Justiça, ~~os juízes dos Tribunais de Alçada~~, os juízes dos Tribunais Regionais do Trabalho e dos Tribunais Regionais Eleitorais e os conselheiros dos Tribunais de Contas dos Estados e do Distrito Federal;

X – o embaixador de país que, por lei ou tratado, concede idêntica prerrogativa ao agente diplomático do Brasil.

Parágrafo único. O juiz solicitará à autoridade que *designe* dia, hora e local a fim de ser inquirida, remetendo-lhe cópia da petição inicial ou da defesa oferecida pela parte, que arrolou como testemunha.

COMENTÁRIOS:

Local para o depoimento de determinadas autoridades. O dispositivo acrescenta ao rol de autoridades que serão inquiridas em sua residência ou local de trabalho os conselheiros do CNJ, do Conselho do Ministério Público, o advogado-geral da União, o procurador--geral do Estado, o procurador-geral do Município, o defensor público-geral federal e o defensor público-geral do Estado, o Prefeito, os deputados distritais, os desembargadores dos TRFs e o procurador-geral de justiça. A concessão dessa prerrogativa funcional comporta mera adequação de caráter político-legislativo, uma vez que os magistrados (art. 33, I, LOMAN – Lei Complementar nº 35/1979), os membros do Ministério Público (art. 40, I, da LONMP – Lei nº 8.625/1993) e os membros da Defensoria Pública (art. 44, XIV, da Lei Complementar nº 80/1994) gozam de prerrogativa similar.

Ressalte-se que a exclusão do inciso II do art. 411 do CPC/1973 não possui qualquer relevância, já que o Presidente do Senado e o Presidente da Câmara dos Deputados evidentemente já se encaixavam no inciso VI.

Procedimento (§ 2º). O juiz deverá determinar a hora e o local em que as testemunhas serão inquiridas quando elas se mantiverem silentes. Nesse caso, perdem o benefício legal, cabendo ao juiz escolher o local, preferencialmente na sede do juízo. A mesma disposição se aplica à testemunha que não comparecer, de forma injustificada, à sessão que ela mesma agendou.

CPC/2015	CPC/1973
Art. 455. **Cabe ao advogado da parte informar ou intimar a testemunha por ele arrolada do dia, da hora e do local da audiência designada, dispensando-se a intimação do juízo.**	Art. 412. ~~A testemunha é intimada a comparecer à audiência, constando do mandado dia, hora e local, bem como os nomes das partes e a natureza da causa~~. Se a testemunha deixar de comparecer, sem motivo justificado, será conduzida, respondendo pelas despesas do adiamento.
§ 1º A intimação *deverá* ser *realizada por carta com aviso de recebimento*, **cumprindo ao advogado juntar aos autos, com antecedência de pelo menos 3 (três) dias da data da audiência, cópia da correspondência de intimação e do comprovante de recebimento**.	§ 1º A parte pode comprometer-se a levar à audiência a testemunha, independentemente de intimação; presumindo-se, caso não compareça, *que desistiu de ouvi-la*.
§ 2º A parte pode comprometer-se a levar a testemunha à audiência, independentemente da intimação **de que trata o § 1º**, presumindo-se, caso a testemunha não compareça, *que a parte desistiu de sua inquirição*.	§ 2º Quando figurar no rol de testemunhas *funcionário* público ou militar, o juiz o requisitará ao chefe da repartição ou ao comando do corpo em que servir.
§ 3º **A inércia na realização da intimação a que se refere o § 1º importa desistência da inquirição da testemunha.**	§ 3º A intimação *poderá* ser *feita pelo correio, sob registro ou com entrega em mão própria,* ~~quando a testemunha tiver residência certa~~.
§ 4º **A intimação será feita pela via judicial quando:**	
I – **for frustrada a intimação prevista no § 1º deste artigo;**	
II – **sua necessidade for devidamente demonstrada pela parte ao juiz;**	
III – figurar no rol de testemunhas *servidor* público ou militar, hipótese em que o juiz o requisitará ao chefe da repartição ou ao comando do corpo em que servir;	
IV – **a testemunha houver sido arrolada pelo Ministério Público ou pela Defensoria Pública;**	
V – **a testemunha for uma daquelas previstas no art. 454.**	
§ 5º A testemunha que, **intimada na forma do § 1º ou do § 4º**, deixar de comparecer sem motivo justificado será conduzida e responderá pelas despesas do adiamento.	

COMENTÁRIOS:

Intimação das testemunhas. A intimação da testemunha através do próprio juízo deixa de ser regra,[54] sendo exigida apenas em hipóteses específicas (§ 4º). Agora a intimação é feita pelo advogado que a arrolou, que deve informá-la sobre a data, o horário e o local da audiência. A intimação deve ser feita por carta com aviso de recebimento, o qual deve ser juntado aos autos com antecedência mínima de 3 (três) dias em relação à data da audiência (§ 1º). Se esse procedimento não for realizado, presume-se que houve desistência da inquirição (§ 3º).

Se a parte se comprometer a conduzir a testemunha à audiência, fica dispensada a intimação com posterior comprovação. Todavia, o não comparecimento para depoimento implica presunção de desistência da oitiva (§ 2º).

Como visto, a intimação judicial da testemunha é exceção, aplicando-se nas seguintes hipóteses: quando for frustrada a intimação feita pelo advogado da parte que arrolou a testemunha; quando se tratar de servidor público ou militar; quando a testemunha for arrolada pelo MP ou pela Defensoria Pública, ou quando se tratar das exceções do art. 454.

CPC/2015	CPC/1973
Art. 456. O juiz inquirirá as testemunhas separada e sucessivamente, primeiro as do autor e depois as do réu, e providenciará para que uma não ouça o depoimento das outras. Parágrafo único. **O juiz poderá alterar a ordem estabelecida no *caput* se as partes concordarem.**	Art. 413. O juiz inquirirá as testemunhas separada e sucessivamente; primeiro as do autor e depois as do réu, providenciando de modo que uma não ouça o depoimento das outras.

 COMENTÁRIOS:

Ordem para a inquirição das testemunhas. A ordem da produção das provas tem relevância quando se tratam das provas orais, que serão produzidas segundo as disposições dos arts. 361 e 456 do CPC e devem seguir uma ordem preferencial, qual seja: 1º – O perito e os assistentes técnicos responderão aos quesitos de esclarecimentos requeridos pelas partes, caso não tenham sido respondidos por escrito; 2º – O autor prestará depoimento pessoal e, na sequência, se ouvirá o réu; 3º – Encerrados os depoimentos pessoais das partes, o juiz passará a inquirir as testemunhas: primeiro as arroladas pelo autor e depois as indicadas pelo réu.

A ordem estabelecida para a produção da prova testemunhal não é absoluta, sendo possível sua inversão, desde que haja concordância das partes (art. 456, parágrafo único). Ademais, é perfeitamente possível que as partes acordem sobre a inversão de quaisquer provas antes ou no curso do processo, nos moldes do art. 190.

---

[54] Note que no CPC/1973 prevalecia a regra de intimação pelo próprio juízo (art. 412). No novo Código a intimação pela via judicial passa a ser exceção, devendo ocorrer somente nas hipóteses previstas no § 4º do art. 455.

CPC/2015	CPC/1973
Art. 457. Antes de depor, a testemunha será qualificada, declarará **ou confirmará** *seus dados* e informará se tem relações de parentesco com a parte ou interesse no objeto do processo.	Art. 414. Antes de depor, a testemunha será qualificada, declarando *o nome por inteiro, a profissão, a residência e o estado civil*, bem como se tem relações de parentesco com a parte, ou interesse no objeto do processo.
§ 1º É lícito à parte contraditar a testemunha, arguindo-lhe a incapacidade, o impedimento ou a suspeição, bem como, caso a testemunha negue os fatos que lhe são imputados, provar a contradita com documentos ou com testemunhas, até 3 (três), apresentadas no ato e inquiridas em separado.	§ 1º É lícito à parte contraditar a testemunha, arguindo-lhe a incapacidade, o impedimento ou a suspeição. Se a testemunha negar os fatos que lhe são imputados, a parte poderá provar a contradita com documentos ou com testemunhas, até três, apresentadas no ato e inquiridas em separado. Sendo provados ou confessados os fatos, o juiz dispensará a testemunha, ou lhe tomará o depoimento, *observando o disposto no art. 405, § 4º*.
§ 2º Sendo provados ou confessados os fatos a que se refere o § 1º, o juiz dispensará a testemunha ou lhe tomará o depoimento *como informante*.	
§ 3º A testemunha pode requerer ao juiz que a escuse de depor, alegando os motivos *previstos neste Código,* decidindo o juiz de plano após ouvidas as partes.	§ 2º A testemunha pode requerer ao juiz que a escuse de depor, alegando os motivos *de que trata o art. 406*; ouvidas as partes, o juiz decidirá de plano.

 COMENTÁRIOS:

Contradita. Na audiência de instrução, logo após a qualificação da testemunha,[55] caberá ao advogado contraditá-la oralmente, arguindo a sua incapacidade, impedimento ou suspeição para testemunhar. Se os fatos alegados na contradita forem comprovados, o juiz adotará uma das seguintes providências: (i) dispensará a testemunha; (ii) determinará a sua oitiva como informante, hipótese em que a testemunha não prestará o compromisso legal de dizer a verdade.

CPC/2015	CPC/1973
Art. 458. Ao início da inquirição, a testemunha prestará o compromisso de dizer a verdade do que souber e lhe for perguntado.	Art. 415. Ao início da inquirição, a testemunha prestará o compromisso de dizer a verdade do que souber e lhe for perguntado.
Parágrafo único. O juiz advertirá à testemunha que incorre em sanção penal quem faz afirmação falsa, cala ou oculta a verdade.	Parágrafo único. O juiz advertirá à testemunha que incorre em sanção penal quem faz a afirmação falsa, cala ou oculta a verdade.

 COMENTÁRIOS:

Crime de falso testemunho. A testemunha que faz afirmação falsa, cala ou oculta a verdade incorre em crime de falso testemunho (arts. 342 do CP). Há entendimento na doutrina que afasta o crime de falso testemunho em relação à testemunha descompromissada. Para essa corrente, somente a testemunha que presta compromisso tem obrigação de falar

---

[55] Segundo o STJ, "o momento oportuno da contradita da testemunha arrolada pela parte contrária é aquele entre a qualificação desta e o início de seu depoimento", sob pena de preclusão (STJ, REsp 735.756/BA, Rel. Min. João Otávio de Noronha, julgado em 09.02.2010).

a verdade e, portanto, pode incorrer nas penas previstas no tipo penal incriminador.[56] Há, no entanto, posicionamentos do STJ que consideram que para a caracterização do crime de falso testemunho não é necessário o compromisso.[57]

CPC/2015	CPC/1973
Art. 459. *As perguntas serão formuladas pelas partes diretamente à testemunha,* começando pela que a arrolou, **não admitindo o juiz aquelas que puderem induzir a resposta, não tiverem relação com as questões de fato objeto da atividade probatória ou importarem repetição de outra já respondida.**	Art. 416. *O juiz interrogará a testemunha sobre os fatos articulados,* cabendo, primeiro à parte, que a arrolou, ~~e depois à parte contrária, formular perguntas tendentes a esclarecer ou completar o depoimento.~~
§ 1º O juiz poderá inquirir a testemunha tanto antes quanto depois da inquirição feita pelas partes.	§ 1º *As partes devem tratar as testemunhas* com urbanidade, não lhes fazendo perguntas ou considerações impertinentes, capciosas ou vexatórias.
§ 2º *As testemunhas devem ser tratadas* com urbanidade, não se lhes fazendo perguntas ou considerações impertinentes, capciosas ou vexatórias.	§ 2º As perguntas que o juiz indeferir serão ~~obrigatoriamente~~ transcritas no termo, se a parte o requerer.
§ 3º As perguntas que o juiz indeferir serão transcritas no termo, se a parte o requerer.	

 COMENTÁRIOS:

Perguntas realizadas diretamente pelo juiz. O CPC/2015 extingue o antiquado sistema de "reperguntas", no qual a pergunta feita pela parte é dirigida ao juiz, que, então, a redireciona para a testemunha. Além de mais demorada, a formalidade representa implicitamente uma pressuposição de deslealdade das partes para com as testemunhas. De acordo com o CPC/2015, cabe ao juiz apenas intermediar, evitando perguntas de caráter protelatório, repetidas, que fujam do objeto, ou, ainda, que induzam a determinada resposta.

Ademais, as perguntas indeferidas pelo juiz poderão ser transcritas no termo (§ 3º), mormente para fins de posterior impugnação daquela decisão.

Além de fiscalizar as perguntas realizadas pelas partes, o julgador pode fazer as perguntas que achar pertinentes para o bom conhecimento da causa e, consequentemente, para ajudar na fundamentação de sua decisão (§ 1º).

---

[56] "O compromisso é ato solene que concretiza, tornando expresso, o dever da pessoa que testemunha de dizer a verdade, sob pena de ser processada por falso testemunho" (NUCCI, Guilherme de Souza. **Código Penal comentado**. 15. ed. Rio de Janeiro: Forense, 2015. p. 1.439).

[57] "Para a caracterização do crime de falso testemunho não é necessário o compromisso" (STJ, HC 92.836/SP, Rel. Min. Maria Thereza de Assis Moura, julgado em 27.04.2010).

CPC/2015	CPC/1973
Art. 460. O depoimento *poderá ser documentado por meio de gravação*. § 1° Quando *digitado* ou registrado por taquigrafia, estenotipia ou outro método idôneo de documentação, o depoimento será assinado pelo juiz, pelo depoente e pelos procuradores. § 2° Se houver recurso **em processo em autos não eletrônicos**, o depoimento *somente será digitado* quando **for impossível o envio de sua documentação eletrônica**. § 3° Tratando-se de autos eletrônicos, observar-se-á o disposto *neste Código* e **na legislação específica sobre a prática eletrônica de atos processuais**.	Art. 417. O depoimento, *datilografado* ou registrado por taquigrafia, estenotipia ou outro método idôneo de documentação, será assinado pelo juiz, pelo depoente e pelos procuradores, *facultando-se às partes a sua gravação*. § 1° O depoimento *será passado para a versão datilográfica* quando houver recurso da sentença ~~ou noutros casos, quando o juiz o determinar, de ofício ou a requerimento da parte~~. § 2° Tratando-se de processo eletrônico, observar-se-á o disposto *nos §§ 2° e 3° do art. 169 desta Lei*.

 ## COMENTÁRIOS:

Documentação do testemunho. O depoimento da testemunha precisa ser documentado. O novo dispositivo privilegia a gravação, mas nada impede que outras formas sejam adotadas, caso não seja possível a gravação audiovisual.

Processo em autos eletrônicos. Nesses casos o depoimento da testemunha deve ser registrado na forma do art. 209 do CPC/2015 e da Lei n° 11.419/2006.

Interposição de recurso. Se em processo não eletrônico houver gravação de depoimento de testemunha e, após a sentença, uma das partes interpuser recurso, o depoimento só será convertido para a forma escrita *quando for impossível o envio de sua documentação eletrônica*. Privilegia-se, portanto, o acesso fidedigno pelo tribunal ao depoimento prestado pela testemunha.

Prova testemunhal e carta precatória. Os depoimentos das testemunhas podem ser colhidos por meio de carta precatória, caso não seja possível a aplicação da utilização do instrumento previsto no art. 453, § 1° (videoconferência). Sendo o depoimento realizado por meio audiovisual, o CNJ entende que eles não precisam de transcrição (Resolução n° 105/2010).[58] Entretanto, se julgados (juízo deprecante) não costuma analisar os depoimentos em meio audiovisual, a degravação deve ocorrer por conta própria, de modo que não se pode obrigar o juízo deprecado a adotar essa providência.[59]

---

[58] A mesma regra está disposta no art. 405, § 2°, do CPP.

[59] Sobre a responsabilidade pela degravação dos depoimentos há divergência entre a 1ª e 2ª Seções do STJ. Para a 1ª Seção, a responsabilidade é do juízo deprecante (CC 126.770/RS, Rel. Min. Sergio Kukina, julgado em 08.05.2013), o que entendemos mais correto. Já para a 2ª, quem deve fazer a degravação é o juízo deprecado (CC 126.747/RS, Rel. Min. Luis Felipe Salomão, julgado em 25.09.2013).

CPC/2015	CPC/1973
Art. 461. O juiz pode ordenar, de ofício ou a requerimento da parte:	Art. 418. O juiz pode ordenar, de ofício ou a requerimento da parte:
I – a inquirição de testemunhas referidas nas declarações da parte ou das testemunhas;	I – a inquirição de testemunhas referidas nas declarações da parte ou das testemunhas;
II – a acareação de 2 (duas) ou mais testemunhas ou de alguma delas com a parte, quando, sobre fato determinado que possa influir na decisão da causa, divergirem as suas declarações.	II – a acareação de duas ou mais testemunhas ou de alguma delas com a parte, quando, sobre fato determinado, que possa influir na decisão da causa, divergirem as suas declarações.
§ 1º Os acareados serão reperguntados para que expliquem os pontos de divergência, reduzindo-se a termo o ato de acareação.	
§ 2º A acareação pode ser realizada por videoconferência ou por outro recurso tecnológico de transmissão de sons e imagens em tempo real.	

 COMENTÁRIOS:

Testemunhas referidas. São aquelas que não foram arroladas pelas partes, mas acabaram sendo citadas no depoimento de outras testemunhas ou das próprias partes. Nessa hipótese, o juiz pode, ainda que não haja requerimento, ordenar a inquirição, objetivando solucionar algum ponto que não restou esclarecido.

Acareação. É o ato pelo qual o juiz confronta duas ou mais testemunhas ou alguma delas com a parte (não há acareação entre as partes), quando verificar que houve divergência nos depoimentos. A acareação é feita na própria audiência de instrução. O § 2º permite que para a acareação sejam utilizados recursos tecnológicos que tornem o ato mais célere, tais como videoconferência ou transmissão de sons e imagens em tempo real.

CPC/2015	CPC/1973
Art. 462. A testemunha pode requerer ao juiz o pagamento da despesa que efetuou para comparecimento à audiência, devendo a parte pagá-la logo que arbitrada ou depositá-la em cartório dentro de 3 (três) dias.	Art. 419. A testemunha pode requerer ao juiz o pagamento da despesa que efetuou para comparecimento à audiência, devendo a parte pagá-la logo que arbitrada, ou depositá-la em cartório dentro de 3 (três) dias.
Art. 463. O depoimento prestado em juízo é considerado serviço público.	Art. 419. [...]
Parágrafo único. A testemunha, quando sujeita ao regime da legislação trabalhista, não sofre, por comparecer à audiência, perda de salário nem desconto no tempo de serviço.	Parágrafo único. O depoimento prestado em juízo é considerado serviço público. A testemunha, quando sujeita ao regime da legislação trabalhista, não sofre, por comparecer à audiência, perda de salário nem desconto no tempo de serviço.

 COMENTÁRIOS AOS ARTS. 462 E 463:

Despesas para o comparecimento de testemunha. Apesar de o depoimento ser considerado serviço público (art. 463), a testemunha não integra a relação processual, de modo que não pode ser obrigada a arcar com as despesas necessárias ao seu comparecimento em juízo. Assim, a parte que arrolou a testemunha deve estar ciente de que eventuais despesas para o depoimento (transporte, por exemplo) terão que ser ressarcidas.

Seção X
Da Prova Pericial

CPC/2015	CPC/1973
Art. 464. A prova pericial consiste em exame, vistoria ou avaliação.	Art. 420. A prova pericial consiste em exame, vistoria ou avaliação.
§ 1º O juiz indeferirá a perícia quando:	Parágrafo único. O juiz indeferirá a perícia quando:
I – a prova do fato não depender de conhecimento especial de técnico;	I – a prova do fato não depender do conhecimento especial de técnico;
II – for desnecessária em vista de outras provas produzidas;	II – for desnecessária em vista de outras provas produzidas;
III – a verificação for impraticável.	III – a verificação for impraticável.
§ 2º De ofício ou a requerimento das partes, o juiz poderá, em substituição à perícia, determinar a produção de prova técnica simplificada, quando o ponto controvertido for de menor complexidade.	
§ 3º A prova técnica simplificada consistirá apenas na inquirição de especialista, pelo juiz, sobre ponto controvertido da causa que demande especial conhecimento científico ou técnico.	
§ 4º Durante a arguição, o especialista, que deverá ter formação acadêmica específica na área objeto de seu depoimento, poderá valer-se de qualquer recurso tecnológico de transmissão de sons e imagens com o fim de esclarecer os pontos controvertidos da causa.	

 COMENTÁRIOS:

Classificação da prova pericial. Tanto o CPC/1973 (art. 420) quanto o CPC/2015 (art. 464) classificam a prova pericial em: exame, vistoria e avaliação. *Exame* é a inspeção realizada por perito para cientificar-se acerca da existência de algum fato ou circunstância que interesse à solução do litígio. O exame pode ter por objeto coisas móveis, semoventes, livros comerciais, documentos e papéis em geral, e até mesmo pessoas (exame de DNA em ação de investigação de paternidade, por exemplo). *Vistoria* é o exame que recai exclusivamente sobre bem imóvel. *Avaliação*, por sua vez, é a perícia destinada a verificar o valor de determinado bem, direito ou obrigação.

Indeferimento da prova pericial. O novo Código repete a redação do Código de 1973 no que se refere às hipóteses de indeferimento da prova pericial (art. 420, I a III, do CPC/1973; art. 464, § 1º, I a III, do CPC/2015). A primeira está relacionada com a necessidade da prova. Assim, se a prova não depender de conhecimento especializado (cálculos aritméticos, por exemplo), poderá o juiz indeferir o pedido sem que isto caracterize cerceamento de defesa. Também se mostrará desnecessária a perícia quando outras provas já produzidas no processo forem suficientes para formar o convencimento do juiz. Nesse caso, fica a dúvida: como outra prova pode substituir essa prova técnica? Entendo que a hipótese prevista no inciso II só tem aplicabilidade prática se as partes já tiverem apresentado laudos particulares na petição inicial ou na contestação e estes laudos forem suficientes para solucionar eventuais dúvidas do julgador.

Outra hipótese de indeferimento da prova pericial é a verificação impraticável do fato (inciso III). Nesse caso a impossibilidade pode ocorrer quando tiver desaparecido o objeto, quando ele se revelar física ou juridicamente inacessível ou quando a verificação do fato a ser provado depender de recursos – científicos, por exemplo – que ainda não estejam disponíveis. Em todos os casos de indeferimento o juiz deverá fundamentar a sua decisão.[60]

Prova simplificada. O CPC/2015 traz, nos §§ 2º a 4º do art. 464, novidades em relação à sistemática anterior. Tais dispositivos regulam a possibilidade de ser utilizado o recurso de prova técnica simplificada, de ofício ou a requerimento das partes, quando o ponto controvertido for menos complexo. Nesse caso, a perícia será substituída pela inquirição de especialista, com formação acadêmica específica na área objeto do assunto.

A realização de prova técnica simplificada independerá da confecção de laudo pericial. Caberá ao juiz apenas inquirir o perito, na audiência de instrução e julgamento, sobre os fatos que demandem conhecimento especializado. Os assistentes também podem ser admitidos, assim como a formulação de quesitos orais, que serão esclarecidos na própria audiência. Note que esta simplificação já podia ser vista na Lei dos Juizados Especiais (Lei nº 9.099/1995), mais precisamente no art. 35.

Não sendo o caso de prova técnica simplificada (art. 464, §§ 2º a 4º), o juiz deverá nomear o perito dentre aqueles cadastrados na forma do art. 156, fixando, desde logo, prazo para entrega do laudo.

CPC/2015	CPC/1973
Art. 465. O juiz nomeará perito **especializado no objeto da perícia** e fixará de imediato o prazo para a entrega do laudo.	Art. 421. O juiz nomeará o perito, fixando de imediato o prazo para a entrega do laudo.
§ 1º Incumbe às partes, dentro de *15 (quinze)* dias contados da intimação do despacho de nomeação do perito:	§ 1º Incumbe às partes, dentro em *5 (cinco) dias*, contados da intimação do despacho de nomeação do perito:
I – **arguir o impedimento ou a suspeição do perito, se for o caso;**	I – indicar o assistente técnico;
II – indicar assistente técnico;	II – apresentar quesitos.
III – apresentar quesitos.	~~§ 2º Quando a natureza do fato o permitir, a perícia poderá consistir apenas na inquirição pelo juiz do perito e dos assistentes, por ocasião da audiência de instrução e julgamento a respeito das coisas que houverem informalmente examinado ou avaliado.~~
§ 2º **Ciente da nomeação, o perito apresentará em 5 (cinco) dias:**	
I – **proposta de honorários;**	Art. 428. Quando ~~a prova~~ tiver de realizar-se por carta, poderá proceder-se à nomeação de perito e indicação de assistentes técnicos no juízo, ao qual se requisitar a perícia.
II – **currículo, com comprovação de especialização;**	
III – **contatos profissionais, em especial o endereço eletrônico, para onde serão dirigidas as intimações pessoais.**	

---

[60] "O magistrado pode negar a realização de perícia requerida pela parte sem que isso importe necessariamente, cerceamento de defesa. De fato, o magistrado não está obrigado a realizar todas as perícias requeridas pelas partes. Ao revés, dentro do livre convencimento motivado, pode dispensar exames que repute desnecessários ou protelatórios. [...]" (STJ, REsp 1.352.497/DF, Rel. Min. Og Fernandes, julgado em 04.02.2014).

§ 3º As partes serão intimadas da proposta de honorários para, querendo, manifestar-se no prazo comum de 5 (cinco) dias, após o que o juiz arbitrará o valor, intimando-se as partes para os fins do art. 95.

§ 4º O juiz poderá autorizar o pagamento de até cinquenta por cento dos honorários arbitrados a favor do perito no início dos trabalhos, devendo o remanescente ser pago apenas ao final, depois de entregue o laudo e prestados todos os esclarecimentos necessários.

§ 5º Quando a perícia for inconclusiva ou deficiente, o juiz poderá reduzir a remuneração inicialmente arbitrada para o trabalho.

§ 6º Quando tiver de realizar-se por carta, poder-se-á proceder à nomeação de perito e à indicação de assistentes técnicos no juízo ao qual se requisitar a perícia.

 ## COMENTÁRIOS:

Procedimento da prova pericial. As partes serão intimadas do despacho de nomeação do perito e, no prazo de 15 (quinze) dias (e não mais de 5 (cinco), como previa o CPC/1973) contados desse despacho, indicarão seus assistentes técnicos, seus quesitos e, se for o caso, arguirão a suspeição ou o impedimento do especialista. Segundo entendimento jurisprudencial,[61] o referido prazo não é preclusivo. Sendo assim, as partes poderão indicar seus assistentes e formular os quesitos até o momento do início da realização da perícia.

Nos termos do § 2º do art. 465, o perito deverá ser regularmente cientificado de sua nomeação e, uma vez intimado, terá o prazo de 5 (cinco) dias para apresentar proposta de honorários, contatos profissionais para fins de intimação e currículo. As duas últimas informações – contatos e currículo – só serão necessárias quando o perito for escolhido pelas partes (art. 471) ou quando não for integrante do cadastro mantido pelo tribunal. Isso porque, quando se tratar de perito cadastrado pelo tribunal, já estarão disponíveis para consulta por parte dos interessados os documentos exigidos para habilitação. Entre esses documentos certamente já estarão os contatos do perito e as informações que atestem a sua especialização.

Honorários periciais. No que concerne aos honorários, cumpre salientar que no CPC/1973 não havia nenhuma previsão quanto ao procedimento para fixação da remuneração do perito. As disposições do novo Código preenchem uma lacuna e acabam por positivar o que normalmente acontece na prática forense.

---

61   Nesse sentido: "Processual civil. Ação demarcatória. Incabível na espécie. Perícia. Quesitos e assistente técnico. Prazo. Art. 421, § 1º, do CPC. Ausência de preclusão. 1. Não é cabível a ação demarcatória na espécie, diante da ausência de controvérsia sobre os limites da propriedade objeto do litígio. 2. É possível a indicação de assistente técnico e a formulação de quesitos de perícia, além do quinquídio previsto no art. 421, § 1º, do Código de Processo Civil (prazo não preclusivo), desde que não dado início aos trabalhos da prova pericial. Precedentes. 3. Recurso especial conhecido e parcialmente provido" (STJ, Rel. Min. Fernando Gonçalves, julgado em 15.04.2010).

As partes poderão manifestar-se a respeito da proposta apresentada pelo perito no prazo comum de 5 (cinco) dias (art. 465, § 3º). As disposições que tratam do ônus relativo ao pagamento dos honorários periciais estão previstas no art. 95. A regra geral é a de que os honorários deverão ser pagos por aquele que requereu a modalidade probatória, cabendo rateio nos casos de exigência *ex officio* ou requerida por ambas as partes. Se as partes concordarem, o juiz deverá determinar que uma parcela dos honorários seja depositada de imediato. O pagamento do restante será efetuado quando, encerrada a perícia, o perito entregar o laudo e prestar os esclarecimentos necessários (art. 465, § 4º). Frise-se que esse mesmo procedimento deve ocorrer quando as partes não se manifestarem no prazo indicado, hipótese em que ocorrerá aceitação tácita da proposta de honorários.

Se, por outro lado, as partes não concordarem com o valor, caberá ao juiz estipular a remuneração que entender razoável. Para tanto, deve o magistrado levar em consideração a complexidade da perícia, o tempo que será despendido, o costume do lugar e a qualidade do objeto que será periciado (art. 596 do CC). Após a fixação do valor, as partes serão intimadas para adiantar o pagamento, na forma do já mencionado art. 95.

Perícia inconclusiva. Caso a perícia se mostre inconclusa, deficiente ou incompleta, o juiz poderá reduzir o valor arbitrado e, consequentemente, o restante do valor que a parte deveria pagar (art. 465, § 5º). Nesse caso o que ocorre é uma reavaliação por parte do magistrado quanto ao trabalho efetivamente realizado pelo perito.

Perícia realizada em outra comarca. Nos termos do § 6º do art. 465, se a perícia precisar ser feita em outra comarca, o procedimento será realizado por meio de carta precatória (art. 237, III). Caso a perícia deva ser feita em jurisdição de estado estrangeiro, a carta rogatória (art. 237, II) será utilizada. Nas duas hipóteses a nomeação do perito e a indicação dos assistentes poderão ser feitas no mesmo juízo em que a perícia for requisitada.

Intimação da realização da prova pericial. Em regra, a intimação é dirigida à pessoa a quem cabe desempenhar o ato comunicado. Tratando-se da prática de atos postulatórios, a intimação deve ser dirigida ao advogado; tratando-se da prática de ato personalíssimo da parte, ela deve ser intimada pessoalmente.[62]

CPC/2015	CPC/1973
Art. 466. O perito cumprirá escrupulosamente o encargo que lhe foi cometido, independentemente de termo de compromisso. § 1º Os assistentes técnicos são de confiança da parte e não estão sujeitos a impedimento ou suspeição. § 2º **O perito deve assegurar aos assistentes das partes o acesso e o acompanhamento das diligências e dos exames que realizar, com prévia comunicação, comprovada nos autos, com antecedência mínima de 5 (cinco) dias.**	Art. 422. O perito cumprirá escrupulosamente o encargo que lhe foi cometido, independentemente de termo de compromisso. Os assistentes técnicos são de confiança da parte, não sujeitos a impedimento ou suspeição.

---

[62] STJ, REsp 1.309.276/SP, julgado em 26.04.2016.

 **COMENTÁRIOS:**

Responsabilidade do perito. O perito tem o dever de cumprir fielmente seu ofício, no prazo assinalado, sendo desnecessária a assinatura de termo de compromisso, até porque se trata de profissional sujeito às causas de impedimento e de suspeição (art. 148, II).

Responsabilidade do assistente. Somente os sujeitos imparciais estão sujeitos às causas de impedimento e de suspeição (art. 148, III). Assim, por se tratar de profissional de confiança das partes, o assistente não se submete às mesmas responsabilidades do perito.

Amplo acesso às partes. O parágrafo único traz a obrigação do perito em permitir amplo acesso ao assistente nos exames e diligências que realizar. Para tanto, deve comunicar o que vai fazer com a antecedência mínima de 5 (cinco) dias, juntando aos autos um comprovante ou outro meio de prova que cientificou o assistente de suas práticas. A exigência garante efetiva participação das partes, por meios dos assistentes nomeados, constituindo reflexo do contraditório material.

CPC/2015	CPC/1973
Art. 467. O perito pode escusar-se ou ser recusado por impedimento ou suspeição. Parágrafo único. O juiz, ao aceitar a escusa ou ao julgar procedente a impugnação, nomeará novo perito.	Art. 423. O perito pode escusar-se (art. 146), ou ser recusado por impedimento ou suspeição (art. 138, III); ao aceitar a escusa ou julgar procedente a impugnação, o juiz nomeará novo perito.

 COMENTÁRIOS:

Escusa do perito. O perito, ao ser nomeado pelo juiz, pode se escusar da nomeação, apresentando motivo legítimo. Nos termos do art. 157, § 1º, a escusa deve ser apresentada no prazo de 15 (quinze) dias, contado da intimação, da suspeição ou do impedimento supervenientes, sob pena de renúncia ao direito a alegá-la. Trata-se, segundo o Código, de prazo preclusivo, mas que, a meu ver, deve ser ponderado pelo juiz.

Recusa do perito. As partes também poderão recusar o perito em caso de impedimento ou de suspeição, na forma do art. 148, § 1º.

Oportunidade para a recusa. É preciso ponderar que nem sempre a primeira oportunidade de falar nos autos coincidirá com o conhecimento acerca do fato gerador da imparcialidade. Assim, partindo-se de uma interpretação sistemática das regras do novo Código, pode-se considerar que a arguição de impedimento ou de suspeição poderá ser suscitada a partir do conhecimento do vício, ainda que ele se verifique após a realização da perícia. De qualquer forma, é preciso que o juiz tenha cautela ao analisar o pedido, a fim de que se evite a situação na qual uma das partes, após tomar conhecimento de laudo que lhe foi desfavorável, "plante" a nulidade na tentativa de protelar a solução da demanda.[63]

Ademais, como o impedimento do perito é causa de incontestável parcialidade, havendo motivo legítimo, ainda que não alegado em tempo oportuno, deve o magistrado considerá-

---

[63] O Superior Tribunal de Justiça (**Informativo** nº 532) já manifestou entendimento segundo o qual não pode ser arguida a suspeição após a entrega do laudo pericial. Trata-se de decisão criticável, capaz de permitir injustiças se não interpretada com parcimônia.

-lo. Nessa hipótese, caso a perícia já tenha sido realizada, restará ao julgador determinar a realização de uma segunda perícia, a qual será analisada conjuntamente com a primeira, a fim de afastar qualquer dúvida quanto à idoneidade da prova.

CPC/2015	CPC/1973
Art. 468. O perito pode ser substituído quando: I – faltar-lhe conhecimento técnico ou científico; II – sem motivo legítimo, deixar de cumprir o encargo no prazo que lhe foi assinado. § 1º No caso previsto no inciso II, o juiz comunicará a ocorrência à corporação profissional respectiva, podendo, ainda, impor multa ao perito, fixada tendo em vista o valor da causa e o possível prejuízo decorrente do atraso no processo. **§ 2º O perito substituído restituirá, no prazo de 15 (quinze) dias, os valores recebidos pelo trabalho não realizado, sob pena de ficar impedido de atuar como perito judicial pelo prazo de 5 (cinco) anos.** **§ 3º Não ocorrendo a restituição voluntária de que trata o § 2º, a parte que tiver realizado o adiantamento dos honorários poderá promover execução contra o perito, na forma dos arts. 513 e seguintes deste Código, com fundamento na decisão que determinar a devolução do numerário.**	Art. 424. O perito pode ser substituído quando: I – carecer de conhecimento técnico ou científico; II – sem motivo legítimo, deixar de cumprir o encargo no prazo que lhe foi assinado. Parágrafo único. No caso previsto no inciso II, o juiz comunicará a ocorrência à corporação profissional respectiva, podendo, ainda, impor multa ao perito, fixada tendo em vista o valor da causa e o possível prejuízo decorrente do atraso no processo.

 ## COMENTÁRIOS:

Hipóteses de substituição do perito. A substituição do perito deve ocorrer: (i) quando lhe faltar conhecimento técnico ou científico (art. 468, I); (ii) quando, sem justo motivo, deixar de apresentar o laudo no prazo fixado pelo juiz (art. 468, II); e, como dito anteriormente, (iii) quando a escusa ou arguição de impedimento ou a de suspeição forem aceitas.

A primeira hipótese é de difícil ocorrência na prática, já que com o prévio cadastro é possível presumir que o perito possui habilitação técnica na área indicada.

É preciso salientar que a eventual deficiência do laudo pericial não indica, necessariamente, ausência de conhecimento por parte do perito. Não são raras as hipóteses nas quais não é possível cientificar, com precisão cirúrgica, a ocorrência de determinado ato ou fato. Sendo assim, é preciso que o juiz, antes de substituir o perito, avalie o caso concreto e verifique se outras provas ou mesmo os pareceres apresentados pelos assistentes não são suficientes para sanar eventuais divergências. De todo modo, havendo necessidade, será possível a realização de uma segunda perícia (art. 480).

Na segunda hipótese (art. 468, II), o juiz deverá avaliar as razões elencadas pelo perito e, entendendo-as adequadas, poderá prorrogar o prazo para apresentação do laudo. Caso contrário, o juiz comunicará a ocorrência à corporação profissional respectiva, podendo, ainda, impor multa que será fixada tendo em vista o valor da causa e o possível prejuízo decorrente do atraso do processo (art. 468, § 1º).

Substituição não prevista em lei. Deve-se também admitir a substituição do perito quando houver quebra de confiança.[64] Trata-se de hipótese não prevista expressamente em lei, mas que guarda coerência com a função exercida por esse profissional.

Restituição dos valores recebidos e inabilitação. O perito que vier a ser substituído, restituirá, no prazo de 15 (quinze) dias, os valores recebidos pelo trabalho não realizado, sob pena de ficar impedido de atuar como perito judicial pelo prazo de 5 (cinco) anos (art. 468, § 2º). Frise-se que esse prazo não se confunde com aquele previsto no art. 158. É que enquanto a inabilitação do art. 468 leva em consideração a não devolução dos honorários, a do art. 158 é decorrente de punição destinada ao perito que agir dolosa ou culposamente no cumprimento do ofício.

Além da inabilitação, o perito que não devolver espontaneamente o valor cabível poderá ser cobrado pela via do cumprimento de sentença. O título executivo judicial será a decisão do juiz que condenar o perito a restituir os honorários à parte que os antecipou (art. 468, § 3º).

CPC/2015	CPC/1973
Art. 469. As partes poderão apresentar quesitos suplementares durante a diligência, **que poderão ser respondidos pelo perito previamente ou na audiência de instrução e julgamento**. Parágrafo único. O escrivão dará à parte contrária ciência da juntada dos quesitos aos autos.	Art. 425. Poderão as partes apresentar, durante a diligência, quesitos suplementares. Da juntada dos quesitos aos autos dará o escrivão ciência à parte contrária.

 ## COMENTÁRIOS:

Apresentação de quesitos. Durante toda a diligência as partes poderão apresentar quesitos, que poderão ser respondidos pelo perito previamente ou na audiência de instrução e julgamento.

O CPC/1973 permitia a apresentação de quesitos suplementares apenas durante a audiência (art. 425 do CPC/1973), o que acabava ocasionando atraso na instrução, já que muitas vezes as informações questionadas não dependiam de análise meramente superficial por parte do perito.

O novo Código possibilita ao perito conhecer os quesitos suplementares antes mesmo da realização da audiência, situação na qual poderá respondê-los no próprio laudo, se este ainda não estiver finalizado; em laudo complementar ou na própria audiência (art. 469).

CPC/2015	CPC/1973
Art. 470. Incumbe ao juiz: I – indeferir quesitos impertinentes; II – formular os quesitos que entender necessários ao esclarecimento da causa.	Art. 426. Compete ao juiz: I – indeferir quesitos impertinentes; II – formular os que entender necessários ao esclarecimento da causa.

---

[64]   Nesse sentido: STJ, RMS 22.514, Rel. Min. Humberto Martins, julgado em 06.02.2007.

COMENTÁRIOS:

Atribuições do juiz na prova pericial. Sendo o juiz o destinatário da prova, a ele compete ponderar sobre a necessidade ou não da sua realização, determinando aquelas provas que achar convenientes e indeferindo as inúteis ou protelatórias (art. 139, III; art. 370, parágrafo único), bem como sobre a pertinência dos quesitos apresentados pelas partes. Assim, poderão ser indeferidos os quesitos que não tenham o condão de auxiliar a formar o convencimento do juiz ou que não apresentem qualquer relevância para a composição do conflito.

Também cabe ao juiz formular os quesitos que entender necessários ao esclarecimento da causa. A atuação do julgador deve ser subsidiária, de modo a não comprometer a sua imparcialidade e a não indicar prévio julgamento.

CPC/2015	CPC/1973
Art. 471. As partes podem, de comum acordo, escolher o perito, indicando-o mediante requerimento, desde que: I – sejam plenamente capazes; II – a causa possa ser resolvida por autocomposição. § 1º As partes, ao escolher o perito, já devem indicar os respectivos assistentes técnicos para acompanhar a realização da perícia, que se realizará em data e local previamente anunciados. § 2º O perito e os assistentes técnicos devem entregar, respectivamente, laudo e pareceres em prazo fixado pelo juiz. § 3º A perícia consensual substitui, para todos os efeitos, a que seria realizada por perito nomeado pelo juiz.	Não há correspondência.

 COMENTÁRIOS:

Perícia consensual. Objetivando estimular a solução consensual dos conflitos, o CPC/2015 apresentou interessante inovação no que tange à produção da prova pericial. Poderão as partes, desde que plenamente capazes, acordar a escolha de perito. Para tanto, deverão apresentar requerimento ao juiz, indicando não só o especialista, mas, também, os eventuais assistentes. Além disso, deverão indicar a data e o local para realização da prova. Recebido o requerimento, o magistrado apresentará prazo para entrega do laudo pelo perito e pelos assistentes, sendo que a prova substituirá a perícia judicial a ser feita pelo juiz.

As diferenças entre as perícias judicial e consensual são basicamente duas: (i) o perito escolhido pelas partes não precisa estar cadastrado no tribunal (art. 156, § 1º) e (ii) as partes não poderão questionar eventual suspeição ou imparcialidade do profissional. Quanto à possibilidade de impugnação do laudo, "a previsão de escolha de assistentes técnicos já é um indicativo de que as partes podem questionar o laudo pericial. Mas nada impede que, no próprio negócio de escolha do perito, haja uma cláusula em que as partes renunciam ao direito de impugnar o laudo pericial".[65]

Prazo para entrega do laudo. O prazo não fica a critério das partes. Deve o juiz fixá-lo tão logo tome conhecimento da indicação. Caso o laudo não seja entregue, a sanção prevista no § 1º do art. 468 poderá ser aplicada pelo juiz. É que, apesar de o profissional ter sido indicado pelas partes, a inexecução do trabalho trará prejuízos não somente para as partes, mas para a própria atividade jurisdicional. Nada obsta que as partes prejudicadas também demandem em ação autônoma contra o perito.

CPC/2015	CPC/1973
Art. 472. O juiz poderá dispensar prova pericial quando as partes, na inicial e na contestação, apresentarem, sobre as questões de fato, pareceres técnicos ou documentos elucidativos que considerar suficientes.	Art. 427. O juiz poderá dispensar prova pericial quando as partes, na inicial e na contestação, apresentarem sobre as questões de fato pareceres técnicos ou documentos elucidativos que considerar suficientes.

 COMENTÁRIOS:

Dispensa da prova pericial. A prova pericial poderá ser dispensada quando as partes, na inicial e na contestação, apresentarem, sobre as questões de fato, pareceres técnicos ou documentos elucidativos que o juiz considerar suficientes (art. 472). Assim como já defendia que na sistemática anterior o juiz tivesse cautela ao utilizar esse dispositivo – o art. 472 é mera repetição do art. 427 do CPC/1973 –, mantenho a posição no sentido de que a dispensa deve ser limitada às situações nas quais não haja impugnação fundamentada acerca da conclusão proferida no laudo apresentado por uma das partes. Como não se pode exigir uma atuação parcial dos litigantes, não é difícil imaginar a existência de laudos particulares com manifestações ou constatações tendenciosas a uma das partes.

CPC/2015	CPC/1973
Art. 473. O laudo pericial deverá conter: I – a exposição do objeto da perícia; II – a análise técnica ou científica realizada pelo perito; III – a indicação do método utilizado, esclarecendo-o e demonstrando ser predominantemente aceito pelos especialistas da área do conhecimento da qual se originou; IV – resposta conclusiva a todos os quesitos apresentados pelo juiz, pelas partes e pelo órgão do Ministério Público. § 1º No laudo, o perito deve apresentar sua fundamentação em linguagem simples e com coerência lógica, indicando como alcançou suas conclusões.	Art. 429. Para o desempenho de sua função, podem o perito e os assistentes técnicos utilizar-se de todos os meios necessários, ouvindo testemunhas, obtendo informações, solicitando documentos que estejam em poder de parte ou em repartições públicas, bem como instruir o laudo com plantas, desenhos, fotografias *e outras quaisquer peças.*

[65]   DIDIER JR., Fredie. **Curso de Direito Processual Civil**. 10. ed. Salvador: JusPodivm, 2015. v. 2, p. 288.

§ 2° É vedado ao perito ultrapassar os limites de sua designação, bem como emitir opiniões pessoais que excedam o exame técnico ou científico do objeto da perícia.

§ 3° Para o desempenho de sua função, o perito e os assistentes técnicos podem valer-se de todos os meios necessários, ouvindo testemunhas, obtendo informações, solicitando documentos que estejam em poder da parte, **de terceiros** ou em repartições públicas, bem como instruir o laudo com **planilhas, mapas,** plantas, desenhos, fotografias *ou outros elementos necessários ao esclarecimento do objeto da perícia*.

 ## COMENTÁRIOS:

Requisitos do laudo pericial. É inegável que uma prova produzida com qualidade potencializa o debate sobre a sua influência na resolução de uma lide e permite um melhor conhecimento do caso pelo juiz. Reflete, assim, de forma direta no contraditório.

Seguindo essa premissa, o dispositivo em questão apresenta verdadeiros requisitos para a produção do laudo pericial. Exige-se, a princípio, que o perito explicite o objeto da perícia, ou seja, que limite a coisa ou pessoa a ser periciada.

A análise técnica ou científica realizada pelo perito deve necessariamente constar no laudo a fim de que as partes e o juiz possam conhecer os pontos controvertidos e as respectivas conclusões do perito. O método utilizado deve constar no laudo pericial para que as partes possam aferir a sua confiabilidade. Exemplo: o perito pode indicar que o método utilizado possui 99,9% de certeza técnica, consoante testes já realizados em renomadas universidades do País.

Também se exige que o perito forneça respostas conclusivas aos quesitos apresentados, bem como que utilize de linguagem acessível, permitindo que as partes e o próprio juiz compreendam melhor o laudo.

Adstrição ao objeto periciado. Assim como o juiz, ao proferir uma decisão, deve observar o princípio da adstrição ou congruência (art. 492), o perito deve ficar adstrito ao objeto da perícia (art. 473, § 2°). Assim, se o perito for escolhido pelas partes ou nomeado pelo juiz para a realização de perícia sobre determinado imóvel, para verificação de vazamento em um dos banheiros, não poderá se manifestar sobre uma rachadura de uma das paredes da varanda. Além de não poder "fugir" do objeto, o perito também deve se abster de proferir qualquer opinião sobre as questões envolvidas.

Elaboração do laudo. No exercício de seu ofício, o perito pode se valer de todos os meios necessários para elaboração do laudo. Exemplificativamente o Código menciona que o perito poderá ouvir testemunhas, solicitar documentos que estejam em poder de parte ou repartição pública, bem como instruir o laudo com plantas, desenhos, fotografias etc. (art. 473, § 3°). Não há alterações substanciais em relação à redação do CPC/1973 (art. 429).

CPC/2015	CPC/1973
Art. 474. As partes terão ciência da data e do local designados pelo juiz ou indicados pelo perito para ter início a produção da prova.	Art. 431-A. As partes terão ciência da data e local designados pelo juiz ou indicados pelo perito para ter início a produção da prova.

COMENTÁRIOS:

Data do início da prova pericial e comunicação às partes. É pressuposto para a realização da perícia a prévia ciência das partes acerca da data e do local designados pelo juiz ou indicados pelo perito para ter início a produção da prova (art. 474). Diante da importância da prova pericial, em não havendo intimação das partes, poderão os seus respectivos advogados suscitar a nulidade da perícia.[66] Essa nulidade, no entanto, não é absoluta, segundo entendimento do Superior Tribunal de Justiça que materializa a máxima francesa *pas de nullité sans grief*.[67]

A cientificação das partes e dos assistentes para o acompanhamento das diligências não é incumbência do juiz, mas do próprio perito. É ele que irá informar, por qualquer meio idôneo, a data do início das diligências. O que o Código exige é que essa cientificação seja comprovada nos autos (art. 466, § 2º). Ressalte-se que esta exigência não encontra correspondência no CPC/1973.

---

[66] Nesse sentido: "[...] O laudo pericial deve ser considerado nulo ante a ausência de intimação das partes e de seus assistentes técnicos da data e hora do início de sua realização, nos termos do art. 431-A do Código de Processo Civil" [...] (TJPR, AC 6.424.204/PR 0642420-4, 11ª Câmara Cível, Rel. Vilma Régia Ramos de Rezende, julgado em 29.09.2010); "[...] É indispensável a convocação das partes sobre a data e local da perícia a ser realizada para o acompanhamento dos trabalhos periciais. A ausência de intimação impõe a nulidade da perícia e a determinação de nova realização, com a participação das partes" (TJMG, AI 10145110000356001, 14ª Câmara Cível, Rel. Estevão Lucchesi, julgado em 15.05.2014).

[67] Por exemplo: "[...] A intimação das partes constitui a regra. É a forma que se tem de assegurar aos litigantes ciência, desde o início, dos trabalhos que serão realizados. Busca-se evitar, assim, a feitura de provas periciais de caráter sigiloso, desprovidas de participação das partes da relação processual. 5. O acompanhamento, desde o primeiro momento, das tarefas técnicas desenvolvidas pelo perito confere ampla transparência e lisura ao processo e permite a produção de laudo pericial que retrate os fatos da forma mais fidedigna possível, a fim de dar suporte adequado ao magistrado, no exercício da atividade jurisdicional. 6. Não se coaduna com o atual estágio de desenvolvimento do Direito Processual Civil, em que impera a busca pela prestação jurisdicional célere e eficaz, a declaração de nulidade de ato processual sem que tenha havido comprovação da necessidade de seu refazimento, diante da existência de vício de natureza processual 7. O Superior Tribunal de Justiça tem iterativamente assentado que a decretação de nulidade de atos processuais depende da necessidade de efetiva demonstração de prejuízo da parte interessada, por prevalência do princípio *pas de nulitté sans grief*. 8. Embargos de divergência conhecidos e não providos" (STJ, EREsp 1.121.718/ SP, Rel. Min. Arnaldo Esteves Lima, julgado em 16.11.2011).

CPC/2015	CPC/1973
Art. 475. Tratando-se de perícia complexa que abranja mais de uma área de conhecimento especializado, o juiz poderá nomear mais de um perito, e a parte, indicar mais de um assistente técnico.	Art. 431-B. Tratando-se de perícia complexa, que abranja mais de uma área de conhecimento especializado, o juiz poderá nomear mais de um perito e a parte indicar mais de um assistente técnico.
Art. 476. Se o perito, por motivo justificado, não puder apresentar o laudo dentro do prazo, o juiz poderá conceder-lhe, por uma vez, prorrogação *pela metade do prazo originalmente fixado*.	Art. 432. Se o perito, por motivo justificado, não puder apresentar o laudo dentro do prazo, o juiz conceder-lhe-á, por uma vez, prorrogação, *segundo o seu prudente arbítrio*.
Art. 477. O perito *protocolará* o laudo em *juízo*, no prazo fixado pelo juiz, pelo menos 20 (vinte) dias antes da audiência de instrução e julgamento. § 1° As partes serão intimadas **para, querendo, manifestar-se sobre o laudo do perito do juízo** no prazo comum de *15 (quinze)* dias, podendo o assistente técnico de cada uma das partes, em igual prazo, apresentar seu respectivo parecer. § 2° **O perito do juízo tem o dever de, no prazo de 15 (quinze) dias, esclarecer ponto:** I – **sobre o qual exista divergência ou dúvida de qualquer das partes, do juiz ou do órgão do Ministério Público;** II – **divergente apresentado no parecer do assistente técnico da parte.** § 3° *Se ainda houver necessidade de esclarecimentos*, a parte requererá ao juiz que mande intimar o perito ou o assistente técnico a comparecer à audiência **de instrução e julgamento**, formulando, desde logo, as perguntas, sob forma de quesitos. § 4° O perito *ou* o assistente técnico *será intimado por meio eletrônico, com pelo menos 10 (dez)* dias de antecedência da audiência.	Art. 433. O perito *apresentará* o laudo em *cartório*, no prazo fixado pelo juiz, pelo menos 20 (vinte) dias antes da audiência de instrução e julgamento. Parágrafo único. Os assistentes técnicos oferecerão seus pareceres no prazo comum de *10 (dez)* dias, após intimadas as partes da apresentação do laudo. Art. 435. A parte, *que desejar esclarecimento do perito e do assistente técnico*, requererá ao juiz que mande intimá-lo a comparecer à audiência, formulando desde logo as perguntas, sob forma de quesitos. Parágrafo único. O perito *e* o assistente técnico *só estarão obrigados a prestar os esclarecimentos a que se refere este artigo, quando intimados 5 (cinco)* dias antes da audiência.

COMENTÁRIOS AOS ARTS. 475 A 477:

Prazo para entrega do laudo e prorrogação. Realizada a perícia, o perito deverá entregar o laudo no prazo assinalado pelo juiz, que poderá ser prorrogado se houver justo motivo (art. 476).

O CPC/2015 altera a regra que permite a prorrogação do prazo para entrega do laudo pericial. No sistema anterior (art. 432 do CPC/1973) a prorrogação poderia ser concedida uma única vez, por prazo arbitrado pelo juiz. Supondo que o juiz tivesse fixado o prazo de 10 (dez) dias para entrega do laudo, a prorrogação poderia ocorrer, por exemplo, por 30 (trinta) dias. De acordo com a nova legislação, prazo para apresentação do laudo poderá ser prorrogado pela metade do prazo originalmente fixado pelo juiz, e não mais por um novo prazo que ele arbitrar. Exemplo: fixado o prazo de 10 (dez) dias para apresentação do laudo, a prorrogação limitar-se-á ao prazo de 5 (cinco) dias (15 (quinze) dias no total). A nova disposição, apesar de diminuir a discricionariedade do magistrado, garante maior celeridade ao procedimento.

Caberá somente ao juiz analisar as razões trazidas pelo *expert* e conceder, ou não, a prorrogação pretendida. É imprescindível fundamentação idônea, já que a ausência dessa prova ou mesmo a substituição do perito poderá acarretar prejuízos para o processo.

Ainda que haja prorrogação, a apresentação do laudo deve respeitar o lapso temporal de no mínimo 20 (vinte) dias[68] antes da audiência de instrução e julgamento. O atraso ou a não apresentação do laudo poderá[69] indicar a prática de falta grave, cujas consequências estão previstas no art. 468.

Manifestação sobre o laudo. Após entrega do laudo, as partes serão intimadas para, querendo, se manifestar sobre o laudo pericial no prazo comum de 15 (quinze) dias (art. 477, § 1º). Nesse mesmo prazo os assistentes técnicos poderão oferecer os seus pareceres. A obrigatoriedade de intimação das partes e, consequentemente, dos assistentes é medida que visa resguardar o contraditório. A ausência de intimação deve, pois, ser considerada como hipótese de nulidade relativa, sendo necessária a concessão de novo prazo para manifestação das partes, inclusive com o adiamento da audiência.

Havendo litisconsortes com procuradores distintos e de diferentes escritórios de advocacia, o prazo será dobrado (art. 229). Se, no entanto, os autos forem eletrônicos, permanece o prazo comum de 15 (quinze) dias para a manifestação das partes e de seus assistentes (art. 229, § 2º).

Apresentação extemporânea. Segundo entendimento reiterado do STJ,[70] a apresentação extemporânea do parecer do assistente técnico implica seu desentranhamento do processo. Trata-se de medida extrema, razão pela qual considero prudente que o magistrado analise o caso concreto e as eventuais justificativas apresentadas pelos assistentes, notadamente quando se tratar de prova pericial complexa (art. 475), a qual exige a concessão de prazo razoável para a manifestação das partes. De todo modo, deparando-se com essa situação, deverá o juiz oportunizar sempre o contraditório antes de decidir (art. 10).

Dúvidas sobre o laudo. Sobre as dúvidas e divergências apresentadas pelas partes, pelo juiz, pelo membro do Ministério Público ou pelos assistentes, o perito judicial terá prazo de 15 (quinze) dias para esclarecê-las (art. 477, § 2º). Para esses esclarecimentos, o assistente ou o perito devem ser intimados não mais com 5 (cinco), conforme previa o CPC/1973 (art. 435, parágrafo único), mas com 10 (dez) dias de antecedência da data marcada para a audiência (art. 477, § 4º).

Os esclarecimentos podem ser apresentados em laudo complementar ou na própria audiência. Independentemente da forma, o ideal é que as partes sempre tenham a oportunidade de inquirir os peritos, da mesma forma como ocorre na prova testemunhal.

---

[68] Esse prazo deve ser analisado com cautela. Isso porque, entre a data da entrega do laudo e a data da realização da audiência, deve haver tempo hábil para que (i) as partes apresentem suas manifestações, (ii) o perito responda aos quesitos e para que (iii) sejam esclarecidos os eventuais quesitos complementares. Se considerarmos o tempo necessário para as intimações dos envolvidos em cada ato, deve-se garantir prazo superior a 20 (vinte) dias (DIDIER JR., Fredie. **Curso de Direito Processual Civil**. 10. ed. Salvador: JusPodivm, 2015. v. 2, p. 283).

[69] Caso o perito tenha apresentado pedido de prorrogação, cabe ao juiz aguardar o decurso do prazo antes de aplicar qualquer penalidade.

[70] Exemplos: REsp 792.741/RS, Rel. Min. Nancy Andrighi, *DJ* 25.10.2007; REsp 800.180/SP, Rel. Min. Jorge Scartezzini, *DJ* 08.05.2006; REsp 299.575/MG, Rel. Min. Antônio de Pádua Ribeiro, *DJ* 15.12.2003.

CPC/2015	CPC/1973
Art. 478. Quando o exame tiver por objeto a autenticidade ou a falsidade de documento ou for de natureza médico-legal, o perito será escolhido, de preferência, entre os técnicos dos estabelecimentos oficiais especializados, a cujos diretores o juiz autorizará a remessa dos autos, bem como do material sujeito a exame.	Art. 434. Quando o exame tiver por objeto a autenticidade ou a falsidade de documento, ou for de natureza médico-legal, o perito será escolhido, de preferência, entre os técnicos dos estabelecimentos oficiais especializados. O juiz autorizará a remessa dos autos, bem como do material sujeito a exame, ao diretor do estabelecimento.
§ 1° Nas hipóteses de gratuidade de justiça, os órgãos e as repartições oficiais deverão cumprir a determinação judicial com preferência, no prazo estabelecido. § 2° A prorrogação do prazo referido no § 1° pode ser requerida motivadamente. § 3° Quando o exame tiver por objeto a autenticidade da letra e da firma, o perito poderá requisitar, para efeito de comparação, documentos existentes em repartições públicas e, na falta destes, poderá requerer ao juiz que a pessoa a quem se atribuir a autoria do documento lance em folha de papel, por cópia ou sob ditado, dizeres diferentes, para fins de comparação.	Parágrafo único. Quando o exame tiver por objeto a autenticidade da letra e firma, o perito poderá requisitar, para efeito de comparação, documentos existentes em repartições públicas; na falta destes, poderá requerer ao juiz que a pessoa, a quem se atribuir a autoria do documento, lance em folha de papel, por cópia, ou sob ditado, dizeres diferentes, para fins de comparação.

 ## COMENTÁRIOS:

Nomeações preferenciais. O *caput* indica a preferência por peritos de estabelecimentos oficiais, como os do instituto de criminalística. Nesses casos os autos e o objeto a ser periciado serão enviados ao diretor do órgão.

Autenticidade de letra ou firma. Se a perícia envolver uma dessas questões, o perito poderá requisitar documentos às repartições públicas, para fins de comparação entre a assinatura aposta no documento periciado e aquela constante no cadastro público.

Beneficiário da gratuidade judiciária. Se houver beneficiário, as repartições públicas deverão colaborar com o Judiciário, realizando a prova técnica em caráter preferencial.

CPC/2015	CPC/1973
Art. 479. O juiz *apreciará a prova pericial de acordo com o disposto no art. 371*, indicando na sentença os motivos que o levaram a considerar ou a deixar de considerar as conclusões do laudo, levando em conta o método utilizado pelo perito.	Art. 436. O juiz *não está adstrito ao laudo pericial, podendo formar a sua convicção com outros elementos ou fatos provados nos autos*.

 ## COMENTÁRIOS:

Valoração da prova pericial. A redação desse dispositivo é um pouco diferente daquela constante no seu correspondente na legislação anterior. Segundo o art. 436 do CPC/1973, o julgador está autorizado a desconsiderar o laudo pericial, desde que apresente os fundamentos para tanto.

É no mínimo estranho admitir a desconsideração do laudo pericial se o deferimento do exame ocorre justamente porque o julgador não tem conhecimento técnico ou científico para apreciar questões relativas à resolução da controvérsia judicial. A legislação, no entanto, era clara ao mencionar que o juiz poderia não acolher as conclusões registradas no laudo, desde que fundamentasse a sua decisão, inclusive indicando os outros meios de prova que o levaram a decidir de outro modo.

O novo CPC não muda essa ideia, ou seja, juiz continua sem ficar adstrito ao laudo pericial. Entretanto, ao fazer referência ao art. 371, o novo dispositivo sutilmente afasta – ou pelo menos diminui – a ampla discricionariedade do magistrado.

Isso porque, enquanto o CPC/1973 dispunha que "o juiz apreciará *livremente* a prova, atendendo aos fatos e circunstâncias constantes dos autos, ainda que não alegados pelas partes; mas deverá indicar, na sentença, os motivos que lhe formaram o convencimento" (art. 131), o novo CPC propositalmente suprime o termo "livremente", estabelecendo apenas que "o juiz apreciará a prova constante dos autos, independentemente do sujeito que a tiver promovido, e indicará na decisão as razões da formação de seu convencimento" (art. 371).

Acredito que o principal objetivo do legislador com essa alteração foi estabelecer balizas, a fim de evitar o protagonismo judicial. Isso não quer dizer que a partir do Novo CPC o juiz não tenha mais liberdade de valorar a prova. Ele pode e deve valorá-la, mas desde que o faça fundamentadamente, em observância ao princípio constitucional insculpido no art. 93, IX.

CPC/2015	CPC/1973
Art. 480. O juiz determinará, de ofício ou a requerimento da parte, a realização de nova perícia quando a matéria não *estiver* suficientemente esclarecida.	Art. 437. O juiz poderá determinar, de ofício ou a requerimento da parte, a realização de nova perícia, quando a matéria não *lhe parecer* suficientemente esclarecida.
§ 1º A segunda perícia tem por objeto os mesmos fatos sobre os quais recaiu a primeira e destina-se a corrigir eventual omissão ou inexatidão dos resultados a que esta conduziu.	Art. 438. A segunda perícia tem por objeto os mesmos fatos sobre que recaiu a primeira e destina-se a corrigir eventual omissão ou inexatidão dos resultados a que esta conduziu.
§ 2º A segunda perícia rege-se pelas disposições estabelecidas para a primeira.	Art. 439. A segunda perícia rege-se pelas disposições estabelecidas para a primeira.
§ 3º A segunda perícia não substitui a primeira, cabendo ao juiz apreciar o valor de uma e de outra.	Parágrafo único. A segunda perícia não substitui a primeira, cabendo ao juiz apreciar ~~livremente~~ o valor de uma e outra.

 ## COMENTÁRIOS:

Necessidade de nova perícia. É facultado ao juiz determinar, de ofício ou a requerimento das partes ou do Ministério Público, a realização de nova perícia, quando a matéria não estiver suficientemente provada nos autos (art. 480). Essa situação pode ocorrer quando a primeira perícia tiver sido insuficiente, inexata ou inconclusiva, relevando-se incapaz de produzir segurança suficiente para subsidiar uma decisão.

Essa segunda perícia deve ser realizada apenas quando a anterior não puder ser corrigida. Como o juiz deve velar pela duração razoável do processo (art. 139, II), não é coerente determinar a realização de nova perícia se as eventuais falhas puderem ser facilmente corrigidas.

Além disso, não se pode olvidar que os custos relativos à confecção dessa nova prova podem trazer para as partes envolvidas prejuízos desnecessários.

Chegando o magistrado à conclusão de que se faz necessária a realização de nova perícia, esta segunda terá por objeto os mesmos fatos sobre os quais recaiu a primeira e destinar-se-á a corrigir eventual omissão ou inexatidão dos resultados inicialmente apresentados.

Seção XI
Da Inspeção Judicial

CPC/2015	CPC/1973
Art. 481. O juiz, de ofício ou a requerimento da parte, pode, em qualquer fase do processo, inspecionar pessoas ou coisas, a fim de se esclarecer sobre fato que interesse à decisão da causa.	Art. 440. O juiz, de ofício ou a requerimento da parte, pode, em qualquer fase do processo, inspecionar pessoas ou coisas, a fim de se esclarecer sobre fato, que interesse à decisão da causa.
Art. 482. Ao realizar a inspeção, o juiz poderá ser assistido por um ou mais peritos.	Art. 441. Ao realizar a inspeção ~~direta~~, o juiz poderá ser assistido de um ou mais peritos.
Art. 483. O juiz irá ao local onde se encontre a pessoa ou a coisa quando: I – julgar necessário para a melhor verificação ou interpretação dos fatos que deva observar; II – a coisa não puder ser apresentada em juízo sem consideráveis despesas ou graves dificuldades; III – determinar a reconstituição dos fatos. Parágrafo único. As partes têm sempre direito a assistir à inspeção, prestando esclarecimentos e fazendo observações que considerem de interesse para a causa.	Art. 442. O juiz irá ao local, onde se encontre a pessoa ou coisa, quando: I – julgar necessário para a melhor verificação ou interpretação dos fatos que deva observar; II – a coisa não puder ser apresentada em juízo, sem consideráveis despesas ou graves dificuldades; III – determinar a reconstituição dos fatos. Parágrafo único. As partes têm sempre direito a assistir à inspeção, prestando esclarecimentos e fazendo observações que reputem de interesse para a causa.
Art. 484. Concluída a diligência, o juiz mandará lavrar auto circunstanciado, mencionando nele tudo quanto for útil ao julgamento da causa. Parágrafo único. O auto poderá ser instruído com desenho, gráfico ou fotografia.	Art. 443. Concluída a diligência, o juiz mandará lavrar auto circunstanciado, mencionando nele tudo quanto for útil ao julgamento da causa. Parágrafo único. O auto poderá ser instruído com desenho, gráfico ou fotografia.

 COMENTÁRIOS AOS ARTS. 481 A 484:

Noções gerais. A inspeção judicial tornou-se meio típico de prova somente na legislação de 1973 (arts. 440 a 443). Na Lei dos Juizados Especiais ela também ganhou destaque (art. 35, parágrafo único, da Lei nº 9.099/1995). Apesar disso, pode-se afirmar que antes do Código Buzaid a doutrina já se debruçava sobre questões relativas à possibilidade (ou não) de realização de exame pelo magistrado.

O CPC/2015 não apresenta inovações quanto a esse meio de prova se comparado ao CPC/1973. A inspeção judicial continuará, portanto, a ser utilizada sempre que houver necessidade de o magistrado melhor avaliar ou esclarecer um fato controvertido, seja por meio do exame de pessoas, de coisas ou de lugares.

A hipótese mais comum é aquela na qual o juiz toma conhecimento dos fatos de forma indireta, por meio do depoimento de uma testemunha, da inquirição de um perito ou da apresentação de documentos pelas partes. A inspeção judicial, ao contrário, é forma pela qual o juiz toma ciência dos fatos diretamente, ou seja, por uma atuação própria e sem qualquer influência de outras pessoas.

A inspeção é meio de prova subsidiário. Presta-se, portanto, para os casos em que a percepção do julgador não pode ser obtida por outros meios comumente admitidos no processo. Em suma, o exame direto pelo magistrado serve para esclarecer, clarear determinado fato, e não para conhecê-lo.

Momento para a realização da inspeção judicial. Ela pode ocorrer em qualquer fase do processo, desde que antes de proferida a sentença, seja por solicitação das partes ou por ato de ofício do juiz. A atuação *ex officio* normalmente ocorre quando do término da fase instrutória, depois de constatado que as provas já trazidas aos autos não permitiram a elucidação de fato controvertido. Em ambas as hipóteses é necessário que as partes e seus advogados sejam cientificados acerca da data designada para a realização da inspeção, assegurando-se, assim, o pleno exercício do contraditório e da ampla defesa.

Objeto da prova. O exame ou inspeção judicial pode ter como objeto pessoas ou coisas (art. 481). No primeiro caso, tanto as partes quanto um terceiro podem servir como fonte de prova. Se houver recusa, entendo que o juiz não poderá constranger a pessoa a se submeter ao procedimento, mas poderá valorar a recusa caso se trate de pessoa inserida na relação processual. Isso porque, se cabe às partes cooperar para que se obtenha, em tempo razoável, decisão de mérito justa e efetiva (art. 6º), eventual resistência à realização da prova pode ser utilizada em prejuízo da pessoa que seria objeto da inspeção. A eventual resistência injustificada em colaborar para o andamento do processo pode configurar, ainda, hipótese de litigância de má-fé (art. 80, IV).

A inspeção de terceiro depende de seu prévio consentimento, até mesmo porque o terceiro não se submete aos mesmos deveres daqueles que integram a relação processual. Há quem considere, no entanto, que diante da redação do art. 378 (art. 339 do CPC/1973) qualquer pessoa tem o dever de colaborar com o Poder Judiciário, situação que incluiu a submissão de terceiro à inspeção judicial.

Quando recair sobre coisas, estas poderão ser móveis ou imóveis, nestes compreendidos os lugares. Exemplos: (i) juiz de vara agrária faz inspeção em fazenda para verificar a possibilidade de instituição de servidão minerária direcionada à implantação de ramal ferroviário; (ii) em ação possessória o juiz verifica, após inspeção realizada em determinada propriedade, que o muro de arrimo sobre o qual foi erigida a edificação discutida em juízo não invade o terreno do autor.

Procedimento no qual é cabível a inspeção. No que concerne ao tipo de procedimento, é mais comum que a inspeção seja realizada no curso do procedimento comum – lembrando que o CPC/2015 não mais divide o procedimento comum em sumário e ordinário (art. 318). Entretanto, não há impedimento para a realização da inspeção no processo de execução, notadamente em face do art. 771 (art. 598 do CPC/1973), que determina a aplicação subsidiária das disposições do processo de conhecimento ao processo de execução. Nada impede que a inspeção também ocorra no âmbito dos tribunais, seja no exercício da competência recursal ou da competência originária.

Auxílio ao juiz. Ao realizar a inspeção, o juiz poderá ser assistido por um ou mais peritos (art. 482). As partes também podem indicar seus assistentes para acompanhar as diligências efetivadas pelo magistrado. Também é preciso que o juiz, ao cientificar as partes acerca da realização da diligência, indique qual será o profissional que irá acompanhá-lo, de modo a permitir a arguição de eventual imparcialidade (impedimento ou suspeição) do perito.

O perito que for designado para assistir o juiz também poderá se escusar, comunicando o fato ao julgador e apresentando suas justificativas.

Procedimento. Consoante art. 217, "os atos processuais realizar-se-ão ordinariamente na sede do juízo, ou, excepcionalmente, em outro lugar em razão de deferência, de interesse da justiça, da natureza do ato ou de obstáculo arguido pelo interessado e acolhido pelo juiz".

A inspeção judicial é ato processual que pode se realizar na sede do juízo ou fora dela, mas desde que dentro da competência territorial do juiz que irá prolatar a decisão. O horário deve observar a regra do art. 212, ou seja, a inspeção realizar-se-á em dias úteis, das 6 às 20 horas.

A inspeção realizada fora do juízo constitui exceção. Pode o juiz dirigir-se até onde se encontre a coisa ou a pessoa quando aquela, pela sua natureza (bem imóvel, por exemplo), não puder ser transportada à sede do juízo, ou, se puder, venha acarretar despesas ou graves dificuldades (art. 483). Com relação às pessoas, a regra é que elas compareçam à sede do juízo. No entanto, diante das peculiaridades do caso concreto, como ocorre no caso de enfermidade, a lei processual permite que o juiz dirija-se até o local onde se encontre a pessoa.

A possibilidade de inspeção judicial por meio de carta precatória não deve ser admitida, pois a realização desse ato por outro juízo desnaturaria a sua finalidade, impedindo o juiz que irá compor o conflito de ter contato direto com a pessoa ou coisa a ser inspecionada.

As partes têm o direito de assistir à inspeção judicial (art. 483, parágrafo único), prestando esclarecimentos e fazendo as observações que reputem de interesse ao deslinde da causa. Assim, para a validade da prova, deve haver prévia notificação das partes. Havendo notificação, mas não havendo comparecimento, não deve se falar em nulidade, porquanto o comparecimento das partes, bem como de seus eventuais assistentes, é ato voluntário. O que se exige é a ciência antecipada acerca do local e da data da realização da inspeção.

Concluída a diligência, o juiz mandará lavrar auto circunstanciado, mencionando nele tudo quanto for útil ao julgamento da causa (art. 484). A ausência de auto circunstanciado, apesar de realizada a perícia, torna esse meio de prova sem valor.[71] Pode-se falar até mesmo que a prova, nesse caso, sequer existirá, já que as circunstâncias verificadas no curso da diligência farão parte apenas do conhecimento pessoal do juiz, que não pode servir de testemunha no processo (art. 447, § 2º, III).

---

[71] Sobre o tema é importante ressaltar que o Superior Tribunal de Justiça, em homenagem à máxima "não há nulidade sem prejuízo", considera que a ausência do auto circunstanciado, lavrado a partir da diligência feita pelo juiz, não é capaz de macular a sentença quando outras provas forem suficientes à formação da convicção do julgador (AgRg no Ag 676.160, 4ª Turma, Rel. Min. Maria Isabel Gallotti, julgado em 23.11.2010). Nesse caso, o juiz não poderá se utilizar de qualquer informação obtida na inspeção para fundamentar sua decisão, já que a prova, repita-se, deve ser considerada inexistente. O que a Corte pretende é evitar que a irregularidade de um único ato processual macule a sentença mesmo quando esta não guarde nenhuma relação com os fundamentos apontados pelo julgador.

Capítulo XIII
Da Sentença e da Coisa Julgada

Seção I
Disposições Gerais

CPC/2015	CPC/1973

Art. 485. *O juiz não resolverá* o mérito *quando* :

I – indeferir a petição inicial;

II – *o processo* ficar parado durante mais de 1 (um) ano por negligência das partes;

III – por não promover os atos e as diligências que lhe *incumbir* , o autor abandonar a causa por mais de 30 (trinta) dias;

IV – verificar a ausência de pressupostos de constituição e de desenvolvimento válido e regular do processo;

V – *reconhecer a existência* de perempção, de litispendência ou de coisa julgada;

VI – *verificar ausência* de legitimidade ou de interesse processual;

VII – **acolher a alegação de existência de** convenção de arbitragem **ou quando o juízo arbitral reconhecer sua competência;**

VIII – *homologar a desistência* da ação;

IX – **em caso de morte da parte** , a ação for considerada intransmissível por disposição legal; e

X – nos demais casos prescritos neste Código.

§ 1º *Nas hipóteses descritas* nos incisos II e III, *a parte será intimada pessoalmente para suprir a falta no prazo de 5 (cinco) dias* .

§ 2º No caso do *§ 1º*, quanto ao inciso II, as partes pagarão proporcionalmente as custas, e, quanto ao inciso III, o autor será condenado ao pagamento das despesas e dos honorários de advogado.

§ 3º O juiz conhecerá de ofício da matéria constante dos incisos *IV, V, VI e IX*, em qualquer tempo e grau de jurisdição, enquanto não *ocorrer o trânsito em julgado* .

§ 4º *Oferecida a contestação*, o autor não poderá, sem o consentimento do réu, desistir da ação.

§ 5º **A desistência da ação pode ser apresentada até a sentença.**

§ 6º **Oferecida a contestação, a extinção do processo por abandono da causa pelo autor depende de requerimento do réu.**

§ 7º **Interposta a apelação em qualquer dos casos de que tratam os incisos deste artigo, o juiz terá 5 (cinco) dias para retratar-se.**

Art. 267. *Extingue-se o processo, sem resolução de* mérito:

I – *quando o juiz* indeferir a petição inicial;

II – *quando* ficar parado durante mais de 1 (um) ano por negligência das partes;

III – *quando,* por não promover os atos e diligências que lhe *competir* , o autor abandonar a causa por mais de 30 (trinta) dias;

IV – *quando se* verificar a ausência de pressupostos de constituição e de desenvolvimento válido e regular do processo;

V – *quando o juiz acolher a alegação* de perempção, litispendência ou de coisa julgada;

VI – *quando não concorrer qualquer das condições da ação, como a possibilidade jurídica*, a legitimidade das partes e o interesse processual;

VII – pela convenção de arbitragem;

VIII – *quando o autor desistir* da ação;

IX – quando a ação for considerada intransmissível por disposição legal;

X – *quando ocorrer confusão entre autor e réu* ;

XI – nos demais casos prescritos neste Código.

§ 1º O juiz ordenará, *nos casos* dos ns. II e III, o arquivamento dos autos, declarando a extinção do processo, *se a parte, intimada pessoalmente, não suprir a falta em 48 (quarenta e oito) horas.*

§ 2º No caso do *parágrafo anterior* , quanto ao nº II, as partes pagarão proporcionalmente as custas e, quanto ao nº III, o autor será condenado ao pagamento das despesas e honorários de advogado (art. 28).

§ 3º O juiz conhecerá de ofício, em qualquer tempo e grau de jurisdição, enquanto não *proferida a sentença de mérito* , da matéria constante dos ns. *IV, V e VI* ; todavia, o réu que a não alegar, na primeira oportunidade em que lhe caiba falar nos autos, responderá pelas custas de retardamento.

§ 4º *Depois de decorrido o prazo para a resposta* , o autor não poderá, sem o consentimento do réu, desistir da ação.

 **COMENTÁRIOS:**

Sentença terminativa. Quando a sentença atinge apenas a relação processual, isto é, extingue o processo sem resolução do mérito, temos o que se denomina sentença terminativa. Terminativa porque não adentra o mérito do litígio, apenas inadmite a ação (art. 485).

A sentença terminativa pode ser proferida em diversas fases do processo: no despacho inicial, quando o juiz indefere a petição inicial (art. 485, I); depois das providências preliminares, na fase denominada julgamento conforme o estado do processo (art. 354), ou após a colheita das provas, inclusive na audiência de instrução e julgamento.

A sentença terminativa apenas põe fim à relação processual, deixando indene a relação de direito material que ensejou processo. Por isso, salvo nos casos de perempção e coisa julgada, a extinção do processo não obsta a que o autor intente de novo a ação (art. 486 e § 1º).

A sentença terminativa, em razão da coisa julgada formal, apenas impede a discussão do direito controvertido na relação processual que se encerrou, não havendo obstáculo à propositura de uma nova ação. Porque se trata de sentença, pouco importa se julga ou não o mérito, o recurso cabível é o de apelação.

Indeferimento da inicial (inciso I). O indeferimento da petição inicial é a primeira hipótese ensejadora de decisão terminativa. Sobre o tema, conferir os comentários ao art. 330.

Negligência das partes e abandono da causa pelo autor (incisos II e III). Apesar de o processo desenvolver-se por impulso oficial (art. 2º), muitas vezes o andamento fica na dependência de diligência da parte. O inciso II prevê a hipótese de extinção do processo em razão da paralisação durante mais de um ano por negligência das partes, autor e réu. No inciso III, a previsão é de abandono da causa pelo autor quando este não promover os atos e diligências que lhe competirem por mais de 30 (trinta) dias. Em ambas as hipóteses, a extinção só ocorrerá se a parte, intimada pessoalmente, não promover os atos e diligências necessários ao andamento do feito no prazo de 5 (cinco) dias.

É norma cogente o art. 485, § 1º, que impõe ao magistrado o dever de, primeiro, intimar a parte para cumprir a diligência que lhe compete, para só então decretar a extinção do processo.

A sentença que extinguir o processo fixará a responsabilidade pelas despesas processuais. Se a extinção decorrer da negligência de ambas as partes (art. 485, II), as custas processuais serão pagas por elas, na proporção de 50% para cada uma, não havendo condenação em honorários. Se a negligência for do autor (art. 485, III), será este condenado ao pagamento das despesas (custas, honorários de perito etc.) e honorários de advogado (art. 485, § 2º).

A extinção do processo sem resolução de mérito poderá ser decretada de ofício, na hipótese do inciso II do art. 485, ou, tratando-se de abandono da causa pelo autor, quando ainda não tiver sido apresentada contestação. Quando, porém, o réu já tiver oferecido sua defesa, é imprescindível o requerimento do réu, que também tem interesse na composição do litígio (art. 485, § 6º).[72] A providência visa evitar a desistência unilateral da causa por vias oblíquas, depois de decorrido o prazo da contestação, o que é vedado pelo art. 485, § 4º.

---

[72] A Súmula nº 240 do STJ já tratava do assunto antes da promulgação do novo CPC ao estabelecer que "a extinção do processo, por abandono da causa pelo autor, depende de requerimento do réu".

Ausência de pressupostos processuais (inciso IV). Sendo o processo formado por uma série de atos jurídicos (atos processuais), nada mais evidente que a instauração ou o seu desenvolvimento válido seja condicionado ao preenchimento de certos pressupostos.

A ausência dos pressupostos tanto pode ser arguida pelo réu como declarada de ofício pelo juiz. Em outras palavras, o silêncio do réu não impede o juiz, a qualquer tempo, de reconhecer de ofício a ausência de pressuposto processual e, por conseguinte, de extinguir o processo sem resolução do mérito.

Perempção, litispendência e coisa julgada (inciso V). Em regra, a extinção do processo, sem resolução do mérito, não obsta a propositura de ações idênticas, em número ilimitado. No entanto, para a propositura e despacho de nova ação é necessário o preenchimento de dois requisitos: (a) o vício que levou à extinção do processo deve ter sido corrigido; (b) deve-se comprovar o pagamento ou o depósito das custas e dos honorários de advogado, referentes ao processo anteriormente extinto (art. 486, §§ 1º e 2º).

Entretanto, se o autor der causa, por três vezes, à extinção do processo pelo fundamento previsto no inciso III do art. 485 (inércia do autor), não poderá intentar ação contra o réu com o mesmo objeto, ficando-lhe ressalvada a possibilidade de alegar o direito em sua defesa (art. 486, § 3º). A esse fenômeno processual dá-se o nome de perempção.

A litispendência e a coisa julgada ocorrem quando se reproduz ação idêntica à anteriormente proposta, isto é, ações que tenham as mesmas partes, a mesma causa de pedir e o mesmo pedido. Tais fenômenos se diferem apenas quanto ao estágio em que se encontram os processos. Na litispendência, as duas demandas estão em curso; na coisa julgada, a demanda anterior já foi decidida por sentença transitada em julgado. A consequência processual, nos dois casos, é idêntica: extinção do último processo, sem resolução do mérito.

O réu deverá alegar a perempção, a litispendência e a coisa julgada na contestação (art. 337, V, VI e VII). Pode, todavia, o juiz conhecer de tais matérias de ofício (art. 485, § 3º).

Ausência de legitimidade ou interesse processual (inciso VI). Antes tratados como condições da ação, a legitimidade e o interesse processual passam a ser tratados como requisitos de admissibilidade do processo.

O interesse de agir (ou interesse processual) relaciona-se com a necessidade da providência jurisdicional solicitada. A legitimidade, por sua vez, decorre da pertinência subjetiva com a lide deduzida em juízo. Reconhecida a ausência de qualquer desses requisitos, o processo será extinto sem resolução do mérito.

Convenção de arbitragem (inciso VII). A convenção de arbitragem (cláusula ou compromisso arbitral) indica que as partes acordaram por se submeter a uma decisão imposta por um terceiro, que atua como uma espécie de juiz. Havendo o reconhecimento de convenção de arbitragem ou o reconhecimento de competência por parte do juízo arbitral, o juiz proferirá sentença terminativa.

Desistência da ação (inciso VIII). Muitos fatores podem levar o autor a desistir da ação, como, por exemplo, a má propositura da demanda e a possibilidade de composição extrajudicial do litígio. Com a desistência da ação, o autor, momentaneamente, abdica do direito subjetivo de invocar a jurisdição para compor o litígio deduzido no processo. Não significa, evidentemente, renúncia ao direito material controvertido, mas tão somente ao direito de ver composto o litígio naquele processo, que se extingue em razão da desistência. Nada impede que, posteriormente, o autor ajuíze a mesma demanda.

A desistência pode ser manifestada até a prolação da sentença (art. 485, § 5º).[73] Prolatada a sentença, cabe ao autor, não querendo prosseguir na demanda, desistir do recurso se o julgamento lhe foi desfavorável ou renunciar ao pedido sobre que se funda a ação (art. 487, III, *c*) na hipótese contrária. Em ambos os casos, haverá coisa julgada material.

A desistência independe de consentimento do réu, se pleiteada antes de apresentada a contestação (art. 485, § 4º). Apresentada a contestação, ainda que antes do encerramento do prazo de defesa, a desistência passa a depender do consentimento do réu.

A contestação evidencia a irresignação do réu com a demanda, patenteando o seu intuito de compor o litígio, mediante a apreciação também de suas razões.

Daí a impossibilidade de prevalecer a desistência manifestada somente pelo autor. O mesmo, entretanto, não ocorre se o réu for revel, hipótese em que, mesmo esgotado o prazo de defesa, permite-se a desistência por ato unilateral do autor.

Do mesmo modo, é válida a homologação da desistência quando o réu, depois de apresentar resposta, é intimado para se manifestar sobre o pedido formalizado pelo autor, mas deixa transcorrer *in albis* o prazo assinalado pelo juiz (STJ, REsp 1.036.070/SP, julgado em 05.06.2012).

A desistência da ação só produz efeitos depois de homologada pelo juiz (art. 200, parágrafo único). Por meio da sentença, o juiz homologa a desistência e declara extinto o processo. Vale lembrar que se tiver sido apresentada reconvenção autônoma ou pedido reconvencional na contestação, a desistência da ação não obsta o seu prosseguimento (art. 343, § 2º).

Intransmissibilidade da ação (inciso IX). A morte do titular do direito controvertido, sendo esse de natureza patrimonial, provoca a suspensão do processo até a habilitação dos herdeiros (arts. 313, I, e 687). Todavia, quando a ação tem por objeto direito personalíssimo ou considerado intransmissível por disposição legal, a consequência da morte do titular desse direito é a extinção do processo sem resolução do mérito. É o que ocorre, por exemplo, quando falece uma das partes da ação de divórcio.

Se o pedido contém uma parte transmissível e outra intransmissível aos herdeiros, o falecimento do autor não impede o prosseguimento da ação, com a habilitação dos herdeiros, para que prossiga quanto ao pedido transmissível. Exemplo: ação cujo objeto é a reintegração de funcionário, com todas as consequências dela decorrentes. A morte do titular da pretensão faz que a ação perca o objeto no que tange à reintegração, permitindo, entretanto, o prosseguimento no que respeita aos direitos patrimoniais.

---

[73]   Tal parâmetro já era utilizado na prática (exemplos: AgRg no Ag 642.617/PR, 1ª Turma, Rel. Min. Teori Albino Zavascki, DJ 24.10.2005; AgRg no REsp 543.698/BA, 1ª Turma, Rel. Min. Denise Arruda, DJ 31.05.2004; AgRg no REsp 666.675/SC, 1ª Turma, Rel. Min. José Delgado, DJ 08.08.2005). Não obstante o CPC impossibilitar a desistência da ação após a sentença, há entendimento no Supremo Tribunal Federal quanto à possibilidade de desistência da ação de mandado de segurança mesmo depois de resolvido o mérito. A decisão ocorreu no julgamento do Recurso Extraordinário 669.367 (julgado em 02.05.2013), no qual foi reconhecida repercussão geral. Lembre-se que também para as causas em que forem rés a União, suas autarquias, fundações ou as empresas públicas federais, há regramento especial para a desistência. Nos termos do art. 3º da Lei nº 9.469/1997, somente será aceita a desistência da ação se o autor renunciar expressamente ao direito sobre que se funda a demanda. Entendo que, por se tratar de legislação especial, essa é a regra que deve ser aplicada.

Outros casos de extinção por sentença terminativa (inciso X). A par das hipóteses elencadas nos incisos anteriores, o Código e também leis esparsas preveem outras circunstâncias que podem ensejar a extinção do processo, sem que se conheça o mérito. Vejamos algumas delas: não nomeação de novo procurador no caso de morte deste (art. 313, § 3º); falta de providência do autor no sentido de citar os litisconsortes necessários no prazo assinado pelo juiz (art. 115, parágrafo único); não comparecimento do autor à audiência designada na ação de alimentos (Lei nº 5.478/1968); nas hipóteses previstas nos arts. 51 e 53, § 4º, da Lei dos Juizados Especiais (Lei nº 9.099/1995).

Juízo de retratação (§ 7º). O CPC/2015 possibilita ao juiz, diante da apelação interposta contra qualquer das razões previstas nos incisos do art. 485, retratar-se de sua decisão dentro do prazo de 5 (cinco) dias.

Assim, não somente na hipótese de indeferimento da petição inicial, como também nos demais casos de extinção do processo sem resolução do mérito, poderá o juiz, ao examinar o recurso de apelação, "voltar atrás" e determinar o prosseguimento do feito.

CPC/2015	CPC/1973
Art. 486. *O pronunciamento judicial que não resolve o mérito* não obsta a que *a parte proponha* de novo a ação. **§ 1º No caso de extinção em razão de litispendência e nos casos dos incisos I, IV, VI e VII do art. 485, a propositura da nova ação depende da correção do vício que levou à sentença sem resolução do mérito.** § 2º A petição inicial, todavia, não será despachada sem a prova do pagamento ou do depósito das custas e dos honorários de advogado. § 3º Se o autor der causa, por 3 (três) vezes, *a sentença fundada em abandono da causa*, não poderá propor nova ação contra o réu com o mesmo objeto, ficando-lhe ressalvada, entretanto, a possibilidade de alegar em defesa o seu direito.	Art. 268. *Salvo o disposto no art. 267, V, a extinção do processo* não obsta a que *o autor intente* de novo a ação. A petição inicial, todavia, não será despachada sem a prova do pagamento ou do depósito das custas e dos honorários de advogado. Parágrafo único. Se o autor der causa, por três vezes, *à extinção do processo pelo fundamento previsto no no III do artigo anterior*, não poderá intentar nova ação contra o réu com o mesmo objeto, ficando-lhe ressalvada, entretanto, a possibilidade de alegar em defesa o seu direito.

 ## COMENTÁRIOS:

Sentença terminativa e possibilidade de repropositura da ação. A inserção da norma estatuída no § 1º é de extrema relevância para a compreensão das sentenças que extinguem o processo sem julgamento de mérito, sobretudo quando se trata de sentença terminativa por ausência de legitimidade ou interesse processual. Grande parte da doutrina processualista entende que tais hipóteses permitem que uma nova ação seja proposta, mesmo que idêntica àquela anteriormente ajuizada, por força do disposto no art. 268 do CPC/1973.

No entanto, deve-se entender que a sentença terminativa, nessas hipóteses, não obstante reconheça a impossibilidade de julgar a lide postulada em juízo na sua integridade (limites subjetivos e objetivos), apresenta inevitável cognição acerca do mérito da demanda. É o caso, por exemplo, de uma ação de cobrança de contrato sem força executiva proposta em face de sujeito homônimo do devedor. Naturalmente, a sentença reconhecerá a ilegitimidade passiva deste e, nesse caso, permitirá que o credor ajuíze novamente a demanda. Contudo, *não poderá fazê-lo em face do mesmo réu*, visto que já houve pronunciamento de mérito acerca da relação jurídica apresentada. A sentença extintiva comporta julgamento de mérito, além de delimitar as características da relação material, as quais ganham a qualidade de imutabilidade. Nesse sentido:

> Conclui-se que a sentença de carência por ausência de interesse ou de legitimidade acarreta a solução de pequena parte da lide, razão por que pode e deve ser proferida em caráter liminar. A definição de todo o litígio logo no início do processo somente é possível se o pedido for manifestamente injurídico. Quer a solução seja integral, quer seja parcial, sobre o que ficar decidido no plano material deve a sentença tornar-se imutável, não sendo mais admissível discussão a respeito. A cognição exercida, ainda que verticalmente sumária, é suficiente para a formação do convencimento do juiz acerca de determinado aspecto da relação material ou mesmo de todo o litígio, pois a decisão, fundada em afirmações feitas pelo próprio autor, será contrária a ele. Tal conclusão impõe que seja conferido ao art. 268 do CPC significado diverso daquele defendido por grande parte da doutrina. Pode o autor intentar de novo a ação, desde que não reproduza aspectos já definitivamente solucionados da relação material. Eventual ausência de interesse ou legitimidade anteriormente reconhecida torna-se imutável, devendo a parte, na nova demanda, corrigir o vício.[74]

Pagamento de custas. O § 2º estabelece um pressuposto processual para a admissibilidade de nova petição inicial quando extinto o processo pelas razões expostas no § 1º. Tal dispositivo não se aplica quando não há repetição dos mesmos elementos da ação (partes, pedido e causa de pedir).

Perempção. Conforme comentários ao art. 337, a perempção é uma sanção processual destinada ao litigante remisso. Caso ocorra a perempção, não haverá coisa julgada, mas ainda assim a parte não poderá intentar nova demanda.

CPC/2015	CPC/1973
Art. 487. Haverá resolução de mérito **quando o juiz**: I – acolher ou rejeitar o pedido *formulado na ação ou na reconvenção*; II – *decidir*, **de ofício ou a requerimento,** sobre a ocorrência de decadência ou prescrição; III – **homologar**: a) o reconhecimento da procedência do pedido **formulado na ação ou na reconvenção**; b) *a transação*; c) *a renúncia à pretensão formulada na ação* **ou na reconvenção**. Parágrafo único. **Ressalvada a hipótese do § 1º do art. 332, a prescrição e a decadência não serão reconhecidas sem que antes seja dada às partes oportunidade de manifestar-se.**	Art. 269. Haverá resolução de mérito: I – quando o juiz acolher ou rejeitar o pedido *do autor*; II – quando o réu reconhecer a procedência do pedido; III – *quando as partes transigirem*; IV – quando o juiz *pronunciar* a decadência ou a prescrição; V – *quando o autor renunciar ao direito sobre que se funda a ação.*

---

[74]   BEDAQUE, José Roberto dos Santos. **Efetividade do processo e técnica processual**. 3. ed. São Paulo: Malheiros, 2010. p. 359-361.

COMENTÁRIOS:

Sentença definitiva. É a que resolve o mérito. Por meio desse ato, denominado sentença, o juiz aplica o Direito objetivo, de caráter geral, ao caso concreto. Em outras palavras, o juiz cria norma especial para dirimir o litígio entre as partes, baseada no Direito objetivo.

Sentença definitiva não significa sentença perpétua, imutável, mas, sim, que é o provimento final, definidor do litígio, no juízo de primeiro grau. A imutabilidade só advirá com o esgotamento de todos os recursos possíveis, ou seja, com a coisa julgada material.

A sentença definidora da situação jurídica dos litigantes (definitiva) pode ser proferida após o esgotamento de todos os atos do procedimento, quando então o juiz, sopesando os fatos, as provas e o ordenamento jurídico, acolhe ou rejeita o pedido do autor (art. 487, I). Em outras hipóteses, entretanto, o procedimento é abreviado, seja porque não há necessidade de provas em audiência, seja porque o réu é revel, ou porque as próprias partes encontram uma solução para a contenda.

O que importa para classificar a sentença como definitiva é saber se houve acertamento do direito material (no processo de conhecimento). Irrelevante é perquirir se tal composição decorreu dos atos cognitivos do juiz, que sopesou os elementos fáticos e jurídicos constantes dos autos, ou se decorreu da iniciativa das partes. Havendo reconhecimento da procedência do pedido pelo réu, transação, acolhimento de alegação de decadência ou prescrição do direito material, ou renúncia, por parte do autor, ao direito sobre que se funda a ação, definitiva será a sentença.

Com a prolação e trânsito em julgado da sentença definitiva, o que se dá nos casos do art. 487, o litígio desaparece; há extinção da relação de direito processual, bem como da relação de direito material que deu ensejo ao processo, que é confirmada ou regulada pela sentença.

Acolhimento ou rejeição do pedido formulado na ação ou na reconvenção (inciso I). Analisando os fundamentos de fato e de direito expostos na inicial, na contestação e na reconvenção (se houver), bem como a prova produzida pelas partes, o juiz emite o julgamento. Se a pretensão manifestada pelo autor estiver de acordo com o ordenamento jurídico e as provas forem hábeis para demonstrar a titularidade do direito postulado, o desfecho da demanda será no sentido da procedência do pedido. Ao contrário, a desconformidade entre o pleito do autor e o ordenamento jurídico, a ausência de provas, bem como o acatamento de fato impeditivo, modificativo ou extintivo arguido pelo réu, conduzirão à improcedência do pedido.

O mesmo entendimento vale para a reconvenção, tenha ela sido proposta junto com a contestação ou de forma independente. É que, como o pedido reconvencional também configura mérito da causa, a sua apreciação acarretará a extinção na forma do art. 487.

O acolhimento ou rejeição do pedido formulado na ação ou na reconvenção é a forma, por excelência, de composição do litígio pelo Judiciário. Isso porque, nas demais hipóteses de extinção do processo, a resolução da lide tem intervenção mais acentuada das partes (inciso III) e ou decorre do transcurso do tempo (inciso II).

Prescrição ou decadência (inciso II). Tais institutos, quando não reconhecidos no limiar da ação, ou seja, antes da citação do réu, podem ser analisados em fase posterior, porquanto se trata de matérias de ordem pública. Independentemente da fase na qual se encontre o processo, a decisão que reconhece a decadência ou a prescrição resolve o mérito e põe fim ao processo.

Reconhecimento da procedência do pedido (inciso III, *a*). Há reconhecimento da procedência do pedido pelo réu quando este se põe de acordo com a pretensão formulada pelo autor. Também se admite o reconhecimento do pedido por parte do autor relativamente ao que foi alegado em sede de reconvenção. Refere-se ao pedido e à *causa petendi*. Por exemplo, na ação de despejo por falta de pagamento, o réu, reconhecendo que não pagou os aluguéis, sujeita-se ao pedido contra ele formulado. Na reconvenção proposta pelo réu sob o argumento de ser o autor o devedor da coisa, este poderá reconhecer a sua condição e entregar ao réu o que lhe é devido.

Não se confundem reconhecimento da procedência do pedido e confissão. Aquele é mais abrangente, refere-se à lide (pedido e sua fundamentação), ao passo que a confissão diz respeito tão somente a fatos, não significando, necessariamente, que houve concordância com a postulação. Havendo reconhecimento da procedência do pedido, cessa qualquer indagação do juiz em torno da demanda; a fundamentação da sentença se restringe ao reconhecimento da procedência.

O reconhecimento da procedência do pedido, que pode ser feito pessoalmente ou por procurador com poderes especiais (art. 105), só tem eficácia nos litígios que versem sobre direitos disponíveis. Na ação de divórcio, por exemplo, é irrelevante a sujeição do réu ao pedido do autor.

Transação (inciso III, *b*). É o negócio jurídico bilateral pelo qual os interessados previnem ou extinguem litígio mediante concessões mútuas (art. 840 do CC). É modalidade de autocomposição do litígio. Quando celebrada antes da propositura da ação, previne o litígio; quando posterior, a ele põe fim. Pode ser feita por termo nos autos ou por documento elaborado pelas partes e juntado aos autos.

Em razão de sua natureza jurídica, a transação acarreta as seguintes consequências: (i) uma vez pactuada, adquire a transação o *status* de ato jurídico perfeito e acabado, sendo impossível o arrependimento unilateral, mesmo antes da homologação judicial; pode, todavia, ser rescindida por dolo, coação ou erro essencial quanto à pessoa ou coisa controversa (art. 849 do CC); (ii) põe fim ao litígio, sendo que a sentença homologatória da transação não figura como condição de validade do ato jurídico, visa apenas dar força executiva ao negócio celebrado entre as partes e extinguir o processo; (iii) há apreciação do mérito, a sentença, portanto, faz coisa julgada material, o que impossibilita a propositura de nova demanda sobre a mesma controvérsia; (iv) ante a impossibilidade de renovar o processo, não vale a transação quanto a direito indisponível (art. 841 do CC).

Renúncia (inciso III, *c*). Em regra, a demanda só tem razão de ser porque uma parte resistiu a uma pretensão formulada pela outra. Se o autor ou o réu renuncia a essa pretensão, isto é, do direito material invocado na inicial ou na reconvenção como fundamento do pedido, o processo perde o objeto.

A sentença proferida nos autos é meramente homologatória. Entretanto, há resolução do mérito, porquanto, com o trânsito em julgado da sentença, a lide fica definitivamente solucionada. Só se admite renúncia expressa, de forma escrita. Quando manifestada oralmente, deve ser reduzida a termo.

CPC/2015	CPC/1973
Art. 488. **Desde que possível, o juiz resolverá o mérito sempre que a decisão for favorável à parte a quem aproveitaria eventual pronunciamento nos termos do art. 485.**	Art. 249 [...] § 2º Quando puder decidir do mérito a favor da parte a quem aproveite a declaração da nulidade, o juiz não a pronunciará nem mandará repetir o ato, ou suprir-lhe a falta.

COMENTÁRIOS:

Primazia do julgado do mérito. Em tema de nulidades o sistema processual civil adota o princípio *pas de nullité sans grief*, que indica a possibilidade de declaração de nulidade de um ato processual somente quando houver a efetiva demonstração de prejuízo.

De um modo geral, a aplicação desse princípio restringia-se aos casos nos quais a declaração de nulidade podia ser substituída pela prolação de uma sentença de mérito a favor da parte a quem aproveitasse a nulidade. Exemplo: em ação envolvendo incapaz, deixava-se de intimar o Ministério Público, mas, ao final, o julgamento acabava sendo favorável ao incapaz. Nesse caso, ao invés de pronunciar a nulidade, o juiz decidia o mérito a favor do próprio incapaz. Com isso, aproveitavam-se os atos processuais e garantia-se a efetivação de outro princípio: o da instrumentalidade das formas.

A possibilidade de aproveitamento dos atos passíveis de nulidade está prevista no art. 249, § 2º, do CPC/1973. A redação desse dispositivo foi reproduzida no atual art. 282, § 2º. A novidade é que, agora, além de ser possível aproveitar os atos geradores de nulidades, o julgador poderá resolver o mérito "sempre que a decisão for favorável à parte a quem aproveitaria o pronunciamento que não o resolve". Em outras palavras, a extinção anômala do processo – aquela que gera sentença terminativa, sem resolução do mérito – pode ser evitada sempre que for possível ao julgador apreciar o mérito da demanda a favor da parte a quem aproveitaria o pronunciamento. Exemplo: empresa autora não junta à petição inicial o documento comprobatório de sua constituição. O réu, por sua vez, argui essa questão como preliminar da contestação. O juiz, como medida extrema – o mais razoável seria conceder oportunidade à parte autora para emendar a inicial –, pode proferir uma sentença de extinção sem resolução do mérito, com fundamento no art. 485, IV. Contudo, verificando que o pedido formulado na inicial é improcedente, o julgador profere sentença na forma do art. 487, I, resolvendo o mérito. É preciso salientar que, nesse caso, é prudente que o magistrado discorra sobre a preliminar arguida pelo réu, mas, com fulcro no art. 487, aprecie o mérito da ação.

Como se pode perceber, em certos casos, a extinção do processo sem resolução do mérito e a decretação de nulidade se equivalerão, porquanto permitirão ao magistrado aproveitar todos os atos do processo com a mesma finalidade: resolver o mérito e extinguir, em caráter definitivo, a relação processual.

O art. 488 do CPC/2015 é, sem dúvida, um exemplo que demonstra o abandono do formalismo excessivo e a adoção de técnicas que privilegiam o julgamento do mérito em detrimento de uma decisão meramente terminativa.

Seção II
Dos Elementos e dos Efeitos da Sentença

CPC/2015	CPC/1973

Art. 489. São *elementos* essenciais da sentença:

I – o relatório, que conterá os nomes das partes, **a identificação do caso**, com a suma do pedido *e da contestação*, e o registro das principais ocorrências havidas no andamento do processo;

II – os fundamentos, em que o juiz analisará as questões de fato e de direito;

III – o dispositivo, em que o juiz resolverá as questões **principais** que as partes lhe submeterem.

§ 1º Não se considera fundamentada qualquer decisão judicial, seja ela interlocutória, sentença ou acórdão, que:

I – se limitar à indicação, à reprodução ou à paráfrase de ato normativo, sem explicar sua relação com a causa ou a questão decidida;

II – empregar conceitos jurídicos indeterminados, sem explicar o motivo concreto de sua incidência no caso;

III – invocar motivos que se prestariam a justificar qualquer outra decisão;

IV – não enfrentar todos os argumentos deduzidos no processo capazes de, em tese, infirmar a conclusão adotada pelo julgador;

V – se limitar a invocar precedente ou enunciado de súmula, sem identificar seus fundamentos determinantes nem demonstrar que o caso sob julgamento se ajusta àqueles fundamentos;

VI – deixar de seguir enunciado de súmula, jurisprudência ou precedente invocado pela parte, sem demonstrar a existência de distinção no caso em julgamento ou a superação do entendimento.

§ 2º No caso de colisão entre normas, o juiz deve justificar o objeto e os critérios gerais da ponderação efetuada, enunciando as razões que autorizam a interferência na norma afastada e as premissas fáticas que fundamentam a conclusão.

§ 3º A decisão judicial deve ser interpretada a partir da conjugação de todos os seus elementos e em conformidade com o princípio da boa-fé.

Art. 458. São *requisitos* essenciais da sentença:

I – o relatório, que conterá os nomes das partes, a suma do pedido *e da resposta do réu*, bem como o registro das principais ocorrências havidas no andamento do processo;

II – os fundamentos, em que o juiz analisará as questões de fato e de direito;

III – o dispositivo, em que o juiz resolverá as questões, que as partes lhe submeterem.

 COMENTÁRIOS:

Elementos essenciais da sentença. A sentença compõe-se de relatório, da fundamentação e da parte dispositiva ou conclusão, afora, evidentemente, a data e a assinatura do juiz, que, inclusive, pode se dar eletronicamente.

O relatório consiste numa exposição circunstanciada, um histórico de toda a marcha do procedimento. Constitui demonstração, por parte do juiz, de que entendeu a lide que lhe foi submetida. Deve identificar os elementos da causa (partes, pedido e causa de pedir), bem como as principais ocorrências do processo. Tudo de forma sucinta e objetiva.

Na fundamentação ou motivação, o juiz expõe as razões do convencimento, os motivos pelos quais vai dirimir a lide desta ou daquela forma.

Finalmente, no dispositivo ou conclusão, o juiz resolve as questões principais que as partes lhe submeteram, acolhendo ou rejeitando o pedido do autor na sentença definitiva, ou extinguindo o processo sem resolução do mérito, na sentença terminativa.

Sentença sem motivação é, por preceito constitucional, sentença nula. Nula também, por infringência ao disposto no art. 489, é a sentença sem relatório. Quanto ao dispositivo, a ausência vicia de tal forma a sentença, que leva à inexistência do ato.

Ausência de fundamentação (§ 1º). Para explicitar o dever constitucional de fundamentação das decisões judiciais (art. 93, IX, da CF), o novo CPC enumerou as hipóteses em que não se atenderá tal requisito. As prescrições do art. 489, § 1º, se aplicam tanto às sentenças, como aos acórdãos e às decisões interlocutórias.

Essas disposições foram inseridas pelo legislador como forma de obstar a prolação de sentenças demasiadamente concisas, que muitas vezes ignoram os argumentos apresentados pelas partes e até mesmo o entendimento jurisprudencial predominante sobre a questão em litígio. Não se pode exigir, contudo, que em todo e qualquer caso o juiz fundamente, de forma exaustiva, as suas decisões. O Supremo, intérprete da Constituição, já afirmou, a propósito, que "o magistrado não estar obrigado a rebater, um a um, os argumentos trazidos pela parte" (AI 761.901/SP, Rel. Min. Luiz Fux, julgado em 22.04.2014).

Por tal razão penso que o dispositivo estabelece uma espécie de roteiro para o magistrado – assim como faz para o advogado (art. 319) –, mas que não precisa ser seguido "a ferro e fogo".[75] Afinal, para dar conta do acervo e das metas estabelecidas pelo CNJ, não há como exigir que o julgador analise, de forma pormenorizada, todas as alegações trazidas pelas partes.

O que o ordenamento jurídico não admite é a escolha aleatória de uma ou de outra questão fática para embasar o ato decisório, com desprezo a questões importantes e aos princípios do contraditório e da ampla defesa. A decisão que não se explica, que não mostra de onde veio, suscita descrença à própria atividade jurisdicional.

Decisão que se limita a reproduzir texto normativo (§ 1º, I). O julgador deve expor, de forma clara e coerente, as razões que lhe formaram o convencimento e não apenas indicar a norma que aplicou ao caso concreto ou reproduzir o texto de lei aplicável ao caso.

---

[75] Citem-se os Enunciados nos 42 e 47 da ENFAM (Escola Nacional de Aperfeiçoamento de Magistrados), que acabam afastando a aplicação desse dispositivo: "Não será declarada a nulidade sem que tenha sido demonstrado o efetivo prejuízo por ausência de análise de argumento deduzido pela parte"; "O art. 489 do CPC/2015 não se aplica ao sistema de juizados especiais". Não há como afirmar se essas serão as teses adotadas pela jurisprudência. Por enquanto, esses enunciados indicam uma provável interpretação por parte da carreira da magistratura. Por outro lado, especialmente em se tratando dos procedimentos no âmbito dos juizados especiais, o entendimento exposto no Enunciado nº 309 do Fórum Permanente de processualistas civis é totalmente contrário: "O disposto no § 1º do art. 489 do CPC é aplicável no âmbito dos Juizados Especiais".

São exemplos de decisões que afrontam esse dispositivo: "Em razão do disposto no art. X, indefiro o pedido"; "Restou caracterizado o abuso do direito de defesa ou o manifesto propósito protelatório da parte, razão pela qual defiro a medida pleiteada".

Além disso, nos termos do § 2º do art. 489, na hipótese de colisão entre normas, "o juiz deve justificar o objeto e os critérios gerais da ponderação efetuada, enunciando as razões que autorizam a interferência na norma afastada e as premissas fáticas que fundamentam a conclusão". O critério de aplicação e escolha de uma ou de outra norma é um critério fático. A aplicação ou o afastamento de regras e princípios (espécies de normas) serão realizados de acordo com as especificidades do caso concreto.

Decisão que emprega conceitos jurídicos indeterminados (§ 1º, II). Conceitos jurídicos indeterminados são aqueles "cujos termos têm significados intencionalmente vagos e abertos".[76] São, em outras palavras, institutos que possibilitam interpretação ampla por parte do julgador, a exemplo da "ordem pública" e do "interesse público".

Em sendo assim, a aplicação de conceitos indeterminados é, muitas vezes, geradora de insegurança jurídica. É como conceder um "cheque em branco" ao magistrado, permitindo-lhe adotar a interpretação que entenda mais adequada à solução da controvérsia.

Para evitar abusos, o Código determina que o juiz, ao aplicar esses conceitos, o faça de forma motivada, objetiva, explicitando as razões pelas quais adotou essa ou aquela interpretação. Vamos ao exemplo. O Código Civil prevê a chamada *desapropriação judicial privada por posse-trabalho* (art. 1.228, § 4º), instituto que admite a restrição da propriedade quando o imóvel reivindicado consistir em extensa área e estiver na posse ininterrupta e de boa-fé, por mais de cinco anos, de considerável número de pessoas, e estas houverem realizado obras e serviços considerados pelo juiz de interesse social e econômico relevante. Boa parte das expressões utilizadas no dispositivo constituem "cláusulas abertas", que devem ser analisadas de acordo com o caso concreto. Não pode o juiz, por exemplo, deferir o pedido afirmando apenas que "a área é extensa e permite a aplicação do art. 1.228, § 4º".

Decisão que invoca motivos aptos a justificar decisão contrária (§ 1º, III). É fundamental que as decisões judiciais estejam coerentes com os fatos apresentados pelas partes. A fundamentação do julgado não pode se mostrar incompreensível ou contraditória, ao ponto de gerar dúvida acerca da conclusão apresentada pelo magistrado. Além disso, levando-se em consideração que a jurisdição tem como característica a criatividade, incumbe ao órgão jurisdicional respeitar as peculiaridades de cada caso concreto.

Se o autor, maior e capaz, pleiteia alimentos em face de seu genitor, sob o argumento de que ainda se encontra cursando o ensino superior em horário integral, ou o juiz acolhe o pedido (integralmente ou em parte), ou nega-o com base, por exemplo, na idade avançada do autor. Nesse exemplo, não pode o juiz invocar que se o autor não tivesse condições de trabalhar, o pleito alimentar poderia ser atendido. Em síntese, se o autor demonstrar que não tem condições de trabalho e o juiz, ao analisar o mérito, não apreciar essa questão, mas a suscitar como possível, a decisão será considerada como não fundamentada, possibilitando a interposição de embargos declaratórios em razão de contradição.

---

[76] COSTA, Judith Martins; BRANCO, Gerson Luiz Carlos. **Diretrizes teóricas do novo Código Civil brasileiro**. São Paulo: Saraiva, 2002. p. 117-119.

Outro exemplo ocorre quando o juiz, ao proferir determinada decisão, discorre sobre posicionamento tido como correto, mas aplica tese oposta. É como se na fundamentação do julgado as razões invocadas indicassem a procedência do pedido, mas o dispositivo chegasse a conclusão totalmente diversa. Não se afasta, contudo, a possibilidade de o julgador ressalvar o seu entendimento em relação a determinado tema, mas aplicar tese definida por tribunal superior.

Decisão que não enfrenta todos os argumentos relevantes deduzidos no processo (§ 1º, inciso IV). A decisão judicial deve ser construída ao longo do processo, após a análise das alegações das partes, da apreciação da prova e das demais circunstâncias do caso concreto. Em outras palavras, tudo o que de relevante for produzido, deduzido e percebido no processo deve ser levado em consideração no momento de se proferir uma decisão, especialmente em se tratando de sentença ou de acórdão.

Isso não quer dizer que o juiz tenha que apreciar todo e qualquer argumento constante dos autos. Se, por exemplo, em ação de divórcio, uma das partes enumera as razões pelas quais se está propondo a demanda, não há necessidade de que o juiz se manifeste sobre elas, mas apenas que verifique se estão preenchidos os pressupostos necessários à concessão do pedido.

Outro exemplo ocorre quando as partes apresentam diversos fundamentos, mas todos eles são capazes de lhe propiciar um julgamento favorável. Se o juiz examina o primeiro e conclui pela procedência da demanda, não há necessidade de apreciar os demais. Por outro lado, se apenas um dos argumentos é levado em consideração para a prolação de uma decisão desfavorável, deve o juiz informar na sentença o motivo pelo qual rejeitou todos os pedidos. Pode, inclusive, invocar um motivo único para todos os argumentos.

Tal requisito encontra fundamento no princípio do contraditório, que não apenas garante o direito de manifestação das partes, mas, também, o direito de serem essas manifestações tomadas em consideração pelo juiz.

Sobre o inciso IV, vale transcrever os enunciados da Escola de Aperfeiçoamento de Magistrados, que podem indicar uma futura interpretação desses dispositivos: "Não constitui julgamento surpresa o lastreado em fundamentos jurídicos, ainda que diversos dos apresentados pelas partes, desde que embasados em provas submetidas ao contraditório" (Enunciado nº 6); "A fundamentação sucinta não se confunde com a ausência de fundamentação e não acarreta a nulidade da decisão se forem enfrentadas todas as questões cuja resolução, em tese, influencie a decisão da causa" (Enunciado nº 10); "Não ofende a norma extraível do inciso IV do § 1º do art. 489 do CPC/2015 a decisão que deixar de apreciar questões cujo exame tenha ficado prejudicado em razão da análise anterior de questão subordinante" (Enunciado nº 12); "O art. 489, § 1º, IV, do CPC/2015 não obriga o juiz a enfrentar os fundamentos jurídicos invocados pela parte, quando já tenham sido enfrentados na formação dos precedentes obrigatórios" (Enunciado nº 13).

Decisão que se limita a invocar precedente sem indicar a aplicação da tese ao caso concreto (§ 1º, V). Nem sempre o dever de fundamentação é observado dentro dos limites que efetivamente o processo reproduziu. As questões de fato e de direito postas em julgamento muitas vezes são desconsideradas em detrimento da aplicação "rápida" e "prática" de entendimento jurisprudencial que sequer tem relação com o caso concreto.

Por esse motivo, o novo CPC traz regras expressas que visam evitar as decisões meramente repetitivas de julgados, jurisprudência ou enunciados de súmulas, que não demonstrem a aplicabilidade do entendimento consolidado ao caso efetivamente apreciado.

Há que se ressalvar, contudo, a desnecessidade de identificação pormenorizada dos fundamentos do próprio precedente invocado. Explico. De acordo com o art. 984, § 2º, o conteúdo do acórdão proferido em IRDR "abrangerá a análise de todos os fundamentos suscitados concernentes à tese jurídica discutida, sejam favoráveis ou contrários". A tese firmada no incidente será amplamente divulgada (art. 979), razão pela qual não se pode exigir do julgador a identificação de todos os fundamentos da decisão que ele utilizará para subsidiar a sua sentença. Como a tese já está firmada, caberá ao juiz simplesmente segui-la ou, se for o caso, demonstrar que ela efetivamente não se aplica ao caso concreto.

Decisão que afasta a aplicação de precedente sem fazer a distinção com o caso concreto (§ 1º, VI). Da mesma forma que o magistrado deve lançar as razões pelas quais aplicou determinado entendimento ao litígio posto sob sua apreciação, também deve justificar a inadequação de precedente, súmula ou jurisprudência quando a parte a invocar como forma de subsidiar o seu pleito. Se, por exemplo, a parte invoca um precedente vinculante e o juiz entende que ele não se aplica ao caso concreto, deve, de forma fundamentada, demonstrar que a situação fática apresentada é distinta daquela que serviu para o precedente.

Quanto a esse inciso a ao anterior, cito novamente os enunciados da ENFAM: "É ônus da parte, para os fins do disposto no art. 489, § 1º, V e VI, do CPC/2015, identificar os fundamentos determinantes ou demonstrar a existência de distinção no caso em julgamento ou a superação do entendimento, sempre que invocar jurisprudência, precedente ou enunciado de súmula" (Enunciado nº 9); "Os precedentes a que se referem os incisos V e VI do § 1º do art. 489 do CPC/2015 são apenas os mencionados no art. 927 e no inciso IV do art. 332" (Enunciado nº 11); "A decisão que aplica a tese jurídica firmada em julgamento de casos repetitivos não precisa enfrentar os fundamentos já analisados na decisão paradigma, sendo suficiente, para fins de atendimento das exigências constantes no art. 489, § 1º, do CPC/2015, a correlação fática e jurídica entre o caso concreto e aquele apreciado no incidente de solução concentrada" (Enunciado nº 19). Como se pode perceber, a interpretação por parte da magistratura parece ser de restringir o alcance desses dispositivos.

CPC/2015	CPC/1973
Art. 490. O juiz *resolverá o mérito* acolhendo ou rejeitando, no todo ou em parte, os pedidos formulados *pelas partes*.	Art. 459. O juiz *proferirá a sentença*, acolhendo ou rejeitando, no todo ou em parte, o pedido formulado *pelo autor*. ~~Nos casos de extinção do processo sem julgamento do mérito, o juiz decidirá em forma concisa.~~

 ## COMENTÁRIOS:

Dever de fundamentação. O aprimoramento do dever de fundamentação impõe a retirada da parte final da norma anteriormente inserta no art. 459 do CPC/1973. Com efeito, a fundamentação não deve ser concisa, mas *adequada*, conforme os limites da lide e a profundidade das questões analisadas. Até mesmo porque, como já afirmado neste comparativo, sentenças que extinguem o processo sem resolver o mérito são dotadas, ainda assim, de imutabilidade.

CPC/2015	CPC/1973
Art. 491. **Na ação relativa à obrigação de pagar quantia, ainda que formulado pedido genérico, a decisão definirá desde logo a extensão da obrigação, o índice de correção monetária, a taxa de juros, o termo inicial de ambos e a periodicidade da capitalização dos juros, se for o caso, salvo quando:**	Art. 459. [...]
I – não for possível determinar, de modo definitivo, o montante devido;	Parágrafo único. ~~Quando o autor tiver formulado pedido certo, é vedado ao juiz proferir sentença ilíquida.~~
II – a apuração do valor devido depender da produção de prova de realização demorada ou excessivamente dispendiosa, assim reconhecida na sentença.	
§ 1º Nos casos previstos neste artigo, seguir-se-á a apuração do valor devido por liquidação.	
§ 2º O disposto no *caput* também se aplica quando o acórdão alterar a sentença.	

COMENTÁRIOS:

Liquidez da decisão. Nas hipóteses em que o autor propõe ação para pleitear o cumprimento de obrigação de pagar quantia, esta normalmente já está discriminada na petição inicial, restando ao juiz fixar o montante de juros e os índices de correção, se for o caso. Entretanto, tratando-se de ação relativa à obrigação de pagar quantia na qual o autor formula pedido genérico, ainda assim é possível que o juiz, desde logo, condene o réu ao cumprimento da obrigação. Nesse caso, a sentença deve fixar a extensão do dano, o índice de correção monetária, a taxa de juros, o termo inicial e a periodicidade das prestações, se for o caso. O cumprimento da sentença far-se-á independentemente de liquidação, bastando a apresentação do cálculo pelo credor (art. 509, § 2º).

Por outro lado, se não for possível determinar, de modo definitivo, o montante devido[77] ou se este depender da produção de prova demorada e excessivamente dispendiosa, o juiz deverá reconhecer a existência da obrigação e determinar a liquidação da sentença na forma do art. 509, I ou II, do CPC.

CPC/2015	CPC/1973
Art. 492. É vedado ao juiz proferir *decisão* de natureza diversa da pedida, bem como condenar *a parte* em quantidade superior ou em objeto diverso do que lhe foi demandado.	Art. 460. É *defeso* ao juiz proferir sentença, ~~a favor do autor~~, de natureza diversa da pedida, bem como condenar o réu em quantidade superior ou em objeto diverso do que lhe foi demandado.
Parágrafo único. A *decisão* deve ser certa, ainda que resolva relação jurídica condicional.	Parágrafo único. A *sentença* deve ser certa, ainda quando decida relação jurídica condicional.

---

[77] Nas ações de ressarcimento, por exemplo, pode o sentenciante (juiz), não dispondo de elementos nos autos para fixar o valor da condenação, proferir sentença ilíquida, remetendo as partes para a liquidação. Nesse sentido é o entendimento do STJ (ver: REsp 259.607/SP, julgado em 05.11.2009).

COMENTÁRIOS:

Princípio da adstrição ou congruência. O juiz decidirá a lide nos limites em que foi proposta, sendo defeso conhecer de questões, não suscitadas, a cujo respeito a lei exige a iniciativa da parte (art. 141). Sendo assim, é vedado ao juiz proferir decisão de natureza diversa da pedida, bem como condenar a parte em quantidade superior ou em objeto diverso do que lhe foi demandado (art. 492).

O limite da sentença é o pedido, com a sua fundamentação. É o que a doutrina denomina de princípio da adstrição, princípio da congruência ou da conformidade, que é desdobramento do princípio do dispositivo (art. 2º). O afastamento desse limite caracteriza as sentenças *citra petita, ultra petita* e *extra petita,* o que constitui vícios e, portanto, acarreta a nulidade do ato decisório.

Sentença *citra petita*. É aquela que não examina em toda a sua amplitude o pedido formulado na inicial (com a sua fundamentação) ou a defesa do réu. Exemplos: (1) o autor pediu indenização por danos emergentes e lucros cessantes. O juiz julgou procedente o pedido com relação aos danos emergentes, mas não fez qualquer referência aos lucros cessantes; (2) por meio de mandado de segurança, o funcionário pleiteou a nulidade do ato punitivo sob a alegação de que não cometeu a falta disciplinar e que não lhe foi dada oportunidade de defesa. O juiz denegou a segurança ao fundamento de que a análise da falta disciplinar envolve matéria fática insuscetível de discussão no âmbito da segurança, e não apreciou o segundo fundamento; (3) na ação reivindicatória, o réu se defende, arguindo prescrição aquisitiva. O juiz aprecia os fundamentos do pedido, mas se esquece da usucapião.

Saliente-se que não constitui decisão *citra petita* o fato de o juiz julgar parcialmente o pedido. Voltando ao exemplo anterior: ocorre o julgamento *citra petita* se o juiz não cogitar dos lucros cessantes, hipótese em que a decisão é passível de anulação; ao contrário, se o juiz procede à análise dos lucros cessantes e chega à conclusão de que não há prova para a condenação em tal verba, a sentença é válida.

Sentença *ultra petita*. O defeito é caracterizado pelo fato de o juiz ter ido além do pedido do autor, dando mais do que fora pedido. Exemplo: se o autor pediu indenização por danos emergentes, não pode o juiz condenar o réu também em lucros cessantes.

A sentença *ultra petita*, em vez de ser anulada pelo tribunal, deve, por este, ser reduzida aos limites do pedido.

Vale lembrar que não constitui decisão *ultra petita* a que concede correção monetária ou que condena ao pagamento dos juros legais, das despesas e honorários de advogado ou das prestações vincendas (art. 322, § 1º). Em ação de rescisão de promessa de compra e venda, também não é *extra petita* a sentença que determina a restituição das prestações pagas (art. 12, § 1º, do Decreto-lei nº 58/1937). Trata-se de hipóteses de pedido implícito.

Sentença *extra petita*. Ocorre quando a providência jurisdicional deferida é diversa da que foi postulada; quando o juiz defere a prestação pedida com base em fundamento não invocado; quando o juiz acolhe defesa não arguida pelo réu, a menos que haja previsão legal para o conhecimento de ofício (art. 337, § 5º).

Note-se que no julgamento *ultra petita* o juiz foi além do pedido. Exemplo: além dos danos emergentes pleiteados, deferiu também lucros cessantes. Já no julgamento *extra petita* a providência deferida é totalmente estranha não só ao pedido, mas também aos seus fundamentos. Exemplo: o autor pede proteção possessória e o juiz decide pelo domínio, reconhecendo-o na sentença.

Sentença condicional. A sentença deve expressar uma providência jurisdicional certa e incondicionada. Nenhum juiz decidirá desta forma: "Julgo procedente o pedido, desde que...".

A eficácia da decisão não pode estar condicionada a cláusula. Não se admite que o autor pleiteie direito, condicionando-o à ocorrência de um evento futuro e incerto. Exemplo: pedido de condenação do réu a pagar determinada importância desde que seja instituído herdeiro no testamento de uma pessoa que sequer faleceu. Igualmente é defeso ao juiz deferir direito cuja existência dependa de comprovação futura. Exemplo: condeno o réu a pagar lucros cessantes desde que demonstrada a existência desses na liquidação da sentença.

Tal como o pedido, excepcionalmente a sentença não é determinada no que tange ao montante da condenação, relegando essa apuração para outra fase. Todavia, o bem jurídico objeto do provimento jurisdicional (a condenação, *v.g.*) deve ser certo.

Em suma, o que o dispositivo veda é que o conteúdo da sentença esteja sujeito a evento futuro e incerto. Entretanto, nada impede que a relação jurídica apreciada na decisão seja condicionada. Nesse caso, "não há por assim dizer, procedência do pedido, desde que se realize determinada condição. Pode haver pedido julgado procedente, com efeito declaratório da existência ou inexistência da relação jurídica, sujeita a condição (art. 121 do CC)."[78]

A propósito, o art. 514 estabelece o requisito para execução da sentença que decidiu relação jurídica sujeita a condição ou termo: "Quando o juiz decidir relação jurídica sujeita a condição ou termo, o cumprimento da sentença dependerá de demonstração de que se realizou a condição ou de que ocorreu o termo".

Condição é a cláusula que subordina o efeito do negócio jurídico, oneroso ou gratuito, a evento futuro e incerto (art. 121 do CC). Será suspensiva a condição se o direito decorrente do negócio for adquirido com a ocorrência do evento; será resolutiva se o direito se extinguir com a verificação da condição. Termo é a cláusula que subordina os efeitos do ato negocial a um acontecimento futuro e certo.[79]

CPC/2015	CPC/1973
Art. 493. Se, depois da propositura da ação, algum fato constitutivo, modificativo ou extintivo do direito influir no julgamento *do mérito*, caberá ao juiz tomá-lo em consideração, de ofício ou a requerimento da parte, no momento de proferir a *decisão*. Parágrafo único. **Se constatar de ofício o fato novo, o juiz ouvirá as partes sobre ele antes de decidir.**	Art. 462. Se, depois da propositura da ação, algum fato constitutivo, modificativo ou extintivo do direito influir no julgamento *da lide*, caberá ao juiz tomá-lo em consideração, de ofício ou a requerimento da parte, no momento de proferir a *sentença*.

---

[78] SANTOS, Ernane Fidelis dos. **Comentários ao Código de Processo Civil**. Rio de Janeiro: Forense, 1980. t. I, v. III, p. 263.

[79] DINIZ, Maria Helena. **Código Civil anotado**. São Paulo: Saraiva, 1995. p. 124.

COMENTÁRIOS:

Sentença e fato superveniente. A rigor, a sentença deve compor a lide tal como se apresenta do confronto da inicial com a contestação, isto é, deve apreciar o pedido com sua fundamentação, bem como os fundamentos da defesa.

Todavia, a sentença deve refletir o estado de fato da lide no momento da decisão, devendo o juiz levar em consideração fato ou direito superveniente que possa influir no julgamento da lide. Por fato superveniente entende-se a circunstância relevante para o julgamento do mérito que somente surgiu após a fase de saneamento ou de instrução (se houver), ou que, apesar de já existente, só foi apurada no curso do processo.

O fato superveniente que o juiz pode considerar na sentença é apenas aquele que não altera a causa de pedir. No momento da propositura da ação de usucapião, o lapso temporal necessário à aquisição da propriedade ainda não se havia completado. Pode o juiz, no momento da sentença, levar em conta a ocorrência da prescrição aquisitiva e julgar procedente o pedido, sob o fundamento de que o lapso temporal foi obtido no decorrer do processo. Ao contrário, se a rescisão do contrato é pleiteada com fundamento na simulação de um dos contratantes, não pode o juiz levar em conta inadimplemento ocorrido no curso da demanda.

O conhecimento dos novos fatos alegados por uma das partes independe do consentimento da outra. Porém, em qualquer caso, sempre que um novo fato for trazido aos autos, deverá ser assegurado o exercício da ampla defesa e do contraditório à parte contrária (art. 493, parágrafo único).

O fato ou direito superveniente pode ser arguido no âmbito dos Tribunais, desde que seja oportunizado previamente o contraditório. Vejamos, nesse sentido, posicionamento do STJ:

> [...] O fato novo de que trata o art. 462 do CPC [art. 493/CPC/2015] refere-se àqueles supervenientes à instrução e que devem ser levados em conta pelo magistrado quando da prolação da sentença. Por construção doutrinária e jurisprudencial, entende-se que o fato novo deve ser apreciado não apenas pelo juízo monocrático, de primeira instância, mas também pelo Tribunal respectivo, a quem cabe a cognição mais abrangente de todos os elementos do feito. Todavia, não é possível a alegação de fato novo exclusivamente em sede de recurso especial por carecer o tema do requisito indispensável de prequestionamento e importar, em última análise, em supressão de instância [...] (STJ, Embargos de Declaração no Agravo do AREsp 115.883/RJ, Rel. Min. Luis Felipe Salomão, julgado em 04.04.2013).

CPC/2015	CPC/1973
Art. 494. Publicada a sentença, o juiz só poderá alterá-la:	Art. 463. Publicada a sentença, o juiz só poderá alterá-la:
I – para corrigir-lhe, de ofício ou a requerimento da parte, inexatidões materiais ou erros de cálculo;	I – para lhe corrigir, de ofício ou a requerimento da parte, inexatidões materiais, ou lhe retificar erros de cálculo;
II – por meio de embargos de declaração.	II – por meio de embargos de declaração.

COMENTÁRIOS:

Princípio da inalterabilidade da decisão judicial. Uma vez publicada a sentença (ou apenas proferida, no caso de ter sido prolatada em audiência), pouco importa a sua natureza, incide o princípio da inalterabilidade da decisão judicial, que se aplica também aos acórdãos e, de forma mitigada, até às decisões interlocutórias.

A rigor, constitui erro procedimental a alteração, fora dos casos previstos em lei, de qualquer decisão judicial. O próprio CPC, no entanto, prevê os casos em que se admite alteração da sentença ou do acórdão.

Exceções ao princípio da inalterabilidade. Permite-se que a sentença seja alterada para fins de correção de inexatidões materiais ou retificação de erro de cálculo (art. 494, inciso I). Por inexatidão material entende-se o erro, perceptível sem maior exame, que traduz desacordo entre a vontade do julgador e a expressa na decisão. Omitiu-se, por exemplo, o nome de uma das partes. Erro de cálculo passível de correção é o que resulta de equívocos aritméticos, por exemplo, inclusão de parcela devida e não constante do cálculo por equívoco.

Em caso de inexatidão ou erro, a correção pode ser feita por despacho retificador (que não altera a substância do julgado e, portanto, não tem qualquer reflexo sobre o prazo recursal), a qualquer tempo, mesmo depois de transitada em julgado a sentença. Ressalte--se, no entanto, que os critérios de cálculo e os seus elementos não podem ser alterados após o trânsito em julgado. Nesse sentido: STF, AI 851.363/PR, 1ª Turma, Rel. Min. Luiz Fux, *DJe* 20.04.2012).

A alteração também pode ocorrer, de acordo com o inciso II do art. 494, em virtude de interposição de embargos de declaração, quando a sentença ou acórdão contiver obscuridade, contradição, for omisso com relação a questão suscitada pelas partes ou contiver algum erro material.

Os embargos de declaração, espécie de recurso dirigido ao próprio juiz ou órgão prolator da decisão, e por ele julgado, são opostos no prazo de 5 (cinco) dias, interrompendo-se o prazo para interposição de outros recursos (arts. 1.022 e seguintes).

O acolhimento dos embargos é feito com a prolação de decisão complementar, de natureza idêntica à decisão embargada, e que a esta se integra.

Afora os incisos do art. 494, outros dispositivos constantes do Código autorizam a alteração da sentença. O arts. 331, § 1º, e 332, § 3º, também constituem exceção ao princípio da inalterabilidade, na medida em que facultam ao juiz retratar-se, mediante interposição de recurso de apelação, no caso de indeferimento da petição, bem como no de improcedência liminar do pedido.

O princípio da inalterabilidade das decisões judiciais não retira do juiz a competência para atuar no feito depois da publicação da sentença. Compete ao juiz de primeiro grau, por exemplo, deferir o desentranhamento de documentos, exercer o juízo de admissibilidade da apelação, determinar o cumprimento do julgado e homologar acordo celebrado pelas partes, mesmo que o processo esteja em grau de recurso.

CPC/2015	CPC/1973

Art. 495. A *decisão* que condenar o réu ao pagamento de prestação consistente em dinheiro **e a que determinar a conversão de prestação de fazer, de não fazer ou de dar coisa em prestação pecuniária** valerão como título constitutivo de hipoteca judiciária.

§ 1° A *decisão* produz a hipoteca judiciária:

I – embora a condenação seja genérica;

II – ainda que o credor possa promover *o cumprimento provisório* da sentença ou esteja pendente arresto sobre bem do devedor;

III – **mesmo que impugnada por recurso dotado de efeito suspensivo.**

§ 2° A hipoteca judiciária poderá ser realizada mediante apresentação de cópia da sentença perante o cartório de registro imobiliário, independentemente de ordem judicial, de declaração expressa do juiz ou de demonstração de urgência.

§ 3° No prazo de até 15 (quinze) dias da data de realização da hipoteca, a parte informá-la-á ao juízo da causa, que determinará a intimação da outra parte para que tome ciência do ato.

§ 4° A hipoteca judiciária, uma vez constituída, implicará, para o credor hipotecário, o direito de preferência, quanto ao pagamento, em relação a outros credores, observada a prioridade no registro.

§ 5° Sobrevindo a reforma ou a invalidação da decisão que impôs o pagamento de quantia, a parte responderá, independentemente de culpa, pelos danos que a outra parte tiver sofrido em razão da constituição da garantia, devendo o valor da indenização ser liquidado e executado nos próprios autos.

Art. 466. A *sentença* que condenar o réu no pagamento de ~~uma~~ prestação, consistente em dinheiro ~~ou em coisa~~, valerá como título constitutivo de hipoteca judiciária, ~~cuja inscrição será ordenada pelo juiz na forma prescrita na Lei de Registros Públicos~~.

Parágrafo único. A *sentença condenatória* produz a hipoteca judiciária:

I – embora a condenação seja genérica;

II – pendente arresto de bens do devedor;

III – ainda quando o credor possa promover a *execução provisória* da sentença.

 COMENTÁRIOS:

Efeitos da sentença. A tutela jurisdicional concedida pela sentença guarda relação com o pedido formulado na petição inicial, ou mesmo pelo réu, quando este apresentar reconvenção ou pedido contraposto, ou quando se tratar de ação dúplice. No processo de conhecimento, a sentença será sempre declaratória, seja para conferir certeza à relação jurídica afirmada pelas partes ou negar a existência dessa relação.

A meramente declaratória se restringe à declaração de certeza da existência ou inexistência de relação jurídica, ou da autenticidade ou falsidade de documento. A condenatória, além da declaração de certeza do direito afirmado pela parte, impõe uma condenação ao devedor. A constitutiva, além da declaração da situação jurídica preexistente, cria, modifica ou extingue a relação jurídica.

Tais efeitos são denominados principais porque visados pelos litigantes, tanto que se manifestam em razão do pedido; também denominados formais, porquanto constam expressamente do dispositivo da sentença; finalmente, denominam-se efeitos materiais em razão da influência que podem criar sobre a situação jurídica dos litigantes.

Afora os efeitos principais (declaratório, condenatório ou constitutivo), há efeitos que se manifestam automaticamente, em decorrência de previsão legal, independentemente de qualquer pronunciamento judicial. Tais efeitos, denominados secundários ou acessórios, surgem do simples ingresso da sentença no mundo jurídico.

A sentença que decreta a separação judicial ou divórcio, bem como a que anula o casamento, além do efeito constitutivo ou declaratório visado pelas partes e deferido pelo juiz, automaticamente, põe fim ao regime de comunhão de bens (arts. 1.571, II, III e IV, e 1.576 do CC).

Hipoteca judiciária. A hipoteca judiciária, conforme previsto no art. 495, constitui efeito secundário de toda sentença que condenar o réu ao pagamento de prestação em dinheiro e que determinar a conversão de prestação de fazer, não fazer ou dar coisa certa em prestação pecuniária. Nessas últimas hipóteses a conversão da obrigação em prestação pecuniária se dá porque as obrigações originárias não puderam ser cumpridas da forma como ajustadas. Por exemplo: se um cantor é contratado para fazer um *show* e não comparece, injustificadamente, ao evento, causando prejuízos ao contratante, a obrigação que era de fazer deve se converter em pecúnia, já que não haverá mais utilidade no cumprimento da obrigação original.

Decisão pendente de recurso. O CPC/2015 segue o entendimento jurisprudencial ao definir que a decisão submetida a recurso ainda não julgado é passível de hipoteca, ainda que este tenha sido recebido sob efeito suspensivo.[80] Isso se dá porque se entende que a hipoteca judicial "constitui efeito natural e imediato da sentença condenatória, de modo que pode ser deferida a requerimento do credor independentemente de outros requisitos, não previstos em lei".[81]

Direito de preferência. No CPC/1973 a hipoteca judiciária não assegura ao credor qualquer direito de preferência quanto ao recebimento dos créditos estabelecidos na sentença. Ela apenas figura como meio preventivo para se evitar a alienação dos bens em fraude à execução. A preferência leva em consideração apenas o registro da penhora ou do arresto, segundo posição dominante do STJ.

Conforme redação do § 4º, "a hipoteca judiciária, uma vez constituída, implicará, para o credor hipotecário, o direito de preferência quanto ao pagamento, em relação a outros credores, observada a prioridade no registro". Isso quer dizer que, nas hipóteses em que houver mais de um credor, o crédito daquele que fizer o registro da sentença perante o cartório de registro imobiliário terá preferência em relação aos demais. Ressalte-se que essa regra é processual e, portanto, não se sobrepõe às preferências estabelecidas nas regras de direito material.

---

[80]   "O direito do credor à hipoteca judiciária não se suprime ante a recorribilidade, com efeito suspensivo, da sentença, nem ante a aparência de suficiência patrimonial do devedor, nem, ainda, de desproporção entre valor da dívida e o do bem sobre o qual recaia a hipoteca, apenas devendo, na execução, observar-se a devida adequação proporcional à dívida" (STJ, REsp 1.133.147/SP, 3ª Turma, Rel. Min. Sidnei Benetti, julgado em 04.05.2010).

[81]   Trecho do voto proferido no REsp 1.133.147/SP.

Responsabilidade objetiva. O § 5º estatui responsabilidade objetiva no caso de dano resultante de hipoteca judicial requerida com lastro em título de natureza provisória, isto é, que poderia sofrer alteração, uma vez que não transitou em julgado. Trata-se de um risco que o requerente pode ou não correr. Deve-se entender que o dispositivo se aplica à hipoteca fundamentada em tutela antecipada que tenha sido estabilizada (art. 304), pois a adoção desse efeito não implica imutabilidade e indiscutibilidade da crise de direito material.

Seção III
Da Remessa Necessária

CPC/2015	CPC/1973
Art. 496. Está sujeita ao duplo grau de jurisdição, não produzindo efeito senão depois de confirmada pelo tribunal, a sentença:	Art. 475. Está sujeita ao duplo grau de jurisdição, não produzindo efeito senão depois de confirmada pelo tribunal, a sentença:
I – proferida contra a União, os Estados, o Distrito Federal, os Municípios e suas respectivas autarquias e fundações de direito público;	I – proferida contra a União, o Estado, o Distrito Federal, o Município, e as respectivas autarquias e fundações de direito público;
II – que julgar procedentes, no todo ou em parte, os embargos à execução *fiscal*;	II – que julgar procedentes, no todo ou em parte, os embargos à execução *de dívida ativa da Fazenda Pública* (art. 585, VI).
§ 1º Nos casos previstos neste artigo, *não interposta a apelação no prazo legal*, o juiz ordenará a remessa dos autos ao tribunal, e, se não o fizer, o presidente do respectivo tribunal avocá-los-á.	§ 1º Nos casos previstos neste artigo, o juiz ordenará a remessa dos autos ao tribunal, haja ou não apelação; não o fazendo, deverá o presidente do tribunal avocá-los.
§ 2º **Em qualquer dos casos referidos no § 1º, o tribunal julgará a remessa necessária.**	§ 2º Não se aplica o disposto neste artigo sempre que a condenação, ou o *direito controvertido*, for de valor certo não excedente a ~~60 (sessenta) salários mínimos, bem como no caso de procedência dos embargos do devedor na execução de dívida ativa do mesmo valor~~.
§ 3º Não se aplica o disposto neste artigo quando a condenação ou o *proveito econômico obtido na causa* for de valor certo e líquido inferior a:	§ 3º Também não se aplica o disposto neste artigo quando a sentença estiver fundada em *jurisprudência do plenário do Supremo Tribunal Federal ou em súmula deste Tribunal ou do tribunal superior competente*.
I – **1.000 (mil) salários mínimos para a União e as respectivas autarquias e fundações de direito público;**	
II – **500 (quinhentos) salários mínimos para os Estados, o Distrito Federal, as respectivas autarquias e fundações de direito público e os Municípios que constituam capitais dos Estados;**	
III – **100 (cem) salários mínimos para todos os demais Municípios e respectivas autarquias e fundações de direito público.**	
§ 4º Também não se aplica o disposto neste artigo quando a sentença estiver fundada em:	
I – *súmula de tribunal superior;*	
II – *acórdão proferido pelo Supremo Tribunal Federal ou pelo Superior Tribunal de Justiça em julgamento de recursos repetitivos;*	
III – **entendimento firmado em incidente de resolução de demandas repetitivas ou de assunção de competência;**	
IV – **entendimento coincidente com orientação vinculante firmada no âmbito administrativo do próprio ente público, consolidada em manifestação, parecer ou súmula administrativa.**	

 **COMENTÁRIOS:**

Duplo grau de jurisdição e remessa necessária. O princípio do duplo grau de jurisdição consiste na possibilidade assegurada às partes de submeterem matéria já apreciada e decidida pelo juízo originário a novo julgamento por órgão hierarquicamente superior. Embora se trate de princípio ínsito ao sistema recursal, o duplo grau de jurisdição também encontra seu fundamento nas hipóteses em que, vencida a Fazenda Pública, a sentença precisa ser submetida ao tribunal, para fins de confirmação, mesmo que não haja recurso por parte do ente público vencido.

Trata-se do reexame necessário – ou remessa necessária –, que não deve ser considerado recurso, seja por lhe faltar tipicidade, seja por não deter diversos dos requisitos básicos exigidos para caracterização dos recursos, tais como a necessidade de fundamentação, o interesse em recorrer, a tempestividade, o preparo, entre outros. Por esse motivo, entende-se que a remessa necessária tem natureza jurídica de condição de eficácia da sentença, não se relacionando, portanto, com os recursos previstos na legislação processual.

No anteprojeto do CPC/2015 uma das propostas era a extinção da remessa necessária (reexame necessário ou duplo grau de jurisdição obrigatório). Apesar de não ter havido adesão de parte da bancada legislativa, o atual art. 496 restringiu, ainda mais, as hipóteses de aplicação do instituto.

Novos parâmetros de valor para a aplicação do reexame necessário. O CPC/2015 estabelece valores diferenciados de acordo com o ente envolvido. De fato, os entes mais bem aparelhados são os que menos precisam desse privilégio, sendo plenamente justificável a diferenciação. Ressalte-se que tal ideia já havia sido proposta em diversos projetos de lei, entre os quais cito o PL nº 3.533/2004, que previa a remessa necessária apenas nos casos em que a sentença fosse desfavorável aos Municípios com população igual ou inferior a um milhão de habitantes.

O parâmetro "valor da condenação" somente se aplica às hipóteses em que a sentença contiver valor certo e líquido. Assim, para os casos em que for necessária a liquidação, a remessa continua sendo obrigatória. Esse já era, inclusive, o entendimento do STJ.[82]

A redação do § 4º ampliou as hipóteses nas quais deverá prevalecer o entendimento jurisprudencial em detrimento da remessa necessária. A premissa nesses casos é: se a sentença está de acordo com o entendimento dos tribunais superiores, não há razões para submetê-la a reexame para simples confirmação do fundamento utilizado pelo julgador na sentença originária.

Seção IV
Do Julgamento das Ações Relativas às Prestações de Fazer, de Não Fazer e de Entregar Coisa

CPC/2015	CPC/1973
Art. 497. Na ação que tenha por objeto a prestação de fazer ou de não fazer, o juiz, se procedente o pedido, concederá a tutela específica ou determinará providências que assegurem **a obtenção de tutela pelo** resultado prático equivalente.	Art. 461. Na ação que tenha por objeto o cumprimento de obrigação de fazer ou não fazer, o juiz concederá a tutela específica da obrigação ou, se procedente o pedido, determinará providências que assegurem o resultado prático equivalente ao do adimplemento.

---

[82]   STJ, Súmula nº 490: "A dispensa de reexame necessário, quando o valor da condenação ou do direito controvertido for inferior a sessenta salários mínimos, não se aplica a sentenças ilíquidas."

> Parágrafo único. **Para a concessão da tutela específica destinada a inibir a prática, a reiteração ou a continuação de um ilícito, ou a sua remoção, é irrelevante a demonstração da ocorrência de dano ou da existência de culpa ou dolo.**

 COMENTÁRIOS:

O art. 461 do CPC/1973, com a redação que lhe foi dada pela Lei nº 8.952/1994 e as alterações da Lei nº 10.444/2002, instituiu meios que permitiram ao aplicador do direito assegurar a tutela específica ou o resultado prático que deveria ter sido produzido com o cumprimento da obrigação pactuada. O *caput* do art. 461 do CPC/1973 foi praticamente reproduzido no novo Código.

Tutela específica das obrigações de fazer e de não fazer. De acordo com o *caput*, poderá o juiz, na sentença, se procedente o pedido, conceder a tutela específica da obrigação de fazer ou não fazer, ou determinar providências que assegurem o resultado prático equivalente ao do adimplemento da obrigação originária. Exemplo: o Ministério Público, em ação civil pública, pleiteia seja o réu condenado a não lançar poluentes no ar. Poderá o juiz, na sentença, condenar o réu à tutela específica, consistente no abster-se de lançar poluentes, ou determinar providências que assegurem o mesmo resultado prático, ou seja, a preservação do meio ambiente, que pode ser alcançada com a instalação de filtros (tutela equivalente).

O referido dispositivo permite-nos extrair duas conclusões a propósito do momento para concessão da tutela equivalente. Pode ser concedida na própria sentença, em acolhimento a pedido alternativo do autor, ou de ofício, ante a impossibilidade de concessão da tutela específica. Pode também a tutela equivalente ser concedida após a sentença, de ofício, como consequência do descumprimento do preceito fixado no provimento judicial.

Dispensabilidade do dano. O parágrafo único do art. 497 é novidade no ordenamento, mas evidencia regra que já tinha aplicação na prática. Para surtir efeitos, a sentença de procedência pode ser complementada por comandos imperativos, que são acompanhados de medidas de pressão para que o próprio devedor adote a conduta devida e produza o resultado específico. A ação ou omissão prejudicial à efetivação da tutela correspondente deve ser "barrada", mesmo que a parte contrária não esteja agindo com dolo ou com culpa. Em termos práticos, ao autor deve ser garantida a satisfação do direito que já foi confirmado na sentença.

Astreintes. Independentemente da providência a ser adotada pelo magistrado para efetivar a tutela concedida na sentença, é possível a aplicação concomitante de multa com o intuito de desestimular o réu a descumprir a determinação judicial (art. 500). A multa poderá ser fixada por tempo de atraso, de forma a coagir o devedor a adimplir a obrigação na sua especificidade. Até mesmo nos casos em que a obrigação tenha se convertido em perdas e danos, permanece possível a aplicação da multa.

Além da multa, não se descarta a aplicação das medidas de apoio, tais como busca e apreensão, remoção de pessoas e coisas, desfazimento de obras, intervenção em empresas e impedimento de atividade nociva, se necessário com requisição de força policial (art. 536, § 1º).

Ao credor não é facultado optar pelo pagamento da multa ou pelo cumprimento do preceito fixado na sentença. Assim, se a multa não foi capaz de compelir o devedor a adimplir a obrigação específica, deverá o juiz determinar providências que assegurem o resultado prático equivalente ao adimplemento. Mesmo adimplindo a obrigação, poderá o credor, após o trânsito em julgado da sentença, promover a execução da multa (execução por quantia certa).

A conversão da obrigação em perdas e danos ocupa o último lugar no rol de alternativas postas à disposição do credor, figurando como medida substitutiva do objeto da obrigação original, caso não tenha a multa o poder de coação almejado e não seja possível obter a tutela equivalente (art. 499). Entretanto, poderá o autor desprezar as tutelas que o legislador lhe facultou e requerer, já na petição inicial, a substituição da obrigação específica por perdas e danos.

CPC/2015	CPC/1973
Art. 498. Na ação que tenha por objeto a entrega de coisa, o juiz, ao conceder a tutela específica, fixará o prazo para o cumprimento da obrigação. Parágrafo único. Tratando-se de entrega de coisa determinada pelo gênero e pela quantidade, o *autor* individualizá-la-á na petição inicial, se lhe couber a escolha, ou, *se a escolha couber ao réu*, este a entregará individualizada, no prazo fixado pelo juiz.	Art. 461-A. Na ação que tenha por objeto a entrega de coisa, o juiz, ao conceder a tutela específica, fixará o prazo para o cumprimento da obrigação. § 1º Tratando-se de entrega de coisa determinada pelo gênero e quantidade, o *credor* a individualizará na petição inicial, se lhe couber a escolha; *cabendo ao devedor escolher*, este a entregará individualizada, no prazo fixado pelo juiz.

 ## COMENTÁRIOS:

Tutela específica das obrigações de entregar coisa. Quando a sentença ou acórdão contiver obrigação de entrega de coisa, a efetivação da tutela far-se-á segundo o art. 498.

Na petição inicial, o autor requererá a providência judicial almejada, consistente numa ordem, mandamento ou determinação para que o réu entregue a coisa (certa) descrita no título que representa a obrigação (contrato de compra e venda, por exemplo). Quando se tratar de coisa incerta, ou seja, determinada apenas pelo gênero e quantidade (um boi zebu dentre aqueles que se encontravam na Exposição de Uberaba), o autor a individualizará na petição inicial, se lhe couber a escolha; cabendo ao devedor escolher, a ordem judicial será no sentido de que entregue a coisa individualizada no prazo fixado pelo juiz (art. 498, parágrafo único). A ordem visada pelo autor poderá ser pleiteada a título de tutela antecipada ou final.

Em resposta ao pedido do autor, poderá o juiz, na decisão, final ou antecipatória, conceder a tutela específica, ou seja, determinar a entrega da coisa ou determinar providências que assegurem o mesmo resultado prático. Exemplo: a concessionária se obrigou a entregar o automóvel modelo Marea ELX. Ocorre que o modelo ELX não é mais fabricado, mas a concessionária tem em seu pátio o modelo ELP, similar ao que consta do contrato. Pode o juiz, a requerimento do autor, determinar a entrega do modelo similar, assegurando, assim, resultado prático equivalente.

Como meio de compelir o réu a cumprir a determinação judicial, também poderá o juiz, de ofício ou a requerimento da parte, impor multa (*astreintes*) ao devedor da obrigação, fixando-lhe prazo razoável para entrega da coisa. Para evitar repetição, fazemos remissão ao que afirmamos a propósito da multa relativa ao cumprimento das obrigações de fazer e não fazer, perfeitamente aplicável à efetivação da tutela das obrigações de entregar coisa.

Não sendo a multa eficaz para vencer a resistência do réu a entregar a coisa no prazo estabelecido, "será expedido mandado de busca e apreensão ou de imissão na posse em favor do credor, conforme se tratar de coisa móvel ou imóvel" (art. 538).

A efetivação da tutela, como podemos verificar, é feita por coerção ou por atos do Estado-juízo sobre a própria coisa (busca e apreensão). Somente na hipótese extrema de perda da coisa ou de absoluta impossibilidade de apreendê-la, a obrigação converter-se-á em perdas e danos.

CPC/2015	CPC/1973
Art. 499. A obrigação somente será convertida em perdas e danos se o autor o requerer ou se impossível a tutela específica ou a obtenção de tutela pelo resultado prático equivalente.	Art. 461. [...] § 1º A obrigação somente se converterá em perdas e danos se o autor o requerer ou se impossível a tutela específica ou a obtenção do resultado prático correspondente.

COMENTÁRIOS:

Conferir comentários aos dispositivos anteriores.

CPC/2015	CPC/1973
Art. 500. A indenização por perdas e danos dar-se-á sem prejuízo da multa **fixada periodicamente para compelir o réu ao cumprimento específico da obrigação**.	Art. 461. § 2º A indenização por perdas e danos dar-se-á sem prejuízo da multa (art. 287).

COMENTÁRIOS:

Perdas e danos. Independentemente de a providência a ser adotada pelo magistrado para satisfação do direito confirmado na sentença, é possível a aplicação concomitante de multa com o intuito de desestimular o réu a descumprir a determinação judicial. A multa poderá ser fixada por tempo de atraso, de forma a coagir o devedor a adimplir a obrigação na sua especificidade. Entretanto, mesmo nos casos em que a obrigação tenha se convertido em perdas e danos, permanece possível a aplicação da multa.

A multa (ou *astreintes*) pelo descumprimento de obrigação de fazer ou não fazer poderá ser aplicada pelo juiz de ofício, ou seja, sem que haja prévio requerimento da parte (art. 536, § 1º). Como o Código prevê que terá que ser concedido prazo razoável para o cumprimento do preceito, deve-se intimar o devedor antes de se aplicar a multa. A intimação, ao contrário do que estava previsto no Código anterior e do entendimento do próprio STJ,[83] não necessita ser pessoal, podendo se dar através do advogado constituído nos autos (art. 513, § 2º).

---

[83] STJ, EDcl no AgRg no REsp 1.367.081/RS, 2ª Turma, Rel. Min. Humberto Martins, julgado em 21.05.2013.

Por não haver vedação expressa no CPC/2015,[84] a multa para coagir o devedor ao cumprimento de obrigação de fazer ou não fazer também é aplicável à Fazenda Pública. Esse entendimento já foi pacificado no âmbito do STJ.[85]

Ressalte-se que a inserção do texto na parte final do novo art. 500 não modificou a aplicação da multa coercitiva (*astreintes*), mas apenas apresentou a sua motivação específica, qual seja compelir ao cumprimento específico da obrigação. Diferencia-se, por exemplo, de eventual multa aplicada ao esbulhador em caso de novo ato atentatório à posse (art. 555, parágrafo único, I, correspondente ao art. 921, II, do CPC/1973).[86]

CPC/2015	CPC/1973
Art. 501. Na ação que tenha por objeto a emissão de declaração de vontade, a sentença que julgar procedente o pedido, uma vez transitada em julgado, produzirá todos os efeitos da declaração não emitida.	Art. 466-A. Condenado o devedor a emitir declaração de vontade, a sentença, uma vez transitada em julgado, produzirá todos os efeitos da declaração não emitida.

COMENTÁRIOS:

Tutela para a declaração de vontade. Para facilitar a compreensão da regra constante no art. 501, vejamos o seguinte exemplo: duas pessoas celebram contrato preliminar de compra e venda, por intermédio do qual o proprietário do bem imóvel se obriga a vendê-lo. Nesse caso, a obrigação pactuada pelo proprietário do bem é obrigação de fazer, com uma peculiaridade: o fazer não se refere à prestação de um fato, mas à emissão de declaração de vontade. Trata-se de obrigação de fazer não fungível, ou seja, a declaração da venda só pode ser feita pelo proprietário do bem. Entretanto, a despeito dessa impossibilidade de satisfação da obrigação por terceiro, o que interessa ao credor é o resultado, a transferência da propriedade do bem que o proprietário se obrigou a vender, pouco importando o meio como se opera.

Em razão dessa singularidade, é possível a satisfação da obrigação por meio de decisão judicial que supra a vontade da outra parte. A sentença nesse caso, de natureza constitutiva, terá o condão de substituir a vontade da parte que se absteve de declarar.

---

[84] A multa que não é aplicável à Fazenda Pública é aquela do art. 523, § 1º, do CPC/2015.

[85] "AGRAVO REGIMENTAL EM AGRAVO CONTRA INADMISSÃO DE RECURSO ESPECIAL. EXECUÇÃO. OBRIGAÇÃO DE FAZER. MULTA DIÁRIA. CABIMENTO. FAZENDA PÚBLICA. AGRAVO REGIMENTAL DESPROVIDO. 1. É entendimento pacificado nesta Corte que, nas obrigações de fazer, é cabível a fixação de multa diária, cominada ao devedor por dia de atraso, mesmo quando se tratar de obrigação imposta à Fazenda Pública. Precedentes. 2. Agravo Regimental desprovido" (STJ, AgRg no Ag 999.812/PR 2008/0003411-9, 5ª Turma, Rel. Min. Napoleão Nunes Maia Filho, julgado em 17.03.2009, DJe 27.04.2009).

[86] "A multa imposta com base no art. 461, § 4º, do Código de Processo Civil tem natureza coercitiva e visa compelir o devedor a cumprir determinação judicial, possuindo natureza distinta da multa prevista no art. 921, inciso II, do Código de Processo Civil, que tem cunho sancionatório, aplicável na hipótese de nova turbação à posse; possuindo, inclusive, fatos geradores distintos" (STJ, REsp 903.226/SC, 5ª Turma, Rel. Min. Laurita Vaz, julgado em 18.11.2010, DJe 06.12.2010).

Seção V
Da Coisa Julgada

CPC/2015	CPC/1973
Art. 502. Denomina-se coisa julgada material a *autoridade* que torna imutável e indiscutível a *decisão de mérito* não mais sujeita a recurso.	Art. 467. Denomina-se coisa julgada material a *eficácia*, que torna imutável e indiscutível a *sentença*, não mais sujeita a recurso ~~ordinário ou extraordinário~~.

 COMENTÁRIOS:

Coisa julgada formal e material. Diz-se que há coisa julgada formal quando a sentença terminativa transita em julgado. Na coisa julgada formal, em razão da extinção da relação processual, nada mais pode ser discutido naquele processo. Entretanto, como não houve qualquer alteração qualitativa nem repercussão alguma na relação (intrínseca) de direito material, nada impede que o autor ajuíze outra ação, instaurando-se novo processo, a fim de que o juiz regule o caso concreto.

Também a coisa julgada material ocorre com o trânsito em julgado da sentença. O que a diferencia da coisa julgada formal é que agora a sentença transitada em julgado não só encerra a relação processual, mas compõe o litígio, havendo, portanto, modificação qualitativa na relação de direito material subjacente ao processo.

Destarte, além do efeito formal, a sentença (definitiva), não mais sujeita a recurso, produz também alteração na relação intrínseca, na relação de direito material. A sentença, tal como no fenômeno da coisa julgada formal, é indiscutível e imutável, mas essa imutabilidade e indiscutibilidade, nesse caso, recai não somente sobre a relação processual, sobre o processo, mas também sobre o direito material controvertido.

Correção feita pelo CPC/2015. Enquanto pender ou ainda couber qualquer recurso no processo ou reexame necessário, não há trânsito em julgado e, consequentemente, não será formada a coisa julgada. Sendo assim, é impróprio falar que ela se forma somente quando não mais for possível interpor recurso especial ou extraordinário.

CPC/2015	CPC/1973
Art. 503. A *decisão* que julgar total ou parcialmente *o mérito* tem força de lei nos limites da *questão principal expressamente decidida*. § 1º O disposto no *caput* aplica-se à resolução de questão prejudicial, decidida expressa e incidentemente no processo, se: I – dessa resolução depender o julgamento do mérito; II – a seu respeito tiver havido contraditório prévio e efetivo, não se aplicando no caso de revelia; III – o juízo tiver competência em razão da matéria e da pessoa para resolvê-la como questão principal. § 2º A hipótese do § 1º não se aplica se no processo houver restrições probatórias ou limitações à cognição que impeçam o aprofundamento da análise da questão prejudicial.	Art. 468. A *sentença*, que julgar total ou parcialmente *a lide*, tem força de lei nos limites da *lide e das questões decididas*.

◯ COMENTÁRIOS:

Coisa julgada e questão prejudicial. Entende-se como prejudicial a questão "relativa à outra relação ou estado que se apresenta como mero antecedente lógico da relação controvertida (à qual não diz diretamente respeito, mas sobre a qual vai influir), mas que poderia, por si só, ser objeto de um processo separado".[87] O CPC/1973 dispunha que a questão prejudicial alegada no processo não se inseria nos limites objetivos da coisa julgada quando não apresentado pedido específico sobre a questão. As questões prejudiciais só passariam em julgado depois de pedido específico da parte e, consequentemente, de decisão jurisdicional a respeito.[88]

O novo CPC estabelece regime diferenciado para as questões prejudiciais. A peculiaridade da nova legislação reside no fato de que o objeto da demanda poderá ser ampliado sem a necessidade de propositura de ação declaratória incidental. Para tanto, será necessário observar alguns requisitos (art. 503, § 1º):

(i) **A questão prejudicial deve ser decidida expressa e incidentalmente no processo (*caput* do § 1º).** Assim, se não houver manifestação judicial expressa na fundamentação da sentença, a questão prejudicial não estará acobertada pela coisa julgada. Contudo, se houver decisão expressa, mas inexistir impugnação da parte contrária, haverá preclusão da questão prejudicial incidental.

(ii) **A solução da questão prejudicial deverá contribuir para a decisão de mérito postulada inicialmente (inciso I).** "Assim, a questão resolvida como obter *dictum* ou as que tenham conteúdo processual não se tornam indiscutíveis pela extensão da coisa julgada."[89]

(iii) **Há necessidade de contraditório sobre a questão prejudicial, como garantia constitucional que permite a própria existência do processo (inciso II).** O contraditório aqui é diferente ("mais forte") daquele inerente às questões principais. Não há como a coisa julgada se estender à questão prejudicial quando, por exemplo, ocorrer revelia do réu, exatamente porque, nesse caso, não houve contraditório efetivo. Ao réu foi oportunizada a manifestação, mas ele não se manifestou. Há coisa julgada em relação à questão principal, mas não pode haver coisa julgada em

---

[87] THEODORO JÚNIOR, Humberto. **Curso de Direito Processual Civil**. 48. ed. Rio de Janeiro: Forense, 2008. p. 486.

[88] "Claramente, com o escopo de cumprir a prestação jurisdicional o juiz está autorizado a decidir todas as questões logicamente antecedentes ao pedido do autor, que é o objeto da demanda. Mas referidas questões são decididas incidentemente, objetivando apenas poder chegar à questão de fundo. Mas tais decisões não fazem 'coisa julgada', mesmo porque esta incide apenas sobre a questão da decisão principal. Assim, para que a relação jurídica prejudicial também seja julgada como principal, fazendo coisa julgada, é preciso que sobre ela haja pedido expresso, nos termos do art. 325, que é o pedido de declaração incidente que, também, pode ser denominada propositura de ação declaratória incidental" (TJSP, Ap. 45.582-1, 6ª Câmara, Rel. Des. Camargo Sampaio, julgado em 17.05.1984). Ressalte-se que, de acordo com o CPC/2015, não será necessária a propositura de ação declaratória incidental para que a questão prejudicial seja acobertada pela coisa julgada.

[89] DIDIER JR., Fredie; BRAGA, Paula Sarno; OLIVEIRA, Rafael Alexandria de. **Curso de Direito Processual Civil**. Salvador: JusPodivm, vol. 2, p. 536.

relação às questões prejudiciais, tendo em vista a excepcionalidade da sistemática trazida pela nova legislação.

(iv) O julgador deverá ser competente em razão da matéria e da pessoa para julgar a questão prejudicial como questão principal. Veja-se o exemplo da ação indenizatória postulada em face de empregado, cujo ato ilícito tenha ocorrido em razão da atividade laborativa; a controvérsia acerca da existência da relação de trabalho não poderá ser julgada pelo juiz da Justiça Comum, devendo-se suspender o processo com fulcro no art. 313, V, *a*.

Também se faz necessária a inexistência de restrições probatórias – a exemplo do mandado de segurança – ou de limitações à cognição ampla dessa questão por parte do julgador (art. 503, § 2º), a exemplo do procedimento de desapropriação.

Observadas essas premissas, terá o juiz de apreciar a questão, não incidentemente, na fundamentação, mas também expressamente no dispositivo da sentença. Tais requisitos, à luz do entendimento firmado no *Enunciado nº 313* do Fórum Permanente de Processualistas Civis (FPPC), são cumulativos.

Ação declaratória incidental. Importa registrar que, diferentemente do que ocorria no CPC/1973, a resolução da questão prejudicial nos moldes da nova sistematização independe de requerimento expresso da parte interessada, eis que decorre da própria lei. Nesse sentido, estabelece o *Enunciado nº 165* do Fórum Permanente de Processualistas Civis: "A análise de questão prejudicial incidental, desde que preencha os pressupostos dos parágrafos do art. 503, está sujeita à coisa julgada, independentemente de provocação específica para o seu reconhecimento."

Direito intertemporal. Os requisitos apresentados no § 1º para inserção da questão prejudicial nos limites da coisa julgada só se aplicam aos processos iniciados após a vigência do CPC/2015 (art. 1.054). Aos processos já em curso, a questão prejudicial é regulada pelos arts. 5º, 325 e 470 do CPC/1973.

CPC/2015	CPC/1973
Art. 504. Não fazem coisa julgada:	Art. 469. Não fazem coisa julgada:
I – os motivos, ainda que importantes para determinar o alcance da parte dispositiva da sentença;	I – os motivos, ainda que importantes para determinar o alcance da parte dispositiva da sentença;
II – a verdade dos fatos, estabelecida como fundamento da sentença.	II – a verdade dos fatos, estabelecida como fundamento da sentença;
	~~III – a apreciação da questão prejudicial, decidida incidentemente no processo.~~

 ## COMENTÁRIOS:

Limitação da formação de coisa julgada. Para formar a coisa julgada não basta, entretanto, que questão conste dos pedidos formulados pelo autor ou pelo réu. É indispensável que haja apreciação do tema na parte dispositiva da sentença. Se a sentença é omissa quanto a um dos pedidos, não se forma coisa julgada com relação a ele, porque não há sentença implícita. Nada que estiver fora do pedido e do dispositivo faz coisa julgada.

A parte *dispositiva* deve ser interpretada de maneira a alcançar não somente o pedido – objeto do processo, pretensão deduzida pelo autor ou pelo réu –, mas também a causa de pedir – fatos e fundamentos jurídicos do pedido, como, por exemplo, o contrato de locação e a inadimplência, numa ação de resolução –, não se limitando à parte da sentença que, por exemplo, somente decreta o despejo numa ação locatícia.

Ressalte-se que a hipótese do inciso III (CPC/1973) foi realocada do art. 503. Em síntese, todas as questões prejudiciais, desde que observados o contraditório pleno e os demais requisitos do dispositivo anterior, se submeterão à coisa julgada. Como já dito, de acordo com o CPC/2015 não haverá mais necessidade de se propor uma ação incidental com o objetivo de ampliar os efeitos da coisa julgada, de forma a alcançar, também, a questão prejudicial.

CPC/2015	CPC/1973
Art. 505. Nenhum juiz decidirá novamente as questões já decididas relativas à mesma lide, salvo:	Art. 471. Nenhum juiz decidirá novamente as questões já decididas, relativas à mesma lide, salvo:
I – se, tratando-se de relação jurídica *de trato continuado*, sobreveio modificação no estado de fato ou de direito, caso em que poderá a parte pedir a revisão do que foi estatuído na sentença;	I – se, tratando-se de relação jurídica *continuativa*, sobreveio modificação no estado de fato ou de direito; caso em que poderá a parte pedir a revisão do que foi estatuído na sentença;
II – nos demais casos prescritos em lei.	II – nos demais casos prescritos em lei.

 ## COMENTÁRIOS:

Princípio da inalterabilidade das decisões judiciais. Em geral, uma vez decidida a questão, o juiz sobre ela não pode emitir novo pronunciamento, seja em decorrência da coisa julgada ou da preclusão.

O art. 505 constitui exceção à impossibilidade de novo julgamento sobre as questões já decididas. Outras exceções à regra da indiscutibilidade encontram-se previstas nos arts. 533, § 3º, do CPC, 15 da Lei nº 5.478/1968 e 1.699 do CC, que permitem a revisão da pensão alimentícia fixada em razão de ato ilícito ou de relação de parentesco, se sobrevier mudança nas condições econômicas de alimentante ou alimentando.

No mesmo sentido, dispõe a Súmula nº 239 do STF que a decisão que declara indevida a cobrança do imposto em determinado exercício não faz coisa julgada em relação aos posteriores, exatamente pela natureza continuativa da relação jurídica existente entre o Fisco e os contribuintes.

Relação jurídica continuativa. É aquela que se projeta no tempo com característica de continuidade. É justamente o que ocorre na ação de alimentos, cuja prestação alimentícia é fixada tendo-se em conta a necessidade do alimentando e a possibilidade de pagamento do alimentante no momento da decisão.

Também a regulamentação de guarda de filhos pode sempre ser revisada, porquanto fixada tendo em vista as circunstâncias do momento. Nessa hipótese, ocorrendo alteração dos elementos fáticos que motivaram a sentença, abre o legislador uma exceção à imutabilidade e à intangibilidade do julgado, permitindo sua revisão.

Há corrente doutrinária que entende existir apenas a coisa julgada formal nas sentenças que decidem relação jurídica continuativa, uma vez que a extinção do feito, mesmo com resolução do mérito, não impedirá que qualquer das partes ajuíze posterior demanda com fundamento em mudança superveniente. Na ação revisional de alimentos, por exemplo, a sentença posterior integrar-se-á à decisão anterior, constituindo, ambas, nova situação jurídica.

Para outra parte da doutrina, a revisional de alimentos constitui demanda distinta da anteriormente proposta, porquanto se assenta em causa de pedir diversa da deduzida na primeira ação e contém pedido diverso do formulado anteriormente.

Assim, segundo essa corrente, também nas relações jurídicas continuativas (ações de alimentos) haveria a formação de coisa julgada material. Para o STJ, a peculiaridade dessas decisões reside no fato de que elas contêm, implicitamente, a cláusula *rebus sic stantibus*, que atua enquanto se mantiverem íntegras as situações de fato e de direito existentes quando da prolação da sentença (STJ, AgRg no REsp 1.193.456/RJ, Rel. Min. Humberto Martins, julgado em 07.10.2010).

Afora o caso de relação jurídica continuativa, o Código menciona outras hipóteses nas quais o juiz pode alterar o pronunciamento jurisdicional originário, como, por exemplo, quando reexamina questões referentes a pressupostos processuais, acolhe embargos de declaração com efeitos infringentes, retrata-se ante a interposição de apelação contra sentença de indeferimento da petição inicial ou de improcedência liminar.

CPC/2015	CPC/1973
Art. 506. A sentença faz coisa julgada às partes entre as quais é dada, não prejudicando terceiros.	Art. 472. A sentença faz coisa julgada às partes entre as quais é dada, não ~~beneficiando, nem~~ prejudicando terceiros. ~~Nas causas relativas ao estado de pessoa, se houverem sido citados no processo, em litisconsórcio necessário, todos os interessados, a sentença produz coisa julgada em relação a terceiros.~~

 ## COMENTÁRIOS:

Limites subjetivos da coisa julgada. A sentença, como pronunciamento estatal, vale para todos, não tem limites. O que tem limites é a imutabilidade e a indiscutibilidade da sentença, enfim, é a coisa julgada, que não pode prejudicar estranhos à relação processual.

Ocorre de o estranho ao processo ser alcançado pelos efeitos definitivos da sentença, seja para prejudicá-lo ou para beneficiá-lo. Assim, os efeitos da sentença que rescinde contrato de locação atingem os sublocatários, a despeito de não terem eles participado da relação processual. Por outro lado, a sentença que julga procedente ação reivindicatória proposta por um condômino a todos beneficiará.

Nesse caso, o que alcança o terceiro é apenas a eficácia natural da sentença, que, tal como os atos jurídicos em geral, vale para todos. Ninguém pode ignorar os efeitos de uma sentença que julgou procedente ação de usucapião. Transitada em julgado e levada a registro, constitui prova da propriedade perante qualquer pessoa. Todavia, conquanto não possa o terceiro ignorar a sentença, tal como não pode ignorar uma escritura pública de compra e venda, não está impedido de questionar a propriedade em juízo, intentando, por exemplo, ação reivindicatória acerca do mesmo bem.

Quanto ao réu, por ter figurado como parte no processo, uma vez transitada em julgado a sentença concessiva da usucapião e abstraindo-se da possibilidade do ajuizamento de ação rescisória, nunca mais poderá discutir o domínio do bem.

Na sucessão de partes e na substituição processual, porque o sucessor e o substituído são partes materiais na demanda e, portanto, não são terceiros, a coisa julgada opera entre eles. O Ministério Público, na qualidade de substituto processual, propõe ação civil *ex delicto*. A coisa julgada atinge o substituído.

Sobre os limites subjetivos da coisa julgada, vale transcrever trecho de recente julgado do STJ que aprimora essa explicação com a análise de um caso prático:

> Os bens de terceiro que, além de não estar incluído no rol do art. 592 do CPC, não tenha figurado no polo passivo de ação de cobrança não podem ser atingidos por medida cautelar incidental de arresto, tampouco por futura execução, sob a alegação de existência de solidariedade passiva na relação de direito material. De fato, conforme o art. 275, *caput* e parágrafo único, do CC, é faculdade do credor escolher a qual ou a quais devedores direcionará a cobrança do débito comum, sendo certo que a propositura da ação de conhecimento contra um deles não implica a renúncia à solidariedade dos remanescentes, que permanecem obrigados ao pagamento da dívida. Ressalte-se que essa norma é de direito material, restringindo-se sua aplicação ao momento de formação do processo cognitivo, quando, então, o credor pode incluir no polo passivo da demanda todos, alguns ou um específico devedor. Sob essa perspectiva, a sentença somente terá eficácia em relação aos demandados, não alcançando aqueles que não participaram da relação jurídica processual, nos termos do art. 472 do CPC [...] (STJ, REsp 1.423.083-SP, Rel. Min. Luis Felipe Salomão, julgado em 06.05.2014).

CPC/2015	CPC/1973
Art. 507. É *vedado* à parte discutir no curso do processo as questões já decididas a cujo respeito se operou a preclusão.	Art. 473. É *defeso* à parte discutir, no curso do processo, as questões já decididas, a cujo respeito se operou a preclusão.

 ## COMENTÁRIOS:

Preclusão. O dispositivo trata do instituto da preclusão, que consiste na perda de uma faculdade ou de um poder processual. Ela pode ser temporal (ocorre em virtude do decurso do prazo); consumativa (ocorre em virtude da prática anterior do ato) ou lógica (decorre da prática de ato logicamente incompatível com o poder ou a faculdade processual).

CPC/2015	CPC/1973
Art. 508. *Transitada* em julgado a decisão de mérito, *considerar-se-ão* deduzidas e repelidas todas as alegações e as defesas que a parte poderia opor tanto ao acolhimento quanto à rejeição do pedido.	Art. 474. *Passada* em julgado a sentença de mérito, *reputar-se-ão* deduzidas e repelidas todas as alegações e defesas, que a parte poderia opor assim ao acolhimento como à rejeição do pedido.

 ## COMENTÁRIOS:

Eficácia preclusiva extraprocessual da coisa julgada. As alegações e defesas abrangidas pela coisa julgada, ainda que não deduzidas no processo, são aquelas relacionadas com a causa de pedir. Vejamos, a propósito, os exemplos dados por Ernane Fidelis: o autor tenta cobrar, de novo, dívida reconhecida como paga. A alegação é tida por deduzida e repelida no primeiro processo. Na impugnação ao cumprimento da sentença, o devedor alega pagamento ou prescrição anterior à ação de conhecimento, não o tendo feito no curso do processo. Matéria acobertada pela coisa julgada.[90]

Capítulo XIV
Da Liquidação de Sentença

CPC/2015	CPC/1973
Art. 509. Quando a sentença *condenar ao pagamento de quantia ilíquida*, proceder-se-á à sua liquidação, **a requerimento do credor ou do devedor.**	Art. 475-A. Quando a sentença *não determinar o valor devido*, procede-se à sua liquidação.
I – por arbitramento, quando determinado pela sentença, convencionado pelas partes ou exigido pela natureza do objeto da liquidação;	[...]
	Art. 475-C. ~~Far-se-á a liquidação~~ por arbitramento quando:
II – pelo procedimento comum, quando houver necessidade de alegar e provar fato novo.	I – determinado pela sentença ou convencionado pelas partes;
§ 1º Quando na sentença houver uma parte líquida e outra ilíquida, ao credor é lícito promover simultaneamente a execução daquela e, em autos apartados, a liquidação desta.	II – o exigir a natureza do objeto da liquidação.
	Art. 475-F. ~~Na liquidação por artigos,~~ observar-se-á, ~~no que couber,~~ o procedimento comum ~~(art. 272)~~.
§ 2º Quando a *apuração* do valor depender apenas de cálculo aritmético, o credor *poderá promover, desde logo,* o cumprimento da sentença.	Art. 475-E. ~~Far-se-á a liquidação por artigos,~~ quando, ~~para determinar o valor da condenação,~~ houver necessidade de alegar e provar fato novo.
§ 3º **O Conselho Nacional de Justiça desenvolverá e colocará à disposição dos interessados programa de atualização financeira.**	Art. 475-I.
§ 4º Na liquidação é vedado discutir de novo a lide ou modificar a sentença que a julgou.	§ 2º Quando na sentença houver uma parte líquida e outra ilíquida, ao credor é lícito promover simultaneamente a execução daquela e, em autos apartados, a liquidação desta.
	Art. 475-B. Quando a *determinação* do valor ~~da condenação~~ depender apenas de cálculo aritmético, o credor *requererá* o cumprimento da sentença, ~~na forma do art. 475-J desta Lei, instruindo o pedido com a memória discriminada e atualizada do cálculo.~~
	Art. 475-G. *É defeso*, na liquidação, discutir de novo a lide ou modificar a sentença que a julgou.

 COMENTÁRIOS:

Formas de liquidação. O Novo Código contempla duas formas de liquidação: por arbitramento e pelo procedimento comum. A diferença entre estas e as formas previstas no Código de 1973 é apenas de nomenclatura. De acordo com o CPC/1973, na liquidação por artigos observa-se o procedimento adotado no processo do qual se origina a sentença. É possível, portanto, que a liquidação se realize pelo rito comum sumário ou pelo rito co-

---

[90] SANTOS, Ernane Fidelis dos. **Manual de Direito Processual Civil**. 3. ed. São Paulo: Saraiva, 1994. vol. 1, p. 493-494.

mum ordinário. Como o CPC/2015 prevê um procedimento único para todas as ações de conhecimento, a liquidação de sentença que dependa da prova de fatos novos somente será possível com utilização do procedimento comum.

Legitimados a requerer a liquidação. A alteração pontual no *caput* se refere à inclusão do devedor como legitimado para requerer a liquidação da sentença. Apesar de inexistir previsão expressa no CPC/1973, a doutrina[91] já admitia que o procedimento fosse requerido por qualquer das partes (credor ou devedor). A justificativa é simples: do mesmo modo que o credor tem o direito de saber o quanto irá receber futuramente, o devedor também tem o direito de conhecer a quantia que provavelmente terá que pagar.

Sentença parcialmente líquida. O § 1º mantém a possibilidade de, no caso de liquidez parcial da sentença, a parte interessada requerer, concomitantemente, o cumprimento da parte líquida nos próprios autos e a liquidação da parte ilíquida em autos apartados.

Dispensabilidade da fase de liquidação. Nas sentenças cujo valor dependa apenas de cálculo aritmético, persiste a necessidade de apresentação de memória discriminada e atualizada do débito. Nesse caso, ao invés de se fazer a liquidação, deve-se promover o pedido de cumprimento da sentença. A novidade é que para facilitar a apresentação dos cálculos e evitar a atualização do crédito por uma infinidade de índices, o CPC/2015 prevê que incumbe ao Conselho Nacional de Justiça o desenvolvimento e a disponibilidade de programa de atualização financeira.

Limites da decisão na fase de liquidação. A liquidação não pode ser utilizada para a impugnação ou inovação do que já foi objeto de julgamento. Em outras palavras, a cognição da fase de liquidação de sentença, em qualquer de suas duas espécies, deve se limitar ao *quantum debeatur* ou à extensão da obrigação devida pelo executado.

CPC/2015	CPC/1973
Art. 510. *Na* liquidação por arbitramento, o juiz **intimará as partes para a apresentação de pareceres ou documentos elucidativos, no prazo que fixar, e, caso não possa decidir de plano**, nomeará perito, *observando-se, no que couber, o procedimento da prova pericial.*	Art. 475-D. *Requerida a* liquidação por arbitramento, o juiz nomeará o perito *e fixará o prazo para a entrega do laudo.*

 ## COMENTÁRIOS:

Liquidação por arbitramento e pareceres técnicos. O Novo Código permite que as próprias partes apresentem os documentos e pareceres necessários à apuração do *quantum debeatur* sem a necessidade de prévia nomeação de perito. Somente quando o juiz, de pos-

---

[91] Humberto Theodoro Júnior, por exemplo, em obra sobre as reformas do CPC de 1973, afirma que "o devedor tem não apenas o dever de cumprir a condenação, mas também o direito de liberar-se da obrigação" e, por essa razão, pode requerer a liquidação da sentença (THEODORO JÚNIOR, Humberto. **As novas reformas do Código de Processo Civil**. Rio de Janeiro: Forense, 2006. p. 188). Araken de Assis, por sua vez, também já entendia que "a todo devedor interessado em adimplir a dívida, e a todo credor interessado em realizar seu crédito, atribui-se pretensão a liquidar, ou seja, individualizar o objeto da prestação" (ASSIS, Araken de. **Cumprimento da sentença**. Rio de Janeiro: Forense, 2010. p. 80).

se dos elementos apresentados pelos interessados, não puder decidir de plano o valor da condenação, será possível a produção de prova pericial.

O prazo para apresentação do laudo é fixado pelo juiz (art. 465), e o procedimento seguirá o disposto nos arts. 464 a 480 do novo diploma processual.

CPC/2015	CPC/1973
Art. 511. **Na liquidação pelo procedimento comum**, o juiz determinará a intimação do requerido, na pessoa de seu advogado **ou da sociedade de advogados a que estiver vinculado, para, querendo, apresentar contestação no prazo de 15 (quinze) dias,** *observando-se, a seguir, no que couber, o disposto no Livro I da Parte Especial deste Código.*	Art. 475-A. [...]. § 1º *Do requerimento de liquidação de sentença* será a parte intimada, na pessoa de seu advogado. Art. 475-F. *Na liquidação por artigos*, observar-se-á, no que couber, *o procedimento comum (art. 272).*

 ## COMENTÁRIOS:

Procedimento da liquidação pelo procedimento comum. A procuração outorgada na fase de conhecimento é válida para todas as fases do processo e, portanto, também o é para a fase de liquidação de sentença (art. 105, § 4º).

A intimação nessa fase continua sendo realizada, como regra, na pessoa do advogado do requerido. A diferença entre os dispositivos é que o CPC/2015 inclui a possibilidade de intimação, também, da sociedade de advogados. Essa previsão se harmoniza com a redação do art. 105, § 3º, que determina ao advogado integrante de sociedade de advocacia a indicação, no instrumento de mandato anexado à petição inicial, dos dados do escritório ao qual estiver vinculado. Vale ressaltar que não é a sociedade que atuará nos autos. O patrocínio da causa é pessoal. A sociedade apenas será intimada de determinadas publicações através do diário oficial. E essa intimação compele o advogado à atuação.

Como já referido nos comentários ao art. 509, a liquidação pelo procedimento comum equivale à liquidação por artigos do CPC/1973. Afinal, "artigos" significam pontos que, uma vez impugnados, devem ser provados pelo liquidante (autor ou réu). O procedimento é o sumário ou ordinário, conforme o rito adotado na fase de conhecimento. No Novo Código, com a unificação dos procedimentos, fala-se em liquidação pelo procedimento comum.

Recurso cabível. Tanto a liquidação por arbitramento quanto a liquidação pelo procedimento comum encerram-se por meio de decisão interlocutória, que complementa a sentença liquidanda. O recurso cabível continua sendo o agravo de instrumento, agora previsto no art. 1.015, parágrafo único, do CPC/2015.

CPC/2015	CPC/1973
Art. 512. A liquidação poderá ser *realizada* na pendência de recurso, processando-se em autos apartados no juízo de origem, cumprindo ao liquidante instruir o pedido com cópias das peças processuais pertinentes.	Art. 475-A. [...] § 2º A liquidação poderá ser *requerida* na pendência de recurso, processando-se em autos apartados, no juízo de origem, cumprindo ao liquidante instruir o pedido com cópias das peças processuais pertinentes.

COMENTÁRIOS:

Liquidação na pendência de recurso. Não há alteração no procedimento para a liquidação de sentença na pendência de recurso. O art. 512 do CPC/2015 continua admitindo a liquidação antecipada de sentença, ainda que contra ela tenha sido interposto recurso dotado de efeito suspensivo.

É incomum que o próprio devedor requeira a liquidação antecipada, mas, como o CPC/2015 não faz nenhuma distinção, se for o credor (autor) a recorrer da sentença que, por exemplo, não acolher integralmente o seu pedido, poderá o devedor (réu) pleitear a liquidação.

Ressalte-se que, embora liquidada antecipadamente, caso penda recurso ao qual se imprimiu efeito suspensivo, a sentença não poderá ser executada provisoriamente.

TÍTULO II
DO CUMPRIMENTO DA SENTENÇA

Capítulo I
Disposições Gerais

CPC/2015	CPC/1973
Art. 513. O cumprimento da sentença será feito *segundo as regras deste Título, observando-se, no que couber e conforme a natureza da obrigação, o disposto no Livro II da Parte Especial deste Código.*	Art. 475-I. O cumprimento da sentença far-se-á *conforme os arts. 461 e 461-A desta Lei ou, tratando-se de obrigação por quantia certa, por execução, nos termos dos demais artigos deste Capítulo.*
§ 1º *O cumprimento da sentença que reconhece o dever de pagar quantia, provisório ou definitivo, far-se-á a requerimento do exequente.*	§ 1º *É definitiva a execução da sentença transitada em julgado e provisória quando se tratar de sentença impugnada mediante recurso ao qual não foi atribuído efeito suspensivo.*
§ 2º **O devedor será intimado para cumprir a sentença:**	
I – **pelo Diário da Justiça, na pessoa de seu advogado constituído nos autos;**	
II – **por carta com aviso de recebimento, quando representado pela Defensoria Pública ou quando não tiver procurador constituído nos autos, ressalvada a hipótese do inciso IV;**	
III – **por meio eletrônico, quando, no caso do § 1º do art. 246, não tiver procurador constituído nos autos;**	
IV – **por edital, quando, citado na forma do art. 256, tiver sido revel na fase de conhecimento.**	
§ 3º **Na hipótese do § 2º, incisos II e III, considera-se realizada a intimação quando o devedor houver mudado de endereço sem prévia comunicação ao juízo, observado o disposto no parágrafo único do art. 274.**	

§ 4° Se o requerimento a que alude o § 1° for formulado após 1 (um) ano do trânsito em julgado da sentença, a intimação será feita na pessoa do devedor, por meio de carta com aviso de recebimento encaminhada ao endereço constante dos autos, observado o disposto no parágrafo único do art. 274 e no § 3° deste artigo.

§ 5° O cumprimento da sentença não poderá ser promovido em face do fiador, do coobrigado ou do corresponsável que não tiver participado da fase de conhecimento.

COMENTÁRIOS:

Noções gerais. *Cumprimento*, na acepção utilizada tanto no CPC/2015 quanto no CPC/1973 (com as devidas alterações promovidas pela Lei n° 11.232/2005), é termo genérico. Abrange tanto a efetivação das obrigações de fazer, de não fazer e de entregar coisa, constantes de decisões judiciais, quanto a execução de obrigação de pagar quantia certa, constante dos títulos judiciais previstos no art. 515 do CPC/2015 (art. 475-N do CPC/1973). Todas essas obrigações (fazer, não fazer, entregar coisa e pagar quantia certa) serão cumpridas na mesma relação processual, ou seja, independentemente da instauração de processo executivo próprio.

O CPC/2015 organiza as regras gerais do cumprimento de sentença nos arts. 513 a 519. Tais disposições são aplicáveis, no que couber, a todas as modalidades de obrigações, de modo a tornar efetivo o direito reconhecido ao exequente.

Do mesmo modo que o Código de 1973 (art. 475-O), o CPC/2015 dispõe que o cumprimento de título judicial líquido poderá ser definitivo ou provisório. Será definitivo quando a decisão tiver transitado em julgado; será provisório quando a decisão tiver sido impugnada mediante recurso ao qual não tenha sido atribuído efeito suspensivo.

O procedimento referente ao cumprimento de sentença, seja definitivo ou provisório, contempla apenas as regras especiais, as quais devem ser completadas com procedimentos estabelecidos para a execução dos títulos judiciais. Aliás, cumprimento de sentença é uma espécie do gênero execução. Utiliza-se a expressão cumprimento de sentença quando a obrigação exequenda é reconhecida em título judicial; o termo execução, num sentido restrito, é utilizado para se referir ao procedimento para forçar o devedor a adimplir uma obrigação reconhecida em título extrajudicial.

No cumprimento de sentença que reconhece obrigação de pagar quantia em dinheiro, essa necessidade do preenchimento de lacunas é mais visível. As normas especiais contempladas nos arts. 523 a 526 regem, basicamente, a postulação (requerimento para o cumprimento) e a defesa (impugnação). Todas as fases referentes à penhora e à expropriação encontram-se reguladas no Livro II (arts. 831 e seguintes), que trata do processo de execução.

Intimação do devedor. A grande novidade nos dispositivos apresentados refere-se à forma pela qual o devedor será intimado para cumprir a decisão judicial. O Superior Tribunal de Justiça, interpretando os dispositivos do CPC/1973 relativos ao cumprimento de sentença, entendia que nas hipóteses de obrigações de fazer, não fazer e entregar coisa, o devedor deveria ser intimado pessoalmente;[92] já nas obrigações de pagar quantia certa, a intimação poderia se dar através do advogado constituído nos autos.[93] De acordo com o CPC/2015, independentemente da natureza da obrigação, a regra é que o devedor será intimado, pelo diário da justiça, na pessoa do advogado constituído. As exceções estão previstas nos incisos II, III e IV do § 2º do art. 513, bem como no § 4º do mesmo dispositivo.

A justificativa para a desnecessidade de intimação pessoal do devedor é que este, por ter participado do processo de conhecimento, já tem plena ciência da condenação, e sabe, por óbvio, que tem o dever de adimplir a obrigação fixada na decisão judicial. O que o CPC/2015 pretende não é prejudicar o devedor, mas possibilitar maior celeridade ao trâmite processual quando já se decidiu a relação de direito material.

Se, no entanto, o pedido de cumprimento de sentença for requerido após um ano do trânsito em julgado da sentença, a intimação deverá ser feita, necessariamente, na pessoa do devedor. Durante o período entre o trânsito e o pedido de cumprimento o juiz poderá mandar arquivar temporariamente os autos, apesar de inexistir permissão expressa no CPC/2015.[94]

Sujeitos passivos. Outra novidade encontra-se no § 5º do mesmo dispositivo, que contempla o entendimento jurisprudencial[95] acerca da limitação subjetiva do título executivo. Embora esse dispositivo possa ser deduzido do princípio do contraditório, o legislador processual aproveitou a oportunidade para fortalecer a ideia de proteção ao fiador ou coobrigado que não exerceu o seu direito de defesa no processo de conhecimento.

CPC/2015	CPC/1973
Art. 514. Quando o juiz decidir relação jurídica sujeita a condição ou termo, o *cumprimento da sentença dependerá de demonstração de* que se realizou a condição ou de que ocorreu o termo.	Art. 572. Quando o juiz decidir relação jurídica sujeita a condição ou termo, o *credor não poderá executar a sentença sem provar* que se realizou a condição ou que ocorreu o termo.

---

[92] STJ, Súmula nº 410: "A prévia intimação pessoal do devedor constitui condição necessária para a cobrança de multa pelo descumprimento de obrigação de fazer ou não fazer."

[93] Nesse sentido: "CUMPRIMENTO. SENTENÇA. INTIMAÇÃO. Tratou-se de REsp remetido pela 3ª Turma à Corte Especial, com a finalidade de obter interpretação definitiva a respeito do art. 475-J do CPC, na redação que lhe deu a Lei n. 11.232/2005, quanto à necessidade de intimação pessoal do devedor para o cumprimento de sentença referente a condenação certa ou já fixada em liquidação. Diante disso, a Corte Especial entendeu, por maioria, entre outras questões, que a referida intimação deve ser feita na pessoa do advogado, após o trânsito em julgado, eventual baixa dos autos ao juízo de origem, e a aposição do 'cumpra-se'; pois só após se iniciaria o prazo de quinze dias para a imposição da multa em caso de não pagamento espontâneo, tal como previsto no referido dispositivo de lei [...]" (STJ, REsp 940.274/MS, Rel. originário Min. Humberto Gomes de Barros, Rel. para o acórdão Min. João Otávio de Noronha, julgado em 07.04.2010).

[94] No CPC de 1973 o juiz poderia mandar arquivar os autos caso a execução não fosse requerida no prazo de 6 (seis) meses, sem prejuízo de posterior desarquivamento (art. 475-J, § 5º).

[95] STJ, Súmula nº 268: "O fiador que não integrou a relação processual na ação de despejo não responde pela execução do julgado."

COMENTÁRIOS:

Condição para o cumprimento da sentença. Além da existência do título e da liquidez da obrigação, o exequente tem que comprovar, para fins de execução, que a condição ou termo ao qual estava sujeita a relação jurídica foi implementado.

Condição é a cláusula que subordina o efeito do negócio jurídico, oneroso ou gratuito, a evento futuro e incerto (art. 121 do CC). Será suspensiva a condição se o direito decorrente do negócio for adquirido com a ocorrência do evento; será resolutiva se o direito se extinguir com a verificação da condição. Termo é a cláusula que subordina os efeitos do ato negocial a um acontecimento futuro e certo.[96]

CPC/2015	CPC/1973
Art. 515. São títulos executivos judiciais, **cujo cumprimento dar-se-á de acordo com os artigos previstos neste Título**:	Art. 475-N. São títulos executivos judiciais:
I – *as decisões* proferidas no processo civil que reconheçam a *exigibilidade* de obrigação de pagar quantia, de fazer, de não fazer ou de entregar coisa;	I – *a sentença* proferida no processo civil que reconheça a *existência* de obrigação de fazer, não fazer, entregar coisa ou pagar quantia;
II – a *decisão* homologatória de *autocomposição judicial*;	II – a sentença penal condenatória transitada em julgado;
III – *a decisão homologatória de autocomposição* extrajudicial de qualquer natureza;	III – a *sentença* homologatória de *conciliação ou de transação*, ~~ainda que inclua matéria não posta em juízo~~;
IV – o formal e a certidão de partilha, exclusivamente em relação ao inventariante, aos herdeiros e aos sucessores a título singular ou universal;	IV – a sentença arbitral;
V – **o crédito de auxiliar da justiça, quando as custas, emolumentos ou honorários tiverem sido aprovados por decisão judicial;**	V – *o acordo* extrajudicial, de qualquer natureza, *homologado judicialmente*;
VI – a sentença penal condenatória transitada em julgado;	VI – a sentença estrangeira, homologada pelo Superior Tribunal de Justiça;
VII – a sentença arbitral;	VII – o formal e a certidão de partilha, exclusivamente em relação ao inventariante, aos herdeiros e aos sucessores a título singular ou universal.
VIII – a sentença estrangeira homologada pelo Superior Tribunal de Justiça;	Parágrafo único. Nos casos dos incisos *II, IV e VI, o mandado inicial* ~~(art. 475-J)~~ *incluirá a ordem de citação do devedor, no juízo cível, para liquidação ou execução,* ~~conforme o caso~~.
IX – **a decisão interlocutória estrangeira, após a concessão do** *exequatur* **à carta rogatória pelo Superior Tribunal de Justiça;**	
~~X – o acórdão proferido pelo Tribunal Marítimo quando do julgamento de acidentes e fatos da navegação.~~ **VETADO**	
§ 1º Nos casos dos incisos *VI a IX, o devedor será citado no juízo cível para o cumprimento da sentença ou para a liquidação* **no prazo de 15 (quinze) dias.**	
§ 2º **A autocomposição judicial pode envolver sujeito estranho ao processo e versar sobre relação jurídica que não tenha sido deduzida em juízo.**	

96   DINIZ, Maria Helena. **Código Civil anotado**. São Paulo: Saraiva, 1995. p. 124.

COMENTÁRIOS:

Aprimoramento redacional. Alguns títulos executivos judiciais, sujeitos, portanto, ao cumprimento de sentença, tiveram sua redação alterada pelo CPC/2015. Outros foram inseridos pela nova legislação.

Decisão interlocutória. A redação do inciso I trocou o termo "sentença" por "decisão judicial", e inseriu como requisito para o cumprimento a necessidade de reconhecer a obrigação, ao invés de apenas constatar a sua existência.

A alteração pode parecer apenas gramatical, mas não o é. Com a utilização do termo genérico "decisão judicial", a determinação proferida por juiz ou tribunal competente, mesmo em se tratando de decisão interlocutória, poderá constituir título executivo judicial. Para tanto, a decisão interlocutória deverá reconhecer, ainda que provisoriamente, a existência de um dever de prestar.

Decisões de cunho declaratório. O reconhecimento acerca da exigibilidade da obrigação também pode estar contido em decisão de cunho declaratório ou condenatório. A sentença declaratória, por exemplo, desde que contenha a certificação de todos os elementos relativos à obrigação violada, constituirá título executivo judicial.[97] Para tanto, ela deverá não apenas reconhecer a existência da obrigação – como estava expresso no CPC/1973 –, mas também a sua exigibilidade. A troca do termo torna a redação tecnicamente mais correta e facilita a interpretação por parte dos operadores do direito.

Sentença homologatória de autocomposição. Os incisos II (complementado pelo § 2º) e III contemplam os títulos firmados mediante acordo entre as partes. A diferença entre eles é que no inciso III (decisão homologatória de autocomposição extrajudicial de qualquer natureza) não há necessidade de prévia controvérsia judicial; as partes levam à homologação o acordo firmado fora do juízo, cabendo ao magistrado aferir apenas a licitude do objeto e os seus aspectos formais.

A novidade trazida pelo CPC/2015 está no § 2º, que permite que o acordo se estenda a sujeitos que não tenham participado do processo. Nesse caso, o sujeito estranho à relação processual se submeterá aos termos da sentença homologatória e passará a integrar a relação processual para todos os efeitos. Exemplos. O taxista Moisés adquiriu dois veículos para integrar a sua frota. Depois de muitas idas e vindas à concessionária, pleiteou em juízo a substituição do veículo defeituoso. No acordo judicial, as partes acharam por bem incluir a substituição do motor do outro veículo, embora ainda não houvesse apresentado defeito (ampliação objetiva). O locador ingressou em juízo contra o fiador "A", exigindo dele os

---

[97] O STJ, antes mesmo da alteração levada a efeito pela Lei nº 11.232/2005 (ao CPC de 1973), já admitia a executoriedade de sentença declaratória que acerta a obrigação inadimplida. Parte da doutrina, porém, critica fortemente esse entendimento, asseverando que, independentemente do rótulo atribuído à ação, deve-se atribuir natureza condenatória à sentença que "reconhece" uma obrigação, pois somente são passíveis de execução as sentenças condenatórias. Cândido Rangel Dinamarco, por exemplo, defende que "em nenhuma hipótese a sentença meramente declaratória, mesmo quando positiva, constitui título executivo para a execução forçada. Ainda quando a obrigação declarada haja sido ou venha a ser descumprida, quando somente a declaração houver sido pedida ao juiz só a mera declaração ele dará: a oferta de título para a execução forçada está exclusivamente nas sentenças condenatórias, pois só elas contêm esse momento lógico" (**Instituições de Direito Processual Civil**. São Paulo: Malheiros, 2001. v. 3, p. 219-220).

reparos no imóvel locado. Ao acordo judicial compareceu também o fiador "B", que assumiu a metade dos valores referentes aos reparos. No caso de ampliação subjetiva, obviamente o sujeito até então estranho à relação processual se submeterá aos termos do acordo por ele subscrito e da sentença homologatória, passando a integrar a relação processual para todos os efeitos. Isso quer dizer que o terceiro (agora parte) também poderá, se for o caso, pleitear a anulação da decisão judicial (art. 966, § 4º), vez que fará coisa julgada entre todos aqueles que participaram da autocomposição.

Formal e certidão de partilha. Formal de partilha, que deve conter as peças elencadas no art. 655, é o documento extraído dos autos do inventário que constitui a prova da propriedade dos bens pelos sucessores do falecido. Quando o valor do quinhão hereditário não exceder a cinco salários mínimos, o formal de partilha pode ser substituído por um documento mais simplificado, denominado certidão de partilha (art. 655, parágrafo único). O formal e a certidão têm força executiva exclusivamente em relação ao inventariante, aos herdeiros e aos sucessores a título universal e singular. Contra essas pessoas pode o interessado requerer o cumprimento da sentença, para receber a quantia ou a posse dos bens que lhe couberam na partilha. Contra estranhos ao inventário, todavia, o título não permite o cumprimento, devendo o interessado se valer do processo de conhecimento.

Crédito de auxiliar da justiça. O inciso V é novidade no rol dos títulos executivos judiciais. É que no CPC/1973 ele é tratado como título extrajudicial, no rol do art. 585. Diante da nova disposição física desse título, ao invés de se requerer a expedição de certidão comprobatória da fixação e aprovação das custas, emolumentos e honorários, para posterior propositura de ação de execução autônoma, o credor poderá, nos mesmos autos em que se originou o crédito, pleitear o seu cumprimento.

Sentença penal condenatória transitada em julgado. A sentença penal condenatória torna certa a obrigação de indenizar (art. 91, I, do CP), ou seja, a condenação criminal, por si só, constitui título executivo cível.

A propósito, o juiz, ao proferir sentença condenatória, fixará valor mínimo para reparação dos danos causados pela infração, considerando os prejuízos sofridos pelo ofendido (art. 387, IV, do CPP).

Por não ter sido parte na relação que fixou o valor mínimo a título de reparação, o ofendido não precisa se submeter, necessariamente, a essa decisão. É que sobre ele não se podem estender os efeitos da coisa julgada.[98] Ao não fazer parte da relação processual-penal, travada, em regra, entre Ministério Público e réu, não se pode cogitar de coisa julgada abarcando o ofendido. Desse modo, poderá ele, ainda, promover a liquidação do dano que o delito realmente tenha causado, sem se prender ao valor previsto na sentença criminal. Se, no entanto, o ofendido entender razoável o valor arbitrado, poderá promover desde logo o cumprimento da sentença no juízo cível.

---

[98] Há exceções à impossibilidade de extensão dos efeitos da coisa julgada ao ofendido, no que tange à reparação dos danos causados pelo delito. É que nas hipóteses previstas nos incisos I (estar provada a inexistência do fato), IV (estar provado que o réu não concorreu para a infração penal) e VI (existir circunstância que exclua o crime ou isente o réu de pena) do art. 386 do CPP, haverá repercussão na esfera cível.

Sendo o caso de liquidação, esta observará o procedimento comum, nos termos do art. 509, II.

Liquidada a sentença, o seu cumprimento tramitará na forma dos arts. 520 a 522 (obrigação de pagar quantia certa), sendo que, em vez de intimar o devedor, o juiz mandará citá-lo para cumprir a obrigação (art. 515, § 1º).

Sentença arbitral. A sentença arbitral, que tem eficácia de título executivo independentemente de homologação judicial, produz, entre as partes e seus sucessores, os mesmos efeitos da sentença proferida pelos órgãos do Poder Judiciário.

Caso seja ilíquida, antes do cumprimento, a sentença arbitral deverá ser liquidada no juízo cível competente. Porque não se observa o processo jurisdicional para edição da sentença arbitral, o primeiro ato de comunicação do devedor, no que se refere à liquidação ou execução, será a citação (art. 515, § 1º).

A sentença arbitral estrangeira também pode ser executada na Justiça brasileira, mais especificamente na Justiça Federal (art. 109, X, da CF/1988), desde que previamente homologada pelo STJ (art. 105, I, *i*, da CF/1988).

Sentença estrangeira homologada pelo STJ. O Brasil admite a jurisdição estrangeira, mediante controle, desde que a decisão não se refira a imóveis situados no território brasileiro, nem a inventários e partilha de tais bens (art. 23).

O controle se faz por meio de homologação, ato jurisdicional da competência do STJ, de natureza constitutiva, pois não só reconhece a validade do julgado, como lhe confere eficácia. A homologação é um *plus* que se acrescenta à sentença estrangeira para que esta possa produzir efeitos no Brasil.

A homologação, cuja competência, de regra, é do presidente do STJ, é regulada pelas seguintes normas: art. 105, I, *i*, da CF; arts. 960 a 965 do CPC/2015; arts. 12 a 17 da LINDB e Regimento Interno do STJ. Para que a sentença seja homologada, o requerente deverá comprovar o trânsito em julgado, nos termos da Súmula nº 420 do STF.

A sentença estrangeira homologada será executada por carta de sentença, no juízo federal competente (art. 109, X, da CF/1988).

No juízo federal cível competente, o devedor será citado para o cumprimento da sentença homologada pelo STJ, ou, se for o caso, para a liquidação (art. 515, § 1º).

Frise-se que a competência do STJ para a homologação de sentenças estrangeiras limita-se à análise quanto aos requisitos formais do ato. Questões atinentes ao mérito fogem desse "juízo de delibação" e, portanto, não podem ser examinadas por esta Corte.

Decisão interlocutória estrangeira após concessão do *exequatur* à carta rogatória pelo STJ. Submete-se à homologação pelo STJ a decisão estrangeira que tenha natureza de sentença. No caso de decisão interlocutória estrangeira – que não tem natureza de sentença, mas de mero ato processual –, a sua exequibilidade está condicionada à prévia apreciação pelo STJ, o qual concederá uma espécie de autorização para que as diligências eventualmente requisitadas pela autoridade estrangeira possam ser executadas no Brasil. Para que produzam efeitos dentro da ordem jurídica nacional, as decisões interlocutórias serão cumpridas por meio de carta rogatória, que observará o disposto nos arts. 36 e 960 e seguinte do CPC/2015.

CPC/2015	CPC/1973
Art. 516. O cumprimento da sentença efetuar-se-á perante:	Art. 475-P. O cumprimento da sentença efetuar-se-á perante:
I – os tribunais, nas causas de sua competência originária;	I – os tribunais, nas causas de sua competência originária;
II – o juízo que *decidiu* a causa no primeiro grau de jurisdição;	II – o juízo que *processou* a causa no primeiro grau de jurisdição;
III – o juízo cível competente, quando se tratar de sentença penal condenatória, de sentença arbitral, de sentença estrangeira **ou de acórdão proferido pelo Tribunal Marítimo.**	III – o juízo cível competente, quando se tratar de sentença penal condenatória, de sentença arbitral ou de sentença estrangeira.
Parágrafo único. Nas hipóteses dos incisos *II e III*, o exequente poderá optar pelo juízo do atual domicílio do executado, pelo juízo do local onde se encontrem os bens sujeitos à *execução* **ou pelo juízo do local onde deva ser executada a obrigação de fazer ou de não fazer**, casos em que a remessa dos autos do processo será solicitada ao juízo de origem.	Parágrafo único. No caso do inciso *II do caput deste artigo*, o exequente poderá optar pelo juízo do local onde se encontram bens sujeitos à *expropriação* ou pelo do atual domicílio do executado, casos em que a remessa dos autos do processo será solicitada ao juízo de origem.

 ## COMENTÁRIOS:

Noções gerais. O art. 516 regula a competência para o cumprimento da sentença. Podem-se sintetizar as duas primeiras regras contidas nesse dispositivo (incisos I e II) da seguinte forma: competente para o processamento do cumprimento da sentença será o juízo no qual se prolatou a decisão. O fato de haver recurso não altera a competência para o cumprimento da sentença.

Causas de competência originária dos tribunais. Nas causas de competência originária dos tribunais (por exemplo, ação rescisória, mandado de segurança e ações em que todos os membros da magistratura sejam interessados), cabe ao tribunal que proferiu o acórdão processar o seu cumprimento (inciso I). Se a causa foi decidida no juízo do primeiro grau de jurisdição, dele será a competência para a execução da sentença (inciso II).

Em síntese, o inciso I do art. 516 estabelece uma regra geral de competência, pelo critério da funcionalidade. Se a causa é de competência originária, a execução será processada do próprio tribunal. Embora dedutível da própria regra, cabe indagar em qual órgão (pleno ou órgão fracionário) do tribunal tramitará o cumprimento da sentença. Pois será no próprio onde tramitou o processo (pleno, turma, seção). Como os atos executivos não são praticados pelo colegiado, e sim por uma autoridade monocrática, resta perquirir a quem competirá atuar como condutor da execução (cumprimento da decisão exequenda).

De regra, a competência será do relator da ação de competência originária. Nada obsta a que o regimento interno disponha de modo diverso, mas afrontaria a lógica segundo a qual quem "conhece o processo de conhecimento procede à execução das decisões nele proferidas". A tendência é acompanhar o que dispõe Regimento Interno do STF. No Supremo Tribunal Federal, a competência para processar e julgar (declarar extinta a extinção, nos termos do art. 924) a execução será sempre do relator do processo de conhecimento (arts. 21, II, e 341 do RISTF). No Superior Tribunal de Justiça, a competência para o cumprimento da decisão deve observar os incisos do art. 301 do Regimento Interno da Corte.

Sendo assim, fixada a competência para o processo de conhecimento, fica automaticamente determinada a competência de tal juízo para o cumprimento da sentença, com fundamento no critério funcional. Trata-se da expansão da perpetuação da competência, pouco importando, por exemplo, que um dos réus, em cujo domicílio a demanda fora proposta, tenha sido excluído do processo.

***Perpetuatio jurisdictionis* (exceção).** Cumpre ressalvar, entretanto, que o parágrafo único do art. 516 traz uma exceção ao princípio da *perpetuatio jurisdictionis*. Segundo tal dispositivo, na hipótese de cumprimento de sentença proferida no primeiro grau de jurisdição, de sentença penal condenatória, de sentença arbitral ou de sentença estrangeira, poderá o exequente optar pelo juízo do local do atual domicílio do executado, do local onde se encontram bens sujeitos à execução ou do local onde deva ser executada a obrigação de fazer ou de não fazer.

Vê-se, a toda evidência, que a regra mencionada, a par de excepcionar o princípio da perpetuação da competência, mitiga o caráter absoluto da competência funcional do juízo no qual se processou a causa. Ocorre que, numa visão prática, a disposição é salutar, "pois evita o intercâmbio de precatórias entre os dois juízos, com economia de tempo e dinheiro na ultimação do cumprimento da sentença".[99]

Sentença penal condenatória, sentença estrangeira e sentença arbitral. O inciso III do art. 516 foge um pouco a essas regras. Quanto à sentença penal, o que se executa é a obrigação civil (de indenizar), decorrente do efeito extrapenal das sentenças penais condenatórias. A sentença penal, nesse caso, é liquidada e posteriormente executada. A competência para a liquidação obedece às normas do processo de conhecimento. Por exemplo, tratando-se de reparação de dano decorrente de ato ilícito, a competência é do domicílio do autor ou do local do fato, conforme art. 53, V. E é nesse foro que, depois da liquidação, processar-se-á o cumprimento.

Em relação às sentenças estrangeiras, embora homologadas pelo STJ, a competência é, por disposição expressa da CF (art. 109, X), da justiça federal de primeiro grau.

Quanto à sentença arbitral, a competência para a execução desse título será do juízo cível, sendo que o foro para o ajuizamento da respectiva ação será definido de acordo com as normas sobre competência (art. 53). Nos Juizados Especiais, o juízo onde se homologa acordo ou laudo arbitral (art. 26 da Lei nº 9.099/1995) é o competente para a execução.

Anote que a regra de competência em relação aos acórdãos proferidos por Tribunal Marítimo (inciso III do art. 516) perdeu a sua eficácia em razão do veto oposto ao inciso X do art. 515, que atribuía a essa decisão a natureza de título executivo extrajudicial.

---

[99] THEODORO JÚNIOR, Humberto. **As novas reformas do Código de Processo Civil.** Rio de Janeiro: Forense, 2006. p. 179. Obs.: o autor se refere ao art. 475-P, parágrafo único, do CPC de 1973, cuja redação é semelhante à do atual art. 516, parágrafo único.

CPC/2015	CPC/1973
Art. 517. A decisão judicial transitada em julgado poderá ser levada a protesto, nos termos da lei, depois de transcorrido o prazo para pagamento voluntário previsto no art. 523.	Não há correspondência.
§ 1º Para efetivar o protesto, incumbe ao exequente apresentar certidão de teor da decisão.	
§ 2º A certidão de teor da decisão deverá ser fornecida no prazo de 3 (três) dias e indicará o nome e a qualificação do exequente e do executado, o número do processo, o valor da dívida e a data de decurso do prazo para pagamento voluntário.	
§ 3º O executado que tiver proposto ação rescisória para impugnar a decisão exequenda pode requerer, a suas expensas e sob sua responsabilidade, a anotação da propositura da ação à margem do título protestado.	
§ 4º A requerimento do executado, o protesto será cancelado por determinação do juiz, mediante ofício a ser expedido ao cartório, no prazo de 3 (três) dias, contado da data de protocolo do requerimento, desde que comprovada a satisfação integral da obrigação.	

 ## COMENTÁRIOS:

Protesto da decisão judicial transitada em julgado. O CPC/2015 traz uma nova possibilidade de compelir o devedor ao adimplemento da obrigação fixada na sentença, qual seja a de protestar a decisão judicial transitada em julgado junto a um cartório de notas e protestos de títulos e documentos.

Embora num primeiro momento possa parecer que a medida propõe uma inversão de valores, conferindo maior força executiva à restrição creditícia do que à própria sentença, tal mecanismo foi expressamente inserido no CPC/2015 como mais uma forma para se alcançar a efetividade dos julgados.

O protesto é possível sempre que a obrigação estampada no título é considerada líquida, certa e exigível. Por essa razão é que a decisão judicial que reconhece a exigibilidade de uma obrigação – como título executivo que é – permite a utilização desse mecanismo. Diferentemente da sentença, o protesto produz uma publicidade específica de divulgação da inadimplência, constituindo-se, assim, eficaz meio de execução indireta.

O protesto das decisões judiciais transitadas em julgado era prática já utilizada em alguns tabelionatos. No âmbito da jurisprudência, o STJ já havia firmado entendimento segundo o qual "a sentença condenatória transitada em julgado é título representativo de dívida" e, sendo assim, poderia ser levada a protesto (Recurso Especial 750.805/RS). A decisão, no entanto, não foi unânime, demonstrando a inexistência de entendimento pacífico sobre o tema.

O CPC/2015, além de pôr fim à controvérsia sobre a possibilidade de protesto de decisão judicial transitada em julgado, fixa regras para a efetivação da medida, as quais se encontram nos §§ 1º a 4º do art. 517.

Como o CPC/2015 prevê que a certidão para fins de protesto deverá indicar o valor da dívida e, ainda, que se deve aguardar o decurso do prazo para pagamento previsto no art. 523 (15 (quinze) dias contados da intimação), o protesto da decisão judicial só será viável quando esta se referir à obrigação de pagar quantia certa ou, no caso de obrigação de fazer e de não fazer, quando estas forem convertidas em perdas e danos.

O protesto da decisão judicial transitada em julgado pode versar sobre o valor da condenação, os juros, a correção monetária, as custas processuais e os honorários advocatícios fixados pelo juiz. Tendo em vista a referência no § 2º ao "valor da dívida", nada impede a inclusão dessas verbas no valor a ser protestado.

O procedimento previsto para o protesto é simples e, a um só tempo, atende aos anseios de celeridade e de efetividade da prestação jurisdicional, sem, contudo, prejudicar demasiadamente o devedor, que tem a opção de pagar, dentro do prazo legal, antes de ter seu nome levado aos cadastros restritivos de crédito.

Possibilidade de negativação do devedor. A negativação do devedor de obrigação constituída em título judicial é autorizada pelo § 5º do art. 782, que estende esse meio de coerção à execução definitiva de título judicial, ou seja, ao cumprimento definitivo de sentença.

A inclusão do devedor em cadastros de inadimplentes (SPC, Serasa e quejandos), conhecida popularmente como negativação, só pode ser determinada a requerimento do exequente, vedada a inclusão de ofício. A inscrição será cancelada imediatamente se for efetuado o pagamento, se for garantida a execução ou se a execução for extinta por qualquer outro motivo.

Na execução por quantia, pouco importa a natureza do título em que contemplada a obrigação (se judicial ou extrajudicial): o meio típico é a expropriação, caso o devedor, uma vez citado na execução de título extrajudicial ou intimado no cumprimento de sentença, não satisfaça o crédito. Além desse meio, o Código prevê expressamente como medida coercitiva o protesto e a negativação.

Na linha do ativismo judicial, não é incomum deparar-se com decisão que, com base no art. 139, V,[100] amplia sobremaneira os meios executivos. O fato de o executado não pagar a dívida e não indicar bens à penhora tem servido de mote para a apreensão de carteira nacional de habilitação, de passaporte e de cartões de crédito. Louvável o comprometimento com a máxima efetividade da execução. O receio é que se retroceda à fase anterior à Lex Poetelia Papiria, quando se admitia a escravidão por dívida. A lei expressamente não só veda a prisão por dívida (exceto em se tratando de execução de alimentos), bem como estabelece os meios coercitivos e sub-rogatórios (expropriação de bens) que orientam a execução. Muitas são as limitações que incidem sobre a penhora, como é o caso de salário e de depósitos, até certo limite, em caderneta de poupança. Não me parece que o legislador tenha dado carta branca ao juiz para, a qualquer custo, realizar o crédito exequendo. No máximo, pode-se admitir tais meios executivos quando se tratar de obrigação de prestação alimentícia.

---

[100]   "Art. 139: O juiz dirigirá o processo conforme as disposições deste Código, incumbindo-lhe: (...) IV – determinar todas as medidas indutivas, coercitivas, mandamentais ou sub-rogatórias necessárias para assegurar o cumprimento de ordem judicial, inclusive nas ações que tenham por objeto prestação pecuniária."

CPC/2015	CPC/1973
Art. 518. Todas as questões relativas à validade do procedimento de cumprimento da sentença e dos atos executivos subsequentes poderão ser arguidas pelo executado nos próprios autos e nestes serão decididas pelo juiz.	Não há correspondência.

 COMENTÁRIOS:

Defesa endoprocessual. O dispositivo não pode ser confundido com a chamada exceção de pré-executividade. Em verdade, a interpretação desse dispositivo deve conduzir à conclusão de que as questões não cognoscíveis de ofício poderão ser arguidas pelas partes no bojo do processo, por mera petição. São, portanto, matérias que geram nulidade relativa do processo executivo, a exemplo daquela disposta no art. 313, I. Com efeito, se há morte de qualquer das partes no curso do cumprimento de sentença e não há suspensão do processo, a nulidade será apenas relativa,[101] podendo ser arguida na forma do art. 518. Sendo uma nulidade absoluta (inexigibilidade da obrigação, por exemplo), o juiz pode conhecê-la de ofício, não se aplicando o referido dispositivo.

Recursos cabíveis. Vale lembrar que por se tratar de mera fase do processo de conhecimento, as decisões proferidas no cumprimento de sentença são impugnáveis mediante agravo de instrumento, conforme possibilita o art. 1.015, parágrafo único, do CPC/2015. Se, no entanto, houver encerramento da relação processual, com a extinção do processo, o recurso cabível será o de apelação. Em geral, o agravo de instrumento será recebido apenas no efeito devolutivo; já a apelação é recebida no duplo efeito (devolutivo e suspensivo), excetuando-se as hipóteses do art. 1.012, § 1º.

CPC/2015	CPC/1973
Art. 519. Aplicam-se as disposições relativas ao cumprimento da sentença, provisório ou definitivo, e à liquidação, no que couber, às decisões que concederem tutela provisória.	Não há correspondência.

 COMENTÁRIOS:

Aplicação subsidiária. Reafirmando a ideia de que as decisões interlocutórias podem ser executadas, o Novo CPC prevê que a decisão que concede pedido de tutela antecipada pode ser liquidada e cumprida da mesma forma prevista para as sentenças definitivas.

Com a nova disposição permite-se ao julgador, à vista das circunstâncias do caso concreto, buscar o modo mais adequado para se efetivar a decisão (antecipatória ou final) proferida e efetivamente não cumprida.

---

[101] É esse o entendimento do STJ (por exemplo: AgRg no AREsp 107.788/GO, Rel. Min. João Otavio de Noronha, julgado em 19.05.2015).

Capítulo II
Do Cumprimento Provisório da Sentença que Reconhece a Exigibilidade de Obrigação de Pagar Quantia Certa

CPC/2015	CPC/1973

Art. 520. *O cumprimento provisório* da sentença **impugnada por recurso desprovido de efeito suspensivo** *será realizado da mesma forma* que o **cumprimento** definitivo, *sujeitando-se ao seguinte regime*:

I – corre por iniciativa e responsabilidade do exequente, que se obriga, se a sentença for reformada, a reparar os danos que o executado haja sofrido;

II – fica sem efeito, sobrevindo *decisão* que modifique ou anule a sentença objeto da execução, restituindo-se as partes ao estado anterior e liquidando-se eventuais prejuízos nos mesmos autos;

III – se a sentença *objeto de cumprimento provisório* for modificada ou anulada apenas em parte, somente nesta ficará sem efeito a execução;

IV – o levantamento de depósito em dinheiro e a prática de atos que importem **transferência de posse** ou alienação de propriedade **ou de outro direito real**, ou dos quais possa resultar grave dano ao executado, dependem de caução suficiente e idônea, arbitrada de plano pelo juiz e prestada nos próprios autos.

§ 1º No cumprimento provisório da sentença, o executado poderá apresentar impugnação, se quiser, nos termos do art. 525.

§ 2º A multa e os honorários a que se refere o § 1º do art. 523 são devidos no cumprimento provisório de sentença condenatória ao pagamento de quantia certa.

§ 3º Se o executado comparecer tempestivamente e depositar o valor, com a finalidade de isentar-se da multa, o ato não será havido como incompatível com o recurso por ele interposto.

§ 4º A restituição ao estado anterior a que se refere o inciso II não implica o desfazimento da transferência de posse ou da alienação de propriedade ou de outro direito real eventualmente já realizada, ressalvado, sempre, o direito à reparação dos prejuízos causados ao executado.

§ 5º Ao cumprimento provisório de sentença que reconheça obrigação de fazer, de não fazer ou de dar coisa aplica-se, no que couber, o disposto neste Capítulo.

Art. 475-O. *A execução provisória* da sentença *far-se-á, no que couber*, *do mesmo modo* que a definitiva, *observadas as seguintes normas*:

I – corre por iniciativa, ~~conta~~ e responsabilidade do exequente, que se obriga, se a sentença for reformada, a reparar os danos que o executado haja sofrido;

II – fica sem efeito, sobrevindo *acórdão* que modifique ou anule a sentença objeto da execução, restituindo-se as partes ao estado anterior e liquidados eventuais prejuízos nos mesmos autos~~,~~ ~~por arbitramento~~;

III – o levantamento de depósito em dinheiro e a prática de atos que importem alienação de propriedade ou dos quais possa resultar grave dano ao executado dependem de caução suficiente e idônea, arbitrada de plano pelo juiz e prestada nos próprios autos.

§ 1º ~~No caso do inciso II do~~ *caput* ~~deste artigo~~, se a sentença *provisória* for modificada ou anulada apenas em parte, somente nesta ficará sem efeito a execução.

 **COMENTÁRIOS:**

Cumprimento provisório x Cumprimento definitivo. O cumprimento de título judicial líquido poderá ser definitivo ou provisório. Será definitivo quando a decisão tiver transitado em julgado; será provisório quando a decisão tiver sido impugnada mediante recurso ao qual não tenha sido atribuído efeito suspensivo.

Em geral, a apelação é recebida nos efeitos devolutivo e suspensivo (art. 1.012). Nas hipóteses relacionadas nos incisos do § 1º do art. 1.012, será recebida apenas no efeito devolutivo. Os recursos especial e extraordinário, em regra, são recebidos apenas no efeito devolutivo (art. 1.029, § 5º), o que viabiliza o cumprimento provisório do acórdão recorrido.

Para se definir a natureza do cumprimento (definitivo ou provisório), também se deve verificar se houve interposição de agravo de instrumento da decisão que julgou a liquidação (art. 1.015, parágrafo único). A concessão de efeito suspensivo ao agravo de instrumento, o que constitui exceção, simplesmente obstaculizará o cumprimento da decisão, uma vez que, suspensos os efeitos da decisão liquidatória, não se pode falar em título líquido. Por outro lado, se o agravo de instrumento foi recebido apenas no efeito devolutivo, que é a regra, pode o credor, desde já, promover o cumprimento. Esse, entretanto, será provisório, porquanto a decisão do recurso poderá modificar substancialmente o *quantum* devido ou até mesmo definir que nada há a ser liquidado.

Na execução definitiva, porque fundada em título judicial com trânsito em julgado, não se cogita de responsabilidade do exequente em prestação de caução para a prática de atos executivos tampouco em restituição das partes ao estado anterior. Nessa modalidade, a execução abrangerá todos os atos executivos (penhora, arrematação e pagamento) independentemente do oferecimento de qualquer garantia por parte do credor, uma vez que, em razão da definitividade do título, não se cogita de prejuízos pelos quais possa vir a ser responsabilizado o credor.

Basicamente, a distinção entre uma e outra modalidade de cumprimento é a responsabilidade do credor, a possibilidade de retorno das partes ao estado anterior e a exigência de caução para levantamento de depósito em dinheiro e alienação de propriedade ou de outro direito real.

Responsabilidade do credor. Nos termos do inciso I, o cumprimento provisório corre por conta e responsabilidade do credor. Trata-se se responsabilidade objetiva. Assim, reformado o título provisório, o credor/exequente deverá arcar com os prejuízos sofridos pelo executado, independentemente da verificação de culpa.

Status quo ante. A regra prevista no inciso II é complementada pelo § 4º, que estabelece que o retorno ao estado anterior não implicará desfazimento da transferência de posse ou da alienação de propriedade, ou de outro direito real, eventualmente já realizada. Nesses casos, a impossibilidade de restituição resolve-se em perdas e danos, cujos valores serão aferíveis no mesmo processo. A restituição ou o ressarcimento limitar-se-ão à parcela da decisão reformada ou anulada, caso a modificação ou anulação não tenha sido integral (inciso III).

Prestação de caução (inciso IV). A caução, isto é, a garantia, pode ser real ou fidejussória. A real funda-se em direitos reais de garantia, como hipoteca, penhor, anticrese ou depósito em dinheiro. A fidejussória funda-se em obrigação pessoal, como, por exemplo, a decorrente de fiança. A toda evidência, a caução deve ser prestada por terceiro que tem idoneidade financeira. Não se admite caução fidejussória do próprio credor, porquanto este, em decorrência da lei, já responde pelos danos que a execução provisória acarretar ao devedor. Em quatro hipóteses a lei autoriza a dispensa da caução. Nesse sentido, conferir os comentários ao art. 521.

Multa e honorários. Outra novidade é que na fase de cumprimento provisório da sentença poderá ser aplicada multa caso não ocorra o pagamento voluntário do débito no prazo de 15 (quinze) dias contados da intimação do executado. Essa multa, antes rechaçada por alguns julgados do STJ,[102] tem expressa previsão no Novo Código, mas somente é aplicável quando a decisão judicial reconhecer a exigibilidade de obrigação de pagar quantia certa. Caso o devedor pretenda se livrar da multa, poderá depositar judicialmente a quantia devida ao exequente, sem prejuízo da apresentação de impugnação no prazo legal.

Vale ressaltar que, quanto aos honorários, a sua fixação no âmbito do cumprimento provisório de sentença é perfeitamente cabível, consoante previsão expressa contida no § 1º do art. 85 do CPC/2015. Nesse caso, como o cumprimento provisório corre por iniciativa e responsabilidade do exequente, se a decisão for reformada, caber-lhe-á a reparação dos danos eventualmente causados ao executado, nestes se incluindo os honorários já desembolsados.

CPC/2015	CPC/1973
Art. 521. A caução *prevista no inciso IV do art. 520* poderá ser dispensada **nos casos em que**: I – o crédito for de natureza alimentar, **independentemente de sua origem**; II – o *credor* demonstrar situação de necessidade; III – pender o agravo do art. 1.042 (Redação dada pela Lei 13.256/2016); IV – **a sentença a ser provisoriamente cumprida estiver em consonância com súmula da jurisprudência do Supremo Tribunal Federal ou do Superior Tribunal de Justiça ou em conformidade com acórdão proferido no julgamento de casos repetitivos.** Parágrafo único. **A exigência de caução será mantida quando da dispensa possa resultar manifesto risco de grave dano de difícil ou incerta reparação.**	Art. 475-O [...] § 2º A caução *a que se refere o inciso III do caput deste artigo* poderá ser dispensada: I – ~~quando, nos casos~~ de crédito de natureza alimentar ~~ou decorrente de ato ilícito, até o limite de sessenta vezes o valor do salário mínimo~~, o *exequente* demonstrar situação de necessidade; II – ~~nos casos de execução provisória em que~~ pender agravo *perante o Supremo Tribunal Federal ou o Superior Tribunal de Justiça* ~~(art. 544), salvo quando da dispensa possa manifestamente resultar risco de grave dano, de difícil ou incerta reparação.~~

 ## COMENTÁRIOS:

Crédito de natureza alimentar. A hipótese do inciso I leva em conta a natureza do crédito, sem qualquer outro condicionamento, como origem, valor ou situação de necessidade do credor. Não há mais cumulação de requisitos como ocorria no CPC/1973. A definição de verba alimentar é oferecida pelo § 1º do art. 100 da Constituição Federal:

> Os débitos de natureza alimentícia compreendem aqueles decorrentes de salários, vencimentos, proventos, pensões e suas complementações, benefícios previdenciários e indenizações por

---

[102] Em alguns julgados o STJ entendeu que a multa somente é exigível com o trânsito em julgado da decisão. Exemplo: STJ, REsp 1.246.151/RS, Rel. Min. Castro Meira, julgado em 05.05.2011.

morte ou por invalidez, fundadas em responsabilidade civil, em virtude de sentença judicial transitada em julgado [...].

Necessidade do credor. A hipótese do inciso II é subjetiva. Se o credor alegar e provar situação de necessidade, o juiz dispensará a exigência de caução.

Agravo em REsp e RE. A terceira hipótese prevê a dispensa da caução em função da baixa perspectiva de modificação ou anulação do título provisório que deu ensejo ao cumprimento provisório.

Jurisprudência consolidada. O inciso IV permite a dispensa de caução quando a sentença a ser provisoriamente executada estiver em consonância com o entendimento dos tribunais superiores. A previsão se baseia no fato de as questões definidas na decisão exequenda já se encontrarem pacificadas, permitindo que o credor ultime a realização de seus créditos sem o ônus da caução. Isso porque, se o que foi decidido nas instâncias ordinárias estiver de acordo com a jurisprudência das cortes superiores, reduzidas são as chances de reforma da decisão, o que justifica a dispensa da garantia.

Ressalte-se que o CPC/2015 promoveu uma ampliação nas hipóteses de dispensa se comparado com o CPC/1973. Entretanto, o parágrafo único do art. 521 traz uma importante ressalva, que deve ser analisada casuisticamente. Se existir manifesto risco de grave dano de difícil ou incerta reparação a exigência de caução será mantida, ainda que a situação se enquadre em uma das hipóteses presentes nos incisos do art. 521.

CPC/2015	CPC/1973
Art. 522. *O cumprimento provisório da sentença será requerido por petição* **dirigida ao juízo competente.**	Art. 475-O. [...]
Parágrafo único. **Não sendo eletrônicos os autos, a petição será acompanhada** de cópias das seguintes peças do processo, cuja autenticidade poderá ser certificada pelo próprio advogado, sob sua responsabilidade pessoal:	§ 3º *Ao requerer a execução provisória, o exequente instruirá a petição* com cópias ~~autenticadas~~ das seguintes peças do processo, podendo o advogado declarar a autenticidade, sob sua responsabilidade pessoal:
I – *decisão* exequenda;	I – *sentença* ou acórdão exequendo;
II – certidão de interposição do recurso não dotado de efeito suspensivo;	II – certidão de interposição do recurso não dotado de efeito suspensivo;
III – procurações outorgadas pelas partes;	III – procurações outorgadas pelas partes;
IV – decisão de habilitação, se for o caso;	IV – decisão de habilitação, se for o caso;
V – facultativamente, outras peças processuais consideradas necessárias **para demonstrar a existência do crédito.**	V – facultativamente, outras peças processuais que o exequente considere necessárias.

 ## COMENTÁRIOS:

Competência para o cumprimento provisório. Como ainda não há trânsito em julgado, o exequente deverá requerer o cumprimento provisório por meio de petição dirigida ao juízo competente, o qual, como já dissemos, não se altera em virtude da interposição de recurso.

Documentação do cumprimento provisório. Para viabilizar a satisfação da decisão judicial, o exequente deverá instruir a petição com cópia dos documentos mencionados no art. 522, exceto se o processo já tramitar em autos eletrônicos. Em seguida, se deferida a petição, o executado será intimado na pessoa de seu advogado – regra – para, se quiser, apresentar impugnação (art. 520, § 1º).

Capítulo III
Do Cumprimento Definitivo da Sentença que Reconhece a Exigibilidade de Obrigação de Pagar Quantia Certa

CPC/2015	CPC/1973
Art. 523. No caso de condenação em quantia certa, ou já fixada em liquidação, **e no caso de decisão sobre parcela incontroversa,** *o cumprimento definitivo da sentença far-se-á a requerimento do exequente,* sendo o executado intimado para pagar o débito, no prazo de 15 (quinze) dias, **acrescido de custas, se houver.** § 1º Não ocorrendo pagamento voluntário no prazo do *caput*, o débito será acrescido de multa de dez por cento **e, também, de honorários de advogado de dez por cento.** § 2º Efetuado o pagamento parcial no prazo previsto no *caput*, a multa **e os honorários** *previstos no § 1º* incidirão sobre o restante. § 3º **Não efetuado tempestivamente o pagamento voluntário, será expedido, desde logo, mandado de penhora e avaliação, seguindo-se os atos de expropriação.**	Art. 475-J. Caso o devedor, condenado ao pagamento de quantia certa ou já fixada em liquidação, não o efetue no prazo de quinze dias, o montante da condenação será acrescido de multa no percentual de dez por cento e, *a requerimento do credor* ~~e observado o disposto no art. 614, inciso II, desta Lei,~~ *expedir-se-á mandado de penhora e avaliação.* *[...]* § 4º Efetuado o pagamento parcial no prazo previsto no *caput* ~~deste artigo~~, a multa *de dez por cento* incidirá sobre o restante.

 COMENTÁRIOS:

Noções gerais e decisão sobre parcela incontroversa. O cumprimento definitivo da sentença processa-se nos autos principais, mediante simples requerimento do exequente. O pedido deve ser instruído com os documentos pertinentes, a exemplo do demonstrativo atualizado do débito. Na sequência, será intimado o devedor, através de seu advogado constituído nos autos (regra), para pagar o débito no prazo de 15 (quinze) dias. Permanecendo a inadimplência, o valor será acrescido de custas, multa e honorários advocatícios.

O legislador insere outra hipótese de cumprimento definitivo, qual seja a decisão sobre parcela incontroversa da demanda. A possibilidade deve ser interpretada em conjunto com o julgamento antecipado parcial do mérito (art. 356, § 2º). Em maiores detalhes, a anterior orientação do STJ, segundo a qual a decisão sobre a parcela incontroversa não é suscetível de imunidade pela coisa julgada (REsp 1.234.887, julgado em 19.09.2013), não pode mais prevalecer. Ao albergar a doutrina dos capítulos da sentença, o CPC/2015 permite o julgamento de forma fatiada dos pedidos, de modo que a coisa julgada vai se formando progressivamente sobre cada parcela decidida.

Apesar desse entendimento que, em parte, segue o posicionamento do STF,[103] o CPC/2015, a fim de evitar problemas na contagem dos prazos processuais, estabeleceu que o termo *a quo* para a propositura de ação rescisória será o trânsito em julgado da última decisão proferida no processo. Assim, apesar de ser reconhecida a existência de capítulos autônomos, o CPC/2015 dirime a divergência existente no âmbito dos tribunais superiores quanto ao início do prazo para a referida ação em caso de recursos parciais.

Seguindo, então, a linha da eficiência, o legislador, no art. 356, § 2º, antecipando-se a qualquer posicionamento mais garantista (pró-devedor), estabeleceu que a parte poderá desde logo – ou seja, antes da finalização do processo – liquidar ou executar a obrigação reconhecida na decisão que julgar parcialmente o mérito, independentemente de caução, ainda que haja recurso contra essa interposto. Se houver trânsito em julgado da decisão, a execução será definitiva.

A sistemática do CPC/2015 permite, enfim, o cumprimento definitivo da decisão que julga antecipadamente o mérito, desde que ela tenha transitado em julgado. Nessa hipótese, não há falar em responsabilidade do exequente, tampouco em efeitos condicionados a eventual superveniência de decisão que modifique ou anule o julgamento parcial do mérito – elementos específicos do cumprimento provisório. Intimado da decisão e não pagando o executado o débito em 15 (quinze) dias, incidirá a multa de dez por cento, bem como os honorários advocatícios em igual percentual. Em suma, tudo igual. Tal e qual.

No entanto, enquanto não transitada em julgado – isto é, interposto agravo de instrumento contra a decisão, e sem eventual concessão de efeito suspensivo –, o cumprimento é provisório, regendo-se pelas normas pertinentes, mais protetivas ao executado em razão da provisoriedade da decisão.

Honorários advocatícios. Na sistemática do CPC/1973, por inexistir previsão expressa, o inadimplemento do devedor não permitia que ao montante da condenação fossem acrescidos honorários advocatícios. Esse entendimento, no entanto, já tinha sido superado pelo Superior Tribunal de Justiça quando do julgamento do Recurso Especial nº 1.134.186/RS, submetido ao rito dos recursos repetitivos (art. 543-C do CPC/1973). O CPC/2015 apenas consolidou o entendimento dessa Corte, possibilitando a fixação dos honorários em sede de cumprimento definitivo de sentença, por aplicação do princípio da causalidade.[104]

Impugnação ao cumprimento de sentença. O CPC/2015 também modifica as regras relativas à penhora dos bens do devedor. No CPC/1973 era preciso se garantir o cumprimento da sentença, através de prévia penhora, para que fosse possível a posterior apresentação de impugnação (defesa do executado). Na sistemática da nova legislação processual

---

[103]   STF, RE 666.589/DF, 1ª Turma, Rel. Min. Marco Aurélio, julgado em 25.03.2014.

[104]   Segundo esse princípio, aquele que deu causa à instauração do processo deve responder pelas despesas processuais (incluindo os honorários de advogado). Sendo assim, pouco importa que ainda se trate da mesma relação processual; se a sentença deixou de ser cumprida por deliberação de quem foi vencido, nada mais coerente do que se permitir a fixação de honorários também nesta fase. Ressalte-se que no início de 2015 o STJ editou duas novas Súmulas sobre o assunto: a 517 ("São devidos honorários advocatícios no cumprimento de sentença, haja ou não impugnação, depois de escoado o prazo para pagamento voluntário, que se inicia após a intimação do advogado da parte executada") e a 519 ("Na hipótese de rejeição da impugnação ao cumprimento de sentença, não são cabíveis honorários advocatícios").

é desnecessária prévia penhora para a apresentação, nos próprios autos, de impugnação ao cumprimento da sentença. A garantia, se fornecida, servirá para dar efeito suspensivo ao cumprimento. Essa alteração aproxima a impugnação ao cumprimento de sentença dos embargos do devedor na execução de título extrajudicial.

Moratória legal. Outro aspecto de suma relevância está relacionado à denominada moratória legal, instituto que, de acordo com o art. 745-A[105] do CPC/1973, permitia o parcelamento do saldo devedor nas execuções fundadas em título executivo extrajudicial. É que, embora estejamos tratando do cumprimento de sentença (execução de título judicial), o Superior Tribunal de Justiça, interpretando o art. 475-J c/c o art. 475-R,[106] ambos do CPC/1973, chegou a possibilitar a aplicação da regra relativa ao parcelamento do saldo devedor na execução de título extrajudicial à fase de cumprimento de sentença. Para a Corte, seria possível que o executado, no prazo de impugnação ao cumprimento, requeresse o parcelamento de seu débito, na forma do art. 745-A do CPC/1973.[107]

Esse entendimento, no entanto, não era unânime. Diversos tribunais de justiça estaduais, a exemplo do Tribunal de Justiça de Minas Gerais,[108] afastaram a aplicação do art. 745-A ao cumprimento de sentença, sob o fundamento de que a regra era incompatível com o procedimento e com o texto expresso do art. 475-J. Além disso, se no cumprimento de sentença o crédito foi previamente constituído ao longo de todo um processo, no qual foram dadas oportunidades ao devedor de cumprir a obrigação e também de se defender, não seria possível acolher o pedido de parcelamento em desfavor do detentor de um crédito já reconhecido judicialmente.

Pensando na celeridade e na efetividade da tutela jurisdicional, o legislador impossibilitou o pedido de parcelamento ao executado na fase de cumprimento de sentença, conforme vedação expressa contida no art. 916, § 7º, do CPC/2015.

---

[105] CPC/1973, art. 745-A. "No prazo para embargos, reconhecendo o crédito do exequente e comprovando o depósito de 30% (trinta por cento) do valor em execução, inclusive custas e honorários de advogado, poderá o executado requerer seja admitido a pagar o restante em até 6 (seis) parcelas mensais, acrescidas de correção monetária e juros de 1% (um por cento) ao mês."

[106] Art. 475-R. "Aplicam-se subsidiariamente ao cumprimento da sentença, no que couber, as normas que regem o processo de execução de título extrajudicial."

[107] Nesse sentido: "[...] A efetividade do processo como instrumento de tutela de direitos é o principal desiderato das reformas processuais engendradas pelas Leis 11.232/2005 e 11.382/2006. O art. 475-R do CPC expressamente prevê a aplicação subsidiária das normas que regem o processo de execução de título extrajudicial, naquilo que não contrariar o regramento do cumprimento de sentença, sendo certa a inexistência de óbice relativo à natureza do título judicial que impossibilite a aplicação da norma em comento, nem mesmo incompatibilidade legal. Portanto, o parcelamento da dívida pode ser requerido também na fase de cumprimento da sentença, dentro do prazo de 15 dias previsto no art. 475-J, *caput*, do CPC [...]" (STJ, REsp 1.264.272/RJ, Rel. Min. Luis Felipe Salomão, julgado em 08.05.2012).

[108] "EMENTA: AGRAVO DE INSTRUMENTO. CUMPRIMENTO DE SENTENÇA. PEDIDO DE PARCELAMENTO FUNDADO NO ART. 745-A DO CPC. IMPOSSIBILIDADE DE APLICAÇÃO. Não é possível a aplicação subsidiária do art. 745-A do CPC à fase de cumprimento da sentença, por incompatibilidade com o processo executivo de título judicial. Recurso não provido" (TJMG, Apelação 1.0702.08.437307-6/003, Rel. Des. Alvimar de Ávilla, julgado em 10.07.2013).

CPC/2015	CPC/1973
Art. 524. *O requerimento previsto no art. 523 será* instruído com *demonstrativo* discriminado e atualizado *do crédito*, **devendo a petição conter:**	Art. 475-B. ~~Quando a determinação do valor da condenação depender apenas de cálculo aritmético, o credor~~ *requererá o cumprimento da sentença, na forma do art. 475-J desta Lei*, instruindo o pedido com a *memória* discriminada e atualizada *do cálculo*.
I – o nome completo, o número de inscrição no Cadastro de Pessoas Físicas ou no Cadastro Nacional da Pessoa Jurídica do exequente e do executado, observado o disposto no art. 319, §§ 1º a 3º; **II – o índice de correção monetária adotado;** **III – os juros aplicados e as respectivas taxas;** **IV – o termo inicial e o termo final dos juros e da correção monetária utilizados;** **V – a periodicidade da capitalização dos juros, se for o caso;** **VI – especificação dos eventuais descontos obrigatórios realizados;** **VII – indicação dos bens passíveis de penhora, sempre que possível.** **§ 1º Quando** *o valor apontado no demonstrativo* **aparentemente** exceder os limites da *condenação*, a execução será iniciada pelo valor pretendido, *mas a penhora terá por base a importância que o juiz entender adequada.* **§ 2º Para a verificação dos cálculos**, *o juiz poderá valer-se de contabilista do juízo*, **que terá o prazo máximo de 30 (trinta) dias para efetuá-la, exceto se outro lhe for determinado.** **§ 3º Quando a elaboração** *do demonstrativo* depender de dados em poder de terceiros *ou do executado*, o juiz poderá requisitá-los, *sob cominação do crime de desobediência.* **§ 4º Quando a complementação do demonstrativo depender de dados adicionais em poder do executado, o juiz poderá, a requerimento do exequente, requisitá-los, fixando prazo de até 30 (trinta) dias para o cumprimento da diligência.** **§ 5º Se os dados adicionais a que se refere o § 4º não forem apresentados pelo executado, sem justificativa, no prazo designado, reputar-se-ão corretos os cálculos apresentados pelo exequente apenas com base nos dados de que dispõe.**	§ 1º Quando a elaboração *da memória do cálculo* depender de dados existentes em poder do *devedor ou* de terceiro, o juiz, *a requerimento do credor*, poderá requisitá-los, *fixando prazo de até trinta dias para o cumprimento da diligência.* § 2º Se os dados não forem, injustificadamente, apresentados *pelo devedor*, reputar-se-ão corretos os cálculos apresentados pelo *credor, e, se não o forem pelo terceiro, configurar-se-á a situação prevista no art. 362.* § 3º *Poderá o juiz valer-se do contador do juízo*, quando *a memória apresentada* ~~pelo credor~~ aparentemente exceder os limites da *decisão exequenda* e, ~~ainda, nos casos de assistência judiciária.~~ ~~§ 4º Se o credor não concordar com os cálculos feitos nos termos do § 3º deste artigo, far-se-á a~~ execução pelo valor ~~originariamente~~ pretendido, *mas a penhora terá por base o valor encontrado pelo contador.*

 ## COMENTÁRIOS:

Demonstrativo de débito como requisito imprescindível ao requerimento de cumprimento de sentença. Caberá ao exequente instruir a petição com o demonstrativo discriminado e atualizado do crédito, com a indicação de todos os elementos previstos nos incisos II, III, IV, V e VI do art. 524. Caso não o faça, apesar de não haver disposição expressa no CPC/2015, deve o juiz possibilitar a emenda da petição, com a advertência no sentido de que o descumprimento a essa determinação acarretará extinção do feito.

As especificações quanto aos elementos essenciais do demonstrativo a ser apresentado pelo credor se fizeram necessárias para a exata compreensão das verbas incidentes sobre o débito. É que como o CPC/1973 não discrimina os critérios necessários à verificação e evolução do *quantum debeatur*, na maioria dos casos não se têm condições de sequer conhecer o valor principal da dívida. A generalidade da redação daquele diploma permite que o credor se limite a indicar o valor do principal e acessório, sem tornar explícitos os critérios e elementos empregados na confecção do cálculo.

Se a confecção do demonstrativo depender de dados em poder de terceiros ou do executado, continua sendo possível intervenção judicial para se determinar o cumprimento da diligência. A diferença é que o CPC/2015 permite a cominação de crime de desobediência não apenas para o terceiro que, injustificadamente, deixar de cumprir a ordem judicial, mas também para o próprio executado (§ 3º).

Outra modificação trazida pelo novo Código está no § 1º, que permite ao juiz determinar a penhora com base no valor que entender devido, na hipótese em que o demonstrativo aparentemente exceder os limites da condenação. De acordo com a regra do CPC/1973, como o valor a ser penhorado depende do montante encontrado pelo contador, a tramitação do processo normalmente é comprometida pela falta de profissionais habilitados ou pelo excesso de trabalho.

CPC/2015	CPC/1973
Art. 525. **Transcorrido o prazo previsto no art. 523 sem o pagamento voluntário, inicia-se o prazo de 15 (quinze) dias para que o executado, independentemente de penhora ou nova intimação, apresente, nos próprios autos, sua impugnação.**	Art. 475-L. A impugnação ~~somente~~ poderá *versar* sobre:
§ 1º Na impugnação, **o executado** poderá *alegar*:	I – falta ou nulidade da citação, se o processo correu à revelia;
I – falta ou nulidade da citação se, **na fase de conhecimento**, o processo correu à revelia;	II – *inexigibilidade do título*;
II – ilegitimidade de parte;	III – penhora incorreta ou avaliação errônea;
III – *inexequibilidade* do título **ou inexigibilidade da obrigação**;	IV – ilegitimidade das partes;
IV – penhora incorreta ou avaliação errônea;	V – excesso de execução;
V – excesso de execução **ou cumulação indevida de execuções**;	VI – qualquer causa ~~impeditiva~~, modificativa ou extintiva da obrigação, como pagamento, novação, compensação, transação ou prescrição, desde que superveniente à sentença.
VI – **incompetência absoluta ou relativa do juízo da execução**;	§ 2º Quando o executado alegar que o exequente, em excesso de execução, pleiteia quantia superior à resultante da sentença, cumprir-lhe-á declarar de imediato o valor que entende correto, *sob pena de rejeição liminar dessa impugnação*.
VII – qualquer causa modificativa ou extintiva da obrigação, como pagamento, novação, compensação, transação ou prescrição, desde que supervenientes à sentença.	Art. 475-M. *A impugnação não terá efeito suspensivo*, podendo o juiz atribuir-lhe tal efeito desde que relevantes seus fundamentos e o prosseguimento da execução seja manifestamente suscetível de causar ao executado grave dano de difícil ou incerta reparação.
§ 2º **A alegação de impedimento ou suspeição observará o disposto nos arts. 146 e 148.**	Art. 475-M. [...]
§ 3º **Aplica-se à impugnação o disposto no art. 229.**	§ 1º Ainda que atribuído efeito suspensivo à impugnação, é lícito ao exequente requerer o prosseguimento da execução, oferecendo e prestando caução suficiente e idônea, arbitrada pelo juiz e prestada nos próprios autos.
§ 4º Quando o executado alegar que o exequente, em excesso de execução, pleiteia quantia superior à resultante da sentença, cumprir-lhe-á declarar de imediato o valor que entende correto, **apresentando demonstrativo discriminado e atualizado de seu cálculo.**	

§ 5º Na hipótese do § 4º, não apontado o valor correto ou não apresentado o demonstrativo, *a impugnação será liminarmente rejeitada,* **se o excesso de execução for o seu único fundamento, ou, se houver outro, a impugnação será processada, mas o juiz não examinará a alegação de excesso de execução.**

6º *A apresentação de impugnação não impede a prática dos atos executivos, inclusive os de expropriação,* podendo o juiz, **a requerimento do executado e desde que garantido o juízo com penhora, caução ou depósito suficientes,** atribuir-lhe efeito suspensivo, se seus fundamentos forem relevantes e se o prosseguimento da execução for manifestamente suscetível de causar ao executado grave dano de difícil ou incerta reparação.

§ 7º A concessão de efeito suspensivo a que se refere o § 6º não impedirá a efetivação dos atos de substituição, de reforço ou de redução da penhora e de avaliação dos bens.

§ 8º Quando o efeito suspensivo atribuído à impugnação disser respeito apenas a parte do objeto da execução, esta prosseguirá quanto à parte restante.

§ 9º A concessão de efeito suspensivo à impugnação deduzida por um dos executados não suspenderá a execução contra os que não impugnaram, quando o respectivo fundamento disser respeito exclusivamente ao impugnante.

§ 10. Ainda que atribuído efeito suspensivo à impugnação, é lícito ao exequente requerer o prosseguimento da execução, oferecendo e prestando, nos próprios autos, caução suficiente e idônea a ser arbitrada pelo juiz.

§ 11. **As questões relativas a fato superveniente ao término do prazo para apresentação da impugnação, assim como aquelas relativas à validade e à adequação da penhora, da avaliação e dos atos executivos subsequentes, podem ser arguidas por simples petição, tendo o executado, em qualquer dos casos, o prazo de 15 (quinze) dias para formular esta arguição, contado da comprovada ciência do fato ou da intimação do ato.**

§ 12. Para efeito do disposto *no inciso III do § 1º deste artigo,* considera-se também inexigível a obrigação reconhecida em título executivo judicial fundado em lei ou ato normativo considerado inconstitucional pelo Supremo Tribunal Federal, ou fundado em aplicação ou interpretação da lei ou do ato normativo tido pelo Supremo Tribunal Federal como incompatível com a Constituição Federal, **em controle de constitucionalidade concentrado ou difuso.**

Art. 475-L.

§ 1º Para efeito do disposto no inciso *II do caput* deste artigo, considera-se também inexigível o título judicial fundado em lei ou ato normativo declarados inconstitucionais pelo Supremo Tribunal Federal, ou fundado em aplicação ou interpretação da lei ou ato normativo tidas pelo Supremo Tribunal Federal como incompatíveis com a Constituição Federal.

§ 13. No caso do § 12, os efeitos da decisão do Supremo Tribunal Federal poderão ser modulados no tempo, em atenção à segurança jurídica.

§ 14. A decisão do Supremo Tribunal Federal referida no § 12 deve ser anterior ao trânsito em julgado da decisão exequenda.

§ 15. Se a decisão referida no § 12 for proferida após o trânsito em julgado da decisão exequenda, caberá ação rescisória, cujo prazo será contado do trânsito em julgado da decisão proferida pelo Supremo Tribunal Federal.

 ## COMENTÁRIOS:

Natureza jurídica da impugnação ao cumprimento de sentença. Num sentido lato, impugnação designa o ato ou efeito de impugnar, de contestar, ou o conjunto de argumentos com que se impugna. No sentido empregado no art. 525, tem natureza jurídica de defesa e de ação, dependendo da perspectiva que se analise. Defesa porque constitui meio pelo qual o devedor, na própria relação processual, opõe resistência ao modo e aos limites da execução. Ação porque, embora incidental, veicula pretensão declaratória ou desconstitutiva. O devedor-impugnante, por meio do incidente, visa a declaração de inexistência da citação, o que acarreta a desconstituição do título exequendo; a declaração de inexigibilidade do título, de ilegitimidade das partes ou da prescrição da pretensão de obter o cumprimento, entre outras.

Em razão de sua natureza incidental, a jurisprudência, em sua maioria, admite a cobrança de custas processuais.[109]

(Des)necessidade de prévia garantia do juízo. Um importante ponto na alteração das regras relativas ao cumprimento de sentença está na desnecessidade de prévia penhora ou garantia do juízo para que o devedor oponha impugnação. O prazo para tanto, que continua sendo de 15 (quinze) dias, começará a ocorrer assim que tiver transcorrido o lapso temporal previsto no *caput* do art. 523. Em síntese, intimado pagamento, o devedor disporá do prazo de 15 (quinze) dias para fazê-lo; se não o fizer, terá mais 15 (quinze) dias para impugnar, independentemente de prévia penhora ou de nova intimação (art. 525, *caput*).

Defesas do executado/devedor. O procedimento referente à impugnação ao cumprimento da sentença é incidental, ou seja, desenvolve-se na mesma relação processual na qual se deu a composição da lide. Em razão da imutabilidade da coisa julgada, a possibilidade de o devedor defender-se do cumprimento da sentença é restrita, limitando-se às matérias constantes nos incisos I a VII, § 1º, do art. 525 do CPC/2015.

---

[109] Nesse sentido: "Direito processual civil e do consumidor. Rendimentos de conta poupança. Cumprimento de sentença. Impugnação. Recolhimento de custas. Possibilidade. A Impugnação ao cumprimento de sentença, por se tratar de incidente procedimental, passível mesmo de autuação em apartado (§ 2º do art. 475-M, do Código de Processo Civil), está sujeita ao pagamento de custas, conforme dispõe o § 1º, art. 20, do CPC e o Regimento de Custas dos Atos Judiciais (Tabela IX)" (TJPR, AI 0511196-8, 5ª Câmara Cível, Foro Central da Região Metropolitana de Curitiba, Rel. Des. Leonel Cunha, julgado em 30.09.2008).

Ausência ou nulidade da citação. Tanto a falta de citação quanto a nulidade do ato, por não terem obedecido aos requisitos dos arts. 239 e 242 a 245, acarretam a nulidade do processo. Entretanto, a ausência ou nulidade do ato citatório só comprometerá a validade do processo se esse correu à revelia do réu, uma vez que, nos termos do art. 239, § 1º, o comparecimento espontâneo do réu supre a falta ou a nulidade da citação.

Ilegitimidade de parte. O dispositivo não trata da ilegitimidade da parte no processo de conhecimento. A matéria que se cogita em impugnação é a ilegitimidade da parte para o cumprimento de sentença. É a aferição de correspondência entre o titular da obrigação constante do título judicial e o que se apresenta como ativamente legítimo no cumprimento. A execução só pode ser promovida pelo credor ou pelas pessoas legitimadas. Por outro lado, somente o devedor ou quem tenha responsabilidade executiva pode figurar como executado. Se não é devedor nem responsável e mesmo assim foi indicado como tal, pode opor impugnação ao cumprimento da sentença. Confirmada a ilegitimidade, o juiz acolhe a impugnação, extinguindo a execução. De tal decisão, caberá apelação.

Inexequibilidade do título ou inexigibilidade da obrigação. O cumprimento de decisão judicial pressupõe obrigação líquida, certa e exigível. No caso de cumprimento definitivo, a obrigação se torna plenamente exigível depois do trânsito em julgado da decisão, desde que se encontre vencida e que não esteja sujeita a contraprestação ainda não adimplida. Por exemplo, se a sentença condenou o réu a entregar determinada coisa, desde que o autor pague o remanescente do preço, a obrigação será inexigível enquanto o autor (credor da coisa) não efetuar o pagamento, podendo o devedor (da coisa), em impugnação, arguir o inadimplemento do credor.

A inexequibilidade do título, por sua vez, decorre da ausência de pressupostos para a instauração da fase de cumprimento, seja por conta das características do documento apresentado, seja pelas condições formais desse documento. Por exemplo: se o credor pretende dar início ao cumprimento de uma decisão estrangeira, é necessário que tenha havido prévia manifestação do STJ. Se a Corte não se manifestou, seja para homologar, no caso de sentença, ou para concessão de *exequatur*, no caso de decisão interlocutória, o cumprimento não poderá ser iniciado porquanto o título ainda não é exequível.

De acordo com o § 12 do art. 525, também será considerada inexigível a obrigação "reconhecida em título executivo judicial fundado em lei ou ato normativo considerado inconstitucional pelo Supremo Tribunal Federal, ou fundado em aplicação ou interpretação da lei ou do ato normativo tido pelo Supremo Tribunal Federal como incompatível com a Constituição Federal, em controle de constitucionalidade concentrado ou difuso".

No CPC/1973 também se considerava inexigível "o título judicial [o mais correto seria tratar da inexigibilidade da obrigação] fundado em lei ou ato normativo declarados inconstitucionais pelo Supremo Tribunal Federal, ou fundado em aplicação ou interpretação da lei ou ato normativo tidas pelo Supremo Tribunal Federal como incompatíveis com a Constituição Federal" (art. 475-L, § 1º). Hoje essas hipóteses correspondem ao § 12 do novo art. 525. A novidade é que a incompatibilidade ou inconstitucionalidade de lei ou de ato normativo pode não somente ter sido declarada em controle concentrado de constitucionalidade, mas também em controle difuso. Nesse último caso, por não haver previsão expressa, a norma não precisa ter sido suspensa pelo Senado Federal, na forma do art. 52, X, da Constituição Federal.[110]

Para harmonizar a possibilidade de desconstituição de título executivo judicial com a garantia da segurança jurídica, o § 14 do art. 525 esclarece importante questão: a matéria somente poderá fundamentar a impugnação se a interpretação da Suprema Corte tiver se fixado antes do trânsito em julgado da sentença exequenda. Esse já era, inclusive, o entendimento do STF.[111]

Se, no entanto, a decisão da Suprema Corte for proferida após o trânsito em julgado da decisão objeto do cumprimento de sentença, restará à parte propor ação rescisória, sendo que o prazo decadencial de dois anos não será contado da data do trânsito em julgado da decisão exequenda, mas do trânsito em julgado da decisão proferida pelo Supremo Tribunal Federal (§ 15).

Penhora incorreta ou avaliação errônea. Penhora incorreta ou irregular é aquela levada a efeito em afronta à disposição legal. Constituem exemplos dessa modalidade de vício, passíveis de serem arguidos em impugnação: (a) a penhora sobre imóvel residencial próprio do casal ou da entidade familiar (art. 1º da Lei nº 8.009/1990);[112] (b) penhora sobre bens impenhoráveis (art. 833) ou sobre os frutos ou rendimentos dos bens inalienáveis quando houver outros bens suficientes para garantir o cumprimento (art. 834); (c) penhora realizada sem observância da ordem estabelecida no art. 835; (d) penhora realizada sem observância do art. 848.

---

[110] A desnecessidade de suspensão da norma pelo Senado parece seguir o entendimento jurisprudencial. Nesse sentido: "1. Não podem ser desconsideradas as decisões do Plenário do STF que reconhecem constitucionalidade ou a inconstitucionalidade de diploma normativo. Mesmo quando tomadas em controle difuso, são decisões de incontestável e natural vocação expansiva, com eficácia imediatamente vinculante para os demais tribunais, inclusive o STJ (CPC, art. 481, § único: 'Os órgãos fracionários dos tribunais não submeterão ao plenário, ou ao órgão especial, a arguição de inconstitucionalidade, quando já houver pronunciamento destes ou do plenário do Supremo Tribunal Federal sobre a questão'), e, no caso das decisões que reconhecem a inconstitucionalidade de lei ou ato normativo, com força de inibir a execução de sentenças judiciais contrárias, que se tornam inexigíveis (CPC, art. 741, § único; art. 475-L, § 1º, redação da Lei 11.232/05). [...]" (STJ, REsp 819.850/RS, 1ª Turma, Rel. Min. Teori Albino Zavascki, julgado em 01.06.2006, DJU 19.06.2006, p. 125).

[111] A referida Corte já apresentou entendimento similar, protegendo a garantia da coisa julgada material formada antes da decisão que declara a inconstitucionalidade da lei ou ato normativo que fundamenta a sentença: "A superveniência de decisão do Supremo Tribunal Federal, declaratória de inconstitucionalidade de diploma normativo utilizado como fundamento do título judicial questionado, ainda que impregnada de eficácia 'ex tunc' – como sucede, ordinariamente, com os julgamentos proferidos em sede de fiscalização concentrada (*RTJ* 87/758 – *RTJ* 164/506-509 – *RTJ* 201/765) –, não se revela apta, só por si, a desconstituir a autoridade da coisa julgada, que traduz, em nosso sistema jurídico, limite insuperável à força retroativa resultante dos pronunciamentos que emanam, 'in abstracto', da Suprema Corte. Doutrina. Precedentes. – O significado do instituto da coisa julgada material como expressão da própria supremacia do ordenamento constitucional e como elemento inerente à existência do Estado Democrático de Direito" (RE 592.912 AgR, 2ª Turma, Rel. Min. Celso de Mello, julgado em 03.04.2012).

[112] Observe que, nos termos da Súmula nº 364 do STJ, "o conceito de impenhorabilidade abrange também o imóvel pertencente a pessoas solteiras, separadas e viúvas".

A irregularidade pode recair também sobre aspectos formais, referentes à lavratura do auto ou termo e intimação do devedor, intimação do cônjuge em se tratando de bem imóvel ou do credor hipotecário quando recair sobre imóvel gravado com hipoteca.

Quanto à avaliação, reputa-se errônea aquela cujo valor for manifestamente superior ou inferior ao valor de mercado do bem penhorado. A impugnação, nesse caso, deve ser fundamentada em avaliações idôneas, não sendo suficiente a simples discordância.

Importante salientar que o fato de não mais existir previsão quanto à prévia necessidade de penhora para a apresentação de impugnação, tal ato constritivo já deve ter ocorrido quando da apresentação da defesa do executado, justamente por isso faz-se necessário manter, no rol das matérias passíveis de impugnação, a possibilidade de manifestação quanto à penhora incorreta ou avaliação errônea.

Excesso e cumulação indevida de execuções. O inciso V permite expressamente ao devedor alegar não apenas o excesso de execução, mas também a cumulação indevida de execuções. Nesse ponto é preciso fazer uma observação: como só se pode admitir a cumulação quando o mesmo juízo é competente para todas as execuções, é inviável a cumulação de demandas executivas quando fundadas em títulos judiciais, pois a competência para a execução (ou melhor, para o cumprimento) será do juízo onde se desenvolveu o processo cognitivo. Há exceção quando o exequente pretende cumular execuções fundadas em títulos judiciais distintos, mas que tiveram origem em um mesmo processo (exemplo: decisão interlocutória que consistiu na determinação de obrigação de prestar e decisão definitiva que condenou o devedor a pagar determinada quantia). Também é possível a cumulação de uma demanda fundada em título judicial com outra que tenha por base título extrajudicial, desde que ambos sejam líquidos (aqui também será competente o juízo onde se formou o título executivo judicial).

Incompetência do juízo. O inciso VI, por sua vez, permite a alegação da incompetência absoluta ou relativa em sede de impugnação ao cumprimento de sentença. No CPC/1973, como não há essa hipótese do rol do art. 475-L, a matéria relativa à incompetência do juízo da execução é arguida de várias formas: no bojo da impugnação, por aplicação do princípio da instrumentalidade das formas; através de exceção de incompetência, para os casos de incompetência relativa; ou, ainda, tratando de incompetência absoluta, por meio de objeção de pré-executividade. Com a simplificação trazida pela nova legislação será desnecessária qualquer formalidade para a concretização do princípio do juiz natural, sendo possível ao executado pleitear a correção do juízo executório na própria impugnação.

O abandono do formalismo exacerbado também pode ser verificado no § 9º do dispositivo em comento, que possibilita ao executado, mesmo após o prazo de impugnação, alegar questões relativas a fato superveniente que sejam relevantes à validade dos atos de constrição.

Causa modificativa ou extintiva da obrigação. Compete ao réu alegar, na contestação, toda a matéria de defesa. A defesa de mérito pode ser direta ou indireta. Na defesa direta, o réu nega a existência do fato constitutivo, por exemplo, a existência da locação. Na defesa indireta, o réu reconhece a existência do fato constitutivo (o contrato, por exemplo), mas opõe fato que impede a produção dos efeitos naturais do negócio jurídico, modifica-os ou mesmo extingue-os. Na impugnação também prevalece o entendimento no sentido de que o executado deve veicular todas as matérias dedutíveis, sob pena de preclusão.[113]

O dispositivo apresenta um rol apenas exemplificativo das causas modificativas ou extintivas da obrigação que podem ser arguidas na impugnação ao cumprimento de sentença, desde que supervenientes à sentença. Se anteriores, ou foram efetivamente resolvidas na decisão objeto do cumprimento ou foram consideradas resolvidas em atenção ao princípio da eventualidade ou da concentração da defesa (art. 508). Assim, pode ser veiculado na impugnação o pagamento feito depois da prolação da sentença.

Rejeição liminar da impugnação. Caso o executado traga como único fundamento da impugnação o excesso de execução, mas não demonstre o valor correto ou não apresente o demonstrativo discriminado e atualizado do débito, deverá o juiz rejeitar liminarmente a impugnação.[114] Diferentemente do CPC/1973, o CPC/2015 esclarece que, se existir qualquer outro fundamento, ao juiz é vedado rejeitar a impugnação, a qual somente deixará de ser apreciada na questão relativa ao excesso de execução (§ 5º).

Concessão de efeito suspensivo à impugnação. De acordo com o CPC/1973, a impugnação, em regra, não possuía efeito suspensivo; contudo, o juiz poderia atribuir-lhe tal efeito, desde que relevantes os fundamentos e quando o prosseguimento da execução pudesse causar dano grave ou de difícil reparação ao executado. De toda forma, o exequente poderia requerer o prosseguimento da execução, desde que prestasse caução suficiente e idônea.

No CPC/2015 a impugnação continua não tendo efeito suspensivo. A diferença é que, para impingir-lhe tal efeito, o executado deverá demonstrar não apenas a existência de fundamentos relevantes e de perigo de dano no prosseguimento da execução. É preciso que haja prévia garantia do juízo através de penhora, caução ou depósito suficientes. Em suma: o legislador beneficiou o executado ao tornar desnecessária a prévia garantia do juízo para a apresentação da impugnação (*caput*), mas, por outro lado, condicionou o efeito suspensivo da impugnação à prévia penhora, caução ou depósito.

Outra novidade é que, mesmo sendo concedido efeito suspensivo à impugnação – mediante o preenchimento dos requisitos já citados –, ainda será possível a realização de atos de substituição, reforço ou redução de penhora e de avaliação dos bens, visto que estes não são capazes de causar gravames irreversíveis ao executado (§ 7º).

Além disso, havendo vários executados no processo, o CPC/2015 deixa claro que a concessão do efeito suspensivo não se estende aos que não impugnaram o cumprimento da decisão (§ 9º). Haverá extensão somente se, preenchidos os requisitos para concessão do

---

[113] Parte da doutrina entende que essa orientação é contrária ao reconhecimento da natureza jurídica de ação à impugnação, porquanto impossibilita discussões posteriores em demanda autônoma. Destaque-se que a alegação de matéria de ordem pública não se submete à preclusão.

[114] Conforme entendimento do STJ, firmado em sede de recurso repetitivo, o juiz não poderá conceder ao executado a possibilidade de emendar a petição de impugnação. Nesse sentido: "Na hipótese do art. 475-L, § 2º, do CPC, é indispensável apontar, na petição de impugnação ao cumprimento de sentença, a parcela incontroversa do débito, bem como as incorreções encontradas nos cálculos do credor, sob pena de rejeição liminar da petição, não se admitindo emenda à inicial" (STJ, REsp 1.387.248/SC, Rel. Min. Paulo de Tarso Sanseverino, julgado em 07.05.2014).

efeito suspensivo, incluindo a garantia do juízo, o fundamento da impugnação for extensível a todos os devedores.

Efeito suspensivo parcial. A suspensão total ou parcial da execução decorrente do oferecimento e recebimento da impugnação é medida que já é adotada por alguns julgadores, por equiparação da impugnação aos embargos à execução. O que o CPC/2015 fez foi estender a possibilidade de prosseguimento parcial da execução de título extrajudicial ao cumprimento de sentença (execução de título judicial), na hipótese em que o efeito suspensivo disser respeito apenas à parte do objeto da demanda (§ 8º).

Além disso, havendo vários executados no processo, o CPC/2015 deixa claro que a concessão do efeito suspensivo não se estende aos que não impugnaram o cumprimento da decisão (§ 9º). Haverá extensão somente se, preenchidos os requisitos para concessão do efeito suspensivo, incluindo a garantia do juízo, o fundamento da impugnação for extensível a todos os devedores.

Fato superveniente. O CPC/2015 simplifica a vida do advogado ao permitir que questões relativas a fatos supervenientes, ocorridas após o término do prazo para impugnação, sejam levadas ao conhecimento do juiz por simples petição. A disposição parece óbvia, pois nesses casos, como não há um instrumento processual específico à disposição das partes, elas devem mesmo recorrer ao juiz da causa. Ocorre que essa regra, ao vir expressa na nova legislação, reforça a ideia de que o juiz deve levar em consideração todas as circunstâncias trazidas pelas partes, sem que estas precisem recorrer ao mandado de segurança, por exemplo, para requerer medidas que poderiam ter sido pleiteadas e apreciadas no curso do processo. Essa mesma regra (§ 11) se aplica aos pedidos relativos à validade e à adequação da penhora e demais atos de constrição, o que nos faz crer que o juiz, ao verificar os fundamentos trazidos por uma das partes, pode, por exemplo, desconstituir a penhora ou revogar o efeito suspensivo concedido à impugnação. A ressalva feita pelo Código é apenas com relação ao prazo: se da data da ciência do fato ou da intimação do ato a parte deixar de formular o pedido cabível no prazo de 15 (quinze) dias, preclusa estará a questão. Ao mesmo tempo em que o Código privilegia a simplicidade, busca barrar atitudes protelatórias das partes, notadamente do executado, que visem apenas impedir a plena satisfação do direito já declarado na sentença.

CPC/2015	CPC/1973
Art. 526. **É lícito ao réu, antes de ser intimado para o cumprimento da sentença, comparecer em juízo e oferecer em pagamento o valor que entender devido, apresentando memória discriminada do cálculo.** § 1º **O autor será ouvido no prazo de 5 (cinco) dias, podendo impugnar o valor depositado, sem prejuízo do levantamento do depósito a título de parcela incontroversa.** § 2º **Concluindo o juiz pela insuficiência do depósito, sobre a diferença incidirão multa de dez por cento e honorários advocatícios, também fixados em dez por cento, seguindo-se a execução com penhora e atos subsequentes.** § 3º **Se o autor não se opuser, o juiz declarará satisfeita a obrigação e extinguirá o processo.**	Não há correspondência.

COMENTÁRIOS:

Iniciativa do devedor. Antes de ser intimado para pagar o débito, se o executado depositar o valor que entende devido e apresentar, concomitantemente, memória discriminada e atualizada do débito, será suspensa a aplicação da multa e dos honorários previstos do § 1º do art. 523 do CPC/2015, até que o exequente se manifeste sobre o valor depositado judicialmente.

O credor será intimado acerca do depósito efetuado e poderá impugná-lo no prazo de 5 (cinco) dias. Resolvida a questão pelo juiz, se este julgar insuficiente a quantia depositada, sobre a diferença incidirá multa de dez por cento, bem como os honorários advocatícios no mesmo percentual; caso contrário, se o credor não questionar o valor no prazo indicado, o juiz declarará satisfeita a obrigação e extinguirá o processo. Nada impede, porém, que o credor questione apenas parte do montante depositado e levante a quantia incontroversa, ou seja, aquela sobre a qual não há discussão entre as partes.

CPC/2015	CPC/1973
Art. 527. **Aplicam-se as disposições deste Capítulo ao cumprimento provisório da sentença, no que couber.**	Não há correspondência.

 COMENTÁRIOS:

Aplicação subsidiária. O dispositivo apenas complementa a redação do *caput* do art. 520, que trata do cumprimento provisório da sentença e indica que o seu processamento será realizado da mesma forma que o cumprimento definitivo.

Capítulo IV
Do Cumprimento de Sentença que Reconheça
a Exigibilidade de Obrigação de Prestar Alimentos

CPC/2015	CPC/1973
Art. 528. *No cumprimento de sentença que condene ao pagamento de prestação alimentícia ou de decisão interlocutória que fixe alimentos, o juiz,* **a requerimento do exequente,** *mandará intimar o executado pessoalmente* **para, em 3 (três) dias,** *pagar o débito,* **prover que o fez ou justificar a** impossibilidade de efetuá-lo. § 1º **Caso o executado, no prazo referido no** *caput,* **não efetue o pagamento, não prove que o efetuou ou não apresente justificativa da impossibilidade de efetuá-lo, o juiz mandará protestar o pronunciamento judicial, aplicando-se, no que couber, o disposto no art. 517.** § 2º **Somente a comprovação de fato que gere a impossibilidade absoluta de pagar justificará o inadimplemento.** § 3º Se o *executado* não pagar *ou se a justificativa apresentada não for aceita*, o juiz, **além de mandar protestar o pronunciamento judicial na forma do § 1º,** decretar-lhe-á a prisão pelo prazo de 1 (um) a 3 (três) meses.	Art. 733. *Na execução de sentença ou de decisão, que fixa os alimentos provisionais, o* juiz mandará *citar o devedor* para, em 3 (três) dias, *efetuar o pagamento*, provar que o fez ou justificar a impossibilidade de efetuá-lo. § 1º Se o *devedor* não pagar, *nem se escusar*, o juiz decretar-lhe-á a prisão pelo prazo de 1 (um) a 3 (três) meses. § 2º O cumprimento da pena não exime o *devedor* do pagamento das prestações vencidas e vincendas § 3º Paga a prestação alimentícia, o juiz suspenderá o cumprimento da ordem de prisão. Art. 732. [...] Parágrafo único. Recaindo a penhora em dinheiro, *o oferecimento de embargos* não obsta a que o exequente levante mensalmente a importância da prestação.

§ 4º A prisão será cumprida em regime fechado, devendo o preso ficar separado dos presos comuns.

§ 5º O cumprimento da pena não exime o *executado* do pagamento das prestações vencidas e vincendas.

§ 6º Paga a prestação alimentícia, o juiz suspenderá o cumprimento da ordem de prisão.

§ 7º O débito alimentar que autoriza a prisão civil do alimentante é o que compreende até as 3 (três) prestações anteriores ao ajuizamento da execução e as que se vencerem no curso do processo.

§ 8º O exequente pode optar por promover o cumprimento da sentença ou decisão desde logo, nos termos do disposto neste Livro, Título II, Capítulo III, caso em que não será admissível a prisão do executado, e, recaindo a penhora em dinheiro, *a concessão de efeito suspensivo à impugnação* não obsta a que o exequente levante mensalmente a importância da prestação.

§ 9º Além das opções previstas no art. 516, parágrafo único, o exequente pode promover o cumprimento da sentença ou decisão que condena ao pagamento de prestação alimentícia no juízo de seu domicílio.

 ## COMENTÁRIOS:

Execução de alimentos no CPC/1973. O CPC/1973 apresentava duas formas possíveis para cumprimento da prestação alimentícia: pelo rito do art. 732 ou pelo rito do art. 733, sendo facultada a escolha por parte do exequente.

Optando-se pelo procedimento previsto no art. 732, o cumprimento da decisão que tivesse condenado o devedor a prestar alimentos seguia o mesmo procedimento previsto para o cumprimento da execução relativa às obrigações de pagar quantia certa, que permitia a expropriação de bens do executado para a satisfação da obrigação alimentar. Tratava-se, nesse caso, de execução comum, na qual o devedor era citado para, em 3 (três) dias, pagar o débito ou indicar bens à penhora. Se, no entanto, o procedimento escolhido fosse o do art. 733, o devedor dos alimentos seria citado para pagar o débito em 3 (três) dias, provar que o fez ou justificar a impossibilidade de pagamento, sob pena de prisão civil, e não meramente de expropriação de seus bens.

De acordo com a redação expressa do CPC/1973, não seria possível a cumulação dos dois ritos (arts. 732 e 733) nos mesmos autos. Apesar disso, alguns tribunais de justiça estaduais entendiam que se houvesse cisão dos procedimentos, com a expedição de um mandado de citação para exigir-se o pagamento das três últimas prestações, sob pena de prisão, e de outro para cobrar as demais, obedecendo-se ao rito da execução por quantia certa, seria possível a dualidade de procedimentos.[115] Por outro lado, havia também entendimentos que admitiam apenas a conversão do rito do art. 733 para o rito do art. 732, caso a constrição pessoal não tivesse sido eficaz para a satisfação da obrigação.[116] Para o STJ, como é o exequente quem detém legitimidade para propor os meios executivos que achar convenientes, a conversão para o rito mais gravoso (ou seja, do art. 732 para o 733) jamais poderia ocorrer de ofício,[117] dependendo, portanto, de novo requerimento por parte do exequente ou de seu representante.

De acordo com o novo capítulo que trata do cumprimento da sentença que reconhece a exigibilidade de prestar alimentos, a constrição de bens e a constrição pessoal (prisão civil) do devedor continuam a ser tratadas em procedimentos distintos, sendo que na hipótese de prisão civil o juiz ainda poderá mandar protestar o pronunciamento judicial.

Execução de alimentos no novo CPC. O CPC/2015 continua a restringir a utilização da forma coercitiva de execução, limitando-a ao débito correspondente aos três últimos meses anteriores ao ajuizamento (§ 7º). Não havia essa limitação expressa no CPC/1973, mas o entendimento que prevalecia já era este, em virtude da Súmula nº 309 do Superior Tribunal de Justiça.[118]

A nova legislação também estabelece regras para o cumprimento da prisão civil, tratando-se de um dos principais pontos de maior divergência ao longo da tramitação do projeto. No final, definiu-se a manutenção do regime fechado para o cumprimento da prisão por dívida de alimentos, com a condição de que o executado fique separado dos presos comuns (§ 4º). Se o presídio não oferecer condições para a separação dos demais presos, possivelmente a jurisprudência caminhará no sentido de permitir o cumprimento da pena em regime domiciliar.

Ressalte-se que não será decretada prisão se o juiz aceitar as justificativas do devedor quanto à impossibilidade de pagar os alimentos vencidos. Essa questão, embora também se sujeite ao convencimento do magistrado, deverá ser comprovada cabalmente, pois somente o fato que gerar impossibilidade absoluta de pagar os alimentos justificará o inadimplemento.

No caso do devedor que tem bens aptos a responder pela dívida, o exequente poderá promover o cumprimento da sentença na forma dos arts. 523 e seguintes do CPC/2015. Nessa hipótese não será possível a prisão civil do executado, mas a decisão judicial poderá ser protestada na forma do art. 517 do CPC/2015. Esse novo modelo, que alia a execução alimentar a outros instrumentos de coercibilidade, constitui uma das mais expressivas inovações do CPC/2015.

---

[115] Por exemplo: TJSC, AI 624825 SC 2010.062482-5, Rel. Des. Carlos Prudêncio, julgado em 26.08.2011.

[116] Exemplos: TJMG, AI 10702096042602001, Rel. Des. Alberto Vilas Boas, julgado em 13.05.2014; TJRS, AG 70041364977, Rel. Des. André Luiz Planella Villarinho, julgado em 25.02.2011.

[117] Exemplos: HC 128.229/SP, Rel. Min. Massami Uyeda, DJe 06.05.2009; HC 188.630/RS, Rel. Min. Nancy Andrighi, DJe 11.02.2011.

[118] STJ, Súmula nº 309: "O débito alimentar que autoriza a prisão civil do alimentante é o que compreende as três prestações anteriores ao ajuizamento da execução e as que se vencerem no curso do processo."

Meios para a execução. Em se tratando de pensão alimentícia familiar – tecnicamente, prestação alimentar –, seja ela fixada em decisão judicial ou em título extrajudicial, o sistema põe à disposição do credor três meios para execução: a) prisão do devedor (arts. 528 e 911); b) expropriação (arts. 528 § 8° e 530); c) desconto na folha de pagamento do devedor (arts. 529 e 912).

Nos termos do art. 528, § 8° – dispositivo que se aplica à execução dos alimentos estabelecidos em título extrajudicial –, o exequente pode optar pela modalidade da execução: pela expropriação, iniciando-se pela penhora, ou prisão. De regra não se admite a expropriação e a prisão ao mesmo tempo. Em se optando pela via expropriatória, procede-se à penhora de bens e então há que se aguardar a ultimação dos atos subsequentes, como avaliação e leilão, a fim de que o Estado-juízo apure a quantia para saldar o débito executado. Por outro lado, caso se pleiteie a prisão, há que se aguardar o desfecho procedimental. Cumprindo o devedor a prisão e não saldado o débito, pode-se requerer a penhora de bens de sua propriedade. De qualquer forma, todos os meios visam a um fim: a prestação dos alimentos. Caso o objetivo não seja alcançado por um meio, depois de esgotado aquele meio (expropriação ou prisão) pode-se recorrer a outra via. Concomitantemente, admitem-se os meios coercitivos, como o protesto e a inserção do nome do devedor em cadastros restritivos de crédito.

Recaindo a penhora em dinheiro, ainda que se atribua efeito suspensivo à impugnação – o que não é a regra –, admite-se que o exequente levante mensalmente a importância da prestação, além do montante já vencido (art. 528, § 8°).

Cumprimento da sentença pelo meio coercitivo da prisão. O cumprimento da sentença – *rectius*: decisão – que condene ao pagamento de prestação alimentícia inicia-se com o requerimento do credor, conforme preceituado no art. 528. O requerimento, no que couber, deve obedecer aos requisitos do art. 524, ou seja, será instruído com demonstrativo discriminado e atualizado do crédito e conterá: a) o nome completo, o número de inscrição no Cadastro de Pessoas Físicas ou no Cadastro Nacional da Pessoa Jurídica do exequente e do executado, observado o disposto no art. 319, §§ 1° a 3°; b) o índice de correção monetária adotado; c) os juros aplicados e as respectivas taxas; d) o termo inicial e o termo final dos juros e da correção monetária utilizados; e) a periodicidade da capitalização dos juros, se for o caso; f) a especificação dos eventuais descontos obrigatórios realizados.

Quando a elaboração do demonstrativo depender de dados em poder de terceiros ou do executado, o exequente indicará essa circunstância ao juiz, que poderá requisitá-los, sob cominação do crime de desobediência. Não tendo o exequente condições de elaborar os cálculos, pode requerer seja feito pelo contador judicial.

Protocolado o requerimento a que alude o art. 528, o juiz mandará intimar o executado pessoalmente para, em 3 (três) dias, pagar o débito, provar que o fez ou justificar a impossibilidade de efetuá-lo. Lembre-se de que estamos a tratar do cumprimento de sentença. O executado já integra a relação processual, por isso o caso é de intimação. Quando a prestação alimentícia estiver prevista em título extrajudicial, o caso será de instauração de processo executivo autônomo, isto é, a execução não será sincrética, e então o executado será citado para pagar o débito em três dias (art. 911, *caput*).

Diante da intimação, o executado pode adotar uma das três condutas abaixo:

Efetuar o pagamento, caso em que o juiz declarará satisfeita a prestação que deu azo ao cumprimento da sentença e mandará suspender a ordem de prisão. Somente o pagamento da integralidade o débito, salvo a hipótese de justificativa, tem o efeito de evitar ou suspender a prisão. Se de futuro o devedor deixar de efetivar o pagamento de prestação alimentícia, caberá novo pedido de cumprimento e então novo mandado poderá ser expedido.

Não pagar e não apresentar justificativa. Nesse caso, o juiz decretar-lhe-á a prisão pelo prazo mínimo de um ou o máximo de três meses (art. 528, § 1º). O máximo que o devedor de alimentos pode ficar preso em razão de um determinado débito é três meses. A responsabilidade pela prestação alimentar é patrimonial, funcionando a prisão como mero meio coercitivo – "um senhor meio". Além do decreto da prisão, o juiz, de ofício, determinará o protesto do título, sem prejuízo da análise de outras medidas coercitivas que vierem a ser requeridas. Não satisfeito o crédito e esgotado o prazo da prisão, o juiz extinguirá o procedimento do cumprimento da sentença, a menos que a parte requeira a conversão do rito procedimental visando a expropriação de bens do executado, conforme admitido pela jurisprudência do STJ (RHC 31.302, Relator Min. Antonio Carlos Ferreira).

Não pagar, mas apresentar a justificativa pelo não pagamento. O desfecho procedimental vai depender do acatamento ou não da justificativa apresentada pelo executado.

Justificado o não pagamento, a prisão não será decretada. Nesse caso, nada obsta que o exequente requeira a conversão do procedimento visando a expropriação de bens. Saliente-se que somente a comprovação de fato que gere a impossibilidade absoluta de pagar justificará o inadimplemento (art. 528, § 2º). Pode a comprovação da impossibilidade de efetuar o pagamento da prestação ser feita por meio de prova documental ou oral, podendo o executado requerer a designação de audiência de justificação, sendo facultado ao exequente direito a produzir contraprova.

Se a justificativa não for aceita, o juiz decretará a prisão do executado pelo prazo de um a três meses (art. 528, § 3º), além de mandar protestar o pronunciamento judicial.

Cumprimento da sentença pela expropriação de bens. Feito o requerimento pelo credor, o executado será intimado na pessoa de seu advogado para pagar o débito em quinze dias, sob pena de incidir multa de 10% e honorários advocatícios em igual percentual (art. 523, § 1º), sob pena de penhora. A intimação será pessoal, preferencialmente por carta com aviso de recebimento se o executado for representado pela Defensoria Pública (art. 513, § 2º, II) ou se o requerimento for formulado após um ano do trânsito em julgado da sentença (art. 513, § 4º). Se o executado foi revel na fase de conhecimento, a intimação será por edital (art. 513, § 2º, IV).

Ultrapassado o prazo de quinze dias e não efetivado o pagamento, será expedido mandado de penhora e avaliação, seguindo-se os atos de expropriação (art. 523, § 3º).

A execução não terá prosseguimento se o devedor apresentar impugnação e o juiz a ela atribuir efeito suspensivo (o que constitui exceção). A impugnação pode ser oposta independentemente de garantia do juízo (penhora), no prazo de quinze dias a contar do término do prazo para pagamento (art. 525, *caput*).

Recaindo a penhora sobre dinheiro, ainda que eventual impugnação tenha sido recebida no efeito suspensivo, admite-se o levantamento do valor depositado (art. 528, § 8º), independentemente da prestação de caução (art. 521, I).

Com referência à penhora, é de se lembrar que a natureza alimentar do crédito viabiliza a constrição de: vencimentos, subsídios, soldos, salários, remunerações, proventos de aposentadoria, pensões, pecúlios e montepios; quantias recebidas por liberalidade de terceiro, ainda que destinadas ao sustento do devedor e sua família; ganhos de trabalhador autônomo e dos honorários de profissional liberal; quantias depositadas em caderneta de poupança ou em outras modalidades de investimento, sem qualquer limitação; frutos e rendimentos dos bens inalienáveis (arts. 833 e 834); parcela dos rendimentos ou rendas do executado, de forma parcelada, contanto que não ultrapasse 50% de seus ganhos líquidos (art. 529, § 3º).

Por se tratar de crédito de natureza alimentar, com muito mais razão admite-se o arresto ou penhora *on-line*.

Não recaindo a constrição sobre dinheiro, o bem penhorado será alienado em leilão e o montante obtido neste ato destinado à quitação ou amortização do débito. Na parte IV desta obra, o leitor encontrará mais detalhes sobre a alienação e extinção da execução. O procedimento executivo será extinto com o pagamento das parcelas vencidas e das que se venceram durante o processo e mais honorários, multa e custas (art. 323).

Competência. O cumprimento da sentença que condenar à prestação de alimentos poderá ser proposto: (a) no atual domicílio do executado; (b) no juízo do local onde se encontrem bens sujeitos à execução; (c) no domicílio do exequente; ou (d) no juízo onde proferiu a sentença exequenda. A intenção do legislador é possibilitar ao alimentado escolher o foro que melhor atenda às suas necessidades e à efetivação do direito que foi declarado na sentença ou noutra espécie de decisão judicial.[119]

CPC/2015	CPC/1973
Art. 529. Quando o *executado* for funcionário público, militar, diretor ou gerente de empresa ou empregado sujeito à legislação do trabalho, *o exequente poderá requerer o desconto* em folha de pagamento da importância da prestação alimentícia.	Art. 734. Quando o *devedor* for funcionário público, militar, diretor ou gerente de empresa, bem como empregado sujeito à legislação do trabalho, *o juiz mandará descontar* em folha de pagamento a importância da prestação alimentícia.
§ 1º *Ao proferir a decisão, o juiz oficiará* à autoridade, à empresa ou ao empregador, **determinando, sob pena de crime de desobediência, o desconto a partir da primeira remuneração posterior do executado, a contar do protocolo do ofício.**	Parágrafo único. *A comunicação será feita* à autoridade, à empresa ou ao empregador por ofício, de que constarão os nomes do *credor, do devedor*, a importância *da prestação* e o tempo de sua duração.
§ 2º O ofício conterá o nome **e o número de inscrição no Cadastro de Pessoas Físicas** do *exequente e do executado*, a importância *a ser descontada mensalmente*, o tempo de sua duração **e a conta na qual deve ser feito o depósito.**	
§ 3º **Sem prejuízo do pagamento dos alimentos vincendos, o débito objeto de execução pode ser descontado dos rendimentos ou rendas do executado, de forma parcelada, nos termos do** *caput* **deste artigo, contanto que, somado à parcela devida, não ultrapasse cinquenta por cento de seus ganhos líquidos.**	

---

[119] Esse já era o entendimento adotado pelo STJ: CC 118.340-MS, Rel. Min. Nancy Andrighi, julgado em 11.09.2013.

COMENTÁRIOS:

Cumprimento da sentença mediante desconto em folha. O CPC/2015 aprofundou a matéria relativa ao desconto em folha de pagamento das verbas relativas aos alimentos. Um dos pontos de maior relevância é o § 3º, que autoriza que, além dos alimentos vincendos, o débito do executado possa ser descontado de seus rendimentos ou rendas, de forma parcelada, contanto que, somado à parcela devida, o valor do desconto não ultrapasse cinquenta por cento dos ganhos líquidos do executado. O dispositivo menciona que o débito *poderá* ser descontado dessa forma, o que quer dizer que caberá ao juiz avaliar as possibilidades do executado para, então, deferir a medida.

O Novo Código também esclarece que a autoridade ou o empregador que deixar de descontar as verbas determinadas pelo juiz poderá responder por crime de desobediência. Essa disposição vai ao encontro do que já estava disciplinado no parágrafo único do art. 22 da Lei de Alimentos (Lei nº 5.478/1968).[120]

CPC/2015	CPC/1973
Art. 530. Não cumprida a obrigação, *observar-se-á o disposto nos arts. 831 e seguintes*.	Art. 735. Se o devedor não pagar os alimentos provisionais a que foi condenado, *pode o credor promover a execução da sentença, observando-se o procedimento estabelecido no Capítulo IV deste Título*.

 COMENTÁRIOS:

Medida subsidiária. Caso a prisão civil ou o desconto em folha não sejam suficientes ao cumprimento da obrigação alimentar, o credor deverá seguir o procedimento executivo (penhora e expropriação de bens).

A execução por quantia certa também pode ser a primeira opção do credor, ou seja, ao invés de propor o cumprimento pelo rito da prisão civil, é possível que seja requerida a penhora de bens para satisfazer a obrigação.

---

[120] Lei nº 5.478/1968, art. 22. "Constitui crime contra a administração da Justiça deixar o empregador ou funcionário público de prestar ao juízo competente as informações necessárias à instrução de processo ou execução de sentença ou acordo que fixe pensão alimentícia: Pena – Detenção de 6 (seis) meses a 1 (um) ano, sem prejuízo da pena acessória de suspensão do emprego de 30 (trinta) a 90 (noventa) dias. Parágrafo único. Nas mesmas penas incide quem, de qualquer modo, ajuda o devedor a eximir-se ao pagamento de pensão alimentícia judicialmente acordada, fixada ou majorada, ou se recusa, ou procrastina a executar ordem de descontos em folhas de pagamento, expedida pelo juiz competente."

CPC/2015	CPC/1973
Art. 531. O disposto neste Capítulo aplica-se aos alimentos definitivos ou provisórios. **§ 1º A execução dos alimentos provisórios, bem como a dos alimentos fixados em sentença ainda não transitada em julgado, se processa em autos apartados.** **§ 2º O cumprimento definitivo da obrigação de prestar alimentos será processado nos mesmos autos em que tenha sido proferida a sentença.**	Não há correspondência.

 COMENTÁRIOS:

Alimentos decorrentes de ato ilícito. Assim como o art. 733 do CPC/1973 não individualizava a espécie de alimentos autorizadores da prisão civil no caso de inadimplência, o novo Código também não o faz. Isso não quer dizer que a prisão civil terá aplicação em toda e qualquer hipótese de obrigação alimentar. Deve-se seguir o entendimento doutrinário e jurisprudencial[121] no sentido de que a obrigação alimentar que credencia a prisão civil é somente aquela que provém das normas de Direito de Família.

Alimentos provisórios. O art. 4º da Lei de Alimentos esclarece que eles serão devidos desde o despacho da petição inicial. A decisão, nesse caso, terá natureza interlocutória e será passível de cumprimento em autos apartados, por expressa disposição do § 1º do art. 531 do CPC/2015.

CPC/2015	CPC/1973
Art. 532. Verificada a conduta procrastinatória do executado, o juiz deverá, se for o caso, dar ciência ao Ministério Público dos indícios da prática do crime de abandono material.	Não há correspondência.

 COMENTÁRIOS:

Abandono material. A redação originou-se do Projeto de Lei nº 2.285/2007, que pretende instituir o Estatuto das Famílias. Através de sua aplicação busca-se evitar que o devedor seja premiado com a suspensão da execução do débito alimentar na hipótese de não serem encontrados bens passíveis de constrição por conta de manobras de má-fé realizadas pelo próprio executado. Assim, verificando que o devedor se esquiva de cumprir a obrigação mesmo tendo condições de fazê-lo, o juiz dará ciência ao órgão do Ministério Público para apuração de crime previsto no art. 244 do Código Penal.

---

[121] Por exemplo: "*HABEAS CORPUS*. ALIMENTOS DEVIDOS EM RAZÃO DE ATO ILÍCITO. PRISÃO CIVIL. ILEGALIDADE. 1. Segundo a pacífica jurisprudência do Superior Tribunal de Justiça, é ilegal a prisão civil decretada por descumprimento de obrigação alimentar em caso de pensão devida em razão de ato ilícito. 2. Ordem concedida" (STJ, HC 182.228 SP 2010/0150188-2, 4ª Turma, Rel. Min. João Otávio de Noronha, julgado em 01.03.2011, DJe 11.03.2011).

Cumpre esclarecer que a jurisprudência exige que o Ministério Público demonstre a falta de justa causa para o inadimplemento da obrigação, bem como o dolo na conduta do agente.[122] Somente assim será possível o processamento da ação penal.

CPC/2015	CPC/1973
Art. 533. Quando a indenização por ato ilícito incluir prestação de alimentos, *caberá ao executado, a requerimento do exequente,* constituir capital cuja renda assegure o pagamento do valor mensal da pensão.	Art. 475-Q. Quando a indenização por ato ilícito incluir prestação de alimentos, *o juiz, quanto a esta parte, poderá ordenar ao devedor* constituição de capital, cuja renda assegure o pagamento do valor mensal da pensão.
§ 1º O capital a que se refere o *caput*, representado por imóveis **ou por direitos reais sobre imóveis suscetíveis de alienação**, títulos da dívida pública ou aplicações financeiras em banco oficial, será inalienável e impenhorável enquanto durar a obrigação do *executado*, **além de constituir-se em patrimônio de afetação**.	§ 1º Este capital, representado por imóveis, títulos da dívida pública ou aplicações financeiras em banco oficial, será inalienável e impenhorável enquanto durar a obrigação *do devedor*.
§ 2º O juiz poderá substituir a constituição do capital pela inclusão do *exequente* em folha de pagamento *de pessoa jurídica* de notória capacidade econômica ou, a requerimento do *executado*, por fiança bancária ou garantia real, em valor a ser arbitrado de imediato pelo juiz.	2º O juiz poderá substituir a constituição do capital pela inclusão do *beneficiário da prestação* em folha de pagamento *de entidade de direito público ou de empresa de direito privado* de notória capacidade econômica, ou, a requerimento do *devedor*, por fiança bancária ou garantia real, em valor a ser arbitrado de imediato pelo juiz.
§ 3º Se sobrevier modificação nas condições econômicas, poderá a parte requerer, conforme as circunstâncias, redução ou aumento da prestação.	§ 3º Se sobrevier modificação nas condições econômicas, poderá a parte requerer, conforme as circunstâncias, redução ou aumento da prestação.
§ 4º *A prestação alimentícia* poderá ser fixada tomando por base o salário mínimo.	§ 4º *Os alimentos* podem ser fixados tomando por base o salário mínimo.
§ 5º *Finda* a obrigação de prestar alimentos, o juiz mandará liberar o capital, cessar o desconto em folha ou cancelar as garantias prestadas.	§ 5º *Cessada* a obrigação de prestar alimentos, o juiz mandará liberar o capital, cessar o desconto em folha ou cancelar as garantias prestadas.

 ## COMENTÁRIOS:

Cumprimento da sentença que fixa alimentos indenizatórios. O dispositivo em comento tem por finalidade garantir o pagamento da pensão, seja pela constituição de capital, gerador de renda destinada ao adimplemento da obrigação, seja pela constituição de garantia, a qual poderá ser executada no caso de inadimplemento. No geral, o legislador apenas aprimorou a redação do art. 475-Q do CPC/1973.

No § 1º do novo dispositivo, o legislador acrescentou que poderão ser constituídos como capital, além dos bens imóveis, os direitos reais sobre bens imóveis passíveis de alienação. Isso quer dizer que podem ser incluídos como garantia alguns dos direitos elencados no art. 1.225 do Código Civil, como, por exemplo, a hipoteca, o usufruto e o direito do promitente comprador. Nesses casos, o devedor não perde a propriedade ou o direito sobre os bens que constituem a garantia, mas apenas a disponibilidade deles enquanto perdurar a obrigação.

---

[122] Por exemplo: STJ, HC 141.069/RS, Rel. Min. Maria Thereza de Assis Moura, julgado em 22.08.2011.

Esclarece-se que a constituição de capital, que no CPC/1973 soava como faculdade do juiz, no CPC/2015 passa a ser obrigatória, desde que (i) haja requerimento do exequente e (ii) o executado apresente bens (imóveis, títulos da dívida pública ou aplicações financeiras), próprios ou de terceiro, destinados à geração de renda para o pagamento da prestação. De qualquer forma, restou mantida a possibilidade de substituição do capital pela inclusão do beneficiário da prestação alimentar na folha de pagamento do devedor, por fiança bancária ou por garantia real. A novidade fica por conta da previsão de que os bens destinados à geração de renda constituir-se-ão em patrimônio de afetação.

Patrimônio de afetação. Consiste na destinação de parte ou de totalidade de um patrimônio para uma determinada finalidade. Trata-se de um fundo autônomo, como se passa com a fundação. Desta, porém, se difere, porquanto não tem personalidade jurídica, mas apenas autonomia patrimonial.

O regime da afetação patrimonial foi introduzido no ordenamento jurídico brasileiro pela Medida Provisória nº 2.221 – a qual foi substituída pela Lei nº 10.931/2004 –, exclusivamente para fins de garantir a continuidade das obras da incorporação imobiliária no caso de "quebra" do incorporador. O objetivo era conferir segurança ao mercado imobiliário, aos adquirentes das unidades imobiliárias e ao próprio banco financiador da obra. Para a edição da lei, o legislador se baseou na teoria da afetação, apresentada no final do século XIX, que tinha por escopo romper com a doutrina da unicidade patrimonial, permitindo, assim, a instituição de patrimônio destinado especificamente à consecução e entrega do empreendimento imobiliário.

A partir da vigência do Novo Código, o regime também será aplicável para garantir a continuidade do pagamento de pensão fixada em decorrência de ato ilícito, quando a indenização consistir na prestação de alimentos.

Para que se configure o regime de afetação, quanto aos bens imóveis e direitos reais sobre eles (Código Civil, art. 1.225), deve-se proceder à averbação no Registro Imobiliário, por mandado expedido por ordem da autoridade judicial. Em se tratando, por exemplo, de títulos da dívida pública ou de aplicações financeiras, deve-se proceder ao registro perante o Banco Central do Brasil.

Tal patrimônio, assim apartado, deve ter aptidão para gerar receita suficiente para o pagamento da pensão, além de honorários ao administrador, impostos e outras despesas que possam recair sobre a essa ficção, uma vez que não se comunica com os demais bens, direitos e obrigações do patrimônio geral do devedor dos alimentos e só responde por dívidas e obrigações vinculadas à obrigação respectiva.

Os eventuais efeitos da decretação da falência ou da insolvência civil do devedor não atingirão o patrimônio de afetação previamente constituído nem integrarão a massa concursal. Efeito prático: não obstantes tais circunstâncias, o patrimônio afetado continuará a produzir receita para saldar o débito alimentar.

Embora o legislador tenha silenciado, ao regime de afetação previsto nesse dispositivo aplica-se, no que couber, o disposto na Lei nº 10.931/2004.

Finda a obrigação de prestar os alimentos, o juiz mandará liberar o capital, cessar o desconto em folha, cancelar qualquer das garantias prestadas ou desconstituir o patrimônio de afetação.

Capítulo V
Do Cumprimento de Sentença que Reconheça a Exigibilidade de Obrigação de Pagar Quantia Certa pela Fazenda Pública

CPC/2015	CPC/1973
Art. 534. **No cumprimento de sentença que impuser à Fazenda Pública o dever de pagar quantia certa, o exequente apresentará demonstrativo discriminado e atualizado do crédito contendo:** **I – o nome completo e o número de inscrição no Cadastro de Pessoas Físicas ou no Cadastro Nacional da Pessoa Jurídica do exequente;** **II – o índice de correção monetária adotado;** **III – os juros aplicados e as respectivas taxas;** **IV – o termo inicial e o termo final dos juros e da correção monetária utilizados;** **V – a periodicidade da capitalização dos juros, se for o caso;** **VI – especificação dos eventuais descontos obrigatórios realizados.** **§ 1º Havendo pluralidade de exequentes, cada um deverá apresentar o seu próprio demonstrativo, aplicando-se à hipótese, se for o caso, o disposto nos §§ 1º e 2º do art. 113.** **§ 2º A multa prevista no § 1º do art. 523 não se aplica à Fazenda Pública.**	Não há correspondência.

 COMENTÁRIOS:

Noções gerais. Com a minirreforma introduzida pela Lei nº 11.232/2005 ao Código de 1973, a satisfação do direito através de métodos executivos passou a ser mera fase do processo de conhecimento. Com a referida lei, regra geral, desapareceu a necessidade de se iniciar um novo processo (o de execução) para obter o cumprimento de um título judicial nos casos de obrigação de pagar quantia certa. Essa modificação, no entanto, não alcançou a Fazenda Pública como condenada. Assim, de acordo com o CPC/1973, seria preciso a instauração de um novo processo para a satisfação do crédito obtido através de decisão judicial.

Cumprimento de sentença contra a Fazenda Pública. O Novo Código, buscando maior efetivação da tutela jurisdicional por meio de um processo sincrético, não faz qualquer diferença quanto ao cumprimento das sentenças "comuns" e daquelas proferidas em desfavor da Fazenda Pública. O cumprimento de sentença passa a ser aplicável à Fazenda Pública como executada, reservando-se o processo próprio de execução para as execuções fundadas em títulos executivos extrajudiciais.

De acordo com o art. 534 do CPC/2015, para possibilitar o cumprimento da sentença que tenha condenado a Fazenda Pública ao pagamento de quantia certa, o exequente apresentará demonstrativo discriminado e atualizado do débito, o qual conterá os mesmos requisitos do art. 524. A diferença é que a multa decorrente do não pagamento no prazo assinalado pelo art. 523 não se aplica à Fazenda Pública, já que os pagamentos devidos por ela obedecem ao sistema de precatórios (art. 100 da CF/1988), sendo inaplicável a exigência de pagamento no prazo de 15 (quinze) dias.

CPC/2015	CPC/1973

Art. 535. A Fazenda Pública **será intimada na pessoa de seu representante judicial, por carga, remessa ou meio eletrônico, para, querendo, no prazo de 30 (trinta) dias e nos próprios autos,** *impugnar a execução, podendo arguir*:

I – falta ou nulidade da citação se, **na fase de conhecimento**, o processo correu à revelia;

II – ilegitimidade de parte;

III – *inexequibilidade* do título **ou inexigibilidade da obrigação**;

IV – excesso de execução ou cumulação indevida de execuções;

V – incompetência **absoluta ou relativa** do juízo da execução;

VI – qualquer causa modificativa ou extintiva da obrigação, como pagamento, novação, compensação, transação ou prescrição, desde que supervenientes *ao trânsito em julgado da sentença*.

§ 1° A alegação de impedimento ou suspeição observará o disposto nos arts. 146 e 148.

§ 2° Quando se alegar que o exequente, em excesso de execução, pleiteia quantia superior à resultante do título, cumprirá à executada declarar de imediato o valor que entende correto, sob pena de não conhecimento da arguição.

§ 3° Não impugnada a execução ou rejeitadas as arguições da executada:

I – **expedir-se-á, por intermédio do presidente do tribunal competente, precatório em favor do exequente, observando-se o disposto na Constituição Federal;**

II – **por ordem do juiz, dirigida à autoridade na pessoa de quem o ente público foi citado para o processo, o pagamento de obrigação de pequeno valor será realizado no prazo de 2 (dois) meses contado da entrega da requisição, mediante depósito na agência de banco oficial mais próxima da residência do exequente.**

§ 4° Tratando-se de impugnação parcial, a parte não questionada pela executada será, desde logo, objeto de cumprimento.

§ 5° Para efeito do disposto no *inciso III* do *caput* deste artigo, considera-se também inexigível **a obrigação reconhecida em** título executivo judicial fundado em lei ou ato normativo considerado inconstitucional pelo Supremo Tribunal Federal, ou fundado em aplicação ou interpretação da lei ou do ato normativo tido pelo Supremo Tribunal Federal como incompatível com a Constituição Federal, **em controle de constitucionalidade concentrado ou difuso.**

§ 6° No caso do § 5°, os efeitos da decisão do Supremo Tribunal Federal poderão ser modulados no tempo, de modo a favorecer a segurança jurídica.

Art. 741. Na execução contra a Fazenda Pública, *os embargos só poderão versar sobre*:

I – falta ou nulidade da citação, se o processo correu à revelia;

II – *inexigibilidade* do título;

III – ilegitimidade das partes;

IV – cumulação indevida de execuções;

V – excesso de execução;

VI – qualquer causa ~~impeditiva~~, modificativa ou extintiva da obrigação, como pagamento, novação, compensação, transação ou prescrição, desde que superveniente *à sentença*;

VII – incompetência do juízo da execução, ~~bem como suspeição ou impedimento do juiz~~.

Parágrafo único. Para efeito do disposto no *inciso II* do *caput* deste artigo, considera-se também inexigível o título judicial fundado em lei ou ato normativo declarados inconstitucionais pelo Supremo Tribunal Federal, ou fundado em aplicação ou interpretação da lei ou ato normativo tidas pelo Supremo Tribunal Federal como incompatíveis com a Constituição Federal.

§ 7º A decisão do Supremo Tribunal Federal referida no § 5º deve ter sido proferida antes do trânsito em julgado da decisão exequenda.

§ 8º Se a decisão referida no § 5º for proferida após o trânsito em julgado da decisão exequenda, caberá ação rescisória, cujo prazo será contado do trânsito em julgado da decisão proferida pelo Supremo Tribunal Federal.

 COMENTÁRIOS:

Impugnação pela Fazenda Pública. O representante judicial da Fazenda Pública será intimado para apresentar impugnação ao cumprimento de sentença no prazo de 30 (trinta) dias. As matérias a serem alegadas são as mesmas constantes do art. 525, § 1º, com exceção da "penhora incorreta ou avaliação errônea", já que inadmissível esse tipo de constrição a bens públicos.

Se a impugnação não for apresentada ou for rejeitada pelo juiz, será possível o cumprimento imediato da sentença com a expedição de precatório ou requisição de pequeno valor (RPV). Tratando-se de valor incontroverso (impugnação parcial), permanece a possibilidade de cumprimento imediato da quantia não impugnada pela Fazenda Pública. Por conseguinte, a natureza jurídica da decisão que houver rejeitado a impugnação, total ou parcialmente, será de decisão interlocutória, e não mais de sentença, como ocorre com o julgamento dos embargos propostos pela Fazenda Pública na sistemática do CPC/1973.

O CPC/2015 também apresenta a dinâmica dos pagamentos de obrigações de pequeno valor (§ 3º, II) e especifica o tipo de declaração de inconstitucionalidade que pode ser alegada em sede de impugnação como fundamento para a inexigibilidade do título. As hipóteses são as mesmas do cumprimento de sentença comum. Essas inovações possuem relevância imediata para a Fazenda Pública, considerando a necessidade constante do Poder Público de levar as questões às últimas instâncias. Limitando os fundamentos da impugnação, o legislador pretendeu dar mais celeridade à efetivação da tutela jurisdicional também quando vencida a Fazenda Pública.

Impugnação e condenação em honorários. Por conta do regime constitucional, a Fazenda Pública será sempre intimada, nos termos do art. 535, para apresentar impugnação nas hipóteses em que condenada em obrigação de pagar.

Não se pode, contudo, obrigar a Fazenda Pública a apresentar impugnação. Ela pode simplesmente anuir com os cálculos apresentados pelo credor (art. 534), hipótese em que o valor devido será inscrito na ordem cronológica dos precatórios.

Assim, nas hipóteses em que a Fazenda Pública deixar de impugnar o cumprimento da sentença, não haverá pretensão resistida, razão pela qual não seria cabível sua condenação em honorários. Tal situação já havia sido observada pelo legislador quando da edição da Medida Provisória nº 2.180-35, de 2001, que incluiu o art. 1º-D à Lei nº 9.494/1997.[123]

---

[123] Art. 1º-D. "Não serão devidos honorários advocatícios pela Fazenda Pública nas execuções não embargadas."

Ressalte-se que apesar de o dispositivo se referir à sistemática prevista no CPC/1973, mantém-se o mesmo entendimento.

Deve-se entender que os embargos correspondem à impugnação ao cumprimento de sentença, porquanto as disposições do novo CPC trazem regramento específico ao tema, sendo, como já dito, desnecessária a instauração de nova relação processual para exigir o pagamento dos títulos judiciais nas execuções contra a Fazenda Pública.

Pois bem. Voltando ao art. 1º-D da Lei nº 9.494/1997, pode-se dizer sinteticamente que esse dispositivo reconheceu que, nas hipóteses em que a Fazenda Pública não opõe embargos à execução – leia-se, agora, impugnação ao cumprimento de sentença –, é incabível a sua condenação em honorários.

Ocorre que esse dispositivo, ao ser interpretado pela doutrina, apresentou uma exceção discriminatória a favor da Fazenda Pública, notadamente nas execuções envolvendo valores que poderiam ser pagos por meio de RPV. Explique-se. No caso de condenação a ser paga por meio de precatório, em todo e qualquer caso a Fazenda Pública não tem como cumprir espontaneamente o julgado. O regime de precatórios não é uma faculdade. O pagamento, portanto, submete-se às regras constitucionais já vistas nesse capítulo. Por outro lado, nas condenações cujos valores estão submetidos à RPV, a Fazenda Pública pode pagá-las voluntariamente, sem precisar esperar a iniciativa do credor de iniciar a execução do julgado. Por conta disso, se a Fazenda Pública espera o início do cumprimento de sentença para só então decidir expedir a requisição quando podia tê-lo feito antes, deverá, pelo princípio da causalidade, ser condenada em honorários, ainda que não apresente impugnação. Essa foi inclusive a tese firmada pelo Supremo no julgamento do RE 420.816, de relatoria do Ministro Sepúlveda Pertence, julgado em 21.03.2007. Em suma, apenas a execução contra a Fazenda Pública, processada sob o rito do precatório, sofre a incidência do art. 1º-D da Lei nº 9.494/1997.

Capítulo VI
Do Cumprimento de Sentença que Reconheça a Exigibilidade de Obrigação de Fazer, de Não Fazer ou de Entregar Coisa

Seção I

Do Cumprimento de Sentença que Reconheça a Exigibilidade de Obrigação de Fazer ou de Não Fazer

CPC/2015	CPC/1973
Art. 536. *No cumprimento de sentença que reconheça a exigibilidade* de obrigação de fazer ou de não fazer, o juiz *poderá*, de ofício ou a requerimento, **para a efetivação** da tutela específica ou a *obtenção de tutela pelo resultado prático equivalente*, determinar as medidas necessárias **à satisfação do exequente.** § 1º *Para atender ao disposto no caput*, o juiz poderá determinar, entre outras medidas, a imposição de multa, a busca e apreensão, a remoção de pessoas e coisas, o desfazimento de obras e o impedimento de atividade nociva, podendo, caso necessário, requisitar o auxílio de força policial.	Art. 461. *Na ação que tenha por objeto o cumprimento* de obrigação de fazer ou não fazer, o juiz *concederá* a tutela específica da obrigação ou, se procedente o pedido, determinará providências *que assegurem o resultado prático equivalente* ~~ao do adimplemento~~. [...] § 5º *Para a efetivação da tutela específica ou a obtenção do resultado prático equivalente*, poderá o juiz, de ofício ou a requerimento, determinar as medidas necessárias, tais como a imposição de multa ~~por tempo de atraso~~, busca e apreensão, remoção de pessoas e coisas, desfazimento de obras e impedimento de atividade nociva, se necessário com requisição de força policial.

§ 2º *O mandado de busca e apreensão de pessoas e coisas* será cumprido por 2 (dois) oficiais de justiça, *observando-se o disposto no art. 846, §§ 1º a 4º, se houver necessidade de arrombamento.*

§ 3º O executado incidirá nas penas de litigância de má-fé quando injustificadamente descumprir a ordem judicial, sem prejuízo de sua responsabilização por crime de desobediência.

§ 4º No cumprimento de sentença que reconheça a exigibilidade de obrigação de fazer ou de não fazer, aplica-se o art. 525, no que couber.

§ 5º O disposto neste artigo aplica-se, no que couber, ao cumprimento de sentença que reconheça deveres de fazer e de não fazer de natureza não obrigacional.

Art. 839. *O juiz pode decretar a busca e apreensão de pessoas ou de coisas.*

Art. 842. O mandado será cumprido por dois oficiais de justiça, *um dos quais o lerá ao morador, intimando-o para abrir as portas.*

§ 1º Não atendidos, os oficiais de justiça arrombarão as portas externas, bem como as internas e quaisquer móveis onde presumam que esteja oculta a pessoa ou a coisa procurada.

COMENTÁRIOS:

Início do cumprimento e medidas executivas. Ao apresentar o rol de títulos executivos judiciais, o art. 515, I, do CPC/2015 afirma que as decisões proferidas no processo civil que reconheçam a exigibilidade de obrigação de pagar quantia, de fazer, de não fazer ou de entregar coisa constituem títulos hábeis à execução independentemente da instauração de novo processo.

Dessa forma, desde que a sentença, acórdão ou decisão interlocutória reconheça a exigibilidade de obrigação de fazer, não fazer, entregar coisa ou pagar quantia, constituirá título executivo judicial.

A preocupação com a efetividade do processo levou o legislador a criar mecanismos no processo de conhecimento e no de execução para coagir o devedor a cumprir, tal como pactuadas, as obrigações de fazer e de não fazer, passando as perdas e danos a constituírem o último remédio à disposição do credor.

Em suma, transitada em julgado a sentença, poderá o juiz, de ofício ou mediante requerimento do credor, utilizar dos meios legais disponíveis para forçar o devedor a cumprir a obrigação já fixada. Caso esta não seja possível, o juiz determinará as providências que assegurem o resultado prático equivalente. A tutela específica ou equivalente poderá, no entanto, ter sido concedida na própria sentença, em acolhimento a pedido alternativo do autor, ou, de ofício, diante da eventual impossibilidade de concessão da tutela específica.

A tutela prevista nesse conjunto de disposições – que se assemelham àquelas dispostas no art. 461 do CPC/1973 – aplica-se aos deveres de fazer e não fazer de qualquer natureza, e não apenas às obrigações em sentido estrito. Exemplo: deveres negativos que a própria lei (e não o contrato) impõe como forma de restringir a conduta do agente. Esses deveres não derivam da relação jurídica obrigacional, mas se irradiam sobre ela.

CPC/2015	CPC/1973

Art. 537. A multa independe de requerimento da parte e poderá ser aplicada na fase de conhecimento, em tutela provisória ou na sentença, ou na fase de execução, desde que seja suficiente e compatível com a obrigação e que se determine prazo razoável para cumprimento do preceito.

§ 1º O juiz poderá, de ofício ou a requerimento, modificar o valor ou a periodicidade da multa vincenda ou excluí-la, caso verifique que:

I – se tornou insuficiente ou excessiva;

II – **o obrigado demonstrou cumprimento parcial superveniente da obrigação ou justa causa para o descumprimento.**

§ 2º **O valor da multa será devido ao exequente.**

§ 3º A decisão que fixa a multa é passível de cumprimento provisório, devendo ser depositada em juízo, permitido o levantamento do valor após o trânsito em julgado da sentença favorável à parte (Redação dada pela Lei 13.256/2016).

§ 4º **A multa será devida desde o dia em que se configurar o descumprimento da decisão e incidirá enquanto não for cumprida a decisão que a tiver cominado.**

§ 5º **O disposto neste artigo aplica-se, no que couber, ao cumprimento de sentença que reconheça deveres de fazer e de não fazer de natureza não obrigacional.**

Art. 461. [...]

§ 4º O juiz poderá, na hipótese do parágrafo anterior ou na sentença, impor multa diária ao réu, independentemente de pedido do autor, se for suficiente ou compatível com a obrigação, fixando-lhe prazo razoável para o cumprimento do preceito.

Art. 461 [...].

§ 6º O juiz poderá, de ofício, modificar o valor ou a periodicidade da multa, caso verifique que se tornou insuficiente ou excessiva.

COMENTÁRIOS:

Multa cominatória (*astreintes*). Independentemente da providência a ser adotada pelo magistrado, é possível a aplicação concomitante de multa com o intuito de desestimular o réu a descumprir a determinação judicial. A multa poderá ser fixada por tempo de atraso, de forma a coagir o devedor a adimplir a obrigação na sua especificidade. Ressalte-se que mesmo nos casos em que a obrigação tenha se convertido em perdas e danos permanece possível a aplicação da multa.

Normalmente, a multa é estabelecida por dia de descumprimento. Porém, nada impede que a circunstância concreta exija outra periodicidade. Por essa razão é que se permite a alteração da multa na vigência da decisão que a cominou.

A multa pelo descumprimento de obrigação de fazer ou não fazer poderá ser aplicada pelo juiz de ofício, ou seja, sem que haja prévio requerimento da parte. Como o Novo

Código prevê que terá que ser concedido prazo razoável para o cumprimento do preceito, deve-se intimar o devedor antes de se aplicar a multa.[124]

Frise-se que ao devedor não é facultado optar pelo pagamento da multa ou pelo cumprimento do preceito fixado na sentença. A multa tem caráter complementar. Assim, mesmo que ocorra o adimplemento da obrigação fixada na sentença, a multa cominatória anteriormente fixada ainda pode ser exigida pelo credor. A decisão que fixa as *astreintes* não integra a coisa julgada, sendo apenas um meio de coerção indireta ao cumprimento do julgado.[125]

Além da multa, não se descarta a aplicação das medidas de apoio, tais como busca e apreensão, remoção de pessoas e coisas, desfazimento de obras, intervenção em empresas e impedimento de atividade nociva, se necessário com requisição de força policial.

Cumprimento provisório. A multa pode ser executada provisoriamente, ou seja, antes do trânsito em julgado da decisão definitiva.[126] Se, por exemplo, o juiz fixar multa em caso de descumprimento de medida concedida em sede de tutela provisória de urgência, de natureza antecipada ou cautelar, essa decisão constituirá título executivo hábil para o cumprimento provisório. Havendo, na sentença, posterior alteração da decisão que deferiu o pedido de tutela provisória, ficará sem efeito o crédito derivado da fixação da multa, perdendo o objeto a execução provisória daí advinda. Caso alguma medida constritiva já tenha sido realizada para o cumprimento da multa, aplica-se a regra do art. 520, I, ficando o exequente obrigado a reparar os danos que o executado haja sofrido.

Ressalte-se que o legislador do novo CPC apenas permitiu o cumprimento provisório da multa, consagrando o entendimento no sentido de que as *astreintes* têm eficácia imediata. Contudo, eventual levantamento do valor fixado (e depositado judicialmente) a título de multa só deverá ser realizado após o trânsito em julgado da sentença favorável à parte (art. 537, § 3º). Em suma, ao mesmo tempo em que o legislador prestigia a efetividade da tutela executiva, também confere segurança jurídica às partes: ao exequente, que não precisa aguardar o trânsito em julgado para exigir judicialmente a multa; ao executado, que sofrerá desfalque patrimonial em caráter definitivo somente depois de esgotadas as vias recursais.

Termo *a quo* da multa. As *astreintes* não possuem eficácia retroativa, ou seja, não abrangem o período de descumprimento anterior à própria decisão que a fixou. Por essa razão é que o § 4º dispõe que "a multa será devida desde o dia em que configurado o descumprimento da decisão e incidirá enquanto não for cumprida a decisão que a tiver cominado".

---

[124] Nesse sentido: "[...] A prévia intimação pessoal do devedor constitui condição necessária para a cobrança de multa pelo descumprimento de obrigação de fazer ou não fazer. [...]" (STJ, AgInt no AResp 1066935/RS, Rel. Min. Nancy Andrighi, 3ª Turma, julgamento em 17.08.2017).

[125] Esse é o entendimento do STJ firmado no julgamento do REsp 1.333.988-SP, julgado sob o rito dos recursos repetitivos (**Informativo** nº 539).

[126] Esse já era o entendimento firmado nos tribunais superiores. Por exemplo: STJ, AgR no REsp 1.42.691/BA, 2ª Turma, Rel. Min. Humberto Martins, julgado em 18.02.2014, *DJe* 24.02.2014.

Seção II
Do Cumprimento de Sentença que Reconheça a Exigibilidade de Obrigação de Entregar Coisa

CPC/2015	CPC/1973
Art. 538. Não cumprida a obrigação de entregar coisa no prazo estabelecido na sentença, será expedido mandado de busca e apreensão ou de imissão na posse em favor do credor, conforme se tratar de coisa móvel ou imóvel.	Art. 461-A [...]
	§ 2º Não cumprida a obrigação no prazo estabelecido, expedir-se-á em favor do credor mandado de busca e apreensão ou de imissão na posse, conforme se tratar de coisa móvel ou imóvel.
§ 1º A existência de benfeitorias deve ser alegada na fase de conhecimento, em contestação, de forma discriminada e com atribuição, sempre que possível e justificadamente, do respectivo valor.	
§ 2º O direito de retenção por benfeitorias deve ser exercido na contestação, na fase de conhecimento.	
§ 3º Aplicam-se ao procedimento previsto neste artigo, no que couber, as disposições sobre o cumprimento de obrigação de fazer ou de não fazer.	

 COMENTÁRIOS:

Noções gerais e procedimento. Quanto à sentença ou acórdão que contenha obrigação de entrega de coisa, a efetivação da tutela far-se-á segundo o art. 498, que assim prescreve:

> "**Art. 498.** Na ação que tenha por objeto a entrega de coisa, o juiz, ao conceder a tutela específica, fixará o prazo para o cumprimento da obrigação.
>
> Parágrafo único. Tratando-se de entrega de coisa determinada pelo gênero e pela quantidade, o autor individualizá-la-á na petição inicial, se lhe couber a escolha, ou, se a escolha couber ao réu, este a entregará individualizada, no prazo fixado pelo juiz."

Na petição inicial, o autor requererá a providência judicial almejada, consistente numa ordem, mandamento ou determinação para que o réu entregue a coisa (certa) descrita no título que representa a obrigação (contrato de compra e venda, por exemplo). Quando se tratar de coisa incerta, ou seja, determinada apenas pelo gênero e quantidade, o autor a individualizará na petição inicial, se lhe couber a escolha; cabendo ao devedor escolher, a ordem judicial será no sentido de que entregue a coisa individualizada no prazo fixado pelo juiz. A ordem visada pelo autor poderá ser pleiteada a título de tutela antecipada ou final.

Em resposta ao pedido do autor, poderá o juiz, na decisão final ou antecipatória, conceder a tutela específica, ou seja, determinar a entrega da coisa ou determinar providências que assegurem o mesmo resultado prático.

Como meio de compelir o réu a cumprir a determinação judicial, também poderá o juiz, de ofício ou a requerimento da parte, impor multa (*astreintes*) ao devedor da obrigação, fixando-lhe prazo razoável para entrega da coisa. Para evitar repetição, fazemos remissão ao que afirmamos a propósito da multa relativa ao cumprimento das obrigações de fazer e não fazer, perfeitamente aplicável à efetivação da tutela das obrigações de entregar coisa.

Não sendo a multa eficaz para vencer a resistência do réu a entregar a coisa no prazo estabelecido, "será expedido mandado de busca e apreensão ou de imissão na posse em favor do credor, conforme se tratar de coisa móvel ou imóvel" (art. 538, *caput*).

A efetivação da tutela, como podemos verificar, é feita por coerção ou por atos do Estado-juízo sobre a própria coisa. Somente na hipótese extrema de perda da coisa ou de absoluta impossibilidade de apreendê-la, a obrigação converter-se-á em perdas e danos.

Benfeitorias e direito de retenção e indenização. O possuidor de boa-fé tem o direito de retenção e de indenização pelas benfeitorias necessárias e úteis, de acordo com o art. 1.219 do Código Civil. O pedido de indenização ou de retenção deve ser formulado na contestação, sob pena de preclusão, já que o art. 336 do CPC/2015 (art. 300 do CPC/1973) informa que se o réu não alegar, na contestação, tudo o que poderia, terá havido preclusão consumativa (princípio da concentração da defesa), razão pela qual estará impedido de deduzir qualquer outra matéria de defesa em momento processual futuro.

As regras constantes nos §§ 1º e 2º organizam o sistema processual de acordo com a ideia de preclusão, além de evidenciarem o entendimento jurisprudencial majoritário segundo o qual direito à retenção ou à indenização por benfeitorias deve ser arguido na fase na qual seja permitida a produção probatória, ou seja, na fase de conhecimento.

Caso essas matérias não tenham sido arguidas em momento oportuno – na contestação –, operar-se-á a preclusão. Sobrará ao executado apenas a possibilidade de pleitear a indenização pelo valor das benfeitorias em ação autônoma.

TÍTULO III
DOS PROCEDIMENTOS ESPECIAIS

Capítulo I
Da Ação de Consignação em Pagamento

CPC/2015	CPC/1973
Art. 539. Nos casos previstos em lei, poderá o devedor ou terceiro requerer, com efeito de pagamento, a consignação da quantia ou da coisa devida.	Art. 890. Nos casos previstos em lei, poderá o devedor ou terceiro requerer, com efeito de pagamento, a consignação da quantia ou da coisa devida.
§ 1º Tratando-se de obrigação em dinheiro, poderá **o valor ser depositado** em estabelecimento bancário, oficial onde houver, situado no lugar do pagamento, cientificando-se o credor por carta com aviso de recebimento, assinado o prazo de 10 (dez) dias para a manifestação de recusa.	§ 1º Tratando-se de obrigação em dinheiro, poderá o devedor ou terceiro optar pelo depósito da quantia devida, em estabelecimento bancário, oficial onde houver, situado no lugar do pagamento, em conta com correção monetária, cientificando-se o credor por carta com aviso de recepção, assinado o prazo de 10 (dez) dias para a manifestação de recusa.
§ 2º Decorrido o prazo *do § 1º*, **contado do retorno do aviso de recebimento**, sem a manifestação de recusa, considerar-se-á o devedor liberado da obrigação, ficando à disposição do credor a quantia depositada.	§ 2º Decorrido o prazo *referido no parágrafo anterior*, sem a manifestação de recusa, reputar-se-á o devedor liberado da obrigação, ficando à disposição do credor a quantia depositada.

§ 3º Ocorrendo a recusa, manifestada por escrito ao estabelecimento bancário, poderá ser proposta, dentro de *1 (um) mês*, a ação de consignação, instruindo-se a inicial com a prova do depósito e da recusa.

§ 4º Não proposta a ação no prazo do *§ 3º*, ficará sem efeito o depósito, podendo levantá-lo o depositante.

§ 3º Ocorrendo a recusa, manifestada por escrito ao estabelecimento bancário, o devedor ou terceiro poderá propor, dentro de *30 (trinta) dias*, a ação de consignação, instruindo a inicial com a prova do depósito e da recusa.

§ 4º Não proposta a ação no prazo do *parágrafo anterior*, ficará sem efeito o depósito, podendo levantá-lo o depositante.

COMENTÁRIOS:

Consignação em pagamento. Consiste a consignação numa forma indireta de o devedor se livrar do vínculo obrigacional independentemente da aquiescência do credor, "nos casos e formas legais" (art. 334 do CC). O pagamento por consignação constitui uma das modalidades de extinção das obrigações e é regulado pelo Código Civil. Já a ação de consignação em pagamento ou, mais precisamente, o procedimento da consignação, que pode ser judicial ou extrajudicial, é regulado pelo CPC.

Hipóteses autorizadoras da consignação. As situações que autorizam a consignação encontram-se elencadas no art. 335 do Código Civil e referem-se às circunstâncias que podem impedir o devedor de solver a obrigação pelos meios normais. Trata-se de rol meramente exemplificativo. Também o Código Tributário Nacional (art. 164) e a Lei de Locações (art. 67), por exemplo, contemplam hipóteses que permitem a liberação do devedor por meio da consignação em pagamento.

Objeto da consignação. Segundo se extrai do art. 539, a ação de consignação em pagamento só pode ter por objeto as obrigações de dar (dinheiro ou outro gênero de coisa). A coisa pode ser fungível ou não fungível, móvel ou imóvel. Exige-se, entretanto, que a prestação seja, em regra, líquida e certa, ainda que indeterminada a coisa, devendo-se entender por liquidez a determinação precisa da importância devida.

Vale destacar, seguindo a lição de Humberto Theodoro Júnior, que o requisito da liquidez e certeza da obrigação não equivale "à indiscutibilidade da dívida, nem a simples contestação do credor à existência ou ao *quantum* da obrigação conduz necessariamente ao reconhecimento da sua iliquidez e gera a improcedência da consignação". Entretanto, se o vínculo jurídico existente entre as partes não revela, *prima facie*, dívida líquida e certa, não poderá o credor ser compelido a aceitar ou reconhecer um depósito inicial como hábil a realizar a função de pagamento.

As obrigações de fazer e não fazer não podem ser adimplidas por meio da ação consignatória, até porque incompatíveis com o depósito ínsito à consignação.

Situação peculiar ocorre nas obrigações bilaterais (uma parte só teria o direito de receber a prestação após cumprir a contraprestação que lhe era devida). Um dos contratantes pode valer-se da consignação, cumprindo sua parte na avença. Entretanto, o outro obrigado só terá direito ao levantamento do depósito após comprovar que cumpriu com a prestação que lhe cabia.[127]

---

[127]   SILVA, Ovídio Baptista da. **Procedimentos especiais**. 2. ed. Rio de Janeiro: Aide, 1993. p. 12.

Consignação extrajudicial. Ela permanece no CPC/2015 (arts. 539 e parágrafos). O seu procedimento é semelhante ao que está previsto no CPC/1973. Há alterações pontuais na redação.

Pressupostos da consignação extrajudicial. (i) credor certo, ou certeza quanto à titularidade do crédito: quando se desconhece quem seria o credor, ou duas ou mais pessoas se apresentam como tal, obrigatoriamente deverá o devedor valer-se da consignação extrajudicial; (ii) capacidade civil do credor: o incapaz não pode receber ou dar quitação validamente, tampouco recusar o depósito, pelo que resta ineficaz a consignação extrajudicial em tal hipótese; (iii) credor solvente: os créditos existentes em favor do credor falido ou insolvente serão administrados pelas respectivas massas. O falido não tem administração sobre seus bens, o que torna ineficaz a consignação extrajudicial em favor dele; (iv) certeza do objeto da obrigação: havendo litigiosidade da coisa, apenas o depósito judicial liberará o devedor, sob pena de, pagando extrajudicialmente, pagar mal e ser obrigado a repetir o ato.

Lugar do pagamento. A expressão *lugar do pagamento* constante no § 1º do art. 539 (art. 890, § 1º, do CPC/1973) deve ser compreendida em sentido amplo (*foro de pagamento*). Assim, inexistindo agência bancária no local específico destinado ao pagamento – por exemplo, no distrito de Andiroba –, pode-se proceder ao depósito na instituição bancária localizada na sede da comarca, no caso, na cidade de Sete Lagoas (MG).

Procedimento da consignação extrajudicial. Realizado o depósito extrajudicial, o credor será cientificado por carta com aviso de recebimento, podendo, no prazo de 10 (dez) dias contado do retorno do AR,[128] comparecer à agência bancária e levantar o depósito, o que implicará extinção da obrigação; permanecer inerte, hipótese em que se presumirá aceito o depósito, com a liberação do devedor, ficando a quantia à disposição do credor (art. 539, § 2º); manifestar, por escrito ao estabelecimento bancário, a recusa ao recebimento.

Entende-se que, em homenagem ao princípio da boa-fé, deve o credor expor ao depositante as razões da recusa, ainda que sucintamente, para que este possa examinar se procedem ou não. Caso entenda que o depósito não é integral, deverá o credor indicar, ainda, a importância faltante.[129]

Havendo recusa manifesta, poderá o devedor, dentro do prazo de um mês, ajuizar ação consignatória, instruindo a inicial com prova do depósito e da recusa (art. 539, § 3º).

O prazo para a propositura da ação de consignação judicial, na hipótese de recusa do credor, foi alterado de 30 (trinta) dias (art. 890, § 3º, do CPC/1973) para um mês. Ressalte-se que não se trata de prazos idênticos e, justamente por isso, serão contados de forma distinta (conferir art. 132, § 3º, do Código Civil).

---

[128] No § 2º do art. 539 (art. 890, § 2º, do CPC/1973) houve acréscimo da expressão "contado do retorno do aviso de recebimento". O objetivo é indicar o termo inicial para contagem do prazo de recusa, pelo credor, dos valores consignados extrajudicialmente. A interpretação que deve ser dada a esse dispositivo é similar àquela já apresentada pela doutrina frente à omissão da legislação de 1973. Nesse sentido: "Embora o texto não diga, tal prazo só começa a contar a partir do momento (do dia) em que efetivamente o credor toma ciência da realização do depósito, informação essa que depende da devolução do AR pelo correio" (MACHADO, Antônio Cláudio da Costa. **Código de Processo Civil interpretado**: artigo por artigo, parágrafo por parágrafo. 11. ed. Barueri: Manole, 2012. p. 1.275).

[129] NEGRÃO, Theotonio; GOUVÊA, José Roberto F. **CPC e legislação processual em vigor.** 39. ed. São Paulo: Saraiva, 2007. Nota 11 ao art. 890 do CPC, p. 973.

Como a contagem do interstício não mais se dará em dias corridos, o prazo fatal para a propositura da demanda poderá findar em dia diverso do qual findaria caso fosse aplicada a regra do CPC/1973. Exemplo: um prazo de 30 (trinta) dias, que tem início no dia 4 de agosto, terá seu vencimento no dia 3 de setembro; um prazo de um mês, que se inicia na mesma data, vencerá no dia 4 de setembro. Não ajuizada a ação no prazo previsto, considera-se sem efeito o depósito, podendo levantá-lo o depositante (art. 539, § 4º).

A não propositura da ação consignatória no prazo estipulado pelo § 3º do art. 539 não extingue o direito material à consignação e não constitui óbice ao exercício do direito de ação, garantia constitucional. O que ocorre é, tão somente, o restabelecimento da situação anterior à realização do depósito, ou seja, a obrigação continuará em aberto. Como observa Antônio Marcato, "ao prever o depósito extrajudicial, a lei está a conferir ao interessado no pagamento uma via diversa do acesso necessário e imediato à jurisdição, sem, contudo, retirar-lhe esse direito de acesso".[130]

CPC/2015	CPC/1973
Art. 540. Requerer-se-á a consignação no lugar do pagamento, cessando para o devedor, *à data do* depósito, os juros e os riscos, salvo se a demanda for julgada improcedente.	Art. 891. Requerer-se-á a consignação no lugar do pagamento, cessando para o devedor, *tanto que se efetue o* depósito, os juros e os riscos, salvo se for julgada improcedente. Parágrafo único. ~~Quando a coisa devida for corpo que deva ser entregue no lugar em que está, poderá o devedor requerer a consignação no foro em que ela se encontra.~~

 ## COMENTÁRIOS:

Foro competente para a consignação. Tem relevância para determinação do foro competente para a ação de consignação em pagamento a natureza da dívida. Sendo ela quesível – ao credor compete receber o pagamento –, será competente o foro do domicílio do autor (devedor). O foro do domicílio do devedor também será o competente quando a ação de consignação fundar-se no desconhecimento de quem seja o credor, independentemente da natureza da obrigação, até mesmo pela impossibilidade lógica de se encontrar outro.

Tratando-se de obrigação portável – ao devedor compete oferecer o pagamento –, a competência será do domicílio do réu (credor).

Em qualquer caso, podem as partes eleger, quando da celebração do contrato, o foro competente para dirimir quaisquer questões relativas à avença. Assim, pode a consignação ser proposta, também, no foro de eleição.

A ação consignatória de aluguéis e encargos deverá ser proposta no foro contratualmente estabelecido pelas partes e, na sua falta, no lugar da situação do imóvel (art. 58, II, da Lei nº 8.245/1991).

A competência para a ação de consignação rege-se pelo critério da territorialidade, sendo, portanto, relativa. Destarte, se a ação é proposta em foro incompetente e o réu não alega a incompetência em preliminar na contestação (art. 337, II), opera-se a prorrogação

---

[130] **Procedimentos especiais**. 10. ed. São Paulo: Atlas, 2004. p. 93.

da competência, presumindo-se, ante a inércia do réu, que a propositura da demanda em juízo diverso não lhe acarretou prejuízo.

Pouca novidade há na supressão da regra prevista no parágrafo único do art. 891 do CPC/1973. A especificação apenas ratifica a norma prevista no *caput*: a coisa objeto do pagamento deve ser entregue no lugar onde está, e este é, necessariamente, o lugar do pagamento, ainda que inexista convenção expressa das partes.

CPC/2015	CPC/1973
Art. 541. Tratando-se de prestações *sucessivas*, *consignada uma delas*, pode o devedor continuar a depositar, no mesmo processo e sem mais formalidades, as que se forem vencendo, desde que o faça em até 5 (cinco) dias contados da data do **respectivo** vencimento.	Art. 892. Tratando-se de prestações *periódicas*, *uma vez consignada a primeira*, pode o devedor continuar a consignar, no mesmo processo e sem mais formalidades, as que se forem vencendo, desde que os depósitos sejam efetuados até 5 (cinco) dias, contados da data do vencimento.

 COMENTÁRIOS:

Consignação de prestações sucessivas. Tratando-se de prestações sucessivas, uma vez consignada a primeira, pode o devedor continuar a consignar, no mesmo processo e sem maiores formalidades, as que forem vencendo, desde que os depósitos sejam efetuados em até 5 (cinco) dias, contados da data do vencimento (art. 541). Como bem observa Freitas Câmara, "o atraso, ensejador da mora intercorrente, faz com que não se possa reconhecer a eficácia liberatória do depósito feito a destempo (mas tal evento, à evidência, não implica qualquer prejuízo ao demandante em relação aos depósitos anteriores, feitos no momento oportuno)".[131]

Questão controversa, que merece destaque, refere-se à definição do momento a partir do qual não mais seria possível o depósito das prestações periódicas. Há quem sustente que a consignação pode ocorrer até o trânsito em julgado da sentença a ser proferida. Estando o processo em grau de recurso, o depósito poderia continuar a ser feito perante o juízo de primeiro grau.

Tal posição, a nós, não parece adequada. A sentença proferida na ação consignatória terá natureza meramente declaratória, ou seja, limitar-se-á a declarar a eficácia liberatória do depósito promovido. Assim, não se pode admitir seja reconhecida a eficácia de um depósito que ainda não ocorreu. Destarte, as prestações vencidas após a prolação da sentença hão de ser consignadas em processo autônomo.[132]

A solução poderia ser diversa, como bem observado por Humberto Theodoro Júnior, se o devedor fizesse constar dos pedidos iniciais não só a declaração do efeito dos depósitos já efetuados ou a serem efetuados no curso do processo, como também a autorização para que continuasse a depositar as prestações vincendas. Nesta hipótese, conclui o ilustre pro-

---

[131] **Lições...**, *op. cit.*, v. III, p. 323.

[132] Esta é a posição dominante na doutrina. Por todos, cita-se: MARCATO, Antônio Carlos. **Procedimentos especiais**. 10. ed. São Paulo: Atlas, 2004. p. 108.

cessualista, "a possibilidade de depósitos liberatórios não encontrará limite no momento da sentença, e se projetará para o futuro, graças à eficácia condicional do julgado".[133]

CPC/2015	CPC/1973
Art. 542. Na petição inicial, o autor requererá:	Art. 893. O autor, na petição inicial, requererá:
I – o depósito da quantia ou da coisa devida, a ser efetivado no prazo de 5 (cinco) dias contados do deferimento, ressalvada a hipótese do *art. 539, § 3º*;	I – o depósito da quantia ou da coisa devida, a ser efetivado no prazo de 5 (cinco) dias contados do deferimento, ressalvada a hipótese do *§ 3º do art. 890*;
II – a citação do réu para levantar o depósito ou oferecer *contestação*.	II – a citação do réu para levantar o depósito ou oferecer *resposta*.
Parágrafo único. **Não realizado o depósito no prazo do inciso I, o processo será extinto sem resolução do mérito.**	

 ## COMENTÁRIOS:

Procedimento da consignação judicial. Não sendo cabível o depósito extrajudicial ou não tendo o devedor logrado êxito com essa modalidade de consignação (porque o credor manifestou recusa em receber), resta-lhe a faculdade de ajuizar a ação consignatória, instruindo a petição inicial com a prova do depósito e da recusa, se for o caso (art. 539, § 3º).

Na hipótese de não existir depósito extrajudicial, seja porque a obrigação não comporta essa forma de consignação ou o devedor por ela não optou, seja porque o depósito foi levantado, cabe ao autor requerer na petição inicial o depósito da quantia ou da coisa devida, a ser efetivado no prazo de 5 (cinco) dias contado do deferimento da inicial (art. 542, I).

Tratando-se de obrigação de pagar quantia, o depósito será realizado em conta judicial, à disposição do juízo e sujeito à correção monetária. Entendem alguns que a não realização do depósito no prazo de 5 (cinco) dias acarreta a extinção do processo sem resolução do mérito. O depósito representaria ato essencial ao prosseguimento da consignatória, uma vez que o réu só seria citado após sua realização. Ademais, apenas o depósito (e não a sentença, que será meramente declaratória) teria o condão de desconstituir o vínculo obrigacional.

O CPC/2015 solidificou essa ideia ao dispor, no parágrafo único do art. 542, que, não sendo realizado o depósito, o processo será extinto sem resolução do mérito.[134] De fato, o

---

[133] THEODORO JÚNIOR, Humberto. **Curso de Direito Processual Civil.** Rio de Janeiro: Forense, 2003. p. 30.

[134] A redação desse dispositivo encontra respaldo na jurisprudência. Exemplos: "RECURSO ORDINÁRIO. AÇÃO DE CONSIGNAÇÃO EM PAGAMENTO. DEPÓSITO EXTEMPORÂNEO. EXTINÇÃO. Não tendo o consignante comprovado o depósito do valor que entendia devido ao consignado no prazo que lhe foi assinado, correta a decisão que extinguiu o processo, sem julgamento de mérito" (TRT 1ª Região, RO 742006420095010242 RJ, 9ª Turma, Rel. Jose da Fonseca Martins Junior, julgado em 12.03.2012); "PROCESSO CIVIL. AGRAVO DE INSTRUMENTO. NEGATIVA DE PROVIMENTO. AGRAVO REGIMENTAL. CONTRATO. MÚTUO. SISTEMA FINANCEIRO DE HABITAÇÃO (SFH). AÇÃO CONSIGNATÓRIA. INTIMAÇÃO DO AUTOR. AUSÊNCIA DE DEPÓSITO. EXTINÇÃO, SEM JULGAMENTO DO MÉRITO. DESPROVIMENTO. 1. Conforme entendimento desta Corte, não efetuado o depósito da quantia ou coisa devida no prazo legal, apesar de intimado o autor da consignatória, extingue-se o processo sem julgamento do mérito, nos termos do art. 267, IV, do Código

depósito constitui pressuposto processual específico do procedimento consignatório, cuja ausência obsta o prosseguimento do feito, acarretando sua extinção sem resolução do mérito. Entretanto, as exigências formais relativas ao modo, lugar e tempo para realização dos atos processuais não podem ser interpretadas e tratadas como um fim em si mesmas, sendo imprescindível que se busque, sempre, prestigiar a concretização da finalidade almejada pelo legislador.

O parágrafo único do artigo em comento deve ser lido à luz dos princípios norteadores do Processo Civil (devido processo legal, proporcionalidade, razoabilidade, instrumentalidade das formas e economia processual) e em observância ao que dispõe o art. 317 do CPC/2015, que possibilita ao autor corrigir o vício, sempre que possível, antes de o juiz proferir decisão terminativa do feito. Esse entendimento encontra respaldo na jurisprudência.[135]

Sendo assim, a realização intempestiva do depósito não deve conduzir, obrigatoriamente, ao imediato indeferimento da petição inicial e à extinção do processo. Deve ser dada oportunidade ao devedor, se razoável o tempo decorrido, de realizar a consignação, ou de aproveitar o depósito extemporâneo quando inexistente prejuízo ao credor.

Atitudes do réu. Efetuado o depósito e citado o réu, este poderá assumir três diferentes condutas: (i) aceitar o depósito e levantá-lo: a aceitação do depósito representa o reconhecimento do credor (réu) acerca da procedência do pedido consignatório (art. 487, III, *a*). Nesse caso, será proferida sentença, declarando extinta a obrigação e condenando o réu ao pagamento das custas e honorários advocatícios (art. 546, parágrafo único); (ii) ofertar contestação e/ou qualquer outra modalidade de resposta; (iii) permanecer inerte, com a consequente decretação de sua revelia e julgamento antecipado da lide, exceto se ocorrer alguma das hipóteses do art. 345.

CPC/2015	CPC/1973
Art. 543. Se o objeto da prestação for coisa indeterminada e a escolha couber ao credor, será este citado para exercer o direito dentro de 5 (cinco) dias, se outro prazo não constar de lei ou do contrato, ou para aceitar que o devedor a faça, devendo o juiz, ao despachar a petição inicial, fixar lugar, dia e hora em que se fará a entrega, sob pena de depósito.	Art. 894. Se o objeto da prestação for coisa indeterminada e a escolha couber ao credor, será este citado para exercer o direito dentro de 5 (cinco) dias, se outro prazo não constar de lei ou do contrato, ou para aceitar que o devedor o faça, devendo o juiz, ao despachar a petição inicial, fixar lugar, dia e hora em que se fará a entrega, sob pena de depósito.

de Processo Civil. Precedentes. 2. Agravo Regimental desprovido" (STJ, AgRg no Ag 683.402/RJ, Rel. Min. Jorge Scartezzini, julgado em 12.12.2005).

[135] "PROCESSO CIVIL. RECURSO ESPECIAL. CONSIGNAÇÃO EM PAGAMENTO. DEPÓSITO EXTEMPORÂNEO. EXTINÇÃO DO PROCESSO SEM JULGAMENTO DO MÉRITO. PRINCÍPIOS DA INSTRUMENTALIDADE DAS FORMAS E APROVEITAMENTO DOS ATOS. O ATO PROCESSUAL PRATICADO DE MANEIRA IRREGULAR DEVE SER APROVEITADO QUANDO TIVER ALCANÇADO SEU OBJETIVO E SE A INOBSERVÂNCIA DA FORMA NÃO TROUXER PREJUÍZO À OUTRA PARTE. Deve ser aproveitado o depósito efetuado extemporaneamente pelo devedor-consignante, não sendo, portanto, causa de extinção do processo sem julgamento do mérito a consignação da prestação fora do prazo legal. O descumprimento do prazo para o depósito, na ação de consignação em pagamento, só acarreta prejuízo ao devedor-consignante, porque, enquanto não depositada a prestação, persiste a mora com todas as consequências a ela inerentes. Recurso especial não conhecido" (STJ, REsp 617.323/RJ, Rel. Min. Nancy Andrighi, julgado em 02.05.2005).

COMENTÁRIOS:

Prestações específicas. A aplicação desse dispositivo pressupõe a prestação de coisa incerta (arts. 243 a 246 do CC/2002) ou prestação alternativa (arts. 252 a 256 do CC/2002).

CPC/2015	CPC/1973
Art. 544. Na contestação, o réu poderá alegar que:	Art. 896. Na contestação, o réu poderá alegar que:
I – não houve recusa ou mora em receber a quantia ou a coisa devida;	I – não houve recusa ou mora em receber a quantia ou coisa devida;
II – foi justa a recusa;	II – foi justa a recusa;
III – o depósito não se efetuou no prazo ou no lugar do pagamento;	III – o depósito não se efetuou no prazo ou no lugar do pagamento;
IV – o depósito não é integral.	IV – o depósito não é integral.
Parágrafo único. No caso do inciso IV, a alegação somente será admissível se o réu indicar o montante que entende devido.	Parágrafo único. No caso do inciso IV, a alegação será admissível se o réu indicar o montante que entende devido.

 COMENTÁRIOS:

Contestação: prazo e matérias arguíveis. Optando o demandado por oferecer resposta, terá o prazo de 15 (quinze) dias para tanto. Contestando, poderá o réu alegar a inocorrência de recusa ou mora no recebimento da quantia ou coisa devida (art. 544, I).

O demandado poderá, ainda, reconhecer a recusa, mas fundar sua defesa na correção da sua conduta (art. 544, II), alegando, por exemplo, a ausência de qualquer dos requisitos do pagamento (não cumprimento da obrigação, incapacidade do devedor, não vencimento da dívida). Optando por tal linha de defesa, incumbirá a ele o ônus da prova, por se tratar de fato extintivo do direito do autor (art. 373, II).

É lícito ao réu, ainda, sustentar, em sede de contestação, que o depósito não foi realizado pelo autor no prazo ou no lugar do pagamento (art. 544, III).

Finalmente, poderá alegar a não integralidade do depósito (art. 544, IV). Importante frisar que, adotando tal defesa, compete ao réu a indicação do montante que repute devido, sob pena de desconsideração da alegação articulada. Saliente-se também que, nesse caso, a ação de consignação em pagamento assume natureza dúplice, ou seja, rejeitado o pedido formulado pelo autor, o juiz o condenará a satisfazer o montante devido.

Poderá o réu alegar, ainda, qualquer das defesas processuais indicadas no art. 337, a serem suscitadas como questões preliminares. Além disso, poderá propor reconvenção.

No que tange ao mérito, vale esclarecer que o art. 544, ao indicar quais matérias seriam passíveis de discussão, teve por escopo limitar o objeto da ação, isto é, o mérito da causa. No entanto, o entendimento predominante nos dias de hoje, perfilhado pela doutrina e pela jurisprudência, consiste na possibilidade, pela via consignatória, de se interpretarem cláusulas contratuais, analisar a obrigação originária e mesmo discutir valores, para se apurar o montante correto do débito. Afinal, trata-se de processo de conhecimento, no qual, de regra, ampla é a atividade cognitiva do juiz. Assim, não há óbice a que questões de alta indagação sejam julgadas na ação especial de consignação, por mais intricadas e complexas que se mostrem. O que não deverá faltar, como requisito preliminar de admissibilidade da causa, é a prévia comprovação, a cargo do autor, da existência da relação jurídica, incluindo-se a determinação do seu objeto. Nada impede que se discuta no curso da relação processual a delimitação da prestação (quantia ou coisa devida). Nesse sentido: STJ, REsp 652.711/PE, *DJ* 12.03.2007.

CPC/2015	CPC/1973
Art. 545.*Alegada a insuficiência do depósito*, é lícito ao autor completá-lo, em 10 (dez) dias, salvo se corresponder a prestação cujo inadimplemento acarrete a rescisão do contrato. § 1º *No caso do caput*, poderá o réu levantar, desde logo, a quantia ou a coisa depositada, com a consequente liberação parcial do autor, prosseguindo o processo quanto à parcela controvertida. § 2º A sentença que concluir pela insuficiência do depósito determinará, sempre que possível, o montante devido e valerá como título executivo, facultado ao credor promover-lhe *o cumprimento* nos mesmos autos, **após liquidação, se necessária**.	Art. 899. *Quando na contestação o réu alegar que o depósito não é integral*, é lícito ao autor completá-lo, ~~dentro~~ em 10 (dez) dias, salvo se corresponder a prestação, cujo inadimplemento acarrete a rescisão do contrato. § 1º *Alegada a insuficiência do depósito*, poderá o réu levantar, desde logo, a quantia ou a coisa depositada, com a consequente liberação parcial do autor, prosseguindo o processo quanto à parcela controvertida. § 2º A sentença que concluir pela insuficiência do depósito determinará, sempre que possível, o montante devido, e, ~~neste caso~~, valerá como título executivo, facultado ao credor promover-lhe *a execução* nos mesmos autos.

 ## COMENTÁRIOS:

Complementação do depósito. Nos termos do art. 545, *caput*, será lícito ao autor complementar o depósito, no prazo de 10 (dez) dias. Entretanto, não é sempre que a complementação será possível: se a prestação tornou-se imprestável ao credor, o devedor não poderá valer-se da faculdade conferida por lei. Do mesmo modo, se o inadimplemento da prestação acarretar rescisão do contrato, a complementação se mostrará inviável.

Se a única alegação de defesa for a insuficiência do depósito, sua complementação implicará a extinção do processo com resolução do mérito. Neste caso, conquanto o autor seja o vencedor da demanda, será ele condenado ao pagamento das custas processuais e honorários advocatícios em favor do réu/credor. Isso porque, tivesse o devedor oferecido, desde logo, o valor correto, não haveria recusa e desnecessário seria o ajuizamento da ação de consignação. Portanto, em razão do princípio da causalidade, o demandante suportará os ônus sucumbenciais. Caso tenha o réu deduzido matérias outras, a complementação acarretará a redução dos limites da controvérsia, devendo o processo prosseguir para solução das demais questões.

Alegada a insuficiência do depósito, poderá o réu levantar, desde logo, a quantia ou a coisa depositada (art. 545, § 1º). Tem-se aqui verdadeira antecipação da tutela consignatória, haja vista que o devedor já se verá parcialmente liberado do vínculo obrigacional, prosseguindo o feito quanto à parcela controvertida.

CPC/2015	CPC/1973
Art. 546. Julgado procedente o pedido, o juiz declarará extinta a obrigação e condenará o réu ao pagamento de custas e honorários advocatícios. Parágrafo único. Proceder-se-á do mesmo modo se o credor receber e der quitação.	Art. 897. ~~Não oferecida a contestação, e ocorrentes os efeitos da revelia~~, o juiz julgará procedente o pedido, declarará extinta a obrigação e condenará o réu nas custas e honorários advocatícios. Parágrafo único. Proceder-se-á do mesmo modo se o credor receber e der quitação.

 ## COMENTÁRIOS:

Instrução. Ofertada contestação pelo réu, e não sendo o caso de julgamento antecipado, proceder-se-á à instrução do feito, para que as partes possam produzir as provas que entenderem pertinentes para comprovação dos fatos alegados. Encerrada a instrução, tem-se a prolação de sentença.

Sentença. O procedimento consignatório é de natureza eminentemente declaratória. Por meio da ação consignatória, pretende o autor um provimento jurisdicional que declare a idoneidade do depósito efetivado e a consequente extinção do vínculo obrigacional.

Nesse contexto, diz-se que a sentença que julga a consignação "limita a tornar certo que o depósito feito pelo demandante teve eficácia liberatória, extinguindo a obrigação".[136]

Importante atentar para a situação prevista no art. 545, § 2º. A sentença que concluir pela insuficiência do depósito determinará, sempre que possível, o montante devido e, nesse caso, valerá como título executivo. Nesta hipótese, o pedido inicial será julgado parcialmente procedente e a sentença ostentará natureza dúplice: meramente declaratória (no capítulo em que reconhecer a liberação parcial do devedor) e condenatória (no ponto em que julgar procedente o pedido do réu ao recebimento da diferença apurada). Poderá o réu/credor promover, nos mesmos autos, o cumprimento da sentença, depois de liquidado o crédito.

Recurso. A sentença sujeitar-se-á ao recurso de apelação, a ser recebido nos efeitos devolutivo e suspensivo (art. 1.012).

CPC/2015	CPC/1973
Art. 547. Se ocorrer dúvida sobre quem deva legitimamente receber o pagamento, o autor requererá o depósito e a citação dos *possíveis titulares do crédito* para provarem o seu direito.	Art. 895. Se ocorrer dúvida sobre quem deva legitimamente receber o pagamento, o autor requererá o depósito e a citação dos *que o disputam* para provarem o seu direito.

---

[136] CÂMARA, Alexandre Freitas. **Lições...**, *op. cit.*, v. III, p. 326.

Art. 548. *No caso do art. 547*:

I – não comparecendo pretendente *algum*, converter-se-á o depósito em arrecadação de *coisas vagas*;

II – comparecendo apenas um, o juiz decidirá de plano;

III – comparecendo mais de um, o juiz declarará efetuado o depósito e extinta a obrigação, continuando o processo a correr unicamente entre os **presuntivos** credores, *observado o procedimento comum*.

Art. 898. *Quando a consignação se fundar em dúvida sobre quem deva legitimamente receber*, não comparecendo *nenhum* pretendente, converter-se-á o depósito em arrecadação de *bens de ausentes*; comparecendo apenas um, o juiz decidirá de plano; comparecendo mais de um, o juiz declarará efetuado o depósito e extinta a obrigação, continuando o processo a correr unicamente entre os credores; *caso em que se observará o procedimento ordinário*.

 ## COMENTÁRIOS AOS ARTS. 547 E 548:

Dúvida quanto à titularidade do crédito. O texto do Novo Código apresenta maior clareza ao mencionar o procedimento nos casos de dúvida acerca da pessoa (ou das pessoas) a quem se deva pagar.

A dúvida quanto à titularidade do crédito pode ter dois fundamentos: a disputa entre vários pretendentes ao crédito (nesse caso há litígio, como apresentado na redação do CPC/1973) ou o desconhecimento do credor. Ainda que nesta última hipótese a citação seja feita por edital, a utilização do termo "possíveis titulares" é mais abrangente do que a "citação dos que o disputam". É que a expressão do CPC/1973 acaba por restringir o tratamento, numa interpretação literal, apenas à disputa de titularidade do crédito, desconsiderando a hipótese de desconhecimento do legítimo credor.

Procedimento. Havendo dúvida sobre quem deva legitimamente receber o pagamento e não tendo comparecido nenhum dos citados (possíveis titulares do crédito) para provarem o seu direito, o depósito deve ser convertido em arrecadação de coisas vagas (art. 746 do CPC/2015), e não em arrecadação de bens de ausentes, conforme dispõe o CPC/1973. De acordo com a nova redação, o proprietário do bem permanece indefinido. Não se trata, pois, de ausência de pessoa determinada, mas de indefinição quanto ao domínio do bem.

No que tange ao procedimento, ou seja, à maneira segundo a qual o processo se desenvolve, como o CPC/2015 pôs fim procedimento sumário, não há se fazer qualquer diferença entre este e o ordinário.

CPC/2015	CPC/1973
Art. 549. Aplica-se o procedimento estabelecido neste Capítulo, no que couber, ao resgate do aforamento.	Art. 900. Aplica se o procedimento estabelecido neste Capítulo, no que couber, ao resgate do aforamento.

 ## COMENTÁRIOS:

Resgate de aforamento. Também denominado enfiteuse, o aforamento é regulado pelos arts. 678 a 694 do CC/1916, e pode ser conceituado como "direito real e perpétuo de possuir, usar e gozar de coisa alheia e de empregá-la na sua destinação natural sem lhe destruir a substância, mediante o pagamento de um foro anual invariável".[137]

O direito real de enfiteuse faz surgir ao enfiteuta direito real de usar, fruir e dispor do bem, permanecendo com o senhorio direto o domínio da coisa.

A regra contida no art. 549 se justifica pelo fato de o enfiteuta não ser devedor de qualquer obrigação. Assim, não fosse tal dispositivo legal, o enfiteuta não teria legitimidade para a propositura da consignação.

O procedimento a ser adotado nesta hipótese é idêntico ao adotado em toda e qualquer ação de consignação. O senhorio direto é citado para aceitar o depósito ou oferecer resposta, prosseguindo-se na forma dos arts. 544 e seguintes do CPC. Ressalva-se que o CC de 2002 não mais contempla a enfiteuse no rol de direitos reais. Contudo, nos termos do art. 2.038 do CC/2002, continuam válidos e eficazes os aforamentos constituídos antes da entrada em vigor da nova lei, sendo possível, portanto, que se ajuíze ação de consignação com base no art. 544.

Capítulo II
Da Ação de Exigir Contas

CPC/2015	CPC/1973
Art. 550. Aquele que *afirmar ser titular do direito de exigir contas* requererá a citação do réu para que as *preste ou ofereça contestação* no prazo de *15 (quinze)* dias.	Art. 915. Aquele que *pretender exigir a prestação de contas* requererá a citação do réu para, no prazo de *5 (cinco)* dias, as *apresentar ou contestar a ação*.
§ 1º Na petição inicial, o autor especificará, detalhadamente, as razões pelas quais exige as contas, instruindo-a com documentos comprobatórios dessa necessidade, se existirem.	§ 1º Prestadas as contas, terá o autor *5 (cinco)* dias para dizer sobre elas; *havendo necessidade de produzir provas, o juiz designará audiência de instrução e julgamento; em caso contrário, proferirá desde logo a sentença.*
§ 2º Prestadas as contas, o autor terá *15 (quinze)* dias para se manifestar, *prosseguindo-se o processo na forma do Capítulo X do Título I deste Livro.*	§ 2º Se o réu não contestar *a ação* ~~ou não negar a obrigação de prestar contas~~, observar-se-á o disposto no *art. 330*; a *sentença*, que julgar procedente *a ação*, condenará o réu a prestar as contas no prazo de *48 (quarenta e oito) horas*, sob pena de não lhe ser lícito impugnar as que o autor apresentar.
§ 3º A impugnação das contas apresentadas pelo réu deverá ser fundamentada e específica, com referência expressa ao lançamento questionado.	§ 3º Se o réu apresentar as contas dentro do prazo estabelecido no *parágrafo anterior*, seguir-se-á o procedimento do *§ 1º deste artigo*; em caso contrário, apresentá-las-á o autor *dentro em 10 (dez)* dias, ~~sendo as contas julgadas segundo o prudente arbítrio do~~ juiz, que poderá determinar, se necessário, a realização do exame pericial ~~contábil~~.
§ 4º Se o réu não contestar *o pedido*, observar-se-á o disposto no *art. 355*.	
§ 5º A *decisão* que julgar procedente *o pedido* condenará o réu a prestar as contas no prazo de *15 (quinze) dias,* sob pena de não lhe ser lícito impugnar as que o autor apresentar.	
§ 6º Se o réu apresentar as contas no prazo previsto no *§ 5º*, seguir-se-á o procedimento do *§ 2º*, caso contrário, o autor apresentá-las-á *no prazo de 15 (quinze) dias*, podendo o juiz determinar a realização de exame pericial, se necessário.	

---

[137] PEREIRA, Caio Mário da Silva. **Instituições de Direito Civil**. 20. ed. Rio de Janeiro: Forense, 2004. p. 258.

Art. 551. As contas do réu serão apresentadas na forma *adequada*, especificando-se as receitas, a aplicação das despesas **e os investimentos, se houver.**

§ 1º Havendo impugnação específica e fundamentada pelo autor, o juiz estabelecerá prazo razoável para que o réu apresente os documentos justificativos **dos lançamentos individualmente impugnados.**

§ 2º As contas do autor, **para os fins do art. 550, § 5º,** serão apresentadas na forma adequada, já instruídas com os documentos justificativos, especificando-se as receitas, a aplicação das despesas **e os investimentos,** se houver, bem como o respectivo saldo.

Art. 552. A sentença apurará o saldo *e constituirá título executivo judicial.*

Art. 553. As contas do inventariante, do tutor, do curador, do depositário e de qualquer outro administrador serão prestadas em apenso aos autos do processo em que tiver sido nomeado.

Parágrafo único. Se qualquer dos referidos no *caput* for condenado a pagar o saldo e não o fizer no prazo legal, o juiz poderá destituí-lo, sequestrar os bens sob sua guarda, glosar o prêmio ou a gratificação a que teria direito **e determinar as medidas executivas necessárias à recomposição do prejuízo.**

Art. 917. As contas, assim do autor como do réu, serão apresentadas em forma *mercantil*, especificando-se as receitas e a aplicação das despesas, bem como o respectivo saldo; e serão instruídas com os documentos justificativos.

Art. 918. O saldo credor declarado na sentença *poderá ser cobrado em execução forçada.*

Art. 919. As contas do inventariante, do tutor, do curador, do depositário e de outro qualquer administrador serão prestadas em apenso aos autos do processo em que tiver sido nomeado. Sendo condenado a pagar o saldo e não o fazendo no prazo legal, o juiz poderá destituí-lo, sequestrar os bens sob sua guarda e glosar o prêmio ou gratificação a que teria direito.

 ## COMENTÁRIOS AOS ARTS. 550 A 553:

Nomen iuris. O procedimento especial que no CPC/1973 é denominado "ação de prestação de contas" cuja legitimidade ativa pertencia tanto a quem tinha o direito de exigi-las, como, também, a quem tinha o dever de prestá-las, passa a ser denominado apenas "ação de exigir contas".

A mudança no título indica as alterações ocorridas no corpo do texto. De acordo com o CPC/2015, não mais se pode falar em "ação de prestação de contas *stricto sensu*", estando mantida apenas a ação de exigir contas, a qual deverá ser manejada por aquele que afirma ser o titular do direito de exigi-las. Em outras palavras, não mais possui legitimidade ativa para esta demanda aquele que declara ter o dever de prestar as contas.

Noções gerais sobre o procedimento. Na ação de exigir contas, o procedimento referente à fase cognitiva será abreviado ou desdobrado em duas subfases. Será abreviado se o réu não contestar o dever de prestar contas. É o que se passa quando o réu, citado, presta as contas exigidas pelo autor no prazo de 15 (quinze) dias (art. 550, § 2º). Nesse caso, implicitamente o réu reconhece o dever de prestar contas, tanto que as presta no prazo assinado. Prestadas as contas, o desdobramento do procedimento terá como objetivo definir se as contas são boas (se estão corretas ou não). Se o autor, ouvido sobre as contas, com elas se aquiesce, o juiz julga as contas por sentença (art. 552). Caso contrário, dependendo das provas que instruíram a inicial e a prestação de contas, necessária será a instrução, a fim de que o juiz, levada a efeito a cognição exauriente, possa proferir sentença julgando o mérito das contas. Na sentença, será apurado o saldo – que pode ser favorável ou desfavorável ao autor – que constituirá título executivo judicial a favor de quem for declarado o saldo credor.

Deve-se ressaltar que no procedimento previsto no CPC/1973, tanto a primeira quanto a segunda fase eram decididas por sentença. Tratava-se de um procedimento bifásico, com possibilidade de edição de duas sentenças, sendo uma para decidir sobre o dever de prestar contas e outra para julgar as contas (as duas de natureza predominantemente condenatória). No novo CPC, embora ainda haja possibilidade de o procedimento se desdobrar em duas fases, a primeira fase é decidida por meio de decisão interlocutória, que desafia agravo de instrumento (art. 1.015, II). Ocorre que, confrontando o art. 915, § 2º, do CPC/1973 com o art. 550, § 5º, verifica-se que o termo "sentença" foi substituído por "decisão", o que, numa interpretação sistemática do Código – onde o legislador quis manter as duas fases, como, por exemplo, na ação de demarcação (art. 581) –, indica que a decisão que julga o dever de prestar contas (se necessária) e condena o réu a tanto tem natureza interlocutória. O procedimento continua de duas fases, mas, diferentemente do que ocorre na ação demarcatória, a sentença será uma só, reservada ao julgamento das contas em si.

Primeira fase do procedimento. O procedimento da ação de exigir contas iniciará com a apresentação em juízo de petição inicial, observados os requisitos dos arts. 319, 320 e 550, § 1º, do CPC. Estando em termos a inicial, o juiz determinará a citação do réu para, em 15 (quinze) dias – e não mais de 5 (cinco) dias, como previa o CPC/1973 –, prestar as contas ou contestar a ação (art. 550, *caput*).

A primeira fase da ação de exigir contas limita-se à discussão e definição acerca do direito do autor em ver apresentadas as contas e do dever do réu em prestá-las. As questões atinentes ao mérito propriamente dito das contas, e as provas porventura necessárias, deverão ser tratadas e produzidas apenas na segunda fase.

Atitudes do demandado na primeira fase do procedimento. Citado para a ação de exigir contas, poderá o réu adotar uma das seguintes atitudes: (i) apresentar as contas e não contestar: essa postura do réu caracteriza verdadeiro reconhecimento da procedência da pretensão de exigir contas. O procedimento será abreviado, suprimindo-se uma fase (a primeira), ficando a lide circunscrita às contas em si e decidida por sentença, que porá fim à fase cognitiva. O que vier depois tratar-se-á do cumprimento de sentença; (ii) apresentar as contas e contestar: tal situação pode parecer ilógica, mas não o é. De fato, ao prestar as contas, o réu estaria reconhecendo o direito do autor em exigi-las, o que seria incompatível com a contestação. Entretanto, Furtado Fabrício nos dá um exemplo em que essa postura seria possível: quando a divergência entre as partes disser respeito não à obrigação de prestar contas, mas ao seu conteúdo; (iii) contestar a obrigação de prestar contas: nessa hipótese, o juiz decidirá se o réu tem ou não obrigação de prestar contas. Em caso afirmativo, condena--o, por meio de decisão interlocutória, a prestá-las no prazo de 15 (quinze) dias (art. 550, § 5º);[138] (iv) contestar sem negar a obrigação de prestar contas: nessa hipótese, a contestação limitar-se-á às matérias processuais (art. 337 do CPC). Ao rejeitá-las, o juiz condenará o réu a prestar as contas, na forma do § 5º do art. 550; (v) manter-se inerte: aplica-se o art.

---

[138] No CPC/1973 esse prazo era de 48 (quarenta e oito) horas (art. 915, § 2º).

355 em decorrência dos efeitos da revelia, salvo se ocorrer uma das hipóteses do art. 345. Também nesse caso o réu será condenado a prestar contas no prazo de 15 (quinze) dias.

Forma de apresentação das contas. A forma exigida pelo CPC/1973 (art. 917) para apresentação das contas (forma mercantil) sempre deixou em dúvida os operadores do direito. Seria mesmo necessário um modelo rígido de apresentação, com todos os elementos de uma escrituração contábil, ou poderiam ser aceitas as contas prestadas de outro modo, mas que atingissem a finalidade de demonstrar a exata administração e movimentação dos recursos financeiros? O Superior Tribunal de Justiça, interpretando o art. 917 do CPC/1973, afastou o rigor exigido pela legislação, possibilitando a apresentação das contas de modo diverso, desde que fosse possível compreender os dados necessários ao correto deslinde da controvérsia.[139] O CPC/2015 adotou o entendimento jurisprudencial como forma de privilegiar os princípios de instrumentalidade e da efetividade processual, consoante disposto no novo art. 551.

Natureza da decisão que julga a primeira fase da ação de exigir contas. A primeira fase da ação de exigir contas encerra-se com um pronunciamento judicial (decisão interlocutória, porquanto não pôs fim à fase cognitiva do processo) acerca da existência ou não do direito de exigir contas.

É possível, contudo, o julgamento meramente terminativo, com o reconhecimento de alguma das hipóteses do art. 485. Nesse caso, o ato judicial terá natureza de sentença, exatamente porque pôs fim a toda a fase cognitiva do processo.

Há ainda a possibilidade de o mérito ser decidido com a declaração no sentido da inexistência do direito material de exigir contas, alegado pelo autor. Aqui também haverá sentença e, no caso, sentença que implica resolução do mérito, uma vez que declara a inexistência do dever de prestar contas por parte do réu. Assim, se reconhece o dever de prestar contas, a decisão será interlocutória, uma vez que a fase cognitiva do processo terá prosseguimento. Ao revés, se prosseguimento não houver, estaremos diante de sentença.

A sentença que julga improcedente a pretensão de exigir contas terá natureza declaratória. A decisão de procedência é de conteúdo condenatório, impondo ao réu obrigação de fazer (prestar as contas em 15 (quinze) dias, sob pena de não lhe ser lícito impugnar as que o autor apresentar). Já disse, mas repito, porque este livro se destina a estudantes de Direito, não a "cientistas" do Direito: de sentença cabe apelação; de decisão interlocutória, cabe agravo. Simples assim.

Segunda fase do procedimento. Uma vez definido o dever de o réu prestar as contas, será ele intimado para fazê-lo no prazo de 15 (quinze) dias.

---

[139] "AGRAVO REGIMENTAL. RECURSO ESPECIAL. DIVERGÊNCIA JURISPRUDENCIAL DEMONSTRADA. AÇÃO DE PRESTAÇÃO DE CONTAS. NECESSIDADE DE FORMA MERCANTIL. AUSÊNCIA DE RIGOR. APRESENTAÇÃO DE CONTAS DE MANEIRA INTELIGÍVEL. HARMONIZAÇÃO COM A CONCEPÇÃO FINALÍSTICA DO PROCESSO. 1. A apresentação de contas em forma mercantil é uma necessidade do processo, uma vez que o exame, a discussão e o julgamento devem ser facilitados para os sujeitos processuais. 2. As contas apresentadas de forma não mercantil podem ser consideradas se forem apresentadas de maneira clara e inteligível de forma a atingir as finalidades do processo. Deverão, portanto, ser aproveitadas e julgadas, após confrontadas com as impugnações da parte adversa. 3. Recurso especial parcialmente conhecido e provido" (STJ, AgRg no REsp 1.344.102/SP, Rel. Min. João Otávio Noronha, julgado em 17.09.2013).

Questão que merece destaque é a forma pela qual deve ocorrer a intimação do réu, isto é, se deve ele ser pessoalmente intimado para prestar contas, ou se seria válida a intimação na pessoa do advogado por ele constituído.

No STJ, tal discussão foi objeto de julgamento no REsp 658.960/SP. Naquela oportunidade, em voto vencido, asseverou o Ministro Barros Monteiro que: "[...], rogo vênia ao Sr. Ministro relator para não conhecer do recurso especial, por entender que a intimação a que se refere o art. 915, § 2º, do CPC deve ser feita pessoalmente à parte interessada. E assim o faço dada a importância que se deve conferir a essa prestação de contas que terá o efeito, ao final, de constituir um título executivo judicial. O objetivo da lei é propiciar à parte que preste as contas e o faça de forma mercantil. Assim sendo, a obrigação é de natureza pessoal, não bastando a ciência do procurador constituído nos autos. [...]. Irrelevante, assim, a circunstância de o advogado ter, à certa altura, retirado os autos de cartório para a extração de cópias. Penso, de outro lado, que a recorrida é passível sim de sofrer sério gravame: sendo ela parte passiva em uma execução de título judicial com um importe de cinco milhões, quatrocentos e sessenta mil reais, estará a ora recorrida sujeita à constrição judicial, que recairá sobre bens de altíssimo valor, como necessário. E, de mais a mais, já se tratando de uma execução, caberá a ela o eventual encargo ou ônus de desconstituir o débito executado".[140]

A tese defendida pelo eminente Ministro Barros Monteiro e por parte da doutrina nacional não nos parece a mais adequada.

É que, conquanto se desenvolva em duas fases, o procedimento da ação de exigir contas é uno. Desde a citação inicial, o réu já se encontra integrado à relação processual, pelo que basta a intimação do seu advogado acerca dos atos processuais subsequentes, entre os quais a sentença condenatória à prestação de contas.

Ademais, o aperfeiçoamento do ato a ser praticado pelo réu – apresentação em juízo das contas – indubitavelmente necessitará do acompanhamento do advogado já constituído, pelo que é de se reputar válida a intimação feita na pessoa deste.

Ressalta-se, outrossim, que quando a intimação deve ser feita pessoalmente, preocupou-se o legislador em assim determinar expressamente. É o que ocorre, por exemplo, nas intimações feitas ao Ministério Público (art. 180). Todavia, o § 5º do art. 550 nada dispõe a esse respeito, não sendo possível criar exigências onde a lei não o fez.

Por conseguinte, o início da segunda fase da ação de exigir contas independe da intimação pessoal da parte ré, bastando a ciência do advogado que a representa. Nesse sentido:

AÇÃO DE PRESTAÇÃO DE CONTAS – PROCEDIMENTO ESPECIAL – DUAS FASES DISTINTAS – SEGUNDA FASE – DESNECESSIDADE DE CITAÇÃO E INTIMAÇÃO. A ação de prestação de contas possui um procedimento especial, sendo perfeitamente identificáveis duas fases: a primeira, relativa ao dever de prestar contas, fase essa de conhecimento condenatório; a segunda, relativa ao exame e prestação de contas, mas que atua como de execução imprópria da sentença que condena a prestar. Dessa forma não há a proposição de nova ação, sendo a segunda fase um desdobramento natural da primeira, revelando-se a impertinência de pedido

---

[140]   Essa orientação também é seguida por parte da doutrina. Por todos, cita-se Ernane Fidélis dos Santos. **Dos procedimentos especiais do CPC**. 3. ed. Rio de Janeiro: Forense, 1999. vol. 6, p. 86.

para nova citação ou intimação de quem deve prestar contas, haja vista a preexistência da relação processual (TJMG, AC 2.0000.00.498489-8/000, 16ª Câmara Cível, Rel. Des. Otávio de Abreu Portes, julgado em 17.08.2005, *DJe* 09.09.2005).

Interposta apelação da sentença que condena à prestação de contas, e mantida a decisão em grau recursal, deverá o réu ser cientificado do retorno dos autos à comarca de origem – o que será efetivado mediante intimação específica de seus advogados para este fim. Somente a partir da cientificação da parte acerca da baixa dos autos é que terá início o prazo de 15 (quinze) dias.

Prestadas as contas, terá o autor 15 (quinze) dias para sobre elas se manifestar (art. 550, § 2º).

A não impugnação das contas pelo autor não significa que o julgador deve acatá-las de plano. Ao magistrado são facultados amplos poderes de investigação, podendo ele, a despeito da ausência de resposta do autor, instaurar a fase instrutória, com realização de perícia e colheita de prova em audiência.

Havendo necessidade de instrução probatória, produzir-se-ão as provas pretendidas, com designação de audiência de instrução e julgamento para oitiva de eventuais testemunhas. Em seguida, será proferida sentença que julgará as contas.

Caso deixe o réu de cumprir a obrigação de prestar contas, estas serão apresentadas pelo autor, sendo vedado ao réu impugná-las (art. 550, § 5º, *in fine*).

Tal qual a ausência de impugnação do autor às contas prestadas pelo réu, a não apresentação das contas por este não implicará necessária aprovação daquelas que vierem a ser exibidas pelo demandante. As contas serão analisadas pelo juiz, que poderá determinar a realização de exame pericial e determinar a realização de diligências outras que reputar essenciais à solução da lide (art. 550, § 6º). O réu não poderá impugnar as contas apresentadas, mas nada o impede de participar da instrução probatória, produzindo provas que entenda pertinentes para solução da demanda.

A sentença a ser proferida declarará qual é a conta correta e definirá quem é credor do saldo porventura apurado. A decisão já conterá o comando de pagar quantia certa e valerá como título executivo judicial, a ser exigido nos mesmos autos, em uma nova fase processual: o cumprimento de sentença.

Sucumbência na ação de exigir contas. Compondo-se de duas fases distintas, com objetos distintos, a questão relativa à sucumbência na ação de exigir contas pode dar azo a soluções diversas.

Em se reconhecendo, na primeira fase, a improcedência da pretensão de se exigirem contas, a questão é simples. O pedido será julgado improcedente e o demandante será condenado ao pagamento das custas processuais e honorários advocatícios em favor do demandado.

Em caso de procedência da primeira fase, a solução é um pouco mais complicada. Isso porque o autor, até então vitorioso, pode não o ser após o julgamento da segunda fase, isto é, o autor pode, ao final, ser condenado a quitar saldo em aberto a favor do réu.

A solução em tais casos é apontada por Theotonio Negrão:

Na primeira fase da ação de prestação de contas, a sentença condenará o vencido ao pagamento de honorários de advogado, conforme considere a ação procedente ou improcedente; na segunda fase, essa condenação dependerá da conduta das partes.[141]

Julgada procedente a primeira fase, o réu já será condenado ao pagamento das respectivas custas e dos honorários advocatícios. Por não haver, ainda, condenação (que, na verdade, além de inestimável é também imprevisível), a verba honorária será fixada com base no § 8º do art. 85.

Na segunda fase do procedimento, a sucumbência dependerá da postura dos litigantes.

Prestadas as contas, e não instaurada qualquer controvérsia, mantém-se a distribuição arbitrada na primeira fase.

Havendo impugnação das contas e do saldo devedor pretendido, dando ensejo a um novo contraditório, com produção de provas, a sentença resolverá os pontos controversos e, então, fixará a verba de sucumbência. Poderá ocorrer, assim, acréscimo da condenação imposta na primeira fase ou imposição de encargos ao autor da ação, o que caracterizaria sucumbência recíproca.[142]

Capítulo III
Das Ações Possessórias

Seção I
Disposições Gerais

CPC/2015	CPC/1973
Art. 554. A propositura de uma ação possessória em vez de outra não obstará a que o juiz conheça do pedido e outorgue a proteção legal correspondente àquela cujos *pressupostos* estejam provados.	Art. 920. A propositura de uma ação possessória em vez de outra não obstará a que o juiz conheça do pedido e outorgue a proteção legal correspondente àquela, cujos *requisitos* estejam provados.

---

[141] *Op. cit.* Nota 5 ao art. 915, p. 991.

[142] Confira, nesse sentido, os seguintes julgados: "AÇÃO DE PRESTAÇÃO DE CONTAS. HONORÁRIOS. SEGUNDA FASE. Estabelecido o contraditório na segunda fase da ação de prestação de contas, por ter o autor impugnado as contas oferecidas pelo réu, a exigir a produção de prova, inclusive pericial, não viola o art. 20 do CPC a sentença que condena o autor ao pagamento de honorários advocatícios pela sucumbência nessa segunda etapa, considerando-se que os da primeira foram compensados" (STJ, REsp 174.814/RS, 4ª Turma, Rel. Min. Ruy Rosado de Aguiar, julgado em 03.09.1998, DJ 26.10.1998, p. 124); "AÇÃO DE PRESTAÇÃO DE CONTAS. HONORÁRIOS ADVOCATÍCIOS. DUAS FASES. 1. O vencedor das duas fases da ação de prestação de contas tem direito à majoração da verba honorária que lhe foi deferida na primeira sentença. 2. O limite de 20% sobre o valor da causa, ou sobre o valor da condenação, o maior deles, pode ser um prudente critério para a fixação da verba. Matéria de fato não esclarecida no recurso. Recurso conhecido, pela divergência, mas improvido" (STJ, REsp 154.925/SP, 4ª Turma, Rel. Min. Ruy Rosado de Aguiar, julgado em 17.03.1998, DJ 12.04.1999, p. 158).

§ 1º No caso de ação possessória em que figure no polo passivo grande número de pessoas, serão feitas a citação pessoal dos ocupantes que forem encontrados no local e a citação por edital dos demais, determinando-se, ainda, a intimação do Ministério Público e, se envolver pessoas em situação de hipossuficiência econômica, da Defensoria Pública.

§ 2º Para fim da citação pessoal prevista no § 1º, o oficial de justiça procurará os ocupantes no local por uma vez, citando-se por edital os que não forem encontrados.

§ 3º O juiz deverá determinar que se dê ampla publicidade da existência da ação prevista no § 1º e dos respectivos prazos processuais, podendo, para tanto, valer-se de anúncios em jornal ou rádio locais, da publicação de cartazes na região do conflito e de outros meios.

COMENTÁRIOS:

Fungibilidade entre as ações possessórias. O *caput* mantém a regra da fungibilidade das ações possessórias, permitindo que o juiz, ao analisar as circunstâncias do caso concreto, aceite e dê prosseguimento a uma determinada ação quando, na verdade, deveria ter sido ajuizada outra. Essa conversão se limita a ações que tenham a mesma natureza e que possuam correlação entre as causas de pedir. O que o juiz não pode, então, é determinar a conversão de uma ação possessória em uma ação de natureza petitória, na qual se discute o domínio sobre o bem e não a posse sobre ele.

Ações possessórias movidas contra coletividades. No que concerne à citação, o Novo CPC traz regras especiais para as ações possessórias que envolvam grande número de pessoas no polo passivo. Em regra, nesses casos, a citação deverá ser pessoal. Se, no entanto, nem todos os ocupantes foram encontrados, a citação por edital será viabilizada (art. 554, §§ 1º e 2º). Trata-se, na verdade, de prática processual já reconhecida pela jurisprudência.[143]

---

[143] "REINTEGRAÇÃO DE POSSE. IMÓVEL INVADIDO POR TERCEIROS. IMPOSSIBILIDADE DE IDENTIFICAÇÃO DOS OCUPANTES. INDEFERIMENTO DA INICIAL. INADMISSIBILIDADE. Citação pessoal dos ocupantes requerida pela autora, os quais, identificados, passarão a figurar no polo passivo da lide. Medida a ser adotada previamente no caso. – Há possibilidade de haver réus desconhecidos e incertos na causa, a serem citados por edital (art. 231, I, do CPC). Precedente: REsp n. 28.900-6/RS. Recurso especial conhecido e provido" (STJ, REsp 362.365/SP, Rel. Min. Barros Monteiro, julgado em 03.02.2005).

CPC/2015	CPC/1973
Art. 555. É lícito ao autor cumular ao pedido possessório o de: I – condenação em perdas e danos; II – **indenização dos frutos.** Parágrafo único. *Pode o autor requerer, ainda, imposição de medida necessária e adequada para:* I – evitar nova turbação ou esbulho; II – **cumprir-se a tutela provisória ou final.**	Art. 921. É lícito ao autor cumular ao pedido possessório o de: I – condenação em perdas e danos; II – *cominação de pena* para caso de nova turbação ou esbulho; III – desfazimento de construção ou plantação feita em detrimento de sua posse.

 COMENTÁRIOS:

Cumulação de pedidos. O CPC/2015 ampliou o rol de pedidos cumuláveis nas ações possessórias, acrescentando a indenização pelos frutos percebidos e não indenizados. Além disso, o novo diploma permitiu ao autor, de forma genérica, requerer a imposição de medida necessária e adequada a evitar nova turbação ou esbulho ou a efetivar tutela provisória ou final pleiteada na inicial ou no bojo do processo.

No texto anterior, o requerimento por parte do autor se limitava à cominação de pena em caso de novo esbulho ou turbação. Também não se reconhecia, pelo menos expressamente, a possibilidade de tutela antecipada nas ações possessórias depois de decorrido ano e dia da turbação ou esbulho ("posse velha"). Sobre esse último ponto há, inclusive, entendimento do Superior Tribunal de Justiça que reforça a ideia trazida pelo CPC/2015. Veja trecho do acórdão:

> PROCESSUAL CIVIL E CIVIL. RECURSO ESPECIAL. VIOLAÇÃO AO ART. 535 DO CPC NÃO CONFIGURADA. DECISÃO. ANTECIPAÇÃO DE TUTELA. CABIMENTO. AÇÃO POSSESSÓRIA. POSSE VELHA. REQUISITOS. ART. 273, CPC. POSSIBILIDADE.
> [...] É possível a antecipação de tutela em ação de reintegração de posse em que o esbulho data de mais de ano e dia (posse velha), desde que presentes os requisitos que autorizam a sua concessão, previstos no art. 273 do CPC, a serem aferidos pelas instâncias de origem (STJ, REsp 1.194.649/RJ, Rel. Min. Maria Isabel Gallotti, julgado em 12.06.2012).

CPC/2015	CPC/1973
Art. 556. É lícito ao réu, na contestação, alegando que foi o ofendido em sua posse, demandar a proteção possessória e a indenização pelos prejuízos resultantes da turbação ou do esbulho cometido pelo autor.	Art. 922. É lícito ao réu, na contestação, alegando que foi o ofendido em sua posse, demandar a proteção possessória e a indenização pelos prejuízos resultantes da turbação ou do esbulho cometido pelo autor.

 COMENTÁRIOS:

Natureza dúplice das ações possessórias. Ações de natureza dúplice ou ambivalente são aquelas em que autor e réu ocupam, simultaneamente, ambos os polos da relação jurídico-processual. Nas ações dúplices acontece um interessante fenômeno: a procedência do pedido formulado na inicial levará, automaticamente, à rejeição da pretensão do réu. É o que ocorre, por exemplo, na ação direta de inconstitucionalidade.

Nas ações dúplices, é possível ao réu implementar verdadeiro contra-ataque em face do autor na contestação, sem necessidade de utilizar-se da via reconvencional, por razões de economia processual.

O que qualifica a ação como dúplice é a unidade de pretensões das partes. É o que ocorre nas ações possessórias típicas, nas quais a lide girará em torno da melhor posse. Perfeitamente possível, pois, que o réu alegue que foi ofendido em sua posse pelo autor e não o contrário.

Note-se, todavia, que a natureza dúplice das ações possessórias é imposta por lei e se reveste de caráter excepcional. Assim, é de se concluir que o art. 556 arrola de forma taxativa as possibilidades de pedido contraposto a ser formulado pelo réu. Assim, poderá ele, em sede de contestação, demandar proteção possessória e indenização pelos prejuízos resultantes da suposta moléstia perpetrada pelo autor, e nada mais.

Cabimento da reconvenção. A natureza dúplice da lide possessória tem caráter excepcional, de sorte que o pedido contraposto deve cingir-se àquelas hipóteses insculpidas no art. 556. Assim, qualquer outra pretensão que escape a esse restritíssimo rol poderá ser veiculada na via da reconvenção.[144]

CPC/2015	CPC/1973
Art. 557. Na pendência de ação possessória é vedado, tanto ao autor quanto ao réu, propor ação de reconhecimento do domínio, **exceto se a pretensão for deduzida em face de terceira pessoa.** Parágrafo único. **Não obsta à manutenção ou à reintegração de posse a alegação de propriedade ou de outro direito sobre a coisa.**	Art. 923. Na pendência do processo possessório, é defeso, assim ao autor como ao réu, intentar a ação de reconhecimento do domínio.

 COMENTÁRIOS:

Matérias não arguíveis na pendência de demanda possessória. A posse e propriedade são postuladas em juízo com base em causas de pedir distintas, de modo que a proteção da posse independe da comprovação da titularidade do domínio.

O Novo Código não foge à regra estabelecida pelo CPC/1973, mas passa a permitir que a propriedade seja discutida, excepcionalmente, quando envolver terceira pessoa. A fundamentação é simples: quando há dúvida quanto à propriedade e essa dúvida envolve uma das partes e um terceiro, a ordem jurídica não pode obstar o curso da ação petitória, que, como dito, tem causa de pedir diversa da ação meramente possessória.

---

[144] Assim, por exemplo, a pretensão cominatória que visa desfazer as obras implementadas pelo invasor deve ser veiculada via reconvenção ou ação autônoma. Esse é também o entendimento da jurisprudência: "[...] A reconvenção é cabível nas demandas possessórias, desde que, além de presentes os requisitos gerais da medida, previstos no artigo 315 do Estatuto Processual, não se pretenda, por essa via, a proteção possessória ou a indenização por perdas e danos, pois tais pedidos devem ser formulados na própria contestação, como preconiza o artigo 922 do Diploma Processual." (TJMG 107020415338870021, Rel. Tarcisio Martins Costa, julgado em 19.02.2008).

Assim, como a demanda petitória tem como principal pedido a declaração de propriedade, enquanto a demanda possessória objetiva o reconhecimento do direito a posse, inexistem riscos de sentenças conflitantes. Os limites objetivos e subjetivos das coisas julgadas são diversos, não havendo sobreposição. Tanto é assim que a declaração da propriedade em favor de determinada pessoa não impede que ela venha a perder a posse sobre o mesmo bem.

CPC/2015	CPC/1973
Art. 558. Regem o procedimento de manutenção e de reintegração de posse as normas da *Seção II deste Capítulo* quando a ação for proposta dentro de ano e dia da turbação ou do esbulho **afirmado na petição inicial**. Parágrafo único. Passado o prazo referido no *caput*, será *comum o procedimento*, não perdendo, contudo, o caráter possessório.	Art. 924. Regem o procedimento de manutenção e de reintegração de posse as normas da seção seguinte, quando intentado dentro de ano e dia da turbação ou do esbulho; passado esse prazo, será *ordinário*, não perdendo, contudo, o caráter possessório.

 COMENTÁRIOS:

Força nova x força velha. A tutela possessória somente será prestada pelo rito especial se se tratar de ação de força nova, isto é, intentada dentro de ano e dia da ofensa à posse (art. 558).

Sendo a ação de força velha, ou seja, intentada depois de ultrapassado o prazo de ano e dia, o rito a ser observado é comum, posto que, nessa hipótese, não se admite a concessão de liminar com base no disposto nos arts. 561, 562 e 563 do CPC. Importante salientar, contudo, que, em sendo observado o procedimento comum para as ações de força velha espoliativa, há possibilidade de antecipação de tutela. Em outras palavras, na hipótese de ajuizamento da ação possessória, além de ano e dia da ocorrência da turbação ou do esbulho, nada impede que o magistrado conceda a tutela possessória em caráter liminar, mediante antecipação de tutela, desde que presentes os requisitos necessários à sua concessão. Como a demanda tramitará pelo procedimento comum, os dispositivos inerentes a este procedimento podem e devem ser aplicados.[145]

É importante registrar que a circunstância de a ação de força velha seguir o rito ordinário não retira o seu caráter possessório. Outra observação pertinente é a de que o interdito proibitório será sempre processado pelo rito especial, haja vista que a ameaça de ofensa há de ser necessariamente atual. Assim, apenas às ações de manutenção e de reintegração de posse se cogita a possibilidade de se imprimir procedimentos diversos: comum, se de força velha; especial, se de força nova.

---

[145] Nesse sentido: Enunciado nº 238/CJF/STJ, da III Jornada de Direito Civil; STJ, REsp 55.027/MG, Rel. Min. Carlos Alberto Menezes Direito, julgado em 27.04.2004.

CPC/2015	CPC/1973
Art. 559. Se o réu provar, em qualquer tempo, que o autor provisoriamente mantido ou reintegrado na posse carece de idoneidade financeira para, no caso de *sucumbência*, responder por perdas e danos, o juiz designar-lhe-á o prazo de 5 (cinco) dias para requerer caução, **real ou fidejussória**, sob pena de ser depositada a coisa litigiosa, **ressalvada a impossibilidade da parte economicamente hipossuficiente**.	Art. 925. Se o réu provar, em qualquer tempo, que o autor provisoriamente mantido ou reintegrado na posse carece de idoneidade financeira para, no caso de *decair da ação,* responder por perdas e danos, o juiz assinar-lhe-á o prazo de 5 (cinco) dias para requerer caução sob pena de ser depositada a coisa litigiosa.

 ## COMENTÁRIOS:

Exigência de caução. O dispositivo determina o requerimento da caução apenas na hipótese de o autor carecer de idoneidade financeira para o futuro ressarcimento de perdas e danos. Nisso não há novidade.

O que o CPC/2015 faz é permitir que essa garantia deixe de ser exigida caso comprovada a hipossuficiência da parte contrária. Ainda que se estenda de maneira peculiar o poder discricionário ao magistrado, a medida garante segurança nas tutelas possessórias liminares, compensando a sumariedade da cognição e os possíveis riscos que uma reintegração ou manutenção podem causar ao réu que, ao final do processo, tenha a sua posse reconhecida.

Seção II
Da Manutenção e da Reintegração de Posse

CPC/2015	CPC/1973
Art. 560. O possuidor tem direito a ser mantido na posse em caso de turbação e reintegrado em caso de esbulho.	Art. 926. O possuidor tem direito a ser mantido na posse em caso de turbação e reintegrado no de esbulho.

 ## COMENTÁRIOS:

Espécies de ações possessórias. Ações possessórias típicas são as de manutenção de posse, reintegração de posse e interdito proibitório. O cabimento de cada uma delas será determinado pelo tipo de ofensa perpetrada ao direito do possuidor.

Adequado se reputa o ajuizamento da ação de manutenção de posse quando ocorrer a turbação, consistente no embaraço ao livre exercício da posse. O possuidor é turbado quando, apesar de continuar possuindo a coisa, perder parte do poder sobre ela. Na lição de Orlando Gomes, os atos de turbação podem ser positivos, como o corte de árvores ou a implantação de marcos, ou negativos, como quando o turbador impede o possuidor de praticar certos atos.[146]

---

146   GOMES, Orlando. **Direitos reais.** Rio de Janeiro: Forense, 2005.

Terá lugar a ação de reintegração de posse quando o possuidor sofrer esbulho, ou seja, quando houver sido desapossado por terceiro, perdendo a disponibilidade sobre a coisa. Saliente-se, por relevante, que não é necessário o desapossamento da integralidade da coisa para fins de configuração do esbulho. É perfeitamente possível que o possuidor perca a disponibilidade de parte da coisa, fato que caracteriza o esbulho e não a turbação. Isso porque o traço distintivo entre as duas figuras é justamente a possibilidade de o possuidor continuar exercendo seu direito ou não, não importando se sobre toda a coisa ou apenas parte dela.[147]

Finalmente, o interdito proibitório será cabível quando se estiver diante de ameaça ao exercício da posse. Caracteriza-se a ameaça quando há fundado receio de que a posse seja turbada ou esbulhada. Nesse caso, nenhum ato ofensivo à posse foi perpetrado, mas há indícios concretos de que algo pode ocorrer. À guisa de exemplo, tem-se por configurada a ameaça quando o ofensor se posiciona defronte ao imóvel portando objetos e máquinas que façam presumir a invasão.

Essas são, portanto, as três ações possessórias típicas, assim chamadas porque encerram a tutela de um possuidor contra algum fato que ofenda a relação possessória existente.[148] Ao lado delas, existem outras ações que têm por fim a aquisição ou recuperação da posse com base na existência de alguma relação jurídica que enseje o surgimento desse direito. Porque não versam sobre qualquer modalidade de ofensa à posse, tais ações não são consideradas como possessórias.

CPC/2015	CPC/1973
Art. 561. Incumbe ao autor provar:	Art. 927. Incumbe ao autor provar:
I – a sua posse;	I – a sua posse;
II – a turbação ou o esbulho praticado pelo réu;	II – a turbação ou o esbulho praticado pelo réu;
III – a data da turbação ou do esbulho;	III – a data da turbação ou do esbulho;
IV – a continuação da posse, embora turbada, na ação de manutenção, a perda da posse, na ação de reintegração.	IV – a continuação da posse, embora turbada, na ação de manutenção; a perda da posse, na ação de reintegração.

 ## COMENTÁRIOS:

Petição inicial – Requisitos. A petição inicial deverá observar todos os requisitos essenciais insculpidos nos arts. 319 e 320. Haja vista a especialidade do procedimento, destaque há de ser dado à causa de pedir e ao pedido, que variarão de acordo com o tipo de ofensa perpetrada contra a posse. Em primeiro lugar, deve o autor noticiar a sua posse anterior. É que, como sabido, o pleito possessório se assenta justamente na ofensa à posse como estado fático. Logo, se não havia posse, não se pode falar em pretensão de tutela, razão

---

[147] WAMBIER, Luiz Rodrigues; ALMEIDA, Flávio Renato Correia; TALAMINI, Eduardo. **Curso avançado de processo civil**. São Paulo: RT, 2003. vol. 3, p. 184.

[148] SILVA, Ovídio Baptista da. **Procedimentos especiais**. Porto Alegre: Aide, 1993. p. 194.

por que se fala, nessa situação, em ausência de interesse processual. Nem mesmo a alegação de domínio tem o condão de substituir o requisito da posse anterior, porquanto, como já consignado alhures, a discussão acerca da propriedade não tem lugar nas ações possessórias.[149] Aliás, convém advertir que a posse anterior não se prova com cópia da escritura registrada ou qualquer título de domínio, mas sim com documentos que demonstrem o poder fático sobre a coisa, de maneira a dar-lhe destinação socioeconômica. São exemplos de documentos que bem demonstram a posse: contas de luz, correspondências, fotografias, entre outros. Nada obsta a que a prova se faça por meio de prova oral. Afinal, com relação à posse, vige o princípio da realidade fática.

Faz-se imprescindível também narrar em que consiste a ofensa perpetrada pelo réu (ameaça, turbação ou esbulho). Já se conceituou alhures cada uma das modalidades de violação ao direito de posse, oportunidade em que restou demonstrado o quão tênue é a diferença entre elas. Naturalmente, dada a similitude entre as figuras, é muito comum a indicação errônea na petição inicial, o que não prejudica a prestação jurisdicional. É que, dada a fungibilidade entre as medidas, perfeitamente possível reconhecer uma forma de afronta à posse diversa daquela narrada na inicial, se os elementos trazidos aos autos assim permitirem. O que importa, na verdade, é deixar claro que a posse anterior foi molestada.

Outro elemento que não deve faltar é a data em que levado a efeito o ato espoliativo. Isso porque, com base nesse dado, será determinado o procedimento, se comum ou especial. A data exata da turbação ou esbulho, por se tratar de matéria exclusivamente fática, envolve certa dificuldade de comprovação. Via de regra, a prova é feita por meio de declarações de vizinhos ou boletins de ocorrência. Caso não haja prova, na inicial, acerca da ocorrência do esbulho há menos de ano e dia, será designada audiência de justificação, sobre a qual falaremos adiante.

Por fim, importante mencionar a continuação ou a perda da posse após o ato espoliativo, como forma de se caracterizar a ofensa perpetrada e, em última análise, definir a tutela possessória adequada.

Todos esses fatos – posse anterior, violação, data da ofensa e perda ou continuação na posse – deverão ser demonstrados, ainda que superficialmente, no ato do ajuizamento da ação, com o fito de se verificar a adequação do procedimento eleito pelo autor, bem como a possibilidade de concessão da liminar.

Não se trata de exigir prova pré-constituída de tudo quanto seja exposto na petição inicial, mas somente daqueles fatos que levam à especialização do procedimento.

Nada impede que se utilize do procedimento possessório mesmo não dispondo de prova documental. Em tal caso, entretanto, para fins de concessão de tutela antecipatória, indispensável será a realização de audiência de justificação prévia.

---

[149] É por tal razão que o promitente comprador, que já tenha título que lhe confere direito real, não tem interesse processual para intentar ação de reintegração de posse, mas sim imissão na posse, na qual pleiteará a posse com base no título de propriedade.

CPC/2015	CPC/1973
Art. 562. Estando a petição inicial devidamente instruída, o juiz deferirá, sem ouvir o réu, a expedição do mandado liminar de manutenção ou de reintegração, caso contrário, determinará que o autor justifique previamente o alegado, citando-se o réu para comparecer à audiência que for designada.	Art. 928. Estando a petição inicial devidamente instruída, o juiz deferirá, sem ouvir o réu, a expedição do mandado liminar de manutenção ou de reintegração; no caso contrário, determinará que o autor justifique previamente o alegado, citando-se o réu para comparecer à audiência que for designada.
Parágrafo único. Contra as pessoas jurídicas de direito público não será deferida a manutenção ou a reintegração liminar sem prévia audiência dos respectivos representantes judiciais.	Parágrafo único. Contra as pessoas jurídicas de direito público não será deferida a manutenção ou a reintegração liminar sem prévia audiência dos respectivos representantes judiciais.
Art. 563. *Considerada suficiente* a justificação, o juiz fará logo expedir mandado de manutenção ou de reintegração.	Art. 929. *Julgada procedente* a justificação, o juiz fará logo expedir mandado de manutenção ou de reintegração.

 COMENTÁRIOS AOS ARTS. 562 E 563:

Audiência de justificação. Consoante se extrai do art. 562, caso o autor não comprove os fatos indicados no art. 561, deverá justificar o pedido de tutela liminar em audiência, para a qual será citado o réu. O STJ entende que o termo "citação" é utilizado de forma imprópria, já que o réu, neste caso, não será chamado para se defender, mas apenas para, querendo, comparecer e participar da audiência de justificação. Por esta razão, a Corte também considera que a ausência dessa "citação" não é capaz de gerar a nulidade absoluta do feito (REsp 1.232.904/SP, Rel. Min. Nancy Andrighi, julgado em 15.05.2013).

Nessa audiência, o autor produzirá provas tendentes a demonstrar a posse anterior e o ato ofensivo perpetrado há menos de ano e dia.

Como se vê, a audiência em comento não guarda qualquer similitude com a audiência preliminar do procedimento comum, porquanto não tem escopo de conciliar as partes, mas de oportunizar ao autor a demonstração dos requisitos para a concessão da liminar, dificilmente evidenciados por prova documental pré-constituída.

Ganha relevo, nesse momento, a prova testemunhal, a qual, segundo entendimento da doutrina majoritária, será produzida exclusivamente pelo autor, cabendo ao réu, no máximo, inquiri-las ou contraditá-las. Argumentam os defensores dessa ideia que, nesse estágio, o que se busca é unicamente substrato para a concessão da tutela antecipatória, o que se faz mediante juízo de cognição perfunctório e não exauriente. A despeito disso, não se vislumbra qualquer óbice à participação efetiva do réu. Com base no princípio da verdade real, que deve presidir também o processo civil, é necessário conferir ao réu a oportunidade de produzir todas as provas que julgar necessário. Isso porque a decisão concessiva da tutela antecipatória lhe trará enorme gravame, fato que justifica a necessidade de se oportunizar desde logo o contraditório.

Realizada, portanto a justificação, estará o juízo apto a proferir decisão acerca do pedido de liminar. Seja para conceder ou não a tutela almejada, a decisão será atacável por meio de agravo de instrumento, haja vista a total inocuidade da modalidade retida.

Tutela possessória liminar. Em se tratando, portanto, de ação de força nova espoliativa, basta que o autor prove os requisitos do art. 561, ou seja, que tinha a posse e que veio a perdê-la há menos de ano e dia do ajuizamento da ação em decorrência de ato de esbulho praticado pelo réu. Nesse caso, o autor será reintegrado na posse independentemente da comprovação do perigo de dano irreparável ou de difícil reparação.

O mandado liminar a que se refere o art. 562 comumente veicula tutela antecipatória. Nada impede, contudo, que, provados os requisitos do art. 561, se conceda tutela cautelar. Tecnicamente, o mais correto é cogitar de tutela provisória, que pode ser concedida liminarmente (logo após o recebimento da inicial, antes, portanto, da citação), após justificação prévia (art. 563), se insuficientes os documentos que instruem a inicial, ou em outro momento processual, inclusive na sentença. O autor ou o réu, quando formular pedido possessório (art. 556), provados os requisitos mencionados no art. 561, pode postular tutela cautelar. Visando resguardar o resultado prático do processo, pode o juiz, por exemplo, decretar o sequestro do bem até que, em caráter definitivo, se decida sobre o direito de posse.

Nos casos em que a posse foi esbulhada ou turbada há mais de ano e dia, embora a ação tenha natureza possessória, não se aplica o procedimento especial. Por se tratar de ação de força velha espoliativa, aplicável é o procedimento comum, o que não significa que a concessão de tutela provisória seja inviável. Nesse caso, provados os requisitos previstos nos arts. 300 (tutela de urgência) ou 311 (tutela da evidência), deve-se conceder a tutela antecipada ou cautelar.

A jurisprudência prevê a possibilidade de concessão de tutela provisória também às ações de força velha. Nem poderia ser outro o entendimento, haja vista o regramento da tutela provisória (Livro V da Parte Geral), que se aplica a todos os procedimentos previstos no Código.

Importante salientar que, se a posse for ofendida por ato do Poder Público, não será possível a obtenção da liminar *inaudita altera parte*, haja vista que o art. 562 é claro ao exigir a prévia oitiva do representante da pessoa jurídica de direito público.

Possibilidade de estabilização da tutela possessória liminar. Para arrematar este tópico, reafirmo o que foi dito quando do estudo da tutela provisória. O instituto da tutela antecipada tem como matriz a tutela possessória liminar.

A estabilização figura como a grande aposta do legislador no sentido da celeridade. E não há razão para deixar a antecipação da tutela possessória fora da estabilização prevista nos arts. 303 e 304. Ao contrário, pela natureza e relevância que o ordenamento jurídico confere à posse, a conclusão inarredável é de que a estabilização da tutela se aplica à liminar de manutenção e reintegração, bem assim ao mandado proibitório – provimentos cujo conteúdo é de antecipação dos efeitos da decisão de mérito.

A previsão de um procedimento especial, com o prognóstico de antecipação dos efeitos da decisão de mérito – com ou sem justificação prévia –, não arreda a aplicação subsidiária das normas da tutela antecipada. Vale frisar. O simples fato de o instituto da tutela antecipada estar situado na parte geral do Código já indica essa aplicação, a menos que seja incompatível com o procedimento especial previsto para o acertamento do direito substancial.

CPC/2015	CPC/1973
Art. 564. Concedido ou não o mandado liminar de manutenção ou de reintegração, o autor promoverá, nos 5 (cinco) dias subsequentes, a citação do réu para, **querendo**, contestar a ação **no prazo de 15 (quinze) dias**. Parágrafo único. Quando for ordenada a justificação prévia, o prazo para contestar será contado da intimação *da decisão* que deferir ou não a medida liminar.	Art. 930. Concedido ou não o mandado liminar de manutenção ou de reintegração, o autor promoverá, nos 5 (cinco) dias subsequentes, a citação do réu para contestar a ação. Parágrafo único. Quando for ordenada a justificação prévia (~~art. 928~~), o prazo para contestar contar-se-á da intimação *do despacho* que deferir ou não a medida liminar.

 ## COMENTÁRIOS:

Resposta do réu. Citado o réu – ou intimado, caso já tenha sido citado para a audiência de justificação –, este poderá apresentar resposta no prazo de 15 (quinze) dias ou quedar-se inerte, hipótese em que se aplicarão os efeitos da revelia, tal como no procedimento comum.

Em sede de contestação, será possível arguir a incompetência absoluta do juízo, caso a regra do art. 47, § 2º, não seja observada. Além disso, cabível se mostra a arguição de incompetência relativa e de todas as demais questões elencadas no art. 337.

No mérito, o réu, de regra, alegará que o autor não preenche os requisitos contemplados no art. 561, a saber: a posse anterior, a turbação, o esbulho ou ameaça, a data do ato, a continuação ou perda da posse em virtude da moléstia.

Não se pode olvidar que, também no procedimento especial das possessórias, vige o princípio da eventualidade, bem como o ônus da impugnação especificada. Nesse diapasão, poderá o réu alegar e provar que o ato espoliativo foi perpetrado há mais de ano e dia, fato que ocasionará a revogação da liminar.

Convém observar, por relevante, que se reputa perfeitamente possível, também nas lides possessórias, a alegação de usucapião como matéria de defesa. Isso porque a Súmula nº 237 do STF, ao permitir a alegação de usucapião como matéria de defesa, não restringe o seu emprego ao âmbito das ações petitórias. Ademais, caso tenha ocorrido, de fato, a prescrição aquisitiva, não se reputa razoável reintegrar ou manter na posse aquele que não a exerce há anos, daí a utilidade da usucapião como matéria de defesa.

Poder-se-ia objetar tal afirmação, ao argumento de que a alegação de usucapião incluiria no pleito possessório a discussão sobre o domínio. Contudo, não se afigura correta tal conclusão, haja vista que a discussão acerca da prescrição aquisitiva se assenta justamente na posse.

Esclareça-se, entretanto, que a alegação de usucapião na contestação tem o único escopo de afastar a pretensão possessória do réu, não se podendo falar em sentença declaratória do domínio.

Prosseguindo na análise das matérias arguíveis em contestação, cumpre observar que o réu poderá também pleitear o pagamento das benfeitorias eventualmente implementadas por ele. Para tal desiderato, deverá listar, na contestação, os melhoramentos levados a efeito e os valores efetivamente desembolsados.

Por derradeiro, poderá o réu, em sede de contestação, demandar proteção possessória e indenização pelos prejuízos resultantes da suposta moléstia perpetrada pelo autor. Exemplificando, imagine-se a situação em que o possuidor tem porção de terra invadida por militantes do MST, os quais, por sua vez, ajuízam ação possessória alegando que sofreram esbulho por parte do primeiro. Nesse caso, o verdadeiro possuidor, réu na ação intentada pelos sem-terra, poderá alegar, na contestação, que o ato espoliativo foi perpetrado pelos autores. Assim, o réu poderá pleitear proteção possessória e indenização por todos os prejuízos causados pela invasão levada a efeito pelos sem-terra.

CPC/2015	CPC/1973
Art. 565. No litígio coletivo pela posse de imóvel, quando o esbulho ou a turbação afirmado na petição inicial houver ocorrido há mais de ano e dia, o juiz, antes de apreciar o pedido de concessão da medida liminar, deverá designar audiência de mediação, a realizar-se em até 30 (trinta) dias, que observará o disposto nos §§ 2° e 4°. § 1° Concedida a liminar, se essa não for executada no prazo de 1 (um) ano, a contar da data de distribuição, caberá ao juiz designar audiência de mediação, nos termos dos §§ 2° a 4° deste artigo. § 2° O Ministério Público será intimado para comparecer à audiência, e a Defensoria Pública será intimada sempre que houver parte beneficiária de gratuidade da justiça. § 3° O juiz poderá comparecer à área objeto do litígio quando sua presença se fizer necessária à efetivação da tutela jurisdicional. § 4° Os órgãos responsáveis pela política agrária e pela política urbana da União, de Estado ou do Distrito Federal e de Município onde se situe a área objeto do litígio poderão ser intimados para a audiência, a fim de se manifestarem sobre seu interesse no processo e sobre a existência de possibilidade de solução para o conflito possessório. § 5° Aplica-se o disposto neste artigo ao litígio sobre propriedade de imóvel.	Não há correspondência.

 ## COMENTÁRIOS:

Litígios possessórios coletivos. O dispositivo institui novidade relativa às demandas possessórias de caráter coletivo. Diferentemente do CPC/1973, o CPC/2015 se preocupou em definir a tutela jurídica para esse tipo de conflito, normalmente ocasionado pela desigual repartição da propriedade fundiária e pelo déficit habitacional.

O novo procedimento proporciona tratamento diferenciado entre as ações possessórias individuais e as ações possessórias coletivas. E não poderia ser diferente. Como os conflitos que envolvem a posse coletiva, na maioria das vezes, implicam gravames aos litigantes devido ao grande número de ocupantes nas áreas envolvidas, é razoável a definição de regras próprias visando minimizar os prejuízos advindos desse tipo de demanda.

Entre as especificidades do procedimento está a regra contida no *caput*, que permite a formalização de pedido liminar nas ações coletivas de "posse velha", desde que tenha ocorrido prévia audiência de mediação. A disposição tende a evitar a concessão de medidas liminares antes da tentativa de autocomposição entre os litigantes. Além disso, a norma segue a recomendação da Secretaria de Estudos Legislativos do Ministério da Justiça, que indica a necessidade de se realizar audiência de mediação

> [...] em qualquer caso que envolva conflito coletivo pela posse ou pela propriedade da terra, urbana ou rural, previamente a tomada de decisão liminar, não apenas na hipótese de constatada a potencialidade que o conflito coloque em risco a integridade física das partes envolvidas, mas como forma de prevenir a violação de princípios e garantias constitucionais.[150]

O CPC/2015 prevê a participação nas ações possessórias coletivas de órgãos responsáveis pelas políticas agrária e urbana de cada ente federativo, além da necessária intervenção do Ministério Público como *custos legis*. A Defensoria Pública terá participação em todos os casos nos quais qualquer das partes não puder constituir advogado próprio ou não puder arcar com as despesas processuais sem prejuízo do sustento próprio ou de sua família.

CPC/2015	CPC/1973
Art. 566. Aplica-se, quanto ao mais, o procedimento *comum*.	Art. 931. Aplica-se, quanto ao mais, o procedimento *ordinário*.

 COMENTÁRIOS:

Como já dito, algumas modificações quanto ao procedimento foram necessárias tendo em vista a exclusão do procedimento sumário e a adoção de um procedimento único para todas as ações de conhecimento.

Seção III
Do Interdito Proibitório

CPC/2015	CPC/1973
Art. 567. O possuidor direto ou indireto que tenha justo receio de ser molestado na posse poderá requerer ao juiz que o segure da turbação ou esbulho iminente, mediante mandado proibitório em que se comine ao réu determinada pena pecuniária caso transgrida o preceito.	Art. 932. O possuidor direto ou indireto, que tenha justo receio de ser molestado na posse, poderá impetrar ao juiz que o segure da turbação ou esbulho iminente, mediante mandado proibitório, em que se comine ao réu determinada pena pecuniária, caso transgrida o preceito.

 COMENTÁRIOS:

Conferir comentários ao art. 560.

---

150 SAULE JR., Nelson; LIBÓRIO, Daniela; AURELLI, Arlete Inês (Coord.). **Conflitos coletivos sobre a posse e a propriedade de bens imóveis**. Secretaria de Assuntos Legislativos do Ministério da Justiça (SAL). (Série: Pensando o Direito nº 07/2009), p. 138. Disponível em: <http://participacao.mj.gov.br/pensandoodireito/wp-content/uploads/2012/11/07Pensando_Direito.pdf>.

CPC/2015	CPC/1973
Art. 568. Aplica-se ao interdito proibitório o disposto na *Seção II deste Capítulo*.	Art. 933. Aplica-se ao interdito proibitório o disposto na *seção anterior*.

COMENTÁRIOS:

Aplicação subsidiária. A seção II de que trata esse dispositivo versa sobre o rito especial das demais ações possessórias típicas. Assim, no caso de interdito proibitório, é possível o manejo da especial tutela possessória a partir de uma cognição simplificada (liminar). Os requisitos que devem ser comprovados serão aqueles pertinentes ao interdito proibitório, conforme exposto nos comentários ao art. 560.

Capítulo IV
Da Ação de Divisão e da Demarcação de Terras Particulares

Seção I
Disposições Gerais

CPC/2015	CPC/1973
Art. 569. Cabe: I – ao proprietário a ação de demarcação, para obrigar o seu confinante a estremar os respectivos prédios, fixando-se novos limites entre eles ou aviventando-se os já apagados; II – ao condômino a ação de divisão, para obrigar os demais consortes a *estremar os quinhões*.	Art. 946. Cabe: I – a ação de demarcação ao proprietário para obrigar o seu confinante a estremar os respectivos prédios, fixando-se novos limites entre eles ou aviventando-se os já apagados; II – a ação de divisão, ao condômino para obrigar os demais consortes, a *partilhar a coisa comum*.

COMENTÁRIOS:

Demarcação x Divisão. Se há controvérsia envolvendo os limites de duas ou mais propriedades (terras), seja em decorrência da não fixação de rumos, seja porque os rumos fixados já se apagaram, a ação cabível será a de demarcação. Se a pretensão é a partilha da coisa comum, a dissolução de condomínio, transformando cota ideal em quinhão determinado, a ação adequada será a de divisão.

Tanto o procedimento da ação divisória como o da demarcatória desdobra-se em duas fases. Na primeira, delibera-se por meio de sentença sobre a pretensão de dividir ou demarcar; na segunda, procede-se às operações técnicas relativas à divisão ou demarcação, para finalizar com uma sentença homologatória.

Aplicabilidade do procedimento especial. O procedimento previsto nos arts. 569 e seguintes do CPC aplica-se apenas às terras particulares. A demarcação de terras públicas, mais especificamente de terras devolutas,[151] faz-se por meio da ação discriminatória regulada pela Lei nº 6.383/1976.

CPC/2015	CPC/1973
Art. 570. É lícita a cumulação dessas ações, caso em que deverá processar-se primeiramente a demarcação total ou parcial da coisa comum, citando-se os confinantes e os condôminos.	Art. 947. É lícita a cumulação destas ações; caso em que deverá processar-se primeiramente a demarcação total ou parcial da coisa comum, citando-se os confinantes e condôminos.

 COMENTÁRIOS:

Cumulação de pedidos. Em razão da economia processual que proporciona, o art. 570 permite a cumulação das ações demarcatória e divisória. Nesse caso, primeiro procede-se à demarcação e depois à divisão.

CPC/2015	CPC/1973
Art. 571. A demarcação e a divisão poderão ser realizadas por escritura pública, desde que maiores, capazes e concordes todos os interessados, observando-se, no que couber, os dispositivos deste Capítulo.	Não há correspondência.

 COMENTÁRIOS:

Procedimento extrajudicial. Com a nova redação o CPC/2015 cria um procedimento extrajudicial de demarcação e divisão de terras particulares, na tentativa de simplificar a transação entre proprietários de áreas confinantes e abreviar a solução do litígio.

Vale lembrar que a doutrina brasileira,[152] diante da omissão do diploma processual de 1973, já defendia a existência de um procedimento de jurisdição voluntária para demarcação e divisão de terras, com fulcro no art. 440 do CPC de 1939.[153] De fato, se presentes partes maiores e capazes e entre elas inexistir conflito quanto à divisão ou demarcação, não há

---

[151] No que tange às terras particulares de entidades públicas, aplicam-se os procedimentos das ações demarcatória e divisória.

[152] THEODORO JÚNIOR, Humberto. **Curso de Direito Processual Civil** – procedimentos especiais. 42. ed. Rio de Janeiro: Forense, 2010. p. 210.

[153] CPC/1939, art. 440. "Concordando as partes, poderá ser feita a divisão, ou a demarcação, observadas as seguintes regras: I – escolhido em petição assinada por todos os interessados, ou nomeado pelo juiz, o agrimensor procederá à divisão ou demarcação na forma prescrita neste Código, ou convencionada pelas partes; II – apresentando o agrimensor, por escrito, em cartório, a divisão ou demarcação, o juiz ouvirá os interessados no prazo comum de cinco (5) dias e proferirá a decisão. Parágrafo único. Ajuizado o pedido, tomar-se-á por termo o acordo, que será subscrito por todos os interessados, ou por procurador com poderes especiais."

necessidade de utilização da via jurisdicional contenciosa para, somente após provocação, se possibilitar a transação quanto às questões relativas ao processo demarcatório ou divisório.

CPC/2015	CPC/1973
Art. 572. Fixados os marcos da linha de demarcação, os confinantes considerar-se-ão terceiros quanto ao processo divisório, ficando-lhes, porém, ressalvado o direito de vindicar os terrenos de que se julguem despojados por invasão das linhas limítrofes constitutivas do perímetro ou de reclamar indenização correspondente ao seu valor.	Art. 948. Fixados os marcos da linha de demarcação, os confinantes considerar-se-ão terceiros quanto ao processo divisório; fica-lhes, porém, ressalvado o direito de vindicarem os terrenos de que se julguem despojados por invasão das linhas limítrofes constitutivas do perímetro ou a reclamarem uma indenização ~~pecuniária~~ correspondente ao seu valor.
§ 1º **No caso do** *caput*, serão citados para a ação todos os condôminos, se a sentença homologatória da divisão ainda não houver transitado em julgado, e todos os quinhoeiros dos terrenos vindicados, se a ação for proposta posteriormente.	Art. 949. Serão citados para a ação todos os condôminos, se ainda não transitou em julgado a sentença homologatória da divisão; e todos os quinhoeiros dos terrenos vindicados, se proposta posteriormente.
§ 2º Neste último caso, a sentença que julga procedente a ação, condenando a restituir os terrenos ou a pagar a indenização, valerá como título executivo em favor dos quinhoeiros para haverem dos outros condôminos que forem parte na divisão ou de seus sucessores a título universal, na proporção que lhes tocar, a composição pecuniária do desfalque sofrido.	Parágrafo único. Neste último caso, a sentença que julga procedente a ação, condenando a restituir os terrenos ou a pagar a indenização, valerá como título executivo em favor dos quinhoeiros para haverem dos outros condôminos, que forem parte na divisão, ou de seus sucessores por título universal, na proporção que lhes tocar, a composição pecuniária do desfalque sofrido.

 COMENTÁRIOS:

Procedimento para a cumulação de pedidos. O dispositivo regula a hipótese de cumulação entre as ações de demarcação e divisão (art. 570). Nesse caso, como já afirmado, primeiro se processa a demarcação da coisa. Fixados os marcos, inicia-se o procedimento divisório. Nessa "passagem" aplicam-se as regras do art. 572.

CPC/2015	CPC/1973
Art. 573. **Tratando-se de imóvel georreferenciado, com averbação no registro de imóveis, pode o juiz dispensar a realização de prova pericial.**	Não há correspondência.

 COMENTÁRIOS:

Georreferenciamento. Consiste no mapeamento de determinado imóvel, com a indicação de suas respectivas coordenadas, características, limites e confrontações. O ponto de inovação no CPC/2015 é a adoção dessa técnica em detrimento da necessária utilização da prova pericial, que normalmente provoca maior lentidão nos processos de divisão e demarcação de terras.

Seção II
Da Demarcação

CPC/2015	CPC/1973
Art. 574. Na petição inicial, instruída com os títulos da propriedade, designar-se-á o imóvel pela situação e pela denominação, descrever-se-ão os limites por constituir, aviventar ou renovar e nomear-se-ão todos os confinantes da linha demarcanda.	Art. 950. Na petição inicial, instruída com os títulos da propriedade, designar-se-á o imóvel pela situação e denominação, descrever-se-ão os limites por constituir, aviventar ou renovar e nomear-se-ão todos os confinantes da linha demarcada.

 COMENTÁRIOS:

Petição inicial. A primeira fase do procedimento inicia-se com o ajuizamento da ação, com os requisitos do art. 574. Também deverão ser obedecidos os requisitos gerais dos arts. 319 e 321. A necessidade de o autor explicitar as características do imóvel objetiva delimitar a causa de pedir. Sem esses requisitos, a petição inicial poderá ser considerada inepta, caso a determinação para emenda não seja cumprida.

Legitimidade. Além do proprietário, a doutrina entende que "também possuem legitimidade para a ação demarcatória os titulares de direito real de gozo e fruição, nos limites dos seus respectivos direitos e títulos constitutivos de direito real. Assim, além da propriedade, aplicam-se os dispositivos do Capítulo sobre ação demarcatória, no que for cabível, em relação aos direitos reais de gozo e fruição" (Enunciado nº 68 do FPPC).

CPC/2015	CPC/1973
Art. 575. Qualquer condômino é parte legítima para promover a demarcação do imóvel comum, *requerendo a intimação dos demais para, querendo, intervir no processo.*	Art. 952. Qualquer condômino é parte legítima para promover a demarcação do imóvel comum, *citando-se os demais como litisconsortes.*

 COMENTÁRIOS:

Legitimidade concorrente dos condôminos. A existência de ação demarcatória promovida por um condômino suscita questões peculiares relativas ao fenômeno do litisconsórcio. O art. 952 do CPC/1973 regulava essa situação como litisconsórcio necessário *ex lege*,[154] exigindo a "citação"[155] dos demais detentores da propriedade do imóvel. Tratava-se de litisconsórcio necessário e unitário, uma vez que a sentença homologatória da demarcação tinha efeitos sobre todos os coproprietários que se inserissem nos limites subjetivos da coisa julgada.

A regulamentação contida no art. 575 do CPC/2015, no entanto, suprime a necessidade de litisconsórcio na ação demarcatória promovida por condômino. Com efeito, a

---

[154] DINAMARCO, Cândido Rangel. **Litisconsórcio**. 6. ed. rev. atual. São Paulo: Malheiros, 2001. p. 172.
[155] Citação se faz apenas ao réu, não ao autor, de modo que o termo utilizado pelo CPC de 1973 é inadequado.

dicção normativa confirma que os demais coproprietários serão *intimados*[156] para, querendo, intervirem no processo. Por se tratar de uma faculdade dos demais condôminos, a não participação de qualquer um deles não enseja nulidade processual. Trata-se, então, de litisconsórcio facultativo, e não mais de litisconsórcio necessário.

Imprescindível ressaltar que a não obrigatoriedade do litisconsórcio não retirou dele a unitariedade no que tange à sentença homologatória. Isso porque a decisão acerca da demarcação atingirá, inclusive, os condôminos que, devidamente intimados, preferirem não participar do processo.

Deve-se ter em mente que os critérios de necessariedade e unitariedade litisconsorcial são, em alguns casos, independentes, existindo hipóteses de litisconsórcio unitário, mas não necessário,[157] ainda que não seja essa a ideia norteadora deste fenômeno de pluralidade subjetiva.

CPC/2015	CPC/1973
Art. 576. *A citação dos réus será feita por correio, observado o disposto no art. 247*. Parágrafo único. Será publicado edital, *nos termos do inciso III do art. 259*.	Art. 953. *Os réus que residirem na comarca serão citados pessoalmente* ; *os demais*, por edital.

 COMENTÁRIOS:

Citação. Nos termos do art. 247 do CPC/2015, "a citação será feita pelo correio para qualquer comarca do país", exceto nos casos previstos na própria lei. Deste modo, não há se falar em citação por edital dos réus que residam fora da comarca, como previa o CPC/1973. Somente deverá ser publicado edital caso haja necessidade de provocação de interessados incertos ou desconhecidos para participarem do processo (art. 259, III, CPC/2015).

CPC/2015	CPC/1973
Art. 577. Feitas as citações, terão os réus o prazo comum de *15 (quinze)* dias para contestar.	Art. 954. Feitas as citações, terão os réus o prazo comum de *20 (vinte)* dias para contestar.

 COMENTÁRIOS:

Prazo para resposta do réu. O prazo para apresentar contestação permanece comum, tendo sido reduzido, contudo, de 20 (vinte) para 15 (quinze) dias.

CPC/2015	CPC/1973
Art. 578. *Após o prazo de resposta do réu* , observar--se-á o procedimento *comum* .	Art. 955. *Havendo contestação* , observar-se-á o procedimento *ordinário* ; ~~não havendo, aplica-se o disposto no art. 330, II~~.

---

156   Vale o destaque à correta terminologia.

157   DINAMARCO, Cândido Rangel. **Litisconsórcio**. 6. ed. rev. atual. São Paulo: Malheiros, 2001. p. 186.

COMENTÁRIOS:

Procedimento comum. Houve alteração na redação do dispositivo para fins de adequação ao procedimento único (comum) previsto no Novo Código para as ações de conhecimento. Assim, no que se refere à demarcação, apresentada resposta, será dado início à fase das providências preliminares e saneamento até se chegar à fase decisória.

CPC/2015	CPC/1973
Art. 579. Antes de proferir a sentença, o juiz nomeará *um ou mais peritos* para levantar o traçado da linha demarcanda.	Art. 956. ~~Em qualquer dos casos do artigo anterior,~~ o juiz, antes de proferir a sentença ~~definitiva~~, nomeará *dois arbitradores e um agrimensor* para levantarem o traçado da linha demarcanda.

 COMENTÁRIOS:

Perícia. Enquanto o CPC/1973 prevê a necessidade de nomeação de três profissionais para o levantamento do traçado da linha demarcanda, antes de proferida a sentença, o CPC/2015 dispõe ser necessária a nomeação de pelo menos um perito (termo genérico) para o mesmo procedimento. Não há, portanto, limitação quanto ao número de profissionais, sendo possível, a depender das especificidades do caso concreto, a nomeação de um ou mais peritos.

CPC/2015	CPC/1973
Art. 580. Concluídos os estudos, os *peritos* apresentarão minucioso laudo sobre o traçado da linha demarcanda, considerando os títulos, os marcos, os rumos, a fama da vizinhança, as informações de antigos moradores do lugar e outros elementos que coligirem.	Art. 957. Concluídos os estudos, apresentarão os *arbitradores* minucioso laudo sobre o traçado da linha demarcanda, tendo em conta os títulos, marcos, rumos, a fama da vizinhança, as informações de antigos moradores do lugar e outros elementos que coligirem. Parágrafo único. ~~Ao laudo, anexará o agrimensor a planta da região e o memorial das operações de campo, os quais serão juntos aos autos, podendo as partes, no prazo comum de 10 (dez) dias, alegar o que julgarem conveniente.~~

 COMENTÁRIOS:

Manifestações sobre a perícia. A nova redação passou a mencionar o profissional "perito" como gênero. Além disso, o CPC/2015 exclui a necessidade de manifestação das partes acerca do laudo pericial confeccionado antes da sentença. De todo modo, não se afastou a possibilidade de qualquer das partes, em sede recursal, questionar as informações apresentadas por esse profissional.

CPC/2015	CPC/1973
Art. 581. A sentença que julgar procedente *o pedido* determinará o traçado da linha demarcanda.	Art. 958. A sentença, que julgar procedente a ação, determinará o traçado da linha demarcanda.

Parágrafo único. **A sentença proferida na ação demarcatória determinará a restituição da área invadida, se houver, declarando o domínio ou a posse do prejudicado, ou ambos.**

 COMENTÁRIOS:

Instrução e sentença. Esgotada a fase instrutória, o juiz profere sentença, pondo fim à primeira fase, se procedente; e encerrando o processo, se improcedente a pretensão de demarcar. Da sentença cabe apelação com ambos os efeitos.

A ação demarcatória, tal como a reivindicatória, são ações que têm por fundamento o domínio (ações reais imobiliárias). Embora tenham procedimentos distintos, a finalidade de tais ações é comum: assegurar a posse (*ius possidendi*) efetiva da coisa ao titular do domínio.

Antes de decidir sobre a demarcação do imóvel, o juiz deve declarar o domínio (este é pressuposto daquela). Declarado o domínio em toda a sua extensão, a declaração do esbulho sobre toda a área (ou parte dela), de conformidade com o que se apurar na própria demarcatória, é mera consequência.

A decisão sobre esse efeito natural do domínio deve ser expressa. Como não há decisão sem pedido, podemos considerar a possibilidade de pedido implícito. Nesse caso, a mera decisão declaratória do domínio sobre uma área ensejará o pedido de reivindicação em cumprimento de sentença, porquanto, nos termos do art. 515, I, do CPC/2015, constitui título executivo judicial a decisão que reconhece a obrigação de entregar a coisa.

Ressalte-se que não se trata de julgamento *extra petita*, porque a própria lei autoriza o pedido implícito. Nada impede – e até recomenda-se – que o autor, a despeito disso, faça o pedido.

CPC/2015	CPC/1973
Art. 582. *Transitada* em julgado a sentença, o *perito* efetuará a demarcação e colocará os marcos necessários. Parágrafo único. Todas as operações serão consignadas em planta e memorial descritivo com as referências convenientes para a identificação, em qualquer tempo, dos pontos assinalados, **observada a legislação especial que dispõe sobre a identificação do imóvel rural.**	Art. 959. *Tanto que passe* em julgado a sentença, o *agrimensor* efetuará a demarcação, colocando os marcos necessários. Todas as operações serão consignadas em planta e memorial descritivo com as referências convenientes para a identificação, em qualquer tempo, dos pontos assinalados.

 COMENTÁRIOS:

Fase executiva. Transitada em julgado a sentença que julgou a pretensão de demarcar, inicia-se a segunda fase do procedimento, denominada *fase executiva*. Embora com essa denominação, essa fase é um mero prolongamento da primeira, não ocorrendo nova citação. Como salienta Humberto Theodoro Júnior, citando Pontes de Miranda, as ações de divisão e demarcação são executivas *lato sensu*, pela maior carga de executividade que contêm, evidenciada pelo pedido do autor, que, desde a origem do procedimento, não se dirige à declaração, à condenação ou à constitutividade, mas preponderantemente aos atos materiais de fixar no solo os limites do prédio ou de determinar concretamente a partilha do imóvel comum.[158]

Na segunda fase procede-se à execução material da demarcação, com a colocação dos marcos necessários (art. 582). Todas as operações serão consignadas em planta e memorial descritivo com as referências convenientes para a identificação, em qualquer tempo, dos pontos assinalados, observada a legislação especial que dispõe sobre a identificação do imóvel rural, a exemplo da Lei nº 4.504/1964 e das instruções normativas expedidas pelo Instituto Nacional de Colonização e Reforma Agrária (INCRA).

Concluída a demarcação, lavra-se o respectivo auto (art. 586, parágrafo único), proferindo o juiz sentença homologatória[159] da demarcação (art. 587), que põe fim à segunda fase do procedimento. Contra essa sentença cabe o recurso de apelação, cujo recebimento se dá no efeito apenas devolutivo (art. 1.012, § 1º, I).

CPC/2015	CPC/1973
Art. 583. As plantas serão acompanhadas das cadernetas de operações de campo e do memorial descritivo, que conterá:	Art. 962. Acompanharão as plantas as cadernetas de operações de campo e o memorial descritivo, que conterá:
I – o ponto de partida, os rumos seguidos e a aviventação dos antigos com os respectivos cálculos;	I – o ponto de partida, os rumos seguidos e a aviventação dos antigos com os respectivos cálculos;
II – os acidentes encontrados, as cercas, os valos, os marcos antigos, os córregos, os rios, as lagoas e outros;	II – os acidentes encontrados, as cercas, valos, marcos antigos, córregos, rios, lagoas e outros;
III – a indicação minuciosa dos novos marcos cravados, **dos antigos aproveitados**, das culturas existentes e da sua produção anual;	III – a indicação minuciosa dos novos marcos cravados, das culturas existentes e sua produção anual;
IV – a composição geológica dos terrenos, bem como a qualidade e a extensão dos campos, das matas e das capoeiras;	IV – a composição geológica dos terrenos, bem como a qualidade e extensão dos campos, matas e capoeiras;
V – as vias de comunicação;	V – as vias de comunicação;
VI – as distâncias a *pontos de referência, tais como rodovias federais e estaduais, ferrovias, portos, aglomerações urbanas e polos comerciais*;	VI – as distâncias à *estação da estrada de ferro, ao porto de embarque e ao mercado mais próximo*;
VII – a indicação de tudo o mais que for útil para o levantamento da linha ou para a identificação da linha já levantada.	VII – a indicação de tudo o mais que for útil para o levantamento da linha ou para a identificação da linha já levantada.
Art. 584. É obrigatória a colocação de marcos tanto na estação inicial, dita marco primordial, quanto nos vértices dos ângulos, salvo se algum desses últimos pontos for assinalado por acidentes naturais de difícil remoção ou destruição.	Art. 963. É obrigatória a colocação de marcos assim na estação inicial – marco primordial – , como nos vértices dos ângulos, salvo se algum destes últimos pontos for assinalado por acidentes naturais de difícil remoção ou destruição.

---

[158] **Curso...**, *op. cit.*, 1991. p. 1.695-1.696.

[159] A sentença que homologa a divisão deve ser registrada no registro de imóveis (Lei nº 6.015/1973, art. 167, nº 23).

COMENTÁRIOS AOS ARTS. 583 E 584:

Regras de natureza técnica. Os *experts* nomeados pelo juiz deverão observar os requisitos previstos no art. 583 para a elaboração da planta, de modo a facilitar a demarcação dos limites do terreno. O art. 584 também trata de uma regra técnica, mas que não tem natureza absoluta, porquanto pode ser dispensada no caso de existir, no local onde se deva fixar o marco primordial, acidentes naturais de difícil remoção ou destruição.

Alterações no CPC/2015. A redação do inciso VI foi alterada pelo CPC/2015 para evidenciar a natureza exemplificativa do rol relativo aos dados que devem ser apresentados no memorial descritivo.

CPC/2015	CPC/1973
Art. 585. A linha será percorrida pelos *peritos*, que examinarão os marcos e os rumos, consignando em relatório escrito a exatidão do memorial e da planta apresentados pelo agrimensor ou as divergências porventura encontradas.	Art. 964. A linha será percorrida pelos *arbitradores*, que examinarão os marcos e rumos, consignando em relatório escrito a exatidão do memorial e planta apresentados pelo agrimensor ou as divergências porventura encontradas.

 COMENTÁRIOS:

Conferência do traçado. Efetivada a demarcação, os peritos devem percorrer a linha demarcada, de modo a conferir se o traçado seguiu o que foi determinado pelo juiz.

CPC/2015	CPC/1973
Art. 586. Juntado aos autos o relatório dos *peritos*, o juiz determinará que as partes se manifestem sobre ele no prazo comum de *15 (quinze)* dias. Parágrafo único. Executadas as correções e as retificações que *o juiz determinar*, lavrar-se-á, em seguida, o auto de demarcação em que os limites demarcandos serão minuciosamente descritos de acordo com o memorial e a planta.	Art. 965. Junto aos autos o relatório dos *arbitradores*, determinará o juiz que as partes se manifestem no prazo comum de *10 (dez)* dias. Em seguida, executadas as correções e retificações que *ao juiz pareçam necessárias*, lavrar-se-á o auto de demarcação em que os limites demarcandos serão minuciosamente descritos de acordo com o memorial e a planta.

 COMENTÁRIOS:

Manifestação das partes. Após a juntada aos autos do relatório dos peritos, o juiz ouvirá as partes. Em seguida, se necessário, poderá determinar correções ou a realização de novas diligências antes da decisão final. Somente depois de decididas eventuais dúvidas é que o juiz mandará lavrar o auto de demarcação. Não há recurso contra esse ato.

Prazo. O prazo comum para as partes se manifestarem a respeito do relatório elaborado pelos peritos passou de 10 (dez) para 15 (quinze) dias.

CPC/2015	CPC/1973
Art. 587. Assinado o auto pelo juiz e pelos *peritos*, será proferida a sentença homologatória da demarcação.	Art. 966. Assinado o auto pelo juiz, *arbitradores e agrimensor*, será proferida a sentença homologatória da demarcação.

COMENTÁRIOS:

Homologação da demarcação. Depois de decididas as questões suscitadas pelas partes e assinado o auto de demarcação, o juiz proferirá sentença homologatória. Contra essa decisão cabe recurso de apelação, recebida apenas no efeito devolutivo (art. 1.012, § 1º, I).

Registro em cartório. A sentença deverá ser registrada em cartório, nos termos do art. 167, I (23) da Lei de Registros Públicos (Lei nº 6.015/1973).

Seção III
Da Divisão

CPC/2015	CPC/1973
Art. 588. A petição inicial será instruída com os títulos de domínio do promovente e conterá:	Art. 967. A petição inicial, ~~elaborada com observância dos requisitos do art. 282~~ e instruída com os títulos de domínio do promovente, conterá:
I – a indicação da origem da comunhão e a denominação, a situação, os limites e as características do imóvel;	I – a indicação da origem da comunhão e a denominação, situação, limites e características do imóvel;
II – o nome, o estado civil, a profissão e a residência de todos os condôminos, especificando-se os estabelecidos no imóvel com benfeitorias e culturas;	II – o nome, o estado civil, a profissão e a residência de todos os condôminos, especificando-se os estabelecidos no imóvel com benfeitorias e culturas;
III – as benfeitorias comuns.	III – as benfeitorias comuns.

 COMENTÁRIOS:

Petição inicial. Também o procedimento da ação divisória subdivide-se em duas fases. A primeira inicia-se com a propositura da ação, que se dá com a distribuição de petição inicial. A petição inicial deverá conter indicação da origem da comunhão e a denominação, situação, limites e características do imóvel, o nome, a qualificação e residência de todos os condôminos, especificando-se os estabelecidos no imóvel com benfeitorias e culturas. Deverá indicar, por fim, as benfeitorias comuns.

CPC/2015	CPC/1973
Art. 589. Feitas as citações como preceitua o *art. 576*, prosseguir-se-á na forma dos *arts. 577 e 578*.	Art. 968. Feitas as citações como preceitua o *art. 953*, prosseguir-se-á na forma dos *arts. 954 e 955*.

 COMENTÁRIOS:

Procedimento. À divisão, no que concerne à citação e resposta, aplicam-se as regras referentes à demarcação. Assim, os réus (condôminos) têm o prazo comum de 15 (quinze) dias para apresentar contestação. Em seguida, observar-se-á o procedimento comum.

Após a produção de provas, se necessárias, o juiz profere sentença julgando a pretensão de dividir. Dessa sentença, que põe fim à primeira fase, cabe apelação em ambos os efeitos.

Transitada em julgado a sentença que julgou a pretensão de dividir, tem início a segunda fase do procedimento, ou seja, a execução material da divisão.[160]

Essa fase, em linhas gerais, consiste na divisão do imóvel dividendo, o que é feito levando-se em conta os pedidos formulados pelos condôminos (art. 591) e os elementos fornecidos pelos peritos (arts. 590 e 595).

Terminados os trabalhos e desenhados na planta os quinhões e as servidões aparentes, o perito organizará o memorial descritivo. Em seguida, cumprido o disposto no art. 586, o escrivão lavrará o auto de divisão, seguido de uma folha de pagamento para cada condômino. Assinado o auto pelo juiz e pelos peritos será proferida sentença homologatória da divisão (art. 597).

Contra a sentença que homologa a divisão cabe recurso de apelação no efeito devolutivo. A sentença deve ser registrada nos termos do art. 167, I, nº 23, da Lei nº 6.015/1973.

CPC/2015	CPC/1973
Art. 590. *O juiz nomeará um ou mais peritos para promover a* medição do imóvel e as operações de divisão, **observada a legislação especial que dispõe sobre a identificação do imóvel rural.** Parágrafo único. **O perito deverá indicar as vias de comunicação existentes, as construções e as benfeitorias, com a indicação dos seus valores e dos respectivos proprietários e ocupantes, as águas principais que banham o imóvel e quaisquer outras informações que possam concorrer para facilitar a partilha.**	Art. 956. Em qualquer dos casos do artigo anterior, o juiz, antes de proferir a sentença definitiva, nomeará dois arbitradores e um agrimensor para levantarem o traçado da linha demarcanda. Art. 969. *Prestado o compromisso pelos arbitradores e agrimensor, terão início, pela* medição do imóvel, as operações de divisão.

 ## COMENTÁRIOS:

Atividades do perito. O Código de 1973 tratava dos seguintes profissionais: arbitrador e agrimensor. O modelo atual não impede a participação desses profissionais, porquanto ao mencionar o profissional "perito" como gênero, apenas ratifica a possibilidade de divisão dos trabalhos conforme a especialidade do perito. Além do profissional nomeado pelo juiz, a jurisprudência admite que as partes indiquem assistentes técnicos para acompanhar as medições e as operações de divisão.

CPC/2015	CPC/1973
Art. 591. Todos os condôminos serão intimados a apresentar, dentro de 10 (dez) dias, os seus títulos, se ainda não o tiverem feito, e a formular os seus pedidos sobre a constituição dos quinhões.	Art. 970. Todos os condôminos serão intimados a apresentar, dentro em 10 (dez) dias, os seus títulos, se ainda não o tiverem feito; e a formular os seus pedidos sobre a constituição dos quinhões.

---

[160] Tal como a demarcação, a ação divisória é executiva *lato sensu*. Em razão disso, a segunda fase não reclama a instauração de nova relação processual.

COMENTÁRIOS:

Intimação dos condôminos. Iniciada as operações de divisão, os condôminos serão intimados a constituir seus quinhões, exibindo os títulos correspondentes, caso ainda não o tenham feito por ocasião da contestação.

CPC/2015	CPC/1973
Art. 592. O juiz ouvirá as partes no prazo comum de *15 (quinze)* dias.	Art. 971. O juiz ouvirá as partes no prazo comum de *10 (dez)* dias.
§ 1º Não havendo impugnação, o juiz determinará a divisão geodésica do imóvel.	Parágrafo único. Não havendo impugnação, o juiz determinará a divisão geodésica do imóvel; se houver, proferirá, no prazo de 10 (dez) dias, decisão sobre os pedidos e os títulos que devam ser atendidos na formação dos quinhões.
§ 2º Havendo impugnação, o juiz proferirá, no prazo de 10 (dez) dias, decisão sobre os pedidos e os títulos que devam ser atendidos na formação dos quinhões.	

 COMENTÁRIOS:

Prazo para oitiva das partes. O prazo comum para que sejam ouvidas as partes passa a ser de 15 (quinze) dias.

Ouvidas as partes, não havendo divergência a ser sanada, o juiz determinará a divisão conforme as constatações do perito. Caso contrário, o juiz decidirá levando em conta os títulos e pedidos apresentados pelas partes.

CPC/2015	CPC/1973
Art. 593. Se qualquer linha do perímetro atingir benfeitorias permanentes dos confinantes feitas há mais de 1 (um) ano, serão elas respeitadas, bem como os terrenos onde estiverem, os quais não se computarão na área dividenda.	Art. 973. Se qualquer linha do perímetro atingir benfeitorias permanentes dos confinantes, feitas há mais de 1 (um) ano, serão elas respeitadas, bem como os terrenos onde estiverem, os quais não se computarão na área dividenda.

 COMENTÁRIOS:

Respeito às benfeitorias. As benfeitorias dos confinantes só devem ser respeitadas se realizadas há mais de 1 (um) ano. O Código anterior (parágrafo único do art. 973[161]) definia o que era benfeitoria permanente. Como no CPC/2015 não há dispositivo correspondente, a definição deve ficar a cargo do juiz, ou seja, de sua avaliação diante do caso concreto.

CPC/2015	CPC/1973
Art. 594. Os confinantes do imóvel dividendo podem demandar a restituição dos terrenos que lhes tenham sido usurpados.	Art. 974. É lícito aos confinantes do imóvel dividendo demandar a restituição dos terrenos que lhes tenham sido usurpados.

---

[161] Como era a redação desse dispositivo: "Consideram-se benfeitorias, para os efeitos deste artigo, as edificações, muros, cercas, culturas e pastos fechados, não abandonados há mais de 2 (dois) anos".

§ 1º Serão citados para a ação todos os condôminos, se a sentença homologatória da divisão ainda não houver transitado em julgado, e todos os quinhoeiros dos terrenos vindicados, se a ação for proposta posteriormente.	§ 1º Serão citados para a ação todos os condôminos, se ainda não transitou em julgado a sentença homologatória da divisão; e todos os quinhoeiros dos terrenos vindicados, se proposta posteriormente.
§ 2º Nesse último caso terão os quinhoeiros o direito, pela mesma sentença que os obrigar à restituição, a haver dos outros condôminos do processo divisório ou de seus sucessores a título universal a composição pecuniária proporcional ao desfalque sofrido.	§ 2º Neste último caso terão os quinhoeiros o direito, pela mesma sentença que os obrigar à restituição, a haver dos outros condôminos do processo divisório, ou de seus sucessores a título universal, a composição pecuniária proporcional ao desfalque sofrido.

 COMENTÁRIOS:

Usurpação de terreno alheio. Se o traçado dos limites da divisão usurpar área alheia, o vizinho prejudicado poderá reivindicar a restituição do que lhe foi usurpado. Se a sentença homologatória de divisão não tiver transitado em julgado, os condôminos serão citados na qualidade de litisconsortes passivos e necessários. Caso contrário – se a sentença transitou em julgado – aplica-se o disposto no §2º.

CPC/2015	CPC/1973
Art. 595. Os *peritos* proporão, em laudo fundamentado, a forma da divisão, devendo consultar, quanto possível, a comodidade das partes, respeitar, para adjudicação a cada condômino, a preferência dos terrenos contíguos às suas residências e benfeitorias e evitar o retalhamento dos quinhões em glebas separadas.	Art. 978. ~~Em seguida~~ os *arbitradores e o agrimensor* proporão, em laudo fundamentado, a forma da divisão, devendo consultar, quanto possível, a comodidade das partes, respeitar, para adjudicação a cada condômino, a preferência dos terrenos contíguos às suas residências e benfeitorias e evitar o retalhamento dos quinhões em glebas separadas.
	~~§ 1º O cálculo será precedido do histórico das diversas transmissões efetuadas a partir do ato ou fato gerador da comunhão, atualizando-se os valores primitivos.~~
	~~§ 2º Seguir-se-ão, em títulos distintos, as contas de cada condômino, mencionadas todas as aquisições e alterações em ordem cronológica bem como as respectivas datas e as folhas dos autos onde se encontrem os documentos correspondentes.~~
	~~§ 3º O plano de divisão será também consignado em um esquema gráfico.~~

 COMENTÁRIOS:

Requisitos do laudo. Além de observar os requisitos do art. 473, o laudo deve minuciar a parte que pertence a cada litigante.

Supressões em relação ao CPC/1973. A exclusão das regras previstas nos parágrafos do art. 978 do CPC/1973 não trará prejuízos, uma vez que o parágrafo único do art. 590 do CPC/2015 já dispõe sobre as informações que deverão constar no laudo.

CPC/2015	CPC/1973
Art. 596. Ouvidas as partes, no prazo comum de *15 (quinze) dias*, sobre o cálculo e o plano da divisão, o juiz deliberará a partilha. Parágrafo único. Em cumprimento dessa decisão, o *perito* procederá à demarcação dos quinhões, observando, além do disposto nos *arts. 584 e 585*, as seguintes regras: I – as benfeitorias comuns que não comportarem divisão cômoda serão adjudicadas a um dos condôminos mediante compensação; II – instituir-se-ão as servidões que forem indispensáveis em favor de uns quinhões sobre os outros, incluindo o respectivo valor no orçamento para que, não se tratando de servidões naturais, seja compensado o condômino aquinhoado com o prédio serviente; III – as benfeitorias particulares dos condôminos que excederem à área a que têm direito serão adjudicadas ao quinhoeiro vizinho mediante reposição; IV – se outra coisa não acordarem as partes, as compensações e as reposições serão feitas em dinheiro.	Art. 979. Ouvidas as partes, no prazo comum de *10 (dez) dias*, sobre o cálculo e o plano da divisão, deliberará o juiz a partilha. Em cumprimento desta decisão, procederá o *agrimensor*, assistido pelos arbitradores, à demarcação dos quinhões, observando, além do disposto nos *arts. 963 e 964*, as seguintes regras: I – as benfeitorias comuns, que não comportarem divisão cômoda, serão adjudicadas a um dos condôminos mediante compensação; II – instituir-se-ão as servidões, que forem indispensáveis, em favor de uns quinhões sobre os outros, incluindo o respectivo valor no orçamento para que, não se tratando de servidões naturais, seja compensado o condômino aquinhoado com o prédio serviente; III – as benfeitorias particulares dos condôminos, que excederem a área a que têm direito, serão adjudicadas ao quinhoeiro vizinho mediante reposição; IV – se outra coisa não acordarem as partes, as compensações e reposições serão feitas em dinheiro.

COMENTÁRIOS:

Prazo para manifestação. O CPC/2015 apenas promove alteração no prazo para manifestação das partes sobre o cálculo e o plano da divisão, que passa de 10 (dez) para 15 (quinze) dias. Tal prazo continua a ser comum.

CPC/2015	CPC/1973
Art. 597. Terminados os trabalhos e desenhados na planta os quinhões e as servidões aparentes, o *perito* organizará o memorial descritivo. § 1º Cumprido o disposto no *art. 586*, o escrivão, em seguida, lavrará o auto de divisão, acompanhado de uma folha de pagamento para cada condômino. § 2º Assinado o auto pelo juiz e pelo *perito*, será proferida sentença homologatória da divisão. § 3º O auto conterá: I – a confinação e a extensão superficial do imóvel; II – a classificação das terras com o cálculo das áreas de cada consorte e com a respectiva avaliação ou, quando a homogeneidade das terras não determinar diversidade de valores, a avaliação do imóvel na sua integridade;	Art. 980. Terminados os trabalhos e desenhados na planta os quinhões e as servidões aparentes, organizará o *agrimensor* o memorial descritivo. Em seguida, cumprido o disposto no *art. 965*, o escrivão lavrará o auto de divisão, seguido de uma folha de pagamento para cada condômino. Assinado o auto pelo juiz, *agrimensor* ~~e arbitradores~~, será proferida sentença homologatória da divisão. § 1º O auto conterá: I – a confinação e a extensão superficial do imóvel; II – a classificação das terras com o cálculo das áreas de cada consorte e a respectiva avaliação, ou a avaliação do imóvel na sua integridade, quando a homogeneidade das terras não determinar diversidade de valores;

III – o valor e a quantidade geométrica que couber a cada condômino, declarando-se as reduções e as compensações resultantes da diversidade de valores das glebas componentes de cada quinhão.

§ 4º Cada folha de pagamento conterá:

I – a descrição das linhas divisórias do quinhão, mencionadas as confinantes;

II – a relação das benfeitorias e das culturas do próprio quinhoeiro e das que lhe foram adjudicadas por serem comuns ou mediante compensação;

III – a declaração das servidões instituídas, especificados os lugares, a extensão e o modo de exercício.

III – o valor e a quantidade geométrica que couber a cada condômino, declarando-se as reduções e compensações resultantes da diversidade de valores das glebas componentes de cada quinhão.

§ 2º Cada folha de pagamento conterá:

I – a descrição das linhas divisórias do quinhão, mencionadas as confinantes;

II – a relação das benfeitorias e culturas do próprio quinhoeiro e das que lhe foram adjudicadas por serem comuns ou mediante compensação;

III – a declaração das servidões instituídas, especificados os lugares, a extensão e modo de exercício.

 COMENTÁRIOS:

Auto de divisão. A lavratura do auto será realizada após a entrega do memorial descritivo. O laudo deve conter os requisitos previstos nesse dispositivo para que a divisão seja homologada por sentença.

CPC/2015	CPC/1973
Art. 598. Aplica-se às divisões o disposto nos *arts. 575 a 578*.	Art. 981. Aplica-se às divisões o disposto nos *arts. 952 a 955*.

 COMENTÁRIOS:

Legitimidade. Como todos os condôminos possuem direito de propriedade sobre a coisa, qualquer deles é parte legítima para promover a ação divisória de coisa comum.

Citação. Deve ser realizada pelo correio. Admite-se a citação editalícia desde que desconhecido ou incerto o interessado.

Capítulo V
Da Ação de Dissolução Parcial de Sociedade

O Código de Processo Civil de 1939 disciplina, até os dias de hoje, a ação de dissolução e liquidação de sociedade, em virtude da ressalva contida no art. 1.218, VII, do CPC/1973, segundo o qual:

Art. 1.218. Continuam em vigor até serem incorporados nas leis especiais os procedimentos regulados pelo Decreto-lei n. 1.608, de 18 de setembro de 1939, concernentes:

[...]

VII – à dissolução e liquidação das sociedades (arts. 655 a 674).

Decorridos mais de 70 anos, não foi editada lei especial para regular o desfazimento dos vínculos societários, razão pela qual se continuou a aplicar a norma processual de 1939 e, de forma complementar, os entendimentos firmados pelos tribunais superiores.

A jurisprudência desempenhou papel fundamental no preenchimento das lacunas existentes na legislação, especialmente quanto à ausência de previsão acerca da possibilidade de dissolução parcial (e não apenas total) das sociedades. O instituto passou, então, a ser aplicado em três hipóteses: exclusão, retirada e morte do sócio. Os respectivos fundamentos se encontram, respectivamente, nos arts. 1.085 e 1.077 do Código Civil. Quanto à morte, o entendimento é que a dissolução vai ocorrer quando inexistir vontade por parte dos herdeiros ou mesmo dos sócios sobreviventes na formação de novo vínculo societário.

Em todos os casos, o desfazimento do vínculo apenas de forma parcial tem por finalidade preservar a empresa e, consequentemente, os empregos por ela gerados.

Nesse contexto, a fim de disciplinar de vez a matéria, deixando para os tribunais apenas interpretação de dispositivos previamente elaborados pelo Poder competente, o CPC/2015 traz um capítulo específico para tratar da ação de dissolução parcial de sociedade.

CPC/2015	CPC/1973
Art. 599. A ação de dissolução parcial de sociedade pode ter por objeto: **I – a resolução da sociedade empresária contratual ou simples em relação ao sócio falecido, excluído ou que exerceu o direito de retirada ou recesso; e** **II – a apuração dos haveres do sócio falecido, excluído ou que exerceu o direito de retirada ou recesso; ou** **III – somente a resolução ou a apuração de haveres.** **§ 1° A petição inicial será necessariamente instruída com o contrato social consolidado.** **§ 2° A ação de dissolução parcial de sociedade pode ter também por objeto a sociedade anônima de capital fechado quando demonstrado, por acionista ou acionistas que representem cinco por cento ou mais do capital social, que não pode preencher o seu fim.**	Não há correspondência.

 COMENTÁRIOS:

Objeto da ação. O procedimento especial da ação de dissolução parcial de sociedade deve ser observado quando não houver concordância entre os sócios relativamente à dissolução, bem como quando a lei exigir a intervenção judicial para o desfazimento do vínculo societário.

Serão objeto de dissolução parcial as sociedades empresárias contratuais ou simples, estando excluídas da aplicação das regras do CPC/2015 as sociedades anônimas de capital aberto e as sociedades em comandita por ações. Deve-se excepcionalmente aplicar o procedimento às sociedades anônimas fechadas – que não negociam suas ações em bolsa de valores –, desde que presentes os requisitos do § 2°.

A ação pode ter por objeto o desfazimento do vínculo societário e a apuração de haveres ou apenas um desses pedidos. A apuração de haveres servirá para avaliar o montante devido pelo sócio que se retira, morre ou é excluído da sociedade.

As hipóteses dos incisos I a III do art. 599 são aquelas arroladas nos arts. 1.028 a 1.030 do Código Civil. O § 2º do art. 599, que contempla exceção à inaplicabilidade às sociedades anônimas, corresponde ao art. 206, II, *b*, da Lei nº 6.404/1976.

CPC/2015	CPC/1973
Art. 600. **A ação pode ser proposta:** I – **pelo espólio do sócio falecido, quando a totalidade dos sucessores não ingressar na sociedade;** II – **pelos sucessores, após concluída a partilha do sócio falecido;** III – **pela sociedade, se os sócios sobreviventes não admitirem o ingresso do espólio ou dos sucessores do falecido na sociedade, quando esse direito decorrer do contrato social;** IV – **pelo sócio que exerceu o direito de retirada ou recesso, se não tiver sido providenciada, pelos demais sócios, a alteração contratual consensual formalizando o desligamento, depois de transcorridos 10 (dez) dias do exercício do direito;** V – **pela sociedade, nos casos em que a lei não autoriza a exclusão extrajudicial; ou** VI – **pelo sócio excluído.** Parágrafo único. **O cônjuge ou companheiro do sócio cujo casamento, união estável ou convivência terminou poderá requerer a apuração de seus haveres na sociedade, que serão pagos à conta da quota social titulada por este sócio.**	Não há correspondência.

 COMENTÁRIOS:

Legitimidade. O dispositivo apresenta o rol de legitimados ativos para ação de dissolução parcial de sociedade e fixa condições para o regular exercício da pretensão.

O espólio do sócio falecido (inciso I) só terá legitimidade se a totalidade dos sucessores não pretender ingressar na sociedade ou se não houver concordância dos sócios sobreviventes quanto ao ingresso.

Os sucessores do sócio falecido (inciso II) se legitimarão para ação somente depois de concluída a partilha. Essa hipótese poderá ser verificada quando apenas parte dos sócios pretender ingressar na sociedade. É que, como antes da partilha os bens dos sócios fazem parte do espólio, não há como pretender a dissolução sem que antes estejam definidos e partilhados os quinhões de cada herdeiro.

Ainda no caso de falecimento há possibilidade de que a ação seja promovida pelos sócios sobreviventes (inciso III). Nesse caso é preciso que a sociedade seja de pessoas, e não de capital (a exemplo da sociedade anônima fechada).

No inciso IV, o CPC/2015 estende a legitimação para o sócio que exerceu o seu direito de retirada, mas constatou a ausência de modificação no contrato social. A lei só possibilita o ajuizamento depois de transcorridos 10 (dez) dias do exercício do direito de retirada. Essa previsão evidencia o caráter excepcional da medida, que só deve ser requerida quando não for possível a dissolução extrajudicial.

A própria sociedade só tem legitimidade (inciso V) quando a exclusão do sócio depender de intervenção judicial, ou seja, quando a dissolução parcial não puder ser decidida através de suas reuniões ou assembleia previamente designadas para esse fim.

O CPC/2015 também prevê a legitimidade do próprio sócio para propor esta ação. É a única hipótese na qual a lei não estabelece nenhuma condição.

Por fim, quanto à legitimação do cônjuge ou companheiro, a regra objetiva possibilitar a preservação da meação, desde que, por força do regime de bens adotado, um cônjuge exerça sobre o outro o direito relativo às quotas sociais.

CPC/2015	CPC/1973
Art. 601. Os sócios e a sociedade serão citados para, no prazo de 15 (quinze) dias, concordar com o pedido ou apresentar contestação. Parágrafo único. **A sociedade não será citada se todos os seus sócios o forem, mas ficará sujeita aos efeitos da decisão e à coisa julgada.**	Não há correspondência.

 COMENTÁRIOS:

Citação e contestação. Estando a petição inicial devidamente instruída, o juiz determinará a citação dos sócios e da sociedade para, no prazo de 15 (quinze) dias, concordar com o pedido de dissolução ou apresentar contestação (art. 601).

O CPC/2015, seguindo a orientação de parte da jurisprudência,[162] dispensa a citação da sociedade quando todos os seus sócios forem previamente citados. A regra privilegia o princípio do *pas de nullité sans grief*, no qual somente se declara a nulidade de um ato processual quando houver a efetiva demonstração de prejuízo para uma das partes ou para o processo.

O prazo para a contestação é o mesmo previsto para o procedimento comum (15 (quinze) dias).

CPC/2015	CPC/1973
Art. 602. A sociedade poderá formular pedido de indenização compensável com o valor dos haveres a apurar.	Não há correspondência.

 COMENTÁRIOS:

Perdas e danos. O pedido de indenização formulado nos mesmos autos da ação de dissolução parcial de sociedade deverá ocorrer, como regra, nas hipóteses de exclusão do

---

[162]   Nesse sentido, trechos de acórdãos proferidos pelo STJ: "[...] Citados todos os sócios, a pessoa jurídica estará amplamente defendida e a eventual nulidade invocada, em face deste aspecto, não resultará em prejuízo para qualquer dos litigantes [...]" (STJ, AgRg do REsp 751.625/RN, Rel. Min. Massami Uyeda, julgado em 04.03.2008).

sócio. Tal constatação se deve ao fato de que nesta causa de dissolução a saída do sócio pressupõe uma conduta prejudicial à continuidade da empresa e, por esta razão, pode ensejar a reparação por eventuais prejuízos.

CPC/2015	CPC/1973
Art. 603. Havendo manifestação expressa e unânime pela concordância da dissolução, o juiz a decretará, passando-se imediatamente à fase de liquidação. **§ 1º Na hipótese prevista no** *caput*, **não haverá condenação em honorários advocatícios de nenhuma das partes, e as custas serão rateadas segundo a participação das partes no capital social.** **§ 2º Havendo contestação, observar-se-á o procedimento comum, mas a liquidação da sentença seguirá o disposto neste Capítulo.**	Não há correspondência.

 COMENTÁRIOS:

Concordância com o pedido. Se houver concordância quanto ao pedido de dissolução, o Código afasta a condenação em honorários advocatícios e permite o rateio proporcional das custas processuais conforme a participação no capital social (art. 603, § 1º). Se o objeto da ação for apenas a apuração de haveres, não haverá incidência dessa regra. Não concordando os sócios com a dissolução, observar-se-á o procedimento comum, mas a eventual liquidação das quotas sociais continuará a ser regida pelo procedimento especial.

CPC/2015	CPC/1973
Art. 604. Para apuração dos haveres, o juiz: **I – fixará a data da resolução da sociedade;** **II – definirá o critério de apuração dos haveres à vista do disposto no contrato social; e** **III – nomeará o perito.** **§ 1º O juiz determinará à sociedade ou aos sócios que nela permanecerem que depositem em juízo a parte incontroversa dos haveres devidos.** **§ 2º O depósito poderá ser, desde logo, levantando pelo ex-sócio, pelo espólio ou pelos sucessores.** **§ 3º Se o contrato social estabelecer o pagamento dos haveres, será observado o que nele se dispôs no depósito judicial da parte incontroversa.**	Não há correspondência.

 COMENTÁRIOS:

Critérios para a apuração. O juiz definirá os critérios para apuração dos haveres de acordo com as previsões constantes no contrato social. Se este for omisso, deve ser utilizada a regra constante no atual art. 606, que tem como base o disposto no art. 1.031 do Código Civil.[163]

Data da resolução da sociedade. A fixação da data da resolução é importante porque é ela que vai ser levada em conta para o balanço de determinação que apurará o valor dos haveres.

CPC/2015	CPC/1973
Art. 605. A data da resolução da sociedade será: **I – no caso de falecimento do sócio, a do óbito;** **II – na retirada imotivada, o sexagésimo dia seguinte ao do recebimento, pela sociedade, da notificação do sócio retirante;** **III – no recesso, o dia do recebimento, pela sociedade, da notificação do sócio dissidente;** **IV – na retirada por justa causa de sociedade por prazo determinado e na exclusão judicial de sócio, a do trânsito em julgado da decisão que dissolver a sociedade; e** **V – na exclusão extrajudicial, a data da assembleia ou da reunião de sócios que a tiver deliberado.**	Não há correspondência.

 COMENTÁRIOS:

Complementando o artigo anterior, o Código elenca os elementos necessários à definição da data da resolução da sociedade.

CPC/2015	CPC/1973
Art. 606. Em caso de omissão do contrato social, o juiz definirá, como critério de apuração de haveres, o valor patrimonial apurado em balanço de determinação, tomando-se por referência a data da resolução e avaliando-se bens e direitos do ativo, tangíveis e intangíveis, a preço de saída, além do passivo também a ser apurado de igual forma. Parágrafo único. **Em todos os casos em que seja necessária a realização de perícia, a nomeação do perito recairá preferencialmente sobre especialista em avaliação de sociedades.**	Não há correspondência.

---

[163] Código Civil, art. 1.031. "Nos casos em que a sociedade se resolver em relação a um sócio, o valor da sua quota, considerada pelo montante efetivamente realizado, liquidar-se-á, salvo disposição contratual em contrário, com base na situação patrimonial da sociedade, à data da resolução, verificada em balanço especialmente levantado."

 **COMENTÁRIOS:**

Critério subsidiário para apuração de haveres. Conforme comentários ao art. 604, o CPC/2015 utiliza a regra do art. 1.031 do Código Civil para explicitar o critério a ser adotado pelo juiz, na apuração de haveres, quando inexistir qualquer balizamento no contrato social.

CPC/2015	CPC/1973
Art. 607. **A data da resolução e o critério de apuração de haveres podem ser revistos pelo juiz, a pedido da parte, a qualquer tempo antes do início da perícia.**	Não há correspondência.

 COMENTÁRIOS:

Revisão dos critérios. As disposições constantes do contrato social não são absolutas. Por tal razão é possível que o juiz, mediante requerimento de uma das partes, reveja os critérios utilizados para apuração de haveres. Tal revisão só deve ocorrer antes do início da perícia.

CPC/2015	CPC/1973
Art. 608. **Até a data da resolução, integram o valor devido ao ex-sócio, ao espólio ou aos sucessores a participação nos lucros ou os juros sobre o capital próprio declarados pela sociedade e, se for o caso, a remuneração como administrador.** Parágrafo único. **Após a data da resolução, o ex-sócio, o espólio ou os sucessores terão direito apenas à correção monetária dos valores apurados e aos juros contratuais ou legais.**	Não há correspondência.

 COMENTÁRIOS:

Participação nos lucros. Até a data da resolução, o ex-sócio, espólio ou sucessor terá direito à participação nos lucros da sociedade, sendo que, depois de fixada a data da dissolução, essas pessoas farão jus apenas à correção monetária dos valores apurados e aos juros, contratuais ou legais. Em outras palavras, a natureza jurídica dos créditos devidos ao ex-sócio, espólio ou sucessor sofrerá modificação após a fixação da data relativa à dissolução da sociedade.

CPC/2015	CPC/1973
Art. 609. **Uma vez apurados, os haveres do sócio retirante serão pagos conforme disciplinar o contrato social e, no silêncio deste, nos termos do § 2º do art. 1.031 da Lei nº 10.406, de 10 de janeiro de 2002 (Código Civil).**	Não há correspondência.

 **COMENTÁRIOS:**

Conferir os comentários aos arts. 604 e 606.

Capítulo VI
Do Inventário e da Partilha

Seção I
Disposições Gerais

CPC/2015	CPC/1973
Art. 610. Havendo testamento ou interessado incapaz, proceder-se-á ao inventário judicial.	Art. 982. Havendo testamento ou interessado incapaz, proceder-se-á ao inventário judicial; se todos forem capazes e concordes, poderá fazer-se o inventário e a partilha por escritura pública, a qual constituirá *título* hábil para *o registro imobiliário*.
§ 1º Se todos forem capazes e concordes, o inventário e a partilha poderão ser feitos por escritura pública, a qual constituirá *documento* hábil para *qualquer ato de registro*, **bem como para levantamento de importância depositada em instituições financeiras.**	§ 1º O tabelião somente lavrará a escritura pública se todas as partes interessadas estiverem assistidas por advogado ~~comum ou advogados de cada uma delas~~ ou por defensor público, cuja qualificação e assinatura constarão do ato notarial.
§ 2º O tabelião somente lavrará a escritura pública se todas as partes interessadas estiverem assistidas por advogado ou por defensor público, cuja qualificação e assinatura constarão do ato notarial.	

 COMENTÁRIOS:

Inventário judicial. O inventário pode ser judicial e extrajudicial. O inventário judicial pode se processar na forma tradicional (solene) ou do arrolamento. Este, por sua vez, subdivide-se em arrolamento sumário e arrolamento comum.

Inventário extrajudicial. Foi contemplado na legislação processual em 2007, após as alterações promovidas pela Lei nº 11.441/2007, que possibilitou a realização de inventário, partilha, separação consensual e divórcio consensual pela via administrativa.

A Lei nº 11.441/2007, no entanto, trouxe pouco a respeito do tema, fazendo que o Conselho Nacional de Justiça (CNJ) editasse uma resolução para sanar as dúvidas relativas a esse instituto (Resolução nº 35, de 24 de abril de 2007).

O Novo CPC traz poucas inovações em relação ao tema, o que nos leva a crer que a Resolução do CNJ permanecerá integralmente vigente.

Requisitos para a utilização da via extrajudicial. Para a adoção desse procedimento extrajudicial é indispensável que os interessados estejam assistidos por advogado comum ou advogados de cada um deles quando da lavratura do instrumento público, o qual, entre outros requisitos, conterá o nome e qualificação do advogado (art. 610, § 2º). Frise-se que a exigência de advogado só restou expressamente prevista com a Lei nº 11.965/2009.[164]

---

[164] A referida lei alterou os arts. 982 e 1.124-A do CPC/1973. As regras inseridas nesses dispositivos, relativamente à exigência de advogado para o procedimento extrajudicial, foram mantidas na nova legislação. Conferir, nesse sentido, os arts. 610, § 2º e 733, § 2º do CPC/2015.

Na prática, os interessados, individualmente ou não, procurarão os serviços do advogado e este redigirá a minuta contemplando o negócio jurídico celebrado. Essa minuta, subscrita pelo profissional do Direito, será levada ao Tabelionato de Notas. Caso não tenham condições financeiras para custear os honorários de advogados e demais despesas com a escritura, deverão os interessados solicitar os serviços da defensoria pública.

Da escritura pública deverão constar a qualificação completa do autor da herança, dia e local do falecimento. Para a lavratura, o tabelião exigirá a certidão de óbito, o documento de identificação de todas as partes, a certidão comprobatória do vínculo de parentesco com o autor da herança, a certidão de casamento do cônjuge sobrevivente e os documentos comprobatórios da propriedade dos bens e do seu valor. Além disso, é costume se exigir o pagamento prévio do imposto de transmissão, com fundamento no art. 15 da Resolução nº 35 do CNJ.

Efeitos da escritura pública. A nova redação do § 1º tornou expressa a concepção de que a escritura pública constitui documento hábil para qualquer ato de registro, e não apenas para o registro imobiliário, como prevê o CPC/1973. A escritura pública permite, portanto, o levantamento de importância depositada em instituições financeiras[165] e, no caso de transmissão da propriedade de veículos, serve para instruir o pedido de transferência junto ao órgão de trânsito competente. O mesmo vale para as providências decorrentes da partilha na Junta Comercial, no Registro Civil de Pessoas Jurídicas etc.

CPC/2015	CPC/1973
Art. 611. O processo de inventário e de partilha deve ser instaurado dentro de *2 (dois) meses*, a contar da abertura da sucessão, ultimando-se nos 12 (doze) meses subsequentes, podendo o juiz prorrogar esses prazos, de ofício ou a requerimento de parte.	Art. 983. O processo de inventário e partilha deve ser aberto dentro de *60 (sessenta) dias* a contar da abertura da sucessão, ultimando-se nos 12 (doze) meses subsequentes, podendo o juiz prorrogar tais prazos, de ofício ou a requerimento de parte.

 COMENTÁRIOS:

Prazo para a instauração do processo. Sobrevindo a morte do autor da herança, o pedido de abertura de inventário deve ser feito dentro de 2 (dois) meses a contar da abertura da sucessão, ou seja, da data do falecimento do autor da herança, devendo-se ultimar a partilha nos 12 (doze) meses subsequentes, podendo o juiz prorrogar tais prazos, de ofício ou mediante requerimento da parte interessada (art. 611).

Prazo para conclusão. O prazo para a conclusão do feito é impróprio e seu descumprimento não acarreta qualquer sanção. Aliás, o que se observa é que dificilmente os inventários são concluídos nesse prazo, haja vista todas as peculiaridades inerentes ao procedimento. Na praxe forense, nem mesmo o arrolamento sumário (procedimento mais célere, como se verá) costuma ser concluído no prazo estatuído em lei.

---

[165] Apesar do entendimento da maioria da doutrina e da jurisprudência, algumas instituições insistiam na liberação de valor inventariado apenas mediante alvará judicial. Como no caso de inventário por escritura pública não há necessidade de demanda judicial, não há razão para condicionar a sua efetiva conclusão à intervenção do Poder Judiciário.

Inventário *ex officio*. Na sistemática do CPC/1973, o desrespeito ao prazo para abertura do procedimento de inventário implicava possibilidade de deflagração de ofício pelo juízo competente. O Novo Código não repete a redação do art. 989 do CPC/1973, razão pela qual podemos afirmar que não há mais possibilidade de inventário *ex officio*.

Essa ausência de previsão de sanção quanto ao descumprimento do prazo para a abertura do inventário não impede, contudo, que a legislação de cada Estado, ao estipular, por exemplo, as regras relativas ao Imposto sobre Transmissão Causa Mortis e Doação de Quaisquer Bens ou Direitos (ITCD), institua multa como sanção pelo retardamento do início do inventário. Tal possibilidade é plenamente aceita pelo Supremo Tribunal Federal.[166]

CPC/2015	CPC/1973
Art. 612. O juiz decidirá todas as questões de direito *desde que os fatos relevantes* estejam provados por documento, só remetendo para as vias ordinárias as questões que dependerem de outras provas.	Art. 984. O juiz decidirá todas as questões de direito *e também as questões de fato,* quando este se achar provado por documento, só remetendo para os meios ordinários as que demandarem ~~alta indagação ou~~ dependerem de outras provas.

COMENTÁRIOS:

Limitações no procedimento de inventário. A competência do juízo do inventário circunscreve-se às questões de direito e de fato que venham a surgir no curso do processo. Entretanto, aquelas que demandarem "alta indagação" – termo utilizado pelo CPC/1973 – serão remetidas às vias ordinárias.

Apesar de o CPC/1973 ter suprimido a expressão, o conteúdo da norma não foi modificado. As questões de direito que dependam de outras provas (*caput* do art. 612) já indicam que o legislador buscou vedar a utilização desse procedimento para a discussão de questões complexas, capazes de comprometer a rápida solução do inventário por depender de prova de natureza diversa da documental. São exemplos de questão de alta indagação a discussão sobre a qualidade de herdeiro e a petição de herança.

CPC/2015	CPC/1973
Art. 613. Até que o inventariante preste o compromisso, continuará o espólio na posse do administrador provisório.	Art. 985. Até que o inventariante preste o compromisso ~~(art. 990, parágrafo único)~~, continuará o espólio na posse do administrador provisório.
Art. 614. O administrador provisório representa ativa e passivamente o espólio, é obrigado a trazer ao acervo os frutos que desde a abertura da sucessão percebeu, tem direito ao reembolso das despesas necessárias e úteis que fez e responde pelo dano a que, por dolo ou culpa, der causa.	Art. 986. O administrador provisório representa ativa e passivamente o espólio, é obrigado a trazer ao acervo os frutos que desde a abertura da sucessão percebeu, tem direito ao reembolso das despesas necessárias e úteis que fez e responde pelo dano a que, por dolo ou culpa, der causa.

---

[166] STF, Súmula nº 542: "Não é inconstitucional a multa instituída pelo Estado-Membro, como sanção pelo retardamento do início ou da ultimação do inventário."

COMENTÁRIOS AOS ARTS. 613 E 614:

Administrador provisório. Tão logo falece o *de cujus*, o acervo hereditário não pode ficar sem um administrador e representante. Para tanto, deverá ser nomeado um inventariante, o qual prestará compromisso no processo. Ocorre que, aberta a sucessão, não pode a massa hereditária ficar ao desamparo. Para solucionar o impasse, criou-se a figura do administrador provisório, que exercerá o *munus* em caráter temporário.

A administração provisória independe de nomeação pelo juiz, eis que consubstancia situação fática marcada pelo caráter da transitoriedade. Ao se investir no cargo, o administrador provisório deve requerer a abertura do inventário no prazo do art. 611. A partir daí, está obrigado a trazer os frutos percebidos desde a abertura da sucessão, prestar contas de sua gestão e praticar atos de conservação e proteção dos bens.

Recebida a petição inicial, o juiz nomeará o inventariante e este assumirá a posição antes ocupada pelo administrador provisório, passando a administrar e representar o espólio judicial e extrajudicialmente até o fim da partilha.

Seção II
Da Legitimidade para Requerer o Inventário

CPC/2015	CPC/1973
Art. 615. O requerimento de inventário e de partilha incumbe a quem estiver na posse e na administração do espólio, no prazo estabelecido no *art. 611*. Parágrafo único. O requerimento será instruído com a certidão de óbito do autor da herança.	Art. 987. A quem estiver na posse e administração do espólio incumbe, no prazo estabelecido no *art. 983*, requerer o inventário e a partilha. Parágrafo único. O requerimento será instruído com a certidão de óbito do autor da herança.
Art. 616. Têm, contudo, legitimidade concorrente: I – o cônjuge **ou companheiro** supérstite; II – o herdeiro; III – o legatário; IV – o testamenteiro; V – o cessionário do herdeiro ou do legatário; VI – o credor do herdeiro, do legatário ou do autor da herança; VII – o Ministério Público, havendo herdeiros incapazes; VIII – a Fazenda Pública, quando tiver interesse; IX – o *administrador judicial* da falência do herdeiro, do legatário, do autor da herança ou do cônjuge **ou companheiro** supérstite.	Art. 988. Tem, contudo, legitimidade concorrente: I – o cônjuge supérstite; II – o herdeiro; III – o legatário; IV – o testamenteiro; V – o cessionário do herdeiro ou do legatário; VI – o credor do herdeiro, do legatário ou do autor da herança; VII – o *síndico* da falência do herdeiro, do legatário, do autor da herança ou do cônjuge supérstite; VIII – o Ministério Público, havendo herdeiros incapazes; IX – a Fazenda Pública, quando tiver interesse.

 COMENTÁRIOS AOS ARTS. 615 E 616:

Legitimidade. A abertura do inventário pode ser requerida por aquele que estiver na posse e administração dos bens a inventariar, ou seja, pelo administrador provisório, haja vista que a nomeação do inventariante é ato posterior ao recebimento da petição inicial.

Além do administrador provisório, o CPC contempla hipótese de legitimação concorrente no art. 616.

Legitimidade do cônjuge ou companheiro supérstite. Sua legitimidade para a abertura do inventário não se confunde com a capacidade para exercício da inventariança. Importante frisar que o regime matrimonial não tem qualquer relevância para se definir a legitimidade. Ressalte-se que a figura do companheiro foi acrescida pelo CPC/2015, em consonância com o que dispõe o art. 226, § 3º, da Constituição Federal de 1988, c/c os arts. 1.790 e seguintes do Código Civil de 2002. Ressalte-se que o entendimento acerca da legitimidade do companheiro para requerer o inventário já estava pacificado na doutrina e na jurisprudência.[167]

Legitimidade do herdeiro. Por razões óbvias, a abertura do inventário e ultimação da partilha interessa sobremaneira ao herdeiro, razão por que se lhe confere legitimidade concorrente para dar início ao procedimento.

Legitimidade do legatário. Das lições de direito substancial, extrai-se que o legatário nada mais é do que o sucessor a título singular, ou seja, aquele que é beneficiado, por testamento, recebendo bem ou direito certo, individualizado. É por esse motivo que não se poderia negar-lhe legitimidade.

Legitimidade do testamenteiro. Também aquele a quem cabe cumprir as disposições de última vontade do *de cujus* poderá requerer o inventário e partilha.

Legitimidade do cessionário. É possível que o sucessor transfira a terceiro os seus direitos sucessórios. Caso isso ocorra, é atribuída ao cessionário a legitimidade para requerer a abertura do inventário. Trata-se de hipótese curiosa, em que o procedimento será deflagrado por alguém que não é herdeiro.

Legitimidade do credor. O inventário também poderá ser aberto por aquele que não tem qualquer relação com o autor da herança, e, portanto, não ostenta a qualidade de herdeiro ou legatário. Todavia, o crédito do qual é titular em face de um dos sucessores lhe confere legitimação para requerer a abertura do inventário e, ao final, a satisfação do crédito.

Legitimidade do administrador judicial da massa falida ou da massa do insolvente. Caso seja decretada a falência ou a insolvência civil do cônjuge, companheiro, herdeiro ou legatário, o administrador da massa terá também legitimidade para requerer a abertura do inventário.

Legitimidade do Ministério Público. A legitimação do órgão ministerial está condicionada à existência de incapazes entre os herdeiros. Na prática, a legitimação é exercida em caráter residual, sempre que outros legitimados não o façam.

Legitimidade da Fazenda Pública. Não é de se espantar que os CPCs (o de 1973 e o de 2015) tenham conferido à Fazenda Pública legitimidade para requerer a abertura do inventário e partilha. Isso porque o ente público detém interesse em apurar e receber o imposto *causa mortis*.

---

[167]   Exemplo: TARTUCE, Flavio. **Manual de direito civil**. 3. ed. São Paulo: Método, 2013. p. 1.383-1.384; STJ, REsp 725.456/PR, Rel. Min. Luis Felipe Salomão, julgado em 05.10.2010).

Seção III
Do Inventariante e das Primeiras Declarações

CPC/2015	CPC/1973
Art. 617. O juiz nomeará inventariante **na seguinte ordem:**	Art. 990. O juiz nomeará inventariante:
I – o cônjuge ou companheiro sobrevivente, desde que estivesse convivendo com o outro ao tempo da morte deste;	I – o cônjuge ou companheiro sobrevivente, desde que estivesse convivendo com o outro ao tempo da morte deste;
II – o herdeiro que se achar na posse e na administração do espólio, se não houver cônjuge ou companheiro sobrevivente ou se estes não puderem ser nomeados;	II – o herdeiro que se achar na posse e administração do espólio, se não houver cônjuge ou companheiro sobrevivente ou estes não puderem ser nomeados;
III – qualquer herdeiro, quando nenhum deles estiver na posse e na administração do espólio;	III – qualquer herdeiro, nenhum estando na posse e administração do espólio;
IV – **o herdeiro menor, por seu representante legal;**	IV – o testamenteiro, se lhe foi confiada a administração do espólio ou toda a herança estiver distribuída em legados;
V – o testamenteiro, se lhe tiver sido confiada a administração do espólio ou se toda a herança estiver distribuída em legados;	V – o inventariante judicial, se houver;
VI – **o cessionário do herdeiro ou do legatário;**	VI – pessoa estranha idônea, onde não houver inventariante judicial.
VII – o inventariante judicial, se houver;	Parágrafo único. O inventariante, intimado da nomeação, prestará, dentro de 5 (cinco) dias, o compromisso de bem e fielmente desempenhar o *cargo*.
VIII – pessoa estranha idônea, quando não houver inventariante judicial.	
Parágrafo único. O inventariante, intimado da nomeação, prestará, dentro de 5 (cinco) dias, o compromisso de bem e fielmente desempenhar a *função*.	

 COMENTÁRIOS:

Nomeação do inventariante. O art. 617 estabelece a ordem das pessoas que deverão ser nomeadas inventariantes. Apesar de o novo Código utilizar a expressão "na seguinte ordem", entendo que ela pode ser flexibilizada em casos excepcionais,[168] desde que plenamente justificado pelo juiz.

Novos possíveis inventariantes. Foram acrescentados como possíveis inventariantes o herdeiro menor, por seu representante legal, e o cessionário do herdeiro ou do legatário. Este já estava no rol do art. 988 do CPC/1973 como legitimado a requerer a abertura de inventário, sendo incoerente a sua exclusão também como inventariante.

---

[168] "A ordem de nomeação de inventariante, prevista no art. 990 do CPC, não apresenta caráter absoluto, podendo ser alterada em situação de fato excepcional, quando tiver o Juiz fundadas razões para tanto, forte na existência de patente litigiosidade entre as partes. Evita-se, dessa forma, tumultos processuais desnecessários" (STJ, REsp 1.055.633/SP, Rel. Min. Nancy Andrighi, julgado em 21.10.2008).

No caso do menor, ao menos no âmbito do Superior Tribunal de Justiça,[169] prevalecia o entendimento no sentido de que ele não pode ser nomeado inventariante. Segundo a Corte, por ter caráter personalíssimo, a função de inventariante não poderia ser exercida por quem não tem capacidade para a prática dos atos inerentes a esse encargo.

CPC/2015	CPC/1973
Art. 618. Incumbe ao inventariante: I – representar o espólio ativa e passivamente, em juízo ou fora dele, observando-se, quanto ao dativo, o disposto no *art. 75, § 1°*; II – administrar o espólio, velando-lhe os bens com a mesma diligência que teria se seus fossem; III – prestar as primeiras e as últimas declarações pessoalmente ou por procurador com poderes especiais; IV – exibir em cartório, a qualquer tempo, para exame das partes, os documentos relativos ao espólio; V – juntar aos autos certidão do testamento, se houver; VI – trazer à colação os bens recebidos pelo herdeiro ausente, renunciante ou excluído; VII – prestar contas de sua gestão ao deixar o cargo ou sempre que o juiz lhe determinar; VIII – requerer a declaração de insolvência.	Art. 991. Incumbe ao inventariante: I – representar o espólio ativa e passivamente, em juízo ou fora dele, observando-se, quanto ao dativo, o disposto no *art. 12, § 1°*; II – administrar o espólio, velando-lhe os bens com a mesma diligência como se seus fossem; III – prestar as primeiras e últimas declarações pessoalmente ou por procurador com poderes especiais; IV – exibir em cartório, a qualquer tempo, para exame das partes, os documentos relativos ao espólio; V – juntar aos autos certidão do testamento, se houver; VI – trazer à colação os bens recebidos pelo herdeiro ausente, renunciante ou excluído; VII – prestar contas de sua gestão ao deixar o cargo ou sempre que o juiz lhe determinar; VIII – requerer a declaração de insolvência (~~art. 748~~).
Art. 619. Incumbe ainda ao inventariante, ouvidos os interessados e com autorização do juiz: I – alienar bens de qualquer espécie; II – transigir em juízo ou fora dele; III – pagar dívidas do espólio; IV – fazer as despesas necessárias para a conservação e o melhoramento dos bens do espólio.	Art. 992. Incumbe ainda ao inventariante, ouvidos os interessados e com autorização do juiz: I – alienar bens de qualquer espécie; II – transigir em juízo ou fora dele; III – pagar dívidas do espólio; IV – fazer as despesas necessárias com a conservação e o melhoramento dos bens do espólio.

 ## COMENTÁRIOS AOS ARTS. 618 E 619:

Deveres do inventariante. Incumbe ao inventariante representar o espólio ativa e passivamente e as demais atribuições elencadas nos arts. 618 e 619.

Alienação de bens. Sendo viável a alienação antecipada dos bens, os herdeiros necessariamente serão ouvidos sobre a proposta. Da decisão do juiz que não autoriza a alienação, cabe agravo de instrumento (art. 1.015, parágrafo único, do CPC/2015).

---

[169]   Exemplo: STJ, REsp 658.831/RS, Rel. Min. Nancy Andrighi, julgado em 15.12.2005.

CPC/2015	CPC/1973

Art. 620. Dentro de 20 (vinte) dias contados da data em que prestou o compromisso, o inventariante fará as primeiras declarações, das quais se lavrará termo circunstanciado, assinado pelo juiz, pelo escrivão e pelo inventariante, no qual serão exarados:

I – o nome, o estado, a idade e o domicílio do autor da herança, o dia e o lugar em que faleceu e se deixou testamento;

II – o nome, o estado, a idade, **o endereço eletrônico** e a residência dos herdeiros e, havendo cônjuge **ou companheiro** supérstite, **além dos respectivos dados pessoais**, o regime de bens do casamento **ou da união estável**;

III – a qualidade dos herdeiros e o grau de parentesco com o inventariado;

IV – a relação completa e individualizada de todos os bens do espólio, **inclusive aqueles que devem ser conferidos à colação,** e dos bens alheios que nele forem encontrados, descrevendo-se:

a) os imóveis, com as suas especificações, nomeadamente local em que se encontram, extensão da área, limites, confrontações, benfeitorias, origem dos títulos, números das *matrículas* e ônus que os gravam;

b) os móveis, com os sinais característicos;

c) os semoventes, seu número, suas espécies, suas marcas e seus sinais distintivos;

d) o dinheiro, as joias, os objetos de ouro e prata, e as pedras preciosas, declarando-se-lhes especificadamente a qualidade, o peso e a importância;

e) os títulos da dívida pública, bem como as ações, as quotas e os títulos de sociedade, mencionando-se-lhes o número, o valor e a data;

f) as dívidas ativas e passivas, indicando-se-lhes as datas, os títulos, a origem da obrigação e os nomes dos credores e dos devedores;

g) direitos e ações;

h) o valor corrente de cada um dos bens do espólio.

§ 1º O juiz determinará que se proceda:

I – ao balanço do estabelecimento, se o autor da herança era *empresário individual*;

II – à apuração de haveres, se o autor da herança era sócio de sociedade que não anônima.

§ 2º **As declarações podem ser prestadas mediante petição, firmada por procurador com poderes especiais, à qual o termo se reportará.**

Art. 993. Dentro de 20 (vinte) dias, contados da data em que prestou o compromisso, fará o inventariante as primeiras declarações, das quais se lavrará termo circunstanciado. No termo, assinado pelo juiz, escrivão e inventariante, serão exarados:

I – o nome, estado, idade e domicílio do autor da herança, dia e lugar em que faleceu e bem ainda se deixou testamento;

II – o nome, estado, idade e residência dos herdeiros e, havendo cônjuge supérstite, o regime de bens do casamento;

III – a qualidade dos herdeiros e o grau de seu parentesco com o inventariado;

IV – a relação completa e individuada de todos os bens do espólio e dos alheios que nele forem encontrados, descrevendo-se:

a) os imóveis, com as suas especificações, nomeadamente local em que se encontram, extensão da área, limites, confrontações, benfeitorias, origem dos títulos, números das *transcrições aquisitivas* e ônus que os gravam;

b) os móveis, com os sinais característicos;

c) os semoventes, seu número, espécies, marcas e sinais distintivos;

d) o dinheiro, as joias, os objetos de ouro e prata, e as pedras preciosas, declarando-se-lhes especificadamente a qualidade, o peso e a importância;

e) os títulos da dívida pública, bem como as ações, cotas e títulos de sociedade, mencionando-se-lhes o número, o valor e a data;

f) as dívidas ativas e passivas, indicando-se-lhes as datas, títulos, origem da obrigação, bem como os nomes dos credores e dos devedores;

g) direitos e ações;

h) o valor corrente de cada um dos bens do espólio.

Parágrafo único. O juiz determinará que se proceda:

I – ao balanço do estabelecimento, se o autor da herança era *comerciante em nome individual*;

II – a apuração de haveres, se o autor da herança era sócio de sociedade que não anônima.

COMENTÁRIOS:

Primeiras declarações. Nomeado o inventariante, este deverá prestar as primeiras declarações, nas quais devem constar as informações indispensáveis à realização do inventário.

As primeiras declarações deverão ser prestadas nos 20 (vinte) dias seguintes ao compromisso do inventariante, sob pena de remoção, como visto. São informações indispensáveis a serem contempladas nas primeiras declarações a qualificação completa do *de cujus*, incluindo a data e lugar do óbito; a qualificação dos herdeiros, seu grau de parentesco com o falecido e, havendo cônjuge ou companheiro supérstite, o regime de bens do casamento ou da união estável; a relação completa e individualizada de todos os bens do espólio, inclusive aqueles que devem ser conferidos à colação.

Novidades trazidas pelo CPC/2015. Dentre as informações a serem exaradas no âmbito das primeiras declarações, o dispositivo em análise estabelece a relação completa dos bens do espólio, sendo introduzida, pela redação do CPC/2015, a necessidade de os bens conferidos à colação constarem dessa relação. A menção expressa aos bens a serem colacionados torna mais simples a tarefa de fiscalização, por parte do magistrado e do inventariante, da obrigação dos herdeiros de procederem à colação dos bens recebidos em vida pelo *de cujus*.

É importante ressaltar que o herdeiro que omitir bens da colação perderá o direito que sobre eles lhe cabia, nos termos do art. 1.992 do Código Civil.[170]

O art. 620, IV, *a*, adotou o termo "matrícula" para se referir ao documento de registro de bem imóvel, ao invés de "transcrições aquisitivas", termo empregado pelo art. 993 do CPC/1973. A intenção do legislador foi de impor ao inventariante a apresentação dos números de matrícula, a partir dos quais é que poderão ser investigadas as transcrições aquisitivas.

O CPC/2015 também substituiu o termo "comerciante" pelo termo "empresário" (art. 620, § 1º, I, do CPC/2015), adequando as disposições processuais às regras relativas ao direito de empresa previstas no Código Civil de 2002.

Por fim, quanto à previsão contida no § 2º, esclarece-se que a possibilidade ali aventada (apresentação das primeiras declarações por procurador com poderes especiais) já decorria da regra prevista no art. 991, III, do Código de 1973 (art. 618, III, do CPC/2015).

CPC/2015	CPC/1973
Art. 621. Só se pode arguir sonegação ao inventariante depois de encerrada a descrição dos bens, com a declaração, por ele feita, de não existirem outros por inventariar.	Art. 994. Só se pode arguir de sonegação ao inventariante depois de encerrada a descrição dos bens, com a declaração, por ele feita, de não existirem outros por inventariar.

---

[170] Código Civil, art. 1.992: "O herdeiro que sonegar bens da herança, não os descrevendo no inventário quando estejam em seu poder, ou, com o seu conhecimento, no de outrem, ou que os omitir na colação, a que os deva levar, ou que deixar de restituí-los, perderá o direito que sobre eles lhe cabia."

 **COMENTÁRIOS:**

Sonegação de bens. "Sonegados são os bens que deveriam ter sido inventariados ou trazidos à colação, mas não o foram, pois ocultados pelo inventariante ou por herdeiro".[171] De acordo com os dispositivos que tratam dos deveres do inventariante, cabe a este a identificação e descrição dos bens que compõem a herança. Essa providência deve ser adotada já nas primeiras declarações, mas é possível que, posteriormente, o inventariante tome ciência de bens que não foram incluídos. Nesse caso, deverá colacioná-los. Havendo omissão quanto aos bens do *de cujus*, permite-se que seja arguida a sonegação e aplicada a pena de sonegados.[172]

Requisito subjetivo para a aplicação da pena de sonegados. Para a maioria da doutrina, deve ficar comprovado que o inventariante agiu com a intenção de ocultar os bens, ou seja, de prejudicar o acervo hereditário. Na jurisprudência o entendimento é também pela necessidade de prova do dolo do inventariante.[173]

Forma de arguição. A sonegação será arguida em juízo por meio de ação própria, no prazo prescricional genérico de 10 (dez) anos, insculpido no art. 205 do CC. Ela correrá no mesmo foro do inventário e poderá ser promovida pelos herdeiros ou credores da herança (art. 1.994 do CC).

CPC/2015	CPC/1973
Art. 622. O inventariante será removido **de ofício ou a requerimento:** I – se não prestar, no prazo legal, as primeiras *ou* as últimas declarações; II – se não der ao inventário andamento regular, se suscitar dúvidas infundadas ou se praticar atos meramente protelatórios; III – se, por culpa sua, bens do espólio se deteriorarem, forem dilapidados ou sofrerem dano; IV – se não defender o espólio nas ações em que for citado, se deixar de cobrar dívidas ativas ou se não promover as medidas necessárias para evitar o perecimento de direitos; V – se não prestar contas ou se as que prestar não forem julgadas boas; VI – se sonegar, ocultar ou desviar bens do espólio.	Art. 995. O inventariante será removido: I – se não prestar, no prazo legal, as primeiras *e* as últimas declarações; II – se não der ao inventário andamento regular, suscitando dúvidas infundadas ou praticando atos meramente protelatórios; III – se, por culpa sua, se deteriorarem, forem dilapidados ou sofrerem dano bens do espólio; IV – se não defender o espólio nas ações em que for citado, deixar de cobrar dívidas ativas ou não promover as medidas necessárias para evitar o perecimento de direitos; V – se não prestar contas ou as que prestar não forem julgadas boas; VI – se sonegar, ocultar ou desviar bens do espólio.

[171] TARTUCE, Flávio. **Manual de Direito Civil**. 3. ed. São Paulo: Método, 2013. p. 1.404.

[172] "[...] a pena de sonegados constitui uma sanção ou penalidade civil imposta para os casos de ocultação de bens da herança, gerando a perda do direito sobre os bens ocultados" (*Idem*).

[173] Por exemplo: STJ, REsp 163.195/SP, 4ª Turma, Rel. Min. Ruy Rosado de Aguiar Junior, julgado em 12.05.1998.

COMENTÁRIOS:

Remoção do inventariante. O Novo Código possibilita, expressamente, a remoção do inventariante de ofício ou mediante requerimento da parte interessada. A redação do *caput* do art. 995 do CPC/1973 deixava dúvida quanto a essa possibilidade, apesar de a jurisprudência já ter se manifestado a favor da remoção pelo magistrado, independentemente de prévio requerimento, desde que oportunizada a manifestação do inventariante.[174]

No inciso I a conjunção aditiva "e" foi substituída pela conjunção alternativa "ou", indicando que, para se configurar hipótese de remoção do inventariante, não é necessária a ausência de ambas as declarações (primeiras e últimas), mas de qualquer uma delas.

Renúncia à condição de inventariante. Nenhum dos Códigos (de 1973 ou de 2015) estabelece a possibilidade de renúncia à inventariança, mas apenas elencam as hipóteses em que o inventariante pode ser removido do encargo. Apesar disso, entendemos ser possível a renúncia, desde que haja apreciação judicial e prévia intimação dos herdeiros, que deverão se manifestar sobre a nomeação do um novo inventariante para o processo. Nesse caso, a responsabilidade do inventariante "originário" tem que perdurar até a sua efetiva substituição.[175]

CPC/2015	CPC/1973
Art. 623. Requerida a remoção com fundamento em qualquer dos *incisos* do *art. 622*, será intimado o inventariante para, no prazo de *15 (quinze)* dias, defender-se e produzir provas.	Art. 996. Requerida a remoção com fundamento em qualquer dos *números* do *artigo antecedente*, será intimado o inventariante para, no prazo de *5 (cinco)* dias, defender-se e produzir provas.
Parágrafo único. O incidente da remoção correrá em apenso aos autos do inventário.	Parágrafo único. O incidente da remoção correrá em apenso aos autos do inventário.

COMENTÁRIOS:

Procedimento para a remoção. O incidente de remoção será processado – com observância ao princípio do contraditório – em autos apensos ao inventário e sem a suspensão deste. Contra o julgamento do incidente caberá recurso de agravo.

Prazo de resposta. O prazo para que o inventariante apresente sua defesa passa de 5 (cinco) para 15 (quinze) dias (prazo geral para a apresentação de defesa no procedimento comum).

---

[174] Nesse sentido: "[...] É obrigatória a observância do contraditório e da ampla defesa na hipótese de destituição do inventariante, independente do motivo e do agente que deu causa à remoção, como expressamente constante no art. 5º, LV, da Constituição Federal, arts. 996 e 997 do CPC/73 e arts. 623 e 624 do CPC/2015. Acerca desse ponto, confira-se a doutrina de Elpídio Donizetti (Curso Didático de Direito Processual Civil, 17. ed., São Paulo: Atlas, 2013, p. 1.329): O procedimento de remoção pode ser instaurado de ofício ou a requerimento de qualquer dos interessados, sempre com a indicação de uma das causas elencadas no art. 995 do CPC. O incidente de remoção será processado – com observância do princípio do contraditório [...]" (STJ, REsp 1.422.609/RS, Rel. Min. Luis Felipe Salomão, julgado em 30.06.2017).

[175] Há julgado do TJPR nesse sentido: AI 5.499.558/PR, Rel. Des. Antonio Loyola Vieira, julgado em 09.09.2009.

CPC/2015	CPC/1973
Art. 624. Decorrido o prazo, com a defesa do inventariante ou sem ela, o juiz decidirá. Parágrafo único. Se remover o inventariante, o juiz nomeará outro, observada a ordem estabelecida no *art. 617*.	Art. 997. Decorrido o prazo com a defesa do inventariante ou sem ela, o juiz decidirá. Se remover o inventariante, nomeará outro, observada a ordem estabelecida no *art. 990*.

 ## COMENTÁRIOS:

Recurso contra a decisão de remoção do inventariante. A decisão contrária ou a favor da remoção do inventariante é recorrível por agravo de instrumento (art. 1.015, parágrafo único). Como o espólio não pode ficar sem representante, é dever do juiz nomear outro em seu lugar, observando a ordem prevista no já comentado art. 617.

CPC/2015	CPC/1973
Art. 625. O inventariante removido entregará imediatamente ao substituto os bens do espólio e, caso deixe de fazê-lo, será compelido mediante mandado de busca e apreensão ou de imissão na posse, conforme se tratar de bem móvel ou imóvel, **sem prejuízo da multa a ser fixada pelo juiz em montante não superior a três por cento do valor dos bens inventariados.**	Art. 998. O inventariante removido entregará imediatamente ao substituto os bens do espólio; deixando de fazê-lo, será compelido mediante mandado de busca e apreensão, ou de imissão na posse, conforme se tratar de bem móvel ou imóvel.

 ## COMENTÁRIOS:

Multa para o inventariante removido. A remoção do inventariante é medida excepcional. Ela indica que o inventariante atuou ou deixou de atuar em prejuízo do espólio. Justamente em virtude dessa excepcionalidade e da importância do encargo, o novo Código trouxe a previsão de aplicação de multa para o inventariante que, depois de removido, deixa de entregar os bens inventariados ao seu substituto.

Seção IV
Das Citações e das Impugnações

CPC/2015	CPC/1973
Art. 626. Feitas as primeiras declarações, o juiz mandará citar, para os termos do inventário e da partilha, o cônjuge, **o companheiro**, os herdeiros e os legatários **e intimar** a Fazenda Pública, o Ministério Público, se houver herdeiro incapaz ou ausente, e o testamenteiro, se houver testamento.	Art. 999. Feitas as primeiras declarações, o juiz mandará citar, para os termos do inventário e da partilha, o cônjuge, ªos herdeiros, os legatários, a Fazenda Pública, o Ministério Público, se houver herdeiro incapaz ou ausente, e o testamenteiro, se o finado deixou testamento.

§ 1º *O cônjuge ou o companheiro, os herdeiros e os legatários* serão citados *pelo correio, observado o disposto no art. 247*, sendo, ainda, publicado edital, *nos termos do inciso III do art. 259.*

§ 2º Das primeiras declarações extrair-se-ão tantas cópias quantas forem as partes.

§ 3º *A citação será acompanhada de cópia das primeiras declarações.*

§ 4º Incumbe ao escrivão remeter cópias à Fazenda Pública, ao Ministério Público, ao testamenteiro, se houver, e ao advogado, se a parte já estiver representada nos autos.

§ 1º Citar-se-ão, *conforme o disposto nos arts. 224 a 230, somente as pessoas domiciliadas na comarca por onde corre o inventário ou que aí foram encontradas;* e por edital, *com o prazo de 20 (vinte) a 60 (sessenta) dias, todas as demais, residentes, assim no Brasil como no estrangeiro.*

§ 2º Das primeiras declarações extrair-se-ão tantas cópias quantas forem as partes.

§ 3º *O oficial de justiça, ao proceder à citação, entregará um exemplar a cada parte.*

§ 4º Incumbe ao escrivão remeter cópias à Fazenda Pública, ao Ministério Público, ao testamenteiro, se houver, e ao advogado, se a parte já estiver representada nos autos.

 ## COMENTÁRIOS:

Intervenção do Ministério Público. No procedimento do inventário, consoante disposto no art. 626, o Ministério Público será citado se houver herdeiro incapaz ou ausente. Na praxe forense, dá-se a simples intimação pessoal do representante do órgão e não a citação. Também quando houver testamento, o Ministério Público será chamado a intervir, sob pena de nulidade (art. 735, § 2º).

Citação. A citação dos interessados residentes dentro ou fora da comarca será feita, em regra, pelo correio (art. 274). Quando houver interessados incertos ou desconhecidos, abre-se a possibilidade de citação por edital (art. 259, III, do CPC/2015). O mandado será acompanhado de cópia das primeiras declarações, as quais também serão remetidas à Fazenda Pública, ao Ministério Público, ao testamenteiro – se houver– e ao advogado da parte que já esteja representada nos autos (art. 626, § 4º).

CPC/2015	CPC/1973
Art. 627. Concluídas as citações, abrir-se-á vista às partes, em cartório e pelo prazo comum de *15 (quinze)* dias, para que se manifestem sobre as primeiras declarações, incumbindo às partes:	Art. 1.000. Concluídas as citações, abrir-se-á vista às partes, em cartório e pelo prazo comum de *10 (dez)* dias, para dizerem sobre as primeiras declarações. Cabe à parte:
I – arguir erros, omissões **e sonegação de bens;**	I – arguir erros e omissões;
II – reclamar contra a nomeação de inventariante;	II – reclamar contra a nomeação do inventariante;
III – contestar a qualidade de quem foi incluído no título de herdeiro.	III – contestar a qualidade de quem foi incluído no título de herdeiro.
§ 1º Julgando procedente a impugnação referida no *inciso* I, o juiz mandará retificar as primeiras declarações.	Parágrafo único. Julgando procedente a impugnação referida no *no* I, o juiz mandará retificar as primeiras declarações. Se acolher o pedido, de que trata o *no* II, nomeará outro inventariante, observada a preferência legal. Verificando que a disputa sobre a qualidade de herdeiro, a que alude o *no* III, *constitui matéria de alta indagação*, remeterá a parte para os meios ordinários e sobrestará, até o julgamento da ação, na entrega do quinhão que na partilha couber ao herdeiro admitido.
§ 2º Se acolher o pedido de que trata o *inciso* II, o juiz nomeará outro inventariante, observada a preferência legal.	
§ 3º Verificando que a disputa sobre a qualidade de herdeiro a que alude o *inciso* III *demanda produção de provas que não a documental*, o juiz remeterá a parte às vias ordinárias e sobrestará, até o julgamento da ação, a entrega do quinhão que na partilha couber ao herdeiro admitido.	

Art. 628. Aquele que se julgar preterido poderá demandar sua admissão no inventário, requerendo-a antes da partilha.

§ 1º Ouvidas as partes no prazo de *15 (quinze)* dias, o juiz decidirá.

§ 2º Se *para solução da questão for necessária a produção de provas que não a documental*, o juiz remeterá o requerente às vias ordinárias, mandando reservar, em poder do inventariante, o quinhão do herdeiro excluído até que se decida o litígio.

Art. 1.001. Aquele que se julgar preterido poderá demandar a sua admissão no inventário, requerendo-o antes da partilha. Ouvidas as partes no prazo de *10 (dez)* dias, o juiz decidirá. Se não acolher o pedido, remeterá o requerente para os meios ordinários, mandando reservar, em poder do inventariante, o quinhão do herdeiro excluído até que se decida o litígio.

 ## COMENTÁRIOS AOS ARTS. 627 E 628:

Impugnação às primeiras declarações. No prazo comum de 15 (quinze) dias, as partes poderão impugnar as primeiras declarações. Se a impugnação versar sobre erros, omissões e sonegação de bens, o juiz mandará retificar as primeiras declarações para fazer constar ou suprimir bens, ou alterar sua descrição, por exemplo (art. 627).

A impugnação quanto à nomeação do inventariante pode se dar em virtude da preterição da ordem estabelecida no art. 617, hipótese em que, verificando-se a existência de herdeiro mais bem situado na ordem preferencial do mencionado artigo, o magistrado deverá nomeá-lo.

Frise-se que a impugnação quanto à nomeação do inventariante não se confunde com a remoção deste, a qual deve ser processada como incidente e não se submete ao prazo preclusivo da impugnação, eis que cabível em qualquer momento, tão logo se configure uma das hipóteses já mencionadas alhures.

Poderá a impugnação referir-se à qualidade de quem foi incluído como herdeiro. Nessa hipótese, o juiz, verificando que um dos interessados arrolados nas primeiras declarações não ostenta a condição de herdeiro, determinará a sua exclusão do feito.

Além de arguir erros e omissões, as partes interessadas poderão, de acordo com a nova redação, alegar a eventual sonegação de bens. Nesse caso, caberá à parte indicar quais bens foram ocultados ou quais deveriam ter sido levados à colação.

Pode ocorrer também de aquele que se julga herdeiro não ser contemplado nas primeiras declarações. Nesse caso, deverá, nos termos do art. 628, pleitear sua inclusão no inventário, antes que ocorra a partilha. Ouvidas as partes em 15 (quinze) dias, o juiz decidirá.

CPC/2015	CPC/1973
Art. 629. A Fazenda Pública, no prazo de *15 (quinze)* dias, após a vista de que trata o *art. 627*, informará ao juízo, de acordo com os dados que constam de seu cadastro imobiliário, o valor dos bens de raiz descritos nas primeiras declarações.	Art. 1.002. A Fazenda Pública, no prazo de *20 (vinte)* dias, após a vista de que trata o *art. 1.000*, informará ao juízo, de acordo com os dados que constam de seu cadastro imobiliário, o valor dos bens de raiz descritos nas primeiras declarações.

 ## COMENTÁRIOS:

Informações prestadas pela Fazenda Pública. Tratando-se de bens imóveis, cabe à Fazenda Pública, depois de cientificada, trazer aos autos o valor do bem deixado pelo *de cujus*. Tal valor pode ser utilizado inclusive para o cálculo do ITCMD.

Seção V
Da Avaliação e do Cálculo do Imposto

CPC/2015	CPC/1973
Art. 630. Findo o prazo previsto no *art. 627* sem impugnação ou decidida a impugnação que houver sido oposta, o juiz nomeará, **se for o caso**, perito para avaliar os bens do espólio, se não houver na comarca avaliador judicial.	**Art. 1.003.** Findo o prazo do *art. 1.000*, sem impugnação ou decidida a que houver sido oposta, o juiz nomeará um perito para avaliar os bens do espólio, se não houver na comarca avaliador judicial.
Parágrafo único. Na hipótese prevista no *art. 620, § 1º*, o juiz nomeará *perito* para *avaliação das quotas sociais* ou apuração dos haveres.	Parágrafo único. No caso previsto no *art. 993, parágrafo único*, o juiz nomeará *um contador* para *levantar o balanço* ou apurar os haveres.
Art. 631. Ao avaliar os bens do espólio, o perito observará, no que for aplicável, o disposto nos *arts. 872 e 873*.	**Art. 1.004.** Ao avaliar os bens do espólio, observará o perito, no que for aplicável, o disposto nos *arts. 681 a 683*.
Art. 632. Não se expedirá carta precatória para a avaliação de bens situados fora da comarca onde corre o inventário se eles forem de pequeno valor ou perfeitamente conhecidos do perito nomeado.	**Art. 1.006.** Não se expedirá carta precatória para a avaliação de bens situados fora da comarca por onde corre o inventário, se eles forem de pequeno valor ou perfeitamente conhecidos do perito nomeado.
Art. 633. Sendo capazes todas as partes, não se procederá à avaliação se a Fazenda Pública, intimada *pessoalmente*, concordar de forma expressa com o valor atribuído, nas primeiras declarações, aos bens do espólio.	**Art. 1.007.** Sendo capazes todas as partes, não se procederá à avaliação, se a Fazenda Pública, intimada *na forma do art. 237, I*, concordar expressamente com o valor atribuído, nas primeiras declarações, aos bens do espólio.
Art. 634. Se os herdeiros concordarem com o valor dos bens declarados pela Fazenda Pública, a avaliação cingir-se-á aos demais.	**Art. 1.008.** Se os herdeiros concordarem com o valor dos bens declarados pela Fazenda Pública, a avaliação cingir-se-á aos demais.
Art. 635. Entregue o laudo de avaliação, o juiz mandará que as partes se manifestem no prazo de *15 (quinze)* dias, que correrá em cartório.	**Art. 1.009.** Entregue o laudo de avaliação, o juiz mandará que sobre ele se manifestem as partes no prazo de *10 (dez)* dias, que correrá em cartório.
§ 1º Versando a impugnação sobre o valor dado pelo perito, o juiz a decidirá de plano, à vista do que constar dos autos.	§ 1º Versando a impugnação sobre o valor dado pelo perito, o juiz a decidirá de plano, à vista do que constar dos autos.
§ 2º Julgando procedente a impugnação, o juiz determinará que o perito retifique a avaliação, observando os fundamentos da decisão.	§ 2º Julgando procedente a impugnação, determinará o juiz que o perito retifique a avaliação, observando os fundamentos da decisão.
Art. 636. Aceito o laudo ou resolvidas as impugnações suscitadas a seu respeito, lavrar-se-á em seguida o termo de últimas declarações, no qual o inventariante poderá emendar, aditar ou completar as primeiras.	**Art. 1.011.** Aceito o laudo ou resolvidas as impugnações suscitadas a seu respeito lavrar-se-á em seguida o termo de últimas declarações, no qual o inventariante poderá emendar, aditar ou completar as primeiras.
Art. 637. Ouvidas as partes sobre as últimas declarações no prazo comum de *15 (quinze)* dias, proceder-se-á ao cálculo do *tributo*.	**Art. 1.012.** Ouvidas as partes sobre as últimas declarações no prazo comum de *10 (dez)* dias, proceder-se-á ao cálculo do *imposto*.

Art. 638. Feito o cálculo, sobre ele serão ouvidas todas as partes no prazo comum de 5 (cinco) dias, que correrá em cartório, e, em seguida, a Fazenda Pública.	Art. 1.013. Feito o cálculo, sobre ele serão ouvidas todas as partes no prazo comum de 5 (cinco) dias, que correrá em cartório e, em seguida, a Fazenda Pública.
§ 1º Se acolher eventual impugnação, o juiz ordenará nova remessa dos autos ao *contabilista*, determinando as alterações que devam ser feitas no cálculo.	§ 1º Se houver impugnação julgada procedente, ordenará o juiz novamente a remessa dos autos ao contador, determinando as alterações que devam ser feitas no cálculo.
§ 2º Cumprido o despacho, o juiz julgará o cálculo do *tributo*.	§ 2º Cumprido o despacho, o juiz julgará o cálculo do *imposto*.

 ## COMENTÁRIOS AOS ARTS. 630 A 638:

Avaliação dos bens e últimas declarações. Findo o prazo do art. 627, sem impugnação ou decidida a que houver sido oposta, o juiz nomeará um perito para avaliar os bens do espólio, se não houver na comarca avaliador judicial. Se todos os herdeiros forem capazes e a Fazenda Pública aceitar a estimativa feita nas primeiras declarações, é possível dispensar a avaliação.

A avaliação tem o propósito de determinar o monte partível e possibilitar que a Fazenda Pública proceda ao cálculo do imposto *mortis causa*. As conclusões da avaliação serão lançadas em laudo, sobre o qual as partes deverão se manifestar em 15 (quinze) dias.

Se o laudo for impugnado, o juiz, acolhendo a impugnação, determinará a retificação ou a repetição da perícia. Por outro lado, aceito o laudo pelas partes, será lavrado o termo de últimas declarações.

Denomina-se "últimas declarações" o ato processual pelo qual se põe fim à fase do inventário dos bens. Por tal motivo, faz-se necessário que o termo corresponda exatamente à realidade do acervo hereditário, devendo-se até mesmo providenciar o aditamento ou complementação das primeiras declarações (art. 636), seja para incluir bens não arrolados, seja para corrigir outras falhas ou suprir outras omissões.

Com essas declarações finais, retrata-se a situação definitiva da herança a ser partilhada e adjudicada aos sucessores do *de cujus*. Sobre elas, as partes serão ouvidas em 15 (quinze) dias (art. 637), cabendo ao juiz decidir a respeito de eventuais impugnações, de plano.[176]

Deliberando o juiz sobre as impugnações ou ultrapassado o prazo do art. 637 sem manifestação das partes, procede-se ao cálculo do imposto *causa mortis*. Sobre o cálculo do imposto as partes serão ouvidas no prazo comum de 5 (cinco) dias, decidindo o juiz eventuais impugnações. Estando correto o cálculo, o juiz o julgará, ficando o inventariante autorizado a recolher o tributo (art. 638, § 2º).

---

[176] THEODORO JÚNIOR, Humberto. **Curso de direito processual civil**. Rio de Janeiro: Forense, 1991. p. 1.759-1.760.

Seção VI
Das Colações

CPC/2015	CPC/1973
Art. 639. No prazo estabelecido no *art. 627*, o herdeiro obrigado à colação conferirá por termo nos autos **ou por petição à qual o termo se reportará** os bens que recebeu ou, se já não os possuir, trar-lhes-á o valor.	Art. 1.014. No prazo estabelecido no *art. 1.000*, o herdeiro obrigado à colação conferirá por termo nos autos os bens que recebeu ou, se já os não possuir, trar-lhes-á o valor.
Parágrafo único. Os bens a serem conferidos na partilha, assim como as acessões e as benfeitorias que o donatário fez, calcular-se-ão pelo valor que tiverem ao tempo da abertura da sucessão.	Parágrafo único. Os bens que devem ser conferidos na partilha, assim como as acessões e benfeitorias que o donatário fez, calcular-se-ão pelo valor que tiverem ao tempo da abertura da sucessão.

 ## COMENTÁRIOS:

Colação e sonegação. Os herdeiros descendentes que receberam doação do ascendente são obrigados a fazer a colação dos bens a esses títulos recebidos, a fim de reconstituir o acervo hereditário e permitir a exata definição da legítima de cada herdeiro. Colação é a conferência dos bens da herança com outros transferidos pelo *de cujus*, em vida, aos seus descendentes, promovendo o retorno ao monte das liberalidades feitas pelo autor da herança antes de falecer, para a equitativa apuração das quotas hereditárias dos sucessores legitimários.[177]

No prazo para impugnação às primeiras declarações, o herdeiro obrigado à colação conferirá por termo nos autos ou por petição à qual o termo se reportará os bens que recebeu ou, se já não os possuir, trar-lhes-á o valor (art. 639). Se o herdeiro negar o recebimento da doação, abre-se vista às partes e, uma vez instaurada a controvérsia, remetem-se todos à via ordinária. Resolvido o impasse, o juiz do inventário proferirá decisão sobre a necessidade da colação, da qual caberá agravo.

O herdeiro que não informar a doação ou dote recebido é considerado sonegador. Orlando Gomes bem definiu a sonegação como a ocultação dolosa[178] de bens do espólio, seja pela falta de descrição pelo inventariante com o propósito de subtraí-los da partilha, seja por não terem sido colacionados pelo donatário.[179]

Do conceito exposto, extrai-se que constitui elemento imprescindível à sonegação a malícia do herdeiro ou inventariante. Dessa forma, não é considerada sonegação a ocultação de bens por desconhecimento acerca da sua existência. A qualidade de sonegador o sujeita a penalidades, como, por exemplo, a perda do direito que lhe caiba sobre o bem sonegado, ou o pagamento do valor, mais perdas e danos, caso já não mais o tenha em seu poder. Se o sonegador estiver exercendo o *munus* de inventariante, poderá ser removido do cargo (art. 622, VI).

---

[177] DINIZ, Maria Helena. **Código Civil anotado**. São Paulo: Saraiva, 1995. p. 995.

[178] Prevalece na jurisprudência o entendimento pela necessidade de prova do elemento subjetivo, ou seja, do dolo do ocultador. Nesse sentido: TJMG, Apelação Cível 1.0145.04.185902-9/0004, Juiz de Fora, 2ª Câmara Cível, Rel. Des. Caetano Levi Lopes, julgado em 30.01.2007.

[179] GOMES, Orlando. **Sucessões**. Rio de Janeiro: Forense, 1973. p. 315.

Dever de colação. (i) Os netos também têm o dever de colacionar, representando os seus pais, quando sucederem aos avós. Essa regra persiste ainda que os netos não hajam herdado o que os pais teriam de conferir (art. 2.009 do CC); (ii) Estão dispensados da colação os ascendentes e os colaterais, pois a lei não lhes estende esse dever.

CPC/2015	CPC/1973
Art. 640. O herdeiro que renunciou à herança ou o que dela foi excluído não se exime, pelo fato da renúncia ou da exclusão, de conferir, para o efeito de repor a parte inoficiosa, as liberalidades que obteve do doador.	Art. 1.015. O herdeiro que renunciou à herança ou o que dela foi excluído não se exime, pelo fato da renúncia ou da exclusão, de conferir, para o efeito de repor a parte inoficiosa, as liberalidades que houve do doador.
§ 1º É lícito ao donatário escolher, dentre os bens doados, tantos quantos bastem para perfazer a legítima e a metade disponível, entrando na partilha o excedente para ser dividido entre os demais herdeiros.	§ 1º É lícito ao donatário escolher, dos bens doados, tantos quantos bastem para perfazer a legítima e a metade disponível, entrando na partilha o excedente para ser dividido entre os demais herdeiros.
§ 2º Se a parte inoficiosa da doação recair sobre bem imóvel que não comporte divisão cômoda, o juiz determinará que sobre ela se proceda a licitação entre os herdeiros.	§ 2º Se a parte inoficiosa da doação recair sobre bem imóvel, que não comporte divisão cômoda, o juiz determinará que sobre ela se proceda entre os herdeiros à licitação; o donatário poderá concorrer na licitação e, em igualdade de condições, preferirá aos herdeiros.
§ 3º O donatário poderá concorrer na licitação referida no § 2º e, em igualdade de condições, terá preferência sobre os herdeiros.	

 ## COMENTÁRIOS:

Redução da doação inoficiosa. Doação inoficiosa é aquela que prejudica a legítima, porque excedeu o limite que o doador poderia dispor em testamento. A renúncia à herança ou a exclusão de herdeiro não o desobriga a repor a parcela inoficiosa da doação.

Preferência do donatário. Cabe ao donatário escolher os bens, dentre aqueles doados (caso haja mais de um), que deverá retornar ao acervo patrimonial. Na hipótese de a parte inoficiosa recair sobre um bem que não comporte divisão, o juiz deve proceder à concorrência entre os herdeiros. Nesse caso o donatário terá preferência na aquisição.

CPC/2015	CPC/1973
Art. 641. Se o herdeiro negar o recebimento dos bens ou a obrigação de os conferir, o juiz, ouvidas as partes no prazo comum de *15 (quinze)* dias, decidirá à vista das alegações e das provas produzidas.	Art. 1.016. Se o herdeiro negar o recebimento dos bens ou a obrigação de os conferir, o juiz, ouvidas as partes no prazo comum de *5 (cinco)* dias, decidirá à vista das alegações e provas produzidas.
§ 1º Declarada improcedente a oposição, se o herdeiro, no prazo improrrogável de *15 (quinze)* dias, não proceder à conferência, o juiz mandará sequestrar-lhe, para serem inventariados e partilhados, os bens sujeitos à colação ou imputar ao seu quinhão hereditário o valor deles, se já não os possuir.	§ 1º Declarada improcedente a oposição, se o herdeiro, no prazo improrrogável de *5 (cinco)* dias, não proceder à conferência, o juiz mandará sequestrar-lhe, para serem inventariados e partilhados, os bens sujeitos à colação, ou imputar ao seu quinhão hereditário o valor deles, se já os não possuir.
§ 2º Se a matéria *exigir dilação probatória diversa da documental*, o juiz remeterá as partes às vias ordinárias, não podendo o herdeiro receber o seu quinhão hereditário, enquanto pender a demanda, sem prestar caução correspondente ao valor dos bens sobre os quais versar a conferência.	§ 2º Se a matéria for de alta indagação, o juiz remeterá as partes para os meios ordinários, não podendo o herdeiro receber o seu quinhão hereditário, enquanto pender a demanda, sem prestar caução correspondente ao valor dos bens sobre que versar a conferência.

 **COMENTÁRIOS:**

Controvérsia sobre a colação. Se o herdeiro negar o recebimento dos bens para fins de colação ou se for instaurada controvérsia sobre a questão, o juiz deve ouvir as partes. A decisão sobre essas questões tem natureza interlocutória, recorrível por meio de agravo de instrumento (art. 1.015, parágrafo único). O julgamento de improcedência gera a seguinte consequência para o herdeiro: ele terá que apresentar, no prazo de 15 (quinze) dias, os bens não colacionados, sob pena de, não o fazendo, sujeitar-se ao sequestro desses bens ou ao desconto do valor de seu quinhão. Essa última hipótese deve ser observada quando o herdeiro já não possui mais o bem.

Seção VII
Do Pagamento das Dívidas

CPC/2015	CPC/1973
Art. 642. Antes da partilha, poderão os credores do espólio requerer ao juízo do inventário o pagamento das dívidas vencidas e exigíveis.	Art. 1.017. Antes da partilha, poderão os credores do espólio requerer ao juízo do inventário o pagamento das dívidas vencidas e exigíveis.
§ 1º A petição, acompanhada de prova literal da dívida, será distribuída por dependência e autuada em apenso aos autos do processo de inventário.	§ 1º A petição, acompanhada de prova literal da dívida, será distribuída por dependência e autuada em apenso aos autos do processo de inventário.
§ 2º Concordando as partes com o pedido, o juiz, ao declarar habilitado o credor, mandará que se faça a separação de dinheiro ou, em sua falta, de bens suficientes para o pagamento.	§ 2º Concordando as partes com o pedido, o juiz, ao declarar habilitado o credor, mandará que se faça a separação de dinheiro ou, em sua falta, de bens suficientes para o seu pagamento.
§ 3º Separados os bens, tantos quantos forem necessários para o pagamento dos credores habilitados, o juiz mandará aliená-los, *observando-se as disposições deste Código relativas à expropriação*.	§ 3º Separados os bens, tantos quantos forem necessários para o pagamento dos credores habilitados, o juiz mandará aliená-los ~~em praça ou leilão~~, *observadas, no que forem aplicáveis, as regras do Livro II, Título II, Capítulo IV, Seção I, Subseção VII e Seção II, Subseções I e II.*
§ 4º Se o credor requerer que, em vez de dinheiro, lhe sejam adjudicados, para o seu pagamento, os bens já reservados, o juiz deferir-lhe-á o pedido, concordando todas as partes.	§ 4º Se o credor requerer que, em vez de dinheiro, lhe sejam adjudicados, para o seu pagamento, os bens já reservados, o juiz deferir-lhe-á o pedido, concordando todas as partes.
§ 5º Os donatários serão chamados a pronunciar-se sobre a aprovação das dívidas, sempre que haja possibilidade de resultar delas a redução das liberalidades.	
Art. 643. Não havendo concordância de todas as partes sobre o pedido de pagamento feito pelo credor, será o pedido remetido às vias ordinárias.	Art. 1.018. Não havendo concordância de todas as partes sobre o pedido de pagamento feito pelo credor, será ele remetido para os meios ordinários.
Parágrafo único. O juiz mandará, porém, reservar, em poder do inventariante, bens suficientes para pagar o credor quando a dívida constar de documento que comprove suficientemente a obrigação e a impugnação não se fundar em quitação.	Parágrafo único. O juiz mandará, porém, reservar em poder do inventariante bens suficientes para pagar o credor, quando a dívida constar de documento que comprove suficientemente a obrigação e a impugnação não se fundar em quitação.

Art. 644. O credor de dívida líquida e certa, ainda não vencida, pode requerer habilitação no inventário. Parágrafo único. Concordando as partes com o pedido referido no *caput*, o juiz, ao julgar habilitado o crédito, mandará que se faça separação de bens para o futuro pagamento.	Art. 1.019. O credor de dívida líquida e certa, ainda não vencida, pode requerer habilitação no inventário. Concordando as partes com o pedido, o juiz, ao julgar habilitado o crédito, mandará que se faça separação de bens para o futuro pagamento.
Art. 645. O legatário é parte legítima para manifestar-se sobre as dívidas do espólio: I – quando toda a herança for dividida em legados; II – quando o reconhecimento das dívidas importar redução dos legados.	Art. 1.020. O legatário é parte legítima para manifestar-se sobre as dívidas do espólio: I – quando toda a herança for dividida em legados; II – quando o reconhecimento das dívidas importar redução dos legados.
Art. 646. Sem prejuízo do disposto no *art. 860*, é lícito aos herdeiros, ao separarem bens para o pagamento de dívidas, autorizar que o inventariante os *indique* à penhora no processo em que o espólio for executado.	Art. 1.021. Sem prejuízo do disposto no *art. 674*, é lícito aos herdeiros, ao separarem bens para o pagamento de dívidas, autorizar que o inventariante os *nomeie* à penhora no processo em que o espólio for executado.

 ## COMENTÁRIOS AOS ARTS. 642 A 646:

Pagamento das dívidas do autor da herança. Com a morte do autor da herança, é muito comum que remanesçam obrigações por ele contraídas, as quais, evidentemente, deverão ser satisfeitas pelo espólio. Por tal motivo, no interstício entre o inventário e a partilha, os credores do *de cujus* poderão requerer o pagamento das dívidas, mediante petição acompanhada de prova literal, a qual será autuada em apenso ao processo de inventário. Frise-se que os credores deverão agir antes de ultimada a partilha, visto que, após a distribuição do acervo hereditário, os herdeiros só responderão pelas dívidas até o montante do seu quinhão, tornando mais penosa a satisfação do crédito.

Se todos concordarem, o credor será habilitado e os bens suficientes à satisfação do crédito, separados para posterior alienação ou adjudicação.

Se, por outro lado, surgir qualquer controvérsia acerca da habilitação, esta deverá ser resolvida nas vias ordinárias (art. 643). Nesse caso, para resguardar eventual direito do credor, bens suficientes à satisfação do débito serão reservados.

Para tanto, é necessário que haja documento comprovando satisfatoriamente a dívida e que a impugnação não se funde em quitação, porquanto nesse caso se discute justamente a satisfação do débito.

Seção VIII
Da Partilha

CPC/2015	CPC/1973
Art. 647. Cumprido o disposto no *art. 642, § 3º*, o juiz facultará às partes que, no prazo comum de *15 (quinze)* dias, formulem o pedido de quinhão e, em seguida, proferirá *a decisão* de deliberação da partilha, resolvendo os pedidos das partes e designando os bens que devam constituir quinhão de cada herdeiro e legatário. Parágrafo único. **O juiz poderá, em decisão fundamentada, deferir antecipadamente a qualquer dos herdeiros o exercício dos direitos de usar e de fruir de determinado bem, com a condição de que, ao término do inventário, tal bem integre a cota desse herdeiro, cabendo a este, desde o deferimento, todos os ônus e bônus decorrentes do exercício daqueles direitos.**	Art. 1.022. Cumprido o disposto no *art. 1.017, § 3º*, o juiz facultará às partes que, no prazo comum de *10 (dez)* dias, formulem o pedido de quinhão; em seguida proferirá, ~~no prazo de 10 (dez) dias~~, *o despacho* de deliberação da partilha, resolvendo os pedidos das partes e designando os bens que devam constituir quinhão de cada herdeiro e legatário.

 COMENTÁRIOS:

Partilha amigável *x* partilha judicial. Percorridas todas as etapas anteriores, encontra-se o acervo hereditário pronto para ser partilhado. A partilha poderá ser amigável ou judicial.

Na primeira, as partes apresentarão, de comum acordo, negócio jurídico que será homologado pelo juiz por meio de sentença, sendo necessário que todos sejam maiores e capazes. A partilha amigável levada a efeito no bojo do inventário judicial não se confunde com aquela apresentada ao Cartório de Notas (inventário extrajudicial), que dispensa homologação.

Não havendo apresentação de partilha amigável, dar-se-á vista dos autos às partes para que formulem os pedidos de quinhão. Diante dos pedidos, o juiz profere decisão de deliberação da partilha, resolvendo os pedidos das partes e designando os bens que deverão constituir o quinhão de cada herdeiro e legatário (art. 647).

O parágrafo único do art. 647 – sem correspondente no CPC/1973 – faculta ao juiz conceder a qualquer dos herdeiros, antes da partilha, o direito de usar e fruir de bem integrante de sua quota. Nesse caso, o herdeiro beneficiado terá que arcar com todos os ônus e bônus decorrentes do exercício desses direitos, como, por exemplo, as despesas de condomínio e os impostos relativos a bem imóvel.

CPC/2015	CPC/1973
Art. 648. **Na partilha, serão observadas as seguintes regras:** I – **a máxima igualdade possível quanto ao valor, à natureza e à qualidade dos bens;** II – **a prevenção de litígios futuros;** III – **a máxima comodidade dos coerdeiros, do cônjuge ou do companheiro, se for o caso.**	Não há correspondência.

COMENTÁRIOS:

Regras para a realização da partilha. O novo dispositivo fixa regras para a realização da partilha com o objetivo de evitar discussões posteriores relativas ao quinhão recebido por cada herdeiro. O critério de igualdade previsto no inciso I advém da regra contida no art. 2.017 do Código Civil[180] e do entendimento jurisprudencial já consolidado.[181]

CPC/2015	CPC/1973
Art. 649. Os bens insuscetíveis de divisão cômoda que não couberem na parte do cônjuge ou companheiro supérstite ou no quinhão de um só herdeiro serão licitados entre os interessados ou vendidos judicialmente, partilhando-se o valor apurado, salvo se houver acordo para que sejam adjudicados a todos.	Não há correspondência.

 COMENTÁRIOS:

Aplicação do dispositivo. A presente regra só deve ser utilizada quando, concomitantemente: (i) o bem não for suscetível de divisão cômoda; (ii) inexistir acordo para que o bem seja adjudicado a todos. Nesse caso, são três as possíveis soluções: (1ª) o bem se acomoda na parte do cônjuge ou companheiro supérstite ou no quinhão de um só herdeiro, observadas as regras do art. 648; (2ª) o bem é adjudicado por um ou mais interessados; (3ª) vende-se judicialmente o bem, partilhando-se entre os herdeiros o montante apurado.

Ressalte-se que as regras aqui constantes já estavam previstas no art. 2.019 do Código Civil de 2002,[182] tendo sido feita pelo CPC/2015 menção à figura do companheiro.

CPC/2015	CPC/1973
Art. 650. Se um dos interessados for nascituro, o quinhão que lhe caberá será reservado em poder do inventariante até o seu nascimento.	Não há correspondência.

 COMENTÁRIOS:

Partilha e sucessão a nascituro. O novo dispositivo vem regular o direito à sucessão do nascituro, já assegurado pelos seguintes artigos do Código Civil: art. 2º (direitos do

---

180 Código Civil, art. 2.017. "No partilhar os bens, observar-se-á, quanto ao seu valor, natureza e qualidade, a maior igualdade possível."

181 Por exemplo: "[...] Na partilha, consoante a regra do art. 1.775 do Código Civil de 1916, reproduzida no art. 2.017 do vigente Código Civil, observar-se-á a maior igualdade possível na distribuição dos quinhões, não apenas quanto ao valor dos bens do acervo, mas também quanto à sua natureza e qualidade [...]" (STJ, REsp 605.217/MG, Rel. Min. Paulo de Tarso Sanseverino, julgado em 18.11.2010).

182 Código Civil, art. 2.019. "Os bens insuscetíveis de divisão cômoda, que não couberem na meação do cônjuge sobrevivente ou no quinhão de um só herdeiro, serão vendidos judicialmente, partilhando-se o valor apurado, a não ser que haja acordo para serem adjudicados a todos."

nascituro), art. 1.798 (legitimidade das pessoas já concebidas no momento da abertura da sucessão) e art. 1.799, I (possibilidade de chamamento à sucessão testamentária de filho não concebido de pessoa indicada pelo testador).

O Código fala em "reserva de quinhão", pois o nascituro tem mera expectativa de direito e, assim sendo, o seu direito à herança só estará concretamente efetivado após o nascimento com vida.

Na prática, ao realizar a partilha judicial, ou antes da homologação da partilha amigável, já tendo sido feita prova da gestação, o juiz mandará reservar o quinhão no processo de inventário ou de arrolamento de bens até o nascimento do herdeiro esperado. Se, no entanto, a partilha tiver sido realizada sem a referida reserva, seja porque não houve requerimento ou porque não se tinha conhecimento, à época, da fecundação, pode-se pleitear a rescisão da partilha judicial nos termos do art. 658, III.

CPC/2015	CPC/1973
Art. 651. O partidor organizará o esboço da partilha de acordo com a decisão **judicial**, observando nos pagamentos a seguinte ordem: I – dívidas atendidas; II – meação do cônjuge; III – meação disponível; IV – quinhões hereditários, a começar pelo coerdeiro mais velho.	Art. 1.023. O partidor organizará o esboço da partilha de acordo com a decisão, observando nos pagamentos a seguinte ordem: I – dívidas atendidas; II – meação do cônjuge; III – meação disponível; IV – quinhões hereditários, a começar pelo coerdeiro mais velho.

 COMENTÁRIOS:

Esboço da partilha. Definidos os quinhões, entra em cena a figura do partidor, auxiliar do juízo que organizará o esboço da partilha (art. 651), isto é, o plano ou projeto da partilha definitiva. Para se chegar ao esboço da partilha, o partidor deve, primeiramente, definir o monte-mor, que representa a soma de todos os bens existentes à época da abertura da sucessão. Procede-se, então, ao abatimento das dívidas do espólio, bem como das despesas com funeral, acrescentando, ainda, os bens trazidos à colação. Tem-se, como resultado final, o monte partível, que será o objeto da partilha.

Definido o patrimônio sucessível, o partidor reservará a meação do cônjuge ou companheiro supérstite. Importante lembrar que, em alguns casos, não haverá meação a ser reservada. É o que ocorre quando o autor da herança era solteiro, viúvo, separado ou divorciado. Também não haverá meação quando o casamento for celebrado em regime de separação de bens.

Após a reserva da meação, a outra metade do patrimônio sucessível será ainda dividida em duas: a parte disponível e a legítima, parcela da herança que tocará aos herdeiros necessários (descendentes, ascendentes e cônjuge), a teor do disposto no art. 1.846 do CC. O autor da herança não tem livre disposição sobre a legítima, de sorte que esta parte do patrimônio sucessível não poderá ser objeto de testamento (art. 1.857, § 1º, do CC). Se não houver testamento, não há que se falar em reserva de legítima, sendo todos os bens do patrimônio sucessível (excluída a meação) partilhados entre os herdeiros necessários. À falta deles, ou seja, não tendo o autor da herança deixado descendentes, ascendentes ou cônjuge, serão chamados a suceder os parentes colaterais.

CPC/2015	CPC/1973
Art. 652. Feito o esboço, as partes manifestar-se-ão sobre esse no prazo comum de *15 (quinze)* dias, e, resolvidas as reclamações, a partilha será lançada nos autos.	Art. 1.024. Feito o esboço, dirão sobre ele as partes no prazo comum de *5 (cinco)* dias. Resolvidas as reclamações, será a partilha lançada nos autos.
Art. 653. A partilha constará: I – de auto de orçamento, que mencionará: a) os nomes do autor da herança, do inventariante, do cônjuge **ou companheiro** supérstite, dos herdeiros, dos legatários e dos credores admitidos; b) o ativo, o passivo e o líquido partível, com as necessárias especificações; c) o valor de cada quinhão; II – de folha de pagamento para cada parte, declarando a quota a pagar-lhe, a razão do pagamento e a relação dos bens que lhe compõem o quinhão, as características que os individualizam e os ônus que os gravam. Parágrafo único. O auto e cada uma das folhas serão assinados pelo juiz e pelo escrivão.	Art. 1.025. A partilha constará: I – de um auto de orçamento, que mencionará: a) os nomes do autor da herança, do inventariante, do cônjuge supérstite, dos herdeiros, dos legatários e dos credores admitidos; b) o ativo, o passivo e o líquido partível, com as necessárias especificações; c) o valor de cada quinhão; II – de uma folha de pagamento para cada parte, declarando a quota a pagar-lhe, a razão do pagamento, a relação dos bens que lhe compõem o quinhão, as características que os individualizam e os ônus que os gravam. Parágrafo único. O auto e cada uma das folhas serão assinados pelo juiz e pelo escrivão.

 ## COMENTÁRIOS AOS ARTS. 652 E 653:

Manifestação dos interessados. Feito o esboço, as partes, a Fazenda Pública e, se for o caso, o Ministério Público dele serão intimados para, no prazo comum de 15 (quinze) dias, sobre ele se manifestarem. No caso de eventual impugnação, o juiz resolverá as reclamações (art. 652), após o que a partilha será lançada nos autos, ou seja, o escrivão lavrará termo descrevendo os aspectos mais relevantes da partilha esboçada (art. 653).

CPC/2015	CPC/1973
Art. 654. Pago o imposto de transmissão a título de morte e juntada aos autos certidão ou informação negativa de dívida para com a Fazenda Pública, o juiz julgará por sentença a partilha. Parágrafo único. **A existência de dívida para com a Fazenda Pública não impedirá o julgamento da partilha, desde que o seu pagamento esteja devidamente garantido.**	Art. 1.026. Pago o imposto de transmissão a título de morte, e junta aos autos certidão ou informação negativa de dívida para com a Fazenda Pública, o juiz julgará por sentença a partilha.

 ## COMENTÁRIOS:

Interpretação do dispositivo à luz do CPC/1973. Era comum encontrarmos julgados com entendimentos diversos acerca da aplicação do art. 1.026 do CPC/1973. O embate residia no fato de que alguns tribunais reconheciam a obrigatoriedade da apresentação de certidão negativa de débitos fazendários (federais, estaduais e municipais) para posterior partilha de bens, enquanto outros defendiam a tese de que esta regra poderia ser mitigada a depender do caso concreto, uma vez que não se poderia negar o acesso à justiça quando, por exemplo, tais débitos estivessem sendo questionados judicialmente. Nesse contexto, a regra inserida pelo CPC/2015 é uma forma de mitigar a rigidez da regra do Código de 1973, sem prejuízos para o ente público.

Vale lembrar que os débitos referidos no dispositivo podem ter ou não natureza tributária, mas neles não está incluído o imposto relativo à transmissão *causa mortis*.

CPC/2015	CPC/1973
Art. 655. *Transitada* em julgado a sentença mencionada no *art. 654*, receberá o herdeiro os bens que lhe tocarem e um formal de partilha, do qual constarão as seguintes peças:	Art. 1.027. *Passada* em julgado a sentença mencionada no *artigo antecedente*, receberá o herdeiro os bens que lhe tocarem e um formal de partilha, do qual constarão as seguintes peças:
I – termo de inventariante e título de herdeiros;	I – termo de inventariante e título de herdeiros;
II – avaliação dos bens que constituíram o quinhão do herdeiro;	II – avaliação dos bens que constituíram o quinhão do herdeiro;
III – pagamento do quinhão hereditário;	III – pagamento do quinhão hereditário;
IV – quitação dos impostos;	IV – quitação dos impostos;
V – sentença.	V – sentença.
Parágrafo único. O formal de partilha poderá ser substituído por certidão de pagamento do quinhão hereditário quando esse não exceder a 5 (cinco) vezes o salário mínimo, caso em que se transcreverá nela a sentença de partilha transitada em julgado.	Parágrafo único. O formal de partilha poderá ser substituído por certidão do pagamento do quinhão hereditário, quando este não exceder 5 (cinco) vezes o salário mínimo ~~vigente na sede do juízo~~; caso em que se transcreverá nela a sentença de partilha transitada em julgado.

 COMENTÁRIOS:

Efetivação da partilha. Transitada em julgado a sentença de partilha, receberá o herdeiro os bens que lhe tocarem e um formal de partilha (art. 655) ou a carta de adjudicação (no caso de herdeiro único), para documentar a transmissão do domínio.

Convém lembrar que, se forem descobertos bens sonegados ou surgirem novos bens após a partilha, será admitida a sobrepartilha.

CPC/2015	CPC/1973
Art. 656. A partilha, mesmo depois de *transitada* em julgado a sentença, pode ser emendada nos mesmos autos do inventário, convindo todas as partes, quando tenha havido erro de fato na descrição dos bens, podendo o juiz, de ofício ou a requerimento da parte, a qualquer tempo, corrigir-lhe as inexatidões materiais.	Art. 1.028. A partilha, ainda depois de *passar* em julgado a sentença ~~(art. 1.026)~~, pode ser emendada nos mesmos autos do inventário, convindo todas as partes, quando tenha havido erro de fato na descrição dos bens; o juiz, de ofício ou a requerimento da parte, poderá, a qualquer tempo, corrigir-lhe as inexatidões materiais.

 COMENTÁRIOS:

Emenda da partilha. O trânsito em julgado da decisão que efetivou a partilha não impede a correção posterior de erros materiais a pedido das partes ou, pelo juiz, de ofício.

A emenda depende da concordância de todas as partes, não se confundindo com a sobre-partilha.

Significado de "inexatidões materiais". Para o STJ, "[...] o erro material, passível de ser corrigido de ofício e não sujeito à preclusão, é o reconhecido *primu ictu oculi*, consistente em equívocos materiais sem conteúdo decisório propriamente dito" (STJ, AgRg na MC 18.514/SP, 3ª Turma, Rel. Min. Nancy Andrighi, unânime, julgado em 08.11.2011).

CPC/2015	CPC/1973
Art. 657. A partilha amigável, lavrada em instrumento público, reduzida a termo nos autos do inventário ou constante de escrito particular homologado pelo juiz, pode ser anulada por dolo, coação, erro essencial ou intervenção de incapaz, **observado o disposto no § 4º do art. 966.**	Art. 1.029. A partilha amigável, lavrada em instrumento público, reduzida a termo nos autos do inventário ou constante de escrito particular homologado pelo juiz, pode ser anulada, por dolo, coação, erro essencial ou intervenção de incapaz.
Parágrafo único. O direito à anulação de partilha amigável *extingue-se* em 1 (um) ano, contado esse prazo:	Parágrafo único. O direito de propor ação anulatória de partilha amigável *prescreve* em 1 (um) ano, contado este prazo:
I – no caso de coação, do dia em que ela cessou;	I – no caso de coação, do dia em que ela cessou;
II – no caso de erro ou dolo, do dia em que se realizou o ato;	II – no de erro ou dolo, do dia em que se realizou o ato;
III – quanto ao incapaz, do dia em que cessar a incapacidade.	III – quanto ao incapaz, do dia em que cessar a incapacidade.
Art. 658. É rescindível a partilha julgada por sentença:	Art. 1.030. É rescindível a partilha julgada por sentença:
I – nos casos mencionados no *art. 657*;	I – nos casos mencionados no *artigo antecedente*;
II – se feita com preterição de formalidades legais;	II – se feita com preterição de formalidades legais;
III – se preteriu herdeiro ou incluiu quem não o seja.	III – se preteriu herdeiro ou incluiu quem não o seja.

 ## COMENTÁRIOS AOS ARTS. 657 E 658:

Invalidação da partilha. A partilha amigável, levada a efeito nos autos do inventário ou extrajudicialmente, representa, em última análise, verdadeiro negócio jurídico celebrado entre herdeiros maiores e capazes. Assim, é possível que tal negócio contenha vícios de consentimento capazes de ensejar a sua anulação, a teor do § 4º do art. 966.

A ação anulatória será proposta por qualquer dos participantes do inventário, devendo figurar no polo passivo todos os beneficiados pela partilha. Trata-se, nesse caso, de litisconsórcio necessário e unitário.

A partilha judicial, por sua vez, é resolvida por sentença de mérito. Dessa forma, transitada em julgado a referida decisão, cabe ao interessado manejar a competente ação rescisória, a qual terá lugar sempre que verificada qualquer das hipóteses insculpidas no art. 966 do CPC ou, ainda, dos arts. 658 e 657, parágrafo único, do mesmo diploma.

Seção IX
Do Arrolamento

CPC/2015	CPC/1973
Art. 659. A partilha amigável, celebrada entre partes capazes, nos termos *da lei*, será homologada de plano pelo juiz, com observância dos *arts. 660 a 663*.	Art. 1.031. A partilha amigável, celebrada entre partes capazes, nos termos *do art. 2.015 da Lei no 10.406, de 10 de janeiro de 2002 – Código Civil*, será homologada de plano pelo juiz, ~~mediante a prova da quitação dos tributos relativos aos bens do espólio e às suas rendas~~, com observância dos *arts. 1.032 a 1.035 desta Lei*.
§ 1º O disposto neste artigo aplica-se, também, ao pedido de adjudicação, quando houver herdeiro único.	§ 1º O disposto neste artigo aplica-se, também, ao pedido de adjudicação, quando houver herdeiro único.
§ 2º Transitada em julgado a sentença de homologação de partilha ou de adjudicação, será lavrado o formal de partilha **ou elaborada a carta de adjudicação e,** em seguida, serão expedidos os alvarás referentes aos bens **e às rendas** por ele abrangidos, *intimando-se o fisco para lançamento administrativo do imposto de transmissão e de outros tributos porventura incidentes, conforme dispuser a legislação tributária, nos termos do § 2º do art. 662.*	§ 2º Transitada em julgado a sentença de homologação de partilha ou adjudicação, o respectivo formal, bem como os alvarás referentes aos bens por ele abrangidos, só serão expedidos e entregues às partes *após a comprovação, verificada pela Fazenda Pública, do pagamento de todos os tributos.*

 COMENTÁRIOS:

Arrolamento sumário. *Arrolamento* vem de arrolar, fornecer rol, relação. E é exatamente o que acontece com essa modalidade de inventário simplificado: fornece-se relação de bens do autor da herança e rol de herdeiros.[183] Além da concentração de atos processuais, o arrolamento sumário é marcado pela supressão de algumas fases ou atos do inventário tradicional, como a lavratura de quaisquer termos e a avaliação dos bens inventariados, que somente terá lugar caso algum credor do espólio se insurja contra a estimativa feita pelos herdeiros.

O arrolamento sumário é forma abreviada de inventário-partilha nos casos de concordância de todos os herdeiros, desde que maiores e capazes, não importa o valor dos bens, se diminuto ou grandioso, nem a sua natureza. Basta que os interessados (meeiros, herdeiros e legatários) elejam essa espécie de procedimento, constituindo procurador, e apresentando para homologação a partilha amigável.

Subsistência do procedimento. Questiona-se, atualmente, a subsistência do arrolamento sumário no ordenamento jurídico, haja vista que os herdeiros maiores, capazes e concordes deverão procurar a via administrativa. Parece razoável a opinião de Alexandre Freitas Câmara, para quem o arrolamento sumário somente terá lugar quando se tratar de um único herdeiro incapaz. Nessa hipótese, conquanto haja apenas adjudicação dos bens à pessoa do herdeiro universal, não é possível utilizar-se da via extrajudicial, haja vista a existência de interesse de incapaz.

---

[183] BORTOLAI, Edson Cosac. **Manual de prática forense civil**. São Paulo: RT, 1990. p. 611.

Novidade trazida pelo CPC/2015. A despeito de a redação do art. 1.031 do CPC/1973 condicionar a homologação da partilha amigável à comprovação da quitação dos tributos relativos aos bens do espólio e às suas rendas, a jurisprudência já entendia que os inventários processados sob a forma de arrolamento não permitiam questionamentos por parte do Fisco a respeito dos tributos relativos à transmissão,[184] devendo o art. 1.031 ser interpretado de forma sistemática com o art. 1.034 do CPC/1973.[185] Portanto, a homologação da partilha não dependia do recolhimento dos tributos sucessórios; pelo contrário, apenas após o trânsito em julgado da sentença homologatória é que devia haver a apuração do imposto a ser recolhido.

O *caput* do novo art. 659 segue a orientação jurisprudencial, que se complementa com a disposição contida no § 2º.

Ressalte-se que o Fisco será intimado para que proceda ao lançamento administrativo dos impostos devidos, mas não ficará limitado aos valores dos bens do espólio atribuídos pelos herdeiros.

CPC/2015	CPC/1973
Art. 660. Na petição de inventário, que se processará na forma de arrolamento sumário, independentemente da lavratura de termos de qualquer espécie, os herdeiros:	Art. 1.032. Na petição de inventário, que se processará na forma de arrolamento sumário, independentemente da lavratura de termos de qualquer espécie, os herdeiros:
I – requererão ao juiz a nomeação do inventariante que designarem;	I – requererão ao juiz a nomeação do inventariante que designarem;
II – declararão os títulos dos herdeiros e os bens do espólio, observado o disposto no *art. 630*;	II – declararão os títulos dos herdeiros e os bens do espólio, observado o disposto no *art. 993 desta Lei*;
III – atribuirão valor aos bens do espólio, para fins de partilha.	III – atribuirão o valor dos bens do espólio, para fins de partilha.

---

[184] Por exemplo: "PROCESSUAL CIVIL E TRIBUTÁRIO. ARROLAMENTO SUMÁRIO. IMPOSTO DE TRANSMISSÃO *CAUSA MORTIS*. HOMOLOGAÇÃO DE PARTILHA. ENTREGA DE DOCUMENTOS À RECEITA ESTADUAL. INEXIGIBILIDADE. 1. No processo de arrolamento sumário, processado com base nos arts. 1.031 e seguintes do CPC, cabível quando todos os herdeiros forem maiores e capazes e estiverem de acordo com a partilha, somente é possível examinar se o inventariante comprovou a quitação dos tributos relativos aos bens do espólio e às suas rendas. 2. Para a homologação da partilha pelo juiz são dispensadas certas formalidades exigidas no inventário, entre elas a intervenção da Fazenda Pública para verificar a correção do pagamento dos tributos devidos pelo espólio. Assim, a discussão de supostas diferenças pagas a menor deverão ser resolvidas na esfera administrativa, a teor do disposto no art. 1.034 do CPC. 3. Feito o pagamento do imposto e juntado o comprovante aos autos, não pode o juiz condicionar a homologação da partilha em processo de arrolamento sumário à entrega de documentos à Receita estadual necessários ao cálculo do imposto. Ainda que o pagamento não esteja completo ou tenha o inventariante calculado mal o imposto, essas questões não podem ser tratadas e discutidas em arrolamento sumário. 4. Recurso especial não provido" (STJ, REsp 927.530/SP, Rel. Min. Castro Meira, julgado em 12.06.2007).

[185] CPC/1973, art. 1.034: "No arrolamento, não serão conhecidas ou apreciadas questões relativas ao lançamento, ao pagamento ou à quitação de taxas judiciárias e de tributos incidentes sobre a transmissão da propriedade dos bens do espólio."

COMENTÁRIOS:

Petição inicial no arrolamento sumário. A primeira peculiaridade do arrolamento é constatada logo na petição inicial, a qual é apresentada por todos os herdeiros, que já elegeram de antemão o inventariante.

Acompanharão a inicial as declarações de bens, sua descrição, documentos comprobatórios de propriedade e estimativa dos valores de cada um. Também é necessário que os herdeiros já tenham deliberado sobre a partilha, fazendo-se indispensável a apresentação do plano indicando a forma de divisão dos bens.

Recebendo a inicial, o juiz nomeará o inventariante (que já fora indicado na inicial) e homologará a partilha.

CPC/2015	CPC/1973
Art. 661. Ressalvada a hipótese prevista no parágrafo único do *art. 663*, não se procederá à avaliação dos bens do espólio para nenhuma finalidade.	Art. 1.033. Ressalvada a hipótese prevista no parágrafo único do *art. 1.035 desta Lei*, não se procederá a avaliação dos bens do espólio para qualquer finalidade.

 COMENTÁRIOS:

Desnecessidade de avaliação dos bens. No arrolamento sumário não há, em regra, avaliação de bens. Excepcionalmente, quando o credor impugnar o valor que foi atribuído aos bens que lhe foram reservados, proceder-se-á à avaliação.

CPC/2015	CPC/1973
Art. 662. No arrolamento, não serão conhecidas ou apreciadas questões relativas ao lançamento, ao pagamento ou à quitação de taxas judiciárias e de tributos incidentes sobre a transmissão da propriedade dos bens do espólio. § 1º A taxa judiciária, se devida, será calculada com base no valor atribuído pelos herdeiros, cabendo ao fisco, se apurar em processo administrativo valor diverso do estimado, exigir a eventual diferença pelos meios adequados ao lançamento de créditos tributários em geral. § 2º O imposto de transmissão será objeto de lançamento administrativo, conforme dispuser a legislação tributária, não ficando as autoridades fazendárias adstritas aos valores dos bens do espólio atribuídos pelos herdeiros.	Art. 1.034. No arrolamento, não serão conhecidas ou apreciadas questões relativas ao lançamento, ao pagamento ou à quitação de taxas judiciárias e de tributos incidentes sobre a transmissão da propriedade dos bens do espólio. § 1º A taxa judiciária, se devida, será calculada com base no valor atribuído pelos herdeiros, cabendo ao fisco, se apurar em processo administrativo valor diverso do estimado, exigir a eventual diferença pelos meios adequados ao lançamento de créditos tributários em geral. § 2º O imposto de transmissão será objeto de lançamento administrativo, conforme dispuser a legislação tributária, não ficando as autoridades fazendárias adstritas aos valores dos bens do espólio atribuídos pelos herdeiros.

 COMENTÁRIOS:

Matérias que não devem ser arguidas no arrolamento sumário. Por se tratar de um procedimento simplificado, não cabem no arrolamento sumário, por exemplo, discussões sobre a incorreção no cálculo do tributo. O que estiver fora do alcance desse procedimento deve ser discutido administrativamente ou através de demanda judicial autônoma.

CPC/2015	CPC/1973
Art. 663. A existência de credores do espólio não impedirá a homologação da partilha ou da adjudicação, se forem reservados bens suficientes para o pagamento da dívida.	Art. 1.035. A existência de credores do espólio não impedirá a homologação da partilha ou da adjudicação, se forem reservados bens suficientes para o pagamento da dívida.
Parágrafo único. A reserva de bens será realizada pelo valor estimado pelas partes, salvo se o credor, regularmente notificado, impugnar a estimativa, caso em que se promoverá a avaliação dos bens a serem reservados.	Parágrafo único. A reserva de bens será realizada pelo valor estimado pelas partes, salvo se o credor, regularmente notificado, impugnar a estimativa, caso em que se promoverá a avaliação dos bens a serem reservados.

 ## COMENTÁRIOS:

Credores do espólio. É ideal que os sucessores indiquem tanto o ativo quanto o passivo que compõe o acervo hereditário. Isso porque, se houver dívida, o credor poderá requerer a reserva dos bens necessários à liquidação da obrigação assumida pelo *de cujus*. Se essa providência não for adotada e a partilha for homologada, o credor ainda pode ajuizar ação própria para satisfação do crédito.

CPC/2015	CPC/1973
Art. 664. Quando o valor dos bens do espólio for igual ou inferior a *1.000 (mil) salários mínimos*, o inventário processar-se-á na forma de arrolamento, cabendo ao inventariante nomeado, independentemente de assinatura de termo de compromisso, apresentar, com suas declarações, a atribuição de valor aos bens do espólio e o plano da partilha.	Art. 1.036. Quando o valor dos bens do espólio for igual ou inferior a *2.000 (duas mil) Obrigações do Tesouro Nacional – OTN*, o inventário processar-se-á na forma de arrolamento, cabendo ao inventariante nomeado, independentemente da assinatura de termo de compromisso, apresentar, com suas declarações, a atribuição do valor dos bens do espólio e o plano da partilha.
§ 1º Se qualquer das partes ou o Ministério Público impugnar a estimativa, o juiz nomeará avaliador, que oferecerá laudo em 10 (dez) dias.	§ 1º Se qualquer das partes ou o Ministério Público impugnar a estimativa, o juiz nomeará um avaliador que oferecerá laudo em 10 (dez) dias.
§ 2º Apresentado o laudo, o juiz, em audiência que designar, deliberará sobre a partilha, decidindo de plano todas as reclamações e mandando pagar as dívidas não impugnadas.	§ 2º Apresentado o laudo, o juiz, em audiência que designar, deliberará sobre a partilha, decidindo de plano todas as reclamações e mandando pagar as dívidas não impugnadas.
§ 3º Lavrar-se-á de tudo um só termo, assinado pelo juiz, **pelo inventariante** e pelas partes presentes **ou por seus advogados**.	§ 3º Lavrar-se-á de tudo um só termo, assinado pelo juiz e pelas partes presentes.
§ 4º Aplicam-se a essa espécie de arrolamento, no que couber, as disposições do *art. 672*, relativamente ao lançamento, ao pagamento e à quitação da taxa judiciária e do imposto sobre a transmissão da propriedade dos bens do espólio.	§ 4º Aplicam-se a esta espécie de arrolamento, no que couberem, as disposições do *art. 1.034 e seus paragrafos*, relativamente ao lançamento, ao pagamento e à quitação da taxa judiciária e do imposto sobre a transmissão da propriedade dos bens do espólio.
§ 5º Provada a quitação dos tributos relativos aos bens do espólio e às suas rendas, o juiz julgará a partilha.	§ 5º Provada a quitação dos tributos relativos aos bens do espólio e às suas rendas, o juiz julgará a partilha.

COMENTÁRIOS:

Arrolamento comum. É forma simplificada de inventário de bens de pequeno valor, aplicável quando o valor dos bens do espólio for igual ou inferir a 1.000 salários mínimos (art. 664). Contudo, a simplificação do rito é bem menos significativa do que no arrolamento sumário.

Fases do arrolamento comum. São as seguintes as fases do procedimento do arrolamento comum: (a) o interessado requer a abertura do arrolamento mediante petição dirigida ao juiz, instruída com a certidão de óbito; (b) nomeia-se inventariante, segundo a ordem de preferência legal, independentemente de assinatura de termo; (c) o inventariante apresenta suas declarações, consistentes na atribuição do valor dos bens do espólio e plano de partilha; (d) procede-se à citação dos herdeiros não representados nos autos. A partir dessa fase torna-se necessária a intervenção do Ministério Público, caso haja herdeiros incapazes e na hipótese de testamento; (e) havendo acordo sobre a partilha e apresentadas as quitações fiscais, o juiz a homologa por sentença; (f) impugnado o valor dos bens por qualquer das partes ou pelo Ministério Público, procede-se à avaliação judicial, ouvem-se as partes sobre o laudo e, na audiência que se designar, o juiz decidirá as reclamações e impugnações apresentadas a respeito do plano de partilha e mandará pagar eventuais dívidas, de tudo lavrando termo (art. 664, §§ 1º, 2º e 3º); (g) provada a quitação dos tributos relativos aos bens do espólio e às suas rendas, o juiz julgará a partilha, conforme deliberada na audiência.

Novidades trazidas pelo CPC/2015. A extinção do indexador "Obrigações do Tesouro Nacional – OTN" pela Lei nº 7.730/1989 dificultou a apuração do valor-limite descrito no *caput* do art. 1.036 do CPC/1973. O que o CPC/2015 fez foi atualizar a regra processual, estabelecendo o salário mínimo como base para se verificar o procedimento a ser observado nos processos de inventário.

O § 3º passou a exigir expressamente a assinatura do termo de audiência pelo inventariante. Além disso, facultou a substituição da assinatura das partes pelas assinaturas de seus respectivos advogados.

CPC/2015	CPC/1973
Art. 665. **O inventário processar-se-á também na forma do art. 664, ainda que haja interessado incapaz, desde que concordem todas as partes e o Ministério Público.**	Não há correspondência.

 COMENTÁRIOS:

Possibilidade de utilização do arrolamento comum quando envolver herdeiro incapaz. O dispositivo consolida o entendimento jurisprudencial[186] no sentido de que a

---

[186]   Por exemplo: "DIREITO CIVIL. SUCESSÕES. INVENTÁRIO. PROCEDIMENTO DE ARROLAMENTO COMUM. SENTENÇA HOMOLOGATÓRIA NO JUÍZO *A QUO*. INCONFORMISMO. VALOR DO ESPÓLIO INFERIOR A 2.000 ORTNs. HERDEIRO MENOR. IRRELEVÂNCIA. VIA ADEQUADA DE ARROLAMENTO. CITAÇÃO DE HERDEIRO INCAPAZ. AUSÊNCIA. NULIDA-

presença de herdeiro incapaz não representa óbice ao rito do arrolamento comum, desde que o valor dos bens do espólio esteja dentro do limite legal e que todas as partes e o Ministério Público estejam de acordo.

CPC/2015	CPC/1973
Art. 666. Independerá de inventário ou de arrolamento o pagamento dos valores previstos na Lei nº 6.858, de 24 de novembro de 1980.	Art. 1.037. Independerá de inventário ou arrolamento o pagamento dos valores previstos na Lei nº 6.858, de 24 de novembro de 1980.

 COMENTÁRIOS:

Lei nº 6.858/1980. De acordo com o art. 1º da referida lei, "os valores devidos pelos empregadores aos empregados e os montantes das contas individuais do Fundo de Garantia do Tempo de Serviço e do Fundo de Participação PIS-PASEP, não recebidos em vida pelos respectivos titulares, serão pagos, em quotas iguais, aos dependentes habilitados perante a Previdência Social ou na forma da legislação específica dos servidores civis e militares, e, na sua falta, aos sucessores previstos na lei civil, indicados em alvará judicial, independentemente de inventário ou arrolamento".

Em suma, para o recebimento dessas verbas dispensa-se a formalidade de abertura de inventário. Basta que seja formulado pedido de alvará judicial.

CPC/2015	CPC/1973
Art. 667. Aplicam-se subsidiariamente a esta Seção as disposições das *Seções VII e VIII deste Capítulo*.	Art. 1.038. Aplicam-se subsidiariamente a esta Seção as disposições das seções antecedentes, bem como as da seção subsequente.

 COMENTÁRIOS:

Aplicação subsidiária. Nem todas as normas relativas ao procedimento de inventário e partilha aplicam-se subsidiariamente ao arrolamento sumário. O CPC/2015 restringe a aplicação subsidiária dos dispositivos constantes da Seção VII, relativa ao pagamento das dívidas do espólio, e da Seção VIII, que trata do procedimento de partilha.

DE. SENTENÇA CASSADA. APELO PROVIDO. O inventário é processado através de arrolamento comum (art. 1.036 do CPC) se o valor do espólio não ultrapassa 2.000 ORTNs, independentemente da presença de incapaz ou de concordância entre os herdeiros. Inexistindo obrigatória citação de herdeiro nem havendo seu comparecimento espontâneo aos autos, declara-se nula a sentença homologatória de partilha" (TJSC, AC 256.487 SC 2001.025648-7, 2ª Câmara de Direito Civil, Rel. Des. Monteiro Rocha, julgado em 16.03.2006).

Seção X
Disposições Comuns a Todas as Seções

CPC/2015	CPC/1973
Art. 668. Cessa a eficácia da *tutela provisória* prevista nas Seções deste Capítulo: I – se a ação não for proposta em 30 (trinta) dias contados da data em que da decisão foi intimado o impugnante, o herdeiro excluído ou o credor não admitido; II – se o juiz extinguir o processo de inventário com ou sem *resolução* de mérito.	Art. 1.039. Cessa a eficácia das *medidas cautelares* previstas nas ~~várias~~ seções deste Capítulo: I – se a ação não for proposta em 30 (trinta) dias, contados da data em que da decisão foi intimado o impugnante ~~(art. 1.000, parágrafo único)~~, o herdeiro excluído ~~(art. 1.001)~~ ou o credor não admitido ~~(art. 1.018)~~; II – se o juiz declarar extinto o processo de inventário com ou sem *julgamento* do mérito.

 COMENTÁRIOS:

Nomenclatura. A expressão "medidas cautelares" foi substituída por "tutela provisória". A alteração se deve à mudança inserida pelo CPC/2015, que define a tutela provisória como gênero.

Tutela provisória. Consiste na reserva de quinhões e créditos de possíveis herdeiros ou credores do espólio. Por exemplo, aquele que se julga herdeiro preterido e tem sua admissão contestada pelos demais, pode pleitear a reserva de quinhão até que seja apurada, em definitivo, a sua condição de herdeiro.

Ineficácia da tutela provisória. No caso do inciso I, cessa a eficácia da medida se a parte contestante, o herdeiro inadmitido ou o credor cujo pagamento foi contestado não propuser a ação principal em 30 (trinta) dias. Também no caso de extinção do processo a tutela perderá a sua eficácia. Uma hipótese de extinção sem resolução do mérito ocorre quando não há bens a inventar e partilhar.

CPC/2015	CPC/1973
Art. 669. São sujeitos à sobrepartilha os bens: I – sonegados; II – da herança descobertos após a partilha; III – litigiosos, assim como os de liquidação difícil ou morosa; IV – situados em lugar remoto da sede do juízo onde se processa o inventário. Parágrafo único. Os bens mencionados nos *incisos III e IV* serão reservados à sobrepartilha sob a guarda e a administração do mesmo ou de diverso inventariante, a consentimento da maioria dos herdeiros.	Art. 1.040. Ficam sujeitos à sobrepartilha os bens: I – sonegados; II – da herança que se descobrirem depois da partilha; III – litigiosos, assim como os de liquidação difícil ou morosa; IV – situados em lugar remoto da sede do juízo onde se processa o inventário. Parágrafo único. Os bens mencionados nos *ns. III e IV deste artigo* serão reservados à sobrepartilha sob a guarda e administração do mesmo ou de diverso inventariante, a aprazimento da maioria dos herdeiros.
Art. 670. Na sobrepartilha dos bens, observar-se-á o processo de inventário e de partilha. Parágrafo único. A sobrepartilha correrá nos autos do inventário do autor da herança.	Art. 1.041. Observar-se-á na sobrepartilha dos bens o processo de inventário e partilha. Parágrafo único. A sobrepartilha correrá nos autos do inventário do autor da herança.

COMENTÁRIOS AOS ARTS. 669 E 670:

Sobrepartilha. Consiste a sobrepartilha numa nova partilha. Ela deve ocorrer quando, por qualquer motivo, após a partilha, aparecerem outros bens do falecido. Estão sujeitos à sobrepartilha os bens sonegados, isto é, ocultos até a ultimação da partilha, os pertencentes à herança, mas descobertos após a divisão, os bens litigiosos ou de difícil liquidação, os situados em local remoto do juízo do inventário.

Observar-se-á na sobrepartilha dos bens o processo de inventário e partilha, correndo a sobrepartilha nos autos do inventário do autor da herança (art. 670).

CPC/2015	CPC/1973
Art. 671. O juiz nomeará curador especial:	Art. 1.042. O juiz dará curador especial:
I – ao ausente, se o não tiver;	I – ao ausente, se o não tiver;
II – ao incapaz, se concorrer na partilha com o seu representante, **desde que exista colisão de interesses**.	II – ao incapaz, se concorrer na partilha com o seu representante.

 ## COMENTÁRIOS:

Nomeação de curador especial. A nova redação acresceu condição para nomeação de curador especial ao incapaz que concorre na partilha com o seu representante, qual seja a colisão de interesses entre representante e representado.

Vale frisar que nem sempre o fato de existir concorrência na partilha é capaz de prejudicar os interesses do incapaz. O seu representante pode, sim, atuar de forma equânime. Além disso, a sua atuação já é fiscalizada pelo Ministério Público, por força do art. 178, II, do CPC/2015 (art. 82, I, do CPC/1973).

Se, no entanto, houver colisão entre os interesses do representante e os do incapaz, o juiz nomeará curador especial, sem prejuízo da intervenção do Ministério Público quando se fizer necessário.

CPC/2015	CPC/1973
Art. 672. *É lícita a cumulação de inventários para a partilha de heranças de pessoas diversas quando houver:*	Art. 1.043. *Falecendo o cônjuge meeiro supérstite antes da partilha dos bens do pré-morto, as duas heranças serão cumulativamente inventariadas e partilhadas, se os herdeiros de ambos forem os mesmos.*
I – *identidade de pessoas entre as quais devam ser repartidos os bens;*	
II – *heranças deixadas pelos dois cônjuges ou companheiros*;	
III – **dependência de uma das partilhas em relação à outra.**	
Parágrafo único. **No caso previsto no inciso III, se a dependência for parcial, por haver outros bens, o juiz pode ordenar a tramitação separada, se melhor convier ao interesse das partes ou à celeridade processual.**	

COMENTÁRIOS:

Cumulação de inventários. O CPC/2015 amplia as hipóteses de cumulação de inventários, estando abarcadas, por exemplo, situações como a morte simultânea dos cônjuges ou companheiros, o que não encontrava previsão expressa no CPC/1973.

O requisito exigido pelo CPC/1973 (mesmos herdeiros) foi relativizado pela nova legislação, que admite o inventário em conjunto ainda quando os herdeiros não sejam comuns. Os fundamentos jurídicos para a alteração residem não somente no princípio da celeridade, mas, também, nas qualidades de indivisibilidade e universalidade da herança. Isso porque, se a herança é única e os herdeiros atuam em condomínio com relação ao patrimônio do *de cujus*, não se mostra razoável o processamento de inventários distintos para a posterior partilha de um mesmo acervo.

CPC/2015	CPC/1973
Art. 673. No caso previsto *no art. 672, inciso II*, prevalecerão as primeiras declarações, assim como o laudo de avaliação, salvo se alterado o valor dos bens.	Art. 1.045. Nos casos previstos *nos dois artigos antecedentes* prevalecerão as primeiras declarações, assim como o laudo de avaliação, salvo se se alterou o valor dos bens.

 COMENTÁRIOS:

Aproveitamento das primeiras declarações e do laudo de avaliação. Em prol da celeridade processual, se a cumulação envolver heranças deixadas pelos dois cônjuges ou companheiro, é possível que as primeiras declarações e o laudo de avaliação dos bens apresentados para a partilha do autor da herança pré-morto sejam aproveitados também para a partilha dos bens do cônjuge ou companheiro supérstite.

Capítulo VII
Dos Embargos de Terceiro

CPC/2015	CPC/1973
Art. 674. Quem, não sendo parte no processo, sofrer *constrição ou ameaça de constrição sobre bens que possua ou sobre os quais tenha direito incompatível com o ato constritivo,* poderá requerer seu desfazimento ou sua inibição por meio de embargos de terceiro. § 1º Os embargos podem ser de terceiro *proprietário*, **inclusive fiduciário**, ou possuidor. § 2º Considera-se terceiro, para ajuizamento dos embargos: I – o cônjuge **ou companheiro,** quando defende a posse de bens próprios ou de sua meação, **ressalvado o disposto no art. 843**;	Art. 1.046. Quem, não sendo parte no processo, sofrer *turbação ou esbulho na posse de seus bens por ato de apreensão judicial, em casos como o de penhora, depósito, arresto, sequestro, alienação judicial, arrecadação, arrolamento, inventário, partilha,* poderá requerer lhe sejam manutenidos ou restituídos por meio de embargos. § 1º Os embargos podem ser de terceiro *senhor e possuidor*, ou apenas possuidor. ~~§ 2º Equipara-se a terceiro a parte que, posto figure no processo, defende bens que, pelo título de sua aquisição ou pela qualidade em que os possuir, não podem ser atingidos pela apreensão judicial.~~

II – **o adquirente de bens cuja constrição decorreu de decisão que declara a ineficácia da alienação realizada em fraude à execução;**

III – **quem sofre constrição judicial de seus bens por força de desconsideração da personalidade jurídica, de cujo incidente não fez parte;**

IV – o credor com garantia real para obstar *expropriação* judicial do objeto de *direito real de garantia*, **caso não tenha sido intimado, nos termos legais dos atos expropriatórios respectivos.**

§ 3º Considera-se também terceiro o cônjuge quando defende a posse de bens ~~dotais~~, próprios, ~~reservados~~ ou de sua meação.

Art. 1.047. Admitem-se ainda embargos de terceiro:

I ~~– para a defesa da posse, quando, nas ações de divisão ou de demarcação, for o imóvel sujeito a atos materiais, preparatórios ou definitivos, da partilha ou da fixação de rumos;~~

II – para o credor com garantia real obstar *alienação* judicial do objeto da *hipoteca, penhor ou anticrese*.

COMENTÁRIOS:

Noções gerais. O processo consiste em relação jurídica que liga entre si autor, réu e Estado-juiz, não podendo produzir efeitos além das pessoas que o compõem. Nesse contexto, apenas as partes processuais sujeitam-se aos efeitos das decisões judiciais. Entretanto, é possível que as consequências indiretas ou reflexas de um provimento jurisdicional atinjam relações jurídicas outras da parte com terceiro que não participou do feito. Daí a permissão de que o terceiro intervenha no processo, a fim de obter sentença que seja favorável, ainda que indiretamente, aos seus interesses.

À semelhança do que ocorre no processo de conhecimento, na execução, a atividade satisfativa do Estado-juiz só pode dirigir-se, em princípio, ao vencido ou à pessoa que figure no título executivo como devedora. Somente o devedor há de sujeitar-se, com seus bens presentes e futuros, à execução forçada.

Pode ocorrer, contudo, que, na tentativa de garantir a satisfação do direito do credor, sejam atingidos bens ou direitos de terceiros estranhos à execução, que não possuem qualquer responsabilidade patrimonial pelo cumprimento da obrigação. Da mesma forma, pode ocorrer que, no próprio processo de conhecimento, sejam atingidos bens ou direitos de estranhos àquela relação processual. Para tais hipóteses, prevê a lei o ajuizamento dos embargos de terceiro.

Objeto dos embargos. Será sempre um ato judicial (de jurisdição), que poderá emanar-se de um processo cognitivo ou de execução, não se limitando ao processo civil, sendo admissíveis em qualquer procedimento onde houver ato de constrição judicial, seja no processo penal (art. 129 do CPP), trabalhista ou falimentar (art. 93 da Lei nº 11.101/2005).

Um exemplo ajuda a ilustrar o cabimento dos embargos de terceiro: terceiro que não seja responsável pelo cumprimento da obrigação e não sendo parte no processo de execução sofre os efeitos da penhora. Nesse caso, pode valer-se dos embargos de terceiro, posto que sofreu os efeitos do ato judicial. Se a ofensa à posse fosse decorrente de ato de particular, a ação adequada seria a possessória.

Vale destacar que os embargos de terceiro não visam desconstituir ou invalidar sentença proferida em processo alheio, mas apenas impedir que a eficácia da decisão atinja patrimônio que não pode ser responsabilizado pelo débito.

Maior abrangência do instituto. O CPC/2015 alterou a redação do CPC/1973 na tentativa de conferir maior abrangência às situações capazes de justificar a utilização desse instrumento.

No *caput*, com a expressão "sobre os quais [quem sofreu ameaça de constrição ou constrição de seus bens] tenha direito incompatível com o ato constritivo", o legislador abrangeu a hipótese prevista no art. 1.047, I, do CPC/1973 e qualquer outra que possa justificar a defesa de eventual direito sobre o bem. Exemplo: ao credor com garantia real, ainda que não tenha a posse do bem, se confere legitimidade para o manejo de embargos.

Ameaça de constrição. O novel dispositivo, diferentemente do art. 1.046 do CPC/1973, passa a abranger também a simples ameaça de constrição. Aliás, nesse particular, o CPC/2015 consolida o entendimento da jurisprudência, segundo o qual é possível a interposição de embargos em caráter apenas preventivo.[187]

Legitimidade ativa. Legitimado ativo para opor os embargos de terceiro é aquele que, a despeito de não ser parte no processo, sofreu constrição ou ameaça de constrição sobre bens que possua ou sobre os quais tenha direito incompatível com o ato constritivo (art. 674). O terceiro a que se refere o art. 674 pode ser proprietário, inclusive fiduciário, ou possuidor.

Proprietário fiduciário. O § 1º passou a prever expressamente a legitimidade do proprietário fiduciário para a interposição de embargos. No âmbito da jurisprudência[188] já estava prevista essa tal possibilidade, tanto com relação a bens móveis (regulados pelos arts. 1.361 a 1.368-B do Código Civil de 2002 e pelo Decreto-lei nº 911/1969), quanto com relação a bens imóveis (regulados pela Lei nº 9.514/1997).

Rol exemplificativo de legitimados. O § 2º (incisos I a IV) traz, de forma mais sistematizada, um rol de terceiros por equiparação, legitimados para a interposição dos em-

---

[187] "[...] É cediço na Corte que os embargos de terceiro são cabíveis de forma preventiva, quando o terceiro estiver na ameaça iminente de apreensão judicial do bem de sua propriedade. Precedentes: REsp 751.513/RJ, Rel. Ministro Carlos Alberto Menezes Direito, DJ 21/08/2006; REsp nº 1.702/CE, Relator o Ministro Eduardo Ribeiro, DJ de 9/4/90; REsp nº 389.854/PR, Relator o Ministro Sálvio de Figueiredo, DJ de 19/12/02. 4. A ameaça de lesão encerra o interesse de agir no ajuizamento preventivo dos embargos de terceiro, máxime à luz da cláusula pétrea da inafastabilidade, no sentido de que nenhuma lesão ou ameaça de lesão escapará à apreciação do judiciário (art. 5º, inciso XXXV, da CF). 5. Recurso especial desprovido" (STJ, REsp 1.019.314/RS, Rel. Min. Luiz Fux, julgado em 02.03.2010).

[188] Exemplos: "[...] O bem objeto de alienação fiduciária, que passa a pertencer à esfera patrimonial do credor fiduciário, não pode ser objeto de penhora no processo de execução, porquanto o domínio da coisa já não pertence ao executado, mas a um terceiro, alheio à relação jurídica. 3. Por força da expressa previsão do art. 1.046, § 2º, do CPC, é possível a equiparação a terceiro, do devedor que figura no polo passivo da execução, quando este defende bens que pelo título de sua aquisição ou pela qualidade em que os possui, não podem ser atingidos pela penhora, como é o caso daqueles alienados fiduciariamente. 4. Recurso especial não provido" (STJ, REsp 916.782/MG, Rel. Min. Eliana Calmon, julgado em 19.09.2008); "[...] Por força da expressa previsão do art. 1.046, § 2º, do CPC, é possível a equiparação a terceiro do devedor que figura no polo passivo da execução quando este defende bens que, pelo título de sua aquisição ou pela qualidade em que os possuir, não podem ser atingidos pela penhora, como é o caso daqueles alienados fiduciariamente. 2. Agravo regimental não provido" (STJ, AgRg no Ag 1.249.564/SP, Rel. Min. Eliana Calmon, julgado em 27.04.2010).

bargos. Não se trata, contudo, de rol taxativo, mas meramente exemplificativo, em virtude da previsão genérica introduzida no *caput*.

O inciso I manteve a disposição segundo a qual, para fins de embargos, considera-se terceiro o cônjuge que pretende defender a posse de seus bens próprios ou de sua meação, e incluiu, com idêntica legitimidade, o companheiro. Esse mesmo dispositivo exclui a possibilidade do manejo dos embargos pelo coproprietário, cônjuge ou companheiro não executado, quando o bem constrito ou ameaçado de constrição for indivisível. A exclusão da legitimidade é justificada pelo fato de a quota-parte do coproprietário, do cônjuge ou do companheiro recair sobre o produto da alienação do bem (art. 843 do CPC/2015 e art. 655-B do CPC/1973).

O inciso II atribui legitimidade ao adquirente de bens que foram constritos em razão de decisão que declara a ineficácia da alienação em fraude à execução.[189] Trata-se de inovação legislativa que alberga a orientação do Superior Tribunal de Justiça, para quem ao terceiro adquirente de boa-fé é facultado o uso dos embargos de terceiro para a defesa da posse.

O inciso III contempla regra nova na legislação, que se harmoniza com a previsão do incidente de desconsideração da personalidade jurídica. De acordo com o dispositivo, se o sócio não tiver participado do incidente, poderá manejar embargos de terceiro para impugnar a constrição judicial imposta sobre o seu patrimônio.

A rigor, na linha no CPC/2015, somente após a citação dos sócios se pode cogitar a penhora de seus bens por dívidas da sociedade (art. 135 do CPC/2015). Contudo, na hipótese de haver determinação da penhora sem a instauração do incidente ou sem a citação do sócio proprietário do bem constrito, serão cabíveis embargos de terceiro para a rediscussão da responsabilidade patrimonial deste. O correto – repita-se – é que se faculte ao sócio a participação no incidente. Caso tal oportunidade não tenha sido dada, caberá o ajuizamento dos embargos de terceiro.

Se for inversa a desconsideração da personalidade jurídica, será a pessoa jurídica a legitimada a propor os embargos na qualidade de prejudicada pelo ato constritivo.

Por fim, o inciso IV confere legitimidade ao credor com garantia real para obstar a expropriação judicial do bem dado em garantia, caso não tenha sido intimado da expropriação.[190] Essa inovação se harmoniza com a jurisprudência, que admite a interposição de embargos pelo credor com garantia real na hipótese versada no dispositivo legal (STJ, REsp 303.325/SP, Rel. Min. Nancy Andrighi, julgado em 26.10.2004).

---

[189] Lembre-se que a regra não pode ser utilizada para os casos de fraude contra credores, por força da Súmula nº 195 do Superior Tribunal de Justiça ("Em embargos de terceiro, não se anula ato jurídico, por fraude contra credores").

[190] Frise-se que ordenamento jurídico confere preferência (art. 1.422 do Código Civil) e prerrogativas no processo de execução ao credor com garantia real, como, por exemplo, a adjudicação do bem. Se não foi intimado do ato de expropriação (adjudicação ou alienação), os embargos de terceiro constituem a forma adequada para reposicionar a marcha procedimental, ou seja, determinar a sustação do ato expropriatório até que o credor com garantia real dele seja intimado (art. 674, IV).

CPC/2015	CPC/1973
Art. 675. Os embargos podem ser opostos a qualquer tempo no processo de conhecimento enquanto não transitada em julgado a sentença e, **no cumprimento de sentença ou** no processo de execução, até 5 (cinco) dias depois da adjudicação, **da alienação por iniciativa particular** ou da arrematação, mas sempre antes da assinatura da respectiva carta. Parágrafo único. **Caso identifique a existência de terceiro titular de interesse em embargar o ato, o juiz mandará intimá-lo pessoalmente.**	Art. 1.048. Os embargos podem ser opostos a qualquer tempo no processo de conhecimento enquanto não transitada em julgado a sentença, e, no processo de execução, até 5 (cinco) dias depois da arrematação, adjudicação ou ~~remição~~, mas sempre antes da assinatura da respectiva carta.

 COMENTÁRIOS:

Momento para a oposição dos embargos de terceiro. O art. 1.048 do CPC/1973 dispõe que "os embargos podem ser opostos a qualquer tempo no processo de conhecimento enquanto não transitada em julgado a sentença, e, no processo de execução, até 5 (cinco) dias depois da arrematação, adjudicação ou remição, mas sempre antes da assinatura da respectiva carta". O Novo CPC (art. 675) modifica a redação para permitir os embargos após a alienação por iniciativa particular (art. 879, I, do CPC/2015; art. 647, II, do CPC/1973) e também no cumprimento de sentença, adequando-se o tema ao processo sincrético que já havia sido instituído pela Lei nº 11.232/2005.

A nova legislação trouxe uma regra no parágrafo único, segundo a qual o juiz deverá intimar pessoalmente o terceiro interessado em se opor ao ato de constrição, sempre que for possível identificá-lo. Esse procedimento visa evitar a interposição de embargos após longo trâmite processual, pois antecipa as eventuais discussões sobre o bem e evita a realização de diversos atos processuais que, posteriormente, poderiam não ter eficácia em virtude da decisão final nos embargos.

Forma de contagem do prazo de 5 (cinco) dias. Deve-se fixar o termo inicial para oposição dos embargos a partir da data da inequívoca ciência do terceiro acerca do ato de constrição judicial, que não necessariamente coincidirá com o dia da arrematação, da adjudicação ou da alienação particular. Trata-se de entendimento consolidado na jurisprudência[191] e que deve ser mantido no Novo CPC, já que não se justifica exigir do terceiro o cumprimento do prazo se não foi parte no processo e não recebeu qualquer comunicado para que viesse a juízo defender seus direitos sobre o bem objeto da constrição. Deve-se, por conseguinte, preservar o direito constitucional de irrestrita defesa do proprietário ou possuidor do bem que, não intimado, ajuíza embargos de terceiro logo após ciência da turbação ou esbulho judicial.

---

[191] STJ, REsp 237.581/SP, Rel. Min. Humberto Gomes de Barros, julgado em 19.05.2005; REsp 861.831/RS, Rel. Min. Jorge Scartezzini, julgado em 21.09.2006; REsp 678.375/GO, Rel. Min. Massami Uyeda, julgado em 06.02.2007; AgRg na MC 20.130/MG, Rel. Min. Herman Benjamin, julgado em 04.12.2012.

CPC/2015	CPC/1973
Art. 676. Os embargos serão distribuídos por dependência ao juízo que ordenou a *constrição* e autuados em apartado. Parágrafo único. **Nos casos de ato de constrição realizado por carta, os embargos serão oferecidos no juízo deprecado, salvo se indicado pelo juízo deprecante o bem constrito ou se já devolvida a carta.**	Art. 1.049. Os embargos serão distribuídos por dependência e correrão em autos distintos perante o mesmo juiz que ordenou a *apreensão*.

 ## COMENTÁRIOS:

Competência. Em razão do vínculo de acessoriedade entre os embargos de terceiro e a ação em que ocorreu o esbulho ou turbação judicial, será competente para o procedimento especial de embargos o juízo que ordenou a constrição do bem (art. 676). Trata-se de competência funcional, portanto, absoluta. Assim, a despeito da autonomia dos embargos, sua distribuição é feita por dependência aos autos do processo que deu origem à constrição.

Se os embargos forem oferecidos pela União Federal, autarquias ou empresas públicas federais, a competência será da Justiça Federal, ainda que a ação principal tramite pela Justiça Estadual, prevalecendo, nesse caso, a competência *ratione personae* prevista no art. 109, I, da CF/1988.

Quando os autos do processo originário estiverem em segundo grau – ante a pendência de recurso – e a constrição decorrer da execução provisória do julgado, os embargos de terceiro deverão ser ajuizados perante o juízo de primeiro grau. Entretanto, se o feito principal for de competência originária do tribunal, o órgão colegiado também será competente para julgamento dos embargos.

Constrição formalizada por carta. Nos termos da Súmula nº 33 do extinto Tribunal Federal de Recursos, "o juízo deprecado, na execução por carta, é o competente para julgar os embargos de terceiro, salvo se o bem apreendido foi indicado pelo Juízo deprecante". Esse entendimento continuou a ser aplicado pelos tribunais superiores e hoje está expresso na redação do parágrafo único do novo art. 676. Se o juiz deprecado, no entanto, agir apenas como executor do ato constritivo emanado pelo juízo deprecante, os embargos deverão ser oferecidos e julgados neste.

CPC/2015	CPC/1973
Art. 677. Na petição **inicial**, o embargante fará a prova sumária de sua posse **ou de seu domínio** e da qualidade de terceiro, oferecendo documentos e rol de testemunhas. § 1º É facultada a prova da posse em audiência preliminar designada pelo juiz. § 2º O possuidor direto pode alegar, além da sua posse, o domínio alheio. § 3º A citação será pessoal, se o embargado não tiver procurador constituído nos autos da ação principal. § 4º **Será legitimado passivo o sujeito a quem o ato de constrição aproveita, assim como o será seu adversário no processo principal quando for sua a indicação do bem para a constrição judicial.**	Art. 1.050. O embargante, em petição ~~elaborada com observância do disposto no art. 282~~, fará a prova sumária de sua posse e a qualidade de terceiro, oferecendo documentos e rol de testemunhas. § 1º É facultada a prova da posse em audiência preliminar designada pelo juiz. § 2º O possuidor direto pode alegar, com a sua posse, domínio alheio. § 3º A citação será pessoal, se o embargado não tiver procurador constituído nos autos da ação principal.

COMENTÁRIOS:

Petição inicial. Os embargos são opostos por petição com os requisitos dos arts. 319 e 320, devendo o embargante instruí-la com os documentos comprobatórios da posse ou domínio sobre o bem/direito que pretende ver tutelado, assim como da qualidade de terceiro, ofertando desde logo o rol de testemunhas. Se a prova meramente documental não for suficiente, faculta-se a comprovação em audiência preliminar designada pelo juiz (art. 677, § 1º). Imprescindível, ainda, que o bem ou direito que se quer ver tutelado esteja perfeitamente individualizado e caracterizado.

Citação. Em regra a citação deve ocorrer na pessoa do advogado, mediante publicação do despacho no órgão oficial, o que, aliás, acaba por prestigiar os princípios da celeridade e da economia processuais.

Novidades trazidas pelo CPC/2015. Como o art. 664, § 1º, do CPC/2015 permite que os embargos sejam interpostos por terceiro possuidor ou proprietário, fez-se necessária a inclusão do termo "domínio" ao *caput* do novo art. 677. Sendo assim, o terceiro proprietário precisará provar, na petição inicial, que detém as faculdades de gozar, usar, dispor e reaver o bem (inerentes ao domínio).

O § 4º foi adicionado para esclarecer a legitimidade passiva nos embargos de terceiros. Será legitimado aquele que nomeou o bem objeto da constrição (geralmente o credor, mas pode ocorrer a nomeação pelo devedor).

Haverá legitimação dúplice quando o bem for penhorado por indicação do próprio oficial de justiça (sem a intervenção das partes). Nesse caso, como a medida pode possibilitar ao credor o recebimento do crédito e, ao devedor, o cumprimento da obrigação, ambos serão considerados como interessados para figurar no polo passivo dos embargos de terceiro. Em outras palavras, haverá litisconsórcio passivo necessário entre autor (credor) e réu (devedor) da ação primitiva.

CPC/2015	CPC/1973
Art. 678. A decisão que reconhecer suficientemente provado **o domínio ou** a posse *determinará a suspensão das medidas constritivas sobre os bens litigiosos objeto dos embargos, bem como a manutenção ou a reintegração provisória da posse,* **se o embargante a houver requerido**. Parágrafo único. *O juiz poderá condicionar a ordem de manutenção ou de reintegração provisória de posse à prestação de caução pelo requerente,* **ressalvada a impossibilidade da parte economicamente hipossuficiente**.	Art. 1.051. Julgando suficientemente provada a posse, *o juiz deferirá liminarmente os embargos e ordenará a expedição de mandado de manutenção ou de restituição em favor do embargante, que só receberá os bens depois de prestar caução de os devolver com seus rendimentos, caso sejam afinal declarados improcedentes.*

 COMENTÁRIOS:

Manutenção e reintegração provisórias. Recebida a inicial, não sendo o caso de emenda ou indeferimento, o juiz apreciará o pedido de liminar. A medida liminar constitui mera fase procedimental, não figurando o deferimento como condição de procedibilidade dos embargos.

Julgando suficientemente provado o direito alegado, com ou sem audiência preliminar, o juiz determinará a suspensão das medidas constritivas sobre os bens litigiosos objeto dos embargos, bem como a manutenção ou a reintegração provisória da posse. Essa última providência poderá ser condicionada à prestação de caução pelo requerente, nos termos do parágrafo único do art. 678. Ou seja, a exigência de caução não deve ocorrer em todo e qualquer caso, conforme sugere a redação do CPC/1973 (art. 1.051). Deve o juiz, por exemplo, verificar se há perigo de desaparecimento ou deterioração da coisa que justifique a exigência de garantia. Além disso, se a parte for economicamente hipossuficiente, afasta-se a exigência de caução.[192] Nesse caso, pode o juiz condicionar a concessão da liminar ao depósito do objeto litigioso.

CPC/2015	CPC/1973
Art. 679. Os embargos poderão ser contestados no prazo de *15 (quinze)* dias, findo o qual se seguirá *o procedimento comum*.	Art. 1.053. Os embargos poderão ser contestados no prazo de *10 (dez)* dias, findo o qual proceder-se-á *de acordo com o disposto no art. 803*.
Art. 680. Contra os embargos do credor com garantia real, o embargado somente poderá alegar que: I – o devedor comum é insolvente; II – o título é nulo ou não obriga a terceiro; III – outra é a coisa dada em garantia.	Art. 1.054. Contra os embargos do credor com garantia real, somente poderá o embargado alegar que: I – o devedor comum é insolvente; II – o título é nulo ou não obriga a terceiro; III – outra é a coisa dada em garantia.

 ## COMENTÁRIOS AOS ARTS. 679 E 680:

Contestação. O prazo para contestação é de 15 (quinze) dias (art. 679). Nela poderá o embargado deduzir qualquer matéria de defesa, exceto que a constrição recaiu sobre bem alienado ou onerado em fraude contra credores, o que deverá ser deduzido em ação própria (ação pauliana). Vale frisar que a discussão nos embargos de terceiro cinge-se à legitimidade ou não da constrição judicial.

Superada a fase da resposta, a especialização do procedimento se exaure; a demanda passa a tramitar pelo rito comum (art. 679).

Sendo o embargante credor com garantia real, as matérias de defesa limitam-se àquelas previstas no art. 680, quais sejam: insolvência do devedor, nulidade do título que fundamenta a pretensão do embargante ou inoponibilidade dele a terceiros e diversidade da coisa dada em garantia.

---

[192] Os tribunais superiores já perfilhavam o mesmo entendimento. Exemplo: "Agravo de instrumento. Embargos de terceiro. Caução. Dispensa. Comprovado documentalmente e por testemunhas, em audiência de justificação, ser a agravante possuidora de imóvel discutido na ação de união estável do filho, bem como não havendo indício de que ela tenha condição econômica de prestar garantia, de rigor sua dispensa em prestar caução, sob pena de perecimento do direito principal. Deram provimento unânime" (TJRS, Agravo de Instrumento 70041656695, 8ª Câmara Cível, Rel. Des. Rui Portanova, julgado em 18.08.2011).

Inexistindo contestação, ou não sendo necessária produção de provas, possível é o julgamento antecipado da lide. Em caso contrário, designar-se-á audiência de instrução e julgamento.

CPC/2015	CPC/1973
Art. 681. **Acolhido o pedido inicial, o ato de constrição judicial indevida será cancelado, com o reconhecimento do domínio, da manutenção da posse ou da reintegração definitiva do bem ou do direito ao embargante.**	Não há correspondência.

 ## COMENTÁRIOS:

Sentença. Encerrada a instrução, tem-se a prolação de sentença. A tutela a ser concedida nos embargos não se restringe ao mero cancelamento da constrição judicial. Haverá reconhecimento, ou seja, declaração do domínio ou do direito que assegure ao embargante a manutenção ou reintegração na posse do bem ou direito objeto dos embargos (art. 681).

Ônus de sucumbência. Serão suportados pelo embargante, caso improcedentes os embargos. Acolhida a pretensão do embargante, ou seja, quando excluída a constrição sobre o bem, as despesas serão suportadas por aquele que deu causa à constrição indevida (Súmula nº 303 do STJ).

Destarte, se o embargado não teve ciência do ato constritivo (quando, por exemplo, a penhora é realizada pelo oficial de justiça) e, após tomar conhecimento dos embargos, reconhece prontamente o direito do embargante, não poderá ser condenado aos ônus de sucumbência, porquanto a turbação ou esbulho judicial não decorreram de ato que lhe possa ser imputado. A falha, em tal hipótese, é da própria máquina judiciária, competindo ao Poder Público responder pelas perdas daí decorrentes.

Recurso. Da sentença proferida nos embargos caberá apelação. Há divergência quanto aos efeitos da apelação interposta em face da sentença que julga improcedente o pedido, entendendo alguns que, em tal hipótese, o recurso teria efeito meramente devolutivo, aplicando-se, por analogia, a regra contida no art. 1.012, § 1º, III (art. 520, V, do CPC/1973), referente aos embargos à execução.

Todavia, tal posicionamento não parece adequado. Em primeiro lugar, é de se observar que os embargos à execução têm natureza diversa dos embargos de terceiro. Aqueles atacam a própria execução e o débito, enquanto estes divergem, tão somente, da constrição judicial, ao argumento de que o ato atinge bem que não pode ser responsabilizado pelo débito. Outrossim, se o simples recebimento dos embargos já acarreta a suspensão do processo principal, a sentença que os rejeita meritoriamente também há de possuir efeito suspensivo, de forma a preservar a situação do embargante enquanto seu pedido não é definitivamente decidido.[193] Assim, o recurso de apelação interposto contra sentença de improcedência dos embargos de terceiro será recebido no duplo efeito (devolutivo e suspensivo).

---

[193] Nesse sentido: "Agravo de instrumento. Recebimento da apelação. Efeitos. Sentença proferida em embargos de terceiro. Apelação. Hipótese não prevista no rol do art. 520 do CPC. Prevalência do duplo efeito. Recurso provido. – Em regra, o recurso de apelação deve ser recebido em ambos os

Capítulo VIII
Da Oposição

No Código de 1973, a oposição é tratada como espécie de intervenção de terceiro, destinada à pessoa que pretende, no todo ou em parte, o objeto discutido em demanda na qual não tem participação. Assim, ao invés de iniciar um novo processo, o opoente tem a faculdade de ingressar em demanda alheia, pedindo o reconhecimento de seu direito.

O Novo CPC continuará resguardando o interesse desse terceiro, sendo que através de um procedimento especial, e não mais de uma intervenção no procedimento comum.

Não há grandes novidades quanto a esse instituto. A redação do CPC/2015 fez apenas uma adequação das disposições anteriores ao novo procedimento.

CPC/2015	CPC/1973
Art. 682. Quem pretender, no todo ou em parte, a coisa ou o direito sobre que controvertem autor e réu poderá, até ser proferida a sentença, oferecer oposição contra ambos.	Art. 56. Quem pretender, no todo ou em parte, a coisa ou o direito sobre que controvertem autor e réu, poderá, até ser proferida a sentença, oferecer oposição contra ambos.
Art. 683. O opoente deduzirá o pedido em observação aos requisitos exigidos para proposituda da ação. Parágrafo único. Distribuída a oposição por dependência, serão os opostos citados, na pessoa de seus respectivos advogados, para contestar o pedido no prazo comum de 15 (quinze) dias.	Art. 57. O opoente deduzirá o seu pedido, observando os requisitos exigidos para a propositura da ação (~~arts. 282 e 283~~). Distribuída a oposição por dependência, serão os opostos citados, na pessoa dos seus respectivos advogados, para contestar o pedido no prazo comum de 15 (quinze) dias.
Art. 684. Se um dos opostos reconhecer a procedência do pedido, contra o outro prosseguirá o opoente.	Art. 58. Se um dos opostos reconhecer a procedência do pedido, contra o outro prosseguirá o opoente.
Art. 685. *Admitido o processamento, a oposição* será apensada aos autos e tramitará simultaneamente à ação originária, sendo ambas julgadas pela mesma sentença. Parágrafo único. Se a oposição for proposta após o início da audiência de instrução, o juiz *suspenderá* o curso do processo *ao fim da produção das provas, salvo se concluir que a unidade da instrução atende melhor ao princípio da duração razoável do processo.*	Art. 59. *A oposição, oferecida antes da audiência,* será apensada aos autos ~~principais~~ e correrá simultaneamente com a ação, sendo ambas julgadas pela mesma sentença. Art. 60. Oferecida depois de iniciada a audiência, *seguirá a oposição o procedimento ordinário, sendo julgada sem prejuízo da causa principal. Poderá* o juiz, todavia, *sobrestar* no andamento do processo, *por prazo nunca superior a 90 (noventa) dias, a fim de julgá-la conjuntamente com a oposição.*
Art. 686. Cabendo ao juiz decidir simultaneamente a ação originária e a oposição, desta conhecerá em primeiro lugar.	Art. 61. Cabendo ao juiz decidir simultaneamente a ação e a oposição, desta conhecerá em primeiro lugar.

efeitos – devolutivo e suspensivo – com exceção dos casos enumerados taxativamente no art. 520 do CPC, nos quais ela será recebida apenas no efeito devolutivo. – A sentença que julgou improcedentes os embargos de terceiro não se encontra entre os casos nos quais a apelação será recebida sem o efeito suspensivo, aplicando-se, então a regra do duplo efeito" (TJMG, AI 10702110250330002/MG, 10ª Câmara Cível, Rel. Mariângela Meyer, julgado em 10.12.2013).

COMENTÁRIOS AOS ARTS. 682 A 686:

Objetivo da oposição. Imagine que em ação reivindicatória proposta por "A" em face de "B", "C", considerando-se o verdadeiro titular do domínio, pretenda haver para si o bem jurídico disputado. Nesse caso, deve o opoente oferecer oposição contra ambos ("A" e "B"), pedindo o reconhecimento de seu direito. O procedimento deve ter início antes da prolação da sentença (art. 682).

A oposição distingue-se da cumulação de ações, uma vez que nesta o autor formula duas ou mais pretensões em relação ao mesmo réu. Na oposição, tanto as partes como as pretensões são distintas das que figuram na demanda. No que se refere ao objeto disputado, a oposição pode ser total ou parcial. Autor e réu disputam o domínio de 50 (cinquenta) hectares de terras. O opoente pode pretender o reconhecimento do domínio de toda a área (oposição total) ou apenas de parte (oposição parcial).

Procedimento. O opoente apresenta petição inicial com os requisitos dos arts. 319 e 320, que é distribuída por dependência e autuada em apartado. Recebida a petição inicial, o juiz adota uma das seguintes providências: indefere-a, manda emendá-la ou ordena a citação dos opostos (autor e réu da ação principal), que passam a ser réus na oposição e podem contestá-la no prazo de 15 (quinze) dias (art. 683, parágrafo único). A citação é feita na pessoa dos respectivos advogados, ou pessoalmente, se revel.

Uma vez admitida, a oposição gera um litisconsórcio passivo, necessário, simples e ulterior. É passivo necessário, porque, por força de lei, a oposição deve se dirigir contra ambas as partes (art. 682, parte final). Ulterior, pois se forma no curso do processo. E simples, porque contra cada parte originária o opoente dirigirá pretensão distinta, o que possibilitará decisões diferentes. Contra o autor, o opoente pugnará pela declaração de que é o titular do direito discutido; contra o réu, além dessa declaração, poderá formular alguma prestação (devolução da coisa, pagamento de quantia, obrigação de fazer ou não fazer).

Se ambos os opostos reconhecem a procedência da oposição, serão ela e a causa principal julgadas em favor do opoente. Se o reconhecimento ocorrer por apenas um dos opostos, a oposição prossegue contra o outro oposto (art. 684). Destaque-se que, se o autor reconhecer o pedido do opoente, estará renunciando ao direito sobre o qual se funda a ação principal, que deverá ser extinta.

Tramitação da oposição. A oposição será, em qualquer caso, apensada aos autos da ação originária e com ela julgada conjuntamente, não havendo mais previsão determinando o julgamento em apartado. Deste modo, embora ainda seja possível o oferecimento de oposição após o início da audiência de instrução, o curso da ação principal será suspenso de qualquer maneira, seja ao término da produção de provas ou imediatamente, caso o juiz considere que a unidade da instrução melhor atenderá ao princípio da duração razoável do processo.

Capítulo IX

Da Habilitação

CPC/2015	CPC/1973
Art. 687. A habilitação ocorre quando, por falecimento de qualquer das partes, os interessados houverem de suceder-lhe no processo.	Art. 1.055. A habilitação tem lugar quando, por falecimento de qualquer das partes, os interessados houverem de suceder-lhe no processo.

Art. 688. A habilitação pode ser requerida: I – pela parte, em relação aos sucessores do falecido; II – pelos sucessores do falecido, em relação à parte.	Art. 1.056. A habilitação pode ser requerida: I – pela parte, em relação aos sucessores do falecido; II – pelos sucessores do falecido, em relação à parte.
Art. 689. Proceder-se-á à habilitação nos autos do processo principal, *na instância em que estiver,* **suspendendo-se, a partir de então, o processo.**	Art. 1.060. Proceder-se-á à habilitação nos autos da causa principal *e independentemente de sentença* ~~quando~~: ~~I – promovida pelo cônjuge e herdeiros necessários, desde que provem por documento o óbito do falecido e a sua qualidade;~~ ~~II – em outra causa, sentença passada em julgado houver atribuído ao habilitando a qualidade de herdeiro ou sucessor;~~ ~~III – o herdeiro for incluído sem qualquer oposição no inventário;~~ ~~IV – estiver declarada a ausência ou determinada a arrecadação da herança jacente;~~ ~~V – oferecidos os artigos de habilitação, a parte reconhecer a procedência do pedido e não houver oposição de terceiros.~~
Art. 690. Recebida a petição, o juiz ordenará a citação dos requeridos para *se pronunciarem* no prazo de 5 (cinco) dias. Parágrafo único. A citação será pessoal, se a parte não tiver procurador constituído nos autos.	Art. 1.057. Recebida a petição ~~inicial~~, ordenará o juiz a citação dos requeridos para *contestar a ação* no prazo de 5 (cinco) dias. Parágrafo único. A citação será pessoal, se a parte não tiver procurador constituído na causa.
Art. 691. **O juiz decidirá o pedido de habilitação imediatamente, salvo se este for impugnado e houver necessidade de dilação probatória diversa da documental, caso em que determinará que o pedido seja autuado em apartado e disporá sobre a instrução.**	Não há correspondência.
Art. 692. Transitada em julgado a sentença de habilitação, o processo principal retomará o seu curso, **e cópia da sentença será juntada aos autos respectivos.**	Art. 1.062. Passada em julgado a sentença de habilitação, ~~ou admitida a habilitação nos casos em que independer de sentença~~, a causa principal retomará o seu curso.

 ## COMENTÁRIOS AOS ARTS. 687 A 692:

Noções gerais. A habilitação consiste no procedimento especial incidente e que tem por fim restabelecer o desenvolvimento da relação processual interrompido pela morte de uma das partes.

Ocorre que a relação processual pressupõe, além da presença do juiz que a integra, a presença das partes, ou seja, autor e réu. A morte de uma das partes pode provocar a extinção do processo sem resolução do mérito se o direito material controvertido for personalíssimo, intransmissível, ou apenas a suspensão do processo até a habilitação dos sucessores das partes.

Lembre-se de que, feita a citação, estabilizam-se os elementos da demanda (partes, pedido e causa de pedir). Quanto às partes, só se permite a substituição nos casos expressos em lei (arts. 108 e 329). O Código contempla duas hipóteses de substituição de partes ou de sucessão processual: quando o bem litigioso é alienado (art. 109) e quando ocorre a morte de qualquer das partes (art. 110).

No caso de alienação do bem litigioso, a substituição das partes é facultativa e só pode ser concretizada se houver consentimento da parte contrária. Desde que preenchidos os pressupostos legais, essa modalidade de substituição efetiva-se por despacho do juiz, provocado por simples petição nos autos, independentemente do procedimento de habilitação. Diversa é a situação se o alienante ou cedente vier a falecer no curso do processo, pois nesse caso o adquirente ou cessionário poderá prosseguir na causa mediante habilitação.

Também a morte de uma das partes, tratando-se de direito transmissível, reclama o procedimento da habilitação.

A morte implica a transmissão imediata do domínio e posse da herança aos sucessores do falecido (CC, art. 1.784). Todavia, estando em curso processo no qual se discutem direitos do falecido, o procedimento da habilitação torna-se indispensável para, verificada a legitimidade dos sucessores, operar a sucessão processual. A propósito, dispõe o art. 687 que "a habilitação tem lugar quando, por falecimento de qualquer das partes, os interessados houverem de suceder-lhe no processo".

Legitimidade. A habilitação pode ser requerida tanto pela parte, em relação aos sucessores do falecido, como pelos sucessores do falecido, em relação à parte (art. 688).

Procedimento. Recebida a petição inicial, ordenará o juiz a citação dos requeridos para contestar a ação no prazo de 5 (cinco) dias (art. 690). A citação será pessoal, se a parte não tiver procurador constituído na causa. Em seguida, o juiz decidirá a habilitação, determinando a juntada de cópia da sentença aos autos da ação principal, notadamente quando a habilitação tiver sido processada em autos apartados. Somente após o trânsito em julgado da sentença que resolver a habilitação é que o processo principal retomará seu curso, mas desde que não haja a atribuição de efeito suspensivo a eventual recurso que seja interposto contra essa decisão.

Tramitação da habilitação. De acordo com o Novo CPC (art. 689), a habilitação passará a ser, em regra, processada nos próprios autos da ação principal. A sistemática do CPC/2015 é inversa se comparada ao Código de 1973. Excepcionalmente, no entanto, a habilitação poderá ser processada em autos apartados se o pedido constante na petição inicial for impugnado e houver necessidade de dilação probatória diversa da documental (art. 691).

Em qualquer caso, a habilitação tramitará na instância em que a ação principal se encontrar e suspenderá o curso do processo principal (art. 689, parte final). Esse entendimento podia ser extraído do CPC/1973, já que o art. 265, I, do referido Código (art. 313, I, do CPC/2015) dispunha que o processo deveria ser suspenso pela morte ou perda da capacidade processual de qualquer das partes, de seu representante legal ou de seu procurador.

Cópia da sentença. A juntada de cópia da sentença de habilitação nos autos da ação principal já era prática adotada por alguns juízes. A regra, agora expressa no art. 692, só tem razão de ser quando o pedido de habilitação for autuado em apenso.

Capítulo X
Das Ações de Família

O Novo Código de Processo Civil estabelece um procedimento especial para as chamadas "ações de família", quais sejam o divórcio, a separação, o reconhecimento e a extinção da união estável, a guarda, a visitação e a filiação. Quanto às ações de alimentos (e, consequentemente, ação de exoneração e revisional), há previsão para aplicação do CPC apenas no que for cabível.

Os arts. 693 a 699, que serão comentados a seguir, trazem as regras que deverão ser aplicadas exclusivamente às demandas mencionadas, quando contenciosas (ou não consensuais), ressalvando-se as disposições estabelecidas em leis especiais.

Esclarece-se que quando as ações de divórcio, de separação ou de extinção da união estável não demandarem instrução processual, por terem sido propostas de forma consensual, deverão ser observadas as disposições constantes nos arts. 731 a 734 do CPC/2015, sendo possível, ainda, a realização por escritura pública, independentemente de homologação judicial. Nesse ponto, lembramos que a Lei nº 11.441, de 4 de janeiro de 2007, que alterou o CPC/1973 para possibilitar a realização da separação e do divórcio consensuais por via administrativa (art. 1.124-A), não estendeu essa previsão à união estável. Com o CPC/2015, o tabelião também poderá lavrar a escritura pública de extinção da união estável quando assim consentirem os companheiros.

CPC/2015	CPC/1973
Art. 693. As normas deste Capítulo aplicam-se aos processos contenciosos de divórcio, separação, reconhecimento e extinção de união estável, guarda, visitação e filiação. Parágrafo único. **A ação de alimentos e a que versar sobre interesse de criança ou de adolescente observarão o procedimento previsto em legislação específica, aplicando-se, no que couber, as disposições deste Capítulo.**	Não há correspondência.

 ## COMENTÁRIOS:

Reforço à separação judicial. No que concerne aos procedimentos em espécie, o CPC/2015 solucionará o impasse doutrinário e jurisprudencial sobre a (in)existência da separação em nosso ordenamento. É que o novo art. 693 inclui a separação contenciosa como "ação de família", contrariando o posicionamento doutrinário no sentido de que a Emenda Constitucional nº 66 teria acabado com esse instituto. Com a nova redação resta clara a possibilidade de opção entre o desfazimento imediato do vínculo matrimonial através do divórcio e a ultimação apenas da sociedade conjugal através da separação.[194]

Ações de alimentos. Nesses casos deverá ser aplicado o procedimento previsto na Lei nº 5.478/1968.[195] Como se vê, apesar da generalidade do termo "ações de família", não se pode aplicar integralmente o CPC/2015 a todos os assuntos relativos à entidade familiar. Do mesmo modo, quanto às ações que versem sobre interesse da criança e do adolescente,

---

[194] Esclarece-se que "a separação judicial, embora coloque termo à sociedade conjugal, mantém intacto o vínculo matrimonial, impedindo os cônjuges de contrair novas núpcias" (GONÇALVES, Carlos Roberto. **Direito Civil brasileiro:** direito de família. 7. ed. São Paulo: Saraiva, 2010. vol. 6, p. 201).

[195] Com exceção dos arts. 16 a 18, os quais foram expressamente revogados (art. 1.072, V, do CPC/2015).

devem ser observados os dispositivos previstos em leis especiais, a exemplo do Estatuto da Criança e do Adolescente.

CPC/2015	CPC/1973
Art. 694. Nas ações de família, todos os esforços serão empreendidos para a solução consensual da controvérsia, devendo o juiz dispor do auxílio de profissionais de outras áreas de conhecimento para a mediação e conciliação. Parágrafo único. A requerimento das partes, o juiz pode determinar a suspensão do processo enquanto os litigantes se submetem a mediação extrajudicial ou a atendimento multidisciplinar.	Não há correspondência.

 COMENTÁRIOS:

Incentivo à autocomposição. Ao longo do CPC/2015 é possível perceber a intenção do legislador em prestigiar a solução amigável dos conflitos. No Capítulo relativo às ações de família essa idealização é ainda mais evidente.

Em demandas desta ordem, a presença de profissionais de outras áreas do conhecimento, como psicólogos e assistentes sociais, é de suma importância para a orientação das partes na busca pela solução mais adequada ao caso concreto, considerando não apenas os aspectos jurídicos do fato, mas também os reflexos sociais e psicológicos que poderão ser gerados, por exemplo, pela ruptura na estrutura familiar.

A ideia de fomentar a autocomposição é louvável, especialmente quando se dá a oportunidade para que um terceiro (psicólogo, assistente, pedagogo etc.), nomeado pelo juiz, intervenha no feito com o objetivo de buscar compreender os aspectos emocionais de cada indivíduo e da dinâmica familiar, com vistas a encontrar a solução que melhor atenda às peculiaridades do caso concreto.

CPC/2015	CPC/1973
Art. 695. Recebida a petição inicial e, se for o caso, tomadas as providências referentes à tutela provisória, o juiz ordenará a citação do réu para comparecer à audiência de mediação e conciliação, observado o disposto no art. 694. § 1º O mandado de citação conterá apenas os dados necessários à audiência e deverá estar desacompanhado de cópia da petição inicial, assegurado ao réu o direito de examinar seu conteúdo a qualquer tempo. § 2º A citação ocorrerá com antecedência mínima de 15 (quinze) dias da data designada para a audiência. § 3º A citação será feita na pessoa do réu. § 4º Na audiência, as partes deverão estar acompanhadas de seus advogados ou de defensores públicos.	Não há correspondência.

COMENTÁRIOS:

Vedação à citação por correio. O CPC/2015 continua proibindo a citação pelo correio não apenas na ação de interdição, mas também nas demais ações de estado, dada a relevância dos interesses envolvidos (art. 247, I, do CPC/2015).

Aspectos gerais da citação. A citação deve ocorrer com antecedência mínima de 15 (quinze) dias da data designada para a audiência. No procedimento comum, esse interregno é de pelo menos 20 (vinte) dias (art. 334, parte final, do CPC/2015).

No ato da citação não mais será entregue ao réu cópia da petição inicial, sendo assegurado a este, contudo, o direito de examinar o seu conteúdo a qualquer tempo. Tal medida visa evitar o contato imediato do réu com as alegações do autor, o que poderia dificultar uma possível solução consensual da controvérsia em virtude da alta carga emocional aduzida nas peças processuais desse tipo de demanda.

CPC/2015	CPC/1973
Art. 696. A audiência de mediação e conciliação poderá dividir-se em tantas sessões quantas sejam necessárias para viabilizar a solução consensual, sem prejuízo de providências jurisdicionais para evitar o perecimento do direito.	Não há correspondência.

 COMENTÁRIOS:

Solução consensual como prioridade. Como decorrência da ideia expressa no novo art. 694, o CPC/2015 possibilita que a audiência de mediação e conciliação seja cindida em tantas sessões quantas sejam necessárias para viabilizar a solução consensual.

Vale destacar que a defesa só será apresentada após a audiência e se não houver autocomposição.

CPC/2015	CPC/1973
Art. 697. Não realizado o acordo, passarão a incidir, a partir de então, as normas do procedimento comum, observado o art. 335.	Não há correspondência.

 COMENTÁRIOS:

Obrigatoriedade da audiência de conciliação. Pela redação do art. 694 c/c o art. 695, a tentativa de conciliação é etapa obrigatória nesse tipo de procedimento. Tal obrigatoriedade traz reflexos inclusive no trâmite processual, porquanto até o momento da audiência não se exigirá a contestação da parte ré, que só deverá apresentá-la quando não for possível a conciliação (art. 697). Nessa hipótese, a parte ré será intimada na própria audiência, passando a incidir, a partir de então, o prazo de 15 (quinze) dias para apresentação de sua defesa (art. 335, I).

CPC/2015	CPC/1973
Art. 698. Nas ações de família, o Ministério Público somente intervirá quando houver interesse de incapaz e deverá ser ouvido previamente à homologação de acordo.	Não há correspondência.

COMENTÁRIOS:

Intervenção do MP. Nos termos do art. 82, II, do CPC/1973, o membro do Ministério Público deveria intervir "nas causas concernentes ao estado da pessoa, pátrio poder, tutela, curatela, interdição, casamento, declaração de ausência e disposições de última vontade". De acordo com o Novo Código, a intervenção do *Parquet* como *custos legis* se dará nos seguintes casos:

Art. 178. O Ministério Público será intimado para, no prazo de 30 (trinta) dias, intervir como fiscal da ordem jurídica nas hipóteses previstas em lei ou na Constituição Federal e nos processos que envolvam:

I – interesse público ou social;

II – interesse de incapaz;

III – litígios coletivos pela posse de terra rural ou urbana.

Não há, portanto, necessidade de intervenção obrigatória do órgão ministerial em todas as ações de família, mas somente quando houver interesse de incapaz. Esta é justamente a ideia inserida no novo art. 698.

CPC/2015	CPC/1973
Art. 699. Quando o processo envolver discussão sobre fato relacionado a abuso ou a alienação parental, o juiz, ao tomar o depoimento do incapaz, deverá estar acompanhado por especialista.	Não há correspondência.

COMENTÁRIOS:

Conceito de alienação parental. De acordo com a Lei nº 12.318/2010, "considera-se ato de alienação parental a interferência na formação psicológica da criança ou do adolescente promovida ou induzida por um dos genitores, pelos avós ou pelos que tenham a criança ou adolescente sob a sua autoridade, guarda ou vigilância para que repudie genitor ou que cause prejuízo ao estabelecimento ou à manutenção de vínculos com este".

Alienação parental e as ações de família. Como as demandas previstas nesse capítulo envolvem não apenas aspectos jurídicos, mas, também, aspectos psicológicos, é ideal que quando o processo envolver discussão sobre fato relacionado a abuso ou a alienação parental, um especialista auxilie o magistrado ao tomar o depoimento do incapaz que tenha sido vítima do ato (art. 699). A disposição sobre o tema no Novo CPC colabora com o aperfeiçoamento da atividade judicante, além de evitar a revitimização do incapaz.

Capítulo XI
Da Ação Monitória

CPC/2015	CPC/1973
Art. 700. A ação monitória *pode ser proposta por aquele que afirmar*, com base em prova escrita sem eficácia de título executivo, ter direito de exigir do devedor capaz: I – o pagamento de quantia em dinheiro; II – a entrega de coisa fungível **ou infungível** ou de bem móvel **ou imóvel**; III – **o adimplemento de obrigação de fazer ou de não fazer.** **§ 1° A prova escrita pode consistir em prova oral documentada, produzida antecipadamente nos termos do art. 381.** **§ 2° Na petição inicial, incumbe ao autor explicitar, conforme o caso:** **I – a importância devida, instruindo-a com memória de cálculo;** **II – o valor atual da coisa reclamada;** **III – o conteúdo patrimonial em discussão ou o proveito econômico perseguido.** **§ 3° O valor da causa deverá corresponder à importância prevista no § 2°, incisos I a III.** **§ 4° Além das hipóteses do art. 330, a petição inicial será indeferida quando não atendido o disposto no § 2° deste artigo.** **§ 5° Havendo dúvida quanto à idoneidade de prova documental apresentada pelo autor, o juiz intimá-lo-á para, querendo, emendar a petição inicial, adaptando-a ao procedimento comum.** **§ 6° É admissível ação monitória em face da Fazenda Pública.** **§ 7° Na ação monitória, admite-se citação por qualquer dos meios permitidos para o procedimento comum.**	Art. 1.102–A. A ação monitória *compete a quem pretender*, com base em prova escrita sem eficácia de título executivo, pagamento de soma em dinheiro, entrega de coisa fungível ou de determinado bem móvel.

 ## COMENTÁRIOS:

Obrigações inseridas na ação monitória. O art. 1.102-A do CPC/1973 exclui desse procedimento as prestações relativas a obrigações de fazer e não fazer, de entregar coisa infungível e de entregar coisa imóvel, referindo-se apenas às obrigações decorrentes de soma em dinheiro, de coisa fungível ou de bem móvel. O que o art. 700 do CPC/2015 faz é ampliar as hipóteses de cabimento da ação monitória (inciso III).

Prova escrita. O Novo CPC esclarece que será considerada prova escrita, para fins de cabimento da ação monitória, a prova oral documentada, produzida antecipadamente (art. 700, § 1°), na forma do art. 381. Em suma, a prova escrita exigida pelo CPC/2015 é aquela que tenha surgido da pessoa contra a qual se formula o pedido e que permite ao juiz formar o seu convencimento, não se exigindo, necessariamente, que tenha origem escrita.[196]

Requisitos da petição inicial. Foram estabelecidos alguns requisitos da petição inicial, que não se limitam à apresentação da prova da forma de documento escrito sem eficácia de título executivo. São eles: (i) indicação da importância devida, juntamente com a memória de cálculo; (ii) indicação do valor atual da coisa reclamada; (iii) indicação do conteúdo patrimonial em discussão ou o proveito econômico perseguido (art. 700, § 2º). Esses requisitos irão refletir no valor dado à causa, consoante dispõe o § 3º do art. 700.

No que concerne à memória de cálculo, o STJ já havia consolidado entendimento, em sede de recurso repetitivo, no sentido de somente admitir a ação monitória que estivesse devidamente instruída com o demonstrativo de débito atualizado até a data do ajuizamento.[197]

Emenda da petição inicial. Diante de eventual dúvida acerca da prova que instrui a inicial da ação monitória, o Novo CPC dispõe que o juiz deverá intimar o autor para, querendo, emendar a petição inicial, adaptando-a ao procedimento comum (art. 700, § 5º). Entendo que esse dispositivo – que não tem correspondência no CPC/1973 – deve ser interpretado da seguinte forma: (i) se o autor emendar a petição e o juiz considerar suficientemente provada a obrigação, a ação monitória deverá prosseguir, observando-se o rito especial previsto nos arts. 700 a 702; (ii) se o autor emendar a petição, mas a dúvida quanto à prova persistir, deve-se converter o procedimento especial em procedimento comum, evitando a extinção do processo sem resolução do mérito; (iii) se o autor não emendar a petição, o juiz extinguirá o processo sem resolução do mérito, nos termos do art. 485, I.

Ação monitória contra a Fazenda Pública. O § 6º positivou a regra que possibilita a propositura de ação monitória em face da Fazenda Pública. O entendimento já havia sido sumulado pelo Superior Tribunal de Justiça.[198]

---

[196] Essa ideia já podia ser extraída da jurisprudência dos tribunais superiores. Veja trecho do julgado do STJ, que esclarece o conceito de prova escrita: "[...] A lei, ao não distinguir e exigir apenas a prova escrita, autoriza a utilização de qualquer documento, passível de impulsionar a ação monitória, cuja validade, no entanto, estaria presa à eficácia do mesmo. A documentação que deve acompanhar a petição inicial não precisa refletir apenas a posição do devedor, que emane verdadeira confissão da dívida ou da relação obrigacional. Tal documento, quando oriundo do credor, é também válido – ao ajuizamento da monitória – como qualquer outro, desde que sustentado por obrigação entre as partes e guarde os requisitos indispensáveis [...]" (STJ, AgRg no REsp 655.013/SP, Rel. Min. José Delgado, julgado em 15.03.2005).

[197] "Processual civil. Recurso repetitivo. Art. 543-C do Código de Processo Civil. Ação monitória. Demonstrativo da evolução da dívida. Ausência ou insuficiência. Suprimento. Art. 284 do CPC. 1. Para fins do art. 543-C, §§ 7º e 8º, do CPC, firma-se a seguinte tese: a petição inicial da ação monitória para cobrança de soma em dinheiro deve ser instruída com demonstrativo de débito atualizado até a data do ajuizamento, assegurando-se, na sua ausência ou insuficiência, o direito da parte de supri-la, nos termos do art. 284 do CPC. 2. Aplica-se o entendimento firmado ao caso concreto e determina-se a devolução dos autos ao juízo de primeiro grau para que conceda à autora a oportunidade de juntar demonstrativo de débito que satisfaça os requisitos estabelecidos neste acórdão. 3. Recurso provido" (STJ, REsp 1.154.730/PE, Rel. Min. João Otávio Noronha, julgado em 08.04.2015).

[198] STJ, Súmula nº 339: "É cabível ação monitória contra a Fazenda Pública."

Citação por correio, oficial de justiça, hora certa e edital. O § 7º também consolida o entendimento jurisprudencial majoritário ao prever a possibilidade de citação por qualquer das formas previstas para o procedimento comum.[199]

CPC/2015	CPC/1973
Art. 701. *Sendo evidente o direito do autor*, o juiz deferirá a expedição de mandado de pagamento, de entrega de coisa **ou para execução de obrigação de fazer ou de não fazer, concedendo ao réu** prazo de 15 (quinze) dias **para o cumprimento e o pagamento de honorários advocatícios de cinco por cento do valor atribuído à causa**.	Art. 1.102-B. *Estando a petição inicial devidamente instruída*, o Juiz deferirá ~~de plano~~ a expedição do mandado de pagamento ou de entrega da coisa no prazo de quinze dias.
§ 1º O réu será isento do pagamento de custas processuais se cumprir o mandado **no prazo**.	Art. 1.102-C. [...]
	§ 1º Cumprindo o réu o mandado, ficará isento de custas ~~e honorários advocatícios~~.
§ 2º **Constituir-se-á de pleno direito o título executivo judicial, independentemente de qualquer formalidade, se não realizado o pagamento e não apresentados os embargos previstos no art. 702, observando-se, no que couber, o Título II do Livro I da Parte Especial.**	
§ 3º **É cabível ação rescisória da decisão prevista no** *caput* **quando ocorrer a hipótese do § 2º.**	
§ 4º **Sendo a ré Fazenda Pública, não apresentados os embargos previstos no art. 702, aplicar-se-á o disposto no art. 496, observando-se, a seguir, no que couber, o Título II do Livro I da Parte Especial.**	
§ 5º **Aplica-se à ação monitória, no que couber, o art. 916.**	

 ## COMENTÁRIOS:

Fixação de honorários. O Novo Código estabelece regra especial para fixação de honorários advocatícios na ação monitória. Além disso, diferentemente do que previa o art. 1.102-C, § 1º, do CPC/1973, o cumprimento do mandado no prazo não dispensa o réu do pagamento de honorários advocatícios. A isenção se dará apenas quanto às custas processuais, desde que o cumprimento da obrigação ocorra no prazo de 15 (quinze) dias (art. 701, *caput*).

Conversão do mandado monitório em executivo. A inércia do réu (não interposição dos embargos) converte o mandado monitório em executivo. Essa conversão é imediata, ou seja, não depende de nenhum provimento jurisdicional. Pode até ser comum que juízes profiram uma sentença julgando "procedente a monitória", mas não há necessidade. A tutela monitória tende a ser encerrada com a conversão do mandado para pagamento em mandado executivo.

---

[199]   STJ, Súmula nº 282: "Cabe citação por edital em ação monitória."

Sendo assim, depois de ocorrer a conversão, surge o título executivo judicial. Se o réu desejar apresentar defesa, só será possível a impugnação ao cumprimento da sentença.[200] Também será cabível ação rescisória, desde que presentes os requisitos legais (§ 3º).

Remessa necessária. Se a ação monitória for proposta contra a Fazenda Pública e esta não apresentar embargos, não se pode adotar o entendimento anterior, pois, nesse caso, antes de converter o mandado monitório em executivo, deve o juiz proferir decisão de procedência da demanda monitória, que ficará sujeita ao duplo grau de jurisdição obrigatório (§ 4º). Se a decisão for confirmada pelo Tribunal, o credor poderá executá-la na forma do cumprimento de sentença.

Parcelamento do débito. Mais uma novidade trazida pelo CPC/2015 refere-se à possibilidade de parcelamento do débito objeto da ação monitória, segundo as regras relativas à execução de título extrajudicial. O parcelamento deve ser formulado no prazo para a oposição dos embargos e, uma vez deferido, inviabiliza a oposição destes.

CPC/2015	CPC/1973
Art. 702. Independentemente de prévia segurança do juízo, o réu poderá opor, nos próprios autos, no prazo previsto no *art. 701*, embargos à ação monitória.	Art. 1.102-C. No prazo previsto no art. 1.102-B, *poderá o réu oferecer embargos, que suspenderão a eficácia do mandado inicial.* Se os embargos não forem opostos, constituir-se-á, de pleno direito, o título executivo judicial, convertendo-se o mandado inicial em mandado executivo e prosseguindo-se na forma do Livro I, Título VIII, Capítulo X, desta Lei.
§ 1º **Os embargos podem se fundar em matéria passível de alegação como defesa no procedimento comum.**	§ 2º Os embargos independem de prévia segurança do juízo e serão processados nos próprios autos, pelo procedimento ordinário.
§ 2º **Quando o réu alegar que o autor pleiteia quantia superior à devida, cumprir-lhe-á declarar de imediato o valor que entende correto, apresentando demonstrativo discriminado e atualizado da dívida.**	§ 3º Rejeitados os embargos, constituir-se-á, de pleno direito, o título executivo judicial, intimando-se o devedor e prosseguindo-se *na forma prevista no Livro I, Título VIII, Capítulo X, desta Lei.*
§ 3º **Não apontado o valor correto ou não apresentado o demonstrativo, os embargos serão liminarmente rejeitados, se esse for o seu único fundamento, e, se houver outro fundamento, os embargos serão processados, mas o juiz deixará de examinar a alegação de excesso.**	

---

[200] Parte da jurisprudência acolhe esse entendimento, porém, ressalva que quando o juiz profere sentença meramente declaratória do título executivo (por conta própria, já que não há previsão legal ou necessidade de se julgar procedente a ação monitória), é possível a interposição de recurso de apelação. Nesse sentido: "DIREITO CIVIL E PROCESSUAL CIVIL. APELAÇÃO CONTRA SENTENÇA DE PROCEDÊNCIA EM AÇÃO MONITÓRIA. Não tendo havido oferecimento de embargos ao mandado, não deve o juízo de primeiro grau emitir qualquer pronunciamento, uma vez que a constituição do título executivo se dá de pleno direito. Juízo *a quo* que, não obstante isso, proferiu 'sentença' meramente declaratória da constituição do título, razão pela qual devem ser admitidos os recursos contra tal 'sentença' interpostos [...]" (TJRJ, Apelação 41843320068190212 RJ 0004184-33.2006.8.19.0212, 2ª Câmara Cível, Rel. Des. Alexandre Câmara, julgado em 25.11.2009).

§ 4º *A oposição dos embargos suspende a eficácia da decisão referida no caput do art. 701 até o julgamento em primeiro grau*.

§ 5º O autor será intimado para responder aos embargos no prazo de 15 (quinze) dias.

§ 6º Na ação monitória admite-se a reconvenção, sendo vedado o oferecimento de reconvenção à reconvenção.

§ 7º A critério do juiz, os embargos serão autuados em apartado, se parciais, constituindo-se de pleno direito o título executivo judicial em relação à parcela incontroversa.

§ 8º Rejeitados os embargos, constituir-se-á de pleno direito o título executivo judicial, prosseguindo-se *o processo em observância ao disposto no Título II do Livro I da Parte Especial*, **no que for cabível**.

§ 9º Cabe apelação contra a sentença que acolhe ou rejeita os embargos.

§ 10. O juiz condenará o autor de ação monitória proposta indevidamente e de má-fé ao pagamento, em favor do réu, de multa de até dez por cento sobre o valor da causa.

§ 11. O juiz condenará o réu que de má-fé opuser embargos à ação monitória ao pagamento de multa de até dez por cento sobre o valor atribuído à causa, em favor do autor.

 COMENTÁRIOS:

Garantia do juízo. De acordo com a sistemática do CPC/1973, os embargos monitórios, assim como os embargos à execução, podem ser opostos independentemente de garantia do juízo. O CPC/2015 não modificou essa regra.

Natureza dos embargos. O CPC/2015 corroborou o entendimento sedimentado na jurisprudência, segundo o qual os embargos à ação monitória têm natureza de defesa, tanto que admitem, além de reconvenção (§ 6º),[201] a alegação de qualquer matéria que o réu poderia arguir se o adimplemento das obrigações a que se refere o art. 700 fosse postulado em ação sob o rito comum. Aliás, uma vez apresentados os embargos, o procedimento monitório transmuda-se em procedimento comum, de cognição plena.[202]

---

[201] Frise-se que o STJ já admitia essa possibilidade, nos termos da Súmula nº 292, segundo a qual "a reconvenção é cabível na ação monitória, após a conversão do procedimento em ordinário".

[202] "O procedimento monitório é repartido em duas fases distintas, sendo a primeira, não contraditória, instaurada a pedido daquele que se afirma credor com base em prova escrita. Fazendo uma cognição sumária dos fatos, e se entender que a prova material é suficiente para demonstrar o direito alegado, o magistrado determina a expedição de mandado para o pagamento em dinheiro ou de entrega de coisa. A segunda fase instaura-se em razão da resistência daquele contra o qual é expedido o mandado injuntivo, por meio da oposição de embargos de monitórios, processados sob o procedimento

Quantia excessiva e rejeição liminar dos embargos. Os §§ 2º e 3º foram introduzidos com vistas a evitar a procrastinação, especialmente porque a mera oposição dos embargos suspende o curso da ação monitória (§ 4º) até o julgamento em primeiro grau. Da mesma forma que ocorre com a impugnação ao cumprimento de sentença, em se alegando que o autor pleiteia quantia superior a devida, cumpre ao réu declarar de imediato o valor que entende correto, juntando demonstrativo que comprova sua alegação. Na falta dessa declaração e comprovação, o juiz não conhecerá da questão ou rejeitará liminarmente os embargos, exceto quando estes se fundarem em outro fundamento que não apenas o excesso.

Processamento dos embargos. Os embargos monitórios continuam, em regra, a ser processados nos mesmos autos da ação monitória. Se, no entanto, eles forem parciais (§ 7º), ou seja, versarem apenas sobre parte da dívida reclamada, considerar-se-á formado o título executivo quanto ao restante, podendo a execução da respectiva quantia ser instaurada separadamente, com observância das normas relativas ao cumprimento de sentença.

Recurso. Contra a sentença nos embargos monitórios caberá apelação (§ 9º). Essa possibilidade já podia ser deduzida do art. 513 do CPC/1973. Havia discussão, no entanto, quanto aos efeitos com que tal recurso seria recebido no caso de rejeição dos embargos à monitória. Alguns defendiam que a exceção prevista no art. 520, V, do CPC/1973 aplicar--se-ia também aos embargos à monitória. Com o advento do CPC/2015 a discussão chegou ao fim. O legislador teve a oportunidade de incluir no inciso III do art. 1.012 a decisão que extingue sem resolução do mérito ou julga improcedentes os embargos à monitória, mas não o fez, mantendo o efeito meramente devolutivo somente para a apelação interposta em face da sentença que extingue sem resolução do mérito ou julga improcedentes os embargos do executado. Pronto. A apelação interposta em face da sentença que acolhe ou rejeita os embargos à monitória terá efeito suspensivo *ope legis*. Contudo, em razão do disposto no § 4º, não obstante a atribuição de duplo efeito à apelação, o provimento jurisdicional embargado (mandado de pagamento) terá eficácia imediata. Em outras palavras, a interposição da apelação suspende os efeitos da decisão que rejeitou os embargos à monitória. Entretanto, estes só possuíam efeito suspensivo até o julgamento em primeiro grau. Resultado: extintos sem resolução do mérito ou rejeitados ou embargos à monitória, a eficácia do mandado de pagamento é restaurada na sua plenitude.

Litigância de má-fé. Seguindo a linha no sentido de se punir a deslealdade processual, o legislador do CPC/2015 prevê penalidades para aqueles que demandarem de má-fé, seja como autor ou como embargante (§§ 10 e 11).

Capítulo XII
Da Homologação do Penhor Legal

O penhor consiste em direito real de garantia, que pode ser convencionado pelas partes ou decorrer de expressa previsão legal. O penhor legal – constituído independentemente de convenção – encontra-se previsto nos arts. 1.467 a 1.472 do Código Civil,[203] e também

---

ordinário, com a garantia do pleno exercício do contraditório" (STJ, AgInt no REsp 1343258/SP, Rel. Min. Raul Araújo, 4ª Turma, julgamento em 21.09.2017).

[203]   Essa garantia está prevista a favor das pessoas indicadas no art. 1.467 do Código Civil, entre elas os hospedeiros (hotéis e pousadas), sobre as bagagens dos hóspedes, e locadores, sobre os móveis que

na Lei nº 6.533/1978.[204] A matéria foi regulada pelo CPC/1973 como uma das espécies de procedimento cautelar.

Em virtude da extinção do processo cautelar autônomo pelo Novo Código de Processo Civil, esse procedimento passou a ser tratado no título relativo aos procedimentos especiais. Com a mudança, o instituto confirmará a sua natureza de ação, e não de mera medida cautelar. Como ação que é (e sempre foi), a homologação do penhor legal visa o reconhecimento de uma situação preestabelecida em lei, de modo a dar-lhe regularidade e eficácia. Esse reconhecimento pode decorrer de decisão judicial (homologação judicial) ou de escritura pública lavrada por notário de livre escolha do credor (homologação extrajudicial).

Afora a previsão de homologação do penhor legal pela via extrajudicial, o CPC/2015 trouxe uma série de novidades em relação ao CPC/1973. Em razão disso, para que o leitor tenha uma visão mais sistematizada dos mencionados procedimentos, achamos por bem apresentá-los para, na sequência, comentar as modificações realizadas pelo legislador.

CPC/2015	CPC/1973
Art. 703. Tomado o penhor legal nos casos previstos em lei, requererá o credor, ato contínuo, a homologação. § 1º Na petição inicial, instruída com **o contrato de locação ou** a conta pormenorizada das despesas, a tabela dos preços e a relação dos objetos retidos, o credor pedirá a citação do devedor para pagar ou *contestar* **na audiência preliminar que for designada**. § 2º **A homologação do penhor legal poderá ser promovida pela via extrajudicial mediante requerimento, que conterá os requisitos previstos no § 1º deste artigo, do credor a notário de sua livre escolha.** § 3º **Recebido o requerimento, o notário promoverá a notificação extrajudicial do devedor para, no prazo de 5 (cinco) dias, pagar o débito ou impugnar sua cobrança, alegando por escrito uma das causas previstas no art. 704, hipótese em que o procedimento será encaminhado ao juízo competente para decisão.** § 4º **Transcorrido o prazo sem manifestação do devedor, o notário formalizará a homologação do penhor legal por escritura pública.**	Art. 874. Tomado o penhor legal nos casos previstos em lei, requererá o credor, ato contínuo, a homologação. Na petição inicial, instruída com a conta pormenorizada das despesas, a tabela dos preços e a relação dos objetos retidos, pedirá a citação do devedor para, ~~em 24 (vinte e quatro) horas,~~ pagar ou *alegar defesa*.

---

guarnecem o imóvel locado. Exemplo: caso o hóspede não pague a conta, o dono da pousada está autorizado a reter a bagagem, sobre a qual a lei lhe confere a posição de credor pignoratício.

[204] Há previsão dessa garantia no art. 31 da referida lei, que dispõe sobre a regulamentação das profissões de artistas e de técnico em espetáculos de diversões.

Art. 704. A defesa só pode consistir em: I – nulidade do processo; II – extinção da obrigação; III – não estar a dívida compreendida entre as previstas em lei ou não estarem os bens sujeitos a penhor legal; IV – **alegação de haver sido ofertada caução idônea, rejeitada pelo credor.**	Art. 875. A defesa só pode consistir em: I – nulidade do processo; II – extinção da obrigação; III – não estar a dívida compreendida entre as previstas em lei ou não estarem os bens sujeitos a penhor legal.
Art. 705. **A partir da audiência preliminar, observar-se-á o procedimento comum.**	Não há correspondência.
Art. 706. Homologado judicialmente o penhor legal, **consolidar-se-á a posse do autor sobre o objeto**. § 1º Negada a homologação, o objeto será entregue ao réu, ressalvado ao autor o direito de cobrar a dívida *pelo procedimento comum*, **salvo se acolhida a alegação de extinção da obrigação**. § 2º **Contra a sentença caberá apelação, e, na pendência de recurso, poderá o relator ordenar que a coisa permaneça depositada ou em poder do autor.**	Art. 876. ~~Em seguida,~~ o juiz decidirá; homologando o penhor, ~~serão os autos entregues ao requerente 48 (quarenta e oito) horas depois, independentemente de traslado, salvo se, dentro desse prazo, a parte houver pedido certidão~~; não sendo homologado, o objeto será entregue ao réu, ressalvado ao autor o direito de cobrar a *conta por ação ordinária*.

 ## COMENTÁRIOS:

Homologação judicial. Esse procedimento é regulamentado pelo *caput* do art. 703 e pelos três artigos subsequentes. Afora um aperfeiçoamento da redação, o *caput* trouxe a previsão de uma audiência preliminar. Aliás, além do objeto do processo – a homologação de um penhor que se aperfeiçoou com a entrada do credor na posse dos bens do devedor –, o que especializa o procedimento é exatamente essa audiência preliminar. O devedor é citado para comparecer à audiência designada pelo juiz e nela pagar ou apresentar contestação. Se o dispositivo prevê a citação para pagar, obviamente pode o autor, na petição inicial, cumular o pedido de homologação do penhor legal com a condenação do requerido nas despesas decorrentes da hospedagem ou do consumo num restaurante, por exemplo. Afinal, a partir da mencionada audiência, o procedimento segue o rito comum. Em outras palavras, nada justifica exigir que o autor ajuíze outra ação para obter a condenação do requerido. Trata-se da aplicação dos princípios da eficiência e da economia processual.

Citado para comparecer à audiência preliminar, poderá o requerido adotar uma das seguintes posturas: (i) quedar-se inerte, o que implicará revelia e, por conseguinte, julgamento antecipado do mérito; (ii) pagar o débito, o que representa reconhecimento tácito da procedência do pedido, importando extinção do processo com julgamento do mérito; finalmente, (iii) contestar o pedido, alegando uma das defesas previstas no art. 704.

No que respeita à defesa, a novidade fica por conta da alegação de haver sido ofertada caução idônea, rejeitada pelo credor (inciso IV do art. 704). A ampliação do rol de defesas decorreu do disposto no art. 1.472 do Código Civil, segundo o qual "pode o locatário impedir a constituição do penhor mediante caução idônea". Reconhecida a idoneidade da caução ofertada, poderá o juiz, na sentença, rejeitar a homologação do penhor e, mediante requerimento, homologar a caução oferecida.

Como a sentença, de regra, constitui uma resposta ao pedido do autor, poderá o juiz, neste ato, homologar o penhor legal, ou seja, referendar a conduta do autor e, se pedido houver, condenar o réu ao pagamento de quantia devida. O pedido de homologação é independente do pedido de condenação. Dessa forma, nada impede que a cobrança de eventual crédito seja feita em outro processo, tenha o juiz homologado ou não o penhor. É a ideia que se extrai do art. 706.

Com relação ao recurso, não há discrepância em relação ao sistema recursal do CPC/2015. Contra a sentença já referenciada, cabe apelação (art. 706, § 2º, primeira parte). A especificidade, prevista na segunda parte do citado dispositivo, consiste na possibilidade de o relator da apelação conceder a guarda da coisa ao autor.

Homologação extrajudicial. O CPC/2015, seguindo a moderna tendência da "desjudicialização", introduz essa novidade: a homologação do penhor legal, a critério do credor-requerente, poderá ser promovida pela via extrajudicial, perante um cartório de notas de livre escolha do requerente (não se perquire sobre "competência" de tabelionatos). Trata-se, sem dúvida, de outra faceta (a extrajudicialidade) que especializa esse procedimento, regulamentado nos §§ 1º a 4º do novo art. 703. Em se optando pela homologação extrajudicial, o credor dirige requerimento ao notário com os requisitos previstos no *caput* do art. 703.

Estando em termos o requerimento, o devedor é notificado para, em 5 (cinco) dias, pagar o débito ou impugnar a cobrança ou a regularidade do penhor, alegando uma das defesas previstas no art. 704.

A sequência do procedimento vai depender da postura do devedor. Se o devedor comparecer e pagar o débito, o tabelião de notas lavrará o instrumento público, no qual, além do pagamento e da respectiva quitação, consignará a devolução, pelo credor, dos bens apenhados. Se houver inércia do devedor, o tabelião formalizará a homologação do penhor legal por escritura pública, a qual terá o mesmo efeito da sentença judicial, ou seja, referendará a posição do requerente como credor pignoratício.

No caso de o devedor apresentar defesa, o procedimento será encaminhado ao juiz competente para decisão. Na verdade, o mais razoável seria entregar o procedimento, ou seja, os documentos referentes ao requerimento de homologação do penhor legal, inclusive ata notarial, ao credor. A este caberia, então, decidir sobre o ajuizamento (ou não) da demanda judicial. Não se pode olvidar que o devedor que opta pela via extrajudicial pode perfeitamente não se interessar pela "judicialização" do litígio.

Capítulo XIII
Da Regulação de Avaria Grossa

Este procedimento constitui novidade. O Novo Código, ao longo do seu texto, cuidou de algumas questões envolvendo o Direito Marítimo, entre elas o procedimento destinado à regulação de avaria grossa, o qual complementa as regras já existentes no Direito Comercial e Internacional. Em face da ausência de referência no CPC/1973, por óbvio não é possível apontar, artigo por artigo, as alterações ocorridas no CPC/2015. Em virtude disso, optamos pela elaboração de texto único, cuja leitura proporcionará ao leitor uma visão geral sobre o tema.

O que vem a ser avaria grossa? Avaria, no sentido empregado no Direito Marítimo, significa danos ou despesas, ou as duas coisas ao mesmo tempo. Consiste a avaria no dano causado a cargas e embarcações, ou na realização de despesas extraordinárias, com o objetivo de minimizar os riscos ou as consequências causadas pelo dano.

As avarias podem ser simples (também denominadas particulares) ou grossas (também chamadas de comuns). As avarias simples são suportadas exclusivamente pelo navio (o armador, *v.g.*) ou pela coisa que sofreu o dano ou deu causa à despesa (o importador, *v.g.*). Já nas avarias grossas as despesas são repartidas proporcionalmente entre o navio, seu frete e a carga (art. 763 do Código Comercial).

Um exemplo ajuda o leitor a distinguir as duas modalidades de avarias e a compreender o contexto em que, de regra, opera a regulação. Há um incêndio no porão do navio. As mercadorias se incendeiam e o comandante adota todas as providências para apagar o fogo, utilizando inclusive água, que atinge mercadorias não alcançadas pelo incêndio.

No exemplo citado, as avarias causadas pelo fogo devem ser consideradas avarias simples, pois o incêndio pode ter sido provocado por qualquer causa. Por isso as respectivas despesas devem ser suportadas exclusivamente pelo navio, ou seja, pelo armador, por isso se diz que se trata de avarias particulares ou simples. Porém, os danos causados em razão da utilização da água são avarias grossas (causadas em benefício comum). Não se enquadram em avaria grossa, por exemplo, os danos decorrentes do ato de salvar somente o navio ou somente a carga. É indispensável que o ato abranja, conjuntamente, o navio e carga, com objetivo minimizar as possíveis perdas.

As avarias simples ou particulares não interessam a este trabalho, porquanto os dispositivos em comento têm por fim estabelecer o procedimento para regular as avarias grossas ou comuns.

Regulação, no sentido empregado pelo Direito Marítimo e agora pelo CPC/2015, significa o ato de estabelecer um regulamento, um ato que vai reger o caso concreto. Em outras palavras, a regulação é o ato que define os valores dos reparos, as indenizações, os rateios e as despesas decorrentes da avaria grossa.

É de responsabilidade dos armadores, ou seus agentes de carga, a comprovação de que houve realmente avaria grossa ou comum. Em razão disso, no caso de avaria, de regra o armador nomeia um árbitro regulador. Havendo consenso quanto a essa nomeação, o juiz simplesmente a ratifica. Caso algum dos interessados na regulação (segurador, exportador, consignatário etc.) manifeste discordância, a nomeação caberá ao juiz. Nesse sentido, o art. 783 do Código Comercial: "A regulação, repartição ou rateio das avarias grossas serão feitos por árbitros, nomeados por ambas as partes, as instâncias do capitão."

Não entrando as partes em acordo, a nomeação de árbitros será feita pelo Tribunal do Comércio respectivo, ou pelo juiz de direito do comércio a que pertencer, nos lugares distantes do domicílio do mesmo tribunal.

Apenas quando não há consenso quanto à nomeação do árbitro ou sobre outra questão inerente à regulação é que surge a necessidade de se instaurar o procedimento em comento. Na maioria das vezes, a regulação é feita extrajudicialmente.

Havendo necessidade de intervenção do Judiciário, a regulação, uma vez homologada pelo juiz, constituirá título executivo judicial.

Com referência às regras de regência da regulação, o art. 762 do Código Comercial faculta às partes escolherem as que serão aplicáveis. É válida, por exemplo, a previsão de aplicação das Regras de York e Antuérpia (RYA). À falta de convenção entre as partes, as avarias regular-se-ão pelas disposições do Código Comercial.

O rateio das avarias é elaborado pelo regulador, um misto de árbitro e perito. Árbitro porque tem atribuições que implicam deliberações, como, por exemplo, declarar os danos passíveis de rateio e fixar as garantias e as contribuições provisórias. Perito porque, além de a ele se aplicarem as regras do perito nomeado para assistir o juiz (art. 156), não tem o regulador poder decisório. Nessa perspectiva, atua como um auxiliar do juiz. Pode o regulador deliberar sobre questões envolvendo a avaria, mas, no caso de discordância das partes, não detém poder para impor suas decisões. Se houver aquiescência das partes, o que se definiu na regulação, uma vez homologada pelo juiz, passa a ter caráter definitivo. No caso de discordância, a palavra final caberá ao juiz.

Declarados que os danos são antes dos registros passíveis de rateio, porque se trata de avarias comuns, o próprio regulador fixará a garantia a ser prestada pelos envolvidos na aventura marítima (armador e consignatário, por exemplo). Essa fixação deve ocorrer antes dos registros aduaneiros e da retirada das cargas dos respectivos portos. Trata-se de medida acautelatória prevista no Código, que será implementada na forma de depósito judicial ou de garantia bancária. Sem a prestação da garantia, a carga não é liberada ao consignatário (o importador, *v.g.*).

Não se prestando a garantia, o regulador fixará desde logo o valor provisório do rateio e requererá ao juiz a alienação judicial de bens suficientes para o pagamento da contribuição. Ressalte-se que o Código Comercial, nos arts. 784 e 785, permite inclusive a retenção da carga, desde que as partes tenham apresentado os documentos necessários à regulação e o regulador tenha constatado que se trata de avaria grossa.

Em se atestando a ocorrência de avaria grossa, de regra cabe ao armador a obrigação de apresentar a documentação completa, em 24 horas, à Capitania dos Portos, ou ao juiz condutor do procedimento judicial. Nesta hipótese, o prazo é fixado pelo regulador (art. 709).

Apresentados esses contornos sobre o tema, até mesmo o leitor que não tem familiaridade com o Direito Marítimo terá condições de compreender os dispositivos abaixo, que compõem o procedimento da regulação de avaria grossa.

CPC/2015	CPC/1973
Art. 707. **Quando inexistir consenso acerca da nomeação de um regulador de avarias, o juiz de direito da comarca do primeiro porto onde o navio houver chegado, provocado por qualquer parte interessada, nomeará um de notório conhecimento.**	Não há correspondência.
Art. 708. **O regulador declarará justificadamente se os danos são passíveis de rateio na forma de avaria grossa e exigirá das partes envolvidas a apresentação de garantias idôneas para que possam ser liberadas as cargas aos consignatários.** § 1º A parte que não concordar com o regulador quanto à declaração de abertura da avaria grossa deverá justificar suas razões ao juiz, que decidirá no prazo de 10 (dez) dias.	Não há correspondência.

§ 2º Se o consignatário não apresentar garantia idônea a critério do regulador, este fixará o valor da contribuição provisória com base nos fatos narrados e nos documentos que instruírem a petição inicial, que deverá ser caucionado sob a forma de depósito judicial ou de garantia bancária.

§ 3º Recusando-se o consignatário a prestar caução, o regulador requererá ao juiz a alienação judicial de sua carga na forma dos arts. 879 a 903.

§ 4º É permitido o levantamento, por alvará, das quantias necessárias ao pagamento das despesas da alienação a serem arcadas pelo consignatário, mantendo-se o saldo remanescente em depósito judicial até o encerramento da regulação.

Art. 709. **As partes deverão apresentar nos autos os documentos necessários à regulação da avaria grossa em prazo razoável a ser fixado pelo regulador.**	Não há correspondência.
Art. 710. **O regulador apresentará o regulamento da avaria grossa no prazo de até 12 (doze) meses, contado da data da entrega dos documentos nos autos pelas partes, podendo o prazo ser estendido a critério do juiz.** § 1º Oferecido o regulamento da avaria grossa, dele terão vista as partes pelo prazo comum de 15 (quinze) dias, e, não havendo impugnação, o regulamento será homologado por sentença. § 2º Havendo impugnação ao regulamento, o juiz decidirá no prazo de 10 (dez) dias, após a oitiva do regulador.	Não há correspondência.
Art. 711. **Aplicam-se ao regulador de avarias os arts. 156 a 158, no que couber.**	Não há correspondência.

Capítulo XIV
Da Restauração de Autos

CPC/2015	CPC/1973
Art. 712. Verificado o desaparecimento dos autos, **eletrônicos ou não**, pode **o juiz, de ofício,** qualquer das partes **ou o Ministério Público, se for o caso,** promover-lhes a restauração. Parágrafo único. Havendo autos suplementares, nesses prosseguirá o processo.	Art. 1.063. Verificado o desaparecimento dos autos, pode qualquer das partes promover-lhes a restauração. Parágrafo único. Havendo autos suplementares, nestes prosseguirá o processo.

 **COMENTÁRIOS:**

Finalidade do procedimento. O procedimento de restauração tem por finalidade a recomposição de autos desaparecidos, por meio de cópias, certidões e quaisquer outros documentos.

Autos eletrônicos. A redação do CPC/2015 passou a fazer referência aos autos como "eletrônicos ou não", em alusão às regras contidas nos arts. 193 a 199, que tratam da prática eletrônica dos atos processuais.

Cabimento. A restauração só é cabível se não houver autos suplementares, posto que, havendo, nestes prosseguirá o processo na hipótese de desaparecimento dos autos originais (art. 712, parágrafo único).

Legitimidade. De acordo com o CPC/1973, tem legitimidade para requerer a restauração qualquer uma das partes (art. 1.063, *caput*). O Novo Código amplia a legitimidade e permite que o juiz, de ofício, promova a restauração. Tal entendimento não encontrava respaldo na unanimidade da doutrina,[205] nem da jurisprudência.[206] Também o Ministério Público pode requerer a instauração do procedimento, desde que nas causas em que for necessária a sua intervenção. A legitimidade, nessa última hipótese, já era reconhecida pelo próprio Supremo.[207]

---

[205] Pontes de Miranda, por exemplo, ao comentar as regras do Código de 1973, afirmou que o fato de juiz poder ser responsabilizado pelo desaparecimento dos autos (art. 1.029 do CPC/1973) tornava possível a sua pretensão à restauração (MIRANDA, Francisco Cavalcanti Pontes de. **Comentários ao Código de Processo Civil**. Rio de Janeiro: Forense, 1977. t. XV, p. 156). Humberto Theodoro Júnior, por outro lado, defendia a impossibilidade de restauração de ofício por inexistir expressa previsão legal e por ser necessária a provocação das partes em homenagem ao princípio do dispositivo (THEODORO JÚNIOR, Humberto. **Curso de Direito Processual Civil**. Rio de Janeiro: Forense, 2004. v. 3, p. 304).

[206] Em desfavor da restauração de ofício: "RESTAURAÇÃO DE AUTOS. PROMOÇÃO DE OFÍCIO. É vedada a promoção de ofício pelo magistrado do procedimento de restauração de autos, devendo fazer-se mediante ação própria, deduzida em petição inicial" (TRF 4ª Região, AG 46307/RS 2009.04.00.046307-6, Rel. Des. Rômulo Pizzolatti, julgado em 29.06.2010). Posição contrária: "RESTAURAÇÃO DE AUTOS. INSTAURAÇÃO DE OFÍCIO. VIABILIDADE. 1. Conquanto a iniciativa da restauração de autos seja facultada às partes (CPC, art. 1.063), não há óbice legal a que seja determinada de ofício pelo órgão jurisdicional [...]" (TST, E-RA 6134887419995555555, Subseção I Especializada em Dissídios Individuais, Rel. Min. João Oreste Dalazen, julgado em 20.06.2005). Ressalte-se que em alguns tribunais a restauração *ex officio* é medida prevista em regimento interno.

[207] "[...] a instauração desse processo depende, para efetivar-se, da formulação de pedido por qualquer dos sujeitos da relação processual (RISTF, art. 298, e CPC, arts. 1.063/1.064), a ser deduzido perante o Senhor Presidente do Supremo Tribunal Federal (RISTF, art. 298), cabendo registrar, a esse respeito, que assiste, igualmente, ao Ministério Público, legitimação para tal iniciativa processual. Com efeito, e tal como assinala PONTES DE MIRANDA ('Comentários ao Código de Processo Civil', tomo XV/155, item n. 3, 1977, Forense), ao versar a questão da legitimidade ativa para o ajuizamento da 'ação de restauração de autos', também o Ministério Público dispõe de qualidade para agir, podendo, em consequência, requerer, ele próprio, a instauração do processo de reconstituição de autos extraviados. Esse mesmo entendimento é perfilhado por HAMILTON DE MORAES E BARROS ('Comentários ao Código de Processo Civil', vol. IX/341, Forense) que reconhece pertencer, ao Ministério Público, a legitimidade ativa para o processo de reconstituição, especialmente nos casos em que o desaparecimento dos autos for imputável ao próprio representante do 'Parquet' [...]" (STF, MS 23.595/DF, Rel. Min. Celso de Mello, julgado em 15.08.2003).

CPC/2015	CPC/1973
Art. 713. Na petição inicial, declarará a parte o estado do processo ao tempo do desaparecimento dos autos, oferecendo:	Art. 1.064. Na petição inicial declarará a parte o estado da causa ao tempo do desaparecimento dos autos, oferecendo:
I – certidões dos atos constantes do protocolo de audiências do cartório por onde haja corrido o processo;	I – certidões dos atos constantes do protocolo de audiências do cartório por onde haja corrido o processo;
II – cópia *das peças que tenha em seu poder*;	II – cópia *dos requerimentos que dirigiu ao juiz*;
III – qualquer outro documento que facilite a restauração.	III – quaisquer outros documentos que facilitem a restauração.

 COMENTÁRIOS:

Petição inicial. Não há novidades em relação aos documentos que devem ser apresentados com a petição inicial. A redação do inciso II apenas esclarece que as partes devem apresentar não apenas cópia dos requerimentos que foram dirigidos ao juiz, mas também de todas as peças que tiverem em seu poder. A alteração está em consonância com a finalidade desse procedimento, que é de retratar, com a maior realidade possível, os atos realizados no processo.

CPC/2015	CPC/1973
Art. 714. A parte contrária será citada para contestar o pedido no prazo de 5 (cinco) dias, cabendo-lhe exibir as cópias, as contrafés e as reproduções dos atos e dos documentos que estiverem em seu poder.	Art. 1.065. A parte contrária será citada para contestar o pedido no prazo de 5 (cinco) dias, cabendo-lhe exibir as cópias, contrafés e mais reproduções dos atos e documentos que estiverem em seu poder.
§ 1º Se a parte concordar com a restauração, lavrar-se-á o auto que, assinado pelas partes e homologado pelo juiz, suprirá o processo desaparecido.	§ 1º Se a parte concordar com a restauração, lavrar-se-á o respectivo auto que, assinado pelas partes e homologado pelo juiz, suprirá o processo desaparecido.
§ 2º Se a parte não contestar ou se a concordância for parcial, observar-se-á o *procedimento comum*.	§ 2º Se a parte não contestar ou se a concordância for parcial, observar-se-á o *disposto no art. 803*.

 COMENTÁRIOS:

Contestação. O Código prevê que *a parte contrária* será citada para contestar o pedido no prazo de 5 (cinco) dias, cabendo-lhe exibir as cópias, contrafés e mais reproduções dos atos e documentos que estiverem em seu poder (art. 714). Entendo, no entanto, que deverão ser citados todos aqueles que intervieram no processo, seja na qualidade de parte, seja como terceiro interessado.

Se houver concordância das partes e eventuais terceiros com a restauração, o juiz lavrará o auto que, assinado pelas partes, suprirá o processo físico ou virtual. Se não houver contestação ou se a concordância for apenas parcial, observar-se-ão as regras do procedimento comum.

CPC/2015	CPC/1973
Art. 715. Se a perda dos autos tiver ocorrido depois da produção das provas em audiência, o juiz, **se necessário**, mandará repeti-las.	Art. 1.066. Se o desaparecimento dos autos tiver ocorrido depois da produção das provas em audiência, o juiz mandará repeti-las.
§ 1º Serão reinquiridas as mesmas testemunhas, *que, em caso de impossibilidade*, poderão ser substituídas **de ofício ou a requerimento**.	§ 1º Serão reinquiridas as mesmas testemunhas; *mas se estas tiverem falecido ou se acharem impossibilitadas de depor e não houver meio de comprovar de outra forma o depoimento*, poderão ser substituídas.
§ 2º Não havendo certidão ou cópia do laudo, far-se-á nova perícia, sempre que possível pelo mesmo perito.	§ 2º Não havendo certidão ou cópia do laudo, far-se-á nova perícia, sempre que for possível ~~e de preferência~~ pelo mesmo perito.
§ 3º Não havendo certidão de documentos, esses serão reconstituídos mediante cópias *ou*, na falta dessas, pelos meios ordinários de prova.	§ 3º Não havendo certidão de documentos, estes serão reconstituídos mediante cópias *e*, na falta, pelos meios ordinários de prova.
§ 4º Os serventuários e os auxiliares da justiça não podem eximir-se de depor como testemunhas a respeito de atos que tenham praticado ou assistido.	§ 4º Os serventuários e auxiliares da justiça não podem eximir-se de depor como testemunhas a respeito de atos que tenham praticado ou assistido.
§ 5º Se o juiz houver proferido sentença da qual **ele próprio ou o escrivão** possua cópia, esta será juntada aos autos e terá a mesma autoridade da original.	§ 5º Se o juiz houver proferido sentença da qual possua cópia, esta será junta aos autos e terá a mesma autoridade da original.

 ## COMENTÁRIOS:

Repetição das provas. Se a perda dos autos tiver ocorrido depois da produção das provas em audiência, o juiz, se necessário, mandará repeti-las. Deve ficar claro que a realização das provas em audiência só será necessária se não houver a possibilidade de se recuperarem os depoimentos prestados pelas partes e testemunhas ouvidas pelo juízo. Se houver necessidade, as testemunhas também poderão ser substituídas, de ofício ou a requerimento da parte. A substituição deve ocorrer nas hipóteses do art. 451 do CPC/2015.

CPC/2015	CPC/1973
Art. 716. Julgada a restauração, seguirá o processo os seus termos.	Art. 1.067. Julgada a restauração, seguirá o processo os seus termos.
Parágrafo único. Aparecendo os autos originais, neles se prosseguirá, sendo-lhes apensados os autos da restauração.	§ 1º Aparecendo os autos originais, nestes se prosseguirá sendo-lhes apensados os autos da restauração.

 ## COMENTÁRIOS:

Julgamento e recurso. Findo o procedimento, os atos processuais passarão a ser processados nos autos restaurados. Contra a decisão que põe fim a esse procedimento cabe recurso de apelação, a ser recebido no duplo efeito.

CPC/2015	CPC/1973
Art. 717. Se o desaparecimento dos autos tiver ocorrido no tribunal, *o processo de restauração* será distribuído, sempre que possível, ao relator do processo. § 1º A restauração far-se-á no juízo de origem quanto aos atos nele realizados. § 2º Remetidos os autos ao tribunal, nele completar-se-á a restauração e proceder-se-á ao julgamento.	Art. 1.068. Se o desaparecimento dos autos tiver ocorrido no tribunal, *a ação* será distribuída, sempre que possível, ao relator do processo. § 1º A restauração far-se-á no juízo de origem quanto aos atos que neste se tenham realizado. § 2º Remetidos os autos ao tribunal, aí se completará a restauração e se procederá ao julgamento.

 COMENTÁRIOS:

Desaparecimento de autos em tramitação no Tribunal. Nessa hipótese a restauração é distribuída ao relator, e ao juízo de origem quanto aos atos ali praticados.

CPC/2015	CPC/1973
Art. 718. Quem houver dado causa ao desaparecimento dos autos responderá pelas custas da restauração e pelos honorários de advogado, sem prejuízo da responsabilidade civil ou penal em que incorrer.	Art. 1.069. Quem houver dado causa ao desaparecimento dos autos responderá pelas custas da restauração e honorários de advogado, sem prejuízo da responsabilidade civil ou penal em que incorrer.

 COMENTÁRIOS:

Ausência de contestação e sucumbência. De acordo com o entendimento do STJ firmado na vigência do CPC/1973, a "ausência de contestação da parte requerida não inibe a fixação de honorários advocatícios, que, nos termos do artigo 1.069 do CPC, devem ser imputados à parte que deu causa ao desaparecimento dos autos" (STJ, PET 3.753/SC, 1ª Turma, Rel. Min. Luiz Fux, julgado em 25.08.2009). Tal entendimento ainda deve ser aplicado, pois leva em consideração o princípio da causalidade.

Capítulo XV
Dos Procedimentos de Jurisdição Voluntária

Seção I
Disposições gerais

CPC/2015	CPC/1973
Art. 719. Quando este Código não estabelecer procedimento especial, regem os procedimentos de jurisdição voluntária as disposições constantes *desta Seção*.	Art. 1.103. Quando este Código não estabelecer procedimento especial, regem a jurisdição voluntária as disposições constantes *deste Capítulo*.

 **COMENTÁRIOS:**

Noções gerais. Para os procedimentos de jurisdição voluntária o Código estabelece um procedimento comum (atípico ou inominado) e vários procedimentos especiais (típicos ou nominados).

Quando não houver previsão de procedimento especial, aplica-se o procedimento comum, estabelecido nos arts. 719 a 725 e cujo lineamento é apresentado a seguir. O art. 725 apresenta o elenco das hipóteses de jurisdição voluntária que se processarão pelo rito comum. São eles: os pedidos de emancipação; sub-rogação; alienação, arrendamento ou oneração de bens de crianças ou adolescentes, de órfãos e de interditos; alienação, locação e administração da coisa comum; alienação de quinhão em coisa comum; extinção de usufruto, quando não decorrer da morte do usufrutuário, do termo da sua duração ou da consolidação, e de fideicomisso, quando decorrer de renúncia ou quando ocorrer antes do evento que caracterizar a condição resolutória; expedição de alvará judicial, e homologação de autocomposição extrajudicial, de qualquer natureza ou valor.

O rol é meramente exemplificativo. O procedimento comum pode incidir sobre outros casos não contenciosos que exigirem a intervenção judicial, desde que não haja previsão de rito próprio. O suprimento judicial de outorga uxória é exemplo de pedido de jurisdição voluntária não previsto no Código.

CPC/2015	CPC/1973
Art. 720. O procedimento terá início por provocação do interessado, do Ministério Público **ou da Defensoria Pública**, cabendo-lhes formular o pedido devidamente instruído com os documentos necessários e com a indicação da providência judicial.	Art. 1.104. O procedimento terá início por provocação do interessado ou do Ministério Público, cabendo-lhes formular o pedido ~~em requerimento dirigido ao juiz~~, devidamente instruído com os documentos necessários e com a indicação da providência judicial.

 COMENTÁRIOS:

Legitimidade. Os procedimentos de jurisdição voluntária iniciam-se por provocação do interessado, do Ministério Público ou da Defensoria Pública.

O CPC/2015 passou a dispor expressamente sobre a legitimidade da Defensoria Pública para promover demandas judiciais em procedimentos de jurisdição voluntária em favor dos necessitados.

Esclarece-se que a previsão contida no art. 1.104 faz parte da redação original do CPC/1973. Nessa época ainda não existiam defensorias estruturadas para atender a população, razão pela qual o Ministério Público atuava como substituto processual (legitimidade extraordinária) também nos casos de jurisdição voluntária.

Atuação *ex officio*. Em certos casos, é possível que o procedimento seja iniciado de ofício, ainda que não haja previsão legal expressa nesse sentido. Exemplos de procedimentos que podem iniciar de ofício: alienação judicial de bens depositados em juízo, sujeitos à deterioração ou se estiverem avariados, ou, ainda, se sua conservação for dispendiosa (art. 730); arrecadação de bens da herança jacente e dos bens do ausente; publicação do edital de depósito das coisas vagas; dispensa da garantia para o exercício da tutela ou curatela.

CPC/2015	CPC/1973
Art. 721. Serão citados todos os interessados, bem como **intimado** o Ministério Público, **nos casos do art. 178**, para que se manifestem, querendo, no prazo de *15 (quinze)* dias.	Art. 1.105. Serão citados, ~~sob pena de nulidade~~, todos os interessados, bem como o Ministério Público. Art. 1.106. O prazo para responder é de *10 (dez)* dias.

 COMENTÁRIOS:

Atuação do MP. O Ministério Público pode atuar como parte ou como fiscal da ordem jurídica (*custos legis*). Diferentemente do CPC/1973 (art. 1.105), que previa a obrigatoriedade de atuação do órgão do Ministério Público em todos os procedimentos de jurisdição voluntária, o Novo Código de Processo Civil estabelece que, atuando como *custos legis*, o Ministério Público somente será intimado a intervir nas causas previstas no novo art. 178. Não há mais, portanto, necessidade de intervenção obrigatória do órgão ministerial em todos os processos de jurisdição voluntária.

Ressalte-se que a nulidade mencionada no CPC/1973 só era aplicável nos casos em que, sendo necessária a intervenção do membro do Ministério Público, ele deixasse de ser intimado. A sua intimação e posterior ausência de manifestação não eram motivos para ensejar nulidade, devendo ser dado prosseguimento ao processo. É essa a ideia expressa pelo CPC/2015 (art. 180, § 1º, do CPC/2015).

Prazo para manifestação dos interessados. O CPC/2015 alterou o prazo para manifestação dos interessados. Ele passará de 10 (dez) para 15 (quinze) dias. Os "interessados" mencionados pelo Código "não são aqueles que podem ter interesse jurídico na decisão, mas apenas os titulares da relação jurídica a ser integrada".[208]

CPC/2015	CPC/1973
Art. 722. A Fazenda Pública será sempre ouvida nos casos em que tiver interesse.	Art. 1.108. A Fazenda Pública será sempre ouvida nos casos em que tiver interesse.

 COMENTÁRIOS:

Oitiva da Fazenda Pública. Por não existir prazo específico para a manifestação, deve ser observada a regra prevista no art. 183.

CPC/2015	CPC/1973
Art. 723. O juiz decidirá o pedido no prazo de 10 (dez) dias. Parágrafo único. O juiz não é obrigado a observar critério de legalidade estrita, podendo adotar em cada caso a solução que considerar mais conveniente ou oportuna.	Art. 1.109. O juiz decidirá o pedido no prazo de 10 (dez) dias; não é, porém, obrigado a observar critério de legalidade estrita, podendo adotar em cada caso a solução que reputar mais conveniente ou oportuna.

---

[208] GRECO FILHO, Vicente. **Direito Processual Civil brasileiro**. 10. ed. São Paulo: Saraiva, 1995. p. 266.

COMENTÁRIOS:

Juízo de equidade. Ao decidir, o magistrado não fica vinculado à legalidade estrita, o que lhe faculta abrandar o rigor da norma, usando da equidade, desde que, por óbvio, não haja violação de normas cogentes.[209]

CPC/2015	CPC/1973
Art. 724. Da sentença caberá apelação.	Art. 1.110. Da sentença caberá apelação.

 COMENTÁRIOS:

Recurso. Contra as decisões em procedimentos de jurisdição voluntária caberá recurso de apelação, no prazo de 15 (quinze) dias. Ao recurso deverão ser atribuídos os efeitos devolutivo e suspensivo, pois os procedimentos de jurisdição voluntária não se enquadram em quaisquer das exceções previstas no art. 1.012, § 1º.

Apesar de não haver previsão expressa, também se admite a interposição de embargos declaratórios se presentes algum dos vícios apontados no art. 1.022.

Legitimidade do MP para recorrer. O Ministério Público tem legitimidade para recorrer nos processos em que atuou como parte ou fiscal da ordem jurídica (art. 996), mas nem sempre, evidentemente, terá interesse.

Coisa julgada. Sobre a formação de coisa julgada nos procedimentos de jurisdição voluntária, conferir comentários ao art. 16.

CPC/2015	CPC/1973
Art. 725. Processar-se-á na forma estabelecida *nesta Seção* o pedido de:	Art. 1.112. Processar-se-á na forma estabelecida *neste Capítulo* o pedido de:
I – emancipação;	I – emancipação;
II – sub-rogação;	II – sub-rogação;
III – alienação, arrendamento ou oneração de bens de *crianças ou adolescentes*, de órfãos e de interditos;	III – alienação, arrendamento ou oneração de bens ~~dotais~~, *de menores*, de órfãos e de interditos;
IV – alienação, locação e administração da coisa comum;	IV – alienação, locação e administração da coisa comum;
V – alienação de quinhão em coisa comum;	V – alienação de quinhão em coisa comum;
	VI – extinção de usufruto e de fideicomisso.

---

[209] O STJ, interpretando o dispositivo correspondente no CPC/1973, entende que o Código "abre a possibilidade de não se obrigar o juiz, nos procedimentos de jurisdição voluntária, à observância do critério de legalidade estrita, abertura essa, contudo, limitada ao ato de decidir, por exemplo, com base na equidade e na adoção da solução mais conveniente e oportuna à situação concreta [...]" (STJ, REsp 623.047/RJ, Rel. Min. Nancy Andrighi, julgado em 14.12.2004).

VI – extinção de usufruto, **quando não decorrer da morte do usufrutuário, do termo da sua duração ou da consolidação,** e de fideicomisso, **quando decorrer de renúncia ou quando ocorrer antes do evento que caracterizar a condição resolutória**;

VII – **expedição de alvará judicial;**

VIII – **homologação de autocomposição extrajudicial, de qualquer natureza ou valor.**

Parágrafo único. **As normas desta Seção aplicam-se, no que couber, aos procedimentos regulados nas seções seguintes.**

 COMENTÁRIOS:

Inciso I. Emancipação judicial é aquela que ocorre quando há divergência dos pais em relação à emancipação do filho com 16 anos completos ou quando o menor, com a mesma idade, estiver sujeito à tutela (art. 5º, parágrafo único, I, do CC). No primeiro caso o juiz solucionará o impasse, concedendo, ou não, a emancipação. O acolhimento do pedido cessa o poder familiar, nos termos do art. 1.635, II, do CC. No segundo, deferido o pedido de emancipação judicial, extingue-se a condição de tutelado (art. 1.763, I, do CC). Em ambos os casos, para que a sentença concedendo a emancipação produza seus efeitos, é necessário o registro no cartório competente (art. 89 da Lei nº 6.015/1973 – Lei de Registros Públicos).

Inciso II. A sub-rogação objetiva alterar a restrição de disponibilidade de um bem que esteja gravado ou onerado, transferindo-a a outro bem, que assumirá a mesma condição. Exemplo: se o donatário ou o herdeiro pretenderem alienar bem sobre o qual incide cláusula de inalienabilidade, deverão obter autorização judicial para tanto, sendo obrigatório que o produto da venda se converta em outro bem ou outros bens, sobre os quais incidirá a mesma restrição imposta aos primeiros (art. 1.911, parágrafo único, do CC).

Inciso III. O art. 1.691 do Código Civil dispõe que os pais não podem alienar ou gravar com ônus real os bens dos filhos, exceto por necessidade ou evidente interesse da prole, mediante prévia autorização judicial. Do mesmo modo, os imóveis pertencentes aos menores sob tutela só podem ser vendidos quando houver manifesta vantagem e prévia avaliação e autorização judiciais (art. 1.750 do CC). Por tais razões exige-se a abertura do procedimento de jurisdição voluntária.

Inciso IV. Nesse caso a necessidade de se recorrer ao Judiciário se verifica quando nem todos os consortes forem capazes ou quando não estiverem de acordo com a alienação, a locação ou a administração da coisa comum. Caso contrário, o procedimento dispensa intervenção judicial (art. 1.322 do CC).

Inciso V. A alienação de quinhão em coisa comum terá lugar quando o condômino pretender alienar judicialmente a coisa comum, a fim de que, após a sentença, seja repartido o produto na proporção de cada quinhão. A necessidade de alienação surge do fato de os condôminos não se interessarem pela manutenção do condomínio e nenhum deles pretender adquirir o bem.[210] Nesse caso, alternativa não resta senão alienar a coisa comum.

Inciso VI. Nem sempre para a extinção do usufruto será necessário procedimento judicial. O CPC/2015 esclarece que apenas quando não decorrer da morte do usufrutuário ou do termo da sua duração ou consolidação, abre-se a possibilidade de instauração do procedimento. É que nesses casos a extinção do usufruto se dá de pleno direito, não havendo necessidade de intervenção judicial, mas apenas bastando o cancelamento do registro no cartório competente.

A extinção do usufruto por termo de duração ocorre nas hipóteses de usufruto temporário; a extinção pela consolidação se dá quando na mesma pessoa se confundem as qualidades de usufrutuário e nu-proprietário (exemplo: pai doa imóvel ao seu único filho, com cláusula de reserva de usufruto. Se o pai morre e não há outros sucessores, o filho adquire a propriedade plena).

Do mesmo modo que a extinção do usufruto, só haverá necessidade de instauração do procedimento quando a extinção do fideicomisso decorrer de renúncia ou quando ocorrer antes do evento que caracteriza a condição resolutória. A modificação se harmoniza com o Código Civil, que prevê a caducidade do fideicomisso quando o fideicomissário morre antes do fiduciário, ou antes de se realizar a condição resolutória do direito deste último (art. 1.958 do CC). Caducando o fideicomisso por expressa previsão legal, não há necessidade de intervenção judicial.

Inciso VII. Alvará é a ordem judicial para a realização de determinado ato, como, por exemplo, o levantamento de valores em instituição financeira. A pretensão de simples expedição de alvará judicial integra a jurisdição voluntária. Esse é o entendimento que prevalece na prática forense e que agora está expresso no CPC/2015.

Inciso VIII. Nos termos do art. 515, III, do CPC/2015, é título executivo judicial "a decisão homologatória de autocomposição extrajudicial de qualquer natureza". Assim, para que eventual acordo seja capaz de ensejar execução forçada, por meio do cumprimento de sentença, necessária é a sua homologação pelo juiz. Nessa hipótese não se está diante de jurisdição contenciosa, pois há interesse comum das partes em submeter o acordo ao Estado. Acertadamente o CPC/2015 expressou o que já era aplicado da prática.

---

[210] Antes da alienação deve-se possibilitar aos demais condôminos o exercício do direito de preferência previsto no art. 504 do Código Civil. Se isso não for observado, o condômino não informado da venda poderá depositar o preço e obter para si o quinhão vendido. Para tanto, deverá ajuizar ação anulatória no prazo decadencial de 180 dias. Sobre o início da contagem desse prazo há divergência na doutrina. Existem, em síntese, duas correntes: a primeira entende que o prazo terá início a partir da ciência da alienação; a segunda considera que, em se tratando de bens imóveis, o prazo deve começar a correr a partir do registro imobiliário. Também há divergência quanto ao tipo de ação a ser proposta. Maria Helena Diniz entende que é o caso de ação anulatória (DINIZ, Maria Helena. **Código Civil anotado**. 15. ed. São Paulo: Saraiva, 2010. p. 416). No STJ também há precedente: REsp 174.080/BA, Rel. Min. Sálvio de Figueiredo Teixeira, julgado em 26.10.1999. Há, no entanto, posição doutrinária que entende se tratar de ação de adjudicação, pois o seu principal efeito é permitir que aquele que foi preterido possa adquirir o bem.

Seção II
Da Notificação e da Interpelação

O procedimento relativo aos protestos, às notificações e às interpelações estava disciplinado no CPC/1973 no Livro relativo ao Processo Cautelar, mais precisamente nos arts. 867 a 873. Apesar disso, sempre se entendeu que eles não possuíam natureza cautelar, porquanto não prestavam cautela a processo algum, instaurado ou a instaurar. Na verdade, tratava-se de procedimento de jurisdição voluntária, que agora está sendo tratado como tal no CPC/2015.

Os protestos, as notificações e as interpelações não têm caráter constritivo de direito, mas apenas tornam público que alguém fez determinada manifestação. Esses atos formais não têm outra consequência jurídica a não ser o conhecimento incontestável da manifestação de alguém.

CPC/2015	CPC/1973
Art. 726. *Quem tiver interesse em manifestar formalmente sua vontade a outrem sobre assunto juridicamente relevante poderá notificar pessoas participantes da mesma relação jurídica para dar-lhes ciência de seu propósito.*	**Art. 867.** *Todo aquele que desejar prevenir responsabilidade, prover a conservação e ressalva de seus direitos ou manifestar qualquer intenção de modo formal, poderá fazer por escrito o seu protesto, em petição dirigida ao juiz, e requerer que do mesmo se intime a quem de direito.*
§ 1º Se a pretensão for a de dar conhecimento geral ao público, mediante edital, o juiz só a deferirá se a tiver por fundada e necessária ao resguardo de direito.	**Art. 872.** *Feita a intimação*, ordenará o juiz que, ~~pagas as custas, e decorridas 48 (quarenta e oito) horas,~~ sejam os autos entregues à parte ~~independentemente de traslado.~~
2º Aplica-se o disposto nesta Seção, no que couber, ao protesto judicial.	
Art. 727. Também poderá o interessado interpelar o requerido, no caso do art. 726, para que faça ou deixe de fazer o que o requerente entenda ser de seu direito.	
Art. 728. O requerido será previamente ouvido antes do deferimento da notificação ou do respectivo edital:	
I – se houver suspeita de que o requerente, por meio da notificação ou do edital, pretende alcançar fim ilícito;	
II – se tiver sido requerida a averbação da notificação em registro público.	
Art. 729. *Deferida e realizada a notificação ou interpelação*, os autos serão entregues ao requerente.	

Seção III
Da Alienação Judicial

CPC/2015	CPC/1973
Art. 730. Nos casos expressos em lei, **não havendo acordo entre os interessados sobre o modo como se deve realizar a alienação do bem**, o juiz, de ofício ou a requerimento *dos interessados* ou do depositário, mandará aliená-lo em leilão, **observando-se o disposto na Seção I deste Capítulo e, no que couber, o disposto nos arts. 879 a 903.**	Art. 1.113. Nos casos expressos em lei e ~~sempre que os bens depositados judicialmente forem de fácil deterioração, estiverem avariados ou exigirem grandes despesas para a sua guarda,~~ o juiz, de ofício ou a requerimento do depositário *ou de qualquer das partes*, mandará aliená-los em leilão.

 COMENTÁRIOS:

Noções gerais. Consiste a alienação judicial num procedimento especial de jurisdição voluntária, por intermédio do qual o Poder Judiciário, agindo de ofício ou mediante requerimento da parte interessada, procede à venda de bens privados.

Constitui o procedimento da alienação judicial relevante instrumento processual, pois evita o perecimento ou a desvalorização do objeto da lide, servindo também para dirimir conflitos entre condôminos.

O Código contempla a "alienação judicial" como procedimento inominado (art. 725, III a V) e como procedimento nominado (art. 730). A diferença situa-se no plano da autonomia dos procedimentos.

Nas hipóteses previstas no art. 725, III a V, o procedimento é autônomo, sem qualquer vinculação com outro processo. Já o procedimento regulado pelo art. 730 é cabível como função cautelar, no curso de processo pendente, sempre que não houver acordo entre os interessados sobre o modo como se deve realizar a alienação do bem. São exemplos de hipóteses de aplicação do referido procedimento os arts. 1.322, 1.748, IV e 1.750 do Código Civil de 2002.

Procedimento. A disciplina da alienação judicial foi simplificada no CPC/2015, que passou a prever apenas um dispositivo sobre o tema, mas que faz remissão ao procedimento dos arts. 879 a 903, que disciplinam a alienação no processo envolvendo título executivo extrajudicial.

Seção IV

Do Divórcio e da Separação Consensuais, da Extinção Consensual de União Estável e da Alteração do Regime de Bens do Matrimônio

CPC/2015	CPC/1973
Art. 731. **A homologação do divórcio** ou da separação consensuais, **observados os requisitos legais**, *poderá ser* requerida em petição assinada por ambos os cônjuges, **da qual constarão**:	Art. 1.120. A separação consensual *será* requerida em petição assinada por ambos os cônjuges.
I – as disposições relativas à descrição e à partilha dos bens *comuns*;	Art. 1.121. ~~A petição, instruída com a certidão de casamento e o contrato antenupcial se houver, conterá:~~
II – as disposições relativas à pensão alimentícia *entre os cônjuges*;	I – a descrição dos bens *do casal* e a respectiva partilha;
III – o acordo relativo à guarda dos filhos *incapazes* e ao regime de visitas; e	II – o acordo relativo à guarda dos filhos *menores* e ao regime de visitas;
IV – o valor da contribuição para criar e educar os filhos.	III – o valor da contribuição para criar e educar os filhos;
Parágrafo único. Se os cônjuges não acordarem sobre a partilha dos bens, far-se-á esta depois de homologado *o divórcio*, na forma estabelecida *nos arts. 647 a 658*.	IV – a pensão alimentícia *do marido à mulher*, ~~se esta não possuir bens suficientes para se manter~~.
Art. 732. **As disposições relativas ao processo de homologação judicial de divórcio ou de separação consensuais aplicam-se, no que couber, ao processo de homologação da extinção consensual de união estável.**	§ 1º Se os cônjuges não acordarem sobre a partilha dos bens, far-se-á esta, depois de homologada *a separação consensual*, na forma estabelecida *neste Livro, Título I, Capítulo IX*.

 ## COMENTÁRIOS AOS ARTS. 731 E 732:

Procedimento consensual. Conforme comentários ao art. 693 do CPC/2015, os procedimentos contenciosos de divórcio, separação e extinção de união estável foram inseridos no Capítulo relativo às "Ações de Família". A presente Seção só tem aplicabilidade quando se tratar de procedimento não contencioso, ou seja, quando houver acordo entre os cônjuges ou companheiros. As regras a seguir comentadas também se aplicam às hipóteses de alteração do regime de bens do matrimônio. É que como o consenso é da essência desse instituto, não há como submetê-lo à jurisdição contenciosa.

Divórcio consensual. Está disciplinado neste tópico, bem como no art. 40 da Lei nº 6.515/1977, e tem por finalidade a obtenção da homologação judicial, quando não prefiram os cônjuges a via extrajudicial ou quando, apesar de acertados quanto à dissolução, não forem preenchidos os demais requisitos do art. 733. Nessa hipótese, por haver consenso, o papel do juiz é de mero fiscalizador do acordo, para aferir se foram adequadamente tratadas as questões essenciais.

Extinção consensual da união estável. Como no CPC/1973 não existem previsões quanto à união estável, na hipótese de dissolução consensual a jurisprudência passou a aplicar, por analogia, o procedimento previsto nos arts. 1.120 a 1.124, os quais exigem a assinatura de ambos os cônjuges na petição inicial e seu lançamento na presença do juiz ou reconhecidas por tabelião, prevendo ainda a realização de audiência de conciliação e ratificação do pedido de dissolução.

O Novo CPC, por outro lado, dedica-se ao tema na mesma seção em que trata da separação e do divórcio consensuais. Além disso, permite que a união estável também seja dissolvida por escritura pública, conforme veremos adiante.

Petição inicial. Além dos requisitos insculpidos nos arts. 319 e 320, a petição inicial nas ações de separação e divórcio deve observar algumas especificidades. Na separação e divórcio consensuais, a exposição dos fatos cinge-se à notícia acerca da convivência conjugal frustrada (desejo de rompimento do vínculo), à existência de filhos, se for o caso, e de patrimônio comum ou exclusivo. Os fundamentos jurídicos assentam-se nos requisitos inerentes a cada modalidade de desfazimento da sociedade conjugal.

A inicial da separação e do divórcio direto por mútuo consentimento contemplará disposições atinentes à guarda dos filhos incapazes, ao regime de visitas, ao valor da contribuição para criar e educar os filhos e, eventualmente, à pensão alimentícia entre os cônjuges. Também deve haver menção aos bens e, facultativamente, à forma de partilhá-los. Diz-se facultativamente porque o parágrafo único do art. 731 afasta a obrigatoriedade de se proceder à partilha por ocasião do divórcio. No que tange aos alimentos, não raramente, as partes renunciam reciprocamente a eles.[211]

A causa de pedir tanto na separação judicial quanto no divórcio funda-se apenas na impossibilidade de manutenção da relação matrimonial, sem quaisquer outros condicionantes.

O pedido consistirá na decretação da separação judicial ou do divórcio para dissolver, respectivamente, a sociedade ou o vínculo conjugal.

Documentos essenciais. A certidão de casamento, exceto, por óbvio, no caso de extinção da união estável, é sempre essencial, qualquer que seja a modalidade dissolutória. A depender do caso concreto, outros documentos podem se fazer indispensáveis, como a certidão de nascimento dos filhos e matrícula dos imóveis, entre outros. Por derradeiro, deve-se destacar um detalhe importante. Por expressa disposição legal (arts. 731 do CPC/2015 e 34 da Lei nº 6.515/1977), a petição inicial deverá ser assinada por ambos os cônjuges, pessoalmente ou a rogo, se qualquer deles não puder ou souber assinar.

Sentença. Nos procedimentos judiciais de separação e divórcio por mútuo consentimento, a atividade jurisdicional é meramente homologatória do acordo celebrado entre as partes. Ao homologar referida avença, o juiz decretará a separação ou o divórcio, dissolvendo a sociedade ou o vínculo conjugal, respectivamente.

---

[211] Apesar de não constar expressamente em lei, está pacificado pela jurisprudência que os alimentos entre adultos (ex-cônjuges e ex-conviventes) são renunciáveis. Nesse sentido: STJ, REsp 1.143.762/SP, Rel. Min. Nancy Andrighi, julgado em 26.03.2013). O art. 1.707 do CC prevê que o credor pode não exercer o direito aos alimentos, mas não pode renunciá-los. Essa irrenunciabilidade só tem validade enquanto existir o vínculo familiar, ou seja, é perfeitamente válida renúncia manifestada no momento do acordo de separação ou de divórcio. No entanto, por outro lado, não pode ser admitida a renúncia feita durante a vigência da união estável ou que aquela realizada antes perdure se houver superveniente necessidade de um dos companheiros.

CPC/2015	CPC/1973
Art. 733. O divórcio consensual, a separação consensual **e a extinção consensual de união estável**, não havendo **nascituro** ou filhos incapazes e observados os requisitos legais, poderão ser realizados por escritura pública, da qual constarão as disposições *de que trata o art. 731.*	Art. 1.124-A. A separação consensual e o divórcio consensual, não havendo filhos ~~menores ou~~ incapazes ~~do casal~~ e observados os requisitos legais ~~quanto aos prazos,~~ poderão ser realizados por escritura pública, da qual constarão as disposições *relativas à descrição e à partilha dos bens comuns e à pensão alimentícia e, ainda, ao acordo quanto à retomada pelo cônjuge de seu nome de solteiro ou à manutenção do nome adotado quando se deu o casamento.*
§ 1º A escritura não depende de homologação judicial e constitui título hábil para *qualquer ato de registro*, **bem como para levantamento de importância depositada em instituições financeiras**.	§ 1º A escritura não depende de homologação judicial e constitui título hábil para *o registro civil e o registro de imóveis*.
§ 2º O tabelião somente lavrará a escritura se os *interessados* estiverem assistidos por advogado ou por defensor público, cuja qualificação e assinatura constarão do ato notarial.	§ 2º O tabelião somente lavrará a escritura se os *contratantes* estiverem assistidos por advogado comum ou advogados de cada um deles ou por defensor público, cuja qualificação e assinatura constarão do ato notarial.

 ## COMENTÁRIOS:

Noções gerais. Pedras de toque do processualismo moderno, a efetividade e a celeridade procedimentais fizeram que o constituinte derivado erigisse à categoria de garantia individual a duração razoável do processo (art. 5º, LXXVIII, da CF/1988). Nesse contexto, a Lei nº 11.441/2007 introduziu em nosso sistema a separação e o divórcio consensuais pela via extrajudicial, mitigando a excessiva ingerência do Estado na intimidade dos cidadãos.

No CPC/1973, a referida legislação inseriu o art. 1.224-A, que permitiu a separação consensual e o divórcio consensual por meio de escritura pública quando o casal não possuísse filhos menores ou incapazes. O Novo CPC mantém essa possibilidade e acrescenta à via administrativa a extinção consensual de união estável.

Os requisitos previstos pelo CPC/2015 (art. 733) são os mesmos da lei anterior, mas com um acréscimo: a existência de nascituro impede a escolha pela via extrajudicial, tal como já sinalizava a doutrina.[212]

Condições de acesso para a via extrajudicial. Em primeiro lugar, para que as partes possam se utilizar da expedita via extrajudicial, necessário que sejam plenamente capazes. Com efeito, a separação, o divórcio e a extinção na união estável por escritura pública pressupõem necessariamente a vontade livre e capaz dos interessados, tal como os negócios jurídicos em geral.

Do contrário, se um dos cônjuges ou companheiro for incapaz, deverá ser representado por seu curador, ascendente ou irmão, nos termos do art. 3º, § 1º, da Lei nº 6.515/1977. Nesse caso, haverá necessidade da participação do Ministério Público como forma de preservar

---

[212] Nesse sentido: "Na hipótese da mulher encontrar-se em estado de gravidez, pela sistemática legal, não haveria a possibilidade de proceder-se à separação extrajudicialmente, até porque o nascituro faz jus a alimentos" (DIAS, Maria Berenice. **Manual de Direito das Famílias.** 5. ed. São Paulo: RT, 2009. p. 311).

os interesses do incapaz (art. 178, II, do CPC), razão por que se reputa imprescindível o uso da via judicial.

Além da plena capacidade, é necessário que não existam filhos menores ou incapazes, nem nascituro, situação na qual, à semelhança do que se disse alhures, imperioso será o ingresso em juízo.

Via administrativa: faculdade ou imposição? A leitura do art. 1.124-A do CPC/1973 e do art. 733 do CPC/2015 conduzem inicialmente à conclusão de que a dissolução do casamento ou da união estável por meio de escritura pública constitui opção dos consortes. Assim, pela garantia constitucional da inafastabilidade da jurisdição, seria inadmissível obstaculizar a via judicial quando assim consentissem os cônjuges ou companheiros. Por outro lado, há quem enxergue nos dispositivos autêntica obrigatoriedade de utilização da via extrajudicial, tendo em vista que o verdadeiro espírito da norma visa desobstruir o Judiciário, permitindo que a tutela jurisdicional adequada, célere e eficaz seja prestada àqueles casos que realmente necessitam da intervenção do Estado-juiz. Para estes, não há vulneração ao princípio da inafastabilidade da jurisdição, mas tão somente racionalização da máquina judiciária.

Com efeito, se não há conflito de interesses, não há, evidentemente, necessidade de se recorrer ao Poder Judiciário. Se o divórcio e a separação por mútuo consentimento estão a depender unicamente da manifestação da vontade perante um tabelião, que utilidade teria o ingresso na via judicial?

Partindo dessas reflexões, tem-se sustentado aqui e acolá a total falta de interesse de agir daqueles que buscam o Judiciário para pôr fim ao casamento quando poderiam fazê-lo na via administrativa.

A jurisprudência dos Tribunais Pátrios, no entanto, firmou-se no sentido de se considerar o procedimento extrajudicial uma faculdade conferida aos cônjuges, de modo que podem optar por perseguir a via jurisdicional ou administrativa.[213]

Requisitos da escritura pública. O art. 731 evidencia as cláusulas que devem constar do acordo de separação ou divórcio. São aquelas ligadas à descrição e partilha dos bens comuns, pensão alimentícia e, ainda, acordo sobre a retomada do nome de solteiro ou manutenção do nome de casado.

A cláusula sobre a partilha de bens não é obrigatória, à semelhança do que ocorre nos procedimentos judiciais. Ressalte-se, por oportuno, que a ausência de cláusula acerca dos bens não inquina de nulidade o negócio. Nesse caso, firma-se a presunção de que os bens vão continuar no estado de condomínio, que poderá ser desfeito em outra oportunidade e na forma da lei aplicável.

Entretanto, recomenda-se que a destinação dos bens comuns seja resolvida de pronto, a fim de se evitarem futuros conflitos. É que a dinâmica da vida afetiva fará agregar aos consortes novos personagens, tornando ainda mais complexa a situação. Diante desse cenário, afigura-se prudente partilhar logo os bens antes de dar início a uma nova relação.

---

[213] Nesse sentido: "Família. Divórcio consensual. Lei nº 11.441/07. Art. 1124-A do CPC. Divórcio por escritura pública. Mera faculdade. Possibilidade de se recorrer ao judiciário. O divórcio consensual mediante escritura pública previsto no art. 1.124-A do CPC, com a modificação trazida pela Lei nº 11.441/07, é mera faculdade atribuída ao casal, sendo-lhes possível caso prefiram, recorrer ao judiciário" (TJMG, Apelação Cível 1.0686.06.182311-4/001, Rel. Des. Dídimo Inocêncio de Paula, DJ 02.08.2007).

No que tange aos alimentos, importante asseverar que a falta de estipulação não induz à nulidade e não impede que sejam eles pleiteados posteriormente. Todavia, optando pela inserção da cláusula, deverão os consortes estipular desde logo o *quantum*. A escritura pública lavrada nesses termos constitui título executivo extrajudicial.

Os cônjuges deverão dispor também acerca do uso do nome, se tiver havido modificação quando do casamento. Todavia, também aqui não há que se falar em nulidade da escritura por ausência de estipulação. Por ser o nome um dos direitos de personalidade, a regra é a sua manutenção. Logo, a ausência de disposição nesse sentido conduz à presunção de que se manterá o nome de casado.

O rol de cláusulas traçado no art. 731 não exclui outras tantas que podem ser contempladas no acordo. À guisa de exemplo, os cônjuges poderão ajustar doações, instituir usufruto, assumir dívidas. Poderão também instituir bem de família voluntário, respeitando o limite de um terço do patrimônio líquido no ato de instituição (art. 1.711 do CC), e dispor sobre a distribuição dos encargos com a escritura.

Efeitos da escritura pública. O CPC/1973 restringia a utilização da escritura de divórcio ou separação aos cartórios de registro civil e de imóveis. O Conselho Nacional de Justiça, no entanto, já havia rechaçado essa interpretação ao prever, na Resolução nº 35, de 24 de abril de 2007, que:

> Art. 3º As escrituras públicas de inventário e partilha, separação e divórcio consensuais não dependem de homologação judicial e são títulos hábeis para o registro civil e o registro imobiliário, para a transferência de bens e direitos, bem como para promoção de todos os atos necessários à materialização das transferências de bens e levantamento de valores (DETRAN, Junta Comercial, Registro Civil de Pessoas Jurídicas, instituições financeiras, companhias telefônicas, etc.).

Apesar disso, muitos ofícios e instituições continuaram a exigir a intervenção judicial (por meio de alvará, por exemplo), para transferências, alterações de registros ou levantamento de valores. A positivação da regra no CPC/2015 visa impor a facilidade e a celeridade almejada pelo CNJ em procedimentos que já foram "desjudicializados" por lei.

Presença de advogado particular ou defensor público. De acordo com disposição expressa do art. 733, § 2º, não se pode prescindir da presença do advogado na ocasião da dissolução extrajudicial. E assim deve ser, uma vez que o art. 133 da CF/1988 estatui que o advogado é indispensável à administração da justiça, não se podendo limitar o alcance da norma às demandas levadas ao Judiciário.

CPC/2015	CPC/1973
Art. 734. **A alteração do regime de bens do casamento, observados os requisitos legais, poderá ser requerida, motivadamente, em petição assinada por ambos os cônjuges, na qual serão expostas as razões que justificam a alteração, ressalvados os direitos de terceiros.** **§ 1º Ao receber a petição inicial, o juiz determinará a intimação do Ministério Público e a publicação de edital que divulgue a pretendida alteração de bens, somente podendo decidir depois de decorrido o prazo de 30 (trinta) dias da publicação do edital.**	Não há correspondência.

§ 2º Os cônjuges, na petição inicial ou em petição avulsa, podem propor ao juiz meio alternativo de divulgação da alteração do regime de bens, a fim de resguardar direitos de terceiros.

§ 3º Após o trânsito em julgado da sentença, serão expedidos mandados de averbação aos cartórios de registro civil e de imóveis e, caso qualquer dos cônjuges seja empresário, ao Registro Público de Empresas Mercantis e Atividades Afins.

 ## COMENTÁRIOS:

Alteração do regime de bens. A possibilidade de alteração do regime de bens ainda não estava expressamente prevista na legislação processual. No entanto, o Código Civil de 2002 (diferentemente da lei material anterior) passou a tratar do tema. Veja:

> Art. 1.639. É lícito aos nubentes, antes de celebrado o casamento, estipular, quanto aos seus bens, o que lhes aprouver.
>
> [...]
>
> § 2º É admissível alteração do regime de bens, mediante autorização judicial em pedido motivado de ambos os cônjuges, apurada a procedência das razões invocadas e ressalvados os direitos de terceiros.

O Código Civil, no que concerne ao regime matrimonial de bens, adota o princípio da mutabilidade justificada. Isso quer dizer que, havendo pedido motivado de ambos os nubentes, é perfeitamente possível alterar o regime de bens, mediante autorização judicial.

O CPC/2015 não modificou essa regra. Além disso, apesar de não existir correspondência na legislação de 1973, sempre se entendeu que esse procedimento deveria ser submetido às regras constantes no título relativo aos procedimentos de jurisdição voluntária.

A motivação para a alteração do regime matrimonial de bens deve ser analisada pelo juiz, caso a caso, não podendo a modificação servir para prejudicar terceiros. Conforme entendimento do Superior Tribunal de Justiça, os interesses de terceiros ficam ressalvados a partir do momento da publicação da sentença e das anotações correspondentes nos registros próprios.[214]

---

[214] "CIVIL. FAMÍLIA. MATRIMÔNIO. ALTERAÇÃO DO REGIME DE BENS DO CASAMENTO. EXPRESSA RESSALVA LEGAL DOS DIREITOS DE TERCEIROS. PUBLICAÇÃO DE EDITAL PARA CONHECIMENTO DE EVENTUAIS INTERESSADOS, NO ÓRGÃO OFICIAL E NA IMPRENSA LOCAL. PROVIMENTO Nº 24/03 DA CORREGEDORIA DO TRIBUNAL ESTADUAL. FORMALIDADE DISPENSÁVEL, AUSENTE BASE LEGAL. RECURSO ESPECIAL CONHECIDO E PROVIDO. 1. Nos termos do art. 1.639, § 2º, do Código Civil de 2002, a alteração do regime jurídico de bens do casamento é admitida, quando procedentes as razões invocadas no pedido de ambos os cônjuges, mediante autorização judicial, sempre com ressalva dos direitos de terceiros. 2. Mostra-se, assim, dispensável a formalidade emanada de Provimento do Tribunal de Justiça de publicação de editais acerca da alteração do regime de bens, mormente pelo fato de se tratar de providência da qual não cogita a legislação aplicável. 3. O princípio da publicidade, em tal hipótese, é atendido pela publicação da sentença que defere o pedido e pelas anotações e alterações procedidas nos registros

Publicação de editais. A exigência de publicação de editais tem por objetivo resguardar eventuais direitos de terceiros. A norma inserida no CPC/2015 se apoia no Enunciado nº 113 do CJF/STJ, favorável à publicação de editais como forma de cumprir o requisito da ampla publicidade. Na jurisprudência, no entanto, há entendimentos em sentido diverso,[215] mas que devem ser considerados como superados em razão da disposição expressa contida no art. 734, § 1º, do Novo Código de Processo Civil.

Meios alternativos de publicidade. Por se tratar de questão eminentemente patrimonial, é possível que os próprios cônjuges proponham uma forma alternativa de divulgação da alteração do regime de bens, buscando assim, atingir o maior número de pessoas possível. De qualquer forma, os terceiros que eventualmente não tomarem conhecimento da alteração – seja pela publicação de editais ou por meio alternativo deferido pelo juiz – poderão pedir a ineficácia da decisão judicial. Em outras palavras, o terceiro prejudicado não poderá se opor à alteração do regime de bens, mas poderá requerer ao juízo que declare, em seu favor, a ineficácia da mudança.[216]

Efeitos da decisão. A decisão que homologa o pedido de alteração do regime de bens só produzirá efeitos perante terceiros que eventualmente celebrarem negócios com os requerentes após trânsito em julgado da decisão. Os efeitos, no entanto, dependerão da publicidade da decisão, que deve ser averbada à margem do registro de casamento no Registro Civil das Pessoas Naturais, e levada ao registro imobiliário competente. O CPC/2015 também prevê que, sendo empresário qualquer dos cônjuges, também deve ser providenciada averbação no Registro Público de Empresas Mercantis. Ressalte-se que essa última providência já vinha sendo adotada na prática. Algumas corregedorias de Tribunais de Justiça editaram provimentos com o objetivo de conferir eficácia *erga omnes* às decisões judiciais homologatórias da alteração do regime de bens e, assim, evitar que eventuais credores, inscientes do fato, viessem a ser prejudicados também no âmbito das relações negociais firmadas com cônjuge empresário.

---

próprios, com averbação no registro civil de pessoas naturais e, sendo o caso, no registro de imóveis. 4. Recurso especial provido para dispensar a publicação de editais determinada pelas instâncias ordinárias" (STJ, REsp 776.455/RS, 4ª Turma, Rel. Min. Raul Araújo, DJ 26.04.2012).

[215] "Civil. Família. Matrimônio. Alteração do regime de bens do casamento. Expressa ressalva legal dos direitos de terceiros. Publicação de edital para conhecimento de eventuais interessados, no órgão oficial e na imprensa local. Provimento nº 24/03 da Corregedoria do Tribunal Estadual. Formalidade dispensável, ausente base legal. Recurso especial conhecido e provido. 1. Nos termos do art. 1.639, § 2º, do Código Civil de 2002, a alteração do regime jurídico de bens do casamento é admitida, quando procedentes as razões invocadas no pedido de ambos os cônjuges, mediante autorização judicial, sempre com ressalva dos direitos de terceiros. 2. Mostra-se, assim, dispensável a formalidade emanada de Provimento do Tribunal de Justiça de publicação de editais acerca da alteração do regime de bens, mormente pelo fato de se tratar de providência da qual não cogita a legislação aplicável. 3. O princípio da publicidade, em tal hipótese, é atendido pela publicação da sentença que defere o pedido e pelas anotações e alterações procedidas nos registros próprios, com averbação no registro civil de pessoas naturais e, sendo o caso, no registro de imóveis. 4. Recurso especial provido para dispensar a publicação de editais determinada pelas instâncias ordinárias" (STJ, REsp 776.455/RS, 4ª Turma, Rel. Min. Raul Araújo, DJ 26.04.2012).

[216] TARTUCE, Flávio; SIMÃO, José Fernando. **Direito civil:** direito de família. São Paulo: Método, 2010. v. 5, p. 131.

(Im)possibilidade da via extrajudicial. Quanto à alteração do regime de bens por meio de escritura pública, o Novo CPC teve a oportunidade, assim como fez com a extinção da união estável, de extrajudicializar a questão, mas não o fez. Sendo assim, a alteração do estatuto patrimonial do casal depende, necessariamente, de manifestação judicial. Em projeções legislativas (art. 39 do Estatuto das Famílias – Projeto de Lei nº 2.285/2007 e atual art. 38 do substitutivo ao Projeto de Lei nº 674/2007), há tentativa de se criar a possibilidade de alteração do regime por meio de escritura pública, desde que promovida por ambos os cônjuges, assistidos por advogado ou defensor público.

Seção V
Dos Testamentos e dos Codicilos

CPC/2015	CPC/1973
Art. 735. Recebendo testamento cerrado, o juiz, *se não achar vício externo que o torne suspeito de nulidade ou falsidade*, o abrirá e mandará que o escrivão o leia em presença do apresentante.	Art. 1.125. Ao receber testamento cerrado, o juiz, *após verificar se está intacto*, o abrirá e mandará que o escrivão o leia em presença de quem o entregou.
§ 1º Do termo de abertura constarão o nome do apresentante e como ele obteve o testamento, a data e o lugar do falecimento do testador, **com as respectivas provas**, e qualquer circunstância digna de nota.	Parágrafo único. Lavrar-se-á em seguida o ato de abertura que, ~~rubricado pelo juiz e assinado pelo apresentante~~, mencionará:
§ 2º Depois de ouvido o Ministério Público, **não havendo dúvidas a serem esclarecidas**, o juiz mandará registrar, arquivar e cumprir o testamento.	I – ~~a data e o lugar em que o testamento foi aberto~~;
	II – o nome do apresentante e como houve ele o testamento;
§ 3º Feito o registro, *será intimado* o testamenteiro para assinar o termo da testamentária.	III – a data e o lugar do falecimento do testador;
§ 4º Se não houver testamenteiro nomeado ou se ele estiver ausente ou não aceitar o encargo, o juiz nomeará testamenteiro dativo, observando-se a preferência legal.	IV – qualquer circunstância digna de nota, ~~encontrada no invólucro ou no interior do testamento~~. Art. 1.126. ~~Conclusos os autos~~, o juiz, ouvido o ~~órgão~~ do Ministério Público, mandará registrar, arquivar e cumprir o testamento, ~~se lhe não achar vício externo, que o torne suspeito de nulidade ou falsidade~~.
§ 5º O testamenteiro deverá cumprir as disposições testamentárias e prestar contas em juízo do que recebeu e despendeu, **observando-se o disposto em lei.**	Art. 1.127. Feito o registro, *o escrivão intimará* o testamenteiro nomeado a assinar, ~~no prazo de 5 (cinco) dias~~, o termo da testamentaria; se não houver testamenteiro nomeado, estiver ele ausente ou não aceitar o encargo, ~~o escrivão certificará a ocorrência e fará os autos conclusos; caso em que~~ o juiz nomeará testamenteiro dativo, observando-se a preferência legal.
	Art. 1.135. O testamenteiro deverá cumprir as disposições testamentárias ~~no prazo legal, se outro não tiver sido assinado pelo testador~~ e prestar contas, no juízo ~~do inventário~~, do que recebeu e despendeu.

Art. 736. Qualquer interessado, exibindo o traslado ou a certidão de testamento público, poderá requerer ao juiz que ordene o seu cumprimento, *observando-se, no que couber, o disposto nos parágrafos do art. 735.*	Art. 1.128. Quando o testamento for público, qualquer interessado, exibindo-lhe o traslado ou certidão, poderá requerer ao juiz que ordene o seu cumprimento. Parágrafo único. *O juiz mandará processá-lo conforme o disposto nos arts. 1.125 e 1.126.*
Art. 737. A publicação do testamento particular poderá ser requerida, depois da morte do testador, pelo herdeiro, pelo legatário ou pelo testamenteiro, **bem como pelo terceiro detentor do testamento, se impossibilitado de entregá-lo a algum dos outros legitimados para requerê-la.** § 1º Serão intimados os herdeiros que não tiverem requerido a publicação do testamento. § 2º **Verificando a presença dos requisitos da lei,** ouvido o Ministério Público, o juiz confirmará o testamento. § 3º Aplica-se o disposto *neste artigo* ao codicilo e aos testamentos marítimo, **aeronáutico,** militar e nuncupativo. § 4º **Observar-se-á, no cumprimento do testamento, o disposto nos parágrafos do art. 735.**	Art. 1.130. O herdeiro, o legatário ou o testamenteiro poderá requerer, depois da morte do testador, a publicação ~~em juízo~~ do testamento particular, ~~inquirindo-se as testemunhas que lhe ouviram a leitura e, depois disso, o assinaram.~~ Art. 1.131. Serão intimados ~~para a inquirição:~~ ~~I – aqueles a quem caberia a sucessão legítima;~~ II – ~~o testamenteiro,~~ os herdeiros ~~e os legatários~~ que não tiverem requerido a publicação; ~~III – o Ministério Público.~~ Art. 1.133. ~~Se pelo menos três testemunhas contestes reconhecerem que é autêntico~~ o testamento, o juiz, ouvido o ~~órgão do~~ Ministério Público, o confirmará, ~~observando-se quanto ao mais o disposto nos arts. 1.126 e 1.127.~~ Art. 1.134. As disposições *da seção precedente* aplicam-se: I – ao testamento marítimo; II – ao testamento militar; III – ao testamento nuncupativo; IV – ao codicilo.

COMENTÁRIOS AOS ARTS. 735 A 737:

Testamento cerrado. É o escrito e assinado pelo próprio testador ou por alguém a seu rogo, em caráter sigiloso, e posteriormente lacrado (cerrado) por tabelião, perante pelo menos duas testemunhas (art. 1.868 do CC).

Aberta a sucessão do testador, o testamento deverá ser apresentado por quem o detenha ao juízo competente para o procedimento, por meio de petição.

Como se trata de testamento feito em caráter sigiloso, ao recebê-lo, a primeira providência do juiz é verificar se ele contém algum vício externo que o torne suspeito de nulidade ou falsidade, como, por exemplo, o rompimento do lacre posto pelo tabelião (art. 735).

Após essa providência, o juiz abrirá o testamento e mandará que o escrivão o leia em presença de quem o apresentou. A seguir, lavra-se o auto de abertura, que conterá os requisitos mencionados no § 1º do art. 735.

Após a lavratura do auto, proceder-se-á à autuação, ouvindo-se em seguida o Ministério Público. Não havendo dúvidas a serem esclarecidas, o juiz mandará registrar, arquivar e cumprir o testamento. Importante asseverar que os eventuais questionamentos acerca da formação do testamento ou da manifestação de vontade do testador deverão ser objeto de apreciação no inventário ou em ação própria.

Feito o registro, o testamenteiro será intimado para assinar o termo da testamentaria. Não havendo testamenteiro nomeado, o juiz nomeará testamenteiro dativo, observada a ordem de preferência estabelecida no art. 1.984 do Código Civil.

Testamento público. É o lavrado por tabelião de notas ou seu substituto, de acordo com a manifestação da vontade do testador, perante duas testemunhas (art. 1.864 do CC).

Sendo público o testamento, não se procede à verificação do lacre, até porque lacre não há. Também não há abertura, e sim apresentação, razão pela qual o auto a ser lavrado é de apresentação. Quanto ao mais, segue o procedimento estabelecido para o testamento cerrado (art. 735).

Testamentos particular, especial e codicilo. O primeiro é o escrito e assinado pelo testador e lido a três testemunhas, que o subscrevem (art. 1.876 do CC). Especiais são os testamentos marítimo (art. 1.888 do CC), aeronáutico (art. 1.889 do CC) e militar (art. 1.893 do CC). Codicilo é um "testamento informal", sempre particular (escrito pelo próprio disponente, independentemente de testemunhas), por intermédio do qual dispõe sobre assuntos de pequena relevância, como enterro, esmolas, legados de bens pessoais móveis e de pequeno valor (art. 1.881 do CC). Trata-se de disposição testamentária de pequena monta, para a qual a lei não exige maiores formalidades.

Esses testamentos, para serem cumpridos, precisam ser confirmados. Isso porque, neles, não ocorre a intervenção do tabelião.

O procedimento da confirmação inicia-se com a providência do herdeiro, do legatário, do testamenteiro ou do terceiro detentor do testamento, que, após a morte do testador, requer a publicação e o cumprimento do testamento. Os herdeiros que não tiverem requerido a publicação deverão ser intimados (art. 737, § 1º).

O CPC/1973 (art. 1.130) exigia que as testemunhas que ouviram a leitura do testamento fossem inquiridas em juízo. O Novo Código não repete essa providência. Assim, verificada a presença dos requisitos legais, basta a intimação do Ministério Público para a confirmação posterior do testamento (art. 737, § 2º).

Seção VI
Da Herança Jacente

CPC/2015	CPC/1973
Art. 738. Nos casos em que a lei considere jacente a herança, o juiz em cuja comarca tiver domicílio o falecido procederá *imediatamente* à arrecadação dos respectivos bens.	Art. 1.142. Nos casos em que a lei civil considere jacente a herança, o juiz, em cuja comarca tiver domicílio o falecido, procederá *sem perda de tempo* à arrecadação de todos os seus bens.
Art. 739. A herança jacente ficará sob a guarda, a conservação e a administração de um curador até a respectiva entrega ao sucessor legalmente habilitado ou até a declaração de vacância. § 1º Incumbe ao curador: I – representar a herança em juízo ou fora dele, com *intervenção* do Ministério Público;	Art. 1.143. A herança jacente ficará sob a guarda, conservação e administração de um curador até a respectiva entrega ao sucessor legalmente habilitado, ou até a declaração de vacância; ~~caso em que será incorporada ao domínio da União, do Estado ou do Distrito Federa~~l.

II – ter em boa guarda e conservação os bens arrecadados e promover a arrecadação de outros porventura existentes;

III – executar as medidas conservatórias dos direitos da herança;

IV – apresentar mensalmente ao juiz balancete da receita e da despesa;

V – prestar contas ao final de sua gestão.

§ 2º Aplica-se ao curador o disposto nos *arts. 159 a 161*.

Art. 740. O juiz **ordenará que o oficial de justiça,** acompanhado do **escrivão ou do chefe de secretaria** e do curador, arrole os bens e descreva-os em auto circunstanciado.

§ 1º Não podendo comparecer **ao local**, o juiz requisitará à autoridade policial que proceda à arrecadação e ao arrolamento dos bens, com 2 (duas) testemunhas, que assistirão às diligências.

§ 2º Não estando ainda nomeado o curador, o juiz designará depositário e lhe entregará os bens, mediante simples termo nos autos, depois de compromissado.

§ 3º Durante a arrecadação, o juiz **ou a autoridade policial** inquirirá os moradores da casa e da vizinhança sobre a qualificação do falecido, o paradeiro de seus sucessores e a existência de outros bens, lavrando-se de tudo auto de inquirição e informação.

§ 4º O juiz examinará reservadamente os papéis, as cartas missivas e os livros domésticos e, verificando que não apresentam interesse, mandará empacotá-los e lacrá-los para serem assim entregues aos sucessores do falecido ou queimados quando os bens forem declarados vacantes.

§ 5º Se constar ao juiz a existência de bens em outra comarca, mandará expedir carta precatória a fim de serem arrecadados.

§ 6º Não se fará a arrecadação, ou essa será suspensa, quando, iniciada, apresentarem-se para reclamar os bens o cônjuge **ou companheiro**, o herdeiro ou o testamenteiro notoriamente reconhecido e não houver oposição motivada do curador, de qualquer interessado, do Ministério Público ou do representante da Fazenda Pública.

Art. 1.144. Incumbe ao curador:

I – representar a herança em juízo ou fora dele, com *assistência* do órgão do Ministério Público;

II – ter em boa guarda e conservação os bens arrecadados e promover a arrecadação de outros porventura existentes;

III – executar as medidas conservatórias dos direitos da herança;

IV – apresentar mensalmente ao juiz um balancete da receita e da despesa;

V – prestar contas a final de sua gestão.

Parágrafo único. Aplica-se ao curador o disposto nos *arts. 148 a 150*.

Art. 1.145. ~~Comparecendo à residência do morto~~, acompanhado do escrivão do curador, o juiz mandará arrolar os bens e descrevê-los em auto circunstanciado.

§ 1º Não estando ainda nomeado o curador, o juiz designará um depositário e lhe entregará os bens, mediante simples termo nos autos, depois de compromissado.

Art. 1.148. Não podendo comparecer ~~imediatamente por motivo justo ou por estarem os bens em lugar muito distante~~, o juiz requisitará à autoridade policial que proceda à arrecadação e ao arrolamento dos bens.

Parágrafo único. Duas testemunhas assistirão às diligências ~~e, havendo necessidade de apor selos, estes só poderão ser abertos pelo juiz~~.

Art. 1.150. Durante a arrecadação o juiz inquirirá os moradores da casa e da vizinhança sobre a qualificação do falecido, o paradeiro de seus sucessores e a existência de outros bens, lavrando-se de tudo um auto de inquirição e informação.

Art. 1.147. O juiz examinará reservadamente os papéis, cartas missivas e os livros domésticos; verificando que não apresentam interesse, mandará empacotá-los e lacrá-los para serem assim entregues aos sucessores do falecido, ou queimados quando os bens forem declarados vacantes.

Art. 1.149. Se constar ao juiz a existência de bens em outra comarca, mandará expedir carta precatória a fim de serem arrecadados.

Art. 1.151. Não se fará a arrecadação ou suspender-se-á esta quando iniciada, se se apresentar para reclamar os bens o cônjuge, herdeiro ou testamenteiro notoriamente reconhecido e não houver oposição motivada do curador, de qualquer interessado, do órgão do Ministério Público ou do representante da Fazenda Pública.

Art. 741. Ultimada a arrecadação, o juiz mandará expedir edital, que será *publicado* **na rede mundial de computadores, no sítio do tribunal a que estiver vinculado o juízo e na plataforma de editais do Conselho Nacional de Justiça, onde permanecerá por 3 (três) meses, ou, não havendo sítio,** no órgão oficial e na imprensa da comarca, por 3 (três) vezes com intervalos *de 1 (um) mês,* para que os sucessores do falecido venham a habilitar-se no prazo de 6 (seis) meses contado da primeira publicação.

§ 1º Verificada a existência de sucessor ou de testamenteiro em lugar certo, far-se-á a sua citação, sem prejuízo do edital.

§ 2º Quando o falecido for estrangeiro, será também comunicado o fato à autoridade consular.

§ 3º Julgada a habilitação do herdeiro, reconhecida a qualidade do testamenteiro ou provada a identidade do cônjuge **ou companheiro,** a arrecadação converter-se-á em inventário.

§ 4º Os credores da herança poderão habilitar-se como nos inventários ou propor a ação de cobrança.

Art. 742. O juiz poderá autorizar a alienação:

I – de bens móveis, se forem de conservação difícil ou dispendiosa;

II – de semoventes, quando não empregados na exploração de alguma indústria;

III – de títulos e papéis de crédito, havendo fundado receio de depreciação;

IV – de ações de sociedade quando, reclamada a integralização, não dispuser a herança de dinheiro para o pagamento;

V – de bens imóveis:

a) se ameaçarem ruína, não convindo a reparação;

b) se estiverem hipotecados e vencer-se a dívida, não havendo dinheiro para o pagamento.

§ 1º Não se procederá, entretanto, à venda se a Fazenda Pública ou o habilitando adiantar a importância para as despesas.

§ 2º Os bens com valor de afeição, como retratos, objetos de uso pessoal, livros e obras de arte, só serão alienados depois de declarada a vacância da herança.

Art. 743. Passado 1 (um) ano da primeira publicação do edital e não havendo herdeiro habilitado nem habilitação pendente, será a herança declarada vacante.

§ 1º Pendendo habilitação, a vacância será declarada pela mesma sentença que a julgar improcedente, aguardando-se, no caso de serem diversas as habilitações, o julgamento da última.

Art. 1.152. Ultimada a arrecadação, o juiz mandará expedir edital, que será *estampado* três vezes, com intervalo *de 30 (trinta) dias* para cada um, no órgão oficial e na imprensa da comarca, para que venham a habilitar-se os sucessores do finado no prazo de 6 (seis) meses contados da primeira publicação.

§ 1º Verificada a existência de sucessor ou testamenteiro em lugar certo, far-se-á a sua citação, sem prejuízo do edital.

§ 2º Quando o finado for estrangeiro, será também comunicado o fato à autoridade consular.

Art. 1.153. Julgada a habilitação do herdeiro, reconhecida a qualidade do testamenteiro ou provada a identidade do cônjuge, a arrecadação converter-se-á em inventário.

Art. 1.154. Os credores da herança poderão habilitar-se como nos inventários ou propor a ação de cobrança.

Art. 1.155. O juiz poderá autorizar a alienação:

I – de bens móveis, se forem de conservação difícil ou dispendiosa;

II – de semoventes, quando não empregados na exploração de alguma indústria;

III – de títulos e papéis de crédito, havendo fundado receio de depreciação;

IV – de ações de sociedade quando, reclamada a integralização, não dispuser a herança de dinheiro para o pagamento;

V – de bens imóveis:

a) se ameaçarem ruína, não convindo a reparação;

b) se estiverem hipotecados e vencer-se a dívida, não havendo dinheiro para o pagamento.

Parágrafo único. Não se procederá, entretanto, à venda se a Fazenda Pública ou o habilitando adiantar a importância para as despesas.

Art. 1.156. Os bens com valor de afeição, como retratos, objetos de uso pessoal, livros e obras de arte, só serão alienados depois de declarada a vacância da herança.

Art. 1.157. Passado 1 (um) ano da primeira publicação do edital (~~art. 1.152~~) e não havendo herdeiro habilitado nem habilitação pendente, será a herança declarada vacante.

Parágrafo único. Pendendo habilitação, a vacância será declarada pela mesma sentença que a julgar improcedente. Sendo diversas as habilitações, aguardar-se-á o julgamento da última.

§ 2º Transitada em julgado a sentença que declarou a vacância, o cônjuge, **o companheiro**, os herdeiros e os credores só poderão reclamar o seu direito por ação direta.	Art. 1.158. Transitada em julgado a sentença que declarou a vacância, o cônjuge, os herdeiros e os credores só poderão reclamar o seu direito por ação direta.

 ## COMENTÁRIOS AOS ARTS. 738 A 743:

Conceito. Diz-se que a herança é jacente quando não há herdeiros, inclusive colaterais, que, até o quarto grau (na linguagem leiga, o tio-avô, o sobrinho-neto e o primo primeiro), estão na ordem de vocação hereditária (CC, art. 1.839), notoriamente conhecidos, sem que o falecido tenha deixado testamento (CC, art. 1.819).

Consoante disposto no art. 1.819 do CC, ainda que haja herdeiros, a herança será considerada jacente (que jaz) se aqueles não forem notoriamente conhecidos. Por outro lado, mesmo na ocorrência de tais hipóteses, a herança não será considerada jacente se houver testamento, com testamenteiro nomeado, porquanto será ela transmitida aos herdeiros testamentários ou legatários.

A herança jacente revela, portanto, uma situação de fato em que ocorre a declaração da herança, mas não existe quem se intitule herdeiro.

Verificada a "jacência" da herança, o juiz imediatamente promoverá a arrecadação dos bens, que ficarão sob a guarda e administração de um curador, até a sua entrega ao sucessor devidamente habilitado ou à declaração de sua vacância.

Procedimento. O procedimento, cuja finalidade é preparar a transferência dos bens vagos para o patrimônio público, pode ser instaurado de ofício pelo juiz (da comarca do domicílio do falecido) ou mediante provocação do Ministério Público, da Fazenda Pública ou de qualquer outro interessado.

O arrolamento dos bens é feito pelo oficial de justiça, na presença do juiz (art. 740). Na ausência ou impossibilidade de comparecimento, há a substituição do juiz por autoridade policial acompanhada de duas testemunhas (§ 1º), conforme já previa o art. 1.148, *caput* e parágrafo único, do CPC/1973.

Ultimada a arrecadação, procede-se à tentativa de localização de herdeiros, expedindo-se editais (art. 741). Havendo habilitação de herdeiro, cônjuge ou companheiro, a arrecadação converte-se em inventário (art. 741, § 3º).

Publicação de editais. Quanto aos editais, o Novo CPC traz uma novidade em relação ao Código de 1973. Nos termos do *caput* do art. 741, o edital será publicado na rede mundial de computadores, no sítio do tribunal a que estiver vinculado o juízo e na plataforma de editais do Conselho Nacional de Justiça. Garante-se, assim, maior publicidade ao ato (art. 8º), facilitando o seu acesso e a ciência de sua realização por eventuais interessados.

Passado um ano da primeira publicação do edital e não havendo herdeiro habilitado nem habilitação pendente, o juiz declarará, por sentença, a vacância da herança (art. 743). A vacância, ao contrário da jacência, tem caráter definitivo para a destinação dos bens (art. 1.820 do CC).

Transitada em julgado a sentença que declarar a vacância, os herdeiros só poderão reclamar o seu direito por ação direta, ou seja, por petição de herança (art. 743, § 2º).

Efeitos da sentença. A sentença de declaração de vacância possibilita a transferência dos bens jacentes ao ente público (STJ, AgRg no Ag 851.228/RJ, Rel. Min. Sidnei Beneti, julgado em 23.09.2008). A propriedade do Estado tem, nesse caso, caráter resolúvel, pois somente depois de decorridos cinco anos da abertura da sucessão, os bens arrecadados passarão definitivamente ao domínio da pessoa de direito público (art. 1.822 do CC).

Legitimidade para a propositura de ação direta após o trânsito em julgado. Atende a ordem constitucional de proteção à família (art. 226, § 3º, da CF/1988) a inserção do companheiro no rol de legitimados a propor ação direta para reclamar direito relativo à herança já declarada vacante. Trata-se de procedimento de natureza contenciosa, ajuizado pelo particular em face do ente estatal que se tornou administrador da herança após o trânsito em julgado da sentença declaratória de vacância.

Entes públicos envolvidos. A parte final do art. 1.143 (CPC/1973) já havia sido revogada pela Lei nº 8.049/1990 (que exclui o Estado da sucessão nas heranças vacantes), e pelo Código Civil, que mantém a sucessão da herança vacante ao Município ou ao Distrito Federal, cabendo à União em casos específicos (cf. arts. 1.822 e 1.844 do referido diploma).

Seção VII
Dos Bens dos Ausentes

CPC/2015	CPC/1973
Art. 744. Declarada a ausência **nos casos previstos em lei**, o juiz mandará arrecadar os bens do ausente e nomear-lhes-á curador na forma estabelecida *na Seção VI, observando-se o disposto em lei*.	Art. 1.159. ~~Desaparecendo alguém do seu domicílio sem deixar representante a quem caiba administrar-lhe os bens, ou deixando mandatário que não queira ou não possa continuar a exercer o mandato~~, declarar-se-á a sua ausência.
	Art. 1.160. O juiz mandará arrecadar os bens do ausente e nomear-lhe-á curador na forma estabelecida *no Capítulo antecedente*.

 COMENTÁRIOS:

Supressão do CPC/2015. O CPC/2015 deixa de regulamentar de maneira minuciosa as hipóteses de ausência, como ocorria no art. 1.159 do CPC/1973. O preenchimento desta matéria, evidentemente vinculada ao direito material, é de competência do legislador civil (cf. arts. 22 a 39 do CC/2002).

Conceito de ausência. Diz-se ausente a pessoa que desaparece de seu domicílio, sem que dela haja notícia e sem que tenha deixado representante ou procurador. Também será considerada ausente se, deixando mandatário, este não quiser ou não puder continuar a exercer o mandato, ou se seus poderes forem insuficientes (arts. 22 e 23 do CC).

Ocorrendo alguma dessas situações, o juiz, a requerimento de qualquer interessado, ou do Ministério Público (art. 22 do CC), declarará a ausência, nomeando curador ao ausente (que passará a ser considerado absolutamente incapaz) e mandará arrecadar seus bens (art. 744 do CPC).

CPC/2015	CPC/1973
Art. 745. Feita a arrecadação, o juiz mandará publicar editais **na rede mundial de computadores, no sítio do tribunal a que estiver vinculado e na plataforma de editais do Conselho Nacional de Justiça, onde permanecerá por 1 (um) ano, ou, não havendo sítio, no órgão oficial e na imprensa da comarca,** durante 1 (um) ano, reproduzida de 2 (dois) em 2 (dois) meses, anunciando a arrecadação e chamando o ausente a entrar na posse de seus bens.	Art. 1.161. Feita a arrecadação, o juiz mandará publicar editais durante 1 (um) ano, reproduzidos de dois em dois meses, anunciando a arrecadação e chamando o ausente a entrar na posse de seus bens.
§ 1º *Findo o prazo previsto no edital*, poderão os interessados requerer a abertura da sucessão provisória, **observando-se o disposto em lei**.	Art. 1.163. *Passado 1 (um) ano da publicação do primeiro edital* ~~sem que se saiba do ausente e não tendo comparecido seu procurador ou representante,~~ poderão os interessados requerer que se abra provisoriamente a sucessão.
§ 2º O interessado, ao requerer a abertura da sucessão provisória, pedirá a citação pessoal dos herdeiros presentes e do curador e, por editais, a dos ausentes para *requererem* habilitação, **na forma dos arts. 689 a 692**.	Art. 1.164. O interessado, ao requerer a abertura da sucessão provisória, pedirá a citação pessoal dos herdeiros presentes e do curador e, por editais, a dos ausentes para *oferecerem artigos de* habilitação.
§ 3º **Presentes os requisitos legais,** *poderá ser requerida a conversão* da sucessão provisória em definitiva.	Art. 1.167. A sucessão provisória ~~cessará pelo comparecimento do ausente~~ e *converter-se-á* em definitiva:
§ 4º Regressando o ausente ou algum de seus descendentes ou ascendentes para requerer ao juiz a entrega de bens, serão citados para contestar o pedido os sucessores provisórios ou definitivos, o Ministério Público e o representante da Fazenda Pública, seguindo-se o procedimento *comum*.	Art. 1.168. Regressando o ausente ~~nos 10 (dez) anos seguintes à abertura da sucessão definitiva~~ ou algum dos seus descendentes ou ascendentes, aquele ou estes só poderão requerer ao juiz a entrega dos bens ~~existentes no estado em que se acharem, ou sub-rogados em seu lugar ou o preço que os herdeiros e demais interessados houverem recebido pelos alienados depois daquele tempo.~~
	Art. 1.169. Serão citados para lhe contestarem o pedido os sucessores provisórios ou definitivos, o ~~órgão do~~ Ministério Público e o representante da Fazenda Pública.
	Parágrafo único. Havendo contestação, seguir-se-á o procedimento *ordinário*.

 COMENTÁRIOS:

Procedimento. O procedimento especial de jurisdição voluntária em estudo vai se ocupar não só da nomeação de curador e arrecadação dos bens do declarado ausente, como também da administração de seus bens, da sucessão provisória e da conversão desta em definitiva.

Em linhas gerais, não havendo comparecimento do ausente, o procedimento desenvolve-se de acordo com os passos a seguir. Declarada a ausência, feita a arrecadação dos bens do ausente, intimado o Ministério Público e a Fazenda Pública, procede-se à publicação de editais, na forma do art. 745, chamando o ausente a entrar na posse de seus bens.

O CPC/2015 prevê a possibilidade de publicação dos editais de ausência na rede mundial de computadores, tanto no site do Tribunal ao qual o juízo se vincule quanto na plataforma de editais de citação e intimação do CNJ. A novidade, presente em diversas outras hipóteses do diploma, vem no sentido de dar efetividade ao princípio da publicidade (art. 8º), assim como à prática eletrônica dos atos processuais, tudo no sentido de assegurar acessibilidade a este conteúdo pelo jurisdicionado.

Findo o prazo previsto no edital (art. 745) sem que se saiba do ausente, e não tendo comparecido seu procurador ou representante, poderão os interessados requerer que se abra provisoriamente a sucessão.

Feita a citação das pessoas referidas no § 2º do art. 745, passa-se à fase de habilitação dos herdeiros, cuja finalidade é possibilitar-lhes a demonstração e prova de seu direito à herança.

Não ocorrendo habilitação e presentes os requisitos do art. 37 ou 38 do Código Civil, a sucessão provisória converter-se-á em definitiva.

Supressão do art. 1.162 do CPC/1973. A norma do art. 1.162 do CPC/1973,[217] que dispõe sobre as hipóteses de cessação da curadoria dos ausentes, não foi reproduzida na nova legislação. E nem precisava. A curadoria, que tem por finalidade a administração do patrimônio do ausente, tem natureza provisória. Esse múnus inicia-se com a nomeação do curador, cujo primeiro ato consiste na arrecadação do patrimônio do ausente, e vai até o momento em que os herdeiros são provisoriamente empossados nos bens e passarão a defender os interesses do ausente (art. 32 do Código Civil). Nesse sentido, a sucessão provisória faz cessar a curadoria. Igualmente, o comparecimento do ausente, pessoalmente ou por meio de procurador, faz desaparecer a finalidade da curadoria, conduzindo à sua cessação, uma vez que a administração do patrimônio voltará à pessoa do até então ausente. Finalmente, se há certeza da morte do ausente, haverá a abertura de inventário definitivo, com a nomeação de inventariante, a quem caberá a administração dos bens do espólio.

Extinção do rol de interessados. A abstenção do CPC/2015 de apresentar o rol de legitimados para abertura da sucessão provisória, como fez o CPC/1973 em seu art. 1.163, § 1º,[218] vem buscar harmonia entre a regulação do diploma processual e o disposto na lei civil, a qual já apresenta o rol de legitimados à abertura da sucessão provisória no art. 27 (CC/2002). Em se tratando de matéria evidentemente de direito material, a retirada de tais disposições no CPC/2015 é adequada, permitindo a eficácia da lei civil e evitando possíveis antinomias.

No mesmo sentido é correta a supressão da norma estatuída no art. 1.166 do CPC/1973,[219] que determina a prestação de caução pelos herdeiros que se imitirem na posse durante a sucessão provisória. A regra já possui previsão na legislação de direito material (art. 30 do CC/2002).

---

[217] CPC/1973, art. 1.162. "Cessa a curadoria: I – pelo comparecimento do ausente, do seu procurador ou de quem o represente; II – pela certeza da morte do ausente; III – pela sucessão provisória."

[218] CPC/1973, art. 1.163. "§ 1º Consideram-se para este efeito interessados: I – o cônjuge não separado judicialmente; II – os herdeiros presumidos legítimos e os testamentários; III – os que tiverem sobre os bens do ausente direito subordinado à condição de morte; IV – os credores de obrigações vencidas e não pagas."

[219] CPC/1973, art. 1.166. "Cumpre aos herdeiros, imitidos na posse dos bens do ausente, prestar caução de os restituir."

Seção VIII
Das Coisas Vagas

CPC/2015	CPC/1973

Art. 746. *Recebendo do descobridor* coisa alheia perdida, *o juiz* mandará lavrar o respectivo auto, do qual constará a descrição do bem e as declarações do *descobridor*.

§ 1º Recebida a coisa por autoridade policial, esta a remeterá em seguida ao juízo competente

§ 2º Depositada a coisa, o juiz mandará publicar edital **na rede mundial de computadores, no sítio do tribunal a que estiver vinculado e na plataforma de editais do Conselho Nacional de Justiça ou, não havendo sítio,** no órgão oficial **e na imprensa da comarca**, para que o dono ou o legítimo possuidor a reclame, salvo se se tratar de coisa de pequeno valor **e não for possível a publicação no sítio do tribunal,** caso em que o edital será apenas afixado no átrio do edifício do fórum.

§ 3º **Observar-se-á, quanto ao mais, o disposto em lei.**

Art. 1.170. *Aquele que achar* coisa alheia perdida, ~~não lhe conhecendo o dono ou legítimo possuidor~~, a entregará *à autoridade judiciária* ~~ou policial~~, *que a arrecadará,* mandando lavrar o respectivo auto, dele constando a sua descrição e as declarações do *inventor*.

Parágrafo único. A coisa, ~~com o auto~~, será logo remetida ao juiz competente, quando a entrega tiver sido feita à autoridade policial ~~ou a outro juiz~~.

Art. 1.171. Depositada a coisa, o juiz mandará publicar edital, ~~por duas vezes,~~ no órgão oficial, ~~com intervalo de 10 (dez) dias,~~ para que o dono ou legítimo possuidor a reclame.

[...]

§ 2º Tratando-se de coisa de pequeno valor, o edital será apenas afixado no átrio do edifício do fórum.

 COMENTÁRIOS:

Noções gerais. Coisa vaga é a coisa móvel perdida pelo dono e achada por outrem (descobridor). Quem encontra coisa perdida está obrigado a restituí-la ao dono, posto que a perda não extingue a propriedade, conforme disciplinado nos arts. 1.233 a 1.237 do CC. A restituição da coisa achada, a propósito, tem relação direta com a vedação ao enriquecimento sem causa (art. 884 do CC).

Procedimento. O procedimento previsto nesse dispositivo regula a entrega da coisa perdida e achada, nas hipóteses em que o descobridor, apesar de ter adotado as medidas necessárias, não conseguiu localizar o dono.

Aquele que achar coisa alheia perdida, não conhecendo o seu dono ou legítimo possuidor, entregá-la-á à autoridade judiciária ou policial. Sendo entregue à autoridade policial, esta a remeterá ao juízo competente, qual seja o do lugar onde a descoberta ocorreu (art. 1.233, parágrafo único, do CC). Sendo recebida pelo juiz, este mandará lavrar o respectivo auto, dele constando a descrição do bem e as declarações do descobridor (art. 746).

Depositada a coisa, o juiz mandará publicar editais (art. 746, § 2º). A publicação passa a ser realizada na rede mundial de computadores e, apenas não havendo sítio do tribunal, no órgão oficial e na imprensa da comarca.

Decorridos 60 (sessenta) dias da publicação do edital e não se apresentando o proprietário ou legítimo possuidor da coisa, ocorrerá sua venda em hasta pública, pertencendo o remanescente ao Município em cuja circunscrição foi encontrada, deduzidas a recompensa do descobridor e as despesas (art. 1.237 do CC). Poderá o Município abandonar a coisa em favor do descobridor, caso o valor seja diminuto (art. 1.237, parágrafo único, do CC).

Comparecendo o dono ou o legítimo possuidor dentro do prazo do edital e provando o seu direito, o juiz mandará entregar-lhe a coisa. Como dito, o descobridor terá direito à recompensa pela restituição, que não poderá ter valor inferior a 5% do valor da coisa achada (art. 1.234 do CC).

Seção IX
Da Interdição

CPC/2015	CPC/1973
Art. 747. A interdição pode ser promovida:	Art. 1.177. A interdição pode ser promovida:
I – pelo cônjuge **ou companheiro**;	I – pelo *pai, mãe* ou tutor;
II – pelos *parentes* ou tutores;	II – pelo cônjuge ~~ou algum parente próximo~~;
III – **pelo representante da entidade em que se encontra abrigado o interditando;**	III – pelo ~~órgão~~ do Ministério Público.
IV – pelo Ministério Público.	
Parágrafo único. **A legitimidade deverá ser comprovada por documentação que acompanhe a petição inicial.**	

 **COMENTÁRIOS:**

Noções gerais. Todas as pessoas têm capacidade de direito, isto é, têm aptidão para adquirir direitos na órbita civil, seja por si, seja assistida ou representada. Essa capacidade de direito decorre da personalidade, que o ser humano adquire com o nascimento e conserva até a morte, sendo que o ordenamento jurídico assegura ainda os direitos do nascituro (CC, arts. 1º, 2º e 6º).

Embora todas as pessoas tenham personalidade civil e, portanto, capacidade de direito, nem todas têm a chamada capacidade de fato, ou seja, a capacidade de exercer, por si próprias, os atos da vida civil.

Vale salientar que a teoria das incapacidades foi substancialmente alterada pela Lei nº 13.146/2015 (Estatuto da Pessoa com Deficiência),[220] que entrou em vigor em janeiro de 2016, ou seja, antes do término da *vacatio legis* do novo CPC.

Legitimidade. Insere-se novo legitimado para ajuizamento da ação de interdição, qual seja o representante da entidade na qual se encontra o abrigado. A hipótese reconhece uma relação de cuidado e autoridade no plano processual, ampliando a aplicação da curatela. Desta forma, além dos familiares, são também legítimas para a ação de interdição as entidades que acolhem pessoas que possuam alguma incapacidade.

Ressalte-se que o termo "parentes" abarca todos aqueles que decorram de outra origem que não a sanguínea, como os parentes por adoção e os socioafetivos, nos termos do art. 1.593 do CC/2002.

---

[220] A referida lei é a regulamentação da Convenção de Nova York, tratado de direitos humanos recepcionado como emenda constitucional (Decreto nº 6.949/2009).

Autointerdição. Ainda no campo da legitimidade, a redação do art. 1.768 do Código Civil (inciso IV) conferida pelo Estatuto da Pessoa com Deficiência define que a curatela pode ser promovida pela própria pessoa com deficiência. É a chamada *autointerdição*. O problema é que esse artigo e seus incisos foram revogados pelo novo CPC (art. 1.072, II).

Há quem sustente a necessidade de uma interpretação sistemática, que impeça o total esvaziamento dessa previsão. Para tanto, penso que seria necessário conferir amplitude máxima ao disposto nos arts. 79, § 1º, e 80 do Estatuto, de modo a permitir que a pessoa com deficiência participe de todo e qualquer processo judicial:

> Art. 79. [...]
>
> § 1º A fim de garantir a atuação da pessoa com deficiência em todo o processo judicial, o poder público deve capacitar os membros e os servidores que atuam no Poder Judiciário, no Ministério Público, na Defensoria Pública, nos órgãos de segurança pública e no sistema penitenciário quanto aos direitos da pessoa com deficiência.
>
> Art. 80. Devem ser oferecidos todos os recursos de tecnologia assistiva disponíveis para que a pessoa com deficiência tenha garantido o acesso à justiça, sempre que figure em um dos polos da ação ou atue como testemunha, partícipe da lide posta em juízo, advogado, defensor público, magistrado ou membro do Ministério Público.

Ressalte-se, contudo, que não há como prever se esta vai ser (ou não) a interpretação conferida pelos juízes e tribunais, que serão os primeiros a permitir ou inviabilizar a autointerdição. O ideal é que o legislador crie uma terceira norma, alterando o novo CPC.[221]

Prova do vínculo. Dentre os documentos indispensáveis à propositura da ação está a prova da existência do vínculo que lastreia a legitimidade para a interdição (exemplos: certidão de casamento ou instrumento público declaratório de união estável, certidão de nascimento do requerente e do interditando para comprovação de parentesco, comprovação da entrada do interditando na entidade de abrigo etc.).

CPC/2015	CPC/1973
Art. 748. O Ministério Público só *promoverá* interdição *em caso de doença mental grave*: I – se as pessoas designadas nos *incisos I, II e III do art. 747* não existirem ou não promoverem a interdição; II – se, existindo, forem incapazes **as pessoas mencionadas nos incisos I e II do art. 747**.	Art. 1.178. O ~~órgão~~ do Ministério Público só *requererá* a interdição: I – no caso de *anomalia psíquica*; II – se não existir ou não promover a interdição alguma das pessoas designadas no *artigo antecedente, nos I e II*; III – se, existindo, forem ~~menores~~ ou incapazes. **Código Civil** Art. 1.769. ~~O Ministério Público só promoverá interdição:~~ ~~I – em caso de doença mental grave;~~ ~~II – se não existir ou não promover a interdição algumas das pessoas designadas nos incisos I e II do artigo antecedente;~~ ~~III – se, existindo, forem incapazes as pessoas mencionadas no inciso antecedente.~~

[221] Existem diversas incongruências entre o novo CPC e o Estatuto da Pessoa com Deficiência. Há inclusive um Projeto de Lei do Senado que objetiva saná-las (PLS nº 757/2015).

COMENTÁRIOS:

Legitimidade do MP. O Ministério Público só promoverá a interdição no caso de doença mental grave e quando inexistirem outros legitimados ou estes forem incapazes (art. 748). Os requisitos (doença mental, omissão ou incapacidade) são, portanto, cumulativos.

CPC/2015	CPC/1973
Art. 749. *Incumbe ao autor*, na petição inicial, especificar os fatos que demonstram a incapacidade do interditando para administrar seus bens **e, se for o caso,** *para praticar atos da vida civil,* **bem como o momento em que a incapacidade se revelou.**	Art. 1.180. Na petição inicial, *o interessado* ~~provará a sua legitimidade~~, especificará os fatos que revelam ~~a anomalia psíquica e assinalará~~ a incapacidade do interditando para *reger a sua pessoa* e administrar os seus bens.
Parágrafo único. **Justificada a urgência, o juiz pode nomear curador provisório ao interditando para a prática de determinados atos.**	Não há correspondência.
Art. 750. **O requerente deverá juntar laudo médico para fazer prova de suas alegações ou informar a impossibilidade de fazê-lo.**	Não há correspondência.

 ## COMENTÁRIOS:

Petição inicial. Incumbe ao interessado, na petição inicial, especificar os fatos que demonstram a incapacidade do interditando para administrar seus bens e, se for o caso, para praticar atos da vida civil, bem como o momento em que a incapacidade se revelou. Trata-se de regra que observa o disposto no art. 373, I. Em caso de omissão do interessado quanto ao atendimento da norma, deverá o juiz, caso não suprida a ausência de comprovação no prazo previsto no art. 321, indeferir a petição inicial.

A petição inicial também deve ser instruída com o laudo médico que faça prova das alegações do requerente da interdição. A ausência dessa documentação não impede, contudo, a tramitação do procedimento, conforme interpretação que se extrai do art. 750.

Curador provisório. A nomeação de curador provisório já era possível na vigência do CPC/1973, com fulcro no poder geral de cautela.[222]

CPC/2015	CPC/1973
Art. 751. O interditando será citado para, em dia designado, comparecer perante o juiz, que o *entrevistará* minuciosamente acerca de sua vida, negócios, bens, **vontades, preferências e laços familiares e afetivos** e sobre o que mais lhe parecer necessário para *convencimento quanto à sua capacidade para praticar atos da vida civil*, devendo ser reduzidas a termo as perguntas e respostas.	Art. 1.181. O interditando sera citado para, em dia designado, comparecer perante o juiz, que o *examinará, interrogando-o* minuciosamente acerca de sua vida, negócios, bens e do mais que lhe parecer necessário para *ajuizar do seu estado mental*, reduzidas a auto as perguntas e respostas.

---

[222] Nesse sentido, cf. STJ, REsp 130.402/SP, 3ª Turma, Rel. Min. Carlos Alberto Menezes Direito, julgado em 04.06.1998, *DJU* 03.08.1998, p. 223.

§ 1º **Não podendo o interditando deslocar-se, o juiz o ouvirá no local onde estiver.**

§ 2º **A entrevista poderá ser acompanhada por especialista.**

§ 3º **Durante a entrevista, é assegurado o emprego de recursos tecnológicos capazes de permitir ou de auxiliar o interditando a expressar suas vontades e preferências e a responder às perguntas formuladas.**

§ 4º **A critério do juiz, poderá ser requisitada a oitiva de parentes e de pessoas próximas.**

COMENTÁRIOS:

Entrevista do interditando. O juiz, no procedimento de interdição, não interroga o interditando, mas sim o entrevista. A adequação terminológica demonstra que a "oitiva" do interditando não pode se revestir de tantas formalidades. É necessário que se busque uma personalização do processo de interdição, de modo a afastar a ótica mecanicista adotada pela maioria dos julgadores.[223]

O dispositivo ainda amplia os poderes instrutórios do juiz, trazendo a possibilidade de intimação de especialista para acompanhar a entrevista do interditando (§ 2º); de utilização de recursos tecnológicos que auxiliam aquele na expressão de sua vontade (§ 3º); e de oitiva de parentes e pessoas próximas (§ 4º). Em síntese, as disposições permitem o alcance da verdade real no processo, de modo a evitar a interdição de pessoas que ainda sejam capazes de exprimir sua vontade.

CPC/2015	CPC/1973
Art. 752. Dentro do prazo de *15 (quinze)* dias contado da *entrevista*, o interditando poderá impugnar o pedido.	Art. 1.182. Dentro do prazo de *5 (cinco)* dias contados da *audiência de interrogatório*, poderá o interditando impugnar o pedido.
§ 1º O Ministério Público *intervirá como fiscal da ordem jurídica*.	§ 1º *Representará o interditando nos autos do procedimento* o ~~órgão do~~ Ministério Público *ou, quando for este o requerente, o curador à lide.*
§ 2º O interditando poderá constituir advogado, **e, caso não o faça, deverá ser nomeado curador especial.**	§ 2º Poderá o interditando constituir advogado para defender-se.
§ 3º **Caso o interditando não constitua advogado, o seu cônjuge, companheiro** ou qualquer parente sucessível poderá *intervir como assistente*.	§ 3º Qualquer parente sucessível poderá *constituir-lhe advogado com os poderes judiciais que teria se nomeado pelo interditando*, ~~respondendo pelos honorários~~.

COMENTÁRIOS:

Prazo. O prazo para impugnação pelo interditando aumenta de 5 (cinco) para 15 (quinze) dias.

---

[223] BASTOS, Eliene Ferreira; ASSIS, Arnoldo Camanho de; SANTOS, Marlouve Moreno Sampaio (Coord.). **Família e jurisdição**. Belo Horizonte: Del Rey, 2010. v. III.

Ministério Público. O *Parquet* deixa de atuar como representante do interditando para manifestar-se apenas como fiscal da ordem jurídica (arts. 178 e 179). Assim, mesmo que a ação não seja proposta pelo Ministério Público, a sua atuação se restringirá à fiscalização do processo, pois os interesses do interditando serão defendidos por advogado (público ou particular) ou por curador especial.

Representação do interditando. Caso não constitua advogado, o interditando poderá ser representado por curador especial (§ 2º), assim como poderá o cônjuge, companheiro ou qualquer parte sucessível intervir como assistente (§ 3º). Da leitura de ambos os dispositivos, percebe-se que não há mais possibilidade de o cônjuge, o companheiro ou os parentes constituir advogado em nome do interditando.

Em síntese, somente se o interditando não constituir advogado é que lhe será nomeado curador especial. Essa função será exercida pela Defensoria Pública, nos termos do art. 4º, XVI, da Lei Complementar nº 80/1994. Frise-se que tal atuação não exige que o réu seja hipossuficiente economicamente, bastando que ostente hipossuficiência jurídica.

Anote-se que sobre a constituição de mandatário pelo interditando, há posicionamento do STJ no sentido de relativizar a regra contida no art. 682, II, do CC/2002. Segundo a Corte, o referido dispositivo, que prevê a cessação do mandato pela interdição de uma das partes, deve ser interpretado conjuntamente com o art. 752, § 2º, nas hipóteses em que o mandato for outorgado pelo próprio interditando para a sua defesa na respectiva ação de interdição.[224]

---

[224] "DIREITO CIVIL E PROCESSUAL CIVIL. EFEITOS DA SENTENÇA DE INTERDIÇÃO SOBRE MANDATO JUDICIAL. A sentença de interdição não tem como efeito automático a extinção do mandato outorgado pelo interditando ao advogado para sua defesa na demanda, sobretudo no caso em que o curador nomeado integre o polo ativo da ação de interdição. De fato, o art. 682, II, do CC dispõe que a interdição do mandante acarreta automaticamente a extinção do mandato, inclusive o judicial. Contudo, ainda que a norma se aplique indistintamente a todos os mandatos, faz-se necessária uma interpretação lógico-sistemática do ordenamento jurídico pátrio, permitindo afastar a sua incidência no caso específico do mandato outorgado pelo interditando para a sua defesa judicial na própria ação de interdição. Isso porque, além de o art. 1.182, § 2º, do CPC assegurar o direito do interditando de constituir advogado para sua defesa na ação de interdição, o art. 1.184 do mesmo diploma legal deve ser interpretado de modo a considerar que a sentença de interdição produz efeitos desde logo quanto aos atos da vida civil, mas não atinge, sob pena de afronta ao direito de defesa do interditando, os mandatos referentes ao próprio processo. Com efeito, se os advogados constituídos pelo interditando não pudessem interpor recurso contra a sentença, haveria evidente prejuízo à defesa. Ressalte-se, ademais, que, nessa situação, reconhecer a extinção do mandato ensejaria evidente colisão dos interesses do interditando com os de seu curador. Contudo, a anulação da outorga do mandato pode ocorrer, desde que, em demanda específica, comprove-se cabalmente a nulidade pela incapacidade do mandante à época da realização do negócio jurídico" (STJ, REsp 1.251.728-PE, Rel. Min. Paulo de Tarso Sanseverino, julgado em 14.05.2013).

CPC/2015	CPC/1973
Art. 753. Decorrido o prazo *previsto no art. 752*, o juiz *determinará a produção de prova pericial para avaliação da capacidade do interditando para praticar atos da vida civil*. § 1º **A perícia pode ser realizada por equipe composta por expertos com formação multidisciplinar.** § 2º **O laudo pericial indicará especificadamente, se for o caso, os atos para os quais haverá necessidade de curatela.**	Art. 1.183. Decorrido o prazo *a que se refere o artigo antecedente*, o juiz *nomeará perito para proceder ao exame do interditando*. ~~Apresentado o laudo, o juiz designará audiência de instrução e julgamento.~~

 COMENTÁRIOS:

Prova pericial. Verifica-se um aprimoramento nas técnicas de realização da prova pericial. Os §§ 1º e 2º do art. 753 exigem a composição de profissionais com formação multidisciplinar para realização da prova pericial, assim como que o perito apresente, quando possível, os limites específicos da necessidade de curatela. Trata-se de disposições inovadoras, que permitem uma maior segurança e rigor na colheita da prova.

Apresentado o laudo, produzias as demais provas e ouvidos os interessados, o juiz proferirá sentença (art. 754).

Ressalte-se que apesar da tentativa da Câmara dos Deputados no sentido de possibilitar a dispensa da perícia nos casos de evidente incapacidade,[225] o texto final aprovado pelo Senado Federal e sancionado pela Presidente da República continua a exigir o máximo de rigor na colheita da prova relativa à interdição. Em outras palavras, prevalece o entendimento jurisprudencial no sentido da imprescindibilidade da perícia, sob pena de nulidade.[226]

---

[225] O substitutivo da Câmara dos Deputados trazia a seguinte previsão: "O juiz poderá dispensar a perícia quando, havendo prova inequívoca, for evidente a incapacidade."

[226] "INTERDIÇÃO – EXAME PERICIAL – ART. 1.183 DO CPC – NECESSIDADE – LIVRE CONVENCIMENTO DO JUIZ – DETERMINAÇÃO DA PERÍCIA – NÃO REALIZAÇÃO – CASSAR SENTENÇA. Para decretação dessa incapacidade do indivíduo de realizar atos da vida civil, seja relativa ou absoluta, deve o magistrado estar convencido, por provas inequívocas, de sua necessidade, em virtude da gravidade e repercussão da decretação da interdição. Não obstante seja o juiz o condutor do processo e o destinatário das provas, cabendo a ele determinar a importância de sua realização, tenho que é prudente e obrigatória a realização do exame pericial no processo de interdição. Somente é permitida a dispensa da perícia médica, em casos em que as provas dos autos demonstrarem, claramente, a deficiência mental" (TJMG 103840504014940011 MG 1.0384.05.040149-4/001, Rel. Dárcio Lopardi Mendes, julgado em 29.11.2007, DJe 13.12.2007). O STJ, no entanto, no ano de 2004 proferiu decisão admitindo a interdição decretada com base em laudo pericial emitido pelo INSS: "CIVIL E PROCESSUAL. INTERDIÇÃO. LAUDO ART. 1183 DO CPC. NÃO REALIZAÇÃO. NULIDADE. NÃO OCORRÊNCIA. 1 – Constatado pelas instâncias ordinárias que o interditando, por absoluta incapacidade, não tem condições de gerir sua vida civil, com amparo em laudo pericial (extrajudicial) e demais elementos de prova, inclusive o interrogatório de que trata o art. 1181 do Código de Processo Civil, a falta de nova perícia em juízo não causa nulidade, porquanto, nesse caso, é formalidade dispensável (art. 244 do CPC). 2 – Recurso especial não conhecido" (REsp 253.733 – MG (2000/0031067-0), Rel. Min. Fernando Gonçalves, julgado em 16.03.2004).

CPC/2015	CPC/1973

Art. 754. Apresentado o laudo, produzidas as demais provas e ouvidos os interessados, o juiz proferirá sentença.

Art. 755. *Na sentença que decretar a interdição,* o juiz:

I – nomeará curador, **que poderá ser o requerente da interdição, e fixará os limites da curatela, segundo o estado e o desenvolvimento mental** do interdito**;**

II – **considerará as características pessoais do interdito, observando suas potencialidades, habilidades, vontades e preferências.**

§ 1º A curatela deve ser atribuída a quem melhor possa atender aos interesses do curatelado.

§ 2º Havendo, ao tempo da interdição, pessoa incapaz sob a guarda e a responsabilidade do interdito, o juiz atribuirá a curatela a quem melhor puder atender aos interesses do interdito e do incapaz.

§ 3º A sentença de interdição será inscrita no registro de pessoas naturais e **imediatamente publicada na rede mundial de computadores, no sítio do tribunal a que estiver vinculado o juízo e na plataforma de editais do Conselho Nacional de Justiça, onde permanecerá por 6 (seis) meses**, na imprensa local, **1 (uma) vez,** e no órgão oficial, por 3 (três) vezes, com intervalo de 10 (dez) dias, constando do edital os nomes do interdito e do curador, a causa da interdição, os limites da curatela **e, não sendo total a interdição, os atos que o interdito poderá praticar autonomamente.**

Art. 1.183 [...]
Parágrafo único. *Decretando a interdição*, o juiz nomeará curador ao interdito.

Art. 1.184. A sentença de interdição ~~produz efeito desde logo, embora sujeita a apelação.~~ Será inscrita no Registro de Pessoas Naturais e publicada pela imprensa local e pelo órgão oficial por três vezes, com intervalo de 10 (dez) dias, constando do edital os nomes do interdito e do curador, a causa da interdição e os limites da curatela.

 ## COMENTÁRIOS AOS ARTS. 754 E 755:

Curatela dos interditos. As regras contidas nos incisos do art. 755 e nos §§ 1º e 2º evidenciam a finalidade da curatela no que concerne à proteção dos interesses do interdito. A curatela constitui um poder assistencial ao incapaz maior, completando-lhe ou substituindo-lhe à vontade em determinados atos. É necessário, portanto, que essa vontade se dirija em benefício do interdito.

Publicação da sentença de interdição. A publicação da interdição é essencial para que produza efeitos *erga omnes*, sendo que adquirirá maior publicidade ao ser publicada no sítio do tribunal na rede mundial de computadores e na plataforma de editais de citação e intimação do CNJ. Caso parcial a interdição, a publicação deverá especificar quais atos o interdito poderá realizar autonomamente.

A sentença de interdição continua a produzir efeitos *ex nunc*, o que já era possível de se extrair da redação do revogado art. 1.773 do Código Civil. Não obstante a inexistência de efeito retroativo, os atos anteriormente praticados pelo interdito poderão ser anulados por ação própria.

CPC/2015	CPC/1973
Art. 756. Levantar-se-á a *curatela* quando cessar a causa que a determinou.	Art. 1.186. Levantar-se-á a *interdição*, cessando a causa que a determinou.
§ 1º O pedido de levantamento **da curatela** poderá ser feito pelo interdito, **pelo curador ou pelo Ministério Público** e será apensado aos autos da interdição.	§ 1º O pedido de levantamento poderá ser feito pelo *interditado* e será apensado aos autos da interdição. O juiz nomeará perito para proceder ao exame *de sanidade no interditado* e após a apresentação do laudo designará audiência de instrução e julgamento.
§ 2º O juiz nomeará perito **ou equipe multidisciplinar** para proceder ao exame do interdito e designará audiência de instrução e julgamento após a apresentação do laudo.	§ 2º Acolhido o pedido, o juiz decretará o levantamento da interdição e mandará publicar a sentença, após o trânsito em julgado, pela imprensa local e órgão oficial por três vezes, com intervalo de 10 (dez) dias, seguindo-se a averbação no Registro de Pessoas Naturais.
§ 3º Acolhido o pedido, o juiz decretará o levantamento da interdição e determinará a publicação da sentença, após o trânsito em julgado, **na forma do art. 755, § 3º, ou, não sendo possível,** na imprensa local e no órgão oficial, por 3 (três) vezes, com intervalo de 10 (dez) dias, seguindo-se a averbação no registro de pessoas naturais.	
§ 4º **A interdição poderá ser levantada parcialmente quando demonstrada a capacidade do interdito para praticar alguns atos da vida civil.**	

 COMENTÁRIOS:

Legitimidade. Cessando a causa determinante da limitação da capacidade civil da pessoa, deve ser levantada a interdição. De acordo com o CPC/1973, o próprio interditado é quem tem legitimidade para postular o levantamento da sua interdição. A novidade trazida pelo CPC/2015 é a extensão da legitimidade para o Ministério Público e para o curador (§ 1º).

Interdição parcial. O CPC/2015 possibilita expressamente a interdição parcial, o que já podia ser extraído do revogado art. 1.772 do Código Civil. É o que referido dispositivo da lei material, ao afirmar que o juiz assinará, segundo o desenvolvimento cognitivo e o estado mental da pessoa, os limites da curatela e a responsabilidade do curador, acabava por permitir restrição quanto à prática de apenas alguns atos pelo interditando. No caso do pródigo, atos como fazer empréstimos em bancos, assinar recibos de altos valores, vender, hipotecar e casar com comunhão total de bens.

Do mesmo modo, o CPC/2015 vem permitir o levantamento parcial da interdição, com apenas a diminuição dos poderes do curador. Como dito, essa ideia já decorria de interpretação do Código Civil aliada ao princípio da dignidade da pessoa humana.[227]

---

[227]   Na jurisprudência: "APELAÇÃO CÍVEL. AÇÃO DE INTERDIÇÃO PARCIAL. PRODIGALIDADE. Demonstrado que o apelado, em idade avançada, está vulnerável e suscetível à influência de terceiros, bem como que ele vem dilapidando seu patrimônio, correndo risco de ficar sem bens para atender suas próprias necessidades, mostra-se cabível a sua interdição parcial. Deram provimento ao apelo, por maioria" (TJRS, Apelação Cível 70061110565, 8ª Câmara Cível, Rel. Alzir Felippe Schmitz, julgado em 11.12.2014); "APELAÇÃO CÍVEL. AÇÃO DE INTERDIÇÃO. FALTA DE PROVAS PARA APLICAÇÃO DA INTERDIÇÃO TOTAL. PROVAS QUE DEMONSTRAM A NECESSIDADE DA INTERDIÇÃO PARCIAL. Diante do conjunto probatório, onde não há elementos suficientes a amparar a pretensão inicial, isto é, não evidenciada a total incapacidade civil do requerido, inviável aplicar a medida de interdição, prevista no artigo 1.767 do Código Civil. No entanto, considerando

CPC/2015	CPC/1973
Art. 757. **A autoridade do curador estende-se à pessoa e aos bens do incapaz que se encontrar sob a guarda e a responsabilidade do curatelado ao tempo da interdição, salvo se o juiz considerar outra solução como mais conveniente aos interesses do incapaz.**	Não há correspondência.

 ## COMENTÁRIOS:

Autoridade do curador. O dispositivo reconhece a regra geral de extensão da autoridade do curador a pessoas e aos bens que estejam sob a guarda do curatelado ao tempo da interdição, assim como assegura ao magistrado a possibilidade de apresentar solução diversa, visando atender os interesses do incapaz.

Tal disposição já constava do art. 1.778 do Código Civil,[228] que, ressalte-se, não foi revogado pelo CPC/2015.

CPC/2015	CPC/1973
Art. 758. **O curador deverá buscar tratamento e apoio apropriados à conquista da autonomia pelo interdito.**	Não há correspondência.

 ## COMENTÁRIOS:

Autonomia do interdito. As inovações nas regras deste procedimento objetivaram assegurar uma curatela específica, restrita às incapacidades do interdito e conforme suas necessidades. Não é de interesse da Justiça a manutenção da curatela, mas a certeza de que esta seja eficaz para a conquista da autonomia do curatelado.

Seção X
Das Disposições Comuns à Tutela e à Curatela

CPC/2015	CPC/1973
Art. 759. O tutor ou o curador será intimado a prestar compromisso no prazo de 5 (cinco) dias contado da: I – nomeação feita em conformidade com a lei; II – intimação do despacho que mandar cumprir o testamento ou o instrumento público que o houver instituído.	Art. 1.187. O tutor ou curador será intimado a prestar compromisso no prazo de 5 (cinco) dias contados: I – da nomeação feita na conformidade da lei ~~civil~~; II – da intimação do despacho que mandar cumprir o testamento ou o instrumento público que o houver instituído.

---

que restou comprovada a incapacidade parcial do requerido, deve ser reformada a sentença nos termos do artigo 1.767, incisos I e III, do Código Civil. Deram provimento ao recurso" (TJRS, Apelação Cível 70055429617, 8ª Câmara Cível, Rel. Alzir Felippe Schmitz, julgado em 26.09.2013).

[228] CC/2002, art. 1.778. "A autoridade do curador estende-se à pessoa e aos bens dos filhos do curatelado, observado o art. 5º."

§ 1º O tutor ou o curador prestará o compromisso por termo em livro rubricado pelo juiz.

§ 2º Prestado o compromisso, o tutor ou o curador **assume a administração dos bens do tutelado ou do interditado**.

Art. 1.188. Prestado o compromisso por termo em livro próprio rubricado pelo juiz, o tutor ou curador, ~~antes de entrar em exercício, requererá, dentro em 10 (dez) dias, a especialização em hipoteca legal de imóveis necessários para acautelar os bens que serão confiados à sua administração~~.

 COMENTÁRIOS:

Compromisso do tutor ou curador. A nomeação do curador ou do tutor pode ocorrer no próprio procedimento de interdição ou por ordem do juiz ao dar cumprimento a determinada disposição de última vontade (testamento). Após a formalização do compromisso, o curador e o tutor assumem a gestão sobre a pessoa e a administração de seus bens e direitos, passando a representar o curatelado ou tutelado para todos os fins de direito.

CPC/2015	CPC/1973
Art. 760. O tutor ou o curador poderá eximir-se do encargo apresentando escusa ao juiz no prazo de 5 (cinco) dias contado: I – antes de aceitar o encargo, da intimação para prestar compromisso; II – depois de entrar em exercício, do dia em que sobrevier o motivo da escusa. § 1º Não sendo requerida a escusa no prazo estabelecido neste artigo, considerar-se-á renunciado o direito de alegá-la. § 2º O juiz decidirá de plano o pedido de escusa, e, não o admitindo, exercerá o nomeado a tutela ou a curatela enquanto não for dispensado por sentença transitada em julgado.	Art. 1.192. O tutor ou curador poderá eximir-se do encargo, apresentando escusa ao juiz no prazo de 5 (cinco) dias. Contar-se-á o prazo: I – antes de aceitar o encargo, da intimação para prestar compromisso; II – depois de entrar em exercício, do dia em que sobrevier o motivo da escusa. Parágrafo único. Não sendo requerida a escusa no prazo estabelecido neste artigo, reputar-se-á renunciado o direito de alegá-la. Art. 1.193. O juiz decidirá de plano o pedido de escusa. Se não a admitir, exercerá o nomeado a tutela ou curatela enquanto não for dispensado por sentença transitada em julgado.

 COMENTÁRIOS:

Escusa do tutor e do curador. Alguns encargos decorrentes dessas funções podem não ser viáveis para o tutor ou curador. Por essa razão é possível que seja apresentada escusa ao juiz, no prazo de 5 (cinco) dias, contados da intimação para prestar o compromisso e antes da aceitação do encargo. Se a inviabilidade ocorrer durante o exercício da tutela ou curatela, ou seja, se por motivo superveniente o tutor ou curador não puder mais exercer o encargo, o pedido de escusa deve ser apresentado em até 5 (cinco) dias, contados do momento em que ocorrer um motivo do afastamento.

CPC/2015	CPC/1973
Art. 761. Incumbe ao Ministério Público ou a quem tenha legítimo interesse requerer, nos casos previstos em lei, a remoção do tutor ou do curador. Parágrafo único. O tutor ou o curador será citado para contestar a arguição no prazo de 5 (cinco) dias, findo o qual observar-se-á o *procedimento comum*.	**Art. 1.194**. Incumbe ao ~~órgão do~~ Ministério Público, ou a quem tenha legítimo interesse, requerer, nos casos previstos na lei ~~civil~~, a remoção do tutor ou curador. Art. 1.195. O tutor ou curador será citado para contestar a arguição no prazo de 5 (cinco) dias. **Art. 1.196**. Findo o prazo, observar-se-á o *disposto no art. 803*.

COMENTÁRIOS:

Remoção. É possível a remoção do tutor ou curador no caso de descumprimento dos encargos que lhe são atribuídos pela lei.[229]

Procedimento. Uma vez extinto o processo cautelar como procedimento específico, será observado o procedimento comum para fins de remoção do tutor ou curador após o prazo de 5 (cinco) dias de impugnação.

CPC/2015	CPC/1973
Art. 762. Em caso de extrema gravidade, o juiz poderá suspender o tutor ou o curador do exercício de suas funções, nomeando substituto interino.	Art. 1.197. Em caso de extrema gravidade, poderá o juiz suspender do exercício de suas funções o tutor ou curador, nomeando-lhe interinamente substituto.

 ## COMENTÁRIOS:

Suspensão do tutor ou curador. A verificação de situação de extrema gravidade vai depender do prudente arbítrio do juiz, que também deve guiar sua decisão em prol dos interesses do tutelado ou curatelado.[230]

CPC/2015	CPC/1973
Art. 763. Cessando as funções do tutor ou do curador pelo decurso do prazo em que era obrigado a servir, ser-lhe-á lícito requerer a exoneração do encargo. § 1º Caso o tutor ou o curador não requeira a exoneração do encargo dentro dos 10 (dez) dias seguintes à expiração do termo, entender-se-á reconduzido, salvo se o juiz o dispensar. § 2º Cessada a tutela ou a curatela, é indispensável a prestação de contas pelo tutor ou pelo curador, na forma da lei civil.	Art. 1.198. Cessando as funções do tutor ou curador pelo decurso do prazo em que era obrigado a servir, ser-lhe-á lícito requerer a exoneração do encargo; não o fazendo dentro dos 10 (dez) dias seguintes à expiração do termo, entender-se-á reconduzido, salvo se o juiz o dispensar.

---

[229] GRECO FILHO, Vicente. **Direito processual...**, *op. cit.*, 1995. p. 279.

[230] "A cessação do exercício da curatela, por meio da remoção do curador, exige procedimento próprio, com observância da forma legal disposta nos arts. 1.194 a 1.198 do CPC. 2. A suspensão da curatela, prevista no art. 1.197 do CPC, pode ser determinada no bojo de outra ação, desde que esteja configurado caso de extrema gravidade que atinja a pessoa ou os bens do curatelado. 3. Admitida a existência de fatos sérios passíveis de causar dano ao patrimônio da curatelada, deve ser mantida a decisão que determinou a suspensão do exercício da função de curador regularmente nomeado nos autos de interdição, para, somente após a apuração dos fatos, mediante o devido processo legal e ampla defesa, decidir-se pela remoção definitiva ou retorno do curador à sua função. 4. Com base no livre convencimento motivado, é o Juiz soberano na apreciação das provas, as quais são infensas à análise do STJ nesta sede recursal. 5. Nos processos de curatela, as medidas devem ser tomadas no interesse da pessoa interditada, o qual deve prevalecer diante de quaisquer outras questões. Agregue-se à especial relevância dos direitos e interesses do interditado a tutela conferida às pessoas com 60 anos ou mais, que devem ter respeitada sua peculiar condição de idade. 7. Age prudentemente o Juiz que, rente aos fatos e às circunstâncias de beligerância familiar em que estiverem inseridas as partes no processo, faz recair sobre pessoa idônea e que não esteja vinculada aos interesses dos litigantes a função de curador substituto. 8. Recurso especial não provido" (STJ, REsp 1.137.787/MG, 3ª Turma, Rel. Min. Nancy Andrighi, julgado em 09.11.2010).

COMENTÁRIOS:

Cessação da tutela ou curatela. É possível a exoneração do tutor ou curador quando não mais houver necessidade, assim como quando o tutelado atingir a plena capacidade civil.

Prestação de contas. Sobre a prestação de contas pelo tutor ou curador, conferir arts. 1.755 a 1.762 e 1.783 do Código Civil.

Seção XI
Da Organização e da Fiscalização das Fundações

CPC/2015	CPC/1973
Art. 764. *O juiz decidirá sobre a aprovação do estatuto das fundações e de suas alterações sempre que o requeira o interessado, quando:* **I – ela for negada previamente pelo Ministério Público ou por este forem exigidas modificações com as quais o interessado não concorde;** **II – o interessado discordar do estatuto elaborado pelo Ministério Público.** **§ 1º O estatuto das fundações deve observar o disposto na Lei nº 10.406, de 10 de janeiro de 2002 (Código Civil).** § 2º Antes de suprir a aprovação, o juiz poderá mandar fazer no estatuto modificações a fim de adaptá-lo ao objetivo do instituidor.	Art. 1.201. *Autuado o pedido, o órgão do Ministério Público, no prazo de 15 (quinze) dias, aprovará o estatuto, indicará as modificações que entender necessárias ou lhe denegará a aprovação.* *§ 1º Nos dois últimos casos, pode o interessado, em petição motivada, requerer ao juiz o suprimento da aprovação.* § 2º O juiz, antes de suprir a aprovação, poderá mandar fazer no estatuto modificações a fim de adaptá-lo ao objetivo do instituidor.
Art. 765. Qualquer interessado ou o Ministério Público promoverá **em juízo** a extinção da fundação quando: I – se tornar ilícito o seu objeto; II – for impossível a sua manutenção; III – vencer o prazo de sua existência.	Art. 1.204. Qualquer interessado ou o ~~órgão do~~ Ministério Público promoverá a extinção da fundação quando: I – se tornar ilícito o seu objeto; II – for impossível a sua manutenção; III – se vencer o prazo de sua existência.

 COMENTÁRIOS:

Noções gerais. A fundação pode ser conceituada como "uma universidade de bens personalizada, em atenção ao fim, que lhe dá unidade" (Clóvis Beviláqua).

Consiste num complexo de bens livres (*universitas bonorum*), "colocado por uma pessoa física ou jurídica a serviço de um fim lícito e especial com alcance social pretendido pelo seu instituidor, em atenção ao disposto em seu estatuto".[231]

As fundações são pessoas jurídicas de direito privado[232] (CC, art. 44, III), instituídas formalmente, por escritura pública ou testamento, mediante a dotação especial de bens livres, objetivando atingir determinado fim.

---

[231] DINIZ, Maria Helena. **Código Civil anotado.** São Paulo: Saraiva, p. 41.
[232] Respeitáveis administrativistas admitem a existência de "fundações públicas", quando instituídas pelo Poder Público, com vistas à realização de atividades de interesse público. Os comentários nesta obra levam em consideração as fundações privadas.

Em razão da relevância que as fundações podem representar para a sociedade, foram elas colocadas sob custódia do Ministério Público do Estado onde se situarem (CC, art. 66). E, devido a essa interferência tutelar do Estado na vida das fundações, é que o legislador instituiu um procedimento especial de jurisdição voluntária para disciplinar sua organização, fiscalização e extinção.

Elaboração, aprovação e alteração do estatuto. O CPC/1973 tratava da matéria nos arts. 1.199 a 1.203. Alguns desses dispositivos sequer eram levados em consideração pelo aplicador do direito, porquanto a temática neles constantes, por ser de cunho material, também estava disciplinada no Código Civil (arts. 62 a 69). Justamente por isso o Novo CPC não repetiu a redação dos arts. 1.199, 1.201 (*caput* e § 1º), 1.202 e 1.203 do CPC/1973.

Para a criação das fundações o instituidor, mediante escritura pública ou testamento, dotará bens livres de quaisquer ônus ou gravames, especificando as finalidades e, facultativamente, a maneira como se dará a administração da fundação (art. 62 do CC). As fundações somente se destinam às finalidades previstas na lei material (art. 62, parágrafo único, I a IX, do CC).

Aqueles a quem o instituidor cometer a aplicação do patrimônio é que ficarão responsáveis pela elaboração do estatuto da fundação projetada, submetendo-o, em seguida, à aprovação da autoridade competente. A incumbência da elaboração do estatuto somente recairá sobre o Ministério Público quando ele não for elaborado no prazo designado pelo instituidor, ou, não havendo prazo, se a elaboração não ocorrer dentro de 180 (cento e oitenta) dias (art. 65, parágrafo único, do CC).

Acerca da aprovação do estatuto, coube à lei processual (Novo CPC) apenas regular as hipóteses nas quais o julgador deve resolver o conflito eventualmente existente entre o instituidor da fundação e o Ministério Público. São elas: (i) se a aprovação do estatuto for negada previamente pelo Ministério Público; (ii) se o Ministério Público impuser modificações ao estatuto com as quais o instituidor ou pessoa interessada não concorde; ou (iii) se o interessado discordar do estatuto elaborado pelo Ministério Público (art. 764).

O juiz pode denegar a aprovação, deferi-la ou mandar fazer reparos no estatuto, a fim de adaptá-lo ao objetivo do instituidor (art. 764, § 2º).

Quanto à alteração, o procedimento previsto no art. 764 também só deve ser aplicado em caso de divergências. Lembrando que a lei material dispõe que o estatuto só poderá ser alterado sem a intervenção judicial se, cumulativamente: (i) houver deliberação por dois terços dos competentes para gerir e representar a fundação; (ii) se não contrariar ou desvirtuar a finalidade da fundação; (iii) se for aprovada pelo órgão do Ministério Público no prazo máximo de 45 (quarenta e cinco) dias, findo o qual ou no caso de o Ministério Público denegar, poderá o juiz supri-la, a requerimento do interessado (art. 67 do CC).

Quando a reforma não houver sido deliberada por votação unânime, os administradores, ao submeterem ao órgão do Ministério Público o estatuto, pedirão que se dê ciência à minoria vencida para impugná-la no prazo de 10 (dez) dias (art. 68 do CC).

Extinção da fundação. Qualquer interessado ou o Ministério Público poderá promover a extinção da fundação quando se tornar ilícito o seu objeto, for impossível a sua manutenção ou vencer o prazo de sua existência (art. 765). O CC, no art. 69, especifica os casos de extinção e prevê a destinação dos bens da fundação.

À falta de disposição expressa, o procedimento a ser observado na extinção é aquele previsto nos arts. 719 a 724, sendo necessária a intervenção do Ministério Público somente nos casos do art. 178.

A sentença que acolher o pedido de extinção determinará o destino dos bens da fundação conforme estiver estipulado no ato constitutivo, ou, se omisso este, ordenará que os bens sejam incorporados a outras fundações que se proponham a fins iguais ou semelhantes (art. 69 do CC).

Seção XII
Da Ratificação dos Protestos Marítimos e dos Processos Testemunháveis Formados a Bordo

CPC/2015	CPC/1973
Art. 766. Todos os protestos e os processos testemunháveis formados a bordo e lançados no livro Diário da Navegação deverão ser apresentados pelo comandante ao juiz de direito do primeiro porto, nas primeiras 24 (vinte e quatro) horas de chegada da embarcação, para sua ratificação judicial.	Não há correspondência.
Art. 767. A petição inicial conterá a transcrição dos termos lançados no livro Diário da Navegação e deverá ser instruída com cópias das páginas que contenham os termos que serão ratificados, dos documentos de identificação do comandante e das testemunhas arroladas, do rol de tripulantes, do documento de registro da embarcação e, quando for o caso, do manifesto das cargas sinistradas e a qualificação de seus consignatários, traduzidos, quando for o caso, de forma livre para o português.	Não há correspondência.
Art. 768. A petição inicial deverá ser distribuída com urgência e encaminhada ao juiz, que ouvirá, sob compromisso a ser prestado no mesmo dia, o comandante e as testemunhas em número mínimo de 2 (duas) e máximo de 4 (quatro), que deverão comparecer ao ato independentemente de intimação. **§ 1º Tratando-se de estrangeiros que não dominem a língua portuguesa, o autor deverá fazer-se acompanhar por tradutor, que prestará compromisso em audiência.** **§ 2º Caso o autor não se faça acompanhar por tradutor, o juiz deverá nomear outro que preste compromisso em audiência.**	Não há correspondência.
Art. 769. Aberta a audiência, o juiz mandará apregoar os consignatários das cargas indicados na petição inicial e outros eventuais interessados, nomeando para os ausentes curador para o ato.	Não há correspondência.
Art. 770. Inquiridos o comandante e as testemunhas, o juiz, convencido da veracidade dos termos lançados no Diário da Navegação, em audiência, ratificará por sentença o protesto ou o processo testemunhável lavrado a bordo, dispensado o relatório.	Não há correspondência.

Parágrafo único. **Independentemente do trânsito em julgado, o juiz determinará a entrega dos autos ao autor ou ao seu advogado, mediante a apresentação de traslado.**

 ## COMENTÁRIOS AOS ARTS. 766 A 770:

Noções gerais. A ratificação judicial de protesto marítimo estava regulada no CPC/1939 (Decreto-Lei nº 1.608/1939), mais precisamente nos arts. 725 a 729, que permaneceram em vigor por força do inciso VIII do art. 1.218 do CPC/1973.

O protesto é meio pelo qual se serve o capitão do navio para comprovar fatos ocorridos no curso da viagem, como, por exemplo, sinistros decorrentes de tempestades ou acidente com passageiro.[233]

O Novo Código de Processo Civil regula a matéria nos arts. 766 a 770, razão pela qual podem ser considerados revogados todos os dispositivos relacionados ao tema na legislação de 1939.

Procedimento. Realizado o protesto pelo Comandante[234] no livro Diário da Navegação, caberá a ele a apresentação ao juiz, para fins de ratificação, no prazo de 24 (vinte e quatro) horas da chegada da embarcação.

Mais minucioso, o procedimento de protesto judicial exige não mais a mera apresentação do protesto ou processo testemunhável pela autoridade competente.[235] Para realização da ratificação judicial, a petição inicial deverá estar acompanhada de transcrição dos termos lançados no livro, cópias deste e, ainda, de documentos que comprovem a identificação do Comandante, dos tripulantes e do registro da embarcação. Ademais, caso haja sinistro de mercadorias, qualificação de seus consignatários – com tradução livre caso se trate de carga estrangeira. A petição inicial deverá ser distribuída com urgência e encaminhada ao juiz, que ouvirá, sob compromisso a ser prestado no mesmo dia, o comandante e as testemunhas em número mínimo de 2 (duas) e máximo de 4 (quatro), que deverão comparecer ao ato independentemente de intimação. Na hipótese de testemunhas estrangeiras, será necessário o acompanhamento de tradutor (art. 768, § 1º).

Logo após a oitiva das testemunhas e do comandante, o juiz, convencido da veracidade dos termos lançados no Diário da Navegação, ratificará, na própria audiência, por sentença, o protesto ou o processo testemunhável lavrado a bordo, dispensado o relatório. A ratificação do protesto ou processo testemunhável finaliza o procedimento e garante a ressalva e a conservação das pretensões dali eventualmente decorrentes. Não julga, portanto, pedido de caráter declaratório, constitutivo ou condenatório que eventualmente nascerá do fato: apenas exprime, perante a jurisdição, a vontade de realizar prova dele. Daí a determinação prevista no parágrafo único do art. 770 de entrega dos autos ao autor ou a seu advogado.

---

[233] GILBERTONI. Carla Adriana Comitre. **Teoria e prática do Direito Marítimo**. 1. ed. Rio de Janeiro: Renovar, 1998. p. 261/262.

[234] Os termos "Comandante" e "Capitão" são sinônimos para fins de compreensão da norma. Ambos se referem ao oficial que exerce comando de um navio ou embarcação.

[235] Os termos "Comandante" e "Capitão" são sinônimos para fins de compreensão da norma. Ambos se referem ao oficial que exerce comando de um navio ou embarcação.

LIVRO II
DO PROCESSO DE EXECUÇÃO

TÍTULO I
DA EXECUÇÃO EM GERAL

Capítulo I
Disposições Gerais

CPC/2015	CPC/1973
Art. 771. Este Livro regula o procedimento da execução fundada em título extrajudicial, e suas disposições aplicam-se, também, no que couber, aos procedimentos especiais de execução, aos atos executivos realizados no procedimento de cumprimento de sentença, bem como aos efeitos de atos ou fatos processuais a que a lei atribuir força executiva.	Art. 598. Aplicam-se subsidiariamente à execução as disposições *que regem o processo de conhecimento.*
Parágrafo único. Aplicam-se subsidiariamente à execução as disposições *do Livro I da Parte Especial*.	

 COMENTÁRIOS:

O novo art. 771, que introduz o processo de execução de título extrajudicial, determina a aplicação subsidiária tanto das normas acerca da execução aos atos e fatos processuais com força executiva quanto das disposições do processo de conhecimento ao processo de execução. Naturalmente, a referida aplicação subsidiária somente ocorre quando há equivalência entre os procedimentos. As normas fundamentais do processo civil (arts. 1º a 12), as que regem a jurisdição (arts. 2º a 16), bem como as que tratam na prática dos atos processuais (arts. 188 a 283), também são exemplos de normas que podem ser aplicadas à execução, visto que presentes na parte geral.

Importante perceber que, ao se referir aos atos ou fatos processuais com força executiva, o dispositivo em comento traz a ideia de tutela executiva, ou seja, daquela que busca a satisfação de um direito já acertado ou definido em título judicial ou extrajudicial. Note-se que essa espécie de ato não é exclusiva do processo de execução, sendo possível, por exemplo, aproveitar tal regra no sistema das tutelas provisórias.

CPC/2015	CPC/1973
Art. 772. O juiz pode, em qualquer momento do processo:	Art. 599. O juiz pode, em qualquer momento do processo:
I – ordenar o comparecimento das partes;	I – ordenar o comparecimento das partes;
II – advertir o *executado* de que seu procedimento constitui ato atentatório à dignidade da justiça;	II – advertir ao *devedor* que o seu procedimento constitui ato atentatório à dignidade da justiça.

III – determinar que sujeitos indicados pelo exequente forneçam informações em geral relacionadas ao objeto da execução, tais como documentos e dados que tenham em seu poder, assinando-lhes prazo razoável.

 ## COMENTÁRIOS:

Poderes do juiz. Além dos poderes previstos no art. 139, o juiz pode dirigir o processo ordenando o comparecimento das partes e advertindo o executado de que suas condutas constituem ato atentatório à dignidade da justiça. Nesse ponto, oportuna a lição de Marinoni, Arenhart e Mitidiero: "[...] Não constitui condição de eficácia da aplicação da multa de que trata o art. 774, parágrafo único, CPC, a prévia advertência judicial de que o procedimento da parte constitui ato atentatório à dignidade da justiça, embora seja aconselhável, à luz da regra da cooperação, que o juiz intime a parte advertindo-a de seu comportamento inadequado antes de aplicar qualquer sanção processual".[236]

Inovação. O CPC/2015 estabelece nova disposição (inciso III) que possibilita ao juiz, a qualquer tempo, determinar que pessoas naturais ou jurídicas forneçam informações sobre o objeto da execução. O acréscimo desse poder revela a importância do princípio da cooperação, mas não representa nenhuma mudança procedimental em relação ao sistema anterior. Isso porque, apesar da ausência de previsão expressa no CPC/1973 nesse sentido, tal medida já era adotada por nossos tribunais. Para os advogados militantes, basta lembrar, por exemplo, que é recorrente a expedição de ofício a serviços cadastrais ou órgãos públicos solicitando informações capazes de individualizar os bens existentes em nome do executado.

CPC/2015	CPC/1973
Art. 773. **O juiz poderá, de ofício ou a requerimento, determinar as medidas necessárias ao cumprimento da ordem de entrega de documentos e dados.** Parágrafo único. **Quando, em decorrência do disposto neste artigo, o juízo receber dados sigilosos para os fins da execução, o juiz adotará as medidas necessárias para assegurar a confidencialidade.**	Não há correspondência.

 ## COMENTÁRIOS:

Efetivação do princípio da cooperação. O dispositivo regulamenta o poder do juiz expresso no inciso III do novo art. 772. Note-se que o juiz pode determinar medidas para o cumprimento da ordem de entrega inclusive de ofício. Essa possibilidade também corrobora o princípio do impulso oficial (art. 2º do CPC/2015).

---

[236] MARINONI, Luiz Guilherme; ARENHART, Sérgio Cruz; MITIDIERO, Daniel. **Novo Código de Processo Civil comentado.** São Paulo: Revista dos Tribunais, 2015, p. 736-737.

Confidencialidade. É importante perceber que o parágrafo único cria uma limitação ao uso dos documentos e dados apresentados ao juiz, de modo que somente sejam utilizadas e, portanto, tornadas públicas, as informações consideradas pertinentes à execução em andamento, evitando, assim, a exposição desnecessária do executado.

Ilustra essa questão a penhora por meio eletrônico prevista no art. 854 do CPC/2015, na qual se requisita às instituições financeiras, por meio da autoridade supervisora do sistema financeiro, a indisponibilidade de ativos existentes em nome do executado, na exata medida da execução em andamento. Nesses casos, não há espaço para a publicidade dos valores que o executado possui, em razão do sigilo de dados (art. 5º, XII, da CF/88). A medida deve se limitar à existência ou não de depósito ou aplicação até o valor indicado na execução.

CPC/2015	CPC/1973
Art. 774. Considera-se atentatória à dignidade da justiça *a conduta comissiva ou omissiva* do executado que:	Art. 600. Considera-se atentatório à dignidade da Justiça *o ato* do executado que:
I – frauda a execução;	I – frauda a execução;
II – se opõe maliciosamente à execução, empregando ardis e meios artificiosos;	II – se opõe maliciosamente à execução, empregando ardis e meios artificiosos;
III – **dificulta ou embaraça a realização da penhora;**	III – resiste injustificadamente às ordens judiciais;
IV – resiste injustificadamente às ordens judiciais;	IV – intimado, não indica ao juiz, ~~em 5 (cinco) dias~~, quais são e onde se encontram os bens sujeitos à penhora e seus respectivos valores.
V – intimado, não indica ao juiz quais são e onde estão os bens sujeitos à penhora e os respectivos valores, **nem exibe prova de sua propriedade e, se for o caso, certidão negativa de ônus.**	Art. 601. Nos casos previstos *no artigo anterior, o devedor incidirá em multa fixada pelo juiz,* em montante não superior a 20% (vinte por cento) do valor atualizado do débito em execução, sem prejuízo de outras sanções de natureza processual ou material, multa essa que reverterá em proveito do *credor,* exigível na própria execução.
Parágrafo único. Nos casos previstos *neste artigo, o juiz fixará multa* em montante não superior a vinte por cento do valor atualizado do débito em execução, a qual será revertida em proveito do *exequente,* exigível nos próprios autos do processo, sem prejuízo de outras sanções de natureza processual ou material.	~~Parágrafo único. O juiz relevará a pena, se o devedor se comprometer a não mais praticar qualquer dos atos definidos no artigo antecedente e der fiador idôneo, que responda ao credor pela dívida principal, juros, despesas e honorários advocatícios.~~

 ## COMENTÁRIOS:

Condutas atentatórias à dignidade da justiça. O *caput* esclarece que os atos considerados atentatórios à dignidade da justiça podem ser praticados pelo executado por ação (comissivo) ou por omissão (omissivo). O dispositivo ainda elenca expressamente como atentatório à dignidade da justiça o ato do executado que dificulta ou embaraça a realização da penhora. Utilizamos o termo "expressamente" porque essa ideia já era possível de ser extraída do art. 14, V, do CPC/1973.[237]

---

[237] CPC/1973, art. 14. "São deveres das partes e de todos aqueles que de qualquer forma participam do processo: [...] V – cumprir com exatidão os provimentos mandamentais e não criar embaraços à efetivação de provimentos judiciais, de natureza antecipatória ou final."

Houve alterações também na hipótese do inciso V: (i) não mais se estabelece prazo – anteriormente, de cinco dias – para se presumir a má-fé do executado e, por conseguinte, para se caracterizar a conduta atentatória à dignidade da justiça; (ii) amplia-se o rol das omissões que implicam a incidência da pena de multa – a não exibição, pelo executado, da prova de sua propriedade e, se for o caso, da certidão negativa de ônus.

Quanto ao disposto no parágrafo único, merece destaque a exclusão de dispositivo do CPC/1973 que prevê a possibilidade de perdão à pena de multa fixada na ocorrência das condutas atentatórias à dignidade da justiça. Tal possibilidade não persiste no CPC/2015, devendo a cobrança da multa ser realizada no próprio processo de execução (art. 777, CPC/2015).

Destinatário da multa. Nos termos do parágrafo único, a multa aplicada com base no art. 774 será revertida em proveito do exequente, diferenciando-se, portanto, da multa do art. 77, que é destinada ao Estado (art. 77, § 3º).

CPC/2015	CPC/1973
Art. 775. O *exequente* tem o *direito* de desistir de toda a execução ou de apenas alguma medida executiva.	Art. 569. O *credor* tem a *faculdade* de desistir de toda a execução ou de apenas algumas medidas executivas.
Parágrafo único. Na desistência da execução, observar-se-á o seguinte:	Parágrafo único. Na desistência da execução, observar-se-á o seguinte:
I – serão extintos a **impugnação** e os embargos que versarem apenas sobre questões processuais, pagando o *exequente* as custas **processuais** e os honorários advocatícios;	a) serão extintos os embargos que versarem apenas sobre questões processuais, pagando o *credor* as custas e os honorários advocatícios;
II – nos demais casos, a extinção dependerá da concordância **do impugnante ou** do embargante.	b) nos demais casos, a extinção dependerá da concordância do embargante.

 COMENTÁRIOS:

Desistência da execução. O CPC/1973 expressa a ideia de que a desistência da execução ou de algumas das medidas executivas constitui uma faculdade, ou seja, uma mera liberalidade do credor. Na prática cotidiana, essa desistência sempre foi compreendida como uma prerrogativa do exequente que independia, em regra, do consentimento do devedor ou de concordância do juiz.

O CPC/2015 modifica a redação apenas para reforçar a ideia de voluntariedade por parte do credor, que terá não apenas a faculdade, mas o direito de desistir do processo executivo ou de algumas de suas medidas, sem que isso implique efeitos no plano do direito material.[238]

Limite temporal para a desistência sem a anuência do executado. Como visto, a desistência antes do oferecimento dos embargos independe de aceitação do executado, tendo em vista que a execução se realiza no exequente (art. 797). Ocorre que, se o executado já tiver

---

[238] Lembre-se de que desistência do processo não é sinônimo de renúncia ao crédito, ou seja, aos valores contemplados no título (nesse sentido: STJ, REsp 715.692, Rel. Min. Castro Meira, julgado em 16.06.2005).

apresentado embargos e estes não versarem apenas sobre questões processuais, a extinção do processo de execução pela desistência depende de prévia manifestação do executado.

CPC/2015	CPC/1973
Art. 776. O *exequente* ressarcirá ao *executado* os danos que este sofreu, quando a sentença, transitada em julgado, declarar inexistente, no todo ou em parte, a obrigação que ensejou a execução.	Art. 574. O *credor* ressarcirá ao *devedor* os danos que este sofreu, quando a sentença, passada em julgado, declarar inexistente, no todo ou em parte, a obrigação, que deu lugar à execução.

COMENTÁRIOS:

Responsabilidade do exequente. Para que seja possível o ressarcimento dos danos causados ao executado, este deverá comprovar apenas os danos e o nexo de causalidade. Por se tratar de responsabilidade objetiva, descabe falar em comprovação de dolo ou de culpa.

Apuração dos danos. Os danos devem ser liquidados nos próprios autos do processo, mas nada impede que o exequente opte por propor ação autônoma. "A ilicitude da execução vai evidenciada desde logo a partir do trânsito em julgado da decisão que declara inexistente, no todo ou em parte, a obrigação que deu lugar à execução. Com o trânsito em julgado há certeza a respeito do ilícito. Cumpre a partir daí apenas discutir o nexo causal e o importe do dano causado, o que pode ocorrer mediante liquidação por arbitramento ou por procedimento comum."[239]

CPC/2015	CPC/1973
Art. 777. A cobrança de multas ou de indenizações decorrentes de litigância de má-fé **ou de prática de ato atentatório à dignidade da justiça** será promovida nos próprios autos do processo.	Art. 739-B. A cobrança de multa ou de indenizações decorrentes de litigância de má-fé ~~(arts. 17 e 18)~~ será promovida no próprio processo de execução, ~~em autos apensos, operando-se por compensação ou por execução.~~

COMENTÁRIOS:

Exigibilidade da multa. O dispositivo regulamenta o procedimento para cobrança da multa arbitrada em razão de conduta atentatória à dignidade da justiça (art. 774, parágrafo único), tal qual anteriormente já era realizado pelo art. 739-B do CPC/1973, no que concerne à cobrança da multa imposta ao litigante de má-fé. Para que não se tenha dúvidas, as multas ou indenizações decorrentes tanto de litigância de má-fé quanto da prática de atos atentatórios à dignidade da justiça podem ser exigidas na própria execução. É importante notar que o CPC/2015 mantém o procedimento simplificado para cobrança de ambas as multas, atendendo ao princípio da economia processual e tornando mais efetivo o caráter punitivo das penas cominadas.

Compensação. Diferentemente de seu antecessor, o CPC/2015 não trata da possibilidade de compensação (exemplo: é aplicada multa ao exequente por litigância de má-fé. A

---

[239] MARINONI, Luiz Guilherme; ARENHART, Sérgio Cruz; MITIDIERO, Daniel. **Novo Código de Processo Civil comentado.** São Paulo: Revista dos Tribunais, 2015, p. 739.

multa pode ser compensada com crédito objeto da execução, promovendo uma extinção parcial da obrigação). Marinoni, Arenhart e Mitidiero continuam admitindo a compensação, desde que o sujeito passivo da multa seja o credor na execução.[240]

Capítulo II
Das Partes

CPC/2015	CPC/1973
Art. 778. Pode promover a execução forçada o credor a quem a lei confere título executivo. § 1º Podem promover a execução forçada ou nela prosseguir, **em sucessão ao exequente originário**: I – o Ministério Público, nos casos previstos em lei; II – o espólio, os herdeiros ou os sucessores do credor, sempre que, por morte deste, lhes for transmitido o direito resultante do título executivo; III – o cessionário, quando o direito resultante do título executivo lhe for transferido por ato entre vivos; IV – o sub-rogado, nos casos de sub-rogação legal ou convencional. **§ 2º A sucessão prevista no § 1º independe de consentimento do executado.**	Art. 566. Podem promover a execução forçada: I – o credor a quem a lei confere título executivo; II – o Ministério Público, nos casos prescritos em lei. Art. 567. Podem também promover a execução, ou nela prosseguir: I – o espólio, os herdeiros ou os sucessores do credor, sempre que, por morte deste, lhes for transmitido o direito resultante do título executivo; II – o cessionário, quando o direito resultante do título executivo lhe foi transferido por ato entre vivos; III – o sub-rogado, nos casos de sub-rogação legal ou convencional.
Art. 779. *A execução pode ser promovida contra*: I – o devedor, reconhecido como tal no título executivo; II – o espólio, os herdeiros ou os sucessores do devedor; III – o novo devedor que assumiu, com o consentimento do credor, a obrigação resultante do título executivo; IV – o fiador *do débito constante em título extrajudicial*; **V – o responsável titular do bem vinculado por garantia real ao pagamento do débito;** VI – o responsável tributário, assim definido em *lei*.	Art. 568. *São sujeitos passivos na execução*: I – o devedor, reconhecido como tal no título executivo; II – o espólio, os herdeiros ou os sucessores do devedor; III – o novo devedor, que assumiu, com o consentimento do credor, a obrigação resultante do título executivo; IV – o fiador *judicial*; V – o responsável tributário, assim definido na *legislação própria*.

 ## COMENTÁRIOS AOS ARTS. 778 E 779:

Sujeitos processuais da execução. Os arts. 778 e 779 tratam da legitimidade *ad causam* ativa e passiva para o processo de execução. Este só pode ser promovido pelo credor ou pelas pessoas legitimadas. Por outro lado, somente o devedor ou quem tenha responsabilidade executiva pode figurar como executado.

---

[240]   *Idem*, p. 740.

Legitimidade ativa. O credor é, por excelência, o legitimado ativo do processo executivo, mas é possível que a lei atribua legitimidade ordinária a sujeito que não conste no título executivo na qualidade de credor (exemplo: o advogado tem legitimidade para executar os honorários de sucumbência independentemente da vontade da parte que ele defendeu e que é quem consta no título executivo).

O Ministério Público, antes em paridade com a figura do "credor a quem a lei confere título executivo", passa a ser elencado no § 1º, junto dos demais legitimados. Essa alteração estrutural do novo Código não implica reflexos no atual sistema, mas nos esclarece que o credor é o exequente originário, titular do direito de crédito consubstanciado no título executivo.

O inciso III trata da legitimidade do espólio, herdeiros ou sucessores em virtude de sucessão *causa mortis*. Trata-se de hipótese de legitimação ordinária superveniente, na qual as pessoas ali indicadas assumirão a posição processual do *de cujus*. A legitimidade do espólio só tem lugar até a partilha dos bens; depois disso a legitimidade é concedida a quem recebeu cada quinhão.

A legitimidade em razão da cessão e da sub-rogação não induz obrigatoriedade de o credor assumir o polo ativo. Caso deseje, ele pode optar por aguardar o desfecho da demanda e cobrar o antigo credor.

Dispensa de aceitação por parte do executado. O § 2º autoriza a substituição processual na execução independentemente do consentimento do executado. Esse dispositivo, apesar de inédito, não representa novidade na sistemática da execução. Isso porque, se a legitimidade já está prevista em lei, ainda que se trate de hipótese de sucessão processual, o consentimento do executado quanto à ocupação do polo ativo é irrelevante.

Legitimidade passiva. A legitimidade passiva *ad causam* prevista no novo art. 779 apresenta duas diferenças em relação ao CPC/1973: a inclusão do fiador do débito constante em título extrajudicial e do titular de bem vinculado por garantia real (incisos IV e V, respectivamente).

O fiador extrajudicial garante atos de direito material – e não processual, como é o caso do fiador judicial –, por força de lei ou convenção. O fiador extrajudicial (convencional ou legal), ao contrário do judicial, somente pode integrar o polo passivo da execução se figurar em título executivo extrajudicial ou, no caso de cumprimento de sentença, se tiver participado da fase de conhecimento (art. 513, § 5º, CPC/2015). Em síntese, o fiador extrajudicial (legal ou convencional) deve figurar no título executivo, judicial ou extrajudicial.

Como o CPC/2015 elenca no rol dos títulos executivos extrajudiciais "o contrato garantido por hipoteca, penhor, anticrese ou outro direito real de garantia, e aquele garantido por caução" (art. 784, V), nada mais coerente que incluir o fiador como legitimado passivo para execução de contrato garantido por caução fidejussória.[241]

Quanto à legitimidade passiva do titular de bem vinculado por garantia real (inciso V), observa-se questão semelhante. Apesar de os contratos garantidos por hipoteca, penhor ou anticrese estarem previstos como títulos extrajudiciais, o CPC/1973 não permitia o direcionamento da execução em face do titular dos bens gravados por essas garantias.

---

[241] Caução é termo genérico que significa garantia, seja real – hipoteca, penhor e anticrese –, seja fidejussória – fiança.

Note-se que a nova previsão é importante, pois o responsável, titular do bem, não necessariamente se confunde com o devedor principal, que é o sujeito passivo da obrigação objeto do contrato.

Com o advento dessa nova regra, a execução poderá ser promovida diretamente contra o responsável garantidor, destacando-se, quanto ao fiador, que lhe assiste em matéria de defesa o benefício de ordem sempre que não o houver expressamente renunciado (art. 794, *caput* e § 3º, CPC/2015).

CPC/2015	CPC/1973
Art. 780. *O exequente pode* cumular várias execuções, ainda que fundadas em títulos diferentes, quando o *executado* for o mesmo e desde que para todas elas seja competente *o mesmo juízo* e *idêntico o procedimento*.	Art. 573. *É lícito ao credor*, sendo o mesmo o *devedor*, cumular várias execuções, ainda que fundadas em títulos diferentes, desde que para todas elas seja competente *o juiz* e *idêntica a forma do processo*.

 COMENTÁRIOS:

Requisitos para a cumulação. Poderá ocorrer a cumulação de execuções, desde que observados os seguintes requisitos (a) *identidade do credor nos diversos títulos*: não se permite a chamada coligação de credores, ou seja, a reunião em um só processo de diferentes credores com base em diferentes títulos executivos; (b) *identidade do devedor*: as execuções que se pretende cumular devem ser dirigidas contra o mesmo devedor; (c) *competência do mesmo juízo para todas as execuções*: não se poderá cumular, por exemplo, a execução de um cheque, cuja competência é da justiça estadual de primeiro grau, com uma certidão de dívida ativa da Fazenda Nacional, cuja competência, em regra, é da justiça federal; (d) *identidade de procedimento*: os procedimentos devem ser idênticos para as execuções cumuladas, ou seja, não se pode cumulativamente pretender a execução de uma obrigação de pagar com outra de não fazer.

A cumulação indevida de execuções pode ser arguida por meio de embargos à execução ou via exceção de pré-executividade.

Capítulo III
Da Competência

CPC/2015	CPC/1973
Art. 781. A execução fundada em título extrajudicial será processada perante o juízo competente, **observando-se o seguinte**: **I – a execução poderá ser proposta no foro de domicílio do executado, de eleição constante do título ou, ainda, de situação dos bens a ela sujeitos;** **II – tendo mais de um domicílio, o executado poderá ser demandado no foro de qualquer deles;**	Art. 576. A execução, fundada em título extrajudicial, será processada perante o juízo competente, ~~na conformidade do disposto no Livro I, Título IV, Capítulos II e III~~.

III – sendo incerto ou desconhecido o domicílio do executado, a execução poderá ser proposta no lugar onde for encontrado ou no foro de domicílio do exequente;

IV – havendo mais de um devedor, com diferentes domicílios, a execução será proposta no foro de qualquer deles, à escolha do exequente;

V – a execução poderá ser proposta no foro do lugar em que se praticou o ato ou em que ocorreu o fato que deu origem ao título, mesmo que nele não mais resida o executado.

 COMENTÁRIOS:

CPC/1973 x CPC/2015. Dispunha o art. 576 do CPC/1973 que a execução fundada em título extrajudicial seria processada perante o juízo competente, conforme determinado pelas regras relativas ao processo de conhecimento. A jurisprudência, então, com fundamento no art. 100, IV, *d*, do CPC/1973, estabeleceu que o foro competente para a execução de título extrajudicial é o do lugar do pagamento do título. O exequente poderia, no entanto, optar pelo foro de eleição ou pelo foro de domicílio do réu.[242]

De acordo com o novo Código, a depender da situação, a execução poderá ser proposta em locais diversos daqueles previstos no Código de 1973. Ressalte-se que o CPC/2015 não estabelece nenhuma ordem de preferência, podendo a execução ser promovida no foro que melhor atenda aos interesses do exequente.

CPC/2015	CPC/1973
Art. 782. Não dispondo a lei de modo diverso, o juiz determinará os atos executivos e o oficial de justiça os cumprirá.	Art. 577. Não dispondo a lei de modo diverso, o juiz determinará os atos executivos e os oficiais de justiça os cumprirão.
§ 1º O oficial de justiça poderá cumprir os atos executivos determinados pelo juiz também nas comarcas contíguas, de fácil comunicação, e nas que se situem na mesma região metropolitana.	Art. 579. Sempre que, para efetivar a execução, for necessário o emprego da força policial, o juiz a requisitará.
§ 2º Sempre que, para efetivar a execução, for necessário o emprego de força policial, o juiz a requisitará.	
§ 3º A requerimento da parte, o juiz pode determinar a inclusão do nome do executado em cadastros de inadimplentes.	
§ 4º A inscrição será cancelada imediatamente se for efetuado o pagamento, se for garantida a execução ou se a execução for extinta por qualquer outro motivo.	
§ 5º O disposto nos §§ 3º e 4º aplica-se à execução definitiva de título judicial.	

---

[242] Nesse sentido: STJ, CC nº 107769 AL 2009/0167183-0, Rel. Min. Nancy Andrighi, julgado em 25.08.2010.

 **COMENTÁRIOS:**

Atos executivos. Como espécie de atos jurisdicionais, os atos executivos são realizados por ordem do juiz. Nos termos do art. 154, II, incumbe ao oficial de justiça "executar as ordens do juiz a que estiver subordinado".

O § 1º autoriza o oficial de justiça a cumprir atos executivos determinados pelo juiz em comarcas contíguas, de fácil comunicação, ou nas que se situem na mesma região metropolitana. Como se pode perceber, o dispositivo não menciona apenas os atos de citação e intimação, como fez o CPC/1973 em seu art. 230,[243] que, apesar de figurar na parte relativa ao processo de conhecimento, era aplicável ao processo de execução.

O auxílio de força policial já decorre da previsão do art. 360, III, que permite ao juiz requisitar, quando necessário, o auxílio de força policial. Os §§ 3º e 4º preveem medida de restrição de acesso a crédito por parte do executado, mediante requerimento do credor.[244] Trata-se de inscrição em cadastro de inadimplentes, que complementa (e não substitui) as demais medidas executivas. A "negativação" prevista nesses dispositivos só não será eficaz para aquele que já se encontra com o nome inserido nos órgãos de proteção ao crédito por outro motivo.

Ressalte-se que a restrição do nome do executado também pode ser feita no bojo do processo de execução definitiva fundada em título judicial, conforme permissivo constante no § 5º. Essa medida não se confunde com o protesto da sentença transitada em julgado, que só se viabiliza após o decurso do prazo para cumprimento da decisão definitiva.

Capítulo IV
Dos Requisitos Necessários para Realizar Qualquer Execução
Seção I
Do Título Executivo

CPC/2015	CPC/1973
Art. 783. A execução para cobrança de crédito fundar-se-á sempre em título de obrigação certa, líquida e exigível.	Art. 586. A execução para cobrança de crédito fundar-se-á sempre em título de obrigação certa, líquida e exigível.

 COMENTÁRIOS:

Obrigação certa, líquida e exigível. Além da previsão na lei, o título extrajudicial, ou melhor, o crédito nele estampado, deve ser certo. Por certeza do direito do exequente entende-se a necessidade de que do título executivo transpareçam todos os seus elementos, como a natureza

---

243 CPC/1973, art. 230. "Nas comarcas contíguas, de fácil comunicação, e nas que se situem na mesma região metropolitana, o oficial de justiça poderá efetuar citações ou intimações em qualquer delas."

244 "[...] Trata-se de posicionamento já consagrado em legislações de direito comparado, sendo inclusive previsão do novo Código de Processo Civil, que estabeleceu expressamente a possibilidade do protesto e da negativação nos cadastros dos devedores de alimentos (arts. 528 e 782) [...]" (STJ, REsp 1.533.206/MG, Rel. Min. Luis Felipe Salomão, 4ª Turma, *DJe* 01.02.2016).

da obrigação, seu objeto e seus sujeitos. Dessa forma, diz-se que o título é certo quando não deixa dúvida acerca da obrigação que deva ser cumprida, quem é devedor e quem é credor. Tal requisito sofre certa atenuação nos casos de obrigação de dar coisa incerta e nas obrigações alternativas, uma vez que em tais casos não há a exata previsão do objeto da prestação.

A liquidez, a par da tipicidade e da certeza, também figura como requisito do título executivo extrajudicial. A liquidez ocorre quando o título permite, independentemente de qualquer outra prova, a exata definição do *quantum debeatur*. Assim, deve o título conter todos os elementos necessários para que se possa determinar a quantia a ser paga ou a quantidade da coisa a ser entregue ao titular do direito. Tal determinação pode ser direta ou pode depender de meros cálculos aritméticos (art. 786, parágrafo único).

Por fim, a exigibilidade, que constitui requisito para promover a ação executiva, ocorrerá quando o cumprimento da obrigação prevista no título executivo não se submeter a termo, condição ou qualquer outra limitação. Exigível é o crédito se o devedor encontra-se inadimplente.

CPC/2015	CPC/1973
Art. 784. São títulos executivos extrajudiciais:	Art. 585. São títulos executivos extrajudiciais:
I – a letra de câmbio, a nota promissória, a duplicata, a debênture e o cheque;	I – a letra de câmbio, a nota promissória, a duplicata, a debênture e o cheque;
II – a escritura pública ou outro documento público assinado pelo devedor;	II – a escritura pública ou outro documento público assinado pelo devedor; o documento particular assinado pelo devedor e por duas testemunhas; o instrumento de transação referendado pelo Ministério Público, pela Defensoria Pública ou pelos advogados dos transatores;
III – o documento particular assinado pelo devedor e por 2 (duas) testemunhas;	
IV – o instrumento de transação referendado pelo Ministério Público, pela Defensoria Pública, **pela Advocacia Pública,** pelos advogados dos transatores **ou por conciliador ou mediador credenciado por tribunal**;	III – os contratos garantidos por hipoteca, penhor, anticrese e caução, bem como os de seguro de vida;
V – o contrato garantido por hipoteca, penhor, anticrese **ou outro direito real de garantia** e aquele garantido por caução;	IV – o crédito decorrente de foro e laudêmio;
VI – o contrato de seguro de vida **em caso de morte**;	V – o crédito, documentalmente comprovado, decorrente de aluguel de imóvel, bem como de encargos acessórios, tais como taxas e despesas de condomínio;
VII – o crédito decorrente de foro e laudêmio;	VI – o crédito de serventuário de justiça, de perito, de intérprete, ou de tradutor, quando as custas, emolumentos ou honorários forem aprovados por decisão judicial;
VIII – o crédito, documentalmente comprovado, decorrente de aluguel de imóvel, bem como de encargos acessórios, tais como taxas e despesas de condomínio;	
IX – a certidão de dívida ativa da Fazenda Pública da União, dos Estados, do Distrito Federal e dos Municípios, correspondente aos créditos inscritos na forma da lei;	VII – a certidão de dívida ativa da Fazenda Pública da União, dos Estados, do Distrito Federal, ~~dos Territórios~~ e dos Municípios, correspondente aos créditos inscritos na forma da lei;
X – **o crédito referente às contribuições ordinárias ou extraordinárias de condomínio edilício, previstas na respectiva convenção ou aprovadas em assembleia geral, desde que documentalmente comprovadas;**	VIII – todos os demais títulos a que, por disposição expressa, a lei atribuir força executiva.
XI – **a certidão expedida por serventia notarial ou de registro relativa a valores de emolumentos e demais despesas devidas pelos atos por ela praticados, fixados nas tabelas estabelecidas em lei;**	§ 1º A propositura de qualquer ação relativa ao débito constante do título executivo não inibe o credor de promover-lhe a execução.
	§ 2º Não dependem de homologação ~~pelo Supremo Tribunal Federal~~, para serem executados, os títulos executivos extrajudiciais, oriundos de país estrangeiro. O título, para ter eficácia executiva, há de satisfazer aos requisitos de formação exigidos pela lei do lugar de sua celebração e indicar o Brasil como o lugar de cumprimento da obrigação.

XII – todos os demais títulos aos quais, por disposição expressa, a lei atribuir força executiva.

§ 1° A propositura de qualquer ação relativa a débito constante de título executivo não inibe o credor de promover-lhe a execução.

§ 2° Os títulos executivos extrajudiciais oriundos de país estrangeiro não dependem de homologação para serem executados.

§ 3° O título **estrangeiro** só terá eficácia executiva quando satisfeitos os requisitos de formação exigidos pela lei do lugar de sua celebração e quando o Brasil for indicado como o lugar de cumprimento da obrigação.

 ## COMENTÁRIOS:

Conceito. Título executivo é o documento previsto na lei como tal e que representa obrigação certa e líquida, a qual, uma vez inadimplida, possibilita o manejo da ação executiva (art. 783). Trata-se de requisito essencial da execução.

Rol de títulos executivos extrajudiciais. Os documentos dotados de força executiva estão designados no art. 784 do CPC/2015. Trata-se de rol taxativo, ou seja, somente a lei, em sentido estrito, pode criar outros tipos de documentos dotados de força executiva (art. 784, XII, CPC/2015). Em outras palavras, o elenco dos títulos executivos é obra exclusiva do legislador, sendo vedado aos juízes retocá-lo, alterá-lo ou ampliá-lo.[245]

Inciso I. Nas hipóteses aventadas neste inciso, é imprescindível que a inicial da ação executiva seja instruída com o original do título executivo. A jurisprudência, entretanto, tem admitido a apresentação da cópia da cártula quando comprovado pelo exequente que o original não está circulando, o que ocorre, por exemplo, quando este está instruindo outro processo (REsp 712.334). A ausência do original não implica o automático indeferimento da execução, devendo o juiz determinar a intimação do exequente para que este supra a falta de documentos (REsp 924.989). Tratando-se de títulos virtuais/eletrônicos,[246] o STJ entende que os boletos de cobrança a eles vinculados, devidamente acompanhados dos instrumentos de protesto por indicação e dos comprovantes de entrega de mercadoria ou da prestação de serviços, suprem a ausência física do título (STJ, REsp 1.024.691/PR, Rel. Min. Nancy Andrighi, julgado em 22.03.2011).

Inciso II. Qualquer que seja a obrigação (de dar coisa certa, de fazer e de não fazer) que conste de tal documento, desde que satisfaça os requisitos da liquidez, da certeza e da exigibilidade, pode ser exigida pela via executiva. Um exemplo do que a lei chama de "outro documento público" é o termo de acordo de parcelamento subscrito pelo devedor e pela Fazenda Pública.[247]

---

[245] DINAMARCO, Cândido Rangel. **Execução civil.** 5. ed. São Paulo: Malheiros, 1997, p. 496.

[246] Regulamentação: Leis n°s 5.474/1968 e 9.492/1997.

[247] Nesse sentido: "[...] O Termo de Acordo de Parcelamento que tenha sido subscrito pelo devedor e pela Fazenda Pública deve ser considerado documento público para fins de caracterização de título executivo extrajudicial, apto à promoção de ação executiva, na forma do art. 585, II, do CPC. De fato, o art. 585, II, do CPC elenca o 'documento público assinado pelo devedor' dentre os títulos executivos

Inciso III. No que se refere a esse título, pertinente observar que o entendimento pacífico do STJ é no sentido de que as testemunhas podem ser instrumentárias, isto é, podem assinar o documento em momento posterior ao ato de sua criação. Não se admite, no entanto, a assinatura de testemunha interessada no negócio jurídico.[248] Aqui também se inclui o instrumento de confissão de dívida firmado entre credor e devedor, assinado por duas testemunhas. Nos termos da Súmula 300 do STJ, ele constitui título executivo extrajudicial ainda que originário de contrato de abertura de crédito (cheque especial). Entretanto, importante esclarecer que o contrato de abertura de crédito não constitui, por si só, título executivo extrajudicial, pois trata-se de documento unilateral, desprovido dos requisitos de liquidez, certeza e exigibilidade.

Interessante notar que o "poder executivo" desse título pode ser invocado ainda que no documento particular conste cláusula que determine a instituição de juízo arbitral no caso de eventual controvérsia. Transcreve-se o seguinte excerto do voto da Ministra Nancy Andrighi no REsp 944.917, que bem demonstra essa compreensão: "[...] Deve-se admitir que a cláusula compromissória possa conviver com a natureza executiva do título. Não se exige que todas as controvérsias oriundas de um contrato sejam submetidas à solução arbitral. Ademais, não é razoável exigir que o credor seja obrigado a iniciar uma arbitragem para obter juízo de certeza sobre uma confissão de dívida que, no seu entender, já consta do título executivo. Além disso, é certo que o árbitro não tem poder coercitivo direto, não podendo impor, contra a vontade do devedor, restrições a seu patrimônio, como a penhora, e nem excussão forçada de seus bens."

Em suma, ainda que possua cláusula compromissória, o contrato assinado pelo devedor e por duas testemunhas pode ser levado a execução judicial. Se, por exemplo, tratar-se de contrato de confissão de dívida líquida, certa e exigível, desnecessária é a instituição de juízo arbitral.[249]

---

extrajudiciais, mas não traz o seu conceito, sendo que o art. 364 do CPC revela tão somente a força probante do referido documento, ao referir que 'faz prova não só da sua formação, mas também dos fatos que o escrivão, o tabelião, ou o funcionário declarar que ocorreram na sua presença'. Nesse contexto, o STJ, ao analisar situação similar, assentou que 'a melhor interpretação para a expressão documento público é no sentido de que tal documento é aquele produzido por autoridade, ou em sua presença, com a respectiva chancela, desde que tenha competência para tanto' (REsp 487.913-MG, Primeira Turma, *DJ* 9/6/2003). Ademais, essa mesma linha de raciocínio é seguida pela doutrina, que define documento público como 'todo aquele cuja elaboração se deu perante qualquer órgão público, como, por exemplo um termo de confissão de dívida em repartição administrativa'. Dessa forma, na hipótese em análise, não há como extirpar da declaração de vontades exarada pelas partes no âmbito administrativo a natureza de documento público, na medida em que lavrada sob a chancela de órgão público e firmado pelo devedor, externando a vontade da Administração Pública e do particular" (STJ, REsp 1.521.531/SE, Rel. Min. Mauro Campbell Marques, julgado em 25.08.2015).

[248] Nesse sentido: REsp 541.267/RJ, 4ª Turma, Rel. Min. Jorge Scartezzini, julgado em 20.09.2005.

[249] Mais recentemente o STJ reiterou esse entendimento: "[...] O documento particular assinado pelo devedor e por duas testemunhas tem força executiva, de modo que, havendo cláusula estipulando obrigação líquida, certa e exigível, possível a propositura de execução judicial [...]. A existência de título executivo extrajudicial prescinde de sentença arbitral condenatória para formação de um outro título sobre a mesma dívida, de modo que é viável, desde logo, a propositura de execução perante o Poder Judiciário" (REsp 1.373.710/MG, Rel. Min. Ricardo Villas Bôas Cueva, julgado em 07.04.2015, *DJe* 27.04.2015).

Inciso V. Hipoteca é direito real de garantia que recai sobre direitos reais imobiliários, incluindo-se nestes as vias férreas, os navios e as aeronaves (art. 1.473 do CC). Pode ser convencional, legal ou judicial. Como garantia de obrigações contratuais, constitui-se por meio de cláusula acessória com a finalidade de garantir a obrigação pactuada. Uma vez constituída, sujeita o bem ao pagamento da dívida, acompanhando-o onde quer que se encontre (direito de sequela).

Penhor, tal como a hipoteca, também é direito real de garantia, que se constitui por meio de cláusula acessória com a finalidade de garantir uma determinada dívida. Há, entretanto, algumas diferenças que distinguem os dois institutos. O penhor recai sobre bem móvel, cuja posse é transferida ao credor. O penhor pode ser legal (art. 1.467 do CC) ou convencional. No caso sob análise, interessa apenas o penhor convencional.

Anticrese é o direito real de garantia, pelo qual o devedor ou outrem, por ele, entrega bem imóvel ao credor, a fim de que este receba os frutos e rendimentos do bem anticrético para compensação da dívida (art. 1.506 do CC).

Caução é termo genérico que significa garantia. Temos caução real (hipoteca, penhor e anticrese) e fidejussória (fiança). Afora as garantias reais já mencionadas, interessa ao ponto estudado a fiança formalizada em instrumento público ou particular. Dispensável, para eficácia executiva do contrato de caução (real ou fidejussória), é a existência de duas testemunhas, a que se refere o inciso III do art. 784.

Inciso VI. Anteriormente à alteração promovida pela Lei nº 11.382/2006, o Código de 1973 contemplava como título executivo extrajudicial o "seguro de vida e de acidentes pessoais de que resulte morte ou incapacidade". Posteriormente, de acordo a redação do art. 585, III – alterada pela referida lei –, o Código passou a prever como título executivo "o contrato de seguro de vida". A jurisprudência e a doutrina tiveram, então, que solucionar a seguinte questão: o contrato de seguro de acidentes pessoais de que não resultasse morte, mas tão somente incapacidade, poderia embasar ação executiva, ou, ao revés, teria o beneficiário de se valer do procedimento comum? Prevaleceu o entendimento segundo o qual o beneficiário do seguro de acidente cujo sinistro acarretou a morte do segurado tem o direito de exigir o pagamento da respectiva indenização por meio da execução forçada.[250] O Novo CPC seguiu esse entendimento. Assim, somente se constitui o título executivo se do sinistro advier o evento morte. Nem poderia ser diferente, uma vez que o seguro assegura a vida e, portanto, cobre tão somente o risco morte. Outros danos pessoais – como a perda de um membro, por exemplo – dependem de ação de conhecimento.

Inciso VII. Foro, também denominado pensão, é o valor pago anualmente pelo enfiteuta ou foreiro ao senhorio direto, em decorrência do contrato de enfiteuse, pelo uso, gozo e disposição do domínio útil da coisa emprazada.

---

[250] Nesse sentido: "[...] se o contrato de acidente cobre o risco de morte, não pode deixar de ser tratado, para fins executivos, como um seguro de vida. Mesmo, portanto, após a supressão efetuada pela Lei nº 11.382, de 06.12.2006, continua, a meu ver, o beneficiário do seguro de acidente cujo sinistro acarretou a morte do segurado com o direito de exigir o pagamento da respectiva indenização por via de execução forçada" (THEODORO JR., Humberto. **A reforma da execução do título extrajudicial.** Rio de Janeiro: Forense, 2007, p. 19). Na jurisprudência: TRF 2ª Região, Apelação Cível nº 555542, 5ª Turma Especializada, Rel. Des. Federal Aluisio Gonçalves de Castro Mendes, julgado em 25.06.2013; TJSP, 30ª Câmara da Seção de Direito Privado, AI nº 1.116.232-0/5, Rel. Des. André Neto, julgado em 08.08.2007.

Laudêmio consiste na compensação devida pelo enfiteuta ao senhorio direto quando este não usar o direito de preferência na aquisição do domínio útil da propriedade (art. 683 do CC/1916).

Dá-se a enfiteuse, aforamento ou emprazamento quando, por ato entre vivos ou de última vontade, o proprietário atribui a outrem o domínio útil do imóvel (art. 678 do CC/1916).

Nos termos do art. 2.038 do atual CC, fica proibida a constituição de enfiteuses e subenfiteuses, subordinando-se as existentes, até sua extinção, à disposição do CC anterior. A execução deverá ser instruída com o contrato de enfiteuse.

Inciso VIII. Aluguel é a quantia paga ao locador em decorrência do contrato de locação. Quanto aos encargos acessórios, referem-se aos fixados no contrato como de responsabilidade do locatário. Constituem exemplos de tais encargos os impostos, a taxa de incêndio, de água e luz. Essas verbas podem ser cobradas pelo locador por meio de processo de execução, desde que previstas no contrato de locação, independentemente da assinatura de duas testemunhas.

Inciso IX. Trata-se do título que embasa execução fiscal, regulada pela Lei nº 6.830/1980.

Novos títulos executivos extrajudiciais. O CPC/2015 inseriu dois novos incisos ao rol dos títulos executivos extrajudiciais. Os incisos X e XI tratam, respectivamente, do "crédito referente às contribuições ordinárias ou extraordinárias de condomínio edilício, na respectiva convenção de condomínio ou aprovadas em assembleia geral, desde que documentalmente comprovadas" e da "certidão expedida por serventia notarial ou de registro relativa a valores de emolumentos e demais despesas devidas pelos atos por ela praticados, fixados nas tabelas estabelecidas em lei".

A possibilidade de executar as cotas condominiais não estava expressamente prevista no CPC/1973, o qual apenas permitia a cobrança dos créditos condominiais por meio do processo de conhecimento. A tramitação deveria seguir o rito sumário, nos termos do art. 275, II, *b*, do referido Código.

No CPC/2015 houve uma elevação do *status* desse crédito. Agora não há mais necessidade de trilhar o demorado caminho do processo de conhecimento e aguardar uma sentença para, então, receber a contribuição destinada a cobrir as despesas de condomínio (ordinárias ou extraordinárias). Assim, o condômino que deixar de liquidar as despesas de condomínio na proporção de suas frações ideais poderá se sujeitar à execução forçada e, consequentemente, aos meios expropriatórios dela decorrentes. Essa ideia já era defendida por alguns doutrinadores, especialmente em virtude do disposto no art. 72 da Lei nº 11.977/2009:

> Art. 72. Nas ações judiciais de cobrança ou execução de cotas de condomínio, de imposto sobre a propriedade predial e territorial urbana ou de outras obrigações vinculadas ou decorrentes da posse do imóvel urbano, nas quais o responsável pelo pagamento seja o possuidor investido nos respectivos direitos aquisitivos, assim como o usufrutuário ou outros titulares de direito real de uso, posse ou fruição, será notificado o titular do domínio pleno ou útil, inclusive o promitente vendedor ou fiduciário.

Para parte da doutrina, ao mencionar execução de quotas de condomínio, a Lei nº 11.977/2009 teria atribuído a força executiva a esse tipo de crédito, o que, inclusive, era permitido pelo art. 585, VIII, do CPC/1973.

Apesar dos argumentos, a interpretação dominante sempre foi a de que os créditos condominiais deveriam ser cobrados pelo rito sumário. Com a reforma processual, a ação cognitiva de cobrança dará lugar ao ajuizamento da ação executiva, desde que as despesas devidas pelo condômino estejam documentalmente comprovadas.

O documento comprobatório do crédito, ao qual a lei atribui os requisitos que o caracterizam como título executivo (certeza, liquidez e taxatividade), de regra, é a ata da assembleia. O art. 1.336, I, do Código Civil estabelece que é obrigação de cada condômino contribuir para o pagamento das despesas condominiais. Em assembleia geral são apreciadas as despesas para conservação e manutenção do condomínio no ano seguinte (despesas ordinárias), bem como os gastos com eventuais obras, indenizações ou outras despesas extraordinárias. Excepcionalmente, pode-se dispensar a realização de assembleia geral para se fixar a contribuição condominial. Por exemplo, quando a convenção de condomínio, a *priori*, estabelece um indexador para a contribuição. Nesse caso, o título executivo será a própria convenção. Caso necessário, os dois títulos (ata e convenção) podem aparelhar a execução.

Ressalte-se que, por força do § 1º do novo art. 833 do CPC/2015,[251] os atos constritivos da execução de cotas condominiais podem recair sobre o bem imóvel do devedor, ainda que se trate de bem de família.

As certidões cartorárias também terão força executiva sempre que dispuserem acerca do valor dos emolumentos e de outras despesas decorrentes dos atos praticados por notários e registradores. A certidão deve ser detalhada de forma a permitir a verificação do que deveria ter sido recolhido e não foi. Trata-se de título formado unilateralmente, tal como se passa com a certidão de dívida ativa.

Impende destacar que o crédito de serventuário de justiça, elencado no CPC/1973 no rol de títulos extrajudiciais, passou a ser tratado pelo CPC/2015 como título judicial, submetendo-se, portanto, ao procedimento de cumprimento de sentença.

Por fim, no que concerne aos títulos executivos extrajudiciais oriundos de país estrangeiro, a supressão da referência ao Supremo Tribunal Federal[252] revela a absoluta desnecessidade de homologação desses instrumentos para a efetivação da tutela executiva.

CPC/2015	CPC/1973
Art. 785. **A existência de título executivo extrajudicial não impede a parte de optar pelo processo de conhecimento, a fim de obter título executivo judicial.**	Não há correspondência.

 COMENTÁRIOS:

Via executiva: opção do credor. Mesmo aquele que possui documento capaz de desencadear atos executivos poderá optar por ajuizar processo de conhecimento em detrimento do processo de execução e, assim, obter um título judicial com fundamento da mesma

---

251   CPC/2015, art. 833, § 1º. "A impenhorabilidade não é oponível à execução de dívida relativa ao próprio bem, inclusive àquela contraída para sua aquisição."

252   Com a mudança conferida pela Emenda Constitucional nº 45, a competência para homologação de sentenças estrangeiras passou a ser do Superior Tribunal de Justiça, por determinação da nova redação do art. 105, I, *i*, da Constituição Federal.

obrigação. Exemplo: credor que possui cheque ainda não prescrito e opta por cobrar o título por meio de ação de cobrança (processo de conhecimento) em vez de ação executiva. Nesse caso, não há falar em ausência de interesse de agir, pois a própria lei confere ao credor a possibilidade de escolher o procedimento que melhor lhe convém.

Seção II
Da exigibilidade da obrigação

CPC/2015	CPC/1973
Art. 786. A execução pode ser instaurada caso o devedor não satisfaça a obrigação certa, líquida e exigível consubstanciada em título executivo. Parágrafo único. **A necessidade de simples operações aritméticas para apurar o crédito exequendo não retira a liquidez da obrigação constante do título.**	Art. 580. A execução pode ser instaurada caso o devedor não satisfaça a obrigação certa, líquida e exigível consubstanciada em título executivo.

 COMENTÁRIOS:

Liquidação por cálculo do credor. As operações aritméticas para identificar a liquidez do título extrajudicial não fazem dele um título ilíquido.[253] Assim, se um simples cálculo aritmético puder determinar com precisão o valor devido, o título será considerado instrumento hábil a aparelhar o processo de execução. Essa, aliás, é a regra que também vale para os títulos executivos judiciais (art. 509, § 2º, CPC/2015).

CPC/2015	CPC/1973
Art. 787. *Se o devedor não for obrigado a satisfazer sua prestação senão mediante a contraprestação do credor, este deverá provar que a adimpliu ao requerer a execução, sob pena de extinção do processo.* Parágrafo único. O *executado* poderá eximir-se da obrigação, depositando em juízo a prestação ou a coisa, caso em que o juiz não permitirá que o credor a receba sem cumprir a contraprestação que lhe tocar.	Art. 582. *Em todos os casos em que é defeso a um contraente, antes de cumprida a sua obrigação, exigir o implemento da do outro, não se procederá à execução, se o devedor se propõe satisfazer a prestação, com meios considerados idôneos pelo juiz, mediante a execução da contraprestação pelo credor, e este, sem justo motivo, recusar a oferta.* Parágrafo único. O *devedor* poderá, entretanto, exonerar-se da obrigação, depositando em juízo a prestação ou a coisa; caso em que o juiz ~~suspenderá a execução~~, não permitindo que o credor a receba, sem cumprir a contraprestação, que lhe tocar.

---

[253] A jurisprudência já caminhava nesse sentido: "PROCESSUAL CIVIL. OFENSA AO ART. 535. NÃO CONFIGURADA. EXECUÇÃO. LIQUIDEZ DO TÍTULO. AÇÃO REVISIONAL. CONTRATO BANCÁRIO DO SFH. [...] 3. Não há iliquidez no título quando os valores podem ser determinados por meros cálculos aritméticos. 4. Agravo Regimental não provido" (STJ, AgRg no REsp nº 1.235.160/RS, Rel. Min. Herman Benjamim, julgado em 20.03.2012); "AGRAVO REGIMENTAL. MATÉRIA DE ORDEM PÚBLICA. EXAME DE OFÍCIO. FUNDAMENTO NÃO ATACADO. DÍVIDA QUE PRECISA DE OPERAÇÃO ARITMÉTICA. LIQUIDEZ E CERTEZA. DECISÃO AGRAVADA MANTIDA. IMPROVIMENTO. [...] II. A dívida não deixa de ser líquida e certa, se necessita, para saber em quanto importa, de simples operação aritmética. [...]" (STJ, AgRg no Ag nº 670.271/RS, Rel. Min. Sidnei Beneti, julgado em 21.08.2008).

COMENTÁRIOS:

Contratos sinalagmáticos. O novo dispositivo determina a extinção do processo executivo na hipótese de o credor, ao propor a ação, deixar de comprovar o adimplemento relativo à contraprestação que lhe cabia. Em outras palavras, tratando-se de contrato com obrigações recíprocas (bilaterais),[254] a inicial executiva deve vir acompanhada da prova do adimplemento da contraprestação pelo credor, sob pena de extinção do feito. A prova desse requisito já estava prevista no art. 615, IV, do CPC/1973, mas a sua demonstração, já na petição inicial, agora se torna imprescindível.

O parágrafo único suprimiu a previsão anterior de suspensão do processo quando o executado deposita em juízo a prestação ou a coisa devida (art. 582, parágrafo único, do CPC/1973). Nesse caso, de acordo com o CPC/2015, se o exequente não cumprir com a sua parte na obrigação, o processo não ficará eternamente suspenso. O juiz poderá extinguir o feito, sem que isso interfira na exigibilidade da contraprestação, cujo cumprimento é condição para levantar a prestação depositada pelo executado.

CPC/2015	CPC/1973
Art. 788. O credor não poderá iniciar a execução ou nela prosseguir se o devedor cumprir a obrigação, mas poderá recusar o recebimento da prestação se ela não corresponder ao direito ou à obrigação estabelecidos no título executivo, caso em que *poderá requerer* a execução **forçada**, ressalvado ao devedor o direito de embargá-la.	Art. 581. O credor não poderá iniciar a execução, ou nela prosseguir, se o devedor cumprir a obrigação; mas poderá recusar o recebimento da prestação, estabelecida no título executivo, se ela não corresponder ao direito ou à obrigação; caso em que *requererá* ao juiz a execução, ressalvado ao devedor o direito de embargá-la.

 COMENTÁRIOS:

Adimplemento. O dispositivo reflete a ideia do art. 313 do Código Civil, segundo o qual "o credor não é obrigado a receber prestação diversa da que lhe é devida, ainda que mais valiosa". O objeto do pagamento é a prestação, podendo o credor se recusar a receber o que não foi acertado com o devedor.

Violação positiva do contrato. "Ocorre quando a prestação é realizada, mas de maneira diversa daquela legitimamente esperada."[255] Nessa hipótese, pode o credor recusar a prestação e dar início à execução objetivando o adimplemento na forma e modo contratados. "O adimplemento insatisfatório e a violação positiva do contrato não impedem a busca pela tutela jurisdicional do direito."[256]

---

[254] No contrato bilateral "os contratantes são simultaneamente e reciprocamente credores e devedores uns dos outros, produzindo o negócio direitos e deveres para ambos os envolvidos, de forma proporcional. O contrato bilateral é também denominado contrato sinalagmático, pela presença do sinalagma, que é a proporcionalidade das prestações, eis que as partes têm direitos e deveres entre si (relação obrigacional complexa)" (TARTUCE, Flávio. **Manual de direito civil.** São Paulo: Método, 2016, p. 597).

[255] MARINONI, Luiz Guilherme; ARENHART, Sérgio Cruz; MITIDIERO, Daniel. **Novo Código de Processo Civil comentado.** São Paulo: Revista dos Tribunais, 2015, p. 751.

[256] *Idem.*

Capítulo V
Da Responsabilidade Patrimonial

CPC/2015	CPC/1973
Art. 789. O devedor responde com todos os seus bens presentes e futuros para o cumprimento de suas obrigações, salvo as restrições estabelecidas em lei.	Art. 591. O devedor responde, para o cumprimento de suas obrigações, com todos os seus bens presentes e futuros, salvo as restrições estabelecidas em lei.

 COMENTÁRIOS:

Responsabilidade patrimonial do devedor ou responsável. A responsabilidade patrimonial consiste no vínculo de natureza processual que sujeita os bens de uma pessoa, devedora ou não, à execução. No direito brasileiro, a responsabilidade é patrimonial. Exceto nos casos de não pagamento de pensão alimentícia, a execução recairá diretamente sobre o patrimônio do devedor.

A responsabilidade patrimonial pode ser originária ou secundária. A regra geral é de que, para o cumprimento de suas obrigações, salvo as restrições estabelecidas em lei, o devedor responde com todos os seus bens presentes, ou seja, aqueles que compõem o patrimônio no momento do ajuizamento da execução, e futuros, isto é, aqueles que vierem a ser adquiridos no curso da execução, enquanto não declarada a extinção das obrigações, ainda que pelo advento da prescrição (art. 789).

As restrições estabelecidas em lei referem-se aos bens reputados impenhoráveis ou inalienáveis (art. 832), por exemplo, os previstos no art. 833 e na Lei nº 8.009/1990.

Contudo, há bens que, a despeito de não integrarem o patrimônio do devedor no momento do ajuizamento do processo executivo ou dele terem saído no curso deste, mesmo assim se sujeitam à execução. São os bens pertencentes às pessoas indicadas nos incisos I a IV e VII do art. 790 ou alienados na forma dos incisos V e VI.

CPC/2015	CPC/1973
Art. 790. São sujeitos à execução os bens:	Art. 592. Ficam sujeitos à execução os bens:
I – do sucessor a título singular, tratando-se de execução fundada em direito real ou obrigação reipersecutória;	I – do sucessor a título singular, tratando-se de execução fundada em direito real ou obrigação reipersecutória;
II – do sócio, nos termos da lei;	II – do sócio, nos termos da lei;
III – do devedor, *ainda que* em poder de terceiros;	III – do devedor, *quando* em poder de terceiros;
IV – do cônjuge **ou companheiro**, nos casos em que seus bens próprios ou de sua meação respondem pela dívida;	IV – do cônjuge, nos casos em que os seus bens próprios, ~~reservados~~ ou de sua meação respondem pela dívida;
V – alienados ou gravados com ônus real em fraude à execução;	V – alienados ou gravados com ônus real em fraude de execução.
VI – **cuja alienação ou gravação com ônus real tenha sido anulada em razão do reconhecimento, em ação autônoma, de fraude contra credores;**	
VII – **do responsável, nos casos de desconsideração da personalidade jurídica.**	

 **COMENTÁRIOS:**

Responsabilidade patrimonial secundária. Afora a responsabilidade originária (do devedor), a execução pode sujeitar também o patrimônio de pessoas que não figuram como devedoras, aliás, de pessoas que nem sequer foram citadas para a execução. É o que se denomina responsabilidade secundária, cujas hipóteses estão elencadas nesse dispositivo.

Inciso I. Sucessor a título singular, de que trata o inciso I do art. 790, é aquele que adquiriu a coisa litigiosa no curso do processo de conhecimento ou de execução, tenha ou não substituído a parte originária da demanda. Execução fundada em direito real é aquela que visa à realização de um dos direitos relacionados no art. 1.225 do CC. Obrigação rei-persecutória é aquela pela qual o devedor se obriga a restituir a coisa ao proprietário.

O bem adquirido nessas circunstâncias fica submetido à execução, a despeito de o adquirente não ser parte no processo de conhecimento ou de execução.

Inciso II. Em princípio, os bens particulares dos sócios não respondem pelas dívidas da sociedade (art. 795). Em certos casos, entretanto, o sócio responde, solidariamente, por obrigação contraída pela pessoa jurídica por ele integrada. É o que ocorre quando há solidariedade natural entre o sócio e a pessoa jurídica (por exemplo, na sociedade em nome coletivo), ou solidariedade extraordinária, decorrente de violação do contrato ou de gestão abusiva.

Inciso III. O fato de os bens do devedor estarem em poder de terceiros, a toda evidência, não constitui obstáculo à execução.

Inciso IV. Em geral, qualquer que seja o regime de casamento, somente os bens do cônjuge que firmou a dívida respondem pela respectiva execução. Tratando-se de dívida contraída em benefício da família, todos os bens dos cônjuges respondem pela dívida.

Inciso V. Os bens alienados em fraude à execução já se encontrarão integrados ao patrimônio do adquirente, mas o ato jurídico realizado será desconsiderado, pois é ineficaz perante o credor, e o bem será penhorado mesmo em mãos de terceiro.

Inciso VI. A fraude contra credores, que está regulamentada no Código Civil (art. 158 e seguintes), tem como requisitos a diminuição do patrimônio do devedor, que configure situação de insolvência (*eventus damni*), e a intenção do devedor e do adquirente do bem de causar o dano por meio da fraude (*consilium fraudis*). Essa modalidade de fraude, que acarreta prejuízo apenas para o credor, é combatida por meio de ação própria (ação pauliana), tendo como consequência a anulabilidade do ato.[257]

Dito isso, a execução fundada em título extrajudicial somente poderá ser direcionada aos bens do devedor cuja alienação ou gravação com ônus real já tenha sido previamente anulada em ação de conhecimento. Não basta, portanto, que tenha ocorrido a fraude alegada pelo credor; é preciso que a autoridade judiciária tenha desconstituído o negócio jurídico firmado com o terceiro.

Inciso VII. Trata-se de disposição nova, que se harmoniza com os art. 133 e seguintes, que permitem ao juiz, preenchidos os requisitos legais, ignorar a existência da pessoa jurídica no caso concreto e superar a autonomia patrimonial da sociedade para alcançar o

---

[257] Nos casos de fraude contra credores, o Código Civil dispensa a presença do elemento subjetivo (*consilium fraudis*) quanto aos atos de disposição gratuita de bens ou de remissão de dívidas, bastando a comprovação do evento danoso (*eventus damni*). Ver art. 158 do Código Civil.

patrimônio dos sócios. No caso da execução, esta será redirecionada contra os sócios que serão incluídos no polo passivo e citados para exercerem o contraditório.

CPC/2015	CPC/1973
Art. 791. **Se a execução tiver por objeto obrigação de que seja sujeito passivo o proprietário de terreno submetido ao regime do direito de superfície, ou o superficiário, responderá pela dívida, exclusivamente, o direito real do qual é titular o executado, recaindo a penhora ou outros atos de constrição exclusivamente sobre o terreno, no primeiro caso, ou sobre a construção ou a plantação, no segundo caso.** **§ 1º Os atos de constrição a que se refere o *caput* serão averbados separadamente na matrícula do imóvel, com a identificação do executado, do valor do crédito e do objeto sobre o qual recai o gravame, devendo o oficial destacar o bem que responde pela dívida, se o terreno, a construção ou a plantação, de modo a assegurar a publicidade da responsabilidade patrimonial de cada um deles pelas dívidas e pelas obrigações que a eles estão vinculadas.** **§ 2º Aplica-se, no que couber, o disposto neste artigo à enfiteuse, à concessão de uso especial para fins de moradia e à concessão de direito real de uso.**	Não há correspondência.

 ## COMENTÁRIOS:

Responsabilidade envolvendo o direito de superfície. Os dispositivos individualizam a tutela executiva quando esta recair sobre bens gravados pelo direito real de superfície. Em síntese, distinguem-se a responsabilidade do concedente – proprietário do imóvel que o cede, nos termos da lei civil, a outrem – e do superficiário – terceiro não proprietário que recebe o direito de construir ou plantar no imóvel. Importante notar que, a despeito da inexistência de previsão semelhante no código anterior, o direito de superfície reapareceu no ordenamento pátrio com o Estatuto da Cidade (2001) e, posteriormente, com o Código Civil (2002).

O preceito contido no *caput* ressalva a intangibilidade do direito de superfície constituído, de maneira que, quando a execução for promovida em face do proprietário, apenas nessa medida poder-se-á praticar atos de constrição, sem que implique desconstituição do direito real de superfície. Por outro lado, quando o executado for o superficiário, apenas a construção ou plantação estará sujeita à satisfação do crédito inadimplido.

O § 1º, por sua vez, prevê que os atos de constrição a que se refere o *caput* do art. 791 serão averbados separadamente na matrícula do imóvel, com a identificação do executado, do valor do crédito e do objeto sobre o qual recai o gravame, devendo o oficial destacar o bem que responde pela dívida, se o terreno, a construção ou a plantação, de modo a assegurar a publicidade da responsabilidade patrimonial de cada um deles pelas dívidas e pelas obrigações que a eles estão vinculadas.

Essa previsão de averbação permite que se particularize o ônus da execução sobre o bem, de forma que, por meio do registro, individualiza-se o bem executado: ora o terreno, ora as construções ou plantações sobre o terreno. A satisfação do direito do exequente não implica extinção do direito constituído entre concedente e superficiário, mas, no máximo, a substituição destes. Por exemplo: em execução movida em face de superficiário construtor de um *shopping center*, não poderá o exequente pretender, com o processo de execução, penhorar todo o imóvel, incluindo o terreno sobre o qual fora construído, pois atingiria o direito de propriedade do concedente que não toca o superficiário. Nesse caso, qualquer ato de constrição que ameace o direito de propriedade do concedente desafia a oposição de embargos de terceiro.

CPC/2015	CPC/1973
Art. 792. A alienação ou a oneração de bem é considerada fraude à execução: I – quando sobre o bem pender ação fundada em direito real **ou com pretensão reipersecutória, desde que a pendência do processo tenha sido averbada no respectivo registro público, se houver;** II – **quando tiver sido averbada, no registro do bem, a pendência do processo de execução, na forma do art. 828;** III – **quando tiver sido averbado, no registro do bem, hipoteca judiciária ou outro ato de constrição judicial originário do processo onde foi arguida a fraude;** IV – quando, ao tempo da alienação ou da oneração, tramitava contra o devedor ação capaz de reduzi-lo à insolvência; V – nos demais casos expressos em lei. § 1º **A alienação em fraude à execução é ineficaz em relação ao exequente.** § 2º **No caso de aquisição de bem não sujeito a registro, o terceiro adquirente tem o ônus de provar que adotou as cautelas necessárias para a aquisição, mediante a exibição das certidões pertinentes, obtidas no domicílio do vendedor e no local onde se encontra o bem.** § 3º **Nos casos de desconsideração da personalidade jurídica, a fraude à execução verifica-se a partir da citação da parte cuja personalidade se pretende desconsiderar.** § 4º **Antes de declarar a fraude à execução, o juiz deverá intimar o terceiro adquirente, que, se quiser, poderá opor embargos de terceiro, no prazo de 15 (quinze) dias.**	Art. 593. Considera-se em fraude de execução a alienação ou oneração de bens: I – quando sobre eles pender ação fundada em direito real; II – quando, ao tempo da alienação ou oneração, corria contra o devedor demanda capaz de reduzi-lo à insolvência; III – nos demais casos expressos em lei.

 ## COMENTÁRIOS:

Fraude à execução. O legislador processual, visando conferir maior instrumentalidade ao procedimento executório – que se aperfeiçoa com a efetiva entrega da prestação jurisdicional, que não é outra se não a recuperação do prejuízo pelo credor –, ampliou o rol de situações capazes de caracterizar a fraude à execução. Em suma, "adotou-se um regime único de ineficácia para todos os atos alienatórios capazes de comprometer a exequibilidade das condenações e dos títulos extrajudiciais".[258]

Inciso I. Reconhece-se a presunção absoluta de fraude à execução se realizada a alienação ou a oneração de bem quando já houver averbação da existência de ação envolvendo direito real ou pretensão reipersecutória sobre esse mesmo bem, de modo que a fraude poderá ser reconhecida, inclusive, antes da penhora.

Incisos II e III. O inciso II remete ao disposto no art. 828, que possibilita ao exequente obter certidão de que a execução foi admitida pelo juiz, com a identificação das partes e valor da causa, para fins de averbação no registro de imóveis, registro de veículos ou registro de outros bens sujeitos à penhora, arresto ou indisponibilidade. A redação do art. 828 é semelhante à do art. 615-A do CPC/1973, sendo que o Código anterior permitia a obtenção dessa certidão tão logo fosse ajuizada a execução. Com o novo Código, a obtenção da certidão só será possível após a execução ser admitida pelo juiz natural (ou seja, após o juízo de admissibilidade). A diferença com relação ao CPC/1973 está na apreciação judicial; antes, bastava que a certidão, constatando a distribuição, fosse expedida pela secretaria do juízo; com o CPC/2015, a expedição da certidão estará condicionada à apreciação judicial.

A simples averbação dessa certidão é suficiente para comprovar a má-fé do adquirente no caso de se alegar que a alienação, ocorrida depois do ato averbatório, desfalcou o patrimônio do executado, comprometendo a efetividade do processo executivo. Nesse caso, para reconhecimento da fraude, despiciendo é que a alienação tenha ocorrido posteriormente à citação do executado (art. 828, § 4º). A fraude, todavia, só ocorrerá se a alienação foi capaz de reduzir o devedor à insolvência. Se, a despeito da alienação, houver bens suficientes para garantir a execução, não se pode cogitar de fraude, a menos que a alienação refira-se a bem constrito por qualquer gravame judicial, caso em que pouco importa a situação de solvência do devedor. É o que ocorre na hipótese do inciso III.

Inciso IV. Bastará o ajuizamento de ação capaz de reduzir o devedor à insolvência para a caracterização da fraude à execução. Não precisa ser ação de execução, mas qualquer ação (processo de conhecimento, por exemplo), sendo indispensável que essa ação possa levar o devedor à insolvência. Assim, se o réu em uma ação de cobrança de R$ 10.000,00 (dez mil reais) tem patrimônio constituído de bens móveis e imóveis de grande valor, não será a alienação de um automóvel que vai caracterizar fraude à execução, a menos, obviamente, que sobre esse bem já contenha algum gravame (art. 792, III).

Inciso V. Com relação aos demais casos expressos em lei, podem-se citar a penhora sobre crédito (art. 856, § 3º) e a alienação ou oneração de bens do sujeito passivo de dívida ativa em execução fiscal (art. 185 do CTN).

Ineficácia da alienação. O § 1º agora deixa claro que, mesmo sendo constatada a fraude, a execução, a alienação ou oneração dos bens não será invalidada, mas apenas

---

[258]   THEODORO JR., Humberto. **Curso de direito processual civil.** Rio de Janeiro: Forense, 2014. v. II, p. 53.

será considerada ineficaz em relação ao exequente. Esse já era, inclusive, o entendimento assentado na jurisprudência.[259]

Bens não sujeitos a registro. De acordo com o novo diploma, quando o gravame que paira sobre o bem se achar devidamente "documentado" (por exemplo, se averbada na matrícula de imóvel ou se assentado no prontuário de registro do veículo a existência de demanda executiva), a alienação ou oneração desse bem pelo devedor gerará as sanções relativas à fraude à execução. A presunção acerca da existência de fraude, nesse caso, é absoluta, uma vez que a eventual aquisição por terceiro não poderá se fundamentar na boa-fé se já era possível, à época da aquisição, conhecer a restrição.

Se, no entanto, o bem não estiver sujeito a registro (bens semoventes, por exemplo), o CPC/2015 obriga o terceiro adquirente a demonstrar a sua boa-fé por meios objetivos que atestem o seu desconhecimento quanto à existência de execução em desfavor do devedor/ alienante. A cautela do terceiro adquirente de bem não sujeito à publicidade dos registros públicos, para evitar a declaração de fraude à execução, demanda a obtenção de certidões não apenas no domicílio do vendedor, mas também no local do bem (§ 2º).

Cumpre salientar que esse entendimento adotado no § 2º é contrário ao que foi decidido pelo STJ no REsp 956.943/PR, submetido ao rito dos recursos repetitivos. Isso porque, segundo a Corte, como a presunção de boa-fé é princípio geral de direito universalmente aceito, sendo milenar a parêmia "a boa-fé se presume; a má-fé se prova", se não houver registro da penhora na matrícula do imóvel, é do credor o ônus da prova de que o terceiro adquirente tinha conhecimento de demanda capaz de levar o alienante à insolvência. O referido recurso especial, julgado em 21 de agosto de 2014, consolidou o entendimento exposto na Súmula 375, segundo a qual "O reconhecimento da fraude de execução depende do registro da penhora do bem alienado ou da prova de má-fé do terceiro adquirente". Agora, com o novo CPC, inverte-se o ônus: o credor não precisa comprovar a má-fé do terceiro adquirente, pois é este que precisa demonstrar que, ao tempo da alienação, estava de boa-fé.

Desconsideração da personalidade jurídica. Destaca-se, ainda, a configuração da fraude à execução nos casos de desconsideração da personalidade jurídica a partir do momento em que o alienante for citado para o respectivo incidente. O objetivo dessa nova regra é proteger o exequente "contra manobras do terceiro para desviar seus bens antes de ser alcançado pelo julgamento do incidente em questão".[260]

A fim de resguardar os interesses do terceiro adquirente e de evitar a realização de atos que tumultuem o processo, o CPC/2015 prevê que aquele deverá ser intimado antes de ser declarada a fraude à execução. Essa necessidade de participação já indica a abertura de contraditório e da ampla defesa, muito embora estes só venham a se efetivar em ação autônoma (embargos de terceiro).

---

[259] "EMBARGOS DE TERCEIRO. Declaração incidental de 'fraude à execução' vincula tão somente as partes do processo em que foi prolatada, não estendendo seus efeitos a terceiros, por força do art. 472, do CPC, sua declaração aproveita, apenas e tão somente, o exequente e seu efeito não é de anular, nem de tornar nulo o ato de alienação, mas sim de tornar ineficaz o ato de alienação em relação ao credor [...]" (TJSP, APL nº 0076478-13.2010.8.26.0224, Rel. Rebello Pinho, julgado em 28.04.2014, 20ª Câmara de Direito Privado, Data de Publicação: 29.04.2014).

[260] THEODORO JR., Humberto. **Curso de direito processual civil.** Rio de Janeiro: Forense, 2014. v. II, p. 53.

CPC/2015	CPC/1973
Art. 793. O *exequente* que estiver, por direito de retenção, na posse de coisa pertencente ao devedor não poderá promover a execução sobre outros bens senão depois de excutida a coisa que se achar em seu poder.	Art. 594. O credor, que estiver, por direito de retenção, na posse de coisa pertencente ao devedor, não poderá promover a execução sobre outros bens senão depois de excutida a coisa que se achar em seu poder.

 COMENTÁRIOS:

Direito de retenção. Se o credor estiver na posse do bem em virtude de direito de retenção, este bem deverá ser indicado à penhora já na petição inicial (art. 829, § 2º). Se este não for o procedimento adotado pelo exequente, o executado poderá alegar a *exceptio excussionis realis*, que nada mais é do que uma defesa indicando que a execução deve recair sobre o bem retido.

O dispositivo não pode, contudo, ser interpretado de forma rígida. Pode ser que outro bem tenha sido ofertado à penhora e o executado concorde com a oferta. Nessa hipótese, conforme explica Marinoni, Arenhart e Mitidiero, "tem o exequente que devolver imediatamente a coisa do executado que está em seu poder, porque aí se entende que, ao indicar coisa diversa, renunciou ao direito de retenção".[261]

CPC/2015	CPC/1973
Art. 794. O fiador, quando executado, *tem o direito de exigir que primeiro sejam executados* os bens do devedor **situados na mesma comarca**, livres e desembargados, *indicando-os pormenorizadamente* à penhora. § 1º Os bens do fiador ficarão sujeitos à execução se os do devedor, **situados na mesma comarca que os seus**, forem insuficientes à satisfação do direito do credor. § 2º O fiador que pagar a dívida poderá executar o afiançado nos autos do mesmo processo. § 3º **O disposto no** *caput* **não se aplica se o fiador houver renunciado ao benefício de ordem.**	Art. 595. O fiador, quando executado, *poderá nomear* à penhora bens livres e desembargados do devedor. Os bens do fiador ficarão, porém, sujeitos à execução, se os do devedor forem insuficientes à satisfação do direito do credor. Parágrafo único. O fiador, que pagar a dívida, poderá executar o afiançado nos autos do mesmo processo.

 COMENTÁRIOS:

Fiador. Caso a execução seja direcionada ao fiador, este tem o direito de exigir que primeiro sejam executados os bens do devedor situados na mesma comarca em que tramita a demanda executiva (art. 794). Essa ideia já estava prevista no Código Civil, mais precisamente no parágrafo único do art. 827:

Art. 827. O fiador demandado pelo pagamento de dívida tem direito a exigir, até a contestação da lide, que sejam primeiro executados os bens do devedor.

Parágrafo único. O fiador que alegar o benefício de ordem, a que se refere este artigo, deve nomear bens do devedor, sitos no mesmo município, livres e desembaraçados, quantos bastem para solver o débito.

---

[261] MARINONI, Luiz Guilherme; ARENHART, Sérgio Cruz; MITIDIERO, Daniel. **Novo Código de Processo Civil comentado.** São Paulo: Revista dos Tribunais, 2015, p. 751.

A exceção constante no § 3º do novo art. 794 também já era possível de ser extraída da redação do art. 828, I, do Código Civil:

Art. 828. Não aproveita este benefício (do artigo 827) ao fiador:

I – se ele o renunciou expressamente;

O benefício de ordem, quando renunciado, permite que a execução seja direcionada ao fiador sem que antes sejam executados os bens do devedor. O que restará ao fiador, nesse caso, será o exercício do direito de regresso contra o seu afiançado, depois de efetuar o pagamento da dívida.

CPC/2015	CPC/1973
Art. 795. Os bens particulares dos sócios não respondem pelas dívidas da sociedade, senão nos casos previstos em lei. § 1º O sócio *réu, quando responsável* pelo pagamento da dívida **da sociedade**, tem o direito de exigir que primeiro sejam excutidos os bens da sociedade. § 2º *Incumbe* ao sócio que alegar o benefício *do § 1º* nomear quantos bens da sociedade situados na mesma comarca, livres e desembargados, bastem para pagar o débito. § 3º *O sócio que pagar a dívida poderá executar a sociedade nos autos do mesmo processo.* § 4º **Para a desconsideração da personalidade jurídica é obrigatória a observância do incidente previsto neste Código.**	Art. 596. Os bens particulares dos sócios não respondem pelas dívidas da sociedade senão nos casos previstos em lei; o sócio, *demandado* pelo pagamento da dívida, tem direito a exigir que sejam primeiro excutidos os bens da sociedade. § 1º *Cumpre* ao sócio, que alegar o benefício *deste artigo*, nomear bens da sociedade, sitos na mesma comarca, livres e desembargados, quantos bastem para pagar o débito. § 2º *Aplica-se aos casos deste artigo o disposto no parágrafo único do artigo anterior.*

 COMENTÁRIOS:

Proteção legal aos bens dos sócios. Somente se houver autorização legal, os bens dos sócios podem ser atingidos em razão de dívidas contraídas pela sociedade. Se houver redirecionamento, o sócio tem o direito de exigir que antes a execução recaia sobre bens da sociedade, para, somente depois, recair sobre seus bens para pagamento de eventual remanescente. Não se trata, contudo, de benefício absoluto, pois a lei deixa claro que os bens devem estar localizados na mesma comarca.

Incidente de desconsideração da personalidade jurídica. O § 4º reforça a necessidade de se observar o incidente previsto nos arts. 133 a 137 para que seja possível alcançar os bens do sócio por dívidas da sociedade.

CPC/2015	CPC/1973
Art. 796. O espólio responde pelas dívidas do falecido, mas, feita a partilha, cada herdeiro responde por elas **dentro das forças da herança e** na proporção da parte que lhe coube.	Art. 597. O espólio responde pelas dívidas do falecido; mas, feita a partilha, cada herdeiro responde por elas na proporção da parte que na herança lhe coube.

COMENTÁRIOS:

Responsabilidade do espólio. O novo Código, a par do que já previa o art. 1.792 do Código Civil,[262] esclarece que a responsabilidade dos herdeiros pelas dívidas do falecido não pode ultrapassar *as forças da herança*. Isso quer dizer que o herdeiro não assumirá a condição de devedor a título próprio, devendo seu patrimônio ser, necessariamente, separado do acervo hereditário. Em outras palavras, a herança não pode trazer prejuízos ao herdeiro, que deverá "evidenciar o excesso de que fala a lei, isto é, débito além das forças da herança".[263]

TÍTULO II
DAS DIVERSAS ESPÉCIES DE EXECUÇÃO

Capítulo I
Disposições Gerais

CPC/2015	CPC/1973
Art. 797. Ressalvado o caso de insolvência do devedor, em que tem lugar o concurso universal, realiza-se a execução no interesse do *exequente* que adquire, pela penhora, o direito de preferência sobre os bens penhorados.	Art. 612. Ressalvado o caso de insolvência do devedor, em que tem lugar o concurso universal (art. 751, III), realiza-se a execução no interesse do *credor*, que adquire, pela penhora, o direito de preferência sobre os bens penhorados.
Parágrafo único. Recaindo mais de uma penhora sobre o mesmo bem, cada *exequente* conservará o seu título de preferência.	Art. 613. Recaindo mais de uma penhora sobre os mesmos bens, cada *credor* conservará o seu título de preferência.

 COMENTÁRIOS:

Interesse do exequente. A execução realiza-se no interesse do exequente, o que significa dizer que o processo executivo autônomo deve proporcionar ao exequente o resultado prático equivalente ao cumprimento espontâneo da obrigação descrita no título.

Anterioridade da penhora. Havendo várias penhoras sobre o mesmo bem, tem o credor quirografário (aquele sem título legal de preferência) que realizou a primeira penhora a preferência no recebimento de valores para satisfação de seu crédito. Os demais exequentes quirografários que penhoraram o mesmo bem receberão a sobra na ordem da respectiva penhora, obedecendo à anterioridade.

---

[262] Código Civil, art. 1.792. "O herdeiro não responde por encargos superiores às forças da herança; incumbe-lhe, porém, a prova do excesso, salvo se houver inventário que a escuse, demonstrando o valor dos bens herdados."

[263] VENOSA, Sílvio de Salvo. **Código Civil interpretado.** São Paulo: Atlas, 2010, p. 3. Disponível em: <http://www.editoraatlas.com.br/>.

Aos credores que possuem privilégios estabelecidos pelo direito material não se aplica esse dispositivo, porquanto eles preferem aos credores quirografários. Os arts. 961 e 962 do CC disciplinam eventuais conflitos entre aqueles que detêm títulos legais de preferência.

CPC/2015	CPC/1973
Art. 798. Ao *propor* a execução, incumbe ao *exequente*:	Art. 614. Cumpre ao credor, ao requerer a execução, ~~pedir a citação do devedor~~ e instruir a petição inicial:
I – instruir a petição inicial com:	
a) o título executivo extrajudicial;	I – com o título executivo extrajudicial;
b) o demonstrativo do débito atualizado até a data de propositura da ação, quando se tratar de execução por quantia certa;	II – com o demonstrativo do débito atualizado até a data da propositura da ação, quando se tratar de execução por quantia certa;
c) a prova de que se verificou a condição ou ocorreu o termo, **se for o caso**;	III – com a prova de que se verificou a condição, ou ocorreu o termo ~~(art. 572)~~.
d) a prova, **se for o caso**, de que adimpliu a contraprestação que lhe corresponde ou que lhe assegura o cumprimento, se o executado não for obrigado a satisfazer a sua prestação senão mediante a contraprestação do *exequente;*	Art. 615. Cumpre ainda ao credor:
	I – indicar a espécie de execução que prefere, quando por mais de um modo pode ser efetuada;
II – indicar:	[...]
a) a espécie de execução de sua preferência, quando por mais de um modo puder ser realizada;	*IV – provar que adimpliu a contraprestação, que lhe corresponde, ou que lhe assegura o cumprimento, se o executado não for obrigado a satisfazer a sua prestação senão mediante a contraprestação do credor.*
b) **os nomes completos do exequente e do executado e seus números de inscrição no Cadastro de Pessoas Físicas ou no Cadastro Nacional da Pessoa Jurídica;**	Art. 652. [...]
c) os bens suscetíveis de penhora, sempre que possível.	§ 2º O credor poderá, na inicial da execução, indicar bens a serem penhorados ~~(art. 655)~~.
Parágrafo único. **O demonstrativo do débito deverá conter:**	
I – **o índice de correção monetária adotado;**	
II – **a taxa de juros aplicada;**	
III – **os termos inicial e final de incidência do índice de correção monetária e da taxa de juros utilizados;**	
IV – **a periodicidade da capitalização dos juros, se for o caso;**	
V – **a especificação de desconto obrigatório realizado.**	

 ## COMENTÁRIOS:

Requisitos da petição inicial na ação de execução. Além dos requisitos previstos nos arts. 319 e 320 – com exceção do requerimento de produção de provas e da opção quanto à audiência de conciliação ou mediação –, a petição inicial do processo de execução deve indicar: (i) a espécie de execução de preferência do credor, quando por mais de um modo ela puder ser realizada, e (ii) os bens suscetíveis de penhora, sempre que possível.

Quanto aos documentos indispensáveis à propositura da demanda, o título executivo extrajudicial representa a via de acesso à execução, materializando o princípio *nulla executio sine titulo* (art. 798, I, *a*). A prova da ocorrência da condição ou termo, bem como o adimplemento de eventual contraprestação, demonstram a exigibilidade da obrigação constante no título, relevando o interesse de agir do credor na demanda executiva.

O demonstrativo do débito que funda a execução também é indispensável à propositura da ação. É nele que estará evidenciada a liquidez da obrigação. Diferentemente do CPC/1973, o novo Código traz os elementos que deverão compor o cálculo (art. 798, parágrafo único), a fim de que se tenha a exata compreensão das verbas incidentes sobre o débito. A regra é a mesma para o cumprimento de sentença, conforme dispõem os arts. 524 e 534.

CPC/2015	CPC/1973
Art. 799. Incumbe ainda ao *exequente*:	Art. 615. Cumpre ainda ao credor:
I – requerer a intimação do credor pignoratício, hipotecário, anticrético ou **fiduciário**, quando a penhora recair sobre bens gravados por penhor, hipoteca, anticrese ou **alienação fiduciária**;	[...]
II – requerer a intimação do titular de usufruto, uso ou habitação, quando a penhora recair sobre bem gravado por usufruto, uso ou habitação;	II – requerer a intimação do credor pignoratício, hipotecário, ou anticrético, ~~ou usufrutuário~~, quando a penhora recair sobre bens gravados por penhor, hipoteca, anticrese ~~ou usufruto~~;
III – requerer a intimação do promitente comprador, quando a penhora recair sobre bem em relação ao qual haja promessa de compra e venda registrada;	III – pleitear medidas ~~acautelatórias~~ urgentes;
IV – requerer a intimação do promitente vendedor, quando a penhora recair sobre direito aquisitivo derivado de promessa de compra e venda registrada;	
V – requerer a intimação do superficiário, enfiteuta ou concessionário, em caso de direito de superfície, enfiteuse, concessão de uso especial para fins de moradia ou concessão de direito real de uso, quando a penhora recair sobre imóvel submetido ao regime do direito de superfície, enfiteuse ou concessão;	
VI – requerer a intimação do proprietário de terreno com regime de direito de superfície, enfiteuse, concessão de uso especial para fins de moradia ou concessão de direito real de uso, quando a penhora recair sobre direitos do superficiário, do enfiteuta ou do concessionário;	
VII – requerer a intimação da sociedade, no caso de penhora de quota social ou de ação de sociedade anônima fechada, para o fim previsto no art. 876, § 7º;	
VIII – pleitear, **se for o caso,** medidas urgentes;	
IX – proceder à averbação em registro público do ato de propositura da execução e dos atos de constrição realizados, para conhecimento de terceiros;	
X – requerer a intimação do titular da construção-base, bem como, se for o caso, do titular de lajes anteriores, quando a penhora recair sobre o direito real de laje; (Incluído pela Lei 13.465/2017)	
XI – requerer a intimação do titular das lajes, quando a penhora recair sobre a construção-base.	

💬 COMENTÁRIOS:

Intimação de interessados na execução. O dispositivo complementa os requisitos específicos da petição inicial da ação de execução (art. 798), estabelecendo algumas incumbências do exequente. Uma dessas incumbências refere-se ao requerimento, na própria petição inicial – nada obsta a que seja feita posteriormente, depois da penhora –, de intimação de interessados na execução em razão de ostentarem direitos sobre o bem penhorado. De regra, a execução interessa ao exequente e ao executado. Contudo, em certos casos, pode alcançar direitos de terceiros, razão pela qual necessária é a comunicação de todos os atos executivos, a começar pela penhora. É o que se passa com as pessoas indicadas no dispositivo.

A intimação da penhora, bem como do ato de alienação tem por fim possibilitar a defesa dos direitos que ostentam e também o exercício de prerrogativas que lhes são conferidas, como, por exemplo, requerer a adjudicação. A alienação que não for precedida da intimação de tais interessados, em relação a eles, é reputada ineficaz. O credor com garantia real tem legitimidade para opor embargos de terceiro, visando obstar a expropriação judicial do bem objeto da garantia, caso não tenha sido intimado dos atos expropriatórios (art. 674, § 2º, IV).

Medidas urgentes. O inciso VIII prevê que incumbe ao exequente requerer medidas urgentes. É de se lembrar que as tutelas de urgências podem ser requeridas em caráter antecedente, concomitantemente com a inicial (no caso da execução) e incidentalmente. Uma das medidas que se pode pleitear no bojo da inicial da execução é o denominado "arresto *on-line*", que tem por fim tornar indisponíveis ativos financeiros do executado antes da penhora.

Averbação da execução nos registros públicos. Trata-se de uma faculdade conferida ao exequente, que tem a finalidade de prevenir fraude à execução (art. 828, § 4º). Dispensável é a formulação de qualquer requerimento nesse sentido na petição da ação executiva. Uma vez levada a efeito a cognição preliminar, com a admissão da execução, pode o exequente obter certidão na secretaria judicial, sem qualquer interferência do juiz.

Direito de laje. Intimação do titular da construção-base e do titular das lajes. Os incisos X e XI foram inseridos pela Lei nº 13.465/2017 e complementam as incumbências a cargo do exequente, as quais podem ser levadas a efeito na petição inicial, quando nessa peça já houver indicação de bens à penhora ou em outro momento processual. Os requerimentos previstos nos incisos em comento referem-se a intimações que devam ser procedidas no processo executivo (que inclui o cumprimento de sentença) quando a penhora recair sobre o direito de laje ou sobre a construção base. O titular de tais direitos, tal como ocorre nas hipóteses dos incisos I a VII, em tese tem interesse na execução, até porque, no mínimo, podem exercer o direito à adjudicação.

Há de se lembrar que a expropriação procedida no processo executivo é uma espécie de alienação e, nos termos do art. 1.510-D do Código Civil, em caso de alienação de qualquer das unidades sobrepostas (construção-base e direito de laje), em condições de igualdade, o titular da propriedade da construção-base tem preferência para aquisição do direito de laje e vice-versa. Em se tratando de alienação por ato entre particulares, os titulares de tais direitos reais devem ser cientificados da alienação (compra e venda, por exemplo) por escrito para que se manifestem no prazo de trinta dias sobre a preferência na aquisição. A falta dessa providência confere a um ou outro titular do direito, conforme o caso, a haver para si a parte alienada a terceiros, mediante depósito do respectivo preço.

No processo executivo, a consequência da não intimação da alienação ao titular do domínio sobre a construção-base ou ao titular do direito de laje, dependendo de qual desses titulares figura como executado, é a ineficácia da expropriação (leilão ou adjudicação). Os arts. 804, 889 e 903, embora não prevejam expressamente – por descuido do legislador – as hipóteses referentes à construção-base e ao direito de laje, devem ser interpretados por extensão, de forma a contemplar também tais direitos. A eficácia da expropriação pressupõe não só a intimação do titular da construção-base ou das lajes, que pode ser requerida na petição inicial (art. 799) ou posteriormente, ou mesmo ser determinada de ofício pelo juiz, mas também a intimação para os atos de alienação.

CPC/2015	CPC/1973
Art. 800. Nas obrigações alternativas, quando a escolha couber ao devedor, esse será citado para exercer a opção e realizar a prestação dentro de 10 (dez) dias, se outro prazo não lhe foi determinado em lei ou em contrato.	Art. 571. Nas obrigações alternativas, quando a escolha couber ao devedor, este será citado para exercer a opção e realizar a prestação dentro em 10 (dez) dias, se outro prazo não lhe foi determinado em lei, no contrato, ou na sentença.
§ 1º Devolver-se-á ao credor a opção, se o devedor não a exercer no prazo determinado.	§ 1º Devolver-se-á ao credor a opção, se o devedor não a exercitou no prazo marcado.
§ 2º A escolha será indicada na petição inicial da execução quando couber ao credor exercê-la.	§ 2º Se a escolha couber ao credor, este a indicará na petição inicial da execução.

 COMENTÁRIOS:

Obrigação alternativa. É aquela a que contém duas ou mais prestações com objetos distintos, da qual o devedor se libera com o cumprimento de uma só delas, mediante escolha sua ou do credor.

Nas obrigações alternativas, que podem ser de dar, fazer ou não fazer (por exemplo, o dever de construir uma casa ou pagar quantia equivalente ao seu valor), quando a escolha couber ao devedor, este será citado para exercer a opção e realizar a prestação no prazo de dez dias, se outro prazo não lhe foi determinado em lei ou em contrato. Se o devedor se omitir, desaparece o seu direito de escolha, cabendo ao credor fazê-la.

Se a escolha couber ao credor, a petição inicial da execução indicará a coisa a ser entregue. Se não o fizer, fica subtendido o interesse em qualquer das prestações.

CPC/2015	CPC/1973
Art. 801. Verificando que a petição inicial está incompleta ou que não está acompanhada dos documentos indispensáveis à propositura da execução, o juiz determinará que o *exequente* a corrija, no prazo de *15 (quinze)* dias, sob pena de indeferimento.	Art. 616. Verificando o juiz que a petição inicial está incompleta, ou não se acha acompanhada dos documentos indispensáveis à propositura da execução, determinará que o *credor* a corrija, no prazo de *10 (dez) dias*, sob pena de ser indeferida.

 COMENTÁRIOS:

Emenda da petição. Percebida a ausência de qualquer elemento indispensável à propositura da ação de execução (demonstrativo do débito, por exemplo), deverá o juiz determinar que o exequente sane a pendência, ou seja, emende a petição, no prazo de quinze dias. No CPC/1973 esse prazo era de dez dias.

A emenda à petição inicial é direito do exequente, não sendo possível que o juiz, ao verificar, por exemplo, a ausência de demonstrativo, indefira de pronto a petição. Segundo entendimento do STJ, "o suprimento dessa eventual irregularidade é possível ainda que já opostos embargos do devedor, em razão do princípio da instrumentalidade do processo" (REsp 577.773/PR).

CPC/2015	CPC/1973
Art. 802. *Na execução, o despacho que ordena a citação*, desde que realizada em observância ao disposto no *§ 2º do art. 240,* interrompe a prescrição, **ainda que proferido por juízo incompetente**. Parágrafo único. **A interrupção da prescrição retroagirá à data de propositura da ação.**	Art. 617. *A propositura da execução, deferida pelo juiz*, interrompe a prescrição, mas a citação do devedor deve ser feita com observância do disposto no *art. 219*.

 ## COMENTÁRIOS:

Interrupção da prescrição. Um dos efeitos da propositura da ação de execução é a interrupção da prescrição, desde que a inicial seja deferida pelo juiz e que a citação do devedor seja promovida em dez dias, isto é, providenciada, com o fornecimento do endereço do devedor, o pagamento da diligência e outras providências a cargo do exequente.

O despacho gerará a interrupção ainda que ordenado por juízo incompetente. Nesse ponto, não há qualquer diferença entre a nova legislação e o Código de 1973.

Lembre-se de que a demora para a realização da citação por motivos inerentes ao mecanismo da Justiça não impede a interrupção do prazo prescricional. Tal entendimento está exposto na Súmula 106 do STJ e é reforçado pelo § 3º do art. 240 do CPC/2015.

CPC/2015	CPC/1973
Art. 803. É nula a execução se: I – o título executivo extrajudicial não corresponder a obrigação certa, líquida e exigível; II – o *executado* não for regularmente citado; III – for instaurada antes de se verificar a condição ou de ocorrer o termo. Parágrafo único. **A nulidade de que cuida este artigo será pronunciada pelo juiz, de ofício ou a requerimento da parte, independentemente de embargos à execução.**	Art. 618. É nula a execução: I – se o título executivo extrajudicial não corresponder a obrigação certa, líquida e exigível ~~(art. 586)~~; II – se o *devedor* não for regularmente citado; III – se instaurada antes de se verificar a condição ou de ocorrido o termo, ~~nos casos do art. 572~~.

 ## COMENTÁRIOS:

Nulidade da execução. A falta de qualquer dos atributos da obrigação (certeza, liquidez, exigibilidade) gera a nulidade da execução. Do mesmo modo, a ausência de citação válida impede o prosseguimento da demanda executiva, porquanto o processo não pode se desenvolver sem contraditório.

Não verificada a condição ou termo da obrigação contida no título executivo, haverá inexigibilidade. Nessa hipótese, o executado nem sequer será inadimplente, razão pela qual a execução será nula.

Nos termos do parágrafo único do art. 803, a nulidade será pronunciada pelo juiz, de ofício ou a requerimento da parte, independentemente de embargos à execução. O dispositivo é novo na legislação processual, mas ratifica prática já adotada pelos tribunais.[264] Por se tratar de matérias de ordem pública, não sujeitas, portanto, à preclusão, as situações inseridas no art. 803 podem ser conhecidas a qualquer tempo, independentemente do manejo de embargos à execução.

Tal dispositivo, em verdade, positiva um instituto muito utilizado na prática forense, mas que, até então, tinha respaldo apenas doutrinário e jurisprudencial. Trata-se da exceção ou objeção de pré-executividade, cabível para fins de discussão de matérias cognoscíveis de ofício (pressupostos processuais e vícios objetivos do título, por exemplo) e que não demandem dilação probatória.

CPC/2015	CPC/1973
Art. 804. A alienação de bem gravado por penhor, hipoteca ou anticrese será ineficaz em relação ao credor pignoratício, hipotecário ou anticrético não intimado. § 1º A alienação de bem objeto de promessa de compra e venda ou de cessão registrada será ineficaz em relação ao promitente comprador ou ao cessionário não intimado. § 2º A alienação de bem sobre o qual tenha sido instituído direito de superfície, seja do solo, da plantação ou da construção, será ineficaz em relação ao concedente ou ao concessionário não intimado.	Art. 619. A alienação de bem ~~aforado ou~~ gravado por penhor, hipoteca, anticrese ~~ou usufruto~~ será ineficaz em relação ~~ao senhorio direto~~, ou ao credor pignoratício, hipotecário, anticrético, ~~ou usufrutuário,~~ que não houver sido intimado.

---

[264] Exemplos: "EXECUÇÃO FISCAL. CDA. AUSÊNCIA DE DADOS OBRIGATÓRIOS. AUSÊNCIA DE EXIGIBILIDADE DO TÍTULO. NULIDADE RADICAL DA EXECUÇÃO, POR AUSÊNCIA DE TÍTULO EXECUTIVO, NA FORMA DO ART. 618, I, DO CPC. DECRETAÇÃO DE OFÍCIO PELO JUIZ. Não estando discriminadas, no corpo da CDA, data e a inscrição do débito exequendo no Registro de Dívida Ativa, bem como a forma de cálculo dos juros, verifica-se a ausência de liquidez e certeza, por faltarem os requisitos expressamente previstos no art. 202. A falta de título executivo hábil a embasar a execução fiscal, ante ausência de exigibilidade das CDA executadas, constitui nulidade que deve ser decretada de ofício pelo Juiz, por se tratar de matéria de ordem pública, podendo ser realizada a qualquer tempo no processo. Nulidade da execução decretada de ofício. Sentença mantida" (TJMG, AC nº 10569050052442001 MG, Rel. Des. Sandra Fonseca, julgado em 14.05.2013, 6ª Câmara Cível); "APELAÇÃO CÍVEL. AÇÃO DE EXECUÇÃO. DUPLICATAS. FATO SUPERVENIENTE. DÍVIDA DECLARADA INEXISTENTE EM AÇÃO DECLARATÓRIA DE INEXISTÊNCIA DE DÉBITO C/C INDENIZAÇÃO POR DANOS MORAIS. TÍTULOS SIMULADOS. FATO EXTINTIVO DO DIREITO DO EXEQUENTE QUE INFLUI NO JULGAMENTO DA EXECUÇÃO E DEVE SER TOMADO EM CONSIDERAÇÃO, DE OFÍCIO, POR ESTE TRIBUNAL. EXEGESE DO ART. 462 DO CPC. RECONHECIMENTO, TAMBÉM DE OFÍCIO, DA NULIDADE DA EXECUÇÃO POR NÃO ESTAR EMBASADA EM TÍTULOS QUE REPRESENTEM OBRIGAÇÃO CERTA, LÍQUIDA E EXIGÍVEL. ARTS. 586 E 618, I, DO CPC. ÔNUS SUCUMBENCIAIS ALTERADOS. RECURSO PREJUDICADO" (TJSC, AC nº 20090495282 SC 2009.049528-2, Rel. Des. Soraya Nunes Lins, julgado em 26.06.2013, 5ª Câmara de Direito Comercial).

§ 3º A alienação de direito aquisitivo de bem objeto de promessa de venda, de promessa de cessão ou de alienação fiduciária será ineficaz em relação ao promitente vendedor, ao promitente cedente ou ao proprietário fiduciário não intimado.

§ 4º A alienação de imóvel sobre o qual tenha sido instituída enfiteuse, concessão de uso especial para fins de moradia ou concessão de direito real de uso será ineficaz em relação ao enfiteuta ou ao concessionário não intimado.

§ 5º A alienação de direitos do enfiteuta, do concessionário de direito real de uso ou do concessionário de uso especial para fins de moradia será ineficaz em relação ao proprietário do respectivo imóvel não intimado.

§ 6º A alienação de bem sobre o qual tenha sido instituído usufruto, uso ou habitação será ineficaz em relação ao titular desses direitos reais não intimado.

 COMENTÁRIOS:

Ineficácia da alienação. A execução por quantia recai sobre o patrimônio do executado. Ocorre que terceiros à execução podem ter algum direito sobre o bem objeto da penhora. É o que ocorre com o credor pignoratício, hipotecário, anticrético e fiduciário e também com o superficiário, com os promitentes comprador e vendedor, com o enfiteuta e com o usufrutuário, entre outros. Em tais casos, esses terceiros interessados na execução devem ser intimados de todos os atos executivos, como a penhora (art. 799) e a alienação (art. 889).

Embora não prevista expressamente neste artigo, deve-se inserir a necessidade, sob pena de ineficácia, de intimação (penhora e do ato de alienação) do titular da construção-base ou do direito de laje, conforme o caso (arts. 799, X e XI, 889 e 903, § 1º, II). Os arts. 804, c/c o 903, § 1º, II preveem a ineficácia como consequência da não intimação.

CPC/2015	CPC/1973
Art. 805. Quando por vários meios o *exequente* puder promover a execução, o juiz mandará que se faça pelo modo menos gravoso para o *executado*. Parágrafo único. **Ao executado que alegar ser a medida executiva mais gravosa incumbe indicar outros meios mais eficazes e menos onerosos, sob pena de manutenção dos atos executivos já determinados.**	Art. 620. Quando por vários meios o *credor* puder promover a execução, o juiz mandará que se faça pelo modo menos gravoso para o *devedor*.

 COMENTÁRIOS:

Princípio da menor onerosidade da execução. Ao longo dos anos, o princípio da menor onerosidade da execução teve sua aplicação significativamente ampliada, de modo a conferir proteção substancial ao devedor.

Esse princípio tem, contudo, que ser aplicado harmonicamente com o princípio da efetividade da execução, já que a finalidade do processo executivo é a satisfação do credor, e não o contrário.

Em outras palavras, o princípio da menor onerosidade deve atuar como uma espécie de freio ou limite à satisfação do credor, de forma a impedir que direitos patrimoniais assolem direitos de maior significância, como é o caso da dignidade da pessoa humana (art. 1º, III, da CF). Há, porém, um limite também ao princípio da menor onerosidade, cuja incidência não pode servir de amparo a calotes de maus pagadores.

Em síntese, "é preciso distinguir entre o devedor infeliz e de boa-fé, que vai ao desastre patrimonial em razão de involuntárias circunstâncias da vida, e o caloteiro chicanista, que se vale das formas do processo executivo e da benevolência dos juízes como instrumento a serviço de suas falcatruas. Infelizmente, essas práticas são cada vez mais frequentes nos dias de hoje, quando raramente se vê uma execução civil chegar ao fim, com a satisfação do credor. Quando não houver meios mais amenos para o executado, capazes de conduzir à satisfação do credor, que se apliquem os mais severos".[265] O novo Código de Processo Civil, atento à necessidade de se criarem mecanismos para minimizar os conflitos entre o princípio da efetividade da execução e o da menor onerosidade ao devedor, promoveu algumas alterações no procedimento executivo. O art. 805, por exemplo – correspondente ao art. 620 do CPC/1973 –, traz, em seu parágrafo único, regra destinada ao executado que eventualmente alegar maior gravosidade da medida executiva. A inclusão desse dispositivo suaviza a aplicabilidade desse princípio e, ao mesmo tempo, valoriza a efetividade da execução. Isso porque, apesar de o legislador possibilitar a substituição da medida executiva mais gravosa, determina que o próprio executado (devedor) indique meio equivalente para a satisfação do crédito. Em suma, não há mais espaço para alegações sem a devida indicação da medida igualmente eficaz à efetivação do direito do credor.

Capítulo II
Da Execução para a Entrega de Coisa

Seção I
Da Entrega de Coisa Certa

CPC/2015	CPC/1973
Art. 806. O devedor de obrigação de entrega de coisa certa, constante de título executivo extrajudicial, será citado para, *em 15 (quinze)* dias, satisfazer a obrigação.	Art. 621. O devedor de obrigação de entrega de coisa certa, constante de título executivo extrajudicial, será citado para, *dentro de 10 (dez) dias*, satisfazer a obrigação ~~ou, seguro o juízo (art. 737, II), apresentar embargos~~.

---

[265] DINAMARCO, Cândido Rangel. **Instituições de direito processual civil.** São Paulo: Malheiros, 2004. v. IV, p. 58.

§ 1º Ao despachar a inicial, o juiz poderá fixar multa por dia de atraso no cumprimento da obrigação, ficando o respectivo valor sujeito a alteração, caso se revele insuficiente ou excessivo.

§ 2º *Do mandado de citação constará ordem* **para imissão na posse ou busca e apreensão, conforme se tratar de bem imóvel ou móvel, cujo cumprimento se dará de imediato, se o executado não satisfizer a obrigação no prazo que lhe foi designado.**

Parágrafo único. O juiz, ao despachar a inicial, poderá fixar multa por dia de atraso no cumprimento da obrigação, ficando o respectivo valor sujeito a alteração, caso se revele insuficiente ou excessivo.

Art. 625. *Não sendo a coisa entregue ou depositada, nem admitidos embargos suspensivos da execução, expedir-se-á, em favor do credor,* mandado de imissão na posse ou de busca e apreensão, conforme se tratar de imóvel ou de móvel.

 COMENTÁRIOS:

Execução para entrega de coisa. A execução para entrega de coisa (automóvel, fazenda), constante de título extrajudicial, desdobra-se em execução para entrega de **coisa certa** e execução para entrega de **coisa incerta**. Tanto em uma quanto em outra, a prestação estabelecida no título executivo extrajudicial é de dar, prestar ou restituir.

Prazo para cumprimento da obrigação e fixação de multa na execução para entrega de coisa certa. O prazo para que o executado satisfaça voluntariamente a obrigação de entregar coisa certa passou de dez para quinze dias. O juiz, ao despachar a inicial, determinando a citação, poderá fixar multa por dia de atraso no cumprimento da obrigação, ficando o respectivo valor sujeito a alteração, caso se revele insuficiente ou excessivo. Apesar de o Código utilizar a expressão "poderá", não se trata de poder discricionário. O despacho que determina a citação *deverá* fixar a multa.

Observe-se que o procedimento da execução para entrega de coisa constante de título extrajudicial contempla um sistema misto de coerção e sub-rogação. A multa visa pressionar o devedor a entregar a coisa, de modo que, se o valor fixado não for suficiente para influir no ânimo do devedor, poderá ser elevado, estabelecendo inclusive valores diferenciados dependendo do período de atraso; ao contrário, se o valor se revelar excessivo, poderá haver redução. Saliente-se que a multa não substitui a obrigação principal. Assim, mesmo adimplindo a obrigação, porém fora do prazo fixado, será devida a multa, devendo a execução prosseguir, todavia, por quantia certa.

Requisito especial do mandado de citação. A novidade é que a ordem de imissão na posse ou de busca e apreensão constará no próprio mandado de citação, simplificando o procedimento e conferindo-lhe maior efetividade. O transcurso do prazo de quinze dias sem o cumprimento da obrigação será suficiente para que a ordem de imissão na posse ou de busca e apreensão seja cumprida imediatamente.

Ressalte-se que, apesar de o art. 621 do CPC/1973 condicionar a apresentação de embargos à prévia garantia do juízo, doutrina e jurisprudência já consideravam inaplicável essa regra por conta da revogação do art. 737 (CPC/1973) pela Lei nº 11.382/2006.[266] Por

---

[266] Nesse sentido: "Na nova sistemática dos títulos extrajudiciais, os embargos, em qualquer das modalidades de obrigação, independem de penhora, depósito ou caução (art. 736, na atual redação). Foi justamente por isso que a Lei nº 11.382/2006 revogou expressamente o art. 737. Infelizmente, o legislador esqueceu-se de completar a obra renovadora, no tocante ao art. 621. De qualquer maneira, a redação deste velho dispositivo ficou implicitamente derrogada no que diz respeito à segurança do

conta desse mesmo entendimento, os arts. 622 e 623 do CPC/1973[267] não foram reproduzidos pelo CPC/2015.

CPC/2015	CPC/1973
Art. 807. Se o executado entregar a coisa, será lavrado o termo respectivo e *considerada satisfeita a obrigação, prosseguindo-se* a execução para o pagamento de frutos ou o ressarcimento de prejuízos, *se houver*.	Art. 624. Se o executado entregar a coisa, lavrar-se-á o respectivo termo e *dar-se-á por finda* a execução, *salvo se esta tiver de prosseguir* para o pagamento de frutos ou ressarcimento de prejuízos.
Art. 808. Alienada a coisa quando já litigiosa, será expedido mandado contra o terceiro adquirente, que somente será ouvido após depositá-la.	Art. 626. Alienada a coisa quando já litigiosa, expedir-se-á mandado contra o terceiro adquirente, que somente será ouvido depois de depositá-la.
Art. 809. O *exequente* tem direito a receber, além de perdas e danos, o valor da coisa, quando essa se deteriorar, não lhe for entregue, não for encontrada ou não for reclamada do poder de terceiro adquirente. § 1º Não constando do título o valor da coisa *e* sendo impossível sua avaliação, o exequente apresentará estimativa, sujeitando-a ao arbitramento judicial. § 2º Serão apurados em liquidação o valor da coisa e os prejuízos.	Art. 627. O *credor* tem direito a receber, além de perdas e danos, o valor da coisa, quando esta não lhe for entregue, se deteriorou, não for encontrada ou não for reclamada do poder de terceiro adquirente. § 1º Não constando do título o valor da coisa, *ou* sendo impossível a sua avaliação, o exequente far-lhe-á a estimativa, sujeitando-se ao arbitramento judicial. § 2º Serão apurados em liquidação o valor da coisa e os prejuízos.
Art. 810. Havendo benfeitorias indenizáveis feitas na coisa pelo *executado* ou por terceiros de cujo poder ela houver sido tirada, a liquidação prévia é obrigatória. Parágrafo único. Havendo saldo: I – em favor do *executado* **ou de terceiros**, o *exequente* o depositará ao requerer a entrega da coisa; II – em favor do *exequente*, esse poderá cobrá-lo nos autos do mesmo processo.	Art. 628. Havendo benfeitorias indenizáveis feitas na coisa pelo *devedor* ou por terceiros, de cujo poder ela houver sido tirada, a liquidação prévia é obrigatória. Se houver saldo em favor do *devedor*, o *credor* o depositará ao requerer a entrega da coisa; se houver saldo em favor do *credor*, este poderá cobrá-lo nos autos do mesmo processo.

 ## COMENTÁRIOS AOS ARTS. 807 A 810:

Atitudes do devedor. Citado, o devedor pode assumir uma das seguintes atitudes: (i) entregar a coisa, lavrando-se, nesse caso, o respectivo termo e extinguindo-se a execução, exceto se o título estabelecer o pagamento de frutos e/ou ressarcimento de prejuízos, bem como se houver incidência de multa em decorrência de a entrega da coisa não ter sido efetuada no prazo, hipóteses em que a execução transmuda-se em execução por quantia certa,

---

juízo" (THEODORO JR., Humberto. **Processo de execução e cumprimento de sentença.** 24. ed. São Paulo: Editora Universitária de Direito, 2007, p. 207). Observe que as referências são aos arts. do CPC de 1973.

[267] CPC/1973, art. 622. "O devedor poderá depositar a coisa, em vez de entregá-la, quando quiser opor embargos." Art. 623. "Depositada a coisa, o exequente não poderá levantá-la antes do julgamento dos embargos."

exigindo a prévia liquidação, se for o caso (art. 807); (ii) defender-se por meio de embargos, independentemente de prévia garantia (art. 914, *caput*). O depósito da coisa, no entanto, faz-se necessário quando o executado pretender que seja conferido efeito suspensivo aos embargos (art. 919, § 1º); (iii) permanecer inerte. Nessa última hipótese, não sendo a coisa entregue ou não tendo sido deferido efeito suspensivo aos embargos, iniciam-se os atos executivos tendentes à satisfação do credor.

Na execução para entrega de coisa certa, o meio empregado é o desapossamento. Este é realizado com ato de busca e apreensão do bem, em caso de bem móvel, ou com ato de imissão do exequente na posse do bem objeto da execução, em caso de imóvel. Encontrado o bem e estando em perfeitas condições, fica satisfeita a obrigação. Se a coisa tiver sido alienada, expedir-se-á mandado contra o terceiro adquirente, que somente será ouvido após depositá-la (art. 808).

Na impossibilidade de receber a coisa, seja porque se deteriorou, não foi encontrada ou não foi reclamada do terceiro adquirente, o credor tem direito ao seu valor e às perdas e danos (art. 809), convertendo-se o procedimento em execução por quantia certa. Nesse caso, proceder-se-á à liquidação incidente, para determinação do valor da coisa e, por conseguinte, do montante devido a título de perdas e danos.

Se houver benfeitorias a serem indenizadas, terá o devedor direito à retenção, hipótese em que a execução só prosseguirá depois do depósito do valor daquelas. Apurado saldo em favor do executado ou de terceiros, o credor deverá depositá-lo em juízo para que possa levantar a coisa. Já se o saldo for favorável ao exequente/credor, este poderá cobrá-lo nos autos da execução (art. 810, parágrafo único, II).

Seção II
Da Entrega de Coisa Incerta

CPC/2015	CPC/1973
Art. 811. Quando a execução recair sobre coisa determinada pelo gênero e pela quantidade, o *executado* será citado para entregá-la individualizada, se lhe couber a escolha. Parágrafo único. Se a escolha couber ao *exequente*, esse deverá indicá-la na petição inicial.	Art. 629. Quando a execução recair sobre coisas determinadas pelo gênero e quantidade, o *devedor* será citado para entregá-las individualizadas, se lhe couber a escolha; mas se essa couber ao *credor*, este a indicará na petição inicial.
Art. 812. Qualquer das partes poderá, no prazo de *15 (quinze) dias*, impugnar a escolha feita pela outra, e o juiz decidirá de plano ou, se necessário, ouvindo perito de sua nomeação.	Art. 630. Qualquer das partes poderá, *em 48 (quarenta e oito) horas*, impugnar a escolha feita pela outra, e o juiz decidirá de plano, ou, se necessário, ouvindo perito de sua nomeação.
Art. 813. Aplicar-se-ao a execucao para entrega de coisa incerta, **no que couber**, *as disposições da Seção I deste Capítulo*.	Art. 631. Aplicar-se-á à execução para entrega de coisa incerta *o estatuído na seção anterior*.

 ## COMENTÁRIOS AOS ARTS. 811 A 813:

Execução para entrega de coisa incerta. Quando se tratar de coisa determinada pelo gênero e quantidade (uma vaca do rebanho de um grande criador, por exemplo), antes de proceder à execução propriamente dita é indispensável a escolha da coisa, ou seja, a concentração da obrigação. Essa peculiaridade caracteriza o procedimento da execução para entrega de coisa incerta, que é regulada pelos arts. 811 a 813. Quanto ao mais, tal execução rege-se pelas normas da execução para entrega de coisa certa (art. 813).

Escolha do objeto. Competirá a escolha ao credor ou ao devedor, conforme dispuser o título. Se nada dispuser, a escolha pertencerá ao devedor (art. 244 do CC).

Se a escolha couber ao credor, competirá a ele indicar a coisa na petição inicial, seguindo-se a citação do devedor, para, dentro de quinze dias, satisfazer a obrigação ou apresentar embargos (art. 806), os quais, em regra, não terão efeito suspensivo (art. 919).

Cabendo a escolha ao devedor, este será citado para entregá-la individualizada (art. 811). Qualquer das partes poderá, em quinze dias, impugnar a escolha feita pela outra, e o juiz decidirá de plano ou, se necessário, ouvindo perito de sua nomeação (art. 812).

O devedor não está obrigado a escolher a melhor coisa, mas também não poderá dar a pior. Igualmente, o credor não pode escolher a melhor nem está obrigado a aceitar a pior. Procedimento semelhante é adotado quando se trata de prestação decorrente de obrigação alternativa, ou seja, daquela que contém duas ou mais prestações com objetos distintos, da qual o devedor se libera com o cumprimento de uma só delas, mediante escolha sua ou do credor.

Nas obrigações alternativas, que podem ser de dar, fazer ou não fazer (por exemplo, o dever de construir uma casa ou pagar quantia equivalente ao seu valor), quando a escolha couber ao devedor, este será citado para exercer a opção e realizar a prestação no prazo de dez dias, se outro prazo não lhe foi determinado em lei ou em contrato (art. 800). Se a escolha couber ao credor, a petição inicial da execução indicará a coisa a ser entregue (art. 800, § 2º).

Capítulo III
Da Execução das Obrigações de Fazer ou de Não Fazer

Seção I
Disposições Comuns

CPC/2015	CPC/1973
Art. 814. Na execução de obrigação de fazer ou de não fazer fundada em título extrajudicial, ao despachar a inicial, o juiz fixará multa por período de atraso no cumprimento da obrigação e a data a partir da qual será devida.	Art. 645. Na execução de obrigação de fazer ou não fazer, fundada em título extrajudicial, o juiz, ao despachar a inicial, fixará multa por dia de atraso no cumprimento da obrigação e a data a partir da qual será devida.
Parágrafo único. Se o valor da multa estiver previsto no título e for excessivo, o juiz poderá reduzi-lo.	Parágrafo único. Se o valor da multa estiver previsto no título, o juiz poderá reduzi-lo se excessivo.

 **COMENTÁRIOS:**

Obrigação de fazer e de não fazer. Obrigação de fazer é aquela em que o devedor se comprometeu a prestar um ato positivo, por exemplo, construir um muro, escrever um livro. Obrigação de não fazer é aquela em que o devedor assume o compromisso de se abster de praticar determinado ato, como não construir edifício com mais de três andares, não impedir a passagem do vizinho.

Quando os títulos judiciais (sentença ou acórdão) dirimem lide referente a tais modalidades de obrigação, na hipótese de procedência do pedido, não só contêm a condenação do réu, mas também um mandamento, uma ordem, no sentido de que o preceito seja imediatamente cumprido ou efetivado, independentemente de instauração de processo executivo. O inadimplemento do comando judicial sujeita o devedor ao pagamento de multa periódica (*astreintes*) ou a outras medidas previstas no art. 536 (por exemplo, busca e apreensão, remoção de pessoas e coisas, desfazimento de obras, impedimento de atividade nociva. Caso necessário, é possível a requisição de força policial).

Tratando-se de título executivo extrajudicial, como não há prévia condenação, o despacho de recebimento da petição inicial é que conterá o mandamento relativo ao cumprimento da obrigação pactuada, sob pena de multa.

Multa. Na execução de obrigação de fazer ou de não fazer constituída por meio de título extrajudicial, não é necessária a prévia intimação do devedor para cobrança da multa, já que, nos termos do art. 814, este é citado para satisfazer a obrigação – isto é, fazer, abster-se de fazer ou desfazer aquilo a que se obrigou a não fazer –, e o juiz, já no despacho da petição inicial, fixa a multa e a data a partir da qual ela será devida.

Seção II
Da Obrigação de Fazer

CPC/2015	CPC/1973
Art. 815. Quando o objeto da execução for obrigação de fazer, o *executado* será citado para satisfazê-la no prazo que o juiz lhe designar, se outro não estiver determinado no título executivo.	Art. 632. Quando o objeto da execução for obrigação de fazer, o *devedor* será citado para satisfazê-la no prazo que o juiz lhe assinar, se outro não estiver determinado no título executivo.

 COMENTÁRIOS:

Execução das obrigações de fazer. Quando o objeto da execução for obrigação de fazer (pouco importa a natureza da prestação), o executado será citado para satisfazê-la no prazo que o juiz lhe assinar, se outro não estiver determinado no título (art. 815). O juiz, ao despachar a inicial, determinando a citação, fixará multa por dia de atraso no cumprimento da obrigação e a data a partir da qual será devida (art. 814), independentemente de previsão no título. O valor da multa fixada pelo juiz pode ou não corresponder ao eventualmente previsto no título, cabendo, em qualquer hipótese, a elevação ou a redução, sempre tendo em vista o objetivo da sanção, que é sensibilizar o devedor de que vale a pena cumprir a obrigação no prazo assinado (art. 814, parágrafo único). Não cumprido o preceito a tempo e modo, devida é a multa.

Multa em valor superior ao da obrigação principal. De acordo com o STJ (Informativo 562), é possível exigir valor de multa cominatória superior ao montante da obrigação principal. "Para a corte a apuração da razoabilidade e da proporcionalidade do valor da multa diária deve ser verificada no momento de sua fixação em cotejo com o valor da obrigação principal. Com efeito, a redução do montante total a título de *astreintes*, quando superior ao valor da obrigação principal, acaba por prestigiar a conduta de recalcitrância do devedor em cumprir as decisões judiciais, bem como estimula a interposição de recursos com esse fim, em total desprestígio da atividade jurisdicional das instâncias ordinárias."

CPC/2015	CPC/1973
Art. 816. Se o *executado*não satisfizer a obrigação no prazo designado, é lícito ao *exequente*, nos próprios autos do processo, requerer *a satisfação da obrigação*à custa do *executado*ou perdas e danos, hipótese em que se converterá em indenização. Parágrafo único. O valor das perdas e danos será apurado em liquidação, seguindo-se a execução para cobrança de quantia certa.	Art. 633. Se, no prazo fixado, o *devedor*não satisfizer a obrigação, é lícito ao *credor*, nos próprios autos do processo, requerer *que ela seja executada* à custa do *devedor*, ou haver perdas e danos; caso em que ela se converte em indenização. Parágrafo único. O valor das perdas e danos será apurado em liquidação, seguindo-se a execução para cobrança de quantia certa.

 COMENTÁRIOS:

Meio alternativo de satisfação da obrigação. Caso o executado não satisfaça a obrigação nem oponha embargos (ou se estes forem rejeitados), é lícito ao credor, nos próprios autos do processo, requerer que o "fazer" ou o "desfazer" seja executado à custa do executado, ou haver perdas e danos, caso em que ela se converte em indenização (art. 816). As perdas e danos serão apuradas em liquidação, seguindo-se a execução para cobrança da quantia certa apurada.

Nem sempre, entretanto, é possível satisfazer a obrigação, por intermédio de outra pessoa, à custa do devedor. É que as obrigações de fazer podem ser de dois tipos: obrigações de fazer com prestação fungível e obrigações de fazer com prestação não fungível.

Prestação **fungível** é aquela que pode ser satisfeita por pessoa diversa do devedor, por exemplo, a construção de um muro ou o conserto de um automóvel. Nessa hipótese, interessa ao credor apenas o resultado final da atividade. Não fungível é a obrigação que somente pode ser satisfeita pelo devedor, seja em razão de suas habilidades, seja em razão dos termos do contrato (art. 821). A pintura de um quadro por um pintor famoso e prestação de serviço em razão de contrato de trabalho constituem exemplos de obrigação não fungível. Nessa modalidade de obrigação, havendo recusa ou mora do devedor, poderá o credor requerer a conversão em perdas e danos (art. 821, parágrafo único).

Assim, tratando-se de prestação fungível, a obrigação pode ser adimplida pelo próprio devedor ou por terceiro, à custa do devedor, ou converter-se em perdas e danos. No caso de prestação não fungível, ou a obrigação é satisfeita pelo devedor, ou converte-se em perdas e danos.

CPC/2015	CPC/1973
Art. 817. Se a *obrigação*puder ser satisfeita por terceiro, é lícito ao juiz *autorizar*, a requerimento do exequente, que aquele a satisfaça à custa do executado. Parágrafo único. O exequente adiantará as quantias previstas na proposta que, ouvidas as partes, o juiz houver aprovado.	Art. 634. Se o *fato*puder ser prestado por terceiro, é lícito ao juiz, a requerimento do exequente, *decidir*que aquele o realize à custa do executado. Parágrafo único. O exequente adiantará as quantias previstas na proposta que, ouvidas as partes, o juiz houver aprovado.

Art. 818. *Realizada a prestação*, o juiz ouvirá as partes no prazo de 10 (dez) dias e, não havendo impugnação, *considerará satisfeita* a obrigação.

Parágrafo único. Caso haja impugnação, o juiz a decidirá.

Art. 635. *Prestado o fato*, o juiz ouvirá as partes no prazo de 10 (dez) dias; não havendo impugnação, *dará por cumprida* a obrigação; em caso contrário, decidirá a impugnação.

Art. 819. Se o *terceiro contratado* não *realizar a prestação* no prazo ou se o fizer de modo incompleto ou defeituoso, poderá o *exequente* requerer ao juiz, no prazo de *15 (quinze)* dias, que o autorize a concluí-la ou a repará-la à custa do contratante.

Parágrafo único. Ouvido o contratante no prazo de *15 (quinze)* dias, o juiz mandará avaliar o custo das despesas necessárias e o condenará a pagá-lo.

Art. 636. Se o *contratante* não *prestar o fato* no prazo, ou se o praticar de modo incompleto ou defeituoso, poderá o *credor* requerer ao juiz, no prazo de *10 (dez)* dias, que o autorize a concluí-lo, ou a repará-lo, por conta do contratante.

Parágrafo único. Ouvido o contratante no prazo de *5 (cinco)* dias, o juiz mandará avaliar o custo das despesas necessárias e condenará o contratante a pagá-lo.

Art. 820. Se o *exequente* quiser executar ou mandar executar, sob sua direção e vigilância, as obras e os trabalhos necessários à realização da prestação, terá preferência, em igualdade de condições de oferta, em relação ao terceiro.

Parágrafo único. O direito de preferência *deverá ser* exercido no prazo de 5 (cinco) dias, *após aprovada* a proposta do terceiro.

Art. 637. Se o *credor* quiser executar, ou mandar executar, sob sua direção e vigilância, as obras e trabalhos necessários à prestação do fato, terá preferência, em igualdade de condições de oferta, ao terceiro.

Parágrafo único. O direito de preferência *será* exercido no prazo de 5 (cinco) dias, *contados da apresentação* da proposta pelo terceiro (art. 634, parágrafo único).

 ## COMENTÁRIOS AOS ARTS. 817 A 820:

Execução de prestação fungível. Havendo opção pela execução à custa do devedor, o credor apresentará proposta que, ouvidas as partes, será submetida à aprovação do juiz (art. 817, parágrafo único). Aprovada a proposta, o exequente adiantará as quantias nela previstas, para pagamento do contratante, prestador do fato. Se o credor quiser executar, ou mandar executar, sob sua direção e vigilância, as obras e trabalhos necessários à prestação do fato, terá preferência, em igualdade de condições de oferta, ao terceiro (art. 820).

Inadimplemento do terceiro. Se o terceiro deixar de prestar o fato ou prestá-lo de forma incompleta ou defeituosa, poderá o exequente, no prazo de quinze dias, requerer autorização ao juiz para concluir a prestação, à custa do contratante (no caso, do executado). O que muda com o CPC/2015 são os prazos para requerer a referida autorização e para a posterior manifestação do executado acerca das despesas necessárias à execução ou à complementação do trabalho que deixou de ser realizado pelo terceiro contratado (art. 819).

Direito de preferência. Em razão do princípio da menor onerosidade ao executado, à custa de quem correrão as despesas para o cumprimento da prestação realizada por terceiro, o direito de preferência previsto no art. 820 só poderá ser exercido se igual ou menor for o ônus gerado pela proposta realizada por terceiro.

O prazo para exercício do direito de preferência – concedido ao exequente – é o mesmo do CPC/1973, e o seu termo *a quo* passará a ser o da aprovação da proposta ofertada pelo terceiro e não o da sua mera apresentação.

CPC/2015	CPC/1973
Art. 821. Na obrigação de fazer, quando se convencionar que o *executado* a satisfaça pessoalmente, o *exequente* poderá requerer ao juiz que lhe assine prazo para cumpri-la.	Art. 638. Nas obrigações de fazer, quando for convencionado que o *devedor* a faça pessoalmente, o *credor* poderá requerer ao juiz que lhe assine prazo para cumpri-la.
Parágrafo único. Havendo recusa ou mora do *executado*, sua obrigação pessoal será convertida em perdas e danos, *caso em que se observará o procedimento de execução por quantia certa.*	Parágrafo único. Havendo recusa ou mora do *devedor*, a obrigação pessoal do devedor converter-se-á em perdas e danos, *aplicando-se outrossim o disposto no art. 633.*

 ## COMENTÁRIOS:

Prestação infungível. Prestação **fungível** é aquela que pode ser satisfeita por pessoa diversa do devedor, por exemplo, a construção de um muro ou o conserto de um automóvel. Nessa hipótese, interessa ao credor apenas o resultado final da atividade.

Não fungível é a obrigação que somente pode ser satisfeita pelo devedor, seja em razão de suas habilidades, seja em razão dos termos do contrato (art. 821). A pintura de um quadro por um pintor famoso e a prestação de serviço em razão de contrato de trabalho constituem exemplos de obrigação não fungível. Nessa modalidade de obrigação, havendo recusa ou mora do devedor, poderá o credor requerer a conversão em perdas e danos (art. 821, parágrafo único).

Assim, tratando-se de prestação fungível, a obrigação pode ser adimplida pelo próprio devedor ou por terceiro, à custa do devedor, ou converter-se em perdas e danos. No caso de prestação não fungível, ou a obrigação é satisfeita pelo devedor, ou converte-se em perdas e danos.

Seção III

Da Obrigação de Não Fazer

CPC/2015	CPC/1973
Art. 822. Se o *executado* praticou ato a cuja abstenção estava obrigado por lei ou por contrato, o *exequente* requererá ao juiz que assine prazo *ao executado* para desfazê-lo.	Art. 642. Se o *devedor* praticou o ato, a cuja abstenção estava obrigado pela lei ou pelo contrato, o *credor* requererá ao juiz que *lhe* assine prazo para desfazê-lo.

 ## COMENTÁRIOS:

Objeto da execução de obrigação de não fazer. O objeto da execução da obrigação de não fazer consiste num *desfazer*. Se o executado praticou o ato, a cuja abstenção estava obrigado pela lei ou pelo contrato, o exequente requererá ao juiz que lhe assine prazo para desfazê-lo.

CPC/2015	CPC/1973
Art. 823. Havendo recusa ou mora do *executado*, o *exequente* requererá ao juiz que mande desfazer o ato à custa daquele, que responderá por perdas e danos.	Art. 643. Havendo recusa ou mora do *devedor*, o *credor* requererá ao juiz que mande desfazer o ato à sua custa, respondendo o devedor por perdas e danos.
Parágrafo único. Não sendo possível desfazer-se o ato, a obrigação resolve-se em perdas e danos, **caso em que, após a liquidação, se observará o procedimento de execução por quantia certa**.	Parágrafo único. Não sendo possível desfazer-se o ato, a obrigação resolve-se em perdas e danos.

 COMENTÁRIOS:

Prestação negativa instantânea. Se a prestação negativa for daquelas que a doutrina denomina "instantânea", por exemplo, a decorrente de obrigação de não cantar num determinado local, em face da impossibilidade de se retornar ao *status quo ante*, a obrigação resolve-se em perdas e danos, caso em que, após a liquidação (se necessário), observar-se-á o procedimento relativo à execução por quantia certa (art. 823).

Prestação negativa permanente. Tratando-se de execução da obrigação de não fazer permanente (por exemplo, a pessoa se obrigou a não construir e constrói), pode ser executada especificamente com o desfazimento do que se fez ou com a conversão em perdas e danos. Quanto ao desfazimento, pode ser realizado por terceiro, à custa do devedor, aplicando-se o art. 816 e seguintes.

Qualquer que seja a natureza da prestação executada, é lícito ao devedor opor embargos no prazo de quinze dias, contado, conforme o caso, na forma do art. 231.

Capítulo IV
Da Execução por Quantia Certa

Seção I
Disposições Gerais

CPC/2015	CPC/1973
Art. 824. A execução por quantia certa *realiza-se pela expropriação de* bens do *executado*, **ressalvadas as execuções especiais**.	Art. 646. A execução por quantia certa *tem por objeto expropriar* bens do *devedor*, ~~a fim de satisfazer o direito do credor (art. 591)~~.

 COMENTÁRIOS:

Noções gerais. A expropriação de bens é meio de satisfação de crédito objeto de execução por quantia certa. Para as execuções especiais (contra a Fazenda Pública, por exemplo), a satisfação se dará de forma diversa.

O procedimento da execução por quantia certa, que, em regra, culmina com a entrega, ao credor, de quantia em dinheiro, desenvolve-se em quatro fases: a fase da proposição (ajuizamento), a da apreensão de bens (penhora, que pode ser antecedida por arresto), a da expropriação (leilão) e a do pagamento.

CPC/2015	CPC/1973
Art. 825. A expropriação consiste em: I – adjudicação; II – alienação; III – *apropriação de frutos e rendimentos de empresa ou de estabelecimentos e de outros bens*.	Art. 647. A expropriação consiste: I – na adjudicação ~~em favor do exequente ou das pessoas indicadas no § 2º do art. 685-A desta Lei~~; II – na alienação por iniciativa particular; III – na alienação em hasta pública; IV – *no usufruto de bem móvel ou imóvel*.

 ## COMENTÁRIOS:

Expropriação. Consiste no ato pelo qual o Estado-juízo, para satisfação do direito de crédito, desapossa o devedor de seus bens, converte esses bens em dinheiro ou simplesmente transfere o domínio deles ao credor.

Se o ato de apreensão recai sobre dinheiro, a expropriação é mais simplificada. Nesse caso, não havendo embargos do devedor ou sendo estes julgados improcedentes, passa-se, de imediato, ao pagamento do credor. Entretanto, tratando-se de bens de natureza diferente de dinheiro, torna-se necessária a observância de um procedimento expropriatório, a fim de que o credor possa receber o seu crédito, seja com a transferência a ele do domínio do bem penhorado, com o pagamento da quantia que lhe é devida ou com a apropriação dos frutos e rendimentos da coisa penhorada.

Adjudicação. Na lição de Cândido Rangel Dinamarco,[268] consiste na transferência do bem penhorado ao patrimônio do exequente, para satisfação de seu crédito. Tal como a alienação por iniciativa particular ou em leilão (art. 879, I e II) e a apropriação dos frutos e rendimentos, a adjudicação é uma forma de expropriação, de alienação forçada. Nas demais modalidades de expropriação, o crédito do exequente é satisfeito com o produto da alienação ou com valores relativos aos frutos e rendimentos da coisa; na adjudicação, o pagamento se dá com a transferência do domínio, assemelhando-se a uma dação em pagamento forçada. Digo "forçada" porque se trata de transferência judicial e compulsória do bem penhorado, e não de negócio jurídico particular.

Alienação. A primeira forma de expropriação dos bens penhorados, a adjudicação, dá-se mediante requerimento e depósito do preço. Pode ser que a adjudicação não se concretize, seja porque os legitimados não dispõem da quantia necessária ao depósito ou, por outros motivos, não se interessam em adquirir o bem. Muito bem. Frustrada a adjudicação, passa-se à segunda modalidade de expropriação, que consiste na alienação, a qual pode ocorrer por iniciativa particular ou em leilão judicial eletrônico ou presencial. As modalidades de alienação constantes no CPC/1973 também foram mantidas pela nova legislação. É que, apesar de não estarem expressamente previstas no novo art. 827, estão enunciadas no art. 879[269] do CPC/2015.

Apropriação de frutos e rendimentos. O usufruto de bem móvel ou imóvel foi substituído pela expropriação, a qual o CPC/2015 nomeou de "apropriação de frutos e rendimentos de empresa ou estabelecimentos e de outros bens". Essa modalidade de expropriação deve ocorrer quando a penhora não se voltar para o próprio bem, mas para os frutos ou rendimentos que ele tem condições de produzir. Nesses casos, as receitas oriundas do bem imóvel ou móvel serão transferidas ao credor até que o seu crédito seja plenamente satisfeito.

---

[268] DINAMARCO, Cândido Rangel. **Instituições de direito processual civil.** São Paulo: Malheiros, 2004. v. IV.

[269] "Art. 879. A alienação far-se-á: I – por iniciativa particular; II – em leilão judicial eletrônico ou presencial."

Ao comentar esse dispositivo, Humberto Theodoro Júnior nos esclarece que "é muito mais prático e menos oneroso fazer incidir a penhora diretamente sobre os frutos, do que constituir em direito real de usufruto, para que o credor, como usufrutuário, possa extrair a renda que irá resgatar o crédito exequendo".[270] A intenção do novo Código é simplificar o procedimento e, na prática, deixá-lo apto a ser utilizado com maior frequência do que o usufruto judicial.

CPC/2015	CPC/1973
Art. 826. Antes de adjudicados ou alienados os bens, o executado pode, a todo tempo, remir a execução, pagando ou consignando a importância atualizada da dívida, acrescida de juros, custas e honorários advocatícios.	Art. 651. Antes de adjudicados ou alienados os bens, pode o executado, a todo tempo, remir a execução, pagando ou consignando a importância atualizada da dívida, mais juros, custas e honorários advocatícios.

 COMENTÁRIOS:

Conceitos. Muito cuidado para não confundir remição de bens, remição da execução e remissão. "Remição de bens" é o instituto pelo qual se permite que se resgate o bem penhorado. A "remição da execução", prevista no art. 826, é o ato pelo qual o executado deposita em juízo a coisa devida ou a quantia suficiente para pagamento do débito, o que acarreta a extinção da execução. "Remissão" significa ação ou efeito de remitir ou perdoar; por exemplo, perdão da dívida.

Legitimidade. O executado ou qualquer interessado por remir a execução, desde que antes da adjudicação ou alienação (art. 304 do CC). Se, no entanto, qualquer desses atos (adjudicação ou alienação) for anulado, deve ser concedido novo prazo para o devedor remir a execução.

Seção II
Da citação do devedor e do arresto

CPC/2015	CPC/1973
Art. 827. Ao despachar a inicial, o juiz fixará, de plano, os honorários advocatícios **de dez por cento**, a serem pagos pelo executado.	Art. 652-A. Ao despachar a inicial, o juiz fixará, de plano, os honorários de advogado a serem pagos pelo executado (~~art. 20, § 4º~~).
§ 1º No caso de integral pagamento no prazo de 3 (três) dias, o valor dos honorários advocatícios será reduzido pela metade.	Parágrafo único. No caso de integral pagamento no prazo de 3 (três) dias, a verba honorária será reduzida pela metade.
§ 2º **O valor dos honorários poderá ser elevado até vinte por cento, quando rejeitados os embargos a execuçao, podendo a majoraçao, caso não opostos os embargos, ocorrer ao final do procedimento executivo, levando-se em conta o trabalho realizado pelo advogado do exequente.**	

---

[270] THEODORO JR., Humberto. **Notas sobre o projeto do Novo Código de Processo Civil do Brasil em matéria de execução.** Disponível em: <http://www.oab.org.br/editora/revista/revista_10/artigos/ notassobreoprojetodonovocodigodeprocessocivil.pdf>.

💬 COMENTÁRIOS:

Fixação de honorários. O juiz, ao despachar a inicial, fixará os honorários advocatícios em 10% (dez por cento) sobre o valor da execução, não vigorando mais a regra do CPC/1973 que permitia o arbitramento segundo apreciação equitativa. Continua, no entanto, existindo a possibilidade de redução do valor pela metade, caso o devedor (executado) pague a dívida no prazo legal (três dias).

Majoração dos honorários. A novidade está no § 2º, que admite a majoração dos honorários, até o limite de 20%, caso os embargos sejam rejeitados ou não tenham sido opostos pelo executado. Nesse caso, os honorários serão majorados segundo trabalho realizado pelo advogado, semelhante ao que ocorre no procedimento comum (art. 85, § 2º, do CPC/2015). Trata-se, portanto, de inovação que visa proteger a remuneração do advogado.

Redução da verba honorária. Somente o pagamento integral (que compreende o valor do crédito atualizado e despesas processuais) permite a redução da verba honorária na forma do § 1º. Se houver solicitação de parcelamento (moratória legal do art. 916), não há possibilidade de redução.

Não incidência da verba honorária. De acordo com o STJ (Informativo 561), os honorários sucumbenciais fixados no despacho inicial de execução de título extrajudicial não podem ser cobrados do exequente, mesmo que, no decorrer do processo executivo, este tenha utilizado parte de seu crédito na arrematação de bem antes pertencente ao executado, sem reservar parcela para o pagamento de verba honorária. Para a Corte, o sucesso dos embargos importa a desconstituição do título exequendo e, consequentemente, interfere na respectiva verba honorária. Assim, tendo em vista que o resultado dos embargos influencia no resultado da execução, a fixação inicial dos honorários sucumbenciais na execução tem apenas caráter provisório.

CPC/2015	CPC/1973
Art. 828. O exequente poderá obter certidão *de que a execução foi admitida pelo juiz*, com identificação das partes e do valor da causa, para fins de averbação no registro de imóveis, de veículos ou de outros bens sujeitos a penhora, arresto ou **indisponibilidade**.	Art. 615-A. O exequente poderá, ~~no ato da distribuição,~~ obter certidão *comprobatória do ajuizamento da execução*, com identificação das partes e valor da causa, para fins de averbação no registro de imóveis, registro de veículos ou registro de outros bens sujeitos à penhora ou arresto.
§ 1º No prazo de 10 (dez) dias de sua concretização, o exequente deverá comunicar ao juízo as averbações efetivadas.	§ 1º O exequente deverá comunicar ao juízo as averbações efetivadas, no prazo de 10 (dez) dias de sua concretização.
§ 2º Formalizada penhora sobre bens suficientes para cobrir o valor da dívida, **o exequente providenciará, no prazo de 10 (dez) dias**, o cancelamento das averbações relativas àqueles não penhorados.	§ 2º Formalizada penhora sobre bens suficientes para cobrir o valor da dívida, será determinado o cancelamento das averbações de que trata este artigo relativas àqueles que não tenham sido penhorados.
§ 3º O juiz determinará o cancelamento das averbações, de ofício **ou a requerimento, caso o exequente não o faça no prazo**.	§ 3º Presume-se em fraude à execução a alienação ou oneração de bens efetuada após a averbação ~~(art. 593)~~.
§ 4º Presume-se em fraude à execução a alienação ou a oneração de bens efetuada após a averbação.	§ 4º O exequente que promover averbação manifestamente indevida indenizará a parte contrária, ~~nos termos do § 2º do art. 18 desta Lei,~~ processando-se o incidente em autos apartados.
§ 5º O exequente que promover averbação manifestamente indevida **ou não cancelar as averbações nos termos do § 2º** indenizará a parte contrária, processando-se o incidente em autos apartados.	

COMENTÁRIOS:

Averbação premonitória. A chamada "averbação premonitória" foi introduzida no ordenamento processual pelo art. 615-A, inserido no CPC/1973 pela Lei nº 11.382/2006. O dispositivo instituiu mais uma hipótese de averbação, junto às que já estavam previstas no art. 167, II, da Lei de Registros Públicos.

De acordo com a redação do art. 615-A do CPC/1973, "o exequente poderá, **no ato da distribuição**, obter certidão comprobatória do ajuizamento da execução, com identificação das partes e valor da causa, para fins de averbação no registro de imóveis, registro de veículos ou registro de outros bens sujeitos à penhora ou arresto". Tal averbação tem por fim estabelecer presunção absoluta de má-fé do adquirente nas hipóteses de fraude à execução.

O novo Código de Processo Civil mantém o instituto, mas com uma importante diferença: **a obtenção dessa certidão só será possível após a execução ser admitida pelo juiz natural** (ou seja, após o juízo de admissibilidade da execução). Não basta, portanto, o mero ajuizamento da execução, como previa o Código anterior. Em termos práticos, vejamos como era e como ficou esse procedimento:

- **Procedimento no CPC/1973.** O exequente, tão logo ajuizada a execução, pode requerer a certidão de distribuição do processo no setor de distribuição do Fórum ou na secretaria da vara, a depender do trâmite adotado pelo judiciário local. A averbação independerá de mandado judicial, bastando a certidão de distribuição da execução. O problema aqui era o seguinte: corria-se o risco de o distribuidor emitir certidão mesmo que a petição inicial estivesse incompleta, porquanto cabia apenas ao juiz verificar se havia (ou não) necessidade de emenda.

- **Procedimento no CPC/2015.** O exequente poderá obter a certidão somente depois de o juiz exarar o despacho inicial de citação do executado – com a ordem de citação, pressupõe-se que o juiz admitiu a execução. Assim, se o exequente propuser a demanda executiva e o juiz determinar a emenda da petição inicial na forma do art. 801, somente depois de nova apreciação judicial é que ele poderá pleitear a expedição da certidão. Não há, no entanto, necessidade de mandado judicial (decisão judicial) determinando a averbação.

Averbação da certidão. A certidão poderá ser averbada pelo credor em qualquer cartório de registro público em que se observe a existência de bens em nome do executado (Cartórios de Registro de Imóveis, DETRAN, Comissão de Valores Mobiliários etc.), podendo recair sobre todas as espécies de bens sujeitos à penhora (imóveis, móveis, ações, quotas sociais etc.).

Comunicação da averbação. O exequente deverá comunicar ao juízo as averbações efetivadas, no prazo de dez dias de sua concretização (§ 1º). À falta de sanção, forçoso é concluir que se trata de faculdade, não de ônus do exequente, apesar da utilização do verbo "dever". Caso não faça a comunicação, nenhuma consequência jurídica haverá. Além disso, a falta de comunicação não atingirá a eficácia da averbação em relação a terceiros. As averbações porventura efetivadas surtirão efeito até a formalização da penhora (§ 2º), haja ou não comunicação ao juízo.

Cancelamento da averbação. De acordo com o CPC/1973, após a efetivação da penhora sobre bens suficientes para cobrir o valor da execução, deveriam ser canceladas as averbações relativas aos bens que não tivessem sido penhorados. Não havia, porém, nenhum prazo ou para o referido cancelamento.

O CPC/2015, na tentativa de evitar prejuízos desnecessários ao executado, determinou que o cancelamento das averbações relativas aos bens não penhorados é de responsabilidade do exequente, que deve fazê-las no prazo de 10 (dez) dias após a formalização da penhora. Caso o cancelamento não seja realizado nesse prazo, o juiz poderá determiná-lo de ofício ou mediante requerimento do executado.

Tratando-se de bens imóveis, o cancelamento da averbação depende de requerimento ao tabelionato competente, que normalmente exige a apresentação de mandado judicial para efetivar o procedimento. Sendo assim, o prazo previsto na nova legislação (dez dias) não serve para que se conclua o cancelamento, mas para que o exequente (credor) o requeira perante a autoridade judiciária competente.

Averbação manifestamente indevida. Ainda sobre a averbação da execução, dispõe o § 5º que o exequente que promover averbação manifestamente indevida, ou não cancelá-la na forma do § 2º do art. 828, indenizará a parte contrária, processando-se o incidente em autos apartados, não havendo necessidade de propositura de ação condenatória, a menos que se trate de terceiros.

"Manifestamente indevida" significa que a averbação era notoriamente desnecessária. Por exemplo, procedeu-se à averbação na matrícula de determinado imóvel cujo valor é mais do que suficiente para garantir a execução. As averbações posteriores, dependendo do caso concreto, podem ser reputadas manifestamente indevidas.

A responsabilidade do exequente por danos causados ao executado ou a terceiros, em razão de indevida averbação, é objetiva. Dispensa-se a demonstração de culpa. Basta ao executado, na própria ação de execução, requerer a indenização, mediante comprovação dos danos (que podem ser apurados incidentalmente) e do nexo de causalidade. Quando formulado pelo próprio executado ou alguma outra parte na execução, é incidental, com autuação em apartado.

CPC/2015	CPC/1973
Art. 829. O executado será citado para pagar a dívida no prazo de 3 (três) dias, **contado da citação**.	Art. 652. O executado será citado para, no prazo de 3 (três) dias, efetuar o pagamento da dívida.
§ 1º *Do mandado de citação constarão, também, a ordem de penhora e a avaliação a serem cumpridas* pelo oficial de justiça *tão logo verificado o não pagamento no prazo assinalado,* de tudo lavrando-se auto, com intimação do executado.	§ 1º *Não efetuado o pagamento, munido da segunda via do mandado,* o oficial de justiça *procederá de imediato à penhora de bens e a sua avaliação,* lavrando-se o respectivo auto e de tais atos intimando, ~~na mesma oportunidade~~, o executado.
§ 2º A penhora recairá sobre os bens indicados pelo *exequente, salvo se outros forem indicados pelo executado e aceitos pelo juiz,* **mediante demonstração de que a constrição proposta lhe será menos onerosa e não trará prejuízo ao exequente**.	§ 2º O *credor* poderá, ~~na inicial da execução~~, indicar bens a serem penhorados ~~(art. 655)~~.
	§ 3º *O juiz poderá, de ofício ou a requerimento do exequente, determinar, a qualquer tempo, a intimação do executado para indicar bens passíveis de penhora*.

 COMENTÁRIOS:

Citação. Porque o processo executivo tem por fim a simples realização do direito já definido no título exequendo, a citação não é para que o réu se defenda, mas sim para que efetive o pagamento no prazo de três dias (art. 829). O Novo CPC permite que essa citação seja realizada por correio, diferentemente do CPC/1973, que vedava essa espécie de comunicação no processo de execução autônomo (art. 247 do CPC/2015; art. 222 do CPC/1973). Na prática, em razão de os atos de penhora, avaliação e arresto dependerem da atuação do oficial de justiça, dificilmente a citação irá ocorrer por outro meio senão por oficial de justiça (art. 246, II).

Termo inicial do prazo para pagamento. O CPC/2015 confirma o entendimento jurisprudencial que considera termo inicial para contagem do prazo para pagamento da dívida o dia de efetiva realização da citação,[271] e não o dia da juntada do mandado aos autos. Não se aplica aqui a regra do art. 231, segundo o qual, entre outras hipóteses, "considera-se dia do começo do prazo" a data da juntada aos autos do mandado de citação, da juntada de outros instrumentos citatórios. Assim, se o executado é citado numa terça-feira (pelo oficial de justiça ou pelo carteiro), seu prazo começa a correr a partir da quarta-feira, por força da regra geral prevista no art. 224. O prazo para pagar se encerrará, portanto, na sexta-feira. Se pagar nesse prazo, terá benefício da redução dos honorários.[272] Findo o prazo legal (três dias), o oficial de justiça realizará a penhora e avaliação dos bens, sem a necessidade de nova ordem judicial, porquanto no próprio mandado de citação já deve conter a ordem de penhora e avaliação (art. 829, § 1º). Na prática, o oficial de justiça guarda consigo o mandado e aguarda o transcurso do prazo para pagamento. Não pago o débito no prazo de três dias, procede à penhora em bens do devedor. Pode ocorrer, contudo, de a citação ter sido feita pelo correio, por carta precatória, por edital ou por meio eletrônico – o art. 246 prevê as modalidades de citação e as circunstâncias em que elas podem incidir, não havendo restrição alguma quanto ao processo de execução. Nesses casos, embora não se afaste o impulso oficial – o que significa que, ultrapassado o prazo para pagamento, o juiz, de ofício, pode determinar a penhora –, recomenda-se que o exequente peticione no sentido de que se proceda à penhora. O advogado é o guardião-mor do processo e dos interesses da parte que representa. Essa é a sua missão constitucional. Age com ética, mas não coopera com a parte adversa, tampouco espera a cooperação do juiz.

Bens sujeitos à penhora. A penhora deve incidir, como regra, sobre os bens indicados pelo exequente na petição inicial (art. 798, II, *c*, c/c o art. 829, § 2º, primeira parte). A nova legislação também faculta ao executado a indicação de bens à penhora distintos daqueles apresentados pelo exequente, condicionando a substituição dos bens

---

[271] Por exemplo: "AGRAVO DE INSTRUMENTO. EXECUÇÃO DE TÍTULO EXTRAJUDICIAL. HONORÁRIOS ADVOCATÍCIOS. FIXAÇÃO INICIAL. ART. EMENTA: AGRAVO DE INSTRUMENTO. EXECUÇÃO DE TÍTULO EXTRAJUDICIAL. ART. 652 E 652-A DO CPC. PRAZO DE 03 (TRÊS) DIAS PARA INTEGRAL PAGAMENTO. TERMO INICIAL. CITAÇÃO. AUSÊNCIA DE PAGAMENTO NO PRAZO LEGAL. REDUÇÃO PELA METADE DOS HONORÁRIOS ADVOCATÍCIOS INICIALMENTE FIXADOS. DESCABIMENTO. I. O termo inicial da contagem do prazo de 03 (três) dias para integral pagamento é a data de citação do executado e não a juntada do mandado de citação aos autos. II. Não concretizado o pagamento integral no prazo de 03 (três) dias previsto no artigo 652-A, do CPC, a contar da citação, não há falar em redução pela metade dos honorários advocatícios. Agravo de Instrumento desprovido" (TJ-PR 8346789 PR 834678-9 (Acórdão), Rel. Des. Paulo Cezar Bellio, julgado em 04.07.2012, 16ª Câmara Cível).

[272] Ainda não há entendimento majoritário na doutrina sobre a natureza desse prazo (se processual ou material). Se o considerarmos prazo processual, haverá incidência do art. 219, de modo que somente serão contabilizados os dias úteis.

à demonstração da menor onerosidade e da ausência de prejuízo ao exequente (critérios que são reforçados pelo novo art. 847). Frise-se que para a substituição é indispensável a apreciação judicial.[273]

Por fim, esclarece-se que as regras referentes à intimação da penhora (§§ 4º e 5º do art. 652 do CPC/1973) foram substituídas pelas disposições constantes nos §§ 1º e 2º do novo art. 841.

CPC/2015	CPC/1973
Art. 830. Se o oficial de justiça não encontrar o *executado*, arrestar-lhe-á tantos bens quantos bastem para garantir a execução.	Art. 653. O oficial de justiça, não encontrando o *devedor*, arrestar-lhe-á tantos bens quantos bastem para garantir a execução.
§ 1º Nos 10 (dez) dias seguintes à efetivação do arresto, o oficial de justiça procurará o *executado 2 (duas)* vezes em dias distintos e, havendo suspeita de ocultação, **realizará a citação com hora certa**, certificando **pormenorizadamente** o ocorrido.	Parágrafo único. Nos 10 (dez) dias seguintes à efetivação do arresto, o oficial de justiça procurará o *devedor três* vezes em dias distintos; não o encontrando, certificará o ocorrido.
§ 2º Incumbe ao *exequente* requerer a citação por edital, **uma vez frustradas a pessoal e a com hora certa**.	Art. 654. Compete ao *credor*, ~~dentro de 10 (dez) dias, contados da data em que foi intimado do arresto a que se refere o parágrafo único do artigo anterior,~~ requerer a citação por edital ~~do devedor~~. *Findo o prazo do edital, terá o devedor o prazo a que se refere o art. 652*, convertendo-se o arresto em penhora *em caso de não pagamento*.
§ 3º *Aperfeiçoada a citação e transcorrido o prazo de pagamento*, o arresto converter-se-á em penhora, **independentemente de termo**.	

 ## COMENTÁRIOS:

Arresto e citação. Se o oficial de justiça não encontrar o devedor para citá-lo, arrestar-lhe-ão tantos bens quantos bastem para garantir a execução (art. 830). Nos dez dias seguintes à efetivação do arresto, o oficial de justiça procurará o executado duas vezes em dias distintos para tentar realizar a citação; não o encontrando, e havendo suspeita de sua ocultação, realizará a citação com hora certa. O § 1º, em consonância com o entendimento construído pela doutrina[274] e pela jurisprudência,[275] passa a admitir a realização de citação por hora certa do devedor/executado.

---

[273] Há entendimento doutrinário no sentido de que esse dispositivo vai de encontro à lógica da execução, pois ela deveria ser realizada no interesse do exequente (THEODORO JR., Humberto. A execução forçada no Projeto do Novo Código de Processo Civil. In: ROSSI, Fernando; RAMOS, Glauco Gumerato; GUEDES, Jefferson Carús; DELFINO, Lúcio; MOURÃO, Luiz Eduardo Ribeiro (coords.). **O futuro do processo civil no Brasil:** uma análise crítica ao Projeto do Novo CPC. Belo Horizonte: Fórum, 2011).

[274] Conferir: ASSIS, Araken. **Manual da execução.** 10. ed. São Paulo: Revista dos Tribunais, 2006.

[275] "PROCESSUAL CIVIL. AGRAVO REGIMENTAL. EMBARGOS DE DECLARAÇÃO. RECURSO ESPECIAL. ARGUIÇÃO DE FATO NOVO. INADMISSIBILIDADE. ATOS CONSTITUTIVOS DE PESSOA JURÍDICA. DESNECESSIDADE DE TRASLADO. FUNDADA DÚVIDA NÃO DEMONSTRADA. EXECUÇÃO. CITAÇÃO POR HORA CERTA. CABIMENTO. [...] Em processo de execução, tem cabimento a citação por hora certa. 4. Agravo regimental desprovido" (STJ, AgRg nos EDcl no REsp 886.721/SP, Rel. Min. João Otávio de Noronha, julgado em 20.05.2010).

Se a citação por hora certa não lograr êxito, deverá o exequente requerer a citação por edital (§ 2º) para que, aperfeiçoada a citação ficta, inicie-se a contagem do prazo de três dias para pagamento (art. 829, *caput*).

Bens sujeitos ao arresto. Esse arresto prévio pode ocorrer sobre qualquer bem do patrimônio do devedor. O STJ já admitiu, inclusive, aquilo que designou por "arresto prévio *on-line*": "frustrada a tentativa de localização do executado, é admissível o arresto de seus bens na modalidade *on-line*". Nessa hipótese, concretizando-se "a citação, qualquer que seja a sua modalidade, se não houver o pagamento da quantia executada, o arresto será convertido em penhora" (REsp 1.370.867, 4ª Turma, Rel. Min. Antonio Carlos Ferreira, *DJ* 15.08.2013).

Citado e não efetuado o pagamento no prazo de três dias, passa-se à fase da apreensão de bens, que em última análise consiste na penhora, cujo fim é a satisfação do crédito. A penhora pressupõe citação, em qualquer uma de suas modalidades. Antes da citação admite-se o arresto cautelar, levado a efeito pelo próprio oficial de justiça, ainda que sem ordem expressa do juiz. Não encontrado o devedor para citá-lo, *ope legis*, o oficial procede ao arresto dos bens. Essa modalidade de arresto só é cabível na hipótese de citação por oficial de justiça. Feita a citação por outros meios (correio, edital e eletrônico, por exemplo), o oficial de justiça procede à penhora, não ao arresto. Nada obsta a que o exequente, antes mesmo de iniciar o processo executivo, requeira tutela cautelar (de arresto) em caráter antecedente (arts. 305 a 308).

Seção III
Da Penhora, do Depósito e da Avaliação

Subseção I
Do Objeto da Penhora

CPC/2015	CPC/1973
Art. 831. A penhora deverá recair sobre tantos bens quantos bastem para o pagamento do principal atualizado, dos juros, das custas e dos honorários advocatícios.	Art. 659. A penhora deverá incidir em tantos bens quantos bastem para o pagamento do principal atualizado, juros, custas e honorários advocatícios.

 COMENTÁRIOS:

Conceito de penhora. Denomina-se penhora o ato pelo qual se apreendem bens para empregá-los, de maneira direta ou indireta, na satisfação do crédito exequendo.

Diz-se que o bem é empregado diretamente na satisfação do crédito quando o credor o adjudica ou dele usufrui até a quitação da dívida exequenda; é empregado indiretamente quando é o produto da alienação do bem (por iniciativa particular ou em hasta pública) que satisfaz o crédito.

A penhora, qualquer que seja o bem objeto da constrição, em regra, é feita por oficial de justiça. Tanto pode ocorrer na forma prevista no art. 829 – quando o credor ou o próprio devedor indica o(s) bem(ns) a ser(em) penhorado(s) – como quando o oficial de justiça, por não encontrar o devedor, realiza o arresto dos bens necessários à satisfação do crédito e, posteriormente à efetivação do ato citatório, o procedimento é convertido em penhora (art. 830, § 3º). Entretanto, há penhora que dispensa a atuação do oficial de justiça, porquanto realizada por termo nos autos (art. 845, § 1º) ou por meio eletrônico (art. 837).

Princípio da efetividade da execução ou do resultado. Pelo processo de execução ou cumprimento da sentença deve-se assegurar ao credor precisamente aquilo a que tem ele direito, nada mais, "no resultado mais próximo que se teria caso não tivesse havido a transgressão de seu direito".[276] Exemplo da aplicação de tal princípio é o dispositivo em comento.

CPC/2015	CPC/1973
Art. 832. Não estão sujeitos à execução os bens que a lei considera impenhoráveis ou inalienáveis.	Art. 648. Não estão sujeitos à execução os bens que a lei considera impenhoráveis ou inalienáveis.
Art. 833. São impenhoráveis:	Art. 649. São ~~absolutamente~~ impenhoráveis:
I – os bens inalienáveis e os declarados, por ato voluntário, não sujeitos à execução;	I – os bens inalienáveis e os declarados, por ato voluntário, não sujeitos à execução;
II – os móveis, os pertences e as utilidades domésticas que guarnecem a residência do executado, salvo os de elevado valor ou os que ultrapassem as necessidades comuns correspondentes a um médio padrão de vida;	II – os móveis, pertences e utilidades domésticas que guarnecem a residência do executado, salvo os de elevado valor ou que ultrapassem as necessidades comuns correspondentes a um médio padrão de vida;
III – os vestuários, bem como os pertences de uso pessoal do executado, salvo se de elevado valor;	III – os vestuários, bem como os pertences de uso pessoal do executado, salvo se de elevado valor;
IV – os vencimentos, os subsídios, os soldos, os salários, as remunerações, os proventos de aposentadoria, as pensões, os pecúlios e os montepios, bem como as quantias recebidas por liberalidade de terceiro e destinadas ao sustento do devedor e de sua família, os ganhos de trabalhador autônomo e os honorários de profissional liberal, *ressalvado o § 2º*;	IV – os vencimentos, subsídios, soldos, salários, remunerações, proventos de aposentadoria, pensões, pecúlios e montepios; as quantias recebidas por liberalidade de terceiro e destinadas ao sustento do devedor e sua família, os ganhos de trabalhador autônomo e os honorários de profissional liberal, *observado o disposto no § 3º deste artigo*;
V – os livros, as máquinas, as ferramentas, os utensílios, os instrumentos ou outros bens móveis necessários ou úteis ao exercício *da profissão do executado*;	V – os livros, as máquinas, as ferramentas, os utensílios, os instrumentos ou outros bens móveis necessários ou úteis ao exercício *de qualquer profissão*;
VI – o seguro de vida;	VI – o seguro de vida;
VII – os materiais necessários para obras em andamento, salvo se essas forem penhoradas;	VII – os materiais necessários para obras em andamento, salvo se essas forem penhoradas;
VIII – a pequena propriedade rural, assim definida em lei, desde que trabalhada pela família;	VIII – a pequena propriedade rural, assim definida em lei, desde que trabalhada pela família;
IX – os recursos públicos recebidos por instituições privadas para aplicação compulsória em educação, saúde ou assistência social;	IX – os recursos públicos recebidos por instituições privadas para aplicação compulsória em educação, saúde ou assistência social;
X – a quantia depositada em caderneta de poupança, até o limite de 40 (quarenta) salários mínimos;	X – até o limite de 40 (quarenta) salários mínimos, a quantia depositada em caderneta de poupança.
XI – os recursos públicos do fundo partidário recebidos por partido político, nos termos da lei;	XI – os recursos públicos do fundo partidário recebidos, nos termos da lei, por partido político.
	§ 1º A impenhorabilidade não é oponível à *cobrança do crédito concedido para a aquisição do próprio bem*.

[276] WAMBIER, Luiz Rodrigues. **Curso avançado de processo civil.** Coord. Luiz Rodrigues Wambier, Flávio Renato Correia de Almeida e Eduardo Talamini. 8. ed. São Paulo: Revista dos Tribunais, 2006. v. 2, p. 128.

XII – **os créditos oriundos de alienação de unidades imobiliárias, sob regime de incorporação imobiliária, vinculados à execução da obra.**

§ 1º A impenhorabilidade não é oponível à *execução de dívida relativa ao próprio bem, inclusive àquela contraída para sua aquisição.*

§ 2º O disposto nos *incisos IV e X do caput* não se aplica à hipótese de penhora para pagamento de prestação alimentícia, **independentemente de sua origem, bem como às importâncias excedentes a 50 (cinquenta) salários mínimos mensais, devendo a constrição observar o disposto no art. 528, § 8º, e no art. 529, § 3º.**

§ 3º **Incluem-se na impenhorabilidade prevista no inciso V do** *caput* **os equipamentos, os implementos e as máquinas agrícolas pertencentes a pessoa física ou a empresa individual produtora rural, exceto quando tais bens tenham sido objeto de financiamento e estejam vinculados em garantia a negócio jurídico ou quando respondam por dívida de natureza alimentar, trabalhista ou previdenciária.**

§ 2º O disposto no *inciso IV do caput* deste artigo não se aplica no caso de penhora para pagamento de prestação alimentícia.

 ## COMENTÁRIOS AOS ARTS. 832 E 833:

Noções gerais. Em princípio, todos os bens de propriedade do devedor ou dos responsáveis pelo débito, desde que tenham valor econômico, são passíveis de penhora. Bens de propriedade de terceiros também podem ser penhorados, desde que a lei estabeleça a sujeição de tais bens à execução, seja porque há responsabilidade do terceiro, seja porque o bem foi alienado em fraude à execução.

O devedor responde, para o cumprimento de suas obrigações, com todos os seus bens presentes e futuros, salvo as restrições estabelecidas em lei (art. 789). Por restrições estabelecidas em lei devem-se entender os bens que a lei considera impenhoráveis ou inalienáveis (art. 832).

A inalienabilidade abrange a impenhorabilidade. Todo bem inalienável é também impenhorável; a recíproca, entretanto, não é verdadeira, porquanto há bens que, embora impenhoráveis, são passíveis de alienação. A inalienabilidade pode decorrer de lei ou de ato voluntário. Como exemplo de bem inalienável por disposição legal podem-se citar os bens públicos (arts. 99 e 100 do CC) e o capital, cuja renda assegure o pagamento de pensão mensal fixada em decorrência de ato ilícito (art. 533, § 1º); por ato voluntário, citem-se os bens doados com cláusula de inalienabilidade (art. 1.911 do CC).

Há bens absolutamente impenhoráveis e bens relativamente impenhoráveis. Os primeiros não podem ser penhorados em hipótese alguma. Quanto aos segundos, o art. 834 admite a penhora dos frutos e rendimentos, desde que o executado não possua outros bens livres sobre os quais possa recair a constrição.

Inciso I. Os bens públicos, de qualquer natureza, e o capital garantidor de renda destinada a pagamento de prestação alimentar fixada em decorrência de ato ilícito constituem exemplos de bens inalienáveis e, portanto, impenhoráveis. O bem de família, instituído na forma dos arts. 1.711 a 1.722 do CC, e o recebido em doação com cláusula de inalienabilidade ou impenhorabilidade (arts. 1.848 e 1.911 do CC) igualmente não estão sujeitos à penhora.

Inciso II. Na linha da jurisprudência, positivou-se a impenhorabilidade dos bens móveis, exceto os de elevado valor ou dispensáveis às necessidades do executado e de sua família. Aliás, conforme disposto no parágrafo único do art. 1º da Lei nº 8.009/1990, a impenhorabilidade do imóvel residencial próprio do casal, ou da entidade familiar, compreende, além de outros bens, os móveis que guarnecem a casa.

A lei não estabelece parâmetros para verificação das circunstâncias excludentes da impenhorabilidade (bens de elevado valor ou que ultrapassem as necessidades comuns correspondentes a um médio padrão de vida). Cabe ao juiz, em face do caso concreto, sobretudo levando em conta as condições das pessoas envolvidas na execução, definir o que deva ser excluído da impenhorabilidade. Um frigobar, instalado na suíte do casal, é penhorável; a geladeira de médio padrão, que guarnece a cozinha da residência, não é.

Inciso III. O intuito do legislador, ao estabelecer a impenhorabilidade de tais bens, é idêntico ao que o norteou na redação do inciso II, ou seja, garantir a sobrevivência digna do executado, o que, a toda evidência, inclui o uso de vestuário e outros objetos de uso pessoal que assegurem um médio padrão de vida. O vestido da *socialite*, feito pelo costureiro Versace, a um custo de R$ 60 mil, é penhorável; penhorável também é o relógio Rolex, todo em ouro, adquirido por R$ 35 mil.

Inciso IV. Em regra, todo e qualquer numerário recebido em decorrência de relação de trabalho é impenhorável, ou seja, o vencimento percebido pelo funcionário público, o subsídio do membro de poder (magistrados, parlamentares e Presidente da República, entre outros), o soldo do militar, a remuneração do empregado celetista. Igualmente impenhorável é o provento do aposentado, a pensão paga ao dependente do segurado morto, o pecúlio (isto é, a aplicação, a poupança, programada para utilização depois de um determinado tempo ou idade do poupador), o montepio, ou seja, o benefício instituído a favor de terceiro, para ser recebido depois da morte do instituidor. Também não se admite a penhora sobre as quantias recebidas por liberalidade de terceiro e destinadas ao sustento do devedor e de sua família (tenças), bem como os ganhos do trabalhador autônomo e do profissional liberal.

Excepcionalmente, nos termos do § 2º do art. 833, esses bens poderão ser penhorados. Tratando de prestação alimentícia – pouco importa se decorrente da relação de parentesco ou de ato ilícito –, os vencimentos, subsídios, soldos e salários e as outras verbas contempladas no inciso IV poderão ser objeto de constrição.

Outra exceção refere-se às verbas que ultrapassem o limite de 50 salários mínimos. Qualquer que seja a natureza da obrigação, admite-se a penhora do que exceder a esse limite. Em suma: prestação alimentícia de qualquer origem: podem-se penhorar as importâncias mencionadas no inciso IV, qualquer que seja o montante. Outras prestações: pode-se penhorar o que exceder a 50 salários mínimos mensais das importâncias mencionadas no inciso IV.[277]

---

[277] É importante lembrar que, a depender do caso concreto, os tribunais superiores vêm relativizando a regra da impenhorabilidade prevista nesse inciso. Exemplos: "[...] não é razoável, como regra, admitir que verbas alimentares não utilizadas no período para a própria subsistência sejam transformadas em aplicações ou investimentos financeiros e continuem a gozar do benefício da impenhorabilidade. Até porque, em geral, grande parte do capital acumulado pelas pessoas é fruto de seu próprio trabalho.

Inciso V. O inciso V do art. 649 do CPC/1973, que corresponde ao dispositivo em exame, originariamente se orientou no sentido de proteger a pessoa física, enquanto profissional. O microcomputador do advogado, a plaina do marceneiro e o automóvel do taxista constituem exemplos de bens impenhoráveis. Apesar disso, a jurisprudência já estendeu essa impenhorabilidade aos bens da microempresa e da empresa de pequeno porte.[278]

Para o reconhecimento da impenhorabilidade com fundamento no art. 833, V, necessária a demonstração específica da utilidade do bem à atividade profissional do executado. Em outras palavras, se o devedor comprovar que o automóvel indicado à penhora ou já penhorado é utilizado como seu instrumento de trabalho, o juiz deverá determinar a desconstituição da penhora, a suspensão da alienação ou da adjudicação do bem. A jurisprudência corrobora com esse entendimento.[279]

Assim, se as verbas salariais não utilizadas pelo titular para subsistência mantivessem sua natureza alimentar, teríamos por impenhorável todo o patrimônio construído pelo devedor a partir desses recursos" (STJ, REsp 1.330.567/RS, Rel. Min. Nancy Andrighi, julgado em 16.05.2013. *Informativo* nº 523, de 14.08.2013); "Conferindo-se interpretação restritiva ao inciso IV do art. 649 do CPC [art. 833, IV, do CPC/2015], é cabível afirmar que a remuneração a que se refere esse inciso é a última percebida pelo devedor, perdendo a sobra respectiva, após o recebimento do salário ou vencimento seguinte, a natureza impenhorável. Dessa forma, as sobras, após o recebimento do salário do período seguinte, não mais desfrutam da natureza de impenhorabilidade decorrente do inciso IV, quer permaneçam na conta corrente destinada ao recebimento da remuneração, quer sejam investidas em caderneta de poupança ou outro tipo de aplicação financeira" (STJ, REsp 1.230.060/PR, Rel. Min. Maria Isabel Gallotti, julgado em 13.08.2014. *Informativo* nº 547, de 08.10.2014); "Excepcionalmente é possível penhorar parte dos honorários advocatícios – contratuais ou sucumbenciais – quando a verba devida ao advogado ultrapassar o razoável para o seu sustento e de sua família. Com efeito, toda verba que ostente natureza alimentar e que seja destinada ao sustento do devedor e de sua família – como os honorários advocatícios – é impenhorável. Entretanto, a regra disposta no art. 649, IV, do CPC [art. 833, IV, do CPC/2015] não pode ser interpretada de forma literal. Em determinadas circunstâncias, é possível a sua relativização, como ocorre nos casos em que os honorários advocatícios recebidos em montantes exorbitantes ultrapassam os valores que seriam considerados razoáveis para sustento próprio e de sua família [...]. Precedente citado: REsp 1.356.404-DF, Quarta Turma, *DJe* 23/8/2013" (STJ, REsp 1.264.358/SC, Rel. Min. Humberto Martins, julgado em 25.11.2014, *Informativo* nº 553, de 11.02.2015).

[278] "[...] O eg. STJ vem estendendo a impenhorabilidade a que se refere o art. 649, V, CPC, aos bens da microempresa e da empresa de pequeno porte: REsp 512555/SC, Rel. Min. Francisco Falcão, in *DJ* de 24.05.2004; REsp 156181/RO, Rel. Min. Waldemar Zveiter, in *DJ* de 15.03.1999. [...] Trata-se, pois, de pequeno empresário e constato que os bens penhorados são realmente úteis ao exercício da sua atividade, pois o balcão serve para a conserva dos produtos destinados à venda, a prateleira para a exposição dos mesmos produtos e a estufa para exposição e conserva de alguns alimentos (salgados) destinados à venda. Logo, realmente em nome do princípio do menor sacrifício ao executado que norteia o processo de execução, tais bens estão mesmo acobertados pelo manto da impenhorabilidade [...]" (TRF 1ª Região, AC 00446682720094019199, 7ª Turma, Rel. Des. Federal Reynaldo Fonseca, julgado em 24.02.2015, Data de Publicação: 06.03.2015).

[279] "Processual civil. Exceção de pré-executividade. Impenhorabilidade de bem. Art. 649, V, do CPC. Demonstração da utilidade do bem ao exercício de profissão. Insuficiência. 1. Cabe ao executado, ou àquele que teve um bem penhorado, demonstrar que o bem móvel objeto de constrição judicial enquadra-se nessa situação de 'utilidade' ou 'necessidade' para o exercício da profissão. Caso o julgador não adote uma interpretação cautelosa do dispositivo, acabará tornando a impenhorabilidade a regra, o que contraria a lógica do processo civil brasileiro, que atribui ao executado o ônus de desconstituir o título executivo ou de obstruir a satisfação do crédito (REsp 1196142/RS, Rel. Ministra Eliana Calmon,

De acordo com o Novo CPC, incluem-se nessa hipótese de impenhorabilidade "os equipamentos, os implementos e as máquinas agrícolas pertencentes a pessoa física ou a empresa individual produtora rural, exceto quando tais bens tenham sido objeto de financiamento e estejam vinculados em garantia a negócio jurídico ou quando respondam por dívida de natureza alimentar, trabalhista ou previdenciária" (§ 3º). Nesse ponto, entendo que houve consolidação do entendimento dos tribunais superiores,[280] para quem a impenhorabilidade deve ser estendida aos bens necessários à realização da atividade do pequeno produtor rural. Vale lembrar que, de acordo com a regra constante no § 1º do art. 833, a impenhorabilidade só prevalece quando os equipamentos, implementos e máquinas agrícolas não estiverem financiados ou vinculados como garantia à operação destinada à sua aquisição.

O ônus da demonstração da utilidade ou necessidade do bem penhorado para o exercício da profissão é do próprio executado, nos termos da jurisprudência do Superior Tribunal de Justiça.[281]

Inciso VI. O dispositivo corresponde ao inciso VI do art. 649 do CPC/1973, sobre o qual a jurisprudência assentou entendimento de que não se pode estabelecer qualquer distinção sobre o evento pelo qual o seguro de vida foi pago, se morte ou invalidez, uma vez que em ambas as hipóteses o fundamento da impenhorabilidade recai sobre a natureza alimentar da verba. Por outro lado, não se faz distinção entre ser o executado o beneficiário do seguro ou o próprio segurado (no caso de cobertura securitária por invalidez). Igualmente

---

Rel. p/ Acórdão Ministro Castro Meira, Segunda Turma, julgado em 05.10.2010, *DJe* 02.03.2011). 2. Com efeito, para reconhecer a impenhorabilidade do bem, nos termos do art. 649, V, do Código de Processo Civil, impositivo que fique demonstrada a utilidade específica para a atividade profissional desempenhada pelo executado, o que não ocorreu no caso, onde devidamente certificado por oficial de justiça, ficou demonstrado que o recorrente não estava utilizando o referido bem em suas atividades profissionais. Agravo regimental improvido" (STJ, AgRg no AREsp 508.446/RS, Rel. Min. Humberto Martins, julgado em 05.06.2014).

[280] Exemplo: "Agravo de instrumento. Alienação fiduciária. Ação de busca e apreensão. Maquinário agrícola (trator). Bem essencial à atividade do produtor rural. Cominação de multa diária. Possibilidade. Dispõe o art. 3º do Decreto-lei nº 911/69 que o credor fiduciário tem o direito de reaver o bem que se encontra na posse do devedor em mora. Notificação/protesto não questionados. Porém, no caso concreto, em se tratando de maquinário agrícola que constitui bem essencial ao desempenho da atividade econômica do agricultor, é justificável permaneça o devedor na posse do bem [...]" (TJRS, AI 70050853217/RS, 14ª Câmara Cível, Rel. Des. Miriam A. Fernandes, julgado em 19.09.2012).

[281] Nesse sentido: "PROCESSUAL CIVIL. EXCEÇÃO DE PRÉ-EXECUTIVIDADE. IMPENHORABILIDADE DE BEM. ART. 649, V, DO CPC. DEMONSTRAÇÃO DA UTILIDADE DO BEM AO EXERCÍCIO DE PROFISSÃO. INSUFICIÊNCIA. 1. Cabe ao executado, ou àquele que teve um bem penhorado, demonstrar que o bem móvel objeto de constrição judicial enquadra-se nessa situação de 'utilidade' ou 'necessidade' para o exercício da profissão. Caso o julgador não adote uma interpretação cautelosa do dispositivo, acabará tornando a impenhorabilidade a regra, o que contraria a lógica do processo civil brasileiro, que atribui ao executado o ônus de desconstituir o título executivo ou de obstruir a satisfação do crédito (REsp 1196142/RS, Rel. Ministra ELIANA CALMON, Rel. p/ Acórdão Ministro CASTRO MEIRA, SEGUNDA TURMA, julgado em 05/10/2010, *DJe* 02/03/2011). 2. Com efeito, para reconhecer a impenhorabilidade do bem, nos termos do art. 649, V, do Código de Processo Civil, impositivo que fique demonstrada a utilidade específica para a atividade profissional desempenhada pelo executado, o que não ocorreu no caso, onde devidamente certificado por oficial de justiça, ficou demonstrado que o recorrente não estava utilizando o referido bem em suas atividades profissionais. Agravo regimental improvido" (STJ, AgRg no AREsp nº 508.446/RS, Rel. Min. Humberto Martins, julgado em 05.06.2014).

irrelevante é perquirir se a indenização securitária já se incorporou ou não diretamente ao patrimônio do beneficiário. Impenhorável é o seguro de vida ainda não recebido e aquele que o segurado (não morto, obviamente) ou o beneficiário já recebeu. Naturalmente deve haver coincidência entre as pessoas do executado e daquele que recebeu ou vai receber o valor do seguro.[282] "[...] Penhora que recaiu sobre valores em conta corrente advindos de prêmio de seguro de vida. Tratando-se de prêmio auferido pelo beneficiário, em virtude de seguro de vida, tais valores são absolutamente impenhoráveis, não importando se integram ou não integram o patrimônio jurídico da pessoa beneficiada [...]".[283]

Inciso VII. Embora os materiais destinados a alguma construção, enquanto não forem empregados, conservem sua qualidade de móveis (art. 84 do CC), o legislador achou por bem atribuir-lhes a qualidade de impenhoráveis, exceto se a obra à qual se destinam já se encontrar penhorada.

Inciso VIII. De acordo com a jurisprudência do STJ, "para saber se o imóvel possui as características para enquadramento na legislação protecionista é necessário ponderar as regras estabelecidas pela Lei nº 8629/93 que, em seu artigo 4º, estabelece que a pequena propriedade rural é aquela cuja área tenha entre 1 (um) e 4 (quatro) módulos fiscais" (REsp 1.284.708/PR, 3ª Turma, Rel. Min. Massami Uyeda, *DJ* 09.12.2011). Também de acordo com o STJ, deve-se levar em consideração se a propriedade é, ou não, fonte de subsistência familiar. Isso porque a legislação prevê a necessidade de a propriedade ser "trabalhada pela família". Assim, quando os titulares do domínio nem sequer residirem na comarca nem o bem for trabalhado pela família, a impenhorabilidade deve ser afastada. Nesse sentido: REsp 469.496/PR, 3ª Turma, Rel. Min. Menezes Direito, *DJ* 01.09.2003.

Ressalte-se que a impenhorabilidade da pequena propriedade rural já era prevista no art. 5º, XXVI, da CF, de forma que, desde 1988, a pequena propriedade rural, desde que trabalhada pela família, não podia ser objeto de penhora, nem mesmo para pagamento de débitos decorrentes de sua atividade produtiva.

Inciso IX. Atendidos os requisitos legais, instituições privadas que atuem em atividades típicas do Estado, como educação, saúde e assistência social, podem receber recursos públicos. Tais recursos, até em razão de sua natureza (públicos), são impenhoráveis, embora já liberados pelo poder público e creditados na conta bancária da instituição.

Inciso X. Com relação a esse inciso, a 3ª Turma do STJ, em decisão unânime, entendeu que a impenhorabilidade aqui prevista refere-se ao montante de 40 salários mínimos, considerando a totalidade do valor depositado em caderneta de poupança, independentemente do número de cadernetas titularizadas pelo devedor. No caso em análise, o devedor mantinha várias aplicações da mesma natureza, e o valor total superava o permitido em lei.

Assim, "para a realização da penhora de poupança, deve-se apurar o valor de todas as aplicações em caderneta de poupança titularizadas pelo devedor e realizar a constrição apenas sobre o valor que exceder o limite legal de 40 salários mínimos" (STJ, REsp 1.231.123/SP, Rel. Min. Nancy Andrighi, julgado em 02.08.2012).

---

[282] Conforme TJMG, Agravo de Instrumento 1.0220.10.001397-2/001, 16ª Câmara Cível, Rel. Des. Wagner Wilson, julgado em 26.06.2014.

[283] TJMG, Agravo de Instrumento 70046650453, 15ª Câmara Cível, Rel. Otávio Augusto de Freitas Barcellos, julgado em 24.01.2012.

Importante frisar que, apesar de algumas decisões em sentido contrário, no final de 2014 o STJ reafirmou a tese que considera ser impenhorável a quantia de 40 salários mínimos mesmo que ela esteja depositada em mais de um fundo de investimento (ou caderneta de poupança). Em termos práticos, caso o devedor possua mais de um fundo de investimento, todas as respectivas contas devem ser consideradas impenhoráveis, até o limite global de 40 salários mínimos.[284]

Inciso XI. O direito à participação no fundo partidário é uma garantia constitucionalmente assegurada aos partidos políticos (art. 17, § 3º, da CF/1988). A vedação prevista no inciso XI tem por objetivo, principalmente, evitar que as dívidas contraídas por diretórios estaduais e municipais (ou seja, órgãos partidários específicos) prejudiquem o partido como um todo, o que invariavelmente ocorria na medida em que os juízes determinavam a penhora dos recursos do fundo partidário por atos praticados por um diretório estadual ou municipal. Nos termos da jurisprudência do STJ,[285] esses recursos são absolutamente impenhoráveis,

---

[284] "[...] A norma do inciso X do art. 649 do CPC merece interpretação extensiva, de modo a permitir a impenhorabilidade, até o limite de quarenta salários mínimos, de quantia depositada não só em caderneta de poupança, mas também em conta corrente ou em fundos de investimento, ou guardada em papel-moeda. Dessa maneira, a Segunda Seção admitiu que é possível ao devedor poupar, nesses referidos meios, valores que correspondam a até quarenta salários mínimos sob a regra da impenhorabilidade. Por fim, cumpre esclarecer que, de acordo com a Terceira Turma do STJ (REsp 1.231.123-SP, *DJe* 30.08.2012), deve-se admitir, para alcançar esse patamar de valor, que esse limite incida em mais de uma aplicação financeira, na medida em que, de qualquer modo, o que se deve proteger é a quantia equivalente a, no máximo, quarenta salários mínimos" (STJ, EREsp 1.330.567/RS, Rel. Min. Luis Felipe Salomão, julgado em 10.12.2014, *DJe* 19.12.2014).

[285] "[...] Recursos do fundo partidário são absolutamente impenhoráveis, inclusive na hipótese em que a origem do débito esteja relacionada às atividades previstas no art. 44 da Lei 9.096/1995. O inciso XI do art. 649 do CPC enuncia que: 'São absolutamente impenhoráveis: [...] XI – os recursos públicos do fundo partidário recebidos, nos termos da lei, por partido político'. A expressão 'nos termos da lei' remete à Lei 9.096/1995, a qual, no art. 38, discrimina as fontes que compõem o fundo partidário. Nesse contexto, os recursos do fundo são oriundos de fontes públicas – como as multas e penalidades, recursos financeiros destinados por lei e dotações orçamentárias da União (art. 38, I, II e IV) – ou de fonte privada – como as doações de pessoa física ou jurídica, efetuadas por intermédio de depósitos bancários diretamente na conta do fundo partidário (art. 38, III). A despeito dessas duas espécies de fontes, após a incorporação das somas ao fundo, elas passam a ter destinação específica prevista em lei (art. 44 da Lei 9.096/1995) e a sujeitar-se a determinada dinâmica de distribuição, utilização e controle do Poder Público (arts. 40 e 44, § 1º, da Lei 9.096/1995 c/c o art. 18 da Resolução TSE 21.841/2004) e, portanto, a natureza jurídica dessas verbas passa a ser pública ou, nos termos do art. 649, XI, do CPC, elas tornam-se recursos públicos. Tais circunstâncias deixam claro que o legislador, no art. 649, XI, do CPC, ao fazer referência a 'recursos públicos do fundo partidário', tão somente reforçou a natureza pública da verba, de modo que os valores depositados nas contas bancárias utilizadas exclusivamente para o recebimento dessa legenda são absolutamente impenhoráveis. Nesse sentido, o TSE, que possui vasta jurisprudência acerca da impossibilidade do bloqueio de cotas do fundo partidário, não faz distinção acerca da origem dos recursos que o constitui, se pública ou privada, tratando-o como um todo indivisível e, como dito, de natureza pública (AgR-AI 13.885-PA, *DJe* 19.05.2014 e AgR-REspe 7.582.125-95-SC, *DJe* 30.04.2012). O fundamento para a impenhorabilidade é o mesmo aplicável à hipótese de recursos públicos recebidos por instituições privadas para aplicação compulsória em educação, saúde, ou assistência social (art. 649, IX, do CPC): a preservação da ordem pública, até porque o fundo partidário está relacionado ao funcionamento dos partidos políticos, organismos essenciais ao Estado Democrático de Direito. Destaca-se, por fim, que a conclusão de que a origem do débito, se relacionada com as atividades previstas no art. 44 da Lei 9.096/1995, seria capaz de afastar a pre-

inclusive na hipótese em que a origem do débito esteja relacionada às atividades previstas no art. 44 da Lei nº 9.096/1995 – manutenção das sedes e serviços do partido, propaganda doutrinária e política, alistamento e campanhas eleitorais etc.

Inciso XII. À vista da sistemática já existente nos arts. 31-A a 31-F da Lei nº 4.591/1964 (Lei das Incorporações Imobiliárias), o CPC/2015 também prevê que o patrimônio de afetação não sofrerá constrição, sob pena de se desconfigurar a sua própria finalidade, que é garantir entrega das unidades imobiliárias aos futuros adquirentes (consumidores). Em outras palavras, em virtude do regime de vinculação de receitas estabelecido pela Lei nº 4.591/1964, com as modificações trazidas pela Lei nº 10.931/2004, os créditos correspondentes às prestações devidas pelos adquirentes das unidades imobiliárias em construção somente servirão para a execução da obra, e não para garantir o pagamento de credores da entidade incorporadora por meio de demanda executiva.

Inoponibilidade da impenhorabilidade. O CPC/1973 dispõe que a impenhorabilidade não pode ser oposta pelo devedor quando se tratar de crédito para a aquisição do próprio bem. Estão inseridas nesse contexto, por exemplo, as dívidas relativas ao crédito para financiar a construção ou aquisição de bem imóvel.

A interpretação literal do dispositivo constante no Código Buzaid não permitia, no entanto, que se estendesse a penhorabilidade às demais dívidas relativas aos bens. Até mesmo aplicando as regras constantes da Lei nº 8.009/1990, que tratam do bem de família, não era possível concluir que toda e qualquer dívida relativa ao bem é capaz de fundamentar o ato de penhora. No caso de despesas condominiais, por exemplo, como não havia previsão expressa no CPC/1973 nem na Lei nº 8.009/1990, ficava a dúvida quanto à possibilidade (ou não) de penhora.

Com o novo Código essa dúvida está sanada, porquanto a impenhorabilidade não é oponível na execução de dívida relativa ao próprio bem. Sendo assim, além das dívidas de IPTU e de hipoteca (já previstas como exceções à impenhorabilidade pela Lei nº 8.009/1990), também estão no rol de exceções as despesas condominiais (ordinárias ou extraordinárias). Ressalte-se que essa nova disposição vai ao encontro do entendimento do Superior Tribunal de Justiça.[286]

---

visão contida no art. 649, XI, do CPC, é desacertada, pois, na realidade, ela descaracteriza a absoluta impenhorabilidade ora em questão" (STJ, REsp 1.474.605/MS, Rel. Min. Ricardo Villas Bôas Cueva, julgado em 07.04.2015, *DJe* 26.05.2015).

[286] "PROCESSUAL CIVIL. AGRAVO REGIMENTAL. AGRAVO DE INSTRUMENTO. VIOLAÇÃO DO ART. 535 DO CPC. NÃO CONFIGURAÇÃO. FUNDAMENTAÇÃO DEFICIENTE. SÚMULA N. 284/ STF. BEM DE FAMÍLIA. DESPESAS CONDOMINIAIS. PENHORABILIDADE. POSSIBILIDADE. 1. Quando o Tribunal de origem, ainda que sucintamente, pronuncia-se de forma clara e suficiente sobre a questão posta nos autos, não há ofensa ao artigo 535 do CPC. Ademais, o magistrado não está obrigado a rebater, um a um, os argumentos trazidos pela parte. 2. Alegação genérica de ofensa a lei federal é insuficiente para delimitar a controvérsia, sendo necessária a especificação do dispositivo considerado violado, conforme disposto na Súmula n. 284 do STF. 3. O entendimento firmado pelo Tribunal *a quo* de que é permitida a penhora do bem de família para assegurar pagamento de dívidas oriundas de despesas condominiais do próprio bem está em sintonia com a jurisprudência deste Superior Tribunal de Justiça. Aplicação da Súmula 83 do STJ. 4. Agravo regimental desprovido" (STJ, AgRg no Ag nº 1041751/DF, Rel. Min. João Otávio de Noronha, julgado em 06.04.2010).

CPC/2015	CPC/1973
Art. 834. Podem ser penhorados, à falta de outros bens, os frutos e os rendimentos dos bens inalienáveis.	Art. 650. Podem ser penhorados, à falta de outros bens, os frutos e rendimentos dos bens inalienáveis, ~~salvo se destinados à satisfação de prestação alimentícia.~~

 ## COMENTÁRIOS:

Penhora de frutos e rendimentos de bens inalienáveis. De acordo com o CPC/1973, caso o devedor não disponha de outros bens, poderão ser penhorados os frutos e rendimentos dos bens inalienáveis. Isso quer dizer que, se houver outros bens do executado para incidência da penhora, serão considerados absolutamente impenhoráveis os frutos e rendimentos de bem inalienável. Se, no entanto, a penhora for requerida em sede de execução de alimentos, os frutos e rendimentos terão penhorabilidade plena, independentemente da existência ou não de outros bens.

A novidade é que o CPC/2015 não mais excepciona a impenhorabilidade quando se trata de execução de alimentos. A regra, portanto, é que a existência de outros bens do executado impedirá a penhora de frutos e rendimentos dos bens inalienáveis ainda que o objeto da execução esteja relacionado à satisfação de prestação alimentícia.

CPC/2015	CPC/1973
Art. 835. A penhora observará, preferencialmente, a seguinte ordem:	Art. 655. A penhora observará, preferencialmente, a seguinte ordem:
I – dinheiro, em espécie ou em depósito ou aplicação em instituição financeira;	I – dinheiro, em espécie ou em depósito ou aplicação em instituição financeira;
II – títulos da dívida pública da União, dos Estados e do Distrito Federal com cotação em mercado;	II – veículos de via terrestre;
III – títulos e valores mobiliários com cotação em mercado;	III – bens móveis em geral;
IV – veículos de via terrestre;	IV – bens imóveis;
V – bens imóveis;	V – navios e aeronaves;
VI – bens móveis em geral;	VI – ações e quotas de sociedades empresárias;
VII – **semoventes;**	VII – percentual do faturamento de empresa devedora;
VIII – navios e aeronaves;	VIII – pedras e metais preciosos;
IX – ações e quotas de sociedades **simples** e empresárias;	IX – títulos da dívida pública da União, Estados e Distrito Federal com cotação em mercado;
X – percentual do faturamento de empresa devedora;	X – títulos e valores mobiliários com cotação em mercado;
XI – pedras e metais preciosos;	XI – outros direitos.
XII – **direitos aquisitivos derivados de promessa de compra e venda e de alienação fiduciária em garantia;**	§ 1º Na execução de crédito com garantia *hipotecária, pignoratícia ou anticrética*, a penhora recairá, ~~preferencialmente,~~ sobre a coisa dada em garantia; se a coisa pertencer a terceiro garantidor, será também esse intimado da penhora.
XIII – outros direitos.	Art. 656 [...]
§ 1º **É prioritária a penhora em dinheiro, podendo o juiz, nas demais hipóteses, alterar a ordem prevista no *caput* de acordo com as circunstâncias do caso concreto.**	§ 2º A penhora pode ser substituída por fiança bancária ou seguro garantia judicial, em valor não inferior ao do débito constante da inicial, mais 30% (trinta por cento).

§ 2º Para fins de substituição da penhora, equiparam-se a dinheiro a fiança bancária e o seguro garantia judicial, desde que em valor não inferior ao do débito constante da inicial, acrescido de trinta por cento.

§ 3º Na execução de crédito com garantia *real*, a penhora recairá sobre a coisa dada em garantia, e, se a coisa pertencer a terceiro garantidor, este também será intimado da penhora.

 ## COMENTÁRIOS:

Indicação de bens passíveis de penhora. Faculta-se ao exequente indicar, na petição da execução, os bens passíveis de penhora (art. 798, II, *c*). A indicação deve observar a ordem prevista nesse artigo, que, apesar de não ter caráter absoluto, só não deve ser seguida quando comprovada "não somente a manifesta vantagem para o executado, mas também a ausência de prejuízo para o exequente" (STJ, REsp 1.168.543, Rel. Min. Sidney Beneti, julgado em 05.03.2013).

Novidades. As novidades trazidas pelo CPC/2015 são, inicialmente, as seguintes: (i) alteração da ordem dos bens passíveis de penhora; e (ii) inclusão no rol dos bens penhoráveis dos semoventes (VII), das ações e quotas de sociedades simples (IX) e dos direitos aquisitivos derivados de promessa de compra e venda e de alienação fiduciária em garantia (XII).

A possibilidade de penhora de semoventes já era aceita pela jurisprudência.[287] Quanto às ações e quotas de sociedades simples (não empresárias), há entendimento no âmbito do Superior Tribunal de Justiça[288] que permite a penhora de cotas pertencentes a sócio de cooperativa. Como esta, nos termos do art. 982, parágrafo único, do Código Civil,[289] só pode ser constituída sob a forma de sociedade simples, já era possível estender o entendimento às demais sociedades constituídas sob essa mesma forma.

---

[287] Por exemplo: "AGRAVO DE INSTRUMENTO. CARTA PRECATÓRIA. AÇÃO DE EXECUÇÃO DE TÍTULO EXTRAJUDICIAL. NOMEAÇÃO DE BENS À PENHORA. INDICAÇÃO DE SEMOVENTES. VACAS LEITEIRAS QUE SE ENCONTRAM EM LOCAL CERTO E QUE ESTÃO DEVIDAMENTE VACINADAS. BENS QUE NÃO SÃO DE DIFÍCIL ALIENAÇÃO. PRETENSÃO DE SUBSTITUIÇÃO POR IMÓVEIS. INADMISSIBILIDADE. DECISÃO MANTIDA. RECURSO DESPROVIDO. Inadmissível a pretensão do credor de invalidar a nomeação de semoventes (vacas leiteiras) à penhora realizada pelo devedor, porque não são bens de difícil comercialização, e preferem os imóveis indicados pelo credor na ordem do artigo 655 do Código de Processo Civil" (TJPR, AI nº 3440080 PR 0344008-0, Rel. Des. Maria Aparecida Blanco de Lima, julgado em 16.08.2006, 14ª Câmara Cível).

[288] "PROCESSUAL CIVIL E DIREITO SOCIETÁRIO. RECURSO ESPECIAL. PENHORA DE COTAS DE SOCIEDADE COOPERATIVA EM FAVOR DE TERCEIRO ESTRANHO AO QUADRO SOCIETÁRIO. POSSIBILIDADE. [...] 2. É possível a penhora de cotas pertencentes a sócio de cooperativa, por dívida particular deste, pois responde o devedor, para o cumprimento de suas obrigações, com todos seus bens presentes e futuros (art. 591, CPC). [...]" (STJ, REsp 1.278.715/PR, Rel. Min. Nancy Andrighi, julgado em 11.06.2013).

[289] Código Civil, art. 982, parágrafo único. "Independentemente de seu objeto, considera-se empresária a sociedade por ações; e, simples, a cooperativa."

No que concerne à possibilidade de penhora dos direitos aquisitivos derivados de promessa de compra e venda e de alienação fiduciária em garantia, é importante lembrar que, em ambos os casos, como ainda não se adquiriu a propriedade plena do bem, este não poderá ser penhorado. O que deve acontecer é a constrição executiva sobre os direitos do executado relativos a essas espécies de contratos.

Por fim, ao prever que "é prioritária a penhora em dinheiro" e que, "nas demais hipóteses, o juiz pode alterar a ordem prevista no *caput* de acordo com as circunstâncias do caso concreto", o CPC/2015 está conferindo prioridade absoluta à penhora em dinheiro em detrimento das demais formas de constrição. Essa interpretação literal, no entanto, merece ser repensada pelos tribunais superiores, especialmente em virtude do princípio da menor onerosidade da execução, que deve se amoldar às peculiaridades do caso concreto.[290]

CPC/2015	CPC/1973
Art. 836. Não se levará a efeito a penhora quando ficar evidente que o produto da execução dos bens encontrados será totalmente absorvido pelo pagamento das custas da execução. § 1º Quando não encontrar bens penhoráveis, **independentemente de determinação judicial expressa**, o oficial de justiça descreverá na certidão os bens que guarnecem a residência ou o estabelecimento do *executado*, **quando este for pessoa jurídica**. § 2º **Elaborada a lista, o executado ou seu representante legal será nomeado depositário provisório de tais bens até ulterior determinação do juiz.**	Art. 659. [...] § 2º Não se levará a efeito a penhora, quando evidente que o produto da execução dos bens encontrados será totalmente absorvido pelo pagamento das custas da execução. § 3º No caso do parágrafo anterior e bem assim quando não encontrar quaisquer bens penhoráveis, o oficial descreverá na certidão os que guarnecem a residência ou o estabelecimento do devedor.

 COMENTÁRIOS:

Inadequação de bens à finalidade expropriatória. Não é admitida penhora de bem cujo valor não é nem sequer é suficiente para cobrir as custas do processo. Assim, na ausência de outros bens a serem penhorados, o oficial de justiça deverá certificar os bens que guarnecem a residência ou estabelecimento do executado. A novidade está na previsão quanto à nomeação do depositário até que a listagem dos bens seja analisada pelo juiz.

A intenção do legislador com esse dispositivo é evitar que o credor arque com prejuízos ainda maiores em virtude da insolvência do devedor.

---

[290] Nesse sentido, defendemos a continuidade da aplicação da Súmula 417 do STJ, que assim dispõe: "Na execução civil, a penhora em dinheiro na ordem de nomeação de bens não tem caráter absoluto." Ainda no âmbito do STJ: "LOCAÇÃO. EXECUÇÃO DE ALUGUÉIS. NOMEAÇÃO DE BENS À PENHORA. ORDEM LEGAL. CARÁTER RELATIVO. ART. 620 DO CPC. A ordem legal estabelecida para a nomeação de bens à penhora não tem caráter absoluto, devendo sua aplicação atender às circunstâncias do caso concreto, à potencialidade de satisfazer o crédito e ao 'princípio da menor onerosidade da execução', inscrito no art. 620 do CPC. Precedentes. *In casu*, a e. Corte *a quo* entendeu, acertadamente, que a constrição deveria recair sobre os bens imóveis indicados, porquanto a penhora sobre o dinheiro existente na conta bancária da executada comprometeria o próprio capital de giro da empresa, em detrimento dos fins por ela colimados. Recurso não conhecido" (STJ, REsp 445.684/SP, Rel. Min. Felix Fischer, julgado em 05.12.2002).

Subseção II
Da Documentação da Penhora, de seu Registro e do Depósito

CPC/2015	CPC/1973
Art. 837. Obedecidas as normas de segurança instituídas sob critérios uniformes *pelo Conselho Nacional de Justiça*, a penhora de dinheiro e as averbações de penhoras de bens imóveis e móveis podem ser realizadas por meio eletrônico.	Art. 659 [...] § 6º Obedecidas as normas de segurança que forem instituídas, sob critérios uniformes, *pelos Tribunais*, a penhora de numerário e as averbações de penhoras de bens imóveis e móveis podem ser realizadas por meios eletrônicos.

 COMENTÁRIOS:

Regulamentação. A regulamentação do procedimento eletrônico para penhora de dinheiro e de bens móveis ou imóveis não mais ficará a cargo dos tribunais, mas sim do Conselho Nacional de Justiça, que deverá parametrizar o procedimento para a efetivação das medidas executivas.[291]

CPC/2015	CPC/1973
Art. 838. A penhora será realizada mediante auto **ou termo**, que conterá: I – a indicação do dia, do mês, do ano e do lugar em que foi feita; II – os nomes do *exequente* e do *executado*; III – a descrição dos bens penhorados, com as suas características; IV – a nomeação do depositário dos bens.	Art. 665. O auto de penhora conterá: I – a indicação do dia, mês, ano e lugar em que foi feita; II – os nomes do *credor* e do *devedor*; III – a descrição dos bens penhorados, com os seus característicos; IV – a nomeação do depositário dos bens.

 COMENTÁRIOS:

Diferença entre auto e termo de penhora. "Duas são as modalidades de documentação da penhora no Código de Processo Civil: termo de penhora lavrado pelo escrivão e auto de penhora, confeccionado pelo oficial de justiça" (STJ, REsp 259.272/GO, Rel. Min. Fernando Gonçalves, julgado em 11.10.2005).

A rigor, na essência não se distingue entre penhora por oficial de justiça e penhora por termo nos autos. A diferença reside apenas no sujeito processual incumbido da prática do ato, bem como no lugar onde é praticado.

A penhora por oficial de justiça é efetuada no lugar onde quer que se encontrem os bens, ainda que sob a posse, detenção ou guarda de terceiros (art. 845), e a documentação se dá por meio de auto (art. 839), lavrado pelo oficial de justiça.

---

[291] A Resolução nº 61 do Conselho Nacional de Justiça já traz algumas regras relativas à penhora *on-line*. O Bacenjud (sistema operado pelo Banco Central do Brasil para agilizar a solicitação de informações e o envio de ordens judiciais ao Sistema Financeiro Nacional), por exemplo, já foi objeto de convênio com o Conselho Nacional de Justiça com vistas ao seu aperfeiçoamento e ao incentivo de seu uso.

Requisitos. Se o auto de penhora não contiver os requisitos descritos nesse dispositivo e for constatado prejuízo para o processo, a invalidação é medida que se impõe. Somente a ausência de indicação do depositário (inciso IV) pode ser suprimida pelo art. 840.

Importância do auto e do termo de penhora. Além de formalizarem a penhora, esses documentos permitem que, no caso de concurso de credores, seja possível identificar qual foi a primeira penhora realizada para fins de exercício do direito de preferência.

CPC/2015	CPC/1973
Art. 839. Considerar-se-á feita a penhora mediante a apreensão e o depósito dos bens, lavrando-se um só auto se as diligências forem concluídas no mesmo dia.	Art. 664. Considerar-se-á feita a penhora mediante a apreensão e o depósito dos bens, lavrando-se um só auto se as diligências forem concluídas no mesmo dia.
Parágrafo único. Havendo mais de uma penhora, serão lavrados autos individuais.	Parágrafo único. Havendo mais de uma penhora, lavrar-se-á para cada qual um auto.

 ## COMENTÁRIOS:

Penhora e depósito. A penhora, em regra, é ato complexo, que engloba a apreensão propriamente dita, a avaliação, o depósito e a intimação, tanto que se lavra um só auto se as diligências forem concluídas no mesmo dia (art. 839). Nada impede que tais atos possam ser realizados em momentos distintos, seja porque não foi possível concluir a diligência no mesmo dia, a avaliação demandava conhecimentos especializados, não foi possível proceder ao depósito dos bens constritos ou o devedor não se encontrava presente para ser intimado.

"A finalidade da penhora é afetar o bem à atividade executiva. O depósito consiste em ato complementar à penhora. Tem por função conservar o bem penhorado."[292]

CPC/2015	CPC/1973
Art. 840. Serão preferencialmente depositados:	Art. 666. ~~Os bens penhorados~~ serão preferencialmente depositados:
I – as quantias em dinheiro, os papéis de crédito e as pedras e os metais preciosos, no Banco do Brasil, na Caixa Econômica Federal ou em banco do qual o Estado **ou o Distrito Federal** possua mais da metade do capital social integralizado, ou, na falta desses estabelecimentos, em qualquer instituição de crédito designada pelo juiz;	I – no Banco do Brasil, na Caixa Econômica Federal, ou em um banco, de que o Estado-Membro da União possua mais de metade do capital social integralizado; ou, em falta de tais estabelecimentos de crédito, ou agências suas no lugar, em qualquer estabelecimento de crédito, designado pelo juiz, as quantias em dinheiro, as pedras e os metais preciosos, bem como os papéis de crédito;
II – os móveis, **os semoventes**, os imóveis urbanos **e os direitos aquisitivos sobre imóveis urbanos**, em poder do depositário judicial;	II – em poder do depositário judicial, os móveis e os imóveis urbanos;
III – **os imóveis rurais, os direitos aquisitivos sobre imóveis rurais, as máquinas, os utensílios e os instrumentos necessários ou úteis à atividade agrícola, mediante caução idônea, em poder do executado.**	III – em mãos de depositário particular, os demais bens.

---

[292] MARINONI, Luiz Guilherme; ARENHART, Sérgio Cruz; MITIDIERO, Daniel. **Novo Código de Processo Civil comentado.** São Paulo: Revista dos Tribunais, 2015, p. 792.

§ 1° **No caso do inciso II do *caput*, se não houver depositário judicial, os bens ficarão em poder do exequente.**	§ 1° Com a expressa anuência do exequente ou nos casos de difícil remoção, os bens poderão ser depositados em poder do executado.
§ 2° Os bens poderão ser depositados em poder do executado nos casos de difícil remoção ou quando anuir o exequente.	~~§ 3° A prisão de depositário judicial infiel será decretada no próprio processo, independentemente de ação de depósito.~~
§ 3° As joias, as pedras e os objetos preciosos deverão ser depositados com registro do valor estimado de resgate.	§ 2° As joias, pedras e objetos preciosos deverão ser depositados com registro do valor estimado de resgate.

COMENTÁRIOS:

Local de depósito dos bens. O dispositivo estabelece quais os locais onde os bens penhorados devem ser depositados. A regra não é absoluta, tanto que o CPC/2015 repete o termo "preferencialmente". Assim, por exemplo, no caso de bens de difícil remoção, pode o juiz avaliar a conveniência de os bens permanecerem em poder do executado (STJ, AgRg no REsp 1.183.041, Rel. Min. Sidnei Beneti, julgado em 11.06.2013).

Ressalte-se que o depositário, independentemente de quem seja, ficará incumbido da guarda e conservação do bem penhorado, sendo responsável também pelos frutos e rendimentos produzidos durante o tempo em que a coisa permanecer em seu poder. Como já não é mais possível a prisão civil do depositário infiel, por força da Súmula Vinculante 25 do Supremo Tribunal Federal,[293] o que o CPC/2015 fez foi apenas excluir um dispositivo que já não tinha aplicabilidade.

CPC/2015	CPC/1973
Art. 841. **Formalizada a penhora por qualquer dos meios legais, dela será imediatamente intimado o executado.** § 1° **A intimação da penhora será feita ao advogado do executado ou à sociedade de advogados a que aquele pertença.** § 2° **Se não houver constituído advogado nos autos, o executado será intimado pessoalmente, de preferência por via postal.** § 3° **O disposto no § 1° não se aplica aos casos de penhora realizada na presença do executado, que se reputa intimado.** § 4° **Considera-se realizada a intimação a que se refere o § 2° quando o executado houver mudado de endereço sem prévia comunicação ao juízo, observado o disposto no parágrafo único do art. 274.**	Não há correspondência.

---

[293] STF, Súmula Vinculante 25. "É ilícita a prisão civil de depositário infiel, qualquer que seja a modalidade do depósito."

COMENTÁRIOS:

Intimação da penhora. Em regra, a intimação da penhora é feita por oficial de justiça, por ocasião do ato constritivo, em cumprimento ao mandado utilizado para citar, penhorar, avaliar e depositar. A finalidade da intimação é o conhecimento da penhora, de forma que é dispensável o ato formal de intimação quando é penhorado o bem indicado pelo executado (art. 829, § 2º) ou quando este presencia o ato (art. 841, § 3º), uma vez que este participa do respectivo termo. Entretanto, sendo a indicação feita pelo exequente, o que constitui regra, bem como no caso de penhora no rosto dos autos e de conversão do arresto em penhora, a intimação será necessária.

A intimação da penhora pode ser feita por oficial de justiça, no momento da constrição ou posteriormente. Se o executado já tiver advogado constituído nos autos, a intimação será feita na pessoa do causídico ou na sociedade de advogados a que ele pertença; caso não o tenha, será intimado pessoalmente, de preferência, por via postal (art. 841, §§ 1º e 2º).

Mesmo não tendo advogado constituído, se o executado mudar de endereço sem comunicação ao juízo, considerar-se-á realizada a intimação dirigida ao endereço constante dos autos, fluindo os prazos a partir da juntada aos autos do comprovante de entrega da correspondência no primitivo endereço (art. 841, § 4º).

Frustrada a intimação do executado na pessoa de seu advogado, por oficial de justiça ou pelo correio, caberá ao juiz adotar uma das seguintes posturas, dependendo das circunstâncias do caso: (a) determinar a realização de novas diligências para localizar o executado, a fim de intimá-lo por mandado; (b) intimá-lo por edital ou, se houver indício de ocultação, por hora certa; (c) dispensar a intimação.

Evidencie-se que, havendo vários executados, apenas aqueles que tiveram bens penhorados devem ser intimados da penhora. Em razão de a intimação da penhora não constituir marco inicial da fluência de prazo para embargar, desnecessária é a intimação da penhora ao executado que não sofreu os efeitos da constrição.

Recaindo a penhora em bens imóveis ou direito real sobre imóvel (hipoteca, servidão, usufruto, por exemplo), será intimado também o cônjuge do executado, conforme dispõe o art. 842.

CPC/2015	CPC/1973
Art. 842. Recaindo a penhora sobre bem imóvel **ou direito real sobre imóvel**, será intimado também o cônjuge do executado, **salvo se forem casados em regime de separação absoluta de bens**.	Art. 655. A penhora observará, preferencialmente, a seguinte ordem: [...] § 2º Recaindo a penhora em bens imóveis, será intimado também o cônjuge do executado.

 COMENTÁRIOS:

Intimação do cônjuge. De acordo com o CPC/1973, o cônjuge do executado sempre deveria ser intimado nos casos de penhora de bem imóvel. No CPC/2015, essa intimação deverá observar o regime de bens dos cônjuges, ou seja, a depender da relação patrimonial estabelecida entre eles, em decorrência do matrimônio, a intimação da penhora poderá ser dispensada.

A intimação somente será necessária naqueles casos em que o cônjuge individualmente não é legitimado para dispor de bens imóveis. No casamento sob o regime da separação absoluta de bens, não há necessidade da intimação, a menos que o cônjuge, sendo parte na execução, também tenha tido bens penhorados. Ao cônjuge reconhece-se legitimidade para opor embargos do devedor e de terceiro, bem como para adjudicar o bem penhorado, daí a necessidade de intimação, mormente se tratando de bem imóvel, que goza de especial proteção legal.

A dispensa deve ocorrer quando os cônjuges forem casados sob o regime da separação total de bens. O fundamento para essa modificação é simples: se não há meação a ser defendida, não há razão para que o cônjuge seja intimado da penhora. Essa nova disposição contraria o entendimento do Superior Tribunal de Justiça, para quem a intimação é obrigatória independentemente do regime de bens adotado pelo casal.[294]

CPC/2015	CPC/1973
Art. 843. Tratando-se de penhora de bem indivisível, *o equivalente à quota-parte* do **coproprietário ou** do cônjuge alheio à execução recairá sobre o produto da alienação do bem. **§ 1º É reservada ao coproprietário ou ao cônjuge não executado a preferência na arrematação do bem em igualdade de condições.** **§ 2º Não será levada a efeito expropriação por preço inferior ao da avaliação na qual o valor auferido seja incapaz de garantir, ao coproprietário ou ao cônjuge alheio à execução, o correspondente à sua quota-parte calculado sobre o valor da avaliação.**	Art. 655-B. Tratando-se de penhora em bem indivisível, *a meação* do cônjuge alheio à execução recairá sobre o produto da alienação do bem.

 ## COMENTÁRIOS:

Penhora e alienação de bem indivisível. O art. 655-B do CPC/1973 dispunha que se houvesse alienação de bem indivisível do casal, o cônjuge poderia opor embargos, mas, sendo vitorioso, não preservava a posse relativa ao bem. O que o Código de 1973 garantia era que o valor relativo à meação fosse pago após a alienação do objeto da execução.

De acordo com o CPC/2015, o valor relativo à meação continua a ser pago após a alienação. A novidade é que o imóvel não poderá ser alienado se não viabilizar a entrega de, pelo menos, o equivalente à quota-parte destinada ao cônjuge. Além dessa garantia, o cônjuge também terá preferência na arrematação, em igualdade de condições com os demais arrematantes.

O CPC/2015 também inclui nesse regramento a copropriedade. Se houver penhora de imóvel de propriedade de dois amigos, por exemplo, a penhora e a alienação serão realizadas na íntegra, mas o coproprietário terá direito à sua parte na expropriação. O novo dispositivo vai facilitar a aquisição do imóvel e evitar o condomínio forçado.

---

[294] Ressalte-se, no entanto, que o próprio STJ já entendeu que a ausência de intimação fica sanada quando o cônjuge apresenta embargos de terceiro (REsp 48.825/SP, Rel. Min. Isabel Galloti, julgado em 18.12.2012).

CPC/2015	CPC/1973
Art. 844. Para presunção absoluta de conhecimento por terceiros, cabe ao exequente providenciar a averbação **do arresto ou da penhora** no registro competente, mediante apresentação de *cópia do auto ou do termo*, independentemente de mandado judicial.	Art. 659 [...] § 4º ~~A penhora de bens imóveis realizar-se-á mediante auto ou termo de penhora~~, cabendo ao exequente, ~~sem prejuízo da imediata intimação do executado (art. 652, § 4º)~~, providenciar, para presunção absoluta de conhecimento por terceiros, a respectiva averbação no ofício imobiliário, mediante a apresentação de *certidão de inteiro teor do ato*, independentemente de mandado judicial.

 COMENTÁRIOS:

Presunções legais. A presunção legal pode ser absoluta (*juris et de jure*) ou relativa (*juris tantum*). No primeiro caso, o fato é considerado verdadeiro pelo próprio sistema jurídico, sendo irrelevante qualquer comprovação em sentido contrário.

Exemplo de presunção absoluta é a averbação prevista nesse dispositivo. Trata-se de medida que independe de mandado judicial, sendo necessário apenas que o requerente apresente certidão de inteiro teor ao ofício imobiliário.

Subseção III
Do Lugar de Realização da Penhora

CPC/2015	CPC/1973
Art. 845. Efetuar-se-á a penhora onde se encontrem os bens, ainda que sob a posse, a detenção ou a guarda de terceiros. § 1º A penhora de imóveis, independentemente de onde se localizem, quando apresentada certidão da respectiva matrícula, **e a penhora de veículos automotores, quando apresentada certidão que ateste a sua existência**, serão realizadas por termo nos autos. § 2º Se o *executado* não tiver bens no foro do processo, **não sendo possível a realização da penhora nos termos do § 1º**, a execução será feita por carta, penhorando-se, avaliando-se e alienando-se os bens no foro da situação.	Art. 659. [...] § 1º Efetuar-se-á a penhora onde quer que se encontrem os bens, ainda que sob a posse, detenção ou guarda de terceiros. [...] § 5º ~~Nos casos do § 4º~~, quando apresentada certidão da respectiva matrícula, a penhora de imóveis, independentemente de onde se localizem, será realizada por termo nos autos, ~~do qual será intimado o executado, pessoalmente ou na pessoa de seu advogado, e por este ato constituído depositário~~. Art. 658. Se o *devedor* não tiver bens no foro da causa, far-se-á a execução por carta, penhorando-se, avaliando-se e alienando-se os bens no foro da situação ~~(art. 747)~~.

 COMENTÁRIOS:

Local de realização da penhora. Efetuar-se-á a penhora onde quer que se encontrem os bens, ainda que sob a posse, detenção ou guarda de terceiros (art. 845, *caput*). Se o devedor não tiver bens no foro da causa e a penhora não puder ser realizada por termo nos autos (art. 845, § 1º), far-se-á a execução por carta (art. 845, § 2º). Nesse caso, a penhora, a avaliação, a alienação, enfim, todos os atos relativos ao bem apreendido na execução, serão levados a efeito por meio de carta precatória, cujo juiz deprecado é o da situação dos bens.

A grande novidade trazida pelo CPC/2015 se refere à penhora de veículo automotor. Apesar de essa modalidade de penhora já estar prevista no art. 655, II, do CPC/1973, não havia regramento especial sobre a matéria.

Tradicionalmente, os veículos eram penhorados por diligência do oficial de justiça, que tinha a incumbência de localizar o bem. De acordo com o CPC/2015, a penhora de veículos será possível por simples termo nos autos, com anotação da restrição por meio do sistema eletrônico RENAJUD (Restrições Judiciais sobre Veículos Automotores), disponibilizado pelo Departamento Nacional de Trânsito (DENATRAN). Por esse sistema é possível determinar não apenas a restrição quanto à transferência do veículo, mas até mesmo quanto à sua circulação.

Segundo o CPC/2015, a penhora de veículos automotores depende da apresentação, pelo exequente, da certidão que ateste a existência do bem. Ressalte-se que o Superior Tribunal de Justiça tem entendimento, em relação aos veículos automotores, semelhante ao adotado para os bens imóveis, no sentido de que apenas a inscrição da penhora no órgão de trânsito torna absoluta a assertiva de que a constrição é conhecida por terceiros (STJ, REsp 944.250/RS e REsp 835.089).

CPC/2015	CPC/1973
Art. 846. Se o *executado* fechar as portas da casa a fim de obstar a penhora dos bens, o oficial de justiça comunicará o fato ao juiz, solicitando-lhe ordem de arrombamento.	Art. 660. Se o *devedor* fechar as portas da casa, a fim de obstar a penhora dos bens, o oficial de justiça comunicará o fato ao juiz, solicitando-lhe ordem de arrombamento.
§ 1º Deferido o pedido, 2 (dois) oficiais de justiça cumprirão o mandado, arrombando **cômodos** e móveis em que se presuma estarem os bens, e lavrarão de tudo auto circunstanciado, que será assinado por 2 (duas) testemunhas presentes à diligência.	Art. 661. Deferido o pedido ~~mencionado no artigo antecedente~~, dois oficiais de justiça cumprirão o mandado, arrombando ~~portas~~, móveis e ~~gavetas~~, onde presumirem que se achem os bens, e lavrando de tudo auto circunstanciado, que será assinado por duas testemunhas, presentes à diligência.
§ 2º Sempre que necessário, o juiz requisitará força policial, a fim de auxiliar os oficiais de justiça na penhora dos bens.	Art. 662. Sempre que necessário, o juiz requisitará força policial, a fim de auxiliar os oficiais de justiça na penhora dos bens ~~e na prisão de quem resistir à ordem~~.
§ 3º Os oficiais de justiça lavrarão em duplicata o auto da *ocorrência*, entregando uma via ao escrivão **ou ao chefe de secretaria**, para ser juntada aos autos, e a outra à autoridade policial **a quem couber a apuração criminal dos eventuais delitos de desobediência ou de resistência**.	Art. 663. Os oficiais de justiça lavrarão em duplicata o auto de *resistência*, entregando uma via ao escrivão do processo para ser junta aos autos e a outra à autoridade policial, ~~a quem entregarão o preso~~.
§ 4º Do auto da *ocorrência* constará o rol de testemunhas, com a respectiva qualificação.	Parágrafo único. Do auto de *resistência* constará o rol de testemunhas, com a sua qualificação.

 ## COMENTÁRIOS:

Resistência à realização da penhora. A penhora, como qualquer ato processual, realizar-se-á em dias úteis, das 6 às 20 horas. Entretanto, tal como a citação e a intimação, a penhora poderá realizar-se em domingos e feriados, nos dias úteis, fora do horário mencionado, bem como nas férias forenses, onde houver (art. 212, § 2º). Diferentemente do que previa o

CPC/1973, o novo Código não condiciona a realização desses atos à prévia autorização judicial. Entretanto, se para realizar a citação, intimação ou penhora o oficial de justiça precisar do consentimento da parte para adentrar em seu domicílio e esta não consentir, o ato necessariamente dependerá de ordem judicial para ser realizado (art. 5º, XI, da CF).

Se o executado fechar as portas da casa a fim de obstar a penhora dos bens, o oficial de justiça comunicará o fato ao juiz, solicitando-lhe ordem de arrombamento. Nesse caso, deferida a ordem, dois oficiais de justiça cumprirão o mandado, arrombando cômodos e móveis em que se presuma encontrar os bens, e lavrando de tudo auto circunstanciado, que será assinado por duas testemunhas, presentes à diligência (art. 846, *caput* e § 1º).

Sempre que necessário, o juiz requisitará força policial, a fim de auxiliar os oficiais de justiça na penhora dos bens e na prisão de quem resistir ou desobedecer à ordem, porquanto, nesses casos, pode estar tipificado o crime de resistência ou de desobediência, a depender da situação concreta (art. 846, § 2º, do CPC; arts. 329 e 330 do CP). Esse poder do juiz já se encontra previsto no processo de conhecimento (art. 360, III) e na parte geral do processo de execução (art. 782, § 2º), de forma que nem haveria necessidade de disposição específica para requisição de força policial.

Para documentar a resistência ou a desobediência à ordem judicial, os oficiais de justiça lavrarão o respectivo auto, em duas vias, do qual constarão nome, qualificação e, se possível, a assinatura de duas testemunhas. Uma via será entregue ao escrivão para juntada aos autos da execução, a outra será entregue à autoridade policial, a quem couber a apuração criminal dos eventuais delitos de desobediência ou resistência (art. 846, § 3º).

Subseção IV
Das Modificações da Penhora

CPC/2015	CPC/1973
Art. 847. O executado pode, no prazo de 10 (dez) dias contado da intimação da penhora, requerer a substituição do bem penhorado, desde que comprove que lhe será menos onerosa e não trará prejuízo ao exequente.	Art. 668. O executado pode, no prazo de 10 (dez) dias após intimado da penhora, requerer a substituição do bem penhorado, desde que comprove ~~cabalmente~~ que a substituição não trará prejuízo algum ao exequente e será menos onerosa para ele devedor ~~(art. 17, incisos IV e VI, e art. 620)~~.
§ 1º *O juiz só autorizará a substituição se o* executado:	Parágrafo único. *Na hipótese prevista neste artigo, ao* executado *incumbe*:
I – *comprovar* as respectivas matrículas e os registros **por certidão do correspondente ofício**, quanto aos bens imóveis;	I – quanto aos bens imóveis, *indicar* as respectivas matrículas e registros, ~~situá-los e mencionar as divisas e confrontações~~;
II – *descrever* os bens móveis, *com todas as suas propriedades e características,* bem como o estado deles e o lugar onde se encontram;	II – quanto aos móveis, *particularizar* o estado e o lugar em que se encontram;
III – *descrever* os semoventes, com indicação de espécie, de número, **de marca ou sinal** e *do local onde* se encontram;	III – quanto aos semoventes, especificá-los, indicando o número ~~de cabeças~~ e o *imóvel em que* se encontram;
IV – identificar os créditos, indicando quem seja o devedor, qual a origem da dívida, o título que a representa e a data do vencimento; e	IV – quanto aos créditos, identificar o devedor e ~~qualificá-lo~~, descrevendo a origem da dívida, o título que a representa e a data do vencimento; e
V – atribuir, **em qualquer caso**, valor aos bens indicados à penhora, **além de especificar os ônus e os encargos a que estejam sujeitos.**	V – atribuir valor aos bens indicados à penhora. Art. 656. [...]

§ 2º Requerida a substituição do bem penhorado, o executado deve indicar onde se encontram os bens sujeitos à execução, exibir a prova de sua propriedade e a certidão negativa ou positiva de ônus, bem como abster-se de qualquer atitude que dificulte ou embarace a realização da penhora.

§ 3º O executado somente poderá oferecer bem imóvel em substituição caso o requeira com a expressa anuência do cônjuge, salvo se o regime for o de separação absoluta de bens.

§ 4º O juiz intimará o exequente para manifestar-se sobre o requerimento de substituição do bem penhorado.

§ 1º É dever do executado (art. 600), no prazo fixado pelo juiz, indicar onde se encontram os bens sujeitos à execução, exibir a prova de sua propriedade e, se for o caso, certidão negativa de ônus, bem como abster-se de qualquer atitude que dificulte ou embarace a realização da penhora (art. 14, parágrafo único).

[...]

§ 3º O executado somente poderá oferecer bem imóvel em substituição caso o requeira com a expressa anuência do cônjuge.

Art. 848. As partes poderão requerer a substituição da penhora se:

I – ela não obedecer à ordem legal;

II – ela não incidir sobre os bens designados em lei, contrato ou ato judicial para o pagamento;

III – havendo bens no foro da execução, outros tiverem sido penhorados;

IV – havendo bens livres, ela tiver recaído sobre bens já penhorados ou objeto de gravame;

V – ela incidir sobre bens de baixa liquidez;

VI – fracassar a tentativa de alienação judicial do bem; ou

VII – o *executado* não indicar o valor dos bens ou omitir qualquer das indicações *previstas em lei*.

Parágrafo único. A penhora pode ser substituída por fiança bancária ou por seguro garantia judicial, em valor não inferior ao do débito constante da inicial, acrescido de trinta por cento.

Art. 656. A parte poderá requerer a substituição da penhora:

I – se não obedecer à ordem legal;

II – se não incidir sobre os bens designados em lei, contrato ou ato judicial para o pagamento;

III – se, havendo bens no foro da execução, outros houverem sido penhorados;

IV – se, havendo bens livres, a penhora houver recaído sobre bens já penhorados ou objeto de gravame;

V – se incidir sobre bens de baixa liquidez;

VI – se fracassar a tentativa de alienação judicial do bem; ou

VII – se o *devedor* não indicar o valor dos bens ou omitir qualquer das indicações *a que se referem os incisos I a IV do parágrafo único do art. 668 desta Lei*. [...]

§ 2º A penhora pode ser substituída por fiança bancária ou seguro garantia judicial, em valor não inferior ao do débito constante da inicial, mais 30% (trinta por cento).

 ## COMENTÁRIOS AOS ARTS. 847 E 848:

Substituição da penhora. Os arts. 847 e 848, atendendo ao princípio segundo o qual a execução deve satisfazer o crédito do exequente com o menor sacrifício possível para o executado (art. 805), preveem a substituição da penhora pelo executado ou por qualquer das partes, respectivamente.

A indicação de bens à penhora cabe inicialmente ao credor. Pode ocorrer de a indicação não ter obedecido à ordem prevista no art. 835, ou, embora tenha respeitado a preferência, o devedor possa ter vislumbrado uma forma menos onerosa para execução de seu patrimônio sem comprometer o direito do credor (art. 829, § 2º). Essa a razão por que o Código lhe faculta pleitear a substituição da penhora.

Tratando de substituição requerida pelo executado, o requerimento deverá ser formulado no prazo de dez dias contados da intimação da penhora, e será deferido caso comprove o devedor que a substituição lhe será menos onerosa e não trará prejuízo algum ao exequente. Nesse caso, o juiz somente autorizará a substituição se o executado: (a) comprovar as respectivas matrículas e os registros por certidão do correspondente ofício, quanto aos bens imóveis; (b) descrever os bens móveis, com todas as suas propriedades e características, bem como o estado deles e o lugar onde se encontram; (c) descrever os semoventes, com indicação de espécie, de número, de marca ou sinal e do local onde se encontram; (d) identificar os créditos, indicando quem seja o devedor, qual a origem da dívida, o título que a representa e a data do vencimento; e (e) atribuir, em qualquer caso, valor aos bens indicados à penhora, além de especificar os ônus e os encargos a que estejam sujeitos (art. 847, § 1º).

Além disso, o executado deve indicar onde se encontram os bens sujeitos à execução, exibir a prova de sua propriedade e a certidão negativa ou positiva de ônus, bem como abster-se de qualquer atitude que dificulte ou embarace a realização da penhora (art. 847, § 2º). Preenchidos esses requisitos e estando o exequente de acordo com a substituição, o juiz não poderá indeferi-la.[295] Ressalte-se que a substituição não trata de direito potestativo do executado. O juiz sempre ouvirá o exequente antes de decidir, determinando a lavratura de termo de penhora dos novos bens, caso a substituição tenha sido aceita e esteja em conformidade com a lei (art. 847, § 4º; arts. 9º e 10; art. 849).

O § 3º do art. 847 dispõe que o executado somente poderá oferecer bem imóvel em substituição caso o requeira com a expressa anuência do cônjuge. A norma, conquanto salutar porque evita a oposição de embargos de terceiro por parte do cônjuge alheio à execução (art. 674, § 2º, I), não se aplica ao executado casado sobre o regime da separação total de bens (art. 1.647, I, do CC; art. 847, § 3º, parte final, do CPC).

A substituição também poderá ser requerida por qualquer das partes (exequente ou executado) nas situações descritas no art. 848. Embora o *caput* se valha do termo "partes" para indicar os legitimados ao pedido de substituição, as hipóteses ali previstas são fundamentalmente relacionadas ao interesse do exequente, exceto quanto ao inciso I, que trata da possibilidade de substituição quando a penhora não observar a ordem legal.

De acordo com este dispositivo (art. 848), o pedido de substituição da penhora pode ocorrer ao longo do processo. Não há um momento adequado e, portanto, não se pode falar em preclusão. Mesmo naquelas situações cujo termo inicial está previsto no texto normativo, por exemplo, o fracasso na alienação judicial, não se exige das partes que formulem o pedido logo após a frustração da alienação. Em todo caso, o juiz deve analisar se o eventual pedido tardio de substituição tem ou não sua razão de ser.

---

[295] Nesse sentido: "[...] tendo o credor anuído com a substituição da penhora, mesmo que por um bem de que guarda menor liquidez, não poderá o juiz, *ex officio*, indeferi-la. Ademais, nos termos do art. 620 do CPC, a execução deverá ser feita pelo modo menos gravoso para o executado" (REsp 1.377.626/RJ, 2ª Turma, Rel. Min. Humberto Martins, *DJ* 28.06.2013). O dispositivo mencionado corresponde ao art. 805 do novo CPC.

A substituição será sempre possível desde que útil à execução. O juiz deve sempre ter em vista o binômio satisfação do crédito e menor onerosidade para o devedor. Decerto que a substituição da penhora de um imóvel, não obstante ter obedecido à ordem legal, por fiança bancária ou seguro-garantia judicial, em valor não inferior ao do débito constante da inicial, mais 30%, convém ao credor e à execução (art. 848, parágrafo único).

CPC/2015	CPC/1973
Art. 849. Sempre que ocorrer a substituição dos bens inicialmente penhorados, será lavrado *novo* termo.	Art. 657. ~~Ouvida em 3 (três) dias a parte contrária~~, se os bens inicialmente penhorados ~~(art. 652)~~ forem substituídos por outros, lavrar-se-á o *respectivo* termo.

 COMENTÁRIOS:

Lavratura de novo termo. A substituição do bem penhorado nada mais é do que uma nova penhora, distinta daquela anteriormente realizada. Assim sendo, torna-se indispensável a lavratura de novo termo.

CPC/2015	CPC/1973
Art. 850. **Será admitida a redução ou a ampliação da penhora, bem como sua transferência para outros bens, se, no curso do processo, o valor de mercado dos bens penhorados sofrer alteração significativa.**	Não há correspondência.

 COMENTÁRIOS:

Outras formas de modificação da penhora. Devido à morosidade no trâmite processual, não raras vezes o valor do bem penhorado sofre alterações em razão do decurso do tempo. Por conta disso, o CPC/2015 passará a autorizar a redução, ampliação ou substituição da penhora em razão de significativa alteração no valor dos bens penhorados. Entendo que esse dispositivo deverá ser aplicado apenas se houver requerimento motivado da parte interessada, tal como no art. 872, que trata da redução e ampliação da penhora após a avaliação.

CPC/2015	CPC/1973
Art. 851. Não se procede à segunda penhora, salvo se:	Art. 667. Não se procede à segunda penhora, salvo se:
I – a primeira for anulada;	I – a primeira for anulada;
II – executados os bens, o produto da alienação não bastar para o pagamento do *exequente*;	II – executados os bens, o produto da alienação não bastar para o pagamento do *credor;*
III – o *exequente* desistir da primeira penhora, por serem litigiosos os bens ou por estarem *submetidos a constrição judicial*.	III – o *credor* desistir da primeira penhora, por serem litigiosos os bens, ou *por estarem penhorados, arrestados ou onerados*.

 ## COMENTÁRIOS:

Segunda penhora. Além dos casos previstos nesse dispositivo, admite-se a realização de uma segunda penhora quando se tratar de obrigação de trato sucessivo, que se tornou exigível no curso do processo (STJ, REsp 164.930/RS).[296]

CPC/2015	CPC/1973
Art. 852. O juiz *determinará* a alienação antecipada dos bens penhorados quando: I – **se tratar de veículos automotores, de pedras e metais preciosos e de outros bens móveis** sujeitos à depreciação ou à deterioração; II – houver manifesta vantagem.	Art. 670. O juiz *autorizará* a alienação antecipada dos bens penhorados quando: I – sujeitos a deterioração ou depreciação; II – houver manifesta vantagem.
Art. 853. Quando uma das partes requerer *alguma das medidas previstas nesta Subseção*, o juiz ouvirá sempre a outra, no prazo de 3 (três) dias, antes de decidir. Parágrafo único. **O juiz decidirá de plano qualquer questão suscitada.**	Art. 670. [...] Parágrafo único. Quando uma das partes requerer *a alienação antecipada dos bens penhorados*, o juiz ouvirá sempre a outra antes de decidir.

 ## COMENTÁRIOS AOS ARTS. 852 E 853:

Alienação antecipada. O Código permite a alienação antecipada de bens nas hipóteses descritas nesse dispositivo. O CPC/2015 limita a alienação antecipada a determinados bens, ou seja, não é todo e qualquer bem sujeito à deterioração ou depreciação que pode ser antecipadamente alienado. Essa especificação trazida pelo CPC/2015 visa evitar que o dispositivo seja utilizado indiscriminadamente.

A venda antecipada tem caráter excepcional, devendo incidir apenas quando imprescindível ao afastamento dos riscos de perecimento do bem. Em qualquer situação, o juiz deverá sobrelevar a "manifesta vantagem" (inciso II) da alienação para ambas as partes.[297]

Requerimento. Os pressupostos que justificam a alienação antecipada devem estar comprovados nos autos. O exequente deverá, então, motivar o pedido, apresentando provas que demonstrem que os bens estão sujeitos à "deterioração" ou "depreciação". O requerimento pode ser feito por qualquer das partes (art. 853) ou mesmo por iniciativa do juiz, desde que devidamente fundamentada.

O art. 853 fixa o prazo para oitiva da parte contrária quando forem requeridas a alienação antecipada e a substituição de bem penhorado, reforçando, assim, a necessidade de prévio contraditório (art. 9º do CPC/2015).

[296] MARINONI, Luiz Guilherme; ARENHART, Sérgio Cruz; MITIDIERO, Daniel. **Novo Código de Processo Civil comentado.** São Paulo: Revista dos Tribunais, 2015, p. 792.

[297] Nesse sentido: MIRANDA, Pontes de. **Comentários ao Código de Processo Civil.** Rio de Janeiro: Forense, 1976, p. 296.

Subseção V
Da Penhora de Dinheiro em Depósito ou em Aplicação Financeira

CPC/2015	CPC/1973

Art. 854. Para possibilitar a penhora de dinheiro em depósito ou em aplicação financeira, o juiz, a requerimento do exequente, **sem dar ciência prévia do ato ao executado**, *determinará às instituições financeiras*, por meio de sistema eletrônico **gerido pela autoridade supervisora do sistema financeiro nacional**, *que torne indisponíveis ativos financeiros existentes em nome do executado*, limitando-se a indisponibilidade ao valor indicado na execução.

§ 1º No prazo de 24 (vinte e quatro) horas a contar da resposta, de ofício, o juiz determinará o cancelamento de eventual indisponibilidade excessiva, o que deverá ser cumprido pela instituição financeira em igual prazo.

§ 2º Tornados indisponíveis os ativos financeiros do executado, este será intimado na pessoa de seu advogado ou, não o tendo, pessoalmente.

§ 3º Incumbe ao executado, no prazo de 5 (cinco) dias, comprovar que:

I – as quantias *tornadas indisponíveis são impenhoráveis*;

II – **ainda remanesce indisponibilidade excessiva de ativos financeiros.**

§ 4º Acolhida qualquer das arguições dos incisos I e II do § 3º, o juiz determinará o cancelamento de eventual indisponibilidade irregular ou excessiva, a ser cumprido pela instituição financeira em 24 (vinte e quatro) horas.

§ 5º Rejeitada ou não apresentada a manifestação do executado, converter-se-á a indisponibilidade em penhora, sem necessidade de lavratura de termo, devendo o juiz da execução determinar à instituição financeira depositária que, no prazo de 24 (vinte e quatro) horas, transfira o montante indisponível para conta vinculada ao juízo da execução.

§ 6º Realizado o pagamento da dívida por outro meio, o juiz determinará, imediatamente, por sistema eletrônico gerido pela autoridade supervisora do sistema financeiro nacional, a notificação da instituição financeira para que, em até 24 (vinte e quatro) horas, cancele a indisponibilidade.

§ 7º As transmissões das ordens de indisponibilidade, de seu cancelamento e de determinação de penhora previstas neste artigo far-se-ão por meio de sistema eletrônico gerido pela autoridade supervisora do sistema financeiro nacional.

Art. 655-A. Para possibilitar a penhora de dinheiro em depósito ou aplicação financeira, o juiz, a requerimento do exequente, *requisitará à autoridade supervisora do sistema bancário*, ~~preferencialmente~~ por meio eletrônico, ~~informações sobre a existência de ativos~~ em nome do executado, *podendo no mesmo ato determinar sua indisponibilidade,* até o valor indicado na execução.

~~§ 1º As informações limitar-se-ão à existência ou não de depósito ou aplicação até o valor indicado na execução.~~

§ 2º Compete ao executado comprovar que as quantias ~~depositadas em conta corrente referem-se à hipótese do inciso IV do~~ *caput* ~~do art. 649 desta Lei ou que~~ *estão revestidas de outra forma de impenhorabilidade*.

[...]

§ 4º Quando se tratar de execução contra partido político, o juiz, a requerimento do exequente, *requisitará à autoridade supervisora do sistema bancário, nos termos do que estabelece o caput deste artigo, informações sobre a existência de ativos* tão somente em nome do órgão partidário que tenha contraído a dívida executada ou que tenha dado causa à violação de direito ou ao dano, ao qual cabe exclusivamente a responsabilidade pelos atos praticados, *de acordo com o disposto no art. 15-A da Lei nº 9.096, de 19 de setembro de 1995.*

§ 8º A instituição financeira será responsável pelos prejuízos causados ao executado em decorrência da indisponibilidade de ativos financeiros em valor superior ao indicado na execução ou pelo juiz, bem como na hipótese de não cancelamento da indisponibilidade no prazo de 24 (vinte e quatro) horas, quando assim determinar o juiz.

§ 9º Quando se tratar de execução contra partido político, o juiz, a requerimento do exequente, *determinará às instituições financeiras, por meio de sistema eletrônico gerido por autoridade supervisora do sistema bancário, que tornem indisponíveis ativos financeiros* somente em nome do órgão partidário que tenha contraído a dívida executada ou que tenha dado causa à violação de direito ou ao dano, ao qual cabe exclusivamente a responsabilidade pelos atos praticados, *na forma da lei*.

COMENTÁRIOS:

"Penhora" *on-line* **(procedimento).** Para possibilitar a penhora de dinheiro em depósito ou aplicação financeira, o juiz, a requerimento do exequente,[298] sem dar ciência prévia do ato ao executado, determinará às instituições financeiras, por meio de sistema eletrônico gerido pela autoridade supervisora do sistema financeiro nacional, que torne indisponíveis ativos financeiros existentes em nome do executado, limitando-se ao valor indicado na execução. Assim, em vez de apenas requisitar informações (art. 655-A do CPC/1973), o juiz já ordenará a indisponibilidade do numerário. Nesse primeiro momento o que há é apenas o bloqueio, e não a penhora dos valores existentes nas contas de titularidade do executado.

Em 24 horas após a resposta por parte do agente financeiro, o juiz determinará, se for o caso, o cancelamento dos valores excedentes (art. 854, § 1º).

---

[298] Na sistemática do CPC/1973 já era entendimento do STJ a necessidade de requerimento expresso do exequente: "[...] nos termos do art. 655-A do CPC, a constrição de ativos financeiros da executada, por meio do Sistema Bacen Jud, depende de requerimento expresso da exequente, não podendo ser determinada *ex officio* pelo magistrado" (AgRg no AREsp 48.136/RS, 2ª Turma, Rel. Min. Humberto Martins, *DJ* 19.12.2011). A regra inserta no *caput* do art. 854, segundo a qual a ordem de indisponibilidade da quantia suficiente para garantir a execução é feita mediante requerimento do exequente, deve ser entendida como aquele requerimento de praxe, constante da inicial. O requerimento para citação, penhora, avaliação, expropriação e pagamento do credor já terá sido feito na inicial. Se o ato constritivo será efetivado por ato do oficial de justiça, termo nos autos ou mesmo eletronicamente, tudo dependerá das circunstâncias. Basta que o exequente requeira na petição inicial a expedição de ordem de bloqueio de eventual quantia depositada ou aplicada em nome do executado no sistema bancário. Não há, como sustentam alguns, necessidade de esgotar os demais meios constritivos, consoante entendimento já consolidado no STJ, que no julgamento do REsp 1.112.943/MA, de relatoria da Ministra Nancy Andrighi, o Superior Tribunal de Justiça ratificou posicionamento no sentido de que, após as modificações introduzidas pela Lei nº 11.382/2006 ao CPC/1973, o bloqueio de ativos financeiros pelo Sistema Bacen-Jud prescinde do esgotamento das diligências para a localização de outros bens passíveis de penhora. O recurso foi julgado sob o regime do art. 543-C do CPC/1973 e da Resolução nº 8/2008 do STJ. O referido julgado ainda tem aplicabilidade no novo CPC.

Num segundo momento, o juiz determinará a intimação do executado para se manifestar (art. 854, § 2º). A partir dessa intimação deverá o devedor, no prazo de cinco dias (art. 854, § 3º), alegar e demonstrar que as quantias tornadas indisponíveis são impenhoráveis e/ou que ainda remanesce a indisponibilidade excessiva de ativos financeiros.

Após a manifestação (ou se decorrido o prazo sem ela), o juiz decidirá sobre a "conversão" do bloqueio dos ativos financeiros em penhora (art. 854, §§ 4º e 5º).

Se, porventura, ainda no primeiro momento, houver necessidade de cancelamento do bloqueio em virtude de excesso, irregularidade ou do pagamento da dívida pelo executado, a instituição financeira terá o prazo de 24 horas para realizar o desbloqueio, sob pena de ser responsabilizada pelos prejuízos causados ao devedor. O mesmo ocorre quando a instituição procede ao bloqueio em valor superior ao indicado pela autoridade judicial (art. 854, §§ 6º a 8º).

Observe que, tratando-se de execução contra partido político, a indisponibilidade deverá incidir tão somente sobre os ativos em nome do órgão partidário que tenha contraído a dívida executada ou que tenha dado causa à violação de direito ou ao dano, ao qual cabe exclusivamente a responsabilidade pelos atos praticados, na forma da lei (art. 854, § 9º). Objetiva-se, com o § 9º, salvaguardar as informações e o patrimônio dos diretórios nacional, estaduais e municipais dos atos e condutas imputados exclusivamente a um ou outro órgão.

A requisição de indisponibilidade é possibilitada a partir de um convênio de cooperação técnico-institucional realizado entre o Banco Central, o Superior Tribunal de Justiça e o Conselho da Justiça Federal, ao qual os tribunais estaduais de modo geral aderiram.

Na prática, o juiz determina que se indisponibilize até o valor X (da execução) porventura existente em contas de depósito ou aplicações financeiras no sistema bancário. A autoridade destinatária da ordem informa o valor e a instituição onde se encontra a quantia bloqueada à ordem do juízo. O valor bloqueado pode ser inferior ao necessário para pagar o credor. Por óbvio, pode ocorrer de não haver quantias depositadas ou aplicadas em nome do devedor e então a informação será negativa. É assim que se passam as coisas.

Concretizada a ordem de indisponibilidade, tudo se passa do modo mais simples e informal. A quantia permanece à ordem do juízo até a ultimação dos atos da execução. Como já salientado, não se trata de penhora, porquanto não há lavratura de auto ou termo, tampouco nomeação de depositário. O termo que o escrivão lançará de forma simplificada nos autos se referirá ao cumprimento ou não da ordem de bloqueio, em nada se assemelhando ao termo de penhora, que deve conter os requisitos do art. 838. Aliás, segundo o STJ, "havendo penhora *on-line*, não há expedição de mandado de penhora e de avaliação, uma vez que a constrição recai sobre numerário encontrado em conta corrente do devedor, sendo desnecessária diligência além das adotadas pelo próprio magistrado por meio eletrônico". Em regra, a lavratura do auto de penhora, com a indicação das informações contidas no art. 838 (art. 665 do CPC/1973), é indispensável, exceto quando se tratar de penhora *on-line*.

Desse modo, "se a parte pode identificar, com exatidão, os detalhes da operação realizada por meio eletrônico (valor, conta corrente, instituição bancária), e se foi expressamente intimada para apresentar impugnação no prazo legal, optando por não fazê-lo, não é razoável nulificar todo o procedimento por estrita formalidade" (STJ, 3ª Turma, REsp 1.195.976, Rel. Min. João Otávio de Noronha, julgado em 20.02.2014).

A importância fica sob a guarda dos dirigentes do banco depositário, independentemente de lavratura de termo. Caso seja liberada sem ordem do juízo, responderá como depositário, pelo que fica obrigado a repor à conta judicial a quantia liberada.

Intimação do executado e arguição de impenhorabilidade. Para resguardo de direitos do executado, há necessidade de intimá-lo (art. 854, § 2º). Pode ele, por exemplo, arguir excesso de execução, alegar impenhorabilidade da importância bloqueada ou mesmo pleitear a substituição da garantia por fiança bancária ou seguro-garantia judicial (art. 848, parágrafo único).

A arguição de impenhorabilidade é feita por simples petição, por se tratar de matéria de ordem pública, que pode ser conhecida até de ofício. Recebida a petição, o juiz dá vista ao exequente, faculta produção de provas, se necessárias, e decide o incidente.

Bacenjud. Consoante disposto no art. 837, compete ao Conselho Nacional de Justiça a instituição, sob critérios uniformes, de normas de segurança, para viabilizar a penhora de dinheiro e as averbações de penhoras de bens imóveis e móveis realizadas por meio eletrônico.

A Resolução nº 61 do Conselho Nacional de Justiça já traz algumas regras relativas à penhora *on-line*. O Bacenjud (sistema operado pelo Banco Central do Brasil para agilizar a solicitação de informações e o envio de ordens judiciais ao Sistema Financeiro Nacional), por exemplo, já foi objeto de convênio com o Conselho Nacional de Justiça com vistas ao seu aperfeiçoamento e ao incentivo de seu uso.

"Penhora" *on-line* negativa. Se negativo o resultado da medida constritiva realizada por meio eletrônico, ou seja, se frustrada a diligência em razão da inexistência de saldo positivo em nome do devedor, nada impede que o credor formalize um novo pedido de penhora *on-line*. Apesar de não existir, até então, qualquer entendimento no sentido de limitar a quantidade de pedidos de penhora em dinheiro, importa ressalvar que o próprio STJ considera que os sucessivos pedidos de penhora *on-line* devem ser motivados, a fim de que a medida constritiva não se transforme em um direito potestativo do credor.[299]

---

[299] "[...] De acordo com o princípio da inércia, o julgador deve agir quando devidamente impulsionado pelas partes que, por sua vez, devem apresentar requerimentos devidamente justificados, mormente quando se referem a providências a cargo do juízo que, além de impulsionarem o processo, irão lhes beneficiar. Sob esse prisma, é razoável considerar-se necessária a exigência de que o exequente motive o requerimento de realização de nova diligência direcionada à pesquisa de bens pela via do Bacen--Jud, essencialmente para que não se considere a realização da denominada penhora *on-line* como um direito potestativo do exequente, como se sua realização, por vezes ilimitadas, fosse de obrigação do julgador, independentemente das circunstâncias que envolvem o pleito. A exigência de motivação, consistente na demonstração de modificação da situação econômica do executado, para que o exequente requeira a renovação da diligência prevista no artigo 655-A do CPC, não implica imposição ao credor de obrigação de investigar as contas bancárias do devedor, o que não lhe seria possível em razão da garantia do sigilo bancário. O que se deve evidenciar é a modificação da situação econômica do devedor, que pode ser detectada através de diversas circunstâncias fáticas, as quais ao menos indiquem a possibilidade de, então, haver ativos em nome do devedor, que possam ser rastreados por meio do sistema Bacen jud" (STJ, EREsp 1.137.041, Rel. Min. Cesar Asfor Rocha, *DJ* 07.12.2010).

É certo que não se pode negar a jurisdição. Assim, sendo negativa a penhora, deve--se proceder a uma nova tentativa, a requerimento do exequente, caso haja mudança na situação econômica do devedor. Contudo, não pode o juízo ficar à disposição do credor, sendo-lhe permitido negar medidas inúteis, que possam comprometer a própria prestação jurisdicional. Especialmente quando não tiver transcorrido tempo razoável desde a tentativa anterior, há que se demonstrar o mínimo de plausibilidade de que existam quantias depositadas ou investidas em nome do devedor.

Prescindibilidade da citação. Se até no processo de conhecimento admite-se a concessão liminar de tutela antecipada ou cautelar, o que dizer na fase da execução, quando o credor já ostenta um título executivo judicial ou extrajudicial? O título por si só é bastante para configurar a alta probabilidade do direito do exequente e o vencimento da obrigação – die interpellat pro homine – é mais do que suficiente para caracterizar o dano ou de risco ao resultado útil do processo (art. 300). Quer quadro mais expressivo e fragoroso do que o vencimento de um débito não pago e por isso executado, para ensejar o acautelamento? É verdade que o executado ainda não foi citado – estamos tratando de arresto ou penhora antes da citação –, mas que ele tem conhecimento do débito, isso tem. Precárias estatísticas apontam para o fato de que menos de meio por cento dos débitos exequendos são desconstituídos nos embargos à execução. A presunção milita a favor do executado pelo simples aparelhamento da execução.

O nome dado à constrição não tem qualquer relevância para o mundo real, para a vida das pessoas. Se não gostam do termo penhora (porque pressupõe citação), que chamemos a constrição de arresto, esse sim, já era permitido no Código revogado. Porque feitos por meio eletrônico, via sistema denominado Bacenjud, a constrição é denominada on-line (a penhora) ou eletrônico (o arresto).

Não se compreende a recalcitrância dos garantistas. O Código revogado, provados os requisitos, permitia o arresto liminar de bens suficientes para satisfazer o crédito. Exigir que primeiro o oficial de justiça vá à procura do executado afigura uma excrescência, principalmente em se considerando que também nas execuções, em certos casos, o ato citatório pode ser feito eletronicamente.

Mas por que não citar primeiro? Ora, não sejamos ingênuos. A justiça é cega, mas é capaz de compreender que a presunção é no sentido de que o devedor que não pagou a dívida no vencimento, uma vez citado, vai retirar o dinheiro do banco e guardá-lo debaixo do colchão. Nessa linha intelectiva, o legislador previu a apreensão de dinheiro em instituições financeiras antes da citação.

Nada mais acertado, econômico e efetivo para ambas as partes. Afinal, a penhora de dinheiro constitui o meio menos oneroso para o executado do que a constrição de outros bens. Apreendido o dinheiro, citado o devedor e, dependendo do efeito que se atribuir aos eventuais embargos à execução, a quantia será entregue ao credor. Simples assim. No caso de penhora de um imóvel, por exemplo, todos conhecem a via crucis que ambas as partes percorrem, caminhada custosa para todos, inclusive para o juiz, até que o bem seja alienado a fim de se apurar o montante que muitas vezes poderia ter sido retirado da conta bancária ou do investimento do executado.

Subseção VI
Da Penhora de Créditos

CPC/2015	CPC/1973
Art. 855. Quando recair em crédito do *executado*, enquanto não ocorrer a hipótese prevista no *art. 856*, considerar-se-á feita a penhora pela intimação: I – ao terceiro devedor para que não pague ao **executado**, seu credor; II – ao **executado**, credor do terceiro, para que não pratique ato de disposição do crédito.	Art. 671. Quando ~~a penhora~~ recair em crédito do *devedor*, ~~o oficial de justiça o penhorará~~. Enquanto não ocorrer a hipótese prevista no *artigo seguinte*, considerar-se-á feita a penhora pela intimação: I – ao terceiro devedor para que não pague ao seu credor; II – ao credor do terceiro para que não pratique ato de disposição do crédito.
Art. 856. A penhora de crédito representado por letra de câmbio, nota promissória, duplicata, cheque ou outros títulos far-se-á pela apreensão do documento, esteja ou não este em poder do *executado*. § 1º Se o título não for apreendido, mas o terceiro confessar a dívida, será este tido como depositário da importância. § 2º O terceiro só se exonerará da obrigação depositando em juízo a importância da dívida. § 3º Se o terceiro negar o débito em conluio com o *executado*, a quitação que este lhe der caracterizará fraude à execução. § 4º A requerimento do *exequente*, o juiz determinará o comparecimento, em audiência especialmente designada, do *executado* e do terceiro, a fim de lhes tomar os depoimentos.	Art. 672. A penhora de crédito, representada por letra de câmbio, nota promissória, duplicata, cheque ou outros títulos, far-se-á pela apreensão do documento, esteja ou não em poder do *devedor*. § 1º Se o título não for apreendido, mas o terceiro confessar a dívida, será havido como depositário da importância. § 2º O terceiro só se exonerará da obrigação, depositando em juízo a importância da dívida. § 3º Se o terceiro negar o débito em conluio com o *devedor*, a quitação, que este lhe der, considerar-se-á em fraude de execução. § 4º A requerimento do *credor*, o juiz determinará o comparecimento, em audiência especialmente designada, do *devedor* e do terceiro, a fim de lhes tomar os depoimentos.
Art. 857. Feita a penhora em direito e ação do *executado*, e não tendo ele oferecido embargos ou sendo estes rejeitados, o *exequente* ficará sub-rogado nos direitos do *executado* até a concorrência de seu crédito. § 1º O *exequente* pode preferir, em vez da sub-rogação, a alienação judicial do direito penhorado, caso em que declarará sua vontade no prazo de 10 (dez) dias contado da realização da penhora. § 2º A sub-rogação não impede o sub-rogado, se não receber o crédito do *executado*, de prosseguir na execução, nos mesmos autos, penhorando outros bens.	Art. 673. Feita a penhora em direito e ação do *devedor*, e não tendo este oferecido embargos, ou sendo estes rejeitados, o *credor* fica sub-rogado nos direitos do *devedor* até a concorrência do seu crédito. § 1º O *credor* pode preferir, em vez da sub-rogação, a alienação judicial do direito penhorado, caso em que declarará a sua vontade no prazo de 10 (dez) dias contados da realização da penhora. § 2º A sub-rogação não impede ao sub-rogado, se não receber o crédito do *devedor*, de prosseguir na execução, nos mesmos autos, penhorando outros bens ~~do devedor~~.
Art. 858. Quando a penhora recair sobre dívidas de dinheiro a juros, de direito a rendas ou de prestações periódicas, o *exequente* poderá levantar os juros, os rendimentos ou as prestações à medida que forem sendo depositados, abatendo-se do crédito as importâncias recebidas, conforme as regras de imputação do pagamento.	Art. 675. Quando a penhora recair sobre dívidas de dinheiro a juros, de direito a rendas, ou de prestações periódicas, o *credor* poderá levantar os juros, os rendimentos ou as prestações à medida que forem sendo depositadas, abatendo-se do crédito as importâncias recebidas, conforme as regras da imputação em pagamento.

Art. 859. Recaindo a penhora sobre direito a prestação ou a restituição de coisa determinada, o *executado* será intimado para, no vencimento, depositá-la, correndo sobre ela a execução.	Art. 676. Recaindo a penhora sobre direito, que tenha por objeto prestação ou restituição de coisa determinada, o *devedor* será intimado para, no vencimento, depositá-la, correndo sobre ela a execução.
Art. 860. Quando o direito estiver sendo pleiteado em juízo, a penhora que recair sobre ele será averbada, *com destaque*, nos autos pertinentes ao direito e na ação correspondente à penhora, a fim de que esta seja efetivada nos bens que forem adjudicados ou que vierem a caber ao *executado*.	Art. 674. Quando o direito estiver sendo pleiteado em juízo, averbar-se-á *no rosto* dos autos a penhora, que recair nele e na ação que lhe corresponder, a fim de se efetivar nos bens, que forem adjudicados ou vierem a caber ao *devedor*.

 ## COMENTÁRIOS AOS ARTS. 855 A 860:

Penhora de créditos. Os arts. 855 a 860 regulam a penhora de créditos, inclusive dos que porventura estiverem sendo pleiteados em juízo. Trata-se de modalidade especial de penhora que incide sobre os créditos do executado. As regras aplicam-se a todos os créditos ainda não vencidos que se enquadrem nas hipóteses legais.

Art. 856 (penhora sobre crédito decorrente de título de crédito). A penhora de crédito, representada por letra de câmbio, nota promissória, duplicata, cheque ou outros títulos, far-se-á pela apreensão do documento, esteja em poder do executado (que é o credor da obrigação consubstanciado no título de cuja apreensão se cogita) ou de terceiro (art. 856, *caput*). A apreensão é levada a efeito pelo oficial de justiça, mediante auto. Nesse caso, o terceiro só se exonerará da obrigação depositando em juízo a importância da dívida (art. 856, § 2º).

Embora não haja apreensão, se o terceiro confessar a dívida, será havido como depositário da importância e, consequentemente, a penhora estará consumada (art. 856, § 1º).

Caso o terceiro negue a existência da dívida, poderá o exequente requerer a instauração de incidente com vistas a comprovar que o executado possui o crédito. Havendo necessidade, facultará o juiz a produção de prova por parte do exequente, a quem incumbe o ônus da prova acerca da existência da dívida. Afora outras provas, poder-se-á produzir prova em audiência, na qual serão tomados os depoimentos do executado e do terceiro e ouvidas eventuais testemunhas arroladas pelas partes (art. 856, § 4º).

Idêntico procedimento incidental poderá ser instaurado a requerimento do exequente se o terceiro negar o débito em conluio com o devedor. O desfecho do incidente, também resolvido por decisão interlocutória, será de considerar a quitação em fraude de execução, o que significa ineficácia em relação à execução, ou, em outras palavras, o crédito será tido por existente e então o terceiro será nomeado depositário da importância (art. 856, § 3º).

Enquanto não ocorrer a apreensão do título, a confissão da dívida pelo terceiro ou a declaração de existência dela nos casos de negativa ou de quitação fraudulenta, a penhora considerar-se-á feita pelas seguintes intimações (art. 855, I e II): (a) ao terceiro devedor para que não pague ao executado, seu credor; (b) ao executado, credor do terceiro, para que não pratique ato de disposição do crédito.

Art. 857 (penhora em direito e ação). Feita a penhora em direito e ação do executado, e não tendo este oferecido embargos, ou sendo estes rejeitados, o exequente fica **sub-rogado**

nos direitos do devedor até a concorrência do seu crédito. Se não receber do terceiro (devedor) o crédito sub-rogado, poderá prosseguir na execução, nos mesmos autos, penhorando outros bens do executado. Nada obsta, entretanto, que o credor, em vez da sub-rogação, requeira, no prazo de dez dias contados da realização da penhora, a alienação judicial do direito penhorado (art. 857, § 1º).

Art. 858 (penhora sobre dívidas em dinheiro). A penhora pode recair sobre créditos vincendos exigíveis em prestações ou sujeitos a juros periódicos. Nesse caso, a partir do momento do vencimento, fica o devedor obrigado ao depósito judicial dos juros, rendas ou prestações. A penhora consuma-se com as intimações previstas no art. 855. Depois, os valores poderão ser levantados pelo exequente, com o devido abatimento do crédito objeto da execução.

Art. 859 (penhora sobre direito a coisa). Recaindo a penhora sobre direito, que tenha por objeto prestação ou restituição de coisa determinada, o terceiro (devedor) será intimado para, no vencimento, depositá-la, correndo sobre ela a execução. Depois disso lavra-se o termo de penhora e prossegue-se com os atos expropriatórios até a satisfação do crédito.

Art. 860 (penhora no "rosto" dos autos). Diz-se no rosto dos autos porque a penhora é anotada na capa dos autos. O objeto da penhora é o direito patrimonial litigioso, de natureza pessoal ou real, cuja titularidade é atribuída ao executado, o qual, no processo em que será realizada a penhora, figura como autor, exequente ou herdeiro habilitado em processo de inventário.

Essa modalidade de penhora é feita pelo oficial de justiça, o qual intima o escrivão do processo no qual se opera a realização ou acertamento do bem litigioso a lavrar o respectivo termo de penhora, procedendo-se à anotação na capa dos autos. Trata-se de penhora condicionada ao resultado da demanda referente ao direito litigioso. Ao final do processo, se o bem for atribuído ao executado, a penhora definitivamente nele se efetivará, prosseguindo-se a execução nos atos expropriatórios; ao revés, se sucumbir, a penhora se extinguirá.

Subseção VII
Da Penhora das Quotas ou das Ações de Sociedades Personificadas

CPC/2015	CPC/1973
Art. 861. **Penhoradas as quotas ou as ações de sócio em sociedade simples ou empresária, o juiz assinará prazo razoável, não superior a 3 (três) meses, para que a sociedade:** I – **apresente balanço especial, na forma da lei;** II – **ofereça as quotas ou as ações aos demais sócios, observado o direito de preferência legal ou contratual;** III – **não havendo interesse dos sócios na aquisição das ações, proceda à liquidação das quotas ou das ações, depositando em juízo o valor apurado, em dinheiro.**	Não há correspondência.

§ 1º Para evitar a liquidação das quotas ou das ações, a sociedade poderá adquiri-las sem redução do capital social e com utilização de reservas, para manutenção em tesouraria.

§ 2º O disposto no *caput* e no § 1º não se aplica à sociedade anônima de capital aberto, cujas ações serão adjudicadas ao exequente ou alienadas em bolsa de valores, conforme o caso.

§ 3º Para os fins da liquidação de que trata o inciso III do *caput*, o juiz poderá, a requerimento do exequente ou da sociedade, nomear administrador, que deverá submeter à aprovação judicial a forma de liquidação.

§ 4º O prazo previsto no *caput* poderá ser ampliado pelo juiz, se o pagamento das quotas ou das ações liquidadas:

I – superar o valor do saldo de lucros ou reservas, exceto a legal, e sem diminuição do capital social, ou por doação; ou

II – colocar em risco a estabilidade financeira da sociedade simples ou empresária.

§ 5º Caso não haja interesse dos demais sócios no exercício de direito de preferência, não ocorra a aquisição das quotas ou das ações pela sociedade e a liquidação do inciso III do *caput* seja excessivamente onerosa para a sociedade, o juiz poderá determinar o leilão judicial das quotas ou das ações.

 ## COMENTÁRIOS:

Penhora de quotas de sociedades. Não havia previsão específica no CPC/1973 sobre o procedimento relativo à penhora de quotas ou ações de sociedades personificadas. A única disposição sobre o tema constava do art. 655, VI, introduzido pela Lei nº 11.383/2006:

> Art. 655. A penhora observará, preferencialmente, a seguinte ordem:
>
> [...]
>
> VI – ações e quotas de sociedades empresárias.

Após a concretização expressa da penhora, o Superior Tribunal de Justiça passou a entender que, mesmo havendo previsão no contrato social, não era possível vedar a alienação das quotas de sociedades personificadas, devendo-se, no entanto, ser facultada à sociedade a remissão da execução ou do bem, ou, ainda, ser facultado aos sócios o exercício do direito de preferência.

Apesar do entendimento jurisprudencial favorável à penhora das quotas sociais, faltava na legislação a consolidação de regras para disciplinar esse ato e, assim, conferir maior efetividade à execução.

O novo Código tem, então, a função de suprir a lacuna existente na legislação processual, propiciando a penhora das cotas sociais mediante a observância de regras mínimas que, ao mesmo tempo em que proporcionam condições para a recuperação do crédito, harmonizam-se com os princípios societários.

Subseção VIII
Da Penhora de Empresa, de Outros Estabelecimentos e de Semoventes

CPC/2015	CPC/1973
Art. 862. Quando a penhora recair em estabelecimento comercial, industrial ou agrícola, bem como em semoventes, plantações ou edifícios em construção, o juiz nomeará *administrador-depositário*, determinando-lhe que apresente em 10 (dez) dias *o plano* de administração.	**Art. 677.** Quando a penhora recair em estabelecimento comercial, industrial ou agrícola, bem como em semoventes, plantações ou edifício em construção, o juiz nomeará *um depositário*, determinando-lhe que apresente em 10 (dez) dias *a forma* de administração.
§ 1º Ouvidas as partes, o juiz decidirá.	§ 1º Ouvidas as partes, o juiz decidirá.
§ 2º É lícito às partes ajustar a forma de administração, e escolher o depositário, hipótese em que o juiz homologará por despacho a indicação.	§ 2º É lícito, porém, às partes ajustarem a forma de administração, escolhendo o depositário; caso em que o juiz homologará por despacho a indicação.
§ 3º Em relação aos edifícios em construção sob regime de incorporação imobiliária, a penhora somente poderá recair sobre as unidades imobiliárias ainda não comercializadas pelo incorporador.	
§ 4º Sendo necessário afastar o incorporador da administração da incorporação, será ela exercida pela comissão de representantes dos adquirentes ou, se se tratar de construção financiada, por empresa ou profissional indicado pela instituição fornecedora dos recursos para a obra, devendo ser ouvida, neste último caso, a comissão de representantes dos adquirentes.	
Art. 863. A penhora de empresa que funcione mediante concessão ou autorização far-se-á, conforme o valor do crédito, sobre a renda, sobre determinados bens ou sobre todo o patrimônio, e o juiz nomeará como depositário, de preferência, um de seus diretores.	**Art. 678.** A penhora de empresa, que funcione mediante concessão ou autorização, far-se-á, conforme o valor do crédito, sobre a renda, sobre determinados bens ou sobre todo o patrimônio, nomeando o juiz como depositário, de preferência, um dos seus diretores.
§ 1º Quando a penhora recair sobre a renda ou sobre determinados bens, o *administrador-depositário* apresentará a forma de administração e o esquema de pagamento, observando-se, quanto ao mais, o disposto *em relação ao regime de penhora de frutos e rendimentos de coisa móvel e imóvel*.	Parágrafo único. Quando a penhora recair sobre a renda, ou sobre determinados bens, o *depositário* apresentará a forma de administração e o esquema de pagamento observando-se, quanto ao mais, o disposto *nos arts. 716 a 720*; recaindo, ~~porém,~~ sobre todo o patrimônio, prosseguirá a execução os seus ulteriores termos, ouvindo-se, antes da arrematação ou da adjudicação, o *poder* público, que houver outorgado a concessão.
§ 2º Recaindo a penhora sobre todo o patrimônio, prosseguirá a execução em seus ulteriores termos, ouvindo-se, antes da arrematação ou da adjudicação, o *ente* público que houver outorgado a concessão.	
Art. 864. A penhora de navio ou de aeronave não obsta que continuem navegando ou operando até a alienação, mas o juiz, ao conceder a autorização para tanto, não permitirá que saiam do porto ou do aeroporto antes que o *executado* faça o seguro usual contra riscos.	**Art. 679.** A penhora sobre navio ou aeronave não obsta a que continue navegando ou operando até a alienação; mas o juiz, ao conceder a autorização para navegar ou operar, não permitirá que saia do porto ou aeroporto antes que o *devedor* faça o seguro usual contra riscos.

Art. 865. **A penhora de que trata esta Subseção somente será determinada se não houver outro meio eficaz para a efetivação do crédito.**	Não há correspondência.

 ## COMENTÁRIOS AOS ARTS. 862 A 865:

Excepcionalidade. O Código trata a penhora de empresa, de estabelecimentos e de semoventes como hipóteses excepcionais, que só terão lugar quando não for possível a satisfação do crédito por outro meio igualmente eficaz (art. 865).

Nomeação de administrador-depositário. Os procedimentos para a penhora de estabelecimento comercial, industrial ou agrícola, bem como de semoventes, plantações ou edifícios em construção, têm um ponto em comum: a nomeação de um administrador-depositário.

A administração e o depósito dos bens penhorados têm por fim evitar a decadência do estabelecimento ou a degradação da coisa penhorada.

O administrador-depositário tem a incumbência de gerir o estabelecimento ou de conservar a coisa até a efetiva expropriação, de forma a evitar prejuízos à execução.

É prudente que o administrador seja escolhido entre alguém que já esteja atuando no negócio. Se, no entanto, não existir pessoa habilitada, nada impede que o juiz nomeie um terceiro idôneo. É lícito, porém, às partes ajustar a forma de administração, escolhendo o depositário, caso em que o juiz homologará por despacho a indicação (art. 862, § 2º).

Tratando-se de empresa que presta serviço público sob a forma de concessão ou autorização, o encargo de administrador-depositário recairá preferencialmente sobre um dos diretores da própria empresa (art. 863).

No mais, o administrador tem gerência sobre a coisa penhorada até a expropriação, devendo consultar o juízo quando houver necessidade de adotar providências que causem maior repercussão econômica. "Em realidade, não se concebe tenha o administrador de submeter todas as decisões de rotina ao juiz e este, por sua vez, de ouvir as partes."[300]

Plano de administração. Após a nomeação do administrador, este dispõe de 10 (dez) dias para apresentar o plano. Nos termos do § 1º do art. 862, sobre o plano as partes serão intimadas, cabendo-lhes fixar todos os pontos relevantes para o fiel desenvolvimento da tarefa por parte do administrador-depositário, inclusive no que concerne ao controle do plano.

Diferenças entre o administrador da lei processual civil e o administrador da Lei nº 11.101/2005. A forma de administração prevista nesse dispositivo não se confunde com a administração existente na Lei nº 11.101/2005, que regula a recuperação judicial, a extrajudicial e a falência do empresário e da sociedade empresária. Na hipótese ora analisada, a função precípua do administrador é não deixar que a garantia se degenere. A superação da situação da crise por meio do incremento nos resultados e, consequentemente, do cumprimento dos requisitos legais para evitar a falência do empresário ou da sociedade empresária é função que não se enquadra na figura do administrador-depositário do art. 862 do CPC.

Incorporação imobiliária. Nas construções executadas sob o regime da incorporação imobiliária (Lei nº 4.591/1964), os créditos provenientes das vendas das unidades são legal-

---

[300] ASSIS, Araken de. **Comentários ao Código de Processo Civil.** São Paulo: Revista dos Tribunais, 2000. v. 9, p. 244.

mente vinculados à execução da obra e à entrega aos respectivos adquirentes. Afastam-se, portanto, as constrições que não tenham como fundamento dívidas relativas ao próprio empreendimento. Em outras palavras, nas execuções promovidas contra o incorporador, a penhora só pode incidir sobre os bens a ele pertencentes, ou seja, não podem alcançar as unidades já alienadas (§ 3º).

Penhora sobre navios e aeronaves. No que concerne à penhora sobre navio ou aeronave (art. 864), nada obsta a que se continue navegando ou operando até a alienação. O juiz, no entanto, ao conceder a autorização para navegar ou operar, não permitirá que saia do porto ou aeroporto antes que o executado faça o seguro usual contra riscos.

Ensina Araken de Assis que navio é qualquer construção destinada ao transporte de pessoas ou mercadorias sobre ou sob a água. Aeronave é qualquer veículo que se desloca pelo ar, destinado ao transporte de mercadorias e pessoas.[301]

A penhora sobre navio e aeronave em nada distingue das demais quanto ao aspecto formal, ou seja, penhora-se, avalia-se e procede-se ao depósito, de tudo lavrando o respectivo auto. A diferença encontra-se em dois aspectos: (i) em razão da natureza pública dos serviços de transportes marítimos e aéreos, principalmente em razão da escassez dos respectivos meios, entendeu por bem o legislador processual garantir a continuidade da operação dos navios e aeronaves, ainda que penhorados; (ii) em contrapartida, para a garantia da execução, em face dos riscos a que tais meios de transporte estão submetidos, condicionou a lei o deferimento da autorização para navegar ou operar à contratação de seguros contra riscos.

Subseção IX
Da Penhora de Percentual de Faturamento de Empresa

CPC/2015	CPC/1973
Art. 866. Se o executado não tiver outros bens penhoráveis ou se, tendo-os, esses forem de difícil alienação ou insuficientes para saldar o crédito executado, o juiz poderá ordenar a penhora de percentual de faturamento de empresa. **§ 1º O juiz fixará percentual que propicie a satisfação do crédito exequendo em tempo razoável, mas que não torne inviável o exercício da atividade empresarial.** **§ 2º O juiz nomeará administrador-depositário, o qual submeterá à aprovação judicial a forma de sua atuação e prestará contas mensalmente, entregando em juízo as quantias recebidas, com os respectivos balancetes mensais, a fim de serem imputadas no pagamento da dívida.** § 3º Na penhora de percentual de faturamento de empresa, *observar-se-á, no que couber, o disposto quanto ao regime de penhora de frutos e rendimentos de coisa móvel e imóvel.*	Art. 655-A [...] § 3º Na penhora de percentual do faturamento da empresa executada, *será nomeado depositário, com a atribuição de submeter à aprovação judicial a forma de efetivação da constrição, bem como de prestar contas mensalmente, entregando ao exequente as quantias recebidas, a fim de serem imputadas no pagamento da dívida.*

301 ASSIS, Araken. **Manual do processo de execução.** 5. ed. São Paulo: Revista dos Tribunais, 1998, p. 524.

COMENTÁRIOS:

Penhora de percentual de faturamento de empresa. Antes mesmo das alterações trazidas pela Lei nº 11.383/2006, que inseriu na legislação processual de 1973 o art. 655-A, parte da doutrina e a jurisprudência admitiam a penhora de faturamento de empresa como uma hipótese excepcional, que somente poderia ser deferida caso não inviabilizasse o exercício da atividade empresarial.[302] Segundo Humberto Theodoro Júnior, "a reforma do CPC (de 1973) realizada pela Lei nº 11.382/2006, e que criou o art. 655-A, normatizou em seu § 3º a orientação que predominava no Superior Tribunal",[303] mas que ainda encontrava resistência em parte da doutrina.

Sendo assim, o CPC/2015 não ampliou o rol de bens penhoráveis com a inserção da redação do art. 866, apenas aprimorou a disposição anterior e positivou algumas regras já reconhecidas pela jurisprudência.

Excepcionalidade. O *caput* evidencia o caráter excepcional da medida ao prever que a penhora só deverá incidir sobre o faturamento quando o devedor não possuir bens ou, se os possuir, quando eles sejam de difícil execução ou insuficientes para saldar o crédito demandado.[304]

Sendo assim, se não houver outros bens passíveis de constrição ou, havendo, sejam eles de difícil alienação, o juiz fixará o percentual que deverá ser apropriado do faturamento, bem como a periodicidade da apropriação, não podendo, no entanto, inviabilizar o exercício da atividade empresarial.

Nomeação de depositário-administrador. O § 2º estabelece a necessidade de nomeação de depositário-administrador com a atribuição de submeter à aprovação judicial a sua forma de atuação até a efetivação do cumprimento da obrigação, bem como de prestar

---

[302] Nesse sentido: STJ, AgRg no AREsp 242.970/PR, Rel. Min. Benedito Gonçalves, julgado em 13.11.2012.

[303] THEODORO JR., Humberto. **Curso de direito processual civil.** 41. ed. Rio de Janeiro: Forense, 2007, p. 327.

[304] Nesse sentido já se manifestava o STJ: "PROCESSUAL CIVIL E TRIBUTÁRIO. RECURSO ESPECIAL. AUSÊNCIA DE OMISSÃO, CONTRADIÇÃO OU FALTA DE MOTIVAÇÃO NO ACÓRDÃO *A QUO*. PENHORA SOBRE O FATURAMENTO DA EMPRESA. POSSIBILIDADE. NECESSIDADE DE OBSERVÂNCIA A PROCEDIMENTOS ESSENCIAIS À CONSTRIÇÃO EXCEPCIONAL, INEXISTENTES, *IN CASU*. PRECEDENTES. [...] A constrição sobre o faturamento, além de não proporcionar, objetivamente, a especificação do produto da penhora, pode ensejar deletérias consequências no âmbito financeiro da empresa, conduzindo-a, compulsoriamente, ao estado de insolvência, em prejuízo não só de seus sócios, como também, e precipuamente, dos trabalhadores e de suas famílias, que dela dependem para sobreviver. 4. Na verdade, a jurisprudência mais atualizada desta Casa vem se firmando no sentido de restringir a penhora sobre o faturamento da empresa, podendo, no entanto, esta ser efetivada, unicamente, quando observados, impreterivelmente, os seguintes procedimentos essenciais, sob pena de frustrar a pretensão constritiva: a verificação de que, no caso concreto, a medida é inevitável, de caráter excepcional; a inexistência de outros bens a serem penhorados ou, de alguma forma, frustrada a tentativa de haver o valor devido na execução; o esgotamento de todos os esforços na localização de bens, direitos ou valores, livres e desembaraçados, que possam garantir a execução, ou sejam os indicados de difícil alienação; a observância às disposições contidas nos arts. 677 e 678 do CPC (necessidade de ser nomeado administrador, com a devida apresentação da forma de administração e esquema de pagamento); fixação de percentual que não inviabilize a atividade econômica da empresa" (STJ, REsp 829.138/RJ, Rel. Min. José Delgado, *DJe* 08.06.2006).

contas mensalmente, entregando ao exequente as quantias recebidas, a fim de serem imputadas no pagamento da dívida.

Aprovado o plano de atuação, cabe ao depositário-administrador recolher as quantias destinadas à garantia do juízo ou ao pagamento da dívida. As quantias recolhidas serão depositadas em conta judicial, caso tenha havido oposição de embargos com efeito suspensivo. Não havendo oposição de embargos ou tendo sido estes recebidos sem efeito suspensivo, as quantias retiradas do faturamento da empresa executada serão entregues diretamente ao exequente, a fim de serem imputadas ao pagamento da dívida; nesse caso não haverá depósito, mas satisfação débito em parcelas. De toda a sua gestão, que não inclui a interveniência nas atividades empresariais, a não ser para recolher o percentual previsto no esquema aprovado judicialmente, o administrador-depositário prestará contas mensalmente ao juízo.

Penhora em dinheiro x penhora sobre faturamento. Cumpre destacar que não se pode confundir a penhora de dinheiro com a penhora sobre faturamento.[305] Havendo dinheiro, é sobre ele que prioritariamente deve incidir a penhora. Havendo faturamento, não se pode penhorá-lo imediatamente, sem que antes sejam verificados os requisitos presentes no *caput* e no § 1º.

A penhora em comento é medida de exceção, que jamais poderá comprometer o desenvolvimento regular da atividade empresarial, assim como não poderá obstar a utilização de valor necessário ao pagamento de salários de empregados, fornecedores etc.

Subseção X
Da Penhora de Frutos e Rendimentos de Coisa Móvel ou Imóvel

CPC/2015	CPC/1973
Art. 867. O juiz pode *ordenar a penhora de frutos e rendimentos de coisa* móvel ou imóvel quando a considerar mais eficiente para o recebimento do crédito e menos gravosa ao executado.	Art. 716. O juiz pode *conceder ao exequente o usufruto de* móvel ou imóvel, quando o reputar menos gravoso ao executado e eficiente para o recebimento do crédito.

 COMENTÁRIOS:

Alteração da modalidade prevista no CPC/1973. A última modalidade de penhora prevista no CPC/1973 correspondia ao usufruto de bem móvel ou do imóvel (arts. 716 a 724). Tratava-se de medida na qual se instituía "alguém para desfrutar um bem alheio como se dele próprio fosse, sem qualquer influência modificativa na nua propriedade".[306]

No novo CPC não figura mais essa modalidade de usufruto, de perda do gozo do móvel ou imóvel, até que a dívida seja paga. O usufruto de bem móvel ou imóvel foi substituído

---

305 "A jurisprudência do STJ é firme no sentido de que a penhora sobre o faturamento da empresa não é sinônimo de penhora sobre dinheiro, razão porque o STJ tem entendido que a referida constrição exige sejam tomadas cautelas específicas discriminadas em lei" (STJ, AgRg no REsp 768.946/RJ, Rel. Min Luiz Fux, *DJ* 23.08.2007).

306 RIZZARDO, Arnaldo. **Direito das coisas.** 2. ed. Rio de Janeiro: Forense, 2006, p. 935.

pela expropriação, a qual o CPC/2015 nomeou de "apropriação de frutos e rendimentos de empresa ou estabelecimentos e de outros bens" (art. 825, III). Essa nova modalidade de expropriação deve ocorrer quando a penhora não se voltar para o próprio bem, mas para os frutos ou rendimentos que ele tem condições de produzir. Nesses casos, as receitas oriundas do bem imóvel ou móvel serão transferidas ao credor até que o seu crédito seja plenamente satisfeito.

Ao comentar esse novo dispositivo, Humberto Theodoro Júnior esclarece que "é muito mais prático e menos oneroso fazer incidir a penhora diretamente sobre os frutos, do que constituir em direito real de usufruto, para que o credor, como usufrutuário, possa extrair a renda que irá resgatar o crédito exequendo".[307] A intenção do novo Código é simplificar o procedimento e, na prática, deixá-lo apto para ser utilizado com maior frequência do que o usufruto judicial.

CPC/2015	CPC/1973
Art. 868. *Ordenada a penhora de frutos e rendimentos,* **o juiz nomeará administrador-depositário, que será investido de todos os poderes que concernem à administração do bem e à fruição de seus frutos e utilidades,** perdendo o executado o direito de gozo do *bem,* até que o exequente seja pago do principal, dos juros, das custas e dos honorários advocatícios. § 1º *A medida terá* eficácia em relação a terceiros a partir da publicação da decisão que a conceda **ou de sua averbação no ofício imobiliário, em caso de imóveis.** § 2º **O exequente providenciará a averbação no ofício imobiliário mediante a apresentação de certidão de inteiro teor do ato, independentemente de mandado judicial.**	**Art. 717.** *Decretado o usufruto,* perde o executado o gozo do *móvel ou imóvel,* até que o exequente seja pago do principal, juros, custas e honorários advocatícios. **Art. 718.** *O usufruto tem* eficácia, ~~assim~~ em relação ~~ao executado como~~ a terceiros, a partir da publicação da decisão que o conceda.

 ## COMENTÁRIOS:

Procedimento. O juiz pode determinar a penhora sobre os frutos de rendimentos da coisa móvel ou imóvel de propriedade do executado se considerar que essa medida é mais eficiente para o recebimento do crédito e menos gravosa para o devedor. Trata-se, portanto, de modalidade excepcional de penhora, cabível somente quando não houver outro meio de satisfação patrimonial.

Assim como ocorre nas penhoras anteriormente tratadas, o juiz nomeará administrador-depositário, "que será investido de todos os poderes que concernem à administração do bem e à fruição de seus frutos e utilidades, perdendo o executado o direito de gozo do bem, até que o exequente seja pago do principal, dos juros, das custas e dos honorários advocatícios" (*caput*).

---

307 THEODORO JR., Humberto. **Notas sobre o projeto do novo Código de Processo Civil do Brasil em matéria de execução**. Disponível em: <http://www.oab.org.br/editora/revista/revista_10/artigos/notassobreoprojetodonovocodigodeprocessocivil.pdf>. Acesso em: 10 abr. 2015.

Eficácia da medida. O novo Código esclarece que a eficácia *erga omnes* (contra todos) do ato de penhora dependerá de sua publicidade, a qual se dará com a publicação da decisão ou de sua averbação no cartório de registro de imóveis competente. Embora a averbação e a publicação da decisão sejam formas de exteriorização do ato processual da penhora, tendo, portanto, validade entre as partes, elas são necessárias à publicidade do ato perante terceiros.

A averbação da penhora é um dever do exequente e tende a garantir tanto a satisfação do crédito quanto o conhecimento de terceiros, evitando, assim, os atos de fraude que obstaculizem o processo.

Com o objetivo de facilitar o procedimento, o CPC/2015 positiva regra que dispensa a expedição de mandado judicial para fins de averbação, bastando apenas a expedição de certidão de inteiro teor pela secretaria do juízo. Previsão semelhante já consta no § 4º do art. 659 do CPC/1973, e a sua aplicação se dá apenas quanto aos bens imóveis.

CPC/2015	CPC/1973
Art. 869. O juiz *poderá nomear administrador-depositário* o *exequente* ou o *executado, ouvida a parte contrária,* **e, não havendo acordo, nomeará profissional qualificado para o desempenho da função.**	Art. 719. ~~Na sentença,~~ o juiz *nomeará administrador* ~~que será investido de todos os poderes que concernem ao usufrutuário.~~
§ 1º **O administrador submeterá à aprovação judicial a forma de administração e a de prestar contas periodicamente.**	Parágrafo único. *Pode ser administrador:*
§ 2º Havendo discordância **entre as partes ou entre essas e o administrador**, o juiz decidirá a melhor forma de *administração do bem.*	I – o *credor, consentindo o devedor;*
	II – o *devedor, consentindo o credor.*
	Art. 724. [...]
§ 3º Se o imóvel estiver arrendado, o inquilino pagará o aluguel diretamente ao *exequente*, salvo se houver administrador.	Parágrafo único. Havendo discordância, o juiz decidirá a melhor forma de *exercício do usufruto.*
§ 4º O exequente **ou o administrador** poderá celebrar locação do móvel ou do imóvel, ouvido o executado.	Art. 723. Se o imóvel estiver arrendado, o inquilino pagará o aluguel diretamente ao *usufrutuário*, salvo se houver administrador.
§ 5º **As quantias recebidas pelo administrador serão entregues ao exequente, a fim de serem imputadas ao pagamento da dívida.**	
§ 6º **O exequente dará ao executado, por termo nos autos, quitação das quantias recebidas.**	

 COMENTÁRIOS:

Legitimidade para ser administrador. De acordo com a redação do *caput* do art. 869, o depositário não necessariamente será uma das partes. O administrador-depositário poderá ser o exequente, o executado ou um terceiro. Caberá ao juiz, diante das peculiaridades do caso concreto, verificar quem tem condições de administrar as quantias recebidas e de prestar contas periodicamente até a completa satisfação do crédito.

Imóvel arrendado. Se o imóvel estiver arrendado, o inquilino pagará o aluguel ao usufrutuário. Este, por sua vez, deve ser intimado para que possa promover o pagamento diretamente ao administrador.

Locação. Essa espécie de penhora permite que o administrador celebre contrato de locação do bem penhorado, desde que seja oportunizada a prévia manifestação do executado. Se houver discordância e ainda assim o juiz permitir a locação, o executado poderá se insurgir contra essa decisão por meio do agravo de instrumento (art. 1.015, parágrafo único).

Subseção XI
Da Avaliação

CPC/2015	CPC/1973
Art. 870. A avaliação será feita pelo oficial de justiça. Parágrafo único. Se forem necessários conhecimentos especializados **e o valor da execução o comportar**, o juiz nomeará avaliador, fixando-lhe prazo não superior a 10 (dez) dias para entrega do laudo.	Art. 680. A avaliação será feita pelo oficial de justiça ~~(art. 652), ressalvada a aceitação do valor estimado pelo executado (art. 668, parágrafo único, inciso V)~~; caso sejam necessários conhecimentos especializados, o juiz nomeará avaliador, fixando-lhe prazo não superior a 10 (dez) dias para entrega do laudo.

 COMENTÁRIOS:

Avaliação dos bens penhorados. A avaliação é ato do oficial de justiça (art. 154, V, do CPC/2015) e deve anteceder a expropriação. Contudo, quando forem necessários conhecimentos especializados e o valor da execução suportar tal ônus, o juiz deverá nomear avaliador.

A avaliação visa determinar o valor do bem para aferir a necessidade de reforço ou redução da penhora, bem como para determinar os limites da expropriação. Se a expropriação tem por fim precípuo a conversão do bem penhorado em dinheiro ou mesmo a sua utilização direta para pagamento do credor (adjudicação), curial é a necessidade de verificar o valor dos bens penhorados.

A ressalva no sentido de que a regra só se aplica se "o valor da execução o comportar" fundamenta-se no novo art. 836, que inadmite a penhora quando restar evidente que o produto da execução nem sequer cobrirá as despesas processuais. A intenção do legislador é evitar que o credor arque com prejuízos ainda maiores em virtude da insolvência do devedor.

CPC/2015	CPC/1973
Art. 871. Não se procederá à avaliação quando: I – *uma das partes* aceitar a estimativa feita *pela outra*, II – se tratar de títulos ou de mercadorias que tenham cotação em bolsa, comprovada por certidão ou publicação no órgão oficial; III – se tratar de títulos da dívida pública, de ações de sociedades e de títulos de crédito negociáveis em bolsa, cujo valor será o da cotação oficial do dia, comprovada por certidão ou publicação no órgão oficial;	Art. 684. Não se procederá à avaliação se: I – *o exequente* aceitar a estimativa feita *pelo executado* ~~(art. 668, parágrafo único, inciso V)~~, II – se tratar de títulos ou de mercadorias, que tenham cotação em bolsa, comprovada por certidão ou publicação oficial; Art. 682. O valor dos títulos da dívida pública, das ações das sociedades e dos títulos de crédito negociáveis em bolsa será o da cotação oficial do dia, provada por certidão ou publicação no órgão oficial.

IV – **se tratar de veículos automotores ou de outros bens cujo preço médio de mercado possa ser conhecido por meio de pesquisas realizadas por órgãos oficiais ou de anúncios de venda divulgados em meios de comunicação, caso em que caberá a quem fizer a nomeação o encargo de comprovar a cotação de mercado.**

Parágrafo único. **Ocorrendo a hipótese do inciso I deste artigo, a avaliação poderá ser realizada quando houver fundada dúvida do juiz quanto ao real valor do bem.**

COMENTÁRIOS:

Dispensa de avaliação. Há situações nas quais se dispensa a avaliação. Ocorrem quando: (a) indicando o exequente bens à penhora (art. 798, II, *c*), com a atribuição do respectivo valor não houver impugnação do executado ou não forem indicados bens em substituição (art. 829, § 2º, por extensão); (b) uma das partes aceitar a estimativa feita pela outra e não houver fundada dúvida do juiz quanto ao valor real do bem (art. 871, I, c/c parágrafo único); (c) tratar-se de títulos ou de mercadorias que tenham cotação em bolsa, comprovada por certidão ou publicação no órgão oficial (art. 871, II); (d) tratar-se de títulos da dívida pública, de ações de sociedades e de títulos de crédito negociáveis em bolsa, cujo valor será o da cotação oficial do dia.

Avaliação e veículos automotores. Diferentemente do CPC/1973, o CPC/2015 simplifica a expropriação ao propor a dispensa da avaliação de veículos automotores, bastando a apresentação do preço médio de mercado do bem.

Uma das formas de obter essa avaliação é por meio da tabela de valores médios de veículos, fornecida pela Fundação Instituto de Pesquisas Econômicas (FIPE). Contudo, nada impede que a avaliação seja demonstrada em anúncios de venda divulgados em meios de comunicação (IV). Na prática, a depender do estado do bem, entendo que a parte que o nomeou deverá demonstrar as razões pelas quais utilizou uma ou outra forma de avaliação, porquanto, na maioria das vezes, os órgãos oficiais não levam em consideração a depreciação do bem.

Momento da avaliação. O momento da avaliação é no ato da penhora, quando esta for efetivada por oficial de justiça. Aliás, a penhora, em regra, é ato complexo, que engloba a apreensão propriamente dita, a avaliação, o depósito e a intimação, tanto que se lavra um só auto se as diligências forem concluídas no mesmo dia (art. 839). Nada impede que tais atos possam ser realizados em momentos distintos, seja porque não foi possível concluir a diligência no mesmo dia, a avaliação demandava conhecimentos especializados, não foi possível proceder ao depósito dos bens constritos ou o devedor não se encontrava presente para ser intimado.

CPC/2015	CPC/1973
Art. 872. A avaliação **realizada pelo oficial de justiça** constará de **vistoria** e de laudo *anexados* ao auto de penhora ou, em caso de perícia **realizada por avaliador**, de laudo apresentado no prazo fixado pelo juiz, devendo-se, **em qualquer hipótese**, especificar:	Art. 681. O laudo da avaliação *integrará* o auto de penhora ou, em caso de perícia ~~(art. 680)~~, será apresentado no prazo fixado pelo juiz, devendo conter:

I – os bens, com as suas características, e o estado em que se encontram; II – o valor dos bens. § 1º Quando o imóvel for suscetível de cômoda divisão, *a avaliação*, tendo em conta o crédito reclamado, *será realizada em partes*, sugerindo-se, **com a apresentação de memorial descritivo**, os possíveis desmembramentos **para alienação**. § 2º **Realizada a avaliação e, sendo o caso, apresentada a proposta de desmembramento, as partes serão ouvidas no prazo de 5 (cinco) dias.**	I – a descrição dos bens, com os seus característicos, e a indicação do estado em que se encontram; II – o valor dos bens. Parágrafo único. Quando o imóvel for suscetível de cômoda divisão, *o avaliador*, tendo em conta o crédito reclamado, *o avaliará em partes*, sugerindo os possíveis desmembramentos.

 COMENTÁRIOS:

Requisitos do laudo. O dispositivo em comento estabelece os requisitos do laudo de avaliação. Apresentado como parte integrante do auto de penhora ou, em caso de perícia realizada por avaliador, em separado, o laudo de avaliação deverá conter: (a) a descrição dos bens, com os seus característicos, e a indicação do estado em que se encontram; (b) o valor dos bens.

Imóvel suscetível de divisão cômoda. Quando o imóvel for suscetível de cômoda divisão, o avaliador, tendo em conta o crédito reclamado, o avaliará em partes, sugerindo os possíveis desmembramentos para alienação (art. 872, § 1º). Essa norma está em consonância com o disposto no art. 894, que, em atenção ao princípio da menor onerosidade, prevê a alienação de parte do imóvel penhorado, quando este for passível de divisão e uma fração for suficiente para pagar o credor. A avaliação das partes não dispensa a do todo, uma vez que, não havendo lançador para a fração, far-se-á a alienação do imóvel em sua integridade (art. 894, § 1º).

CPC/2015	CPC/1973
Art. 873. É admitida nova avaliação quando: I – qualquer das partes arguir, fundamentadamente, a ocorrência de erro na avaliação ou dolo do avaliador; II – se verificar, posteriormente à avaliação, que houve majoração ou diminuição no valor do bem; III – *o juiz tiver* fundada dúvida sobre o valor atribuído ao bem **na primeira avaliação**. Parágrafo único. **Aplica-se o art. 480 à nova avaliação prevista no inciso III do *caput* deste artigo.**	Art. 683. É admitida nova avaliação quando: I – qualquer das partes arguir, fundamentadamente, a ocorrência de erro na avaliação ou dolo do avaliador; II – se verificar, posteriormente à avaliação, que houve majoração ou diminuição no valor do bem; ou III – ~~houver~~ fundada dúvida sobre o valor atribuído ao bem ~~(art. 668, parágrafo único, inciso V)~~.

 COMENTÁRIOS:

Nova avaliação. A regra é que no processo de execução exista uma só avaliação ou, quando muito, uma avaliação para cada penhora. Se houve ampliação da penhora inicialmente efetivada, natural é que o novo bem seja igualmente avaliado. De qualquer forma, usualmente não se procede a duas avaliações de um único bem.

O art. 873 prevê os casos excepcionais em que se admite seja a avaliação repetida. São eles: (a) qualquer das partes arguir, fundamentadamente, a ocorrência de erro na avaliação ou dolo do avaliador; (b) se verificar, posteriormente à avaliação, que houve majoração ou diminuição no valor do bem; ou (c) o juiz tiver fundada dúvida sobre o valor atribuído ao bem na primeira avaliação.

Na hipótese de existir fundada dúvida sobre o valor atribuído ao bem, a primeira avaliação não deve ser considerada propriamente uma avaliação, porquanto o valor atribuído estará incorreto. Em outras palavras, a "fundada dúvida" poderia ser enquadrada na hipótese do inciso I do art. 683 do CPC/1973 (erro do avaliador).

De todo modo, feita a crítica ao dispositivo do Código de 1973, que se repete no CPC/2015, se for o caso de "nova" avaliação, deverão ser observadas as regras que tratam da realização de nova perícia (art. 480 e §§).

CPC/2015	CPC/1973
Art. 874. Após a avaliação, o juiz poderá, a requerimento do interessado e ouvida a parte contrária, mandar:	Art. 685. Após a avaliação, poderá mandar o juiz, a requerimento do interessado e ouvida a parte contrária:
I – reduzir a penhora aos bens suficientes ou transferi-la para outros, se o valor dos bens penhorados for consideravelmente superior ao crédito do exequente e dos acessórios;	I – reduzir a penhora aos bens suficientes, ou transferi-la para outros, ~~que bastem à execução~~, se o valor dos penhorados for consideravelmente superior ao crédito do exequente e acessórios;
II – ampliar a penhora ou transferi-la para outros bens mais valiosos, se o valor dos bens penhorados for inferior ao crédito **do exequente** .	II – ampliar a penhora, ou transferi-la para outros bens mais valiosos, se o valor dos penhorados for inferior ao referido crédito.

 ## COMENTÁRIOS:

Modificação da avaliação. Tal é a importância da avaliação para o processo executivo, que, estribado nesse ato, poderá mandar o juiz, a requerimento do interessado e ouvida a parte contrária, reduzir, ampliar a penhora ou transferi-la para outros bens, sempre tendo por baliza os limites da expropriação, que, a um só tempo, deve ser suficiente para o pagamento do credor sem sacrificar desnecessariamente o devedor. Será reduzida ou transferida para outros bens se o valor dos penhorados for consideravelmente superior ao crédito do exequente e acessórios (inciso I). Será ampliada ou transferida para outros bens se o valor dos penhorados for inferior ao referido crédito (inciso II).

CPC/2015	CPC/1973
Art. 875. *Realizadas a penhora e a avaliação*, o juiz dará início aos atos de expropriação do bem.	Art. 685. [...] Parágrafo único. *Uma vez cumpridas essas providências*, o juiz dará início aos atos de expropriação de bens.

 ## COMENTÁRIOS:

Início dos atos expropriatórios. Após a realização da penhora e avaliação dos bens penhorados, o juiz dará início à fase expropriatória. É prudente que o magistrado intime o exequente para que este escolha, entre as opções legais, a forma expropriatória que melhor atenda a seus interesses.

Seção IV
Da Expropriação de Bens

Subseção I
Da Adjudicação

CPC/2015	CPC/1973

Art. 876. É lícito ao exequente, oferecendo preço não inferior ao da avaliação, requerer que lhe sejam adjudicados os bens penhorados.

§ 1º **Requerida a adjudicação, o executado será intimado do pedido:**

I – **pelo Diário da Justiça, na pessoa de seu advogado constituído nos autos;**

II – **por carta com aviso de recebimento, quando representado pela Defensoria Pública ou quando não tiver procurador constituído nos autos;**

III – **por meio eletrônico, quando, sendo o caso do § 1º do art. 246, não tiver procurador constituído nos autos.**

§ 2º **Considera-se realizada a intimação quando o executado houver mudado de endereço sem prévia comunicação ao juízo, observado o disposto no art. 274, parágrafo único.**

§ 3º **Se o executado, citado por edital, não tiver procurador constituído nos autos, é dispensável a intimação prevista no § 1º.**

§ 4º Se o valor do crédito for:

I – inferior ao dos bens, *o requerente da adjudicação* depositará de imediato a diferença, que ficará à disposição do executado;

II – superior ao dos bens, a execução prosseguirá pelo saldo remanescente.

§ 5º Idêntico direito pode ser exercido *por aqueles indicados no art. 889, incisos II a VIII*, pelos credores concorrentes que hajam penhorado o mesmo bem, pelo cônjuge, **pelo companheiro**, pelos descendentes ou pelos ascendentes do executado.

§ 6º Se houver mais de um pretendente, proceder-se-á a licitação entre eles, tendo preferência, em caso de igualdade de oferta, o cônjuge, **o companheiro**, o descendente ou o ascendente, nessa ordem.

§ 7º No caso de penhora de quota **social ou de ação de sociedade anônima fechada** *realizada em favor de* exequente alheio à sociedade, esta será intimada, **ficando responsável por informar aos sócios a ocorrência da penhora**, assegurando-se a estes a preferência.

Art. 685-A. É lícito ao exequente, oferecendo preço não inferior ao da avaliação, requerer lhe sejam adjudicados os bens penhorados.

§ 1º Se o valor do crédito for inferior ao dos bens, o *adjudicante* depositará de imediato a diferença, ficando esta à disposição do executado; se superior, a execução prosseguirá pelo saldo remanescente.

§ 2º Idêntico direito pode ser exercido *pelo credor com garantia real*, pelos credores concorrentes que hajam penhorado o mesmo bem, pelo cônjuge, pelos descendentes ou ascendentes do executado.

§ 3º Havendo mais de um pretendente, proceder-se-á entre eles à licitação; em igualdade de oferta, terá preferência o cônjuge, descendente ou ascendente, nessa ordem.

§ 4º No caso de penhora de quota, *procedida por* exequente alheio à sociedade, esta será intimada, assegurando preferência aos sócios.

 **COMENTÁRIOS:**

Adjudicação – Conceito. Adjudicação, na lição de Cândido Rangel Dinamarco,[308] consiste na transferência do bem penhorado ao patrimônio do exequente, para satisfação de seu crédito. Tal como a alienação por iniciativa particular ou em leilão (art. 879, I e II) e a apropriação dos frutos e rendimentos, a adjudicação é uma forma de expropriação, de alienação forçada. Nas demais modalidades de expropriação, o crédito do exequente é satisfeito com o produto da alienação ou com valor relativos aos frutos e rendimentos da coisa; na adjudicação, o pagamento se dá com a transferência do domínio, assemelhando-se a uma dação em pagamento forçada. Digo "forçada" porque se trata de transferência judicial e compulsória do bem penhorado, e não de negócio jurídico particular.

Momento para requerer a adjudicação. De acordo com o *caput* do art. 876, é lícito ao exequente, oferecendo preço não inferior ao da avaliação, requerer lhe sejam adjudicados os bens penhorados. Como se vê, não há momento procedimental definido na lei para que se possa requerer a adjudicação. Feita a penhora, avaliados e depositados os bens objeto da constrição, o que comumente se dá num mesmo momento processual, pode-se requerer a adjudicação.

Mas qual seria o limite temporal para a formalização do requerimento? De acordo com o abalizado Humberto Theodoro,[309] uma vez iniciada a licitação em hasta pública, resta frustrada a possibilidade de adjudicação, porquanto não haveria como impedir que o arrematante adquirisse o bem, ainda que por lanço inferior ao da avaliação. Nessa linha de raciocínio, iniciada a hasta pública – o que dizer se iniciada a alienação por iniciativa particular? –, frustrada restaria a possibilidade de adjudicação, com graves prejuízos para o exequente, para o executado e para a efetividade do processo executivo.

O ideal é que a adjudicação seja requerida antes de iniciado o procedimento de alienação dos bens, seja por interesse particular ou em leilão presencial ou eletrônico (art. 879, I e II). Entretanto, à falta de restrição na lei, não há obstáculo para que se requeira a adjudicação mesmo depois de findo o procedimento de alienação, desde que o requerimento seja protocolado antes da assinatura do termo de alienação ou do auto de arrematação a que se referem os arts. 880, § 2º, e 903. Deve-se aplicar subsidiariamente o disposto no art. 24, II, da Lei nº 6.830/1980, que admite a adjudicação ainda que o procedimento de alienação tenha se encerrado com licitantes. A única ressalva a ser feita é que, na concorrência entre arrematante e adjudicatário, este só vencerá se apresentar melhor proposta, nunca inferior à avaliação, porque, ao contrário da Lei de Execuções Fiscais, o Código não admite adjudicação por valor inferior ao da avaliação.

Afora o mencionado dispositivo da Lei de Execuções Fiscais, que integra o sistema processual brasileiro e por isso mesmo tem aplicação subsidiária, essa interpretação é a que melhor se coaduna com o princípio da menor onerosidade. Ora, como é sabido, a lei não é o único critério de apreciação do Direito. O ordenamento jurídico é estruturado por um conjunto harmônico de normas, que, por sua vez, é integrado por regras, estabelecidas em lei e em precedentes vinculantes, e princípios.

---

[308] DINAMARCO, Cândido Rangel. **Instituições de direito processual civil.** São Paulo: Malheiros, 2004. v. IV.

[309] THEODORO JR., Humberto. **A reforma da execução do título extrajudicial.** Rio de Janeiro: Forense, 2007, p. 122.

Em síntese, observados o princípio da menor onerosidade e a garantia do direito adquirido com a assinatura do termo de alienação ou auto de arrematação, não há limite temporal para a adjudicação. Entretanto, se requerida depois de iniciado o procedimento da alienação, deve o adjudicatário arcar com eventuais despesas extras, tais como publicidade e publicação de editais.

Indispensável é o requerimento, até porque não se pode compelir o credor a receber bem de natureza diversa do previsto no título, tampouco obrigar os demais legitimados a adjudicarem. O preço a ser oferecido pelo pretendente à adjudicação não pode ser inferior ao da avaliação.

Legitimados a adjudicar. (a) o exequente, desde que pague preço não inferior ao da avaliação; (b) o coproprietário de bem indivisível do qual tenha sido penhorada a fração ideal (exemplo: na penhora de 50% de um apartamento o outro proprietário pode adjudicar); (c) os titulares de usufruto, uso, habitação, enfiteuse, direito de superfície, concessão de uso especial para fins de moradia ou concessão de direito real de uso, quando a penhora recair sobre bem gravado com tais direitos reais; (d) o proprietário do terreno submetido ao regime de direito de superfície, enfiteuse, concessão de uso especial para fins de moradia ou concessão de direito real de uso, quando a penhora recair sobre tais direitos reais; (e) o credor pignoratício, hipotecário, anticrético, fiduciário ou com penhora anteriormente averbada, quando a penhora recair sobre bens com tais gravames, caso não seja o próprio credor (parte da demanda executiva); (f) o promitente comprador, quando a penhora recair sobre bem em relação ao qual haja promessa de compra e venda registrada; (g) o promitente vendedor, quando a penhora recair sobre o direito aquisitivo derivado de promessa de compra e venda registrada; (h) a União, o Estado e o Município, no caso de alienação de bem tombado; (i) o cônjuge, o companheiro, os descendentes ou ascendentes do executado; (j) os sócios ou a própria sociedade, quando, na execução contra sócio, procedida por terceiro alheio à sociedade, a penhora recair sobre quota social ou ação de sociedade anônima fechada (§ 7º).

Requerimento de adjudicação. O requerimento por meio do qual se veicula o direito de participar do procedimento adjudicatório deve ser instruído com o comprovante do depósito do preço ofertado, que em hipótese alguma pode ser inferior ao da avaliação. O exequente estará dispensado de proceder ao depósito do preço desde que o valor ofertado seja igual ou inferior ao seu crédito e não haja licitantes à adjudicação com preferência legal sobre o produto da execução; no caso de a oferta ser inferior ao crédito, poderá adjudicar e prosseguir na execução pelo saldo remanescente. Se o preço ofertado pelo exequente for maior do que o seu crédito, terá que depositar imediatamente a diferença, a qual poderá ser levantada pelo executado, pagas as despesas da execução (arts. 876, § 4º, e 907).

Concorrência. Dispõe o § 6º que, havendo mais de um pretendente, proceder-se-á entre eles à licitação. Trata-se de um procedimento simples, em nada se assemelhando ao procedimento administrativo utilizado pela Administração Pública para aquisição de bens e serviços. A licitação entre os concorrentes à adjudicação será instaurada sem qualquer formalidade, sempre que mais de um legitimado manifestar interesse na adjudicação.

Havendo licitantes com preferência legal, por exemplo, credor com penhora anterior ou com direito real de garantia sobre o bem a ser adjudicado, o exequente (credor quirografário), qualquer que seja o valor do seu crédito, terá de depositar a integralidade do valor ofertado. A exigência de depósito, nesse caso, decorre do direito de preferência, conforme estatuído nos arts. 905 a 909.

E, quando todos ou alguns legitimados estiverem participando do procedimento licitatório, de quem será a preferência para adjudicar? Da interpretação do sistema, mormente dos arts. 876, §§ 6º e 7º, e 908, extrai-se que o juiz decidirá levando em conta alguns critérios. O primeiro critério a ser observado é objetivo, trata-se do valor da oferta. Vencerá a licitação o licitante que oferecer o maior preço. Havendo empate das ofertas, o juiz utilizará de critério objetivo e subjetivo, ou somente deste, dependendo das circunstâncias do caso.

No caso de penhora de cota ou de ações, havendo igualdade entre as ofertas, vencerá o sócio. Não havendo participação de sócio, a sociedade, seguida do cônjuge ou companheiro do sócio que teve a cota penhorada, dos descendentes e ascendentes dele, do credor com garantia real e, entre os credores quirografários, na ordem das penhoras.

Não sendo o caso de cotas e havendo empate entre os valores ofertados, a escolha recairá sobre o cônjuge ou companheiro(a). Se estes não quiseram adjudicar ou suas propostas foram rejeitadas, são chamados os descendentes. Afastados os descendentes, escolhe-se entre os ascendentes. No caso dos descendentes e dos ascendentes, os de grau mais próximo preferem aos de grau mais remoto. Havendo coincidência de graus, a escolha é feita por sorteio.

Se por uma razão ou outra, afastado o cônjuge ou companheiro, os descendentes e ascendentes, a adjudicação recairá sobre o credor com garantia real, seguido dos credores quirografários, na ordem das prelações (penhoras sobre o bem).

CPC/2015	CPC/1973
Art. 877. **Transcorrido o prazo de 5 (cinco) dias, contado da última intimação, e** decididas eventuais questões, o juiz ordenará a lavratura do auto de adjudicação.	Art. 685-A. [...]
	§ 5º Decididas eventuais questões, o juiz mandará lavrar o auto de adjudicação.
§ 1º Considera-se perfeita e acabada a adjudicação com a lavratura e a assinatura do auto pelo juiz, pelo *adjudicatário*, pelo escrivão **ou chefe de secretaria**, e, se estiver presente, pelo executado, expedindo-se:	Art. 685-B. A adjudicação considera-se perfeita e acabada com a lavratura e assinatura do auto pelo juiz, pelo *adjudicante*, pelo escrivão e, se for presente, pelo executado, expedindo-se a respectiva carta, se bem imóvel, ou *mandado* de entrega ao *adjudicante*, se bem móvel.
I – a carta de adjudicação **e o mandado de imissão na posse**, quando se tratar de bem imóvel;	Parágrafo único. A carta de adjudicação conterá a descrição do imóvel, com remissão a sua matrícula e registros, a cópia do auto de adjudicação e a prova de quitação do imposto de transmissão.
II – a *ordem* de entrega ao *adjudicatário*, quando se tratar de bem móvel.	
§ 2º A carta de adjudicação conterá a descrição do imóvel, com remissão à sua matrícula e aos seus registros, a cópia do auto de adjudicação e a prova de quitação do imposto de transmissão.	
§ 3º **No caso de penhora de bem hipotecado, o executado poderá remi-lo até a assinatura do auto de adjudicação, oferecendo preço igual ao da avaliação, se não tiver havido licitantes, ou ao do maior lance oferecido.**	
§ 4º **Na hipótese de falência ou de insolvência do devedor hipotecário, o direito de remição previsto no § 3º será deferido à massa ou aos credores em concurso, não podendo o exequente recusar o preço da avaliação do imóvel.**	

COMENTÁRIOS:

Ultimação da adjudicação. A adjudicação é resolvida por meio de decisão interlocutória, da qual cabe agravo de instrumento (art. 1.015, parágrafo único). Decididas eventuais questões, o juiz mandará lavrar o auto de adjudicação (art. 877).

O auto de adjudicação, que fica encartado no caderno processual, constitui a prova da celebração do negócio jurídico, tanto que, uma vez lavrado e assinado pelo juiz, pelo adjudicatário, pelo escrivão ou chefe de secretaria, e, se for presente, pelo executado, a adjudicação considera-se perfeita e acabada (§ 1º).

Para comprovar a adjudicação perante terceiros e sobretudo para registrá-la no cartório de registro de imóveis, quando se tratar de direito real imobiliário, expede-se a carta de adjudicação, a qual conterá a descrição do imóvel (ou de direito sobre ele, por exemplo, o usufruto), com remissão à sua matrícula e aos seus registros, a cópia do auto de adjudicação e a prova de quitação do imposto de transmissão (§ 2º).

Frise-se que, no caso de penhora de bem hipotecado, o executado poderá remi-lo até a assinatura do auto de adjudicação, oferecendo preço igual ao da avaliação, se não tiver havido licitantes, ou ao do maior lance oferecido. Na hipótese de falência ou de insolvência do devedor hipotecário, o direito de remição será deferido à massa ou aos credores em concurso, não podendo o exequente recusar o preço da avaliação do imóvel (§§ 3º e 4º).[310]

CPC/2015	CPC/1973
Art. 878. Frustradas as tentativas de alienação do bem, será reaberta oportunidade para requerimento de adjudicação, caso em que também se poderá pleitear a realização de nova avaliação.	Não há correspondência.

COMENTÁRIOS:

Renovação do direito de adjudicação. Pode acontecer de o exequente não adjudicar o bem em razão do elevado valor da avaliação e preferir que ele seja alienado. Nesse caso, se não houver comprador (alienação particular) ou arrematante (alienação em leilão), poderá o exequente requerer nova avaliação para constatar uma eventual supervalorização do bem. Tal requerimento deve se dar por simples petição nos autos.

---

[310] Os §§ 3º e 4º assemelham-se às disposições constantes nos arts. 1.482 e 1.483 do Código Civil, e se relacionam não à arrematação, mas à penhora de bem hipotecado. Em termos práticos, o direito de remir o bem pode se dar tanto no ato de penhora quanto no ato de arrematação (art. 902 do CPC/2015). As hipóteses previstas no Código Civil foram abarcadas por esse dispositivo, tanto que o CPC/2015 as revogará (art. 1.072, II).

Subseção II
Da Alienação

CPC/2015	CPC/1973
Art. 879. **A alienação far-se-á:** I – **por iniciativa particular;** II – **em leilão judicial eletrônico ou presencial.**	Art. 647. ~~A expropriação consiste:~~ [...] II – na alienação por iniciativa particular; III – na alienação em hasta pública.

 COMENTÁRIOS:

Modalidades de alienação. O CPC/2015 elimina a distinção que se faz entre praça e leilão para adotar a hasta pública a ser realizada sob a forma única de "leilão judicial eletrônico ou presencial", qualquer que seja o bem penhorado.

A diferença entre a alienação por iniciativa particular e a alienação em leilão judicial decorre justamente da participação maior do Estado-juiz nessa última modalidade.

CPC/2015	CPC/1973
Art. 880. Não efetivada a adjudicação, o exequente poderá requerer a alienação por sua própria iniciativa ou por intermédio de corretor **ou leiloeiro público** credenciado perante *o órgão judiciário*. § 1º O juiz fixará o prazo em que a alienação deve ser efetivada, a forma de publicidade, o preço mínimo, as condições de pagamento, as garantias e, se for o caso, a comissão de corretagem. § 2º A alienação será formalizada por termo nos autos, com a assinatura do juiz, do exequente, do adquirente e, se estiver presente, do executado, expedindo-se: I – a carta de alienação **e o mandado de imissão na posse**, quando se tratar de bem imóvel; II – a *ordem* de entrega ao adquirente, quando se tratar de bem móvel. § 3º Os tribunais poderão *editar disposições complementares sobre* o procedimento da alienação prevista neste artigo, **admitindo, quando for o caso,** o concurso de meios eletrônicos, e dispor sobre o credenciamento dos corretores **e leiloeiros públicos**, os quais deverão estar em exercício profissional por não menos que *3 (três)* anos. § 4º **Nas localidades em que não houver corretor ou leiloeiro público credenciado nos termos do § 3º, a indicação será de livre escolha do exequente.**	Art. 685-C. Não realizada a adjudicação ~~dos bens penhorados~~, o exequente poderá requerer sejam eles alienados por sua própria iniciativa ou por intermédio de corretor credenciado perante *a autoridade judiciária*. § 1º O juiz fixará o prazo em que a alienação deve ser efetivada, a forma de publicidade, o preço mínimo ~~(art. 680)~~, as condições de pagamento e as garantias, ~~bem como~~, se for o caso, a comissão de corretagem. § 2º A alienação será formalizada por termo nos autos, assinado pelo juiz, pelo exequente, pelo adquirente e, se for presente, pelo executado, expedindo-se carta de alienação do imóvel ~~para o devido registro imobiliário~~, ou, se bem móvel, *mandado* de entrega ao adquirente. § 3º Os Tribunais poderão *expedir provimentos detalhando* o procedimento da alienação prevista neste artigo, inclusive com o concurso de meios eletrônicos, e dispondo sobre o credenciamento dos corretores, os quais deverão estar em exercício profissional por não menos de *5 (cinco)* anos.

COMENTÁRIOS:

Alienação particular. Dispõe o art. 880 que, não efetivada a adjudicação dos bens penhorados, o exequente poderá requerer a alienação por sua própria iniciativa ou por intermédio de corretor ou leiloeiro público credenciado perante o órgão judiciário. Verifica-se que a alienação por iniciativa particular constitui faculdade do exequente, e somente ocorrerá mediante requerimento deste, não havendo possibilidade de determinação do juiz.

No requerimento, o exequente indicará se alienação do bem será feita por iniciativa própria ou por intermédio de corretor ou leiloeiro público credenciado perante o órgão judiciário. Se o próprio exequente promover a alienação, não fará jus à comissão de corretagem ou àquela que seria destinada ao leiloeiro, mas terá direito de ser reembolsado das despesas com publicidade, desde que prevista no plano de alienação fixado pelo juiz.

No caso de o exequente requerer que a alienação seja realizada com a intermediação de corretor, o juiz nomeará um profissional cujo perfil se amolde ao negócio, tendo em vista principalmente a natureza do bem a ser alienado. Tratando-se de leiloeiro público, o juiz dará preferência àqueles previamente credenciados no Tribunal, conforme dispuserem as normas regimentais. Diz a lei que a nomeação deve recair sobre corretor ou leiloeiro que contar com, pelo menos, três anos de experiência (§ 3º).

E se na localidade não houver leiloeiro ou corretor cadastrado? Nesse caso, a indicação será de livre escolha do exequente, conforme dispõe o § 4º. De qualquer modo, entendo que a alienação por corretor ou leiloeiro não cadastrado, ainda que haja profissionais habilitados na comarca, não deve invalidar a alienação, salvo se comprovado prejuízo para uma das partes. Isso porque deve o juiz levar em conta o melhor proveito para a execução, ou seja, a alienação deve ser realizada pelo melhor preço, com a maior rapidez possível e com o menor custo.

Se o bem a ser alienado é um apartamento de luxo, no bairro mais nobre da capital, cabe ao juiz verificar quem, embora não credenciado, melhor desempenhará a função. Talvez, em virtude das peculiaridades do caso, é melhor que a alienação seja feita não por um determinado corretor, mas sim por uma rede de corretores filiados a uma cooperativa que, embora conte com apenas dois anos de atividade, tem-se destacado nesse tipo de negócio, principalmente em razão dos meios de comunicação em que atua.

Tratando-se de automóvel, quem sabe seja mais proveitoso a alienação ser feita por agência especializada no ramo de venda de veículos usados, com amplo acesso aos diversos meios de comunicação, por exemplo, cadernos especializados e portais na Internet; entretanto, tratando-se de automóveis antigos, a venda seria mais exitosa se feita por pessoa com acesso ao restrito clube dos colecionadores.

Resumo da ópera: o juiz não está adstrito à literalidade da lei, mas sim ao objetivo por ela visado. Cabe a ele, que estudou por anos a fio, passou no concurso, cursou escola judicial e agora exerce a função judicante no fórum, decidir a quem atribuirá a incumbência de vender o apartamento de luxo: à maior e mais bem estruturada cooperativa de corretores da capital, que nem sequer preenche os requisitos para o credenciamento, ou ao mais antigo corretor da cidade, com cinquenta anos de experiência na venda de fazendas, inscrito sob o nº 001 na relação de corretores credenciados da comarca de Alegrete do Sertão. Não se esqueça de que o juiz é de Direito, não de leis.

Seja quem for realizar a alienação, o próprio exequente, corretor, empresa especializada ou leiloeiro, terá que submeter ao juiz uma proposta, da qual constarão o prazo em que a alienação deve ser efetivada, a forma de publicidade, o preço mínimo, as condições de pagamento com as respectivas garantias, bem como a comissão de corretagem (§ 1º).

A lei constitui apenas os parâmetros, o meio, o fim é o melhor proveito para a execução – repita-se. A lei visa evitar abuso, entretanto há de se buscar uma interpretação construtiva, sob pena de graves prejuízos. Deve-se fixar o prazo para a venda, a fim de evitar procrastinação, todavia se trata de prazo não preclusivo; se o juiz fixou 40 dias para a alienação e esta se deu no quadragésimo segundo, o negócio é válido. A forma de publicidade sugerida deve ser a mais eficaz para a alienação, sendo passível de alteração no curso dos trabalhos. O preço mínimo, em princípio, deve corresponder ao da avaliação. Nada obsta, entretanto, a que, dependendo das circunstâncias do mercado, haja autorização para venda por preço inferior, desde que não seja vil. Se a venda for realizada em parcelas, há que se estabelecer o prazo de pagamento e a garantia, que pode ser real (hipoteca, penhor, alienação fiduciária) ou fidejussória (aval, fiança), tudo de acordo com as circunstâncias do negócio entabulado.

Regulamentação. O § 3º estabelece a regulamentação, pelos tribunais, do procedimento de alienação por iniciativa particular, inclusive com o concurso de meios eletrônicos. A salutar previsão tem por fim compatibilizar o cumprimento das normas legais com as peculiaridades de cada Estado da Federação, mormente no que tange aos recursos de informática. Cabe agora aos tribunais, em homenagem à efetividade visada pelo legislador, baixar as resoluções cabíveis, de forma a dar cumprimento à lei, sem descurar do fim por ela visado.

Ultimação da alienação. A alienação será formalizada por termo nos autos, assinado pelo juiz, pelo exequente, pelo adquirente e, se for presente, pelo executado, expedindo-se carta de alienação do imóvel para o devido registro imobiliário, ou, se bem móvel, mandado de entrega ao adquirente (§ 2º, I e II).

CPC/2015	CPC/1973
Art. 881. **A alienação far-se-á em leilão judicial** se não efetivada a adjudicação ou a alienação por iniciativa particular.	Art. 686. ~~Não requerida a adjudicação~~ e não realizada a alienação particular do bem penhorado, ~~será expedido o edital de hasta pública, que conterá~~:
§ 1º **O leilão do bem penhorado será realizado por leiloeiro público.**	[...]
§ 2º Ressalvados os casos de alienação a cargo de corretores de bolsa de valores, todos os demais bens serão alienados em leilão público.	Art. 704. Ressalvados os casos de alienação ~~de bens imóveis e aqueles de atribuição~~ de corretores da Bolsa de Valores, todos os demais bens serão alienados em leilão público.

 COMENTÁRIOS:

Alienação judicial. A alienação em leilão judicial presencial ou eletrônico é, por sua vez, meio subsidiário de satisfação da execução. Nos termos do art. 881, essa forma de alienação somente será realizada quando a adjudicação ou a alienação por iniciativa particular não tiver sido efetivada. Assim, frustrada a possibilidade de adjudicação e de alienação por iniciativa particular, com a finalidade de converter os bens penhorados em dinheiro, outro caminho não resta senão o leilão ou, dependendo das circunstâncias, apropriação de frutos e rendimentos de empresa, de estabelecimentos ou de outros bens.

No âmbito do processo executivo, a alienação judicial far-se-á por leiloeiro público, com a finalidade de, por meio de arrematação, proceder à conversão dos bens em dinheiro, para posterior pagamento do credor. O leilão pode ser presencial ou eletrônico, mas a lei dá preferência à segunda modalidade (art. 882). Em todo caso, o procedimento desdobra-se em três fases: atos preparatórios, leilão e assinatura do auto.

CPC/2015	CPC/1973
Art. 882. Não sendo possível a sua realização por meio eletrônico, o leilão será presencial. § 1º *A alienação judicial por meio eletrônico será realizada,* **observando-se as garantias processuais das partes,** *de acordo com regulamentação específica do Conselho Nacional de Justiça.* § 2º **A alienação judicial por meio eletrônico deverá** atender aos requisitos de ampla publicidade, autenticidade e segurança, com observância das regras estabelecidas na legislação sobre certificação digital. § 3º **O leilão presencial será realizado no local designado pelo juiz.**	Art. 689-A. ~~O procedimento previsto nos arts. 686 a 689 poderá ser substituído, a requerimento do exequente,~~ *por alienação realizada por meio da rede mundial de computadores ,com uso de páginas virtuais criadas pelos Tribunais ou por entidades públicas ou privadas em convênio com eles firmado.* Parágrafo único. O *Conselho da Justiça Federal* ~~e os Tribunais de Justiça, no âmbito das suas respectivas competências, regulamentarão esta modalidade de alienação,~~ atendendo aos requisitos de ampla publicidade, autenticidade e segurança, com observância das regras estabelecidas na legislação sobre certificação digital.

COMENTÁRIOS:

Leilão presencial como forma subsidiária de alienação. A prática forense sempre demonstrou que a alienação de bem em hasta pública traz sérios prejuízos ao processo, seja pela morosidade, seja pelos custos. Por conta disso, desde a reforma de 2006 foi introduzida no CPC/1973 disposição que permite a alienação por meios eletrônicos. Com o novo Código, esse procedimento será adotado como regra, ou seja, o leilão presencial passará a ser a exceção em nosso ordenamento processual.

Regulamentação da alienação por meio eletrônico. No que respeita à utilização dos meios eletrônicos (Internet), o Código contempla a realização do próprio leilão por meio da rede mundial de computadores, com uso de páginas virtuais criadas pelos tribunais ou por entidades públicas ou privadas em convênio com eles firmado.

Cabe ao Conselho da Justiça Federal e aos tribunais de Justiça, no âmbito das suas respectivas competências, regulamentar o leilão virtual, atendendo aos requisitos de ampla publicidade, autenticidade e segurança, com observância das regras estabelecidas na legislação sobre certificação digital (§§ 1º e 2º).

CPC/2015	CPC/1973
Art. 883. **Caberá ao juiz a designação** do leiloeiro público, que *poderá ser* indicado pelo exequente.	Art. 706. O leiloeiro público *será* indicado pelo exequente.

COMENTÁRIOS:

Designação do leiloeiro. O dispositivo evidencia a regra que passará a viger com o novo Código: o juiz deverá designar leiloeiro que esteja previamente credenciado no órgão judiciário competente. A indicação pelo exequente passa a ser uma exceção, que deve ocorrer apenas na hipótese do § 4º do novo art. 880, ou seja, nas localidades onde não houver leiloeiro público.

CPC/2015	CPC/1973
Art. 884. *Incumbe* ao leiloeiro **pública**	Art. 705. *Cumpre* ao leiloeiro:
I – publicar o edital, anunciando a alienação;	I – publicar o edital, anunciando a alienação;
II – realizar o leilão onde se encontrem os bens ou no lugar designado pelo juiz;	II – realizar o leilão onde se encontrem os bens, ou no lugar designado pelo juiz;
III – expor aos pretendentes os bens ou as amostras das mercadorias;	III – expor aos pretendentes os bens ou as amostras das mercadorias;
IV – receber e depositar, dentro de *1 (um) dia,* à ordem do juiz, o produto da alienação;	IV – receber do arrematante a comissão estabelecida em lei ou arbitrada pelo juiz;
V – prestar contas nos *2 (dois) dias* subsequentes ao depósito.	V – receber e depositar, dentro em *24 (vinte e quatro) horas,* à ordem do juiz, o produto da alienação;
Parágrafo único. **O leiloeiro tem o direito de** receber do arrematante a comissão estabelecida em lei ou arbitrada pelo juiz.	VI – prestar contas nas *48 (quarenta e oito)* horas subsequentes ao depósito.

 **COMENTÁRIOS:**

Leiloeiro. O leiloeiro exerce um *munus* público, de modo que a lei lhe impõe os seguintes deveres: (i) providenciar a publicação do edital; (ii) realizar o leilão onde se encontrem os bens ou no local designado pelo juiz; (iii) expor aos pretendentes os bens ou amostras das mercadorias a serem leiloadas; (iv) receber o produto da alienação e depositá-lo à disposição do juízo, no prazo de um dia;[311] (v) prestar contas das despesas que teve, as quais deverão ser ressarcidas, sem prejuízo do pagamento da comissão, no prazo de dois dias, contados do depósito.

Comissão. De acordo com o art. 24 do Decreto nº 21.981/1932, a comissão devida ao leiloeiro será de cinco por cento sobre quaisquer bens arrematados. Não há limite de valor estabelecido em lei.[312]

CPC/2015	CPC/1973
Art. 885. **O juiz da execução estabelecerá o preço mínimo, as condições de pagamento e as garantias que poderão ser prestadas pelo arrematante.**	Não há correspondência.

 **COMENTÁRIOS:**

Condições para o leilão. Da mesma forma que na alienação particular, se o bem penhorado for levado a leilão público, ficará o juiz incumbido de estabelecer o valor mínimo da arrematação (lance mínimo). Além disso, o juiz deverá, ao liberar o bem para a venda, esclarecer as condições de pagamento e garantias que poderão ser prestadas por aquele que realizar a arrematação. Se o arrematante for o próprio credor, entendemos que não há

---

[311] STJ, 3ª Turma, REsp 1.308.878/RJ, Rel. Min. Sidnei Beneti, julgado em 04.12.2012, *DJe* 19.12.2012.

[312] "[...] I – A expressão 'obrigatoriamente', inserta no § único do art. 24 do Decreto-lei nº 21.981/32, revela que a intenção da norma foi estabelecer um valor mínimo, ou seja, pelo menos cinco por cento sobre o bem arrematado. II – Não há limitação quanto ao percentual máximo a ser pago ao leiloeiro a título de comissão [...]" (STJ, REsp 680.140, Rel. Min. Gilson Dipp, julgado em 02.02.2006).

necessidade de se garantir o pagamento do preço, mas deve-se devolver a eventual diferença entre o valor da arrematação e o valor do crédito.

CPC/2015	CPC/1973
Art. 886. *O leilão será precedido de publicação de* edital, que conterá:	Art. 686. ~~Não requerida a adjudicação e não realizada a alienação particular do bem penho-rado~~, *será expedido o* edital ~~de hasta pública~~, que conterá:
I – a descrição do bem penhorado, com suas características, e, tratando-se de imóvel, sua situação e suas divisas, com remissão à matrícula e aos registros;	I – a descrição do bem penhorado, com suas características e, tratando-se de imóvel, a situação e divisas, com remissão à matrícula e aos registros;
II – o valor *pelo qual o bem foi avaliado,* **o preço mínimo pelo qual poderá ser alienado, as condi-ções de pagamento e, se for o caso, a comissão do leiloeiro designado** ;	II – o valor *do bem* ;
III – o lugar onde estiverem os móveis, os veículos e os semoventes e, *tratando-se de créditos ou direitos,* a identificação dos autos do processo em que foram penhorados;	III – o lugar onde estiverem os móveis, veículos e semoventes; e, *sendo direito e ação,* os autos do processo, em que foram penhorados;
IV – **o sítio, na rede mundial de computadores**, *e o período em que se realizará o leilão,* **salvo se este se der de modo presencial, hipótese em que serão indicados** o local, o dia e a hora de sua realização;	IV – *o dia e a hora de realização da praça*, ~~se bem imóvel~~, ou o local, dia e hora de realização do leilão, ~~se bem móvel~~;
V – **a indicação de local, dia e hora de segundo leilão presencial, para a hipótese de não haver interessado no primeiro;**	V – menção da existência de ônus, recurso ou causa pendente sobre os bens a serem *arrema-tados* ;
VI – menção da existência de ônus, recurso ou processo pendente sobre os bens a serem *leiloados* .	§ 1° No caso *do art. 684, II* , constará do edital o va-lor da última cotação ~~anterior à expedição deste~~.
Parágrafo único. No caso *de títulos da dívida pública e de títulos negociados em bolsa* , constará do edital o valor da última cotação.	

 ## COMENTÁRIOS:

Atos preparatórios. Os atos preparatórios compreendem a publicação de editais e a cientificação de determinadas pessoas que, por razões diversas, o legislador achou por bem cientificá-las do leilão.

Requisitos do edital. O CPC/2015 amplia as informações que devem constar no edital que antecede o leilão. Além das que já constavam nos incisos do art. 686 do CPC/1973, o edital deverá trazer o preço mínimo da venda (atribuído pelo juiz); as condições de paga-mento e, sendo o caso, a comissão do leiloeiro; a indicação do endereço eletrônico no qual se realizará o leilão – lembre-se de que o leilão presencial é exceção; e a menção acerca da existência de eventuais ônus incidentes sobre o bem.

A exigência dessas informações atende à necessidade de divulgação de todos os elemen-tos que possam influir no *animus* de terceiros na aquisição do bem, evitando, por exemplo, uma posterior arguição de nulidade por conta de prejuízos sofridos pelo arrematante.

Ônus existentes sobre o bem. O inciso VI tem por escopo levar ao conhecimento dos licitantes algum fato que possa comprometer a fruição da coisa arrematada ou legitimidade da arrematação. Assim, cabe verificar quais os fatos que possam ter relevância para a aquisição do bem. A existência de direitos reais de gozo sobre a coisa (usufruto e servidão, por exemplo) acompanhá-la-á depois da arrematação, restringindo a fruição, daí por que é indispensável que conste do edital. Igualmente há de constar do edital a existência de demanda anulatória do negócio jurídico referente à aquisição do bem pelo executado. Por falta de consequência sobre a arrematação, não há necessidade de constar a existência de outras penhoras sobre o mesmo bem, a existência de direitos reais de garantia e a pendência de embargos à execução; eventuais direitos relativos a penhoras anteriores e a direitos reais de garantia recairão sobre o produto da alienação. No caso de não ter constado do edital a existência de ônus e/ou impedimentos que poderiam ter reflexos sobre o direito do arrematante, o art. 903, § 5º, I, permite-lhe desistir da arrematação se for comprovada, nos dez dias seguintes à realização do leilão, a existência do gravame incidente sobre o bem.

CPC/2015	CPC/1973
Art. 887. O leiloeiro público designado adotará providências para a ampla divulgação da alienação.	Art. 687. O edital será afixado no local do costume e publicado, em resumo, ~~com antecedência mínima de 5 (cinco) dias,~~ pelo menos uma vez em jornal de ampla circulação local.
§ 1º A publicação do edital deverá ocorrer pelo menos 5 (cinco) dias antes da data marcada para o leilão.	[...]
§ 2º O edital será publicado na rede mundial de computadores, em sítio designado pelo juízo da execução, e conterá descrição detalhada e, sempre que possível, ilustrada dos bens, informando expressamente se o leilão se realizará de forma eletrônica ou presencial.	§ 2º Atendendo ao valor dos bens e às condições da *comarca*, o juiz poderá alterar a forma e a frequência da publicidade na imprensa, mandar divulgar avisos em emissora local *e adotar outras providências tendentes a mais ampla publicidade da alienação, inclusive recorrendo a meios eletrônicos de divulgação.*
§ 3º Não sendo possível a publicação na rede mundial de computadores, ou considerando o juiz, em atenção às condições da sede do juízo, que esse modo de divulgação é insuficiente ou inadequado, o edital será afixado em local de costume e publicado, em resumo, pelo menos uma vez em jornal de ampla circulação local.	§ 3º Os editais de *praça* serão *divulgados* pela imprensa preferencialmente na seção ou local reservado à publicidade de negócios *imobiliários.*
§ 4º Atendendo ao valor dos bens e às condições da *sede do juízo,* o juiz poderá alterar a forma e a frequência da publicidade na imprensa, mandar **publicar o edital em local de ampla circulação de pessoas** e divulgar avisos em emissora **de rádio ou televisão** local, *bem como em sítios distintos do indicado no § 2º.*	§ 4º O juiz poderá determinar a reunião de publicações em listas referentes a mais de uma execução.
§ 5º Os editais de *leilão de imóveis e de veículos automotores* serão *publicados* pela imprensa **ou por outros meios de divulgação,** preferencialmente na seção ou no local reservados à publicidade dos *respectivos* negócios.	§ 5º O executado terá ciência do dia, hora e local da alienação judicial por intermédio de seu advogado ou, se não tiver procurador constituído nos autos, por meio de mandado, carta registrada, edital ou outro meio idôneo.
§ 6º O juiz poderá determinar a reunião de publicações em listas referentes a mais de uma execução.	

COMENTÁRIOS:

Publicidade. O edital, contendo os requisitos indicados nos incisos do art. 886, será publicado na rede mundial de computadores, em sítio designado pelo juízo da execução, e conterá descrição detalhada e, sempre que possível, ilustrada dos bens, informando expressamente se o leilão se realizará de forma eletrônica ou presencial. Somente se não for possível a publicidade por meio da rede mundial de computadores é que o juiz mandará publicar o edital no local de costume, ou seja, no quadro, comumente afixado no saguão de entrada do fórum. De todo modo, dependendo das condições da sede do juízo, podem ser adotadas outras formas de publicidade (jornal local, emissora de rádio e de televisão), cabendo também ao leiloeiro divulgar a alienação pelos meios que julgar mais eficientes. A fim de baratear o custo da publicação, o juiz poderá determinar a reunião de publicações em listas referentes a mais de uma execução (§ 6º).

Atendendo ao valor dos bens e às condições da comarca, o juiz poderá alterar a forma e a frequência da publicidade na imprensa, mandar divulgar avisos em locais de ampla circulação, em emissora local de rádio ou televisão, bem como adotar outras providências tendentes à mais ampla publicidade da alienação, inclusive recorrendo a meios eletrônicos de divulgação (§ 4º). Ressalte-se que há regiões do país aonde não chega jornal e, ainda que chegasse, a maior parte das pessoas é analfabeta, embora saiba desenhar o nome (requisito para votar); nesses lugares, a rádio e principalmente o alto-falante da igreja são mais eficazes para divulgar o leilão.

Custos. As despesas com a publicação dos editais, como de resto todas as despesas processuais, são adiantadas pelo exequente e incluídas na conta da execução, para pagamento a final.

CPC/2015	CPC/1973
Art. 888. Não se realizando o leilão por *qualquer* motivo, o juiz mandará publicar a transferência, *observando-se o disposto no art. 887*.	Art. 688. Não se realizando, por motivo *justo*, ~~a praça ou~~ o leilão, o juiz mandará publicar *pela imprensa local e no órgão oficial* a transferência.
Parágrafo único. O escrivão, **o chefe de secretaria** ou o leiloeiro que culposamente der causa à transferência responde pelas despesas da nova publicação, podendo o juiz aplicar-lhe a pena de suspensão por 5 (cinco) dias a *3 (três) meses*, **em procedimento administrativo regular**.	Parágrafo único. O escrivão, ~~o porteiro~~ ou o leiloeiro, que culposamente der causa à transferência, responde pelas despesas da nova publicação, podendo o juiz aplicar-lhe a pena de suspensão por 5 (cinco) *a 30 (trinta) dias*.

 COMENTÁRIOS:

Não realização do leilão. O leilão pode não se realizar por uma série de motivos (greves, catástrofes naturais, ausência do leiloeiro, ausência de documentos essenciais, erro na publicação do edital etc.). O CPC/1973 estabelece que, na ocorrência de justo motivo, o leilão será transferido para outra data, gerando nova publicação do edital.

A expressão "justo motivo" sempre foi objeto de crítica, em virtude das diversas possibilidades de sua interpretação. Entretanto, como não é possível elencar na legislação todas as razões capazes de ensejar o adiamento do leilão, o que o legislador fez foi alterar a redação para abranger todo e qualquer motivo pelo qual o ato deixe de se realizar.

Apesar da intenção do legislador em esclarecer a regra, entendemos que o juiz poderá dar continuidade ao ato caso o motivo apresentado não seja suficiente ao adiamento nem cause prejuízo a qualquer das partes ou mesmo ao pretenso arrematante.

Republicação do edital. Não se realizando o leilão no dia aprazado, o edital deverá ser novamente publicado, seguindo-se as regras da primeira publicação; nesse caso, o escrivão, o chefe de secretaria ou o leiloeiro, que culposamente tiver dado causa à não realização, arcará com as despesas da nova publicação, podendo o juiz punir tais servidores com pena de suspensão por 5 (cinco) dias a 3 (três) meses.

CPC/2015	CPC/1973
Art. 889. Serão cientificados da alienação judicial, com pelo menos 5 (cinco) dias de antecedência:	Art. 687 [...]
I – o executado, por meio de seu advogado ou, se não tiver procurador constituído nos autos, por carta registrada, mandado, edital ou outro meio idôneo;	§ 5º O executado ~~terá ciência do dia, hora e local da alienação judicial~~ por intermédio de seu advogado ou, se não tiver procurador constituído nos autos, por meio de mandado, carta registrada, edital ou outro meio idôneo.
II – **o coproprietário de bem indivisível do qual tenha sido penhorada fração ideal;**	Art. 698. ~~Não se efetuará a adjudicação ou alienação de bem do executado sem que da execução seja cientificado, por qualquer modo idôneo e com pelo menos 10 (dez) dias de antecedência, o senhorio direto,~~ o credor *com garantia real* ou com penhora anteriormente averbada, que não seja de qualquer modo parte na execução.
III – **o titular de usufruto, uso, habitação, enfiteuse, direito de superfície, concessão de uso especial para fins de moradia ou concessão de direito real de uso, quando a penhora recair sobre bem gravado com tais direitos reais;**	
IV – **o proprietário do terreno submetido ao regime de direito de superfície, enfiteuse, concessão de uso especial para fins de moradia ou concessão de direito real de uso, quando a penhora recair sobre tais direitos reais;**	
V – o credor *pignoratício, hipotecário, anticrético, fiduciário* ou com penhora anteriormente averbada, **quando a penhora recair sobre bens com tais gravames,** caso não seja o credor, de qualquer modo, parte na execução;	
VI – **o promitente comprador, quando a penhora recair sobre bem em relação ao qual haja promessa de compra e venda registrada;**	
VII – **o promitente vendedor, quando a penhora recair sobre direito aquisitivo derivado de promessa de compra e venda registrada;**	
VIII – **a União, o Estado e o Município, no caso de alienação de bem tombado.**	
Parágrafo único. **Se o executado for revel e não tiver advogado constituído, não constando dos autos seu endereço atual ou, ainda, não sendo ele encontrado no endereço constante do processo, a intimação considerar-se-á feita por meio do próprio edital de leilão.**	

COMENTÁRIOS:

Intimações necessárias. Feita a publicação do edital do leilão, cabe ao exequente promover a intimação de determinadas pessoas, a fim de ultimar os atos preparatórios para a praça ou leilão. Afora a intimação da penhora, algumas pessoas devem ser intimadas da realização da hasta pública, sob pena de ineficácia da alienação.

Além do exequente, que naturalmente é intimado de todos os atos do processo, da designação do leilão, presencial ou eletrônico, serão intimadas as pessoas descritas nesse dispositivo. Ressalte-se que, de acordo com as disposições constantes nos incisos do art. 799, a cientificação de tais credores acerca da existência do processo de execução deve ter ocorrido previamente à alienação, porquanto incumbe ao exequente, ainda na petição inicial da execução, requerer ao juiz as respectivas intimações.

Não há necessidade de intimação do executado que não teve bens penhorados. Quanto àquele que sofreu constrição, a intimação deve ocorrer com pelo menos cinco dias de antecedência, inclusive na pessoa do advogado,[313] ou, se não tiver procurador constituído nos autos, por meio de mandado, carta registrada, edital ou outro meio idôneo, admitindo-se também intimação por edital ou hora certa.

Se, no entanto, o executado não for revel e não tiver advogado constituído, não constando seu endereço atual nos autos ou não sendo ele encontrado no endereço constante no processo, considerar-se-á realizada a intimação feita no próprio edital de leilão (art. 889, parágrafo único). A norma se fundamenta no art. 77, V, que exige das partes e de seus procuradores o cumprimento do dever de atualização do endereço residencial ou profissional sempre que ocorrer qualquer modificação temporária ou definitiva.

Cabe salientar que, apesar da expressão "se o executado for revel" (parágrafo único), não há propriamente revelia no processo de execução, uma vez que a citação no processo executivo não é para responder, mas sim para pagar no prazo de três dias. A par disso, ao que tudo indica, quis o legislador dar uma última oportunidade ao executado que, embora não tenha constituído advogado nos autos, possa a eles comparecer com a finalidade de adjudicar, arrematar ou mesmo pleitear a invalidação da arrematação (art. 903, § 4º).

A intimação dos demais (incisos II a VIII) também será procedida com pelo menos cinco dias de antecedência do leilão.

Não há necessidade de intimação do cônjuge do executado, que não figure como parte na execução, acerca da designação do leilão, sendo bastante a intimação da penhora quando esta recair em bem imóvel e o casamento não for sob o regime da separação absoluta de bens.

Embora não prevista expressamente nesse artigo, a cientificação da alienação judicial aos titulares da construção-base ou do direito de laje, conforme o caso, é indispensável, sob pena de ineficácia (arts. 799, X e XI, 804 e 903, § 1º, II).

---

[313] O CPC/1973 exigia a intimação do executado por meio de seu advogado ou pessoalmente, sem o que se tornaria nulo o ato (art. 687, § 5º). No novo Código, a regra é que o executado será intimado na pessoa de seu advogado (publicação no Diário Oficial), com antecedência mínima de cinco dias da data da alienação. Somente se não tiver advogado constituído nos autos o executado será intimado por carta com aviso de recebimento, mandado, edital ou "outro meio idôneo" (art. 889, I). Como se vê, a intimação pessoal não é mais o único recurso por meio do qual se dará ciência do leilão ao executado que não possui patrono nos autos.

CPC/2015	CPC/1973
Art. 890. Pode oferecer lance quem estiver na livre administração de seus bens, com exceção: I – dos tutores, dos curadores, dos testamenteiros, dos administradores ou dos liquidantes, quanto aos bens confiados à sua guarda e à sua responsabilidade; II – dos mandatários, quanto aos bens de cuja administração ou alienação estejam encarregados; III – do juiz, do membro do Ministério Público e da Defensoria Pública, do escrivão, **do chefe de secretaria**e dos demais servidores e auxiliares da justiça, **em relação aos bens e direitos objeto de alienação na localidade onde servirem ou a que se estender a sua autoridade**; IV – **dos servidores públicos em geral, quanto aos bens ou aos direitos da pessoa jurídica a que servirem ou que estejam sob sua administração direta ou indireta;** V – **dos leiloeiros e seus prepostos, quanto aos bens de cuja venda estejam encarregados;** VI – **dos advogados de qualquer das partes.**	Art. 690-A. É admitido a lançar todo aquele que estiver na livre administração de seus bens, com exceção: I – dos tutores, curadores, testamenteiros, administradores, ~~síndicos~~ ou liquidantes, quanto aos bens confiados a sua guarda e responsabilidade; II – dos mandatários, quanto aos bens de cuja administração ou alienação estejam encarregados; III – do juiz, membro do Ministério Público e da Defensoria Pública, escrivão e demais servidores e auxiliares da Justiça.

 ## COMENTÁRIOS:

Pessoas que podem oferecer lances. Feito o pregão, abre-se oportunidade aos licitantes para oferecem seus lances. Nos termos do dispositivo em comento, é admitido a lançar todo aquele (pessoa natural ou jurídica) que estiver na livre administração de seus bens. Não podem oferecer lance, portanto, os incapazes e os interditados.

Ao devedor, bem como aos legitimados previstos no art. 889, faculta-se o direito de adjudicar o bem ou, não havendo adjudicação, de participar da arrematação, em condições de igualdade com os demais licitantes.

Restrições. Os incisos do art. 890 arrolam as pessoas que, em razão de suas relações com as partes do processo ou de sua atuação no processo, não podem oferecer lance.

As restrições têm por fim evitar conflito de interesses. Quanto ao impedimento dos sujeitos processuais mencionados no inciso III, tem por fim preservar a imparcialidade no caso do juiz e do membro do Ministério Público; quanto ao membro da Defensoria Pública, objetiva manter a ética no patrocínio da causa.

Os incisos IV a VI são novidades na lei processual. O CPC/2015, objetivando conferir maior lisura ao leilão e, também, adequar a legislação processual às disposições do Código Civil,[314] ampliou o rol de pessoas impedidas de arrematar e esclareceu que os servidores

---

[314] Código Civil, "Art. 497. Sob pena de nulidade, não podem ser comprados, ainda que em hasta pública: I – pelos tutores, curadores, testamenteiros e administradores, os bens confiados à sua guarda ou administração; II – pelos servidores públicos, em geral, os bens ou direitos da pessoa jurídica a que servirem, ou que estejam sob sua administração direta ou indireta; III – pelos juízes, secretários de tribunais, arbitradores, peritos e outros serventuários ou auxiliares da justiça, os bens ou direitos

e auxiliares da justiça somente se encaixam na limitação "em relação aos bens e direitos objeto de alienação na localidade onde servirem ou a que se estender a sua autoridade". Esse entendimento, além de estar expresso no Código Civil (art. 497), também já estava pacificado no âmbito do Superior Tribunal de Justiça.[315]

Note, também, que o CPC fala dos servidores e auxiliares "em relação aos bens e direitos objeto de alienação na localidade onde servirem ou a que se estender a sua autoridade". Pressupõe-se, então, que somente enquanto estiverem em atividade tais pessoas estarão impedidas de arrematar. Esse é, inclusive, o entendimento do STJ.[316]

CPC/2015	CPC/1973
Art. 891. Não será aceito lance que ofereça preço vil. Parágrafo único. **Considera-se vil o preço inferior ao mínimo estipulado pelo juiz e constante do edital, e, não tendo sido fixado preço mínimo, considera-se vil o preço inferior a cinquenta por cento do valor da avaliação.**	Art. 692. Não será aceito lanço que, ~~em segunda praça ou leilão,~~ ofereça preço vil. Parágrafo único. Será suspensa a arrematação logo que o produto da alienação dos bens bastar para o pagamento do credor.

 ## COMENTÁRIOS:

Preço vil. Não será aceito lance que ofereça preço vil. Como o Código de 1973 não estabelecia o conceito de "preço civil", a tarefa ficou a cargo da jurisprudência. O STJ, por exemplo, chegou a considerar que a oferta de montante correspondente a 60% do valor do bem arrematado não configura preço vil (REsp 649.532/SP; REsp 316.329/MG). Em outros julgados a Corte ponderou que, diante da ausência de critério legal, "preço vil" se caracteriza quando o lance não alcançar, ao menos, a metade do valor da avaliação (REsp 1.057.831/SP; REsp 1.017.301/RJ).

---

sobre que se litigar em tribunal, juízo ou conselho, no lugar onde servirem, ou a que se estender a sua autoridade; IV – pelos leiloeiros e seus prepostos, os bens de cuja venda estejam encarregados."

[315] "PROCESSUAL CIVIL. RECURSO ESPECIAL. ARREMATAÇÃO. IMPEDIMENTOS. ARTS. 690 DO CPC, 1133 DO CC/16 E 497 DO CC/02. INTERPRETAÇÃO EXTENSIVA A TODOS OS SERVENTUÁRIOS DA JUSTIÇA. [...] O art. 497 do Código Civil de 2002, confirmou o entendimento sufragado na doutrina e jurisprudência acerca da interpretação do art. 490 do CPC, pois consignou, expressamente, que a vedação à aquisição de bens ou direitos em hasta pública açambarca todos os funcionários que se encontrarem lotados na circunscrição em que se realizará a alienação. 3. Recurso especial provido" (STJ, REsp 774161, Rel. Min. Castro Meira, julgado em 06.12.2005).

[316] "Direito processual civil. Arrematação de bem por Oficial de Justiça aposentado. A vedação contida no art. 497, III, do CC não impede o oficial de justiça aposentado de arrematar bem em hasta pública [...] O real significado e extensão dessa vedação é impedir influências diretas, ou até potenciais, desses servidores no processo de expropriação do bem. O que a lei visou foi impedir a ocorrência de situações nas quais a atividade funcional da pessoa possa, de qualquer modo, influir no negócio jurídico em que o agente é beneficiado. Não é a qualificação funcional ou o cargo que ocupa que impede um serventuário ou auxiliar da justiça de adquirir bens em hasta pública, mas sim a possibilidade de influência que a sua função lhe propicia no processo de expropriação do bem. Na situação em análise, não há influência direta, nem mesmo eventual, visto que a situação de aposentado desvincula o servidor do serviço público e da qualidade de serventuário ou auxiliar da justiça" (STJ, REsp 1.399.916/RS, Rel. Min. Humberto Martins, julgado em 28.04.2015, *DJe* 06.05.2015).

No novo CPC, o preço vil será aquele inferior ao mínimo estipulado pelo juiz, de acordo com as peculiaridades do bem levado a leilão. Na sua ausência, será considerado vil o preço inferior a 50% do valor da avaliação (art. 891, parágrafo único) – conceito que segue o entendimento do STJ:

> PROCESSUAL CIVIL. PREÇO MÍNIMO DE ARREMATAÇÃO. VALOR SUPERIOR A 50% DA AVALIAÇÃO DO BEM. PREÇO VIL. INEXISTÊNCIA. 1. O STJ entende que está caracterizado o preço vil quando o valor da arrematação for inferior a 50% da avaliação do bem, o que não ocorre nos autos do processo, em que o valor mínimo fixado pelas instâncias ordinárias é superior a esse percentual. 2. Agravo regimental a que se nega provimento (STJ, AgRg no AREsp 98.664/RS, Rel. Min. Maria Isabel Galloti, julgado em 06.09.2012).

Se não houver arrematação no primeiro leilão, deve-se seguir o procedimento previsto no art. 894 do CPC/2015.

CPC/2015	CPC/1973
Art. 892. Salvo pronunciamento judicial em sentido diverso, o pagamento deverá ser realizado de imediato pelo arrematante, **por depósito judicial ou por meio eletrônico.**	Art. 690. A arrematação far-se-á mediante o pagamento imediato do preço pelo arrematante ~~ou, no prazo de até 15 (quinze) dias, mediante caução.~~
§ 1º Se o exequente arrematar os bens e **for o único credor**, não estará obrigado a exibir o preço, mas, se o valor dos bens exceder ao seu crédito, depositará, dentro de 3 (três) dias, a diferença, sob pena de tornar-se sem efeito a arrematação, e, nesse caso, realizar-se-á novo leilão, à custa do exequente.	Parágrafo único. O exequente, se vier a arrematar os bens, não estará obrigado a exibir o preço; mas, se o valor dos bens exceder o seu crédito, depositará, dentro de 3 (três) dias, a diferença, sob pena de ser tornada sem efeito a arrematação e, neste caso, os bens serão levados a nova ~~praça ou~~ leilão à custa do exequente.
§ 2º **Se houver mais de um pretendente, proceder-se-á entre eles à licitação, e, no caso de igualdade de oferta, terá preferência o cônjuge, o companheiro, o descendente ou o ascendente do executado, nessa ordem.**	
§ 3º **No caso de leilão de bem tombado, a União, os Estados e os Municípios terão, nessa ordem, o direito de preferência na arrematação, em igualdade de oferta.**	

 ## COMENTÁRIOS:

Forma de pagamento. Aquele que oferecer o maior lance arrematará o bem, que deixará de ser de propriedade do executado e passará ao patrimônio do arrematante. De acordo com o novo Código, a regra é que o pagamento deverá ser efetuado imediatamente; não o sendo, o arrematante será considerado remisso e sofrerá a sanção prevista no art. 897 do CPC/2015 (art. 695 do CPC/1973). O parcelamento do valor da arrematação é possível desde que haja pronunciamento judicial nesse sentido (art. 892 do CPC/2015). Esse já era, inclusive, o entendimento jurisprudencial:

> AGRAVO DE INSTRUMENTO. CUMPRIMENTO DE SENTENÇA. ARREMATAÇÃO DE IMÓVEL. PARCELAMENTO. REQUISITOS DO ART. 690, § 1º, CPC PREENCHIDOS. POSSIBILIDADE. Atendidos os requisitos elencados no art. 690, § 1º, do Código de Processo

Civil, para parcelamento do valor do bem a ser arrematado, com a expressa concordância do credor, é de ser deferida a proposta formulada pelo arrematante. Agravo de instrumento provido (Agravo de Instrumento nº 70055254932, 19ª Câmara Cível, Tribunal de Justiça do RS, Rel. Voltaire de Lima Moraes, julgado em 27.08.2013).

Vale ressaltar que também já havia permissão legal para o parcelamento nas hipóteses de execuções fiscais de dívida ativa do INSS, conforme dispõe o § 1º do art. 98 da Lei nº 8.212/1991.

Art. 98. [...]

[...] § 1º Poderá o juiz, a requerimento do credor, autorizar seja parcelado o pagamento do valor da arrematação, na forma prevista para os parcelamentos administrativos de débitos previdenciários.

Sobre o parcelamento, conferir, também, os comentários ao art. 895.

O CPC/2015 também estende a regra de preferência referida na adjudicação (art. 876, § 6º, do CPC/2015; art. 685-A, § 3º, do CPC/1973) à arrematação do bem penhorado na execução quando se tratar de cônjuge, companheiro, descendente ou ascendente do executado (art. 892, § 2º). A modificação tende a uniformizar a legislação, porquanto tanto a adjudicação quanto a arrematação são meios de se satisfazer a execução, não havendo necessidade de diferenciá-las nesse ponto.

Tratando-se de bem tombado, o direito de preferência é estabelecido entre os entes da Federação, tendo preferência a União e, na sequência, os Estados e os Municípios. O CPC/2015 apenas expressa regra já conhecida no ordenamento. Veja:

Decreto-lei nº 25, de 30 de novembro de 1937:

Art. 22. Em face da alienação onerosa de bens tombados, pertencentes a pessoas naturais ou a pessoas jurídicas de direito privado, a União, os Estados e os municípios terão, nesta ordem, o direito de preferência.

Frise-se que o art. 22 do referido decreto foi revogado pelo CPC/2015 (art. 1.072, I).

CPC/2015	CPC/1973
Art. 893. Se o leilão for de diversos bens e houver mais de um lançador, terá preferência aquele que se propuser a arrematá-los todos, em conjunto, oferecendo, *para os bens que não tiverem lance*, preço igual ao da avaliação e, para os demais, preço igual ao do maior lance **que, na tentativa de arrematação individualizada, tenha sido oferecido para eles**.	Art. 691. Se ~~a praça ou~~ o leilão for de diversos bens e houver mais de um lançador, será preferido aquele que se propuser a arrematá-los englobadamente, oferecendo *para os que não tiverem licitante* preço igual ao da avaliação e para os demais o de maior lanço.

 COMENTÁRIOS:

Concorrência de lances. Considera-se vencedor o licitante que oferecer o maior lance. O preço constitui a regra de ouro. Vence quem pagar mais.

Havendo vários bens em leilão, a preferência é deferida àquele que se propuser a arrematá-los conjuntamente, observando-se os valores de lances previstos na parte final desse dispositivo.

CPC/2015	CPC/1973
Art. 894. Quando o imóvel admitir cômoda divisão, o juiz, a requerimento do *executado*, ordenará a alienação judicial de parte dele, desde que suficiente para o pagamento do *exequente* **e para a satisfação das despesas da execução**.	Art. 702. Quando o imóvel admitir cômoda divisão, o juiz, a requerimento do *devedor*, ordenará a alienação judicial de parte dele, desde que suficiente para pagar o *credor*.
§ 1º Não havendo lançador, far-se-á a alienação do imóvel em sua integridade.	Parágrafo único. Não havendo lançador, far-se-á a alienação do imóvel em sua integridade.
§ 2º A alienação por partes deverá ser requerida a tempo de permitir a avaliação das glebas destacadas e sua inclusão no edital, e, nesse caso, caberá ao executado instruir o requerimento com planta e memorial descritivo subscritos por profissional habilitado.	

COMENTÁRIOS:

Alienação de bem divisível. Bens divisíveis, segundo o art. 87 do Código Civil, são aqueles que podem ser fracionados sem alteração na sua substância, diminuição considerável de valor ou prejuízo do uso a que se destinam.

Quando o imóvel admitir divisão cômoda, poderá o juiz, a requerimento do executado, permitir a alienação de apenas parte dele, desde que suficiente para o pagamento do exequente e para a satisfação das despesas da execução. Nessa hipótese, eventuais condôminos terão o direito de preferência na aquisição.

Requerimento. Ao requerer a alienação de bem divisível, o CPC/2015 prevê que o executado/devedor deve apresentar planta e memorial descritivo quando o bem puder ser alienado apenas parcialmente, em virtude da sua possibilidade de divisão. As informações constantes nesses documentos também deverão estar no edital. Isso evitará que o arrematante venha, posteriormente, a arguir vícios relativos à descrição do bem.

CPC/2015	CPC/1973
Art. 895. O interessado em adquirir o *bem penhorado* em prestações poderá apresentar, por escrito:	Art. 690. [...]
I – **até o início do primeiro leilão**, proposta **de aquisição do bem por valor** não inferior ao da avaliação;	§ 1º *Tratando-se de bem imóvel,* quem estiver interessado em adquiri-lo em prestações poderá apresentar por escrito sua proposta, nunca inferior à avaliação, com oferta de pelo menos *30% (trinta por cento)* à vista, sendo o restante garantido por hipoteca sobre o próprio imóvel.
II – **até o início do segundo leilão, proposta de aquisição do bem por valor que não seja considerado vil.**	§ 2º As propostas para aquisição em prestações, ~~que serão juntadas aos autos~~, indicarão o prazo, a modalidade e as condições de pagamento do saldo.
§ 1º **A proposta conterá, em qualquer hipótese,** oferta **de pagamento** de pelo menos *vinte e cinco por cento do valor do lance* à vista e o restante **parcelado em até 30 (trinta) meses,** garantido **por caução idônea, quando se tratar de móveis,** e por hipoteca do próprio bem, quando se tratar de imóveis.	[...]
	§ 4º No caso de arrematação a prazo, os pagamentos feitos pelo arrematante pertencerão ao exequente até o limite de seu crédito, e os subsequentes ao executado.

§ 2º As propostas para aquisição em prestações indicarão o prazo, a modalidade, **o indexador de correção monetária** e as condições de pagamento do saldo.

~~§ 3º As prestações, que poderão ser pagas por meio eletrônico, serão corrigidas mensalmente pelo índice oficial de atualização financeira, a ser informado, se for o caso, para a operadora do cartão de crédito.~~ **VETADO**

§ 4º **No caso de atraso no pagamento de qualquer das prestações, incidirá multa de dez por cento sobre a soma da parcela inadimplida com as parcelas vincendas.**

§ 5º **O inadimplemento autoriza o exequente a pedir a resolução da arrematação ou promover, em face do arrematante, a execução do valor devido, devendo ambos os pedidos ser formulados nos autos da execução em que se deu a arrematação.**

§ 6º **A apresentação da proposta prevista neste artigo não suspende o leilão.**

§ 7º **A proposta de pagamento do lance à vista sempre prevalecerá sobre as propostas de pagamento parcelado.**

§ 8º **Havendo mais de uma proposta de pagamento parcelado:**

I – **em diferentes condições, o juiz decidirá pela mais vantajosa, assim compreendida, sempre, a de maior valor;**

II – **em iguais condições, o juiz decidirá pela formulada em primeiro lugar.**

§ 9º No caso de arrematação a prazo, os pagamentos feitos pelo arrematante pertencerão ao exequente até o limite de seu crédito, e os subsequentes, ao executado.

COMENTÁRIOS:

Parcelamento. Não sendo possível realizar o pagamento imediato, o interessado na arrematação poderá formular pedido para parcelamento do valor, desde que observados os valores mínimos descritos nos incisos I e II.

O CPC/2015 reduz o valor mínimo à vista de 30% para 25% e estipula que o restante poderá ser parcelado em até 30 (trinta) meses, desde que haja prévia garantia por caução idônea ou, quando se tratar de bem imóvel, por hipoteca do bem arrematado. Em síntese, a nova legislação pormenoriza as condições de pagamento, e o que antes estava disposto apenas no edital hoje se torna regra para todo e qualquer leilão.

Atraso no pagamento do parcelamento. Se o arrematante atrasar qualquer das parcelas, não perderá imediatamente a caução prevista no § 1º, mas sobre a soma da parcela inadimplida com as parcelas vincendas incidirá multa de 10% (dez por cento). Como o CPC/2015 não dispõe sobre o tempo máximo de atraso, mas apenas que, "se o arrematante ou seu fiador não pagar o preço no prazo estabelecido, o juiz impor-lhe-á, em favor do exequente, a perda da caução" (art. 897), o juiz deve analisar as justificativas apresentadas pelo arrematante para, se for o caso, cancelar ou não a arrematação e determinar o retorno dos bens para um novo leilão. De todo modo, havendo atraso, a multa incidirá.

Se o exequente preferir, em vez de ser resolvida a arrematação, poderá promover a execução do valor devido – restante das parcelas – nos mesmos autos (art. 895, § 5º).

Preferência pelo pagamento à vista. Objetivando satisfazer a tutela executiva de forma mais efetiva e célere, o § 7º estabelece que a proposta de pagamento à vista sempre prevalecerá sobre as propostas de pagamento parcelado. Vale lembrar que, mesmo sendo à vista, a proposta não poderá ter preço vil, sob pena de, sendo realizada a arrematação, esta ser invalidada (art. 903, § 1º, I, do CPC/2015).

Moratória legal x parcelamento da arrematação. A arrematação em parcelas se distingue da moratória legal prevista no art. 916, embora em ambos os casos o recebimento do crédito seja em parcelas. Na moratória, a lei concede ao executado a prerrogativa de pagar a dívida em parcelas; na arrematação em parcela, é o arrematante que, vencedora a proposta, pagará parceladamente o preço do bem adquirido.

CPC/2015	CPC/1973
Art. 896. Quando o imóvel de incapaz não alcançar em *leilão* pelo menos oitenta por cento do valor da avaliação, o juiz o confiará à guarda e à administração de depositário idôneo, adiando a alienação por prazo não superior a 1 (um) ano.	Art. 701. Quando o imóvel de incapaz não alcançar em *praça* pelo menos 80% (oitenta por cento) do valor da avaliação, o juiz o confiará à guarda e administração de depositário idôneo, adiando a alienação por prazo não superior a 1 (um) ano.
§ 1º Se, durante o adiamento, algum pretendente assegurar, mediante caução idônea, o preço da avaliação, o juiz ordenará a alienação em *leilão*.	§ 1º Se, durante o adiamento, algum pretendente assegurar, mediante caução idônea, o preço da avaliação, o juiz ordenará a alienação em *praça*.
§ 2º Se o pretendente à arrematação se arrepender, o juiz impor-lhe-á multa de vinte por cento sobre o valor da avaliação, em benefício do incapaz, valendo a decisão como título executivo.	[...]
§ 3º Sem prejuízo do disposto nos *§§ 1º e 2º*, o juiz poderá autorizar a locação do imóvel no prazo do adiamento.	§ 3º Sem prejuízo do disposto nos *dois parágrafos antecedentes*, o juiz poderá autorizar a locação do imóvel no prazo do adiamento.
§ 4º Findo o prazo do adiamento, o imóvel será *submetido a novo leilão*.	§ 4º Findo o prazo do adiamento, o imóvel será *alienado, na forma prevista no art. 686, VI*.

COMENTÁRIOS:

Imóvel de propriedade de incapaz. Quando o imóvel levado a leilão for de propriedade de incapaz, haverá uma peculiaridade no que tange ao valor do lance. O dispositivo em comento estatui as regras para esse caso.

Se o imóvel não alcançar pelo menos 80% do valor da avaliação, o juiz o confiará à guarda e administração de depositário idôneo, adiando a alienação por prazo não superior a um ano. Durante o adiamento só se realizará novo leilão se algum pretendente assegurar, mediante caução idônea, o preço da avaliação; no caso de arrependimento do pretendente, o juiz lhe imporá multa de 20% sobre o valor da avaliação, em benefício do incapaz, valendo a decisão como título executivo (§§ 1º e 2º). No prazo do adiamento, o juiz poderá autorizar a locação do imóvel; transcorrido o prazo do adiamento, o imóvel será submetido a novo leilão (§§ 3º e 4º).

Novidade em relação ao CPC/1973. A novidade está no § 4º. De acordo com o CPC/1973, findo o prazo de adiamento, o imóvel poderá ser alienado pelo maior lance, em novo leilão. O CPC/2015, por não repetir a regra, faz-nos concluir que o novo leilão deve observar as mesmas regras relativas ao primeiro.

CPC/2015	CPC/1973
Art. 897. Se o arrematante ou seu fiador não pagar o preço no prazo estabelecido, o juiz impor-lhe-á, em favor do exequente, a perda da caução, voltando os bens a novo leilão, do qual não serão admitidos a participar o arrematante e o fiador remissos.	Art. 695. Se o arrematante ou seu fiador não pagar o preço no prazo estabelecido, o juiz impor-lhe-á, em favor do exequente, a perda da caução, voltando os bens a nova ~~praça ou~~ leilão, dos quais não serão admitidos a participar o arrematante e o fiador remissos.

 ## COMENTÁRIOS:

Conferir comentários ao art. 895.

CPC/2015	CPC/1973
Art. 898. O fiador do arrematante que pagar o valor do lance e a multa poderá requerer que a arrematação lhe seja transferida.	Art. 696. O fiador do arrematante, que pagar o valor do lanço e a multa, poderá requerer que a arrematação lhe seja transferida.

 ## COMENTÁRIOS:

Arrematação pelo fiador. O fiador do arrematante, caso oferte ou se proponha a pagar o maior lance, pode, ao realizar o pagamento, substituir o afiançado no negócio e permanecer com o bem arrematado para si. Em outras palavras, se o fiador requerer a transferência do bem arrematado, ficará na posição de arrematante (sub-rogação), sem que para isso haja necessidade de concordância do arrematante anterior ou de quaisquer sujeitos da execução.

CPC/2015	CPC/1973
Art. 899. Será suspensa a arrematação logo que o produto da alienação dos bens for suficiente para o pagamento do credor **e para a satisfação das despesas da execução.**	Art. 692. [...] Parágrafo único. Será suspensa a arrematação logo que o produto da alienação dos bens bastar para o pagamento do credor.

 ## COMENTÁRIOS:

Suspensão da arrematação. A arrematação será suspensa se o produto da alienação for suficiente não apenas para pagar o credor, mas também para cobrir as despesas da execução. Como quem deu causa à instauração do processo foi o devedor, nada mais justo que o valor devido ao credor também inclua as custas processuais e os honorários sucumbenciais.

Esse dispositivo tem aplicabilidade quando o leilão tiver por objeto diversos bens do executado. Se, por exemplo, um dos bens já for suficiente para a satisfação do exequente, os demais bens penhorados e não alienados serão restituídos ao proprietário, sem qualquer ônus.

CPC/2015	CPC/1973
Art. 900. O leilão prosseguirá no dia útil imediato, à mesma hora em que teve início, independentemente de novo edital, *se for ultrapassado o horário de expediente forense.*	Art. 689. *Sobrevindo a noite*, prosseguirá a ~~praça ou~~ o leilão no dia útil imediato, à mesma hora em que teve início, independentemente de novo edital.

COMENTÁRIOS:

Horário da realização do leilão. No local (ou página na internet), dia e hora designados no edital, dá-se início ao leilão. Se for ultrapassado o horário de expediente forense, o leilão prosseguirá no dia útil imediato, sem a necessidade de novo edital. É importante não confundir horário de realização dos atos processuais com o de expediente forense.

O art. 212, § 3º, admite a possibilidade de que o horário de funcionamento do fórum seja regulado por Lei de Organização Judiciária Local; é esse o chamado "expediente forense", que não se confunde com aquele mencionado no *caput* do art. 212 (6 às 20 horas).

CPC/2015	CPC/1973
Art. 901. A arrematação constará de auto que será lavrado de imediato e poderá abranger bens penhorados em mais de uma execução, nele mencionadas as condições nas quais foi alienado o bem.	Art. 693. A arrematação constará de auto que será lavrado de imediato, nele mencionadas as condições pelas quais foi alienado o bem.
§ 1º A ordem de entrega do bem móvel ou a carta de arrematação do bem imóvel, **com o respectivo mandado de imissão na posse**, será expedida depois de efetuado o depósito ou prestadas as garantias pelo arrematante, **bem como realizado o pagamento da comissão do leiloeiro e das demais despesas da execução.**	Parágrafo único. A ordem de entrega do bem móvel ou a carta de arrematação do bem imóvel será expedida depois de efetuado o depósito ou prestadas as garantias pelo arrematante.
§ 2º A carta de arrematação conterá a descrição do imóvel, com remissão à sua matrícula **ou individuação** e aos seus registros, a cópia do auto de arrematação e a prova de pagamento do imposto de transmissão, **além da indicação da existência de eventual ônus real ou gravame**.	Art. 707. Efetuado o leilão, lavrar-se-á o auto, que poderá abranger bens penhorados em mais de uma execução, expedindo-se, se necessário, ordem judicial de entrega ao arrematante.
	Art. 703. A carta de arrematação conterá:
	I – a descrição do imóvel, com remissão à sua matrícula e registros;
	II – a cópia do auto de arrematação; e
	III – a prova de quitação do imposto de transmissão.

COMENTÁRIOS:

Concretização da arrematação. Encerrado o leilão, procede-se à lavratura do auto e à expedição da ordem de entrega ou carta de arrematação, conforme se tratar de bens móveis ou imóveis. Antes da ordem de entrega, porém, deve o arrematante comprovar o depósito ou a oferta das garantias, bem como o pagamento da comissão do leiloeiro e das despesas relativas à execução. Se essas providências não forem adotadas, a arrematação não se concretizará.

Quando se tratar de imóvel, o CPC/2015 esclarece que a ordem judicial para entrega do bem ao arrematante consistirá em mandado de imissão na posse (§ 1º). Com esse documento, o arrematante, agora proprietário, imitir-se-á na posse do imóvel, mesmo que haja outro possuidor em seu lugar.

O novo Código também prevê que, enquanto não for realizado o pagamento da comissão do leiloeiro e das despesas relativas à execução, a arrematação não estará concretizada. Isso indica que, enquanto a arrematação não for completada com a entrega dos bens (ou com a expedição do mandado de imissão da posse), o credor/exequente não terá direito ao recebimento do preço.

CPC/2015	CPC/1973
Art. 902. **No caso de leilão de bem hipotecado, o executado poderá remi-lo até a assinatura do auto de arrematação, oferecendo preço igual ao do maior lance oferecido.** Parágrafo único. **No caso de falência ou insolvência do devedor hipotecário, o direito de remição previsto no** *caput* **defere-se à massa ou aos credores em concurso, não podendo o exequente recusar o preço da avaliação do imóvel.**	Não há correspondência.

 ## COMENTÁRIOS:

Remição. Se o executado desejar permanecer com a propriedade de bem imóvel hipotecado, não precisará saldar a dívida integralmente; basta que ele oferte preço igual ou maior ao do lance mais alto. O direito à remição tem um limite: até a assinatura do auto de arrematação. No caso de falência ou insolvência do devedor hipotecário, o direito à remição é transferido para a massa ou para credores, sendo defeso ao exequente recusar o preço da avaliação do imóvel.

CPC/2015	CPC/1973
Art. 903. **Qualquer que seja a modalidade de leilão,** assinado o auto pelo juiz, pelo arrematante e pelo leiloeiro, a arrematação será considerada perfeita, acabada e irretratável, ainda que venham a ser julgados procedentes os embargos do executado **ou a ação autônoma de que trata o § 4º deste artigo, assegurada a possibilidade de reparação pelos prejuízos sofridos.** § 1º **Ressalvadas outras situações previstas neste Código,** a arrematação poderá, no entanto, ser: I – *invalidada, quando realizada por preço vil ou com outro vício;* II – **considerada ineficaz, se não observado o disposto no art. 804;** III – **resolvida,** se não for pago o preço ou se não for prestada a caução.	Art. 694. Assinado o auto pelo juiz, pelo arrematante e pelo ~~serventuário da justiça ou~~ leiloeiro, a arrematação considerar-se-á perfeita, acabada e irretratável, ainda que venham a ser julgados procedentes ~~os embargos do executado.~~ § 1º A arrematação poderá, no entanto, ser *tornada sem efeito*: I – *por vício de nulidade;* II – se não for pago o preço ou se não for prestada a caução; III – quando o arrematante provar, nos *5 (cinco)* dias seguintes, a existência de ônus real ou de gravame ~~(art. 686, inciso V)~~ não mencionado no edital;

§ 2º O juiz decidirá acerca das situações referidas no § 1º, se for provocado em até 10 (dez) dias após o aperfeiçoamento da arrematação.

§ 3º Passado o prazo previsto no § 2º sem que tenha havido alegação de qualquer das situações previstas no § 1º, será expedida a carta de arrematação e, conforme o caso, a ordem de entrega ou mandado de imissão na posse.

§ 4º Após a expedição da carta de arrematação ou da ordem de entrega, a invalidação da arrematação poderá ser pleiteada por ação autônoma, em cujo processo o arrematante figurará como litisconsorte necessário.

§ 5º O arrematante poderá desistir da arrematação, sendo-lhe imediatamente devolvido o depósito que tiver feito:

I – se provar, nos *10 (dez)* dias seguintes, a existência de ônus real ou gravame não mencionado no edital;

II – se, antes de expedida a carta de arrematação ou a ordem de entrega, o executado alegar alguma das situações previstas no § 1º;

III – uma vez citado para responder a ação autônoma de que trata o § 4º deste artigo, desde que apresente a desistência no prazo de que dispõe para responder a essa ação.

§ 6º Considera-se ato atentatório à dignidade da justiça a suscitação infundada de vício com o objetivo de ensejar a desistência do arrematante, devendo o suscitante ser condenado, sem prejuízo da responsabilidade por perdas e danos, ao pagamento de multa, a ser fixada pelo juiz e devida ao exequente, em montante não superior a vinte por cento do valor atualizado do bem.

 ## COMENTÁRIOS:

Conclusão da arrematação. Qualquer que seja a modalidade de leilão (presencial ou eletrônico), assinado o auto pelo juiz, pelo arrematante e pelo leiloeiro, a arrematação considerar-se-á perfeita, acabada e irretratável. "Diz-se 'perfeita' a arrematação, porque obtido consenso quanto aos termos do negócio, tendo o juiz aceito o lanço; 'acabada', porque ultimado o procedimento licitatório, antes disto sujeito à desestabilização e a reviravoltas; e, finalmente, 'irretratável', porque o arrematante não pode mais eficazmente arrepender-se."[317]

---

[317] Conforme registra Araken de Assis, referindo-se a Barbosa Moreira (**Manual do processo de execução.** 5. ed. São Paulo: Revista dos Tribunais, 1998, p. 613).

Embargos à execução. O eventual julgamento de procedência dos embargos do executado ou da ação autônoma objetivando a invalidação da arrematação não tem reflexo na validade da arrematação.

E assim o é porque a interposição de embargos não tem qualquer reflexo sobre a arrematação. A regra é que os embargos do executado não terão efeito suspensivo (art. 919) Assim, ainda que haja interposição de embargos, a execução prossegue normalmente, com a expropriação dos bens e o pagamento do credor. Evidentemente que, se o juiz atribuir efeito suspensivo aos embargos, o que constitui exceção (art. 919, § 1º), a execução ficará paralisada e, portanto, nem sequer se poderá falar em arrematação.

Em razão de os embargos não serem dotados de efeito suspensivo, quando a penhora recai sobre dinheiro, tão logo o executado é intimado da penhora, a quantia é liberada ao exequente. Recaindo a penhora sobre bens diferentes de dinheiro, ultimados os atos subsequentes (avaliação, depósito e intimação), passa-se à expropriação.

O julgamento de procedência ou improcedência dos embargos, desde que a estes não se tenha atribuído efeito suspensivo, não terá qualquer influência sobre a execução.

Invalidação, ineficácia e resolução da arrematação. Como todo ato jurídico, a arrematação, embora reputada perfeita, acabada e irretratável com a assinatura do auto, pode ser invalidada. Não obstante a referida disposição legal pareça, à primeira vista, contraditória, resta clara a coerente intenção do legislador de proteger os adquirentes de boa-fé. Nessa senda, os fundamentos que, em tese, poderiam dar azo ao desfazimento do negócio (art. 903, § 1º, do CPC/2015) relacionam-se a defeitos anteriores à arrematação.

Desta feita, embora esse ato seja considerado perfeito e acabado, pode ser dissolvido, tendo seus efeitos modulados, em função de vícios extrínsecos à declaração de vontade nele expressos. Assim, os efeitos do negócio são mantidos perante o arrematante, ressalvado, no entanto, o direito de reparação pelos danos causados pelo desfazimento.

Hipóteses. Prevê o novo Código que a arrematação poderá ser invalidada quando realizada por preço vil ou contenha outro vício; reputada ineficaz, caso não se realize a prévia intimação para o leilão judicial de credor pignoratício, hipotecário ou anticrético quando o bem objeto de alienação seja gravado por penhor, hipoteca ou anticrese; e resolvida, caso o adquirente não quite o preço acordado ou não preste caução.

Dada a pluralidade de hipóteses que podem ensejar a ineficácia, a invalidação ou dissolução da arrematação, cada caso específico conferirá a certa parte a legitimidade ativa ou passiva no âmbito do desfazimento do negócio jurídico.

Cabe ao executado requerer a invalidação com base em preço vil ou outro vício, já que o seu patrimônio foi subvalorizado, o que pode, inclusive, comprometer até a quitação do débito exequendo (§ 1º, I). Legitimados passivos serão, conforme a natureza do vício alegado, o exequente e o arrematante. Aliás, o arrematante, qualquer que seja a hipótese de desfazimento da arrematação, sempre figurará como litisconsorte necessário.

Quanto à declaração de ineficácia fundada na ausência de intimação prévia do credor pignoratício, hipotecário ou anticrético para o leilão cujo bem encontrava-se gravado por quaisquer desses direitos reais de garantia, o Código reputa a alienação, de plano, ineficaz perante qualquer desses credores (art. 804), conferindo a eles legitimação para pleitear a respectiva declaração. Legitimados passivos serão o executado e o arrematante. Às hipóteses de intimação previstas no art. 804 devem-se acrescentar os titulares da construção-base e do direito de laje (art. 799, X e XI).

Já na hipótese de resolução por falta de pagamento ou não prestação de caução, o legitimado ativo pode ser o exequente ou o executado; aquele, porque tem interesse no recebimento do crédito; este, na quitação do débito. Naturalmente, a legitimação passiva é conferida ao arrematante em função de seu inadimplemento.

Uma vez configurada qualquer uma das hipóteses anteriormente citadas (invalidação, ineficácia ou resolução), o requerimento respectivo pode ser formulado por simples petição nos próprios autos da execução ou no qual está sendo levado a efeito o cumprimento de sentença no prazo de dez dias a contar do aperfeiçoamento da arrematação. Escoado esse prazo, o juiz determinará a expedição da carta de arrematação e, conforme as circunstâncias do caso concreto, a ordem de entrega ou o mandado de imissão na posse.

Passado o prazo de dez dias da assinatura do auto de arrematação, a parte interessada ainda pode pleitear a invalidação por meio de ação autônoma, cujo prazo de decadência é de quatro anos, contados da data da assinatura do auto (§ 4º).

Desistência da arrematação. É facultado ao arrematante desistir do negócio jurídico celebrado: (i) quando, nos dez dias posteriores ao perfazimento da arrematação, prove que o bem contava com gravame ou ônus real não mencionado no edital do leilão judicial, circunstância que reduziria o valor da coisa; (ii) caso, antes da expedição da carta de arrematação ou da ordem de entrega da coisa, o executado tenha alegado alguma das situações previstas § 1º do art. 903; ou (iii) apresente a desistência da arrematação no prazo de que dispõe para contestar a ação autônoma de impugnação a que se refere o § 1º do art. 903. Homologada a desistência, o depósito será imediatamente devolvido ao arrematante.

Caso se apure que a parte tenha impugnado a arrematação ou objetivado, unicamente, a desistência do arrematante quanto à alienação já realizada, será este condenado ao pagamento de multa, a favor do exequente, por ato atentatório à dignidade da justiça, em valor não superior a 20% do valor atualizado do bem, sem prejuízo da responsabilidade por perdas e danos.

Seção V
Da Satisfação do Crédito

CPC/2015	CPC/1973
Art. 904. *A satisfação do crédito exequendo* far-se-á: I – pela entrega do dinheiro; II – pela adjudicação dos bens penhorados.	Art. 708. *O pagamento ao credor* far-se-á: I – pela entrega do dinheiro; II – pela adjudicação dos bens penhorados; [...]
Art. 905. O juiz autorizará que o *exequente* levante, até a satisfação integral de seu crédito, o dinheiro depositado para segurar o juízo ou o produto dos bens alienados, **bem como do faturamento de empresa ou de outros frutos e rendimentos de coisas ou empresas penhoradas,** quando: I – a execução for movida só a benefício do *exequente* singular, a quem, por força da penhora, cabe o direito de preferência sobre os bens penhorados e alienados;	Art. 709. O juiz autorizará que o *credor* levante, até a satisfação integral de seu crédito, o dinheiro depositado para segurar o juízo ou o produto dos bens alienados quando: I – a execução for movida só a benefício do *credor* singular, a quem, por força da penhora, cabe o direito de preferência sobre os bens penhorados e alienados; II – não houver sobre os bens alienados ~~qualquer~~ outro privilégio ou preferência, instituído anteriormente à penhora.

II – não houver sobre os bens alienados outros privilégios ou preferências instituídos anteriormente à penhora. Parágrafo único. **Durante o plantão judiciário, veda-se a concessão de pedidos de levantamento de importância em dinheiro ou valores ou de liberação de bens apreendidos.**	
Art. 906. Ao receber o mandado de levantamento, o *exequente* dará ao *executado*, por termo nos autos, quitação da quantia paga. Parágrafo único. **A expedição de mandado de levantamento poderá ser substituída pela transferência eletrônica do valor depositado em conta vinculada ao juízo para outra indicada pelo exequente.**	Art. 709. [...] Parágrafo único. Ao receber o mandado de levantamento, o *credor* dará ao *devedor*, por termo nos autos, quitação da quantia paga.

 ## COMENTÁRIOS AOS ARTS. 904 A 906:

Satisfação da execução. A execução atinge seu objetivo com a satisfação do crédito exequendo, o que se dá por intermédio de pagamento ao credor, não obstante a previsão de outras causas de extinção do processo executivo, tais como a transação, a remissão ou a renúncia ao crédito (art. 924, III). O pagamento pode ocorrer de duas formas: pela entrega do dinheiro – decorrente da alienação ou dos rendimentos ou frutos gerados pelo bem ou pelo produto da arrematação – ou pela adjudicação dos bens penhorados. O pagamento pela entrega de dinheiro é a modalidade mais comum de satisfação do crédito. O pagamento poderá ser voluntário ou forçado. O voluntário poderá ocorrer a qualquer tempo. Citado, o devedor paga o débito em três dias, antes, portanto, da penhora; ou, depois da penhora, a qualquer tempo, antes de adjudicados ou alienados os bens. Por outro lado, o pagamento voluntário poderá ser à vista ou em parcelas, conforme prevê o art. 916. Não havendo pagamento espontâneo, os bens penhorados serão objeto de expropriação, para pagamento do credor.

Quando a constrição recai sobre dinheiro, o procedimento fica bastante simplificado, uma vez que, procedendo-se à intimação da penhora, o credor é pago imediatamente, a menos que haja oposição de embargos e sejam eles recebidos no efeito suspensivo.

Quando o bem penhorado tem natureza diferente de dinheiro, frustrada a possibilidade de adjudicação, procede-se à alienação por iniciativa particular ou em leilão. O bem então é alienado e, com o produto da arrematação, paga-se ao credor. Nesse caso, o bem penhorado é utilizado indiretamente para satisfazer a obrigação. A obtenção do dinheiro pode se dar em decorrência da adjudicação do bem por terceiros legitimados (não pelo credor), por exemplo, pelo credor com garantia real, que, ao requerer a adjudicação, deposita o preço e, com essa quantia, paga-se o credor.

O pagamento em dinheiro também pode ocorrer em razão da penhora dos frutos e rendimentos, bem como do faturamento de empresa. Se, por exemplo, durante dois anos o administrador recebeu os aluguéis decorrentes de bem móvel ou imóvel e as quantias foram pagas ao exequente, mediante termo de quitação nos autos (art. 869, §§ 5º e 6º), a execução estará satisfeita quando encerrado o prazo necessário para liquidar integralmente a obrigação.

Levantamento de valores. O levantamento pelo exequente apenas será autorizado pelo juiz se não houver concurso de credores (art. 905, I e II) e englobará o valor principal, acrescido de juros e correção monetária, honorários advocatícios e custas processuais.

Por fim, vale ressaltar que o parágrafo único do art. 905 – que não possui correspondência no CPC/1973 – dispõe que, "durante o plantão judiciário, veda-se a concessão de pedidos de levantamento em dinheiro ou valores ou de liberação de bens apreendidos". Essa regra, no entanto, já estava disposta na Resolução nº 71 do Conselho Nacional de Justiça (art. 1º, § 3º) e em diversos regimentos internos de tribunais de justiça estaduais.

Quitação. Ao receber o mandado de levantamento do dinheiro, o exequente dará quitação da dívida por termo nos autos (art. 906), caso já não o tenha feito na hipótese do art. 869, § 6º. A expedição de mandado de levantamento poderá ser substituída pela transferência eletrônica do valor depositado em conta vinculada ao juízo para outra indicada pelo exequente, conforme possibilita o parágrafo único do art. 906, que não encontra dispositivo semelhante na legislação de 1973. A iniciativa do legislador de facilitar o recebimento do crédito por meio de transferência diretamente para a conta do exequente é louvável, porém é preciso cautela ao aplicar essa disposição. Entendo que, para que o juiz possa determinar a transferência, deverá intimar previamente o advogado constituído, caso não seja este quem tenha indicado a conta para a transação.

CPC/2015	CPC/1973
Art. 907. Pago ao *exequente* o principal, os juros, as custas e os honorários, a importância que sobrar será restituída ao *executado*.	Art. 710. Estando o *credor* pago do principal, juros, custas e honorários, a importância que sobejar será restituída ao *devedor*.

 COMENTÁRIOS:

Devolução da "sobra" ao executado. Se o crédito for integralmente satisfeito, com o pagamento do principal devidamente corrigido, juros, custas e honorários, e ainda assim sobrar algum valor, este deverá ser restituído ao executado. O levantamento desse excedente pelo executado também seguirá o procedimento previsto no art. 906.

Não havendo "sobra" e não renunciando o exequente a crédito ainda existente, a execução prossegue.

CPC/2015	CPC/1973
Art. 908. Havendo pluralidade de credores **ou exequentes**, o dinheiro lhes será distribuído e entregue consoante a ordem das respectivas preferências. § 1º **No caso de adjudicação ou alienação, os créditos que recaem sobre o bem, inclusive os de natureza *propter rem*, sub-rogam-se sobre o respectivo preço, observada a ordem de preferência.** § 2º Não havendo título legal à preferência, o dinheiro será distribuído entre os concorrentes, observando-se a anterioridade de cada penhora.	Art. 711. Concorrendo vários credores, o dinheiro ser-lhes-á distribuído e entregue consoante a ordem das respectivas prelações; não havendo título legal à preferência, ~~receberá em primeiro lugar o credor que promoveu a execução,~~ cabendo aos demais concorrentes direito sobre a importância ~~restante~~, observada a anterioridade de cada penhora.

Art. 909. Os *exequentes* formularão as suas pretensões, que versarão unicamente sobre o direito de preferência e a anterioridade da penhora, e, *apresentadas as razões*, o juiz decidirá.	Art. 712. Os *credores* formularão as suas pretensões, ~~requerendo as provas que irão produzir em audiência~~; mas a disputa entre eles versará unicamente sobre o direito de preferência e a anterioridade da penhora.
	Art. 713. *Findo o debate*, o juiz decidirá.

 ## COMENTÁRIOS AOS ARTS. 908 E 909:

Concurso de preferência. Sendo um único credor, o procedimento é simplificado. O juiz autoriza o exequente a levantar o valor referente ao principal, juros, custas e honorários; a importância que sobrar será restituída ao executado (art. 907).

O procedimento da entrega do dinheiro torna-se mais complexo quando sobre o bem arrematado incidir mais de uma penhora ou quando sobre ele houver alguma preferência (privilégio ou direito real). Nesse caso, instaura-se o concurso de credores ou concurso de preferência, incidente da execução, por meio do qual se verifica a situação de cada credor que disputa a ordem em que os pagamentos deverão ser feitos. Primeiro recebem os credores com preferência legal. Não havendo credores com preferências legais, ou depois de satisfeitos seus créditos, são pagos os credores quirografários, escalonados segundo a ordem cronológica das penhoras (art. 908, § 2º).

No caso de alienação de bem em leilão ou de adjudicação, os créditos que tenham recaído sobre o bem antes ou depois da arrematação ou da adjudicação sub-rogam-se no preço pago pelo arrematante ou adjudicatário. Exemplo: Se "A" arremata um bem que possui dívida tributária, do valor da arrematação será descontado o montante do crédito. O mesmo ocorre quando obra realizada em determinado imóvel, pelo antigo proprietário, causa degradação ao meio ambiente e os prejuízos devem ser arcados pelo arrematante/comprador (art. 908, § 1º). Justamente para evitar prejuízos àquele que compra o bem em leilão, o CPC/2015 prevê que no edital devem constar todas as informações acerca da existência de ônus, recurso ou causa pendente sobre os bens (art. 886, VI).

O incidente "concurso de credores" instaura-se com a formulação, por parte dos credores interessados, de suas pretensões de preferência. Nessa fase, os exequentes só poderão tratar do direito de preferência e da anterioridade da penhora (art. 909), sendo inadmissível qualquer outra alegação.

Apresentadas as razões, o juiz decidirá (art. 909). Trata-se de decisão interlocutória, impugnável por meio de agravo de instrumento (art. 1.015, parágrafo único).

Capítulo V
Da Execução Contra a Fazenda Pública

CPC/2015	CPC/1973
Art. 910. Na execução *fundada em título extrajudicial*, a Fazenda Pública será citada para opor embargos em *30 (trinta)* dias.	Art. 730. Na execução *por quantia certa* contra a Fazenda Pública, citar-se-á a devedora para opor embargos em *10 (dez)* dias; se esta não os opuser, no prazo legal, observar-se-ão as seguintes regras:

§ 1º Não opostos embargos **ou transitada em julgado a decisão que os rejeitar**, *expedir-se-á precatório ou requisição de pequeno valor em favor do exequente, observando-se o disposto no art. 100 da Constituição Federal.*

§ 2º **Nos embargos, a Fazenda Pública poderá alegar qualquer matéria que lhe seria lícito deduzir como defesa no processo de conhecimento.**

§ 3º **Aplica-se a este Capítulo, no que couber, o disposto nos artigos 534 e 535.**

I – *o juiz requisitará o pagamento por intermédio do presidente do tribunal competente;*

II – *far-se-á o pagamento na ordem de apresentação do precatório e à conta do respectivo crédito.*

 ## COMENTÁRIOS:

Noções gerais. Conforme comentários aos artigos relativos ao cumprimento de sentença, na sistemática do Código de 1973, para que se pudesse buscar a efetividade de sentença condenatória transitada em julgado contra a Fazenda Pública, havia necessidade da instauração de um novo processo (um processo de execução em face da Fazenda Pública).

Como o novo Código prevê que o cumprimento de sentença passa a ser aplicável também à Fazenda Pública como executada, reserva-se o procedimento próprio da execução – este que trataremos aqui – apenas para os títulos executivos extrajudiciais. Ressalte-se que já era pacífico o entendimento no âmbito do Superior Tribunal de Justiça acerca da possibilidade de execução de título extrajudicial contra a Fazenda Pública (Súmula 279). De todo modo, conforme permissivo constante na nova legislação (art. 910, § 3º), podem ser aplicadas as regras do cumprimento de sentença à execução por quantia certa.

Petição inicial e citação. O credor requererá a execução instruindo a petição inicial com os documentos e requisitos elencados no art. 798.

A citação da Fazenda será feita não para "pagar a dívida no prazo de 3 (três) dias" (art. 829, *caput*), mas sim para opor embargos no prazo de trinta dias (art. 910, *caput*). Apesar de o novo CPC permitir que a citação, na execução comum, seja realizada por correio, tratando-se de pessoa jurídica de direito público tal modalidade é inadmissível (art. 247, III).

Embargos opostos pela Fazenda Pública. Em razão da imutabilidade da coisa julgada, a possibilidade de o devedor defender-se do cumprimento da sentença é restrita. Pela mesma razão, restrita também é a matéria que pode ser alegada na impugnação ao cumprimento de sentença contra a Fazenda Pública (art. 535). Entretanto, nos embargos à execução fundada em título extrajudicial, exatamente porque o direito não foi acertado em processo judicial, o executado, seja a Fazenda Pública ou o particular, poderá alegar todas as matérias que lhe seria lícito deduzir como defesa no processo de conhecimento (arts. 917, VI, e 910, § 2º).

Devidamente citada, a Fazenda Pública terá duas opções: (i) opor os embargos no prazo de 30 dias (art. 910, *caput*); (ii) não embargar. Não sendo embargada a execução ou sendo os embargos rejeitados, não se procede à penhora. Nesse caso, expedir-se-á precatório ou Requisição de Pequeno Valor (RPV) em favor do exequente, observando-se o disposto no art. 100 da Constituição Federal.[318]

---

[318] "Os pagamentos devidos pelas Fazendas Públicas Federal, Estaduais, Distrital e Municipais, em virtude de sentença judiciária, far-se-ão exclusivamente na ordem cronológica de apresentação dos precatórios e à conta dos créditos respectivos, proibida a designação de casos ou de pessoas nas dotações

Consoante disposto no art. 919, os embargos opostos pelo particular não são dotados de efeito suspensivo imediato, o que significa que a execução contra ele movida terá prosseguimento, não obstante a oposição manifestada pelo executado. Poderá o juiz, a requerimento do embargante, atribuir efeito suspensivo aos embargos quando verificados os requisitos para a concessão da tutela provisória – urgência ou evidência – e desde que a execução já esteja garantida por penhora, depósito ou caução suficientes.

Ao contrário, os embargos opostos pela Fazenda Pública são dotados de efeito suspensivo *ope legis*. Aliás, os embargos opostos pela Fazenda Pública têm regramento próprio. Da leitura do art. 910 já se extrai a distinção entre os embargos opostos pelo particular e os opostos pela Fazenda Pública. O particular é citado para efetivar o pagamento da dívida em três dias (art. 829), e a oposição de embargos, de regra, não tem o condão de suspender essa ordem de pagamento.

Ao contrário, a Fazenda Pública é citada para opor embargos em trinta dias, e a simples oposição destes, por si só, suspende o curso da execução. Nos termos do § 1º do art. 910, o precatório ou a RPV – modalidades de requisições dirigidas à Fazenda Pública para viabilizar o pagamento do débito exequendo – somente será expedido se não opostos embargos ou, se opostos, depois do trânsito em julgado da decisão que os rejeitar. *A contrario sensu*, opostos os embargos à execução, o precatório ou RPV não é expedido, o que significa a paralisação da execução movida contra a Fazenda Pública.

Como se não bastasse a redação do citado dispositivo, o próprio regime de precatórios mostra-se incompatível com a não suspensividade dos embargos opostos pela Fazenda Pública. Porque os bens públicos são impenhoráveis e inalienáveis, essa modalidade de execução se opera pelo procedimento dos precatórios ou RPVs.

Conforme dispõe o texto constitucional, os pagamentos efetuados pela Fazenda Pública, em decorrência de sentença judicial, somente poderão ser realizados após o trânsito em julgado desta (art. 100, §§ 1º e 3º, da CF/88). Assim, como na execução de título extrajudicial não cabe falar em sentença, o que o dispositivo exige, havendo interposição de embargos, é o trânsito em julgado da decisão que os extingue sem julgamento de mérito ou julga-os improcedentes. Não há justificativa para cogitar de eventual tratamento diferenciado para as hipóteses de julgamento de improcedência e de rejeição por outros motivos. Quando o art. 910, § 1º, menciona "decisão que os rejeitar", engloba as hipóteses de extinção com ou sem julgamento de mérito. Em ambos os casos se exige o trânsito em julgado da decisão.

Nesse sentido é o entendimento do Professor Fredie Didier Jr., firmado na vigência do CPC/1973, mas que pode ser aplicado à nova legislação: "O trânsito em julgado a que se refere o § 1º do art. 100 da Constituição Federal é o da sentença que julgar os embargos à execução. E isso porque o valor a ser incluído no orçamento deve ser definitivo, não pendendo qualquer discussão a seu respeito. Observe-se, por exem-

---

orçamentárias e nos créditos adicionais abertos para esse fim." Embora o art. 100 da Constituição Federal mencione a expressão *sentença judiciária*, esta é utilizada num sentido lato, compreendendo não só a decisão que condena a Fazenda Pública a pagar quantia, mas também a que rejeita eventuais embargos à execução por título extrajudicial e até a decisão que ordena a expedição de precatório.

plo, que a Lei nº 11.439/2006, que dispõe sobre as diretrizes para a elaboração da Lei Orçamentária de 2007, estabelece, em seu art. 25, que tal Lei Orçamentária somente incluirá dotações para o pagamento de precatórios cujos processos contenham certidão de trânsito em julgado da decisão exequenda e, igualmente, certidão de trânsito em julgado dos embargos à execução ou, em seu lugar, certidão de que não tenham sido opostos embargos ou qualquer impugnação aos respectivos cálculos."[319] O STJ já se manifestou no mesmo sentido.[320]

O novo CPC, ao dispor que o precatório ou a RPV serão expedidos quando não opostos os embargos ou quando transitada em julgado a decisão que os rejeitar (art. 910, § 1º), confirma esse entendimento, mas traz uma peculiaridade: se os embargos forem julgados improcedentes, não será necessário aguardar o trânsito em julgado da decisão para que seja expedida a ordem para pagamento (RPV ou precatório). Essa conclusão é confirmada pelo art. 1.012, § 1º, III, que atribui efeito meramente devolutivo à sentença que julga improcedente os embargos do executado, seja ele particular ou Fazenda Pública. Em suma, vislumbram-se as seguintes hipóteses: (i) Fazenda Pública não apresenta embargos: a execução prossegue com a imediata expedição de precatório ou RPV; (ii) a Fazenda Pública apresenta embargos e estes são rejeitados: ocorrendo a rejeição dos embargos por uma das razões previstas no art. 918, o precatório ou RPV só será expedido quando a sentença transitar em julgado; (iii) a Fazenda apresenta embargos e estes são julgados improcedentes: a parte não precisa aguardar o trânsito em julgado para pleitear a expedição da ordem de pagamento. Se a decisão tiver de ser submetida ao duplo grau de jurisdição obrigatório (ou remessa necessária), ainda assim haverá expedição da ordem; (iv) a Fazenda Pública apresenta embargos e estes são julgados procedentes: nesse caso não se expedirá precatório ou RPV, devendo o exequente ser condenado a pagar honorários e demais despesas processuais.

Importante observar que a suspensão automática não impede o prosseguimento da execução de parcela incontroversa. Em outras palavras, concordando a Fazenda Pública com parte do valor objeto da execução, do *quantum* incontroverso poderá ser extraído precatório ou RPV (art. 919, § 3º), conforme o caso. Ao final, se os embargos forem improcedentes, a parte excedente poderá ser cobrada pelo exequente, por meio de outro precatório ou outra RPV. Apesar de, na prática, ser possível a expedição de duas ordens de pagamento, com o consequente fracionamento da execução, tal possibilidade não afrontará a vedação constitucional prevista no § 4º do art. 100. O que o legislador veda é o parcelamento da execução como forma de burlar a ordem cronológica de pagamentos, o que não se verifica quando a Fazenda Pública aceita que a execução prossiga pelo valor incontroverso e, quanto ao restante, submeta a execução ao resultado dos embargos.

---

[319]   DIDIER JR., Fredie; CUNHA, L. J. C. da *et al*. **Curso de direito processual civil**. Execução. Salvador: JusPodivm, 2009. v. 5, p. 711.

[320]   "[...] Precatório é ordem de pagamento de verba pública, cuja emissão só é possível se o débito for líquido e certo, circunstâncias inexistentes enquanto não transitada em julgado a decisão" (STJ, REsp 331.002/CE, Rel. Min. Francisco Peçanha Martins, julgado em 04.12.2001).

Capítulo VI
Da Execução de Alimentos

CPC/2015	CPC/1973
Art. 911. Na execução *fundada em título executivo extrajudicial que contenha obrigação alimentar*, o juiz mandará citar o *executado* para, em 3 (três) dias, efetuar o pagamento **das parcelas anteriores ao início da execução e das que se vencerem no seu curso**, provar que o fez ou justificar a impossibilidade de fazê-lo. Parágrafo único. *Aplicam-se, no que couber, os §§ 2º a 7º do art. 528.*	Art. 733. Na execução *de sentença ou de decisão, que fixa os alimentos provisionais*, o juiz mandará citar o *devedor* para, em 3 (três) dias, efetuar o pagamento, provar que o fez ou justificar a impossibilidade de efetuá-lo. § 1º *Se o devedor não pagar, nem se escusar, o juiz decretar-lhe-á a prisão pelo prazo de 1 (um) a 3 (três) meses.* § 2º *O cumprimento da pena não exime o devedor do pagamento das prestações vencidas e vincendas.* § 3º *Paga a prestação alimentícia, o juiz suspenderá o cumprimento da ordem de prisão.*

 COMENTÁRIOS:

Noções gerais. O CPC/1973 não traz regras específicas para a execução de alimentos tratando-se de título executivo extrajudicial. Na verdade, os arts. 732 a 735 da legislação anterior descrevem procedimento relativo à obrigação alimentar constante de título judicial, apesar da referência constante aos "embargos" (art. 732, parágrafo único).

Os novos dispositivos (arts. 911 a 913) suprem a falha do legislador, mas acabam trazendo regras semelhantes àquelas previstas nos arts. 732 a 734 do CPC/1973. De modo geral, as disposições previstas no CPC/2015 sobre o cumprimento de sentença e a execução de título extrajudicial são bastante semelhantes.

Procedimento da execução de título extrajudicial pelo rito da prisão civil. No cumprimento de sentença que reconheça a exigibilidade de prestar alimentos o executado será intimado para, no prazo de três dias, pagar o débito, provar que o fez ou justificar a impossibilidade de efetuá-lo (art. 528). Na execução de título extrajudicial ocorre o mesmo, e o executado será **citado** para pagar, já que ainda não houve a formação de relação processual (art. 911). Além do saldo devedor apontado na petição, a citação para pagamento incluirá as prestações que se vencerem no curso do processo.

Citado, o exequente poderá adimplir a obrigação, apresentar justificativa e comprovação quanto à existência de fato que gere a impossibilidade absoluta de pagar (art. 911, parágrafo único, c/c o art. 528, § 2º) ou manter-se inerte. Se não houver pagamento ou a justificativa não for aceita, o juiz decretará a prisão do executado pelo prazo de um a três meses. Esse modo de coerção só será possível em relação ao débito alimentar que compreenda as três prestações anteriores ao ajuizamento da execução e as que se vencerem no curso do processo (art. 911, parágrafo único, c/c o art. 528, § 7º; Súmula 309 do STJ).[321]

---

[321] "O débito alimentar que autoriza a prisão civil do alimentante é o que compreende as três prestações anteriores ao ajuizamento da execução e as que se vencerem no curso do processo." Ressalte-se que, segundo o STJ, o atraso de uma só prestação autoriza a prisão civil do devedor de alimentos, desde que essa prestação esteja compreendida entre as três últimas devidas.

Assim como ocorre no cumprimento de sentença, o executado cumprirá a penalidade em regime fechado, com a condição de que fique separado dos presos comuns (art. 911, parágrafo único, c/c o art. 528, § 4º). Se o presídio não oferecer condições para a separação dos demais presos, possivelmente a jurisprudência caminhará no sentido de permitir o cumprimento da pena em regime domiciliar. Ressalte-se que não será decretada prisão se o juiz aceitar as justificativas do executado quanto à impossibilidade de pagar os alimentos vencidos e vincendos (art. 528, § 2º).

Se a prestação for paga, o juiz suspenderá o cumprimento da ordem de prisão; caso contrário, findo o prazo previsto no art. 528, § 3º, a execução deverá prosseguir pelo rito previsto no art. 824 e seguintes. Assim, caso a constrição pessoal não tenha sido eficaz para a satisfação da obrigação, o exequente deverá pleitear a conversão do procedimento para o rito menos gravoso – execução por quantia certa –, em que os atos executórios incidirão sobre o patrimônio do executado.

O credor, para pedir a prisão civil do devedor, não está obrigado, antes, a promover a execução expropriatória ou a pleitear o desconto em folha. Todavia, a prisão só será decretada se o inadimplemento for voluntário e inescusável. Assim, se o juiz se convencer das razões apresentadas pelo executado, não decretará a prisão. Esse entendimento vai ao encontro do princípio da menor onerosidade para o devedor e da maior satisfação para o executado. Se há "dinheiro em caixa", não há razão para privar o executado de sua liberdade.

No mais, vale salientar que a prisão não se presta à execução em si, constituindo-se apenas meio para coagir o devedor a cumprir, com presteza, a obrigação que lhe fora imposta. Assim, se os alimentos forem pagos, a prisão será suspensa. Por outro lado, se, a despeito da prisão, o crédito não for satisfeito, pode o credor requerer a execução expropriatória.

Decisão e recurso. A decisão que decreta a prisão civil do alimentante é decisão interlocutória, sujeita, pois, a agravo de instrumento (art. 1.015, parágrafo único). Como a decisão que decreta a prisão fere o direito de ir e vir, admite-se também a impetração de *habeas corpus*. Entretanto, nessa via discutem-se tão somente aspectos formais da prisão, e não questões ligadas à prestação alimentar.

CPC/2015	CPC/1973
Art. 912. Quando o *executado* for funcionário público, militar, diretor ou gerente de empresa, bem como empregado sujeito à legislação do trabalho, *o exequente poderá requerer o desconto* em folha de pagamento de pessoal da importância da prestação alimentícia.	Art. 734. Quando o *devedor* for funcionário público, militar, diretor ou gerente de empresa, bem como empregado sujeito à legislação do trabalho, *o juiz mandará descontar* em folha de pagamento a importância da prestação alimentícia.
§ 1º **Ao despachar a inicial,** o juiz oficiará à autoridade, à empresa ou ao empregador, **determinando, sob pena de crime de desobediência, o desconto a partir da primeira remuneração posterior do executado, a contar do protocolo do ofício.**	Parágrafo único. A comunicação será feita à autoridade, à empresa ou ao empregador por ofício, de que constarão os nomes do credor, do devedor, a importância da prestação e o tempo de sua duração.
§ 2º O ofício conterá os nomes **e o número de inscrição no Cadastro de Pessoas Físicas do exequente e do executado,** a importância a ser descontada mensalmente, **a conta na qual deve ser feito o depósito e, se for o caso,** o tempo de sua duração.	

COMENTÁRIOS:

Execução mediante "desconto em folha". Quando o devedor tiver vínculo trabalhista, de natureza pública ou privada, com remuneração periódica, o pagamento da prestação poderá ser feito mediante desconto em folha. Nesse caso, independentemente da aquiescência do alimentante e mediante requerimento do exequente, poderá o juiz determinar que a importância prevista no título seja descontada pelo empregador e repassada ao alimentado. Portanto, importante não esquecer que a expedição do ofício depende de requerimento, a qualquer tempo, da parte exequente, não sendo autorizado ao juiz expedi-lo de ofício, conforme possibilitava a redação do *caput* do art. 734 do CPC/1973.

As demais inserções nesse dispositivo restringem-se à consolidação da prática forense, afinal, natural é que o ofício, para ser cumprido, contenha, entre outras informações, a conta na qual serão depositadas as prestações alimentícias.

O crime de desobediência (art. 330 do Código Penal) estará caracterizado se o empregador, autoridade ou empresa que receber o ofício não proceder com o desconto. Essa disposição vai ao encontro do que já estava disciplinado no parágrafo único do art. 22 da Lei de Alimentos (Lei nº 5.478/1968).[322]

CPC/2015	CPC/1973
Art. 913. **Não requerida a execução nos termos deste Capítulo, observar-se-á o disposto no art. 824 e seguintes, com a ressalva de que,** recaindo a penhora em dinheiro, *a concessão de efeito suspensivo aos embargos à execução* não obsta a que o exequente levante mensalmente a importância da prestação.	Art. 732. [...] Parágrafo único. Recaindo a penhora em dinheiro, *o oferecimento de embargos* não obsta a que o exequente levante mensalmente a importância da prestação.

 COMENTÁRIOS:

Procedimento da execução de título extrajudicial pelo rito da constrição patrimonial. Optando-se pelo procedimento previsto no art. 913, a execução seguirá o mesmo procedimento previsto para as execuções relativas às obrigações de pagar quantia certa. Assim, em vez do rito da prisão civil, este procedimento permitirá a expropriação de bens do executado para a satisfação da obrigação alimentar.

(Im)possibilidade de cumulação de ritos. A execução expropriatória pode ser proposta desde o início, dependendo da urgência do credor. O que não pode haver é cumulação, a um só tempo, de medida coercitiva (prisão) com expropriatória, envolvendo o mesmo débito. Ou a execução incide sobre o patrimônio, ou se decreta a prisão, como meio coercitivo.

---

[322] Lei nº 5478/1968, art. 22. "Constitui crime contra a administração da Justiça deixar o empregador ou funcionário público de prestar ao juízo competente as informações necessárias à instrução de processo ou execução de sentença ou acordo que fixe pensão alimentícia: Pena – Detenção de 6 (seis) meses a 1 (um) ano, sem prejuízo da pena acessória de suspensão do emprego de 30 (trinta) a 90 (noventa) dias. Parágrafo único. Nas mesmas penas incide quem, de qualquer modo, ajuda o devedor a eximir-se ao pagamento de pensão alimentícia judicialmente acordada, fixada ou majorada, ou se recusa, ou procrastina a executar ordem de descontos em folhas de pagamento, expedida pelo juiz competente."

Proposta desde o início ou depois de esgotado o recurso da prisão,[323] a execução expropriatória seguirá o rito da execução por quantia certa, ou seja: o devedor será intimado para cumprir a obrigação no prazo de quinze dias, sob pena de multa de 10% sobre o montante da prestação, mais honorários advocatícios de 10%, prosseguindo-se com a penhora e demais atos expropriatórios (art. 523).

Embargos. Saliente-se que, diferentemente do que ocorre na execução comum por quantia certa, em que o efeito suspensivo dos embargos pode impedir a realização de atos de constrição (art. 919), na execução de prestação alimentícia, a parte final do art. 913 estabelece a possibilidade de o exequente levantar, mensalmente, a importância da prestação, mesmo com a apresentação dos embargos à execução.

TÍTULO III
DOS EMBARGOS À EXECUÇÃO

CPC/2015	CPC/1973
Art. 914. O executado, independentemente de penhora, depósito ou caução, poderá se opor à execução por meio de embargos.	Art. 736. O executado, independentemente de penhora, depósito ou caução, poderá opor-se à execução por meio de embargos.
§ 1º Os embargos à execução serão distribuídos por dependência, autuados em apartado e instruídos com cópias das peças processuais relevantes, que poderão ser declaradas autênticas pelo **próprio** advogado, sob sua responsabilidade pessoal.	Parágrafo único. Os embargos à execução serão distribuídos por dependência, autuados em apartado e instruídos com cópias das peças processuais relevantes, que poderão ser declaradas autênticas pelo advogado, sob sua responsabilidade pessoal.
§ 2º Na execução por carta, os embargos serão oferecidos no juízo deprecante ou no juízo deprecado, mas a competência para julgá-los é do juízo deprecante, salvo se versarem unicamente sobre vícios ou defeitos da penhora, da avaliação ou da alienação dos bens **efetuadas no juízo deprecado**.	Art. 747. Na execução por carta, os embargos serão oferecidos no juízo deprecante ou no juízo deprecado, mas a competência para julgá-los é do juízo deprecante, salvo se versarem unicamente vícios ou defeitos da penhora, avaliação ou alienação dos bens.

---

[323] De acordo com a redação expressa do CPC/1973, não seria possível a cumulação dos dois ritos (coerção e expropriação) nos mesmos autos, razão pela qual afirmamos que o procedimento da execução por quantia certa se aplica desde o início ou somente depois de esgotado o recurso da prisão. Apesar disso, alguns tribunais de justiça estaduais entendem que, se houver cisão dos procedimentos, com a expedição de um mandado de citação para exigir-se o pagamento das três últimas prestações, sob pena de prisão, e de outro para cobrar as demais, obedecendo-se ao rito da execução por quantia certa, será possível a dualidade de procedimentos (nesse sentido: TJSC, AI 624.825/SC 2010.062482-5, Rel. Des. Carlos Prudêncio, julgado em 26.08.2011). Por outro lado, há também entendimentos que admitem apenas a conversão do rito da prisão para a expropriação patrimonial, caso a constrição pessoal não tenha sido eficaz para a satisfação da obrigação (TJMG, AI 10702096042602001, Rel. Des. Alberto Vilas Boas, julgado em 13.05.2014; TJRS, AG 70041364977, Rel. Des. André Luiz Planella Villarinho, julgado em 25.02.2011).

COMENTÁRIOS:

Natureza jurídica. Embora incidental, os embargos do executado têm natureza de ação de conhecimento autônoma, de caráter constitutivo, cujos autos são apensados aos do processo de execução.

Desnecessidade de prévia garantia do juízo. A impugnação ao cumprimento de sentença e os embargos à execução se tangenciam nesse ponto. No CPC/1973, era preciso garantir o cumprimento da sentença, por meio de prévia penhora, para que fosse possível a posterior apresentação de impugnação. Por outro lado, na sistemática dos embargos, descabida era a exigência de penhora para sua apresentação. Na sistemática da nova legislação processual, é desnecessária a prévia penhora para a apresentação, nos próprios autos, de impugnação ao cumprimento da sentença. Em síntese, para impugnar ou embargar não é necessário garantir o juízo.

Competência. A ação de embargos, qualquer que seja a modalidade, é incidental em relação à execução. Assim, em geral, deve ser processada e julgada pelo mesmo juízo do processo executivo. Aliás, os embargos serão distribuídos por dependência, autuados em apartado (em apenso) aos autos do processo de execução e instruídos com cópias das peças processuais relevantes, que poderão ser declaradas pelo próprio advogado, sob sua responsabilidade pessoal (art. 914, § 1º).

Ocorre, porém, ser necessária a penhora de bens situados em comarca diversa daquela onde se processa a execução, ainda que a citação tenha sido feita na comarca de origem. Nessa hipótese, os atos relativos à penhora, avaliação e alienação serão praticados por meio de carta precatória, daí a designação de "execução por carta".

Na execução por carta, os embargos poderão ser oferecidos tanto no juízo deprecante (da execução) como no juízo deprecado (competente para os atos executivos). Quanto à competência para julgá-los, em princípio, pertence ao juízo deprecante. Entretanto, se os embargos versarem unicamente sobre vícios ou defeitos referentes à penhora, à avaliação ou à alienação realizadas no juízo deprecado, a competência será deste (art. 914, § 2º, e Súmula 46 do STJ[324]).

CPC/2015	CPC/1973
Art. 915. Os embargos serão oferecidos no prazo de 15 (quinze) dias, contado, *conforme o caso, na forma do art. 231*.	Art. 738. Os embargos serão oferecidos no prazo de 15 (quinze) dias, contados *da data da juntada aos autos do mandado de citação*.
§ 1º Quando houver mais de um executado, o prazo para cada um deles embargar conta-se a partir da juntada do respectivo *comprovante da citação*, salvo no caso de cônjuges **ou de companheiros, quando será contado a partir da juntada do último.**	§ 1º Quando houver mais de um executado, o prazo para cada um deles embargar conta-se a partir da juntada do respectivo *mandado citatório*, salvo tratando-se de cônjuges.
§ 2º Nas execuções por carta, o prazo para embargos será contado:	§ 2º Nas execuções por carta precatória, a citação do executado será imediatamente comunicada pelo juiz deprecado ao juiz deprecante, inclusive por meios eletrônicos, contando-se o prazo para embargos a partir da juntada aos autos de tal comunicação.
I – da juntada, na carta, da certificação da citação, quando versarem unicamente sobre vícios ou defeitos da penhora, da avaliação ou da alienação dos bens;	§ 3º *Aos embargos do executado* não se aplica o disposto no *art. 191 desta Lei*.

---

[324] "Na execução por carta, os embargos do devedor serão decididos no juízo deprecante, salvo se versarem unicamente vícios ou defeitos da penhora, avaliação ou alienação dos bens."

II – da juntada, nos autos de origem, do comunicado de que trata o § 4º deste artigo **ou, não havendo este, da juntada da carta devidamente cumprida, quando versarem sobre questões diversas da prevista no inciso I deste parágrafo.**

§ 3º *Em relação ao prazo para oferecimento dos embargos à execução*, não se aplica o disposto no *art. 229*.

§ 4º Nos atos de comunicação por carta precatória, rogatória ou de ordem, a realização da citação será imediatamente informada, por meio eletrônico, pelo juiz deprecado ao juiz deprecante.

COMENTÁRIOS:

Noções gerais. O processamento dos embargos é idêntico tanto para a execução contra o particular quanto para a execução contra a Fazenda Pública, restringindo-se as diferenças, basicamente, no prazo para interposição (quinze dias para os embargos na execução particular e trinta dias para a execução contra a Fazenda Pública) e nas consequências.

Prazo para embargar. O prazo para a apresentação dos embargos à execução na sistemática do Código de 1973 começava a contar a partir da juntada aos autos do mandado de citação, independentemente da realização da penhora. Tendo em vista a possibilidade de citação, na execução, por hora certa e edital, deve-se seguir a contagem prevista no novo art. 231. A regra é, portanto, que o prazo seja contado na forma do art. 231. Se, no entanto, houver mais de um executado, o prazo para a propositura dos embargos flui a partir da juntada do respectivo ato de citação.

Havendo litisconsórcio passivo entre cônjuges ou companheiros, o prazo para a propositura dos embargos só começa a fluir a partir da juntada do último ato de citação cumprido (§ 1º). No caso de a citação ocorrer por carta precatória (§ 2º), rogatória ou de ordem, o início do prazo para a apresentação dos embargos à execução poderá ser distinto, conforme a matéria discutida: em regra, conta-se a partir da juntada da comunicação no juízo deprecante sobre a realização da citação. Entretanto, se os embargos versarem unicamente sobre vícios ou defeitos na penhora, avaliação ou alienação dos bens, o termo *a quo* será o da juntada da carta devidamente cumprida.

Prazo especial no art. 229. Tanto na sistemática do CPC/1973 quanto na atual, o prazo especial para os litisconsortes com procuradores distintos não se aplica aos embargos à execução. "A inaplicabilidade do art. 229 se estende inclusive na hipótese de esse litisconsórcio ser formado por cônjuges, considerando-se que não há qualquer previsão legal em sentido contrário [...]."[325]

---

[325] NEVES, Daniel Amorim Assumpção. **Manual de direito processual civil.** Salvador: JusPodivm, 2016. v. único, p. 1.251.

CPC/2015 | CPC/1973

Art. 916. No prazo para embargos, reconhecendo o crédito do exequente e comprovando o depósito de trinta por cento do valor em execução, *acrescido de* custas e de honorários de advogado, o executado poderá requerer que lhe seja permitido pagar o restante em até 6 (seis) parcelas mensais, acrescidas de correção monetária e de juros de um por cento ao mês.

§ 1º O exequente será intimado para manifestar-se sobre o preenchimento dos pressupostos do *caput*, e o juiz decidirá o requerimento em 5 (cinco) dias.

§ 2º Enquanto não apreciado o requerimento, o executado terá de depositar as parcelas vincendas, facultado ao exequente seu levantamento.

§ 3º Deferida a proposta, o exequente levantará a quantia depositada, e serão suspensos os atos executivos.

§ 4º Indeferida a proposta, seguir-se-ão os atos executivos, mantido o depósito, **que será convertido em penhora**.

§ 5º O não pagamento de qualquer das prestações *acarretará cumulativamente*:

I – o vencimento das prestações subsequentes e o prosseguimento do processo, com o imediato reinício dos atos executivos;

II – a imposição ao executado de multa de dez por cento sobre o valor das prestações não pagas.

§ 6º A opção pelo parcelamento de que trata este artigo *importa renúncia ao direito de opor* embargos.

§ 7º O disposto neste artigo não se aplica ao cumprimento da sentença.

Art. 745-A. No prazo para embargos, reconhecendo o crédito do exequente e comprovando o depósito de 30% (trinta por cento) do valor em execução, *inclusive* custas e honorários de advogado, poderá o executado requerer seja admitido a pagar o restante em até 6 (seis) parcelas mensais, acrescidas de correção monetária e juros de 1% (um por cento) ao mês.

§ 1º Sendo a proposta deferida pelo juiz, o exequente levantará a quantia depositada e serão suspensos os atos executivos; caso indeferida, seguir-se-ão os atos executivos, mantido o depósito.

§ 2º O não pagamento de qualquer das prestações *implicará, de pleno direito*, o vencimento das subsequentes e o prosseguimento do processo, com o imediato início dos atos executivos, imposta ao executado multa de 10% (dez por cento) sobre o valor das prestações não pagas e *vedada a oposição de* embargos.

 ## COMENTÁRIOS:

Pedido de parcelamento. O pedido de parcelamento é uma das formas de reação do executado, que pode ser pleiteado no prazo para embargos, desde que o executado reconheça o crédito do exequente e comprove o depósito de 30% do valor em execução, inclusive custas e honorários de advogado; poderá o executado requerer seja admitido a pagar o restante em até seis parcelas mensais, acrescidas de correção monetária e juros de 1% ao mês.

Sobre o requerimento do executado deverá se manifestar o exequente. Essa manifestação deve ter relação com o preenchimento (ou não) dos requisitos previstos no *caput* do art. 916, quais sejam: (a) depósito do percentual mínimo (30%); (b) depósito das custas e dos honorários de advogado. Ou seja, preenchidos os requisitos, surge para o executado um verdadeiro direito potestativo ao parcelamento de suas obrigações. Trata-se de novidade trazida pelo CPC/2015 que destoa do entendimento jurisprudencial, o qual, na sistemática do CPC/1973, considerava que pagamento parcelado não tinha natureza de direito potestativo.[326]

O fato é que, se há na legislação a indicação da matéria a ser impugnada, pouco importa que o exequente apresente fundamento relevante para a não concessão do parcelamento. Preenchidos os requisitos, o deferimento do pedido se impõe. Tanto é assim que, enquanto o pedido de parcelamento não for apreciado, o executado poderá depositar as parcelas vincendas. Na prática, a depender da demora na apreciação judicial, o crédito pode chegar a ser satisfeito de forma parcelada, sem qualquer provimento jurisdicional.

No texto proposto pela Câmara dos Deputados, se o pagamento parcelado fosse indeferido, garantia-se ao executado a posterior apresentação de embargos. Como a redação aprovada pelo Senado não repetiu a regra, apenas ressaltou que a opção pelo parcelamento importa renúncia ao direito de opor embargos, entendo que, se houver pedido do executado nesse sentido, junto com o depósito do percentual previsto no *caput* e das parcelas acessórias, já estará operada a renúncia ao direito de opor embargos, ainda que haja posterior indeferimento, como, por exemplo, em virtude da insuficiência quanto ao depósito.

Como se não bastasse a renúncia tácita expressa na lei, um dos requisitos que deve constar do requerimento de parcelamento é o reconhecimento do crédito do exequente. Ora, nos termos da lei, a renúncia e o reconhecimento do crédito inviabilizam por completo a oposição dos embargos à execução. Permitir a solução de conflitos com o menor número possível de processos constitui um dos objetivos da reforma. Mas obstaculizar a oposição de embargos pelo simples fato de ter o executado feito um requerimento – uma proposta – de parcelamento do débito parece que é ir longe demais nesse desiderato. Essa sem dúvida é a vontade do legislador. Pode-se cogitar de eventual ofensa ao direito de ação e do acesso à justiça. Veremos como a jurisprudência vai enfrentar essa questão.

Deferimento. Deferida a proposta, o juiz determinará o levantamento pelo exequente da quantia depositada e suspenderá a execução até o pagamento das parcelas (art. 916, § 3º; art. 921, V). Caso o executado não efetue o pagamento de qualquer das prestações, ocorrerá o vencimento antecipado das parcelas remanescentes e o prosseguimento da execução, além da imposição de multa de 10% sobre o valor das prestações não pagas (art. 916, § 5º, I e II).

Atraso no parcelamento. Em caso de atraso, em que pese inexistir qualquer previsão da lei processual, é prudente que o magistrado verifique os argumentos apresentados pelo executado e que ouça o exequente antes de dar prosseguimento aos atos executivos. A seguinte situação ilustra o que poderá ocorrer na prática: João é executado por uma dívida de R$ 10.000,00. No prazo para embargos ele deposita R$ 3.000,00, honorários e custas e requer que o pagamento do restante (R$ 7.000,00) seja realizado em quatro parcelas mensais de R$ 1.750,00. O exequente é intimado e não se opõe. O juiz defere o pedido e determina que as parcelas sejam depositadas todo dia 5, acrescidas de juros de 1% e correção monetária. João realiza o depósito apenas no dia 20, com a devida atualização até essa data. O exequente pede, em razão do atraso, o prosseguimento da execução. Nessa hipótese, é prudente que o magistrado indefira o pedido, uma vez que não houve prejuízo para o exequente.

---

[326] Nesse sentido: "[...] o parcelamento da dívida, porém, não é direito potestativo do devedor, cabendo ao credor impugná-lo, desde que apresente motivo justo e de forma fundamentada" (STJ, REsp 1.264.272/RJ, Rel. Min. Luis Felipe Salomão, julgado em 15.05.2012).

Parcelamento no cumprimento de sentença. O Superior Tribunal de Justiça[327] entendia que o parcelamento previsto na execução de título extrajudicial cabia, também, no cumprimento de sentença. O CPC/2015, no entanto, afasta essa possibilidade, contrariando o entendimento jurisprudencial (§ 6º).

CPC/2015	CPC/1973
Art. 917. Nos embargos à execução, o executado poderá alegar:	Art. 745. Nos embargos, poderá o executado alegar:
I – *inexequibilidade do título ou inexigibilidade da obrigação*;	I – *nulidade da execução, por não ser executivo o título apresentado*;
II – penhora incorreta ou avaliação errônea;	II – penhora incorreta ou avaliação errônea;
III – excesso de execução ou cumulação indevida de execuções;	III – excesso de execução ou cumulação indevida de execuções;
IV – retenção por benfeitorias necessárias ou úteis, nos casos de *execução* para entrega de coisa certa;	IV – retenção por benfeitorias necessárias ou úteis, nos casos de *título* para entrega de coisa certa ~~(art. 621)~~;
V – **incompetência absoluta ou relativa do juízo da execução;**	V – qualquer matéria que lhe seria lícito deduzir como defesa em processo de conhecimento.
VI – qualquer matéria que lhe seria lícito deduzir como defesa em processo de conhecimento.	§ 1º Nos embargos de retenção por benfeitorias, poderá o exequente requerer a compensação de seu valor com o dos frutos ou danos considerados devidos pelo executado, cumprindo ao juiz, para a apuração dos respectivos valores, nomear perito, *fixando-lhe breve prazo para entrega do laudo*.
§ 1º A incorreção da penhora ou da avaliação poderá ser impugnada por simples petição, no prazo de 15 (quinze) dias, contado da ciência do ato.	§ 2º O exequente poderá, a qualquer tempo, ser imitido na posse da coisa, prestando caução ou depositando o valor devido pelas benfeitorias ou resultante da compensação.
§ 2º Há excesso de execução quando:	Art. 743. Há excesso de execução:
I – o *exequente* pleiteia quantia superior à do título;	I – quando o *credor* pleiteia quantia superior à do título;
II – ela recai sobre coisa diversa daquela declarada no título;	II – quando recai sobre coisa diversa daquela declarada no título;
III – ela se processa de modo diferente do que foi determinado *no título*;	III – quando se processa de modo diferente do que foi determinado *na sentença*;
IV – o *exequente*, sem cumprir a prestação que lhe corresponde, exige o adimplemento da prestação do *executado*;	IV – quando o *credor*, sem cumprir a prestação que lhe corresponde, exige o adimplemento da do *devedor* ~~(art. 582)~~;
V – o *exequente* não prova que a condição se realizou.	V – se o *credor* não provar que a condição se realizou.
§ 3º **Quando alegar que o exequente,** em excesso de execução, pleiteia quantia superior à do título, o embargante declarará na petição inicial o valor que entende correto, apresentando demonstrativo discriminado **e atualizado de seu cálculo.**	

[327] "CUMPRIMENTO DE SENTENÇA. VALOR EXEQUENDO. PARCELAMENTO. Na fase de cumprimento de sentença, aplica-se a mesma regra que rege a execução de título extrajudicial quanto ao parcelamento da dívida. É que o art. 475-R do CPC prevê expressamente a aplicação subsidiária das normas que regem o processo de execução de título extrajudicial naquilo que não contrariar o regramento do cumprimento de sentença, não havendo óbice relativo à natureza do título judicial que impossibilite a aplicação da referida norma, nem impeditivo legal [...]" (STJ, REsp 1.264.272/RJ, Rel. Min. Luis Felipe Salomão, julgado em 15.05.2012).

§ 4° Não apontado o valor correto ou não apresentado o demonstrativo, os embargos à execução:

I – serão liminarmente rejeitados, sem resolução de mérito, se o excesso de execução for o seu único fundamento;

II – serão processados, se houver outro fundamento, mas o juiz não examinará a alegação de excesso de execução.

§ 5° Nos embargos de retenção por benfeitorias, o exequente poderá requerer a compensação de seu valor com o dos frutos ou dos danos considerados devidos pelo executado, cumprindo ao juiz, para a apuração dos respectivos valores, nomear perito, *observando-se, então, o art. 464*.

§ 6° O exequente poderá a qualquer tempo ser imitido na posse da coisa, prestando caução ou depositando o valor devido pelas benfeitorias ou resultante da compensação.

§ 7° A arguição de impedimento e suspeição observará o disposto nos arts. 146 e 148.

Art. 739-A. [...]

[...]

§ 5° Quando o excesso de execução for fundamento dos embargos, o embargante deverá declarar na petição inicial o valor que entende correto, *apresentando memória do cálculo*, sob pena de rejeição liminar dos embargos ou de não conhecimento desse fundamento.

COMENTÁRIOS:

Matérias arguíveis em sede de embargos. No que respeita às matérias arguíveis nos embargos à execução fundada em título executivo extrajudicial, o rol de defesas é o constante do art. 917.

Inciso I. A execução pressupõe título de obrigação líquida, certa e exigível. Se a obrigação encontra-se vencida e desvinculada de qualquer condição, o título que a corresponde pode, portanto, lastrear a execução.

Se, no entanto, a obrigação for exigível, mas o título não for suficiente para lastrear a demanda executiva, a parte deverá arguir a sua inexequibilidade. Exemplo: o contrato de abertura de crédito rotativo ("cheque especial") configura uma obrigação da instituição financeira em disponibilizar determinada quantia ao titular da conta, que pode dela utilizar-se ou não. Não corresponde, portanto, a um título executivo, uma vez que não há dívida líquida e certa quando da assinatura do contrato pelo cliente. Sendo assim, não pode lastrear a execução, mas poderá fundamentar ação de cobrança ou monitória.

Pode também ocorrer de o vício não ser reconhecido de plano e o juiz determinar a citação do executado. Uma vez citado, poderá o executado arguir a nulidade do processo executivo nos embargos à execução. No entanto, por se tratar de matéria de ordem pública, cognoscível de ofício e a qualquer tempo, nada impede que a arguição se dê como incidente, nos próprios autos da execução.

A decisão a que se refere o inciso I é meramente terminativa do processo de execução, pelo que, em relação ao crédito, não opera a imutabilidade inerente à coisa julgada, embora a matéria arguida constitua o mérito dos embargos.

Inciso II. Penhora incorreta ou irregular é aquela que não obedeceu a requisitos substanciais ou formais. Constituem exemplos de atos constritivos realizados sem observância a requisitos substanciais: (a) penhora sobre imóvel residencial próprio do casal ou da entidade familiar (art. 1º da Lei nº 8.009/1990); (b) penhora sobre bens absolutamente impenhoráveis (art. 833) ou sobre bens relativamente impenhoráveis (art. 834), quando houver outros bens suficientes para garantir a execução; (c) penhora realizada sem observância da ordem estabelecida no art. 835. As irregularidades formais podem dizer respeito à lavratura do auto ou termo, à nomeação do depositário e às intimações do executado, do cônjuge ou companheiro ou de demais interessados.

Quanto à avaliação, reputa-se errônea aquela cujo valor for manifestamente superior ou inferior ao valor de mercado do bem penhorado. Nesse caso, a impugnação deve ser fundamentada em avaliações idôneas, não sendo suficiente a simples discordância.

Embora figurem como matéria de embargos, nada obsta a que a arguição do vício se dê por mera petição. O novo CPC evidencia essa possibilidade ao prever que a incorreção da penhora ou da avaliação poderá ser impugnada por simples petição, no prazo de quinze dias, contado da ciência do ato.

Inciso III. Tratando-se de execução fundada em título executivo extrajudicial, a rigor ocorre excesso de execução quando o credor pleiteia quantia superior à constante do título, na execução por quantia, ou quando recai sobre coisa diversa daquela declarada no título, no caso de execução para entrega de coisa (art. 917, § 2º, I e II). Os demais fundamentos dos incisos do § 2º do art. 917 não tratam propriamente de excesso. A exigência do adimplemento da obrigação do devedor sem que o credor cumpra a sua (inciso IV), bem como a prova de que a condição não se realizou (inciso V), também constituem hipóteses de inexigibilidade da obrigação. Tratam, portanto, de matéria de ordem pública, pelo que pode o juiz delas conhecer de ofício.

Em relação ao fundamento previsto no inciso III ("quando a execução se processa de modo diferente do que foi determinado no título"), pode-se entender como excesso a inclusão nos cálculos de parcela que não consta no título extrajudicial.

Caso o executado traga como único fundamento dos embargos o excesso de execução (art. 917, § 2º e seus incisos), deverá demonstrar o valor correto, por meio de demonstrativo atualizado de seu cálculo (art. 917, § 3º). Se essa providência não for adotada, deverá o juiz rejeitar liminarmente os embargos. Se existir qualquer outro fundamento, ao juiz é vedado rejeitar os embargos, os quais somente deixarão de ser apreciados na questão relativa ao excesso de execução (art. 917, § 4º).

Cumulação indevida de execuções é a que afronta o art. 780, ou seja, que reúne em um só processo: (a) títulos nos quais figuram credores ou devedores distintos; (b) execuções cujo juízo indicado não seja competente para todas; (c) execuções cujos procedimentos são distintos (execução de entregar coisa e execução por quantia). Também a cumulação indevida de execuções corresponde a matéria de ordem pública, razão pela qual pode ser conhecida de ofício, arguida em objeção de pré-executividade ou por meio de embargos à execução.

Inciso IV. O direito substancial à retenção encontra-se previsto no art. 1.219 do CC, que assim dispõe: "O possuidor de boa-fé tem direito à indenização das benfeitorias necessárias e úteis, bem como, quanto às voluptuárias, se não lhe forem pagas, a levantá-las, quando o puder sem detrimento da coisa, e poderá exercer o direito de retenção pelo valor das benfeitorias necessárias e úteis." Somente a execução de obrigação para entrega de coisa, contemplada em título executivo extrajudicial, comporta arguição do direito de retenção por benfeitorias em embargos.

Arguindo-se a retenção, deve-se apurar o valor das benfeitorias, a fim de possibilitar a imissão na posse por parte do exequente. Como estabelece o § 6º do art. 917, o exequente poderá, a qualquer tempo, ser imitido na posse da coisa, prestando caução ou depositando o valor devido pelas benfeitorias ou resultante da compensação.

O § 5º do art. 917, na esteira do art. 1.221 do CC, estabelece que, no caso de arguição de direito de retenção, poderá o exequente, na impugnação aos embargos, requerer a compensação do valor das benfeitorias com o dos frutos ou danos considerados devidos pelo executado. Nesse caso, cumprirá ao juiz, para apuração dos respectivos valores, nomear perito, fixando-lhe prazo para entrega do laudo. Tratando-se de baixa complexidade, pode o oficial de justiça proceder à apuração dos valores a serem compensados. Se houver saldo a favor do executado, o exequente só poderá ser imitido na posse se depositar o valor correspondente ou prestar caução.

Inciso V. Trata-se de matérias que não estavam no rol do art. 745 do CPC/1973. Em relação à incompetência absoluta, a sua alegação era possível em virtude do disposto no inciso V do art. 745 do CPC/1973. Ademais, por se tratar de matéria de ordem pública, o juiz poderia reconhecê-la de ofício independentemente de provocação do executado.

Quanto à incompetência relativa, esta não mais será alegada por meio de exceção declinatória de foro, e sim como uma das matérias arguíveis nos próprios embargos, assim como ocorre, no processo de conhecimento, com a contestação (art. 337, II, do CPC/2015).

Inciso VI. Transitada em julgado a decisão de mérito, considerar-se-ão deduzidas e repelidas todas as alegações e defesas que a parte poderia opor tanto ao acolhimento quanto à rejeição do pedido (art. 508). Em razão dessa eficácia preclusiva da coisa julgada, as partes ficam impossibilitadas de alegar qualquer outra questão relacionada com a demanda.

Não obstante essa blindagem no que respeita à relação jurídica de direito material certificada na sentença, afora a possibilidade de ajuizamento de ação rescisória, faculta-se ao devedor impugnar o cumprimento de sentença que o condenou a pagar quantia em dinheiro, mormente no que se refere à validade do processo e a circunstâncias e irregularidades ocorridas posteriormente à sentença. Ocorre que, nesse caso, a soma em dinheiro, na maioria das vezes, será obtida por meio da expropriação de outros bens do devedor, os quais não foram especificamente objeto do devido processo legal.[328]

Ora, se até a sentença condenatória acobertada pela coisa julgada é passível de questionamento, o que dizer do título extrajudicial, cuja relação jurídica não foi "acertada" fora do âmbito do devido processo legal?

Pois bem. Nos embargos à execução fundada em título extrajudicial, exatamente porque o direito não foi acertado em processo judicial, o executado poderá alegar toda e qualquer matéria que lhe seria lícito deduzir como defesa no processo de conhecimento. Esse entendimento se aplica tanto aos embargos à execução proposta contra o particular quanto contra a Fazenda Pública (art. 910, § 2º).

---

[328] A sentença que condena o réu a fazer, não fazer ou entregar coisa contempla de forma específica a prestação, depois de esgotado o devido processo legal, daí por que não admite impugnação. Eventual inconformismo com o que restou decidido deve ser manifestado nos recursos cabíveis.

No processo de conhecimento, as defesas ou exceções são veiculadas por meio da contestação, que constitui modalidade de resposta por meio da qual o réu impugna o pedido do autor ou apenas tenta desvincular-se do processo instaurado pelo autor.

Os embargos à execução, não obstante sua natureza de ação, constituem o meio pelo qual o executado impugna a relação jurídica material consubstanciada no título ou a validade da relação atinente ao processo de execução. É por isso que, nessa via, permite-se ao executado apenas se defender da relação que o vincula ao processo de execução ou da pretensão do exequente à satisfação do crédito.

Em outras palavras, a defesa pode ser processual ou de mérito. Acolhida uma ou outra, a execução será extinta; o exercício do direito material pelas vias ordinárias dependerá de qual defesa foi acolhida.

Quando o executado pretende apenas se livrar do jugo da relação processual estabelecida no processo de execução (o que não impede a propositura de outra ação pelo exequente) ou adiar a satisfação do crédito, diz-se que a defesa é processual, que é sempre indireta, porquanto não ataca o direito de crédito, e pode ser dilatória ou peremptória.

Entende-se por defesa dilatória a que não atinge a relação processual, apenas prorroga o seu término. A declaração de incompetência, a nulidade de citação, irregularidades da penhora e a não realização das intimações obrigatórias para a expropriação do bem apenas paralisam temporariamente a execução. Suprida a nulidade, o processo executivo retoma o seu curso.

Peremptória é a defesa que, se acolhida, extingue imediatamente a relação processual, sem, no entanto, obstar o exercício do direito em outro processo, por meio de procedimento idêntico ou não, por outra ou em face de outra pessoa. É o que ocorre quando se reconhece a inexequibilidade do título ou a inexigibilidade da obrigação e a ilegitimidade da parte.

A defesa de mérito dirige-se contra o crédito invocado pelo exequente. Destina-se a obter sentença que declare a inexistência da *causa debendi* (defesa direta) ou a existência de causas supervenientes que modifiquem ou extingam a obrigação do autor (defesa indireta), tais como a compensação, a novação, a transação, a prescrição e o pagamento.

Vale lembrar que o mérito dos embargos é constituído pelo conjunto de alegações pertinentes à execução, seja matéria relativa ao crédito ou à relação processual.

CPC/2015	CPC/1973
Art. 918. O juiz rejeitará liminarmente os embargos:	Art. 739. O juiz rejeitará liminarmente os embargos:
I – quando intempestivos;	I – quando intempestivos;
II – *nos casos de indeferimento da petição inicial e de improcedência liminar do pedido;*	II – *quando inepta a petição* (art. 295); ou
III – manifestamente protelatórios.	III – quando manifestamente protelatórios.
Parágrafo único. *Considera-se conduta atentatória à dignidade da justiça o oferecimento de embargos manifestamente protelatórios.*	Art. 740. [...]
	Parágrafo único. *No caso de embargos manifestamente protelatórios, o juiz imporá, em favor do exequente, multa ao embargante em valor não superior a 20% (vinte por cento) do valor em execução.*

COMENTÁRIOS:

Rejeição liminar. Distribuídos (por dependência), registrados e autuados (em apenso) os embargos, os autos são conclusos ao juiz. O juiz então procede à cognição preliminar, consistente em verificar a presença dos pressupostos e requisitos processuais, eventual prescrição da pretensão executiva ou de decadência do direito de opor embargos.

Se os embargos não preencherem os requisitos genéricos (art. 330) e específicos, bem como se o embargante não atendeu à determinação para emenda da inicial, serão rejeitados liminarmente, isto é, a relação processual nem chegará a completar-se. Conforme dispõe o art. 918, o juiz rejeitará liminarmente os embargos, ou seja, indeferirá liminarmente a petição inicial, ensejando a apelação prevista no art. 331, nos seguintes casos.

Inciso I. Os prazos para oposição das diversas modalidades de embargos: (a) embargos à execução contra a Fazenda Pública: prazo de trinta dias, a contar da citação do representante (art. 230), sem necessidade de garantir o juízo; (b) embargos à execução contra particular: prazo de quinze dias, contado na forma do art. 231, ou da juntada da comunicação do ato citatório (no juízo de origem – art. 915, § 2º, I; ou no juízo deprecado – art. 915, § 2º, II), quando se proceder à citação por carta, sem prévia garantia do juízo; (c) embargos à execução fiscal: trinta dias, contados na forma do art. 16 da LEF, com exigência de garantia do juízo.

A consequência da intempestividade é a rejeição liminar, sem resolução de mérito. Saliente-se que nem toda hipótese de rejeição liminar dos embargos conduz a sentença extintiva sem resolução do mérito; de mérito, por exemplo, é a sentença que julga liminarmente improcedente o pedido formulado nos embargos (art. 918, II, c/c o art. 332).

Vale uma consideração sobre a natureza do prazo para oposição dos embargos. Os embargos constituem uma via, um procedimento, em última análise a ação para se opor à execução. Tal como o mandado de segurança constitui uma via – não a única – para impugnar ato de autoridade, assim também se passa com os embargos no que se refere à execução. Perdido o prazo para impetração do mandado de segurança (que é de 120 dias a contar da ciência do ato impugnado), restam ao administrado os meios ordinários para anular ou desconstituir o ato de autoridade. Quanto aos embargos, passado o prazo de quinze dias (contados, na forma do art. 231, da citação no processo executivo), resta ao executado se valer dos meios ordinários para impugnar a validade e a eficácia do título executivo. O prazo para oposição de embargos à execução, tal como se passa com o mandado de segurança, é decadencial.

Há quem sustente que, em razão de se tratar de prazo processual, não resultaria na perda do direito material e, portanto, não se está diante de um prazo decadencial. Não é bem assim. "Decadência é o fato jurídico consubstanciado no decurso de um prazo dentro do qual um direito potestativo não é exercido, cujo efeito é a extinção desse direito."[329] Vê-se que, num plano imediato, a decadência atinge o poder de ação (direito potestativo), alcançando, por via reflexa, o próprio direito material. Passado o prazo estabelecido no Código Civil para postular a anulação do casamento contraído pelo menor sem autorização do representante legal (prazo decadencial), porque não se oferece outra via processual para a anulação, o casamento, pelo menos por esse fundamento, permanecerá hígido.

[329] DONIZETTI, Elpídio; QUINTELLA, Felipe. **Curso didático de direito civil**. 4. ed. São Paulo: Atlas, 2015, p. 213.

No que tange aos embargos, a situação é semelhante ao que se passa com o casamento. Há um prazo para o exercício do direito potestativo (que sujeita o exequente). O conteúdo desse direito potestativo, em regra, refere-se a direito substancial (eficácia ou validade do título). Há, contudo, uma diferença. No caso da potestade para pleitear ou não a anulação do casamento, ao cônjuge o ordenamento jurídico não reserva outro meio processual. Assim, operada a decadência, o direito substancial restará intangível. No caso dos embargos (e também no mandado de segurança), a situação é diversa. Passado o prazo para oposição dos embargos, resta ainda ao executado uma série de possibilidades de discutir o título ou mesmo a expropriação. De qualquer forma, o prazo para oposição dos embargos à execução é decadencial.

Inciso II. Nos termos do art. 330, a petição inicial será indeferida quando: (a) for inepta; (b) a parte for manifestamente ilegítima; (c) o autor carecer de interesse processual; (d) não atendidas as prescrições dos arts. 106 e 321. Essas hipóteses já estavam previstas no CPC/1973. A novidade é que os embargos também serão liminarmente indeferidos quando o(s) pedido(s) neles constantes se enquadrar(em) em uma das hipóteses do art. 332. Ou seja, se os embargos dispensarem a fase instrutória – a prova documental trazida pelo executado já for suficiente – e o pedido contrariar enunciado do STF ou do STJ, acórdão proferido pelo STF ou STJ em sede de recurso repetitivo, entendimento firmado em incidente de resolução de demandas repetitivas ou de assunção de competência ou enunciado de súmula de tribunal de justiça sobre direito local, o juiz rejeitará os embargos antes mesmo de intimar o exequente para impugná-los.

No caso da inépcia da petição inicial, o juiz deverá, antes de rejeitar liminarmente os embargos, possibilitar ao embargante que emende a petição inicial, caso seja possível, nos termos do art. 321.[330]

Inciso III. Protelatório significa que é próprio para protelar, isto é, retardar, procrastinar. Como não há efeito suspensivo nos embargos, exceto em casos excepcionais, não há tempo a ganhar. A questão é saber quando os embargos são tidos como protelatórios. Particularmente, considero que, se os embargos forem infundados – contrários a texto expresso de lei ou fato incontroverso –, o juiz poderá rejeitá-los. A jurisprudência tem se manifestado de diversas formas sobre o tema, evidenciando que a análise do caráter protelatório depende sempre das circunstâncias do caso concreto e do comportamento do executado.[331]

---

[330] Frise-se que há entendimento na jurisprudência impossibilitando, por exemplo, a emenda da petição inicial para apresentação dos cálculos pelo executado. Nesse sentido: "[...] As Turmas que compõem a 1ª Seção desta Corte vêm reforçando o preceituado no dispositivo legal, inclusive no sentido de ser impossível a emenda da inicial, haja vista que tal dispositivo visa garantir maior celeridade ao processo de execução, bem como tornar mais clara para o juiz a questão processual que se discute, mediante a apresentação discriminada do excesso, por meio inclusive de memória de cálculos. [...]" (STJ, EREsp 1.267.631, Corte Especial, Rel. Min. João Otávio de Noronha, julgado em 19.06.2013).

[331] Exemplos: "[...] São manifestamente protelatórios os embargos à execução em que se deduz pretensão contra expresso dispositivo de lei, sendo cabível aplicação da multa prevista no art. 740, parágrafo único, do CPC/1973 [...]" (TJPR, Apelação Cível 8665003, 15ª Câmara Cível, Rel. Des. Hayton Lee Swain Filho, julgado em 15.02.2012); "O exercício abusivo do direito de defesa, por meio do ajuizamento de embargos à execução desvinculados das questões e procedimentos ocorridos nos autos, autoriza a aplicação da multa prevista no art. 601 do Código de Processo Civil. Afronta ao princípio da razoável duração do processo, disciplinado no art. 5º, LXXVIII, da Constituição Federal. Agravo não provido" (TRT-4, AP 00238001120085040141/RS 0023800-11.2008.5.04.0141, Rel. Maria da Graça Ribeiro

Os julgados foram proferidos na vigência do CPC/1973, mas ainda podem ser aplicados na sistemática do CPC/2015. É que, assim como na legislação de 1973 (art. 740, parágrafo único), no novo Código o juiz, constatando o caráter protelatório dos embargos, fixará multa em montante não superior a vinte por cento do valor atualizado do débito em execução (art. 918, parágrafo único; art. 774, parágrafo único; art. 77). A cobrança de multa ou de indenizações decorrentes de litigância de má-fé será promovida nos próprios autos do processo (art. 777).

Há uma profusão de disposições legais com o intuito de combater a deslealdade processual, basta conferir os textos dos arts. 80 e 774, afora outros, para constatar a enfadonha repetição de normas, como se tal postura pudesse evitar o retardamento do processo.

CPC/2015	CPC/1973
Art. 919. Os embargos à execução não terão efeito suspensivo.	Art. 739-A. Os embargos do executado não terão efeito suspensivo.
§ 1º O juiz poderá, a requerimento do embargante, atribuir efeito suspensivo aos embargos quando *verificados os requisitos para a concessão da tutela provisória*, e desde que a execução já esteja garantida por penhora, depósito ou caução suficientes.	§ 1º O juiz poderá, a requerimento do embargante, atribuir efeito suspensivo aos embargos quando, *sendo relevantes seus fundamentos, o prosseguimento da execução manifestamente possa causar ao executado grave dano de difícil ou incerta reparação*, e desde que a execução já esteja garantida por penhora, depósito ou caução suficientes.
§ 2º Cessando as circunstâncias que a motivaram, a decisão relativa aos efeitos dos embargos poderá, a requerimento da parte, ser modificada ou revogada a qualquer tempo, em decisão fundamentada.	§ 2º A decisão relativa aos efeitos dos embargos poderá, a requerimento da parte, ser modificada ou revogada a qualquer tempo, em decisão fundamentada, cessando as circunstâncias que a motivaram.
§ 3º Quando o efeito suspensivo atribuído aos embargos disser respeito apenas a parte do objeto da execução, esta prosseguirá quanto à parte restante.	§ 3º Quando o efeito suspensivo atribuído aos embargos disser respeito apenas a parte do objeto da execução, essa prosseguirá quanto à parte restante.
§ 4º A concessão de efeito suspensivo aos embargos oferecidos por um dos executados não suspenderá a execução contra os que não embargaram quando o respectivo fundamento disser respeito exclusivamente ao embargante.	§ 4º A concessão de efeito suspensivo aos embargos oferecidos por um dos executados não suspenderá a execução contra os que não embargaram, quando o respectivo fundamento disser respeito exclusivamente ao embargante.
§ 5º A concessão de efeito suspensivo não impedirá a efetivação dos atos **de substituição, de reforço ou de redução** da penhora e de avaliação dos bens.	[...]
	§ 6º A concessão de efeito suspensivo não impedirá a efetivação dos atos de penhora e de avaliação dos bens.

Centeno, julgado em 10.12.2013, Vara do Trabalho de Camaquã); "Na forma do artigo 739 do CPC, o juiz pode rejeitar liminarmente os embargos quando estes forem manifestamente protelatórios, ou seja, aqueles sem fundamentação fático-jurídica séria. Este é o caso dos autos, pretendendo o apelante litigar contra a verdade de fatos já esclarecidos e devidamente demonstrados uma vez que inexistiu qualquer abuso por parte da apelada na formação do título executivo. 2. Recurso improvido" (TJES, Apelação Cível 48090142380, 3ª Câmara Cível, Rel. Willian Silva, julgado em 24.04.2012).

 **COMENTÁRIOS:**

Efeitos dos embargos. Não sendo o caso de rejeição liminar, apreciará o juiz eventual pedido de atribuição de efeito suspensivo aos embargos. Como já salientado, os embargos do executado não terão efeito suspensivo (art. 919).

Nos termos do art. 919, § 1º, o juiz poderá, a requerimento do embargante, atribuir efeito suspensivo aos embargos quando preenchidos os seguintes requisitos: (a) requerimento do embargante, seja na petição inicial ou posteriormente; (b) garantia do juízo por penhora, depósito ou caução suficientes; (c) existência de elementos que evidenciem a probabilidade do direito e o perigo de dano ou o risco ao resultado útil do processo (tutela de urgência) ou a constatação de quaisquer das hipóteses previstas nos incisos do art. 311 (tutela de evidência).

Exemplificativamente: não deferido o efeito suspensivo, o bem será alienado, o dinheiro será entregue ao exequente, que não tem idoneidade financeira para arcar com eventual indenização (tutela de urgência); o executado fundamenta seu pedido em súmula vinculante ou em tese firmada no julgamento de recurso especial repetitivo (tutela de evidência). Lembre-se de que a tutela de evidência – espécie de tutela provisória – prescinde do elemento da urgência, isto é, do perigo da demora da prestação jurisdicional. Isso porque esse perigo está inserido na própria noção de evidência.

Os requisitos para a concessão do efeito suspensivo são cumulativos. Sendo assim, a ausência de qualquer um deles – (a), (b) e (c), sendo que em relação ao requisito (c) a tutela poderá ser de urgência ou de evidência – impossibilitará a concessão do efeito suspensivo aos embargos à execução.

O efeito é limitado subjetivamente ao requerente. A concessão de efeito suspensivo aos embargos oferecidos por um dos executados não suspenderá a execução contra os que não embargaram, quando o respectivo fundamento disser respeito exclusivamente ao embargante (art. 919, § 4º).

Quanto ao limite objetivo, o efeito suspensivo pode referir-se a toda a execução ou apenas a parte do objeto (a uma das parcelas vencidas, por exemplo); quanto à parte restante, o processo terá normal prosseguimento, com a expropriação de bens e pagamento do exequente (art. 919, § 3º).

No que tange ao momento e à possibilidade de modificação, verifica-se que o efeito suspensivo pode ser concedido ou modificado a qualquer tempo antes da expropriação dos bens, mediante requerimento do embargante (art. 919, § 2º). Havendo ocorrência de fato superveniente, como a produção de prova sobre a inexistência do débito, poderá o juiz conceder o efeito suspensivo anteriormente negado. Por outro lado, ante a existência de prova contrária aos fatos que embasam os embargos, poderá o juiz revogar a decisão que concedeu efeito suspensivo.

Finalmente, no que toca ao limite temporal do efeito suspensivo concedido aos embargos, vai depender do desfecho deles.

Se os embargos forem julgados procedentes, reconhecendo, por exemplo, a inexistência da dívida, o efeito suspensivo continua a surtir efeito durante o julgamento da apelação, impedindo a prática de qualquer ato expropriatório. Vale lembrar que a apelação interposta contra sentença que julga procedentes os embargos é dotada de efeito suspensivo (art. 1.012, § 1º, III, *a contrario sensu*). Entretanto, mesmo afastada a imediata incidência do julgamento de procedência, o efeito suspensivo concedido aos embargos tem aptidão para paralisar a execução.

Entretanto, se os embargos forem julgados improcedentes, a execução, antes paralisada com a concessão de efeito suspensivo aos embargos, prosseguirá: em caráter definitivo, se a sentença de improcedência dos embargos transitar em julgado; em caráter provisório, se contra ela for interposta apelação.

Qualquer decisão acerca do efeito suspensivo, tanto a que concede, nega ou modifica, tem natureza interlocutória, portanto poderá ser impugnada por agravo de instrumento (art. 1.015, X). A concessão de efeito suspensivo aos embargos à execução pode, como já ressaltado, dar-se após a propositura da ação de embargos,[332] por meio de reiteração do pedido.

Cabe ressaltar que o § 5º do art. 919 dispõe que a concessão do efeito suspensivo não impedirá a efetivação dos atos de substituição, de reforço ou de redução da penhora e de avaliação dos bens. A substituição pode ocorrer quando o bem penhorado se referir àqueles previstos no art. 833. A avaliação, por se tratar de ato não expropriatório, pode ser realizada mesmo quando suspensa a execução.

Quanto ao reforço da penhora, necessária uma breve digressão. O Superior Tribunal de Justiça tem entendimento no sentido de que, ainda que insuficiente a garantia, os embargos à execução devem ser recebidos, mas sem o efeito suspensivo, visto que a suspensão da execução impediria o suprimento com o reforço da penhora (EREsp 80.723/PR, Rel. Min. Milton Luiz Pereira, *DJ* 17.06.2002; AgRg no REsp 1.034.108/PB, Rel. Min. Herman Benjamin, *DJe* 19.12.2008; AgRg nos EDcl no REsp 965.510/SC, Rel. Min. Eliana Calmon, *DJe* 16.12.2008; entre outros). Entendo, entretanto, que, levada ao pé da letra, essa posição do STJ pode conduzir à negativa de acesso à justiça (no sentido de não se deferir a tutela adequada, a tempo de evitar uma lesão). A concessão de efeito suspensivo não pode se subordinar exclusivamente à garantia do juízo da execução (penhora), que aqui se equipara à caução que pode ser exigida para concessão de tutela provisória com base na urgência, de natureza cautelar ou satisfativa (art. 300, § 1º). Há tempo o ordenamento abandonou a ideia de que, para impugnar a dívida, deveria o executado garantir o cumprimento da obrigação. Até mesmo na execução fiscal, não obstante a peremptoriedade da lei, a jurisprudência tem desprezado essa exigência. Exigir, em qualquer hipótese, a penhora para dar efeito suspensivo aos embargos constitui flagrante discriminação com os hipossuficientes. Para a exigência de caução (para deferimento da tutela provisória) ou de penhora (para conferir efeito suspensivo aos embargos à execução), há que se aferir o grau de probabilidade do direito invocado pela parte, no caso o embargante. Se a nulidade do título é gritante (evidente), pode-se desprezar a penhora. A lógica é idêntica à adotada para concessão da tutela da evidência. O direito da parte é de tal ordem provável que dispensa a urgência e a prestação de garantia.

---

[332]   Nesse sentido: "[...] Não há qualquer exigência legal de que o pedido de concessão de efeito suspensivo aos embargos deva ser feito em sede da petição inicial, sob pena de preclusão. [...]" (STJ, REsp 1.355.835, Rel. Min. Nancy Andrighi, julgado em 23.04.2013).

CPC/2015	CPC/1973
Art. 920. Recebidos os embargos: I – o exequente será ouvido no prazo de 15 (quinze) dias; II – a seguir, o juiz julgará imediatamente o pedido ou designará audiência; III – **encerrada a instrução**, o juiz proferirá sentença.	Art. 740. Recebidos os embargos, será o exequente ouvido no prazo de 15 (quinze) dias; a seguir, o juiz julgará imediatamente o pedido ~~(art. 330)~~ ou designará audiência ~~de conciliação, instrução e julgamento~~, proferindo sentença ~~no prazo de 10 (dez) dias~~.

COMENTÁRIOS:

Procedimento dos embargos à execução. A petição dos embargos, uma vez distribuída, é autuada em apartado, mas é apensada aos autos principais, ou seja, aos autos da execução, depois do que é submetida à cognição preliminar do juiz.

Verificando o juiz que a petição não preenche os requisitos, determinará a emenda da inicial, no prazo de quinze dias (art. 321), sob pena de indeferimento. Vale ressaltar que o legislador estabeleceu, no § 3º do art. 917, o preceito segundo o qual o embargante deverá demonstrar na petição inicial dos embargos à execução o valor que entende correto, junto do demonstrativo discriminado e atualizado de seu cálculo, caso fundamente os embargos em excesso de execução, sob pena de rejeição liminar. Sendo assim, nessa hipótese, não será possível a emenda da inicial, haja vista que tal dispositivo visa garantir maior celeridade ao processo de execução. Nesse sentido: STJ, REsp 1.175.134/PR, julgado em 04.03.2010.

Recebidos os embargos, será o exequente ouvido no prazo de quinze dias (art. 920, I). O recebimento dos embargos, conforme já ressaltado, em regra, não provoca a suspensão da execução.

À manifestação do exequente dá-se o nome de impugnação, no sentido de conjunto de argumentos com que se impugna ou contesta determinada afirmação.

A impugnação assemelha-se à contestação. A despeito disso, nos embargos, porque já existe relação processual entre as partes (no processo de execução), a lei dispensa a citação do embargado (exequente). Contenta-se apenas com a intimação, que é feita na pessoa de seu advogado. Nos embargos, tecnicamente, não se pode falar em efeitos da revelia (art. 344), seja porque o exequente não é citado para se defender, seja porque o título goza de presunção de certeza, cabendo ao executado-embargante elidir essa presunção. A jurisprudência tem se manifestado desfavorável à decretação dos efeitos da revelia.[333]

---

[333] "[...] O direito do embargado/apelado encontra-se explanado no título líquido e certo que pretende executar, incumbindo ao embargante o ônus de desconstituir tal título, não cabendo, portanto, a aplicação dos efeitos da revelia. Precedentes do STJ" (TJRS, AC 70032906885, 16ª Câmara Cível, Rel. Ergio Roque Menine, julgado em 26.05.2011); "[...] Não tem lugar, em sede de embargos à execução, a presunção de veracidade dos fatos alegados pelo devedor, pois a execução pressupõe certeza, liquidez e exigibilidade da dívida e cabe ao devedor desconstituir ou modificar a dívida executada" (TJMG, Processo 1.0287.07.030208-1/00, Rel. Pedro Bernardes, julgado em 25.08.2009).

Existe, todavia, entendimento de que as questões de fato articuladas nos embargos e não contestadas na impugnação devem ser reputadas verdadeiras, segundo a verdade do embargante, a menos que estejam em contradição com o título executivo.[334]

Superadas as fases anteriores (postulação, cognição preliminar e impugnação), e não tendo havido rejeição liminar dos embargos, verifica o juiz se há possibilidade de julgamento antecipado. No caso de embargos, de acordo com o CPC/1973 (art. 330, I) o julgamento antecipado somente poderia ocorrer quando a questão de mérito fosse unicamente de direito, ou, sendo de direito e de fato, não houvesse necessidade de produzir prova em audiência. Como não há questão exclusivamente de direito, uma vez que o direito sempre deriva de um fato, que pode estar provado ou não, andou bem o legislador do novo Código ao estabelecer como uma das hipóteses de julgamento antecipado do mérito a circunstância de não haver necessidade de produção de outras provas, exatamente porque o fato jurígeno já se encontra provado nos autos (art. 355 do CPC/2015). Essa hipótese de julgamento antecipado do mérito é perfeitamente aplicável aos embargos à execução.

Contudo, no que se refere ao inciso II do art. 355, não se pode dizer o mesmo. Ocorre que não se pode falar em revelia caso não haja impugnação. A presunção milita a favor do título executivo. Nada obsta a que o juiz, nesse momento, ou seja, antes de designar audiência, julgue extinto o processo sem resolução de mérito nas hipóteses dos arts. 485, c/c o art. 918, não sem antes conceder oportunidade às partes (mormente aos embargantes) de se manifestar.

Aplicável aos embargos é o julgamento antecipado parcial do mérito, previsto no art. 356. Basta imaginar a hipótese de o executado alegar nos embargos excesso de execução (art. 917, III) e, uma vez intimado, o exequente-embargado não controverter a afirmação. Nesse caso, estará o juiz, antecipadamente, apto a julgar essa parte do mérito (art. 356, I). Em regra, os efeitos materiais da revelia não se aplicam aos embargos, mas tal fato, além de não inviabilizar o reconhecimento da procedência parcial do pedido, não transforma o juiz num autômato. Em certos casos, o silêncio do embargado será eloquente, autorizando o juiz a decidir desta ou daquela forma.

Não sendo o caso de julgamento antecipado ou de extinção sem resolução do mérito, o juiz deferirá as provas eventualmente requeridas e especificadas. Tais provas podem ser realizadas em audiência (como a audição de testemunhas) ou independentemente dela (como a prova pericial). Fato é que, havendo necessidade da produção de provas, o procedimento será mais dilargado, porquanto nele se inserirá a fase instrutória ou probatória. Se houve julgamento antecipado parcial do mérito, obviamente as provas recairão sobre as questões residuais, ainda não julgadas.

Nessa audiência, verifica-se inicialmente a possibilidade de conciliação das partes (art. 359). Obtida a conciliação, esta será reduzida a termo e homologada por sentença, extinguindo-se o processo com resolução do mérito dos embargos (art. 487, III, *b*).

---

[334] "[...] Não se aplicam os efeitos da revelia nos embargos à execução apenas quando se está a questionar o próprio título executivo judicial, contudo quando se alega fato extintivo da obrigação nele contemplada (como o pagamento total) e o embargado não apresenta impugnação, ocorre a revelia e dela decorre o natural efeito de reputar-se verdadeira a alegação de pagamento. Precedente: TRF4, Terceira Turma, AC 200370100023669, Relator: Carlos Eduardo Thompson Flores Lenz, *DJ* 13.10.2005, p. 550, decisão por unanimidade. 2. Apelação a que se nega provimento" (TRF 5ª Região, AC 377.031/RN 0002989- 81.2004.4.05.8400, Rel. Des. Federal Amanda Lucena (Substituto), julgado em 06.10.2009).

Não obtida a conciliação, passa-se à coleta da prova oral, com a tomada dos depoimentos pessoais e de testemunhas, conforme requerido pelas partes. Concluída a instrução, o juiz proferirá sentença, acolhendo ou rejeitando os embargos do devedor. Ressalte-se que o CPC/1973, no art. 740, previa o prazo de dez dias para a prolação dessa sentença. No novo CPC, o legislador deixou de atribuir prazo para o juiz proferir a sentença, deliberando que a sua prolação deve ocorrer logo depois de encerrada a instrução (art. 920, III). A intenção do legislador privilegia os princípios da celeridade, da efetividade e da duração razoável do processo, mas, na prática, dificilmente se concretizará.

TÍTULO IV
DA SUSPENSÃO E DA EXTINÇÃO DO PROCESSO DE EXECUÇÃO

Capítulo I
Da Suspensão do Processo de Execução

CPC/2015	CPC/1973
Art. 921. Suspende-se a execução:	Art. 791. Suspende-se a execução:
I – nas hipóteses *dos arts. 313 e 315, no que couber*;	I – no todo ou em parte, quando recebidos com efeito suspensivo os embargos à execução (art. 739-A);
II – no todo ou em parte, quando recebidos com efeito suspensivo os embargos à execução;	II – nas hipóteses previstas *no art. 265, I a III*;
III – quando o *executado* não possuir bens penhoráveis;	III – quando o *devedor* não possuir bens penhoráveis.
IV – se a alienação dos bens penhorados não se realizar por falta de licitantes e o exequente, em 15 (quinze) dias, não requerer a adjudicação nem indicar outros bens penhoráveis;	
V – quando concedido o parcelamento de que trata o art. 916.	
§ 1º Na hipótese do inciso III, o juiz suspenderá a execução pelo prazo de 1 (um) ano, durante o qual se suspenderá a prescrição.	
§ 2º Decorrido o prazo máximo de 1 (um) ano sem que seja localizado o executado ou que sejam encontrados bens penhoráveis, o juiz ordenará o arquivamento dos autos.	
§ 3º Os autos serão desarquivados para prosseguimento da execução se a qualquer tempo forem encontrados bens penhoráveis.	
§ 4º Decorrido o prazo de que trata o § 1º sem manifestação do exequente, começa a correr o prazo de prescrição intercorrente.	
§ 5º O juiz, depois de ouvidas as partes, no prazo de 15 (quinze) dias, poderá, de ofício, reconhecer a prescrição de que trata o § 4º e extinguir o processo.	

COMENTÁRIOS:

Suspensão do processo de execução. À semelhança do que ocorre com o processo de conhecimento, também o processo de execução está sujeito a fatos que obstam o seu normal prosseguimento.

Hipóteses dos arts. 313 e 315 – Inciso I. Entre as hipóteses do art. 313, são cabíveis no âmbito da execução a suspensão em razão (i) da morte ou pela perda da capacidade processual de qualquer das partes, de seu representante legal ou de seu procurador; (ii) por convenção das partes; (iii) pela arguição de impedimento ou de suspeição, que deve ser feita nos embargos; (iv) pela admissão de incidente de resolução de demandas repetitivas, desde que a temática da execução esteja abrangida pela decisão do incidente; (v) quando a sentença de mérito depender do julgamento de outra causa, da declaração de existência ou de inexistência de relação jurídica que constitua o objeto principal de outro processo pendente ou tiver de ser proferida somente após a verificação de determinado fato ou a produção de certa prova, requisitada a outro juízo; (vi) por motivo de força maior, por exemplo, a greve dos serviços judiciários e a calamidade pública. A hipótese do art. 315 é de difícil ocorrência na prática nesse tipo de demanda, mas também permite a suspensão dos atos expropriatórios.

Embargos com efeito suspensivo – Inciso II. A regra é a não suspensividade dos embargos (art. 919). Assim, comumente, a oposição de embargos pelo executado não tem qualquer influência sobre o curso do processo executivo. De um lado, prosseguirá a execução, até a expropriação dos bens, e, de outro, em autos apensados, os embargos.

Entretanto, o juiz poderá, a requerimento do embargante, atribuir efeito suspensivo aos embargos quando verificados os requisitos para a concessão da tutela provisória (urgência ou evidência), e desde que a execução já esteja garantida por penhora, depósito ou caução suficiente.

A suspensão poderá ser total ou parcial. Será total a suspensão quando as matérias tratadas nos embargos, recebidos com efeito suspensivo, envolverem todo o objeto da execução ou quando se alega alguma questão preliminar (ilegitimidade das partes, por exemplo). Será parcial quando o efeito suspensivo atribuído aos embargos disser respeito apenas à parte do objeto da execução; nesse caso, a execução prosseguirá com relação aos valores não contestados (art. 919, § 3º).

O oferecimento de embargos por um dos executados não suspenderá a execução contra os que não embargaram, quando o respectivo fundamento disser respeito exclusivamente ao embargante (art. 919, § 4º).

Prescrição intercorrente – Inciso III. Não possuindo o devedor bens passíveis de penhora, a execução não poderá prosseguir em razão da impossibilidade de se satisfazer o crédito exequendo. Assim, a execução ficará suspensa até que o executado adquira bens penhoráveis cujo valor seja capaz de assegurar a realização do crédito do exequente.

Considerando que essa suspensão não pode ser por prazo indeterminado, o novo CPC dispõe que o juiz suspenderá a execução pelo prazo de um ano, durante o qual se suspenderá a prescrição (art. 921, § 1º). Findo esse prazo sem manifestação do exequente, deve ter início o prazo da prescrição intercorrente,[335] conforme possibilita o art. 921, § 4º. O legislador acabou consolidando na lei processual a regra da execução fiscal (art. 40 da Lei nº 6.830/1980) e o entendimento contido na Súmula 314 do STJ ("Em execução fiscal, não localizados bens penhoráveis, suspende-se o processo por um ano, findo o qual se inicia o prazo da prescrição quinquenal intercorrente").

Nos termos do § 5º, mesmo sendo admitido o reconhecimento da prescrição intercorrente *ex officio*, o legislador determinou a intimação prévia das partes para manifestação em 15 (quinze) dias. Nem haveria necessidade de tal dispositivo, pois o art. 10 do CPC/2015 já permitiria essa interpretação.

A prescrição intercorrente também tem aplicação na execução de título judicial (cumprimento de sentença). Em que pese não haver disposição expressa, é perfeitamente possível admitir a aplicação subsidiária por força do art. 771. Nesse sentido é o Enunciado doutrinário nº 194 do Fórum Permanente de Processualistas Civis.[336]

Quanto ao prazo da prescrição intercorrente, continua sendo aplicável o entendimento constante na Súmula 150 do STF, segundo o qual "Prescreve a execução no mesmo prazo de prescrição da ação".

A título de exemplo, pensemos numa ação de reparação civil. A prescrição da pretensão relativa à reparação civil ocorre em três anos. Não ajuizada a ação em até três anos a contar do evento danoso, a pretensão é alcançada pela prescrição (art. 206, § 3º, V, do CC). Por outro lado, não requerido o cumprimento da sentença nos termos do art. 523, *caput*, em até três anos a contar do momento em que o título torna-se executável em caráter definitivo (trânsito em julgado da decisão), igualmente opera a prescrição. Os dois exemplos versam sobre a prescrição "corrente", em virtude da pretensão decorrente do ato ilícito gerador da obrigação ou da pretensão executiva da obrigação consubstanciada na sentença. Mas e quanto à prescrição intercorrente, ou seja, operada depois do ajuizamento da ação executiva num sentido lato? Esse é o tema em comento. Suponha-se que na execução da sentença condenatória, proferida em ação de reparação de danos cujo pedido foi julgado procedente, o réu (executado) não tenha bens penhoráveis (ou estes não foram encontrados). Depois de vasta pesquisa no patrimônio do executado, não encontrando bens penhoráveis, a presunção é de que ele não os possua. Então, o juiz determina a suspensão da execução (art. 921, § 1º). Decorrido o prazo de um ano – embora a lei sugira discricionariedade do juiz, creio que se deva esgotar o prazo máximo – da suspensão, os autos são arquivados e, no arquivo (o que significa que não figura na estatística do juiz para efeitos de metas estabelecidas pelo CNJ), começa a fluir o prazo prescricional. Depois de três anos no arquivo, ou seja, três anos a contar do término do prazo da suspensão, a prescrição já operou. De qualquer forma, os autos, independentemente de qualquer requerimento, são desarquivados e dada vista às partes (uma exigência dos arts. 9º e 10) para se manifestarem sobre a prescrição

---

[335] Enunciado 195 do FPPC: "O prazo de prescrição intercorrente previsto no art. 921, § 4º, tem início automaticamente um ano após a intimação da decisão de suspensão de que trata o seu § 1º." Ou seja, independentemente de manifestação judicial, o prazo da prescrição intercorrente tem início automaticamente um ano após a intimação da decisão que determinou a suspensão prevista no § 1º do art. 921.

[336] "A prescrição intercorrente pode ser reconhecida no procedimento de cumprimento de sentença."

intercorrente. O controle do transcurso do prazo prescricional é feito pelo escrivão, o qual, independentemente de despacho, procede à intimação das partes. Intimadas as partes, os autos vão conclusos ao juiz, que declarará a prescrição (já operada), se, ante a manifestação das partes, entender que esse fato extintivo realmente operou.

Vale mencionar que, por ausência de intimação prévia do credor, a Terceira Turma do Superior Tribunal de Justiça (STJ) reformou acórdão do Tribunal de Justiça do Tocantins (TJTO) e anulou sentença que havia declarado a prescrição intercorrente em ação de execução extinta devido à ausência de manifestação do autor após a suspensão do processo (STJ, REsp 1.628.094/TO). Pelo que se infere do § 4º do art. 921, decorrido o prazo da suspensão, tem início a contagem do prazo prescricional, independentemente de qualquer manifestação das partes. A manifestação do executado é pressuposto de validade da decisão judicial e a esta deve anteceder, em obediência aos artigos 9º e 10; entretanto, a prescrição automaticamente se opera. O inciso V do art. 924 contempla a prescrição intercorrente como causa extintiva da execução – porque extingue a obrigação exequenda. O art. 1.056 dispõe sobre regra de transição.

Não alienação dos bens penhorados – Inciso IV. Nessa hipótese teremos a chamada "execução infrutífera", que muito se assemelha à hipótese do inciso anterior. A diferença é que aqui ocorreram a penhora e o leilão, mas não compareceram interessados na arrematação. No inciso III não há nem sequer penhora, uma vez que nenhum bem do executado foi localizado. Não havendo licitantes, não sendo o caso de adjudicação pelo exequente e inexistindo outros bens passíveis de penhora, a execução será suspensa. Em que pese o novo Código não dispor expressamente sobre o prazo de suspensão nesse caso, é perfeitamente aplicável a regra anterior: suspende-se o processo pelo prazo de um ano, findo o qual começará a correr a prescrição intercorrente (art. 921, § 1º).

Concessão de parcelamento – Inciso V. Preenchidos os requisitos do art. 916 e deferida a proposta de parcelamento, a execução ficará suspensa até a quitação das parcelas (art. 916, § 3º; art. 921, V). Caso o executado não efetue o pagamento de qualquer das prestações, a execução prosseguirá, sendo desnecessário aguardar o término do prazo previsto para pagamento para a retomada dos atos executivos.

CPC/2015	CPC/1973
Art. 922. Convindo as partes, o juiz declarará suspensa a execução durante o prazo concedido pelo *exequente* para que o *executado* cumpra voluntariamente a obrigação.	Art. 792. Convindo as partes, o juiz declarará suspensa a execução durante o prazo concedido pelo *credor*, para que o *devedor* cumpra voluntariamente a obrigação.
Parágrafo único. Findo o prazo sem cumprimento da obrigação, o processo retomará o seu curso.	Parágrafo único. Findo o prazo sem cumprimento da obrigação, o processo retomará o seu curso.

 ## COMENTÁRIOS:

Suspensão do processo executivo por convenção das partes. O art. 922 prevê hipótese de suspensão convencional da execução, que ocorrerá quando as partes transigirem acerca do cumprimento da obrigação. Desse modo, convindo as partes, o juiz declarará suspensa a execução durante o prazo concedido pelo exequente, para que o devedor cumpra voluntariamente a obrigação. Findo o prazo sem cumprimento da obrigação, o processo retomará o seu curso. Ressalta-se que, para tal suspensão, não se aplica o limite de prazo de seis meses, previsto no art. 313, § 4º (art. 265, § 3º, do CPC/1973).[337]

CPC/2015	CPC/1973
Art. 923. Suspensa a execução, *não serão praticados* atos processuais, podendo o juiz, entretanto, **salvo no caso de arguição de impedimento ou de suspeição**, ordenar providências urgentes.	Art. 793. Suspensa a execução, *é defeso praticar quaisquer* atos processuais. O juiz poderá, entretanto, ordenar providências cautelares urgentes.

 ## COMENTÁRIOS:

Outras hipóteses de suspensão da execução. A enumeração contida no art. 921 não é taxativa. Há em lei outras previsões que permitem a paralisação da execução, por exemplo, por concessão de tutela provisória em ação rescisória (art. 969); quando o imóvel de incapaz não alcançar pelo menos 80% do valor da avaliação (art. 896).

A suspensão da execução implica impossibilidade de praticar qualquer ato processual, exceto aqueles reputados urgentes. Caso a suspensão seja fundada na arguição de impedimento ou de suspeição, as medidas urgentes não serão apreciadas pelo juiz, justamente porque o que se está arguindo é a sua imparcialidade. Nesse caso, eventuais pedidos urgentes devem ser dirigidos ao substituto legal (art. 146, § 3º). Cite-se, como exemplo de providência urgente, a alienação de bens perecíveis.

Capítulo II
Da Extinção do Processo de Execução

CPC/2015	CPC/1973
Art. 924. Extingue-se a execução quando: I – **a petição inicial for indeferida**; II – a obrigação for satisfeita; III – o executado obtiver, por qualquer outro meio, a *extinção* total da dívida; IV – o *exequente* renunciar ao crédito; V – **ocorrer a prescrição intercorrente.**	Art. 794. Extingue-se a execução quando: I – o devedor satisfaz a obrigação; II – o devedor obtém, ~~por transação ou~~ por qualquer outro meio, a *remissão* total da dívida; III – o *credor* renunciar ao crédito.
Art. 925. A extinção só produz efeito quando declarada por sentença.	Art. 795. A extinção só produz efeito quando declarada por sentença.

---

[337] "Processo civil. Execução. Acordo. Suspensão. Art. 792, CPC. Recurso provido. Na execução, o acordo entre as partes quanto ao cumprimento da obrigação, sem a intenção de novar, enseja a suspensão do feito, pelo prazo avençado, que não se limita aos seis meses previstos no art. 265, CPC, não se autorizando a extinção do processo" (STJ, REsp 164.439/ MG, 4ª Turma, Rel. Min. Sálvio de Figueiredo Teixeira, julgado em 08.02.2000).

COMENTÁRIOS AOS ARTS. 924 E 925:

Noções gerais. A rigor, no sentido estrito, no processo executivo não há sentença. A atuação da jurisdição se limita quase que exclusivamente à realização do direito consubstanciado no título. Todavia, uma vez instaurada e afastada a hipótese de extinção prematura, a execução desenvolve-se e exaure-se com a satisfação do direito do exequente.

A extinção da execução, como a de qualquer outro procedimento, ocorre por meio de sentença (art. 925).

A sentença proferida na execução não contém resolução de mérito, não se aplicando, portanto, o efeito preclusivo da coisa julgada material contemplado no art. 508. Tem por fim o mero encerramento da relação processual estabelecida entre exequente, Estado-juízo e executado, com a finalidade de satisfazer o crédito exequendo.

Inciso I. Além dos requisitos previstos nos arts. 319 e 320 – com exceção do requerimento de produção de provas e da opção quanto à audiência de conciliação ou mediação –, a petição inicial do processo de execução deve observar o disposto no art. 798. Se, por exemplo, faltar à petição o demonstrativo de débito com os elementos indicados no art. 798, parágrafo único, deverá o juiz determinar que o exequente emende a petição, no prazo de quinze dias (art. 801), sob pena de indeferimento.

Inciso II. A satisfação do crédito pode ocorrer por ato do devedor, de terceiro ou pelo emprego dos atos executivos. Assim, extingue-se a execução quando o devedor ou um terceiro cumpre a obrigação, ou quando chegam ao fim as medidas executivas, retirando-se do patrimônio do devedor bens para satisfação do direito do credor.

Inciso III. A execução será extinta com base nesse dispositivo quando ocorrer qualquer uma das causas de extinção da obrigação, entre elas a transação e a remissão.

Inciso IV. A renúncia do crédito tem os mesmos efeitos do inciso anterior, visto que provoca a extinção da dívida.

Inciso V. O novo CPC traz, para a execução civil, o mesmo regime da prescrição intercorrente da Lei de Execuções Fiscais: não sendo localizados bens penhoráveis do executado, a execução ficará suspensa pelo prazo de um ano, assim como o prazo prescricional. Decorrido esse prazo, começará a correr o prazo de prescrição intercorrente (art. 921, § 4º). À declaração da prescrição deve anteceder a intimação das partes (STJ, REsp 1.628.094/TO).

O prazo da prescrição intercorrente tem por termo inicial a data de vigência do novo CPC – 18.03.2016 –, inclusive para as execuções em curso, conforme dispõe o art. 1.056 das disposições finais e transitórias.

Saliente-se, por fim, que a enumeração contida no art. 924 é exemplificativa. Além das hipóteses nele previstas, também se extingue a execução, entre outros casos, em decorrência do acolhimento de defesa (embargos à execução ou exceção de pré-executividade) oposta pelo executado.

Por força do parágrafo único do art. 771, aplica-se também à execução a generalidade das hipóteses de extinção previstas no art. 485.

LIVRO III
DOS PROCESSOS NOS TRIBUNAIS E DOS MEIOS DE IMPUGNAÇÃO DAS DECISÕES JUDICIAIS

TÍTULO I
DA ORDEM DOS PROCESSOS E DOS PROCESSOS DE COMPETÊNCIA ORIGINÁRIA DOS TRIBUNAIS

Capítulo I
Disposições Gerais

CPC/2015	CPC/1973
Art. 926. Os tribunais devem uniformizar sua jurisprudência e mantê-la estável, íntegra e coerente. **§ 1º Na forma estabelecida e segundo os pressupostos fixados no regimento interno, os tribunais editarão enunciados de súmula correspondentes a sua jurisprudência dominante.** **§ 2º Ao editar enunciados de súmula, os tribunais devem ater-se às circunstâncias fáticas dos precedentes que motivaram sua criação.**	Não há correspondência.

 COMENTÁRIOS:

Uniformização da jurisprudência. O CPC/2015 demonstra maior apreço pelos precedentes judiciais,[338] isto é, pelos entendimentos firmados pelos tribunais que poderão vincular as decisões do Poder Judiciário.

O art. 926, *caput*, do novo CPC dispõe que "os tribunais devem uniformizar sua jurisprudência e mantê-la estável, íntegra e coerente". Esse dever decorre da adoção do sistema de precedentes e demonstra a necessidade de compatibilização entre as decisões proferidas pelos tribunais e o princípio constitucional da segurança jurídica.

Essa previsibilidade das decisões no âmbito dos próprios tribunais tende a evitar a propagação de teses jurídicas distintas sobre situações semelhantes e que, justamente por essa coincidência, mereceriam tratamento igualitário.

O dever dos tribunais de uniformizar sua jurisprudência indica que eles não poderão ser omissos caso ocorram divergências internas entre seus órgãos fracionários sobre uma mesma questão jurídica.[339]

---

[338] "Precedente é a decisão judicial tomada à luz de um caso concreto, cujo núcleo essencial pode servir como diretriz para o julgamento posterior de casos análogos" (DIDIER JR., Fredie; OLIVEIRA, Rafael; BRAGA, Paula. **Curso de direito processual civil.** Salvador: JusPodivm, 2013, p. 385).

[339] DIDIER JR., Fredie; OLIVEIRA, Rafael; BRAGA, Paula. **Curso de direito processual civil.** Salvador: JusPodivm, 2015. v. 2, p. 474.

A norma inserida no novo CPC é imperativa: em casos como esse, o tribunal tem o dever de resolver a divergência, editando em seguida, se for o caso, enunciado correspondente à tese dominante (art. 926, § 1º).

Os deveres de estabilidade, integridade e coerência, também inseridos no *caput* do art. 926, podem muitas vezes ser confundidos com a própria noção de uniformidade. Entretanto, *uniformizar* é apenas um dos deveres relacionados à construção e manutenção de um sistema de precedentes criado pelo novo CPC.

Estabilizar significa manter o que já foi uniformizado. De nada adianta o dever anterior se o tribunal não cuida de preservar a estabilidade de suas próprias decisões, alterando em pouco tempo um entendimento aparentemente consolidado sem que haja razões para tanto.

Os deveres de coerência e integridade, apesar de complementares, não podem ser tratados como sinônimos. A *coerência* está ligada à ideia de não contradição, o que quer dizer que os tribunais devem manter uma relação harmônica entre o que se decide e todo o processo. Não há coerência, por exemplo, quando uma mesma turma do STJ ora decide de uma forma, ora decide de outra, mesmo diante de casos faticamente semelhantes. Também não há coerência quando o tribunal, desconsiderando uma sequência lógica de julgados, firma entendimento diametralmente oposto em espaço curto de tempo. Isso porque a coerência impõe "o dever de dialogar com os precedentes anteriores, até mesmo para superá-los e demonstrar o *distinguishing*".[340]

A *integridade*, por outro lado, denota a ideia de conformidade com o Direito, notadamente com as disposições constitucionais. Um exemplo de entendimento que não observa a integridade é a decisão que afasta a legitimidade do Ministério Público para propor representação para a apuração de arrecadação e gastos ilícitos em campanha eleitoral por inexistir previsão expressa no art. 30-A da Lei das Eleições (Lei nº 9.504/1997). É que, apesar de a lei excluir o MP, o TSE tem entendimento de que o *Parquet* tem, sim, legitimidade ativa para tal mister (RO nº 1.596), a qual decorre do art. 127 da CF/1988.

Observados esses deveres, cabe ao tribunal consolidar o entendimento predominante em enunciados de súmulas que terão forma obrigatória em relação ao próprio tribunal e aos juízes a ele vinculados. Ao editar enunciado de súmula correspondente à sua jurisprudência dominante, o tribunal deve se ater aos detalhes fáticos do precedente que motivou a sua criação, consoante destacado no § 2º do art. 926. Previne-se, dessa forma, a aplicação inadequada de súmulas e outros entendimentos a uma série de casos que, apesar de similares em determinadas características, são absolutamente distintos na essência. Em outras palavras, há necessidade de que seja realizada uma comparação entre o que se pretende sumular e a *ratio decidendi* da decisão que servirá como paradigma.

---

[340] DIDIER JR., Fredie; OLIVEIRA, Rafael; BRAGA, Paula. **Curso de direito processual civil.** Salvador: JusPodivm, 2015. v. 2, p. 480.

CPC/2015	CPC/1973

Art. 927. Os juízes e os tribunais observarão: **I – as decisões do Supremo Tribunal Federal em controle concentrado de constitucionalidade;** **II – os enunciados de súmula vinculante;** **III – os acórdãos em incidente de assunção de competência ou de resolução de demandas repetitivas e em julgamento de recursos extraordinário e especial repetitivos;** **IV – os enunciados das súmulas do Supremo Tribunal Federal em matéria constitucional e do Superior Tribunal de Justiça em matéria infraconstitucional;** **V – a orientação do plenário ou do órgão especial aos quais estiverem vinculados.** **§ 1º Os juízes e os tribunais observarão o disposto no art. 10 e no art. 489, § 1º, quando decidirem com fundamento neste artigo.** **§ 2º A alteração de tese jurídica adotada em enunciado de súmula ou em julgamento de casos repetitivos poderá ser precedida de audiências públicas e da participação de pessoas, órgãos ou entidades que possam contribuir para a rediscussão da tese.** **§ 3º Na hipótese de alteração de jurisprudência dominante do Supremo Tribunal Federal e dos tribunais superiores ou daquela oriunda de julgamento de casos repetitivos, pode haver modulação dos efeitos da alteração no interesse social e no da segurança jurídica.** **§ 4º A modificação de enunciado de súmula, de jurisprudência pacificada ou de tese adotada em julgamento de casos repetitivos observará a necessidade de fundamentação adequada e específica, considerando os princípios da segurança jurídica, da proteção da confiança e da isonomia.** **§ 5º Os tribunais darão publicidade a seus precedentes, organizando-os por questão jurídica decidida e divulgando-os, preferencialmente, na rede mundial de computadores.**	Não há correspondência.

 ## COMENTÁRIOS:

Precedentes obrigatórios. No art. 927 (incisos I a V), o legislador buscou adequar os entendimentos dos tribunais superiores em todos os níveis jurisdicionais, de modo a evitar a dispersão da jurisprudência e, consequentemente, a intranquilidade social e o descrédito nas decisões emanadas pelo Poder Judiciário. Trata-se de rol que contém precedentes de observância obrigatória.

No **inciso I**, o legislador dispõe que os juízes e os tribunais observarão "as decisões do Supremo Tribunal Federal em controle concentrado de constitucionalidade". Essa vinculação é relativa aos fundamentos da decisão (*ratio decidendi*), uma vez que a vinculação decorrente da coisa julgada (eficácia *erga omnes*) já conta com expressa previsão legal (art. 102, § 2º, da CF/1988; art. 28, parágrafo único, da Lei nº 9.868/1999; art. 10, § 3º, da Lei nº 9.882/1999). Vejamos um exemplo: na ADI 4.261, o STF decidiu que a Lei Complementar nº 500/2009, do Estado de Rondônia, é inconstitucional por violar o art. 132 da CF/1988, que confere aos Procuradores de Estado a representação exclusiva do Estado-membro em matéria de atuação judicial e de assessoramento jurídico, sempre mediante investidura fundada em prévia aprovação em concurso público. A coisa julgada que vincula todos os demais órgãos jurisdicionais e a Administração é: a Lei Complementar nº 500, de 10 de março de 2009, é inconstitucional. A *ratio decidendi* que formará o precedente é: norma estadual que autorize a ocupante de cargo em comissão o desempenho das atribuições de assessoramento jurídico, no âmbito do Poder Executivo, é inconstitucional. Se outra lei for editada nesse sentido – e o foi, é a Lei nº 8.186/2007, do Estado da Paraíba,[341] por exemplo, incidiu no mesmo vício –, o STF decidirá certamente com base no precedente anterior. O Enunciado nº 168 do FPPC reforça esse entendimento: "Os fundamentos determinantes do julgamento de ação de controle concentrado de constitucionalidade realizado pelo STF caracterizam a *ratio decidendi* do precedente e possuem efeito vinculante para todos os órgãos jurisdicionais."

No **inciso II**, o precedente obrigatório deve ter sido produzido por meio dos enunciados de súmula vinculante. Essa previsão reafirma a eficácia vinculante das súmulas editadas na forma do art. 103-A da CF/1988.

O **inciso III** traz "os acórdãos em incidente de assunção de competência ou de resolução de demandas repetitivas e em julgamento de recursos extraordinário e especial repetitivos".

O incidente de assunção de competência (art. 947) permite que o relator submeta o julgamento de determinada causa ao órgão colegiado de maior abrangência dentro do tribunal, conforme dispuser o regimento interno. A causa deve envolver relevante questão de direito, com grande repercussão social, de forma a justificar a apreciação pelo plenário, órgão especial ou outro órgão previsto no regimento interno para assumir a competência para julgamento do feito.

A assunção de competência tem lugar em qualquer recurso, na remessa necessária ou nas causas de competência originária, e poderá ocorrer a instauração do incidente. Assim, em qualquer julgamento jurisdicional cível levado a efeito nos Tribunais de Justiça dos Estados e do Distrito Federal, nos TRFs, no STJ e no STF, atendidos os pressupostos legais, será admissível a assunção de competência.

A tese firmada no incidente de assunção de competência deve constituir precedente de força obrigatória, cuja inobservância pode ensejar a propositura de reclamação na forma

---

[341]   "O Supremo Tribunal Federal (STF) suspendeu, em caráter liminar, dispositivos da Lei 8.186/07, do Estado da Paraíba, que atribui a ocupantes de cargos em comissão a competência para exercer funções próprias dos procuradores de Estado. A decisão do Ministro Celso de Mello, a ser referendada pelo Plenário, suspende a eficácia, a execução e a aplicabilidade da norma até o julgamento final da Ação Direta de Inconstitucionalidade (ADI) 4843, ajuizada pela Associação Nacional dos Procuradores dos Estados e do Distrito Federal (Anape)" (Notícia disponível em: <http://www.stf.jus.br/portal/cms/verNoticiaDetalhe.asp?idConteudo=259100>). Essa ADI ainda se encontra pendente de julgamento, mas o STF já sinalizou a inconstitucionalidade dessa lei.

do art. 988, IV, do CPC/2015 (art. 947, § 3º).[342] No Incidente de Resolução de Demandas Repetitivas (IRDR), o acórdão, por exemplo, do Tribunal de Justiça ou do Tribunal Regional Federal servirá de parâmetro para o julgamento de todos os processos – presentes e futuros, individuais ou coletivos – que versem sobre idêntica questão de direito e que tramitem na área de jurisdição do respectivo tribunal, ou seja, vinculará os órgãos de primeiro grau e o próprio tribunal. O acórdão passará a ser o precedente que irá reger os processos em tramitação, bem como aqueles que venham a ser instaurados. Ao julgador caberá fazer a subsunção dos fatos a essa norma jurídica editada pelo tribunal. Se porventura os juízes vinculados ao Tribunal no qual se julgou o incidente não aplicarem a tese jurídica definida no IRDR, caberá reclamação para o tribunal competente (art. 985, § 1º).

Os precedentes produzidos no julgamento de recursos especiais e extraordinários repetitivos também vincularão os juízes e tribunais. Na verdade, essa vinculação já existia no CPC/1973 (arts. 543-B e 543-C).

O **inciso IV**, por sua vez, atribui força obrigatória aos "enunciados das súmulas do Supremo Tribunal Federal em matéria constitucional e do Superior Tribunal de Justiça em matéria infraconstitucional". Isso quer dizer que, apesar de não serem enunciados de "súmula vinculante", deverão ser respeitados por juízes e tribunais. Essa força normativa cogente encontra a sua racionalidade no fato de que cabe ao STJ interpretar a legislação infraconstitucional e ao STF dar a última palavra sobre as controvérsias constitucionais. Assim, por mais que o julgador tenha outra compreensão da matéria *sub judice*, a contrariedade só terá o condão de protelar o processo por meio de sucessivos recursos e, consequentemente, de adiar a resolução da controvérsia.

Por fim, o **inciso V** torna obrigatória a orientação do plenário ou do órgão especial aos quais os juízes e tribunais estiverem vinculados. Assim, a decisão do Plenário do STF vinculará todos os juízes e tribunais, sem exceção, incluindo o próprio STF, salvo na hipótese de revisão da orientação; a decisão do Plenário do STJ e do Órgão Especial, em matéria de legislação federal, terá que ser observada pelo próprio STJ, pelos Tribunais Regionais Federais, pelos Tribunais de Justiça dos Estados e pelos juízes a eles vinculados; as decisões do Plenário ou Órgão Especial dos Tribunais Regionais Federais vincularão os seus próprios membros e os juízes federais; e as decisões do Plenário e do Órgão Especial dos Tribunais Estaduais serão obrigatoriamente observadas pelos seus membros e pelos juízes estaduais.

Obrigatoriedade. A fim de que não pairem dúvidas, é bom que se repita a expressão contida no *caput* do dispositivo: "os juízes e tribunais observarão". Não se trata de faculdade, e sim de imperatividade. De início, pode-se pensar que o novo CPC está afastando a independência dos juízes e o princípio da persuasão racional. Entretanto, ontologicamente, não há diferença entre a aplicação da lei ou do precedente, a não ser pelo fato de que, em regra, este contém mais elementos de concretude do que aquela. Tal como no sistema positivado, também no *stare decisis* o livre convencimento do juiz incide sobre a definição da norma a ser aplicada – aqui por meio do confronto da *ratio decidendi* extraída do paradigma com os fundamentos do caso sob julgamento –, sobre a valoração das provas e finalmente sobre a valoração dos fatos pelo paradigma escolhido, levando-se em conta as circunstâncias peculiares da hipótese sob julgamento.

---

[342] CPC/2015, "Art. 947. [...] § 3º O acórdão proferido em assunção de competência vinculará todos os juízes e órgãos fracionários, exceto se houver revisão de tese."

Assim, havendo precedente sobre a questão posta em julgamento, ao juiz não se dá opção para escolher outro parâmetro de apreciação do Direito. Somente lhe será lícito recorrer à lei ou ao arcabouço principiológico para valorar os fatos na ausência de precedentes. Pode-se até utilizar de tais espécies normativas para construir a fundamentação do ato decisório, mas jamais se poderá renegar o precedente que contemple julgamento de caso idêntico ou similar.

A vinculação, entretanto, restringe-se à adoção da regra contida na *ratio decidendi* do precedente. Tal como se passa no sistema de leis, não se cogita da supressão da livre apreciação da prova ou da decisão da lide atendendo aos fatos e às circunstâncias constantes dos autos. Não custa repetir que ao juiz permite-se não seguir o precedente ou a jurisprudência, hipótese em que deverá demonstrar, de forma fundamentada, que se trata de situação particularizada que não se enquadra nos fundamentos da tese firmada pelo tribunal.

Além da devida fundamentação, é importante que se exija o enfrentamento de todos os argumentos razoáveis apresentados pelas partes. Caso contrário, ter-se-á verdadeira restrição ao acesso à Justiça.

Sobre esse ponto é necessário fazer uma observação no tocante à atuação dos advogados. É de fundamental importância que os operadores do direito conheçam os precedentes e a jurisprudência, notadamente dos tribunais superiores. É que, como primeiro juiz da causa, caberá ao advogado indicar ao julgador o precedente a ser aplicado, demonstrando, obviamente, a semelhança entre o caso submetido a julgamento ou, se for o caso, a distinção entre o paradigma apontado e o caso concreto. Essa postura evitará o ajuizamento de ações e recursos desnecessários, e tornará mais segura a perquirição acerca das possíveis consequências de uma demanda.

Fundamentação. A decisão judicial deve identificar com exatidão as questões de fato que foram consideradas essenciais à resolução da controvérsia. A tese jurídica, por sua vez, deve ser bem delineada, de modo a não deixar nenhuma dúvida sobre a sua aplicação em casos semelhantes. Esse mesmo dever de fundamentação deve ser observado na hipótese de aplicação ou afastamento de um precedente a determinado caso concreto, consagrando não somente a exigência prevista nos §§ 2º e 4º desse dispositivo, como também aquela disposta no texto constitucional (art. 93, IX, da CF).

Modificação de entendimento. A superação dos precedentes deve ser realizada com cautela, podendo, segundo o CPC/2015, ser precedida de audiências públicas (§ 2º) que servirão para democratizar o debate e legitimar as novas decisões sobre o tema em discussão. Nessas audiências poderão participar pessoas, órgãos ou entidades que possam contribuir para a rediscussão da tese (art. 927, § 2º). Nesse rol estão inseridos as partes, o Ministério Público e os próprios tribunais, que atuarão como uma espécie de *amicus curiae*.

Como forma de evitar prejuízos em razão da mudança brusca de entendimento das cortes superiores e, assim, proporcionar ao jurisdicionado maior segurança jurídica no momento do exercício de seu direito constitucional de ação, o tribunal poderá modular os efeitos da decisão, limitando sua retroatividade ou atribuindo-lhe efeitos prospectivos (§ 3º).

O problema é que essa modulação, por não existir uma parametrização legal, poderá variar conforme o entendimento de cada tribunal.

Publicidade. No § 5º, o legislador trouxe à tona a obrigação para com o princípio da publicidade. Os tribunais deverão dar publicidade a seus precedentes, nos seus respectivos sítios na Internet. Hoje é o que já acontece com a veiculação dos Informativos de Jurisprudência do STJ e do STF. Uma vez que o direito será prioritariamente jurisprudencial, há que se organizar o corpo da jurisprudência por temas, a fim de facilitar a consulta pelos aplicadores do direito e pela população em geral. Exemplificando. Para consultar sobre responsabilidade civil, consulta-se prioritariamente o índice do Código Civil. Assim, deve ocorrer com a sistematização e publicidade dos precedentes. Não basta decidir e jogar no lixão (rede mundial de computadores), há que se dispor os conteúdos de forma organizada e sistematizada, criando um índice, nos moldes do que ocorre com os Códigos.

CPC/2015	CPC/1973
Art. 928. Para os fins deste Código, considera-se julgamento de casos repetitivos a decisão proferida em: **I – incidente de resolução de demandas repetitivas;** **II – recursos especial e extraordinário repetitivos.** Parágrafo único. **O julgamento de casos repetitivos tem por objeto questão de direito material ou processual.**	Não há correspondência.

 ## COMENTÁRIOS:

Casos repetitivos. O dispositivo define o que se entende por julgamento de casos repetitivos em matéria de precedentes judiciais. No caso do inciso I, a formação do precedente dar-se-á no julgamento de casos repetitivos perante os Tribunais Regionais Federais e os Tribunais de Justiça, por meio do IRDR (art. 976). No caso do inciso II, o precedente vinculante surgirá mediante observância do procedimento previsto no art. 1.036 e seguintes, instaurado perante os tribunais superiores (STF e STJ). Trata-se de técnicas de obtenção de decisão-paradigma, que poderá envolver matéria processual ou de direito material.

Capítulo II
Da Ordem dos Processos no Tribunal

CPC/2015	CPC/1973
Art. 929. Os autos serão registrados no protocolo do tribunal no dia de sua entrada, cabendo à secretaria ordená-los, com imediata distribuição. Parágrafo único. A critério do tribunal, os serviços de protocolo poderão ser descentralizados, mediante delegação a ofícios de justiça de primeiro grau.	Art. 547. Os autos remetidos ao tribunal serão registrados no protocolo no dia de sua entrada, cabendo à secretaria ~~verificar-lhes a numeração das folhas e~~ ordená-los para distribuição. Parágrafo único. Os serviços de protocolo poderão, a critério do tribunal, ser descentralizados, mediante delegação a ofícios de justiça de primeiro grau.
Art. 930. Far-se-á a distribuição de acordo com o regimento interno do tribunal, observando-se a alternatividade, o sorteio **eletrônico** e a publicidade. Parágrafo único. **O primeiro recurso protocolado no tribunal tornará prevento o relator para eventual recurso subsequente interposto no mesmo processo ou em processo conexo.**	Art. 548. Far-se-á a distribuição de acordo com o regimento interno do tribunal, observando-se os princípios da publicidade, da alternatividade e do sorteio.

Art. 931. Distribuídos, os autos serão imediatamente conclusos ao relator, que, **em 30 (trinta) dias**, depois de *elaborar o voto*, restitui-los-á, *com relatório*, à secretaria.

Art. 549. Distribuídos, os autos subirão, ~~no prazo de 48 (quarenta e oito) horas~~, à conclusão do relator, que, depois de *estudá-los*, os restituirá à secretaria ~~com o seu "visto"~~.

Parágrafo único. *O relator fará nos autos uma exposição dos pontos controvertidos sobre que versar o recurso.*

 ## COMENTÁRIOS AOS ARTS. 929 A 931:

Registro e distribuição dos processos no âmbito dos Tribunais. De acordo com o art. 93, XV, da CF/1988, "a distribuição de processos será imediata, em todos os graus de jurisdição". Sendo assim, também nos tribunais superiores deve haver distribuição imediata após a remessa dos autos ou o protocolo do recurso ou petição. Mediante delegação do tribunal, os ofícios de registro de primeiro grau poderão realizar o protocolo de petições e recursos dirigidos ao tribunal (art. 929, parágrafo único). É o chamado "sistema de protocolo integrado" (ou descentralizado), que permite ao advogado apresentar petições, referentes a ações e recursos, destinadas a juízos de 2º grau, nas unidades de protocolo de outras localidades quando inexistir setor de protocolo no local do peticionamento. Essa regra processual se orienta pelo critério da redução de custos, pela celeridade na tramitação e pela facilitação do acesso das partes e dos advogados a todos os níveis de jurisdição.

Os arts. 284 a 290, que dispõem sobre as regras gerais a respeito da distribuição e do registro dos atos processuais, são aplicáveis à distribuição dos processos no âmbito dos tribunais. Assim, respeitadas as competências dispostas em regimentos internos, as regras sobre sorteio são as previstas em tais dispositivos. Quanto à prevenção, o novo CPC dispõe que "o primeiro recurso protocolado no tribunal tornará prevento o relator para eventual recurso subsequente interposto no mesmo processo ou em processo conexo" (art. 930, parágrafo único). Essa regra é aplicada para o caso de interposição recursal consecutiva no mesmo tribunal (agravo de instrumento e apelação, por exemplo) e consiste em materialização do princípio do juiz natural, não configurando novidade em nosso sistema (veja-se, por exemplo, o art. 71 do Regimento Interno do STJ).

Registrado e distribuído o feito, os autos serão imediatamente conclusos ao relator, para que este confeccione o relatório no prazo de trinta dias e, em seguida, restitua-os à secretaria (art. 931).

O art. 931 estabelece que os autos sejam conclusos de imediato – medida possível com a inserção da plataforma digital, que possibilita a movimentação instantânea dos autos –, e não mais no prazo de 48 (quarenta e oito) horas, como previa o CPC revogado. Outra novidade é a inserção de prazo para que o relator restitua os autos para a secretaria após a elaboração do seu voto, qual seja de trinta dias. No CPC/1973, após o retorno dos autos à secretaria, este deveria providenciar o encaminhamento ao revisor (art. 551 do CPC/1973). Essa figura era exigida no julgamento da apelação, dos embargos infringentes e de ação rescisória. Contudo, a jurisprudência já oscilava sobre a obrigatoriedade ou não do revisor, mesmo nas hipóteses em que, em princípio, sua presença era prevista em lei.

O novo CPC extinguiu a figura do revisor no procedimento recursal. A norma do art. 551 do CPC/1973 não foi repetida no CPC/2015. A exclusão do revisor, a quem, segundo o regimento de cada tribunal, cabia certas atribuições de natureza administrativa, tal como o pedido de dia para julgamento, constitui mais uma faceta da tão almejada celeridade processual. Excluída a figura do revisor e implantado o processo eletrônico (marcas do nosso tempo), o relator elabora o seu voto e, juntamente com o relatório do feito, restitui os autos à secretaria, a quem incumbe, por determinação do presidente do órgão judiciário (câmara, seção etc.), incluir o recurso ou causa originária na pauta da sessão de julgamento.

Deve-se registrar que as ações rescisórias processadas e julgadas originariamente no STJ continuam sujeitas ao procedimento da revisão. Conforme restou decidido na Ação Rescisória 5.241/DF (2013/0282105-0) – questão de ordem suscitada pelo ministro Mauro Campbell Marques – pela Corte Especial, as mudanças introduzidas pelo novo Código de Processo Civil (CPC/2015) não eliminaram o revisor nas ações rescisórias processadas originariamente no âmbito do STJ. *O fundamento é que o novo CPC não derrogou o art. 4º* da Lei 8.038/90, que constitui norma procedimental especial para determinados processos, entre os quais a ação rescisória de competência originária do STJ. Realmente, por descuido o legislador esqueceu-se de revogar o referido dispositivo.

Nestes tempos de valorização do arcabouço principiológico, estranha-se o fato de o STJ, na interpretação em comento, não ter levado em conta o princípio da celeridade. A meu, ver neste particular, desnecessariamente, criou-se uma dicotomia. Exclusivamente, nas ações rescisórias de competência originária do STJ, o segundo voto será proferido pelo revisor, e não pelo primeiro vogal.

E daí? Um julgador sempre revisa o voto do outro. Assim é o sistema. Somente no final, depois de proferidos os votos e respectivos complementos, pode-se proclamar o resultado. A denominação da função exercida pelo segundo magistrado a proferir o voto não terá qualquer relevância na qualidade do julgamento e na segurança jurídica, uma vez que todos os membros do órgão julgador, independentemente da qualificação que lhes é dada (relator, revisor ou vogal), proferirão votos, com igual peso, ainda que seja apenas para concordar com um voto precedente. Não é crível que na era digital o "revisor" da ação rescisória ainda vá pedir dia para julgamento. Nesse aspecto, a única preocupação que nós advogados devemos ter é, na sustentação oral, não chamar o revisor de primeiro vogal. *God save the lawer.*

CPC/2015	CPC/1973
Art. 932. **Incumbe ao relator:** I – dirigir e ordenar o processo no tribunal, inclusive em relação à produção de prova, bem como, quando for o caso, homologar autocomposição das partes; II – apreciar o pedido de tutela provisória nos recursos e nos processos de competência originária do tribunal; III – *não conhecer* de recurso inadmissível, prejudicado ou que não tenha impugnado especificamente os fundamentos da decisão recorrida; IV – *negar provimento a recurso que for contrário a:* a) súmula do Supremo Tribunal Federal, *do Superior Tribunal de Justiça ou* do próprio tribunal; b) *acórdão proferido pelo Supremo Tribunal Federal ou pelo Superior Tribunal de Justiça em julgamento de recursos repetitivos;*	Art. 557. O relator *negará seguimento* a recurso manifestamente inadmissível, improcedente, prejudicado ou *em confronto com súmula ou com jurisprudência dominante* do respectivo tribunal, do Supremo Tribunal Federal, ou *de Tribunal Superior.* § 1º-A. Se a decisão recorrida *estiver em manifesto confronto* com súmula *ou com jurisprudência dominante* do Supremo Tribunal Federal, *ou de Tribunal Superior,* o relator poderá dar provimento ao recurso.

c) entendimento firmado em incidente de reso-lução de demandas repetitivas ou de assunção de competência;

V – depois de facultada a apresentação de con-trarrazões, dar provimento ao recurso se a deci-são recorrida *for contrária a*:

a) súmula do Supremo Tribunal Federal, *do Su-perior Tribunal de Justiça ou do próprio tribunal*;

b) *acórdão proferido pelo Supremo Tribunal Federal ou pelo Superior Tribunal de Justiça em julgamento de recursos repetitivos*;

c) entendimento firmado em incidente de reso-lução de demandas repetitivas ou de assunção de competência;

VI – decidir o incidente de desconsideração da personalidade jurídica, quando este for instau-rado originariamente perante o tribunal;

VII – determinar a intimação do Ministério Pú-blico, quando for o caso;

VIII – exercer outras atribuições estabelecidas no regimento interno do tribunal.

Parágrafo único. Antes de considerar inadmis-sível o recurso, o relator concederá o prazo de 5 (cinco) dias ao recorrente para que seja sana-do vício ou complementada a documentação exigível.

 COMENTÁRIOS:

Incumbências do relator. O relator é aquele que primeiro toma conhecimento do processo e que fica encarregado de expor os fundamentos da questão que será submetida ao colegiado. Os magistrados que compõem o colegiado apresentarão seus votos com base no relatório confeccionado pelo juiz relator, mas é possível que este, nos casos permitidos pela lei, decida monocraticamente, ou seja, sem a manifestação de seus pares.

O art. 932 relaciona as incumbências do relator, dispondo que cabe a ele: (i) dirigir e ordenar o processo no tribunal, inclusive em relação à homologação de autocomposição e à produção probatória (inciso I); (ii) apreciar os pedidos de tutela provisória nos recursos e nos processos de competência originária, bem como decidir o incidente de desconsideração da personalidade jurídica quando este for instaurado originariamente perante o tribunal, além de determinar a intimação do Ministério Público nas causas em que seja obrigatória a sua intervenção (incisos II, VI e VII); (iii) exercer outras atribuições previstas em regime interno (inciso VIII).

Todos esses atos constituirão decisões monocráticas, impugnáveis pela via do agravo interno (art. 1.021). Tal espécie recursal tem cabimento contra toda decisão proferida pelo relator. Sua interposição tem por objetivo permitir que a questão decidida monocraticamente seja submetida ao órgão colegiado. Em outras palavras, por meio do agravo interno o relator terá sua decisão revisada pelo próprio órgão colegiado ao qual pertence.

Não conhecimento e improvimento do recurso. Os incisos III e IV do art. 932 estabelecem a possibilidade de o relator apreciar monocraticamente o recurso sem adotar quaisquer providências relacionadas a provas ou a pedidos de tutela provisória e sem determinar a intimação do recorrente para responder ao recurso. Nesses casos, o relator "encurta" a tramitação do recurso.

Inciso III. O recurso será inadmissível quando lhe faltar um ou mais de seus pressupostos, como a legitimidade, o interesse recursal, a tempestividade, o preparo e a regularidade formal. Nesse caso, o relator, antes de negar conhecimento ao recurso, deverá conceder ao recorrente o prazo de cinco dias para que seja sanado o vício ou complementada a documentação exigível (art. 932, parágrafo único).[343] Prejudicado é o recurso que perdeu o seu objeto, ou seja, em razão de atos das partes ou do juiz, nada mais há a prover. Exemplos: retratação do juízo *a quo* (art. 331, § 1º; art. 332, § 4º), desistência da ação principal, autocomposição entre as partes ou anulação de ofício do processo. Também resta prejudicado quando o Tribunal julga o recurso de apelação antes do agravo, se o objeto decidido estiver contemplado em ambos os recursos; igualmente, fica prejudicada a apelação interposta pela Fazenda Pública quando o tribunal, por força de reexame necessário, aprecia todas as questões suscitadas no recurso voluntário.

Constatada qualquer hipótese que leve à perda do objeto, o relator não conhecerá o recurso, inadmitindo-o de plano. Nesse caso, não se aplica o disposto no parágrafo único do art. 932, porquanto não há qualquer vício a ser sanado. O eventual prosseguimento do recurso tornaria a atividade do órgão recursal inútil, razão pela qual o seu não conhecimento independe de qualquer providência. Em regra, não há necessidade de intimar as partes antes da decisão que julga prejudicado o recurso, isso porque as partes já têm conhecimento do ato anterior que levou ao julgamento. As exceções devem ser tratadas como tais. O que não se admite é o julgamento surpresa. Entretanto, se as partes, exemplificativamente, celebram acordo sobre o que restou decidido na sentença, de antemão já sabem ou deveriam saber do desfecho do recurso.

Na peça do recurso, além de demonstrar a presença dos pressupostos recursais, o recorrente deverá impugnar especificamente os fundamentos da decisão recorrida (regularidade formal).[344] O CPC não admite a impugnação genérica da decisão, cabendo ao recorrente expor as razões do pedido de reforma da decisão, cumprindo-lhe invalidar os fundamentos em que esta se assenta. Esse já era o entendimento dos tribunais superiores na vigência do CPC/1973.[345] Assim, se o recorrente não impugnou especificamente os fundamentos da decisão recorrida, também será cabível a inadmissão do recurso pelo relator.

---

[343] A nova disposição tem aplicação a todos os vícios de forma de qualquer recurso. Nesse sentido é o Enunciado 197 do FPPC: "Aplica-se o disposto no parágrafo único do art. 932 aos vícios sanáveis de todos os recursos, inclusive dos recursos excepcionais".

[344] Nesse sentido. "Agravo de instrumento – Ausência de impugnação específica aos fundamentos da decisão recorrida – Recurso não conhecido" (TJPR, AI 1742491-6, 16ª Câmara Cível, Rel. Des.Luiz Fernando Tomasi Keppen, julgado em 25.10.2017).

[345] "[...] A mera reiteração dos fundamentos ou alegação genérica, sem pertinência entre o pedido recursal e a decisão originária, não basta para suprir aquela obrigação processual. Se o recorrente não o faz, além de impedir o exercício do contraditório, inviabiliza o reexame pelo tribunal ad quem, já que, a rigor, nada a ele foi devolvido. Tal entendimento, no entanto, não se aplica quando o tema em debate encerrar questão exclusivamente de direito, hipótese em que, ainda que haja a repetição de argumentos, a parte acaba por impugnar a decisão recorrida" (TRT 10ª Região, AP 00922200900810000, 1ª Turma, Rel. Des. Maria Regina Machado Guimarães, julgado em 26.02.2014).

Em todos esses casos do inciso III, a decisão do relator atinge o plano do processo, e não do recurso em si, permanecendo incólume a decisão de mérito impugnada. Isso quer dizer que o relator não analisou o mérito do recurso e que a decisão proferida pelo juízo *a quo* deverá reger a relação processual, salvo se reformada pelo órgão colegiado na hipótese de interposição de agravo interno.

Inciso IV. Nesses casos, o relator dispensará a intimação do recorrido para contra-arrazoar e julgará liminarmente o recurso, negando-lhe provimento, ou seja, "mantendo" a decisão do juízo *a quo*. Trata-se de hipótese de convencimento antecipado de que o mérito do recurso será decidido em desfavor do recorrente, porquanto a insatisfação com a decisão impugnada esbarra em entendimento já consolidado. É imprescindível, de todo modo, que a decisão do relator justifique as circunstâncias que autorizam a incidência do precedente (súmula, tese firmada em recurso repetitivo, IRDR ou assunção de competência) no caso concreto.

Julgamento monocrático do recurso após contrarrazões. Se não for o caso de o relator adotar as providências previstas nos incisos III ou IV do novo CPC e a parte contrária ser intimada para responder ao recurso, após as contrarrazões ainda será possível o julgamento monocrático, desde que preenchidos os requisitos do inciso V.

As hipóteses são as mesmas do inciso IV. A diferença é que aqui o relator, depois de instaurar o contraditório, dará provimento ao recurso quando a decisão *a quo* contrariar precedente já consolidado. Em poucas palavras, para negar provimento não há necessidade de o relator mandar intimar o recorrido para apresentar contrarrazões, pois nenhum prejuízo lhe ocorrerá se a decisão do juízo *a quo* for mantida. Por outro lado, para dar provimento do recurso, reformando a decisão anterior, faz-se necessária a intimação do recorrido, que terá a oportunidade de, nas contrarrazões, argumentar a favor da "manutenção" da senten-ça. Somente depois de apresentadas as contrarrazões, ou melhor, depois de transcorrido o prazo para sua apresentação – o recorrido tem a faculdade de apresentá-las ou não –, é que o relator pode reformar a decisão em virtude de sua desconformidade com os precedentes dos tribunais superiores.

CPC/2015	CPC/1973
Art. 933. Se o relator constatar a ocorrência de fato superveniente à decisão recorrida, ou a existência de questão apreciável de ofício ainda não examinada que devam ser considerados no julgamento do recurso, intimará as partes para que se manifestem no prazo de 5 (cinco) dias. § 1° Se a constatação ocorrer durante a sessão de julgamento, esse será imediatamente suspenso a fim de que as partes se manifestem especificamente. § 2° Se a constatação se der em vista dos autos, deverá o juiz que a solicitou encaminhá-los ao relator, que tomará as providências previstas no *caput* e, em seguida, solicitará a inclusão do feito em pauta para prosseguimento do julgamento, com submissão integral da nova questão aos julgadores.	Não há correspondência.

COMENTÁRIOS:

Constatação de fato superveniente. Não sendo o caso de aplicar o disposto nos incisos III, IV e V do art. 932, o relator preparará o recurso para julgamento. Essa preparação, na prática dos tribunais, consistirá na preparação do voto, do lançamento do relatório nos autos e encaminhamento dos autos ao presidente do órgão julgador (turma, câmara, seção, pleno etc.) para designação de dia para julgamento.

Antes da remessa dos autos ao presidente, durante o julgamento ou no decorrer de vista pedida por algum julgador, pode-se constatar a ocorrência de fato superveniente (art. 933). Conquanto não haja disposição expressa no CPC/1973, já se entendia que o fato novo previsto no art. 462 do CPC/1973 (art. 493 do CPC/2015) poderia ser apreciado não apenas pelo juízo monocrático, de primeira instância, mas também pelo Tribunal respectivo, a quem cabe a cognição mais abrangente de todos os elementos do feito (STJ, ED no Agravo no AREsp 115.883/RJ, Rel. Min. Luis Felipe Salomão, *DJe* 18.04.2013).

Assim, levando-se em conta a completude do ordenamento jurídico (no qual, por óbvio, incluem-se os precedentes), não há novidade. O contraditório sempre foi obrigatório. O que há de novo é regra mandando observar o contraditório, ou seja, às partes deve-se oportunizar a manifestação sobre o fato que surgiu posteriormente e foi levado ao conhecimento do tribunal ou este, de ofício, dele tomou conhecimento.

Se a constatação de fato superveniente em sede recursal não fosse possível, muitas injustiças poderiam ser cometidas. A lide deve ser resolvida como ela se apresenta no momento da prestação jurisdicional, ou seja, no momento da prolação da sentença ou do acórdão. Se, por exemplo, em recurso contra decisão proferida em ação para anulação de contrato de locação o locatário, vencido na demanda, decide adquirir o imóvel objeto da avença no curso da tramitação do recurso, haverá perda superveniente do interesse de agir desse último, devendo tal fato ser considerado pelo relator.

Na hipótese de fato superveniente ou de matéria de ordem pública, tomada de ofício pelo juiz, deverá ser assegurado o exercício dos direitos de ampla defesa e contraditório por todos os interessados antes da submissão do recurso a julgamento (art. 933, parte final).

E se o fato superveniente surgir depois de esgotada a prestação jurisdicional na instância ordinária? Em regra, a análise dos fatos supervenientes que podem influir diretamente na demanda deve ser realizada pelo Tribunal *a quo*, inclusive em embargos declaratórios, sob pena de malferimento ao contraditório e à ampla defesa, visto sua inviabilidade de análise em sede extraordinária (recursos especial e extraordinário), em decorrência da ausência do requisito do prequestionamento (AG no AREsp 275.268/AL, Rel. Min. Humberto Martins, *DJe* 16.05.2013).

Ocorre que, se o fato tendente a influir no julgamento da lide ocorrer depois de esgotada a prestação jurisdicional no tribunal – após a interposição do recurso especial e antes de seu julgamento, por exemplo –, impõe-se à instância extraordinária a análise da questão superveniente, não havendo violação ao requisito do prequestionamento, porquanto não teria a parte como prequestionar uma situação ou um fato ainda inexistente.

Apesar de esse entendimento não ser amplamente aceito na sistemática do CPC/1973, em virtude da disposição expressa no novo art. 933, que compõe o Capítulo "Da ordem dos Processos no Tribunal" – recurso especial e extraordinário são processos de tramitação nos tribunais –, não se pode afastar tal regra. É preciso salientar que, se o fato superveniente ocorrer na instância ordinária (no juízo de primeiro grau ou no tribunal de segundo grau), mas não for por ela analisado, cabe ao recorrente interpor recurso especial por violação ao art. 493. Nessa hipótese, a análise do STJ resultará apenas na determinação do retorno dos autos à instância anterior para que seja realizado novo julgamento, dessa vez levando-se em consideração o fato superveniente, pois descaberia à Corte Especial analisar o mérito do recurso, ante a ausência de prequestionamento e a impossibilidade de supressão de instância. Também se pode cogitar da possibilidade de ação rescisória, caso o julgamento não tenha levado em conta o fato superveniente ou se o considerou sem antes conceder às partes oportunidade para se manifestarem. Em qualquer dessas hipóteses, presente estará a causa de rescindibilidade prevista no art. 966, V.

CPC/2015	CPC/1973
Art. 934. Em seguida, os autos serão apresentados ao presidente, que designará dia para julgamento, *ordenando*, **em todas as hipóteses previstas neste Livro**, a publicação da pauta no órgão oficial.	Art. 552. Os autos serão, em seguida, apresentados ao presidente, que designará dia para julgamento, *mandando* publicar a pauta no órgão oficial.
Art. 935. Entre a data de publicação da pauta e a da sessão de julgamento *decorrerá*, pelo menos, o *prazo de 5 (cinco) dias*, **incluindo-se em nova pauta os processos que não tenham sido julgados, salvo aqueles cujo julgamento tiver sido expressamente adiado para a primeira sessão seguinte**.	§ 1º Entre a data da publicação da pauta e a sessão de julgamento *mediará*, pelo menos, o *espaço de 48 (quarenta e oito) horas*.
§ 1º Às partes será permitida vista dos autos em cartório após a publicação da pauta de julgamento.	§ 2º Afixar-se-á a pauta na entrada da sala em que se realizar a sessão de julgamento.
§ 2º Afixar-se-á a pauta na entrada da sala em que se realizar a sessão de julgamento.	

 COMENTÁRIOS AOS ARTS. 934 E 935:

Apresentação para julgamento. Depois de adotada a providência do art. 933 – se for o caso –, os autos serão apresentados ao presidente, que designará dia para julgamento, ordenando a publicação da pauta no órgão oficial (art. 934).

Em respeito ao devido processo legal, o dia em que ocorrerá a sessão de julgamento deverá ser publicado com antecedência mínima de cinco dias. A publicação, nesse caso, deve atender aos requisitos do art. 272.

No CPC/1973, esse prazo entre a data da publicação e a data da sessão de julgamento era de 48 horas (art. 552, § 1º). O STJ, na Súmula 117, consolidou o entendimento no sentido de que a inobservância ao prazo acarretaria nulidade do ato, caso as partes não estivessem presentes na sessão. Tal enunciado permanece válido, devendo ser alterado apenas o prazo (de 48 horas para cinco dias) em observância à regra prevista no *caput* do novo art. 935. Frise-se que a mudança quanto ao prazo assegurará aos advogados maior tempo para a preparação de eventuais sustentações orais e para a revisão do processo. Para tanto, o novo CPC permite vista dos autos em cartório logo após a publicação da pauta de julgamento (art. 935, § 1º).

O Código prevê uma exceção à necessidade de publicação da pauta. Trata-se do art. 1.024, § 1º, que trata dos embargos e declaração e que assim dispõe: "Nos tribunais, o relator apresentará os embargos em mesa na sessão subsequente, proferindo voto, e, não havendo julgamento nessa sessão, será o recurso incluído em pauta automaticamente." Nos tribunais, os embargos devem ser apresentados em mesa, ou seja, independentemente de inclusão em pauta, na sessão subsequente.

O Código não diz, mas a apresentação em mesa e julgamento deve ocorrer na sessão subsequente à distribuição ao relator ou ao retorno deste das férias ou licença, salvo hipótese de redistribuição. A segunda parte do dispositivo contempla norma destinada a evitar a postergação do julgamento dos embargos. Não julgados "na sessão subsequente", serão automaticamente incluídos em pauta, sem a necessidade de publicação.

CPC/2015	CPC/1973
Art. 936. Ressalvadas as preferências legais e regimentais, os recursos, a remessa necessária e os processos de competência originária serão julgados na seguinte ordem: **I –** aqueles nos quais houver sustentação oral, observada a ordem dos requerimentos; **II –** os requerimentos de preferência apresentados até o início da sessão de julgamento; **III –** *aqueles* cujo julgamento tenha *iniciado em sessão anterior* ; e **IV –** os demais casos.	Art. 562. *Preferirá aos demais o recurso* cujo julgamento tenha *sido iniciado* .

 ## COMENTÁRIOS:

Ordem de julgamento. O CPC/2015 estabelece, sem esgotamento das hipóteses, a ordem de preferência dos julgamentos. Essa disciplina encontrava-se diluída nos arts. 559, parágrafo único, 562 e 565 do CPC/1973. O dispositivo em comento está longe de contemplar todas as hipóteses de preferências, sejam em decorrência da lei ou do senso lógico. De um modo geral, os regimentos internos dos tribunais, mais próximos do que ocorrem nas sessões de julgamento, incumbem-se dessa ordenação. Em algumas hipóteses, ausente o regramento, é a praxe que estabelece as preferências, o que, verdade seja dita, é bem mais lógico do que a previsão do CPC.

De acordo com o Código, o julgamento dos processos nos quais há sustentação oral tem preferência sobre todos. Contudo, de modo geral, assim não se passa nem deveria. Não faria o menor sentido fazer com que os advogados que requereram somente assistência ficassem aguardando por horas a fio seus colegas proferirem sustentação oral. Essa a razão por que, em regra, os regimentos ou a praxe inverta a relação do art. 936, norteando as preferências de acordo com o tempo despendido no julgamento. Lida a ata da sessão anterior e estando os julgadores de acordo ou procedida a eventual retificação, passa-se à continuidade dos julgamentos que tiveram início na sessão anterior. Depois, julgam-se os casos nos quais os advogados se inscreveram apenas para assistir ao julgamento. A seguir, passa-se ao julgamento dos processos nos quais os advogados requereram sustentação oral, na ordem dos requerimentos. A ordem dos requerimentos pode ser quebrada em decorrência de outras preferências; por exemplo, o advogado idoso pode requerer seja-lhe autorizado proferir sustentação oral antes dos advogados mais moços; idêntica preferência pode ser concedida à advogada grávida. As mais variadas hipóteses podem justificar o pedido de preferência, como viagens, mal-estar e assim por diante. Todos os pedidos são resolvidos pelo presidente do órgão jurisdicional (turma, câmara etc.) de acordo com o bom senso, às vezes consultando os advogados inscritos para sustentação oral. Como se pode ver, os "demais casos", que figuram em último lugar na ordem legal, podem ser os primeiros. Recomenda-se ao advogado que consulte o regimento interno do tribunal onde for atuar e, havendo necessidade de falar antes dos outros (por razões plausíveis à maioria), não se acanhe. Levante e, pela ordem, faça o requerimento.

Deve-se ressalvar que a inobservância de ordem preferencial não acarreta prejuízo, pelo que não gera nulidade.

CPC/2015	CPC/1973
Art. 937. Na sessão de julgamento, depois da exposição da causa pelo relator, o presidente dará a palavra, sucessivamente, ao recorrente, ao recorrido **e, nos casos de sua intervenção, ao membro do Ministério Público,** pelo prazo improrrogável de 15 (quinze) minutos para cada um, a fim de sustentarem suas razões, **nas seguintes hipóteses, nos termos da parte final do *caput* do art. 1.021:**	Art. 554. Na sessão de julgamento, depois de feita a exposição da causa pelo relator, o presidente, ~~se o recurso não for de embargos declaratórios ou de agravo de instrumento,~~ dará a palavra, sucessivamente, ao recorrente e ao recorrido, pelo prazo improrrogável de 15 (quinze) minutos para cada um, a fim de sustentarem as razões do recurso.
I – no recurso de apelação; **II – no recurso ordinário;** **III – no recurso especial;** **IV – no recurso extraordinário;** **V – nos embargos de divergência;** **VI – na ação rescisória, no mandado de segurança e na reclamação;** ~~VII – no agravo interno originário de recurso de apelação, de recurso ordinário, de recurso especial ou de recurso extraordinário;~~ **VETADO** **VIII – no agravo de instrumento interposto contra decisões interlocutórias que versem sobre tutelas provisórias de urgência ou da evidência;** **IX – em outras hipóteses previstas em lei ou no regimento interno do tribunal.** **§ 1º A sustentação oral no incidente de resolução de demandas repetitivas observará o disposto no art. 984, no que couber.** **§ 2º O** *procurador* **que desejar proferir sustentação oral poderá requerer,** *até o início da sessão,* **que o processo seja julgado em primeiro lugar, sem prejuízo das preferências legais.** **§ 3º Nos processos de competência originária previstos no inciso VI, caberá sustentação oral no agravo interno interposto contra decisão de relator que o extinga.** **§ 4º É permitido ao advogado com domicílio profissional em cidade diversa daquela onde está sediado o tribunal realizar sustentação oral por meio de videoconferência ou outro recurso tecnológico de transmissão de sons e imagens em tempo real, desde que o requeira até o dia anterior ao da sessão.**	Art. 565. Desejando proferir sustentação oral, poderão os *advogados* requerer que *na sessão imediata* seja o feito julgado em primeiro lugar, sem prejuízo das preferências legais.

COMENTÁRIOS:

Legitimidade para a realização de sustentação oral. Podem fazer sustentação oral o recorrente e o recorrido, por meio de seus advogados. O Ministério Público, na qualidade de parte ou de fiscal da ordem jurídica, também pode realizá-la.

Caso o recorrido não tenha apresentado contrarrazões, ainda assim lhe será concedido o direito de realizar sustentação oral, permanecendo hígida, portanto, a garantia do contraditório.

O *amicus curiae* pode realizar sustentação oral, desde que o faça depois do Ministério Público (este, na qualidade de fiscal da ordem jurídica). Trata-se de aplicação, por analogia, do art. 984.

Situações em que se admite sustentação oral. O CPC/1973 restringia a sustentação apenas ao agravo de instrumento e aos embargos de declaração (art. 554). Entretanto, muitos tribunais limitaram a manifestação do advogado também em outros recursos, por meio da inserção de regras em seus regimentos internos. A sustentação oral não é apenas um direito da parte, mas uma prerrogativa profissional do advogado que a representa. Assim, eventuais disposições em regimentos internos que restrinjam a manifestação oral do advogado não devem ser permitidas, notadamente após a vigência do novo CPC.

São hipóteses admitidas expressamente pelo novo CPC: apelação (inciso I); recurso ordinário (inciso II); recurso especial (inciso III); recurso extraordinário (inciso IV); embargos de divergência (inciso V); ação rescisória (inciso VI); mandado de segurança (inciso VI); reclamação (inciso VI); agravo de instrumento contra decisão sobre tutelas provisórias de urgência ou da evidência (inciso VIII); IRDR (art. 984); agravo interno contra decisão de relator que determine a extinção de mandado de segurança, ação rescisória e reclamação (art. 937, § 3º). Leis especiais e regimentos internos de tribunais também podem prever outras hipóteses (art. 937, IX).

Hipóteses polêmicas – Sem previsão legal, mas admitidas por parte da doutrina. Há quem admita sustentação oral no caso de remessa necessária. É o caso, por exemplo, de Leonardo Carneiro da Cunha, que se fundamenta nos princípios da cooperação, do contraditório e da ampla defesa.[346]

Fredie Didier Jr., Leonardo Carneiro da Cunha[347] e Daniel Amorim Assumpção Neves[348] admitem a sustentação oral em agravo de instrumento interposto contra decisão de mérito e contra decisão parcial de mérito (e não apenas nos casos de decisão que aprecia pedido de tutela provisória).

Hipóteses em que não se admite a sustentação oral. Nos embargos de declaração, no agravo interno (exceto no caso do art. 937, § 3º), no agravo de instrumento (exceto nos casos do art. 937, VIII; art. 1.015, II; art. 942, § 3º, II). Essas últimas exceções não estão previstas em lei, mas se fundamentam no entendimento doutrinário anteriormente exposto.

---

[346] CUNHA, Leonardo Carneiro da; DIDIER JR., Fredie. **Curso de direito processual civil:** meios de impugnação às decisões judiciais e processo nos tribunais. 13. ed. Salvador: JusPodivm, 2016. v. 3, p. 64. Ressalte-se que apesar da coautoria, o Professor Fredie Didier Jr. entende de forma contrária.

[347] Idem, p. 64.

[348] NEVES, Daniel Amorim Assumpção. **Manual de direito processual civil.** 8. ed. Salvador: JusPodivm, 2016. v. único, p. 1.335.

Momento para apresentação. A sustentação oral deve ser apresentada "depois da exposição da causa pelo relator". Ou seja, ela deve ocorrer após o relatório e antes do voto.

Tempo para realização da sustentação oral. No IRDR, a sustentação deve ser feita em 30 (trinta) minutos (art. 984, II, *a* e *b*). Nas demais hipóteses, no prazo sucessivo de 15 (quinze) minutos (art. 937).

Havendo litisconsórcio, deve ser observado o art. 229, ainda que os autos tramitem em processo eletrônico. Isso porque "a exceção contida nesse § 2º [do art. 229 do CPC/2015] aplica-se às manifestações escritas das partes, pois não há dificuldade de acesso aos autos, que estão disponíveis a todos em tempo integral, em simples consulta ao sistema de dados em que tramita o processo [...]. Não é razoável, porém, e não atende à ampla defesa, aplicar a exceção aos atos orais, pois não é possível a prática conjunta ou a um só tempo do mesmo ato, no mesmo prazo, pelos advogados das partes".[349]

(Im)possibilidade de prorrogação do prazo. O CPC/2015 utiliza a expressão "pelo prazo **improrrogável** de 15 (quinze) minutos para cada um" (art. 937). Para Daniel Amorim Assumpção Neves, "a previsão de que o prazo é improrrogável afasta o poder geral do juiz de prorrogar os prazos, previstos no art. 139, IV, do Novo CPC. E também afasta a possibilidade de dilatação desse prazo por meio de acordo procedimental entre as partes previsto no art. 190 do Novo CPC. Entendimento em sentido contrário tornaria injustificável a qualificação de improrrogável de tal prazo".[350]

Por outro lado, Fredie Didier Jr. e Leonardo Carneiro da Cunha entendem que há possibilidade de prorrogação com base no art. 139, VI, segundo o qual "o juiz dirigirá o processo conforme as disposições deste Código, incumbindo-lhe dilatar os prazos processuais e alterar a ordem de produção dos meios de prova, adequando-os às necessidades do conflito de modo a conferir maior efetividade à tutela do direito". Eles citam como exemplo o processo do "Mensalão" (Ação Penal 470), em que o STF aumentou o prazo para o PGR fazer a sustentação oral da denúncia.[351]

Requerimento. O procurador que desejar proferir sustentação oral poderá requerer, até o início da sessão, que o processo seja julgado em primeiro lugar, sem prejuízo das preferências legais (§ 2º). O requerimento pode ser feito oralmente ou por escrito.

Presença do advogado. O § 4º do dispositivo em comento facilita a vida do advogado que possui domicílio profissional em cidade diversa daquela onde está sediado o tribunal, permitindo-lhe a realização de sustentação oral por meio de sistema de videoconferência.

Fundamentação. Ao fazer a sustentação, o advogado deve se ater às razões ou contrarrazões apresentadas, aos fatos e fundamentos alegados na petição da ação originária ou aos fatos e fundamentos arguidos na contestação. Assim, não se admite inovação na sustentação oral, exceto se a alegação estiver relacionada à matéria de ordem pública, que pode ser conhecida em qualquer tempo e grau de jurisdição.

---

[349] CUNHA, Leonardo Carneiro da; DIDIER JR., Fredie. **Curso de direito processual civil:** meios de impugnação às decisões judiciais e processo nos tribunais. 13. ed. Salvador: JusPodivm, 2016. v. 3, p. 66.

[350] NEVES, Daniel Amorim Assumpção. **Manual de direito processual civil.** 8. ed. Salvador: JusPodivm, 2016. v. único.

[351] CUNHA, Leonardo Carneiro da; DIDIER JR., Fredie. **Curso de direito processual civil:** meios de impugnação às decisões judiciais e processo nos tribunais. 13. ed. Salvador: JusPodivm, 2016. v. 3.

CPC/2015	CPC/1973
Art. 938. A questão preliminar suscitada no julgamento será decidida antes do mérito, deste não se conhecendo caso seja incompatível com a decisão.	Art. 560. Qualquer questão preliminar suscitada no julgamento será decidida antes do mérito, deste não se conhecendo se incompatível com a decisão daquela.
§ 1° Constatada a ocorrência de *vício sanável* ,**inclusive aquele que possa ser conhecido de ofício** , *o relator determinará a realização ou a renovação do ato processual, no próprio tribunal ou em primeiro grau de jurisdição, intimadas as partes.*	Parágrafo único. Versando a preliminar sobre *nulidade suprível* ,*o tribunal* ,*havendo necessidade* , converterá o julgamento em diligência *ordenando a remessa dos autos ao juiz, a fim de ser sanado o vício.*
§ 2°**Cumprida a diligência de que trata o § 1°, o relator, sempre que possível, prosseguirá no julgamento do recurso.**	
§ 3°**Reconhecida a necessidade de produção de prova, o relator converterá o julgamento em diligência, que se realizará no tribunal ou em primeiro grau de jurisdição, decidindo-se o recurso após a conclusão da instrução.**	
§ 4°**Quando não determinadas pelo relator, as providências indicadas nos §§ 1° e 3° poderão ser determinadas pelo órgão competente para julgamento do recurso.**	

COMENTÁRIOS:

Juízo de admissibilidade. A redação do dispositivo não retrata com fidelidade a ordem das questões a serem enfrentadas no julgamento do recurso. Vamos clarear as coisas. Todo e qualquer recurso comporta duas ordens de juízo. Primeiramente se procede ao juízo de admissibilidade do recurso, ao que parece é o que o legislador denomina "questão preliminar". Se positivo, o recurso será conhecido; caso contrário, o colegiado dele não conhece. Sendo positivo o juízo de admissibilidade, no qual se reconhece a legitimidade, o interesse, o cabimento, a tempestividade, o preparo, a regularidade formal, enfim, os pressupostos de admissibilidade do recurso, passa-se ao exame do mérito recursal, que pode ser composto por questões de direito material e de direito processual, inclusive aquelas questões que chamamos de "preliminares" no curso do processo no primeiro grau de jurisdição, que nada mais são do que requisitos para exame do mérito (por exemplo: legitimidade, interesse, competência, capacidade processual, entre outros).

As questões que integram o juízo de admissibilidade constituem matérias de ordem pública, portanto podem ser suscitadas pelas partes, inclusive na sustentação oral, ou de ofício pelo relator ou outro integrante da turma julgadora. São realmente preliminares no sentido de que são apreciadas antes de tudo, ou seja, antes do exame do mérito (questões de direito material + questões de direito processual, se for o caso). Não confundir essas preliminares (pressupostos de admissibilidade do recurso) com aqueles requisitos para exame do mérito da causa que dizem respeito à instauração e desenvolvimento válido do processo. Como qualquer matéria, as questões relativas ao juízo de admissibilidade são julgadas pelo colegiado. O recurso somente será conhecido se a maioria votar pela presença dos pressupostos de admissibilidade. Reconhecida, pela maioria do colegiado, pelo menos a ausência de um requisito, o recurso não será conhecido.

Juízo de mérito. Compreendido que as questões preliminares a que se refere o art. 938 integram o juízo de admissibilidade – é a forma que encontrei para afastar a confusão aprontada pelo legislador, que parece não ter qualquer vivência com a prática dos recursos –, vamos tratar do juízo de mérito.

Como já afirmado, o mérito pode ser composto por questões de direito substancial (incidência de juros moratórios, por exemplo), questões de direito processual (há legitimidade para a causa?) ou questões de ambas as naturezas. O mérito recursal somente é julgado se o recurso for conhecido, isto é, se houver reconhecimento, ainda que implícito, da presença dos pressupostos de admissibilidade do recurso.

Questões prejudiciais. Ao julgar o mérito do recurso (questões de direito substancial + questões de direito processual), os julgadores se deparam com questões (de um modo geral de direito processual, mas podem se referir ao direito substancial, como a prescrição e a decadência) que, se reconhecidas, prejudicam o julgamento das demais questões suscitadas. Exemplificando. O apelante diz que a pretensão está prescrita (questão de direito substancial, prejudicial das demais questões), que já pagou e que os juros são extorsivos. O colegiado, preliminarmente, ou seja, antes do exame das demais questões, terá que apreciar a questão prejudicial. Reconhecida a prescrição (pela maioria dos votos), nada mais há que dizer sobre as outras questões suscitadas em ordem sucessiva (pagamento e abusividade dos juros). Outro exemplo. O apelante suscita falta de legitimidade para a causa – matéria denominada "preliminar" no primeiro grau de jurisdição, mas que compõe o mérito do recurso. Pois então. Essa questão (que integra o mérito do recurso) terá que ser decidida antes das demais (nesse sentido, pode-se dizer que é preliminar), uma vez que, se acatada, inviabiliza o julgamento de todas as questões que lhe são subsequentes (nesse sentido, diz--se que é prejudicial).

Saneamento do vício. Em prol da efetividade do processo e do aproveitamento dos atos processuais, o CPC/2015 exige que se conceda às partes prazo hábil para saneamento de vício processual que impeça o julgamento do mérito, ainda que o recurso já se encontre em sessão de julgamento.

Produção de prova. Nessa fase, qualquer julgador poderá reconhecer a necessidade de produção probatória, hipótese na qual converterá o julgamento em diligência (§ 3º). É que o membro do tribunal, assim como o juiz de primeira instância, tem o direito de formar sua convicção com os elementos constantes nos autos. Entretanto, quando estes não são suficientes para proferir seu voto, o ideal é que seja adotado o procedimento descrito, que restringirá a aplicação desarrazoada do ônus da prova como técnica de julgamento.

CPC/2015	CPC/1973
Art. 939. Se a preliminar for rejeitada ou se a apreciação do mérito for com ela compatível, seguir-se-ão a discussão e o julgamento da matéria principal, sobre a qual deverão se pronunciar os juízes vencidos na preliminar.	Art. 561. Rejeitada a preliminar, ou se com ela for compatível a apreciação do mérito, seguir-se-ão a discussão e julgamento da matéria principal, pronunciando-se sobre esta os juízes vencidos na preliminar.

 **COMENTÁRIOS:**

Rejeição da questão prejudicial (preliminar) e julgamento da questão sucessiva (principal). Esse dispositivo complementa o disposto no art. 938. E também aqui a confusão se repete. "Preliminar", no sentido do dispositivo em comento, não se refere às questões que integram o juízo de admissibilidade, mas sim à questão prejudicial, ou seja, à questão que logicamente inviabiliza (ou prejudica) o julgamento da questão que a sucede, chamada de principal pelo legislador. "Mérito", a seu turno, não se refere ao mérito do recurso, tampouco ao mérito da causa, mas sim à questão sucessiva.

Voltando ao exemplo anterior. O apelante arguiu prescrição de toda pretensão (questão prejudicial). Se essa "preliminar" (na verdade, questão prejudicial) for acatada, o restante das questões de mérito (questões sucessivas ou principais, como o pagamento e a abusividade dos juros) restará prejudicado, isto é, o tribunal dará provimento à apelação sem se pronunciar sobre elas. Se a prejudicial de prescrição for rejeitada pela maioria do colegiado, passa-se ao julgamento das questões sucessivas. Sobre cada questão colhem-se os votos dos julgadores. No exemplo dado, pode ocorrer de a prescrição ser reconhecida somente em parte; nesse caso, deve-se seguir a apreciação das questões sucessivas.

No julgamento da questão principal deve-se colher também os votos dos julgadores que ficaram vencidos na questão prejudicial. Afastadas as questões preliminares ou prejudiciais suscitadas pelo recorrente, todos os julgadores, inclusive aqueles vencidos na tese de acolhimento de determinada questão preliminar ou prejudicial, deverão se pronunciar quanto ao mérito do recurso. A omissão quanto ao pronunciamento dos juízes vencidos no que se refere ao mérito da controvérsia desafia embargos de declaração, mas também é admissível a interposição de recurso especial por violação à lei (art. 105, III, *a*, da CF).

CPC/2015	CPC/1973
Art. 940. **O relator** ou outro juiz que não se considerar habilitado a proferir imediatamente seu voto poderá solicitar vista pelo prazo máximo de 10 (dez) dias, *após o qual o recurso será reincluído em pauta para julgamento na sessão seguinte* à data da devolução. § 1º Se os autos não forem devolvidos tempestivamente ou se não for solicitada pelo juiz prorrogação de prazo **de no máximo mais 10 (dez) dias**, o presidente do órgão *fracionário* os requisitará para julgamento do recurso na sessão ordinária subsequente, com publicação da pauta **em que for incluído**. § 2º **Quando requisitar os autos na forma do § 1º, se aquele que fez o pedido de vista ainda não se sentir habilitado a votar, o presidente convocará substituto para proferir voto, na forma estabelecida no regimento interno do tribunal.**	Art. 555. [...] § 2º Não se considerando habilitado a proferir imediatamente seu voto, a qualquer juiz é facultado pedir vista do processo, devendo devolvê-lo no prazo de 10 (dez) dias, ~~contados da data em que o recebeu;~~ *o julgamento prosseguirá na 1º (primeira) sessão ordinária subsequente* à devolução, ~~dispensada nova publicação em pauta~~. § 3º No caso do § 2º deste artigo, não devolvidos os autos no prazo, nem solicitada ~~expressamente~~ sua prorrogação pelo juiz, o presidente do órgão *julgador* requisitará o processo e reabrirá o julgamento na sessão ordinária subsequente, com publicação em pauta.

 ## COMENTÁRIOS:

Pedido de vista. Iniciado o julgamento no tribunal, é facultado ao membro do órgão colegiado (câmara, turma etc.) que não se sentir habilitado pedir vista dos autos para melhor exame. O prazo máximo é de dez dias, prorrogável por mais dez. Esgotado o prazo, os autos serão devolvidos espontaneamente pelo julgador que pediu a vista ou requisitados pelo presidente do órgão do tribunal e incluídos na pauta da sessão subsequente. Na sessão, quem solicitou a vista pode estar habilitado ou não a votar. Em caso afirmativo, o julgamento tem seguimento. Em caso negativo, procede-se a novo adiamento, e, nesse caso, o presidente convocará substituto para proferir voto, na forma estabelecida no regimento interno do tribunal (§ 2º).

Ressalte-se que a disposição que determina a convocação de substituto para proferir voto caso haja postergação indevida de pedido de vista é novidade na legislação processual e tem por objetivo minimizar o atraso nos julgamentos de processos em que há pedido do julgador para analisar melhor o caso antes de proferir seu voto. A intenção não podia ser melhor. Mas as intenções, por si sós, não são suficientes para mudar a realidade dos fatos. Há julgadores e julgadores. Felizmente, a grande maioria se desdobra para dar vazão ao grande número de feitos.

Há também os tardinheiros. Na redação originária do CPC/1973, a previsão era de que qualquer julgador poderia pedir vista por uma sessão se não estivesse habilitado a votar. Porque em certos casos a vista se prolongava por anos, alterou-se a redação do § 2º do art. 555 do CPC/1973 (acrescido pela Lei nº 10.352/2001 e alterado posteriormente pela Lei nº 11.280/2006), para estabelecer o prosseguimento do julgamento na primeira sessão. Isso infelizmente não resolveu o problema. Agora, a previsão no novo CPC é de que se convoque novo julgador. Cabe ao regimento interno de cada tribunal disciplinar essa convocação e, para que a norma seja eficaz, prever, no mínimo, a comunicação ao órgão correcional.

O mais usual é que os pedidos de vista ocorram em julgamento em que há sustentação oral. É que determinado argumento apresentado da tribuna pode suscitar dúvida na convicção que o julgador havia formado anteriormente. Pode ser que determinado fundamento ou prova não tenha sido contemplado ou examinado com a perspectiva apresentada pelo advogado da parte. Nada impede, no entanto, que se peça vista em feitos em que não há sustentação oral.

CPC/2015	CPC/1973
Art. 941. Proferidos os votos, o presidente anunciará o resultado do julgamento, designando para redigir o acórdão o relator ou, se vencido este, o autor do primeiro voto vencedor.	Art. 556. Proferidos os votos, o presidente anunciará o resultado do julgamento, designando para redigir o acórdão o relator, ou, se este for vencido, o autor do primeiro voto vencedor.
§ 1º **O voto poderá ser alterado até o momento da proclamação do resultado pelo presidente, salvo aquele já proferido por juiz afastado ou substituído.**	Art. 555. No julgamento de apelação ou de agravo, a decisão será tomada, *na câmara ou turma*, pelo voto de 3 (três) juízes.
§ 2º No julgamento de apelação ou de agravo de instrumento, a decisão será tomada, *no órgão colegiado*, pelo voto de 3 (três) juízes.	
§ 3º **O voto vencido será necessariamente declarado e considerado parte integrante do acórdão para todos os fins legais, inclusive de prequestionamento.**	

 COMENTÁRIOS:

Retificação do voto. Considera-se encerrado o julgamento quando o presidente do órgão proclama o resultado após a votação. A partir desse momento é vedado aos magistrados retificar seus votos. *A contrario sensu*, até a proclamação do resultado é permitida a retificação. Esse já era, inclusive, o entendimento da jurisprudência[352] e que foi incorporado no novo CPC (art. 941, § 1º). Em suma, para que fique claro: o voto só pode ser alterado antes da proclamação do resultado, sob pena de afronta ao art. 494.

Início do prazo recursal. Somente após a publicação do acórdão é que se dará início ao prazo recursal. Tecnicamente, a publicação se dá com a proclamação do resultado, na própria sessão de julgamento. A partir daí incide o princípio da inalterabilidade da decisão. A publicação da ementa do acórdão (art. 943, § 2º) no diário da justiça, que não é essencial para a existência do ato,[353] tem por fim estabelecer o *dies a quo* para a interposição de recursos.

Voto vencido. A nova disposição prevista no § 3º tem por fim coibir a prática de certos tribunais de não fazer constar do acórdão o voto vencido. Apenas se registra que foi vencido o tal julgador, sem, contudo, fazer constar a íntegra do voto. Quando não integra o acórdão, para fins de interposição de RE ou REsp, o voto vencido não pode ser considerado para efeito de prequestionamento. Resultado: a parte que pretender interpor RE ou REsp de alguma questão versada somente no voto vencido deve antes interpor embargos declaratórios visando compelir o órgão julgador a apreciar a matéria. Nem precisa dizer que o acórdão é composto pela integralidade dos votos, e por isso também o voto vencido deve ser declarado, ou seja, transcrito. Se uma determinada questão foi apreciada apenas no voto vencido, de uma forma ou de outra também foi julgada, pre-questionada, não sendo lícito ao tribunal superior negar conhecimento ao recurso por ausência desse requisito.

CPC/2015	CPC/1973
Art. 942. Quando o resultado da apelação for não unânime, o julgamento terá prosseguimento em sessão a ser designada com a presença de outros julgadores, que serão convocados nos termos previamente definidos no regimento interno, em número suficiente para garantir a possibilidade de inversão do resultado inicial, assegurado às partes e a eventuais terceiros o direito de sustentar oralmente suas razões perante os novos julgadores. § 1º Sendo possível, o prosseguimento do julgamento dar-se-á na mesma sessão, colhendo-se os votos de outros julgadores que porventura componham o órgão colegiado. § 2º Os julgadores que já tiverem votado poderão rever seus votos por ocasião do prosseguimento do julgamento.	Não há correspondência.

---

[352] "O Superior Tribunal de Justiça firmou sua jurisprudência no sentido de que, nos órgãos colegiados dos tribunais, o julgamento se encerra com a proclamação do resultado final, após a coleta de todos os votos. Enquanto tal não ocorrer, pode qualquer dos seus membros, inclusive o relator, retificar o voto anteriormente proferido" (STJ, REsp 1.086.842/PE, 2ª Turma, Rel. Min. Mauro Campbell Marques, julgado em 14.12.2010, DJe 10.02.2011).

[353] THEODORO JR., Humberto. **Código de Processo Civil anotado.** 16. ed. rev., atual. e ampl. Rio de Janeiro: Forense, 2012, p. 731.

§ 3º A técnica de julgamento prevista neste artigo aplica-se, igualmente, ao julgamento não unânime proferido em:

I – ação rescisória, quando o resultado for a rescisão da sentença, devendo, nesse caso, seu prosseguimento ocorrer em órgão de maior composição previsto no regimento interno;

II – agravo de instrumento, quando houver reforma da decisão que julgar parcialmente o mérito.

§ 4º Não se aplica o disposto neste artigo ao julgamento:

I – do incidente de assunção de competência e ao de resolução de demandas repetitivas;

II – da remessa necessária;

III – não unânime proferido, nos tribunais, pelo plenário ou pela corte especial.

 COMENTÁRIOS:

Substitutivo dos embargos infringentes. Desde o projeto inicial enviado ao Senado Federal (PLS nº 166/2010) optou-se por expungir os embargos infringentes do rol de recursos existentes no CPC (art. 994), o que foi aceito pelos Senadores na votação do texto final.

Ocorre que, em contrapartida, o legislador criou uma espécie de incidente que acabará atuando como um sucessor dos embargos infringentes. Aos moldes desse recurso, na "prorrogação" do julgamento faculta-se às partes fazer nova sustentação oral, perante os novos julgadores; em verdade, perante todos, porque todos participarão dessa nova fase; os que não votaram votarão, e os que já haviam votado poderão votar de novo, isto é, rever os seus votos.

A diferença, entre outras, é que, como espécie recursal, os embargos infringentes dependiam de uma atuação da parte prejudicada, ou seja, deveria estar presente a voluntariedade para a sua interposição. Em outras palavras, era necessária uma petição recursal para movimentar o órgão recursal; agora, ele agirá de ofício. Ademais, "não haverá mais razões e contrarrazões após o julgamento por maioria de votos, devendo os julgadores se valerem das razões e contrarrazões do recurso de apelação ou agravo de instrumento e dos fundamentos do autor (petição inicial) e do réu na ação rescisória (contestação)".[354] Não há um novo julgamento, mas sim uma prorrogação do jogo, ou melhor, do julgamento iniciado, de forma que haverá somente um acórdão.

Cabimento – Apelação. Colhidos os votos na apelação e não havendo resultado unânime (ou seja, existindo dois votos vencedores e um voto vencido), o julgamento não será encerrado. Deve haver o prosseguimento da sessão com a presença de novos julgadores, em número suficiente para garantir a possibilidade de inversão do resultado inicial. Lembre-se de que a apelação é julgada por órgão colegiado, com a tomada de voto de três juízes (art.

---

[354] NEVES, Daniel Amorim Assumpção. **Manual de direito processual civil.** Salvador: JusPodivm, 2016, p. 1.340.

941, § 2º). Assim, a possibilidade de inversão no resultado do julgamento ocorrerá com a convocação de dois novos juízes.

Tratando-se de apelação, o espectro da incidência dessa técnica de julgamento é bastante amplo. Para esse fim, deve-se levar em conta o julgamento de cada questão, pouco importando se, neste particular, no primeiro tempo do julgamento houve ou não reforma do que foi decidido na sentença, se a questão é de direito substancial ou processual, se trata de questão inerente aos pressupostos de admissibilidade recursal, se questão principal ou prejudicial. Havendo julgamento por maioria, ainda que a divergência seja apenas parcial (em um ou mais pedido recursal), a prorrogação é obrigatória.

Os embargos infringentes eram apresentados como o bode que travava a celeridade, o que não correspondia à verdade. Como se vê, o dilargado espectro dessa tal (a)técnica de julgamento derramou sobre o bode uma substância malcheirosa, esta sim capaz de atravancar o julgamento nos órgãos colegiados. De minha parte, não faltou alerta. Mas, se podemos complicar, para que simplificar? Creio que a doutrina e a jurisprudência vão tentar reduzir o campo de incidência dessa prorrogação para aqueles casos de julgamento de apelação que, por maioria de votos, reforma a sentença de mérito. Mas isso não é o que diz a lei. Quisesse o legislador restringir a hipótese de cabimento da prorrogação do julgamento na apelação, teria procedido como no agravo de instrumento e na ação rescisória (para essas espécies recursais a incidência de prorrogação é bem mais restrita).

Cabimento – Agravo de instrumento. Aqui a hipótese de prorrogação do julgamento é bem mais restrita. Pela literalidade da lei, apenas a hipótese do art. 1.015, II (mérito do processo), comportará a prorrogação, mesmo assim se, na primeira fase do julgamento do recurso, houver reforma da decisão que julgar parcialmente o mérito. Não cabe, pois, prorrogação da decisão que não conhece ou nega seguimento ao recurso ou que resolve questão que não diz respeito ao mérito do processo. Também não cabe se, embora por maioria, o julgamento mantiver a decisão recorrida. Assim, são os seguintes os requisitos para ensejar a prorrogação do julgamento: (a) a questão objeto do agravo de instrumento deve versar sobre a decisão que, no primeiro grau, julgou parcialmente o mérito do processo (sentença parcial de mérito que desafia agravo de instrumento, nos termos do art. 356, § 5º); (b) na primeira fase do julgamento do agravo de instrumento deve ter havido reforma da decisão de primeiro grau.

A limitação do âmbito de incidência da prorrogação do julgamento parece contrariar a lógica. Se o mérito (integral) é julgado na sentença, cabe apelação e, do julgamento desta, cabe prorrogação desde que o julgamento seja por maioria, pouco importando se este foi ou não no mesmo sentido da sentença, bem como se a matéria apreciada refere-se ou não ao mérito da causa. Qual seria a lógica da restriçao quando a decisão recorrida tratar de sentença parcial (porque julgou apenas parcialmente o mérito) e, portanto, o recurso interposto for agravo de instrumento? Nunca consegui alcançar a recôndita razão do julgador. E olha que já fiz a pergunta a juristas de nomeada. Não obstante a falta de lógica, a lógica da restrição é mais lógica do que a lógica da amplitude (no caso da prorrogação no julgamento da apelação). A regra é clara. Assim, fica a sugestão aos aplicadores do direito: vamos deixar as coisas como estão na lei. Não há espaço para o principiologismo.

Cabimento – Ação Rescisória. No caso da Ação Rescisória, a técnica de julgamento só terá aplicação quando acolhido o pedido de rescisão da decisão rescindenda por maioria de votos. Rejeitado o pedido de rescisão, ainda que em julgamento não unânime, a prorrogação não tem lugar. Segundo disposição do § 3º, segunda parte, não haverá convocação, e sim deslocamento da competência para órgão de maior composição previsto no regimento interno. Exemplo: se a rescisória é julgada numa câmara com cinco membros, pode a prorrogação do julgamento se dar num grupo de câmaras com dez membros. Tudo vai depender do regimento interno do tribunal. Uma coisa é certa: os julgadores que participaram da primeira etapa do julgamento devem integrar o órgão regimental para o qual foi deslocada a fase da prorrogação. É como se o jogo mudasse de campo, mantendo-se os jogadores originais e a eles fossem acrescentados outros, de forma a possibilitar a inversão do resultado inicial. Se assim não for, não se pode falar em prosseguimento do julgamento, mas sim em novo julgamento, por um órgão com maior número de membros.

Convocação de novos julgadores. A convocação deve observar as regras previstas no regimento interno, que deve estabelecer critérios objetivos para tal finalidade, sob pena de ofensa ao princípio do juízo natural.

Continuidade da sessão. A continuidade do julgamento, sobretudo na apelação e no agravo de instrumento, deverá ocorrer, preferencialmente, na mesma sessão. É o que ocorre em tribunais que mantêm câmaras julgadoras com cinco membros: a apelação, por exemplo, é julgada por três deles, formando-se a turma específica. Os outros dois, integrantes de outra formação, ficam no aguardo. Se, nesse caso, o julgamento não for unânime, já se aproveita a presença dos outros dois e se colhem seus votos, encerrando-se o julgamento. Mesmo nesse caso, pode-se insistir na repetição da sustentação oral. Não obstante presentes à sessão, de regra os juízes que não participam do julgamento a ele ficam alheios, envolvidos com outras tarefas. Estavam presentes em corpo, mas não em alma. Assim, não me parece correto inferir que a sustentação oral será automaticamente dispensada pelo simples fato de haver continuidade na mesma sessão. No mínimo, há que se indagar dos julgadores se estão aptos a votar. Somente eles poderão dizer se estão aptos, se pretendem a repetição da sustentação oral ou se pedem vista para melhor exame dos autos. Por outro lado, nada obsta a que o patrono que incialmente não manifestou interesse em sustentar oralmente as razões do recurso possa fazê-lo na fase do prosseguimento do julgamento. O interesse no uso dessa faculdade pode ter surgido exatamente da divergência que dá ensejo ao prosseguimento do julgamento.

Alteração do voto. Como o julgamento não se encerrou, o julgador que já tiver proferido seu voto pode revê-lo por ocasião do prosseguimento da sessão. Se o julgador que já proferiu o voto for afastado ou substituído, essa regra não tem aplicação. Nesse caso, vale o disposto no § 1º do art. 941: "O voto poderá ser alterado até o momento da proclamação do resultado pelo presidente, salvo aquele já proferido por juiz afastado ou substituído."

Não cabimento. Segundo disposto no § 4º, não há prosseguimento de julgamento no incidente de assunção de competência, no incidente de resolução de demandas repetitivas e no reexame necessário. A meu ver, a prorrogação, por se tratar de técnica prevista em regra excepcional, só é viável nos casos expressamente estabelecidos no art. 942, ou seja, na apelação, no agravo de instrumento e na ação rescisória. Assim, desnecessária me afigura a disposição do § 4º.

Pela mesma razão e também por questão lógica, igualmente desnecessário me parece afirmar – como o faz o Enunciado nº 466 do FPPC – que a técnica da prorrogação não é aplicável aos embargos infringentes pendentes de julgamento ao tempo do início da vigência do novo CPC.

CPC/2015	CPC/1973
Art. 943. Os votos, os acórdãos e os demais atos processuais podem ser registrados em documento eletrônico inviolável e assinados eletronicamente, na forma da lei, devendo ser impressos para juntada aos autos do processo quando este não for eletrônico.	Art. 556. [...]
	Parágrafo único. Os votos, acórdãos e demais atos processuais podem ser registrados em arquivo eletrônico inviolável e assinados eletronicamente, na forma da lei, devendo ser impressos para juntada aos autos do processo quando este não for eletrônico.
§ 1º Todo acórdão conterá ementa.	Art. 563. Todo acórdão conterá ementa.
§ 2º Lavrado o acórdão, *sua ementa será* publicada no órgão oficial no prazo de 10 (dez) dias.	Art. 564. Lavrado o acórdão, *serão as suas conclusões* publicadas no órgão oficial dentro de 10 (dez) dias.

 ## COMENTÁRIOS:

Registro eletrônico. O acórdão deve ser originalmente lavrado em meio eletrônico, utilizando-se a assinatura digital. Se os autos também forem digitais, é nessa forma que o julgado deve ser juntado.

Ementa. Trata-se de resumo da matéria tratada no acórdão. Vale salientar que a ausência de ementa não induz nulidade do julgamento, mas pode comprometer a validade da intimação, dificultando, inclusive, a interposição de recurso. Há, no entanto, entendimento divergente no âmbito do STJ, mas bastante antigo (REsp 132.256/MG).

CPC/2015	CPC/1973
Art. 944. **Não publicado o acórdão no prazo de 30 (trinta) dias, contado da data da sessão de julgamento, as notas taquigráficas o substituirão, para todos os fins legais, independentemente de revisão.**	Não há correspondência.
Parágrafo único. **No caso do *caput*, o presidente do tribunal lavrará, de imediato, as conclusões e a ementa e mandará publicar o acórdão.**	

 ## COMENTÁRIOS:

Publicação do acórdão. O acórdão nada mais é do que a decisão proferida por órgão colegiado do Judiciário. Há diversas hipóteses de julgamento monocrático pelo relator (art. 932, por exemplo), mas a regra é o acórdão, que é composto pelos votos dos julgadores, pela ementa, conclusão e assinatura de todos os juízes que participaram do julgamento ou somente a do presidente do órgão julgador, além da revisão dos diversos textos.

A publicação do acórdão, obviamente, pressupõe a sua redação, que de regra cabe ao relator. Ocorre de o relator demorar na execução desse mister, atrasando assim a publicação, meio pelo qual as partes usualmente são intimadas. A demora para intimação, a seu turno, pode acarretar prejuízo às partes. Em razão disso, a norma em comento prevê uma espécie de avocatória. Retardando o relator na redação do acórdão, o que impede a sua publicação, o presidente do tribunal lavrará, de imediato, as conclusões e a ementa e mandará publicar o acórdão. Na verdade, os regimentos atribuem essa incumbência aos presidentes dos órgãos fracionários, ficando reservada ao presidente do tribunal somente naquelas hipóteses em que presidir a sessão de julgamento (do plenário, por exemplo) e o acórdão não for publicado no prazo de 30 (trinta) dias, contado da data da sessão de julgamento.

Com a publicação da ementa, poderá o patrono da parte se dirigir à secretaria para conhecer o teor do acórdão. Pelo que prevê o dispositivo, este encontrará não o texto dos diversos votos que compõem o acórdão, mas apenas as notas taquigráficas. Mas o advogado não é obrigado a dominar (método abreviado ou simbólico de escrita). E então, como conhecer do conteúdo do que foi votado, para efeito de cumprimento ou de recurso? De duas uma: ou contrata um taquígrafo para decifrar o que foi dito e escrito por esse método, ou requer essa providência ao presidente do órgão julgador.

Atuei por nove anos como desembargador do Tribunal de Justiça de Minas Gerais. Para mim, as hipóteses de que trata o dispositivo em comento soam como algo jurássico. De regra, naquele tribunal, as votações são feitas virtualmente, e a composição do acórdão é quase imediata. Quando o julgamento é feito em sessão presencial, de um modo geral, os votos são lançados antecipadamente no sistema informatizado, o que possibilita que o acórdão seja redigido antes mesmo da sessão; proclamado o resultado, o acórdão é assinado digitalmente e está pronto para a publicação. Somente em casos excepcionais de alteração do voto, principalmente em decorrência de argumentação lançada na tribuna pelos advogados, é que o acórdão precisa ser refeito, mas nada que demore mais que alguns dias.

Não vislumbro em que a providência preconizada no dispositivo pode contribuir para a efetividade. Juntar notas taquigráficas aos autos não parece ter qualquer utilidade. Melhor seria o estabelecimento de sanção ao julgador faltoso. A emenda apenas muda, mas em nada melhora a qualidade do soneto.

CPC/2015	CPC/1973
Art. 945. A critério do órgão julgador, o julgamento dos recursos e dos processos de competência originária que não admitem sustentação oral poderá realizar-se por meio eletrônico. (Revogado pela Lei nº 13.256/2016) § 1º O relator cientificará as partes, pelo Diário da Justiça, de que o julgamento se fará por meio eletrônico. § 2º Qualquer das partes poderá, no prazo de 5 (cinco) dias, apresentar memoriais ou discordância do julgamento por meio eletrônico. § 3º A discordância não necessita de motivação, sendo apta a determinar o julgamento em sessão presencial. § 4º Caso surja alguma divergência entre os integrantes do órgão julgador durante o julgamento eletrônico, este ficará imediatamente suspenso, devendo a causa ser apreciada em sessão presencial.	Não há correspondência.
Art. 946. O agravo de instrumento será julgado antes da apelação interposta no mesmo processo. Parágrafo único. Se ambos os recursos de que trata o caput houverem de ser julgados na mesma sessão, terá precedência o agravo de instrumento.	Art. 559. A apelação não será incluída em pauta antes do agravo de instrumento interposto no mesmo processo. Parágrafo único. Se ambos os recursos houverem de ser julgados na mesma sessão, terá precedência o agravo.

 **COMENTÁRIOS:**

Ordem de julgamento. A regra prevista no CPC/1973 se mantém: o julgamento do agravo antecede o da apelação, porquanto o resultado desta poderá interferir no julgamento daquele. Tome-se o exemplo do agravo que reforma decisão de indeferimento de produção probatória: a decisão implicará conversão do julgamento da apelação em diligência, retornando à primeira instância para formação de novo acervo probatório.

Capítulo III
Do Incidente de Assunção de Competência

CPC/2015	CPC/1973
Art. 947. É admissível a assunção de competência quando o julgamento de recurso, de remessa necessária ou de processo de competência originária envolver relevante questão de direito, com grande repercussão social, sem repetição em múltiplos processos. § 1º Ocorrendo a hipótese de assunção de competência, o relator proporá, de ofício ou a requerimento da parte, do Ministério Público ou da Defensoria Pública, que seja o recurso, a remessa necessária ou o processo de competência originária julgado pelo órgão colegiado que o regimento indicar. § 2º O órgão colegiado julgará o recurso, a remessa necessária ou o processo de competência originária se reconhecer interesse público na assunção de competência. § 3º O acórdão proferido em assunção de competência vinculará todos os juízes e órgãos fracionários, exceto se houver revisão de tese. § 4º Aplica-se o disposto neste artigo quando ocorrer relevante questão de direito a respeito da qual seja conveniente a prevenção ou a composição de divergência entre câmaras ou turmas do tribunal.	Art. 555. [...] § 1º ~~Ocorrendo~~ relevante questão de direito, ~~que faça conveniente prevenir ou compor divergência entre câmaras ou turmas do tribunal, poderá o relator propor seja o recurso julgado pelo órgão colegiado que o regimento indicar; reconhecendo o interesse público na assunção de competência, esse órgão colegiado julgará o recurso.~~

 COMENTÁRIOS:

Noções gerais. O incidente de assunção de competência permite que o relator submeta o julgamento de determinada causa ao órgão colegiado de maior abrangência dentro do tribunal, conforme dispuser o regimento interno. A causa deve envolver relevante questão de direito, com grande repercussão social, de forma a justificar a apreciação pelo plenário, órgão especial ou outro órgão previsto no regimento interno para assumir a competência para julgamento do feito. Conforme se deduz do art. 555 do CPC/1973, a assunção de competência somente tinha lugar no julgamento da apelação ou do agravo, ou seja, nos tribunais de segundo grau. Já de acordo com o novo CPC, em qualquer recurso, na remessa necessária ou nas causas de competência originária, poderá ocorrer a instauração do incidente.

Assim, de acordo com a nova legislação, em qualquer julgamento jurisdicional cível levado a efeito nos Tribunais de Justiça dos Estados e do Distrito Federal, nos TRFs, no STJ e no STF, atendidos os pressupostos legais, será admissível a assunção de competência.

Requisitos. Para instauração do incidente, é preciso que sejam preenchidos alguns requisitos:

(i) *O feito em tramitação deve envolver relevante questão de direito, que tenha grande repercussão social.* Não é necessário que haja repetição de processos, como se passa com o incidente de resolução de demandas repetitivas, mas sim a relevância para a sociedade do que restar decidido. Por exemplo, uma questão previdenciária que interessa a uma significativa parcela da população é relevante e tem repercussão social. Deve-se entender a expressão "sem repetição em múltiplos processos", contida no *caput*, como a prescindibilidade da efetiva repetição de processos que contenham idêntica questão de direito (requisito para a instauração do incidente de resolução de demandas repetitivas), e não como uma exigência. Aliás, a repetição da questão em recursos ou causas de competência originária diversas é que vai ensejar a prevenção ou a composição de divergência entre Câmara ou turmas do tribunal (§ 4º).

(ii) *Conveniência de prevenir ou compor divergência entre Câmara ou turmas do mesmo tribunal no que respeita ao julgamento da relevante questão de direito, com grande repercussão social.* Essa conveniência é apreciada em dois momentos: por órgão originariamente competente para conhecer do feito, ou seja, por câmara ou turma do tribunal e por órgão com competência definida no regimento interno para assumir a competência para julgar o feito. A prevenção de divergência ocorrerá porque esse julgamento irá impor-se como precedente de aplicação obrigatória por todos os juízes e órgãos fracionários do tribunal.

(iii) *Proposição do relator do feito ao órgão fracionário originariamente competente para o julgamento, no sentido de que seja este deslocado para o órgão que o regimento indicar.* A proposição poderá ser feita de ofício ou mediante requerimento de uma das partes, do Ministério Público ou da Defensoria Pública. Ainda que não atuem no processo, o interesse social decorrente da constituição de precedente com força obrigatória justifica a atuação do Ministério Público ou da Defensoria Pública. A decisão que negar o requerimento é impugnável por agravo interno.

Procedimento. As regras específicas de tramitação do incidente continuarão a ser previstas no regimento interno dos tribunais. O regramento mínimo encontra-se no CPC/2015. O relator do feito – de ofício ou a pedido das partes, do Ministério Público ou da Defensoria Pública – propõe à câmara ou turma que se desloque a competência para o órgão colegiado que o regimento interno do tribunal indicar. Esse órgão poderá constituir-se num grupo de câmaras, ser o órgão especial ou o pleno do tribunal; o certo é que terá uma composição que numericamente, levando-se em conta a natureza da matéria, represente a maioria do tribunal. A câmara ou turma, acatando a proposição, lavra acórdão e remete o feito ao órgão designado no Regimento. Em seguida, o processo é submetido a nova distribuição, com sorteio do relator.

O relator do incidente, no exercício do juízo de admissibilidade, procede à análise dos pressupostos para a assunção da competência. Admitindo-o, lança relatório nos autos, elabora voto e procede na forma do regimento interno, que por certo contemplará a revisão. Da decisão monocrática que inadmite o incidente, cabe agravo interno para o colegiado. Da decisão do órgão fracionário, admitindo ou inadmitindo o incidente, não há previsão de recurso. O mesmo se passa com relação à decisão do órgão competente para julgar o incidente quanto ao juízo de admissibilidade (Exemplo: se o colegiado inadmite o incidente e determina o retorno dos autos à câmara ou turma, essa decisão é irrecorrível. Havendo decisão sobre o mérito, cabíveis serão os recursos previstos no CPC/2015).

Força normativa do julgado. O § 3º garante a vinculação de todos os juízes e órgãos fracionários do respectivo tribunal ao entendimento firmado no incidente de assunção de competência. Trata-se, portanto, de um precedente de força obrigatória, cuja inobservância pode ensejar a propositura de reclamação na forma do art. 988, IV, do CPC/2015.

Capítulo IV
Do Incidente de Arguição de Inconstitucionalidade

CPC/2015	CPC/1973
Art. 948. Arguida, **em controle difuso**, a inconstitucionalidade de lei ou de ato normativo do poder público, o relator, após ouvir o Ministério Público **e as partes**, submeterá a questão à turma ou à câmara à qual competir o conhecimento do processo.	Art. 480. Arguida a inconstitucionalidade de lei ou de ato normativo do poder público, o relator, ouvido o Ministério Público, submeterá a questão à turma ou câmara, a que tocar o conhecimento do processo.
Art. 949. Se a arguição for: I – rejeitada, prosseguirá o julgamento; II – acolhida, *a questão será submetida ao plenário do tribunal ou ao seu órgão especial, onde houver*. Parágrafo único. Os órgãos fracionários dos tribunais não submeterão ao plenário ou ao órgão especial a arguição de inconstitucionalidade quando já houver pronunciamento destes ou do plenário do Supremo Tribunal Federal sobre a questão.	Art. 481. Se a alegação for rejeitada, prosseguirá o julgamento; se for acolhida, *será lavrado o acórdão, a fim de ser submetida a questão ao tribunal pleno.* Parágrafo único. Os órgãos fracionários dos tribunais não submeterão ao plenário, ou ao órgão especial, a arguição de inconstitucionalidade, quando já houver pronunciamento destes ou do plenário do Supremo Tribunal Federal sobre a questão.
Art. 950. Remetida cópia do acórdão a todos os juízes, o presidente do tribunal designará a sessão de julgamento. § 1º As pessoas jurídicas de direito público responsáveis pela edição do ato questionado poderão manifestar-se no incidente de inconstitucionalidade se assim o requererem, observados os prazos e as condições previstos no regimento interno do tribunal. § 2º *A parte legitimada à propositura das ações previstas* no art. 103 da Constituição Federal poderá manifestar-se, por escrito, sobre a questão constitucional objeto de apreciação, no prazo previsto pelo regimento interno, sendo-lhe assegurado o direito de apresentar memoriais ou de requerer a juntada de documentos. § 3º Considerando a relevância da matéria e a representatividade dos postulantes, o relator poderá admitir, por despacho irrecorrível, a manifestação de outros órgãos ou entidades.	Art. 482. Remetida a cópia do acórdão a todos os juízes, o presidente do tribunal designará a sessão de julgamento. § 1º ~~O Ministério Público e~~ as pessoas jurídicas de direito público responsáveis pela edição do ato questionado, se assim o requererem, poderão manifestar-se no incidente de inconstitucionalidade, observados os prazos e condições fixados no Regimento Interno do Tribunal. § 2º *Os titulares do direito de propositura referidos* no art. 103 da Constituição poderão manifestar-se, por escrito, sobre a questão constitucional objeto de apreciação ~~pelo órgão especial ou pelo Pleno do Tribunal~~, no prazo fixado em Regimento, sendo-lhes assegurado o direito de apresentar memoriais ou de pedir a juntada de documentos. § 3º O relator, considerando a relevância da matéria e a representatividade dos postulantes, poderá admitir, por despacho irrecorrível, a manifestação de outros órgãos ou entidades.

COMENTÁRIOS AOS ARTS. 948 A 950:

Controle abstrato e controle difuso. O controle concentrado ou abstrato é exercido sobre a lei em tese por meio da ação direta de inconstitucionalidade e da ação declaratória de constitucionalidade. Para a ação direta de inconstitucionalidade, tem legitimidade uma das pessoas ou órgãos enumerados no art. 103, *caput*, da Constituição de República, e o julgamento compete ao Supremo Tribunal Federal e aos Tribunais de Justiça dos Estados, a depender do parâmetro adotado: Constituição Federal ou Constituição Estadual. A legitimidade para a ação declaratória de constitucionalidade, conforme estabelecia o art. 103, § 4º, da CF, era restrita ao Presidente da República, à Mesa do Senado Federal, à Mesa da Câmara dos Deputados ou ao Procurador-Geral da República. Contudo, a EC nº 45/2004 conferiu novo tratamento à matéria, igualando o rol de legitimados da ADI e da ADC, nos termos do art. 103, *caput*, da CF.

O controle difuso ou incidental é exercido pelo órgão (monocrático ou colegiado) judicial, a quem compete o julgamento do caso concreto. Quando o juiz, no julgamento de demanda, afasta a aplicação de lei ou de ato normativo do Poder Público por considerá-los inconstitucionais, está exercendo o controle difuso. É esse o tipo de controle que o CPC regula.

Legitimidade. Têm legitimidade para arguir a prejudicial[355] de inconstitucionalidade as partes (incluindo-se os litisconsortes, os assistentes e os intervenientes); o Ministério Público, quando funcionar no processo, seja como parte ou *custos legis,* e qualquer um dos juízes componentes do órgão julgador do recurso ou da causa originária.

Declaração de inconstitucionalidade. Quando se trata de julgamento por juiz monocrático (de primeiro grau), a inconstitucionalidade da lei ou do ato normativo nem sequer é declarada formalmente. Na motivação da sentença, expõe o juiz as razões por que não vai aplicar a lei, lança as bases do julgamento. No dispositivo, levando-se em conta a incompatibilidade da lei com a Constituição, vai julgar procedente ou improcedente o pedido formulado, sem, no entanto, declarar a inconstitucionalidade.

Entretanto, quando se trata de julgamento a ser proferido por tribunal, seja em matéria de competência originária (ação rescisória, por exemplo) ou recursal (apelação, por exemplo), o controle difuso da constitucionalidade torna-se mais complexo. Ocorre que, em face do disposto no art. 97 da CF/1988, "somente pelo voto da maioria absoluta de seus membros ou dos membros do respectivo órgão especial poderão os tribunais declarar a inconstitucionalidade de lei ou ato normativo do Poder Público". Vemos que um juiz pode afastar a aplicação de uma lei. O mesmo, todavia, não pode ser feito por um órgão fracionário do tribunal (a turma, por exemplo, no julgamento da apelação), mas somente pelo tribunal pleno ou pelo órgão especial, exceto se já houver pronunciamento destes ou do plenário do STF sobre a questão (art. 949, parágrafo único). Nesse sentido, dispõe a Súmula Vinculante 10 do STF que "Viola a cláusula de reserva de plenário (CF, artigo 97) a decisão de órgão

---

[355] É prejudicial porque, antes de proceder ao julgamento do recurso ou da causa originária no tribunal, há de apreciar a inconstitucionalidade. A constitucionalidade da lei é uma condicionante para sua aplicação.

fracionário de Tribunal que, embora não declare expressamente a inconstitucionalidade de lei ou ato normativo do Poder Público, afasta sua incidência, no todo ou em parte."[356]

Procedimento. Arguida a inconstitucionalidade de uma lei, o órgão julgador (turma ou câmara) suspende o julgamento do recurso ou da causa originária em si, para apreciar tão somente a prejudicial de inconstitucionalidade (art. 948). Suspenso o julgamento, ouve--se o Ministério Público – se for necessária a sua intervenção (art. 179) – e as partes sobre a prejudicial de inconstitucionalidade.

Evidentemente, se o Ministério Público arguiu a inconstitucionalidade (como parte ou *custos legis*), não será ouvido. Em seguida, o órgão fracionário aprecia a prejudicial. Manifestando-se a maioria dos membros do mencionado órgão pela constitucionalidade da norma, o julgamento retoma o curso normal (art. 949). Ao contrário, se a maioria decide pela inconstitucionalidade, a questão será submetida ao plenário ou ao seu órgão especial.

Entendendo o órgão fracionário pela inconstitucionalidade da norma, o julgamento da causa passa a ser complexo, em face da cisão da competência.[357] O tribunal pleno decidirá a prejudicial de inconstitucionalidade da lei; e o órgão fracionário, as demais questões.

No tribunal pleno, o incidente é processado na forma do art. 950. A inconstitucionalidade só será declarada se alcançado o *quorum* constitucional, isto é, se votar pela inconstitucionalidade a maioria absoluta dos membros do tribunal (mais da metade dos membros). Se a decisão for apenas da maioria simples (maioria dos votantes), a lei não será declarada inconstitucional.

Concluído o julgamento no tribunal pleno, lavra-se o acórdão e os autos retornam ao órgão fracionário, onde se prosseguirá no julgamento das outras questões da causa ou recurso, exceto da prejudicial.

Da decisão do tribunal pleno, declarando ou não a inconstitucionalidade arguida, não cabe recurso algum. Eventual recurso (REsp ou RE, *v.g.*) só será cabível após concluído o julgamento no órgão fracionário.

Fica excluída a remessa da arguição incidente de inconstitucionalidade quando o plenário, ou órgão especial do próprio tribunal onde foi ou poderia ter sido suscitado o incidente, já tiver se pronunciado sobre a constitucionalidade ou inconstitucionalidade da lei questionada (art. 949, parágrafo único). Nesse caso, o órgão fracionário (turma, câmara, câmaras reunidas, seção) deve aplicar a decisão anterior do plenário do STF ou do próprio tribunal que considerou constitucional ou inconstitucional a lei questionada. Essa feição dada ao incidente de inconstitucionalidade significa que o legislador optou por dar eficácia vinculante aos pronunciamentos dos órgãos superiores.

---

[356] Ressalte-se que a decisão proferida por juiz singular, sobre o tema de inconstitucionalidade, não gera ofensa a referida súmula. "Isso porque é inviável a aplicação da súmula ou da cláusula de reserva de plenário, dirigida a órgãos judicantes colegiados, a juízo de caráter singular, por absoluta impropriedade, quando da realização de controle difuso de constitucionalidade" (STF, Rcl 13.158, Rel. Min. Dias Toffoli, DJe 15.08.2012).

[357] No controle difuso, o pronunciamento do plenário ou do órgão especial irá se restringir à análise da inconstitucionalidade da lei em tese, sendo o julgamento do caso concreto feito pelo órgão fracionário, que ficará vinculado àquele pronunciamento. Nesse caso ocorre uma divisão horizontal de competência funcional entre o plenário (ou órgão especial), a quem cabe decidir a questão da inconstitucionalidade em decisão irrecorrível, e o órgão fracionário, responsável pelo julgamento da causa. Esse procedimento é denominado pela doutrina cisão funcional de competência.

Capítulo V
Do Conflito de Competência

CPC/2015	CPC/1973
Art. 951. O conflito de competência pode ser suscitado por qualquer das partes, pelo Ministério Público ou pelo juiz. Parágrafo único. O Ministério Público *somente será ouvido nos conflitos de competência relativos aos processos previstos no art. 178*, mas terá qualidade de parte nos conflitos que suscitar.	Art. 116. O conflito pode ser suscitado por qualquer das partes, pelo Ministério Público ou pelo juiz. Parágrafo único. O Ministério Público *será ouvido em todos os conflitos de competência*; mas terá qualidade de parte naqueles que suscitar.
Art. 952. Não pode suscitar conflito a parte que, no processo, *arguiu incompetência relativa*. Parágrafo único. O conflito de competência não obsta, porém, a que a parte que não o arguiu *suscite a incompetência*.	Art. 117. Não pode suscitar conflito a parte que, no processo, *ofereceu exceção de incompetência*. Parágrafo único. O conflito de competência não obsta, porém, a que a parte, que o não suscitou, *ofereça exceção declinatória do foro*.
Art. 953. O conflito será suscitado ao tribunal: I – pelo juiz, por ofício; II – pela parte e pelo Ministério Público, por petição. Parágrafo único. O ofício e a petição serão instruídos com os documentos necessários à prova do conflito.	Art. 118. O conflito será suscitado ao ~~presidente do~~ tribunal: I – pelo juiz, por ofício; II – pela parte e pelo Ministério Público, por petição. Parágrafo único. O ofício e a petição serão instruídos com os documentos necessários à prova do conflito.
Art. 954. Após a distribuição, o relator determinará a oitiva dos juízes em conflito ou, se um deles for suscitante, apenas do suscitado. Parágrafo único. No prazo designado pelo relator, incumbirá ao juiz ou aos juízes prestar as informações.	Art. 119. Após a distribuição, o relator mandará ouvir os juízes em conflito, ou apenas o suscitado, se um deles for suscitante; dentro do prazo assinado pelo relator, caberá ao juiz ou juízes prestar as informações.
Art. 955. O relator poderá, de ofício ou a requerimento de qualquer das partes, determinar, quando o conflito for positivo, o sobrestamento do processo e, nesse caso, bem como no de conflito negativo, designará um dos juízes para resolver, em caráter provisório, as medidas urgentes. Parágrafo único. O relator poderá julgar de plano o conflito de competência **quando sua decisão se fundar em:** I – *súmula do Supremo Tribunal Federal, do Superior Tribunal de Justiça ou do próprio tribunal;* II – **tese firmada em julgamento de casos repetitivos ou em incidente de assunção de competência.**	Art. 120. Poderá o relator, de ofício, ou a requerimento de qualquer das partes, determinar, quando o conflito for positivo, seja sobrestado o processo, mas, neste caso, bem como no de conflito negativo, designará um dos juízes para resolver, em caráter provisório, as medidas urgentes. Parágrafo único. *Havendo jurisprudência dominante do tribunal sobre a questão suscitada*, o relator poderá decidir de plano o conflito de competência, ~~cabendo agravo, no prazo de cinco dias, contado da intimação da decisão às partes, para o órgão recursal competente.~~
Art. 956. Decorrido o prazo **designado pelo relator**, será ouvido o Ministério Público, no prazo de 5 (cinco) dias, ainda que as informações não tenham sido prestadas, e, em seguida, *o conflito irá a julgamento*.	Art. 121. Decorrido o prazo, com informações ou sem elas, será ouvido, em 5 (cinco) dias, o Ministério Público; em seguida o *relator apresentará o conflito em sessão de julgamento*.

Art. 957. Ao decidir o conflito, o tribunal declarará qual o *juízo* competente, pronunciando-se também sobre a validade dos atos do *juízo* incompetente. Parágrafo único. Os autos do processo em que se manifestou o conflito serão remetidos ao juiz declarado competente.	Art. 122. Ao decidir o conflito, o tribunal declarará qual o *juiz* competente, pronunciando-se também sobre a validade dos atos do *juiz* incompetente. Parágrafo único. Os autos do processo, em que se manifestou o conflito, serão remetidos ao juiz declarado competente.

 ## COMENTÁRIOS AOS ARTS. 951 A 957:

Conflito de competência. Segundo o disposto no art. 66, há conflito de competência quando: (i) 2 (dois) ou mais juízes se declaram competentes; (ii) 2 (dois) ou mais juízes se consideram incompetentes, atribuindo um ao outro a competência; (iii) entre 2 (dois) ou mais juízes surge controvérsia acerca da reunião ou separação de processos.

O conflito será positivo quando os juízes se declaram competentes; e negativo na hipótese contrária.

Legitimidade para suscitar o conflito. O conflito pode ser suscitado por qualquer das partes – exceto por aquela que, no processo, arguiu a incompetência relativa (art. 952) –, bem como pelo Ministério Público ou pelo juiz ao tribunal hierarquicamente superior aos juízes envolvidos na divergência (arts. 951 e 953). Nos conflitos que envolvam órgãos fracionários dos tribunais, desembargadores e juízes em exercício no tribunal, o conflito de competência será suscitado segundo as regras constantes do regimento interno no respectivo tribunal (art. 958).

Procedimento. Em regra, o conflito será distribuído, no Tribunal, a um relator, que poderá, de ofício ou a requerimento das partes, determinar, quando o conflito for positivo, seja sobrestado o processo, e nesse caso, bem como no de conflito negativo, designará um dos juízes para resolver, em caráter provisório, as medidas urgentes (art. 955). O julgamento do conflito compete a uma turma ou câmara, conforme dispuser o regimento interno de cada tribunal. Pode, entretanto, o relator decidir de plano o conflito de competência, mediante decisão monocrática, quando esta se fundar em súmula do Supremo Tribunal Federal, do Superior Tribunal de Justiça ou do próprio tribunal ao qual o relator está vinculado, bem como quando tiver por base tese firmada em julgamento de casos repetitivos ou em incidente de assunção de competência (art. 955, parágrafo único, I e II).

Diferentemente do Código anterior, o CPC/2015 esclareceu o que deve ser considerado "jurisprudência" para que o relator possa decidir o conflito de plano. Com efeito, se houver súmula do STF, do STJ ou do próprio tribunal sobre a matéria ou se já tiver sido firmada tese em recursos repetitivos ou em incidente de assunção de competência, em vez de remeter o caso à Turma ou Câmara, o relator poderá proferir julgamento de forma monocrática, sem que haja ofensa ao princípio da colegialidade. Trata-se, naturalmente, de uma opção do relator, que dependerá sempre do seu grau de convencimento quanto à possibilidade (ou não) de aplicação da tese dominante ao caso concreto. Nas palavras de Cândido Rangel Dinamarco, ao relator competirá, "com honestidade profissional, abster-se de julgar quando sentir que a matéria não é tão segura que legitime esses verdadeiros atalhos procedimentais instituídos pela lei".[358] Da decisão do relator caberá agravo interno, no prazo de quinze dias (art. 1.021).

Se não for o caso de julgar o conflito de competência na forma do parágrafo único do art. 955, o relator deverá determinar a oitiva dos juízes em conflito ou, se um deles for o suscitante, apenas do suscitado. Caberá ao juiz (ou juízes) prestar as informações solicitadas pelo relator, em prazo assinalado por este, findo o qual será ouvido o membro do Ministério Público (arts. 954 e 956). Ressalte-se que a oitiva do Ministério Público deve ocorrer apenas nos casos em que a causa necessitar de sua intervenção como *custos legis*, ou seja, nas hipóteses do art. 178.

Após a oitiva do membro do Ministério Público, se for o caso, o relator apresentará o conflito em sessão de julgamento, cabendo ao tribunal: (a) declarar qual o juiz competente para processar e julgar a ação; e (b) pronunciar acerca da validade dos atos praticados pelo juiz incompetente (art. 957).

CPC/2015	CPC/1973
Art. 958. No conflito *que envolva órgãos fracionários dos tribunais,* desembargadores e juízes em exercício no tribunal, observar-se-á o que dispuser o regimento interno do tribunal.	Art. 123. No conflito *entre turmas, seções, câmaras,* ~~Conselho Superior da Magistratura,~~ juízes de segundo grau e desembargadores, observar-se-á o que dispuser a respeito o regimento interno do tribunal.

 COMENTÁRIOS:

Conflito interno. Nos casos de conflito interno (entre turmas, seções ou câmaras) deve ser observado o que dispuser o regimento. Aplicam-se, de forma subsidiária, as normas do Código de Processo Civil, razão pela qual muitos dos regimentos internos até mesmo reproduzem determinados artigos do CPC. Por exemplo, o conflito de competência no âmbito do STJ está disposto nos arts. 193 a 198 do RISTJ, e boa parte desses dispositivos reproduz as regras constantes na lei processual.

CPC/2015	CPC/1973
Art. 959. O regimento interno do tribunal regulará o processo e o julgamento do conflito de atribuições entre autoridade judiciária e autoridade administrativa.	Art. 124. Os regimentos internos dos tribunais regularão o processo e julgamento do conflito de atribuições entre autoridade judiciária e autoridade administrativa.

 COMENTÁRIOS:

Conflito de atribuições. Existindo conflito entre autoridade judiciária e autoridade administrativa, estar-se-á diante de um conflito de atribuições. Essa espécie de conflito, segundo o STJ, "ocorre quando autoridades de dois Poderes diferentes, no desempenho de atividades administrativas, se julgam competentes para a edição de ato administrativo análogo" (AgRg noCAt 150/SP).

---

358 DINAMARCO, Cândido Rangel. **O relator, a jurisprudência e os recursos.** Aspectos polêmicos e atuais dos recursos cíveis de acordo com a Lei 9.756/98, coletânea sob coordenação de Teresa Arruda Alvim Wambier e Nelson Nery Jr. São Paulo: Revista dos Tribunais, 1999, p. 127-145.

Capítulo VI
Da Homologação de Decisão Estrangeira
e da Concessão do *Exequatur* à Carta Rogatória

CPC/2015	CPC/1973
Art. 960. **A homologação de decisão estrangeira será requerida por ação de homologação de decisão estrangeira, salvo disposição especial em sentido contrário prevista em tratado.** § 1º **A decisão interlocutória estrangeira poderá ser executada no Brasil por meio de carta rogatória.** § 2º A homologação obedecerá ao que dispuserem **os tratados em vigor no Brasil** e o Regimento Interno do *Superior Tribunal de Justiça*. § 3º **A homologação de decisão arbitral estrangeira obedecerá ao disposto em tratado e em lei, aplicando-se, subsidiariamente, as disposições deste Capítulo.**	Art. 483. [...] Parágrafo único. A homologação obedecerá ao que dispuser o Regimento Interno do *Supremo Tribunal Federal*.

 COMENTÁRIOS:

Noções gerais. O CPC/2015 mantém a premissa de que toda sentença estrangeira necessita de homologação para produção de efeitos dentro do território nacional.[359] Até 2009, a Lei de Introdução às Normas do Direito Brasileiro considerava desnecessária a homologação de sentenças meramente declaratórias do estado das pessoas. A disposição, antes contida no parágrafo único do art. 15, foi revogada pela Lei nº 12.036/2009.[360]

Competência. É exercida pelo Presidente do STJ, mas, no caso de pedido de homologação de sentença estrangeira, se houver contestação, o processo será submetido a julgamento pela Corte Especial (arts. 216-O e 216-T da Emenda Regimental nº 18/2014).

Execução de decisões interlocutórias estrangeiras. O § 1º reconhece a exequibilidade das decisões interlocutórias prolatadas em outros Estados estrangeiros, desde que elas sejam submetidas ao regime das cartas rogatórias. Trata-se de inovação de extrema relevância e que revoga tacitamente o disposto no art. 15, *c*, da LINDB.[361]

---

[359] Nos termos do RISTJ, qualquer provimento, inclusive não judicial, proveniente de uma autoridade estrangeira só terá eficácia no Brasil após sua homologação pelo Superior Tribunal de Justiça (art. 216-A do Regimento Interno do STJ, alterado pela Emenda Regimental nº 18/2014).

[360] A negativa de eficácia desse dispositivo já havia sido inclusive reconhecida pela jurisprudência, conforme decisão do Ministro Celso de Mello, na Pet. Avulsa no 11/MG, ac. 01.10.1997, DJU 10.10.1997, p. 50.940. A Resolução no 9 do STJ não apresenta disposição semelhante, omissão interpretada no mesmo sentido.

[361] LINDB, art. 15. "Será executada no Brasil a sentença proferida no estrangeiro, que reúna os seguintes requisitos: [...] c) ter passado em julgado e estar revestida das formalidades necessárias para a execução no lugar em que foi proferida."

Para produção de seus efeitos em território nacional, a decisão interlocutória passará por procedimento de jurisdição contenciosa no Superior Tribunal de Justiça, a quem caberá analisar o preenchimento dos requisitos formais para exequibilidade da decisão. Nessa análise não haverá aprofundamento do mérito da decisão (técnica denominada "juízo de delibação"),[362] ou seja, se forem atendidos os requisitos formais, o Tribunal concederá a ordem (*exequatur*) para a produção dos efeitos do ato jurisdicional estrangeiro.

Arbitragem estrangeira. A homologação da decisão arbitral estrangeira será regida por um microssistema jurídico: primeiro pela Convenção de Nova Iorque; segundo pela Lei nº 9.307/1996; por fim, caso possua alguma lacuna, o procedimento observará as normas do novo Código de Processo Civil.

CPC/2015	CPC/1973
Art. 961. *A decisão estrangeira somente* terá eficácia no Brasil *após a homologação de sentença estrangeira* ou a concessão do *exequatur* às cartas rogatórias, salvo disposição em sentido contrário de lei ou tratado.	Art. 483. *A sentença proferida por tribunal estrangeiro não* terá eficácia no Brasil *senão depois de homologada pelo Supremo Tribunal Federal*.
§ 1º É passível de homologação a decisão judicial definitiva, bem como a decisão não judicial que, pela lei brasileira, teria natureza jurisdicional.	
§ 2º A decisão estrangeira poderá ser homologada parcialmente.	
§ 3º A autoridade judiciária brasileira poderá deferir pedidos de urgência e realizar atos de execução provisória no processo de homologação de decisão estrangeira.	
§ 4º Haverá homologação de decisão estrangeira para fins de execução fiscal quando prevista em tratado ou em promessa de reciprocidade apresentada à autoridade brasileira.	
§ 5º A sentença estrangeira de divórcio consensual produz efeitos no Brasil, independentemente de homologação pelo Superior Tribunal de Justiça.	
§ 6º Na hipótese do § 5º, competirá a qualquer juiz examinar a validade da decisão, em caráter principal ou incidental, quando essa questão for suscitada em processo de sua competência.	

 ## COMENTÁRIOS:

A homologação e o *exequatur* como pressuposto para a eficácia das decisões estrangeiras. No CPC/2015, tanto as sentenças quanto as decisões interlocutórias proferidas por órgãos jurisdicionais estrangeiros podem ter eficácia e, portanto, ser executadas no Brasil. Houve a explicitação dos atos jurisdicionais estrangeiros admitidos no Brasil. Essa a

---

[362] THEODORO JR., Humberto. **Curso de direito processual civil.** 48. ed. Rio de Janeiro: Forense, 2008. v. 1, p. 767.

razão por que a expressão "sentença proferida por tribunal estrangeiro" foi substituída por "decisão estrangeira". O pressuposto de eficácia é a homologação. Tratando-se de decisão final (sentença, que encerra o procedimento), é cabível a homologação. Sendo uma decisão interlocutória (medidas de urgência, decisão que permite determinada produção probatória, como a oitiva de testemunhas que residam no Brasil etc.), fala-se em concessão de *exequatur*. Nada obsta a que se mude a lei ou celebre tratado internacional, dispensando, em um ou em ambos os casos, a homologação ou o *exequatur*. A competência para homologação ou concessão de *exequatur* é do STJ, nos termos do art. 105, I, *i*, da CF/1988.

O CPC/2015 inova ao dispensar a sentença estrangeira de divórcio consensual de homologação (§ 5º). Nesse caso, a decisão estrangeira terá plena eficácia no Brasil; contudo, nada obsta a que os órgãos jurisdicionais brasileiros possam examinar a validade da decisão estrangeira, podendo essa questão ser suscitada em caráter principal ou incidental (§ 6º).

Homologação de decisão não judicial. Na esteira da jurisprudência do STJ,[363] o CPC/2015 passou a prever a possibilidade de homologação de decisão não judicial – melhor seria do "ato jurídico" –, que pela lei brasileira pode ter natureza jurisdicional. É o caso, por exemplo, da separação e do divórcio consensuais, que, na forma do art. 731 e seguintes, podem ser realizados por acordo entre as partes, por escritura pública, mas também podem ser objeto de ação judicial.

Homologação parcial. A jurisprudência já admitia a homologação parcial de sentença estrangeira. Deve-se registrar que a homologação parcial nem sempre é viável. É o que ocorre, por exemplo, quando um dos capítulos da decisão ofende a ordem pública e este não pode ser cindido do restante do julgado. O STJ já proferiu decisão impedindo a homologação de decisão que permitia a cumulação de correção monetária e variação cambial.[364]

Pedido de tutela antecipada na ação de homologação de decisão estrangeira. O § 3º também segue a trilha da jurisprudência do STJ, que admite a apreciação de pedido de tutela de urgência em ação de homologação de sentença estrangeira.[365] O princípio da

---

[363] "Prevendo a legislação alienígena o divórcio mediante simples ato administrativo, cabível é a sua homologação para que produza efeitos no território brasileiro" (STJ, AgRg na SE 456/JP, Rel. Min. Barros Monteiro, Corte Especial, julgado em 23.11.2006, DJ 05.02.2007). A decisão foi proferida antes da publicação da Lei no 11.441/2007, que introduziu o art. 1.124-A ao CPC/1973, permitindo o divórcio extrajudicial em determinadas hipóteses.

[364] "Tendo a sentença estrangeira determinado a incidência cumulativa, sobre o débito principal, de correção monetária e variação cambial, se mostra inviável a homologação parcial da sentença para extirpar apenas a incidência da correção monetária. A condenação, composta de um valor principal, acrescido de correção monetária e variação cambial, compreende um único capítulo de mérito da sentença, não sendo passível de desmembramento para efeitos de homologação. Como cada débito principal e o seu reajuste compõem um capítulo incindível da sentença, eventual irregularidade maculará integralmente a condenação, inviabilizando a sua homologação como um todo. Do contrário, estar-se-ia admitindo, por via transversa, a modificação do próprio mérito da sentença estrangeira, conferindo-se ao contrato uma nova exegese, diferente daquela dada pelo Tribunal Arbitral" (SEC 2.410/EX, Rel. Min. Francisco Falcão, Rel. p/ Acórdão Min. Nancy Andrighi, Corte Especial, julgado em 18.12.2013, DJe 19.02.2014).

[365] "HOMOLOGAÇÃO DE SENTENÇA ESTRANGEIRA. ARRESTO DE BENS. PEDIDO DE ANTECIPAÇÃO DE TUTELA. AUSÊNCIA DE ELEMENTOS QUE JUSTIFIQUEM A MEDIDA. AGRAVO REGIMENTAL NÃO PROVIDO" (AgRg na SE 5.327/DF, Rel. Min. Ari Pargendler, Corte Especial, julgado em 05.12.2011, DJe 01.02.2012).

tutela jurisdicional adequada se aplica a toda espécie de tutela jurisdicional prestada pela justiça brasileira, inclusive na ação de homologação de sentença estrangeira, e à cooperação internacional de um modo geral.

Execução fiscal de tributo estrangeiro. O § 4º trata de requisito específico para a homologação de decisão proferida em execução fiscal estrangeira. O CPC/2015 exige que haja previsão específica em tratado permitindo a homologação, ou, ainda, promessa de tratamento de reciprocidade entre o Estado estrangeiro e o Estado brasileiro.

CPC/2015	CPC/1973
Art. 962. É passível de execução a decisão estrangeira concessiva de medida de urgência.	Não há correspondência.
§ 1º A execução no Brasil de decisão interlocutória estrangeira concessiva de medida de urgência dar-se-á por carta rogatória.	
§ 2º A medida de urgência concedida sem audiência do réu poderá ser executada, desde que garantido o contraditório em momento posterior.	
§ 3º O juízo sobre a urgência da medida compete exclusivamente à autoridade jurisdicional prolatora da decisão estrangeira.	
§ 4º Quando dispensada a homologação para que a sentença estrangeira produza efeitos no Brasil, a decisão concessiva de medida de urgência dependerá, para produzir efeitos, de ter sua validade expressamente reconhecida pelo juiz competente para dar-lhe cumprimento, dispensada a homologação pelo Superior Tribunal de Justiça.	

 ## COMENTÁRIOS:

Medidas de urgência. Tanto as sentenças quanto as decisões interlocutórias proferidas por órgãos jurisdicionais estrangeiros podem ter eficácia e, portanto, ser executadas no Brasil, desde que submetidas ao juízo de delibação do órgão competente.

A execução de decisão interlocutória é requerida por meio de carta rogatória (§ 1º). O *exequatur*, juízo de delibação necessário à eficácia, é da competência do STJ. Já a execução em si compete à Justiça Federal comum de primeiro grau.

Para a concessão do *exequatur* nos casos em que a carta rogatória contenha pedido de execução de medida de urgência, deve-se verificar se no ordenamento jurídico do país de origem há previsão de contraditório. Qualquer que seja a modalidade de cooperação internacional, o respeito às garantias do devido processo legal no Estado requerente é indispensável (art. 26, I). No que diz respeito especificamente ao provimento concessivo de tutela provisória, nos moldes do modelo constitucional do processo adotado no Brasil, deve haver previsão de contraditório no Estado requerente, ainda que diferido, sob pena de ser negado o *exequatur*. Contudo, não pode o STJ substituir a autoridade jurisdicional estrangeira no exame dos requisitos para o deferimento da medida (§ 3º).

Nos casos em que a homologação da sentença estrangeira é dispensada – exigência de previsão em tratado ou em lei, como por exemplo, a sentença que decreta o divórcio consensual –, também a medida de urgência concedida no respectivo processo independe de homologação ou *exequatur* pelo STJ para produzir efeitos no Brasil. Contudo, o órgão jurisdicional competente para dar-lhe cumprimento – justiça federal de primeiro grau, por exemplo –, antes de exarar o seu "cumpra-se", deve emitir juízo sobre a validade da medida que se pretende cumprir. A atividade do juiz é de mera delibação; restringe-se à averiguação da observância à ordem pública e aos princípios fundamentais do Estado Brasileiro.

CPC/2015	CPC/1973
Art. 963. Constituem requisitos indispensáveis à homologação da decisão: I – **ser proferida por autoridade competente;** II – **ser precedida de citação regular, ainda que verificada a revelia;** III – **ser eficaz no país em que foi proferida;** IV – **não ofender a coisa julgada brasileira;** V – **estar acompanhada de tradução oficial, salvo disposição que a dispense prevista em tratado;** VI – **não conter manifesta ofensa à ordem pública.** Parágrafo único. **Para a concessão do *exequatur* às cartas rogatórias, observar-se-ão os pressupostos previstos no *caput* deste artigo e no art. 962, § 2º.**	Não há correspondência.

 **COMENTÁRIOS:**

Requisitos necessários à homologação. Os requisitos indispensáveis à homologação de uma sentença estrangeira, segundo os arts. 216-C e 216-D da Emenda Regimental nº 18/2014, são: (a) ter a sentença sido proferida por autoridade competente; (b) existir comprovação de terem sido as partes citadas ou haver-se legalmente verificado a revelia; (c) ter a decisão transitado em julgado; (d) estar autenticada pelo cônsul brasileiro e acompanhada de tradução por tradutor oficial ou juramentado no Brasil. O art. 963 do CPC/2015 acrescenta, ainda, a necessidade de a sentença ser eficaz no país em que foi proferida (inciso I), não ofender a coisa julgada brasileira (inciso IV) e não haver sido proferida com manifesta ofensa à ordem pública (inciso VI). Estes últimos também constam da LINDB (art. 17). O STJ deverá, ainda, analisar se a decisão proferida no estrangeiro não contraria os princípios fundamentais de direito existentes no nosso ordenamento jurídico.

Recurso contra a homologação. Apesar de não existir previsão expressa no CPC/2015, o STF[366] admite recurso extraordinário em face da decisão que homologa decisão estrangeira – no caso, sentença –, desde que haja afronta direta à Constituição.

---

[366] Nesse sentido: STF. Plenário. RE 598770/República Italiana, Rel. orig. Min. Marco Aurélio, Red. p/ o acórdão Min. Roberto Barroso, julgado em 12.02.2014.

CPC/2015	CPC/1973
Art. 964. Não será homologada a decisão estrangeira na hipótese de competência exclusiva da autoridade judiciária brasileira. **Parágrafo único. O dispositivo também se aplica** à concessão do *exequatur* à carta rogatória.	Não há correspondência.

 COMENTÁRIOS:

Competência exclusiva. Como já apresentado nos comentários relativos à cooperação internacional, determinadas hipóteses exigem atuação única e exclusiva da jurisdição nacional, sendo ineficaz no território brasileiro qualquer ato produzido por ordem jurisdicional estrangeira que não possa ser homologado ou submetido à concessão de *exequatur*. Exemplos dessas hipóteses estão elencados no art. 23 do CPC/2015.

CPC/2015	CPC/1973
Art. 965. *O cumprimento de decisão estrangeira far-se-á perante o juízo federal competente, a requerimento da parte,* conforme as normas estabelecidas para o cumprimento de decisão nacional. **Parágrafo único. O pedido de execução deverá ser instruído com cópia autenticada da decisão homologatória ou do *exequatur*, conforme o caso.**	**Art. 484.** *A execução far-se-á por carta de sentença extraída dos autos da homologação e* obedecerá às regras estabelecidas para a execução da sentença nacional da mesma natureza.

 COMENTÁRIOS:

Competência para o cumprimento da decisão. A competência para o cumprimento de decisão estrangeira continua sendo dos juízes federais, em consonância com a ordem constitucional (art. 109, X). Cria-se, tão somente, a exigência formal de apresentação da cópia autêntica do ato proveniente da jurisdição brasileira (concessão de *exequatur* ou homologação de sentença).

Capítulo VII
Da Ação Rescisória

CPC/2015	CPC/1973
Art. 966. A *decisão* de mérito, transitada em julgado, pode ser rescindida quando: I – se verificar que foi proferida por força de prevaricação, concussão ou corrupção do juiz; II – for proferida por juiz impedido ou **por juízo** absolutamente incompetente; III – resultar de dolo **ou coação** da parte vencedora em detrimento da parte vencida ou, **ainda, de simulação** ou colusão entre as partes, a fim de fraudar a lei;	**Art. 485.** A *sentença* de mérito, transitada em julgado, pode ser rescindida quando: I – se verificar que foi dada por prevaricação, concussão ou corrupção do juiz; II – proferida por juiz impedido ou absolutamente incompetente; III – resultar de dolo da parte vencedora em detrimento da parte vencida, ou de colusão entre as partes, a fim de fraudar a lei;

IV – ofender a coisa julgada;

V – violar *manifestamente norma jurídica*;

VI – for fundada em prova cuja falsidade tenha sido apurada em processo criminal ou venha a ser demonstrada na própria ação rescisória;

VII – obtiver o autor, *posteriormente ao trânsito em julgado*, *prova nova* cuja existência ignorava ou de que não pôde fazer uso, capaz, por si só, de lhe assegurar pronunciamento favorável;

VIII – for fundada em erro de fato *verificável do exame dos autos*.

§ 1º Há erro **de fato** quando a *decisão rescindenda* admitir fato inexistente ou quando considerar inexistente fato efetivamente ocorrido, sendo indispensável, em ambos os casos, que *o fato não represente ponto controvertido sobre o qual o juiz deveria ter se pronunciado*.

§ 2º **Nas hipóteses previstas nos incisos do** *caput*, **será rescindível a decisão transitada em julgado que, embora não seja de mérito, impeça:**

I – **nova propositura da demanda; ou**

II – **admissibilidade do recurso correspondente.**

§ 3º **A ação rescisória pode ter por objeto apenas 1 (um) capítulo da decisão.**

§ 4º Os atos *de disposição de direitos, praticados pelas partes ou por outros participantes do processo e homologados pelo juízo, bem como os atos homologatórios praticados no curso da execução, estão sujeitos à anulação*, nos termos da lei.

§ 5º **Cabe ação rescisória, com fundamento no inciso V do** *caput* **deste artigo, contra decisão baseada em enunciado de súmula ou acórdão proferido em julgamento de casos repetitivos que não tenha considerado a existência de distinção entre a questão discutida no processo e o padrão decisório que lhe deu fundamento. (Incluído pela Lei nº 13.256/2016)**

§ 6º **Quando a ação rescisória fundar-se na hipótese do § 5º deste artigo, caberá ao autor, sob pena de inépcia, demonstrar, fundamentadamente, tratar-se de situação particularizada por hipótese fática distinta ou de questão jurídica não examinada, a impor outra solução jurídica. (Incluído pela Lei nº 13.256/2016)**

IV – ofender a coisa julgada;

V – violar *literal disposição de lei*;

VI – se fundar em prova, cuja falsidade tenha sido apurada em processo criminal ou seja provada na própria ação rescisória;

VII – *depois da sentença*, o autor obtiver *documento novo*, cuja existência ignorava, ou de que não pôde fazer uso, capaz, por si só, de lhe assegurar pronunciamento favorável;

~~VIII – houver fundamento para invalidar confissão, desistência ou transação, em que se baseou a sentença;~~

IX – fundada em erro de fato, *resultante de atos ou de documentos da causa*.

§ 1º Há erro, quando a *sentença* admitir um fato inexistente, ou quando considerar inexistente um fato efetivamente ocorrido.

§ 2º É indispensável, num como noutro caso, que *não tenha havido controvérsia, nem pronunciamento judicial sobre o fato*.

Art. 486. Os atos *judiciais, que não dependam de sentença, ou em que esta for meramente homologatória, podem ser rescindidos, como os atos jurídicos em geral*, nos termos da lei ~~civil~~.

 ## COMENTÁRIOS:

Rescisão de decisão de mérito (*caput*). Substituiu-se "sentença" por "decisão", termo mais amplo que alberga a sentença, o acórdão, a decisão interlocutória e a decisão monocrática de relator. A rigor, todas essas espécies de decisão comportam ação rescisória. O pressuposto comum a todas elas é que se tenha decidido questão de mérito, com autoridade de coisa julgada.

É preciso lembrar que, seguindo a orientação jurisprudencial, o CPC/2015 admite a rescisória para desconstituir provimento que, embora não seja de mérito, impede a renovação da ação (§ 2º), como nas hipóteses de acolhimento de alegação de peremção, litispendência e coisa julgada (pressupostos negativos), existência de convenção de arbitragem ou reconhecimento, pelo juízo arbitral, da sua própria competência e apreciação de admissibilidade de recurso. Como se vê, a rigor, o principal requisito para o cabimento da rescisória não é necessariamente a decisão de mérito,[367] mas sim a impossibilidade de renovação da ação, a restrição ao acesso da tutela jurisdicional, a impossibilidade de rediscussão da matéria, seja em razão do obstáculo intransponível da coisa julgada material ou formal.

Tratando-se de decisão que contenha mais de um capítulo, ou seja, que contemple a resolução de mais de uma pretensão, a rescisória pode ter por objeto apenas um capítulo da decisão (§ 3º). Nessa parte, não há inovação, uma vez que a jurisprudência já admitia a rescisão parcial do julgado.

Hipóteses de rescisão. Afora o pressuposto processual relativo ao prazo decadencial de dois anos para ajuizamento da rescisória e o pressuposto ou requisito genérico da ação rescisória (decisão transitada em julgado impeditiva da renovação da demanda), os incisos do art. 966 estabelecem pressupostos específicos. Tais pressupostos específicos, verdadeiros tipos (hipóteses de rescindibilidade), dispostos taxativamente em *numerus clausus* nos oito incisos do art. 966, relacionam-se com o mérito da ação rescisória.[368] Presente pelo menos um desses pressupostos, o pedido de rescisão será procedente; na hipótese contrária, o pedido de rescisão será julgado improcedente. Para admissibilidade da ação rescisória há que se estar presente, no plano das afirmações (teoria da asserção), pelo menos uma das causas de rescindibilidade. Contudo, a comprovação ou não dessa causa é matéria que diz respeito ao mérito.

Decisão proferida por força de prevaricação, concussão ou corrupção do juiz. Tais condutas correspondem a tipos penais previstos nos arts. 316, 317 e 319 do CP. Para ensejar a rescisão da sentença é indispensável que o juiz que a prolatou seja sujeito ativo desses delitos penais, isto é, "retardar ou deixar de praticar, indevidamente, ato de ofício, ou praticá-lo contra disposição expressa de lei, para satisfazer interesse ou sentimento pessoal" (prevaricação); "exigir, para si ou para outrem, direta ou indiretamente, ainda que fora da função ou antes de assumi-la, mas em razão dela, vantagem indevida" (concussão) ou "solicitar ou receber, para si ou para outrem, direta ou indiretamente, ainda que fora da função ou antes de assumi-la, mas em razão dela, vantagem indevida, ou aceitar promessa de tal vantagem" (corrupção).

Esses delitos podem ser comprovados no curso da ação rescisória, o que significa que não é necessário, para ajuizamento da demanda, que haja instauração de ação penal contra o juiz.

A prevaricação, concussão ou corrupção do magistrado pode acarretar não só a rescisão de sentenças ou decisões interlocutórias, mas também de decisões colegiadas (acórdãos de

---

[367] A Súmula 100 do Tribunal Superior do Trabalho já ilustrava esse entendimento: "I – O prazo de decadência, na ação rescisória, conta-se do dia imediatamente subsequente ao trânsito em julgado da última decisão proferida na causa, seja de mérito ou não."

[368] É importante ressalvar, contudo, que o art. 658 (art. 1.030 do CPC/1973) também prevê hipóteses de rescisão da sentença que julga a partilha, as quais se somam às do art. 966 (art. 485 do CPC/1973).

tribunais), quando o magistrado autor de algum desses crimes tenha votado no sentido da tese vencedora que se pretende rescindir.

Por fim, lembra-nos Alexandre Freitas Câmara "que a sentença de primeiro grau proferida por juiz peitado não será rescindível se tiver sido julgado algum recurso",[369] uma vez que o acórdão do tribunal substituirá a sentença (art. 1.008), deixando de existir o ato viciado. Essa posição, contudo, encontra divergência na doutrina, como lembrado pelo próprio Freitas Câmara. Ernane Fidélis, por exemplo, entende possível, nessas hipóteses, a rescisão do acórdão, porquanto viciada a manifestação jurisdicional, entendimento com o qual não concordamos, a menos que, evidentemente, também a conduta dos juízes do tribunal se enquadre na hipótese em comento.

Decisão proferida por juiz impedido ou por juízo absolutamente incompetente. Nas hipóteses do art. 144 (casos de impedimento), é defeso ao juiz exercer as suas funções. Há proibição peremptória, em face da flagrante quebra da imparcialidade, se o juiz, por exemplo, exercer funções em causa própria. A sentença proferida por juiz impedido é anulável; assim, ainda que a parte nada tenha alegado no curso da relação processual, pode, com base nesse fundamento, ajuizar ação rescisória.

Quanto aos acórdãos, vale a mesma observação feita no item anterior. A decisão colegiada será rescindível em caso de impedimento de um dos magistrados, quando o voto do impedido houver concorrido para formação da maior parte ou unanimidade do julgado.

A suspeição, ao contrário do impedimento, não impossibilita o juiz de exercer a jurisdição no processo. No caso de suspeição (art. 145), cabe à parte que entender ausente a garantia da imparcialidade alegá-la mediante petição dirigida ao juiz, no prazo de quinze dias, a contar do conhecimento do fato (art. 146). Se assim não proceder no momento oportuno e o juiz proferir sentença, esta não será anulável, pelo que não ensejará ação rescisória.

Incompetente é o juiz que exerce funções fora dos limites da jurisdição. Diz-se que o juiz é absolutamente incompetente quando a jurisdição é exercida em desrespeito aos critérios da matéria, da pessoa e do critério funcional. Por exemplo, o juiz da justiça estadual é absolutamente incompetente para julgar causas em que a União figura num dos polos. Ressalta-se que, nesse caso, o Tribunal de Justiça competente para julgamento da rescisória procederá a mero juízo rescindente, sendo-lhe vedado rejulgar o mérito da causa, porquanto incorreria em novo vício de incompetência. Em certos casos, entretanto, admite-se o rejulgamento.

A incompetência relativa, por sua vez, não autoriza o ajuizamento de ação rescisória. Aliás, como salienta Humberto Theodoro Júnior, há verdadeira impossibilidade prática de prolação de sentença por juiz relativamente incompetente. É que, não alegando a incompetência relativa, há a prorrogação, e o juiz, antes incompetente, torna-se competente.[370]

Decisão resultante de dolo ou coação da parte vencedora em detrimento da parte vencida ou, ainda, de simulação ou colusão entre as partes, a fim de fraudar a lei. O inciso contempla quatro causas de rescindibilidade. A primeira trata do dolo unilateral, que, no caso, consiste em manobras e artifícios empreendidos pela parte vencedora, pelo representante ou por seu advogado, no sentido de dificultar a atuação processual do adversário

---

[369] CÂMARA, Alexandre Freitas. **Lições de direito processual civil**. Rio de Janeiro: Lumen Juris, 2007. v. II, p. 15.

[370] THEODORO JR., Humberto. **Curso de direito processual civil**. Rio de Janeiro: Forense, 1991. v. 1, p. 684.

ou influenciar o juízo do magistrado, de modo que o pronunciamento do órgão judicial teria sido diverso se inocorrentes os vícios processuais. Exemplo: rasura ou falsificação de documento.

Para caracterizar o dolo ensejador da ação rescisória, deve haver relação de causa e efeito entre o conteúdo da sentença e a conduta dolosa; é indispensável que o proceder da parte vencedora constitua ardil do qual resulte cerceamento de defesa ou o desvio do juiz de uma sentença justa. Para sabermos se há relação de causa e efeito, basta fazermos a seguinte indagação: sem a conduta dolosa, o desfecho da demanda seria o mesmo? Se a resposta for positiva, a hipótese não será de ação rescisória. Por exemplo, o simples fato de a parte silenciar a respeito de fatos contrários ao adversário não dá ensejo à ação rescisória (Súmula 403 do TST).

A segunda causa de rescindibilidade contida no inciso sob análise refere-se à coação. Trata-se de fundamento bastante comum na justiça do trabalho, notadamente nas ações em que são realizados acordos em valores ínfimos por ter sido o empregado ameaçado de demissão. Em um caso específico, o TST (SDI-2) anulou uma decisão homologatória de acordo por ter sido verificado que a transação realizada entre as partes não foi resultado da livre escolha do empregado, mas sim decorrente da coação da empresa, que pressionava os empregados, com estabilidade no emprego, a interporem reclamatórias trabalhistas, para homologarem rescisão contratual e quitar os contratos de trabalho.[371]

Para invalidar a decisão judicial pela coação, é necessário que haja prova de defeito ou vício de consentimento. Assim, para a rescisão de decisão resultante de coação da parte vencedora em detrimento da parte vencida é imprescindível que se demonstre que sem o constrangimento – que pode ser físico, moral ou psicológico – a parte vencedora não teria obtido êxito. Exemplo: suponha que José proponha ação de cobrança em face de Leandro, apontando como saldo devedor o montante de R$ 100.000,00 (cem mil reais). Leandro tem plena ciência de que só deve R$ 10.000,00 (dez mil), mas José, ameaçando matar a filha do réu, obriga-o a reconhecer a procedência do pedido e a lhe pagar o valor apontado na inicial. Nesse caso, Leandro poderá propor ação rescisória para desconstituir a sentença, como também o Ministério Público poderá intentar a ação penal cabível por crime previsto no art. 158 do Código Penal.

Quanto à simulação, é importante que se diga que o CPC/1973 não trazia expressamente essa hipótese. No entanto, era possível interpretar a colusão não somente como o conluio, a trama, mas também como a simulação combinada entre os litigantes com o propósito de camuflar seus reais objetivos no processo.

Ao contrário da primeira causa, em que o dolo é unilateral, resultante do proceder da parte vencedora, na hipótese de simulação ou colusão, o dolo é bilateral, resultante de ato praticado por ambas as partes. Exemplo: os cônjuges, agindo em conluio, pleiteiam anulação do casamento fora dos casos previstos em lei.

Essas últimas causas de rescindibilidade guardam relação direta com a hipótese do art. 142, que autoriza o juiz a proferir sentença obstativa quando se convencer de que autor e

---

[371]   Processo relacionado: ROAR 68300-76.2003.5.04.0000. Disponível em: <http://www.migalhas.com.br/Quentes/17,MI105745,81042-TST+Coacao+de+empregado+invalida+acordo+homologado+em+juizo>. Há quem considere que essa é uma hipótese que se submete à ação anulatória, visto que se trata de transação (art. 849 do Código Civil).

réu se serviram do processo para praticar ato simulado ou conseguir fim vedado por lei. Se o juiz, no curso do processo, verifica o conluio ou a simulação, profere sentença extintiva do processo, sem prejuízo da aplicação das penalidades por litigância de má-fé. Todavia, se o conluio ou a simulação passa despercebida e o juiz profere sentença de mérito e esta transita em julgado, cabe a ação rescisória para a rescisão do julgado.

Pressupondo o legislador que as partes, no caso de colusão ou simulação, não teriam interesse na rescisão, conferiu ao Ministério Público legitimidade para propor a ação rescisória (art. 967, III, *b*).

Ofensa à coisa julgada. A litispendência e a coisa julgada são aspectos de um mesmo fenômeno: a reprodução de ação. "Há litispendência, quando se repete ação que está em curso (art. 337, § 3º)." "Há coisa julgada quando se repete ação que já foi decidida por decisão transitada em julgado" (art. 337, § 4º). Lembre-se de que não só a identidade dos três elementos da demanda (partes, causa de pedir e pedido) implica coisa julgada, mas também a identidade quanto à relação jurídica discutida em juízo.

Tanto a litispendência como a coisa julgada conduzem à extinção da última relação processual instaurada (art. 485, V). Entretanto, pode ocorrer de o juiz não tomar conhecimento da coisa julgada, proferir sentença de mérito na segunda demanda ajuizada e essa sentença vir a transitar em julgado. Nesse caso, como forma de garantir a intangibilidade da coisa julgada, o legislador contempla a hipótese de rescisão da última sentença, a fim de se restabelecer o primado da coisa julgada emergente da sentença anterior.

Todavia, passado o prazo de dois anos sem o ajuizamento da rescisória, temos a aparente coexistência de duas coisas julgadas. Como essa coexistência levaria ao absurdo de dois regulamentos imutáveis para o mesmo caso concreto, não diverge a doutrina acerca da necessidade de que apenas uma prevaleça.

Nelson Nery entende que, se a segunda coisa julgada ofendeu a primeira, não deve prevalecer, principalmente à luz do art. 505 (art. 471 do CPC/1973), que veda ao juiz decidir novamente questões já decididas.[372] Compartilhando desse entendimento, afirma Luiz Rodrigues Wambier que, "se a própria lei não pode ofender a coisa julgada, que dirá outra coisa julgada! Parece que este argumento é fundamental, e que realmente define a questão, porque é de índole constitucional".[373] A nosso ver, essa é a corrente mais adequada. Havendo superposição de duas ou mais "coisas julgadas", apenas a primeira deveria prevalecer.

Predomina na doutrina, contudo, a corrente que reconhece eficácia apenas à segunda sentença. Consoante entendem Luiz Guilherme Marinoni e Sérgio Cruz Arenhart, não teria sentido pensar que a segunda coisa julgada, que poderia ser desconstituída até determinado momento, simplesmente "desaparece" quando a ação rescisória não é utilizada. Se fosse assim, "não haveria razão para o art. 485, IV – art. 966, IV do novo CPC –, e portanto para

---

[372] NERY JR., Nelson; NERY, Rosa Maria de Andrade. **Código de Processo Civil comentado e legislação processual civil extravagante em vigor**. 4. ed. São Paulo: Revista dos Tribunais, 1999, p. 943.

[373] WAMBIER, Luiz Rodrigues. **Curso avançado de processo civil**. 5. ed. São Paulo: Revista dos Tribunais, 2002. v. 1, p. 689. No mesmo sentido: ALVIM, Thereza. Notas sobre alguns aspectos controvertidos da ação rescisória. **Revista de Processo**, São Paulo: RT, n. 1.985, p. 12-13; BUENO, Cassio Scarpinella. **Código de Processo Civil interpretado**. Coord. Antonio Carlos Marcato. São Paulo: Atlas, 2004, p. 1.477; RIZZI, Sérgio. **Ação rescisória**. São Paulo: Revista dos Tribunais, 1979, n. 81, p. 133-139; TEIXEIRA, Sálvio de Figueiredo. Ação rescisória – apontamentos. **Revista de Processo**, São Paulo: RT, n. 53, p. 58, 1989.

a propositura da ação rescisória, bastando esperar o escoamento do prazo estabelecido para seu uso".[374]

É também essa segunda orientação que o Superior Tribunal de Justiça adota. Havendo conflito entre coisas julgadas contraditórias, a primeira só deve prevalecer se a segunda for necessariamente rescindida; caso contrário, ou seja, não havendo ação rescisória, mantém-se incólume a segunda coisa julgada.[375]

Violação manifesta de norma jurídica. Pouco importa se a norma violada é de direito processual ou substancial. Havendo "manifesta violação", abre-se ensejo à rescisória. Os vícios decorrentes de tal ofensa geralmente são sanados pela preclusão ou, em última análise, pela própria eficácia preclusiva da coisa julgada, nos moldes do art. 508. Entretanto, restando algum prejuízo para a parte em razão do *error in procedendo* – como ocorre, por exemplo, no caso de sentença proferida contra os interesses de incapaz sem a necessária intervenção do Ministério Público –, ou má aplicação do direito material, como ocorre numa ação possessória em que, embora o autor comprove os atos de posse, esta é deferida ao réu, pelo simples fato de ser titular do domínio. Constitui a ação rescisória via adequada para se postular a desconstituição do ato judicial.

O importante, para fins de admissibilidade da ação rescisória com base em violação da norma jurídica, é que o vício correspondente seja pressuposto de validade da decisão e não algo posterior a ela, como se dá, por exemplo, com a falha no ato de publicação da sentença.[376]

Ressalte-se que o CPC/1973 tratava de violação à "literal disposição de lei" (art. 485, V), e não de "norma jurídica". A "lei" a que se referia o inciso V do art. 485 do CPC/1973

---

[374] MARINONI, Luiz Guilherme; ARENHART, Sérgio Cruz. **Manual do processo de conhecimento**: a tutela jurisdicional através do processo de conhecimento. 2. ed. São Paulo: Revista dos Tribunais, 2003, p. 689. No mesmo sentido: PONTES DE MIRANDA, Francisco Cavalcanti. **Tratado da ação rescisória das sentenças e de outras decisões**. 3. ed. Rio de Janeiro: Borsoi, 1957, p. 160; DINAMAR-CO, Cândido Rangel. **Fundamentos do processo civil moderno**. 3. ed. São Paulo: Malheiros, 2000, p. 1.379-1.381; DIDIER JÚNIOR, Fredie. **Curso de direito processual civil**: meio de impugnação às decisões judiciais e processos nos tribunais. Salvador: JusPodivm, 2007. v. 3, p. 323.

[375] "Recurso especial. Processual civil. Sentenças contraditórias. Decisão não desconstituída por ação rescisória. Prevalência daquela que por último transitou em julgado. 1 – Quanto ao tema, os precedentes desta Corte são no sentido de que, havendo conflito entre duas coisas julgadas, prevalecerá a que se formou por último, enquanto não se der sua rescisão para restabelecer a primeira. A exceção de pré-executividade não serviria no caso para substituir a ação rescisória. 2 – Agravo regimental a que se nega provimento" (STJ, 6ª Turma, Rel. Min. Celso Limongi (Desembargador convocado do TJSP), julgado em 15.12.2009). "Direito processual civil. Conflito entre coisas julgadas. Havendo conflito entre duas coisas julgadas, prevalecerá a que se formou por último, enquanto não desconstituída mediante ação rescisória. Precedentes citados: AgRg no REsp 643.998/PE, Sexta Turma, DJe 01.02.2010; REsp 598.148/SP, Segunda Turma, DJe 31.08.2009" (STJ, REsp 1.524.123/SC, Rel. Min. Herman Benjamin, julgado em 26.05.2015, DJe 30.06.2015).

[376] "[...] A ausência de intimação a respeito da decisão que se pretende rescindir não enseja cabimento de ação rescisória, haja vista que tal vício não constitui pressuposto de validade do ato decisório, mas sim irregularidade posterior a ele. Assim, não se pode admitir que, em função de suposto vício processual ocorrido posteriormente ao acórdão que se busca desconstituir, seja ajuizada ação rescisória" (TJMG, AgRG na Ação Rescisória 1.0000.06.442451-8/000, 9º Grupo de Câmaras Cíveis, Rel. Des. Elpídio Donizetti, julgado em 06.09.2007, publicado em 03.10.2007).

deveria, contudo, ser entendida em sua acepção lata, incluindo-se não só as normas de natureza processual, como qualquer ato normativo que deveria ter sido aplicado ao caso.

O novo CPC, ao adotar a expressão "norma jurídica", contempla também os precedentes judiciais. A súmula vinculante editada pelo STF, por exemplo, deve ter o mesmo tratamento da "lei" para fins de admissibilidade da ação rescisória, porquanto constitui fonte primária do direito, com eficácia *erga omnes,* vinculando os demais órgãos do Poder Judiciário e a Administração Pública Direta e Indireta, assim como os comandos legais.[377]

Entretanto, de acordo com os §§ 5º e 6º do art. 966, não é toda e qualquer decisão que constitui um precedente, ainda que vinculante, que é capaz de ensejar ação rescisória. Tais parágrafos foram acrescidos pelo PLC (Projeto de Lei da Câmara) nº 168/2015 – posteriormente convertido na Lei nº 13.256/2016.

Se, por exemplo, no processo de conhecimento a parte invoca uma súmula do STJ como norma jurídica, a sua aplicação ao caso concreto depende da realização do *distinguishing,* ou seja, da demonstração de semelhança ou de distinção entre os fundamentos determinantes do precedente e os do caso sob julgamento. Somente se houver semelhança pode-se aplicar a *ratio decidendi* do precedente. A não aplicação do precedente ao caso concreto exige que o julgador demonstre a inexistência de semelhança entre a decisão paradigma e o caso proposto ou fundamente a eventual superação do precedente (*overruling*). As disposições constantes nesses parágrafos possuem estreita relação com a exigência de fundamentação da decisão jurisdicional prevista nos incisos V e VI do art. 489, § 1º.

Se não observado o dever de fundamentação, surge para a parte prejudicada a possibilidade de propositura de ação rescisória, a fim de que o tribunal rescinda a decisão e, se for o caso, proceda ao rejulgamento da causa.

No mais, o novo CPC reforça que é indispensável que a violação à norma seja manifesta, isto é, a contrariedade ao texto da lei, ao princípio ou ao precedente vinculante deve ser constatável de plano. Em qualquer caso, havendo ensejo para interpretações controvertidas, a rescisória não será cabível (Súmula 343 do STF[378]).

Frise-se que o objetivo do STF, consubstanciado na Súmula 343, sempre foi de resguardar o caráter excepcional da ação rescisória, que não pode servir para rescindir uma decisão que tenha adotado posição razoável, mesmo que esta venha a ser modificada posteriormente pelo sistema. Essa, creio, continuará sendo a orientação mesmo com a ampliação dos parâmetros normativos. Há, no entanto, uma exceção: se a decisão violar norma posteriormente declarada inconstitucional pelo Supremo, eventuais decisões controvertidas sobre essa norma não poderão ser utilizadas para impossibilitar a rescisão do julgado. Nesse caso, caberá ação rescisória na forma do art. 525, § 15, do novo CPC. Pode-se dizer, então, que a decisão baseada em lei posteriormente julgada inconstitucional trata-se de mais uma hipótese em que será possível a utilização da ação rescisória.

---

[377] No mesmo sentido: CÂMARA, Alexandre Freitas. **Ação rescisória.** Rio de Janeiro: Lumen Juris, 2007, p. 82; PASSONI, Marcos Paulo. Sobre o cabimento da ação rescisória com fundamento em violação à literal proposição de súmula vinculante. **Revista de Processo**, ano 34, v. 171, São Paulo: RT, maio 2009.

[378] "Não cabe ação rescisória por ofensa a literal dispositivo de lei, quando a decisão rescindenda se tiver baseado em texto legal de interpretação controvertida nos tribunais."

Decisão fundada em prova cuja falsidade tenha sido apurada em processo criminal ou venha a ser demonstrada na própria ação rescisória. A prova falsa constitui fundamento para rescisão de sentença. Entretanto, não é qualquer prova falsa que tem o condão de ensejar a rescisória, mas somente a prova decisiva ao resultado da sentença.

É indispensável que haja relação de causa e efeito entre a prova inquinada de falsa e o conteúdo da sentença. Por exemplo, se a sentença se baseou em mais de um fundamento, não haverá motivo para rescindibilidade. "Para que a rescisória proceda, é necessário que, sem a prova falsa, não pudesse subsistir a sentença" (*RT* 502/161).

A falsidade, como prevê o próprio dispositivo, pode ser apurada em processo criminal ou no curso da ação rescisória, o que é mais comum. Para que possa dar suporte à rescisão, é essencial que a falsidade da prova também seja apurada em contraditório.

Obtenção, pelo autor, posteriormente ao trânsito em julgado, de prova nova cuja existência ignorava, ou de que não pôde fazer uso, capaz, por si só, de lhe assegurar pronunciamento favorável. A prova a que se refere o inciso VII não é aquela que foi constituída após o trânsito em julgado, e sim a já existente durante o curso do processo, mas que dela não pôde o autor da rescisória se utilizar, quer tivesse ou não ciência dela.

A procedência da rescisória, com base nesse fundamento, reclama o preenchimento dos seguintes requisitos: a impossibilidade da utilização da prova deve ter sido originada por circunstâncias alheias à vontade do autor da rescisória; deve haver relevância do que se pretende com a prova para o desfecho da demanda; a prova – que pode ser um documento ou um exame pericial, por exemplo – deve se referir à matéria fática deduzida na primitiva ação.

Decisão fundada em erro de fato verificável do exame dos autos. Ocorre o erro de fato, ensejador de ação rescisória, quando o juiz, ao analisar as provas dos autos para proferir uma decisão, por equívoco, não percebe a existência de um fato efetivamente ocorrido ou conclui pela existência de um fato que não ocorreu (inciso VIII, § 1º, primeira parte).

Para que o erro de fato dê causa à rescisão do julgado é necessário que ele seja verificável mediante o simples exame dos documentos e das demais peças dos autos, não se admitindo a produção de quaisquer outras provas tendentes a demonstrar que não existia o fato admitido pelo juiz, ou que ocorrera o fato por ele considerado inexistente (STJ, AR 2.180/SP, Rel. Min. Laurita Vaz, julgado em 12.12.2007).

Não se pode, portanto, pretender, via ação rescisória, a revisão da decisão transitada em julgado sob a simples alegação de que o julgador valorou as provas de forma diversa da pretendida por uma das partes ou de que a interpretação dada, entre aquelas possíveis, não foi a mais correta, sob pena de se desvirtuar o instituto da ação rescisória, transformando-o em um novo recurso, além dos já taxativamente arrolados na lei processual.

Rescisão de decisão que invalida a confissão, a desistência e a transação. Como o inciso VIII do art. 485 do CPC/1973 não foi reproduzido na nova legislação, os casos de invalidade da confissão, da desistência e da transação em que se baseou a decisão não serão mais objeto de ação rescisória, mas de ação anulatória.

Ação anulatória. Não há novidade com relação ao texto do § 4º. As decisões homologatórias, sejam aquelas proferidas na fase de conhecimento ou na execução, poderão dar ensejo à anulação do julgado, e não à sua rescisão, razão pela qual se deve optar pela ação anulatória para desconstituir os atos processuais das partes que estejam viciados por infração à lei material.

CPC/2015	CPC/1973
Art. 967. Têm legitimidade para propor a ação **rescisória**: I – quem foi parte no processo ou o seu sucessor a título universal ou singular; II – o terceiro juridicamente interessado; III – o Ministério Público: a) se não foi ouvido no processo em que lhe era obrigatória a intervenção; b) quando a *decisão rescindenda* é o efeito **de simulação ou** de colusão das partes, a fim de fraudar a lei; c) **em outros casos em que se imponha sua atuação;** IV – **aquele que não foi ouvido no processo em que lhe era obrigatória a intervenção.** Parágrafo único. **Nas hipóteses do art. 178, o Ministério Público será intimado para intervir como fiscal da ordem jurídica quando não for parte.**	Art. 487. Tem legitimidade para propor a ação: I – quem foi parte no processo ou o seu sucessor a título universal ou singular; II – o terceiro juridicamente interessado; III – o Ministério Público: a) se não foi ouvido no processo, em que lhe era obrigatória a intervenção; b) quando *a sentença* é o efeito de colusão das partes, a fim de fraudar a lei.

 COMENTÁRIOS:

Sentença x Decisão rescindenda. Há aprimoramento redacional na alínea *b* do inciso III, que substituiu o termo "sentença" por "decisão rescindenda". Como já dito, nem toda decisão suscetível de rescisão é, necessariamente, uma sentença.

Legitimidade ativa. Em primeiro lugar, a ação rescisória pode ser proposta por quem foi parte no processo (autor, réu e intervenientes). Evidentemente que só terá interesse quem ficou vencido, total ou parcialmente, no julgamento que passou em julgado. A hipótese é de legitimação ordinária e engloba mesmo a parte que tenha sido revel na demanda originária.

Também o sucessor da parte que foi prejudicada pela sentença transitada em julgado tem legitimidade para ajuizar a rescisória. A sucessão pode ser *inter vivos* ou *causa mortis*, abrangendo, nessa última hipótese, o sucessor a título universal (o herdeiro chamado a suceder na totalidade ou em parte da herança) ou singular (a sucessão dá-se em bem determinado, como, por exemplo, ocorre com o legatário e o adquirente). Trata-se aqui de legitimidade sucessiva.

No inciso II, a lei confere legitimidade para propor a ação rescisória também ao terceiro juridicamente interessado, ou seja, àquele que, por manter uma relação jurídica com o vencido, suportou os efeitos indiretos da coisa julgada material (consequência natural da decisão judicial). Ressalta-se que o interesse do terceiro a ensejar a rescisória é o interesse jurídico, e não de fato, "vez que, por opção legislativa, os interesses meramente econômicos ou morais de terceiro não são resguardados pela norma inserta no art. 487 do CPC".[379] Terceiro juridicamente interessado, portanto, é quem tinha legitimidade para intervir como assistente ou para recorrer como terceiro prejudicado. Exemplos: o adquirente ou cessioná-

---

[379] STJ, AR 3.185/DF, 1ª Seção, Rel. Min. Luiz Fux, julgado em 25.10.2006, DJ 26.02.2007, p. 53, trecho do voto do relator. Considerar a referência ao art. 967 do novo CPC.

rio da coisa litigiosa; o substituído nas ações propostas pelo legitimado extraordinário e o promissário comprador em face de sentença proferida em ação de reivindicação contrária ao promitente vendedor.

No inciso IV, o CPC/2015 conferiu legitimidade àquele que não foi ouvido no processo em que lhe era obrigatória a intervenção. Essa hipótese de legitimidade comporta relação jurídica mais próxima do que a presente no inciso II do art. 967. É o caso, por exemplo, de litisconsorte que deixou de atuar no feito principal. Diferentemente do terceiro juridicamente interessado, sua posição não seria de "assistente", mas de verdadeira parte, vinculada ao polo ativo ou passivo por titularidade da relação jurídica material.[380]

Legitimidade do Ministério Público. Também o Ministério Público detém legitimidade para propositura da rescisória em três hipóteses (art. 967, III, *a, b, c*): (i) se não foi ouvido no processo em que lhe competia intervir; (ii) quando decisão rescindenda é efeito de simulação ou de colusão das partes, a fim de fraudar a lei; e (iii) quando a lei impuser a sua atuação em outros casos. Nas duas primeiras hipóteses, autor e réu da demanda originária integrarão o polo passivo da rescisória, como litisconsortes necessários. A legitimidade do Ministério Público para o ajuizamento da rescisória na hipótese da alínea *b* não é exclusiva, podendo a ação ser proposta pelo terceiro prejudicado e pelo litisconsorte que não tenha participado do conluio. Há quem admita, inclusive, que a ação rescisória seja ajuizada pelo próprio litigante que participou do conluio, com o que não concordamos, porquanto a ninguém é dado aproveitar-se da própria torpeza (*venire contra factum proprium*). Destaca-se que as hipóteses de intervenção do Ministério Público são meramente exemplificativas (art. 967, III, *c*).[381]

Vale observar que o Ministério Público também poderá propor ação rescisória em face das decisões proferidas nas ações em que tenha autuado como autor (ação civil pública, *v.g.*). Nesse caso, entretanto, a regra a incidir será a do inciso I do art. 967.

Por fim, ainda com relação à legitimidade do Ministério Público, é importante que se diga que como na ação rescisória o autor visa desconstituir a coisa julgada, que é matéria de ordem pública, haverá necessidade de sua intervenção como fiscal da ordem jurídica. Entretanto, a sua intervenção deve ocorrer apenas quando estiver presente alguma das hipóteses previstas no art. 178. Vale ressaltar que o entendimento trazido pelo CPC/2015 (art. 967, parágrafo único) põe fim à divergência jurisprudencial sobre a necessidade (ou não) de o membro do *Parquet* intervir em todo e qualquer caso.

---

[380] "No que concerne aos terceiros juridicamente interessados, há que se recordar que os terceiros não são alcançados pela autoridade de coisa julgada, que restringe seus limites subjetivos àqueles que foram partes do processo onde se proferiu a decisão. Pode haver, porém, terceiro com interesse jurídico (não com interesse meramente de fato), na rescisão da sentença. Como regra, o terceiro juridicamente interessado será aquele que pode intervir no processo original como assistente. Considera-se, também, terceiro legitimado a propor a 'ação rescisória' aquele que esteve ausente do processo principal, embora dele devesse ter participado na condição de litisconsorte necessário" (CÂMARA, Alexandre Freitas. **Lições de direito processual civil.** 10. ed. rev. e atual. Rio de Janeiro: Lumen Juris, 2005. v. II, p. 24-25).

[381] "[...] O Ministério Público tem legitimidade para propor ação rescisória nos feitos em que atuou como custos legis, especialmente quando o interesse público é evidente. As hipóteses previstas no art. 487, inciso III, do CPC, são meramente exemplificativas [...]" (STJ, EAR 384/PR, 1ª Seção, Rel. Min. João Otávio de Noronha, julgado em 08.02.2006, DJ 06.03.2006, p. 133).

CPC/2015	CPC/1973

Art. 968. A petição inicial será elaborada com observância dos requisitos essenciais do *art. 319*, devendo o autor:

I – cumular ao pedido de rescisão, se for o caso, o de novo julgamento *do processo*;

II – depositar a importância de cinco por cento sobre o valor da causa, *que se converterá em multa* caso a ação seja, por unanimidade de votos, declarada inadmissível ou improcedente.

§ 1º Não se aplica o disposto no *inciso II* à União, aos Estados, **ao Distrito Federal,** aos Municípios, **às suas respectivas autarquias e fundações de direito público,** ao Ministério Público, **à Defensoria Pública e aos que tenham obtido o benefício de gratuidade da justiça.**

§ 2º **O depósito previsto no inciso II do** *caput* **deste artigo não será superior a 1.000 (mil) salários mínimos.**

§ 3º Além dos casos previstos no *art. 330*, a petição inicial será indeferida quando não efetuado o depósito exigido pelo *inciso II do caput deste artigo*.

§ 4º **Aplica-se à ação rescisória o disposto no art. 332.**

§ 5º **Reconhecida a incompetência do tribunal para julgar a ação rescisória, o autor será intimado para emendar a petição inicial, a fim de adequar o objeto da ação rescisória, quando a decisão apontada como rescindenda:**

I – **não tiver apreciado o mérito e não se enquadrar na situação prevista no § 2º do art. 966;**

II – **tiver sido substituída por decisão posterior.**

§ 6º **Na hipótese do § 5º, após a emenda da petição inicial, será permitido ao réu complementar os fundamentos de defesa, e, em seguida, os autos serão remetidos ao tribunal competente.**

Art. 488. A petição inicial será elaborada com observância dos requisitos essenciais *do art. 282*, devendo o autor:

I – cumular ao pedido de rescisão, se for o caso, o de novo julgamento *da causa*;

II – depositar a importância de 5% (cinco por cento) sobre o valor da causa, *a título de multa*, caso a ação seja, por unanimidade de votos, declarada inadmissível, ou improcedente.

Parágrafo único. Não se aplica o disposto no *nº II* à União, ao Estado, ao Município e ao Ministério Público.

Art. 490. Será indeferida a petição inicial:

I – nos casos previstos no *art. 295*;

II – quando não efetuado o depósito, exigido pelo *art. 488, II*.

 ## COMENTÁRIOS:

Petição inicial. A propositura da ação rescisória se dá por meio da petição elaborada com os requisitos do art. 319, na qual o autor deve arguir uma ou mais das causas de rescindibilidade previstas no art. 966.

Além do pedido de rescisão do julgado (*iudicium rescindens*), a petição deve conter o novo julgamento (*iudicium rescisorium*), se for o caso (art. 968, I). Na maioria das hipóteses que ensejam a rescisória, só a desconstituição da sentença não atende ao interesse do autor. A regra é o rejulgamento.

Em razão do estatuído no art. 968, I – correspondente ao art. 488, I, do CPC/1973 –, há quem entenda que a cumulação dos pedidos rescindente e rescisório, quando cabível este último, há de ser expressamente requerida pelo autor, sob pena de inépcia da petição inicial.[382]

Não comungamos da orientação do STJ. O juízo rescisório, nas hipóteses em que seja cabível (incisos III, V, VI, VII e VIII do art. 966), é uma consequência lógica da procedência do juízo rescindendo. Não se pode conceber que uma decisão seja rescindida sem que outra seja dada em seu lugar, deixando em aberto o conflito de interesses outrora instaurado.

Nesse contexto, a cumulação dos pedidos não pode ser encarada como exigência formal absoluta, sendo possível ao tribunal promover novo julgamento da lide, até mesmo de ofício. Trata-se da aplicação dos princípios da instrumentalidade, efetividade e economia processuais, em detrimento do formalismo exacerbado, que não mais encontra guarida na moderna sistemática processual. A simples aplicação do princípio da proporcionalidade indicará que, em tais casos, a garantia da celeridade deve suplantar os princípios da inércia e da ação.

Ainda que não bastasse, pode-se aplicar por analogia a regra do art. 321, que permite ao autor, no prazo de quinze dias, emendar ou complementar a petição inicial quando ela não preencha os requisitos legais. Ao que me parece, é esse o entendimento que deve ser seguido com o novo CPC, porquanto, além de o legislador dispor que "o juiz não pode decidir, em

---

[382] "Processual civil. Ação rescisória. Art. 485, V, do CPC. ICMS. Compensação. Substituição tributária 'para frente'. Valores pagos a maior, por estimativa. Descabimento da ação. Súmula 343/STF. Orientação da primeira seção. Pedido de rejulgamento da causa. Obrigatoriedade não atendida pelo demandante. Petição inicial inepta. Extinção do processo, sem julgamento do mérito. 1. Esta Primeira Seção, quando do julgamento da AR 2.894/GO (Rel. Min. José Delgado, DJ de 12.06.2006), em situação idêntica à dos autos, por maioria, firmou orientação no sentido de que é aplicável a Súmula 343/STF às ações rescisórias de julgados relativos à restituição do ICMS nas hipóteses de valores estimados pagos a maior, em regime de substituição tributária. 2. Consoante entendimento doutrinário e jurisprudencial, a cumulação de pedidos na ação rescisória (iudicium rescindens e iudicium rescissorium), prevista no art. 488, I, do CPC, é obrigatória, exceto nas demandas fundadas na existência de coisa julgada ou na incompetência absoluta do órgão prolator da sentença. Assim, é inviável considerar como implícito o pedido de novo julgamento da causa. 3. No caso dos autos, observa-se que o autor limitou-se a formular o pedido de rescisão, qual seja o de anulação da decisão objurgada (fl. 17), olvidando-se a respeito do iudicium rescissorium, razão pela qual conclui-se pela inépcia da petição inicial. 4. Registre-se que a hipótese em apreço não se enquadra nas exceções da obrigatoriedade da cumulação de pedidos prevista no art. 488, I, do CPC, pois se trata de pedido de rescisão de julgado em que o autor foi vencido, com o reconhecimento do direito da contribuinte, ora requerida, ao aproveitamento escritural, para fins de compensação tributária, de valores pagos a maior, por força de estimativa, em regime de substituição tributária 'para frente'. Assim, evidencia-se a obrigatoriedade da formulação do pedido de rejulgamento da lide, providência que não foi tomada pelo demandante. 5. Processo extinto, sem resolução do mérito, nos termos dos arts. 267, VI, 488, I, 490, I, e 295, I, parágrafo único, I, do Código de Processo Civil" (STJ, AR 2.677/PI, 1ª Seção, Rel. Min. Denise Arruda, julgado em 14.11.2007, DJ 07.02.2008, p. 1). Trata-se de acórdão proferido na vigência do CPC/1973. Os dispositivos mencionados na decisão correspondem, respectivamente, aos arts. 966, V; 968, I; 485, IV; 968, § 3º; e 330, I, do novo CPC. Apesar de ser um julgado antigo, foi invocado em decisões mais recentes (REsp 1.184.763/MG, julgado em 15.05.2014, por exemplo). No âmbito do TST, há um abrandamento desse rigor, de modo que a Corte se orienta no sentido de esse deslize não implicar inépcia da inicial, sendo admissível o pedido rescisório implícito (por exemplo: Recurso Ordinário Trabalhista 105-65.2010.5.05.0000, Rel. Guilherme Augusto Caputo Bastos, julgado em 02.08.2011, Subseção II Especializada em Dissídios Individuais).

grau algum de jurisdição, com base em fundamento a respeito do qual não se tenha dado às partes a oportunidade de se manifestar" (art. 10), o § 3º do art. 968 prevê que a petição inicial da ação rescisória será indeferida nos casos do art. 330. Esse dispositivo, por sua vez, inclui regra segundo a qual a petição inicial será indeferida quando não preenchidas as prescrições estabelecidas no art. 321 (art. 330, IV). Ou seja, concedido o prazo para o autor emendar a petição inicial, somente na hipótese de não atendimento à ordem judicial é que o juiz pode extinguir o feito.

Conforme já expusemos, nas hipóteses cabíveis, o juízo rescisório é uma consequência lógica da procedência do juízo rescindendo. Admitir que uma decisão judicial seja rescindida sem que outra, até mesmo de ofício, seja dada em seu lugar, contraria o bom senso e relega a aplicação da principiologia processual.

De qualquer forma, não há como desconhecer o texto legal e muito menos o corpo da jurisprudência. E, nessa linha, não cabe ao julgador suprir uma atividade que é própria do autor. Não havendo pedido de rejulgamento, a decisão que apreciar a demanda originária será *extra petita* e, portanto, possível de invalidação. Verificando que a hipótese comporta rejulgamento e não tendo o autor feito a cumulação dos pedidos, o juiz determinará a emenda da inicial. Procedendo à emenda, o vício estará sanado. A falta de emenda da inicial acarretará o seu indeferimento, uma vez que, nas hipóteses em que se admite o rejulgamento, a falta de pedido nesse sentido implica falta de interesse à simples rescisão. Contudo, olvidando que temos lei, parte da doutrina e também da jurisprudência entende que a cumulação dos dois juízos (de rescisão de sentença e de novo julgamento da causa) é implícita, de modo que, se uma decisão foi rescindida, outra deve substituí-la (RT 646/136, RJTJESP 110/396 e Lex-JTA 146/407). Assim, na linha mais literalista, o rejulgamento da causa originária pressupõe (i) a necessidade de rejulgamento e (ii) a formulação de pedido nesse sentido na petição inicial da ação rescisória.

Não se pode perder de vista que, em algumas hipóteses, o rejulgamento não faz sentido.

Não há rejulgamento, por exemplo, na ação rescisória ajuizada em face de decisão que contrariou coisa julgada, isso porque, com a simples rescisão, passa a valer a decisão originária, aquela que ensejou a coisa julgada. Se o pedido de rescisão tem como causa a ofensa à coisa julgada (art. 966, IV), rescindida a decisão proferida em afronta a essa qualidade, restaura-se os efeitos da decisão anterior, nada mais havendo a prover, portanto, desnecessário é o novo julgamento.

Também não se rejulga quando a causa de rescindibilidade tratar-se de incompetência absoluta, principalmente quando a competência para julgamento da demanda originária for de órgão diverso do Judiciário. O juiz de direito julga causa que seria da competência da Justiça do Trabalho. Na ação rescisória, o Tribunal de Justiça (competente para a rescisória, mas não para a causa originária) se restringe a rescindir a decisão do juiz de direito, remetendo os autos à Justiça do Trabalho. O caso não é de renovação do pedido, como sustentei em edições anteriores deste livro, e sim de remessa, com aproveitamento dos atos já praticados, permitindo-se eventual emenda da inicial. O tempo é de virtuosa celeridade.

Se a causa de pedir da rescisória diz respeito a fatos, provas ou documentos tidos como falsos no juízo rescisório, há que proceder a novo julgamento pelo próprio tribunal que exerceu o *iudicium rescindens*.

Em síntese, o tribunal, ao rescindir a sentença, de regra já promove novo julgamento da lide.

Depósito prévio. Figura ainda como requisito para a propositura da ação o depósito da importância de 5% sobre o valor da causa. O depósito prévio tem natureza jurídica de condição de procedibilidade e transmudar-se-á em multa a favor do réu, se a ação rescisória for extinta sem resolução do mérito ou julgada improcedente por unanimidade de votos (art. 968, II).

Dispensa do depósito. Evidencia-se que, nos termos do art. 968, § 1º, à União, aos Estados, ao Distrito Federal, aos Municípios, às suas respectivas autarquias e fundações de direito público, ao Ministério Público, à Defensoria Pública e aos que tenham obtido o benefício de gratuidade da justiça, não se aplica a exigência de depósito prévio.[383]

Ressalte-se que as autarquias, fundações públicas e Defensoria Pública não estavam previstas no CPC/1973 (art. 488, parágrafo único) como entidades dispensadas do depósito prévio. Esse, no entanto, já era o entendimento jurisprudencial, notadamente no âmbito do STJ, que, por aplicação analógica da Súmula 175,[384] sempre se manifestou no sentido de que as autarquias e fundações deveriam ser dispensadas desse requisito em sede de ação rescisória, desde que houvesse lei assegurando aos órgãos os mesmos privilégios da Fazenda Pública. É o que ocorre, por exemplo, com o INSS (art. 8º da Lei nº 8.620/1993). Corroborou esse entendimento a Súmula 483 do STJ, que assim dispõe: "O INSS não está obrigado a efetuar depósito prévio do preparo por gozar das prerrogativas e privilégios da Fazenda Pública."

Limitação do valor depositado. Se o valor dado à causa for de grande monta, a quantia a ser depositada também o será. Tal situação pode desestimular a parte a ajuizar a ação rescisória, até mesmo nos casos em que há grandes chances de se rescindir o julgado. Pensando nisso, o CPC/2015 trouxe uma limitação ao valor do depósito. Se o percentual obtido for superior a mil salários mínimos, o requisito previsto no inciso II estará preenchido com o depósito dessa quantia e não daquela que seria obtida tomando-se por base o valor dado à causa. Em suma, o depósito poderá ser superior a 1.000 (mil) salários mínimos, ainda que o percentual (5%) sobre o valor da causa supere essa quantia.

Ausência de depósito. Com relação à penalidade pela ausência de recolhimento das custas e do depósito prévio, já entendia o STJ que seria cabível o indeferimento da petição inicial, com a consequente extinção da ação rescisória sem resolução do mérito. Vale ressaltar que a Corte considerava desnecessária a prévia intimação pessoal da parte para regularizar a situação (STJ, REsp 1.286.262/ES, Rel. Min. Paulo de Tarso Sanseverino, julgado em 18.12.2012). O novo CPC consolida esse entendimento. Conforme o § 3º do art. 968, além dos casos previstos no art. 330, a petição inicial será indeferida quando não efetuado o depósito legalmente exigido.

O Código, diferentemente do que ocorre com o preparo recursal (art. 1.007, § 2º), não trata da possibilidade de complementação do depósito. O silêncio é expressivo. A ausência ou a insuficiência do depósito não pode ser considerada hipótese sujeita à emenda da petição inicial. Apenas com referência aos requisitos da inicial é possível a emenda, na forma do art. 321. Como já afirmado, o dever de cooperação do juiz não pode chegar a ponto

---

[383] Já existia súmula do TJRJ a respeito. Veja: "A gratuidade de justiça abrange o depósito na ação rescisória" (Súmula 108). No mesmo sentido: "A parte autora que litiga sob o pálio da assistência judiciária não se mostra obrigada ao depósito previsto no art. 488, inc. II, do CPC" (AR 2.099/SE, 3ª Seção, Rel. Min. Arnaldo Esteves Lima, julgado em 22.08.2007, DJ 24.09.2007, p. 243).

[384] "Descabe o depósito prévio nas ações rescisórias propostas pelo INSS."

de transformar o advogado num adolescente que negligencia os seus deveres e, ao mesmo tempo, compelir o juiz a tutelar o advogado, suprindo-lhe e perdoando as suas faltas. Se o percentual a ser depositado já está previsto em lei e se a parte, assistida por advogado, negligenciou o cumprimento do requisito, não há justificativa para exigir que o juiz determine a intimação para emenda. Nesse caso haverá o indeferimento da petição e consequentemente extinção do processo sem resolução do mérito. Nada impede, contudo, que o autor da ação rescisória ajuíze uma nova demanda, desde que não tenha transcorrido o prazo decadencial.

Improcedência liminar da ação rescisória. Como a ação rescisória tem natureza jurídica de ação e não de recurso, a ela se aplicam as disposições do art. 332 (art. 968, § 4º). Assim, se não houver necessidade de instrução, independentemente da citação do réu, poderá o relator julgar improcedente a ação rescisória quando o pedido contrariar enunciado de súmula do STF ou do STJ; acórdão proferido pelo STF ou STJ em julgamento de recursos repetitivos; entendimento firmado em IRDR ou de assunção de competência; enunciado de súmula de tribunal de justiça sobre direito local.

Também será possível o relator julgar improcedente o pleito rescisório se transcorrido o prazo decadencial previsto no art. 975.

Incompetência do tribunal. No que concerne à petição inicial, o Código permite que ela seja emendada no caso de ser reconhecida a incompetência do tribunal por inadequação do objeto (art. 968, § 5º). Os casos que admitem essa emenda são os seguintes: (i) quando decisão anterior (decisão rescindenda) não tiver analisado o mérito e não se enquadrar nas hipóteses do § 2º do art. 966 (sentença terminativa que impede a propositura da ação, como a que reconhece a litispendência e a coisa julgada); (ii) quando a decisão que se pretende rescindir tiver sido substituída por decisão anterior. Evidentemente, a disposição adéqua o procedimento às diretrizes do aproveitamento dos atos processuais e da economia processual.

CPC/2015	CPC/1973
Art. 969. A proposição da ação rescisória não impede o cumprimento da *decisão rescindenda*, ressalvada a concessão de *tutela provisória*.	Art. 489. O ajuizamento da ação rescisória não impede o cumprimento da *sentença ou acórdão rescindendo*, ressalvada a concessão, ~~caso imprescindíveis e sob os pressupostos previstos em lei~~, de *medidas de natureza cautelar ou antecipatória de tutela*.

 COMENTÁRIOS:

Execuçao da sentença rescindenda. Há disposição expressa tanto no CPC/1973 quanto no CPC/2015 no sentido de que a proposição de ação rescisória não impede o cumprimento da decisão rescindenda (art. 489 do CPC/1973; art. 969 do CPC/2015). Privilegia-se, assim, a autoridade da decisão jurisdicional definitiva emanada de relação processual já finda.

Admite-se, contudo, pedido de tutela provisória para suspender a execução da sentença rescindenda, desde que presentes os pressupostos previstos em lei. Com efeito, a ação rescisória nada mais é do que espécie de processo de conhecimento, a ela se aplicando todas as regras comuns a esse procedimento, inclusive as medidas de urgência.

Em face da segurança que emerge da coisa julgada, a concessão de tutela provisória guarda caráter excepcional, devendo o magistrado proceder a criteriosa análise do caso concreto antes de deferi-la, independentemente do fundamento – se por urgência ou evidência –, porquanto não se discute que, em princípio, é de se privilegiar e proteger aquela parte que tenha a seu favor sentença definitiva transitada em julgado. Quanto mais provável a possibilidade de procedência da rescisória, mais viável será a concessão da tutela provisória. Constatando-se a evidência (hipóteses do art. 311), mais segurança terá o magistrado para suspender o cumprimento da sentença rescindenda. Pouco importa se a tutela concedida tem natureza antecipatória ou cautelar, diante de considerável probabilidade ou mesmo evidência não se pode evitar o dano decorrente da execução de uma decisão viciada.

Da decisão do relator que defere ou indefere a medida, caberá agravo interno, no prazo de cinco dias (art. 1.021).

CPC/2015	CPC/1973
Art. 970. O relator ordenará a citação do réu, designando-lhe prazo nunca inferior a 15 (quinze) dias nem superior a 30 (trinta) dias para, *querendo, apresentar resposta*, ao fim do qual, com ou sem *contestação*, observar-se-á, no que couber, o *procedimento comum*.	Art. 491. O relator mandará citar o réu, assinando-lhe prazo nunca inferior a 15 (quinze) dias nem superior a 30 (trinta) para *responder aos termos da ação*. Findo o prazo com ou sem *resposta*, observar-se-á no que couber o *disposto no Livro I, Título VIII, Capítulos IV e V*.

 COMENTÁRIOS:

Resposta do réu. Proposta a ação rescisória, se não for o caso de indeferimento, o relator ordenará a citação do réu, designando-lhe prazo nunca inferior a 15 (quinze) nem superior a 30 (trinta) dias para, querendo, apresentar resposta, ao fim do qual, com ou sem contestação, observar-se-á, no que couber, o procedimento comum.

O prazo da contestação, como se vê, deve ser modulado pelo juiz, atendendo às circunstâncias do caso, inclusive a qualidade das partes.

Por ser prazo processual e fixado em dias, devem ser computados apenas os dias úteis (art. 219).

Prazo em dobro. Embora não tenha por hábito ficar medindo jurisprudência, creio que o entendimento majoritário (STJ, REsp 363.780/RS, 6ª Turma, Rel. Min. Paulo Gallotti, julgado em 27.08.2002) seja no sentido de que se aplica a dobra de prazo no caso de o réu ser a Fazenda Pública, o Ministério Público e a Defensoria Pública, bem como quando os litisconsortes tiverem procuradores diferentes e não se tratar de processo eletrônico. A meu ver, essa dobra não faz o menor sentido, porque o juiz, ao estabelecer o prazo para a resposta, já levou em conta todas as circunstâncias do processo. Trata-se de prazo judicial, com balizas estabelecidas pela lei. Cabe ao juiz modular esse prazo, tendo em vista a complexidade da causa e a qualidade das partes, entre quinze e trinta dias. Dobrar o prazo estabelecido pelo juiz constitui um atentado à celeridade. Se é para dobrar, então para que conferir essa discricionariedade ao juiz?

A citação é para apresentar resposta. Não há designação de audiência de conciliação e mediação, conforme preconizado nos arts. 250, IV, e 334.

A resposta deve conter toda a matéria de defesa, nos termos do art. 336 e seguintes, além de eventual reconvenção, que é admissível na rescisória. Somente a exceção de impedimento e suspeição deve ser oposta à parte. Os efeitos da revelia não se aplicam à rescisória, prevalecendo, no silêncio do réu, a coisa julgada que emerge da decisão rescindenda.

CPC/2015	CPC/1973
Art. 971. Na ação rescisória, devolvidos os autos pelo relator, a secretaria do tribunal expedirá cópias do relatório e as distribuirá entre os juízes que compuserem o órgão competente para o julgamento. Parágrafo único. **A escolha de relator recairá, sempre que possível, em juiz que não haja participado do julgamento rescindendo.**	Art. 553. ~~Nos embargos infringentes e~~ na ação rescisória, devolvidos os autos pelo relator, a secretaria do tribunal expedirá cópias autenticadas do relatório e as distribuirá entre os juízes que compuserem o tribunal competente para o julgamento.

 ## COMENTÁRIOS:

Escolha do relator. Nos termos da Súmula 252 do STF, os magistrados que participaram do julgamento rescindendo não estão impedidos de julgar a rescisória. A vedação prevista no art. 144, II, do CPC/2015 inibe a participação do juiz no mesmo processo em que tenha atuado, o que não engloba a ação rescisória, que constitui nova demanda.

De todo modo, mesmo não havendo vedação legal, o novo CPC, seguindo o entendimento de alguns tribunais estaduais,[385] passou a estabelecer que a escolha do relator da ação rescisória recairá, *sempre que possível*, em juiz que não haja participado do julgamento (art. 971, parágrafo único). A intenção do legislador é permitir que novos julgadores apreciem a demanda sem qualquer vinculação a entendimento anterior.

A toda evidência, se a rescisória fundar-se no impedimento do magistrado (art. 966, II), este não poderá participar do julgamento rescindendo.

CPC/2015	CPC/1973
Art. 972. Se os fatos alegados pelas partes dependerem de prova, o relator *poderá delegar* a competência ao *órgão que proferiu a decisão rescindenda*, fixando prazo de *1 (um) a 3 (três) meses* para a devolução dos autos.	Art. 492. Se os fatos alegados pelas partes dependerem de prova, o relator *delegará* a competência ao *juiz de direito da comarca onde deva ser produzida*, fixando prazo de *45 (quarenta e cinco) a 90 (noventa) dias* para a devolução dos autos.

 ## COMENTÁRIOS:

Instrução. Recebida a inicial e citada a ré, com apresentação ou não de resposta, inicia-se a fase instrutória, que, todavia, poderá ser dispensada caso não se verifique a necessidade de produção de provas. Se os fatos alegados pelas partes dependerem de prova, o relator poderá delegar a competência ao órgão que proferiu a decisão rescindenda, fixando prazo de um a três meses para a devolução dos autos.[386]

---

[385] A regra prevista no parágrafo único do art. 971 já constava em alguns regimentos internos de tribunais de justiça estaduais (exemplo: art. 236 do Regimento Interno do Tribunal de Justiça do Estado de São Paulo. A diferença é que o dispositivo do RITJSP não indica preferência, mas obrigatoriedade). No âmbito do CPC/1973, havia previsão no mesmo sentido, exclusivamente para os embargos infringentes (art. 534 do CPC/1973), os quais foram excluídos do ordenamento.

[386] NEVES, Daniel Amorim Assumpção. **Manual de direito processual civil.** Salvador: JusPodivm, 2016, p. 1.395.

"Pode o relator delegar a competência para sua produção ao juiz de primeiro grau da comarca ou subseção judiciária onde deva ser colhida. Se assim o fizer, frise-se, todo o procedimento envolvendo a produção da prova deverá ser realizado no primeiro grau de jurisdição, como, por exemplo, a designação e nomeação de perito, bem como a designação e realização de audiência de instrução para produção da prova testemunhal ou para a obtenção dos esclarecimentos periciais."[387]

A propósito da delegação para a produção probatória, Daniel Amorim Assumpção Neves alerta que na hipótese de ação rescisória fundada no art. 966, I, não se deve admitir a delegação ao juízo que proferiu a decisão rescindenda. Nesse caso, "melhor que seja respeitado o foro, mas não o juízo. Por outro lado, devendo a prova ser produzida em foro distinto daquele em que tramitou o processo cuja decisão de mérito transitada em julgado busca-se rescindir não haverá necessidade de a carta de ordem ser dirigida ao juízo de origem".[388]

CPC/2015	CPC/1973
Art. 973. Concluída a instrução, será aberta vista ao autor e ao réu para razões finais, sucessivamente, pelo prazo de 10 (dez) dias. Parágrafo único. Em seguida, os autos serão conclusos ao relator, procedendo-se ao julgamento **pelo órgão competente**.	Art. 493. Concluída a instrução, será aberta vista, sucessivamente, ao autor e ao réu, pelo prazo de 10 (dez) dias, para razões finais. Em seguida, os autos subirão ao relator, procedendo-se ao julgamento: I — no Supremo Tribunal Federal e no Superior Tribunal de Justiça, na forma dos seus regimentos internos; II — nos Estados, conforme dispuser a norma de Organização Judiciária.
Art. 974. Julgando procedente *o pedido*, o tribunal rescindirá a *decisão*, proferirá, se for o caso, novo julgamento e determinará a restituição do depósito **a que se refere o inciso II do art. 968**. Parágrafo único. Considerando, por unanimidade, inadmissível ou improcedente *o pedido*, o tribunal determinará a reversão, em favor do réu, da importância do depósito, sem prejuízo do disposto no *§ 2º do art. 82*.	Art. 494. Julgando procedente *a ação,* o tribunal rescindirá a *sentença*, proferirá, se for o caso, novo julgamento e determinará a restituição do depósito; declarando inadmissível ou improcedente *a ação*, a importância do depósito reverterá a favor do réu, sem prejuízo do disposto no *art. 20*.

 ## COMENTÁRIOS AOS ARTS. 973 E 974:

Manifestações finais e julgamento. Concluída a instrução, será aberta vista, sucessivamente, ao autor e ao réu, pelo prazo de dez dias, para razões finais e, posteriormente, ao Ministério Público, para parecer. Em seguida, os autos serão remetidos ao relator, para julgamento (art. 973). A competência para julgamento da rescisória é do tribunal competente para conhecer do recurso contra a sentença rescindenda ou que tenha editado o acórdão cuja rescisão se pretende.

---

[387] **Código de Processo Civil anotado.** Disponível em: <www.oabpr.com.br>.

[388] Verifica-se alteração no prazo para devolução dos autos pelo juiz delegado a realizar a instrução probatória da ação rescisória. É importante lembrar que os prazos em meses são contados na forma do art. 132, § 3º, do Código Civil.

Julgado procedente o pedido rescindendo, o tribunal desconstituirá a sentença (*iudicium rescindens*), proferindo, se for o caso, novo julgamento (*iudicium rescisorium*), determinando a restituição do depósito prévio. Extinta sem resolução do mérito, ou julgado improcedente por unanimidade de votos o pedido rescisório, o depósito será convertido em multa a favor do réu, mesmo se a parte autora estiver amparada pela assistência judiciária.

Gratuidade judiciária. Os beneficiários da assistência judiciária estão isentos do depósito prévio, porque, do contrário, estariam eles privados do livre acesso à justiça (art. 5º, XXXV e LXXIV, da CF). Entretanto, se o pedido rescindente, ao final, for julgado improcedente à unanimidade, estará o autor obrigado a promover o pagamento da quantia respectiva (art. 974). O depósito prévio tem nítido caráter cominatório, porquanto será revertido em multa em favor do réu, ao passo que a assistência judiciária "pretende livrar as partes dos ônus decorrentes do processo, e não das indenizações devidas em virtude de atos de sua responsabilidade".[389]

CPC/2015	CPC/1973
Art. 975. O direito *à rescisão* se extingue em 2 (dois) anos contados do trânsito em julgado da última decisão proferida no processo.	Art. 495. O direito *de propor ação rescisória* se extingue em 2 (dois) anos, contados do trânsito em julgado da decisão.
§ 1º Prorroga-se até o primeiro dia útil imediatamente subsequente o prazo a que se refere o *caput*, quando expirar durante férias forenses, recesso, feriados ou em dia em que não houver expediente forense.	
§ 2º Se fundada a ação no inciso VII do art. 966, o termo inicial do prazo será a data de descoberta da prova nova, observado o prazo máximo de 5 (cinco) anos, contado do trânsito em julgado da última decisão proferida no processo.	
§ 3º Nas hipóteses de simulação ou de colusão das partes, o prazo começa a contar, para o terceiro prejudicado e para o Ministério Público, que não interveio no processo, a partir do momento em que têm ciência da simulação ou da colusão.	

 ## COMENTÁRIOS:

Natureza do prazo. De acordo com o novo CPC, a ação rescisória será proposta no prazo de dois anos contados do trânsito em julgado da última decisão proferida no processo. Esse prazo tem natureza decadencial, uma vez que ação rescisória trata de tutela constitutiva negativa fundada no direito potestativo de desconstituir decisão de mérito transitada em julgado, com prazo estabelecido em lei. Importante atentar que não é a ação rescisória que decai no prazo assinalado, mas o próprio direito material à rescisão.

---

[389] NERY JR., Nelson. **Código de Processo Civil e legislação extravagante.** 7. ed. São Paulo: Revista dos Tribunais, 2003.

Note, contudo, que, apesar de se tratar de prazo decadencial, insuscetível de interrupção ou de suspensão, o novo CPC estabelece que, se o termo final do prazo para ajuizamento da ação rescisória recair durante férias forenses, recesso, feriados ou em dia em que não houver expediente forense, ele deverá ser prorrogado para o primeiro dia útil subsequente (§ 1º). Essa disposição, a propósito, consolida o recente entendimento do STJ (REsp 1.112.864/ MG, Rel. Min. Laurita Vaz, Corte Especial, julgado em 19.11.2014).

Decisão objetivamente completa. Tema importante diz respeito à contagem do prazo da ação rescisória de decisão objetivamente complexa.[390] Por muito tempo o STJ entendeu que não seria possível o fatiamento da coisa julgada, de modo que o prazo da ação rescisória se iniciaria do trânsito em julgado do último pronunciamento jurisdicional (Súmula 401 do aludido tribunal).[391] O STF, no entanto, possuía entendimento contrário, no qual admitia a chamada coisa julgada progressiva.[392] Esse último entendimento tinha previsão no projeto inicial do CPC/2015, mas foi retirado na redação final, a qual albergou o prazo rescisório único defendido pela jurisprudência do STJ. Não obstante as diversas opiniões doutrinárias e jurisprudenciais, frise-se que a definição de um prazo para ajuizamento de ação rescisória não comporta incoerência com o julgamento antecipado parcial do mérito (art. 356 do CPC/2015) nem com o possível cumprimento definitivo da decisão caso haja "trânsito em julgado" (art. 356, § 3º, do CPC/2015). O trânsito em julgado citado pela norma diz respeito à modalidade de cumprimento da sentença e não tem relação com o prazo para eventual propositura de demanda rescisória. Em síntese, o termo *a quo* para a propositura de ação rescisória será único, independentemente de quantos capítulos possuir a sentença.

Termo *a quo* diferenciado. O novo CPC (§§ 2º e 3º) também elenca duas novas exceções relativas ao termo *a quo* do prazo para a propositura da ação rescisória: (i) se a ação rescisória for fundada no inciso VII do art. 966, o termo inicial do prazo será a **data de descoberta da prova nova**, observado o prazo máximo de cinco anos, contado do trânsito em julgado da última decisão proferida no processo; (ii) se o vício da decisão ocorrer em razão de simulação ou de colusão entre as partes, o prazo começa a contar, para o terceiro prejudicado e para o Ministério Público, que não interveio no processo, a partir do momento em que têm ciência da simulação ou da colusão. Se a causa envolver alguma das hipóteses do art. 178, o Ministério Público terá que observar a regra geral.

Em suma: a regra é que o prazo de dois anos inicia-se com o trânsito em julgado da última decisão proferida no processo, que se aperfeiçoa com o exaurimento dos recursos cabíveis ou

---

[390] Decisão objetivamente complexa é aquela na qual coexiste mais de uma resolução do mérito. Em razão da pluralidade de pretensões formuladas, o dispositivo do julgado apresentará vários capítulos ou decisões, uma para cada pedido. Exemplo de ato judicial complexo é o que julga pedido de indenização por danos materiais e morais.

[391] Súmula 401/STJ: "O prazo decadencial da ação rescisória só se inicia quando não for cabível qualquer recurso do último pronunciamento judicial."

[392] "a) ao longo de um mesmo processo, podem suceder-se duas ou mais resoluções de mérito, proferida por órgãos distintos, em momentos igualmente distintos; b) todas essas decisões transitam em julgado ao se tornarem imutáveis e são aptas a produzir coisa julgada material, não restrita ao âmbito do feito em que emitidas; c) se em relação a mais de uma delas se configurar motivo legalmente previsto de rescindibilidade, para cada qual será proponível uma ação rescisória individualizada; d) o prazo de decadência terá de ser computado caso a caso, a partir do trânsito em julgado de cada decisão" (MOREIRA, José Carlos Barbosa. Sentença objetivamente complexa, trânsito em julgado e rescindibilidade. **Revista Dialética de Direito Processual**, nº 45, dez. 2006).

com o transcurso do prazo recursal. **Exceções**: (i) no caso de prova nova, o prazo de dois anos inicia-se na data da descoberta dessa prova, observado o prazo máximo de cinco anos, contado do trânsito em julgado da última decisão proferida no processo; (ii) no caso de simulação ou colusão das partes, o termo inicial começa a partir do momento em que houve ciência da simulação ou da colusão, se a ação for proposta por terceiros ou pelo Ministério Público.

Há uma terceira exceção, prevista no § 15 do art. 525. Quando a sentença se fundar em lei ou ato normativo declarado inconstitucional pelo Supremo Tribunal Federal, em controle difuso ou concentrado, o termo inicial da ação rescisória será a data do trânsito em julgado da decisão proferida pelo STF.

Importa ressalvar que a aplicação dessas exceções somente deve ocorrer em relação à coisa julgada formada após a entrada em vigor do novo CPC, ou seja, a partir de 18 de março de 2016.

Prazo para o Ministério Público, a Fazenda Pública e a Defensoria Pública. A ação rescisória constitui ação autônoma de impugnação de decisão judicial, razão pela qual não se sujeita à regra do prazo diferenciado previsto nos arts. 180, 183 e 186 do novo CPC.[393]

Capítulo VIII
Do Incidente de Resolução de Demandas Repetitivas

CPC/2015	CPC/1973
Art. 976. É cabível a instauração do incidente de resolução de demandas repetitivas quando houver, simultaneamente:	Não há correspondência.
I – efetiva repetição de processos que contenham controvérsia sobre a mesma questão unicamente de direito;	
II – risco de ofensa à isonomia e à segurança jurídica.	
§ 1º A desistência ou o abandono do processo não impede o exame de mérito do incidente.	
§ 2º Se não for o requerente, o Ministério Público intervirá obrigatoriamente no incidente e deverá assumir sua titularidade em caso de desistência ou de abandono.	
§ 3º A inadmissão do incidente de resolução de demandas repetitivas por ausência de qualquer de seus pressupostos de admissibilidade não impede que, uma vez satisfeito o requisito, seja o incidente novamente suscitado.	
§ 4º É incabível o incidente de resolução de demandas repetitivas quando um dos tribunais superiores, no âmbito de sua respectiva competência, já tiver afetado recurso para definição de tese sobre questão de direito material ou processual repetitiva.	

---

[393]   Esse já era o entendimento quando da vigência do CPC/1973. Cf. CUNHA, Leonardo José Carneiro da. **A fazenda pública em juízo**. 5. ed. São Paulo: Dialética, 2007.

§ 5º Não serão exigidas custas processuais no incidente de resolução de demandas repetitivas.

Art. 977. O pedido de instauração do incidente será dirigido ao presidente de tribunal:

I – pelo juiz ou relator, por ofício;

II – pelas partes, por petição;

III – pelo Ministério Público ou pela Defensoria Pública, por petição.

Parágrafo único. O ofício ou a petição será instruído com os documentos necessários à demonstração do preenchimento dos pressupostos para a instauração do incidente.

Art. 978. O julgamento do incidente caberá ao órgão indicado pelo regimento interno dentre aqueles responsáveis pela uniformização de jurisprudência do tribunal.

Parágrafo único. O órgão colegiado incumbido de julgar o incidente e de fixar a tese jurídica julgará igualmente o recurso, a remessa necessária ou o processo de competência originária de onde se originou o incidente.

Art. 979. A instauração e o julgamento do incidente serão sucedidos da mais ampla e específica divulgação e publicidade, por meio de registro eletrônico no Conselho Nacional de Justiça.

§ 1º Os tribunais manterão banco eletrônico de dados atualizados com informações específicas sobre questões de direito submetidas ao incidente, comunicando-o imediatamente ao Conselho Nacional de Justiça para inclusão no cadastro.

§ 2º Para possibilitar a identificação dos processos abrangidos pela decisão do incidente, o registro eletrônico das teses jurídicas constantes do cadastro conterá, no mínimo, os fundamentos determinantes da decisão e os dispositivos normativos a ela relacionados.

§ 3º Aplica-se o disposto neste artigo ao julgamento de recursos repetitivos e da repercussão geral em recurso extraordinário.

Art. 980. O incidente será julgado no prazo de 1 (um) ano e terá preferência sobre os demais feitos, ressalvados os que envolvam réu preso e os pedidos de *habeas corpus*.

Parágrafo único. Superado o prazo previsto no *caput*, cessa a suspensão dos processos prevista no art. 982, salvo decisão fundamentada do relator em sentido contrário.

Art. 981. Após a distribuição, o órgão colegiado competente para julgar o incidente procederá ao seu juízo de admissibilidade, considerando a presença dos pressupostos do art. 976.

Art. 982. Admitido o incidente, o relator:

I – suspenderá os processos pendentes, individuais ou coletivos, que tramitam no Estado ou na região, conforme o caso;

II – poderá requisitar informações a órgãos em cujo juízo tramita processo no qual se discute o objeto do incidente, que as prestarão no prazo de 15 (quinze) dias;

III – intimará o Ministério Público para, querendo, manifestar-se no prazo de 15 (quinze) dias.

§ 1º A suspensão será comunicada aos órgãos jurisdicionais competentes.

§ 2º Durante a suspensão, o pedido de tutela de urgência deverá ser dirigido ao juízo onde tramita o processo suspenso.

§ 3º Visando à garantia da segurança jurídica, qualquer legitimado mencionado no art. 977, incisos II e III, poderá requerer, ao tribunal competente para conhecer do recurso extraordinário ou especial, a suspensão de todos os processos individuais ou coletivos em curso no território nacional que versem sobre a questão objeto do incidente já instaurado.

§ 4º Independentemente dos limites da competência territorial, a parte no processo em curso no qual se discuta a mesma questão objeto do incidente é legitimada para requerer a providência prevista no § 3º deste artigo.

§ 5º Cessa a suspensão a que se refere o inciso I do *caput* deste artigo se não for interposto recurso especial ou recurso extraordinário contra a decisão proferida no incidente.

Art. 983. O relator ouvirá as partes e os demais interessados, inclusive pessoas, órgãos e entidades com interesse na controvérsia, que, no prazo comum de 15 (quinze) dias, poderão requerer a juntada de documentos, bem como as diligências necessárias para a elucidação da questão de direito controvertida, e, em seguida, manifestar-se-á o Ministério Público, no mesmo prazo.

§ 1º Para instruir o incidente, o relator poderá designar data para, em audiência pública, ouvir depoimentos de pessoas com experiência e conhecimento na matéria.

§ 2º Concluídas as diligências, o relator solicitará dia para o julgamento do incidente.

Art. 984. No julgamento do incidente, observar-se-á a seguinte ordem:

I – o relator fará a exposição do objeto do incidente;

II – poderão sustentar suas razões, sucessivamente:

a) o autor e o réu do processo originário e o Ministério Público, pelo prazo de 30 (trinta) minutos;

b) os demais interessados, no prazo de 30 (trinta) minutos, divididos entre todos, sendo exigida inscrição com 2 (dois) dias de antecedência.

§ 1º Considerando o número de inscritos, o prazo poderá ser ampliado.

§ 2º O conteúdo do acórdão abrangerá a análise de todos os fundamentos suscitados concernentes à tese jurídica discutida, sejam favoráveis ou contrários.

Art. 985. Julgado o incidente, a tese jurídica será aplicada:

I – a todos os processos individuais ou coletivos que versem sobre idêntica questão de direito e que tramitem na área de jurisdição do respectivo tribunal, inclusive àqueles que tramitem nos juizados especiais do respectivo Estado ou região;

II – aos casos futuros que versem idêntica questão de direito e que venham a tramitar no território de competência do tribunal, salvo revisão na forma do art. 986.

§ 1º Não observada a tese adotada no incidente, caberá reclamação.

§ 2º Se o incidente tiver por objeto questão relativa a prestação de serviço concedido, permitido ou autorizado, o resultado do julgamento será comunicado ao órgão, ao ente ou à agência reguladora competente para fiscalização da efetiva aplicação, por parte dos entes sujeitos a regulação, da tese adotada.

Art. 986. A revisão da tese jurídica firmada no incidente far-se-á pelo mesmo tribunal, de ofício ou mediante requerimento dos legitimados mencionados no art. 977, inciso III.

Art. 987. Do julgamento do mérito do incidente caberá recurso extraordinário ou especial, conforme o caso.

§ 1º O recurso tem efeito suspensivo, presumindo-se a repercussão geral de questão constitucional eventualmente discutida.

§ 2º Apreciado o mérito do recurso, a tese jurídica adotada pelo Supremo Tribunal Federal ou pelo Superior Tribunal de Justiça será aplicada no território nacional a todos os processos individuais ou coletivos que versem sobre idêntica questão de direito.

 ## COMENTÁRIOS AOS ARTS. 976 A 987:

Inovação. Uma das maiores novidades trazidas pelo novo CPC é o incidente de resolução de demandas repetitivas, conhecido pela sigla IRDR, que se inclui no rol dos precedentes vinculantes (art. 927, III). Segundo a exposição de motivos da Comissão de Juristas do Senado,[394] trata-se de mecanismo concebido para a "identificação de processos que contenham a mesma questão de direito, que estejam ainda no primeiro grau de jurisdição, para decisão conjunta".

Diferenças e semelhanças com outros institutos. O incidente de resolução de demandas repetitivas apresenta semelhanças com os institutos da repercussão geral e do julgamento dos recursos especiais e extraordinários repetitivos. Negada a existência da repercussão geral quanto ao recurso representativo da controvérsia, serão negados todos os recursos extraordinários sobrestados na origem que versem sobre matéria idêntica (art. 1.035, § 8º). Ao contrário, admitido e julgado o mérito do recurso extraordinário, os recursos sobrestados serão apreciados pelos Tribunais, Turmas de Uniformização ou Turmas Recursais, que poderão declará-los prejudicados ou retratar-se. *Mutatis mutandis*, situação semelhante se passa com relação ao julgamento dos recursos especiais repetitivos.

Como se vê, o acórdão do julgamento do Recurso Extraordinário ou do Recurso Especial, no caso de idêntica controvérsia, servirá de base para o juízo de admissibilidade de outros recursos que versem sobre a mesma controvérsia e até para o julgamento de outros recursos ou causas cujos trâmites foram suspensos.

O incidente de resolução de demandas repetitivas não é recurso, e sim um incidente instaurado no julgamento de recursos, remessa necessária ou processo de competência originária. A decisão proferida no IRDR, tal como ocorre com a tese definida em julgamento de recursos repetitivos, servirá de parâmetro para o julgamento de todos os processos – presentes e futuros, individuais ou coletivos – que versem sobre idêntica questão de direito e que tramitem ou venham a tramitar na área de jurisdição do respectivo tribunal, ou seja, vinculará os órgãos de primeiro grau e o próprio tribunal. O acórdão passará a ser a "lei" que regerá os processos em trâmite e que venham a ser instaurados sobre a mesma questão jurídica. Ao julgador caberá fazer a subsunção dos fatos a essa norma jurídica editada pelo tribunal.

Ainda à guisa de estabelecimento de semelhanças e distinções, o IRDR, mormente no que respeita à definição de tese jurídica e vinculação de julgadores, assemelha-se ao incidente de assunção de competência, previsto no art. 947. Na assunção de competência, entretanto, não se cogita de repetição, mas sim de relevante questão de direito com grande repercussão social.

Agora apenas uma distinção, porque as semelhanças são parcas. O IRDR diferencia-se das ações coletivas. Como o próprio nome diz, a ação civil pública, por exemplo, é uma ação, não um incidente. Na ação coletiva o que se tutela é o direito coletivo. A soma de pretensões individuais, nos direitos coletivos e individuais homogêneos, é julgada numa só "tacada", ou melhor, numa só sentença. No IRDR apenas se define a tese jurídica a ser aplicada nos julgamentos futuros. Outra diferença: nas ações coletivas, por conveniência governamental, não se admite veicular pretensões que envolvam tributos, contribuições previdenciárias, Fundo de Garantia do Tempo de Serviço (FGTS) e/ou outros fundos de

---

[394] Disponível em: <http://www2.camara.leg.br/atividade-legislativa/comissoes/comissoes-temporarias/especiais/54a-legislatura/8046-10-codigo-de-processo-civil/arquivos/exposicao-de-motivos-comissao-de-juristas>. Acesso em: 18 out. 2013.

natureza institucional (art. 1º, parágrafo único, da Lei nº 7.347, de 24.07.1985), já o IRDR não contempla qualquer limitação de matérias.

Cabimento. O IRDR é admitido quando identificada a repetição de causas fundadas na mesma questão de direito, circunstância que pode provocar insegurança jurídica e ofensa à isonomia, em face da possibilidade de coexistirem decisões conflitantes sobre a mesma questão jurídica. O empresário Clóvis vê reconhecida na justiça a inexigibilidade de determinado tributo. Já o empresário Sílvio, que atua no mesmo ramo de atividade, tem que pagar o tributo, porquanto o pedido que formulou em juízo foi julgado improcedente. À empregada Berenice a justiça reconhece o direito de receber uma determinada diferença; ao seu colega Humberto, o mesmo direito é negado.

O procedimento-padrão tem por fim evitar (i) a eternização de discussões sobre teses jurídicas, o que gera ganhos em termos de celeridade; (ii) discrepâncias, o que provoca quebra da isonomia dos litigantes e, por conseguinte, insegurança jurídica. O novel instituto foi inspirado no procedimento-modelo (*Musterverfahren*) do sistema processual alemão. A rigor, não é correto falar em pretensões isomórficas, uma vez que o isomorfismo recai tão somente sobre a questão de direito, e, como sabido, também os fatos constituem substrato da pretensão.

Padronização preventiva. Nos termos da exposição de motivos, o IRDR constituiria um procedimento-modelo, isto é, teria por objetivo a definição de tese jurídica, a ser aplicada pelos juízes de primeiro grau e no próprio tribunal, ao julgar futuros recursos e causas originárias. Nessa perspectiva, a instauração do incidente não pressupunha a existência de recursos no tribunal.

Entretanto, o texto final do novo Código destoou da exposição feita pela Comissão do anteprojeto. O parágrafo único do art. 978 permite inferir que não se admitiria padronização preventiva, ou seja, o IRDR seria instaurado incidentalmente em julgamento de recurso, remessa necessária ou processo de competência originária, perante os Tribunais de Justiça ou Tribunal Regional Federal. Além do risco de ofensa à isonomia e à segurança jurídica, deveria haver efetiva repetição de processos (art. 976, I);[395] não basta apenas o prognóstico de dissenso. A incidência da repetição poderia estar ocorrendo no primeiro, no segundo ou em ambos os graus de jurisdição, mas, para instauração do incidente, pelo menos um feito (num sentido *lato*) versando a mesma questão de direito deveria estar tramitando no tribunal de segundo grau.

Assim, de acordo com o texto sancionado, não seria permitida a padronização preventiva; o incidente não constituiria um procedimento modelo (destinado, em abstrato, a fixar tese jurídica), mas sim uma causa piloto, ou seja, os processos em curso no tribunal seriam afetados para julgamento conjunto e, a partir desse julgamento, aos moldes do que ocorre com os julgamentos de RE e REsp repetitivos, seria fixada a tese jurídica.

Evidente que se a tese jurídica a ser assentada já constituir objeto de recurso extraordinário ou especial afetado para julgamento na modalidade repetitiva, incabível será o IRDR (art. 976, § 4º), uma vez que o que restar decidido pelo tribunal superior vinculará tribunais e juízos de primeiro grau.

---

[395]   "Não existe limitação de matérias de direito passíveis de gerar a instauração do incidente de resolução de demandas repetitivas e, por isso, não é admissível qualquer interpretação que, por tal fundamento, restrinja o seu cabimento" (Enunciado nº 88, FPPC).

O dissenso sobre a necessidade ou não de prévia repetição de processos no tribunal e consequentemente do objeto do incidente instaurou-se na doutrina. No IRDR, o tribunal fixaria a tese e julgaria os casos concretos, na linha do que aparentemente dispõe a lei, ou restringir-se-ia a fixar a tese em abstrato, sem a resolução dos processos no tribunal?

Com o passar dos anos a dissensão sobre a instauração e o alcance do IRDR ampliou--se. Ainda há aqueles que sustentam que a tese jurídica surge a partir de uma causa piloto e outros que entendem que se trata de um procedimento modelo. Definir esse aspecto do incidente tem relevância extraordinária sobre o tempo para o restabelecimento da segurança jurídica que norteou a criação do instituto.

Se a opção for pela causa piloto, a definição da tese jurídica será bem mais demorada. Até que os processos tramitem no primeiro grau de jurisdição e cheguem ao tribunal, muitos anos vão se passar. Ao contrário, se a opção for pelo procedimento modelo, tão logo a repetição comece a pipocar no juízo de primeiro grau (justiça estadual, federal ou juizados especiais), ainda que não haja qualquer causa sobre a questão no tribunal, um legitimado – menos o relator, evidentemente – pode suscitar o incidente (juiz, partes, Ministério Público ou Defensoria Pública).

Pelo rumo adotado pelo sistema processual, nem um pouco me preocupa o fato de o Judiciário estabelecer teses jurídicas em abstrato (procedimento modelo), que a rigor nem tão abstrato é o pano de fundo sobre o qual atua o tribunal. No procedimento modelo há processos em curso no Judiciário, embora não necessariamente no tribunal; pode ser apenas no primeiro grau de jurisdição. Assim, não me afigura pertinente a observação daqueles que "se preocupam" com o fato de o aplicador da lei legislar. Não se trata disso. De uma forma ou de outra (haja ou não causa no tribunal), o IRDR será julgado e a tese definida a partir de casos concretos, ainda que em curso somente no primeiro grau de jurisdição.

Debrucei sobre essa questão. Verifiquei que a jurisprudência já iniciou sua marcha no sentido da adoção do procedimento ou causa modelo.[396] Na linha adotada, a instauração não pressupõe a existência de causas no tribunal. Mediante ofício do juiz ou petição das partes, do MP ou da DP, preenchidos os demais requisitos, pode-se instaurar o IRDR com o simples objetivo de definir o modelo a ser seguido nas causas que serviram para demonstrar a repetição e nas que eventualmente forem intentadas na área de jurisdição do tribunal.

Existência de feito no tribunal. Por outro lado, relendo o parágrafo único do art. 978, em passagem alguma há afirmação de que, obrigatoriamente, deva haver causa versando sobre idêntica questão no tribunal. O caso é um pouco diferente do que se passa com os Recursos Extraordinários e Recursos Especiais repetitivos. Nos recursos repetitivos, o legislador criou um procedimento de recursos pilotos, com previsão de escolha dos recursos representativos da controvérsia (art. 1.036, § 1º).

No IRDR poderá haver afetação (a lei não prevê), para julgamento conjunto com o incidente, apenas se houver causa em curso no tribunal. Se as causas que serviram de base para a fixação da tese estiverem em curso no primeiro grau, julgamento do caso concreto, por óbvio, não haverá; haverá tão somente suspensão e cisão do julgamento. O tribunal

---

[396] Nesse sentido: TJRJ, Incidente de Resolução de Demandas Repetitivas 0023205-97.2016.8.19.0000, 5ª Vara da Fazenda Pública, Rel. Nildson Araújo da Cruz, julgado em 16.05.2016 e TRF 5ª Região, IRDR 0804575-80.2016.4.05.0000.

decide a questão jurídica, definindo a tese que motivou a instauração do incidente; o juiz de primeiro grau julgará as demais questões.

O objeto precípuo do IRDR é a fixação da tese jurídica (procedimento modelo). A sua instauração não pressupõe a existência de recursos, remessa necessária ou causas originárias versando sobre a questão a ser assentada pelo tribunal. Pode até haver causa versando idêntica questão de direito no tribunal (mas não obrigatoriamente), hipótese em que legitima o relator a proceder à suscitação do incidente. Em havendo causa versando a mesma questão de direito, o órgão competente para julgar o incidente também julgará as causas em curso no tribunal; esse procedimento confere celeridade, não suprime grau de jurisdição e não compromete qualquer garantia inerente ao devido processo legal.

Procedimento. O incidente será instaurado perante os Tribunais de Justiça dos Estados e do Distrito Federal ou Tribunais Regionais Federais.[397] A repetição de processos que contenham controvérsia sobre a mesma questão de direito pode ocorrer no tribunal ou somente no primeiro grau e, neste caso, para suscitação do incidente, não é necessário que a questão já deve ter aportado ao tribunal, por meio de recurso, remessa necessária ou processo de competência originária.

A Escola Nacional de Aperfeiçoamento de Magistrados – ENFAM divulgou enunciado que expressa entendimento no sentido de ser admissível o IRDR nos juizados especiais, o qual será julgado por órgão colegiado de uniformização do próprio sistema (Enunciado nº 44). Essa é uma interpretação mais abrangente do instituto, eis que o art. 977 do CPC/2015 admite a instauração do incidente perante o presidente de tribunal.

O pedido de instauração deve ser formulado por um dos legitimados relacionados nos incisos do art. 977, quais sejam: **(a) pelo juiz.** O pedido de instauração do incidente é feito por ofício dirigido ao presidente do tribunal ao qual está vinculado. O interesse na fixação da tese jurídica decorrerá da tramitação de "processos repetidos" na vara. É indispensável que haja pelo menos um processo repetido em tramitação na vara do subscritor do requerimento. Para aferição da repetição, entretanto, podem-se levar em conta os processos em curso em outras varas ou no próprio tribunal; **(b) pelo relator**, também por ofício. O interesse se afere pela ocorrência de pelo menos um processo sob a relatoria do oficiante; a repetição pode ser no tribunal ou no primeiro grau ou nas duas instâncias simultaneamente; **(c) pelas partes**, por petição. Haverá interesse se for parte em pelo menos um processo que contenha controvérsia sobre a questão de direito cuja fixação se pretende. A pretensão de ser tratado de forma isonômica em relação a outros litigantes, bem como a segurança jurídica decorrente do *status* do julgamento, constitui a essência do interesse na provocação; **(d) pelo Ministério Público ou pela Defensoria Pública**, por petição. Haverá legitimidade ainda que tais órgãos não atuem em processos repetidos. A legitimidade decorre do interesse público em assentar uma tese jurídica, a fim de tornar os processos nos quais a questão é ventilada mais céleres e isonômicos.

O pedido deve ser dirigido ao Presidente do Tribunal. Esta é a autoridade apontada para receber e determinar a distribuição do incidente a um relator, que se incumbirá de todas as providências até o julgamento pelo órgão que o regimento indicar. O requerente deve comprovar o preenchimento dos pressupostos, ou seja, a efetiva repetição de processos

---

[397] "O incidente de resolução de demandas repetitivas compete ao tribunal de justiça ou tribunal regional" (Enunciado nº 343 do FPPC).

que contenham a mesma questão de direito e o risco de ofensa à isonomia e à segurança jurídica (art. 977, parágrafo único). O primeiro requisito pode ser demonstrado com cópias de petições iniciais ou de petições de recursos dos quais ressaia a repetição. O segundo pode ser comprovado com sentenças ou acórdãos do tribunal ou, se for o caso, do TRF, com decisões divergentes sobre a controvérsia objeto do incidente. A divergência pode ocorrer no primeiro grau e no tribunal ou somente num desses órgãos.

A competência para julgamento do incidente, conforme dispõe o art. 978, deverá recair num dos órgãos responsáveis pela uniformização de jurisprudência do tribunal (grupo de câmaras, seção ou outro órgão).[398] Esse órgão poderá inadmitir o incidente quando ausentes os pressupostos do art. 976. Caso contrário, ou seja, se houver admissão, o incidente acarretará os efeitos mencionados no art. 982 do CPC/2015, entre os quais se sobressai a suspensão dos processos pendentes, com a comunicação aos órgãos jurisdicionais (câmaras e varas, por exemplo) vinculados ao tribunal.

O CPC/2015 (art. 980) prevê o prazo máximo de um ano para julgamento do incidente e terá preferência sobre os demais feitos, ressalvados apenas os que envolvam réu preso e os pedidos de *habeas corpus*. O prazo é impróprio, ou seja, não há previsão de qualquer consequência para o descumprimento, exceto a cessação da suspensão dos processos pendentes de que trata o art. 982, I. Mesmo assim, a cessação da suspensão pode ser evitada mediante decisão fundamentada do relator, afirmando, por exemplo, que não foi possível julgar o incidente no prazo legalmente assinalado em razão disso e daquilo.

A desistência ou o abandono da ação que deu origem ao incidente não comprometerá o exame deste.

Suspensão de processos. Ainda quanto à suspensão dos feitos, pode haver interesse em que esta se estenda por todo o território nacional (art. 982, §§ 3º e 4º). Por exemplo, uma empresa de telefonia que presta serviços em todos os Estados da federação, figurando como parte em um processo que tem por fundamento a questão jurídica debatida num incidente de resolução de demandas repetitivas em curso no TJMG, poderá requerer ao tribunal competente para conhecer de recurso extraordinário ou recurso especial (STF ou STJ) a suspensão de todos os processos que versem sobre questão idêntica, em curso em órgãos judiciários de todo o país. A segurança jurídica e principalmente a isonomia entre os usuários de Minas Gerais e da Bahia, por exemplo, recomendam a suspensão.

O interesse é reconhecido às partes, ao Ministério Público e à Defensoria Pública. Mesmo não figurando como representantes da parte ou fiscal da lei, deve-se reconhecer legitimidade a esses dois órgãos para requerer a ampliação dos limites territoriais da suspensão, desde que observado o interesse. Pode ocorrer de o interesse público (coletivo, por exemplo) recomendar a suspensão de todos os processos individuais ou coletivos em curso no território nacional que tratem da mesma questão objeto do incidente já instaurado. A suspensão pode ser requerida perante o STF ou STJ, antes ou depois de interposto o recurso extraordinário ou recurso especial. O cabimento do recurso e, por conseguinte, a competência serão definidos pela matéria em debate no incidente, se constitucional ou infraconstitucional. Cessa a suspensão se o recurso especial ou extraordinário não for interposto (art. 982, § 5º).

---

[398] "Cabe ao órgão colegiado realizar o juízo de admissibilidade do incidente de resolução de demandas repetitivas, sendo vedada a decisão monocrática" (Enunciado nº 91 do FPPC).

Em atenção ao *princípio da proteção judicial efetiva*, a suspensão não obstará a concessão de medidas de urgência pelos respectivos juízos onde tramitam os processos suspensos (art. 982, § 2º).

Sobre esse ponto, vale ainda mencionar o entendimento extremamente razoável exposto no Enunciado nº 92 do FPPC, segundo o qual "a suspensão de processos prevista nesse dispositivo é consequência da admissão do incidente de resolução de demandas repetitivas e não depende da demonstração dos requisitos para a tutela de urgência".

Intervenção do Ministério Público. O Ministério Público atuará como requerente ou como *custos legis*, intervindo obrigatoriamente no incidente (art. 976, § 2º).

Publicidade. A instauração, a admissão e o julgamento do incidente impõem ampla e específica divulgação e publicidade, que ocorrerão, no sistema pátrio, por meio de registro eletrônico no Conselho Nacional de Justiça, além de outras formas que vierem a ser adotadas pelos tribunais (arts. 979 e 982, § 1º).

Manifestação de interessados. Por se tratar de julgamento cujo efeito da decisão ultrapassará o interesse das partes que figuram no processo que deu origem à suscitação do incidente, o relator ouvirá, além das partes, outros interessados na controvérsia (art. 983), inclusive pessoas, órgãos e entidades com interesse na controvérsia (*amicus curiae*). Diferentemente do que se passa nos demais procedimentos regulados no CPC/2015, para os quais a intimação ou a admissão de *amicus curiae* não é obrigatória (art. 138), no IRDR, havendo pessoas, órgãos ou entidades que possam ostentar esse *status*, a provocação ou admissão é obrigatória. Não se trata, portanto, de uma faculdade, mas de um dever que tem por fim legitimar a decisão do incidente. Com relação às audiências públicas, dependendo da repercussão social da questão a ser debatida, são recomendáveis. Não há, contudo, obrigatoriedade (art. 983, § 1º).

Fundamentos do acórdão. O acórdão não ficará restrito aos fundamentos do pedido de instauração do incidente. Abrangerá todos os fundamentos concernentes à tese jurídica definida, tenham sido eles suscitados pelo subscritor do requerimento de instauração, pelas partes, pelo Ministério Público ou por qualquer outro interessado na questão jurídica, inclusive o *amicus curiae* e os participantes da audiência pública (art. 984, § 2º).

Recursos. Contra o acórdão que julgar o mérito do incidente de resolução de demandas repetitivas será cabível recurso especial ou recurso extraordinário, a depender da existência de violação a lei federal ou de violação direta à Constituição Federal (art. 984, *caput*). O recurso poderá ser interposto pela parte requerente do incidente, pelo Ministério Público e pela Defensoria Pública, sejam estes partes ou não no incidente. Quanto ao Ministério Público, quando não atua como parte, sua legitimidade decorre da atuação na qualidade de *custos legis*. A legitimidade da Defensoria Pública decorre do interesse público na fixação da tese jurídica, evitando a proliferação de processos e a insegurança jurídica. Aliás, não é por outra razão que o art. 982, § 3º, confere-lhe legitimidade para requerer a suspensão dos processos na hipótese de admissão do incidente. Também ao *amicus curiae*, conforme permissivo contido no art. 138, § 3º, confere-se legitimidade para recorrer.

O recurso especial e o extraordinário serão dotados de efeito suspensivo *ope legis* (art. 987, § 1º), presumindo-se, quanto a esse último, a repercussão geral da questão constitucional discutida. Em caso de apreciação do mérito recursal pelo Supremo Tribunal Federal ou pelo Superior Tribunal de Justiça, a tese jurídica firmada terá sua abrangência ampliada, passando a ser aplicada a todos os processos individuais ou coletivos que versem sobre idêntica questão de direito e que tramitem no território nacional.

Força normativa. Julgado o incidente, a tese jurídica será aplicada a todos os processos individuais ou coletivos, pendentes e futuros, que versem sobre idêntica questão de direito, que tramitem na área de jurisdição do respectivo tribunal, inclusive àqueles que tramitem nos juizados especiais do respectivo Estado ou região (art. 985, *caput*). Somente a revisão da tese jurídica pelo mesmo tribunal, além da superação em razão de julgamento pelo STJ ou STF (por exemplo, julgamento de ADI ou de RE ou REsp afetado para julgamento segundo a sistemática dos recursos repetitivos), pode fazer cessar a força vinculante do julgamento proferido no IRDR.

Tal é a força do entendimento firmado no incidente de resolução de demandas repetitivas que, nas causas que dispensem a fase instrutória, o juiz, independentemente da citação do réu, julgará liminarmente improcedente o pedido que contrariá-lo (art. 332, III). Servirá também o acórdão proferido no IRDR de supedâneo para que o relator, monocraticamente, negue ou dê provimento a recurso, conforme a decisão recorrida esteja em conformidade ou não com o que se decidiu no incidente (art. 932, IV, *c*, e V, *c*).

E a força normativa não para por aí.

Caso um juiz vinculado ao Tribunal no qual se julgou o incidente não aplique a tese jurídica definida no IRDR, caberá reclamação para esse mesmo tribunal competente (art. 985, § 1º), a fim de que faça valer a sua competência e, por conseguinte, a força normativa da sua decisão.

Guardadas as diferenças, a decisão proferida no incidente tem verdadeira força de lei no que se refere aos serviços concedidos, permitidos ou autorizados, na hipótese de a questão jurídica com eles guardar pertinência. O que restar decidido no incidente deve ser observado nas relações futuras com os usuários de tais serviços, cuja fiscalização caberá à agência reguladora competente (art. 985, § 2º).

Para finalizar estes breves comentários, quero registrar que a inovação trazida pelo incidente de resolução de demandas repetitivas busca atender a anseios de uniformização do entendimento jurisprudencial e conferir maior celeridade ao trâmite processual, garantindo a entrega ao jurisdicionado de um processo com tempo razoável de duração e segurança jurídica na prestação jurisdicional. Trata-se de instituto que, se bem manejado, poderá ser bastante eficaz à efetividade processual, mormente em um país como o nosso, cujo Judiciário é marcado por um expressivo número de demandas de massa.

Capítulo IX
Da Reclamação

CPC/2015	CPC/1973
Art. 988. Caberá reclamação da parte interessada ou do Ministério Público para: **I – preservar a competência do tribunal;** **II – garantir a autoridade das decisões do tribunal;** **III – garantir a observância de enunciado de súmula vinculante e de decisão do Supremo Tribunal Federal em controle concentrado de constitucionalidade; (Redação dada pela Lei nº 13.256/2016)**	Não há correspondência.

IV – garantir a observância de acórdão proferido em julgamento de incidente de resolução de demandas repetitivas ou de incidente de assunção de competência. (Redação dada pela Lei nº 13.256/2016)

§ 1º A reclamação pode ser proposta perante qualquer tribunal, e seu julgamento compete ao órgão jurisdicional cuja competência se busca preservar ou cuja autoridade se pretenda garantir.

§ 2º A reclamação deverá ser instruída com prova documental e dirigida ao presidente do tribunal.

§ 3º Assim que recebida, a reclamação será autuada e distribuída ao relator do processo principal, sempre que possível.

§ 4º As hipóteses dos incisos III e IV compreendem a aplicação indevida da tese jurídica e sua não aplicação aos casos que a ela correspondam.

§ 5º É inadmissível a reclamação: (Redação dada pela Lei nº 13.256, de 2016)

I – proposta após o trânsito em julgado da decisão reclamada; (Incluído pela Lei nº 13.256, de 2016)

II – proposta para garantir a observância de acórdão de recurso extraordinário com repercussão geral reconhecida ou de acórdão proferido em julgamento de recursos extraordinário ou especial repetitivos, quando não esgotadas as instâncias ordinárias. (Incluído pela Lei nº 13.256, de 2016).

§ 6º A inadmissibilidade ou o julgamento do recurso interposto contra a decisão proferida pelo órgão reclamado não prejudica a reclamação.

COMENTÁRIOS:

A reclamação no contexto do CPC/1973. Na esteira das disposições constitucionais (art. 102, I, *l*, e art. 105, I, *f*, ambos da CF/1988), a reclamação é cabível para preservar a competência do STF e do STJ, assim como para garantir a autoridade das decisões por eles prolatadas. Também é possível ajuizar reclamação para garantir a autoridade das súmulas vinculantes (art. 103-A, § 3º, da CF/1988). A medida não se aplica, contudo, às súmulas convencionais da jurisprudência dominante do próprio Supremo ou da Corte Cidadã.

Apesar de mais comum no âmbito das Cortes Superiores, a reclamação é essencial como instrumento de defesa judicial das decisões proferidas pelas cortes estaduais, no exercício da função de guardiãs das Constituições estaduais. Assim, podemos dizer que, simetricamente, a reclamação prevista no texto constitucional pode ser utilizada no âmbito dos Estados, a depender de regulamentação na constituição local.

Reclamação no contexto do CPC/2015.[399] Com o novo CPC, a reclamação ganha força e amplitude. Servirá não somente para as funções já previstas na Constituição (art. 103-A, § 3º, da CF/1988; arts. 102, I, *l*, e 105, I, *f*, da CF/1988; art. 988, I e II, do CPC/2015), mas, também, para assegurar a observância das decisões proferidas em sede de controle concentrado de constitucionalidade,[400] de precedente proferido em julgamento de casos repetitivos,[401] em incidente de assunção de competência ou, ainda, para quando não for observada a tese adotada no IRDR (art. 988, IV). Em outras palavras, o novo CPC super-valorizou o cabimento da reclamação, que agora servirá não somente para preservar as decisões proferidas pelas Cortes Superiores, mas, também, para garantir o efeito vinculante das decisões prolatadas por TRFs e TJs, visto que os incisos I e II do art. 985 não se referem apenas ao STJ e ao STF. Nesses casos, a competência para apreciação da reclamação passa a ser do próprio órgão jurisdicional cuja autoridade se pretenda garantir.

Legitimidade. Para a propositura da reclamação a legitimidade não é apenas da parte interessada, mas, também, do Ministério Público (art. 988, *caput*).

A função da reclamação não é impugnar as decisões judiciais.[402] Não protege, destarte, os interesses das partes, mas a própria organização e a efetividade do sistema processual. Há nítido interesse público (art. 178, I), caracterizado pela ofensa à ordem jurídica. Daí, então, a legitimidade do Ministério Público para seu ajuizamento. Caso não tenha proposto a reclamação, o Ministério Público intervirá no feito (art. 991).

Petição inicial. Assim como nos demais feitos de competência originária dos tribunais, a reclamação será proposta pela parte interessada ou pelo Ministério Público, por

---

[399] Logo após a sanção do novo CPC, alguns constitucionalistas, a exemplo do professor Pedro Lenza, demonstraram entendimento no sentido de que as novas hipóteses de cabimento da reclamação não poderiam ter sido introduzidas por legislação infraconstitucional, porquanto dependiam, necessaria-mente, de emenda constitucional. Disponível em: <http://www.conjur.com.br/2015-mar-13/pedro--lenza-inconstitucionalidades-reclamacao-cpc>.

[400] Nesse ponto, o CPC/2015 consolida o entendimento do STF (Rcl 1.507; Rcl 399). Vale ressaltar que existe entendimento no sentido de também admitir a reclamação contra decisão em sentido con-trário à proferida em controle difuso de constitucionalidade "abstrativizado". É o que se extrai dos julgamentos do RE 197.917/SP e das ADIs 3.345 e 3.365, assim como do voto proferido pelo Ministro Gilmar Mendes no julgamento da Reclamação 4.335/AC, em 01.02.2007 (ver Informativo nº 454 do STF). O novo CPC dispõe expressamente que a reclamação só tem cabimento quando se tratar de decisão proferida em controle concentrado, razão pela qual, pelo menos por enquanto, esse segundo entendimento deve ser afastado.

[401] Na redação original do inciso IV do art. 988 – conferida pela Lei nº 13.105/2015   estava expressa mente previsto o cabimento da reclamação para qualquer hipótese de julgamento repetitivo (REsp e RE repetitivos e IRDR). Porém, na redação conferida pelo PL nº 168/2015, o dispositivo se limitou a permitir a reclamação para garantir a observância de acórdão proferido em IRDR e em incidente de assunção de competência, não estendendo o cabimento para os casos de REsp e RE repetitivos. Esta, contudo, não é a interpretação mais adequada, pois a interpretação, a contrario sensu, do inciso II, § 5º, do art. 988 permite concluir que está permitido o uso da reclamação para as situações de REsp e RE repetitivos – ainda que essa hipótese não esteja expressamente prevista no inciso IV do art. 988. Ou seja, o novíssimo inciso IV deve ser lido de forma sistemática com o § 5º.

[402] Nesse sentido: "[...] A decisão agravada deve ser mantida pelos seus próprios fundamentos, pois a reclamação está sendo usada como verdadeiro sucedâneo recursal, prática vedada pela jurisprudência do STJ [...]" (STJ, S1 – Reclamação 31789/GO – Primeira Seção, Rel. Min. Mauro Campbell Marques, julgado em 22.09.2017).

meio de petição com os requisitos do art. 319, inclusive instruída com prova documental do descumprimento da decisão (at. 988, § 2º).[403]

Inadmissibilidade. Além do óbice da coisa julgada (art. 988, § 5º, I), o legislador inseriu nova limitação ao ajuizamento da reclamação, qual seja o esgotamento das instâncias ordinárias (art. 988, § 5º, II). Tal restrição, que tem por objetivo diminuir o número de reclamações no âmbito dos tribunais superiores, acaba enfraquecendo a força vinculante dos precedentes e inviabilizando o acesso aos tribunais superiores.

O esgotamento das instâncias ordinárias é exigido em dois casos: (i) quando a reclamação for proposta para garantir a observância de acórdão de RE com repercussão geral reconhecida; (ii) quando a reclamação tiver por objeto acórdão proferido em julgado de RE ou REsp repetitivos.

Na segunda hipótese, a reclamação faz as vezes de verdadeiro recurso. Sua propositura só será viável quando couber o próprio RE ou REsp. Com efeito, se a decisão violar tese firmada na forma do art. 1.036, somente será cabível apelação. Se a decisão (acórdão) na apelação (acórdão) violar o paradigma repetitivo é que será possível ajuizar, inclusive de forma concomitante, RE, REsp e reclamação, desde que haja afronta à Constituição, a lei federal e a tese repetitiva. Nesse caso, a reclamação é mais vantajosa, porquanto será apreciada pelo próprio tribunal superior.

Destaque-se que em ambos os casos a reclamação somente servirá para garantir a observância do precedente. Ou seja, o tribunal não analisará novamente a discussão, apenas irá verificar se o julgado observou o paradigma.

Recurso e reclamação contra a mesma decisão. A previsão exposta no § 6º nos permite chegar a duas conclusões: (i) uma mesma decisão pode ser atacada por recurso e por reclamação; (ii) eventual inadmissibilidade ou desprovimento do recurso não prejudica a análise da reclamação. Por isso, se a parte interessada ou o Ministério Público ingressar com a reclamação antes do trânsito em julgado da decisão, serão irrelevantes, para o julgamento da reclamação, os atos praticados posteriormente no processo.[404]

Reclamação contra decisões proferidas no âmbito dos Juizados Especiais. De acordo com o entendimento do STJ, firmado na vigência do CPC/1973, é possível o ajuizamento de reclamação contra acórdão de turma recursal quando: (i) houver afronta à jurisprudência pacificada em recurso repetitivo (art. 543-C do CPC/1973; art. 1.036 do CPC/2015); (ii) houver violação de súmula do STJ; ou (iii) for teratológico.[405] Nesses casos, a reclamação tem cabimento até que seja criada a Turma Nacional de Uniformização de Jurisprudência dos Juizados Especiais dos Estados e do Distrito Federal.[406]

---

[403]   A exigência de prova documental é relativizada pelo STF. Nesse sentido: "[...] para conhecimento da reclamação não se exige a juntada de cópia do acórdão do Supremo Tribunal Federal que teria sido desrespeitado. Dispensabilidade da peça em virtude do acórdão ter sido proferido pela própria Suprema Corte" (Rcl 6.167-AgRg, Rel. p/ o acórdão Min. Menezes Direito, julgado em 18.09.2008).

[404]   NEVES, Daniel Amorim Assumpção. **Manual de direito processual civil.** Salvador: JusPodivm, 2016, p. 1.438.

[405]   Para o STJ, um exemplo de decisão teratológica é aquela que fixa multa cominatória demasiadamente desproporcional em relação ao valor final da condenação (Rcl 7.861/SP, 2ª Seção, Rel. Min. Luis Felipe Salomão, julgado em 11.09.2013).

[406]   Conferir no Informativo nº 527 do Superior Tribunal de Justiça a Reclamação 7.861/SP, Rel. Min. Luis Felipe Salomão, julgada em 11.09.2013.

Vale ressaltar que o STJ recentemente editou a Resolução nº 03/2016, alterando a competência para o julgamento de reclamação contra acórdão proferido no âmbito dos Juizados Especiais. Nos termos do art. 1º, "caberá às Câmaras Reunidas ou à Seção Especializada dos Tribunais de Justiça a competência para processar e julgar as Reclamações destinadas a dirimir divergência entre acórdão prolatado por Turma Recursal Estadual e do Distrito Federal e a jurisprudência do Superior Tribunal de Justiça, consolidada em incidente de assunção de competência e de resolução de demandas repetitivas, em julgamento de recurso especial repetitivo e em enunciados das Súmulas do STJ, bem como para garantir a observância de precedentes". Antes a competência para o julgamento da reclamação era do próprio STJ.

CPC/2015	CPC/1973
Art. 989. Ao despachar a reclamação, o relator: I – requisitará informações da autoridade a quem for imputada a prática do ato impugnado, que as prestará no prazo de 10 (dez) dias; II – se necessário, ordenará a suspensão do processo ou do ato impugnado para evitar dano irreparável; III – determinará a citação do beneficiário da decisão impugnada, que terá prazo de 15 (quinze) dias para apresentar a sua contestação.	Não há correspondência.

 COMENTÁRIOS:

Providências do relator. A petição será distribuída ao relator, que, ao despachá-la, adotará as providências descritas no art. 989, quais sejam: (i) requisitar informações da autoridade a quem for imputada a prática do ato impugnado, que as prestará no prazo de dez dias (inciso I); (ii) ordenar a suspensão do processo ou do ato impugnado para evitar dano irreparável, se necessário (inciso II); (iii) determinar a citação do beneficiário da decisão impugnada, que terá prazo de quinze dias para apresentar a sua contestação (inciso III).

Pode também o relator, quando a questão em debate for objeto de entendimento pacífico do próprio tribunal, julgar monocraticamente a reclamação apresentada.

Vale ressaltar que esse entendimento pode ser extraído do art. 932, IV, apesar de nesse dispositivo o Código se referir ao termo "recurso" e de a reclamação não se tratar de espécie recursal. Esse, a propósito, é o entendimento do STF (art. 161, parágrafo único, do RISTF),[407] que, nesses casos, admite a propositura de agravo regimental (agravo interno)[408] contra a decisão do relator.

CPC/2015	CPC/1973
Art. 990. Qualquer interessado poderá impugnar o pedido do reclamante.	Não há correspondência.

---

[407] "O Relator poderá julgar a reclamação quando a matéria for objeto de jurisprudência consolidada do Tribunal."

[408] Nesse sentido: STF, AgRg na Rcl 11.727, julgado em 25.09.2013.

 **COMENTÁRIOS:**

Impugnação. O art. 990, na linha do que já dispunham os arts. 159 do RISTF, 189 do RISTJ e 15 da Lei nº 8.038/1990,[409] ainda permite que qualquer interessado impugne o pedido do reclamante. O termo "qualquer interessado" é deveras abrangente, permitindo inclusive a manifestação de terceiros na qualidade de *amicus curiae*, desde que preenchidos os requisitos do art. 138 e que a manifestação se dê no sentido de impugnar o pedido constante na reclamação. Para o STF, "a intervenção do interessado no processo de reclamação é caracterizada pela nota da simples facultatividade. Isso significa que não se impõe, para efeito de integração necessária e de válida composição da relação processual, o chamamento formal do interessado, pois este, para ingressar no processo de reclamação, deverá fazê-lo espontaneamente, recebendo a causa no estado em que se encontra. O interessado, uma vez admitido no processo de reclamação, e observada a fase procedimental em que este se acha, tem o direito de ser intimado dos atos e termos processuais, assistindo-lhe, ainda, a prerrogativa de fazer sustentação oral, quando do julgamento final da causa" (STF, Pleno: *RTJ* 163/5 e *RT* 741/173).

Dessa forma, qualquer interessado juridicamente, além do reclamante, poderá intervir no procedimento da reclamação, dirigindo-se ao relator do processo exclusivamente para impugná-la, desde que, é claro, o procedimento ainda não tenha sido julgado.

CPC/2015	CPC/1973
Art. 991. **Na reclamação que não houver formulado, o Ministério Público terá vista do processo por 5 (cinco) dias, após o decurso do prazo para informações e para o oferecimento da contestação pelo beneficiário do ato impugnado.**	Não há correspondência.

 **COMENTÁRIOS:**

Custos legis. Ou o Ministério Público é parte na reclamação, ou atua na qualidade de fiscal da ordem jurídica. O referido dispositivo só tem aplicação, portanto, quando o Ministério Público não estiver funcionando como autor.

CPC/2015	CPC/1973
Art. 992. **Julgando procedente a reclamação, o tribunal cassará a decisão exorbitante de seu julgado ou determinará medida adequada à solução da controvérsia.**	Não há correspondência.

---

[409] Dispositivo revogado pelo Novo CPC (art. 1.072, IV).

COMENTÁRIOS:

Julgamento da reclamação. Depois das providências do art. 989 e, se for o caso, da manifestação dos terceiros interessados, o tribunal julgará a reclamação.

Na hipótese de procedência, cassará a decisão exorbitante ou determinará a medida adequada à solução da controvérsia (art. 992). No âmbito do STF, por exemplo, a medida adequada poderá ser a avocação, pelo Plenário, do conhecimento do processo em que se verifique usurpação de sua competência ou a determinação de remessa com urgência dos autos do recurso interposto, providências que já estavam dispostas no RISTF.

Disposição semelhante já estava prevista no art. 17 da Lei nº 8.038/1990, segundo o qual, "Julgando procedente a reclamação, o Tribunal cassará a decisão exorbitante de seu julgado ou determinará medida adequada à preservação de sua competência." O referido artigo de lei foi revogado pelo CPC/2015 (art. 1.072, IV).

Custas e honorários. A natureza jurídica da reclamação é discutível. Há quem a considere uma ação propriamente dita.[410] Nesse caso, seria perfeitamente possível sustentar a condenação em honorários e demais despesas processuais. Aliás, em recente julgado, a Primeira Turma do STF, por maioria, afirmou a possibilidade de condenação da parte sucumbente em honorários advocatícios nas reclamações ajuizadas sob a égide do CPC/2015.[411] No âmbito do STJ, há entendimento expresso no sentido de ser inaplicável tal condenação.[412]

Recurso. Contra a decisão que julga procedente ou improcedente a reclamação, cabe a interposição de embargos declaratórios (art. 1.022). Se a decisão foi proferida por relator – ver, nesse sentido, os comentários ao art. 989 –, caberá agravo interno. "Quando julgada a reclamação por tribunal de segunda instância, cabe recurso especial; contra os acórdãos cabe, se for o caso, o recurso extraordinário."[413]

CPC/2015	CPC/1973
Art. 993. **O presidente do tribunal determinará o imediato cumprimento da decisão, lavrando-se o acórdão posteriormente.**	Não há correspondência.

 COMENTÁRIOS:

Cumprimento da decisão. O cumprimento da decisão independe da lavratura do acórdão. Trata-se de medida que busca dar efetividade às decisões jurisdicionais.

---

410   NOVELINO, Marcelo. **Manual de direito constitucional.** 9. ed. Rio de Janeiro: Forense, 2014, p. 921.

411   STF, AgReg na Reclamação 24.417/SP, Rel. Min. Roberto Barroso, julgado em 07.03.2017.

412   "[...] É vedada a condenação em verba de patrocínio na reclamação [...]" (STJ, Rcl 2.017/RS, Rel. Min Jane Silva, julgado em 08.10.2008.

413   CUNHA, Leonardo Carneiro da; DIDIER JR., Fredie. **Curso de direito processual civil**: meios de impugnação às decisões judiciais e processo nos tribunais. 13. ed. Salvador: JusPodivm, 2016. v. 3, p. 573.

TÍTULO II
DOS RECURSOS

Capítulo I
Disposições Gerais

CPC/2015	CPC/1973
Art. 994. São cabíveis os seguintes recursos:	Art. 496. São cabíveis os seguintes recursos:
I – apelação;	I – apelação;
II – agravo de instrumento;	II – agravo;
III – **agravo interno;**	III – ~~embargos infringentes~~;
IV – embargos de declaração;	IV – embargos de declaração;
V – recurso ordinário;	V – recurso ordinário;
VI – recurso especial;	VI – recurso especial;
VII – recurso extraordinário;	VII – recurso extraordinário;
VIII – **agravo em recurso especial ou extraordinário;**	VIII – embargos de divergência ~~em recurso especial e em recurso extraordinário.~~
IX – embargos de divergência.	

 COMENTÁRIOS:

Taxatividade. Conforme o princípio da taxatividade, consideram-se recursos somente aqueles designados por lei federal, pois compete privativamente à União legislar sobre essa matéria (art. 22, I, da CF/1988). Por conseguinte, não há como admitir a criação de recursos pelos tribunais brasileiros, razão pela qual se deve reputar inconstitucional a previsão, em regimento interno de tribunal, de qualquer espécie de recurso.[414]

Dando ênfase a tal princípio, o art. 994 estabelece um rol de recursos cabíveis no âmbito do processo civil. Em que pese a literalidade do dispositivo transcrito transmitir a ideia de que apenas os recursos nele enumerados são admitidos, o rol ali descrito não é exaustivo, existindo outros recursos previstos em leis extravagantes, a exemplo do recurso inominado, no âmbito dos Juizados Especiais Comuns (Lei nº 9.099/1995) e Juizados Especiais Federais (Lei nº 10.259/2001).

---

[414] Nesse sentido, leciona Nelson Nery Jr. que "sempre foi inconstitucional a previsão, em regimento interno de tribunal, de agravo regimental", e, "hoje, todo ato monocrático do relator, nos processos de competência recursal de tribunal, que tenha aptidão para causar gravame à parte ou interessado, é passível de impugnação por meio do agravo interno, segundo expressa previsão do art. 557 do CPC" (**Princípios fundamentais**: teoria geral dos recursos. 5. ed. São Paulo: Revista dos Tribunais, 2000, p. 50).

CPC/2015	CPC/1973
Art. 995. *Os recursos* não impedem a *eficácia da decisão*, salvo disposição legal ou decisão judicial em sentido diverso. Parágrafo único. A eficácia da decisão recorrida poderá ser suspensa por decisão do relator, se da imediata produção de seus efeitos houver risco de dano grave, de difícil ou impossível reparação, e ficar demonstrada a probabilidade de provimento do recurso.	Art. 497. *O recurso extraordinário e o recurso especial* não impedem a *execução da sentença*; a ~~interposição do agravo de instrumento não obsta o andamento do processo, ressalvado o disposto no art. 558 desta Lei~~.

 ## COMENTÁRIOS:

Efeito suspensivo. No sistema do Código revogado, a regra geral era no sentido de que os recursos eram dotados de efeito suspensivo *ope legis*. Assim, se não houvesse previsão na lei, o efeito suspensivo era automático. A respeito dos efeitos do recurso, o novo Código altera tudo e quase nada. Explico. Altera a regra geral, ou seja, o recurso só terá efeito suspensivo se houver previsão na lei; no silêncio desta o efeito será meramente devolutivo. As alterações foram mínimas se considerarmos os recursos individualmente. Vamos lá.

Apelação. Com relação à previsão de efeito suspensivo, nada mudou. Há efeito suspensivo automático, exceto nas hipóteses do § 1º do art. 1.012. Quando não houver previsão de efeito suspensivo – na apelação ou em outro recurso –, a parte pode requerer a concessão desse efeito. Para tanto, deverá demonstrar: (i) a probabilidade de provimento do recurso (tutela cautelar de evidência) ou (ii) a relevância da fundamentação mais o risco de dano grave ou de difícil reparação (tutela cautelar com base na urgência). O § 3º do art. 1.012 indica a quem dirigir o pedido, dependendo do estágio em que se encontra o recurso.

Agravo de instrumento. Também nada mudou. Não havia previsão de efeito suspensivo *ope legis* e continua não havendo. O relator podia e pode conceder (art. 1.019, I).

Embargos de declaração. Não possuem efeito suspensivo (art. 1.026), o que significa que a eficácia ou ineficácia da decisão embargada não se altera pela interposição dos declaratórios. Se a apelação é dotada de efeito suspensivo automático, a interposição dos embargos em nada interferirá na impossibilidade de promoção da execução provisória da sentença; ao revés, se a apelação não obsta a execução provisória da sentença (art. 1.012, § 1º), a interposição dos embargos não impedirá essa possibilidade. Tal como na apelação, o relator – ou o juiz, no caso de os declaratórios terem sido interpostos em face da sentença – pode atribuir efeito suspensivo aos embargos de declaração, impedindo assim a execução provisória da decisão embargada (art. 1.026, § 1º).

Recurso ordinário. Na vigência do CPC/1973, em obediência à regra geral, era lícito defender a suspensividade desse recurso. No novo CPC, o efeito suspensivo deve estar expressamente previsto na lei. Como não há disposição atribuindo esse efeito ao recurso ordinário, a conclusão é de que não é dotado de efeito suspensivo automático. O fato de o § 2º do art. 1.027 determinar a aplicação das disposições da apelação ao recurso ordinário não constitui passaporte para o efeito suspensivo automático, porquanto o art. 1.013, § 3º, refere-se tão somente à possibilidade de o STF ou STJ julgar de imediato o mérito recursal nas hipóteses previstas nos incisos desse dispositivo (princípio da causa madura). Para sepultar de vez a cogitada – no regime do Código revogado – suspensividade automática, o art. 1.027, 2º, também determina a aplicação do art. 1.029, § 5º, ao recurso ordinário, que trata do regramento para o requerimento de pedido de efeito suspensivo a RE e REsp. Por tudo que foi dito, **o recurso ordinário não tem efeito suspensivo, mas é possível ser-lhe atribuído tal efeito, exatamente como ocorre com o RE e com o REsp.**

CPC/2015	CPC/1973
Art. 996. O recurso pode ser interposto pela parte vencida, pelo terceiro prejudicado e pelo Ministério Público, **como parte ou como fiscal da ordem jurídica.** Parágrafo único. Cumpre ao terceiro demonstrar *a possibilidade de a decisão sobre* a relação jurídica submetida à apreciação judicial *atingir direito de que se afirme titular ou que possa discutir em juízo como substituto processual.*	Art. 499. O recurso pode ser interposto pela parte vencida, pelo terceiro prejudicado e pelo Ministério Público. § 1º Cumpre ao terceiro demonstrar *o nexo de interdependência entre o seu interesse de intervir* e a relação jurídica submetida à apreciação judicial.

 ## COMENTÁRIOS:

Legitimidade. Tem legitimidade para recorrer quem participou da relação processual, isto é, as partes, os intervenientes e o Ministério Público, se for o caso, tanto na condição de parte quanto na de fiscal da ordem jurídica. Também o terceiro prejudicado, ou seja, aquele que pode sofrer prejuízo pela eficácia natural da sentença, tem legitimidade para recorrer (parágrafo único).

Cumpre ressaltar que a figura do terceiro prejudicado equivale à do assistente (art. 119) que intervém na relação processual na fase recursal. Para que seja admissível o recurso, necessário se demonstre que a decisão recorrida afetará, direta ou indiretamente, relação jurídica de que o terceiro é titular. Além disso, não basta a demonstração de prejuízo econômico; é preciso que haja nexo de interdependência entre a relação jurídica submetida à apreciação judicial e o interesse do terceiro (STJ, REsp 19.802-0/MS, 3ª Turma, *DJU* 25.05.1992; STJ, EDcl na MC 16.286/MA, 4ª Turma, Rel. Min. João Otávio Noronha, *DJe* 19.10.2010).

Também se admite o recurso por parte de terceiro que possa discutir a relação jurídica objeto do processo na qualidade de substituto processual, uma vez que a eficácia do julgado há de recair sobre a parte em sentido material, e não apenas processual (parágrafo único, parte final).

Recentemente, quanto à legitimidade da pessoa jurídica para interpor recurso no interesse dos sócios, o STJ considerou que o art. 6º do CPC/1973 (art. 18 do CPC/2015) é claro ao afirmar que "ninguém poderá pleitear, em nome próprio, direito alheio, salvo quando autorizado por lei". Assim, como não há previsão legal que autorize a sociedade a interpor recurso em favor dos respectivos sócios, há que ser declarado ausente o requisito da legitimidade.[415] Deve-se ressalvar, contudo, que a mesma Corte admite a impugnação por parte da pessoa jurídica da decisão que decreta a desconsideração da sua personalidade.[416]

---

[415] STJ, REsp 1.347.627/SP, Rel. Min. Ari Pargendler, DJe 21.10.2013. Tese firmada em sede de recurso repetitivo.

[416] STJ, REsp 1.208.852/SP, Rel. Min. Luis Felipe Salomão, julgado em 12.05.2015.

CPC/2015	CPC/1973
Art. 997. Cada parte interporá o recurso independentemente, no prazo e com observância das exigências legais.	Art. 500. Cada parte interporá o recurso, independentemente, no prazo e observadas as exigências legais. Sendo, ~~porém,~~ vencidos autor e réu, ao recurso interposto por qualquer deles poderá aderir a outra parte. O recurso adesivo fica subordinado ao recurso *principal e se rege pelas disposições seguintes*:
§ 1º Sendo vencidos autor e réu, ao recurso interposto por qualquer deles poderá aderir o outro.	
§ 2º O recurso adesivo fica subordinado ao recurso *independente*, sendo-lhe aplicáveis as mesmas regras deste quanto *aos requisitos* de admissibilidade e julgamento no tribunal, **salvo disposição legal diversa**, *observado, ainda, o seguinte*:	I – *será interposto perante a autoridade competente para admitir o recurso principal*, no prazo de que a parte dispõe para responder;
I – *será dirigido ao órgão perante o qual o recurso independente fora interposto*, no prazo de que a parte dispõe para responder;	II – será admissível na apelação, ~~nos embargos infringentes,~~ no recurso extraordinário e no recurso especial;
II – será admissível na apelação, no recurso extraordinário e no recurso especial;	III – não será conhecido, se houver desistência do recurso principal, ou se for ele *declarado* inadmissível ~~ou deserto~~.
III – não será conhecido, se houver desistência do recurso principal ou se for ele *considerado* inadmissível.	Parágrafo único. Ao recurso adesivo se aplicam as mesmas regras do recurso independente, quanto *às condições* de admissibilidade, ~~preparo~~ e julgamento no tribunal ~~superior~~.

 ## COMENTÁRIOS:

Recurso adesivo.[417] Para entendê-lo, vamos situar um exemplo concreto: A propõe contra B uma ação de reparação de danos, na qual pleiteia a condenação de B em R$ 1.000,00. B contesta, alegando que não agiu com culpa, por isso nada deve. O juiz julga parcialmente procedente o pedido formulado por A, condenando B a pagar a quantia de R$ 500,00. Há sucumbência recíproca. A, que pretendia receber R$ 1.000,00, logrou êxito só em R$ 500,00; B, que nada queria pagar, foi condenado em R$ 500,00. A fica satisfeito com a decisão. É uma satisfação condicionada. Se B não recorrer, A também não recorrerá. Como o prazo de recurso é comum, pode ocorrer de A ser surpreendido com o recurso de B e não haver mais tempo para interpor seu recurso. Em situações tais, para evitar que o litigante, vencedor ou vencido parcialmente na demanda, seja compelido a interpor recurso simplesmente para não ser surpreendido pela atitude da outra parte, o Código de 1973 engendrou a figura do recurso adesivo, que se repete no CPC/2015.

Natureza jurídica e cabimento. O recurso adesivo não é uma espécie de recurso, porquanto as espécies estão elencadas no art. 994, mas uma forma de interposição. Tal forma de interposição, aderida e condicionada ao recurso da outra parte, denominado principal, só é admissível na apelação, no recurso extraordinário e no recurso especial (art. 997, § 2º, II).

É cabível recurso adesivo para impugnar capítulo acessório da decisão. Assim, ainda que vencedora a parte na totalidade dos pedidos, é possível a interposição do recurso adesivo com a finalidade de majorar a verba honorária (STJ, REsp 1.276.739/RS, Rel. Min. Mauro Campbell Marques, julgado em 17.11.2011).

---

[417] Há críticas na doutrina quanto ao nome adotado; parte prefere o nome recurso subordinado, dependente ou, ainda, contraposto.

Sucumbência recíproca. O recurso adesivo tem como pressuposto a sucumbência recíproca. Ambas as partes são vencidas em suas pretensões. A subordinação ao recurso principal ou independente é ampla, ou seja, a parte sucumbente que não interpôs o recurso independente poderá fazê-lo na forma adesiva sem que a matéria impugnada se limite àquela do recurso principal, interposto pela parte contrária. Isso porque a exigência de subordinação a que alude o art. 997 deve ser aferida apenas no plano processual.

Além disso, conforme entendimento do STJ, a sucumbência recíproca não precisa necessariamente ocorrer na mesma lide.[418]

Legitimidade. Apenas tem legitimidade para interposição do recurso adesivo aquele que figurou como recorrido no recurso principal ou independente. O Ministério Público, quando oficia na condição de fiscal da ordem jurídica, não pode recorrer adesivamente, porquanto o art. 997 só fala em autor e réu e também porque o Ministério Público, agindo nessa qualidade, não sucumbe.

O terceiro prejudicado, também pelo fato de não estar compreendido na expressão "autor e réu" (art. 997, § 1º), não pode se valer do recurso adesivo.

Prazo. O recurso adesivo deve ser interposto no prazo das contrarrazões, ou seja, no prazo de quinze dias úteis (art. 219), uma vez que este é o prazo para responder aos recursos nos quais se admite o recurso adesivo. Sua interposição não se condiciona à apresentação das contrarrazões. Deve ser, contudo, interposto em peça separada da resposta ao recurso principal.

Quem interpôs fora do prazo o recurso principal não pode interpor o adesivo, porquanto, conforme interpretação teleológica (finalística), o recurso adesivo somente socorre a parte inicialmente disposta a conformar-se com a decisão, além do que, contra aquele que interpôs recurso principal intempestivo, opera-se a preclusão (STJ, 4ª Turma, REsp 9.806/SP, Rel. Min. Sálvio de Figueiredo, *DJU* 30.03.1992).

Pressupostos. O recurso adesivo está sujeito às mesmas regras do recurso principal quanto às condições de admissibilidade, preparo[419] e julgamento no tribunal superior. Assim, quem desejar recorrer de forma adesiva deve providenciar o pagamento das custas e porte de remessa e retorno, mesmo que haja causa de isenção de preparo em relação ao recurso independente.

Subordinação. Como é acessório, está subordinado ao recurso independente (principal), seguindo a mesma sorte deste. Se o recurso principal não for conhecido, seja em razão

---

[418] "A extinção do processo, sem resolução do mérito, tanto em relação ao pedido do autor quanto no que diz respeito à reconvenção, não impede que o réu reconvinte interponha recurso adesivo ao de apelação. Isso porque o art. 500 do CPC não exige, para a interposição de recurso adesivo, que a sucumbência recíproca ocorra na mesma lide, devendo aquela ser aferida a partir da análise do julgamento em seu conjunto. A previsão do recurso adesivo no sistema processual brasileiro tem por objetivo atender política legislativa e judiciária de solução mais célere para os litígios. Assim, do ponto de vista teleológico, não se deve interpretar o dispositivo de forma substancialmente mais restritiva do que se faria com os artigos alusivos à apelação, aos embargos infringentes e aos recursos extraordinários. De fato, segundo o parágrafo único do artigo 500 do CPC, ao recurso adesivo devem ser aplicadas as mesmas regras do recurso independente quanto às condições de admissibilidade, preparo e julgamento no tribunal superior" (REsp 1.109.249/RJ, Rel. Min. Luis Felipe Salomão, julgado em 07.03.2013).

[419] Sobre o preparo no recurso adesivo, ver STJ, REsp 912.336/SC, Rel. Min. Aldir Passarinho Junior, julgado em 02.12.2010.

de desistência,[420] seja pela falta de algum pressuposto de admissibilidade, o recurso adesivo também não o será. Do mesmo modo, a eventual desistência do recurso principal implicará o não conhecimento do recurso adesivo interposto pela outra parte (art. 997, § 2º, III).

CPC/2015	CPC/1973
Art. 998. O recorrente poderá, a qualquer tempo, sem a anuência do recorrido ou dos litisconsortes, desistir do recurso. Parágrafo único. **A desistência do recurso não impede a análise de questão cuja repercussão geral já tenha sido reconhecida e daquela objeto de julgamento de recursos extraordinários ou especiais repetitivos.**	Art. 501. O recorrente poderá, a qualquer tempo, sem a anuência do recorrido ou dos litisconsortes, desistir do recurso.

 COMENTÁRIOS:

Voluntariedade. A voluntariedade também está presente na desistência do recurso. Consoante dispositivo em comento, o recorrente poderá, a qualquer tempo, sem a anuência do recorrido ou dos litisconsortes, desistir do recurso. Trata-se de ato voluntário que, diferentemente do que ocorre com a desistência da ação após a contestação, independe da manifestação (concordância ou discordância) por parte do recorrido. Ademais, a desistência do recurso independe de homologação judicial para a produção de seus efeitos.

Parágrafo único. A desistência não impede a análise da repercussão geral ou de tese a ser fixada em julgamento de RE ou REsp repetitivos. Em suma, pode a parte desistir do recurso paradigma, mas isso não impedirá a apreciação da tese e consequente formação do precedente.

O dispositivo – novidade na lei processual – reforça o entendimento do STJ no sentido de que o interesse na uniformização da aplicação do direito justifica o julgamento do recurso, apesar de manifestada a desistência.[421] Especialmente no que tange à repercussão geral, o

---

[420] Ressalve-se que o STJ, em caráter excepcional, inadmitiu a desistência do recurso principal e, consequentemente, a extinção do recurso adesivo, em homenagem ao princípio da boa-fé processual. No caso concreto, determinada decisão concedeu a antecipação dos efeitos da tutela em recurso adesivo e, logo em seguida, foi pleiteada a desistência do recurso principal. Veja trecho do julgado: "Concedida antecipação dos efeitos da tutela em recurso adesivo, não se admite a desistência do recurso principal de apelação, ainda que a petição de desistência tenha sido apresentada antes do julgamento dos recursos. De fato, a apresentação da petição de desistência na hipótese em análise demonstra pretensão incompatível com o princípio da boa-fé processual e com a própria regra que faculta ao recorrente não prosseguir com o recurso, a qual não deve ser utilizada como forma de obstaculizar a efetiva proteção ao direito lesionado. Isso porque, embora tecnicamente não se possa afirmar que a concessão da antecipação dos efeitos da tutela represente o início do julgamento da apelação, é evidente que a decisão proferida pelo relator, ao satisfazer o direito material reclamado, passa a produzir efeitos de imediato na esfera jurídica das partes, evidenciada a presença dos seus requisitos (prova inequívoca e verossimilhança da alegação) [...]" (STJ, REsp 1.285.405/SP, Rel. Min. Marco Aurélio Bellizze, julgado em 16.12.2014).

[421] STJ, QO no REsp 1.063.343/RS, Corte Especial, Rel. Min. Nancy Andrighi, julgado em 17.12.2008.

novo CPC, contudo, diverge em parte do entendimento da Suprema Corte, que considera que, depois que a repercussão geral é reconhecida, as partes não podem desistir do apelo.[422]

Saliente-se que, apesar de contrariar a decisão do STF, o que o legislador do CPC/2015 permite é apenas a desistência do recurso, e não a discussão da tese objetiva. Assim, ainda que homologada a desistência, a tese deve ser analisada independentemente do caso concreto.[423]

Em suma, esse dispositivo do novo CPC "permite que o Supremo Tribunal Federal e o Superior Tribunal de Justiça se pronunciem sobre questões recursais ainda que a parte tenha desistido do recurso. Nesse caso, obviamente que a pronúncia da Corte não poderá alcançar o recurso da parte. Servirá, porém, para outorgar unidade ao direito, valendo como precedente".[424]

Limite temporal para a desistência. O limite temporal da desistência é o início do julgamento. Há, no entanto, decisões do STF que admitem a desistência no curso do julgamento, assim como uma decisão do STJ que não admitiu a desistência após a inclusão em pauta e na véspera do julgamento por suposta má-fé.[425]

CPC/2015	CPC/1973
Art. 999. A renúncia ao direito de recorrer independe da aceitação da outra parte.	Art. 502. A renúncia ao direito de recorrer independe da aceitação da outra parte.

 ## COMENTÁRIOS:

Renúncia ao direito de recorrer. A desistência pressupõe a interposição do recurso. Se o recurso ainda não foi interposto, o caso não é de desistência, mas de renúncia ao direito de recorrer. O lapso dentro do qual se admite a renúncia, que pode ser total ou parcial, vai do surgimento da faculdade de recorrer (conhecimento do ato recorrível) até o momento final do prazo para recorrer. Superado o prazo para recorrer, não se pode falar em renúncia, porque já terá operado a preclusão ou o trânsito em julgado. Por outro lado, sem o conhecimento do teor do ato recorrível não se admite a renúncia, que a meu ver não pode ser objeto de negócios processuais, uma vez que a disposição do que ainda não se conhece afronta o acesso à justiça. Não se olvida que, a teor do disposto no art. 190, podem as partes convencionar sobre suas faculdades; contudo, creio que essa liberdade não chega a ponto de permitir que a parte renuncie sobre o que ainda não se conhece. Admitir a renúncia prévia é levar muito longe o *pacta sunt servanda* processual, é desprezar as garantias constitucionais do processo, como o acesso à justiça e o devido processo legal.

A renúncia pode constar do termo se o ato recorrível for proferido em audiência ou ser veiculada por meio de petição escrita.

Tanto a renúncia como a desistência, por se tratar de atos unilaterais, independem da aquiescência da parte contrária (arts. 998 e 999), dos litisconsortes ou de eventuais terceiros intervenientes, bem como de homologação judicial (art. 200, *caput*).

[422] STF, RE 693.456/RJ, Plenário, Rel. Min. Dias Toffoli, jugado em 02.09.2015 (Info 797).

[423] O Enunciado nº 213 do FPPC solidifica esse entendimento: "No caso do art. 988, parágrafo único, o resultado do julgamento não se aplica ao recurso de que se desistiu."

[424] MARINONI, Luiz Guilherme; ARENHART, Sérgio Cruz; MITIDIERO, Daniel. **Novo Código de Processo Civil comentado.** São Paulo: Revista dos Tribunais, 2015, p. 933.

[425] STJ, REsp 1.308.830/RS, Rel. Min. Nancy Andrighi, DJe 16.12.2012.

Lembre-se de que a hipótese é diferente da desistência da ação, visto que desta, depois de oferecida a contestação, não poderá o autor desistir sem o consentimento do réu (art. 485, § 4º); e a desistência da ação só produzirá efeito depois de homologada judicialmente (art. 200, parágrafo único).

CPC/2015	CPC/1973
Art. 1.000. A parte que aceitar expressa ou tacitamente a decisão não poderá recorrer. Parágrafo único. Considera-se aceitação tácita a prática, sem nenhuma reserva, de ato incompatível com a vontade de recorrer.	Art. 503. A parte, que aceitar expressa ou tacitamente ~~a sentença ou~~ a decisão, não poderá recorrer. Parágrafo único. Considera-se aceitação tácita a prática, sem reserva alguma, de um ato incompatível com a vontade de recorrer.

 ## COMENTÁRIOS:

Formas de renúncia. A renúncia pode ser expressa ou tácita. É expressa quando manifestada por petição ou oralmente, na audiência. É tácita quando a parte que poderia recorrer pratica ato incompatível com o intuito de recorrer. Nesse caso, ocorre a preclusão lógica, e nesse sentido dispõe o art. 1.000 e seu parágrafo único. Por exemplo, a parte que foi condenada em ação de despejo e voluntariamente entrega as chaves do imóvel, tacitamente, renuncia à faculdade de recorrer.

CPC/2015	CPC/1973
Art. 1.001. Dos despachos não cabe recurso.	Art. 504. Dos despachos não cabe recurso.

 ## COMENTÁRIOS:

Irrecorribilidade. Os despachos, porque desprovidos de conteúdo decisório, em regra não têm aptidão para causar lesão às partes. Por isso, nos termos do art. 1.001, deles não cabe recurso algum. Se causarem gravame, podem ensejar correição parcial (recurso anômalo previsto nas leis de organização judiciária) ou mandado de segurança. Por exemplo, a designação de audiência para data distante, de forma a comprometer a garantia da duração razoável do processo (art. 5º, LXXVIII, da CF/1988), afronta direito líquido e certo dos litigantes, dando azo à impetração de mandado de segurança.

CPC/2015	CPC/1973
Art. 1.002. A *decisão* pode ser impugnada no todo ou em parte.	Art. 505. A *sentença* pode ser impugnada no todo ou em parte.

 ## COMENTÁRIOS:

Terminologia. A substituição do termo "sentença" por "decisão" é acertada, uma vez que não é somente a sentença a espécie de decisão impugnável parcialmente via recurso. Na hipótese de o objeto do processo ser complexo, comportando pretensões autônomas, é plenamente possível a impugnação parcial. É, por exemplo, o caso da decisão que antecipa os efeitos da tutela de urgência relativa a uma obrigação de fazer decorrente de ato ilícito (reparação de um edifício danificado pelo vizinho), mas que nega o mesmo efeito à obrigação de dar dinheiro (pedido de depósito dos lucros cessantes decorrentes do não uso do imóvel). A parte autora poderá recorrer do segundo pedido, e o fará via agravo de instrumento (art. 1.015, I, do CPC/2015), por se tratar de decisão – e não de sentença, propriamente dita.

CPC/2015	CPC/1973
Art. 1.003. O prazo para interposição de recurso conta-se da data em que os advogados, **a sociedade de advogados, a Advocacia Pública, a Defensoria Pública ou o Ministério Público** são intimados da decisão.	Art. 242. O prazo para a interposição de recurso conta-se da data, em que os advogados são intimados da decisão, ~~da sentença ou do acórdão~~.
§ 1º **Os sujeitos previstos no** *caput* considerar-se-ão intimados em audiência quando nesta for *proferida* a decisão.	§ 1º Reputam-se intimados na audiência, quando nesta é *publicada* a decisão ~~ou a sentença~~.
§ 2º **Aplica-se o disposto no art. 231, incisos I a VI, ao prazo de interposição de recurso pelo réu contra decisão proferida anteriormente à citação.**	Art. 506. [...] Parágrafo único. No prazo para a interposição do recurso, a petição será protocolada em cartório ou segundo a norma de organização judiciária, ressalvado o disposto *no § 2º do art. 525 desta Lei*.
§ 3º No prazo para interposição de recurso, a petição será protocolada em cartório ou conforme as normas de organização judiciária, ressalvado o disposto *em regra especial*.	Art. 508. *Na apelação, nos embargos infringentes, no recurso ordinário, no recurso especial, no recurso extraordinário e nos embargos de divergência*, o prazo para interpor e para responder é de 15 (quinze) dias.
§ 4º **Para aferição da tempestividade do recurso remetido pelo correio, será considerada como data de interposição a data de postagem.**	
§ 5º *Excetuados os embargos de declaração*, o prazo para interpor os recursos e para responder-lhes é de 15 (quinze) dias.	
§ 6º **O recorrente comprovará a ocorrência de feriado local no ato de interposição do recurso.**	

 COMENTÁRIOS:

Contagem do prazo para a interposição de recurso. O termo *a quo* do prazo para a interposição do recurso tem início a partir da data da intimação da decisão impugnada. Até aí, novidade nenhuma. Vamos às particularidades. No novo Código a sociedade de advogados assume certo protagonismo no processo, de modo que não só os advogados podem ser intimados, mas também a sociedade que eles integram.

Em regra, nos termos do art. 224, o início da contagem se dá a partir do dia útil seguinte ao da intimação, a qual pode ocorrer por uma das formas previstas no art. 231 e também na própria audiência, se nela foi proferida a decisão. Tratando-se de intimação pelo *Diário da Justiça Eletrônico*, a parte ganha mais um dia, uma vez que se considera feita a publicação (que veicula a intimação) no dia útil seguinte ao da disponibilização no sistema informatizado (art. 224, §§ 2º e 3º). Há que se lembrar que os prazos processuais serão contados sempre em dias úteis (art. 219).

Quando se tratar de intimação da Advocacia Pública, a Defensoria Pública ou o Ministério Público, há que se observar a prerrogativa de o prazo ser contado somente a partir da carga dos autos, isto é, a partir do dia útil seguinte à entrega dos autos físicos (caderno processual) no órgão respectivo (*caput* dos arts. 180 e 183 e § 1º do art. 186).

Para definir o início da contagem do prazo para tais instituições, há que se perquirir se os autos são eletrônicos ou físicos. No caso de autos físicos, ainda que se trate de decisão proferida em audiência, a intimação pessoal se aperfeiçoa com sua intimação pessoal, mediante a remessa dos autos (STF, 2ª Turma, HC 125.270/DF, Rel. Min. Teori Zavascki, julgado em 23.06.2015, *Informativo* nº 791). Se forem eletrônicos, não há que se cogitar de remessa e então cessa a distinção. Em breve, os autos físicos ficarão na história, e então, pelo menos nesse particular, a isonomia será instituída; também o Ministério Público e as outras instituições mencionadas receberão intimação por meio eletrônico; os autos estarão lá, no sistema, basta acessá-los; a remessa ou entrega em mãos do caderno processual constituirá apenas um registro do quanto a máquina judiciária era jurássica e anti-isonômica.

O processo eletrônico não porá fim a todas as distinções. Por exemplo, o prazo para recorrer – como todos os prazos – será em dobro quando o recorrente for o Ministério Público (art. 180), a Fazenda Pública (art. 183) ou a Defensoria Pública (art. 186). O prazo para recorrer também será contado em dobro quando os litisconsortes tiverem diferentes procuradores, de escritórios de advocacia distintos, mas desde que os processos não tramitem na forma eletrônica (art. 229).

Ainda sobre distinções, não se desconhece o fato de que leis orgânicas – por exemplo, a LC nº 80/1994 (art. 128, I) – estabelecem prerrogativas referentes a prazos processuais e forma diferenciada de contagem destes. Contudo, evidentemente se trata de norma de processo, a qual, em si, nada tem a ver com a organização da instituição. Dessa forma, entendo que todas as disposições referentes a processo civil incompatíveis com o novo CPC serão por este revogadas.

Decisão proferida antes da citação. Novidade nenhuma. O prazo flui da intimação, exatamente como nas hipóteses em que a decisão é proferida após a citação. Em razão de a parte ainda não ter sido citada, pressupõe que não tenha advogado constituído nos autos, razão pela qual, obviamente, o prazo não poderá fluir da data da publicação no Diário da Justiça, tampouco do dia da carga. A intimação da parte que ainda não tem advogado constituído nos autos deve ser feita por uma das formas relacionadas nos incisos I a VI do art. 231. Embora incomum, pode ocorrer de antes mesmo da citação, a parte, tomando ciência oficiosa do processo, constitua advogado. Nesse caso, não se aplica o disposto no § 2º.

Protocolo. Em regra, os recursos são protocolados perante o juízo onde tramita a demanda, no setor de protocolo. Onde não houver esse setor, pode ser protocolado "em cartório". Nas comarcas com foros regionais ou naquelas que possuem protocolo integrado, o recurso pode ser interposto em qualquer órgão jurisdicional. Assim recomenda uma gestão consentânea com o nosso tempo. Um agravo de instrumento, por exemplo, poderia ser protocolado no fórum dos juizados especiais. Mas isso nem sempre ocorre. Não é incomum que, mesmo nos locais onde o protocolo é dito "integrado", atos destinados ao tribunal não possam ser protocolados no fórum. Bem, para saber onde fazer o protocolo, deve-se consultar as normas de organização judiciária (lei, resoluções, portarias ou outros atos normativos). Aliás, nem caberia ao Código de Processo dispor sobre tais questões gerenciais. Esse tema ficaria mais bem posto nos manuais de organização e método.

Tempestividade de recurso interposto por correio. O § 4º estabelece que a data da postagem no correio será considerada para fins de aferição da tempestividade. A regra afasta a incidência da Súmula 216 do STJ, segundo a qual "A tempestividade de recurso interposto no Superior Tribunal de Justiça é aferida pelo registro no protocolo da Secretaria e não pela data da entrega na agência do correio." Esse disparate sumular já vai tarde. Responsabilizar a parte por eventual atraso dos correios chegava às raias do absurdo. Viva o bom senso.

Unificação dos prazos. A lei fixa prazo para interposição de todos os recursos. Em geral, o prazo é de quinze dias, com exceção dos embargos de declaração, cujo prazo é de cinco dias (arts. 1.003, § 5º, e 1.023). Dias úteis, diga-se.

O art. 1.070 do CPC/2015 estabelece, ainda, que é de quinze dias o prazo para a interposição de qualquer agravo, previsto em lei ou em regimento interno de tribunal, contra decisão de relator ou outra decisão unipessoal proferida em tribunal. Apesar de ser um dispositivo previsto na parte final do Código, mais precisamente nas disposições finais e transitórias e de ser aplicável a "qualquer agravo", entendeu recentemente o STJ que o novo CPC não revogou os prazos previstos em norma especial, referentes a procedimentos previstos na Lei nº 8.038/1990, que disciplina recursos no STJ e no STF.[426]

Feriado local. O § 6º reitera o entendimento jurisprudencial já sedimentado, o qual estabelece a obrigatoriedade de comprovação de feriado local que altere a contagem do prazo recursal.[427] E se o feriado não for comprovado no ato da interposição e essa comprovação for necessária para aferir a tempestividade do recurso? É perfeitamente possível a aplicação do art. 932, parágrafo único, do novo CPC, segundo o qual: "Antes de considerar inadmissível o recurso, o relator concederá o prazo de 5 (cinco) dias ao recorrente para que seja sanado vício ou complementada a documentação exigível." Afinal, a racionalidade do novo Código estabeleceu como princípio a primazia do julgamento do mérito (inclusive o recursal, obviamente); assim, deve-se fazer o possível para aproveitar os atos processuais. Em nome dessa racionalidade, o julgador previu até a intimação da parte para juntar peças obrigatórias do agravo de instrumento insuficientemente instruído (art. 1.017, § 3º) e fazer o preparo do qual o recorrente se esqueceu (art. 1.007, § 4º).

CPC/2015	CPC/1973
Art. 1.004. Se, durante o prazo para a interposição do recurso, sobrevier o falecimento da parte ou de seu advogado ou ocorrer motivo de força maior que suspenda o curso do processo, será tal prazo restituído em proveito da parte, do herdeiro ou do sucessor, contra quem começará a correr novamente depois da intimação.	Art. 507. Se, durante o prazo para a interposição do recurso, sobrevier o falecimento da parte ou de seu advogado, ou ocorrer motivo de força maior, que suspenda o curso do processo, será tal prazo restituído em proveito da parte, do herdeiro ou do sucessor, contra quem começará a correr novamente depois da intimação.

---

[426] STJ, AgRg na Rcl 30.714/PB. A justificativa dos Ministros é de que se tratava de matéria penal, razão pela qual o agravo regimental deveria ter sido interposto no prazo de cinco, e não de quinze dias.

[427] "A existência de recesso e feriado local que altere a contagem do prazo recursal deve ser comprovado por certidão expedida pelo Tribunal de origem ou documento oficial, o que não ocorreu no caso dos autos. A matéria é solidamente assentada por este Tribunal, de modo que não há a menor possibilidade de reabertura de discussão, em que pese, por vezes, a insistência da recorrente" (STJ, AgRg no AREsp 439.408/MG, Rel. Min. Sidnei Beneti, 3ª Turma, julgado em 06.02.2014, DJe 20.02.2014).

COMENTÁRIOS:

Suspensão do prazo para interposição de recurso. O prazo de interposição é, em regra, peremptório, isto é, não admite alteração ou prorrogação. Assim, se descumprido, opera-se a preclusão temporal, impedindo a parte de praticar o ato recursal. Em certos casos, entretanto, pode esse prazo ser suspenso ou restituído. Suspende-se o prazo por obstáculo criado em detrimento da parte ou ocorrendo qualquer das hipóteses do art. 313 (art. 221). O falecimento da parte ou de seu advogado, bem como a ocorrência de motivo de força maior, por expressa disposição do art. 1.004, constituem causa de restituição do prazo. Além disso, se houver flexibilização procedimental (art. 190), poderão os prazos ser dilatados, reduzidos ou até mesmo suspensos, mediante acordo entre as partes.

CPC/2015	CPC/1973
Art. 1.005. O recurso interposto por um dos litisconsortes a todos aproveita, salvo se distintos ou opostos os seus interesses.	Art. 509. O recurso interposto por um dos litisconsortes a todos aproveita, salvo se distintos ou opostos os seus interesses.
Parágrafo único. Havendo solidariedade passiva, o recurso interposto por um devedor aproveitará aos outros quando as defesas opostas ao credor lhes forem comuns.	Parágrafo único. Havendo solidariedade passiva, o recurso interposto por um devedor aproveitará aos outros, quando as defesas opostas ao credor lhes forem comuns.

 COMENTÁRIOS:

Alcance do recurso do litisconsorte. A despeito do disposto no *caput* desse dispositivo, somente o recurso interposto por litisconsórcio unitário aproveita aos demais. No nosso sistema, a regra é a completa autonomia dos litisconsortes (art. 117). Assim, cada litisconsorte tem de apresentar recurso independente, sob pena de contra ele a sentença transitar em julgado.

Apenas na hipótese de litisconsórcio unitário, quando o julgamento do recurso deve ser idêntico para todos os litisconsortes, aplica-se o *caput* do art. 1.005. Exemplo: a ação de petição de herança foi julgada improcedente. Apenas um herdeiro recorreu, porém todos os herdeiros podem ser beneficiados pelo julgamento do recurso.

O credor tem direito a exigir e receber de um ou alguns dos devedores, parcial ou totalmente, a dívida comum (art. 275, *caput*, do CC). Se a demanda for proposta contra mais de um devedor solidário, teremos o litisconsórcio unitário. Entretanto, mesmo que a demanda seja proposta apenas contra um, a solidariedade permanece íntegra, até porque o devedor que satisfez a dívida por inteiro tem direito a exigir de cada um dos codevedores a sua quota (art. 283 do CC). Em decorrência da solidariedade, o recurso interposto por um devedor a todos aproveitará (art. 1.005, parágrafo único).

CPC/2015	CPC/1973
Art. 1.006. *Certificado o trânsito em julgado*, **com menção expressa da data de sua ocorrência**, o escrivão ou *o chefe de secretaria*, independentemente de despacho, providenciará a baixa dos autos ao juízo de origem, no prazo de 5 (cinco) dias.	Art. 510. *Transitado em julgado o acórdão*, o escrivão, ou *secretário*, independentemente de despacho, providenciará a baixa dos autos ao juízo de origem, no prazo de 5 (cinco) dias.

COMENTÁRIOS:

Baixa dos autos. O trânsito em julgado se dá com a preclusão máxima da última decisão proferida no processo. Depois de sua ocorrência devidamente certificada, o escrivão ou chefe de secretaria devem providenciar a baixa dos autos ao juízo de origem, independentemente de determinação judicial nesse sentido. O prazo de cinco dias é impróprio, não se sujeitando à preclusão.

CPC/2015	CPC/1973
Art. 1.007. No ato de interposição do recurso, o recorrente comprovará, quando exigido pela legislação pertinente, o respectivo preparo, inclusive porte de remessa e de retorno, sob pena de deserção.	Art. 511. No ato de interposição do recurso, o recorrente comprovará, quando exigido pela legislação pertinente, o respectivo preparo, inclusive porte de remessa e de retorno, sob pena de deserção.
§ 1º São dispensados de preparo, **inclusive porte de remessa e de retorno**, os recursos interpostos pelo Ministério Público, pela União, **pelo Distrito Federal**, pelos Estados, pelos Municípios, e respectivas autarquias, e pelos que gozam de isenção legal.	§ 1º São dispensados de preparo os recursos interpostos pelo Ministério Público, pela União, pelos Estados e Municípios e respectivas autarquias, e pelos que gozam de isenção legal.
§ 2º A insuficiência no valor do preparo, **inclusive porte de remessa e de retorno**, implicará deserção se o recorrente, intimado **na pessoa de seu advogado**, não vier a supri-lo no prazo de 5 (cinco) dias.	§ 2º A insuficiência no valor do preparo implicará deserção, se o recorrente, intimado, não vier a supri-lo no prazo de cinco dias.
§ 3º **É dispensado o recolhimento do porte de remessa e de retorno no processo em autos eletrônicos.**	Art. 519. Provando o *apelante* justo impedimento, o *juiz* relevará a pena de deserção, fixando-lhe prazo para efetuar o preparo.
§ 4º **O recorrente que não comprovar, no ato de interposição do recurso, o recolhimento do preparo, inclusive porte de remessa e de retorno, será intimado, na pessoa de seu advogado, para realizar o recolhimento em dobro, sob pena de deserção.**	Parágrafo único. A decisão referida neste artigo será irrecorrível, ~~cabendo ao tribunal apreciar-lhe a legitimidade~~.
§ 5º **É vedada a complementação se houver insuficiência parcial do preparo, inclusive porte de remessa e de retorno, no recolhimento realizado na forma do § 4º.**	
§ 6º Provando o *recorrente* justo impedimento, o *relator* relevará a pena de deserção, por decisão irrecorrível, fixando-lhe prazo **de 5 (cinco) dias** para efetuar o preparo.	
§ 7º **O equívoco no preenchimento da guia de custas não implicará a aplicação da pena de deserção, cabendo ao relator, na hipótese de dúvida quanto ao recolhimento, intimar o recorrente para sanar o vício no prazo de 5 (cinco) dias.**	

COMENTÁRIOS:

Comprovação do preparo. De modo geral, os recursos estão sujeitos a preparo, ou seja, ao pagamento das despesas processuais correspondentes ao recurso interposto, que compreendem as custas e o porte de remessa e de retorno.

Quando exigido pela legislação pertinente, o preparo deve ser comprovado no ato de interposição do recurso. Trata-se da regra do *preparo imediato*, que encontra respaldo na jurisprudência do STJ.[428]

Dispensa do preparo. Para certos recursos, o preparo é dispensado, por exemplo, nos embargos de declaração (art. 1.023, parte final). Também são dispensados de preparo os recursos interpostos pelo Ministério Público, pela União, pelo Distrito Federal, pelos Estados, pelos Municípios, e respectivas autarquias, e pelos que gozam de isenção legal (art. 1.007, § 1º), como os beneficiários da gratuidade judiciária e o curador especial de réu revel a que se refere o art. 72, II.

Insuficiência do valor do preparo. Sendo o preparo insuficiente, o recurso não será considerado deserto.[429] A pena de deserção somente será aplicada se o recorrente for intimado e não suprir o valor no prazo de cinco dias.

Porte de remessa e de retorno. Especificamente em relação ao porte de remessa e de retorno, há dispensa de seu recolhimento nos processos em autos eletrônicos (§ 3º). Essa disposição somente tem aplicabilidade quando todo o processo tramitar em meio digital. Se o processo for físico, mas o recurso puder ser transmitido pela via eletrônica, deve-se observar a legislação local referente ao pagamento das despesas processuais ou o regimento interno do tribunal para o qual será remetido o recurso.

Ausência do preparo. De acordo com o § 4º, se não for comprovado o preparo no ato da interposição, o recurso, *a priori*, não será considerado deserto. Somente o será se, depois de intimado, o recorrente não fizer o recolhimento em dobro. O referido dispositivo é uma inovação trazida pela nova lei processual civil que afasta a jurisprudência defensiva dos tribunais superiores. Vejam, sobre o tema, os enunciados do Fórum Permanente de Processualistas Civis. "É de cinco dias o prazo para efetuar o preparo" (Enunciado nº 97); "O disposto nestes dispositivos aplica-se aos Juizados Especiais" (Enunciado nº 98); "Não se pode reconhecer a deserção do recurso, em processo trabalhista, quando houver recolhimento insuficiente das custas e do depósito recursal, ainda que ínfima a diferença, cabendo ao juiz determinar a sua complementação" (Enunciado nº 106); Diante do § 2º do art. 1.007, fica prejudicada a OJ nº 140 da SDI-I do TST ("Ocorre deserção do recurso pelo recolhimento insuficiente das custas e do depósito recursal, ainda que a diferença em relação ao quantum devido seja ínfima, referente a centavos") (Enunciado nº 214); Fica superado o enunciado nº 187 da súmula do STJ ("É deserto o recurso interposto para o Superior Tribunal de Justiça, quando o recorrente não recolhe, na origem, a importância das despesas de remessa e retorno dos autos") (Enunciado nº 215).

Justo impedimento à realização do preparo. O CPC/2015 amplia a regra que permite a não aplicação da pena de deserção ao recorrente que, comprovando justo impedimento, deixe de realizar o preparo. O CPC/1973 apresentava essa possibilidade tão somente à apelação (art. 519). Agora, a garantia se estenderá a todos os recursos.

O justo impedimento deve ser comprovado no ato da interposição do recurso. Caso o juiz acolha o motivo, relevará a pena de deserção, por decisão irrecorrível, fixando o prazo de cinco dias para o recorrente efetuar o preparo. Exemplo de justo impedimento se verifica no caso de encerramento do expediente bancário antes do encerramento do expediente forense,

---

[428] Nesse sentido: STJ, AgRg nos EREsp 1.377.092/RS, Rel. Min. Marco Buzzi, julgado em 25.09.2013.

[429] STJ, EAREsp 689490/SC, Rel. Min. Herman Benjamin, Corte Especial, julgamento em 16.08.2017.

desde que, comprovadamente, (i) o recurso seja protocolizado durante o expediente forense, mas depois de cessado o expediente bancário; (ii) o preparo seja efetuado no primeiro dia útil subsequente de atividade bancária (STJ, REsp 1.122.064/DF, Corte Especial, Rel. Min. Hamilton Carvalhido, julgado em 01.09.2010).[430]

Vale lembrar, especialmente aos leitores advogados, que o STJ não considera justo impedimento a eventual falha nos serviços prestados por empresa responsável pelo acompanhamento de publicações e intimações.[431]

Erro no preenchimento da guia de custas. Afastando entendimento defensivo da jurisprudência,[432] o § 7º permite a correção da guia de recolhimento erroneamente preenchida pelo recorrente, no prazo de cinco dias, antes da aplicação da pena de deserção. A inovação vai ao encontro dos princípios da instrumentalidade das formas e do aproveitamento dos atos processuais.

CPC/2015	CPC/1973
Art. 1.008. O julgamento proferido pelo tribunal substituirá a decisão impugnada no que tiver sido objeto de recurso.	Art. 512. O julgamento proferido pelo tribunal substituirá a sentença ou a decisão recorrida no que tiver sido objeto de recurso.

COMENTÁRIOS:

Efeito substitutivo. Apesar da utilização da expressão "mantenho a decisão *a quo*", tecnicamente não há como um tribunal, ao julgar um recurso, manter ou confirmar uma decisão. O efeito substitutivo dos recursos, previsto nesse dispositivo, implica reconhecer que a decisão do juízo *ad quem* substitui a decisão impugnada no que tiver sido objeto do recurso. É justamente por isso que, se for proposta uma demanda rescisória, o autor dessa ação terá que dirigir o pedido de rescisão contra a última decisão, ou seja, contra aquela proferida pelo relator ou pelo colegiado, já que ela, tendo substituído a anterior, é a única que ainda pode ser rescindida. De qualquer modo, para que fique claro, vale a seguinte conclusão prática: quando o relator ou tribunal dá provimento ao recurso, quer dizer que a decisão anterior merece reforma. Por outro lado, se a decisão nega provimento ao recurso, quer dizer que o que o juízo *a quo* decidiu deve permanecer incólume. E se o recurso for considerado inadmissível? Nesse caso, não se opera o efeito substitutivo.

---

[430] Entendimento consagrado na Súmula 484 do STJ: "Admite-se que o preparo seja efetuado no primeiro dia útil subsequente, quando a interposição do recurso ocorrer após o encerramento do expediente bancário."

[431] Nesse sentido: STJ, AgRg no AREsp 340.064/SP, Rel. Min. Luis Felipe Salomão, julgado em 13.08.2013.

[432] O STJ tem entendimento sedimentado de que o equívoco no preenchimento da guia de recolhimento implica ausência de preparo, cabendo aplicação da pena de deserção. Nesse sentido: "Se não houve o preenchimento correto da guia, máxime sobre o número que identifica o processo na origem, não há falar em pagamento parcial do preparo, mas em ausência deste, afastando de vez a incidência do art. 511, § 2º, do CPC" (AgRg nos EREsp 1.129.680/RJ, Rel. Min. Castro Meira, Corte Especial, DJe 10.10.2012). Cf., ainda: AgRg no AREsp 314.611/MS, Rel. Min. Paulo de Tarso Sanseverino, 3a Turma, julgado em 10.06.2014, DJe 24.06.2014).

Capítulo II
Da Apelação

CPC/2015	CPC/1973
Art. 1.009. Da sentença cabe apelação. § 1º As questões resolvidas na fase de conhecimento, se a decisão a seu respeito não comportar agravo de instrumento, não são cobertas pela preclusão e devem ser suscitadas em preliminar de apelação, eventualmente interposta contra a decisão final, ou nas contrarrazões. § 2º Se as questões referidas no § 1º forem suscitadas em contrarrazões, o recorrente será intimado para, em 15 (quinze) dias, manifestar-se a respeito delas. § 3º O disposto no *caput* deste artigo aplica-se mesmo quando as questões mencionadas no art. 1.015 integrarem capítulo da sentença.	Art. 513. Da sentença caberá apelação ~~(arts. 267 e 269)~~.

 COMENTÁRIOS:

Apelação contra decisão interlocutória. A principal novidade no recurso de apelação consiste na ampliação de seus limites objetivos. Conforme dispõem os parágrafos do novo dispositivo, deverá ser inserida no bojo da apelação a impugnação de todas as questões incidentais resolvidas ao longo do processo de conhecimento, desde que elas não desafiem o recurso de agravo de instrumento. Em outras palavras, se as questões controvertidas não estiverem submetidas ao recurso de agravo de instrumento, porque não constam do rol do art. 1.015, terão que ser apostas integralmente na peça recursal de apelação.

Assim, se contra a decisão interlocutória for possível a interposição de agravo de instrumento, a parte prejudicada não poderá deixar para questionar a decisão somente na apelação. Exemplo: havendo desconsideração da personalidade jurídica na forma do art. 133, o sócio poderá recorrer da decisão mediante agravo de instrumento (art. 1.015, IV). Caso não o faça, a matéria estará preclusa.

Por outro lado, se a decisão interlocutória não se enquadrar em nenhuma das hipóteses do art. 1.015, a parte que se sentir prejudicada poderá impugnar a questão já decidida em preliminar de apelação ou nas contrarrazões. Exemplo: juiz indefere pedido de prova pericial. A parte que pleiteou a prova terá, nessa hipótese, duas opções: (i) impetrar mandado de segurança, visto que não há disposição no novo CPC permitindo interposição de agravo de instrumento para esse caso; (ii) aguardar a sentença e, se for o caso, arguir, em preliminar da apelação, eventual ofensa à ampla defesa em razão do indeferimento da prova pleiteada. Saliente-se que a escolha por essa última opção independe de protesto no momento da prolação da decisão interlocutória.[433]

---

[433] Na versão do projeto do novo CPC na Câmara dos Deputados, o art. 1.022, § 2º, estabelecia que a impugnação dessas questões dependia de prévia apresentação de protesto específico contra a decisão, sob pena de preclusão. Em outras palavras, proferida decisão não submetida a agravo de instrumen-

A apelação, no CPC/2015, não serve, portanto, apenas para impugnar a sentença, mas, também, para atacar a decisão interlocutória não sujeita ao agravo de instrumento. Se as questões que não desafiaram agravo de instrumento forem suscitadas nas contrarrazões, o recorrente será intimado para se manifestar, no prazo de quinze dias, exclusivamente a respeito delas (art. 1.009, § 2º). A ideia do legislador é promover o contraditório, harmonizando a nova sistemática aos anseios do texto constitucional e às normas fundamentais do processo civil (arts. 9º e 10).

CPC/2015	CPC/1973
Art. 1.010. A apelação, interposta por petição dirigida ao *juízo de primeiro grau*, conterá:	Art. 514. A apelação, interposta por petição dirigida ao juiz, conterá:
I – os nomes e a qualificação das partes;	I – os nomes e a qualificação das partes;
II – *a exposição* do fato e do direito;	II – *os fundamentos* de fato e de direito;
III – **as razões do pedido de reforma ou de decretação de nulidade;**	III – o pedido de nova decisão.
IV – o pedido de nova decisão.	Art. 518. *Interposta a apelação*, ~~o juiz, declarando os efeitos em que a recebe,~~ *mandará dar vista ao apelado para responder*.
§ 1º *O apelado será intimado para apresentar contrarrazões* **no prazo de 15 (quinze) dias.**	
§ 2º **Se o apelado interpuser apelação adesiva, o juiz intimará o apelante para apresentar contrarrazões.**	
§ 3º **Após as formalidades previstas nos §§ 1º e 2º, os autos serão remetidos ao tribunal pelo juiz, independentemente de juízo de admissibilidade.**	

 ## COMENTÁRIOS:

Procedimento na apelação. A apelação deve ser interposta por petição dirigida ao juízo de primeiro grau onde a decisão foi prolatada, devendo conter os nomes e a qualificação das partes; a exposição do fato e do direito; as razões do pedido de reforma ou de decretação de nulidade e o pedido de nova decisão (incisos I a IV).[434] É comum o protocolo em duas peças processuais distintas: a petição de interposição dirigida ao juiz que prolatou a sentença e a peça contendo as razões recursais.

Interposta a apelação, o apelado será intimado para apresentar contrarrazões no prazo de quinze dias (§ 1º). No prazo da resposta, poderá o recorrido apresentar apelação adesiva. Nesse caso, dar-se-á vista ao recorrente principal para, querendo, apresentar resposta ao recurso adesivo (§ 2º). Em seguida, após essas formalidades, os autos são remetidos ao tribunal, a quem caberá proceder ao juízo de admissibilidade do recurso de apelação (§ 3º).

---

to, a parte deveria manifestar o seu inconformismo de imediato, sob pena de não poder fazê-lo em apelação.

[434] A novidade em relação ao Código anterior está no inciso III. O dispositivo aprimora a redação do CPC/1973, reconhecendo dois pedidos imediatos específicos da apelação: a reforma da decisão no seu mérito e a decretação de sua nulidade. Caberá ao apelante pleitear a anulação da sentença, nos casos de ocorrência de vícios de forma e/ou, ainda, a sua reforma, nas hipóteses de vícios de conteúdo.

Apelação adesiva. Persiste a possibilidade de interposição de apelação adesiva. As demais regras do recurso adesivo estão dispostas no art. 997.

Juízo de admissibilidade. De acordo com o CPC/1973, interposta a apelação, o juiz de primeiro grau é quem deveria realizar o primeiro juízo de admissibilidade recursal. Como conclusão ele poderia: (i) deixar de receber o recurso; ou (ii) receber o recurso e intimar a parte contrária para contrarrazões. Com ou sem contrarrazões, era possível um segundo juízo de admissibilidade (art. 518, § 2º, do CPC/1973).

De acordo com a redação do § 3º, o juízo de admissibilidade passa a ser de incumbência exclusiva do tribunal. Em outras palavras, não há mais duplo juízo de admissibilidade no recurso de apelação. Faltando um dos requisitos de admissibilidade, o recurso não será conhecido – juízo de admissibilidade negativo feito pelo relator, conforme previsão do art. 932, III. Da decisão que nega recebimento cabe agravo interno (art. 1.021), uma vez que se trata de decisão monocrática do relator. Ao contrário, presentes os requisitos, o relator conhecerá a apelação, podendo, inclusive monocraticamente (presentes as hipóteses dos incisos IV e V), negar ou dar provimento (juízo de mérito).

O juízo de admissibilidade positivo, apesar de inserto em decisão monocrática, é irrecorrível, uma vez que não há interesse recursal em impugnar uma decisão que já será objeto de apreciação em segundo grau.

CPC/2015	CPC/1973
Art. 1.011. **Recebido o recurso de apelação no tribunal e distribuído imediatamente, o relator:** **I – decidi-lo-á monocraticamente apenas nas hipóteses do art. 932, incisos III a V;** **II – se não for o caso de decisão monocrática, elaborará seu voto para julgamento do recurso pelo órgão colegiado.**	Não há correspondência.

 ## COMENTÁRIOS:

Decisão monocrática. O inciso I autoriza o relator, após o recebimento da apelação, a decidir monocraticamente o recurso nas hipóteses do art. 932, III e V. Sobre o tema, conferir comentários ao art. 932.

Para garantia da parte prejudicada com o julgamento singular feito pelo relator, admite-se o manejo de agravo interno, que pode ser interposto no prazo de quinze dias (aplicando-se a contagem também em dias úteis). Interposto o agravo, o agravado será intimado para se manifestar. Pode haver retratação pelo relator, hipótese em que a apelação será submetida ao órgão colegiado. Não havendo retratação, o agravo deverá ser apresentado à sessão para julgamento. Negado provimento ao agravo, fica mantida a decisão singular do relator; provido, o recurso originário será processado normalmente.

Afastadas as hipóteses de não recebimento ou de decisão monocrática na forma do inciso I, o relator elaborará seu voto para julgamento do recurso pelo órgão colegiado (inciso II). Sobre o processamento e julgamento dos recursos no tribunal, consulte os arts. 937 e seguintes.

CPC/2015	CPC/1973
Art. 1.012. A apelação *terá* efeito suspensivo.	Art. 520. A apelação *será recebida em seu* efeito *devolutivo e* suspensivo. *Será, no entanto, recebida só no efeito devolutivo, quando interposta de* sentença que:
§ 1º *Além de outras hipóteses previstas em lei, começa a produzir efeitos imediatamente após a sua publicação a* sentença que:	
I – homologa divisão ou demarcação de terras;	I – homologar a divisão ou a demarcação;
II – condena a pagar alimentos;	II – condenar à prestação de alimentos;
III – *extingue sem resolução do mérito* ou julga improcedentes os embargos do executado;	III – (Revogado pela Lei nº 11.232, de 2005);
IV – julga procedente o pedido de instituição de arbitragem;	IV – decidir o processo cautelar;
V – confirma, **concede ou revoga** *tutela provisória*;	V – *rejeitar liminarmente* embargos à execução ou julgá-los improcedentes;
VI – **decreta a interdição.**	VI – julgar procedente o pedido de instituição de arbitragem;
§ 2º *Nos casos do § 1º*, o apelado poderá promover *o pedido de cumprimento provisório depois de publicada a* sentença.	VII – confirmar a *antecipação dos efeitos da tutela*.
§ 3º **O pedido de concessão de efeito suspensivo nas hipóteses do § 1º poderá ser formulado por requerimento dirigido ao:**	Art. 521. ~~Recebida a apelação em ambos os efeitos, o juiz não poderá inovar no processo;~~ *recebida só no efeito devolutivo*, o apelado poderá promover, *desde logo, a execução provisória da* sentença, ~~extraindo a respectiva carta.~~
I – tribunal, no período compreendido entre a interposição da apelação e sua distribuição, ficando o relator designado para seu exame prevento para julgá-la;	
II – relator, se já distribuída a apelação.	
§ 4º **Nas hipóteses do § 1º, a eficácia da sentença poderá ser suspensa pelo relator se o apelante demonstrar a probabilidade de provimento do recurso ou se, sendo relevante a fundamentação, houver risco de dano grave ou de difícil reparação.**	

 COMENTÁRIOS:

Efeito suspensivo automático na apelação. Depois de muita discussão,[435] o efeito suspensivo automático continua sendo a regra para o recurso de apelação. A redação do *caput* ficou mais enxuta e enfática se comparada com a do art. 520 do CPC/1973. Tratou-

---

[435] Nesse ponto, segundo análise do Professor Cassio Scarpinella Bueno, "o art. 1.012 reproduz, com os desenvolvimentos e aprimoramentos cabíveis, a regra do art. 520 e a do parágrafo único do art. 558 do CPC atual. Trata-se com o devido respeito, de um dos grandes retrocessos do novo CPC que choca frontalmente com o que, a este respeito, propuseram o Anteprojeto e o Projeto do Senado. Infelizmente, o Senado, na derradeira fase do processo legislativo, não recuperou a sua própria proposta (art. 968 do Projeto do Senado), mantendo, em última análise, a regra de que a apelação, no direito processual civil brasileiro, tem (e continua a ter) efeito suspensivo" (**Novo Código de Processo Civil anotado.** São Paulo: Saraiva, 2015, p. 649). O dispositivo do anteprojeto trazia a seguinte redação: "A atribuição de efeito suspensivo à apelação obsta a eficácia da sentença." O art. 949, § 1º, por sua vez, dispunha que "a eficácia da decisão poderá ser suspensa pelo relator se demonstrada a probabilidade de provimento do recurso, ou, sendo relevante a fundamentação, houver risco de dano grave ou difícil reparação, observado o art. 968". Ou seja, pretendeu o PLS nº 166/2010 (Senado) estabelecer que a apelação deveria ter, como regra, apenas efeito devolutivo. Não havia, nesse projeto, qualquer exceção

-se exclusivamente do efeito suspensivo. As exceções à regra, ou seja, as hipóteses em que a sentença começa produzir efeitos imediatos, e a respectiva possibilidade de cumprimento provisório, bem como a possibilidade de atribuição de efeito suspensivo nas hipóteses excepcionadas, estão contempladas nos parágrafos do dispositivo.

Exceções ao efeito suspensivo automático. Os incisos de I a VII do § 1º contemplam as hipóteses em que a sentença passa a produzir efeitos imediatamente após a sua publicação. Em outras palavras, elenca os casos em que a apelação é recebida somente no efeito devolutivo.[436] Vale lembrar que leis especiais preveem outras hipóteses de exceção ao efeito suspensivo automático da apelação. Exemplos: Decreto-lei nº 3.365/1941 (art. 28); Lei nº 8.245/1991 (art. 58, V); Lei nº 11.101/2005 (arts. 90 e 164, § 7º); Lei nº 12.016/2009 (art. 14, § 3º).

Quanto ao inciso I, como o conteúdo principal da decisão ali referida não é ditado pelo juiz, mas pelos peritos que formalizaram o auto de demarcação, entende-se que não há razão para a sentença homologatória não ser imediatamente eficaz. Nesses casos, dificilmente o recurso é capaz de modificar as conclusões da prova técnica já realizada.

O inciso II faz referência às sentenças que condenam ao pagamento de obrigação alimentar. A eficácia imediata de tais decisões se justifica pelo fato de que o alimentado necessita da verba para sua própria subsistência. Saliente-se que a interpretação que o STJ confere a esse dispositivo não abarca apenas as sentenças que possam ensejar a procedência ou a majoração do pleito alimentar, mas, também, aquelas que determinem a redução ou a exoneração da obrigação.[437]

Havendo cumulação de pedidos, como ocorre, por exemplo, em ação de investigação de paternidade cumulada com alimentos, o recurso contra a sentença que julgar procedente a investigação de paternidade não impedirá a exigibilidade dos alimentos. Ou seja, ainda que um dos pedidos não se submeta às exceções do art. 1.012, § 2º, a sua impugnação não será capaz de obstar a eficácia imediata da decisão relativa aos alimentos.

---

previamente estabelecida, razão pela qual a eventual análise acerca da suspensividade dependeria de pedido da parte, de comprovação de risco de dano e de decisão judicial.

[436] O STJ já entendia, com relação ao CPC/1973, no sentido de que as hipóteses de ausência de efeito suspensivo à apelação são taxativas, descabendo juízo de discricionariedade pelo magistrado (Cf. REsp 970.275/SP, Rel. Min. Nancy Andrighi, 3a Turma, julgado em 11.12.2007, DJ 19.12.2007). Presume-se que o entendimento se manterá com relação ao CPC/2015, visto que inalterado o conteúdo normativo.

[437] "[...] A apelação interposta contra sentença que julgar pedido de alimentos ou pedido de exoneração do encargo deve ser recebida apenas no efeito devolutivo. O Min. Relator afirmou que a sentença que fixa ou redefine o valor dos alimentos, bem como aquela que exonera o alimentante do dever de prestá-los, gera uma presunção ora a favor do alimentado, ora em favor do alimentante. Assim, por uma interpretação teleológica do art. 14 da Lei n. 5.478/1968 (com a redação dada pela Lei n. 6.014/1973), a apelação interposta contra sentença em ação de exoneração de alimentos deve ser recebida unicamente no efeito devolutivo, não sendo aplicável ao caso a regra geral prevista no art. 520 do CPC [de 1973]." Precedentes citados: REsp 1.138.898/PR, DJe 25.11.2009, e RMS 25.837/SP, DJe 05.11.2008 (STJ, REsp 1.280.171/SP, Rel. Min. Massami Uyeda, julgado em 02.08.2012); "[...] A jurisprudência desta Corte é pacífica no sentido de que a apelação deve ser recebida apenas no efeito devolutivo, quer tenha sido interposta contra sentença que determinou a majoração, redução ou exoneração de obrigação alimentícia. Precedentes" (STJ, AgRg no REsp 1.138.898/PR, Rel. Min. Sidnei Beneti, julgado em 17.11.2009).

Também o inciso III traz exceção ao efeito suspensivo da apelação. Proferida sentença terminativa ou julgados improcedentes os embargos, a execução deve prosseguir regularmente, com todos os atos para a satisfação do crédito.

Da decisão do juiz que julgar procedente o pedido de instituição da arbitragem caberá apelação apenas no efeito devolutivo, ou seja, a arbitragem será instituída imediatamente. Essa hipótese ocorre quando não há consenso em relação à instituição do juízo arbitral, fato que permite à parte interessada solicitar provimento jurisdicional que fará as vezes do compromisso arbitral.

No que concerne ao inciso V, é importante que se diga que as questões pertinentes à tutela provisória – expressão consagrada no novo CPC (art. 294) para designar tanto a tutela cautelar quanto a tutela antecipada (de mérito), deferidas com base na urgência ou na evidência – têm natureza incidental, e por isso, em regra, desafiam agravo de instrumento (art. 1.015, I). Contudo, contemplando a sentença, além das questões referentes ao objeto da causa, questões atinentes à tutela provisória, como a confirmação, concessão ou revogação desta, este capítulo do ato decisório desafia a apelação. Como uma decisão comporta um só recurso (princípio da unirrecorribilidade), para se aferir a singularidade deve-se levar em conta o recurso de maior abrangência. Afinal, a sentença é um todo indivisível, não sendo possível separar as questões incidentais das demais questões enfrentadas para julgamento do pedido.

Nessa parte, a apelação não tem efeito suspensivo imediato (art. 1.012, § 1º, V). Ainda que outros capítulos da sentença possam ter os efeitos suspensos pela interposição da apelação, no ato do recebimento do recurso deve o julgador destacar que, quanto ao capítulo que se refere à concessão, reforma ou revogação, o recurso é recebido somente no efeito devolutivo.

Em resumo, a apelação interposta contra sentença que confirma, concede ou revoga tutela antecipada, tutela cautelar ou tutela da evidência será recebida somente no efeito devolutivo, podendo, portanto, ser executada provisoriamente. O efeito imediato da sentença – não atribuição de efeito suspensivo à apelação – significa que, no que se refere à tutela provisória, deve-se manter o que restou decidido na sentença. Se esta confirmou a tutela provisória anteriormente concedida, o provimento será mantido enquanto a decisão não for reformada pelo tribunal; se concedeu a tutela provisória, a medida passará a viger a partir da sentença; se revogou, cessarão imediatamente os efeitos da tutela provisória concedida por meio de decisão interlocutória.[438]

Por fim, o inciso VI excepciona do efeito suspensivo imediato a sentença que decreta a interdição. No CPC/1973, a exceção constava do capítulo que tratava da interdição (art. 1.184 do CPC/1973). Por questão organizacional, o CPC/2015 prevê o efeito devolutivo também à apelação interposta em face de sentença que decreta a interdição no artigo que trata especificamente do tema.

Em todos os casos (incisos I a VI, § 1º, art. 1.012), a sentença desafiada por apelação sem efeito suspensivo está submetida ao regime provisório de cumprimento (art. 1.012, § 2º). Essa possibilidade já era prevista na segunda parte do art. 521 do CPC/1973.

---

[438] "Não restabelece a tutela antecipatória, expressamente revogada na sentença de improcedência, o fato de a apelação a ela interposta ter sido recebida nos dois efeitos" (STJ, REsp 145.676/SP, Rel. Min. Barros Monteiro, julgado em 21.06.2005, DJ 19.09.2005).

Concessão de efeito suspensivo. Mesmo nos casos em que a apelação for recebida tão somente no efeito devolutivo, permite-se suprimir essa possibilidade com a atribuição de efeito suspensivo (art. 1.012, § 4º).

Consoante o disposto nos §§ 3º e 4º do art. 1.012, para a concessão de efeito suspensivo nas hipóteses do § 1º, deve o apelante, em petição dirigida ao tribunal (caso ainda não distribuída a apelação interposta) ou diretamente ao relator (se já distribuído o recurso), demonstrar um dos seguintes requisitos: (i) probabilidade de provimento do recurso ou (ii) fundamentação relevante, somada ao perigo de risco de dano grave ou de difícil reparação. O pedido de atribuição de efeito suspensivo, por óbvio, pressupõe a interposição da apelação. Não obstante o disposto no § 3º, nada obsta a que seja formulado na própria petição de recurso.

Vê-se que a simples presença da probabilidade – diria, alta probabilidade de provimento do recurso, como, por exemplo, quando se afronta tese firmada em julgamento de recurso repetitivo ou texto expresso de lei – é suficiente para a concessão do efeito suspensivo. Afinal, a parte que tem a seu favor uma verdadeira "evidência do direito" sustentada no processo e reiterada no recurso não pode experimentar o sacrifício da execução de uma sentença proferida à margem do que prevê o ordenamento jurídico. Tanto o fundamento da reforma quanto a demonstração do direito invocado devem ser idôneos, permitindo ao julgador formular um juízo seguro e imediato quanto ao desfecho do recurso. A argumentação é de tal forma consistente que o relator, num juízo de prognóstico, consegue antever o provimento da apelação.

Pode ser que a fundamentação seja apenas relevante, não alcançando o grau de "alta probabilidade". Direito é linguagem. Para o tormento dos advogados, o legislador não concebeu uma "balancinha" para medir conceitos como probabilidade e fundamentação relevante, cabendo ao jurista a ingrata tarefa de diferenciar um do outro. Vamos ao exemplo. Se a sentença afronta literalmente um princípio ou disposição de lei, o caso é de "probabilidade" de reforma. Contudo, se valora mal uma prova ou aplica mal um princípio, por não explicar em que sentido o adota, o caso é de fundamentação relevante. Resumo da ópera: se a argumentação não alcança o *status* de "alta probabilidade", ficando apenas no nível da "relevância da fundamentação", deve-se agregar o risco de dano grave ou difícil reparação. Como o seguro morreu de velho, sempre que possível, recomenda-se ao advogado fazer menção à possibilidade de dano.

CPC/2015	CPC/1973
Art. 1.013. A apelação devolverá ao tribunal o conhecimento da matéria impugnada.	Art. 515. A apelação devolverá ao tribunal o conhecimento da matéria impugnada.
§ 1º Serão, porém, objeto de apreciação e julgamento pelo tribunal todas as questões suscitadas e discutidas no processo, ainda que *não tenham sido solucionadas,* **desde que relativas ao capítulo impugnado**.	§ 1º Serão, porém, objeto de apreciação e julgamento pelo tribunal todas as questões suscitadas e discutidas no processo, ainda que *a sentença não as tenha julgado por inteiro*.
§ 2º Quando o pedido ou a defesa tiver mais de um fundamento e o juiz acolher apenas um deles, a apelação devolverá ao tribunal o conhecimento dos demais.	§ 2º Quando o pedido ou a defesa tiver mais de um fundamento e o juiz acolher apenas um deles, a apelação devolverá ao tribunal o conhecimento dos demais.
§ 3º Se o processo estiver em condições de imediato julgamento, o tribunal *deve decidir* desde logo *o mérito* **quando**:	§ 3º ~~Nos casos de extinção do processo sem julgamento do mérito (art. 267),~~ o tribunal *pode julgar* desde logo *a lide*, se a causa ~~versar questão exclusivamente de direito e~~ estiver em condições de imediato julgamento.
I – **reformar sentença fundada no art. 485;**	

II – decretar a nulidade da sentença por não ser ela congruente com os limites do pedido ou da causa de pedir;

III – constatar a omissão no exame de um dos pedidos, hipótese em que poderá julgá-lo;

IV – decretar a nulidade de sentença por falta de fundamentação.

§ 4º Quando reformar sentença que reconheça a decadência ou a prescrição, o tribunal, se possível, julgará o mérito, examinando as demais questões, sem determinar o retorno do processo ao juízo de primeiro grau.

§ 5º O capítulo da sentença que confirma, concede ou revoga a tutela provisória é impugnável na apelação.

 ## COMENTÁRIOS:

Extensão e profundidade do efeito devolutivo na apelação. O artigo em comento trata da extensão e da profundidade do efeito devolutivo da apelação. Há explicitação e ampliação do chamado efeito translativo da apelação, com superação da redundância do art. 516 do CPC/1973.

O *caput* contém a regra: a submissão da matéria ao tribunal, em decorrência da extensão do efeito devolutivo, dá-se nos limites do que foi impugnado na apelação (perspectiva horizontal). Trata-se do princípio *tantum devolutum quantum appellatum*. Em razão dessa extensão horizontal, não é lícito ao tribunal, sem requerimento expresso, completar a sentença, acrescentando-lhe um novo capítulo. Contudo, pode o tribunal, como pressuposto para o (re)julgamento da matéria que lhe foi submetida (horizontalidade do efeito devolutivo), avançar sobre questões e fundamentos não enfrentados na sentença (profundidade do efeito devolutivo), desde que relativos à matéria impugnada.

A redação do § 1º está mais aprimorada em relação ao dispositivo correspondente. Em vez do sintagma "ainda que a sentença não as tenha julgado por inteiro", optou-se pela expressão "ainda que não tenham sido solucionadas". A fórmula adotada melhor expressa o resultado do conhecimento das questões – fundamentos suscitados por uma parte e impugnados pela outra. Pouco importa que o juiz tenha ou não conhecido de tais questões; que tenha solucionado por inteiro ou apenas parcialmente. O juiz deveria, mas não deu a devida solução à questão. A rigor, não há julgamento dessas questões, refiram-se elas a condições para o julgamento do mérito ou a temas de fundo. Elas não constam do dispositivo da sentença ou do recurso, mas tão somente da fundamentação, daí por que o novo Código utiliza o verbo "solucionar" em vez de "julgar".

O objeto do recurso é o que foi impugnado (extensão do efeito devolutivo). Não obstante certa dose de inquisitoriedade conferida ao tribunal, porque permite o conhecimento de ofício das chamadas preliminares (questões de regra de ordem pública), não se permite que o julgador saia por aí a espiolhar questões. Elas devem se referir ao que foi impugnado. Nesse sentido é que o legislador do CPC/2015 utilizou a expressão "desde que relativas ao capítulo impugnado". A profundidade do efeito devolutivo permite que o órgão julgador perscrute todas as questões necessárias ao julgamento do objeto do recurso. As questões de ordem pública podem ser apreciadas até de ofício; as que dizem respeito à matéria de fundo devem ser suscitadas e submetidas ao contraditório.

Em síntese, o § 1º, no recurso de apelação e também em todos os recursos ditos ordinários, traslada ao tribunal as (i) questões efetivamente resolvidas na sentença apelada (tenham ou não sido objeto de impugnação); (ii) as questões examináveis de ofício a cujo respeito o órgão *a quo* não se manifestou; (iii) as questões que, não sendo examináveis de ofício, deixaram de ser apreciadas, a despeito de haverem sido suscitadas e discutidas pelas partes. O conhecimento de tais questões pelo tribunal não pressupõe a interposição de embargos declaratórios.

Quanto ao § 2º, não houve qualquer alteração. O gosto pelo ofício compele-me a alguns comentários, extrapolando os estritos limites do objetivo deste livro. Aqui se trata de fundamento, que pode ou não se ter transformado em questão, a depender da postura da parte contrária. Tal como a previsão do § 1º, trata-se de efeito translativo da apelação (profundidade). Como é sabido, o juiz não está obrigado a exaurir todos os fundamentos nos quais assentam os pedidos da parte. O autor formula pedido de anulação de ato jurídico, apresentando como fundamento a ocorrência de erro e dolo. O juiz julga procedente o pedido de anulação com base no erro e, então, não aprecia a alegação de dolo. O réu recorre alegando que não houve erro. O autor, por sua vez, reafirma a ocorrência desse vício. O Tribunal, afastando a hipótese de erro, deve apreciar o outro fundamento. O objeto do recurso é a anulação. O réu (apelante) pretende afastar a nulidade do ato; o apelado (autor), a seu turno, pretende manter a declaração de nulidade. Para alcançar o objeto do recurso (dimensão horizontal do efeito devolutivo), há que se examinar todos os fundamentos deduzidos no processo, sobre os quais se conferiu à parte contrária a oportunidade para impugnar. Por se tratar de questão de ordem privada, não pode o tribunal apreciá-la de ofício. Entretanto, contenta-se com a manifestação das partes no primeiro grau de jurisdição. No caso do exemplo, até por falta de interesse, não se escreveu uma linha nas razões e nas contrarrazões de apelação sobre o dolo. Mas o fundamento constou da inicial e, possivelmente, da contestação. Portanto, ele estava lá, em *stand by*, aguardando o desfecho quanto ao primeiro fundamento. Como o tribunal rejeitou a alegação de erro, deve-se apreciar o dolo.

Teoria da causa madura. O § 3º alargou consideravelmente a possibilidade de julgamento do mérito com supressão de instância. Nem se diga que não há supressão de um grau de jurisdição pelo fato de haver autorização na lei. Há, sim. O que ocorre é que, firme no entendimento de que o duplo grau de jurisdição não tem sede constitucional, permite-se que a lei estabeleça os casos em que o tribunal pode conhecer e julgar originariamente um pedido. Linhas atrás cheguei a afirmar que, em razão da extensão horizontal do efeito devolutivo, sem requerimento expresso não pode o tribunal acrescentar um novo capítulo à sentença. Bem, essa é a regra. Há uma outra face do efeito translativo da apelação que alarga essa dimensão horizontal, permitindo não só o conhecimento de questões e fundamentos necessários à resolução da lide (profundidade), mas o próprio julgamento desta. Em todas as hipóteses contempladas nos incisos I a IV, a celeridade fala mais alto do que o princípio do dispositivo. O julgamento da causa simplesmente é trasladado para o tribunal, independentemente de impugnação ou requerimento. Os únicos pressupostos são que (i) haja interposição da apelação, (ii) que esta seja conhecida e (iii) que a causa esteja em condições de imediato julgamento. Exceto a hipótese do inciso I, pelo menos do ponto de vista legal, trata-se de novidade instituída pelo CPC/2015.

O inciso I do § 3º autoriza, ou melhor, compele o tribunal a decidir desde logo o mérito quando se tratar de provimento da apelação interposta contra de sentença que não resolve o mérito. No CPC/1973 (art. 515, § 3º), essa era a única hipótese na qual era lícito ao tribunal, em sede recursal, julgar originariamente a causa, mesmo assim, na literalidade do dispositivo, apenas quando esta versasse sobre "questão exclusivamente de direito" (expressão que não foi repetida no dispositivo do CPC/2015) e estivesse em condições de imediato julgamento. É certo que a jurisprudência vinha alargando essa possibilidade,[439] o que motivou o legislador a seguir idêntica linha. Essa possibilidade de julgamento originário não integra o âmbito da dispositividade do recorrente, antes, insere-se na inquisitoriedade do órgão julgador. Independentemente de requerimento, preenchidas as condições previstas no § 3º, o tribunal julgará o mérito. Apenas na hipótese do inciso III é que o julgamento do pedido diretamente pelo tribunal pressupõe pedido da parte.

Os incisos II e IV versam sobre aquelas hipóteses em que o tribunal, no julgamento da apelação, decreta a nulidade da sentença por falta de congruência com os pedidos e fundamentos suscitados pelas partes (sentença *extra petita*) ou em decorrência da falta de fundamentação, respectivamente. Em casos tais, estando a causa em condições de imediato julgamento, isto é, não havendo necessidade de mais provas, o tribunal deve decidir o mérito e não devolver o processo ao primeiro grau de jurisdição.

O inciso III trata da sentença *citra petita* – o julgador de primeiro grau se omite com relação ao exame de um dos pedidos. Embora também essa sentença contenha vício, uma vez que infringe o princípio da congruência, preferiu o legislador destacá-la do inciso II, reservando este para a sentença *extra petita*. A razão do destaque se deve ao fato de que a sentença *citra petita* não enseja anulação, mas tão somente complemento. Nesse caso, por não se tratar de nulidade, o tribunal somente pode complementar o ato decisório à presença de requerimento do recorrente. Havendo requerimento, deverá – e não "poderá" – o tribunal integrar a sentença. Essa translação dispensa as partes de interposição de embargos declaratórios com efeitos integrativos. A estratégia adotada pelo advogado é que, em última instância, ditará a necessidade.

Decadência e prescrição. O § 4º, seguindo a linha da translação, compele o tribunal a examinar as questões remanescentes quando, no julgamento da apelação, reformar a sentença que reconheceu a prescrição ou decadência. Na sistemática do CPC/1973, com raras exceções, afastada a prescrição, os autos eram devolvidos ao primeiro grau, para julgamento das demais questões da lide. Com o CPC/2015, não havendo necessidade de provas, o tribunal julgará as questões remanescentes. Ora, se assim vai proceder, obviamente não determinará o retorno dos autos ao juízo de primeiro grau. Ao consignar que "o tribunal julgará o mérito", o legislador passa a impressão de que prescrição e decadência não constituem matéria de mérito, o que sabidamente não é tecnicamente correto. Contudo, deve-se aqui entender mérito como o pedido com a respectiva causa de pedir.

Tutela provisória. As questões pertinentes à tutela provisória, em todas as suas modalidades, têm natureza incidental e, por isso, de regra, desafiam agravo de instrumento (art. 1.015, I). Contudo, contemplando a sentença, além das questões referentes ao objeto da causa, questões atinentes à tutela provisória, como a confirmação, concessão ou revogação desta, este capítulo do ato decisório desafia apelação. Como uma decisão comporta um só

---

[439]   Vale conferir o conteúdo do Informativo nº 528 do STJ.

recurso (princípio da unirrecorribilidade), para se aferir a singularidade deve-se levar em conta o recurso de maior abrangência. Afinal, a sentença é um todo indivisível, não sendo possível separar as questões incidentais das demais questões enfrentadas para julgamento do pedido. Não obstante a jurisprudência majoritária seguir essa orientação, ainda é possível encontrar divergência. Agora, com o novo CPC, a regra é clara: o capítulo da sentença que dispõe sobre a tutela provisória é impugnável na apelação. Nessa parte, a apelação não tem efeito suspensivo imediato (art. 1.012, § 1º, V). Ainda que outros capítulos da sentença possam ter os efeitos suspensos pela interposição da apelação, no ato do recebimento do recurso deve o julgador destacar que, quanto ao capítulo que se refere a concessão, reforma ou revogação, o recurso é recebido somente no efeito devolutivo.

CPC/2015	CPC/1973
Art. 1.014. As questões de fato não propostas no juízo inferior poderão ser suscitadas na apelação, se a parte provar que deixou de fazê-lo por motivo de força maior.	Art. 517. As questões de fato, não propostas no juízo inferior, poderão ser suscitadas na apelação, se a parte provar que deixou de fazê-lo por motivo de força maior.

COMENTÁRIOS:

Questões de fato. Em regra, as questões que não foram suscitadas no juízo inferior não podem ser veiculadas no recurso de apelação. Contudo, se a parte provar que deixou de fazê-lo por motivo de força maior, o tribunal poderá apreciar a questão.

Esse dispositivo tem aplicação não apenas ao fato superveniente, mas, também, ao fato ignorado pela parte.

Prova nova. De acordo com o entendimento do STJ, é possível que a parte junte novos documentos em sede de apelação, desde que atendidos os seguintes requisitos: (i) não se trate de documento indispensável à propositura da ação, pois, nesse caso, a petição inicial deveria ter sido indeferida; (ii) não haja indícios de má-fé; (iii) seja oportunizado o contraditório.[440]

Capítulo III
Do Agravo de Instrumento

CPC/2015	CPC/1973
Art. 1.015. Cabe agravo de instrumento contra as decisões interlocutórias **que versarem sobre**: I – **tutelas provisórias;** II – **mérito do processo;** III – **rejeição da alegação de convenção de arbitragem;** IV – **incidente de desconsideração da personalidade jurídica;**	Art. 522. Das decisões interlocutórias caberá agravo, ~~no prazo de 10 (dez) dias, na forma retida, salvo quando se tratar de decisão suscetível de causar à parte lesão grave e de difícil reparação, bem como nos casos de inadmissão da apelação e nos relativos aos efeitos em que a apelação é recebida, quando será admitida a sua interposição~~ por instrumento.

---

[440]   STJ, REsp 1.176.440-RO, Rel. Min. Napoleão Nunes Maia Filho, julgado em 17.09.2013.

V – **rejeição do pedido de gratuidade da justiça ou acolhimento do pedido de sua revogação;**

VI – **exibição ou posse de documento ou coisa;**

VII – **exclusão de litisconsorte;**

VIII – **rejeição do pedido de limitação do litisconsórcio;**

IX – **admissão ou inadmissão de intervenção de terceiros;**

X – **concessão, modificação ou revogação do efeito suspensivo aos embargos à execução;**

XI – **redistribuição do ônus da prova nos termos do art. 373, § 1°;**

~~XII   conversão da ação individual em ação coletiva;~~ **VETADO.**

XIII – **outros casos expressamente referidos em lei.**

Parágrafo único. **Também caberá agravo de instrumento contra decisões interlocutórias proferidas na fase de liquidação de sentença ou de cumprimento de sentença, no processo de execução e no processo de inventário.**

 **COMENTÁRIOS:**

Nova sistemática. Inicialmente cogitou-se da irrecorribilidade das decisões interlocutórias, tal como se passa nos procedimentos da Justiça do Trabalho. Verificou-se, contudo, que, em face da diversidade e complexidade das questões submetidas ao juízo cível, não era possível simplesmente escorraçar a recorribilidade de tais decisões. Em certos casos, como na liquidação, no cumprimento de sentença e na execução, as questões ditas incidentais é que ordinariamente impelem a fase procedimental. É o caso, por exemplo, das decisões sobre a penhora. Optou-se, então, por um rol taxativo, constante nos incisos I a XIII e no parágrafo único do art. 1.015. Nesses casos e em outros expressamente previstos em lei, pode a parte interpor agravo de instrumento. Tratando-se de liquidação e cumprimento de sentença, de processo de execução e procedimento de inventário, todas as interlocutórias podem ser impugnadas por essa espécie recursal.

No regime do CPC/1973, com relação ao agravo de instrumento, a taxatividade era prevista apenas para os casos de inadmissão da apelação e para os relativos aos efeitos em que a apelação era recebida. Fora disso, para cabimento da forma instrumental do agravo, era preciso demonstrar que a decisão recorrida era suscetível de causar à parte lesão grave e de difícil reparação. Não admitida a forma instrumental para impugnar a decisão, o agravo retido era a solução.

No CPC/2015 tudo ficou mais simples. A modalidade retida, que era a principal forma de interposição desse recurso no sistema do CPC/1973, simplesmente desapareceu. Agora, de duas uma: ou a decisão interlocutória é recorrível imediatamente, ou só o é após a sentença, por meio do recurso de apelação. Somente será recorrível imediatamente se a hipótese estiver expressamente prevista no rol do art. 1.015 ou em outros casos expressamente previstos no

Código ou em legislação especial (taxatividade).[441] Se recorrível, o recurso adequado é o agravo de instrumento, salvo a hipótese de agravo interno contra decisão de relator.

A decisão interlocutória que não comporta agravo de instrumento – porque não consta da relação do artigo em comento – não fica coberta pela preclusão e pode ser suscitada em preliminar de apelação, ou nas contrarrazões (art. 1.009, § 1º). Sendo a decisão suscetível de causar à parte lesão grave antes do julgamento da apelação, pode-se manejar mandado de segurança, consoante interpretação, *a contrario sensu*, da Súmula 267 do STF: "Não cabe mandado de segurança contra ato judicial passível de recurso ou correição."

Hipóteses de cabimento. O agravo de instrumento contra as decisões interlocutórias relacionadas à tutela provisória (inciso I) justifica-se em razão da possibilidade de dano que a decisão pode acarretar a uma das partes. O autor de uma ação de cobrança percebe que o réu está dilapidando seu patrimônio, razão pela qual pleiteia a concessão de tutela de urgência (cautelar, nesse caso) para garantir o recebimento de seu suposto crédito. Se o juiz indefere o pedido e não há possibilidade de recurso para o autor, poderá o réu dispor de todos os seus bens, deixando o autor "a ver navios". A hipótese inversa também se sujeita ao agravo. Se o réu, nesse exemplo, dispõe de patrimônio suficiente para pagar o autor, pode recorrer de eventual decisão que defira a tutela cautelar, sob o argumento de inexistir qualquer perigo de dano ou risco ao resultado útil do processo.

No âmbito da tutela de evidência, a necessidade de previsão do agravo de instrumento também se mostra necessária. É que, por mais que a legislação a trate como tutela provisória, nas hipóteses do art. 311 há uma verdadeira antecipação do julgamento em prol da satisfação de determinados interesses que normalmente só são reconhecidos em cognição exauriente.

Quanto ao inciso II, abre-se a possibilidade de interposição de agravo de instrumento contra as decisões interlocutórias de mérito. Nos termos do art. 356, em caso de cumulação de pedidos, o juiz poderá conhecer e julgar um ou mais deles antecipadamente, via decisão interlocutória, se existir pedido incontroverso ou a causa estiver madura para julgamento (art. 356, I e II), ainda que os demais pedidos cumulados no mesmo processo não estejam preparados para julgamento. Dessa decisão o recurso cabível será o agravo de instrumento (art. 1.015, II; art. 356, § 5º), visto que, apesar de decidir o mérito de parte do processo, não põe fim à fase cognitiva, pelo que não pode ser equiparada a sentença e, por conseguinte, impugnada via apelação.

O novo CPC permite expressamente a fungibilidade recursal em determinados casos (exemplo: o relator pode "transformar" embargos de declaração em agravo interno, desde que o recorrente seja intimado previamente para regularizar sua peça). Creio que, em tese, no caso do inciso II do art. 1.015, dependendo da natureza da dúvida suscitada, pode-se reconhecer a fungibilidade, ou seja, admitir que a apelação seja recebida como agravo de instrumento ou vice-versa.

A decisão que julga procedente o pedido de prestação de contas tem natureza interlocutória e, por ser de mérito, também é recorrível por agravo de instrumento (art. 550, § 5º).

---

[441] Nesse sentido: "Agravo de instrumento. Ação de cobrança. Determinação de oitiva, como testemunha, de parte cuja ilegitimidade passiva foi reconhecida em outro recurso. Hipótese que não se enquadra no rol taxativo do art. 1.015 do CPC/15. Inexistência de decisão sobre o 'mérito', como aduzido nas razões recursais. Recurso não conhecido (CPC, art. 932, III)" (TJPR, AI 1608190-4, 12ª Câmara Cível, Rel. Des. Mário Helton Jorge, julgado em 09.11.2016).

Lembre-se de que a ação de exigir contas pode ser subdividida em duas fases. Na primeira fase julga-se o dever de prestar ou não contas, e, na segunda, são julgadas as contas em si. Pode ser que a fase cognitiva se encerre com a primeira decisão – quando o juiz julga que o réu não tem o dever de prestar contas –, e então cabível será a apelação. Contudo, se, na decisão, o juiz condena o réu a prestar contas, a fase cognitiva não é encerrada, e então cabível é o agravo de instrumento.

Contra a decisão que rejeita a alegação de convenção de arbitragem também cabe agravo de instrumento (inciso III). Nos termos do art. 337, X, incumbe ao réu alegar, em preliminar da contestação, a existência de convenção de arbitragem (compromisso arbitral ou cláusula compromissória). Caso o juiz rejeite essa alegação, o processo continuará tramitando na jurisdição estatal. Desse modo, torna-se imprescindível viabilizar o manejo do agravo de instrumento para que a eventual remessa das partes ao juízo de arbitragem só venha a ocorrer no julgamento da apelação. Ressalte-se que, no caso de acolhimento da alegação de convenção de arbitragem, não há falar em agravo. Nesse caso, o juiz proferirá sentença, extinguindo o processo sem resolução do mérito (art. 485, VII). Contra essa decisão somente será cabível recurso de apelação (art. 203, § 1º, c/c o art. 1.009).

O procedimento para a desconsideração da personalidade jurídica está expressamente positivado no novo CPC (arts. 133 a 137) como mais uma modalidade de intervenção de terceiros. Nos termos do art. 136, estando preenchidos os requisitos legais (art. 50 do CC; art. 28, § 5º, do CDC; art. 4º da Lei nº 9.605/1998) e considerando o juiz suficientes as provas trazidas aos autos, julgará o pedido de desconsideração por decisão interlocutória. Contra a decisão que acolher (ou não) o pedido de desconsideração, caberá agravo de instrumento (art. 136, parte final; art. 1.015, IV). Se a decisão for proferida pelo relator, o recurso cabível será o agravo interno (art. 136, parágrafo único; art. 1.021). Da decisão do órgão colegiado, nos Tribunais de Justiça ou nos TRFs, caberá recurso especial.

Para efeito de recurso, não importa em que peça a desconsideração foi pleiteada, se na petição inicial ou incidentalmente. O que importa é onde foi decidida. Ainda que a desconsideração tenha sido postulada na petição inicial – hipótese em que será desnecessária a instauração do incidente (art. 134, § 2º) –, pode o juiz decidir a questão antes da sentença, hipótese que ensejará a interposição de agravo de instrumento. Ao revés, se a desconsideração for apreciada na sentença, a impugnação da questão deve ser feita na apelação.

Contra a decisão de indeferimento do pedido ou de revogação do benefício da gratuidade judiciária, o Código também prevê o cabimento de agravo de instrumento (inciso V). Contudo, se a questão for resolvida na sentença, cabível será o recurso de apelação (art. 1.009), conforme previsto na parte final do art. 101. Nas duas hipóteses, fica o recorrente dispensado do recolhimento de custas até a decisão do relator, porquanto é inaplicável a pena de deserção ao recurso interposto contra julgado que indeferiu o pedido de justiça gratuita.[442]

Contra a decisão que verse sobre a exibição ou posse de documento ou coisa (inciso VI), por se tratar de um incidente do processo, cabe a interposição de recurso de agravo

---

[442]   Nesse sentido: AgRg no AREsp 600.215/RS, Rel. Min. Napoleão Nunes Maia Filho, julgado em 02.06.2015, Informativo nº 564.

de instrumento. O fato de a exibição dever ser feita por terceiro não altera o regime recursal, uma vez que a questão, também nesse caso, é suscitada e decidida incidentalmente no processo. O fato de o Código determinar a citação do terceiro não retira a natureza incidental do procedimento, tampouco conduz à conclusão de que deva ser decidido por sentença, como ocorria no regime do CPC/1973. Um dos objetivos visados pelo novo CPC foi a redução de processos autônomos, daí por que o art. 402, ao contrário do art. 361 do CPC/1973, utiliza a palavra "decisão", e não "sentença". Bem, da decisão que determina a exibição de documento ou coisa, pela própria parte ou por terceiro, cabe agravo de instrumento.

A exclusão de litisconsorte do processo (inciso VII) e a limitação do litisconsórcio (inciso VIII) também são matérias impugnáveis via agravo de instrumento. A decisão que determina a exclusão de litisconsorte não põe termo ao processo, mas somente à ação em relação a um dos litigantes, pelo que se encaixa no conceito do art. 203, § 2º. Já a decisão que rejeita o pedido de limitação de litisconsórcio, apesar de não excluir nenhum dos litigantes do processo, é capaz de acarretar atraso da marcha processual e, consequentemente, prejuízos para os próprios litigantes, razão pela qual o legislador permitiu que ela fosse impugnada antes do término do processo.

Nos termos do art. 919, § 2º, o juiz poderá modificar ou revogar, a qualquer tempo, a decisão que estabeleceu o efeito suspensivo aos embargos à execução. Trata-se, na hipótese, de decisão interlocutória, porquanto proferida no curso da execução, sem acarretar extinção dos atos executórios. Por conseguinte, o recurso cabível será o agravo de instrumento (inciso X).

A decisão sobre a inversão do ônus probatório deve ocorrer, preferencialmente, na fase de saneamento do processo. Se posteriormente, deve ser assegurado à parte a quem não incumbia inicialmente o encargo a reabertura de oportunidade para manifestar-se nos autos. Em qualquer caso, a decisão do juiz será uma decisão interlocutória, contra a qual caberá agravo de instrumento (inciso XI).

O inciso XIII do art. 1.015 prevê o cabimento do agravo em "outros casos expressamente referidos em lei". Vejamos outros casos previstos no próprio CPC, mas fora do rol do art. 1.015: (i) o art. 354, parágrafo único. Se as decisões proferidas com base nos arts. 485 e 487, II e III, forem apenas parciais, será cabível agravo de instrumento. Exemplos: (a) o juiz verifica a decadência do direito do autor em relação a um dos pedidos; (b) o juiz homologa acordo em relação à indenização por dano material, mas o processo segue para fixação do dano moral, que não foi objeto de transação; (c) o juiz indefere parcialmente a petição inicial ou a reconvenção (a parte é manifestamente ilegítima para um dos pedidos, por exemplo). Se a decisão tiver relação com o mérito, pode perfeitamente se enquadrar na hipótese do art. 1.015, II; (ii) o art. 356, § 5º. Se o juiz decidir parcialmente o mérito em relação a um dos pedidos formulados ou a parcela deles, será cabível agravo de instrumento. Como se trata de hipótese de decisão que envolve o mérito, também é possível enquadrá-la no art. 1.015, II; (iii) o art. 1.037, § 13, I. No julgamento de recursos especial e extraordinário repetitivos, demonstrada a distinção entre a questão a ser decidida no processo e aquela a ser julgada no recurso especial ou extraordinário afetado, a parte poderá requerer o prosseguimento do seu processo (art. 1.037, § 9º). Da decisão que resolver esse requerimento caberá agravo de instrumento caso o processo ainda esteja em primeiro grau.

CPC/2015	CPC/1973
Art. 1.016. O agravo de instrumento será dirigido diretamente ao tribunal competente, por meio de petição com os seguintes requisitos: I – **os nomes das partes;** II – a exposição do fato e do direito; III – as razões do pedido de reforma **ou de inva-lidação** da decisão **e o próprio pedido;** IV – o nome e o endereço completo dos advogados constantes do processo.	Art. 524. O agravo de instrumento será dirigido diretamente ao tribunal competente, através de petição com os seguintes requisitos: I – a exposição do fato e do direito; II – as razões do pedido de reforma da decisão; III – o nome e o endereço completo dos advogados, constantes do processo.

 ## COMENTÁRIOS:

Prazo e forma de interposição. O agravo de instrumento constitui exceção ao sistema recursal. Isso porque os demais recursos são interpostos perante o juízo que proferiu a decisão recorrida. O agravo de instrumento, entretanto, é dirigido diretamente ao tribunal competente, no prazo de quinze dias, por meio de petição com os seguintes requisitos: (i) o nome das partes; (ii) a exposição do fato e do direito; (iii) as razões do pedido de reforma ou de invalidação da decisão e do próprio pedido; (iv) o nome e o endereço completo dos advogados constantes do processo.

A ausência desses requisitos permite o não conhecimento do agravo por ausência de regularidade formal. Antes, contudo, deve ser oportunizada à parte contrária a possibilidade de correção do vício (art. 932, parágrafo único).

CPC/2015	CPC/1973
Art. 1.017. A petição de agravo de instrumento será instruída: I – obrigatoriamente, com cópias **da petição inicial, da contestação, da petição que ensejou a decisão agravada,** da própria decisão agravada, da certidão da respectiva intimação **ou outro documento oficial que comprove a tempestividade** e das procurações outorgadas aos advogados do agravante e do agravado; II – **com declaração de inexistência de qualquer dos documentos referidos no inciso I, feita pelo advogado do agravante, sob pena de sua responsabilidade pessoal;** III – facultativamente, com outras peças que o agravante reputar úteis. § 1º Acompanhará a petição o comprovante do pagamento das respectivas custas e do porte de retorno, quando devidos, conforme tabela publicada pelos tribunais. § 2º No prazo do recurso, *o agravo* será **interposto por:** I – protocolo realizado diretamente no tribunal **competente para julgá-lo;** II – **protocolo realizado na própria comarca, seção ou subseção judiciárias;**	Art. 525. A petição de agravo de instrumento será instruída: I – obrigatoriamente, com cópias da decisão agravada, da certidão da respectiva intimação e das procurações outorgadas aos advogados do agravante e do agravado; II – facultativamente, com outras peças que o agravante entender úteis. § 1º Acompanhará a petição o comprovante do pagamento das respectivas custas e do porte de retorno, quando devidos, conforme tabela ~~que será~~ publicada pelos tribunais. § 2º No prazo do recurso, *a petição* será protocolada no tribunal, ou postada no correio sob registro com aviso de recebimento, ou, ainda, interposta por outra forma prevista na lei ~~local~~.

III – postagem, sob registro, com aviso de recebimento;

IV – transmissão de dados tipo fac-símile, nos termos da lei;

V – outra forma prevista em lei.

§ 3º Na falta da cópia de qualquer peça ou no caso de algum outro vício que comprometa a admissibilidade do agravo de instrumento, deve o relator aplicar o disposto no art. 932, parágrafo único.

§ 4º Se o recurso for interposto por sistema de transmissão de dados tipo fac-símile ou similar, as peças devem ser juntadas no momento de protocolo da petição original.

§ 5º Sendo eletrônicos os autos do processo, dispensam-se as peças referidas nos incisos I e II do *caput*, facultando-se ao agravante anexar outros documentos que entender úteis para a compreensão da controvérsia.

 ## COMENTÁRIOS:

Flexibilização do exame dos documentos essenciais para interposição do agravo de instrumento. O instrumento, além da petição, deve ser formado pelas peças indicadas no art. 1.017. O novo CPC, em relação ao CPC/1973, ampliou o rol das peças consideradas obrigatórias, mas, por outro lado, seguindo a evolução jurisprudencial, apresentou alternativas aos documentos necessários para conhecimento de agravo de instrumento.

Da comparação entre as redações do CPC/1973 e do CPC/2015, percebe-se que este incluiu como peças obrigatórias as cópias da petição inicial, da contestação e da petição que ensejou a decisão agravada. Também a cópia da decisão agravada é indispensável na formação do instrumento, porquanto é por intermédio dela que o tribunal vai verificar o acerto ou desacerto do juiz prolator da decisão impugnada. A certidão da respectiva intimação também é indispensável, visto que, permanecendo os autos no juízo de primeiro grau, é por meio dela que se verifica a tempestividade do recurso. A cópia das procurações destina-se a comprovar o pressuposto processual relativo à representação do advogado.

Seguindo a evolução jurisprudencial, o CPC/2015 apresenta alternativas aos documentos necessários para conhecimento de agravo de instrumento, permitindo que a certidão de intimação seja substituída por outro documento que comprove o ato e a tempestividade do recurso.[443]

---

[443] Nesse sentido o Recurso repetitivo (Informativo nº 541 do STJ): "DIREITO PROCESSUAL CIVIL. CONHECIMENTO DE AGRAVO DE INSTRUMENTO NÃO INSTRUÍDO COM CÓPIA DA CERTIDÃO DE INTIMAÇÃO DA DECISÃO AGRAVADA. RECURSO REPETITIVO (ART. 543-C DO CPC E RES. N. 8/2008-STJ). **A ausência da cópia da certidão de intimação da decisão agravada não é óbice ao conhecimento do agravo de instrumento quando, por outros meios inequívocos, for possível aferir a tempestividade do recurso, em atendimento ao princípio da instrumentalidade das formas.** O STJ entende que, apesar de a certidão de intimação da decisão agravada constituir peça obrigatória para a formação do instrumento do agravo (art. 525, I, do CPC), sua ausência pode ser

Caso não existam quaisquer dos documentos previstos no inciso I, o CPC/2015 dispõe que o próprio advogado poderá declarar tal circunstância nos autos, sob pena de responsabilidade. Trata-se de inovação que prestigia a atuação do advogado e facilita a interposição dessa espécie recursal. Sobre o tema, frise-se que a jurisprudência já admitia a declaração de inexistência dos documentos, mas desde que atestada pelo órgão competente.[444]

Protocolo e preparo. A petição, com todas as peças que compõem o instrumento, será protocolada no tribunal, na própria comarca, seção ou subseção judiciárias, postada no correio sob registro com aviso de recebimento, ou, ainda, interposta por meio de fac-símile ou por outra forma prevista na lei, como por meio de protocolo integrado (§ 2º). Idêntico procedimento será observado pelo agravado por ocasião de sua resposta.

No ato da interposição do agravo (protocolo), o agravante comprovará o pagamento das respectivas custas e do porte de retorno (§ 1º).

Emenda ao agravo. Ausente algum requisito da petição ou alguma das peças obrigatórias, incluindo o comprovante de pagamento das custas e porte de retorno, ou seja, ausente pelo menos um dos requisitos de admissibilidade, o relator deverá conceder prazo de cinco dias ao recorrente para que este sane eventual vício ou complemente a documentação exigida (§ 3º).

Trata-se de inovação se comparado ao CPC/1973. É que na sistemática recursal anterior, apesar de parte da doutrina considerar possível tal procedimento, por observância aos princípios da instrumentalidade das formas e do aproveitamento dos atos processuais, a jurisprudência dos tribunais superiores não admitia qualquer emenda. Somente se admitia a complementação do instrumento em relação às peças facultativas que fossem necessárias à compreensão da controvérsia (STJ, REsp 1.102.467/RJ, Corte Especial, Rel. Min. Massami Uyeda, julgado em 02.05.2012).

Interposição via fac-símile. O § 4º determina a obrigação de apresentação de documentos apenas no momento do protocolo da petição original. Ainda que a norma esteja de acordo com a Lei nº 9.800/1999, o entendimento jurisprudencial exige que seja apresentado rol dos documentos a serem anexados à petição inicial.[445]

---

relevada desde que seja possível aferir, de modo inequívoco, a tempestividade do agravo por outro meio constante dos autos. Esse posicionamento é aplicado em homenagem ao princípio da instrumentalidade das formas para o qual o exagerado processualismo deve ser evitado de forma a que o processo e seu uso sejam convenientemente conciliados e realizados." Precedentes citados: REsp 676.343-MT, 4a Turma, DJe 08.11.2010; e AgRg no AgRg no REsp 1.187.970-SC, 3a Turma, DJe 16.08.2010 (REsp 1.409.357/SC, Rel. Min. Sidnei Beneti, julgado em 14.05.2014).

[444] "A inexistência, nos autos principais, de documento cuja juntada é obrigatória no instrumento deve ser atestada por meio de certidão emitida pelo órgão competente" (AgRg no Ag no 1.073.373/MG, Rel. Min. Eliana Calmon, DJe 27.02.2008). No mesmo sentido: AgRg no Ag 1.215.835/SP, Rel. Min. Raul Araújo, 4a Turma, julgado em 21.10.2010.

[445] "Muito embora a Lei 9.800/99 não obrigue o usuário do protocolo via fac-símile a transmitir, além da petição das razões do recurso, cópia dos documentos que o instruem, deve o peticionante indicar o rol dos documentos que a acompanham, sendo vedada a alteração ao juntar os originais. Precedentes" (AgRg no AREsp 410.756/SC, Rel. Min. Luis Felipe Salomão, 4a Turma, julgado em 05.12.2013).

CPC/2015	CPC/1973

Art. 1.018. O agravante *poderá requerer* a juntada, aos autos do processo, de cópia da petição do agravo de instrumento, do comprovante de sua interposição e da relação dos documentos que instruíram o recurso.	Art. 526. O agravante, no prazo de 3 (três) dias, *requererá* juntada, aos autos do processo de cópia da petição do agravo de instrumento e do comprovante de sua interposição, assim como a relação dos documentos que instruíram o recurso.
§ 1º Se o juiz comunicar que reformou inteiramente a decisão, o relator considerará prejudicado o agravo de instrumento.	Parágrafo único. O não cumprimento do disposto neste artigo, desde que arguido e provado pelo agravado, importa inadmissibilidade do agravo.
§ 2º **Não sendo eletrônicos os autos, o agravante tomará a providência prevista no *caput*, no prazo de 3 (três) dias a contar da interposição do agravo de instrumento.**	
§ 3º O descumprimento da exigência de que trata o § 2º, desde que arguido e provado pelo agravado, importa inadmissibilidade do agravo de instrumento.	

 COMENTÁRIOS:

Comunicação ao juízo de primeiro grau. Não obstante a utilização do verbete "poderá" (*caput*), permanece o caráter obrigatório da petição de juntada do agravo de instrumento interposto em segunda instância aos autos originais do processo, para fins de retratação do juízo singular e ciência do agravado sobre o ajuizamento do recurso e de seu conteúdo.[446] A não informação da interposição do agravo implica inadmissibilidade do recurso, nos termos do § 2º. A exceção ocorre no caso de autos eletrônicos.

Registre-se que a requisição de informações pelo relator do recurso é facultativa. Assim, nem sempre o juiz toma conhecimento da interposição do agravo por essa via, uma razão a mais a justificar a providência prevista no art. 1.018.

Juízo de retratação. Trata o art. 1.018, § 1º, do juízo de retratação no agravo. No agravo de instrumento, não existe momento determinado para que o juiz se retrate, daí por que se admite a reforma da decisão durante todo o curso procedimental.

Destarte, tomando conhecimento da interposição do agravo, seja pela juntada aos autos de cópia da petição, seja pela requisição de informações, pode o juiz reformar a decisão e, assim agindo e comunicando o tribunal, o relator considerará prejudicado o recurso. Entretanto, julgado o agravo, não mais pode o juiz retratar-se, visto que a decisão do tribunal o vincula.

E se o tribunal não for informado em tempo hábil acerca do juízo de retratação positivo praticado pelo juiz de primeiro grau? Segundo o STJ, nesse caso, a decisão proferida pelo tri-

---

[446] Sobre a mesma disposição no CPC/1973, cf. interpretação dada pelo STJ no REsp 664.824/SC, Rel. Min. Mauro Campbell Marques, 2ª Turma, julgado em 27.10.2009: "A intenção do legislador, além de proporcionar o juízo de retratação, foi de sobretudo garantir ao agravado o conhecimento da interposição do agravo, bem como proporcionar a sua defesa sem a necessidade de deslocamento para a capital sede do Tribunal, uma vez que se tornaria desnecessária a carga dos autos para conhecer o seu teor, proporcionando assim a resposta ao agravo de instrumento pelo simples envio postal da contraminuta."

bunal *ad quem* substituirá a decisão do magistrado de primeiro grau, objeto do recurso. Isso porque "a reforma da decisão, cuja comunicação ao tribunal é obrigação do juiz, torna imediatamente prejudicado o agravo de instrumento, não importando que já tenha esse sido julgado em sentido contrário. Se não fosse assim, inteiramente ineficaz seria a retratação. O objeto do agravo de instrumento é a decisão original, portanto, o seu julgamento só pode produzir efeitos sobre essa" (REsp 160.997/MG, Rel. Min. Eduardo Ribeiro, julgado em 27.03.2000).

Reformada a decisão, só resta à parte prejudicada pela retratação interpor outro recurso. A sistemática do agravo não mais admite o chamado recurso invertido, por meio do qual o recorrente aproveitava o recurso que estava no tribunal para mudar a nova decisão do juiz de primeiro grau: "Se houver reforma, ainda que parcial, da decisão, o agravado poderá interpor o recurso que couber dessa nova situação. Poderá não ser o de agravo (por exemplo: se o juiz, apreciando o agravo, reformar decisão que rejeitara a alegação de prescrição, e a acolher, cabível será a apelação)."[447]

CPC/2015	CPC/1973
Art. 1.019. Recebido o agravo de instrumento no tribunal e distribuído imediatamente, **se não for o caso de aplicação do art. 932, incisos III e IV, o relator, no prazo de 5 (cinco) dias:**	Art. 527. Recebido o agravo de instrumento no tribunal, e distribuído *incontinenti,* o relator:
I – poderá atribuir efeito suspensivo ao recurso ou deferir, em antecipação de tutela, total ou parcialmente, a pretensão recursal, comunicando ao juiz sua decisão;	I – ~~negar-lhe-á seguimento, liminarmente, nos casos do art. 557;~~
II – ordenará a intimação do agravado **pessoalmente, por carta com aviso de recebimento, quando não tiver procurador constituído, ou** *pelo Diário da Justiça* ou *por carta* com aviso de recebimento dirigida ao seu advogado, para que responda no prazo de *15 (quinze)* dias, facultando-lhe juntar a documentação que entender *necessária ao julgamento do recurso*;	II – ~~converterá o agravo de instrumento em agravo retido, salvo quando se tratar de decisão suscetível de causar à parte lesão grave e de difícil reparação, bem como nos casos de inadmissão da apelação e nos relativos aos efeitos em que a apelação é recebida, mandando remeter os autos ao juiz da causa;~~
III – *determinará a intimação do* Ministério Público, **preferencialmente por meio eletrônico,** *quando for o caso de sua intervenção,* para que se manifeste no prazo de *15 (quinze)* dias.	III – poderá atribuir efeito suspensivo ao recurso ~~(art. 558),~~ ou deferir, em antecipação de tutela, total ou parcialmente, a pretensão recursal, comunicando ao juiz sua decisão;
	IV – ~~poderá requisitar informações ao juiz da causa, que as prestará no prazo de 10 (dez) dias;~~
	V – mandará intimar o agravado, na mesma oportunidade, por *ofício* dirigido ao seu advogado, sob registro e com aviso de recebimento, para que responda no prazo de *10 (dez)* dias ~~(art. 525, § 2º)~~, facultando-lhe juntar a documentação que entender *conveniente,* ~~sendo que,~~ *nas comarcas sede de tribunal e naquelas em que o expediente forense for divulgado no diário oficial, a intimação far-se-á mediante publicação no órgão oficial*;
	VI – ~~ultimadas as providências referidas nos incisos III a V do *caput* deste artigo,~~ *mandará ouvir o* Ministério Público, *se for o caso,* para que se pronuncie no prazo de *10 (dez)* dias.

---

[447]   NEGRÃO, Theotonio. **Código de Processo Civil e legislação processual em vigor.** São Paulo: Saraiva, 1996, p. 403.

COMENTÁRIOS:

Julgamento monocrático. O permissivo apresentado no inciso I garante ao relator a possibilidade de julgar monocraticamente o agravo de instrumento em prol da celeridade e em respeito aos precedentes judiciais. Sobre o tema, conferir os comentários ao art. 932. Contra a decisão do relator caberá agravo interno (art. 1.021).

Atribuição de efeito suspensivo ou antecipação da tutela recursal. O agravo, ao contrário da apelação, normalmente não tem efeito suspensivo. Entretanto, poderá o relator, a requerimento do agravante, atribuir efeito suspensivo ao recurso. Poderá também conceder o denominado efeito ativo ao recurso, ou seja, conceder, antes do julgamento pelo órgão colegiado, a pretensão recursal almejada pelo recorrente (tutela antecipatória recursal).

Requisição de informações. Apesar de o novo CPC não reproduzir a redação do inciso IV do art. 527 ("Recebido o agravo de instrumento no tribunal, e distribuído incontinenti, o relator: [...] IV – poderá requisitar informações ao juiz da causa, que as prestará no prazo de 10 (dez) dias"), ainda é possível a prestação de informações pelo juízo de origem. Tal pedido se insere de maneira geral no capítulo referente à cooperação jurisdicional (art. 69, III). Em geral, as informações são requisitadas, mas não se trata de providência obrigatória. A necessidade das informações irá depender do grau de convencimento formado pelo relator a partir das peças que instruíram o agravo.

Intimação do agravado. A intimação para responder ao recurso pode ser feita pessoalmente ao agravado, por carta com aviso de recebimento, quando este não tiver procurador constituído. Se já existir advogado habilitado, a intimação será dirigida ao patrono do agravado, por carta com aviso de recebimento ou por meio do Diário da Justiça. O agravado tem prazo de quinze dias para responder ao recurso, podendo trazer aos autos a documentação que entender conveniente, não estando limitado às peças constantes no processo. Se forem juntados documentos inéditos, o juiz deverá oportunizar o contraditório (arts. 9º e 10). Ressalte-se que a intimação da parte agravada para responder ao recurso deve ser dispensada quando o relator julgar monocraticamente o agravo, na forma do art. 932, III e IV, pois essa decisão beneficiará o agravado.

Intimação do Ministério Público. Ultimadas as providências anteriores, o órgão do Ministério Público que oficia perante o tribunal será ouvido para se manifestar sobre o recurso no prazo de quinze dias, desde que o caso enseje a atuação ministerial (art. 178). A intimação do membro do Ministério Público será feita, preferencialmente, por meio eletrônico.

CPC/2015	CPC/1973
Art. 1.020. O relator solicitará dia para julgamento em prazo não superior a *1 (um) mês* da intimação do agravado.	Art. 528. Em prazo não superior a *30 (trinta)* dias da intimação do agravado, o relator pedirá dia para julgamento.

 COMENTÁRIOS:

Julgamento do agravo de instrumento. De acordo com o art. 1.020, em prazo não superior a 1 (um) mês da intimação do agravado, o relator pedirá dia para julgamento, o que significa que, transcorrido o prazo, com ou sem a apresentação das contrarrazões, o agravo será incluído na pauta de julgamento. Todavia, trata-se de mais um prazo impróprio, de norma programática, desprovida de qualquer sanção processual para o julgador.

Capítulo IV
Do Agravo Interno

CPC/2015	CPC/1973
Art. 1.021. Contra decisão proferida pelo relator caberá agravo interno para *o respectivo órgão colegiado, observadas, quanto ao processamento, as regras do regimento interno do tribunal*. § 1º Na petição de agravo interno, o recorrente impugnará especificamente os fundamentos da decisão agravada. § 2º O agravo será dirigido ao relator, que intimará o agravado para manifestar-se sobre o recurso no prazo de 15 (quinze) dias, ao final do qual, não havendo retratação, o relator levá-lo-á a julgamento pelo órgão colegiado, com inclusão em pauta. § 3º É vedado ao relator limitar-se à reprodução dos fundamentos da decisão agravada para julgar improcedente o agravo interno. § 4º Quando o agravo interno **for declarado** manifestamente inadmissível ou **improcedente em votação unânime, o órgão colegiado, em decisão fundamentada,** condenará o agravante a pagar ao agravado multa **fixada** entre um e **cinco** por cento do valor **atualizado** da causa. § 5º A interposição de qualquer outro recurso está condicionada ao depósito prévio do valor da multa prevista no § 4º, à exceção da Fazenda Pública e do beneficiário de gratuidade da justiça, que farão o pagamento ao final.	Art. 545. Da decisão do relator ~~que não conhecer do agravo, negar-lhe provimento ou decidir, desde logo, o recurso não admitido na origem~~, caberá agravo~~, no prazo de 5 (cinco) dias,~~ *ao órgão competente, observado o disposto nos §§ 1º e 2º do art. 557*. Art. 557. [...] § 2º Quando manifestamente inadmissível ou *infundado o agravo, o tribunal* condenará o agravante a pagar ao agravado multa entre um e *dez* por cento do valor *corrigido* da causa, *ficando* a interposição de qualquer outro recurso condicionada ao depósito do *respectivo* valor.

 COMENTÁRIOS:

Uniformidade no tratamento legal. Dentro do sistema recursal apresentado pelo CPC/1973, o agravo interno possuía tratamento esparso, vinculado a hipóteses específicas e ligadas à possibilidade do julgamento do recurso por delegação do colegiado ao próprio relator.

O CPC/2015 mantém a competência dos órgãos julgadores no que tange ao processamento, mas unifica as hipóteses de cabimento dessa espécie recursal, esboçando seus contornos essenciais para uma adequação constitucional.

Cabimento. O art. 1.021 reconhece o cabimento do agravo interno contra decisão proferida pelo relator. Trata-se de previsão que tem como objetivo permitir à parte prejudicada impugnar decisão interna do juízo de um Tribunal. No caso de o relator pertencente a um órgão colegiado proferir uma decisão monocrática, e sendo esta impugnada mediante agravo interno, a sua decisão monocrática será revisada pelo próprio órgão colegiado ao qual pertence. Nos Tribunais Superiores, esse recurso é conhecido como agravo regimental (art. 39 da Lei nº 8.038/1990).

Prazo e procedimento. O direito de recorrer da decisão do relator deve ser exercido no prazo de quinze dias. Na petição do agravo interno, cabe ao recorrente impugnar especificamente os fundamentos da decisão agravada (§ 1º).[448] Ou seja, se o julgamento monocrático foi de não provimento do recurso (art. 932, IV), com a fundamentação de que a decisão recorrida está de acordo com súmula do STJ (art. 932, IV, *a*), o agravante deve demonstrar que o entendimento do STJ não se aplica ao caso. Deve, portanto, realizar o *distinguishing*.

Ao final do prazo para o recurso, abrem-se as seguintes possibilidades: (a) o relator poderá reconsiderar a sua decisão (§ 2º) ou (b) levar o recurso para julgamento pelo órgão colegiado, caso decida manter a decisão monocrática.

Julgamento de improcedência. O contraditório material se fortalece na disposição do § 3º, que impede o julgamento de improcedência do agravo interno, pelo relator, com base na reprodução dos fundamentos da decisão agravada. Se o objetivo do recurso é garantir o acesso ao julgamento colegiado, sob pena de violação do princípio do juízo natural, é essencial que o órgão composto possa rediscutir os argumentos apresentados pelas partes. A disposição se ajusta a outros dispositivos do CPC/2015 que tratam do contraditório na sua dimensão material, tais como o art. 10 e o art. 489, § 1º, IV.

Julgamento do agravo. A decisão monocrática pode ser reformada na sessão de julgamento ou o órgão colegiado pode declarar o recurso manifestamente inadmissível ou improcedente. Nesse último caso, se a votação for unânime, impõe-se ao recorrente o pagamento de multa fixada entre um e cinco por cento do valor atualizado da causa (§ 4º). Em síntese, para aplicação da multa exige-se: (a) manifesta inadmissibilidade ou improcedência; (b) votação unânime pela inadmissibilidade ou improcedência.

Agravo manifestamente inadmissível. O STJ tem entendimento no sentido de que o § 2º do art. 557 do CPC/1973 – correspondente ao § 4º do art. 1.021 – não tem aplicação quando as razões do recurso a ser interposto forem distintas, ou seja, quando o recorrente pretender impugnar matéria diferente daquela tratada no agravo interno que deu origem à multa. Exemplo: uma das partes interpõe apelação e esta é decidida monocraticamente com base no art. 932, III (art. 1.011, I). Não há, portanto, análise quanto ao mérito do recurso. O recorrente interpõe agravo interno dessa decisão e este é declarado pelo órgão colegiado como manifestamente inadmissível, com fundamento na inexistência de pressuposto recursal (art. 1.021, § 4º). Ou seja, o órgão colegiado confirma a decisão do relator. O agravante interpõe recurso especial por acreditar que a sentença fere norma infraconstitucional. Nesse exemplo, o recorrente já havia suscitado a questão em sede de apelação, mas, diante da inadmissibilidade do recurso, a tese de afronta à lei infraconstitucional não foi apreciada.[449]

---

[448] STJ, AgInt no AREsp 1108532/SP, Rel. Min. Marco Aurélio Belizze, 3ª Turma, julgado em 17.10.2017.

[449] Ainda que o recorrente tenha sido condenado ao pagamento da multa a que se refere o § 2º do art. 557 do CPC, não se pode condicionar ao seu recolhimento a interposição, em outra fase processual, de recurso que objetive a impugnação de matéria diversa daquela tratada no recurso que deu origem à referida sanção. Isso porque, sob pena de obstaculizar demasiadamente o exercício do direito de defesa, apenas a interposição do recurso que objetive impugnar a mesma matéria já decidida e em razão da qual tenha sido imposta a referida sanção está condicionada ao depósito do valor da multa" (STJ, REsp 1.354.977/RS, Rel. Min. Luis Felipe Salomão, julgado em 02.05.2013).

Multa. A interposição de qualquer outro recurso fica condicionada ao pagamento da multa.[450] A execução da multa fica suspensa, todavia, caso a parte seja beneficiária da assistência judiciária ou se trate da Fazenda Pública (§ 5º). Nessas hipóteses, o pagamento somente será exigível ao final, ou seja, após o trânsito em julgado da decisão recorrida.

No caso da Fazenda Pública, o disposto no § 5º vai de encontro ao entendimento do STJ firmado na sistemática do CPC/1973. Para a Corte, o prévio depósito da multa referente a agravo interno manifestamente inadmissível ou infundado, aplicada pelo abuso do direito de recorrer, também é devido pela Fazenda Pública.[451] O novo CPC não dispensa a Fazenda Pública do pagamento da multa, mas não exige que ela seja paga previamente ao recurso que se pretende interpor.

Ressalte-se que, quanto à parte beneficiária da gratuidade de justiça, já entendeu o STJ que a circunstância não impede a imposição da multa; deve-se apenas suspender o seu pagamento.[452]

---

[450] Nesse sentido já entendia o STJ: AgRg no REsp 534.666/RS, Rel. Min. Aldir Passarinho Junior, 4a Turma, julgado em 01.06.2004; AgRg nos EDcl nos EREsp 397.705/PR, Rel. Min. Gilson Dipp, 3a Seção, julgado em 26.03.2003.

[451] "Havendo condenação da Fazenda Pública ao pagamento da multa prevista no art. 557, § 2º, do CPC, a interposição de qualquer outro recurso fica condicionada ao depósito prévio do respectivo valor. O art. 557, § 2º, do CPC é taxativo ao dispor que, 'Quando manifestamente inadmissível ou infundado o agravo, o tribunal condenará o agravante a pagar ao agravado multa entre 1% (um por cento) e 10% (dez por cento) do valor corrigido da causa, ficando a interposição de qualquer outro recurso condicionada ao depósito do respectivo valor'. De fato, a multa pelo uso abusivo do direito de recorrer caracteriza-se como requisito de admissibilidade do recurso, sendo o seu depósito prévio medida adequada para conferir maior efetividade ao postulado da lealdade processual, impedindo a prática de atos atentatórios à dignidade da justiça, bem como a litigância de má-fé. Nesse contexto, tanto o STJ quanto o STF têm consignado que o prévio depósito da multa referente a agravo regimental manifestamente inadmissível ou infundado (§ 2º do art. 557), aplicada pelo abuso do direito de recorrer, também é devido pela Fazenda Pública. Além disso, a alegação de que o art. 1º-A da Lei 9.494/1997 dispensa os entes públicos da realização de prévio depósito para a interposição de recurso não deve prevalecer, em face da cominação diversa, explicitada no art. 557, § 2º, do CPC. Este dispositivo legal foi inserido pela Lei 9.756/1998, que trouxe uma série de mecanismos para acelerar a tramitação processual, como, por exemplo, a possibilidade de o relator, nas hipóteses cabíveis, dar provimento ou negar seguimento, monocraticamente, ao agravo. Assim, esse dispositivo deve ser interpretado em consonância com os fins buscados com a alteração legislativa. Nesse sentido, não se pode confundir o privilégio concedido à Fazenda Pública, consistente na dispensa de depósito prévio para fins de interposição de recurso, com a multa instituída pelo artigo 557, § 2º, do CPC, por se tratar de institutos de natureza diversa (AgRg no AREsp 513.377-RN, Segunda Turma, DJe de 15/8/2014)." Precedentes citados do STJ: AgRg nos EAREsp 22.230/PA, Corte Especial, DJe 01.07.2014; EAg 493.058/SP, 1ª Seção, DJU 01.08.2006; AgRg no Ag 1.425.712/MG, 1ª Turma, DJe 15.05.2012; AgRg no AREsp 383.036/MS, 2ª Turma, DJe 16.09.2014; e AgRg no AREsp 131.134/RS, 4ª Turma, DJe 19.03.2014. Precedentes citados do STF: RE 521.424/RN AgR-EDv-AgR, Tribunal Pleno, DJe 27.08.2010; e AI 775.934/AL AgR-ED-ED, Tribunal Pleno, DJe 13.12.2011 (STJ, AgRg no AREsp 553.788/DF, Rel. Min. Assusete Magalhães, julgado em 16.10.2014).

[452] EDcl nos EDcl no AgRg no REsp 1.261.444/RS, Rel. Min. Antônio Carlos Ferreira, 4a Turma, julgado em 06.12.2012, DJe 01.02.2013; AgRg nos EDcl no AgEg no Ag no 563.492/GO, Rel. Min. Carlos Alberto Menezes Direito, 3a Turma, julgado em 28.10.2004. A posição, entretanto, não é unânime no Tribunal: "O prévio recolhimento da multa em referência é pressuposto recursal objetivo de admissibilidade. Portanto, a ausência de comprovante de depósito da multa implica o não conhecimento do recurso subsequente, independentemente de a parte ser beneficiária da Justiça Gratuita. Precedentes: AgRg

Capítulo V
Dos Embargos de Declaração

CPC/2015	CPC/1973
Art. 1.022. Cabem embargos de declaração *contra qualquer decisão judicial* para: I – *esclarecer* obscuridade ou *eliminar* contradição; II – *suprir omissão* de ponto **ou questão** sobre o qual devia se pronunciar o juiz **de ofício ou a requerimento**; III – **corrigir erro material.** Parágrafo único. **Considera-se omissa a decisão que:** I – **deixe de se manifestar sobre tese firmada em julgamento de casos repetitivos ou em incidente de assunção de competência aplicável ao caso sob julgamento;** II – **incorra em qualquer das condutas descritas no art. 489, § 1º.**	Art. 535. Cabem embargos de declaração quando: I – *houver, na sentença ou no acórdão,* obscuridade ou contradição; II – *for omitido* ponto sobre o qual devia pronunciar-se o juiz ~~ou tribunal~~.

COMENTÁRIOS:

Objeto. Fica reconhecido o cabimento de embargos declaratórios contra qualquer decisão judicial, e não apenas contra sentença ou acórdão. Esse entendimento já possuía respaldo em nossos tribunais.[453] Em suma, não importa a natureza da decisão. Seja interlocutória, sentença ou acórdão, se a decisão for obscura, omissa, contraditória ou contiver erro material, pode vir a ser sanada por meio dos embargos de declaração.

Fundamentação vinculada. Da interpretação desse dispositivo é possível concluir que os embargos são espécie de recurso de fundamentação vinculada, isto é, restrita a situações previstas em lei. Não servem os embargos, por exemplo, como sucedâneo de pedido de reconsideração de uma sentença ou acórdão.

De acordo com a doutrina e jurisprudência, há obscuridade quando a redação da decisão não é suficientemente clara, dificultando sua compreensão ou interpretação. Ocorre contradição quando o julgado apresenta proposições inconciliáveis, tornando incerto o provimento jurisdicional. Há omissão nos casos em que determinada questão ou ponto controvertido deveria ser apreciado pelo órgão julgador, mas não foi.

---

nos EDcl no AgRg no AgRg no Ag 1250721/SP, rel. Ministro Luis Felipe Salomão, Quarta Turma, DJe 10/02/2011; AgRg no Ag 1307359/MS, rel. Ministro João Otávio de Noronha, DJe 25/11/2010; EDDcl no AgRg no REsp 1113799/RS, Rel. Ministro Aldir Passarinho Junior, Quarta Turma, DJe 16/11/2009" (STJ, EDcl no AgRg nos EDcl no Ag 1.289.685/RS, Rel. Min. Mauro Campbell Marques, 2a Turma, julgado em 02.06.2011). Ao definir a primeira opção no texto legal, portanto, o CPC/2015 assenta a discussão de ordem jurisprudencial.

[453] "Os embargos de declaração são cabíveis contra qualquer decisão judicial e, uma vez opostos, interrompem o prazo recursal" (STJ, REsp 401.223/MG, Rel. Min. Barros Monteiro, 4a Turma, julgado em 26.03.2002).

A omissão constitui negativa de entrega da prestação jurisdicional e, segundo o novo CPC, será considerada omissa a decisão que deixar de se manifestar sobre tese firmada em julgamento de casos repetitivos ou em incidente de assunção de competência aplicável ao caso sob julgamento ou que incorra em qualquer das condutas descritas no art. 489, § 1º. Ambas as disposições permitem que as partes possam reclamar pela via dos embargos de declaração a adequação das decisões aos precedentes judiciais, assim como eventual desobediência aos critérios de fundamentação.

O § 1º do art. 489 relaciona as hipóteses em que a decisão judicial, seja ela interlocutória, sentença ou acórdão, não se considera fundamentada. As possibilidades de recurso com base nesse dispositivo são infinitas. Consequentemente, abre-se espaço para inúmeros embargos de declaração, inclusive "embargos de declaração de embargos de declaração".

Não se desconhece o fato de que o juiz é obrigado a apreciar as questões, isto é, os pontos – afirmações referentes à pretensão. Se uma questão deixar de ser apreciada, cabíveis são os embargos declaratórios. Entretanto, conforme reiteradamente decidiu o STF, "o magistrado não está obrigado a rebater, um a um, os argumentos trazidos pela parte" (AI 761.901/SP, Rel. Min. Luiz Fux, julgado em 22.04.2014).

Ainda que exigível fosse a resposta a todos os argumentos, a decisão lacônica, nesse particular, seria perfeitamente válida. Isso porque o princípio da instrumentalidade se aplica a todos os atos processuais, e não somente aos atos das partes. À falta de prejuízo, válida seria a sentença.

Até que os Tribunais Superiores se manifestem sobre o alcance do § 1º do art. 489 – não tenho dúvidas de que haverá um adequado equacionamento entre os princípios da fundamentação e da celeridade – ou que os sujeitos do processo passem a utilizá-lo de forma consciente e não para protelar infinitamente a resolução da demanda, creio que ainda veremos muitos embargos de declaração serem interpostos contra decisões que, apesar de não enfrentarem todos os argumentos trazidos pelas partes, rebatem as questões essenciais para o deslinde da controvérsia.

Erro material. O novo CPC admite o cabimento dos embargos de declaração para corrigir erro material, o que já era reconhecido pela jurisprudência.[454]

A correção de erro material também encontra respaldo no art. 494, I, que permite ao juiz, após a publicação da sentença, corrigir inexatidões materiais ou erros de cálculos e pedido da parte ou mesmo de ofício. Os demais pontos ou questões sobre os quais o magistrado deva se manifestar, inclusive de ofício, a exemplo das matérias de ordem pública, inserem na omissão a que se refere o art. 1.022, III. Cabe ressalvar que não haverá preclusão se não

---

[454] "Verificada a existência de erro material a macular e contradizer o acórdão embargado, há que se efetuar a sua imediata correção" (STJ, EDcl no REsp 117.913/DF, Rel. Min. José Delgado, 1a Turma, julgado em 19.05.1998). No STF: RE-AgRg-EDcl 401.720/MG, 2a Turma, Rel. Min. Gilmar Mendes, julgado em 12.12.2006; Rcl-AgRg-EDcl 2.433/SP, Tribunal Pleno, Rel. Min. Cezar Peluso, julgado em 16.11.2006.

houver oposição de embargos de declaração para a correção de erro material, porquanto poderá o juiz o tribunal corrigi-lo a qualquer tempo.

CPC/2015	CPC/1973
Art. 1.023. Os embargos serão opostos, no prazo de 5 (cinco) dias, em petição dirigida ao juiz, com indicação **do erro**, *obscuridade, contradição ou omissão*, e não se sujeitam a preparo. § 1º **Aplica-se aos embargos de declaração o art. 229.** § 2º **O juiz intimará o embargado para, querendo, manifestar-se, no prazo de 5 (cinco) dias, sobre os embargos opostos, caso seu eventual acolhimento implique a modificação da decisão embargada.**	Art. 536. Os embargos serão opostos, no prazo de 5 (cinco) dias, em petição dirigida ao juiz ~~ou relator~~, com indicação do *ponto obscuro*, *contraditório ou omisso*, não estando sujeitos a preparo.

 ## COMENTÁRIOS:

Procedimento. Os embargos serão opostos, no prazo de cinco dias, em petição dirigida ao juiz, com a indicação do erro, obscuridade, contradição ou omissão, e não se sujeitam a preparo. Aos embargos de declaração aplica-se o art. 229, segundo o qual "os litisconsortes que tiverem diferentes procuradores, de escritórios de advocacia distintos, terão prazos contados em dobro para todas as suas manifestações, em qualquer juízo ou tribunal, independentemente de requerimento".

Efeitos infringentes (§ 2º). O dispositivo reconheceu a possibilidade de efeitos infringentes nos embargos de declaração. Exemplo: numa ação de cobrança, o juiz omite sobre a prescrição arguida na peça contestatória e condena o réu a pagar a importância pedida na inicial. Interpostos os embargos declaratórios com vistas ao suprimento da omissão, o juiz reconhece a prescrição e, em razão disso, julga improcedente o pedido. A hipótese também já era admitida pela doutrina[455] e pela jurisprudência.[456]

Em regra, o julgamento dos embargos declaratórios não exige a intimação da parte embargada porque não comporta novo julgamento da causa, apenas prolação de decisão integrativa ou aclaratória. No entanto, quando o julgamento comportar inevitável alteração (ou seja, quando for dado ao recurso efeito infringente), será necessária ampla participação das partes.

---

[455] THEODORO JR., Humberto (coord.). **Código de Processo Civil anotado.** 16. ed. rev., atual. e ampl. Rio de Janeiro: Forense, 2012, p. 679.

[456] "A atribuição de efeitos infringentes é possível apenas excepcionalmente, quando, observada a presença de omissão, contradição ou obscuridade, sana-se o vício e a decisão, por consequência, é alterada" (STJ, EDcl no AgRg nos EDcl na AR: 4.700, Rel. Min. Luis Felipe Salomão, julgado em 14.05.2014).

CPC/2015	CPC/1973
Art. 1.024. O juiz julgará os embargos em 5 (cinco) dias. § 1º Nos tribunais, o relator apresentará os embargos em mesa na sessão subsequente, proferindo voto, **e, não havendo julgamento nessa sessão, será o recurso incluído em pauta automaticamente.** **§ 2º Quando os embargos de declaração forem opostos contra decisão de relator ou outra decisão unipessoal proferida em tribunal, o órgão prolator da decisão embargada decidi-los-á monocraticamente.** **§ 3º O órgão julgador conhecerá dos embargos de declaração como agravo interno se entender ser este o recurso cabível, desde que determine previamente a intimação do recorrente para, no prazo de 5 (cinco) dias, complementar as razões recursais, de modo a ajustá-las às exigências do art. 1.021, § 1º.** **§ 4º Caso o acolhimento dos embargos de declaração implique modificação da decisão embargada, o embargado que já tiver interposto outro recurso contra a decisão originária tem o direito de complementar ou alterar suas razões, nos exatos limites da modificação, no prazo de 15 (quinze) dias, contado da intimação da decisão dos embargos de declaração.** **§ 5º Se os embargos de declaração forem rejeitados ou não alterarem a conclusão do julgamento anterior, o recurso interposto pela outra parte antes da publicação do julgamento dos embargos de declaração será processado e julgado independentemente de ratificação.**	Art. 537. O juiz julgará os embargos em 5 (cinco) dias; nos tribunais, o relator apresentará os embargos em mesa na sessão subsequente, proferindo voto.

 COMENTÁRIOS:

Julgamento dos embargos. O juiz julgará os embargos em cinco dias (*caput*). Nos tribunais, os embargos devem ser apresentados em mesa, ou seja, independentemente de inclusão em pauta, na sessão subsequente. O Código não diz, mas a apresentação em mesa e julgamento deve ocorrer na sessão subsequente à distribuição ao relator ou ao retorno deste das férias ou licença, salvo hipótese de redistribuição.

Não julgados "na sessão subsequente", serão automaticamente incluídos em pauta (§ 1º, parte final). Na verdade, não há inclusão automática. Quem inclui em pauta é o presidente do órgão julgador ou o próprio relator em tribunais que utilizam sistema informatizado. E se não houver inclusão em pauta? A intenção do legislador é boa, mas, por si só, não será capaz de evitar que as partes fiquem meses ou até anos aguardando o julgamento dos embargos de declaração.

Os embargos de declaração devem ser julgados pelo mesmo órgão que proferiu a decisão embargada. Tratando-se de sentença, serão julgados pelo juiz; se opostos em face de decisão monocrática de relator, serão julgados monocraticamente por este; se a decisão embargada é um acórdão, o julgamento dos embargos declaratórios caberá ao órgão colegiado (§ 2º).

Fungibilidade dos embargos de declaração. O § 3º, na esteira da jurisprudência do STJ (EDcl nos EAREsp 252.217/ES, Rel. Min. Maria Thereza de Assis Moura, 3ª Seção, julgado em 11.06.2014), prevê a possibilidade de os embargos de declaração serem recebidos e processados como agravo interno. Trata-se da aplicação dos princípios da fungibilidade e da instrumentalidade das formas. Essa conversão pode ocorrer desde que (i) o ato recorrido consista em decisão de relator e, (ii) em vez de buscar o esclarecimento ou a integração da decisão embargada, os declaratórios ataquem os fundamentos da decisão, com vistas à sua reforma. A rigor, trata-se de hipótese de recurso que recebe um determinado *nomen iuris* – embargos de declaração –, mas o seu conteúdo é de agravo interno. Embora o rótulo não seja capaz de alterar a substância, nesse caso implica algumas peculiaridades. O prazo para interposição é dos embargos de declaração (cinco dias), e não de quinze (prazo para o agravo interno). A interposição, contudo, não opera os efeitos da preclusão consumativa, uma vez que se confere ao recorrente a faculdade de complementar as razões recursais no prazo de cinco dias, de forma a se amoldar às exigências do agravo interno.

Complementação e ratificação do recurso interposto antes do julgamento dos embargos. O § 4º põe fim à chamada "intempestividade por prematuridade".[457] Consiste essa corrente jurisprudencial em reputar intempestivo o recurso especial interposto antes do julgamento dos embargos de declaração. Em síntese, mesmo que a parte saiba do teor da decisão antes de ela ser publicada e, justamente por isso, interponha recurso contra essa decisão, tal recurso não é conhecido, por ser considerado intempestivo.

De acordo com o regramento do novo Código, naqueles casos em que o embargado interpõe recurso (apelação, REsp ou RE, por exemplo) antes da interposição, pela outra parte, dos embargos declaratórios ou antes do julgamento destes, deve-se observar o seguinte: (i) se os embargos interpostos não forem conhecidos, forem rejeitados ou, mesmo se acolhidos, não alterarem a conclusão da decisão recorrida, o recurso interposto em face da decisão embargada será processado e julgado independentemente de ratificação (§ 5º); (ii) se os embargos forem acolhidos e implicarem modificação (efeitos modificativos) da decisão embargada, ao recorrente (embargado) confere-se a faculdade de complementar ou alterar as razões do recurso interposto contra a decisão originária (embargada), bem como o ônus de ratificar esse recurso. A complementação somente é possível nos limites da modificação operada pelos embargos declaratórios. O prazo para complementação e ratificação é de quinze dias, contados da intimação da decisão dos embargos de declaração (§ 4º).

A interpretação a *contrario sensu* do § 5º conduz à conclusão de que, havendo modificação pelos embargos de declaração, necessariamente deve haver ratificação do recurso interposto em face da decisão originária, ainda que o recorrente se limite a manifestar interesse no recurso, sem complementar as razões recursais, sob pena de não conhecimento

---

[457] Súmula 418 do STJ: "É inadmissível o recurso especial interposto antes da publicação do acórdão dos embargos de declaração, sem posterior ratificação;" Súmula 434 do TST: "RECURSO. INTERPOSIÇÃO ANTES DA PUBLICAÇÃO DO ACÓRDÃO IMPUGNADO. EXTEMPORANEIDADE. I) É extemporâneo recurso interposto antes de publicado o acórdão impugnado." Felizmente, o Plenário do STF, em 05.03.2015 – pouco antes da publicação do novo CPC –, proferiu decisão que se amolda ao entendimento do novo Código (vide Informativo nº 776).

deste. Nesse caso, a complementação é uma faculdade, mas a ratificação constitui pressuposto de admissibilidade recursal.

CPC/2015	CPC/1973
Art. 1.025. **Consideram-se incluídos no acórdão os elementos que o embargante suscitou, para fins de prequestionamento, ainda que os embargos de declaração sejam inadmitidos ou rejeitados, caso o tribunal superior considere existentes erro, omissão, contradição ou obscuridade.**	Não há correspondência.

 COMENTÁRIOS:

Prequestionamento implícito. Os embargos de declaração são muito utilizados para explicitar a matéria que será objeto de recurso especial ou recurso extraordinário (efeito prequestionador dos embargos declaratórios).

Nos termos dos arts. 102, III, e 105, III, da CF/1988, um dos requisitos de admissibilidade tanto do RE quanto do REsp é que a decisão da causa – na verdade, a questão objeto do recurso – tenha sido proferida em única ou última instância. É o que se denomina *prequestionamento*. Em outras palavras, em regra, é indispensável o pronunciamento do órgão jurisdicional (na decisão recorrida) para cabimento do recurso especial ou extraordinário.

Existindo omissão, por exemplo, há necessidade de se interporem os embargos declaratórios para forçar o tribunal de origem a apreciar a matéria. E se o juízo prolator da decisão recorrida, a despeito dos declaratórios, não aprecia a questão? Não é incomum o tribunal de segundo grau dizer que não há vício a ser sanado e inadmitir os declaratórios. Nesse ponto, a jurisprudência do STJ e do STF se divide.

O STJ, na sistemática do CPC/1973, exigia o prequestionamento expresso, conforme Súmula 211: "Inadmissível recurso especial quanto à questão que, a despeito da oposição de embargos declaratórios, não foi apreciada pelo tribunal *a quo*." Assim, havendo omissão de uma questão que a parte pretendia arguir em REsp, dever-se-ia interpor embargos declaratórios. Depois dos declaratórios, decidida a questão, viabilizado estaria o especial. Caso o tribunal não apreciasse a questão nos declaratórios, seria necessário interpor um REsp, alegando ofensa ao art. 535 do CPC/1973 para compelir o tribunal a julgar a questão, ou seja, a apreciar, na sua inteireza, os declaratórios interpostos. Decidida a questão, caberá novo REsp com base no art. 105, III, da CF. É isso mesmo. Dois recursos especiais. Um para compelir o tribunal de origem a julgar a questão, e outro, se for o caso, sobre o que restou decidido, incluindo a decisão proferida nos declaratórios. Essa prática, embora pudesse estar em conformidade com a literalidade do dispositivo constitucional e com o entendimento da referida Corte,[458] atentava contra os princípios da efetividade, celeridade e eficiência.

---

[458] "Processual civil. Embargos de declaração. Recurso especial. Admissibilidade. Falta de prequestionamento das teses em torno dos dispositivos legais supostamente violados. Aplicação da Súmula 282/ STF. Ausência de obscuridade ou omissão. 1. Inviáveis os declaratórios articulados sob infundada alegação de obscuridade e omissão. 2. Entende o STJ que o requisito do prequestionamento é satisfeito quando o Tribunal a quo emite juízo de valor acerca da tese defendida no especial. 3. Se a Corte de

O STF, por seu turno, contentava-se com o prequestionamento implícito, ou seja, bastava interpor os declaratórios. É o que se extrai da Súmula 356: "O ponto omisso da decisão, sobre o qual não foram opostos embargos declaratórios, não pode ser objeto de recurso extraordinário, por faltar o requisito do prequestionamento."

O legislador do novo CPC, tal como o STF, contenta-se com o prequestionamento implícito.[459] Se a decisão contém erro, omissão, contradição ou obscuridade, cabe à parte interpor embargos de declaração antes da interposição do recurso especial. Interpostos os declaratórios, por exemplo, sobre um ponto omisso, o requisito do prequestionamento reputa-se preenchido, mesmo na hipótese de o tribunal de origem entender que a decisão não deva ser integrada. É como se o acórdão contivesse o julgamento da questão que se pretende impugnar. Não há necessidade de um recurso para compelir a decidir o ponto omisso. É dessa forma que se deve interpretar o art. 1.025.

CPC/2015	CPC/1973
Art. 1.026. Os embargos de declaração **não possuem efeito suspensivo** e interrompem o prazo para a interposição de recurso. **§ 1º A eficácia da decisão monocrática ou colegiada poderá ser suspensa pelo respectivo juiz ou relator se demonstrada a probabilidade de provimento do recurso ou, sendo relevante a fundamentação, se houver risco de dano grave ou de difícil reparação.**	Art. 538. Os embargos de declaração interrompem o prazo para a interposição de outros recursos, ~~por qualquer das partes~~. Parágrafo único. Quando manifestamente protelatórios os embargos, o juiz ou o tribunal, ~~declarando que o são~~, condenará o embargante a pagar ao embargado multa não excedente de *1% (um por cento)* sobre o valor da causa. Na reiteração de embargos protelatórios, a multa é elevada a até 10% (dez por cento), ficando condicionada a interposição de qualquer outro recurso ao depósito do valor respectivo.

Segundo Grau não se pronuncia a respeito, cabe à parte interpor embargos de declaração. Persistindo a omissão, cabe a ela, no recurso especial, alegar ofensa ao art. 535, II, do CPC, demonstrando, objetivamente, a imprescindibilidade da manifestação sobre a matéria impugnada e em que consistiria o vício apontado. Não o fazendo, pode incidir nas disposições das Súmulas 282/STF ou 211/STJ, pois não basta a alegação genérica de violação ao dispositivo da Lei Processual. 4. Embargos de declaração rejeitados." (STJ, EDcl no AgRg no REsp 608.880/DF, Rel. Min. Eliana Calmon).

[459] Ao que parece, o STJ também passou a adotar esse posicionamento: "Processual civil. Embargos de declaração. Ofensa ao art. 1.022 do CPC não configurada. Rediscussão da matéria de mérito. Impossibilidade. 1. A melhor interpretação da norma contida no art. 1.025 do CPC não colide com a utilização da Súmula 211/STJ. Pelo contrário, a reforça. Este ponto é muito importante, principalmente pela dificuldade de alguns doutrinadores em interpretar a norma contida no citado dispositivo legal. Ressalte-se que o Tribunal *a quo* deverá ter apreciado a matéria ao menos implicitamente para que o Recurso Especial possa ser analisado por este Tribunal de superveniência. A exigência de prequestionamento da matéria a ser debatida e decidida no STJ continua firme. Além disso, o art. 1.025 do CPC exige que o acórdão reprochado contenha erro, omissão, contradição ou obscuridade, o que não é o caso dos autos. 2. Os Embargos de Declaração não merecem prosperar, uma vez que ausentes os vícios listados no art. 1.022 do CPC. 3. Os Embargos de Declaração constituem recurso de rígidos contornos processuais, exigindo-se, para seu acolhimento, os pressupostos legais de cabimento. 4. Ademais, cumpre salientar que, ao contrário do que afirma a parte embargante, não há omissão no *decisum* embargado. As alegações do embargante denotam o intuito de rediscutir o mérito do julgado, e não o de solucionar omissão, contradição ou obscuridade. 5. Embargos de Declaração rejeitados" (STJ, EDcl no REsp 1583696/RS, Rel. Min. Herman Benjamin, 2ª Turma, julgado em 05.10.2017).

§ 2º Quando manifestamente protelatórios os embargos de declaração, o juiz ou o tribunal, **em decisão fundamentada**, condenará o embargante a pagar ao embargado multa não excedente a *dois por cento* sobre o valor **atualizado** da causa.

§ 3º Na reiteração de embargos **de declaração manifestamente** protelatórios, a multa será elevada a até dez por cento **sobre o valor atualizado da causa**, e a interposição de qualquer recurso ficará condicionada ao depósito **prévio** do valor da multa, **à exceção da Fazenda Pública e do beneficiário de gratuidade da justiça, que a recolherão ao final**.

§ 4º **Não serão admitidos novos embargos de declaração se os 2 (dois) anteriores houverem sido considerados protelatórios**.

 ## COMENTÁRIOS:

Efeitos dos embargos. Os embargos de declaração, em regra, não têm efeito suspensivo; em outras palavras, não suspendem a eficácia da decisão embargada. A interposição produz um efeito peculiar dos embargos de declaração: o efeito interruptivo. Os embargos de declaração interrompem o prazo para a interposição de outros recursos, por qualquer das partes. Há interrupção, e não suspensão, o que significa que o prazo para interposição de outros recursos recomeça, por inteiro, a partir da intimação do julgamento dos embargos.

Concessão de efeito suspensivo. Em certos casos é temerário dar cumprimento imediato a decisão obscura, contraditória, omissa ou eivada de erro material. Essa a razão por que o § 1º previu a possibilidade de concessão de efeito suspensivo *ope judicis* aos embargos de declaração. Na doutrina, não é novidade a possibilidade de concessão de efeito suspensivo aos embargos de declaração.[460] Trata-se de uma modalidade de tutela acautelatória. O pedido de suspensão pode ser formulado no bojo dos embargos de declaração ou em petição avulsa, na qual se demonstrará que o cumprimento da decisão viciada pode causar danos graves e de difícil reparação à parte e que, exatamente em razão dos vícios, há probabilidade de provimento do recurso. Não se trata, portanto, de efeito suspensivo automático.

Saliente-se que no procedimento dos juizados especiais o art. 50 da Lei nº 9.099/1995 dispunha o seguinte: "Quando interpostos contra sentença, os embargos de declaração *suspenderão* o prazo para recurso" (destacamos). Ou seja, no âmbito dos juizados especiais os dias já corridos eram considerados para a aferição da tempestividade do recurso que se pretendia interpor.

De acordo com o novo CPC, os embargos de declaração nos juizados especiais passarão a ter efeito interruptivo. Ou seja, opostos embargos declaratórios, será restituído todo o prazo recursal (art. 1.065).

---

[460] WAMBIER, Teresa Arruda Alvim. Os embargos de declaração têm mesmo efeito suspensivo? **Panóptica**, Vitória, ano 1, n. 7, p. 70-83, mar./abr. 2007. Disponível em: <http://www.panoptica.org>. Acesso em: 9 jul. 2014.

Embargos de declaração manifestamente protelatórios. No § 2º, o legislador procedeu a pequenos ajustes de redação e dobrou a multa prevista para a hipótese de interposição de embargos de declaração manifestamente protelatórios – por exemplo, que têm o exclusivo intuito de interromper o prazo para os demais recursos, evitar o cumprimento da decisão e postergar o trânsito em julgado. O teto da multa passou de um para dois por cento do valor da causa, que deve ser atualizado, conforme previsão expressa.

Na reiteração de embargos protelatórios, a multa é elevada a até dez por cento sobre o valor atualizado da causa, ficando condicionada a interposição de qualquer outro recurso ao depósito prévio do valor respectivo (§ 3º).

Quanto ao depósito prévio da multa como requisito para interposição de outros recursos, o § 3º previu o que a jurisprudência já contemplava: os beneficiários da justiça gratuita e a Fazenda Pública gozam do privilégio de recolher a multa somente ao final. A primeira hipótese é justificável pelo princípio do acesso à justiça. A segunda decorre do vezo de que são dotados o legislador e a justiça brasileira de injustificadamente desigualar a Fazenda Pública.

Cabe esclarecer que a multa aqui inserida tem caráter administrativo e objetiva punir a conduta do recorrente, que vai de encontro à função pública do processo. Não impede, portanto, a sua cumulação com a multa prevista no art. 81, cujo objetivo é a reparação dos prejuízos causados pelo litigante de má-fé. Esse já era, inclusive, o entendimento do STJ.[461]

Exemplos de embargos manifestamente protelatórios na visão do STJ. O STJ, em sede de recurso repetitivo, definiu algumas hipóteses nas quais os embargos de declaração deverão ser considerados protelatórios. Eis a tese fixada: "Caracterizam-se como protelatórios os embargos de declaração que visam rediscutir matéria já apreciada e decidida pela Corte de origem em conformidade com súmula do STJ ou STF ou, ainda, precedente julgado pelo rito dos artigos 543-C e 543-B, do CPC"[462] (REsp 1.410.839/SC, julgado em 14.05.2014).

O nítido propósito procrastinatório dos embargos de declaração esbarra, agora, nos precedentes firmados pelas Cortes Superiores. Tal entendimento deve ser mantido no novo CPC, ainda mais pelo fato de que a Súmula 98 do STJ ("Embargos de declaração manifestados com notório propósito de prequestionamento não têm caráter protelatório") perderá a sua força em razão do disposto no novo art. 1.025. É que, como não haverá necessidade de reiteração dos embargos para fins de prequestionamento (art. 1.025), as partes não poderão mais abusar dos fundamentos da referida Súmula.

Reiteração. No que se refere à reiteração dos embargos, cumpre observar que o STF, no julgamento do AI 587.285, ocorrido em 07.06.2011, decidiu adotar um critério que impede a oposição de inúmeros embargos protelatórios pela parte. Segundo o STF, rejeitados os segundos embargos procrastinatórios, os autos devem ser imediatamente arquivados ou baixados e, se for o caso, poderá ser iniciada a execução. O novo CPC, alinhando-se a esse

---

[461] "Em caso de embargos de declaração manifestamente protelatórios, é possível aplicar a multa do art. 538, parágrafo único [CPC/1973], juntamente com a indenização prevista no art. 18, § 2º [CPC/1973]. A multa prevista no art. 538 tem caráter eminentemente administrativo, punindo conduta que ofende a dignidade do tribunal e a função pública do processo, sendo possível sua cumulação com as sanções previstas nos arts. 17, VII, e 18, § 2º, de natureza reparatória" (STJ, REsp 1.250.739/PA, Rel. Min. Luis Felipe Salomão, julgado em 04.12.2013).

[462] Corresponde ao art. 1.036 do novo CPC.

entendimento, dispõe que "não serão admitidos novos embargos de declaração se os 2 (dois) anteriores houverem sido considerados protelatórios" (§ 4º). Nessa hipótese, ainda que a parte insista na interposição de novos embargos, estes não terão qualquer efeito.

Capítulo VI
Dos Recursos para o Supremo Tribunal Federal e para o Superior Tribunal de Justiça

Seção I
Do Recurso Ordinário

CPC/2015	CPC/1973
Art. 1.027. Serão julgados em recurso ordinário:	Art. 539. Serão julgados em recurso ordinário:
I – pelo Supremo Tribunal Federal, os mandados de segurança, os *habeas data* e os mandados de injunção decididos em única instância pelos tribunais superiores, quando denegatória a decisão;	I – pelo Supremo Tribunal Federal, os mandados de segurança, os *habeas data* e os mandados de injunção decididos em única instância pelos Tribunais superiores, quando denegatória a decisão;
II – pelo Superior Tribunal de Justiça:	II – pelo Superior Tribunal de Justiça:
a) os mandados de segurança decididos em única instância pelos tribunais regionais federais ou pelos tribunais **de justiça** dos Estados e do Distrito Federal e Territórios, quando denegatória a decisão;	a) os mandados de segurança decididos em única instância pelos Tribunais Regionais Federais ou pelos Tribunais dos Estados e do Distrito Federal e Territórios, quando denegatória a decisão;
b) os processos em que forem partes, de um lado, Estado estrangeiro ou organismo internacional e, de outro, Município ou pessoa residente ou domiciliada no País.	b) as causas em que forem partes, de um lado, Estado estrangeiro ou organismo internacional e, do outro, Município ou pessoa residente ou domiciliada no País.
§ 1º Nos processos referidos no inciso II, alínea *b*, contra as decisões interlocutórias caberá agravo **de instrumento dirigido ao Superior Tribunal de Justiça, nas hipóteses do art. 1.015.**	Parágrafo único. Nas causas referidas no inciso II, alínea *b*, caberá agravo das decisões interlocutórias.
§ 2º **Aplica-se ao recurso ordinário o disposto nos arts. 1.013, § 3º, e 1.029, § 5º.**	

 ## COMENTÁRIOS:

Conceito. Denomina-se recurso ordinário o meio de impugnação de decisão judicial (sentença ou acórdão e decisão interlocutória) proferida nas causas elencadas no art. 1.027.

Apesar de se dirigir a Tribunais Superiores – característica dos recursos extraordinários –, essa espécie de recurso comporta discussão sobre questões de fato. Assim, por ter objeto mais próximo dos recursos comuns, ele recebeu a denominação "ordinário". O adjetivo "constitucional" se deve ao fato de eles terem previsão na Constituição da República.

O recurso ordinário se subdivide em duas espécies: recurso ordinário em sentido estrito, que se assemelha à apelação, e recurso ordinário-agravo de instrumento, cabível na hipótese do inciso II, *b*, do art. 1.027. É um recurso comum, porquanto tem por objeto as questões e provas suscitadas e debatidas no curso da relação processual; em última análise, tem por objeto a proteção do direito subjetivo. A despeito de ter sede constitucional, difere dos recursos especiais (REsp e RE) que objetivam a proteção do direito objetivo. Difere também por não exigir prequestionamento. Assim, ele se limita a atender ao princípio do duplo grau de jurisdição.

Cabimento. (i) Dos acórdãos proferidos pelos tribunais superiores (TST, TSE, STM e STJ) em mandados de segurança, *habeas data* e mandados de injunção decididos em única instância (matéria de competência originária), quando denegatória a decisão, cabe recurso ordinário (apelação) dirigido ao STF. (ii) Dos acórdãos proferidos pelos TRF ou pelos tribunais de justiça dos Estados e do Distrito Federal e Territórios em mandados de segurança decididos em única instância (matéria de competência originária), quando denegatória a decisão, cabe recurso ordinário (apelação) dirigido ao STJ. (iii) Das sentenças proferidas pelos juízes federais nas causas em que forem partes, de um lado, Estado estrangeiro ou organismo internacional, e, de outro, Município ou pessoa residente ou domiciliada no País, cabe recurso ordinário (apelação) dirigido ao Superior Tribunal de Justiça. Observe-se que, nessa última hipótese, em vez de apelação para o TRF, cabe recurso ordinário ao STJ. Saliente-se, ainda, que das decisões interlocutórias proferidas nessas causas cabe agravo de instrumento para o STJ, e não para o TRF (§ 1º).

Pode-se dizer que nas hipóteses previstas no art. 1.027, I e II, *a*, o recurso ordinário é cabível conforme o resultado da lide (*secundum eventum litis*), haja vista que apenas as decisões denegatórias podem ser impugnadas. Nesse sentido, aliás, já decidiu o STJ que "cabe recurso especial, em mandado de segurança (originário), se a decisão é concessiva" (REsp 25.339-5/RS, 5ª Turma, Rel. Min. Costa Lima, julgado em 17.02.1993, *DJ* 15.03.1993, p. 3.824). Em outras palavras, a decisão de natureza concessiva não comporta recurso ordinário, podendo ser impugnada por meio de recurso especial e/ou extraordinário, verificadas as respectivas hipóteses de cabimento.

Cabe destacar que a expressão "decisões denegatórias" deve ser interpretada de modo a abranger tanto as decisões em que o pedido formulado na inicial seja julgado improcedente, resultando na sucumbência do demandante, quanto aquelas em que o processo é extinto sem resolução do mérito. Se, porém, o relator indeferir monocraticamente a petição inicial de mandado de segurança, *habeas data* ou mandado de injunção, não cabe imediatamente recurso ordinário para o STF ou STJ, mas sim agravo interno para o órgão colegiado (STJ, RMS 15.558/SC, 1ª Turma, Rel. Min. José Delgado, julgado em 18.02.2003, *DJ* 24.03.2003, p. 141).

Não cabimento. As hipóteses arroladas no art. 1.027, I e II, *a*, excluem o cabimento de recurso ordinário contra mandados de segurança, *habeas data* e mandados de injunção que cheguem aos tribunais em grau de recurso. Vale dizer, apenas nos casos de competência originária dos tribunais superiores cabe recurso ordinário para o STF, e apenas nos casos de competência originária dos TRFs ou dos tribunais dos Estados e do Distrito Federal e Territórios cabe recurso ordinário para o STJ.

Aplicação do princípio da causa madura. No recurso ordinário estrito senso, deve o STJ, se a causa estiver em condições de imediato julgamento, decidir desde logo o mérito nas hipóteses mencionadas no § 3º do art. 1.013. Na sistemática do CPC/1973, o entendimento jurisprudencial era no sentido de ser inaplicável esse princípio ao recurso ordinário interposto em face de decisão denegatória de segurança. O dispositivo põe fim a qualquer distinção. Deve-se julgar desde logo o mérito naquelas hipóteses previstas para a apelação.

Concessão de efeito suspensivo. O § 2º determina a aplicação do 1.029, § 5º, que trata do pedido de concessão de efeito suspensivo a recurso extraordinário ou especial, ao recurso ordinário. A conclusão imediata é no sentido de que o recurso ordinário, em qualquer de suas modalidades, não é dotado de efeito suspensivo *ope legis*, regramento que nesse particular se distingue do previsto para a apelação. O pedido para concessão do efeito suspensivo deve seguir as mesmas regras previstas para o recurso extraordinário ou especial.

CPC/2015	CPC/1973
Art. 1.028. Ao recurso mencionado no *art. 1.027, inciso II, alínea b,* aplicam-se, quanto aos requisitos de admissibilidade e ao procedimento, *as disposições relativas à apelação* e o Regimento Interno do Superior Tribunal de Justiça. § 1º *Na hipótese do art. 1.027, § 1º, aplicam-se as disposições relativas ao agravo de instrumento* e o Regimento Interno do Superior Tribunal de Justiça. § 2º O recurso previsto no art. 1.027, incisos I e II, alínea *a*, deve ser interposto perante o tribunal de origem, cabendo ao seu presidente ou vice-presidente determinar a intimação do recorrido para, em 15 (quinze) dias, apresentar as contrarrazões. § 3º Findo o prazo referido no § 2º, os autos serão remetidos ao respectivo tribunal superior, independentemente de juízo de admissibilidade.	Art. 540. Aos recursos mencionados no artigo anterior aplica-se, quanto aos requisitos de admissibilidade e ao procedimento *no juízo de origem*, o disposto nos Capítulos II e III deste Título, observando-se, no Supremo Tribunal Federal e no Superior Tribunal de Justiça, o disposto nos seus regimentos internos.

 ## COMENTÁRIOS:

Procedimento. Por força do art. 1.028, ao recurso ordinário *stricto sensu* aplicam-se as normas da apelação e do Regimento Interno do STJ, com exceção, evidentemente, do agravo previsto no art. 1.027, § 1º, ao qual se aplicam as normas do Regimento interno do STJ e as do agravo do instrumento dispostas no novo CPC, inclusive o art. 1.015.

Assim, a interposição do recurso ordinário (apelação) far-se-á, no prazo de quinze dias, perante o órgão *a quo*, em petição adequadamente fundamentada e portadora de pedido compatível com os fundamentos (art. 1.010); trará a comprovação do preparo (art. 1.007); devolverá ao órgão destinatário toda a matéria impugnada, de fato ou de direito (art. 1.013, *caput* – apelação total ou parcial); será julgada à vista de todos os pontos discutidos nos autos e todos os fundamentos da demanda ou da defesa.

Ao recurso ordinário em sentido estrito aplica-se a teoria da causa madura, assim como ocorre na apelação. Desse modo, se a causa estiver em condições de imediato julgamento, deve o STJ decidir desde logo o mérito nas hipóteses mencionadas no § 3º do art. 1.013. Na sistemática do CPC/1973, o entendimento jurisprudencial[463] era no sentido de ser inaplicável esse princípio ao recurso ordinário interposto em face de decisão denegatória de segurança. O § 2º do art. 1.027 põe fim a qualquer distinção: deve-se julgar desde logo o mérito nas mesmas hipóteses previstas para a apelação.

---

463   Nesse sentido: STJ, RMS 28.099/DF, 5ª Turma, Rel. Min. Félix Fischer, j. 22.06.2010; STJ, AgRg-EDcl--RMS 33.186/PR, 3ª Turma, Rel. Min. João Otávio de Noronha, julgado em 04.06.2013.

Ressalte-se que, tal como se passa com a apelação no regramento do novo CPC, o juízo de admissibilidade é feito no juízo *ad quem*, e não mais no juízo prolator da decisão. No caso, embora processado no tribunal onde prolatada a decisão recorrida, o juízo de admissibilidade do recurso ordinário é feito no STF ou STJ, conforme o caso (art. 1.028, § 3º).

Nas causas em que forem partes, de um lado, estado estrangeiro ou organismo internacional e, do outro, município ou pessoa residente ou domiciliada no País (art. 1.027, II, *b*), da sentença e das decisões interlocutórias taxativamente previstas no novo CPC (art. 1.015), proferidas pelo juízo federal de primeiro grau, caberão recurso ordinário em sentido estrito (apelação) e "recurso ordinário-agravo de instrumento", respectivamente. Quanto aos requisitos de admissibilidade e ao procedimento, ao recurso ordinário interposto contra sentença, aplicam-se as disposições relativas à apelação; ao recurso ordinário interposto contra as decisões interlocutórias, aplicam-se as disposições relativas ao agravo de instrumento. Em ambos os casos, aplica-se supletivamente o Regimento Interno do STJ.

Por fim, cabe ressaltar que o recurso ordinário, em qualquer de suas modalidades, não é dotado de efeito suspensivo *ope legis*, regramento que, nesse particular, distingue-se do previsto para a apelação. O pedido para concessão do efeito suspensivo do recurso ordinário deve seguir as mesmas regras previstas para o recurso extraordinário ou especial (art. 1.027, § 2º, parte final).

Seção II
Do Recurso Extraordinário e do Recurso Especial

Subseção I
Disposições Gerais

CPC/2015	CPC/1973
Art. 1.029. O recurso extraordinário e o recurso especial, nos casos previstos na Constituição Federal, serão interpostos perante o presidente ou o vice-presidente do tribunal recorrido, em petições distintas que conterão:	Art. 541. O recurso extraordinário e o recurso especial, nos casos previstos na Constituição Federal, serão interpostos perante o presidente ou o vice-presidente do tribunal recorrido, em petições distintas, que conterão:
I – a exposição do fato e do direito;	I – a exposição do fato e do direito;
II – a demonstração do cabimento do recurso interposto;	II – a demonstração do cabimento do recurso interposto;
III – as razões do pedido de reforma **ou de invalidação** da decisão recorrida.	III – as razões do pedido de reforma ~~da decisão recorrida~~.
§ 1º Quando o recurso fundar-se em dissídio jurisprudencial, o recorrente fará a prova da divergência com a certidão, cópia ou citação do repositório de jurisprudência, oficial ou credenciado, inclusive em mídia eletrônica, em que houver sido publicado o *acórdão* divergente, ou ainda com a reprodução de julgado disponível na *rede mundial de computadores*, com indicação da respectiva fonte, devendo-se, em qualquer caso, mencionar as circunstâncias que identifiquem ou assemelhem os casos confrontados.	Parágrafo único. Quando o recurso fundar-se em dissídio jurisprudencial, o recorrente fará a prova da divergência mediante certidão, cópia ~~autenticada~~ ou pela citação do repositório de jurisprudência, oficial ou credenciado, inclusive em mídia eletrônica, em que tiver sido publicada a *decisão* divergente, ou ainda pela reprodução de julgado disponível na *Internet*, com indicação da respectiva fonte, mencionando, em qualquer caso, as circunstâncias que identifiquem ou assemelhem os casos confrontados.

§ 2º ~~Quando o recurso estiver fundado em dissí~~ ~~dio jurisprudencial, é vedado ao tribunal inadmiti~~ ~~-lo com base em fundamento genérico de que~~ ~~as circunstâncias fáticas são diferentes, sem~~ ~~demonstrar a existência da distinção.~~ (Revogado pela Lei nº 13.256/2016)

§ 3º **O Supremo Tribunal Federal ou o Superior Tribunal de Justiça poderá desconsiderar vício formal de recurso tempestivo ou determinar sua correção, desde que não o repute grave.**

§ 4º **Quando, por ocasião do processamento do incidente de resolução de demandas repetitivas, o presidente do Supremo Tribunal Federal ou do Superior Tribunal de Justiça receber requerimento de suspensão de processos em que se discuta questão federal constitucional ou infraconstitucional, poderá, considerando razões de segurança jurídica ou de excepcional interesse social, estender a suspensão a todo o território nacional, até ulterior decisão do recurso extraordinário ou do recurso especial a ser interposto.**

§ 5º **O pedido de concessão de efeito suspensivo a recurso extraordinário ou a recurso especial poderá ser formulado por requerimento dirigido:**

I – **ao tribunal superior respectivo, no período compreendido entre a publicação da decisão de admissão do recurso e sua distribuição, ficando o relator designado para seu exame prevento para julgá-lo;** (Redação dada Lei nº 13.156, de 2016).

II – **ao relator, se já distribuído o recurso;**

III – **ao presidente ou ao vice-presidente do tribunal recorrido, no período compreendido entre a interposição do recurso e a publicação da decisão de admissão do recurso, assim como no caso de o recurso ter sido sobrestado, nos termos do** art. 1.037. (Redação dada pela Lei nº 13.256, de 2016)

 ## COMENTÁRIOS:

Considerações sobre o Recurso Especial (REsp) e o Recurso Extraordinário (RE). O REsp e o RE são classificados como "recursos excepcionais", em oposição aos recursos comuns, também chamados ordinários. Isso porque, enquanto nos recursos comuns basta a sucumbência para preencher os requisitos relativos ao interesse e à legitimidade, no REsp e no RE, além desses requisitos, exige-se a ofensa ao direito positivo, constitucional ou infraconstitucional.

Os recursos comuns ou ordinários (apelação, agravo e embargos de declaração) são dirigidos aos Tribunais locais, isto é, aos TJs e TRFs, e permitem a discussão de questões de fato, além das de direito. Já os recursos extraordinário e especial são dirigidos aos Tribunais superiores, estão submetidos a procedimento mais rigoroso e a devolutividade se restringe à matéria de direito – não admitindo rediscussão da matéria fática –, razão pela qual também são chamados de recurso de estrito direito ou de superposição.

Os recursos excepcionais, portanto, não se prestam à correção da injustiça da decisão, mas à unificação da aplicação do direito positivo. Ressalte-se que o recurso ordinário constitucional também é dirigido aos Tribunais superiores, contudo, como já examinado, não se inclui entre os recursos extraordinários, por permitir a apreciação de matéria fática, além da jurídica.

As hipóteses de cabimento do recurso extraordinário e do recurso especial estão elencadas nos arts. 102, III, e 105, III, da CF/1988, razão pela qual são chamados de recursos de fundamentação vinculada.

Requisitos de admissibilidade em comum. Somente cabe recurso extraordinário ou recurso especial em causas decididas em única ou última instância,[464] razão pela qual é possível dizer que somente poderá ocorrer a interposição de RE ou REsp quando todos os outros recursos (comuns) tiverem sido interpostos. É o que dispõe, também, a Súmula 281 do STF: "É inadmissível o recurso extraordinário, quando couber, na Justiça de origem, recurso ordinário da decisão impugnada." Assim, por exemplo, a decisão monocrática de relator, porquanto ainda passível de outros recursos, não é capaz de ensejar REsp ou RE.[465]

Há também a exigência de prequestionamento da questão que se quer ver apreciada no STF ou no STJ. O prequestionamento deve ser entendido como manifestação expressa do juízo local, provocada ou não pela parte, sobre a questão devolvida nos recursos de estrito direito. Tanto o recurso extraordinário quanto o recurso especial só podem ser interpostos em face de "causas decididas", razão pela qual se exige prévia decisão nos autos acerca da matéria que se pretende discutir por meio de tais recursos. Assim, caso o tribunal de origem não tenha analisado a matéria de direito constitucional ou infraconstitucional, indispensável é a interposição de embargos declaratórios prequestionadores, a fim de que haja decisão acerca do tema jurídico que se quer ver debatido nos recursos extraordinário e especial. Deve-se esclarecer que o novo Código adotou o prequestionamento implícito. Assim, se, não obstante a interposição de embargos declaratórios, o tribunal de origem não apreciar a matéria objeto do recurso excepcional, a questão é tida como prequestionada para fins de interposição do REsp ou RE (art. 1.025).

Os recursos excepcionais não são cabíveis para reexame de prova (Súmula 7 do STJ e Súmula 279 do STF), pelo que as alegações neles veiculadas devem ser de direito (no caso do RE, direito constitucional; no do REsp, direito infraconstitucional). Vale ressaltar que, embora o reexame de prova não seja possível nos recursos excepcionais, admite-se nova valoração de prova constante dos autos (STJ, EDcl no AgRg no REsp 324.130/DF, 4ª Turma, Rel. Min. Sálvio de Figueiredo Teixeira, julgado em 18.04.2002, *DJ* 12.08.2002, p. 215; STJ,

---

[464] Nesse sentido: "O STJ, em sintonia com o disposto na Súmula 735 do STF, entende que, via de regra, não é cabível recurso especial para reexaminar decisão que defere ou indefere liminar ou antecipação de tutela, em razão da natureza precária da decisão, sujeita à modificação a qualquer tempo, devendo ser confirmada ou revogada pela sentença de mérito. Apenas violação direta ao dispositivo legal que disciplina o deferimento da medida autorizaria o cabimento do recurso especial, no qual não é possível decidir a respeito da interpretação dos preceitos legais que dizem respeito ao mérito da causa" (STJ, AREsp 886.909/RJ, 4ª Turma, Rel. Min. Isabel Gallotti, julgado em 17.11.2016).

[465] Nesse sentido: "[...] É inadmissível quando interposto após decisão monocrática proferida pelo relator, haja vista não esgotada a prestação jurisdicional pelo tribunal de origem" (STF, AgRg no RE com Agravo 868.922/SP, 2ª Turma, Rel. Min. Dias Toffoli, julgado em 02.06.2015).

AgRg no REsp 1.210.389/MS, 3ª Turma, Rel. Min. Nancy Andrighi, julgado em 24.09.2013, *DJe* 27.09.2013).

Alterações de redação (CPC/1973 x CPC/2015). No inciso III do *caput*, houve alteração apenas redacional. Sabido é que os recursos, exceto os embargos de declaração, visam à reforma ou invalidação da decisão recorrida, daí a inclusão do sintagma "ou de invalidação". No § 1º procedeu-se também a correções, de modo a compatibilizar o CPC/2015 com as exigências do ordenamento jurídico e com conceitos técnicos. Para fins de juntada a autos de processo, não mais se exige a autenticação. Basta ao advogado declarar que as cópias são autênticas (art. 425, IV, do CPC/2015).

A espécie *acórdão* é mais precisa do que o gênero *decisão*. Isso porque, como os apelos excepcionais (REsp e RE) pressupõem o esgotamento de todos os meios ordinários possíveis para que o Tribunal *a quo* decida a questão objeto dos recursos excepcionais, deve-se entender que a decisão monocrática de relator, porquanto ainda passível de outros recursos, não é capaz de ensejar REsp ou RE.

Por fim, trocou "internet" por "rede mundial de computadores". Seis por meia dúzia? Na linguagem técnica, não. A Internet é uma infraestrutura de redes, que conecta ou possibilita a conexão de computadores pelo mundo afora. A rede mundial de computadores (a *world wide web*) constitui um modelo de acessar a informação por meio da Internet. Já que estamos falando de um Código para um novo tempo, há que se mudar a fragrância do perfume.

Vício formal e sua correção. "A ausência de quaisquer das condições de admissibilidade do recurso, na instância especial, não enseja a concessão de oportunidade para a regularização do vício processual."[466] Essa era uma verdadeira máxima que imperava no STJ. Principalmente no âmbito dos Tribunais superiores, não era difícil depararmos com decisões que inadmitiam o recurso pelo fato de o protocolo da petição estar "tremido" e não possibilitar averiguar com segurança a data da interposição, que reputaram inexistente a petição recursal sem assinatura ou que inadmitiram o recurso porque o recorrente, *a priori*, não comprovou a ocorrência de feriado no juízo de origem. Esses são exemplos da denominada jurisprudência defensiva. A ordem, pelo que se extrai do teor das decisões, é matar os recursos no nascedouro, a qualquer custo, ainda que essa prática signifique a mais explícita negativa de acesso à justiça. Pois bem. O § 3º, em consonância com o princípio da economia processual, do aproveitamento dos atos e da celeridade, visa pôr fim a esse fetichismo pela forma em detrimento da essência. Em síntese, a não ser que se trate de defeito grave, que não permita a correção, há que desconsiderar o vício ou conceder prazo para esclarecimento ou correção.

Em síntese, a não ser que se trate de defeito grave, por exemplo, ausência de prequestionamento, é possível que o STJ e o STF (por meio do relator ou do órgão colegiado) desconsiderem o vício e determinem o regular prosseguimento do recurso. Também na hipótese de defeito que possa ser corrigido, cabe ao tribunal determinar a intimação do recorrente para suprir a irregularidade. Somente se o recorrente não sanar o vício formal do qual foi intimado para corrigir é que o tribunal deverá inadmitir o recurso.

---

[466] Nesse sentido: EREsp 733.188/RS, Rel. Min. Og Fernandes, 3ª Seção, julgado em 10.12.2008, DJe 15.05.2009.

Nesse ponto, vale lembrar o enunciado da Súmula 115 do STJ, segundo o qual "Na instância especial é inexistente o recurso interposto por advogado sem procuração dos autos." Como a ausência de procuração é vício que pode ser facilmente sanado, o entendimento sumulado deve ser reinterpretado em conformidade com o § 3º do art. 1.029: na instância especial é inexistente o recurso interposto por advogado sem procuração nos autos quando este, intimado para sanar a irregularidade, não juntar o instrumento no prazo assinalado pelo tribunal.

Extensão da suspensão de processos, no âmbito do território nacional, em decorrência de instauração de incidente de resolução de demandas repetitivas. O § 4º do dispositivo em comento se relaciona com o § 3º do art. 982. Este trata da faculdade conferida às partes de qualquer processo individual ou coletivo em curso, no qual se discuta a mesma questão objeto de incidente já instaurado e admitido, bem como ao Ministério Público e à Defensoria Pública, para requerer perante o STF ou STJ a extensão da suspensão vigorante no âmbito do tribunal (TJ ou TRF) onde tramita o incidente a todos os processos individuais ou coletivos em curso no território nacional que versem sobre a referida questão. O § 4º do art. 1.029, por sua vez, trata dos requisitos para a concessão dessa extensão.

Exemplo. O Tribunal de Justiça do Estado do Ceará admitiu incidente de resolução de demandas repetitivas visando definir a tese jurídica acerca da limitação estabelecida em determinada cláusula constante em contratos de plano de saúde firmados pelas operadoras desse serviço e determinou a suspensão dos processos pendentes, individuais ou coletivos, que versem sobre a mesma questão e tramitem no estado. A mencionada cláusula, que é padrão em boa parte dos contratos de plano de saúde, é impugnada em processos judiciais em curso nos diversos estados da federação, e os juízes e tribunais de justiça do país possuem entendimentos diversos sobre a questão. Nesse caso, uma operadora de plano de saúde da Paraíba, parte em processos individuais em curso nesse Estado, ainda que não figure no incidente de resolução de demandas repetitivas em trâmite no TJ do Ceará, tem legitimidade para requerer seja a suspensão dos processos, decretada no Ceará, estendida a todo o território nacional (art. 982, § 4º).

Em razão da diversidade de entendimentos sobre a questão, em nome da isonomia e da segurança jurídica, recomenda-se a suspensão dos processos em todo o território nacional até que a questão venha a ser decidida em eventual recurso extraordinário ou especial interposto em face do acórdão que vier a ser proferido no incidente de resolução instaurado no Tribunal do Ceará ou que vier a ser instaurado, em decorrência da já mencionada questão, em outro tribunal de justiça ou TRF. Denota insegurança jurídica e quebra da isonomia a cláusula objeto do nosso exemplo ser reputada válida para um usuário do estado do Ceará e não o ser para um de Minas Gerais. Porque milhares de usuários de planos de saúde estão sujeitos à limitação estabelecida pela tal cláusula contratual, é inconteste o interesse social em suspender os processos em curso, até ulterior decisão definitiva da questão, no âmbito de recurso extraordinário ou especial.

Atribuição de efeito suspensivo a recurso especial ou extraordinário. No CPC/1973, ante a falta de regramento específico, a atribuição de efeito suspensivo a RE e a REsp era viabilizada por meio do ajuizamento de ação cautelar. A competência para apreciar a medida liminar dependia do juízo de admissibilidade do recurso interposto. Se o tribunal de origem ainda não havia procedido a esse juízo, ao presidente do tribunal de origem caberia a apreciação da liminar da ação cautelar; se já exercido o juízo de admissibilidade na origem, a competência era do tribunal superior. A propósito, citem-se as Súmulas 634 e 635 do STF.[467]

O CPC/2015 pôs fim a essa dicotomia. Em justa homenagem à simplificação das formas, não há mais necessidade de ajuizamento de ação cautelar. Aliás, como procedimento autônomo, essa natureza de ação/processo está morta e cremada. Sendo assim, e conforme o disposto no § 5º do dispositivo em comento, o pedido de suspensão será dirigido, em petição autônoma, ao tribunal superior, ao relator ou ao presidente ou vice-presidente do tribunal local, a depender da fase em que se encontrar o procedimento em nível recursal.

No requerimento em que se veicula pedido de concessão de efeito suspensivo a RE ou a REsp, deve-se demonstrar (i) a interposição do recurso ao qual se pretende atribuir efeito suspensivo; (ii) que haja viabilidade processual do recurso interposto, caracterizada, entre outras, pelas notas da tempestividade, do prequestionamento explícito da matéria constitucional ou infraconstitucional; (iii) que a postulação de direito material deduzida pela parte recorrente tenha plausibilidade jurídica; e (iv) que se demonstre, objetivamente, a ocorrência de situação configuradora do *periculum in mora*. *Mutatis mutandis*, são os requisitos apontados pelo STF.[468]

CPC/2015	CPC/1973
Art. 1.030. Recebida a petição do recurso pela secretaria do tribunal, o recorrido será intimado para apresentar contrarrazões no prazo de 15 (quinze) dias, findo o qual os autos serão conclusos ao presidente ou ao vice-presidente do tribunal local, que deverá: (Redação dada pela Lei nº 13.256, de 2016) **I – negar seguimento:** **a) a recurso extraordinário que discuta questão constitucional à qual o Supremo Tribunal Federal não tenha reconhecido a existência de repercussão geral ou a recurso extraordinário interposto contra acórdão que esteja em conformidade com entendimento do Supremo Tribunal Federal exarado no regime de repercussão geral;**	Art. 542. Recebida a petição pela secretaria do tribunal, será intimado o recorrido, *abrindo-se-lhe vista,* para apresentar contrarrazões. § 1º Findo esse prazo, serão os autos *conclusos para admissão ou não do recurso,* ~~no prazo de 15 (quinze) dias, em decisão fundamentada.~~

---

[467] Súmula 634/STF: "Não compete ao Supremo Tribunal Federal conceder medida cautelar para dar efeito suspensivo a recurso extraordinário que ainda não foi objeto de juízo de admissibilidade na origem." Súmula 635/STF: "Cabe ao Presidente do Tribunal de origem decidir o pedido de medida cautelar em recurso extraordinário ainda pendente do seu juízo de admissibilidade."

[468] "A concessão de medida cautelar, pelo Supremo Tribunal Federal, quando requerida na perspectiva de recurso extraordinário interposto pela parte interessada, supõe, para legitimar-se, a conjugação necessária dos seguintes requisitos: (a) que tenha sido instaurada a jurisdição cautelar do Supremo Tribunal Federal (existência de juízo positivo de admissibilidade do recurso extraordinário, consubstanciado em decisão proferida pelo Presidente do Tribunal de origem ou resultante do provimento do recurso de agravo), (b) que o recurso extraordinário interposto possua viabilidade processual, caracterizada, dentre outras, pelas notas da tempestividade, do prequestionamento explícito da matéria constitucional e da ocorrência de ofensa direta e imediata ao texto da Constituição, (c) que a postulação de direito material deduzida pela parte recorrente tenha plausibilidade jurídica e (d) que se demonstre, objetivamente, a ocorrência de situação configuradora do 'periculum in mora'" (AC 2.798 ED, Rel. Min. Celso de Mello, 2a Turma, julgado em 15.03.2011).

b) a recurso extraordinário ou a recurso especial interposto contra acórdão que esteja em conformidade com entendimento do Supremo Tribunal Federal ou do Superior Tribunal de Justiça, respectivamente, exarado no regime de julgamento de recursos repetitivos;

II – encaminhar o processo ao órgão julgador para realização do juízo de retratação, se o acórdão recorrido divergir do entendimento do Supremo Tribunal Federal ou do Superior Tribunal de Justiça exarado, conforme o caso, nos regimes de repercussão geral ou de recursos repetitivos;

III – sobrestar o recurso que versar sobre controvérsia de caráter repetitivo ainda não decidida pelo Supremo Tribunal Federal ou pelo Superior Tribunal de Justiça, conforme se trate de matéria constitucional ou infraconstitucional;

IV – selecionar o recurso como representativo de controvérsia constitucional ou infraconstitucional, nos termos do § 6º do art. 1.036;

V – realizar o juízo de admissibilidade e, se positivo, remeter o feito ao Supremo Tribunal Federal ou ao Superior Tribunal de Justiça, desde que:

a) o recurso ainda não tenha sido submetido ao regime de repercussão geral ou de julgamento de recursos repetitivos;

b) o recurso tenha sido selecionado como representativo da controvérsia; ou

c) o tribunal recorrido tenha refutado o juízo de retratação.

§ 1º Da decisão de inadmissibilidade proferida com fundamento no inciso V caberá agravo ao tribunal superior, nos termos do art. 1.042.

§ 2º Da decisão proferida com fundamento nos incisos I e III caberá agravo interno, nos termos do art. 1.021.

 COMENTÁRIOS:

Alterações promovidas ainda no período de *vacatio legis*. A despeito da resistência manifestada pelos tribunais superiores, desde os trabalhos no âmbito da comissão do anteprojeto do novo CPC, a redação original da Lei nº 13.105/2015, que deu à luz o CPC/2015, aboliu o duplo juízo de admissibilidade nos recursos especial, extraordinário e de apelação. No tocante ao apelo, não houve chiadeira. Os tribunais de segundo grau, quiçá pela inferioridade de forças, não reclamaram. A resistência, afora o cabimento de reclamação independentemente do esgotamento das instâncias, restringiu-se à supressão do duplo juízo de admissibilidade nos recursos especial e extraordinário, daí a comemoração da vitória, com luminosos fogos de artifício. Afinal, o juízo de admissibilidade feito no tribunal de origem era desnecessariamente repetido no tribunal superior – afirmavam os defensores da mudança. Finalmente, o bom senso havia prevalecido sobre a vaidade que muitas vezes burocratiza e torna o simples complicado. Novos tempos. Agora, também no REsp e no RE, o juízo de admissibilidade seria único, mas a alegria durou pouco. Aliás, nem chegou a se efetivar. No regime de protagonismo dos tribunais superiores, a voz de dois ministros suplanta o coro formado pela comunidade jurídica e respaldado pelo Congresso Nacional. Um esboço da lei e uma visita foram suficientes para tudo voltar a ser como dantes. Como antes, que nada: mais atribuições foram cometidas aos tribunais de segundo grau.

No acender das luzes do novo CPC, a Lei nº 13.256/2016, entre outras alterações de menor monta, manteve o juízo de admissibilidade no tribunal de origem e disciplinou o processo e julgamento do recurso extraordinário e do recurso especial. Segundo a ordem instituída pelo dispositivo objeto desta análise, o presidente ou vice-presidente do "tribunal recorrido"[469] deverá: (a) negar seguimento a RE ou a REsp nas hipóteses que indica; (b) encaminhar o processo ao órgão julgador para realização do juízo de retratação; (c) sobrestar o recurso que versar sobre controvérsia de caráter repetitivo; (d) selecionar recurso representativo de controvérsia; (e) realizar juízo de admissibilidade e, se positivo, remeter o feito ao STF ou ao STJ, nas hipóteses mencionadas.

A lei foi recebida pela comunidade jurídica como um obstáculo aos avanços conquistados no CPC/2015. Neste ensaio, proponho-me a separar os alhos dos bugalhos e a apontar uma ordem lógica ao emaranhado de providências cometidas ao presidente ou ao vice-presidente do "tribunal recorrido". Vamos por partes.

Interposição de RE e REsp. O REsp e o RE se dirigem ao STJ e ao STF, respectivamente. Contudo, são interpostos perante o órgão onde prolatada a decisão recorrida, ficando a cargo do presidente ou do vice-presidente do TJ ou do TRF proceder ao juízo de admissibilidade e também, em certos casos, ao juízo de mérito. Ao longo dessa obra nos deteremos nos termos utilizados no dispositivo em comento. De qualquer forma, vale a ressalva de que, em algumas hipóteses específicas de RE, o juízo de admissibilidade é atribuído a juízes de primeiro grau[470] e ao presidente da turma recursal dos juizados especiais.[471]

Providências a cargo do tribunal de origem. Protocolada a petição de recurso, o recorrido será intimado para contrarrazões. Ultrapassado o prazo, com ou sem as contrarrazões, os autos serão conclusos ao presidente ou ao vice-presidente do TJ ou do TFR, que adotará uma das providências já indicadas. Ante as hipóteses que autorizam cada uma dessas providências, resta colocar os "pingos nos is", delimitando em que consiste cada uma delas e em qual ordem devem elas ser adotadas.

O inciso I está a indicar que a primeira providência a cargo do presidente ou do vice-presidente[472] consiste em negar seguimento nas hipóteses das alíneas *a* e *b*. Para continuar a linha de raciocínio, cabe esclarecer o que vem a significar essa expressão. Em outras palavras, **o que significa negar seguimento?**

---

469   Na dicção da lei, recorrido é o tribunal, não a decisão.

470   É o caso do recurso extraordinário interposto em face de decisão do juiz de primeiro grau, proferida em embargos infringentes (art. 34 da Lei nº 6.830/1980).

471   Pouco importa o nível do juízo prolator da decisão; se for em última ou única instância, atendidos os pressupostos específicos, cabível é o recurso extraordinário (art. 102, III, da CF).

472   O regimento interno do tribunal local é que estabelece se a competência é do presidente ou do vice-presidente.

Até o advento da Lei nº 9.756, de 1998, que deu nova redação ao art. 557 do CPC/1973, conferindo ao relator poder para "negar seguimento a recurso manifestamente inadmissível, improcedente, prejudicado ou em confronto com súmula ou com jurisprudência dominante do respectivo tribunal, do Supremo Tribunal Federal, ou de Tribunal Superior", a comunidade jurídica desconhecia ou pelo menos não fazia uso dessa equívoca expressão.

Muita tinta já se gastou para separar o alho do bugalho. Vou evitar o desperdício. No entanto, para a correta interpretação do dispositivo, estabelecer a distinção entre negar seguimento e dar seguimento ao recurso é fundamental. Já que essa é a minha proposição, vamos em frente.

A análise recursal, historicamente, comporta dois juízos. Juízo de admissibilidade, no qual se verificam os pressupostos genéricos atinentes ao cabimento, legitimidade, interesse, tempestividade, preparo, regularidade formal e inexistência de fato extintivo ou impeditivo do direito de recorrer. Ausente pelo menos um desses requisitos, não se conhece do recurso. Alguns recursos, além desses pressupostos genéricos, exigem pressupostos específicos. Por exemplo, a repercussão geral é pressuposto de admissibilidade no RE. Pois bem. Presentes os pressupostos de admissibilidade, "conheço do recurso" – é assim que se pronuncia o relator –, o que significa que a pretensão ou o mérito recursal será analisado. Superada essa fase, passa-se à análise da pretensão recursal, e, como resultado desse juízo, o órgão jurisdicional dá ou nega provimento ao recurso. Nem preciso dizer que a análise do conteúdo decisório impugnado com as normas jurídicas (precedentes, leis e princípios) diz respeito ao mérito.

Quanto ao juízo de admissibilidade, nunca houve dúvidas entre os intérpretes e aplicadores do direito. O mesmo não se pode dizer com relação ao "negar seguimento".

O art. 557 do CPC/1973, ao prescrever que "O relator negará seguimento a recurso manifestamente inadmissível, improcedente, prejudicado ou em confronto com súmula ou com jurisprudência dominante do respectivo tribunal, do Supremo Tribunal Federal, ou de Tribunal Superior", misturou preliminar (os pressupostos de admissibilidade) com o mérito recursal.

Uma parte da doutrina se conformou e outra chiou, mas o STJ ungiu a mistura:

1. O julgamento monocrático pelo relator encontra autorização no art. 557 do CPC/73, que pode negar seguimento a recurso quando: a) manifestamente inadmissível (exame preliminar de pressupostos objetivos); b) improcedente (exame da tese jurídica discutida nos autos); c) prejudicado (questão meramente processual[473]); e d) em confronto com súmula ou jurisprudência dominante do respectivo Tribunal, do STF ou de Tribunal Superior.

2. Legitimidade da decisão que, amparada no art. 557 do CPC, negou seguimento a recurso especial que não preencheu os requisitos de admissibilidade.

3. A expressão "negará seguimento", contida no *caput* do art. 557 do CPC, não abarca somente a possibilidade de improvimento do recurso, mas também a de não conhecimento desse (AgRg no Ag 801112/BA 2006/0167814-2, Rel. Min. Eliana Calmon, *DJ* 15.03.2007, p. 297).

---

[473] Na verdade, recurso prejudicado é aquele que perdeu o seu objeto em razão de um fato posterior, em outras palavras, na perda superveniente do interesse recursal, porque o julgamento tornou-se desnecessário.

A partir daí, negar seguimento passou a significar tudo e nada. Pode significar não conhecimento do recurso, como também pode significar que o recurso foi conhecido, mas não provido.

O novo CPC, no art. 932, procurou pôr ordem na casa, abolindo a expressão "negar seguimento". O inciso III desse dispositivo, ao contrário do *caput* do art. 557 do CPC/1973, menciona o não conhecimento (juízo de admissibilidade negativo) para as hipóteses de recurso inadmissível, prejudicado ou que não tenha atacado especificamente os fundamentos da decisão ou sentença recorrida, em outras palavras, quando falta algum pressuposto de admissibilidade recursal. Para o juízo de mérito, manteve a tradição, utilizando as expressões "negar provimento" para a hipótese, entre outras, de recurso contrário à súmula do STF e "dar provimento" para a hipótese de a contrariedade à súmula estar contida na decisão recorrida (incisos IV e V).

Negativa de seguimento ou negativa de provimento. Negar seguimento, que, na vigência do CPC/1973, significava juízo de admissibilidade e juízo de mérito, e no art. 932 do CPC/2015 foi relegada – ou melhor, substituída por termos mais precisos –, na dicção do art. 1.030, com a redação que lhe foi dada pela Lei nº 13.256/2016, voltou a ter significado duplo.

De acordo com o inciso I, alínea *a*, primeira parte, o presidente ou vice-presidente do TJ ou do TRF – "tribunal recorrido"; não merecíamos essa impropriedade – negará seguimento a recurso extraordinário que discuta questão constitucional à qual o Supremo Tribunal Federal não tenha reconhecido a existência de repercussão geral. Ora, a verificação de que o STF considerou ou não a repercussão geral da questão constitucional suscitada no recurso constitui juízo de admissibilidade. Não reconhecida a repercussão geral ou qualquer um dos pressupostos genéricos de admissibilidade, o não conhecimento do recurso se impõe – fenômeno a que o dispositivo em comento denomina negativa de seguimento.

Por outro lado, o confronto da decisão recorrida com o entendimento do STF, exarado em regime de repercussão geral (hipótese prevista na segunda parte da alínea *a* do inciso I), configura juízo de mérito. O juízo, nessa hipótese, consiste em verificar se o tribunal de origem valorou corretamente os fatos de acordo com o direito consubstanciado no precedente mencionado. Ora, se o acórdão está em consonância com tal parâmetro de apreciação do direito constitucional, o caso, indubitavelmente, seria de negativa de provimento ao RE. Entretanto, também aqui o Código diz que deve o presidente ou vice-presidente do tribunal negar seguimento ao recurso.

A alínea *b* contempla a hipótese de o acórdão em face do qual se interpôs RE ou o REsp estar em conformidade com entendimento do STF ou do STJ, respectivamente, exarado no regime de julgamento de recursos repetitivos. Mais uma vez estamos diante de juízo de mérito. A autoridade a quem a lei conferiu competência para essa análise primeira do recurso nada mais faz do que verificar se o tribunal de origem aplicou corretamente o precedente firmado em regime de recursos repetitivos. O caso é semelhante ao anterior, muda-se apenas a natureza do precedente utilizado como paradigma para o julgamento. O caso, mais uma vez, seria de negativa de provimento (juízo de mérito), mas menciona negativa de seguimento.

Vê-se que o legislador delegou ao presidente ou vice-presidente do órgão jurisdicional do qual oriunda a decisão recorrida competência para exercer o juízo de admissibilidade e, em certos casos, o julgamento da própria pretensão recursal – nesse último caso, somente quando o acórdão recorrido estiver em conformidade com o precedente citado, hipótese em que se deve negar seguimento ao recurso ou, em termos mais técnicos, negar provimento.

Contra a decisão monocrática do presidente ou vice-presidente que não conhecer do recurso ou a ele negar provimento – genericamente denominado negativa de seguimento – caberá agravo interno para o órgão especial ou pleno (conforme dispuser o respectivo regimento interno) do tribunal de origem (arts. 1.021 e 1.030, § 2º). Da decisão que eventualmente negar provimento ao agravo interno caberá o agravo em recurso especial ou em recurso extraordinário previsto no art. 1.042, conforme o caso. Também, em tese, cabível é a reclamação (art. 988). Todas as decisões aqui mencionadas, por óbvio, são passíveis de embargos de declaração.

Deve-se ressaltar que, não obstante o acórdão recorrido estar em conformidade com os precedentes citados, fato que em tese ensejaria o não seguimento (no sentido de não remessa) do recurso aos tribunais superiores (STF ou STJ), pode a parte argumentar com a necessidade – decorrente de alteração da lei ou de outros aspectos jurídicos ou sociais, exemplificativamente – da subida do recurso. Assim, a despeito de a decisão recorrida estar em consonância com o entendimento do STF ou do STJ (exarado no regime de repercussão geral ou no regime de recursos repetitivos, respectivamente), pode haver plausível justificativa para a subida do recurso. Só assim será possível a superação de precedentes e consequente atualização do direito. Fora isso, será a completa platinização ou engessamento do direito.

O juízo de admissibilidade dos recursos antecede lógica e cronologicamente o juízo de mérito. A colocação em primeiro lugar dos juízos mencionados no inciso I do art. 1.030 – de admissibilidade na primeira parte da alínea *a* e de mérito nas demais hipóteses –, a utilização da expressão genérica "negar seguimento" para indicar que o recurso não será remetido (não seguirá) para o STF ou para o STJ, bem como a colocação, em último plano (no inciso V), do juízo de admissibilidade, têm conduzido os intérpretes a erro.

"Negativa de seguimento", prevista no inciso I, contempla hipóteses de julgamento de mérito (alínea *a*, segunda parte, e alínea *b*). O que importa, evidentemente, não é o rótulo da decisão, e sim o seu conteúdo. Aliás, para evitar equivocidade – inclusive no que tange à contagem do prazo para eventual rescisória –, recomenda-se que, no dispositivo da decisão, diga a autoridade delegada se está negando conhecimento ou negando provimento ao recurso. Obviamente, para negar provimento ao recurso, forçosamente terá que passar pelo juízo de admissibilidade. Aliás, todas as providências contempladas nos incisos I a V pressupõem o juízo de admissibilidade. Por exemplo, se o RE ou REsp é intempestivo, o acórdão recorrido terá transitado em julgado. Ora, se assim é, nada mais há a prover, a não ser determinar a baixa dos autos. Isso, é claro, se não houver recurso da decisão que não conhece do recurso. Não se pode, exemplificativamente, negar provimento a recurso não conhecido; igualmente, não se pode cogitar de encaminhamento para juízo de retratação, de sobrestamento ou de seleção. Tudo isso soa franciscano, mas a prática em alguns tribunais motivou-me a escrever este ensaio. Julgar um recurso intempestivo ou exercer juízo de retratação num julgamento já coberto pela *res judicata* faria Paula Batista, Frederico Marques e Pontes de Miranda revirarem na cova. Seria um chacoalhar de ossos.

Providências cabíveis na análise do juízo de admissibilidade. Protocolado o recurso e indo os autos conclusos ao presidente ou vice-presidente do tribunal, este, antes de qualquer coisa, deve verificar se os pressupostos de admissibilidade genéricos e específicos, incluindo, no RE, eventual não reconhecimento de repercussão geral da questão constitucional discutida (inciso I, alínea *a*, primeira parte), estão presentes.

Ausentes os pressupostos de admissibilidade, o recurso excepcional não é conhecido, o que significa que lhe será negado seguimento para o tribunal superior. Dessa decisão cabe agravo interno para o próprio tribunal de segundo grau (art. 1.030, § 2º).

Presentes os pressupostos de admissibilidade, o recurso é conhecido e então deve o presidente ou vice-presidente do tribunal adotar uma das cinco providências a seguir.

a) **Negar provimento ao RE ou REsp (inciso I)**, se a decisão recorrida estiver em conformidade com entendimento do STF exarado em regime de repercussão geral ou com entendimento do STF ou do STJ, respectivamente, exarado em julgamento de recursos repetitivos. A negativa de provimento, tal como na hipótese de não conhecimento, significa que o recurso não subirá ao tribunal superior. A diferença aqui é que a decisão do presidente ou do vice-presidente implica julgamento monocrático do mérito recursal, o que não ocorre no caso de negativa de conhecimento. Isso mesmo. O mesmo tribunal prolator do acórdão recorrido julga o RE e/ou o REsp. O acórdão recorrido foi prolatado por um órgão colegiado, mas o recurso, atestando a conformidade com os precedentes já citados, pode ser julgado monocraticamente. Pode parecer inusitado, porém é assim que funciona. Também aqui cabe o agravo interno para o próprio tribunal de segundo grau (art. 1.030, § 2º), porquanto nesta, tal como na hipótese de não conhecimento do recurso, a não subida – a negativa de seguimento, na linguagem dos modernos – ao tribunal superior se dá com base no inciso I. Deve-se ressaltar que no tribunal de origem não há possibilidade de provimento do RE ou do REsp, apenas de negativa de provimento. A delegação não alcança essa competência. Também seria demais. O relator do recurso excepcional, no tribunal superior, tem um feixe de poderes bem mais amplo do que aqueles delegados ao presidente ou vice-presidente do tribunal de segundo grau. Entre outros poderes, o relator pode não conhecer do recurso, negar ou dar-lhe provimento (art. 932), sem falar que os paradigmas para a negativa ou concessão de provimento também são bastante ampliados.

b) **Remeter os autos, com o RE ou REsp, ao tribunal superior (inciso V)**, o que significa que o recurso seguirá (nesse sentido, "dar seguimento"), desde que: (i) não tenha sido submetido ao regime de repercussão geral ou de julgamento de recursos repetitivos (em tais hipóteses ficarão sobrestados); (ii) tenha sido selecionado como representativo da controvérsia (dois ou mais recursos representativos da controvérsia são selecionados para encaminhamento ao tribunal superior; os demais ficam sobrestados – art. 1.036, § 1º); ou (iii) o tribunal tenha refutado o juízo de retratação. É de lembrar que no tribunal superior o relator fará novo juízo de admissibilidade e, se for o caso de ir a julgamento do órgão colegiado, este fará um terceiro exame dos pressupostos de admissibilidade. Da decisão que nega seguimento (nega a remessa) ao tribunal superior cabe o agravo previsto no art. 1.042 (agravo em REsp e em RE), que é julgado pelo tribunal superior (art. 1.030, § 1º).

c) **Encaminhar o processo ao órgão julgador para realização do juízo de retratação (inciso II)**, se o acórdão recorrido divergir do entendimento do STF ou do STJ exarado, conforme o caso, nos regimes de repercussão geral ou de recursos repetitivos. Mais uma vez vale alertar que, antes dessa remessa do processo ao órgão que proferiu o acórdão recorrido, cabe ao presidente ou ao vice-presidente proceder ao juízo de admissibilidade, com o exame de todos os pressupostos genéricos e específicos. O não conhecimento do recurso prejudica o retorno dos autos ao juízo prolator da decisão. Já vi muita coisa nesta vida, inclusive a remessa de um recurso intempestivo para o exercício do juízo de retratação. A relação jurídica impugnada já estava acobertada pela *res judicata*. Seria possível mudar o que foi decidido, porque contrário ao entendimento do STF ou do STJ? A resposta é negativa. O precedente ainda não tem essa força. Pode até cogitar de rescisão, mas em ação própria. E o que dizer de o recurso ser incabível ou interposto por quem carece de legitimidade? Não sou adepto de formalismos estéreis, mas a segurança jurídica há que ser preservada.

Devolvido o feito ao órgão prolator, procede-se ao juízo de retratação. Considerando os julgadores que o acórdão diverge dos entendimentos mencionados, faz-se a devida adequação. Exemplificativamente, em juízo de retratação, se havia dado provimento à apelação, pode-se negar provimento. Afinal, a obediência aos precedentes é obrigatória (art. 927). Havendo retratação, pode ocorrer de o RE ou REsp restar prejudicado. Nada impede que a parte prejudicada com a retratação (na verdade, novo julgamento) interponha o recurso excepcional cabível. Não havendo retratação, o feito será remetido ao tribunal superior, atendidos os requisitos do inciso V. A decisão que encaminha o processo para o exercício do juízo de retratação é irrecorrível.

d) **Selecionar o recurso como representativo da controvérsia constitucional ou infraconstitucional (IV).** A técnica do julgamento repetitivo pressupõe a seleção e escolha de dois ou mais recursos representativos da controvérsia, pelo presidente ou vice-presidente dos tribunais de segundo grau, recursos esses que serão encaminhados ao STF ou STJ, para fins de afetação e julgamento da questão eleita pela técnica da amostragem (art. 1.036, § 1º). Essa escolha prévia, feita no tribunal de segundo grau, não vinculará o tribunal superior na decisão de afetação, que pode escolher outros recursos, desprezar os que foram escolhidos e assim por diante, de modo que a argumentação e a discussão acerca da questão eleita para definição da tese jurídica sejam as mais abrangentes possíveis (art. 1.036, §§ 4º a 6º). Aqui há disposição expressa no sentido de que somente os recursos admissíveis, ou seja, que tiveram juízo de admissibilidade positivo, podem ser selecionados (art. 1.036, § 6º). Mais uma vez, repito, a lacuna legislativa não pode justificar o julgamento do mérito ou o juízo de retratação em recursos inadmissíveis. O silêncio da lei nos demais casos pode até ser eloquente, mas no sentido de denunciar a necessidade de ultrapassar o juízo de admissibilidade. A mera seleção e escolha, por si sós, não causam gravame. A decisão é irrecorrível; é o que se extrai da leitura dos §§ 1º e 2º do art. 1.030.

e) **Sobrestar o recurso que versar sobre controvérsia de caráter repetitivo ainda não decidida pelo STF ou pelo STJ (inciso III).** O simples procedimento para identificar, nos processos, as questões repetitivas já implica certo grau de paralisação no processamento do RE ou do REsp. Contudo, o sobrestamento propriamente dito somente ocorre depois da escolha dos processos que serão encaminhados ao tribunal superior para esse fim. Primeiro, selecionam-se e remetem-se os processos escolhidos ao tribunal superior. Depois, suspendem-se os demais processos pendentes (art. 1.036, § 1º) no tribunal de segundo grau, o que abrangerá todos os feitos no Estado, DF ou na sessão judiciária respectiva. No STF ou STJ, tais processos se somarão a outros, remetidos por outros tribunais e também aos que o próprio relator do RE ou do REsp selecionou. No STF ou STJ, verificando que todos os processos selecionados ostentam fundamentação em idêntica questão de direito, proferirá decisão de afetação, na qual, entre outras providências, identifica a questão a ser submetida a julgamento pela técnica da amostragem e determina a suspensão ou o sobrestamento de todos os processos pendentes que versem sobre a questão e tramitem no território nacional (art. 1.037, I e II), até que seja publicado o acórdão paradigma (art. 1.040). O sobrestamento, então, ocorre em dois momentos distintos: um determinado pelo tribunal de segundo grau, envolvendo os recursos que tramitam na sua circunscrição; outro, no tribunal superior, com maior amplitude, pois abrange os processos já mencionados, que tramitam em qualquer grau de jurisdição, em todo o território nacional.

Peculiaridades da decisão de sobrestamento. A revogação da suspensão pode ocorrer de ofício pelo presidente ou vice-presidente do tribunal de segundo grau à vista da comunicação do relator, no STF ou no STJ, no sentido de que não se procederá à afetação. Essa decisão pode abranger todos os processos que contenham a questão que, por deliberação do relator do RE ou do REsp, não mais será objeto da técnica do julgamento repetitivo, ou somente um ou alguns dos processos que lhe foram enviados.

Da decisão que libera o recurso do sobrestamento não cabe recurso, até porque não se vislumbra gravame. Da decisão do presidente ou do vice-presidente do tribunal de segundo grau que sobresta, é cabível o agravo interno para esse mesmo tribunal (art. 1.030, § 2º). E da decisão negativa proferida no agravo interno? No regime do CPC/1973, não se admitia recurso extraordinário ou especial em tais casos, apenas o agravo interno. Com os ares democratizantes do novo Código, espera-se que os tribunais superiores mudem o entendimento, sob pena de ilegitimamente perdurar o gravame imposto à parte. Nesse caso, esgotada a instância ordinária, a questão atinente ao sobrestamento pode ser veiculada em reclamação, uma vez que a afetação e o consequente sobrestamento inserem-se na competência do STF ou STJ.

Nada obsta a que, após o sobrestamento, a parte, demonstrando a distinção, requeira o prosseguimento do processo ao juízo de primeiro grau, ao relator do processo sobrestado no tribunal de origem ou ao relator do RE ou REsp. Da decisão que resolver o requerimento cabe um dos recursos previstos no art. 1.037, § 13.

CPC/2015	CPC/1973
Art. 1.031. Na hipótese de *interposição conjunta* de recurso extraordinário e recurso especial, os autos serão remetidos ao Superior Tribunal de Justiça.	Art. 543. *Admitidos ambos* os recursos, os autos serão remetidos ao Superior Tribunal de Justiça.
§ 1º Concluído o julgamento do recurso especial, os autos serão remetidos ao Supremo Tribunal Federal para apreciação do recurso extraordinário, se este não estiver prejudicado.	§ 1º Concluído o julgamento do recurso especial, serão os autos remetidos ao Supremo Tribunal Federal, para apreciação do recurso extraordinário, se este não estiver prejudicado.
§ 2º Se o relator do recurso especial considerar prejudicial o recurso extraordinário, em decisão irrecorrível, sobrestará o julgamento e remeterá os autos ao Supremo Tribunal Federal.	§ 2º Na hipótese de o relator do recurso especial considerar que o recurso extraordinário é prejudicial àquele, em decisão irrecorrível sobrestará o seu julgamento e remeterá os autos ao Supremo Tribunal Federal, ~~para o julgamento do recurso extraordinário~~.
§ 3º *Na hipótese do § 2º*, se o relator do recurso extraordinário, em decisão irrecorrível, *rejeitar a prejudicialidade*, devolverá os autos ao Superior Tribunal de Justiça para o julgamento do recurso especial.	§ 3º *No caso do parágrafo anterior*, se o relator do recurso extraordinário, em decisão irrecorrível, *não o considerar prejudicial*, devolverá os autos ao Superior Tribunal de Justiça, para o julgamento do recurso especial.

Art. 1.032. Se o relator, no Superior Tribunal de Justiça, entender que o recurso especial versa sobre questão constitucional, deverá conceder prazo de 15 (quinze) dias para que o recorrente demonstre a existência de repercussão geral e se manifeste sobre a questão constitucional. **Parágrafo único.** Cumprida a diligência de que trata o *caput*, o relator remeterá o recurso ao Supremo Tribunal Federal, que, em juízo de admissibilidade, poderá devolvê-lo ao Superior Tribunal de Justiça.	Não há correspondência.
Art. 1.033. Se o Supremo Tribunal Federal considerar como reflexa a ofensa à Constituição afirmada no recurso extraordinário, por pressupor a revisão da interpretação de lei federal ou de tratado, remetê-lo-á ao Superior Tribunal de Justiça para julgamento como recurso especial.	Não há correspondência.

 ## COMENTÁRIOS AOS ARTS. 1.031 A 1.033:

Interposição simultânea de RE e REsp. É possível que uma mesma decisão afronte lei federal e norma constitucional, o que permite a interposição simultânea de recurso extraordinário e recurso especial. Nessa hipótese, nos termos do art. 1.031, o primeiro a ser julgado será o recurso especial. Se o STJ conhecer do recurso especial e lhe der provimento, restará prejudicado o recurso extraordinário. Pode ocorrer, entretanto, de o recorrente interpor recurso contra capítulos distintos: um que afronte lei federal e outro que infrinja disposição constitucional. Nessa hipótese, dar-se-á a remessa ao Supremo Tribunal Federal, para julgamento do recurso extraordinário, independentemente do resultado do julgamento no STJ (art. 1.031, § 1º).

Pode, entretanto, ocorrer de o relator do recurso especial entender que o recurso extraordinário deva ser apreciado em primeiro lugar (quando o RE prejudicar o REsp). Nesse caso, o julgamento do recurso especial é sobrestado e os autos são remetidos ao STF para julgamento do recurso extraordinário (art. 1.031, § 2º). Se o relator do recurso extraordinário, em decisão irrecorrível, rejeitar a prejudicialidade, devolverá os autos ao Superior Tribunal de Justiça para o julgamento do recurso especial (art. 1.031, § 3º).

Muitas vezes, entende o STJ que a ofensa apresentada no recurso especial que é submetido é de ordem constitucional e não infraconstitucional, de modo que o julgamento da questão, ou até mesmo o seu prequestionamento para fins de recurso extraordinário, consiste em usurpação da competência do STF.[474] O julgamento pelo STJ, nessa hipótese, resulta em inevitável inadmissibilidade. Com efeito, se a parte não tiver interposto recurso extraordinário, a questão já estará preclusa. No mesmo sentido trilha a nossa Corte Constitucional: verificada ofensa indireta ou reflexa ao texto

---

[474] "Consoante firme orientação jurisprudencial, não se afigura possível apreciar, em sede de recurso especial, suposta ofensa direta a artigos da Constituição Federal. O prequestionamento de matéria essencialmente constitucional pelo STJ implicaria usurpação da competência do STF" (AgRg nos EDcl no REsp 1.279.753/SP, 5ª Turma, Rel. Min. Jorge Mussi, julgado em 02.08.2012).

constitucional, de modo a exigir o exame de norma infraconstitucional, o STF deve inadmitir o recurso extraordinário.[475]

Em termos práticos, de acordo com a sistemática do CPC/1973, não se admite a fungibilidade entre o recurso especial e o recurso extraordinário, entrave que culminou na edição das Súmulas 126/STJ[476] e 636/STF.[477]

Diante dessa verdadeira incongruência, o jurisdicionado só tinha uma opção: interpor os dois recursos, por precaução, e aguardar resposta positiva de algum dos tribunais. O que a jurisprudência exigia, portanto, era a duplicação do trabalho do advogado.

Essa incongruência é resolvida pelos arts. 1.032 e 1.033 do novo CPC. Caso o relator no STJ entenda que o recurso trata de questão constitucional, concederá ao recorrente prazo para complementação e apresentação de alegações acerca da repercussão geral. Após o prazo, direcionará ao STF o recurso. A Corte Constitucional, caso entenda não se tratar de violação direta à ordem constitucional, poderá devolver a questão ao STJ, a quem incumbirá o julgamento do recurso.

Da mesma forma, o STF poderá enviar ao STJ recurso extraordinário no qual evidencie eventual ofensa reflexa ao texto constitucional, mas cuja questão de fundo não envolva matéria de sua competência.

Em suma, pode o recorrente interpor apenas REsp, por acreditar que a ofensa é apenas à lei federal. Ocorre que, quando o recurso chega ao STJ, este considera que o caso envolve matéria eminentemente constitucional. Nos termos do art. 1.032, em vez de não conhecer do recurso, o relator no STJ deverá conceder ao recorrente o prazo de quinze dias para que este demonstre a existência de repercussão geral e se manifeste sobre a questão constitucional, a fim de viabilizar o julgamento do recurso pelo STF. Em outras palavras, em nome do princípio da fungibilidade, o Código admite a conversão do REsp em RE.

O art. 1.033, por sua vez, dispõe sobre a possibilidade inversa, isto é, de o STF converter RE em REsp quando considerar que há ofensa apenas reflexa (e não direta) ao texto constitucional.

Os dois dispositivos evidenciam o apreço do legislador pelo princípio da primazia do julgamento de mérito.

---

[475] "Necessidade de análise de legislação ordinária. Inadmissibilidade do RE, porquanto a ofensa à Constituição, se ocorrente, seria indireta. Precedentes. III – Somente admite-se recurso extraordinário de decisão do Superior Tribunal de Justiça se a questão constitucional impugnada for nova. Assim, a matéria constitucional impugnável via RE deve ter surgido, originariamente, no julgamento do recurso especial, o que não é o caso dos autos" (AI 714.886 AgR, 1ª Turma, Rel. Min. Ricardo Lewandowski, julgado em 03.03.2009, DJe 26.03.2009).

[476] Súmula 126 do STJ: "É inadmissível recurso especial, quando o acórdão recorrido assenta em fundamentos constitucional e infraconstitucional, qualquer deles suficiente, por si só, para mantê-lo, e a parte vencida não manifesta recurso extraordinário."

[477] Súmula 636 do STF: "Não cabe recurso extraordinário por contrariedade ao princípio constitucional da legalidade, quando a sua verificação pressuponha rever a interpretação dada a normas infraconstitucionais pela decisão recorrida."

CPC/2015	CPC/1973
Art. 1.034. Admitido o recurso extraordinário ou o recurso especial, o Supremo Tribunal Federal ou o Superior Tribunal de Justiça julgará o processo, aplicando o direito. **Parágrafo único.** Admitido o recurso extraordinário ou o recurso especial por um fundamento, devolve-se ao tribunal superior o conhecimento dos demais fundamentos para a solução do capítulo impugnado.	Não há correspondência.

 ## COMENTÁRIOS:

Efeito devolutivo. O dispositivo acampa o entendimento jurisprudencial acerca do efeito devolutivo dos recursos especial e extraordinário. Por mais que se trate de um efeito devolutivo limitado, uma vez que a função do recurso é uniformizar o entendimento sobre lei infraconstitucional ou sobre matéria constitucional, continua incontestável a possibilidade de o órgão julgador aplicar o direito à causa, dirimindo-a.[478]

Assim, inobstante a "objetivação" existente no julgamento de recursos pelos tribunais superiores, indiscutível a necessidade de uma margem de apuração do direito pelo órgão, para que ele possa resolver definitivamente a crise de direito material que substanciou o recurso. Caso contrário, o tribunal se tornará abstrato, sem acesso à sociedade e incapaz de gerar efeitos materiais em suas decisões.[479]

CPC/2015	CPC/1973
Art. 1.035. O Supremo Tribunal Federal, em decisão irrecorrível, não conhecerá do recurso extraordinário quando a questão constitucional nele versada não tiver repercussão geral, nos termos deste artigo. § 1º Para efeito de repercussão geral, será considerada a existência ou não de questões relevantes do ponto de vista econômico, político, social ou jurídico que ultrapassem os interesses subjetivos do processo.	**Art. 543-A.** O Supremo Tribunal Federal, em decisão irrecorrível, não conhecerá do recurso extraordinário, quando a questão constitucional nele versada não oferecer repercussão geral, nos termos deste artigo. § 1º Para efeito da repercussão geral, será considerada a existência, ou não, de questões relevantes do ponto de vista econômico, político, social ou jurídico, que ultrapassem os interesses subjetivos da causa.

---

[478] Súmula 456/STF: "O Supremo Tribunal Federal, conhecendo do recurso extraordinário, julgará a causa, aplicando o direito à espécie." No mesmo sentido, cf. o art. 257 do Regimento Interno do STJ.

[479] "Em virtude da sua natureza excepcional, decorrente das limitadas hipóteses de cabimento (Constituição, art. 105, III), o recurso especial tem efeito devolutivo restrito, subordinado à matéria efetivamente prequestionada, explícita ou implicitamente, no tribunal de origem. 2. Todavia, embora com devolutividade limitada, já que destinado, fundamentalmente, a assegurar a inteireza e a uniformidade do direito federal infraconstitucional, o recurso especial não é uma via meramente consultiva, nem um palco de desfile de teses meramente acadêmicas. Também na instância extraordinária o Tribunal está vinculado a uma causa e, portanto, a uma situação em espécie (Súmula 456 do STF; Art. 257 do RISTJ)" (REsp 660.519/CE, Rel. Min. Teori Albino Zavascki, 1a Turma, julgado em 20.10.2005, DJ 07.11.2005, p. 97).

§ 2º O recorrente deverá demonstrar a existência de repercussão geral para apreciação exclusiva pelo Supremo Tribunal Federal.

§ 3º Haverá repercussão geral sempre que o recurso impugnar *acórdão* que:

I – contrarie súmula ou jurisprudência dominante do *Supremo Tribunal Federal*;

~~II – tenha sido proferido em julgamento de casos repetitivos;~~ (Revogado pela Lei nº 13.256, de 2016)

III – **tenha reconhecido a inconstitucionalidade de tratado ou de lei federal, nos termos do art. 97 da Constituição Federal.**

§ 4º O relator poderá admitir, na análise da repercussão geral, a manifestação de terceiros, subscrita por procurador habilitado, nos termos do Regimento Interno do Supremo Tribunal Federal.

§ 5º **Reconhecida a repercussão geral, o relator no Supremo Tribunal Federal determinará a suspensão do processamento de todos os processos pendentes, individuais ou coletivos, que versem sobre a questão e tramitem no território nacional.**

§ 6º **O interessado pode requerer, ao presidente ou ao vice-presidente do tribunal de origem, que exclua da decisão de sobrestamento e inadmita recurso extraordinário que tenha sido interposto intempestivamente, tendo o recorrente o prazo de 5 (cinco) dias para manifestar-se sobre esse requerimento.**

§ 7º **Da decisão que indeferir o requerimento referido no § 6º ou que aplicar entendimento firmado em regime de repercussão geral ou em julgamento de recursos repetitivos caberá agravo interno**. (Redação dada pela Lei nº 13.256, de 2016)

§ 8º Negada a repercussão geral, **o presidente ou o vice-presidente do tribunal de origem** *negará seguimento aos recursos extraordinários sobrestados na origem que versem* sobre matéria idêntica.

§ 9º **O recurso que tiver a repercussão geral reconhecida deverá ser julgado no prazo de 1 (um) ano e terá preferência sobre os demais feitos, ressalvados os que envolvam réu preso e os pedidos de** *habeas corpus*.

~~§ 10. Não ocorrendo o julgamento no prazo de 1 (um) ano a contar do reconhecimento da repercussão geral, cessa, em todo o território nacional, a suspensão dos processos, que retomarão seu curso normal.~~ (Revogado pela Lei nº 13.256/2016)

§ 11. A súmula da decisão sobre a repercussão geral constará de ata, que será publicada no diário oficial e valerá como acórdão.

§ 2º O recorrente deverá demonstrar, ~~em preliminar do recurso,~~ para apreciação exclusiva do Supremo Tribunal Federal, a existência da repercussão geral.

§ 3º Haverá repercussão geral sempre que o recurso impugnar *decisão* contrária a súmula ou jurisprudência dominante do *Tribunal*.

~~§ 4º Se a Turma decidir pela existência da repercussão geral por, no mínimo, 4 (quatro) votos, ficará dispensada a remessa do recurso ao Plenário.~~

§ 5º Negada a existência da repercussão geral, *a decisão valerá para todos os recursos* sobre matéria idêntica, *que serão indeferidos liminarmente,* ~~salvo revisão da tese, tudo nos termos do Regimento Interno do Supremo Tribunal Federal.~~

§ 6º O Relator poderá admitir, na análise da repercussão geral, a manifestação de terceiros, subscrita por procurador habilitado, nos termos do Regimento Interno do Supremo Tribunal Federal.

COMENTÁRIOS:

Repercussão geral. A repercussão geral da questão constitucional é requisito de admissibilidade do RE (art. 102, § 3º, da CF/1988 e art. 1.035 do CPC), que exige a demonstração da existência "de questões relevantes do ponto de vista econômico, político, social ou jurídico, que ultrapassem os interesses subjetivos do processo" (§ 1º).

Dessa maneira, para que seja cabível o RE, faz-se necessário que a questão discutida tenha relevância além dos limites ou interesses subjetivos do caso concreto, como ocorre em demanda em que se discute a constitucionalidade da cobrança de determinado tributo. Em suma, não cabe ao STF decidir "briga de vizinhos", ou seja, questões cujo debate tenha relevância apenas para as partes.

O pronunciamento acerca da existência de repercussão geral é de competência exclusiva do STF (§ 2º). O juízo *a quo* não pode, portanto, usurpar a competência da Suprema Corte e analisar esse requisito, ainda diante do fim do duplo juízo de admissibilidade.

Conforme se extrai do art. 102, § 3º, da CF/1988, a relevância da questão constitucional é, a princípio, presumida, cabendo ao plenário do STF, pela decisão de pelo menos dois terços de seus membros (oito ministros), rejeitá-la.

Presunção de existência de repercussão geral. Em duas situações a relevância da questão é presumida de modo absoluto, isto é, *iure et de iure*: (i) quando o recurso impugnar decisão contrária a súmula ou jurisprudência dominante do STF. Isso significa que pelo simples fato de determinada matéria ser sumulada pelo STF ou objeto de reiteradas decisões há relevância *jurídica* que justifica a admissão do RE, além de eventual relevância econômica, política ou social; (ii) quando o acórdão tenha reconhecido a inconstitucionalidade de lei ou tratado, nos termos do art. 97 CF/1988.[480]

Alegação em preliminar. O STF já decidiu, com base no § 2º do art. 543-A do CPC/1973,[481] que a repercussão geral deve ser alegada como preliminar, ou seja, demonstrada em tópico destacado da petição do RE.[482] Como o novo CPC não repete, *ipsis litteris*, o mencionado dispositivo, pode-se concluir que é dispensável essa formalidade, bastando, para tanto, que o recorrente demonstre, de forma fundamentada, o requisito da repercussão geral.

Manifestação de terceiros. Pode o relator do RE admitir, nos termos do Regimento Interno do STF, a manifestação de terceiros na análise da repercussão geral (§ 4º). Trata-se da figura do *amicus curiae*.

Suspensão dos processos. "Reconhecida a repercussão geral, o relator no Supremo Tribunal Federal determinará a suspensão do processamento de todos os processos pendentes, individuais ou coletivos, que versem sobre a questão e tramitem no território nacional" (§ 5º). Ou seja, independentemente do grau de jurisdição ou da fase (conhecimento ou execução) em que esteja o processo, o STF determinará – isso mesmo, o verbo é imperativo – a suspensão de todos aqueles que tenham relação com a causa submetida a julgamento.

---

[480] Art. 97. "Somente pelo voto da maioria absoluta de seus membros ou dos membros do respectivo órgão especial poderão os tribunais declarar a inconstitucionalidade de lei ou ato normativo do Poder Público."

[481] "O recorrente deverá demonstrar, em preliminar do recurso, para apreciação exclusiva do Supremo Tribunal Federal, a existência da repercussão geral." No novo CPC, o § 2º do art. 1.035 excluiu a expressão "em preliminar".

[482] Nesse sentido: STF, AI 703.374/PR, 2ª Turma, Rel. Min. Ellen Gracie, julgado em 14.10.2008.

Pode o interessado – a parte em processo abrangido pela suspensão – evitar o sobrestamento de recurso extraordinário que apresente manifesta inadmissão por intempestividade. Para tanto, ele deverá, no caso o recorrido, requerer a inadmissão do recurso extraordinário interposto e, como consequência, a exclusão do processo da decisão de sobrestamento. Quanto à inadmissão do recurso extraordinário, hão que se compatibilizar as disposições do art. 1.028, § 3º, com as do art. 1.035, § 6º. Havendo requerimento para inadmissão do recurso extraordinário, com base em intempestividade, e consequente exclusão da decisão de sobrestamento, a decisão sobre essas questões caberá ao presidente ou vice-presidente do tribunal de origem, embora a decisão que determinou o sobrestamento tenha provindo do relator do recurso extraordinário. Sobre o requerimento será ouvido o recorrente no prazo de cinco dias. Da decisão que indeferir o requerimento caberá agravo interno (§ 7º).

Prazo para a suspensão dos processos. Não obstante a necessidade do sobrestamento para fins de uniformização do entendimento jurisprudencial, o CPC/2015 apresentou prazo para a suspensão, evitando que diversos processos fiquem parados em gabinetes, aguardando julgamento. Nesse sentido, dispõe o § 9º do art. 1.035 que o sobrestamento ocorrerá durante um ano e que a causa terá processamento prioritário, salvo os casos que envolvam réu preso e *habeas corpus.*

A redação original do CPC/2015 (conferida pela Lei nº 13.105/2015) previa um marco temporal de duração da suspensão dos processos. O § 10 do art. 1.035, revogado pela Lei nº 13.256/2016, dispunha que, "não ocorrendo o julgamento no prazo de 1 (um) ano a contar do reconhecimento da repercussão geral, cessa, em todo o território nacional, a suspensão dos processos, que retomarão seu curso normal". Tendo em vista a revogação, poderemos ter a situação de centenas de processos ficarem suspensos por prazo indeterminado.

Repercussão geral negada. Negada a repercussão geral, o presidente ou vice-presidente do tribunal de origem negará seguimento aos recursos extraordinários sobrestados na origem que versem sobre a mesma matéria que teve a repercussão geral negada (§ 8º).

A propósito da inadmissão com base no reconhecimento de inexistência de repercussão geral, vale citar a situação seguinte. Não reconhecida repercussão geral, a decisão valerá para todos os recursos sobre matéria idêntica, os quais terão seu seguimento sobrestado na forma do § 8º. Ocorre que o advogado do recorrente pode considerar que a tese definida pelo STF não se aplica à situação do seu cliente. Nessa hipótese, não pode a parte interpor qualquer recurso para demonstrar a distinção entre o caso concreto e a tese firmada, para "forçar" a apreciação do RE pelo Supremo, visto que se trata de hipótese na qual não cabe o agravo previsto no art. 1.042.

Subseção II
Do Julgamento dos Recursos Extraordinário e Especial Repetitivos

CPC/2015	CPC/1973
Art. 1.036. Sempre que houver multiplicidade de recursos extraordinários ou especiais com fundamento em idêntica *questão de direito, haverá afetação para julgamento* de acordo com as disposições desta *Subseção*, observado o disposto no Regimento Interno do Supremo Tribunal Federal e no do Superior Tribunal de Justiça.	Art. 543-B. Quando houver multiplicidade de recursos com fundamento em idêntica *controvérsia, a análise da repercussão geral será processada* nos termos do Regimento Interno do Supremo Tribunal Federal, observado o disposto neste *artigo*. Art. 543-C. Quando houver multiplicidade de recursos com fundamento em idêntica *questão de direito,* o recurso especial será processado nos termos deste artigo.

§ 1º O presidente **ou o vice-presidente** de tribunal de *justiça ou de tribunal regional federal selecionará 2 (dois)* **ou mais recursos representativos da controvérsia, que serão encaminhados ao Supremo Tribunal Federal ou ao Superior Tribunal de Justiça** *para fins de afetação*, **determinando a suspensão do trâmite de** *todos os processos pendentes*, **individuais ou coletivos, que tramitem no Estado ou na região, conforme o caso.**

Art. 543-C. [...]

§ 1º Caberá ao presidente do tribunal de origem *admitir um* ou mais recursos representativos da controvérsia, os quais serão encaminhados ao Superior Tribunal de Justiça, ficando suspensos os demais *recursos especiais* ~~até o pronunciamento definitivo do Superior Tribunal de Justiça~~.

§ 2º **O interessado pode requerer, ao presidente ou ao vice-presidente, que exclua da decisão de sobrestamento e inadmita o recurso especial ou o recurso extraordinário que tenha sido interposto intempestivamente, tendo o recorrente o prazo de 5 (cinco) dias para manifestar-se sobre esse requerimento.**

§ 3º **Da decisão que indeferir o requerimento referido no § 2º caberá apenas agravo interno.** (Redação dada pela Lei nº 13.256, de 2016)

§ 4º **A escolha feita pelo presidente ou vice-presidente do tribunal de justiça ou do tribunal regional federal não vinculará o relator no tribunal superior, que poderá selecionar outros recursos representativos da controvérsia.**

§ 5º **O relator em tribunal superior também poderá selecionar 2 (dois) ou mais recursos representativos da controvérsia para julgamento da questão de direito independentemente da iniciativa do presidente ou do vice-presidente do tribunal de origem.**

§ 6º **Somente podem ser selecionados recursos admissíveis que contenham abrangente argumentação e discussão a respeito da questão a ser decidida.**

Art. 543-B. [...]

§ 1º Caberá ao Tribunal de origem *selecionar um* ou mais recursos representativos da controvérsia e encaminhá-los ao Supremo Tribunal Federal, sobrestando *os demais* ~~até o pronunciamento definitivo da Corte~~.

COMENTÁRIOS:

Noções gerais. Quando houver multiplicidade de recursos extraordinários ou especiais com fundamento em idêntica questão de direito,[483] cabe ao presidente ou ao vice-presidente de tribunal de justiça ou de tribunal regional federal selecionar dois ou mais recursos representativos da controvérsia, que serão encaminhados para julgamento pelo Supremo Tribunal Federal ou pelo Superior Tribunal de Justiça, a depender da matéria veiculada.

A finalidade de tal disposição é permitir que os recursos selecionados sirvam de paradigma para outras decisões envolvendo processos que contenham teses idênticas, ou seja, que possuam fundamento em idêntica questão de direito. Essa sistemática tem por objetivo conferir celeridade na tramitação de processos que contenham idêntica controvérsia, além de isonomia de tratamento às partes e segurança jurídica aos jurisdicionados.

---

[483] Fala-se em questão de direito, porquanto o reexame de matéria fática é vedado nos tribunais superiores (Súmula 7 do STJ; Súmula 279 do STF).

Trata-se, em termos simples, de técnica de julgamento por amostragem. Em vez do processamento normal de todos os recursos extraordinários ou especiais versando o mesmo tema constitucional ou infraconstitucional, o juízo *a quo* selecionará alguns deles e os remeterá ao STF ou STJ para apreciação da questão de direito. Na seleção dos recursos representativos, o presidente ou vice-presidente do tribunal de justiça ou do tribunal regional federal deve estar atento para o enfrentamento qualitativo da matéria, o que quer dizer que somente serão selecionados os recursos com maior riqueza de argumentos, que revelarão ao tribunal superior a amplitude e a importância da matéria a ser decidida. É essa a interpretação que se deve conferir ao § 6º do art. 1.036: "somente podem ser selecionados recursos admissíveis que contenham abrangente argumentação e discussão a respeito da questão a ser decidida".

Aprimoramento na seleção dos recursos representativos. O CPC/2015 aprimora e complementa a técnica de julgamento por amostragem, disciplinado a necessidade da seleção de, no mínimo, dois recursos representativos da controvérsia a ser dirimida de maneira uniforme pelo tribunal superior (§§ 2º e 5º). Tais recursos deverão sempre apresentar abrangente argumentação e discussão acerca da questão a ser decidida (§ 6º). Em síntese, a disposição ajusta a técnica ao modelo constitucional de processo, uma vez que potencializa o contraditório tridimensional.[484]

Vinculação aos recursos selecionados. O tribunal superior não está vinculado aos recursos selecionados pelo tribunal de origem (§ 4º). Em suma, o tribunal superior poderá selecionar outros recursos além daqueles apresentados pelo tribunal *a quo*, visando a uma representação mais adequada acerca da questão que será apreciada. A ideia é garantir uma boa técnica de seleção por amostragem, a qual refletirá, diretamente, na profundidade da discussão no tribunal e na qualidade do precedente que será formado.

Os demais processos referentes ao mesmo tema constitucional ou infraconstitucional permanecerão sobrestados (§ 1º, parte final), aguardando o julgamento dos recursos que foram selecionados, tal como ocorre na análise da repercussão geral. Contudo, aqueles que eventualmente forem sobrestados indevidamente, por conterem tese distinta daquela que será apreciada pelo tribunal superior, poderão ser "destrancados", na forma dos §§ 9º a 12 do art. 1.037.

Recursos intempestivos. Pode ser excluído da decisão de sobrestamento o recurso especial ou extraordinário que tenha sido interposto intempestivamente (§ 2º). Para tanto, deve ser requerido ao presidente ou vice-presidente do tribunal de origem (tribunal de justiça ou tribunal regional federal) o reconhecimento da intempestividade, ouvido o recorrente no prazo de cinco dias. A manifesta inadmissão, nessa hipótese, permite o exame do recurso e a inaplicabilidade dos efeitos do sobrestamento. Caso indeferido o requerimento, caberá apenas agravo interno (§ 3º), que será analisado pelo respectivo órgão colegiado.

---

[484] Entende-se a terceira dimensão do contraditório como aquela que impõe ao órgão julgador o dever de considerar todos os argumentos relevantes apresentados pelas partes para formação do provimento. Para mais informações, cf. JAYME, F. G.; FRANCO, M. V. O princípio do contraditório no Projeto de Novo Código de Processo Civil. **Revista de Processo**, São Paulo, n. 227, jan. 2014.

CPC/2015	CPC/1973

Art. 1.037. Selecionados os recursos, o relator, no tribunal superior, constatando a presença do pressuposto do *caput* do art. 1.036, proferirá decisão de afetação, na qual:

I – identificará com precisão a questão a ser submetida a julgamento;

II – determinará a suspensão do processamento de todos os processos pendentes, individuais ou coletivos, que versem sobre a questão e tramitem no território nacional;

III – poderá requisitar aos presidentes ou aos vice-presidentes dos tribunais de justiça ou dos tribunais regionais federais a remessa de um recurso representativo da controvérsia.

§ 1º Se, após receber os recursos selecionados pelo presidente ou pelo vice-presidente de tribunal de justiça ou de tribunal regional federal, não se proceder à afetação, o relator, no tribunal superior, comunicará o fato ao presidente ou ao vice-presidente que os houver enviado, para que seja revogada a decisão de suspensão referida no art. 1.036, § 1º.

§ 2º É vedado ao órgão colegiado decidir, para os fins do art. 1.040, questão não delimitada na decisão a que se refere o inciso I do *caput*. (Revogado pela Lei nº 13.256/2016)

§ 3º Havendo mais de uma afetação, será prevento o relator que primeiro tiver proferido a decisão a que se refere o inciso I do *caput*.

§ 4º Os recursos afetados deverão ser julgados no prazo de 1 (um) ano e terão preferência sobre os demais feitos, ressalvados os que envolvam réu preso e os pedidos de *habeas corpus*.

§ 5º Não ocorrendo o julgamento no prazo de 1 (um) ano a contar da publicação da decisão de que trata o inciso I do caput, cessam automaticamente, em todo o território nacional, a afetação e a suspensão dos processos, que retomarão seu curso normal (Revogado pela Lei nº 13.256, de 2016)

§ 6º Ocorrendo a hipótese do § 5º, é permitido a outro relator do respectivo tribunal superior afetar 2 (dois) ou mais recursos representativos da controvérsia na forma do art. 1.036.

§ 7º Quando os recursos requisitados na forma do inciso III do *caput* contiverem outras questões além daquela que é objeto da afetação, caberá ao tribunal decidir esta em primeiro lugar e depois as demais, em acórdão específico para cada processo.

Não há correspondência.

§ 8º As partes deverão ser intimadas da decisão de suspensão de seu processo, a ser proferida pelo respectivo juiz ou relator quando informado da decisão a que se refere o inciso II do *caput*.

§ 9º Demonstrando distinção entre a questão a ser decidida no processo e aquela a ser julgada no recurso especial ou extraordinário afetado, a parte poderá requerer o prosseguimento do seu processo.

§ 10. O requerimento a que se refere o § 9º será dirigido:

I – ao juiz, se o processo sobrestado estiver em primeiro grau;

II – ao relator, se o processo sobrestado estiver no tribunal de origem;

III – ao relator do acórdão recorrido, se for sobrestado recurso especial ou recurso extraordinário no tribunal de origem;

IV – ao relator, no tribunal superior, de recurso especial ou de recurso extraordinário cujo processamento houver sido sobrestado.

§ 11. A outra parte deverá ser ouvida sobre o requerimento a que se refere o § 9º, no prazo de 5 (cinco) dias.

§ 12. Reconhecida a distinção no caso:

I – dos incisos I, II e IV do § 10, o próprio juiz ou relator dará prosseguimento ao processo;

II – do inciso III do § 10, o relator comunicará a decisão ao presidente ou ao vice-presidente que houver determinado o sobrestamento, para que o recurso especial ou o recurso extraordinário seja encaminhado ao respectivo tribunal superior, na forma do art. 1.030, parágrafo único.

§ 13. Da decisão que resolver o requerimento a que se refere o § 9º caberá:

I – agravo de instrumento, se o processo estiver em primeiro grau;

II – agravo interno, se a decisão for de relator.

 ## COMENTÁRIOS:

Decisão de afetação. Selecionados os recursos e constatada a presença de idêntica questão de direito, o relator, no tribunal superior (STF ou STJ), proferirá decisão inicial, na qual afetará a questão ao plenário ou órgão especial. São requisitos da decisão de afetação: (i) a identificação, de maneira precisa, da questão a ser submetida ao julgamento por amostragem, facilitando o sobrestamento e a posterior aplicação do precedente; (ii) a determinação da suspensão dos processos pendentes, individuais ou coletivos, que versem sobre a questão e tramitem no território nacional; (iii) facultativamente, a requisição de remessa pelos tribunais de justiça ou tribunais regionais federais dos recursos representativos da controvérsia. Essa última providência pode ocorrer quando o relator considerar que recursos já selecionados ainda não são suficientes para o enfrentamento da questão jurídica comum, sendo necessário o envio de outros recursos com os melhores subsídios e argumentos que permitam o melhor exame das questões envolvidas.

Se, após receber os recursos selecionados pelo presidente ou pelo vice-presidente de tribunal de justiça ou de tribunal regional federal, não se proceder à afetação, o relator, no tribunal superior, comunicará o fato ao presidente ou ao vice-presidente que os houver enviado, para que seja revogada a decisão de suspensão referida no art. 1.036, § 1º. Importante ressaltar que os limites da questão apresentada pela decisão de afetação são parâmetros para o julgamento, de modo que qualquer questão excedente aos limites dessa decisão não possuirá a força normativa de precedente. Ademais, a primeira decisão de afetação torna prevento o relator, no caso de mais de uma decisão de afetação sobre a mesma questão (§ 3º).

Preferência de tramitação. Tendo em vista que o julgamento de recursos repetitivos implica suspensão de todos os recursos que tratem de questão idêntica, a técnica de julgamento ganha privilégio de tramitação sobre outros processos, exceto aqueles relativos a réu preso ou *habeas corpus* (§ 4º).

Suspensão dos processos. A suspensão dos processos que versem sobre a questão objeto dos recursos afetados para julgamento segundo a sistemática dos recursos repetitivos se dá em dois momentos. No âmbito do Estado ou região, a suspensão é determinada quando o presidente ou vice-presidente do tribunal de justiça ou do tribunal regional federal seleciona os recursos representativos da controvérsia para serem encaminhados ao tribunal superior (art. 1.036, § 1º). Em âmbito nacional, quando o relator, no tribunal superior, constatando o pressuposto da multiplicidade de recursos com fundamento em idêntica questão de direito, determina a suspensão do processamento de todos os processos pendentes que versem sobre a questão (art. 1.037, II).

Ressalte-se que, nesse ponto, o novo CPC amplia os efeitos da decisão que submete um recurso ao rito das controvérsias repetitivas. Pelo CPC/1973 (arts. 543-B e 543-C), a afetação do repetitivo provocava apenas o sobrestamento dos recursos especiais e extraordinários interpostos perante os tribunais de segunda instância. Apesar disso, em alguns casos os ministros do STJ e STF já vinham determinando, excepcionalmente, a paralisação do trâmite de todos os processos em andamento do País. Exemplos: suspensão de todas as ações que discutam a existência de interesse de agir nas ações cautelares de exibição de documentos e/ou dados relativos a histórico de cadastro e/ou consultas concernentes ao sistema *scoring* de pontuação mantidos por entidades de proteção ao crédito (REsp 1.304.736); suspensão de processos sobre terceirização de *call center* (RE 791.932).

A suspensão abrange todas as ações em trâmite e que ainda não tenham recebido solução definitiva. Ressalve-se que não há impedimento ao ajuizamento de novas demandas, mas elas ficarão suspensas no juízo de primeiro grau. Os interessados serão intimados da suspensão de seus processos, momento em que poderão requerer o prosseguimento da ação individual ao juiz ou a tribunal onde tramitarem, desde que seja demonstrada a distinção entre a questão a ser decidida no processo e aquela a ser julgada pelo STF ou STJ. Esse requerimento deve observar o disposto nos §§ 9º a 13 do art. 1.037.

A redação original do CPC/2015 estabelecia o prazo de um ano, a contar da data da publicação da decisão de afetação, para o julgamento dos recursos repetitivos. Com as modificações operadas pelo legislador antes mesmo de o CPC/2015 entrar em vigor, revogou-se o dispositivo que estabelecia termo certo para a suspensão. Surge, portanto, a seguinte incoerência: se a técnica de julgamento por amostragem busca apresentar solução rápida e uniforme para casos idênticos, o atraso na apresentação do julgamento modelo implica verdadeira violação da duração razoável do processo, criando uma hipótese de suspensão *ad aeternum*. Assim, de acordo com a nova sistematização, ultrapassado o prazo previsto no § 4º, os efeitos de afetação e suspensão não cessam automaticamente.

Distinção. Caso a parte recorrente discorde da decisão de suspensão do seu recurso em razão da decisão de afetação, poderá apresentar petição na qual argumente sobre a distinção de seu caso com relação à questão precisamente identificada na decisão de afetação (inciso I), requerendo, então, a tramitação normal de seu processo (§ 9º).

Os parágrafos seguintes apresentam o procedimento a ser observado para que se aplique esse juízo de distinção. Em síntese, o *iter* varia conforme o estágio em que se encontra o processo (primeira instância, com recurso suspenso no tribunal de origem ou suspenso já no tribunal superior), tanto para fins de direcionamento do requerimento quanto para fins de tramitação caso reconhecida a distinção. Varia, ainda, a espécie recursal a ser interposta contra decisão que resolve o requerimento de distinção (agravo de instrumento ou agravo interno). Em qualquer hipótese, todavia, a parte recorrida deverá ser ouvida sobre o requerimento de distinção.

CPC/2015	CPC/1973
Art. 1.038. O relator poderá:	Art. 543-C. [...]
I – **solicitar** ou admitir manifestação de pessoas, órgãos ou entidades com interesse na controvérsia, considerando a relevância da matéria e consoante dispuser o regimento interno;	§ 3º O relator poderá solicitar informações, a serem prestadas no prazo de quinze dias, aos tribunais *federais ou estaduais* a respeito da controvérsia.
II – **fixar data para, em audiência pública, ouvir depoimentos de pessoas com experiência e conhecimento na matéria, com a finalidade de instruir o procedimento**;	§ 4º O relator, conforme dispuser o regimento interno ~~do Superior Tribunal de Justiça~~ e considerando a relevância da matéria, poderá admitir manifestação de pessoas, órgãos ou entidades com interesse na controvérsia.
III – requisitar informações aos tribunais *inferiores* a respeito da controvérsia e, *cumprida a diligência*, *intimará* o Ministério Público para manifestar-se.	§ 5º *Recebidas as informações* ~~e, se for o caso, após cumprido o disposto no § 4º deste artigo,~~ *terá vista* o Ministério Público pelo prazo de quinze dias.
§ 1º No caso do inciso III, os prazos respectivos são de 15 (quinze) dias, **e os atos serão praticados, sempre que possível, por meio eletrônico**.	§ 6º Transcorrido o prazo para o Ministério Público e remetida cópia do relatório aos demais Ministros, o processo será incluído em pauta ~~na seção ou na Corte Especial~~, devendo ser julgado com preferência sobre os demais feitos, ressalvados os que envolvam réu preso e os pedidos de *habeas corpus*.
§ 2º Transcorrido o prazo para o Ministério Público e remetida cópia do relatório aos demais ministros, haverá inclusão em pauta, devendo ocorrer o julgamento com preferência sobre os demais feitos, ressalvados os que envolvam réu preso e os pedidos de *habeas corpus*.	
§ 3º **O conteúdo do acórdão abrangerá a análise dos fundamentos relevantes da tese jurídica discutida.** (Redação dada pela Lei nº 13.256, de 2016)	

COMENTÁRIOS:

Manifestação de interessados e *amicus curiae*. A decisão proferida com base na técnica de julgamento repetitivo tem efeito vinculante, tanto no que se refere aos processos em curso, e que estejam sobrestados, quanto em relação aos casos futuros que versem sobre a mesma questão de direito. É preciso, então, que o tribunal busque o maior aprofundamento possível na temática instaurada, a fim de consolidar o posicionamento mais adequado ao contexto jurídico apresentado.

Assim, para legitimar a formação do paradigma por meio dessa técnica de julgamento, deve restar assegurada ampla divulgação e efetiva participação de terceiros no julgamento. Por essa razão é que se admite a intervenção do *amicus curiae* e a realização de audiências públicas (incisos I e II). A participação do *amicus curiae* é fundamental para a legitimidade e o contraditório da formação das decisões em julgamento de casos repetitivos. Já as audiências públicas servem para pluralizar o debate e permitir que sejam arguidos *experts* na matéria objeto de julgamento, viabilizando o conhecimento por parte dos julgadores acerca de questões específicas que são fundamentais ao deslinde da controvérsia. Ademais, o inciso III também permite ao relator requisitar informações aos tribunais de origem, sempre que necessário. Tal providência já estava prevista no CPC/1973 (art. 543-C, § 3º, do CPC/1973).

Ministério Público. A participação do Ministério Público, como fiscal da ordem jurídica, é obrigatória no julgamento de casos repetitivos (inciso III, parte final). O prazo para que sejam prestadas as informações pelos tribunais locais (se necessário) e para a manifestação do Ministério Público – que é obrigatória – é de 15 (quinze) dias. Em sintonia com o compromisso de celeridade, o legislador dispôs que as informações serão prestadas, sempre que possível, por meio eletrônico (§ 1º).

A manifestação do Ministério Público é o último ato antes do julgamento do recurso. Após, será elaborado o relatório e incluído o processo em pauta para julgamento. Como essa técnica implica sobrestamento de todos os recursos que tratem de questão idêntica, o julgamento dos processos por amostragem ganha privilégio de tramitação sobre outros processos, exceto aqueles relativos a réu preso ou pedido de *habeas corpus* (art. 1.037, § 4º).

Dever de fundamentação. Mais uma vez o CPC/2015 repete a imposição do dever de fundamentação ao julgador. No caso, o § 3º evidencia a necessidade de consideração, pelo tribunal superior, de todos os argumentos relevantes apresentados em relação à tese discutida no julgamento dos recursos representativos.

CPC/2015	CPC/1973
Art. 1.039. **Decididos os recursos afetados, os órgãos colegiados declararão prejudicados os demais recursos versando sobre idêntica controvérsia ou os decidirão aplicando a tese firmada.** Parágrafo único. Negada a existência de repercussão geral **no recurso extraordinário afetado**, serão considerados automaticamente *inadmitidos os recursos extraordinários cujo processamento tenha sido sobrestado.*	Art. 543-B. [...] § 2º Negada a existência de repercussão geral, *os recursos sobrestados* considerar-se-ão automaticamente *não admitidos*.

COMENTÁRIOS:

Efeito do julgamento representativo da controvérsia sobre os recursos repetitivos sobrestados no STF ou no STJ. O art. 1.030 e os arts. 1.036 a 1.038 estabelecem o regramento para a seleção, escolha, remessa ao STF e ao STJ de recursos que versem sobre a mesma controvérsia (repetitivos), bem como a afetação e julgamento dos recursos afetados no âmbito desses tribunais superiores. O *caput* do dispositivo em comento trata dos efeitos do julgamento dos recursos afetados sobre os recursos que, embora não afetados, contenham questão idêntica àquela que ensejou a definição da tese jurídica no julgamento dos recursos repetitivos. No âmbito do STF e STJ, os órgãos colegiados (Turma e seção, por exemplo): (i) declararão prejudicados os recursos sobrestados cuja decisão recorrida esteja em consonância com a tese fixada no julgamento repetitivo; (ii) julgarão (dando provimento, obviamente) os recursos cujos acórdãos estejam em dissonância com a referida tese. Embora o dispositivo mencione os órgãos colegiados, num primeiro momento, tanto uma quanto outra decisão é da competência do relator (art. 932, IV, *b*, e V, *b*), a qual é recorrível por agravo interno (art. 1.021, *caput*). Não obstante a literalidade da lei, atenta contra a celeridade levar tais julgamentos ao órgão colegiado. Há quem afirme que o julgamento declarando a prejudicialidade decorre da perda superveniente do recurso em razão de a decisão recorrida estar em consonância com a tese fixada no julgamento repetitivo. Não é bem assim. O fato de um julgamento estar de acordo com a norma paradigma nem de longe caracteriza falta de interesse. A declaração de prejudicialidade no caso específico significa que a questão do recurso já foi apreciada; em outras palavras, significa que deve prevalecer a tese fixada. Em verdade, o julgamento foi feito por amostragem, mas, para fins de interpretação do dispositivo em comento, é como se os recursos sobrestados no tribunal superior também tivessem sido objeto do julgamento, hipótese em que ao recurso interposto seria dado ou negado provimento, dependendo do resultado do confronto com a tese fixada. A rigor, tanto no caso de a decisão recorrida estar em consonância ou em dissonância com a tese definida, poderia haver declaração de prejudicialidade, com prevalência da tese fixada. Contudo, o legislador achou por bem reservar a prejudicialidade para o caso de a decisão recorrida estar em consonância com a tese fixada (o acórdão recorrido prevalecerá); para a hipótese diversa, haverá julgamento de improvimento do recurso.

O parágrafo único trata especificamente dos efeitos do julgamento do STF nos recursos escolhidos como representativo da controvérsia atinente à repercussão geral sobre os demais recursos sobrestados. Negada a existência de repercussão geral, todos os recursos extraordinários cujo processamento tenha sido sobrestado serão inadmitidos, isto é, não serão conhecidos.

CPC/2015	CPC/1973
Art. 1.040. Publicado o acórdão *paradigma*:	Art. 543-C. [...]
I – **o presidente ou o vice-presidente do tribunal de origem** negará seguimento **aos recursos especiais ou extraordinários sobrestados na origem**, se o acórdão recorrido coincidir com a orientação do *tribunal superior*;	§ 7º Publicado o acórdão *do Superior Tribunal de Justiça, os recursos especiais sobrestados na origem*: I – terão seguimento denegado na hipótese de o acórdão recorrido coincidir com a orientação do *Superior Tribunal de Justiça*; ou
II – *o órgão que proferiu o acórdão recorrido, na origem, reexaminará* **o processo de competência originária, a remessa necessária ou o recurso anteriormente julgado**, se o acórdão recorrido contrariar a orientação do *tribunal superior*;	II – *serão novamente examinados pelo tribunal de origem* na hipótese de o acórdão recorrido divergir da orientação do *Superior Tribunal de Justiça*.

III – os processos suspensos em primeiro e segundo graus de jurisdição retomarão o curso para julgamento e aplicação da tese firmada pelo tribunal superior;

IV – se os recursos versarem sobre questão relativa a prestação de serviço público objeto de concessão, permissão ou autorização, o resultado do julgamento será comunicado ao órgão, ao ente ou à agência reguladora competente para fiscalização da efetiva aplicação, por parte dos entes sujeitos a regulação, da tese adotada.

§ 1º A parte poderá desistir da ação em curso no primeiro grau de jurisdição, antes de proferida a sentença, se a questão nela discutida for idêntica à resolvida pelo recurso representativo da controvérsia.

§ 2º Se a desistência ocorrer antes de oferecida contestação, a parte ficará isenta do pagamento de custas e de honorários de sucumbência.

§ 3º A desistência apresentada nos termos do § 1º independe de consentimento do réu, ainda que apresentada contestação.

 ## COMENTÁRIOS:

Sistematização. No CPC/1973, o procedimento para os julgamentos dos recursos especiais e extraordinários repetitivos é tratado separadamente. No CPC/2015, o procedimento foi sistematizado, com o agrupamento das duas espécies recursais que comportam julgamento repetitivo (especial e extraordinário). As providências a serem adotadas no tribunal de origem após a publicação do acórdão do julgamento dos recursos repetitivos estão previstas conjuntamente no art. 1.040. Em face disso, em vez de "acórdão do Superior Tribunal de Justiça", o novo CPC adota o sintagma "acórdão paradigma"; onde consta recurso especial, acrescentou-se "ou extraordinário" e, em vez de referir-se especificamente ao Superior Tribunal de Justiça ou ao Supremo Tribunal Federal, optou-se pela designação genérica "tribunal superior".

Consequências da publicação do acórdão paradigma sobre os recursos repetitivos sobrestados nos TJs e TRFs. Efeito vinculante do precedente. Inciso I – Negativa de seguimento aos recursos especiais e extraordinários cujo acórdão esteja de acordo com a tese fixada no julgamento pela técnica da amostragem (julgamento de recursos repetitivos). Aqui, negar seguimento significa negar provimento (julgamento do mérito recursal) e, por conseguinte, "negar seguimento" do recurso ao tribunal superior, competência essa delegada ao presidente ou vice-presidente do tribunal de origem[485] de cuja decisão é cabível agravo interno (art. 1.030, § 2º). O precedente tem eficácia vinculante, nos termos do art. 927, III, daí a competência delegada a tal autoridade para confirmar (apenas para confirmar) o que restara decidido por um órgão colegiado do tribunal de origem. Não se

---

[485] Em certas hipóteses, conforme já abordado nos comentários ao art. 1.030, a providência pode ser cometida ao juiz de primeiro grau ou ao presidente da turma recursal.

trata, como querem alguns, de reconhecer a inexistência de perda de interesse recursal superveniente, em verdadeiro juízo negativo de admissibilidade. Conforme já afirmado, o fato de a decisão recorrida estar em consonância com o parâmetro normativo (o precedente) nem de longe pode significar perda de interesse recursal, muito menos inadmissibilidade do recurso (juízo de admissibilidade).

Inciso II – Exercício de juízo de retratação pelo órgão (turma, câmara, órgão especial, pleno etc.) prolator do acórdão recorrido (proferido em processo de competência originária, remessa necessária ou recurso julgado anteriormente à definição da tese). Nesse caso, o presidente ou vice-presidente do tribunal de origem não tem competência para rejulgar o recurso. Essa competência é cometida ao próprio órgão que proferiu o acórdão. Diante da fixação de um parâmetro normativo contrário ao que foi decidido no acórdão recorrido, este é submetido a novo julgamento. Não obstante a vinculação (art. 927, III), não se descarta a possibilidade de o órgão julgador manter acórdão divergente (art. 1.041, *caput*); mas a finalidade almejada pelo legislador é a retratação, de forma a adequar o acórdão recorrido à orientação do tribunal superior, de modo a evitar a subida do recurso excepcional ao tribunal superior. Pode parecer estranho que o tribunal local seja compelido a rejulgar o acórdão recorrido para adequá-lo ao precedente e, rejulgando, que aprecie as questões remanescentes, cujo enfrentamento tornou necessário em decorrência da alteração (art. 1.041, § 1º). E onde foi parar o princípio da inalterabilidade das decisões, indagam os advogados da minha geração? Talvez para as cucuias, mas o que importa ao legislador processual do século XXI é evitar que os recursos especial e extraordinário cheguem ao estuário natural deles, o STJ ou o STF.

Consequências da publicação do acórdão paradigma sobre os processos suspensos no primeiro grau de jurisdição. Inciso III – Os processos suspensos no primeiro grau, por determinação do tribunal local ou do tribunal superior (arts. 1.036, § 1º, e 1.037, *caput*, II), em razão de versarem a questão objeto do recurso afetado para julgamento por amostragem, retomam o seu curso normal assim que publicado o acórdão paradigma. Após o seu curso regular, na sentença, o juiz, em obediência ao art. 927, III, deverá aplicar o precedente oriundo do julgamento repetitivo, evidentemente se não for o caso de distinção, por eventual falta de coincidência entre os fundamentos determinantes do recurso repetitivo e do caso concreto.

O precedente vincula os prestadores de serviço público objeto de concessão, permissão ou autorização. Inciso IV – Os prestadores de serviços públicos estão sujeitos aos precedentes oriundos do julgamento de recursos repetitivos, mais uma demonstração de que, em certos casos, as decisões judiciais têm a característica da generalidade, o que era reservado tão somente à lei. Pouco importa quem presta o serviço, se o próprio ente federativo, uma autarquia, fundação ou um particular. Desde que ostente a natureza pública (serviço de transporte público e telefonia, entre outros) a observância se impõe. Para tanto, o responsável pela fiscalização da prestação do serviço público será comunicado da decisão. Aqui, mais uma vez, a tentativa do legislador é evitar a proliferação de demandas. Não esqueçamos que os prestadores de serviço de massa respondem por grande parte das demandas em curso no Judiciário.

Reflexos da publicação do acórdão paradigma sobre a faculdade de desistência da ação. §§ 1º a 3º. Aprendemos que, uma vez apresentada a contestação (e com mais razão a reconvenção), a tutela jurisdicional é prestada também da perspectiva do réu. O autor almeja a procedência do pedido veiculado na petição inicial; o réu, a defesa arguida na peça contestatória. Em razão disso, a desistência somente se perfectibiliza com a aquiescência do réu, manifestações de vontade (do autor e do réu) que devem ser homologadas pelo juiz, porquanto a relação processual vincula pelo menos três sujeitos (autor, juiz e réu). Mas as coisas mudaram. Se for pôr fim à demanda, muita coisa é possível, até passar por cima da vontade do réu. Se a questão jurídica discutida na ação – e também na reconvenção – coincide com a questão que foi resolvida no recurso representativo da controvérsia, segundo a técnica dos recursos repetitivos (no qual fixou a tese jurídica), as partes estão livres para desistirem de suas ações até a prolação da sentença, mais propriamente a partir da publicação, que é a partir de quando esse ato passa a ter existência legal (**§ 1º**). Livre porque a desistência independe da aquiescência da parte adversa, ainda que apresentada contestação (**§ 3º**). Para incentivar o gesto de resignação com o precedente, o legislador acena com benefícios. A parte ficará isenta do pagamento de custas e de honorários de sucumbência. Os benefícios nada representam, uma vez que as custas já foram adiantadas quando do ajuizamento da ação, e o Estado é avesso a qualquer devolução, e, no caso, à falta de disposição legal, a tanto não será compelido. Quanto aos honorários, de qualquer forma não haveria. Primeiro porque, ante a desistência, não se pode falar em sucumbência. Por outro lado, se a desistência ocorreu antes da apresentação da contestação, nem sequer pode cogitar da causalidade. Nesse caso, o que realmente pode pesar para a decisão de desistir da ação ou da reconvenção é o fato de, de antemão, a parte ter consciência do anunciado insucesso. No caso de a desistência ocorrer depois de apresentada a contestação, os honorários são devidos, até porque de titularidade do advogado da parte adversa. Quanto às custas, além das iniciais, pode haver custas finais – o que raramente ocorre em tais circunstâncias.

CPC/2015	CPC/1973
Art. 1.041. Mantido *o acórdão* divergente pelo tribunal de origem, *o recurso especial ou extraordinário será remetido ao respectivo tribunal superior, na forma do art. 1.036, § 1º*.	Art. 543-C. [...]
§ 1º Realizado o juízo de retratação, com alteração do acórdão divergente, o tribunal de origem, se for o caso, decidirá as demais questões ainda não decididas cujo enfrentamento se tornou necessário em decorrência da alteração.	§ 8º ~~Na hipótese prevista no inciso II do § 7º deste artigo,~~ mantida *a decisão* divergente pelo tribunal de origem, *far-se-á o exame de admissibilidade do recurso especial*.
§ 2º Quando ocorrer a hipótese do inciso II do caput do art. 1.040 e o recurso versar sobre outras questões, caberá ao presidente ou ao vice-presidente do tribunal recorrido, depois do reexame pelo órgão de origem e independentemente de ratificação do recurso, sendo positivo o juízo de admissibilidade, determinar a remessa do recurso ao tribunal superior para julgamento das demais questões. (Redação dada pela Lei nº 13.256/2016)	

 COMENTÁRIOS:

Aplicação do paradigma. O tribunal superior que proferiu o acórdão paradigma pode até não aplicar a tese a casos futuros, em razão de superação ou distinção – *overruling* ou *distinguishing*, na teoria dos precedentes. Os juízos inferiores, contudo, ficam vinculados à tese que restou definida pelo tribunal superior. Inclusive, nos tribunais de segundo grau, os acórdãos proferidos antes da publicação do acórdão paradigma e ainda não transitados em julgado em virtude da interposição de recurso especial ou extraordinário, que contrariarem a orientação do tribunal superior, devem ser submetidos a novo julgamento. Nesse juízo de retratação, (i) se o tribunal de origem mantiver o acórdão divergente – por exemplo, ao fundamento de que a hipótese sob julgamento é distinta daquela que lhe serve de paradigma –, o recurso especial ou extraordinário será remetido ao respectivo tribunal superior (art. 1.041, § 1º); (ii) alterando-se o julgamento anterior e restando o novo acórdão em consonância com a tese assentada no recurso repetitivo, o recurso especial ou extraordinário será julgado prejudicado; (iii) se, em decorrência da alteração, o tribunal de origem tiver que enfrentar outras questões ainda não decididas, o recurso especial ou extraordinário será remetido ao tribunal superior para julgamento das demais questões (art. 1.041, § 2º).

Seção III
Do Agravo em Recurso Especial e Extraordinário

CPC/2015	CPC/1973
Art. 1.042. **Cabe agravo contra decisão do presidente ou do vice-presidente do tribunal recorrido que inadmitir recurso extraordinário ou recurso especial, salvo quando fundada na aplicação de entendimento firmado em regime de repercussão geral ou em julgamento de recursos repetitivos.** (Redação dada pela Lei nº 13.256/2016) I—indeferir pedido formulado com base no art. 1.035, § 6º, ou no art. 1.036, § 2º, de inadmissão de recurso especial ou extraordinário intempestivo; (Revogado pela Lei nº 13.256/2016) II—inadmitir, com base no art. 1.040, inciso I, recurso especial ou extraordinário sob o fundamento de que o acórdão recorrido coincide com a orientação do tribunal superior; (Revogado pela Lei nº 13.256/2016) III—inadmitir recurso extraordinário, com base no art. 1.035, § 8º, ou no art. 1.039, parágrafo único, sob o fundamento de que o Supremo Tribunal Federal reconheceu a inexistência de repercussão geral da questão constitucional discutida. (Revogado pela Lei nº 13.256/2016) § 1º Sob pena de não conhecimento do agravo, incumbirá ao agravante demonstrar, de forma expressa: (Revogado pela Lei nº 13.256/2016) I—a intempestividade do recurso especial ou extraordinário sobrestado, quando o recurso fundar-se na hipótese do inciso I do *caput* deste artigo;	Art. 544. **Não admitido o recurso extraordinário ou o recurso especial, caberá agravo nos próprios autos, no prazo de 10 (dez) dias. [...]**

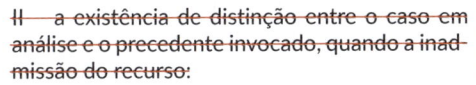

~~II – a existência de distinção entre o caso em análise e o precedente invocado, quando a inadmissão do recurso:~~

~~a) especial ou extraordinário fundar-se em entendimento firmado em julgamento de recurso repetitivo por tribunal superior;~~

~~b) extraordinário fundar-se em decisão anterior do Supremo Tribunal Federal de inexistência de repercussão geral da questão constitucional discutida.~~

§ 2º A petição de agravo será dirigida *ao presidente ou ao vice-presidente do tribunal* de origem e independe do pagamento de custas e despesas postais, **aplicando-se a ela o regime de repercussão geral e de recursos repetitivos, inclusive quanto à possibilidade de sobrestamento e do juízo de retratação.** (Redação dada pela Lei nº 13.256/2016)

§ 3º O agravado será intimado, de imediato, para oferecer resposta no prazo de *15 (quinze) dias.*

§ 4º *Após o prazo de resposta,* **não havendo retratação**, o agravo será remetido ao tribunal superior competente.

§ 5º **O agravo poderá ser julgado, conforme o caso, conjuntamente com o recurso especial ou extraordinário, assegurada, neste caso, sustentação oral, observando-se, ainda, o disposto no regimento interno do tribunal respectivo.**

§ 2º A petição de agravo será dirigida *à presidência do tribunal* de origem, não dependendo do pagamento de custas e despesas postais. O agravado será intimado, de imediato, para no prazo de *10 (dez) dias* oferecer resposta, ~~podendo instruí-la com cópias das peças que entender conveniente~~. Em seguida, subirá o agravo ao tribunal superior, ~~onde será processado na forma regimental~~.

§ 3º O agravado será intimado, de imediato, para no prazo de *10 (dez) dias* oferecer resposta. *Em seguida,* os autos serão remetidos à superior instância, ~~observando-se o disposto no art. 543 deste Código e, no que couber, na Lei nº 11.672, de 8 de maio de 2008~~.

§ 6º **Na hipótese de interposição conjunta de recursos extraordinário e especial**, o agravante deverá interpor um agravo para cada recurso não admitido.

Art. 544 [...]

§ 1º O agravante deverá interpor um agravo para cada recurso não admitido.

§ 7º **Havendo apenas um agravo, o recurso será remetido ao tribunal competente, e, havendo interposição conjunta, os autos serão remetidos ao Superior Tribunal de Justiça.**

§ 8º **Concluído o julgamento do agravo pelo Superior Tribunal de Justiça e, se for o caso, do recurso especial, independentemente de pedido, os autos serão remetidos ao Supremo Tribunal Federal para apreciação do agravo a ele dirigido, salvo se estiver prejudicado.**

 COMENTÁRIOS:

Noções gerais. O agravo em recurso especial ou extraordinário entra na sistemática recursal com o intuito de substituir o denominado "agravo nos próprios autos" (art. 544 do CPC/1973), utilizado para permitir o seguimento de recursos especiais ou extraordinários que tenham sido inadmitidos na origem.

Cabimento. O cabimento dessa espécie recursal é mais restrito no CPC/2015. De acordo com o *caput*, "cabe agravo contra decisão do presidente ou do vice-presidente do tribunal recorrido que inadmitir recurso extraordinário ou recurso especial, salvo quando fundada na aplicação de entendimento firmado em regime de repercussão geral ou em julgamento de recursos repetitivos".

Os tribunais superiores já haviam assentado em sua jurisprudência que não são admitidos recursos contra as decisões proferidas por tribunais quando estes aplicam os precedentes originados dos julgamentos proferidos com base na sistemática da repercussão geral e dos recursos repetitivos. Isso ocorria justamente para evitar que o STF e o STJ reexaminassem individualmente questões constitucionais e infraconstitucionais já debatidas e decididas.

Com o novo CPC mantém-se a sistemática: se o tribunal, em juízo de admissibilidade, denegar seguimento ao recurso, caberá o agravo previsto no art. 1.042, salvo se a decisão do relator no tribunal tiver se baseado em entendimento firmado em regime de repercussão geral ou em julgamento de recursos repetitivos.[486]

Preparo. Por se tratar de recurso interposto nos próprios autos, dispensa-se o recolhimento do preparo (§ 2º).

Procedimento. O agravo deve ser dirigido ao presidente ou vice-presidente do tribunal de origem (conforme dispuser o regimento interno deste) e será encartado nos próprios autos, independentemente, como já dito, de preparo. O presidente ou vice-presidente então determinará a intimação da parte agravada para apresentação de resposta no prazo de quinze dias. Em seguida, caso não haja retratação, o agravo será remetido ao tribunal superior (STF ou STJ) competente para julgamento.

Não há, nessa espécie recursal, duplo juízo de admissibilidade. Assim, ainda que o tribunal de origem considero-o inadmissível, é somente o STF ou STJ que poderá negar-lhe seguimento.

Ressalte-se que o julgamento do agravo em recurso especial ou extraordinário será conjunto ao próprio recurso especial ou extraordinário, caso aquele seja provido. A ideia, que tem origem na reformulação do agravo nos próprios autos pela Lei nº 12.322/2010 (que alterou o CPC/1973), objetiva proporcionar celeridade processual e segurança jurídica, uma vez que todos os autos subirão com o recurso, impedindo a formação de precedentes defensivos por ausência de documentos essenciais.

---

[486] Nesse sentido: "[...] Vê-se, desse modo, que se revela inviável submeter ao Supremo Tribunal Federal, por via recursal inadequada (ARE), tal como pretendido pelo ora recorrente, o reexame da decisão proferida pelo Tribunal 'a quo' (ou pelo Colégio Recursal 'a quo') que, ao julgar inadmissível o recurso extraordinário, apoiou-se em entendimento firmado em regime de repercussão geral. Esse entendimento – é sempre importante destacar – tem o beneplácito de expressivo magistério doutrinário (Elpídio Donizetti, *Curso Didático de Direito Processual Civil*, p. 1.516/1.518, item n. 6.1.1, 19. ed., 2016, Atlas; [...]" (STF, AgReg no RExt com Agravo 1.003.037/PA, Rel. Min. Celso de Mello, 2ª Turma, julgado em 19.05.2017).

Seção IV
Dos Embargos de Divergência

CPC/2015	CPC/1973

Art. 1.043. É embargável *o acórdão de órgão fracionário* que:

I – em recurso extraordinário ou em recurso especial, divergir do julgamento *de qualquer outro órgão do mesmo tribunal*, **sendo os acórdãos, embargado e paradigma, de mérito**;

~~II – em recurso extraordinário ou em recurso especial, divergir do julgamento de qualquer outro órgão do mesmo tribunal, sendo os acórdãos, embargado e paradigma, relativos ao juízo de admissibilidade;~~ (Revogado pela Lei nº 13.256, de 2016).

III – em recurso extraordinário ou em recurso especial, divergir do julgamento de qualquer outro órgão do mesmo tribunal, sendo um acórdão de mérito e outro que não tenha conhecido do recurso, embora tenha apreciado a controvérsia;

~~IV – nos processos de competência originária, divergir do julgamento de qualquer outro órgão do mesmo tribunal.~~ (Revogado pela Lei nº 13.256, de 2016).

§ 1º Poderão ser confrontadas teses jurídicas contidas em julgamentos de recursos e de ações de competência originária.

§ 2º A divergência que autoriza a interposição de embargos de divergência pode verificar-se na aplicação do direito material ou do direito processual.

§ 3º Cabem embargos de divergência quando o acórdão paradigma for da mesma turma que proferiu a decisão embargada, desde que sua composição tenha sofrido alteração em mais da metade de seus membros.

§ 4º O recorrente provará a divergência com certidão, cópia ou citação de repositório oficial ou credenciado de jurisprudência, inclusive em mídia eletrônica, onde foi publicado o acórdão divergente, ou com a reprodução de julgado disponível na rede mundial de computadores, indicando a respectiva fonte, e mencionará as circunstâncias que identificam ou assemelham os casos confrontados.

Art. 546. É embargável *a decisão da turma* que:

I – em recurso especial, divergir do julgamento *de outra turma, da seção ou do órgão especial*;

II – em recurso extraordinário, divergir do julgamento *da outra turma ou do plenário*.

~~§ 5º É vedado ao tribunal inadmitir o recurso com base em fundamento genérico de que as circunstâncias fáticas são diferentes, sem demonstrar a existência da distinção.~~ (Revogado pela Lei nº 13.256, de 2016)

Art. 1.044. No recurso de embargos **de divergência**, será observado o procedimento estabelecido no regimento interno **do respectivo tribunal superior.**

§ 1º A interposição de embargos de divergência no Superior Tribunal de Justiça interrompe o prazo para interposição de recurso extraordinário por qualquer das partes.

§ 2º Se os embargos de divergência forem desprovidos ou não alterarem a conclusão do julgamento anterior, o recurso extraordinário interposto pela outra parte antes da publicação do julgamento dos embargos de divergência será processado e julgado independentemente de ratificação.

 ## COMENTÁRIOS AOS ARTS. 1.043 E 1.044:

Noções gerais. Existem diversos meios de viabilizar a uniformidade das interpretações jurídicas no seio dos tribunais: incidente de resolução de demandas repetitivas, técnica de julgamento de recursos extraordinário e especial repetitivos e embargos de divergência. Há, entretanto, diferenças entre cada um desses remédios.

Consoante disposto no art. 1.043, os embargos de divergência são cabíveis sempre que houver tese jurídica divergente no STF e no STJ, independentemente de a matéria versar sobre mérito ou requisitos de admissibilidade. As decisões divergentes formalizadas no exercício da competência recursal ou originária do Tribunal também admitem a interposição desses embargos. Em suma, para cabimento dessa espécie de recurso é importante que o Tribunal tenha adotado entendimentos distintos sobre uma mesma tese jurídica.

Os embargos de divergência diferem do IRDR. É que eles constituem recurso que tem por finalidade precípua impugnar e corrigir a decisão recorrida. Ao revés, o IRDR não tem natureza de recurso, pois não visa à impugnação de decisão judicial, tendo o objetivo de solucionar demandas múltiplas que contenham controvérsia sobre a mesma questão de direito.

Os embargos de divergência também diferem dos recursos especial e extraordinário. Aqueles visam eliminar eventual contradição no seio do próprio tribunal, ao passo que os recursos especial e extraordinário objetivam a uniformização das interpretações dadas ao direito objetivo (constitucional ou infraconstitucional) pelos diversos tribunais do País.

Cabimento. Os embargos de divergência são cabíveis contra acórdão, unânime ou majoritário, lavrado por órgão fracionário do tribunal de superposição. Não são cabíveis, portanto, contra decisão proferida pelo Plenário do STF ou pela Corte Especial do STJ.

O art. 1.043 relaciona as hipóteses de cabimento dos embargos de divergência levando em conta o recurso no qual se verifica a divergência (recurso extraordinário ou recurso especial e processos de competência originária), bem como o conteúdo dos acórdãos embargado e paradigma. Com efeito, cabem embargos de divergência em duas hipóteses: (i) contra acórdão de órgão fracionário que, em recurso extraordinário ou em recurso especial, divergir do julgamento de qualquer outro órgão do mesmo tribunal, sendo os acórdãos, embargado e paradigma, de mérito; (ii) contra acórdão de órgão fracionário que, em recurso extraordinário ou em recurso especial, divergir do julgamento de qualquer outro órgão do mesmo tribunal, sendo um acórdão de mérito e outro que não tenha conhecido do recurso, embora tenha apreciado a controvérsia.

A segunda hipótese abrange a primeira. Todavia, a sua inserção se justifica pelo fato de que a jurisprudência defensiva do STJ por muito tempo caminhou no sentido de subordinar o "conhecimento" dos recursos extraordinário e especial ao seu provimento (STJ, REsp 45.672-EDcl, Rel. Min. Nilson Naves, julgado em 24.04.1995, p. ex.). Para essa corrente, a impugnação com fundamento no art. 102, III, *a*, ou no art. 105 da CF/1988 deveria ser conhecida somente quando fosse constatada a efetiva violação à norma constitucional ou federal infraconstitucional apontada. Com isso, algumas decisões de "não conhecimento" do recurso acabavam enfrentando o próprio cerne da impugnação. Em suma, a segunda hipótese objetiva reforçar a ideia segundo a qual o dispositivo da decisão deve ser interpretado a partir de sua motivação.

Também contrariando a jurisprudência do STJ, o § 3º do novo art. 1.043 permite a interposição de embargos de divergência com base em acórdão proferido pela mesma turma julgadora, desde que tenha ocorrido alteração de mais da metade de seus membros. O aludido tribunal superior entendia que "não servem à comprovação do dissídio acórdãos provenientes da mesma Turma Julgadora, independentemente de ter havido, ou não, alteração substancial da composição do referido órgão julgador".[487] Anote que, embora o § 3º se refira a acórdãos da mesma turma, é possível admitir que a divergência ocorra em decisões de uma mesma seção do STJ.

O embargante também pode confrontar acórdão proferido em recurso com outro proferido em ação de competência originária, e vice-versa (art. 1.043, § 1º). O dissídio pode se dar, em qualquer hipótese, na resolução de questão de direito material ou de direito processual (art. 1.043, § 2º).

De fato, não se afigurava plausível o entendimento firmado no STJ no sentido de que sua função uniformizadora se restringia ao juízo de mérito, assentando-se inaplicável

---

[487] AgRg nos EAREsp 71.511/SP, 3ª Seção, Rel. Min. Rogerio Schietti Cruz, julgado em 11.06.2014, DJe 17.06.2014. No mesmo sentido: "Paradigma oriundo do mesmo órgão colegiado que proferiu o julgado embargado não é apto a caracterizar o dissenso necessário para o conhecimento dos embargos de divergência. Nos termos do art. 266, caput, do RISTJ, os embargos de divergência têm como pressuposto de admissibilidade a existência de divergência entre Turmas diferentes, ou entre Turma e Seção, ou entre Turma e a Corte Especial" (AgRg nos EREsp 460.217/RJ, 2ª Seção, Rel. Min. Raul Araújo, julgado em 12.02.2014, DJe 10.03.2014); AgRg nos EDcl nos EREsp 1.200.369/SP, 2ª Seção, Rel. Min. Sidnei Beneti, julgado em 11.12.2013, DJe 16.12.2013.

a uniformização de normas processuais. Por mais que a função uniformizadora seja evidentemente mais eficaz quando aplicada às crises de direito material, a uniformização de jurisprudência na aplicação de regras processuais visa à instrumentalidade, à celeridade e à duração razoável do processo, adequando a utilização do método aos seus contornos constitucionais. Por outro lado, a uniformização da aplicação de regras técnicas se afigura ainda mais interessante quando observada a realidade brasileira na aplicação prática do processo, verdadeiramente marcada pelo tecnicismo, pela cultura litigante e pela formação de jurisprudências defensivas.

Por fim, o § 4º do art. 1.043 dispõe que o embargante deve comparar o acórdão recorrido com o paradigma, a fim de demonstrar que os julgados deram tratamento jurídico diverso para situações fáticas idênticas ou muito semelhantes. A divergência pode ser atestada por meio de certidão, cópia ou citação de repositório oficial ou credenciado de jurisprudência, inclusive em mídia eletrônica, onde foi publicado o acórdão divergente, ou com a reprodução de julgado disponível na rede mundial de computadores. Nesse ponto, vale ressaltar que a jurisprudência entende que não basta a mera transcrição das ementas dos julgados conflitantes.[488]

Embargos de divergência no STJ e a interposição de recurso extraordinário. O CPC/2015 apresenta solução simplificadora para os casos de interposição de recurso extraordinário enquanto pendente julgamento de embargos de divergência no STJ.

Dispõe o art. 1.044 que a interposição de embargos de divergência interrompe o prazo para interposição de recurso extraordinário (§ 1º); caso haja prévia interposição deste, todavia, a ratificação após o julgamento dos embargos só será necessária quando na hipótese de seu acolhimento, parcial ou total (§ 2º). Em casos de inadmissibilidade ou não rejeição dos embargos de divergência, o recurso extraordinário será processado normalmente, sem necessidade de ratificação. Em suma, dispensa-se o embargado de reiterar o recurso extraordinário interposto antes da publicação da decisão dos embargos de divergência, se estes forem desprovidos ou não alterarem a conclusão do julgamento anterior. O § 5º do art. 1.024 traz previsão semelhante para os embargos de declaração.

Pode-se dizer, então, que a norma buscou simplificar a administração das duas espécies recursais, dando evidência ao aproveitamento dos atos e à economia processual.

Por fim, vale anotar que o novo Código repete a redação do parágrafo único do art. 546 do CPC/1973, transferindo para os Regimentos Internos dos Tribunais o procedimento relativo a essa espécie recursal (art. 1.044, *caput*). É de se ressaltar, contudo, que o prazo de interposição é aquele previsto no CPC/2015 (ou seja, de quinze dias, nos termos do art. 1.003, § 5º).

---

[488]   Nesse sentido: STF, Embargos de Divergência no RE 140.829-EDcl, Rel. Min. Celso de Mello, julgado em 15.12.2011; STJ, Embargos de Divergência no REsp 1.318.306-AgRg, Rel. Min. Luis Felipe Salomão, julgado em 19.12.2014.

LIVRO COMPLEMENTAR
DISPOSIÇÕES FINAIS E TRANSITÓRIAS

Art. 1.045. Este Código entra em vigor após decorrido um ano da data de sua publicação oficial.

 COMENTÁRIOS:

Apesar da confusão doutrinária quanto à data da entrada em vigor do novo CPC, tanto o STJ quanto o CNJ definiram: o novo Código de Processo Civil entrou em vigor em 18 de março de 2016.[488]

Art. 1.046. Ao entrar em vigor este Código, suas disposições se aplicarão desde logo aos processos pendentes, ficando revogada a Lei nº 5.869, de 11 de janeiro de 1973.

§ 1º As disposições da Lei nº 5.869, de 11 de janeiro de 1973, relativas ao procedimento sumário e aos procedimentos especiais que forem revogadas aplicar-se-ão às ações propostas e não sentenciadas até o início da vigência deste Código.

§ 2º Permanecem em vigor as disposições especiais dos procedimentos regulados em outras leis, aos quais se aplicará supletivamente este Código.

§ 3º Os processos mencionados no art. 1.218 da Lei nº 5.869, de 11 de janeiro de 1973, cujo procedimento ainda não tenha sido incorporado por lei submetem-se ao procedimento comum previsto neste Código.

§ 4º As remissões a disposições do Código de Processo Civil revogado, existentes em outras leis, passam a referir-se às que lhes são correspondentes neste Código.

§ 5º A primeira lista de processos para julgamento em ordem cronológica observará a antiguidade da distribuição entre os já conclusos na data da entrada em vigor deste Código.

 COMENTÁRIOS:

O *caput* consagra a tradicional regra concernente à lei processual no tempo: aplica-se aos processos em curso a lei processual nova, indiferente ao fato de os processos terem sido instaurados na vigência da lei anterior.

Assim, independentemente do fato de ter sido o processo instaurado na vigência da lei anterior, as regras do novo CPC serão aplicadas a partir da sua entrada em vigor. Exemplo: autor protocolizou a petição inicial em fevereiro de 2016. O réu somente foi citado após 18 de março de 2016. O prazo para a contestação será contado em dias úteis (art. 219), e não mais em dias corridos, como previa a lei revogada. Essa constatação se fundamenta na teoria do isolamento dos atos processuais, "pela qual a lei nova, encontrando um processo

---

[488] Disponível em: <http://www.stj.jus.br/sites/STJ/default/pt_BR/Comunica%C3%A7%C3%A3o/Not%C3%ADcias/Not%C3%ADcias/Pleno-do-STJ-define-que-o-novo-CPC-entra-em-vigor-no-dia-18-de-mar%C3%A7o>; e <http://www.cnj.jus.br/noticias/cnj/81698-cnj-responde-a-oab-e-decide-que-vigencia-do-novo-cpc-comeca-em-18-de-marco>.

em desenvolvimento, respeita a eficácia dos atos processuais já realizados e disciplina o processo a partir da sua vigência" (STJ, MC 13.951/SP, Rel. Min. Nancy Andrighi, julgado em 11.03.2008).

O § 1º determina que as ações submetidas ao procedimento sumário ou ao procedimento especial, ajuizadas antes da entrada em vigor do CPC/2015 e ainda não julgadas, continuarão regidas pelo Código anterior, até a sentença. A exceção à regra do *caput* se justifica pelo fato de ter o CPC/2015 extinto o procedimento sumário, bem como ter alterado sobremaneira os procedimentos especiais.

Esclarece o § 2º que novo Código não ab-roga nem derroga expressamente nenhuma outra lei ordinária acerca de procedimentos especiais. A legislação especial permanece complementando o ordenamento processual. O CPC/2015 aplicar-se-á supletivamente aos procedimentos especiais previstos na legislação extravagante.

O § 3º resolve a questão dos diversos procedimentos que, nos termos do art. 1.218 do CPC/1973, permaneceriam regulados pelo CPC/1939 até sua regulação por lei especial.[489] Caso, posteriormente à vigência do CPC/1973, não se tenha editado lei especial contemplando tais procedimentos, passarão eles a se submeter ao procedimento comum do CPC/2015.

O § 4º esclarece a necessidade da adequação hermenêutica das referências ao CPC/1973 em leis ordinárias às disposições correspondentes no Código novo.

Por fim, o § 5º assegura a eficácia do princípio do julgamento em ordem cronológica, instituído nas normas fundamentais do CPC/2015 (art. 12). Determina que a primeira lista de processos para julgamento imediato será composta pelos processos conclusos no momento de sua entrada em vigor, observada a antiguidade da distribuição. Ausente a referida norma, a lista de julgamento cronológico aplicar-se-ia tão somente aos processos conclusos a partir da vigência do novo diploma, excluindo os anteriores.

Art. 1.047. As disposições de direito probatório adotadas neste Código aplicam-se apenas às provas requeridas ou determinadas de ofício a partir da data de início de sua vigência.

 COMENTÁRIOS:

Todas as regras da Parte Geral, Livro I, Título I, Capítulo XII (Das Provas), só devem ser aplicadas caso os atos probatórios tenham tido a sua fluência do novo CPC. Para provas requeridas pelas partes ou determinadas de ofício antes do início da vigência do CPC/2015, devem ser aplicadas as disposições do CPC/1973.

Na prática, esse dispositivo só tem relevância nos casos em que o CPC/2015 mudou alguma questão em relação à prova. Exemplo: o parágrafo único do art. 400 permite ao

---

[489] Ao longo dos mais de quarenta anos de vigência do Código Buzaid, várias dessas demandas já foram reguladas por legislação especial. A ação de despejo e renovatória, por exemplo, estão disciplinadas na Lei nº 8.245/1991; a Lei nº 6.015/1973 regula a inscrição no Registro Torens, assim como as averbações e retificações nas matrículas imobiliárias; a disciplina do bem de família é estabelecida pela Lei nº 8.009 e pelo Código Civil; a Lei de Registros Públicos (Lei nº 6.015/1973) também regulamenta a habilitação para casamento.

juiz adotar inúmeras medidas para forçar a exibição do documento, inclusive multa. Essa possibilidade não estava prevista em lei e era rechaçada pela jurisprudência (Súmula 372 do STJ). Assim, para as exibições requeridas antes da entrada em vigor do CPC/2015, não deve ser aplicada multa caso a parte contra a qual o pedido foi dirigido deixe de apresentar o documento.

Art. 1.048. Terão prioridade de tramitação, em qualquer juízo ou tribunal, os procedimentos judiciais:

I – em que figure como parte ou interessado pessoa com idade igual ou superior a 60 (sessenta) anos ou portadora de doença grave, assim compreendida qualquer das enumeradas no art. 6º, inciso XIV, da Lei nº 7.713, de 22 de dezembro de 1988;

II – regulados pela Lei nº 8.069, de 13 de julho de 1990 (Estatuto da Criança e do Adolescente).

§ 1º A pessoa interessada na obtenção do benefício, juntando prova de sua condição, deverá requerê-lo à autoridade judiciária competente para decidir o feito, que determinará ao cartório do juízo as providências a serem cumpridas.

§ 2º Deferida a prioridade, os autos receberão identificação própria que evidencie o regime de tramitação prioritária.

§ 3º Concedida a prioridade, essa não cessará com a morte do beneficiado, estendendo-se em favor do cônjuge supérstite ou do companheiro em união estável.

§ 4º A tramitação prioritária independe de deferimento pelo órgão jurisdicional e deverá ser imediatamente concedida diante da prova da condição de beneficiário.

 **COMENTÁRIOS:**

O novo Código repetiu as normas que foram inseridas no CPC/1973 pela Lei nº 12.008/2009 (arts. 1.211-A e 1.211-B) e as reuniu em um único artigo, com alguns aprimoramentos. Além da especificação acerca das pessoas com doença grave, conforme a Lei nº 7.713/1988, o CPC/2015 concede, igualmente, prioridade de tramitação aos procedimentos regulados pelo Estatuto da Criança e do Adolescente. Outra inovação é o comando do § 4º, o qual esclarece que o benefício previsto no *caput* não depende de pronunciamento do juiz, devendo ser concedido incontinenti, tão logo seja comprovada a condição do requerente.

Art. 1.049. Sempre que a lei remeter a procedimento previsto na lei processual sem especificá-lo, será observado o procedimento comum previsto neste Código.

Parágrafo único. Na hipótese de a lei remeter ao procedimento sumário, será observado o procedimento comum previsto neste Código, com as modificações previstas na própria lei especial, se houver.

 **COMENTÁRIOS:**

Esse artigo revela cuidado na tentativa de evitar controvérsias quando a lei, sobretudo se anterior ao CPC/2015, fizer referência a "procedimento previsto na lei processual" sem explicitar de qual se trata. Nesse caso, aplica-se o procedimento comum do novo Código.

Também cuidadoso, o parágrafo único do dispositivo esclarece que as referências ao procedimento sumário devem ser adequadas ao novo procedimento comum, com os devidos ajustes previstos na lei que faz a remissão, quando for o caso.

Art. 1.050. A União, os Estados, o Distrito Federal, os Municípios, suas respectivas entidades da administração indireta, o Ministério Público, a Defensoria Pública e a Advocacia Pública, no prazo de 30 (trinta) dias a contar da data da entrada em vigor deste Código, deverão se cadastrar perante a administração do tribunal no qual atuem para cumprimento do disposto nos arts. 246, § 2º, e 270, parágrafo único.

Art. 1.051. As empresas públicas e privadas devem cumprir o disposto no art. 246, § 1º, no prazo de 30 (trinta) dias, a contar da data de inscrição do ato constitutivo da pessoa jurídica, perante o juízo onde tenham sede ou filial.

Parágrafo único. O disposto no *caput* não se aplica às microempresas e às empresas de pequeno porte.

 COMENTÁRIOS AOS ARTS. 1.050 E 1.051:

Segundo o art. 246, V, do CPC/2015, a citação poderá ser realizada por meio eletrônico. Conforme o § 1º, combinado com o § 2º do referido dispositivo, as empresas públicas e privadas, a União, os Estados, o Distrito Federal, os Municípios e as respectivas entidades da administração indireta devem manter cadastros atualizados nos sistemas de processos eletrônicos para, preferencialmente, receber citações e intimações pela via virtual. Daí a necessidade de se estabelecer, entre as disposições transitórias, prazo para que as entidades mencionadas providenciem relação completa dos endereços eletrônicos por meio dos quais receberão as comunicações dos atos processuais.

Conforme dispõem o parágrafo único do art. 1.051 e, ainda, o § 1º do art. 246, a imposição de fornecimento de endereços eletrônicos não se aplica às microempresas e às empresas de pequeno porte.

Art. 1.052. Até a edição de lei específica, as execuções contra devedor insolvente, em curso ou que venham a ser propostas, permanecem reguladas pelo Livro II, Título IV, da Lei nº 5.869, de 11 de janeiro de 1973.

 COMENTÁRIOS:

A execução por quantia certa encontra-se regulada nos arts. 748 a 786-A do CPC/1973. O CPC/2015, de forma criticável, opta por manter em vigor parte do Código anterior para regulá-la, "até a edição de lei específica".

Art. 1.053. Os atos processuais praticados por meio eletrônico até a transição definitiva para certificação digital ficam convalidados, ainda que não tenham observado os requisitos mínimos estabelecidos por este Código, desde que tenham atingido sua finalidade e não tenha havido prejuízo à defesa de qualquer das partes.

 **COMENTÁRIOS:**

O dispositivo convalida os atos praticados por meio eletrônico sem a observância dos requisitos estabelecidos no CPC/2015.

Art. 1.054. O disposto no art. 503, § 1º, somente se aplica aos processos iniciados após a vigência deste Código, aplicando-se aos anteriores o disposto nos arts. 5º, 325 e 470 da Lei nº 5.869, de 11 de janeiro de 1973.

 **COMENTÁRIOS:**

Para ampliação objetiva da coisa julgada, segundo a sistemática do CPC/1973, faz-se necessário o ajuizamento de ação declaratória incidental, por meio da qual a parte pedirá que a questão prejudicial seja decidida como tema principal no processo. Sendo ajuizada a ação (arts. 5º, 325 e 470 do CPC/1973), haverá um comando sentencial sobre a questão prejudicial. Em outras palavras, a questão prejudicial deixará de ser apenas examinada incidentalmente na fundamentação e passará a ser enfrentada em caráter principal.

De acordo com o novo CPC, o objeto da demanda poderá ser ampliado sem a necessidade de proposta de ação declaratória incidental (art. 503, § 1º). Essa possibilidade é excepcional, porquanto depende do preenchimento dos seguintes requisitos: (a) deve haver decisão expressa e incidental para que a questão prejudicial se insira nos limites objetivos da coisa julgada; (b) a solução da questão prejudicial deverá contribuir para a decisão de mérito postulada inicialmente; (c) há necessidade de contraditório sobre a questão prejudicial, como garantia constitucional que permite a própria existência do processo; (d) o julgador deverá ser competente em razão da matéria e da pessoa para julgar a questão prejudicial como questão principal; (e) não podem existir restrições probatórias ou limitações à cognição ampla dessa questão por parte do julgador (art. 503, § 2º). Observadas essas premissas, terá o juiz de apreciar a questão.

Pois bem. No que respeita ao alcance da coisa julgada sobre a questão prejudicial, prevalecerá a regra do CPC/1973 para os processos iniciados sob a sua vigência. Segundo o art. 469, III, do CPC/1973, não faz coisa julgada a questão prejudicial decidida incidentemente no processo, exceto se a parte requerer que ela seja decidida como questão principal, pela via da ação declaratória incidental.

Somente para os processos iniciados após a vigência do novo CPC é que será aplicada a regra prevista no art. 503, § 1º. Exemplo: ação de alimentos é proposta em janeiro de 2016. A declaração da existência do vínculo de filiação (biológica ou socioafetiva) é uma premissa lógica para o julgamento dessa ação. Como a propositura ocorreu antes da entrada em vigor do novo CPC, a parte deverá provocar o aumento dos limites objetivos da coisa julgada por meio do ajuizamento de ação declaratória incidental. No caso do autor, o prazo para a ação declaratória incidental será de dez dias contados da intimação para se manifestar sobre a contestação (art. 325 do CPC/1973). Para o réu, o prazo será o mesmo que ele tem para responder à ação principal (quinze dias). Se a ação for proposta a partir de 18 de março de 2016, deve-se aplicar a nova regra para a "imutabilização" da questão prejudicial.

~~**Art. 1.055.** O devedor ou arrendatário não se exime da obrigação de pagamento dos tributos, das multas e das taxas incidentes sobre os bens vinculados e de outros encargos previstos em contrato, exceto se a obrigação de pagar não for de sua responsabilidade, conforme contrato, ou for objeto de suspensão em tutela provisória.~~ VETADO.

Art. 1.056. Considerar-se-á como termo inicial do prazo da prescrição prevista no art. 924, inciso V, inclusive para as execuções em curso, a data de vigência deste Código.

 COMENTÁRIOS:

O novo CPC inova o sistema ao inserir a prescrição intercorrente como causa da extinção da pretensão executiva da obrigação consubstanciada no título (art. 924, V). O art. 921, na linha da inovação, disciplina a contagem do prazo prescricional da prescrição intercorrente, estabelecendo que esta tem início a partir do esgotamento do prazo de suspensão, que é de um ano, e decorre do fato de não se encontrar bens penhoráveis do executado e tem como termo inicial a decisão que determinou a suspensão.

Decorrido o prazo da suspensão, inicia-se a contagem do prazo prescricional. De acordo com a regra em comento, considerar-se-á termo inicial do prazo da prescrição a data de vigência deste Código. Assim, para os processos que em 18 de março de 2016 já se encontravam suspensos a um ano ou mais, o prazo prescricional da pretensão executiva tem início dessa data, ou seja, da data da entrada em vigor do novo CPC. Para os processos suspensos a menos de um ano ou ainda não suspensos na data da entrada em vigor deste Código, o prazo da prescrição iniciar-se-á quando completado um ano a contar da intimação que determinou a suspensão do processo executivo.

O dispositivo aplica-se também à execução de título judicial (cumprimento de sentença).

Vale mencionar que, por ausência de intimação prévia do credor, a Terceira Turma do Superior Tribunal de Justiça (STJ) reformou acórdão do Tribunal de Justiça do Tocantins (TJTO) e anulou sentença que havia declarado a prescrição intercorrente em ação de execução extinta devido à ausência de manifestação do autor após a suspensão do processo (STJ, REsp 1.628.094/TO). Pelo que se infere do § 4º do art. 921, decorrido o prazo da suspensão, tem início a contagem do prazo prescricional, independentemente de qualquer manifestação das partes. A manifestação do executado é pressuposto de validade da decisão judicial que declara a prescrição intercorrente e a esta deve anteceder, em obediência aos arts. 9º e 10; entretanto, a prescrição automaticamente se opera.

Art. 1.057. O disposto no art. 525, §§ 14 e 15, e no art. 535, §§ 7º e 8º, aplica-se às decisões transitadas em julgado após a entrada em vigor deste Código, e, às decisões transitadas em julgado anteriormente, aplica-se o disposto no art. 475-L, § 1º, e no art. 741, parágrafo único, da Lei nº 5.869, de 11 de janeiro de 1973.

 COMENTÁRIOS:

A inexigibilidade da obrigação é matéria que pode ser alegada em sede de impugnação ao cumprimento de sentença, seja na execução comum, seja na execução contra a Fazenda Pública (arts. 525 e 535 do CPC/2015).

O CPC/1973 considerava inexigível "o título judicial fundado em lei ou ato normativo declarados inconstitucionais pelo Supremo Tribunal Federal, ou fundado em aplicação ou interpretação da lei ou ato normativo tidas pelo Supremo Tribunal Federal como incompatíveis com a Constituição Federal" (arts. 475-L, § 1º, e 741, parágrafo único, do CPC/1973). A novidade trazida pelo CPC/2015 é que a incompatibilidade ou inconstitucionalidade de lei ou de ato normativo pode não somente ter sido declarada em controle concentrado de constitucionalidade, mas também em controle difuso. Nesse último caso, por não haver previsão expressa, a norma não precisa ter sido suspensa pelo Senado Federal, na forma do art. 52, X, da Constituição Federal.

Para harmonizar a possibilidade de desconstituição de título executivo judicial com a garantia da segurança jurídica, o § 14 do art. 525 esclarece importante questão: a matéria somente poderá fundamentar a impugnação se a interpretação da Suprema Corte tiver se fixado antes do trânsito em julgado da decisão exequenda. Esse já era, inclusive, o entendimento do STF.[490]

Se a decisão da Suprema Corte for proferida após o trânsito em julgado da decisão objeto do cumprimento de sentença, restará à parte propor ação rescisória, e o prazo decadencial de dois anos não será contado da data do trânsito em julgado da decisão exequenda, mas do trânsito em julgado da decisão proferida pelo Supremo Tribunal Federal (art. 525, § 15). Esse mesmo regramento se aplica à execução por quantia certa contra a Fazenda Pública (art. 535, §§ 7º e 8º).

E como se aplica essa sistemática aos processos em curso? De acordo com o art. 1.057, a incidência desse regramento terá como marco a data do trânsito em julgado da decisão exequenda. Exemplo: se o trânsito em julgado do título judicial reputado inexigível se deu ainda na vigência do CPC/1973 (até o último segundo do dia 17 de março de 2016), deve-se aplicar a norma do art. 475- L, § 1º, que nada dispõe sobre o momento em que proferida a decisão do STF, declarando a inconstitucionalidade da lei ou da interpretação na qual se funda o mencionado título. Essa lacuna permite inferir que a decisão do STF deve ser anterior ao trânsito em julgado da decisão exequenda.

Agora, se o trânsito em julgado se deu na vigência do CPC/2015, a regra é clara: para que o título judicial seja reputado inexigível, a decisão do STF deve ter sido proferida antes do trânsito em julgado da decisão exequenda; se for posterior, o caso enseja ação rescisória – outra causa de rescindibilidade, além das enumeradas no art. 966 –, mas não inexigibilidade.

---

[490] A referida Corte já apresentou entendimento similar, protegendo a garantia da coisa julgada material formada antes da decisão que declara a inconstitucionalidade da lei ou ato normativo que fundamenta a sentença: "A superveniência de decisão do Supremo Tribunal Federal, declaratória de inconstitucionalidade de diploma normativo utilizado como fundamento do título judicial questionado, ainda que impregnada de eficácia 'ex tunc' – como sucede, ordinariamente, com os julgamentos proferidos em sede de fiscalização concentrada (RTJ 87/758 – RTJ 164/506-509 – RTJ 201/765) –, não se revela apta, só por si, a desconstituir a autoridade da coisa julgada, que traduz, em nosso sistema jurídico, limite insuperável à força retroativa resultante dos pronunciamentos que emanam, 'in abstracto', da Suprema Corte. Doutrina. Precedentes. O significado do instituto da coisa julgada material como expressão da própria supremacia do ordenamento constitucional e como elemento inerente à existência do Estado Democrático de Direito" (RE 592.912 AgR, 2ª Turma, Rel. Min. Celso de Mello, julgado em 03.04.2012).

Art. 1.058. Em todos os casos em que houver recolhimento de importância em dinheiro, esta será depositada em nome da parte ou do interessado, em conta especial movimentada por ordem do juiz, nos termos do art. 840, inciso I.

 COMENTÁRIOS:

O art. 840, I, situado no capítulo que disciplina a execução por quantia certa, estabelece uma ordem de preferência das instituições na qual devem ser realizados os depósitos das quantias em dinheiro, dos papéis de crédito, das pedras e dos metais preciosos. O art. 1.058, por sua vez, estende a aplicação dessa norma a toda hipótese de recolhimento de importância em dinheiro e esclarece que o depósito deve ser feito *em nome da parte ou do interessado*, e *em conta especial movimentada por ordem do juiz*.

O dispositivo não é novidade. Regra semelhante já estava disposta no art. 1.219 do CPC/1973.

Art. 1.059. À tutela provisória requerida contra a Fazenda Pública aplica-se o disposto nos arts. 1º a 4º da Lei nº 8.437, de 30 de junho de 1992, e no art. 7º, § 2º, da Lei nº 12.016, de 7 de agosto de 2009.

 COMENTÁRIOS:

A Lei nº 8.437/1992 dispõe sobre a concessão de medidas cautelares contra atos do Poder Público. Segundo o art. 1º dessa lei, "não será cabível medida liminar contra atos do Poder Público, no procedimento cautelar ou em quaisquer outras ações de natureza cautelar ou preventiva, toda vez que providência semelhante não puder ser concedida em ações de mandado de segurança, em virtude de vedação legal". Os cinco parágrafos do dispositivo, bem como os subsequentes (arts. 2º a 4º), detalham a disciplina. O art. 7º, § 2º, da Lei nº 12.016/2009 – que disciplina o mandado de segurança individual e coletivo –, por sua vez, estabelece que "não será concedida medida liminar que tenha por objeto a compensação de créditos tributários, a entrega de mercadorias e bens provenientes do exterior, a reclassificação ou equiparação de servidores públicos e a concessão de aumento ou a extensão de vantagens ou pagamento de qualquer natureza". Segundo o art. 1.059 do CPC/2015, tais normas aplicam-se aos pedidos de tutela provisória formulados contra a Fazenda Pública. A disposição tem por fim evitar interpretação no sentido de que os artigos das Leis nº 8.437 e 12.016, citados no art. 1.059, não se aplicariam à tutela provisória disciplinada no CPC/2015, uma vez que este é posterior às mencionadas leis e não fez qualquer ressalva no que se refere às pessoas contra quem é deferida.

Art. 1.060. O inciso II do art. 14 da Lei nº 9.289, de 4 de julho de 1996, passa a vigorar com a seguinte redação:

"Art. 14. ....

....

II – aquele que recorrer da sentença adiantará a outra metade das custas, comprovando o adiantamento no ato de interposição do recurso, sob pena de deserção, observado o disposto nos §§ 1º a 7º do art. 1.007 do Código de Processo Civil;

...." (NR)

 **COMENTÁRIOS:**

A Lei nº 9.289/1996 é o diploma que trata das custas devidas à União, na Justiça Federal de primeiro e segundo graus. A redação anterior do inciso II do art. 14 estabelece que "aquele que recorrer da sentença pagará a outra metade das custas, dentro do prazo de cinco dias, sob pena de deserção". A partir da vigência do CPC/2015, o recorrente deverá pagar "a outra metade das custas" no ato da interposição do recurso, e não mais no prazo de cinco dias. No mais, aplica-se o disposto nos §§ 1º a 7º do art. 1.007 do CPC/2015.

Art. 1.061. O § 3º do art. 33 da Lei nº 9.307, de 23 de setembro de 1996 (Lei de Arbitragem), passa a vigorar com a seguinte redação:

"Art. 33. ....

....

§ 3º A decretação da nulidade da sentença arbitral também poderá ser requerida na impugnação ao cumprimento da sentença, nos termos dos arts. 525 e seguintes do Código de Processo Civil, se houver execução judicial." (NR)

COMENTÁRIOS:

A redação anterior do § 3º do art. 33 previa que "a decretação da nulidade da sentença arbitral também poderá ser arguida mediante ação de embargos do devedor, conforme o art. 741 e seguintes do Código de Processo Civil, se houver execução judicial". Como se vê, com a entrada em vigor do CPC/2015, a via alternativa para a decretação da nulidade da sentença arbitral deixa de ser a dos embargos do devedor e passa a ser a impugnação ao cumprimento da sentença.

Isso quer dizer que, em vez de ajuizar uma ação autônoma pleiteando a nulidade da sentença arbitral, a parte poderá alegar esse vício como matéria de defesa, no momento em que a outra parte estiver executando judicialmente a sentença arbitral.

Como se sabe, a sentença arbitral é título executivo judicial (art. 515, VII) e tem os mesmos efeitos da sentença proferida pelos órgãos do Poder Judiciário. É incorreto, portanto, falar em embargos do devedor, que é uma defesa típica da execução de título extrajudicial.

Vale salientar que a Lei nº 13.129/2015[491] promoveu alteração semelhante na Lei de Arbitragem, mas, como a sua entrada em vigor foi anterior ao novo CPC, devem ser consideradas operadas as mudanças referidas na lei processual.

Art. 1.062. O incidente de desconsideração da personalidade jurídica aplica-se ao processo de competência dos juizados especiais.

---

[491] Alteração feita na Lei nº 9.307/1996 pela Lei nº 13.129/2015: "Art. 33 [...] § 3º A declaração de nulidade da sentença arbitral também poderá ser arguida mediante impugnação, conforme o art. 475-L e seguintes da Lei nº 5.869, de 11 de janeiro de 1973 (Código de Processo Civil), se houver execução judicial."

COMENTÁRIOS:

No âmbito dos juizados especiais, é pacífica a possibilidade de desconsideração da personalidade jurídica sempre que presentes os requisitos legais (art. 50 do CC; art. 4º da Lei nº 9.605/1998; art. 28, § 5º, do CDC). Ocorre que, assim como nos processos submetidos à justiça comum, não havia consenso quanto ao procedimento a ser aplicado para fins de desconsideração da personalidade jurídica.

Buscando a máxima eficácia do instituto, o art. 1.062 do novo CPC estende a sua aplicação para os processos de competência dos juizados especiais. Ou seja, para desconsideração da personalidade da sociedade (desconsideração comum) ou dos sócios (desconsideração inversa), deve ser observado o procedimento previsto no CPC, ainda que a demanda esteja submetida ao rito sumaríssimo.

O incidente será suscitado no bojo dos autos do processo principal e será cabível em todas as fases do processo, inclusive na execução, cuja competência será do próprio juizado (art. 3º, § 1º, I, da Lei nº 9.099/1995).

Poderá ser pleiteada a desconsideração na própria petição inicial, desde que apontados os fundamentos pelos quais está embasado o pedido – aqui se observa se o caso se enquadra na aplicação da teoria maior ou da teoria menor da desconsideração. Se o pedido for feito oralmente, será reduzido por escrito pela Secretaria do Juizado.

Neste caso – pedido formalizado na petição inicial –, dispensa-se a instauração do incidente de desconsideração (art. 134, § 2º, do CPC/2015). A parte ré será citada para comparecer à audiência de conciliação, instrução e julgamento, momento em que poderá contestar o pedido, por escrito ou oralmente.

A análise quanto ao pedido de desconsideração formulado na petição inicial será feita na própria sentença (arts. 28 e 29 da Lei nº 9.099/1995). Se deferido o pedido, forma-se título executivo judicial em desfavor não apenas da sociedade, mas, também, do sócio que teve sua autonomia patrimonial relativizada.

Se o pedido tiver sido formalizado em outro momento processual que não na petição inicial (por exemplo, na audiência de instrução e julgamento ou na fase de execução), deve ser oportunizada a manifestação da parte contrária, em estrita observância ao princípio do contraditório. No primeiro caso, o juiz também analisará o pedido na própria sentença (art. 29, parte final, da Lei nº 9.099/1995), razão pela qual é incabível o disposto no art. 136 do novo CPC.

Na fase de execução é que reside o problema, pois é normalmente aqui que a parte exequente propõe a desconsideração.

De acordo com o art. 1.015, IV, do novo CPC, "Cabe agravo de instrumento contra as decisões interlocutórias que versarem sobre: [...] IV – incidente de desconsideração da personalidade jurídica." Se a decisão é proferida na fase de execução, com mais razão caberá esse recurso, visto que, como não há sentença, não se pode falar em apelação (art. 1.015, parágrafo único).

Ocorre que prevalece no âmbito do procedimento sumaríssimo a ideia de irrecorribilidade das decisões interlocutórias. Veja:

> [...] A Lei n. 9.099/95 está voltada à promoção de celeridade no processamento e julgamento de causas cíveis de complexidade menor. Daí ter consagrado a regra da irrecorribilidade das

interlocutórias, inarredável. Não cabe, nos casos por ela abrangidos, aplicação subsidiária do Código de Processo Civil, sob a forma do agravo de instrumento, ou o uso do instituto do mandado de segurança [...] (STF, ARE 841957/MG, Rel. Min. Celso de Mello, Plenário, julgado em 03.12.2014).

Para o STF, não há possibilidade, nem sequer, de impetração de mandado de segurança. Para o STJ, contudo, o mandado de segurança é cabível (Súmula 376).[492] O Enunciado nº 62 do FONAJE reforça o entendimento do STJ, ao prever que "cabe exclusivamente às Turmas Recursais conhecer e julgar o mandado de segurança e o *habeas corpus* impetrados em face de atos judiciais oriundos dos Juizados Especiais".

De fato, se o incidente tiver sido proposto no curso do processo, a parte prejudicada poderá impugnar a matéria por meio da interposição de recurso inominado. Nesse ponto não há discussão. O problema, como dito, é se a desconsideração for pleiteada na fase executiva (execução *stricto sensu* ou cumprimento de sentença).

Sobre esse ponto, considero que, se não há previsão de recurso específico na Lei nº 9.099/1995 e prevalece o entendimento pela inaplicabilidade da sistemática recursal do CPC, há que se franquear à parte prejudicada a possibilidade de impetrar mandado de segurança contra a decisão que desconsiderou a sua personalidade. É que, apesar de ser necessária a manifestação da parte contrária *antes* da desconsideração, por imperativo do princípio constitucional do contraditório (arts. 9º, 10 e 135 do CPC/2015), o duplo grau de jurisdição, embora não seja absoluto, precisa ser observado nesse caso. É no mínimo inusitado atribuir responsabilidade a alguém sem a possibilidade de recurso. A celeridade não pode ser o único valor a nortear o sistema dos juizados especiais, razão pela qual se defende a aplicação, a *contrario sensu*, da Súmula 267 do STF ("Não cabe mandado de segurança contra ato judicial passível de recurso ou correição"). Se não há recurso, admissível será a impetração do remédio constitucional.

Art. 1.063. Até a edição de lei específica, os juizados especiais cíveis previstos na Lei nº 9.099, de 26 de setembro de 1995, continuam competentes para o processamento e julgamento das causas previstas no art. 275, inciso II, da Lei nº 5.869, de 11 de janeiro de 1973.

 **COMENTÁRIOS:**

Dispõe o art. 1.046, § 1º, do CPC/2015 que permanecerão vigentes as disposições acerca do procedimento sumário e procedimentos especiais às ações propostas até o início da vigência do novo Código, desde que não tenham sido sentenciadas. No caso dos juizados especiais cíveis, que também são competentes para as ações do procedimento sumário previstas no art. 275, II, do CPC/1973 (art. 3º, II, da Lei nº 9.099/1995), a competência prorroga-se até a edição de lei específica. Logo, o art. 275, II, do CPC/1973 permanecerá vigente após a entrada do CPC/2015, mas restritamente às hipóteses de competência dos juizados especiais. Trata-se de uma hipótese de ultratividade da lei processual civil revogada.

Art. 1.064. O *caput* do art. 48 da Lei nº 9.099, de 26 de setembro de 1995, passa a vigorar com a seguinte redação:

---

[492] "Compete a turma recursal processar e julgar o mandado de segurança contra ato de juizado especial".

"Art. 48. Caberão embargos de declaração contra sentença ou acórdão nos casos previstos no Código de Processo Civil." (NR)

 COMENTÁRIOS:

De acordo com a redação anterior do art. 48 da Lei nº 9.099/1995, "caberão embargos de declaração quando, na sentença ou acórdão, houver obscuridade, contradição, omissão ou dúvida".

Observe-se que, diferentemente do que constava nas redações dos arts. 535 do CPC/1973 e 1.022 do CPC/2015, os embargos declaratórios no âmbito dos juizados especiais também poderiam ser manejados em razão de *dúvida*. Porém, ia contra a lógica do sistema recursal admitir que a dúvida, isto é, um estado subjetivo da parte, permitisse, por si só, o cabimento dos embargos declaratórios; o que poderia ocorrer, isso sim, era que a parte tivesse dúvida quanto aos termos da decisão em virtude de obscuridade, contradição ou omissão nela existente.

Assim, considerando que a dúvida não constitui uma espécie de vício, o novo CPC fez por bem alterar a sistemática dos embargos também nos processos submetidos à Lei nº 9.099/1995.

De acordo com a nova redação do art. 48, conferida pelo art. 1.064 do CPC/2015, "caberão embargos de declaração contra sentença ou acórdão, nos casos previstos no Código de Processo Civil". Isso quer dizer que, havendo acórdão ou sentença obscura, omissa, contraditória ou com erro material, poderá a parte que litiga no juizado especial interpor embargos declaratórios.

Ressalte-se que existe uma importante diferença entre a redação do art. 1.022 do novo CPC e a nova redação do art. 48 da Lei nº 9.099/1995. Na primeira, o legislador previu que "cabem embargos de declaração contra qualquer decisão judicial [...]". Na segunda, o legislador conferiu relevância à natureza da decisão, porquanto só permitiu a interposição dos embargos contra sentença ou acórdão. Essa diferença se fundamenta no fato de que as decisões interlocutórias no âmbito dos juizados especiais são irrecorríveis. Assim, mesmo os embargos declaratórios não podem ser interpostos contra decisão interlocutória. Veja:

> As decisões interlocutórias proferidas no rito sumaríssimo da Lei 9.099/95 são em regra irre-corríveis, em atenção ao princípio da oralidade e celeridade que o orientam. Não cabe mandado de segurança como sucedâneo do agravo de instrumento, não previsto pela lei de regência [...] (STF, ARE 704232 AgR, Rel. Min. Luiz Fux, julgado em 20.11.2012).

Vale salientar que, como não há recurso, consequentemente não há preclusão. Assim, as questões objeto de decisões interlocutórias que seriam discutidas via embargos poderão ser objeto de recurso inominado.

Art. 1.065. O art. 50 da Lei nº 9.099, de 26 de setembro de 1995, passa a vigorar com a seguinte redação:

"Art. 50. Os embargos de declaração interrompem o prazo para a interposição de recurso." (NR)

 **COMENTÁRIOS:**

De acordo com a Lei nº 9.099/1995, a interposição dos embargos de declaração pode ser feita oralmente ou por escrito, no prazo de 5 (cinco) dias, contados da ciência da decisão (art. 49). Se oral, a interposição deve ser feita na própria audiência de instrução e julgamento e consignada em ata.

Pela redação original do art. 50, quando interpostos *contra sentença*, os embargos *suspenderiam* o prazo para recursos, diversamente, portanto, do que ocorre no sistema do CPC, em que os embargos declaratórios têm efeito interruptivo.

A partir do novo CPC, os embargos de declaração passam a interromper o prazo para a interposição de recursos também nos juizados especiais (art. 1.065). Como consequência, opostos embargos declaratórios, será restituído todo o prazo recursal para aquele que litiga no juizado especial. No regime anterior, a *suspensão* do prazo implicava retorno apenas do período restante.

Art. 1.066. O art. 83 da Lei nº 9.099, de 26 de setembro de 1995, passam[493] a vigorar com a seguinte redação:

"Art. 83. Cabem embargos de declaração quando, em sentença ou acórdão, houver obscuridade, contradição ou omissão.

....

§ 2º Os embargos de declaração interrompem o prazo para a interposição de recurso.

...." (NR)

 COMENTÁRIOS:

A mudança é semelhante à do artigo anterior. Os embargos de declaração no âmbito dos juizados especiais criminais terão efeito interruptivo e não mais suspensivo.

Art. 1.067. O art. 275 da Lei nº 4.737, de 15 de julho de 1965 (Código Eleitoral), passa a vigorar com a seguinte redação:

"Art. 275. São admissíveis embargos de declaração nas hipóteses previstas no Código de Processo Civil.

§ 1º Os embargos de declaração serão opostos no prazo de 3 (três) dias, contado da data de publicação da decisão embargada, em petição dirigida ao juiz ou relator, com a indicação do ponto que lhes deu causa.

§ 2º Os embargos de declaração não estão sujeitos a preparo.

§ 3º O juiz julgará os embargos em 5 (cinco) dias.

§ 4º Nos tribunais:

I – o relator apresentará os embargos em mesa na sessão subsequente, proferindo voto;

---

[493] A conjugação do verbo "passar" está equivocada, mas é assim que consta da redação original.

II – não havendo julgamento na sessão referida no inciso I, será o recurso incluído em pauta;

III – vencido o relator, outro será designado para lavrar o acórdão.

§ 5º Os embargos de declaração interrompem o prazo para a interposição de recurso.

§ 6º Quando manifestamente protelatórios os embargos de declaração, o juiz ou o tribunal, em decisão fundamentada, condenará o embargante a pagar ao embargado multa não excedente a 2 (dois) salários mínimos.

§ 7º Na reiteração de embargos de declaração manifestamente protelatórios, a multa será elevada a até 10 (dez) salários mínimos." (NR)

 ## COMENTÁRIOS:

A Lei nº 4.737/1965 é o diploma que institui o Código Eleitoral. O art. 275 trata dos embargos de declaração nos recursos aos tribunais regionais.

A redação anterior do art. 275 trazia alguns problemas, notadamente de interpretação. O inciso I, por exemplo, acabava limitando a utilização dos embargos de declaração apenas contra os acórdãos proferidos por tribunais. Os adeptos dessa interpretação literal e restritiva não contavam, contudo, com o apoio da jurisprudência, que admitia a interposição desse recurso também em face de sentenças e decisões monocráticas.

A questão da dúvida, que estava prevista no inciso I, também já havia sido objeto de polêmica, tanto que o Tribunal Superior Eleitoral firmou entendimento no sentido de que são cabíveis embargos de declaração tão somente nas hipóteses de obscuridade, contradição ou omissão, já que a dúvida apresenta caráter eminentemente subjetivo e, por essa razão, não pode servir de fundamento para o recurso (Ac.-TSE, de 14.09.2006, no RO nº 912 e, de 27.2.2007, no Ag nº 6.462).

O § 4º do art. 275 também era objeto de controvérsia. Para a lei, os embargos de declaração *suspendiam* o prazo para a interposição de outros recursos, salvo se manifestamente protelatórios e assim declarados na decisão que os rejeitar. Para o TSE, a hipótese era de interrupção (Ac-TSE, de 23.06.2009, no Ag nº 8.407; de 12.08.2008, nos ED-ED-REspe nº 26.062 e, de 06.03.2007, no Ag nº 5.902; Ac.-TSE, de 15.03.2011, no AgR-AI nº 369422; Ac.-TSE nº 12.071/1994 e 714/1999).

As alterações propostas pelo CPC/2015 objetivam, em síntese, uniformizar o tratamento do mesmo recurso pelas duas legislações e, ainda, solidificar o entendimento da jurisprudência. Quanto ao prazo, mantém-se a diferença, em atenção ao princípio da celeridade: os embargos no CPC são opostos em cinco dias; já os embargos no Código Eleitoral permanecerem com o prazo menor, de três dias.

Cumpre ressalvar, por fim, que os embargos de declaração contra acórdão de Tribunal Regional Eleitoral em sede de representação fundada no art. 96 da Lei nº 9.504/1997 (Lei das Eleições) continuam submetidos ao prazo de interposição de 24 horas (art. 96, § 8º). Pode-se extrair essa conclusão do art. 1.046, § 2º, do novo CPC, segundo o qual "permanecem em vigor as disposições especiais dos procedimentos regulados em outras leis, aos quais se aplicará supletivamente este Código". Se há prazo específico na legislação especial, não há razões para aplicar as disposições do novo CPC.

Art. 1.068. O art. 274 e o *caput* do art. 2.027 da Lei nº 10.406, de 10 de janeiro de 2002 (Código Civil), passam a vigorar com a seguinte redação:

"Art. 274. O julgamento contrário a um dos credores solidários não atinge os demais, mas o julgamento favorável aproveita-lhes, sem prejuízo de exceção pessoal que o devedor tenha direito de invocar em relação a qualquer deles." (NR)

"Art. 2.027. A partilha é anulável pelos vícios e defeitos que invalidam, em geral, os negócios jurídicos."

 COMENTÁRIOS:

A lei processual buscou realizar alterações meramente redacionais em dois dispositivos do Código Civil de 2002. Quanto ao art. 274, explicita que o aproveitamento de julgamento favorável a um dos credores solidários não prejudica eventual exceção pessoal oponível pelo devedor em face de um deles. No que tange ao art. 2.027, retirou-se a expressão "uma vez feita e julgada", tornando implícita a ideia de que a anulação da partilha presume a sua conclusão.

Art. 1.069. O Conselho Nacional de Justiça promoverá, periodicamente, pesquisas estatísticas para avaliação da efetividade das normas previstas neste Código.

 COMENTÁRIOS:

O Conselho Nacional de Justiça, criado em 2004 pela Emenda Constitucional nº 45, já realiza pesquisas estatísticas periodicamente para avaliar o desempenho do Poder Judiciário. O relatório de tais pesquisas denomina-se "Justiça em Números", e, segundo informações disponíveis no *site* do CNJ (http://www.cnj.jus.br/programas-e-acoes/pj-justica-em-numeros), seus dados constituem a principal fonte estatística utilizada para a atuação nacional do órgão. A novidade instituída pelo art. 1.069 é a determinação da realização de pesquisas estatísticas com a finalidade específica de conferir efetividade do novo sistema processual.

Art. 1.070. É de 15 (quinze) dias o prazo para a interposição de qualquer agravo, previsto em lei ou em regimento interno de tribunal, contra decisão de relator ou outra decisão unipessoal proferida em tribunal.

 COMENTÁRIOS:

O dispositivo uniformiza os prazos para interposição de agravos, estejam previstos em lei ou em regimento de tribunal.

Vale ressaltar que esse dispositivo, segundo o entendimento do STJ, não alterou os prazos recursais no âmbito do processo penal. Em recente julgado, a Corte entendeu que o novo CPC não alterou todos os tipos de prazos recursais [494] Ao que me parece, trata-se de

---

[494] "1. O agravo contra decisão monocrática de Relator, em controvérsias que versam sobre matéria penal ou processual penal, nos tribunais superiores, não obedece às regras no novo CPC, referentes à contagem dos prazos em dias úteis (art. 219, Lei 13.105/2015) e ao estabelecimento de prazo de 15 (quinze) dias para todos os recursos, com exceção dos embargos de declaração (art. 1.003, § 5º, Lei 13.105/2015). 2. Isso porque, no ponto, não foi revogada, expressamente, como ocorreu com outros de seus artigos, a norma especial da Lei 8.038/90 que estabelece o prazo de cinco dias para o agravo interno. 3. Além disso, a regra do art. 798 do Código de Processo Penal, segundo a qual 'Todos os prazos

interpretação equivocada. O art. 1.070 deveria servir justamente para evitar as armadilhas jurídicas causadas por prazos e procedimentos não uniformes. De que adianta inserir um dispositivo prevendo que **qualquer agravo** terá prazo de 15 (quinze) dias se a jurisprudência continua "desuniformizando" os prazos em razão da natureza da demanda?

Art. 1.071. O Capítulo III do Título V da Lei nº 6.015, de 31 de dezembro de 1973 (Lei de Registros Públicos), passa a vigorar acrescida do seguinte art. 216-A:

"Art. 216-A. Sem prejuízo da via jurisdicional, é admitido o pedido de reconhecimento extrajudicial de usucapião, que será processado diretamente perante o cartório do registro de imóveis da comarca em que estiver situado o imóvel usucapiendo, a requerimento do interessado, representado por advogado, instruído com:

I – ata notarial lavrada pelo tabelião, atestando o tempo de posse do requerente e seus antecessores, conforme o caso e suas circunstâncias;

II – planta e memorial descritivo assinado por profissional legalmente habilitado, com prova de anotação de responsabilidade técnica no respectivo conselho de fiscalização profissional, e pelos titulares de direitos reais e de outros direitos registrados ou averbados na matrícula do imóvel usucapiendo e na matrícula dos imóveis confinantes;

III – certidões negativas dos distribuidores da comarca da situação do imóvel e do domicílio do requerente;

IV – justo título ou quaisquer outros documentos que demonstrem a origem, a continuidade, a natureza e o tempo da posse, tais como o pagamento dos impostos e das taxas que incidirem sobre o imóvel.

§ 1º O pedido será autuado pelo registrador, prorrogando-se o prazo da prenotação até o acolhimento ou a rejeição do pedido.

§ 2º Se a planta não contiver a assinatura de qualquer um dos titulares de direitos reais e de outros direitos registrados ou averbados na matrícula do imóvel usucapiendo e na matrícula dos imóveis confinantes, esse será notificado pelo registrador competente, pessoalmente ou pelo correio com aviso de recebimento, para manifestar seu consentimento expresso em 15 (quinze) dias, interpretado o seu silêncio como discordância.

§ 3º O oficial de registro de imóveis dará ciência à União, ao Estado, ao Distrito Federal e ao Município, pessoalmente, por intermédio do oficial de registro de títulos e documentos, ou pelo correio com aviso de recebimento, para que se manifestem, em 15 (quinze) dias, sobre o pedido.

§ 4º O oficial de registro de imóveis promoverá a publicação de edital em jornal de grande circulação, onde houver, para a ciência de terceiros eventualmente interessados, que poderão se manifestar em 15 (quinze) dias.

---

correrão em cartório e serão contínuos e peremptórios, não se interrompendo por férias, domingo ou dia feriado' constitui norma especial em relação às alterações trazidas pela Lei 13.105/2015. 4. Precedente recente desta Corte: AgInt no CC 145.748/PR, Rel. Ministra MARIA THEREZA DE ASSIS MOURA, TERCEIRA SEÇÃO, julgado em 13/04/2016, DJe 18/04/2016. 5. Assim sendo, interposto o agravo regimental em 11/04/2016 (segunda-feira) contra decisão monocrática de Relator publicada em 30/03/2016, é forçoso reconhecer a intempestividade do recurso, por não ter obedecido ao prazo de 5 (cinco) dias corridos, previsto no art. 39 da Lei 8.038/90" (STJ, AgRg na Rcl 30.714/PB, Rel. Min. Reynaldo Soares da Fonseca, DJe 04.05.2016).

§ 5º Para a elucidação de qualquer ponto de dúvida, poderão ser solicitadas ou realizadas diligências pelo oficial de registro de imóveis.

§ 6º Transcorrido o prazo de que trata o § 4º deste artigo, sem pendência de diligências na forma do § 5º deste artigo e achando-se em ordem a documentação, com inclusão da concordância expressa dos titulares de direitos reais e de outros direitos registrados ou averbados na matrícula do imóvel usucapiendo e na matrícula dos imóveis confinantes, o oficial de registro de imóveis registrará a aquisição do imóvel com as descrições apresentadas, sendo permitida a abertura de matrícula, se for o caso.

§ 7º Em qualquer caso, é lícito ao interessado suscitar o procedimento de dúvida, nos termos desta Lei.

§ 8º Ao final das diligências, se a documentação não estiver em ordem, o oficial de registro de imóveis rejeitará o pedido.

§ 9º A rejeição do pedido extrajudicial não impede o ajuizamento de ação de usucapião.

§ 10. Em caso de impugnação do pedido de reconhecimento extrajudicial de usucapião, apresentada por qualquer um dos titulares de direito reais e de outros direitos registrados ou averbados na matrícula do imóvel usucapiendo e na matrícula dos imóveis confinantes, por algum dos entes públicos ou por algum terceiro interessado, o oficial de registro de imóveis remeterá os autos ao juízo competente da comarca da situação do imóvel, cabendo ao requerente emendar a petição inicial para adequá-la ao procedimento comum."

COMENTÁRIOS:

Entre as premissas que motivaram a edição do CPC/2015, verifica-se a necessidade de desjudicialização dos conflitos, seja pela simplificação dos procedimentos, pelo incentivo à autocomposição ou, ainda, pela retirada de determinadas competências da via exclusivamente judicial. Com relação a esta última, o art. 1.071 evidencia inovação de extrema relevância: um novo procedimento *extrajudicial* para a declaração da usucapião, com a participação do tabelião de notas e do registrador de imóveis.[495] Vejamos, então, as minúcias desse procedimento.

Competência. De acordo com o *caput* do art. 216-A – dispositivo acrescentado pelo novo CPC à Lei de Registros Públicos (Lei nº 6.015/1973) –, a competência para instaurar o procedimento extrajudicial, verificar o preenchimento dos requisitos legais e analisar o pedido de reconhecimento extrajudicial de usucapião é conferida ao cartório de registro de imóveis do local onde estiver situado o bem objeto do pedido. O Registro de Imóveis, ressalte-se, já era competente pelo registro das sentenças declaratórias de usucapião (art. 167, I, 28, da Lei nº 6.015/1973).

Requerimento da parte interessada. Para possibilitar o reconhecimento da usucapião, o requerente deverá apresentar os documentos relacionados nos incisos do art. 216-A, os quais atestarão o preenchimento dos requisitos gerais necessários a qualquer usucapião: posse mansa, pacífica e ininterrupta. Além disso, a nova disposição prevê a apresentação

---

495 O dispositivo não cria propriamente o procedimento de usucapião administrativo. O art. 60 da Lei nº 11.977/2009 (Programa Minha Casa, Minha Vida) já prevê a possibilidade de aquisição da propriedade por usucapião por meio de requerimento ao oficial de registro de imóveis. O que há de novo é a generalização do procedimento, que agora conta também com a participação do tabelião de notas.

obrigatória de justo título, citando como exemplo o comprovante de pagamento de impostos ou taxas relativas ao imóvel.

Poderá ser reconhecida administrativamente qualquer modalidade de usucapião (extraordinária, ordinária, especial rural, especial urbana, coletiva, por abandono do lar), desde que preenchidos os requisitos legais.

A ata notarial (inciso I) foi inserida como requisito para o reconhecimento da usucapião extrajudicial porque tem por objetivo constatar uma realidade ou fato que o tabelião presencia ou da qual toma conhecimento. Nesse contexto, ao tabelião caberá atestar o tempo de posse do requerente e seus antecessores (se for o caso). Para tanto, procederá à colheita das declarações do próprio requerente (possuidor) e também de testemunhas (se houver), que poderão certificar se o declarante exerce posse mansa e pacífica sobre a área usucapienda. A competência para lavrar atas notariais é exclusiva dos tabeliães, nos termos do art. 7º, III, da Lei nº 8.935/1994.

Esse documento, que é dotado de fé pública, é imprescindível ao reconhecimento da usucapião extrajudicial. Também é indispensável, a exemplo dos atos da Lei nº 11.441/2007, que o requerente esteja representado pelo advogado no momento da formalização do requerimento, não se exigindo representação para lavrar a ata notarial.

A planta e o memorial descritivo, com as exigências do inciso II, permitem não apenas aferir a correta localização e descrição do imóvel, mas, também, o preenchimento do requisito "posse mansa e pacífica". Isso porque a ciência das pessoas ali descritas indica que não há oposição quanto ao pedido formalizado pelo requerente. Na falta de qualquer das assinaturas, os titulares dos direitos registrados ou averbados na matrícula do imóvel e dos imóveis confinantes serão notificados pelo registrador competente, pessoalmente ou pelo correio com aviso de recebimento, para manifestar seu consentimento expresso em quinze dias.

A notificação poderá ser determinada de ofício pelo registrador, caso verifique nos documentos apresentados a localização das pessoas indicadas no inciso II. Não sendo possível, caberá ao requerente indicar os respectivos endereços, sob pena de, não o fazendo, ser rejeitado o pedido.

O silêncio dos titulares, ou seja, a ausência de resposta quanto à notificação, é interpretado como discordância. Aqui, o tratamento é diferenciado daquele previsto no art. 213, § 4º, da Lei de Registros Públicos. Na hipótese de retificação administrativa de registro ou de averbação, presume-se a anuência do confrontante que deixar de apresentar impugnação no prazo da notificação feita pelo registrador. Na usucapião administrativa ou extrajudicial, a inércia dos confrontantes ou dos titulares de direito real ou de outro direito averbado ou registrado na matrícula é entendida como discordância, ocasionando o indeferimento do pedido.

As certidões negativas referidas no inciso III têm por objetivo comprovar a inexistência de ação judicial em relação ao imóvel. Já os documentos mencionados no inciso IV visam demonstrar a origem, a continuidade, a natureza e o tempo da posse, a fim de que o registrador verifique se para a modalidade de usucapião pleiteada estão preenchidos os requisitos exigidos por lei.

Como se pode inferir pela natureza dos documentos exigidos, a hipótese de usucapião é consensual. No procedimento perante o cartório, o oficial competente deverá verificar se houve aceitação da posse continuada do requerente, de modo a justificar a consequente aceitação de seu direito à propriedade. É o caso, por exemplo, do caseiro que cuidava durante anos de pequena propriedade rural, sendo a ele concedida a propriedade do imóvel pelos herdeiros do proprietário.

Procedimento. Recebido o requerimento e autuado o pedido, o oficial do cartório de registro de imóveis dará ciência à União, ao Estado, ao Distrito Federal e ao Município para que estes se manifestem em 15 (quinze) dias. Ato contínuo, promoverá a publicação de editais para ciência de terceiros interessados e, se necessário, poderá solicitar ou realizar diligências para a elucidação de qualquer ponto de dúvida.

A diligência poderá consistir na complementação da documentação exigida, por solicitação do oficial ou de qualquer interessado. Ao final das diligências, se a documentação não estiver em ordem, o oficial de registro de imóveis rejeitará o pedido.

Caso o requerente não concorde com as eventuais exigências, poderá suscitar a dúvida na forma do art. 198 da Lei de Registros Públicos. Nesse caso, a decisão será proferida por um juiz, mas continuará a ter natureza administrativa, não impedindo, portanto, o uso do processo contencioso competente (art. 204 da Lei de Registros Públicos).

Se houver impugnação – pela Fazenda Pública ou por qualquer interessado –, o pedido também será rejeitado. Pressupõe-se que com a impugnação o procedimento se torna litigioso, razão pela qual todas as decisões terão que ser tomadas, a partir de então, na esfera judicial. Em outras palavras, a resistência de qualquer um desses sujeitos ao reconhecimento do direito do requerente implica existência de uma pretensão resistida, que deverá ser composta pela via judicial.

Importante destacar que a impugnação pela Fazenda Pública deve se restringir à alegação acerca da qualidade do bem imóvel (se público ou privado). Se o imóvel pertencer ao Poder Público, não poderá ser usucapido. Caso contrário, eventuais alegações quanto à existência de débitos relativos ao bem não podem obstaculizar o deferimento do pedido. Pode a Fazenda Pública, contudo, apresentar informações quanto à eventual penhora sobre o bem, decorrente, por exemplo, de processo de execução fiscal. Nesse caso, o indeferimento do pedido terá por fundamento a ausência de certidão negativa do bem (art. 216-A, III).

Para evitar o desperdício de toda essa fase procedimental, o novo CPC esclarece que, na hipótese de indeferimento, "o oficial de registro de imóveis remeterá os autos ao juízo competente da comarca da situação do imóvel, cabendo ao requerente emendar a petição inicial para adequá-la ao procedimento comum" (§ 10). A judicialização, no entanto, não é automática. Cabe ao requerente decidir se irá ou não recorrer à jurisdição estatal.

Se a documentação estiver completa e estiverem preenchidos os demais requisitos legais, o oficial registrará a aquisição do imóvel com as descrições apresentadas, sendo permitida a abertura de matrícula, se for o caso (§ 6º). Nessa última hipótese – imóvel não matriculado –, o oficial efetuará a abertura da matrícula e o registro, que será seu primeiro ato.

Não obrigatoriedade da via administrativa. O procedimento extrajudicial é facultativo e não obstrui a via judicial. A escolha pela via administrativa cabe à parte, que poderá optar por formalizar o pedido judicialmente, ainda que não haja litígio. Se por acaso a parte escolher o procedimento perante o cartório de registro de imóveis, a sua eventual rejeição não impedirá o ajuizamento da ação respectiva, com a diferença de que, nessa hipótese, o procedimento será evidentemente contencioso.

Intervenção do Ministério Público. Não há previsão legal que determine a intervenção do Ministério Público como *custos legis*. Somente se houver suscitação de dúvida é que o órgão será obrigado a intervir, por expressa determinação na Lei de Registros Públicos (art. 200, Lei nº 6.015/1973; art. 216-A, § 7º, da mesma lei, com redação dada pelo novo CPC).

Essa desnecessidade de intervenção do Ministério Público é confirmada pelo art. 178 do novo CPC, que somente exige a atuação do membro do *Parquet* nos processos que envolvam interesse público ou social, interesse de incapaz e litígios coletivos pela posse de terra rural ou urbana. Além disso, como a redação do art. 944 do CPC/1973[496] não encontra correspondência na nova legislação, não se pode mais falar em imprescindibilidade da intervenção do Ministério Público em toda e qualquer ação judicial de usucapião. Consequentemente, não se pode exigir, salvo nas hipóteses expressamente previstas em lei, a intervenção desse órgão em ações da mesma natureza, propostas na esfera administrativa. Essa, ao que parece, foi a vontade do legislador.

Art. 1.072. Revogam-se:

I – o art. 22 do Decreto-Lei nº 25, de 30 de novembro de 1937;

II – os arts. 227, *caput*, 229, 230, 456, 1.482, 1.483 e 1.768 a 1.773 da Lei nº 10.406, de 10 de janeiro de 2002 (Código Civil);

III – os arts. 2º, 3º, 4º, 6º, 7º, 11, 12 e 17 da Lei nº 1.060, de 5 de fevereiro de 1950;

IV – os arts. 13 a 18, 26 a 29 e 38 da Lei nº 8.038, de 28 de maio de 1990;

V – os arts. 16 a 18 da Lei nº 5.478, de 25 de julho de 1968; e

VI – o art. 98, § 4º, da Lei nº 12.529, de 30 de novembro de 2011.

COMENTÁRIOS:

Inciso I. O art. 22 do Decreto-lei nº 25/1937 – que organiza o patrimônio histórico e artístico nacional – dispõe sobre o direito de preferência da União, dos Estados e dos Municípios nas alienações onerosas de bens tombados pertencentes a pessoas naturais ou pessoas jurídicas de direito privado. De acordo com o dispositivo, caso o particular queira alienar o bem tombado, deve, primeiramente, oferecer, em preferência, ao Poder Público. O direito de preferência deve ser dado a todos os entes que tombaram o imóvel, caso incida sobre a propriedade mais de um tombamento. Caso todos tenham interesse na aquisição, a preferência é dada na seguinte ordem: à União, em primeiro lugar; em seguida ao Estado e, por fim, ao Município.

Com a revogação, não há mais falar em direito de preferência. Poderá o particular, na hipótese de alienação onerosa de bens móveis e imóveis tombados, ofertá-los a terceiros sem que para isso precise comunicar previamente qualquer dos entes da Administração. A eventual alienação não será nula nem será imposta qualquer multa ao proprietário do bem.

A alteração do Decreto-lei nº 25/1937 repercutirá também nos ordenamentos estaduais e municipais. No caso, com a edição de uma norma geral (o novo CPC), posterior ao decreto, todas as leis que lhe forem contrárias terão sua eficácia suspensa. É o que dispõe

---

[496] "Art. 944. Intervirá obrigatoriamente em todos os atos do processo o Ministério Público." Ressalte-se que o novo CPC exclui a usucapião de terras particulares do rol dos procedimentos especiais.

o § 4º do art. 24 da CF/1988, ao prever que "a superveniência de lei federal sobre normas gerais suspende a eficácia da lei estadual, no que lhe for contrário".

Frise-se que o fato de ser o bem vendido a terceiros não permite o desfazimento do tombamento, que constitui uma forma de intervenção permanente na propriedade. Além disso, a responsabilidade pela conservação passará ao novo proprietário do bem, que também terá que tolerar a fiscalização por parte do Poder Público.

Inciso II. O art. 227, *caput*, do Código Civil estabelecia que, "salvo os casos expressos, a prova exclusivamente testemunhal só se admite nos negócios jurídicos cujo valor não ultrapasse o décuplo do maior salário mínimo vigente no País ao tempo em que foram celebrados". A norma, de caráter eminentemente processual, foi revogada em atenção às disposições constantes nos arts. 444 e 445 do CPC/2015. Em síntese, a prova exclusivamente testemunhal será admitida quando houver começo de prova por escrito ou quando o credor não puder obter a comprovação escrita da obrigação em casos como o de parentesco, depósito necessário, hospedagem em hotel ou em razão das práticas comerciais do local onde foi contraída a obrigação.

O art. 229 lista os casos em que ninguém pode ser obrigado a depor acerca de determinado fato. Sobre esse tema, recomenda-se a leitura dos comentários ao art. 388 do CPC/2015, que substituirá integralmente as disposições constantes na lei material sobre a "desobrigação" de depor.

O art. 230, por sua vez, estabelece que "as presunções, que não as legais, não se admitem nos casos em que a lei exclui a prova testemunhal". Como o CPC/2015 passa a regrar a matéria, a prova testemunhal deverá observar exclusivamente o disposto nos arts. 442 a 463 do CPC/2015.

Sobre o tema da evicção, o art. 456 do Código Civil teve de ser revogado em razão da correção realizada pelo CPC/2015 (art. 125). De acordo com a norma processual, se não levada a efeito a denunciação, não deferida ou não permitida segundo as hipóteses legais, poderá o titular, em ação autônoma futura, exercer o seu direito de regresso. A obrigatoriedade da denunciação – exposta no art. 456 do CC – foi, finalmente, sepultada pela nova legislação.

Na disciplina da hipoteca, os arts. 1.482 e 1.483 foram revogados em razão das regras estabelecidas no art. 902 do CPC/2015. Sobre o tema, sugerimos a leitura dos comentários ao referido dispositivo.

Os arts. 1.768 a 1.773, por fim, cuidavam do procedimento de interdição. Por se tratar de norma processual, o legislador fez por bem revogar todos esses dispositivos, os quais foram substituídos pelo regramento disposto nos arts. 747 a 758.

Inciso III. Alguns dispositivos da Lei nº 1.060/1950 foram revogados em virtude das novas disposições constantes dos arts. 98 a 102 do CPC/2015. Para melhor compreensão, remetemos o leitor aos comentários aos arts. 98 a 102, que inauguram seção específica sobre o tema.

Inciso IV. A Lei nº 8.038/1990 institui normas procedimentais para os processos que tramitam perante o STF e o STJ. As revogações estão em consonância com a regulamentação do CPC/2015. Os arts. 13 a 18 disciplinavam a reclamação (arts. 988 a 993 do CPC/2015); os arts. 26 a 29 tratavam do recebimento de recursos especial e extraordinário (art. 1.029 e seguintes). O art. 38, por fim, regulamentavam o não recebimento, pelo relator, de recursos especial e extraordinário manifestamente inadmissíveis – que também possui tratamento específico no CPC/2015.

Inciso V. Os arts. 16 a 18 da Lei nº 5.478/1968 – Lei de Alimentos – tratavam da execução da sentença nas ações alimentícias. Não há qualquer prejuízo com a exclusão de tais dispositivos, porquanto o procedimento encontra-se regulado pelos arts. 911 a 913 do CPC/2015.

Inciso VI. O art. 98, § 4º, da Lei nº 12.529/2011 – Lei de Proteção à Concorrência – preceituava que, "na ação que tenha por objeto decisão do CADE, o autor deverá deduzir todas as questões de fato e de direito, sob pena de preclusão consumativa, reputando-se deduzidas todas as alegações que poderia deduzir em favor do acolhimento do pedido, não podendo o mesmo pedido ser deduzido sob diferentes causas de pedir em ações distintas, salvo em relação a fatos supervenientes".

A doutrina majoritária, interpretando o art. 474 do CPC/1973, entendia que não havia impedimento para a reformulação do mesmo pedido com base em outra causa de pedir, ainda que esta pudesse ser deduzida na primeira ação. O art. 508 do CPC/2015, com pequenas alterações de ordem redacional, reproduziu o texto do Código anterior. Assim, prevaleceu a interpretação que restringe a eficácia preclusiva da coisa julgada. A eficácia é preclusiva, mas nem tanto. O § 4º do art. 98 da Lei nº 12.529/2011 foi revogado porque seu texto ia de encontro a essa mitigação. O sistema, quanto a esse particular, restou uniformizado.

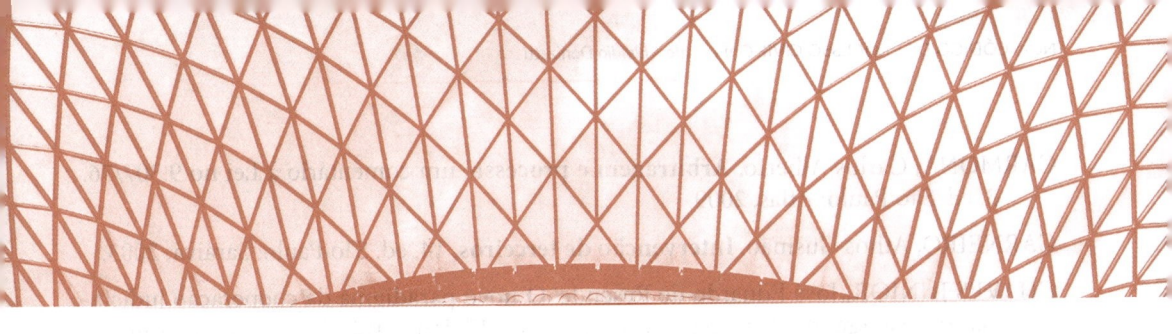

Referências

ALVIM, Arruda. **Manual de direito processual civil**: parte geral. 11. ed. rev., ampl. e atual. com a reforma processual 2006/2007. São Paulo: Revista dos Tribunais, 2007. v. 1.

ANDRADE, Érico. **O mandado de segurança**: a busca da verdadeira especialidade (proposta de releitura à luz da efetividade do processo). Rio de Janeiro: Lumen Juris, 2010.

ARENHART, Sérgio Cruz. A intervenção judicial e o cumprimento da tutela específica. **Revista Jurídica**, Porto Alegre, v. 57, n. 385, nov. 2009.

ASSIS, Araken de. **Cumprimento da sentença**. Rio de Janeiro: Forense, 2010.

_____. **Manual da execução**. 10. ed. São Paulo: Revista dos Tribunais, 2006.

BACELLAR, Roberto Portugal. **A mediação, o acesso à justiça e uma nova postura dos Juízes**. Disponível em: <http://www.revistadoutrina.trf4.jus.br/index.htm?http://www.revistadoutrina.trf4.jus.br/artigos/edicao002/roberto_bacelar.htm>.

BARBI, Celso Agrícola. **Comentários ao Código de Processo Civil**. 2. ed. Rio de Janeiro: Forense, 1998. v. 1.

BARBOSA MOREIRA, José Carlos. **O novo processo civil brasileiro**. 26. ed. Rio de Janeiro: Forense, 2008.

BASTOS, Eliene Ferreira; ASSIS, Arnoldo Camanho de; SANTOS, Marlouve Moreno Sampaio (coord.). **Família e jurisdição**. Belo Horizonte: Del Rey, 2010. v. III.

BEDAQUE, José Roberto dos Santos. **Efetividade do processo e técnica processual**. São Paulo; Malheiros, 2006.

_____. **Efetividade do processo e técnica processual**. 3. ed. São Paulo: Malheiros, 2010.

BORTOLAI, Edson Cosac. **Manual de prática forense civil**. São Paulo: Revista dos Tribunais, 1990.

BUENO, Cassio Scarpinella. *Amicus curiae* **no processo civil brasileiro**: um terceiro enigmático. 2. ed. São Paulo: Saraiva, 2008.

CÂMARA, Alexandre Freitas. **Lições de direito processual civil**. 10. ed. rev. e atual. Rio de Janeiro: Lumen Juris, 2005. v. II.

CAPPELLETTI, Mauro. **Acesso à justiça**. Porto Alegre: Fabris, 1988.

CARMONA, Carlos Alberto. **Arbitragem e processo**: um comentário à Lei no 9.307/76. 3. ed. São Paulo: Atlas, 2009.

CARNEIRO, Athos Gusmão. **Intervenção de terceiros**. 14. ed. São Paulo: Saraiva, 2003.

CHAVES JÚNIOR, José Eduardo de Resende. O novo paradigma da cooperação judiciária. **Jus Navigandi**, Teresina, ano 17, n. 3.116, 12. jan. 2012. Disponível em: <http://jus.com.br/artigos/20841>.

CUNHA, Leonardo Carneiro da. **Jurisdição e competência**. 2. ed. São Paulo: Revista dos Tribunais, 2013.

_____; DIDIER JR., Fredie. **Curso de direito processual civil**: meios de impugnação às decisões judiciais e processo nos tribunais. 13. ed. Salvador: JusPodivm, 2016. v. 3.

DELGADO, José Augusto. **A imprevisibilidade das decisões judiciárias e seus reflexos na segurança jurídica**. Disponível em: <www.stj.jus.br/internet_docs/ministros/Discursos/0001105/A IMPREVISIBILIDADE DAS DECISÕES JUDICIÁRIAS E SEUS REFLEXOS NA SEGURANÇA JURÍDICA.doc>.

DIAS, Maria Berenice. **Manual de direito das famílias**. 5. ed. São Paulo: Revista dos Tribunais, 2009.

DIDIER JR., Fredie. **Curso de direito processual civil**. Salvador: JusPodivm, 2008.

_____. **Curso de direito processual civil**. Salvador: JusPodivm, 2015. v. 1.

_____; BRAGA, Paula Sarno; OLIVEIRA, Rafael Alexandria de. **Curso de direito processual civil**. Salvador: JusPodivm, 2015. v. 2.

_____; CUNHA, L. J. C. da *et al*. **Curso de direito processual civil**: execução. Salvador: JusPodivm, 2009. v. 5.

DINAMARCO, Cândido Rangel. **A reforma do Código de Processo Civil**. 3. ed. São Paulo: Malheiros, 1996.

_____. **Execução civil**. 5. ed. São Paulo: Malheiros, 1997.

_____. **Instituições de direito processual civil**. 6. ed. rev. e atual. São Paulo: Malheiros, 2009. v. II.

_____. **Instituições de direito processual civil**. São Paulo: Malheiros, 2001. v. III.

_____. **Litisconsórcio**. 6. ed. rev. e atual. São Paulo: Malheiros, 2001.

DINIZ, Maria Helena. **Código Civil anotado**. São Paulo: Saraiva, 1995.

DONIZETTI, Elpídio. **Curso de processo coletivo**. São Paulo: Atlas, 2010.

_____. **Curso didático de direito processual civil**. 18. ed. São Paulo: Atlas, 2014.

_____. **Processo de execução**. 3. ed. São Paulo: Atlas, 2010.

_____; QUINTELLA, Felipe. **Curso didático de direito civil**. 3. ed. São Paulo: Atlas, 2014.

DUARTE, Zulmar; DELLORE, Luiz; GAJARDONI, Fernando; ROQUE, André Vasconcelos. **Teoria geral do processo**: comentários ao CPC de 2015 – parte geral. São Paulo: Forense, 2015.

FADEL, Sergio Sahione. **Código de Processo Civil comentado**. 4. ed. Rio de Janeiro: Forense, 1981. v. 1.

GOMES, Orlando. **Sucessões**. Rio de Janeiro: Forense, 1973.

GONÇALVES, Carlos Roberto. **Direito civil brasileiro**: direito de família. 7. ed. São Paulo: Saraiva, 2010. v. VI.

GRASSI, Lúcio. Cognição processual civil: atividade dialética e cooperação intersubjetiva na busca da verdade real. **Revista Dialética de Direito Processual**, São Paulo: Dialética, nº 6, 2003.

GRECO FILHO, Vicente. **Direito processual civil brasileiro**. 10. ed. São Paulo: Saraiva, 1995.

_____. **Direito processual civil brasileiro**. 14. ed. São Paulo: Saraiva, 2000.

GRINOVER, Ada Pellegrini. **O processo constitucional em marcha**: contraditório e ampla defesa em cem Julgados do Tribunal de Alçada Criminal de São Paulo. São Paulo: Max Limonad, 1985.

JAYME, F. G.; FRANCO, M. V. O princípio do contraditório no projeto de novo Código de Processo Civil. **Revista de Processo**, São Paulo, n. 227, jan. 2014.

MACHADO, Antônio Cláudio da Costa. **Código de Processo Civil interpretado**: artigo por artigo, parágrafo por parágrafo. 11. ed. São Paulo: Manole, 2012.

MARCATO, Antonio Carlos (coord.). **Código de Processo Civil interpretado**. 2. ed. São Paulo: Atlas, 2005.

MARINONI, Luiz Guilherme; ARENHART, Sérgio Cruz; MITIDIERO, Daniel. **Novo Código de Processo Civil comentado**. São Paulo: Revista dos Tribunais, 2015.

_____; MITIDIERO, Daniel. **Código de Processo Civil comentado artigo por artigo**. São Paulo: Revista dos Tribunais, 2008.

_____; _____. **O projeto do CPC**: críticas e propostas. São Paulo: Revista dos Tribunais, 2010.

MARTINS-COSTA, Judith; BRANCO, Gerson Luiz Carlos. **Diretrizes teóricas do novo Código Civil brasileiro**. São Paulo: Saraiva, 2002.

MENEZES, Iure Pedroza. A denunciação da lide no novo CPC e seus reflexos no Código Civil: a extinção da obrigatoriedade no caso de evicção. In: DIDIER, Fredie; BASTOS, Antonio Adonias Aguiar (coords.). **O projeto do novo Código de Processo Civil**: estudos em homenagem ao Professor José Joaquim Calmon de Passos. Salvador: JusPodivm, 2012.

MIRANDA, Pontes de. **Comentários ao Código de Processo Civil**. Rio de Janeiro: Forense, 1976.

_____. **Comentários ao Código de Processo Civil**. Rio de Janeiro: Forense, 1977. t. XV.

MOREIRA, José Carlos Barbosa. **Comentários ao CPC**. 6. ed. no 157. Rio de Janeiro: Forense, 1993. v. V.

_____. **O novo processo civil brasileiro**: exposição sistemática do procedimento. ed. rev. e atual. Rio de Janeiro: Forense, 2008.

_____. Sentença objetivamente complexa, trânsito em julgado e rescindibilidade. **Revista Dialética de Direito Processual**, n. 45, dez. 2006.

NERY JR., Nelson; NERY, Rosa Maria de Andrade. **Código de Processo Civil comentado**. 2. ed. São Paulo: Revista dos Tribunais, 2003.

NEVES, Daniel Amorim Assumpção. **Manual de direito processual civil**. Volume único. Salvador: JusPodivm, 2016.

_____. **Novo CPC – inovações, alterações e supressões**. 2. ed. São Paulo: Método, 07/2015, livro digital.

_____; FREIRE, Rodrigo da Cunha Lima. **Código de Processo Civil para concursos**: doutrina, jurisprudência e questões de concursos. 4. ed. Salvador: JusPodivm, 2013.

RAMOS, André Luiz Santa Cruz. **Direito empresarial esquematizado**. 4. ed. São Paulo: Método, 2014.

REDONDO, Bruno Garcia. Deveres-poderes do juiz no projeto do novo Código de Processo Civil. In: DIDIER, Fredie; BASTOS, Antonio Adonias Aguiar (coords.). **O projeto do novo Código de Processo Civil**: estudos em homenagem ao Professor José Joaquim Calmon de Passos. Salvador: JusPodivm, 2012.

RIZZARDO, Arnaldo. **Direito das coisas**. 2. ed. Rio de Janeiro: Forense, 2006.

SAMPAIO JUNIOR, José Herval. **Tutelas de urgência**: sistematização das liminares de acordo com o projeto do novo CPC. São Paulo: Atlas, 2011.

SAULE JR., Nelson; LIBÓRIO, Daniela; AURELLI, Arlete Inês (coords.). **Conflitos coletivos sobre a posse e a propriedade de bens imóveis**. Secretaria de Assuntos Legislativos do Ministério da Justiça (SAL). (Série: Pensando o Direito, n. 07/2009). Disponível em: <http://participacao.mj.gov.br/pensandoodireito/wp-content/uploads/2012/11/07Pensando_Direito.pdf>.

SILVA, Ovídio A. Baptista da. **Curso de processo civil**. 5. ed. São Paulo: Revista dos Tribunais, 2002.

TARTUCE, Flávio. **Manual de direito civil**. 3. ed. São Paulo: Método, 2013.

_____; SIMÃO, José Fernando. **Direito civil**: direito de família. São Paulo: Método, 2010. v. 5.

THEODORO JR., Humberto. A execução forçada no projeto do novo Código de Processo Civil. In: ROSSI, Fernando; RAMOS, Glauco Gumerato; GUEDES, Jefferson Carús; DELFINO, Lúcio; MOURÃO, Luiz Eduardo Ribeiro (coords.). **O futuro do processo civil no Brasil**: uma análise crítica ao projeto do novo CPC. Belo Horizonte: Fórum, 2011.

_____. **A reforma da execução do título extrajudicial**. Rio de Janeiro: Forense, 2007.

_____. **As novas reformas do Código de Processo Civil**. Rio de Janeiro: Forense, 2006.

_____. **Código de Processo Civil anotado**. 16. ed. rev., atual. e ampl. Rio de Janeiro: Forense, 2012.

_____. **Curso de direito processual civil**. Rio de Janeiro: Forense, 2004. v. III.

_____. **Curso de direito processual civil**. 41. ed. Rio de Janeiro: Forense, 2007.

_____. **Curso de direito processual civil**. 48. ed. Rio de Janeiro: Forense, 2008.

_____. **Curso de direito processual civil**. Rio de Janeiro: Forense, 2014. v. II.

_____. **Curso de direito processual civil**: procedimentos especiais. 42. ed. Rio de Janeiro: Forense, 2010.

_____. **Notas sobre o projeto do novo Código de Processo Civil do Brasil em matéria de execução**. Disponível em: <http://www.oab.org.br/editora/revista/revista_10/artigos/notassobreoprojetodonovocodigodeprocessocivil.pdf>.

_____. **Processo de execução e cumprimento de sentença**. 24. ed. São Paulo: Universitária de Direito, 2007.

_____; NUNES, Dierle. Uma dimensão que urge reconhecer ao contraditório no direito brasileiro: sua aplicação como garantia de influência, de não surpresa e de aproveitamento da atividade processual. **Revista de Processo**, São Paulo: Revista dos Tribunais, v. 168, fev. 2009.

TUCCI, José Rogério Cruz e. **Precedente judicial como fonte do direito**. São Paulo: Revista dos Tribunais, 2004.

VENOSA, Sílvio de Salvo. **Código Civil interpretado**. São Paulo: Atlas, 2010. Disponível em: <http://www.editoraatlas.com.br/>.

WAMBIER, Luiz Rodrigues. **Curso avançado de processo civil**. Coord. Luiz Rodrigues Wambier, Flávio Renato Correia de Almeida e Eduardo Talamini. 8. ed. São Paulo: Revista dos Tribunais, 2006. v. 2.

WAMBIER, Teresa Arruda Alvim. Os embargos de declaração têm mesmo efeito suspensivo? **Panóptica**, Vitória, ano 1, n. 7, mar./abr. 2007. Disponível em: <http://www.panoptica.org>.

_____; CONCEIÇÃO, Maria Lúcia Lins; SILVA, Leonardo Ferres da; MELLO, Rogério Licastro Torres de. **Primeiros comentários ao Novo Código de Processo Civil**. São Paulo: Revista dos Tribunais, 2015.